中国口岸年鉴

（2014年版）

国家口岸管理办公室主管
中国口岸协会主编

中国海关出版社

图书在版编目（CIP）数据

中国口岸年鉴：2014 年版 / 中国口岸协会主编. —北京：中国海关出版社，2014.10
ISBN 978-7-5175-0042-1

Ⅰ.①中… Ⅱ.①中… Ⅲ.①通商口岸—中国—2014—年鉴 Ⅳ.①F752.5-54

中国版本图书馆 CIP 数据核字（2014）第 238319 号

中国口岸年鉴（2014 年版）
ZHONGGUO KOU'AN NIANJIAN（2014 NIAN BAN）

作　　者：中国口岸协会
策　　划：杨振庆
责任编辑：熊　芬　左桂月
助理编辑：李璞娜　李　多
出版发行：中国海关出版社
社　　址：北京市朝阳区东四环南路甲 1 号　　邮政编码：100023
网　　址：www.hgcbs.com.cn
编 辑 部：01065194242-7530（电话）　　01065194231（传真）
发 行 部：01065194221/4238/4246（电话）　　01065194233（传真）
社办书店：01065195616（电话）　　01065195127（传真）
　　　　　http://store.hgbookvip.com（网址）
印　　刷：北京新华印刷有限公司　　经销：新华书店
开　　本：889mm×1194mm　1/16
印　　张：50　　字数：1580 千字
版　　次：2014 年 10 月第 1 版
印　　次：2014 年 10 月第 1 次印刷
书　　号：ISBN 978-7-5175-0042-1
地图审图号：GS（2013）1537 号　　地图编制：测绘出版社
定　　价：300.00 元

《中国口岸年鉴》（2014年版）编辑委员会

编辑说明

一、《中国口岸年鉴》（2014年版）是由国家口岸管理办公室主管，由中国口岸协会主编的一部全面、翔实记录中国口岸发展状况的编年书，是一部具有基础性、史料性、权威性的工具书。

二、本版年鉴采用条目体结构，点面结合，条块结合，收录了2013年度国家口岸管理工作概要、查验管理工作概要、全国口岸运行情况通报分析，以及香港、澳门、台湾地区口岸运行情况和主要数据。同时，还收录了权威部门提供的2013年度全国口岸重要贸易统计数据、各口岸主管部委新颁布实施的口岸工作法规和全国31个省、自治区、直辖市（香港、澳门、台湾地区除外）口岸分布示意图。

三、本版年鉴引用的各类数据和资料均截至2013年年底。第六篇的全国进出口贸易统计资料，由海关总署综合统计司提供，由于统计资料中的数据均采用四舍五入，因此分项数据之和与总计数据可能不完全一致。其他统计数据，分别来自海关、边检、检验检疫和各省级口岸办公室。由于各部门职能不同，数据统计口径、范围和方法亦有所不同，因此，本书中有些数据可能不尽一致。

四、由于历史与现状的差异，本版年鉴在口岸名称表述上存在不一致的情况，待商榷国家口岸管理办公室予以规范，本版年鉴暂不做调整。

五、本版年鉴的稿件资料，主要由各有关部委及各省、自治区、直辖市口岸办公室汇总提供。在年鉴编辑过程中，得到了国家口岸管理办公室、国家电子口岸委办公室、海关总署办公厅、公安部出入境管理局、交通运输部海事局、国家质检总局通关司，以及各地口岸办公室、各口岸查验单位的大力支持与配合，在此一并表示诚挚感谢！

六、本版年鉴在成书体例、资料收集等方面还有许多不尽如人意之处，加之编辑水平有限，疏漏或瑕疵在所难免，敬请广大读者予以批评指正。

《中国口岸年鉴》（2014年版）编辑委员会

2014年8月

序

口岸是国家的门户。党中央、国务院历来十分重视口岸工作。改革开放以来，为满足日益增长的对外经贸、人员往来的需要，国家投入了大量人力物力进行口岸建设，已经形成沿海沿江水运、航空和内陆边境立体化的开放口岸体系。口岸开放与全方位、宽领域、多层次的对外开放格局基本相适应，为促进对外经济贸易和国际交往的发展起到了重要的保障作用。

当前，进一步提高口岸工作效率的要求更为紧迫。经济全球化对口岸工作必然会提出更多更高的新要求，为适应参与国际竞争的需要，我国口岸工作要全面贯彻“三个代表”重要思想，落实十六大提出的“发展要有新思路，改革要有新突破，开放要有新局面，各项工作要有新举措”的要求，结合我国口岸工作的实际，紧紧围绕提高口岸工作效率，加快通关速度，处理好把关与服务的关系，为促进对外经济贸易和国际交往发展作出新贡献。为提高口岸工作效率，国务院曾在深圳进行口岸管理体制改革试点。1998年政府机构改革，对口岸管理体制作了重大调整。2001年，国务院办公厅为推广口岸电子执法系统和提高口岸工作效率相继发出了两个文件。今年5月，国务院批准海关总署等8部门在上海召开了提高口岸工作效率现场会。我国口岸要通过建立“大通关”机制，提高工作效率，改变传统管理模式，整顿和规范进出口秩序，促进口岸管理各部门转变职能、改进服务、提高管理水平，形成适应我国社会主义市场经济发展需要的新的口岸管理和运行机制，提供与发达国家相类似的口岸通关服务。

中国口岸协会从新世纪开始组织编撰《中国口岸年鉴》，是一件很有意义的工作。它不仅直接记录口岸管理运行的资料和数据，而且是在我国加入“WTO”以后，书写中国口岸深化体制改革、努力提高工作效率、为“大通关”服务的历史。

二〇〇二年十二月

中国（上海）自由贸易试验区

China (Shanghai) Pilot Free Trade Zone

2013年9月29日，中国（上海）自由贸易试验区挂牌成立。建设中国（上海）自由贸易试验区，是党中央在新形势下推进改革开放的重大举措，担负着为全面深化改革和扩大开放探索新路径、积累新经验的重要使命。

中国（上海）自由贸易试验区涵盖上海市外高桥保税区、外高桥保税物流园区、洋山保税港区和浦东机场综合保税区4个海关特殊监管区域，规划总面积28.78平方千米。其中，外高桥保税区是1990年经国务院批准设立的国内第一个保税区，规划面积10平方千米，是目前国内经济规模最大、业务功能最丰富的海关特殊监管区域，也是国内首个国家进口贸易促进创新示范区；外高桥保税物流园区是2003年经国务院批准设立的国内第一个保税物流园区，封关面积1.03平方千米，是国内首家区港联动试点物流园区；洋山保税港区是2005年经国务院批准设立的国内第一个保税港区，规划总面积14.16平方千米，实行“区港一体”监管运作，是上海国际航运发展综合试验区的核心载体；浦东机场综合保税区于2009年经国务院批准设立，规划面积3.59平方千米，具有浦东机场亚太航空复合枢纽港优势，是上海临空服务产业发展的先导区。

洋山保税港

东海大桥

外高桥物流园区

挂牌运作以来，中国（上海）自由贸易试验区按照国务院《中国（上海）自由贸易试验区总体方案》要求，以制度创新为核心，突出与国际通行规则相衔接，全力推动投资管理制度创新、贸易监管制度创新、金融监管制度创新和事中事后监管制度创新，积极落实在金融、航运、商贸、专业、文化及社会等六大领域18个行业扩大服务业开放，并以国际贸易、金融服务、航运服务、专业服务和高端制造五大产业为导向，深化在功能创新拓展、产业转型升级、资源要素配置等方面的试点，努力形成与上海“四个中心”建设的联动机制。目前，中国（上海）自由贸易试验区建设开局良好，运行有序，制度框架基本建立，改革效应开始显现。2013年，区内投资企业完成经营总收入14 200亿元，其中商品销售额12 260亿元；完成进出口总额1134亿美元，其中进口额839亿美元；完成工商税收476亿元。工商税收和商品销售额在全国111个海关特殊监管区域中的比重分别达到53.4%和51.6%。

2014年5月23日，中共中央总书记、国家主席、中央军委主席习近平考察中国（上海）自由贸易试验区。他强调试验区要按照先行先试、风险可控、分步推进、逐步完善的原则，把扩大开放同改革体制结合起来，把培育功能同政策创新结合起来，大胆闯、大胆试、自主改；切实把制度创新作为核心任务，以形成可复制、可推广的制度成果为着力点，努力创造更加国际化、市场化、法治化的公平、统一、高效的营商环境。

[公司简介]

惠普公司（HP）是一家业务机构遍及全球170多个国家和地区的资讯科技公司。作为全球最大的科技公司，惠普产品涵盖了打印成像、个人计算、软件、服务和IT基础设施，并以全面的产品组合更有效地服务客户。惠普公司（HP）致力于激发科技的无限潜能，为个人、企业及社会创造积极影响。为了更好地为客户服务，惠普公司不断开拓新的市场，开发新产品、解决方案和新技术。惠普公司发明、设计和提供推动商业价值，创造社会价值，以及改善客户生活的技术解决方案，并在UNIX服务器、Linux服务器、Windows服务器、磁盘存储系统、存储局域网系统（SAN）、外部RAID存储系统、工作站、台式机、笔记本电脑、手持设备、喷墨打印机、激光打印机、打印耗材等多个市场领域占据领先地位。

HEWLETT-PACKARD

惠普公司

惠普打印耗材产品

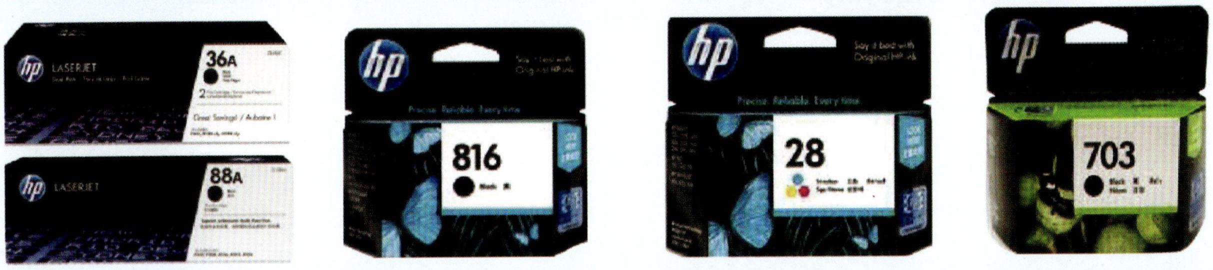

惠普硬件产品

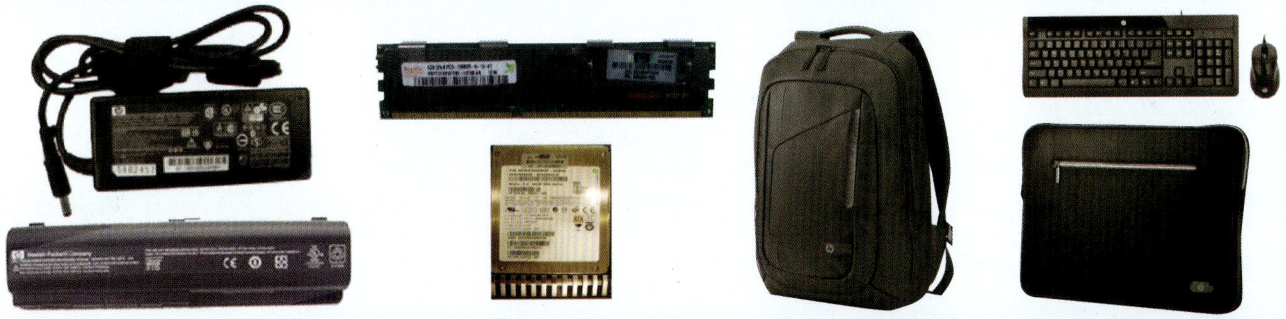

墨盒和硒鼓防伪标签

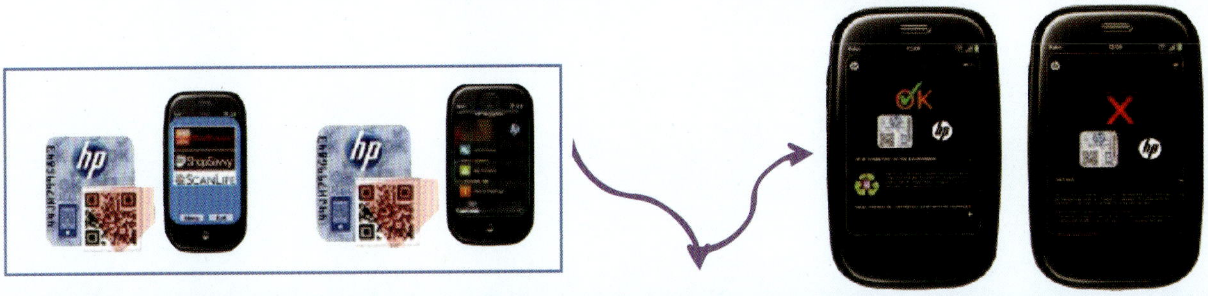

说明：防伪标签颜色将随着观察角度的不同而从浅至深变化，“OK”和“√”符号可以360度浮动。
二维码手机认证，使用智能手机的二维码读取器提取防伪代码，检视惠普的回应，“OK”表示可以安心购买，“X”表示可能是假冒产品。

地址：北京市朝阳区建国路112号　　电邮：anti-fraud.china@hp.com
打假热线：800-810-7518

瑞示科技

4001-002-182

公司简介 Company Introduce

上海瑞示电子科技有限公司是以提供高质量X射线安全检测设备为核心的高新技术企业，公司拥有独立的自主知识产权，为客户提供完整的安检解决方案和个性化服务定制。

公司通过了世界著名ISO认证机构德国南德公司ISO9001: 2008质量体系认证、ISO14001: 2004环境认证和 GB/T28001-2001职业健康安全认证，并获得了AAA 级企业信用评定和中国诚信供应商荣誉，公司自主研发的RScan系列安检产品通过了公安部等权威机构的检测，并获得欧盟CE认证和多项国家专利，产品的各项指标在国际中均处于领先水平。

公司始终坚持以“做最好的安检产品、让世界更和谐”为使命，遵循“秉持诚信、致力创新”的核心价值观，打造性价比最优的安检产品和服务保障体系，在海关、民航、城市轨道交通、铁路、公路、港口、体育场馆、重点安防机构等行业中成绩斐然，客户遍及欧洲、亚洲、非洲、中东、南美洲等地区，并获得了世界各国用户的一致好评！

行邮安全检查系统

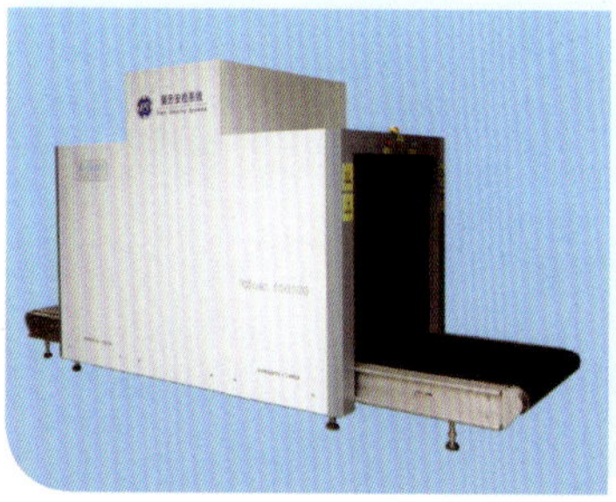

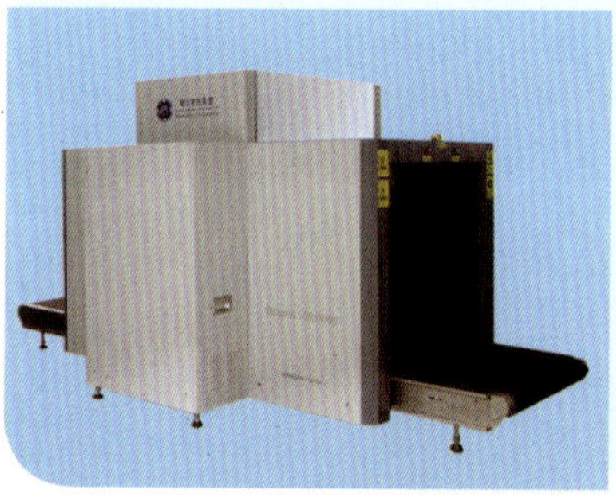

集装货物和人体安全检查系统

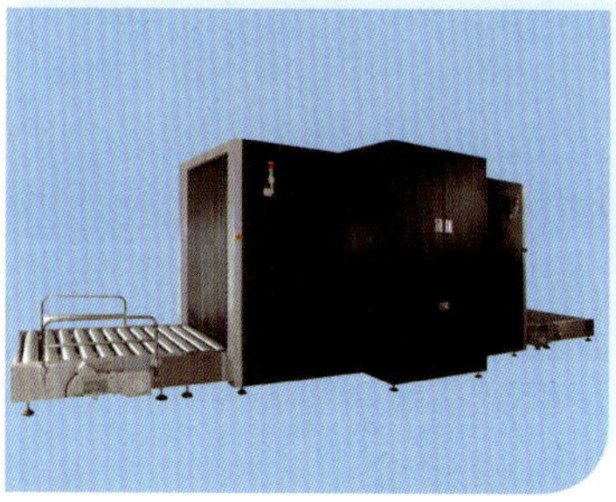

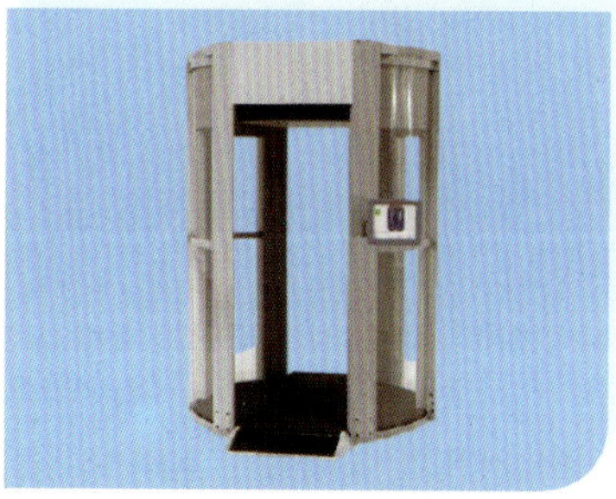

上海瑞示电子科技有限公司
上海市浦东新区川沙路6999号27幢
电话：021-51089365
网址：www.rsdetection.com
传真：021-24283759
邮编：201202

卓越品质 彰显实力

公司客户已遍及海关、民航、城市轨道交通、铁路、公路、港口、体育场馆等……

海关

民航

城市轨道交通

铁路

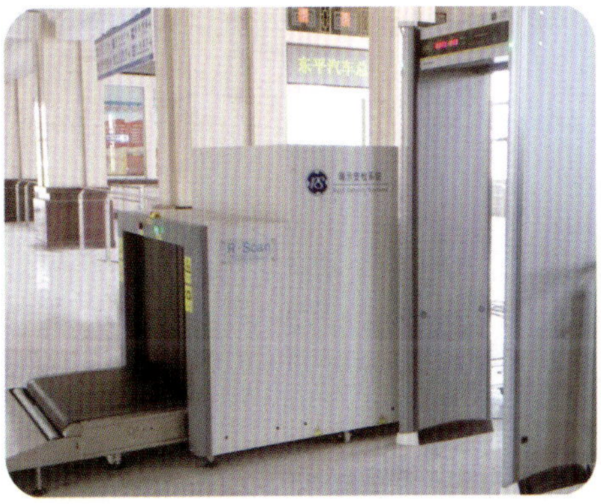

公路

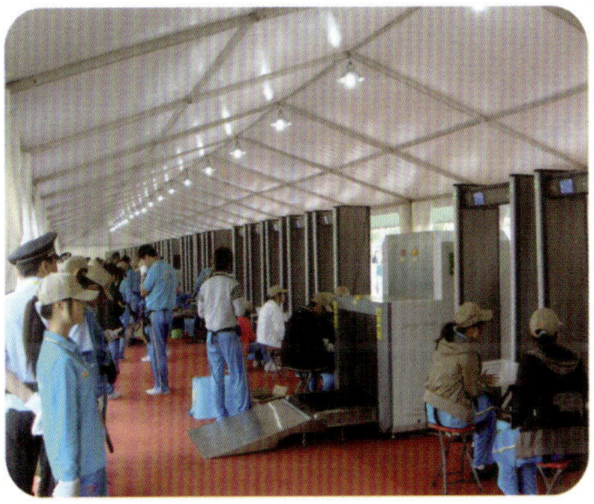

体育场馆

EATON

Powering Business Worldwide

伊顿公司

全 球 动 力 之 源

伊顿公司是一家多元化动力管理公司，致力于提供高效节能的解决方案，帮助客户更有效地管理电力、液压和机械动力。2012年公司销售额达163亿美元。伊顿公司在许多工业领域都是全球技术领先者，包括应用于电能质量、配电和控制、电力传输、照明和电线的产品、系统和服务，工业设备和移动工程机械所需的液压动力元件、系统和服务，商用航空航天所需的燃油、液压和气动系统，以及帮助卡车和汽车提升性能、燃油经济性和安全性的动力及传动系统。2012年伊顿公司收购库柏工业集团（Cooper Industries plc）。目前伊顿公司拥有约10.3万名员工，产品销往175个国家。如需进一步信息，请访问公司网站www.eaton.com。

1993年，伊顿公司签订了一份生产转向器和液压马达产品的合资协议，自此进入中国市场。2004年，伊顿公司将其亚太总部自香港迁至上海。目前伊顿公司的所有电力、航天、液压和车辆等业务集团均已在中国开展商业项目。另外，伊顿公司目前在中国的苏州、常州、泸州、宁波和无锡等城市设有生产基地27个，研发中心4所。伊顿公司在中国生产的品牌中有许多属于国际知名的品牌，其中最重要的是EATON 标志：

EATON 伊顿 EATON

除上述重要的EATON标志外，伊顿公司还拥有其他全球知名品牌，如CULTER-HAMMER、CH 标识和Xpole 标识等。同时，伊顿公司及其子公司持有的其他著名品牌还包括MEM、Moeller、Cooper、Bussman等。以下是伊顿公司及其子公司的部分重要商标：

EATON　EATON Powering Business Worldwide　MOELLER　MEM　F&G

Cutler-Hammer　BILL　X pole　X pole　CEAG

B-Line　COOPER　Crouse-Hinds　COOPER Lighting　Bussmann

LUMARK　BUSS　LynxPOWER　Edison　MAGNUM

LOW-PEAK　PRE-formance　Steeler　POWERMATE　COOPER INVISION

以上这些商标均已在中国海关总署登记备案以保护其合法权益。

伊顿商标在部分产品的使用：

百年雷诺
开启在华发展新纪元

传承经典 驾驭变革

雷诺品牌成立于1898年，是目前法国最大的工业企业之一，也是欧洲最重要的汽车制造商之一。1999年，雷诺与日产建立全球联盟。之后，雷诺又与戴姆勒集团建立战略合作伙伴关系，成为当今世界第三大汽车集团。如今，雷诺集团旗下三大品牌——雷诺、达契亚和雷诺三星，畅销于全球118个国家和地区。

在2009年法兰克福车展上，雷诺推出了全新品牌战略——Drive the Change（驾驭变革），表达了雷诺作为一个富于创新和人性化的汽车品牌，引领大众可持续发展动力理念的勃勃雄心。在此战略的引导下，雷诺在设计、创新、环保、品质等方面不断前行，诠释着其具有创新和现代精神的品牌形象。截至2013年年底，雷诺已超额完成了“2016——驾驭变革”战略规划中2011～2013年的目标，成功实现合计自由现金流25亿欧元。

此外，在征战F1赛事的36年里，雷诺取得了诸多优秀战绩。搭载雷诺发动机的车队共获得12次车队总冠军，7位车手11次斩获冠军车手头衔，不仅印证了雷诺在F1领域的强大实力和卓越技术，更是对雷诺品牌运动基因和激情特质的最佳诠释。2014赛季，雷诺继续以动力系统供应商的身份参加F1大奖赛，为红牛车队、路特斯车队、卡特汉姆车队及红牛二队4支车队提供雷诺Energy F1-2014动力单元。

立足中国 开启发展新纪元

2009年至今，得益于在新车型引入、经销商网络优化、售后服务提升等方面的不断突破，雷诺中国发展迅速，取得了显著成就：年销量从最初的800辆到如今的近3万辆，网络覆盖中国97%的省份，品牌知名度和客户满意度持续提升，在进口汽车品牌排名中连续4年保持上升态势。

2013年12月16日，雷诺-日产联盟主席兼首席执行官卡洛斯·戈恩（Carlos Ghosn）和东风汽车公司董事长徐平在中国湖北武汉签署正式协议，组建新的合资企业——东风雷诺汽车有限公司（DRAC）。东风雷诺将在湖北武汉建设全新工厂，并于2016年正式投产。新工厂初期年产能为15万辆，并在未来可实现产能翻番。
雷诺与东风的合作是雷诺全球发展蓝图中的又一个里程碑。作为植根于法国的世界级汽车制造集团，在中国这个全球第一大汽车市场上，雷诺将以全新的姿态不断拓展，开创全面发展的新纪元。

中国海洋石油总公司

China National Offshore Oil Corp.

中国海洋石油总公司（China National Offshore Oil Corp，中文简称中国海油）成立于1982年，现有员工10万余人，注册资本949亿元。

中国海油经过30年的发展，公司规模不断拓展，经济效益不断提升，通过改革重组、资本运营、海外并购和上下游一体化，实现了跨越式发展，不仅是中央特大型国有企业和国内最大的海上油气生产商，而且公司的业态已由一家单纯从事油气开采的上游公司，发展成为主业突出、产业链完整、上中下游一体化的综合型能源集团，现拥有油气勘探开发、天然气及发电、炼油化工、油品销售与贸易、专业技术服务与综合服务、新能源和金融等主要产业。

多年来，中国海油在国家各相关部门的大力支持下，在自我不断创新和努力下，综合竞争能力不断增强，从技术人才匮乏的初期发展到成为对外承包工程服务的龙头企业，从浅海油气勘探开发的一无所有、一无所知发展到打造建立自己的深水舰队并承包国外的工程，从引进国外资本和技术发展到完成目前最大的海外并购。中国海油在发展自身的同时也极大地带动了国内造船业、海洋工程设计和建造业、机电产品行业等相关产业的共同成长和发展。

仅从中国海油的年进出口量由2006年的60亿美元激增到2012年的160亿美元的变化即可看出近年来海洋石油产业的发展势头和投入水平。在大量的进出口业务操作中，公司得到了海关总署、财政部、国家税务总局、商务部等诸多部委的领导和一线工作人员的大力支持与指导，在世界石油行业的竞争力不断提升。

2012年，公司在《石油情报周刊》“世界石油公司50强”中列第33位，在“2012中国企业500强”中列第10位；在《财富》杂志“世界500强排行榜”中从2007年的第469位上升至2013年的第93位。2004年至2012年，在国资委业绩考核评级中，公司连续9年被评为A级企业。公司持续享有标普和穆迪授予的AA-和Aa3级国家主权级资信评级，为国内企业最高评级。

未来，中国海油将继续坚定不移地贯彻执行中央要求和国家发展战略，深入贯彻落实科学发展观，以“做强做优”为基本要求，以“能源报国”为己任，加快发展实体经济，努力实现公司发展的“二次跨越”，全力助推海洋强国建设，为保障国家能源安全，促进国民经济平稳较快发展作出更大贡献。

国家对外文化贸易基地（北京国际文化贸易服务中心）

国家对外文化贸易基地（北京国际文化贸易服务中心）是北京歌华文化发展集团在天竺综合保税区内与天竺综合保税区管委会合作，以园中园的形式建立的文化保税服务专区，是为国际和国内文化生产、传输、贸易机构提供专属保税服务的公共平台。2012年3月，文化部正式授牌“国家对外文化贸易基地”，基地将集成国家、北京市、天竺综合保税区的政策法规体系，形成政策叠加的综合优势。北京歌华文化发展集团是北京市的大型文化机构，其发展定位是成为国内一流、国际知名的文化服务供应商。国家对外文化贸易基地的建成将为北京发挥全国文化中心示范作用，推动中国对外文化贸易发展发挥积极作用。

企业集聚区全景

基本建设情况

（一）总体规划

国家对外文化贸易基地（北京国际文化贸易服务中心）占地17万多平方米，由企业集聚中心、仓储物流中心、展示交易中心3个功能区组成。项目总投资50亿元，预计2015年全部建成。常态运营后将汇集国际知名文化企业50家以上，交易额达500亿元，实现税收10亿元。

（二）功能定位

1. 国家对外文化贸易的创新示范区

国家对外文化贸易基地（北京国际文化贸易服务中心）的首要任务就是推动文化贸易的体制创新、机制创新、服务创新、管理创新、业态创新。基地将积极争取在海关监管、财政税收、工商注册、金融服务、商务和外汇等方面开展创新试点，充分激发各类主体的创新活力，促进创新资源和创新要素汇集，将基地建成行业放开的缓冲区，促进文化贸易发展的政策集成平台和创新实验区。

2. 国家文化贸易口岸

国家对外文化贸易基地（北京国际文化贸易服务中心）将利用全国文化中心的地缘优势和资源优势，全力打通国际国内两个市场，建设国家级的文化贸易口岸，使北京成为国际文化产品和服务的集散地。基地将借鉴国内外货物贸易及文物艺术品出入境实行专属口岸管理的通行做法，积极创造条件，争取成为国家文化艺术品、版权贸易、文化金融服务等领域的进出口专属口岸。

3. 亚洲最大艺术品交易中心

国家对外文化贸易基地（北京国际文化贸易服务中心）将发挥首都区位和文化市场方面的优势，培养、吸引、汇集国际著名的专业文化艺术品常态交易会、拍卖会、博览会，设立电影、图书、音乐等行业的固定展示交易区，形成具有国际影响力、亚洲一流的文化艺术品交易中心。

4. 中国文化走出去的能力培养区

国家对外文化贸易基地（北京国际文化贸易服务中心）独特的区位优势、优惠的政策体系、世界第二大空港的便利，有助于引进大量的国际一流文化贸易企业和服务机构，建立综合性的贸易服务体系，促进国内外文化企业开展合作，使国内企业熟悉国际文化贸易规则和惯例，拓展国际视野，积累国际资源，推动中国文化企业快速发展壮大，促进中国文化产品和服务走向世界。

（三）2013年完成文化贸易企业集聚区的建设，同时启动招商和业态运营工作。

企业集聚中心建筑面积19.2万平方米（28个独栋建筑）。企业集聚中心的定位是形成国际文化贸易的集聚性服务平台。集聚中心在招商和业态规划上按3类平台组织实施：地域性平台（如中国城市文化贸易服务中心、海峡两岸文化贸易服务中心等）、行业性服务平台（如中国工艺美术贸易服务中心、国际创意设计贸易服务中心、北京国际影视贸易服务中心等）、功能性服务平台（如仓储物流服务中心、文化贸易综合服务中心等）。目前已引进苏富比拍卖公司、德国巴伐利亚物流集团、欧洲艺术品博览会（TEFAF）、香港信德集团。

企业集聚区

中心下沉广场

企业集聚区

仓储物流区

重大服务平台的建设

为突出首都的特点，形成独特的竞争优势，基地已规划建设以下重大文化贸易服务平台：

（一）北京国际文化艺术保护中心

文化艺术保护中心在国家文物局、北京市文物局指导支持下建设。项目利用意大利政府贷款2 000万欧元进行专业设备和软性服务的建设。在专业力量方面得到联合国教科文组织唯一指定的文物保护机构——罗马修复学院及首都地区中央、市属文物保护专业机构的支持。在专业设备及专家力量方面达到国内领先、国际一流的水平，可为基地和北京口岸文物艺术品的进出境、展览展示、交易活动提供鉴定、检测、修复、估值服务，也可为首都和全国文物艺术品收藏机构、个人提供市场化、商业化服务，是北京建设全球艺术品交易中心的核心关键技术条件。

（二）文化贸易信息中心

文化贸易信息中心以文化保税业务为核心，将建设基于文化贸易信息服务的IDC数据中心。IDC可为基地内外企业提供海量数据存储、高速网络传输及文化贸易信息增值服务。目前已完成专业化公司的组建，在保税仓储物流与辅助报关信息化服务方面处于业内领先地位。近期将开展园区基础信息建设、文化贸易信息管理及服务平台研发、离岸文化数据中心孵化等3项工作。

（三）文化贸易金融服务中心

文化贸易金融服务中心将为入区及区外企业提供国际贸易及国际文化交流的进出口、出入境的国际结算服务。已与国际上领先的专业机构组建国际文化金融服务公司，已获得政府批准设立全国第一家具有国际结算功能的国际文化金融服务平台。

IKEA®

INTER IKEA SYSTEMS B.V.
英特艾基系统有限公司

宜家

荷兰的英特艾基系统有限公司（INTER IKEA SYSTEMS B.V. ，以下称宜家公司 ）拥有独一无二的销售家具及家居用品概念，在此概念下所有货品都以“IKEA”商标销售。宜家公司同时拥有一个独特的用于其宜家商场内餐厅的“ 宜家食品概念 ”。IKEA 概念始于 20 世纪 40 年代初期，当时宜家公司的创办人 Ingvar Kamprad 于瑞典一个小镇成立 IKEA 家具公司。“IKEA”之名取自宜家公司创办人的姓名 Ingvar Kamprad 及其成长时居住的农场 Elmtaryd 和村庄 Agunnaryd 的缩写。宜家公司的商业模式以特许经营权制度运营，只有已与宜家公司签署合约的授权特许经营商可以使用 IKEA 概念，包括“IKEA”商标。

在华语地区，宜家公司精心为 IKEA 选取了对应的中文商标——“ 宜家 ”。宜家公司拥有 IKEA、宜家、IKEA 及 IKEA 商标，这些商标在许多国家包括中国注册于不同的货品和服务上。目前，共有 300 多家 IKEA（宜家）商场分布于世界超过 35 个国家和地区，以 IKEA、宜家、IKEA 及 IKEA 之商标出售广泛系列之家具及家居用品，并提供广泛的服务。在中国，首间 IKEA（宜家）商场开设于 1998 年。截至 2013 年 12 月 31 日，中国内地共有 14 家 IEKA（宜家）商场，分别位于北京（四元桥、西红门）、上海（北蔡、宝山及徐汇）、广州、成都、深圳、南京、大连、沈阳、天津、无锡及宁波。这些商场的地址可在宜家公司的网站 www.ikea.com/cn 上找到。在中国，宜家公司并不授权在特许 IKEA（宜家）商场以外的任何地方售卖附有 IKEA、宜家、IKEA 及 IKEA 商标之商品。所有 IKEA（宜家）商场都采用独特的蓝色和黄色为其装饰设计标志，IKEA（宜家）商场亦拥有多项显著的特色，例如其店内的规划及店内陈列商品的方式。

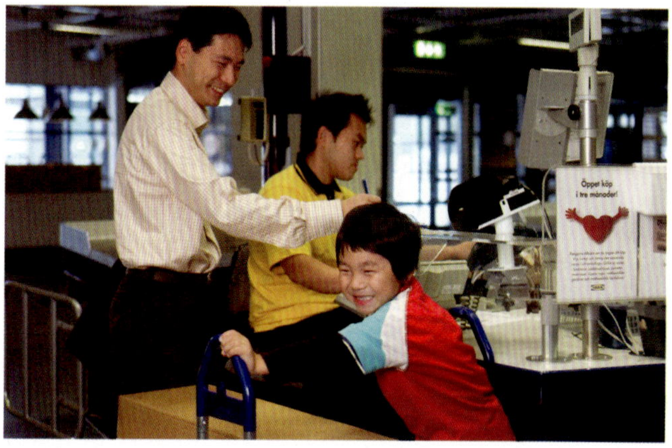

宜家公司十分重视保护其知识产权。在中国，宜家公司曾向行政部门作出投诉，在人民法院提出诉讼，对与 IKEA、宜家、IKEA 及 IKEA 商标相同或相近的商标申请提出异议或申请撤销该种商标注册，对含“ IKEA ”或“宜家”的域名作出投诉等。近年来，中国各地海关不懈地为宜家公司查验假冒货品，并及时通知宜家公司，以令宜家公司可即时申请措施阻止假冒货品出境。

联系方式
Legal.Affairs@inter-IKEA.com

3M

http://www.3m.com.cn

公司概述

3M公司全称 Minnesota Mining and Manufacturing（明尼苏达矿务及制造业公司），创建于1902年，总部设在美国明尼苏达州的圣保罗市，是世界著名的产品多元化跨国企业。3M公司素以勇于创新、产品繁多著称于世，在其百多年历史中开发了6万多种高品质产品。百年来，3M的产品已深入人们的生活，从家庭用品到医疗用品，从运输、建筑到商业、教育和电子、通信等多个领域，极大地改变了人们的生活和工作方式。现代社会中，世界上有50%的人每天直接或间接地接触到3M公司的产品。

1984年11月，3M中国有限公司注册成立，是在经济特区外成立的中国第一家外商独资企业，截至2012年，在中国投资超过85亿人民币，3M在中国累计投资超过12亿美元。目前，3M公司在中国建立了12家公司、11个生产基地、27个办事处、4个技术中心和1个研发中心，员工超过8 200人。3M公司的办事处分别位于上海、北京、广州、天津、杭州、南京、苏州、沈阳、成都、武汉、福州、深圳、青岛、重庆、西安、昆明、大连、乌鲁木齐、郑州、厦门、济南、宁波、无锡、长春、长沙、合肥、太原等。3M较早被中国认识应该是在20世纪80年代初，那时候用来存储数据的磁盘很多就是3M公司的产品。大规模“品牌推广”则是在2003年春夏之交的“非典”期间，产自3M公司的N95口罩一时间成为人们的集体记忆。

主要备案商标和产品

1. 3M：人工呼吸器，口罩，面罩等
2. 3M：光发射材料薄板及带，胶布，塑料膜等
3. TEGADERM：医用敷料，补牙用材料，牙科用蜡，杀菌剂等
4. Littmann：医疗仪器，医疗器械
5. Meguiar's：抛光剂，清洁剂，去垢剂，脱毛蜡等
6. 视觉丽：反光塑料膜
7. SCOTCHLITE：用来反射可视光的塑料板材

联系方式：

吕俊：知识产权部 海关事务负责人

电话：021-22102244

传真：021-62096100-12783

邮件：slv@mmm.com

地址：上海市长宁区兴义路8号万都中心大厦41楼 邮编：200336

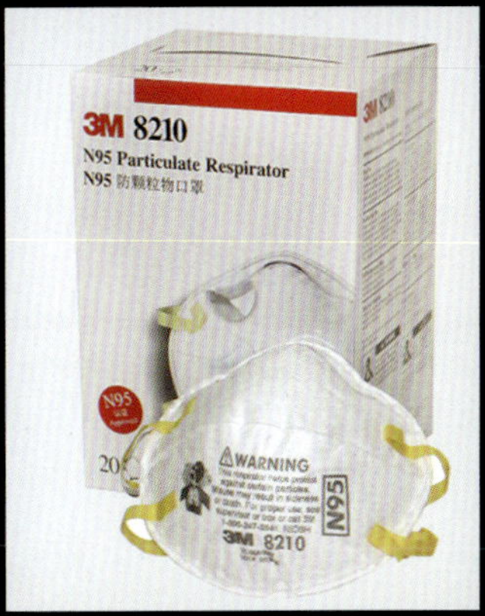

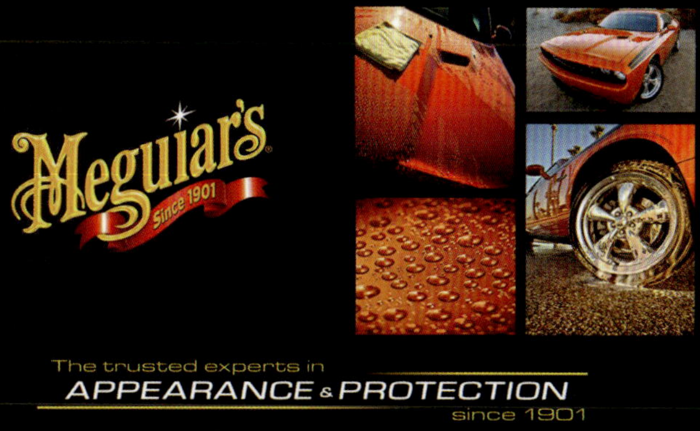

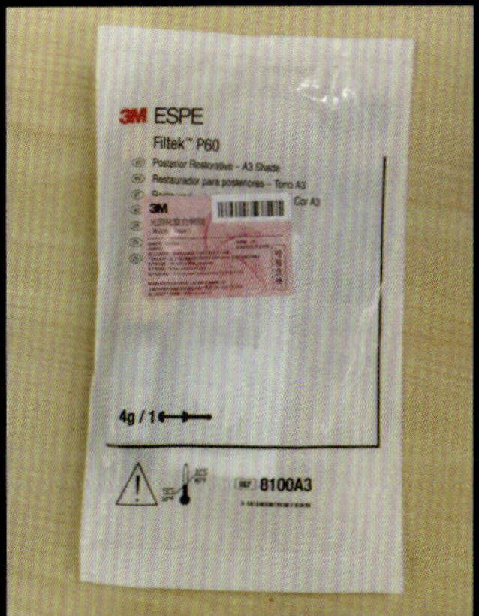

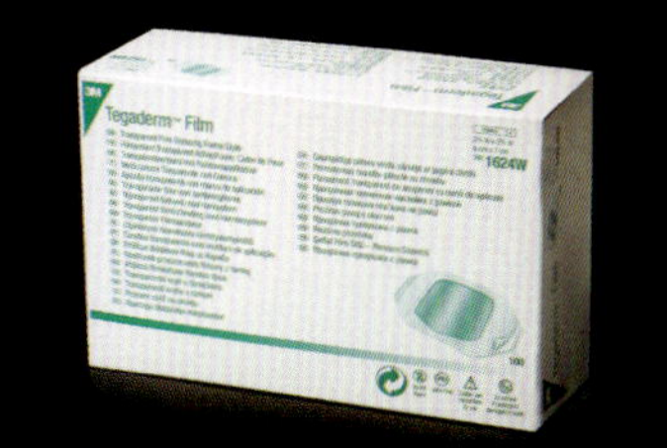

北京现代汽车有限公司（简称北京现代）成立于2002年10月18日，由北京汽车投资有限公司和韩国现代自动车株式会社共同出资设立，注册资本121 906.8万美元，总投资310 191万美元，中韩双方各占50%，合资期限为30年。北京现代是中国加入世界贸易组织后被批准的第一个汽车生产领域的中外合资项目，被确定为振兴北京现代制造业、发展首都经济的龙头项目和示范工程。

北京现代坐落于顺义区北京汽车生产基地，拥有3座整车生产工厂、3座发动机生产工厂和1座承担自主研发的技术中心。整车年生产能力已经达到100万台，发动机年生产能力达到100万台。工厂共占地面积336万平方米，现有员工14 500余人，位居国内乘用车企业前列，自动化程度很高。

最新竣工投产的第三工厂建设项目，位于北京市顺义区杨镇工业区，征地面积155万平米，包括40万辆整车厂和40万台发动机厂，投资总额为12.46亿美元，分两个阶段建设。随着2014年1月杨镇工厂二期竣工投产，杨镇工厂已实现年产整车40万辆和发动机40万台。这标志着北京现代已正式跨入“百万级别”车企行列，为续写“现代速

冲压车间

涂装车间

伊兰特

瑞纳

朗动

新途胜

ix35

电话：800-810-1100 / 400-800-1100 / 010-89490088

汽车有限公司

车身车间

总装车间

度”新辉煌，实现“二次飞跃”伟大目标，奠定了坚实的硬件基础。

截至2014年3月，北京现代已拥有雅绅特、瑞纳、伊兰特、悦动、朗动、i30、MOINCA名驭、第八代索纳塔、途胜、ix35、全新胜达、名图等12个系列车型；销售及售后服务网络已遍布全国，4S店数量715家，卫星店数量145家；累计销售553万辆，实现销售收入5 328亿元，累计纳税688亿元，带动172家（北京地区52家）配套企业就业约15万人，为振兴北京现代制造业、发展首都经济、稳定社会就业作出了应有的贡献。

北京现代良好的经营业绩对北京汽车工业和北京市整体的经济发展起到了极大的推动作用，成为北京乃至全国经济增长的亮点。北京现代的企业理念为“用精细的经营管理创造最好的回报，让股东满意；以舒适的现场提供最好的环境，让员工满意；靠完美的汽车开辟最好的生活，让顾客满意”。公司全体中韩员工将牢记使命，抓住机遇，迎接挑战，不断谱写新的篇章，把北京现代建设成为一个在全国乃至全世界有较高知名度和美誉度的“首都”品牌，为北京工业的繁荣兴盛，为首都经济的稳步发展，为中国建设社会主义和谐社会作出贡献。

全新胜达

第八代索纳塔

名图

新悦动

瑞翼

http://www.beijing-hyundai.com.cn

雅诗兰黛集团

雅诗兰黛集团由雅诗·兰黛和约瑟夫·兰黛于1946年创始。现在，雅诗兰黛集团傲居世界化妆品行业领先地位，生产和营销高品质的护肤、彩妆、香水和护发产品，产品行销全球150多个国家和地区。公司旗下拥有30个知名品牌，13000多家销售点。2013财年，集团全年净销售额达101.8亿美元。

迄今为止，雅诗兰黛集团在中国80个主要城市的各大高级百货公司及商场设有近1200多个销售专柜，拥有员工3700余名，经营销售雅诗兰黛(Estee Lauder)、倩碧(Clinique)、海蓝之谜(La Mer)、魅可(MAC)、芭比波朗(Bobbi Brown)、悦木之源(Origins)、Lab Series及Jo Malone London、Ermenegildo Zegna、Coach、Tommy Hilfiger、DKNY等15个护肤、彩妆及香水品牌。

公司旗下重要品牌及商标：

ESTĒE LAUDER　MAC　CLINIQUE　DKNY DONNA KARAN NEW YORK　BOBBI BROWN

TOMMY HILFIGER　COACH　MICHAEL KORS EST. 1981　ORIGINS　aramis

LA MER　JO MALONE LONDON　Ermenegildo Zegna　LAB SERIES SKINCARE FOR MEN　GoodSkin Labs

公司旗下主要产品：

关于雅诗兰黛集团和产品的更多信息，请访问以下官方网站：

Estee Lauder	*www.esteelauder.com.cn*
Clinique	*www.clinique.com.cn*
Bobbi Brown	*www.bobbibrown.com.cn*
MAC	*www.maccosmetics.com.cn*
La Mer	*www.lamer.com.cn*
Origins	*www.origins.com.cn*
Lab Series	*www.labseries.com.cn*

联络方式：

雅诗兰黛（上海）商贸有限公司
地址：上海市延安中路1228号静安嘉里中心办公楼三座11楼
电话：021-22039924

主要备案商标

CHANEL

N°5

COCO

CHANEL

香奈儿股份有限公司　简介

“我要成为未来的一部分”，香奈儿女士曾如是说。这种雄心壮志与远见卓识的结合，造就了**CHANEL**这个独一无二的品牌。从**20**世纪初创立伊始，香奈儿品牌就超越了当代的设计语言，在时尚、香水与美容产品、腕表与高级珠宝各个层面，不断发展传承，直至今日。

最初，香奈儿以一家小小的女帽店起家，然后迅速地建立起自己的时尚事业。她所提倡的，是一种前所未有的“生活方式”，既赋予女性行动的自由，又不失温柔优雅。在她的设计下，时尚进化为现代、年轻、简洁、实用与理性。斜纹软呢外套、**2.55**包、山茶花、双色鞋…… 香奈儿写下一个又一个传奇。

香奈儿的创作跨越了传统概念的”时尚”。她曾说：“我要一款设计过的香水。”在这个概念的引领下，嘉柏丽尔・香奈儿与俄罗斯宫廷调香师恩尼斯・鲍合作推出了第一款抽象香调的香水，集合了**80**多种香氛，这，就是传奇的**N°5**香水。香奈儿女士更以她自由、自主的生活方式，为独立的现代女性设计了实用有效的美容护肤品。

香奈儿以丰富的创意，不断拓展全新领域。**1932**年“**Bijoux de Diamants**”钻石珠宝的设计，为未来的香奈儿腕表和高级珠宝，开启无限灵感泉源。**2000**年，香奈儿腕表将高科技精密陶瓷与香奈儿永恒优雅的气质巧妙地融为一体，推出了第一款黑色的**J12**，接着又在**2003**年发布了**J12**白色腕表。自此，**J12**腕表成为引领新时代制表的现代经典。

今天，香奈儿以强大的管理及创作团队为后盾，已形成3个独立却相辅相成的业务领域：时装及配饰、香水与美容护肤品、腕表及高级珠宝，同时传承了嘉柏丽尔・香奈儿优雅的现代精神，在各个领域不断续写新的美丽篇章。

旗下主要产品

服装、手袋、各式小皮具、配饰、
鞋帽、围巾、太阳眼镜、光学眼镜、
香水、彩妆及护肤品、腕表、高级珠宝。

浙江导司律师事务所　地址：中国浙江省宁波市和义路 168 号万豪中心 12 楼
联系人：孔勤律师　电话：0574-87305858　传真：0574-87311996

SHISEIDO 资生堂

资生堂的历史

公司的名称“资生堂”，取自儒教的基础——四书五经中《易经》的一句话：“至哉坤元，万物资生”，它可解作“赞美大自然孕育新生命的恩泽”。以此来为公司命名，充分体现了不断发现和创造新价值的资生堂精神及理念。

1872年资生堂在日本东京银座创立了第一家西式调剂药房。

1897年资生堂科学性地开发出以西洋药学处方为基础，名为“EUDERMINE红色蜜露”的化妆水。从此，资生堂便一直致力于美化肌肤和秀发的研究，研发出了许多革新产品和美容方法。今天的资生堂不仅在日本，在世界范围内也受到众多消费者的喜爱。

资生堂自1981年进入中国后，30多年来深受中国消费者的青睐，拥有众多资生堂产品的爱用者。为了更好地服务中国市场，资生堂于2003年12月在上海成立了资生堂（中国）投资有限公司，统筹在中国的化妆品事业，此举成为资生堂大力发展中国化妆品事业的强有力证明。

为了进一步扩展与顾客的交流空间，2004年资生堂正式在中国展开化妆品专卖店事业。资生堂化妆品专卖店不仅仅销售商品，更能为中国女性介绍正确的化妆品使用方法，同时还是展示新型美容方法的时尚文化场所。

未来，资生堂还会致力于通过多种销售渠道，为不同地域、不同年龄和不同需求的消费者提供更多的高品质产品和服务。

主要备案商标

SHISEIDO　Za　資生堂　美白先駆SHISEIDO

目前在中国大陆地区销售的系列产品

SHISEIDO

上海涌道知识产权代理有限公司

地址：上海市黄浦区龙华东路858号绿地海外滩B幢902-903室
电话：021-53073799　　传真：021-53015001

丹佛斯有限公司（DANFOSS A/S）

丹佛斯有限公司 (Danfoss A/S) 1933年在丹麦创立，经过80年的发展，已经成为丹麦最大的跨国工业集团之一。丹佛斯的技术和解决方案广泛应用于民用和商用供暖、制冷和空调、食品冷冻冷藏、电机控制、行走机械，以及风能太阳能等领域，大大提高了现代生活的舒适度，推动了环保和清洁能源的发展。丹佛斯在全球18个国家设有56家工厂，产品销往全球100多个国家，拥有约2.3万多名员工，2012年销售额340亿丹麦克朗。作为在气候和能源领域科技创新的全球领先的企业，丹佛斯在促进世界各国低碳经济的发展，尤其是在举世闻名的“丹麦绿色发展模式”的建设过程中，起到了积极作用。

丹佛斯自20世纪90年代中期正式进入中国市场以来，始终将中国视为“第二家乡市场”，在天津武清、辽宁鞍山、浙江海盐和杭州等地设有工厂。目前，随着中国各级政府和社会各界对节能环保的日益重视，丹佛斯在华增长势头强劲，拥有员工逾4 000人。中国已成为丹佛斯全球第三大市场，员工数量在全球名列第二，并已成为丹佛斯最大的采购来源国。

丹佛斯在中国设立的分支机构详情，请见丹佛斯中国网站：http://www.danfoss.com/China/

丹佛斯的主要注册商标：

Danfoss　　DANFOSS　　丹佛斯

主要被侵权产品图示：

干燥过滤器

热力膨胀阀

商用压缩机

视液镜

电磁阀及线圈

点火变压器

丹佛斯知识产权部联系方式：

地址：北京市朝阳区工体北路甲2号盈科中心A座20层　　邮编：100027

电话：010-85352588　传真：010-85352599　邮箱：fake@danfoss.com

斯巴鲁汽车（中国）有限公司

斯巴鲁汽车（中国）有限公司是日本富士重工业株式会社（FHI）旗下最为重要的海外分公司之一，于2006年正式成立，负责斯巴鲁品牌汽车在中国市场的销售和售后服务，目前，在中国市场销售包括Legacy力狮、Outback傲虎、Forester森林人、SUBARU XV、WRX STI、SUBARU BRZ等多个车型系列的产品。

斯巴鲁以“Confidence in Motion”这一品牌宣言为汽车开发之本，一直致力于卓越汽车技术的开发并注重产品开发与消费者生活方式和价值观的融合，同时希望以旗下汽车产品给使用者带来“安心与愉悦的驾驶体验”。斯巴鲁以左右对称全时四轮驱动系统（Symmetrical AWD）与水平对置发动机（SUBARU BOXER）的理想结合作为自己的核心汽车技术，生产具有优异操控性和良好安全性的汽车产品，在全世界各大汽车市场均赢得了广泛成功，并成为在全球范围内享有盛誉的国际知名汽车品牌。

正式进入中国市场以来，斯巴鲁汽车（中国）有限公司采用“全球同步”策略，将越来越多的精品车型不断引进中国，并使这一性价比极高的纯进口汽车品牌得到了中国用户的广泛认同与肯定，不仅销售业绩获得飞跃增长，而且在中国各地建立起了强大的销售网络和完善的售后服务体系。截至2014年6月30日，斯巴鲁在中国大陆地区的经销商店已超过210家，这些经销商店都以国际水准的统一形象设计和服务标准，为中国消费者提供最为专业、周到的服务。2013年9月，通过与庞大汽贸集团股份有限公司的合资，斯巴鲁汽车（中国）有限公司实现了经营体制的转化，为今后在中国市场寻求进一步发展打下了坚实基础。

在为中国消费者提供优秀汽车产品的同时，斯巴鲁汽车（中国）有限公司近年来还积极投身于公益、环保和文化事业，通过捐建斯巴鲁希望小学、设立斯巴鲁生态保护基金及开展大型宣传环保活动“31座森林星之旅”等切实有效的方式，承担起作为企业公民的责任，为推动社会和谐发展做出努力。

SUBARU

Confidence in Motion

SUBARU BOXER
水平对置发动机

SYMMETRICAL AWD
左右对称全时四轮驱动系统

斯巴鲁汽车(中国)有限公司 www.subaru-china.cn

销售热线：400-818-4860

更多经销商信息敬请登录 http://www.subaru-china.cn/dealer 进行查询。

康恩泰有限公司
CONSITEX S.A.

康恩泰有限公司是杰尼亚（Ermenegildo Zegna）系列商标的持有人。杰尼亚（Ermenegildo Zegna）是世界闻名的意大利男装品牌，最著名的产品是其剪裁一流的西装。多年来，杰尼亚（Ermenegildo Zegna）品牌一直是众多社会名流所青睐的对象。

历史上的杰尼亚

1910 年，不到 20 岁的埃尔梅内吉尔多 · 杰尼亚先生（Mr. Ermenegildo Zegna），在意大利比耶拉开了一间手工纺织作坊。埃尔梅内吉尔多先生去世后，他的两个儿子继承了家族企业。他们齐心协力向成衣市场进军，在创造一流品质纺织面料的同时，又推出杰尼亚（Ermenegildo Zegna）品牌男装，把发展目标定位在世界顶级男装市场，并开始相继生产针织品、饰品、挂件和运动类服装。在面料经营中积累下来的经验，以及拥有自己的纺织厂，使杰尼亚（Ermenegildo Zegna）很快就成长为意大利男装行业中的领头羊。

从 20 世纪 80 年代起，杰尼亚集团开始进行纵深拓展，并在经营规模上走向国际化。杰尼亚集团在西班牙和瑞士的分部全面负责新产品的研制及开发，并且在全球拥有超过 200 家的直营店和上千家零售店。杰尼亚集团每年的销售额，已经占据世界高档男装市场份额的 30% 以上。

杰尼亚全球限量版西服，价格高达 13 万元。据说这种限量版的杰尼亚西服，是用 12~13 微米的羊毛精纺而成，用肉眼看甚至比丝绸还要薄，由意大利设计，并根据面料对气候的要求在瑞士制作，纽扣采用兽类最坚硬的角质做成，而想要这样的西服，还需要耐心等 50 天左右的时间。杰尼亚服装用料一向考究，甚至让人觉得过于奢侈：澳大利亚的美丽奴羊毛，南非的马海毛，中国内蒙古的羊绒、江浙的丝绸等等，全是当地最好的原料。

今日杰尼亚

如今，杰尼亚集团是意大利最著名的家族企业之一，Ermenegildo Zegna品牌已成为世界顶尖的男装奢侈品牌。杰尼亚集团实施高端多元化发展，经营范围从成衣到配饰无所不包，同时实施多项战略，从而成功确立了国际化品牌的地位。目前，杰尼亚集团的市场包括欧洲、北美、南美、亚洲、中东和非洲等。

康恩泰有限公司目前在知识产权海关保护备案系统中有效的备案商标（包括但不限于）：

Zegna　Ermenegildo Zegna　EZ

ZegnaSport　ERMENEGILDO ZEGNA　ERMENEGILDO ZEGNA

海关知识产权保护联系人

FERRANTE

INTELLECTUAL PROPERTY

斐兰德知识产权代理（北京）有限公司

地址：北京市朝阳区东三环北路丙2号天元港中心A座606

邮编：100027

电话：010-84464995

传真：010-84464810

电子邮件: customs@ferrante.asia

亚 洲 翘 楚 · 专 注 中 国 · 贯 通 全 球

KERRY EAS LOGISTICS
嘉 里 大 通 物 流

44+ cities with customs clearance capability 城市具备报关资质

300+ customs brokers 报关人员

110+ inspectors 报检人员

700+ operating licenses 营运许可证

60+ international airports and ports 国际机场及港口

KEAS公司介绍

嘉里物流联网总部设于香港，隶属郭氏集团，是亚太地区最具领导地位的第三方物流供应商之一，为客户提供优质的供应链管理服务。在全球35个国家，拥有超过19 000名员工及8 000辆货车车队，业务以综合物流和国际货代为主。

作为嘉里物流在中国的品牌，嘉里大通物流拥有最强大的配送网络，覆盖最广的物流枢纽中心，仓储物流中心总面积逾200万平方米，并有6 000部车辆、13 000名员工竭诚为客户服务。

公司有着覆盖全国的报关、清关网络，服务60多个国际机场、港口及陆运口岸网络，与海关、出入境检验检疫机构有着长期合作的良好关系；300余名报关员、110余名报检员擅于提供灵活合法的清关服务，满足客户进出口货物的检验检疫需求。

嘉里大通物流的目标市场涉及电子消费品/高科技产品、时装时尚用品、化学品、食品饮料、工业品、医药保健品、航空汽车等多种类型,业务遍及国际货代、国内快运、仓储、合约物流、项目物流、展览物流及多项增值服务。

公司已通过ISO9001 Accredited国际质量认证，作为国际航空运输协会、国际展览品运输协会、国际货代协会联合会、中国国际货运代理协会、中国报关协会等多家协会的资深会员，其始终追求高品质的服务质量。

嘉里大通物流曾被授予中国第一批5A级物流企业、中国最具竞争力50强物流企业等诸多荣誉，多次荣获财富五百强颁发的“杰出物流供应商”、“最佳合作伙伴”等称号。2012年，公司入选由中国国际货运代理协会、《国际商报》评选的“中国国际货代物流百强排名第9名”、“中国国际货代物流百强排名空运第3名”、“中国国际货代物流百强排名仓储第3名”。

联系方式：400-610-3188　　www.kerrylogistics.com

中国免税品（集团）有限责任公司

CHINA DUTY FREE GROUP

cdf

中国免税

CHINA DUTY FREE

中国免税品（集团）有限责任公司（以下简称中免集团）于1984年正式成立，是唯一经国务院授权，在全国范围内开展免税业务的国有专营公司，按照国家赋予的“四统一”管理政策（统一经营、统一进货、统一制定零售价格、统一制定管理规定），对全国免税行业实施统一管理。

在30年的快速发展过程中，中免集团抓住历史赋予的机遇，借助中国经济及旅游业的高速发展，不断践行集团化、连锁化、国际化和多元化的发展道路，在建立覆盖全国免税营销网络、完善口岸免税服务功能、提升城市对外窗口形象、引领中国免税业与世界先进水平接轨的同时，实现了企业自身从传统的免税品分销商向零售运营商，从单一的免税业务向旅游零售相关领域多元化发展的转变，行业龙头作用凸显，综合实力日益增强，国内外影响力不断扩大，成为了中国旅游业不可或缺的生力军，乃至世界免税业的重要组成部分。

在传统免税业务方面，中免集团已建立起覆盖中国主要机场、边境口岸及港澳台地区的免税品零售体系。旅游零售（有税）方面，中免集团机场旅游零售网络已遍布上海、广州、深圳、成都等12个一线城市的机场国内厅，经营总面积达15 000平方米，并且首次将业务延伸到了高铁商业领域。离岛免税方面，在国家相关部委及海南省政府的大力支持下，中免集团三亚市内免税店于2011年4月正式对外运营，是目前大陆地区规模最大、品牌最全、环境最好的市内离岛免税店，三亚店拥有近百个国际顶级奢侈品牌的上万种商品，让国人不出国门便能享免税商品服务。未来，全球最大免税店——中免集团海棠湾国际购物中心将全面营业，并将成为中国免税商业史上汇聚国际顶级品牌最多、档次最高的大型免税购物主题商场，为中免的离岛免税业务增长注入强大动力，并将同时带动和提升中国免税行业整体的品质、规模及综合运营能力。境外拓展方面，中免集团先后在香港、澳门和台湾地区成立了分公司，成功开设金门离岛免税店，开展外轮供应业务，设立邮轮免税店，成立柬埔寨中免公司。

截至2014年3月底，中免集团已经在全国30个省、市、自治区（包括香港、澳门和台湾地区）设立了涵盖了机场、机上、边境、客运站、火车站、外轮供应、外交人员、邮轮和市内九大类型200多家免税店，面向出入境旅客、国际海员、外交人员及离岛旅客（海南岛）提供涵盖二十多个大类上千个品种的免税品购物服务，并发展成为世界上免税店类型最全、单一国家零售网点最多的免税运营商。

面向未来，中免集团将全面整合免税、旅游零售领域资源，通过锲而不舍的努力，发展成为国际一流的商品供应商和零售运营商，为海内外顾客提供物超所值的商品和服务，在做大做强中国及亚太免税业和旅游零售业的同时，不断向一流大型商贸集团的目标迈进，为促进中国及亚太旅游业的繁荣发展作出更大的贡献！

广州白云机场综合保税区

广州白云机场综合保税区（中区）卡口

广州白云机场综合保税区（中区）办公楼

广州白云机场综合保税区办事大厅

区域概况

广州白云机场综合保税区是广东省首个经国务院批准成立的综合保税区，规划面积为7.385平方千米，共分为中区、南区、北区三个区域。园区地处广州空港经济区核心区内，毗邻国内三大枢纽机场之一的广州白云国际机场、京广高铁的广州北站和规划中的大田铁路集装箱中心站，目前已初步形成了广州白云国际空港枢纽、广州北站综合交通枢纽和大田铁路集装箱货运枢纽“三港联动”的发展格局。依托广州白云国际机场多达222条国内外航线的航空网络，凭借广州空港经济区内“三横三纵”的高速公路网络、“环形+放射”的快速路网，以及囊括了城际、市域、轻轨、有轨电车线路的共16条线、总长度316千米的轨道交通网络，广州白云机场综合保税区交通物流条件极为便利，具有“连接珠三角、服务南中国、辐射东南亚”的独特区位优势。

国务院联合验收组组长、海关总署加贸司副司长吴海平和广东省政府副秘书长吴恳共同签署验收纪要

2014年4月17日，广州白云机场综合保税区（一期）正式通过国家十部委的联合验收，区内企业享有境外货物入区保税、境内货物入区退税、区内流转自由免征增值税和消费税等优惠政策，可以开展保税仓储物流、国际贸易、检测维修、商品展示、研发制造、国际采购分销和配送等多项业务。其中，中区位于花都区，紧临广州白云国际机场北出口，一期（围网）建设用地面积0.537平方千米，进驻了DHL、TNT等一批国际物流企业，依托广州白云国际物流有限公司、联邦快递亚太转运中心、广州飞机维修工程有限公司、广州新科宇航科技有限公司等企业，形成了口岸作业和保税物流服务等主要功能，2013年货邮处理量已突破38万吨；北区位于花都区，一期（围网）建设用地面积0.468平方千米，网外区内已进驻中国移动通信集团广东有限公司、广东中烟工业有限责任公司、浙江淘宝供应链管理有限公司、华润广东医药集团有限公司、广州恒福储运有限公司等企业，形成了仓储、转运等主要功能；南区位于白云区，一期（围网）建设用地面积0.64平方千米，网外区内已进驻一批从事汽车、建材、电子、化工、食品、玩具等行业的制造型企业。

在推进项目一期建设的同时，广州市将广州白云机场综合保税区定位为全市临空产业的重大战略性发展平台，充分发挥广州白云国际机场的航空枢纽港优势，坚持以保税仓储物流为基础、现代保税服务为主导、高端保税加工为辅助的产业方向发展，以建设全球保税物流中心、全球保税维修中心、亚太贸易展销中心为目标，加大招商引资力度，积极构建产业集群。目前，已与国药集团、固特异轮胎橡胶公司等一批国内外知名企业达成投资意向，拟打造建设华南最大医药采购物流基地等一批优质项目。在新业态方面，以飞机租赁和跨境贸易电子商务为代表的临空功能服务业务展现出了蓬勃的生命力，围绕机场构建的临空功能服务产业链已基本成型。

http://gzkg.gov.cn

重点项目

根据《广州白云机场综合保税区产业发展规划（2013—2020年）》，广州白云机场综合保税区现已策划八个重点发展项目，热诚欢迎投资者前来考察洽谈。

1.航材国际贸易分拨中心

建设高精密、高价值、高敏感的集保税存储、物流配送及解决方案于一体的国际航材贸易分拨中心，重点发展航材寄售、航材分拨、部件租赁等业务，使之成为服务亚太地区的多功能航材支援中心。

2.生物医药贸易分拨中心

配置国际先进技术设备，创新医药产品业务流程及通关模式，降低医药流通成本，为国内外客户提供中成药及生物技术药物、药品制剂的贸易销售与结算、仓储、包装、运输、加工等服务。

3.保税展示交易中心

依托周边区域珠宝、汽车、裘皮等产业基础及空港的集散优势，建设保税展示交易中心，为周边企业提供项目洽谈、供需对接、形象展示、商务代理的新平台，重点开展高档汽车、珠宝首饰、高档钟表、艺术品、酒类、裘皮等产品展览、展示业务。

4.亚太冷链贸易分拨中心

依托空港的高效运输优势，发挥机场周边物流企业的集聚效应，积极引进冷链物流企业，建成华南地区设施最先进、功能最齐全、运营最高效的现代化冷库设施，围绕生鲜、水果、花卉等航空指向性强的产品开展销售、全球配送等业务，增强高端冷冻产品进口贸易服务功能。

5.生物医药研发中心

面向周边生物医药产业发展需求，利用政策优势，引进高端实验设备，设立生物医药研发中心，创新机制体制，开展现代中药、化学药、生物制剂等研发产品应用与转化研究、临床前研究和临床研究、诊断测试等业务。

6.文化展示交易中心

利用针对文化产品的保税政策，吸引艺术品经营企业及配套服务企业入驻，开展国际性文化产品展示、交易活动，提高文化产品的国际转运效率，节省企业交易成本。

7.影视作品后期制作中心

依托文化产业发展基础，利用优惠政策引进影视后期制作生产线，提高广州影视后期制作的国际核心竞争力，进一步延伸和完善影视产业链，壮大文化影视产业。

8.飞机检测维修中心

依托广州白云国际机场航空产业资源优势，打造航空维修、全流程信息服务、民航产品和技术适航审定系统，为国内外航空公司提供飞机发动机、复合材料等航空零部件的检测维修业务。

广州白云机场综合保税区中区

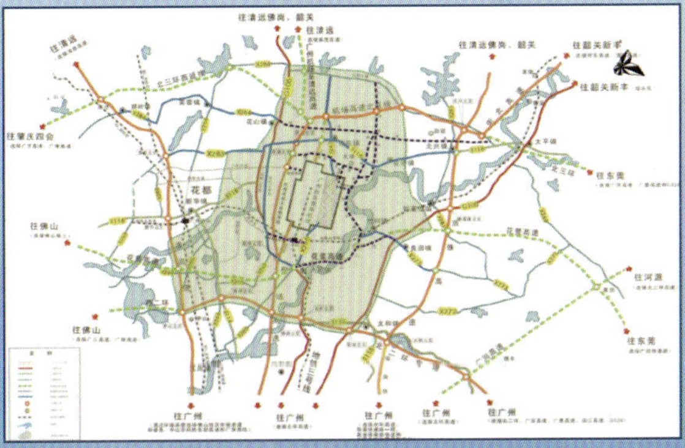

广州白云机场综合保税区周边交通路网图

飞机检测维修

联系方式

网址：gzkg.gov.cn

地址：广州白云国际机场空港三路口岸综合楼圆楼　部门：广州白云机场综合保税区管理委员会投资促进处

电话：020-36063820、36063829　传真：020-36062000

烟台保税港区

开发建设

2009年9月7日，烟台保税港区经国务院以国函[2009]108号文件正式批复设立，成为全国第13家、全省第2家保税港区，也是目前按照“功能整合、政策叠加”要求，全国第一家以出口加工区和临近港口整合转型升级形成的保税港区。2010年7月30日通过国家十一部委验收组的联合验收，之后仅用5个月时间，完成开关运作的各项准备，于2011年1月12日正式开关运作，成为烟台开放发展史上的一个重要里程碑。2014年3月13日，获海关总署批复，成为全国14个跨境贸易电子商务试点之一。

烟台保税港区规划面积为7.26平方千米，分为两个区块：区块一面积为5平方千米，包括原出口加工区A区0.7平方千米和烟台港4.3平方千米；区块二面积2.26平方千米，即位于烟台开发区内的原出口加工区B区。一期封关面积为4.86平方千米，其中区块一3.05平方千米，区块二1.81平方千米。

投资环境

烟台保税港区位于烟台市城区北部，外与日韩隔海相望（距离韩国235海里，距离日本529海里），内与城区紧密相连，距烟台火车站1千米，距烟台莱山国际机场17千米，北接沈海高速，与烟大铁路轮渡仅一网之隔，距离市区中心商圈不到2千米。

烟台保税港区是真正实现区港一体化运作的海关特殊监管区域，货物下船即可入区。烟台港是中国环渤海港口群主枢纽港之一，以集装箱、矿石、煤炭、油品为四大主营货种。2013年，烟台港货物吞吐量达到2.2亿吨，同比增长9.2%；完成集装箱吞吐量215万标箱，同比增长16.2%；化肥出口量、铝钒土进口量、木材进口量和水泥出口量等指标位居全国前列。已开通内外贸集装箱航线50条，月均航班300班左右，经烟台港可连接环渤海地区、长三角地区、珠三角地区主要港口，可承接世界各地货物。

保税港区开关运作后，加快港口集装箱码头及后续配套工程建设，推进航线开辟，促进货源集聚，着力打造大进大出、快进快出的国际物流通道。一期封关区域内的集装箱泊位已全部形成作业能力，集装箱年吞吐能力由150万标箱扩大到500万标箱以上。近年来，港口作业区新建设通用仓库3万平方米、保税仓库5 000平方米、后方堆场16万平方米，进一步促进区域功能升级。捷时达物流产业园、中外运物流场站和现代保税仓储等一批高标准、特色化、专业性大型保税仓储设施即将投入使用，将有力提升产业集聚和功能承载水平。

招商引资

烟台保税港区成立后，坚持走出去、请进来双管齐下，全面加大政策功能推介力度。集中力量抓好重点招商，变招商引资为“选商择资”，重点面向跨国公司、企业总部、世界500强，着力引进投资强度大、附加值高、发展前景好、具有强力拉动作用的大项目；突出热点地区深入招商，以日本、韩国及港、澳、台地区为招商重点区域，有针对性地加大工作力度，确保招商取得实效；强化特色产业专业招商，按照“两头延伸”的要求，以产业升级、项目置换为着力点，围绕商品展示、保税物流、保税加工“产业链”论证、筛选项目，加大功能招商力度，凸显保税港区政策虹吸与聚焦效应。2013年，累计入驻项目137个，外商投资企业50个，实际到账外资7 429万美元。全年开复工建设项目10个，新增注册企业21家，其中外资7家，还有12个储备项目正在加紧运作，大多数为保税物流、高新技术等高端新兴项目。

经济发展

开关运作以来，烟台保税港区紧紧围绕山东半岛蓝色经济区和烟台东部新区建设，突出“发挥保税港区特殊政策功能优势”这一核心，加快新兴产业培育，狠抓园区转调升级，全区实现又好又快发展。2013年，全区完成合同利用外资和实际利用外资分别达到1 655万美元和1 512万美元，外贸进出口157.4亿美元，其中出口90.9亿美元，进口66.5亿美元，在全国保税港区中位居前列；完成保税物流货值98亿美元，创历史新高。

目标定位

作为三大战略实施的重要前沿功能区，烟台保税港区坚持从区域经济发展的全局和高度着眼，紧紧围绕建设“区域性贸易中心、航运中心、高技术产业中心”和“东北亚枢纽港”的发展目标，以保税物流为重点，以国际商品展示为突破口，以高端高质高效新兴产业为引擎，以港口航线开辟、货源培育为保障，努力打造在国内外有较大影响力的区域性物流中心、特色突出的商品展示交易中心、高效便捷的航运服务中心和产业聚集的临港产业集群，在政策功能运用、产业转型发展和先行先试上更好地发挥引领带动作用，为区域经济发展提供有力政策支撑。

烟台港

发展趋势

开关运作以来，烟台保税港区充分依托保税加工、保税物流、保税服务等特殊政策平台，初步形成了东区以港口作业和保税物流为主、西区以保税加工制造为主的发展格局。一是狠抓拓展提高，加快发展保税物流。运用保税港区的独特政策和功能集成优势，以国际商品展示为突破口，创造和诱发商机，促进贸易生成；以

海关总署副署长孙毅彪到进口酒类食品展示交易中心调研

烟台市委书记张江汀和烟台保税港区工委书记于华文陪同山东省副省长夏耕到国际奶类交易中心考察

第七届烟台国际葡萄酒博览会保税港区分会场开幕，进口酒类食品展示交易中心二期同步启动运营

保税加工贸易和现代物流为着力点，以保税仓储和现代港口运营为保障，努力构建多元化口岸物流新业态。已建成国际葡萄酒、进口奶粉、国外工业名优产品和保健食品等5个展示中心，汇集了30多个国家的3 000多个品种、近百个国际知名品牌，吸引了100多家经销商入驻。在此基础上，推动国际商品展示向分类和区域特色展示方向发展，国际奶类液态奶分中心、美国CNE商品展示中心新馆相继启动，澳大利亚馆、韩国馆、台湾馆等一批区域特色展示场馆投入运营，进口酒类食品展示交易中心作为第七届烟台国际葡萄酒博览会分会场，有600多名中外客商前来参会参展，凸显了烟台“国际葡萄酒城”的特色和影响力。以展示促贸易、增物流、活港口、带发展的综合辐射拉动效应日趋显现，2013年保税物流进出口同比增长48%，港口吞吐量同比增长45.5%。引进了以邮政速递和奥展为主体的快递物流和进出口315网络平台，可充分发挥行邮通关渠道优势，为跨境贸易电子商务客户提供一站式服务。二是重抓转调升级，巩固提升保税加工。通过租赁转让、并购重组，盘活启动空置厂房12万多平方米；引导帮助加工制造企业增资扩股、项目嫁接和研发高新技术等，逐步淘汰落后产能，拓展保税物流业务，加快提升产业层次。全区合同外资和实际到位外资分别有90%和95%来自于增资扩股，骨干创汇企业一半以上引进高新技术调整产品结构，11家重点骨干创汇企业进出口额占全区总额91.9%，平均增幅达到24.7%。区内出口货物种类从金属制品、木材加工、机器设备及零部件等领域，逐步扩展到集成电路系统、液晶显示部件和海洋工程设备等高技术含量和高附加值产品。鼓励龙头骨干企业联强攀优，开发启动一批具有产业前瞻性、技术含量高、新型特征明显、带动力强的大项目、好项目，为推动全区科学跨越发展构筑支撑点。重点抓好集现代商务、国际物流、商品展示、转运配送于一体的多功能综合平台设施和一站式服务设施建设，捷时达物流港悦大厦、益通仲伯物流仓储、中外运仓储集装箱场站等一批重点项目全面启动建设，将于2014年上半年投入使用；中水冷链物流、跨境贸易电子商务产业园等大项目正在加快推进，将进一步提升产业集聚和功能承载能力。

美国CNE商品展示中心

烟台帕特仑精密电子有限公司

国际进口酒类食品展示交易中心

中冶南方工程技术有限公司

WISDRI Engineering & Research Incorporation Limited

www.wisdri.com

董事长、党委书记：项明武

中冶南方工程技术有限公司（简称中冶南方，其前身为冶金工业部武汉钢铁设计研究总院）是由中国冶金科工股份有限公司控股的高新企业，注册资本16亿元，主要从事钢铁、环保、市政、建筑工程的咨询、设计和工程总承包；机电产品制造；清洁能源、节能环保、工业气体项目的投资、建设、运营等。

中冶南方集近60年研发、工程咨询、工程设计、项目管理的经验和完善的服务体系，始终与世界先进技术同步，并自主创新实现技术和装备的国产化，建有“国家钢铁生产能效优化工程技术研究中心”和国家认定的企业技术中心，设有博士后工作站，拥有专门中试、制造基地，获得国家、省部级优秀工程设计奖、发明奖、科技进步奖460余项，完成国家重大科研课题10余项，拥有千余项专有技术、专利技术，主编及参编国家、行业及地方标准72项。在全国勘察设计企业综合实力百强评选和全国勘察设计企业营业收入排序中，一直位居前10名。

中冶南方办公环境优美，技术开发条件优良，汇聚了一大批专业技术人才，拥有全国工程勘察设计大师2人，高级职称技术人员占35%以上，分别为工艺、设备、自动化、能源动力、规划、土建、经济等24个专业的技术专家。中冶南方设有5个设计所，2个事务所，13家分公司，18家控股子公司，1个技术研究院；主办国家核心科技期刊《炼铁》杂志。

中冶南方以创建国际一流工程公司为目标，承担并完成了数百项国家重点工程设计、设备成套和工程总承包项目，能够为冶金、环保、城建等领域的客户提供专业的服务，以获得国家科学技术进步奖一等奖的鞍钢1 780毫米大型宽带钢冷轧生产线工艺装备技术国内自主集成与创新项目，获得国家科学技术进步奖二等奖的降低薄带钢生产

公司3D效果图

俯视设计楼

公司设计大楼

公司办公大楼

消耗的关键技术，获得全国优秀工程设计“金奖”的宝钢1 550毫米冷轧工程、武汉钢铁集团公司第二硅钢片厂工程、马钢股份公司“十一五”技术改造和结构调整500万t/a钢铁联合工程，获得全国优秀工程总承包项目“金钥匙”奖的涟钢2 200立方米高炉总承包工程、马钢冷轧后工序加工工程等为代表的一大批项目建成投产，成为冶金、环保领域最重要的技术服务商和工程承包商。

作为中国冶金行业最重要的技术服务商和工程承包商，中冶南方凭借雄厚的技术实力、优秀的管理水平和突出的经营业绩，坚定不移地致力于海外市场开发，客户遍及亚洲、欧洲、南美洲等的20多个国家和地区，在俄罗斯、马来西亚、印度、越南、韩国、我国台湾等国家和地区承建了多项重要工程。中冶南方承接的俄罗斯MMK5米宽厚板公辅项目于2009年7月建成投产，时任俄罗斯总理普京出席了项目投产盛况，该项目获得全国优秀工程总承包“铜钥匙”奖及2010年度全国冶金行业优秀工程设计二等奖，成为冶金行业内首个获得国家级奖项的海外项目。中冶南方是“中国对俄罗斯出口和服务500家优质企业”、“湖北省对外开放先进单位”。

中冶南方竭诚为顾客提供最优质的技术、装备及工程服务，与客户、合作伙伴携手共赢，共创美好未来！

俄罗斯MMK5米宽厚板公辅项目
110KV变压器发运

韩国浦项渣处理项目设备装船

总经理孟祥杰

办公环境

中国国际图书贸易集团有限公司

中国国际图书贸易集团有限公司（简称国图集团公司），原名中国国际书店，成立于1949年12月，隶属于中国外文出版发行事业局（中国国际出版集团），是新中国第一家书刊进出口机构，也是中国最大的专业性书刊进出口公司之一。国图集团公司是中国出版物出口的领军企业，占有全国出版物进出口经营单位一半以上的出口份额。

经营范畴：国图集团公司始终以外向型、国际化为发展定位，以图书、报纸、期刊、缩微制品、音像制品、电子出版物、数字出版物、工艺美术品等文化产品的进出口贸易为核心业务，同时开展出版、数据加工、印刷加工、纸张经营、仓储物流、物业经营、资本运营、展览和版权交易等业务的多种经营。

资质介绍：2009年至2013年，国图集团公司连续数年被商务部、中宣部、财政部、文化部、新闻出版广电总局等五部委授予“国家文化出口重点企业”称号。2010年，经原新闻出版总署批准，国图集团公司成为首批获准经营进口电子图书资质的单位之一。2011年，由于“十一五”以来在推动中国出版物走出去特别是实物出口中所做的大量工作和取得的突出成绩，国图集团公司被评为“全国新闻出版走出去先进单位”。2011年12月，国图集团公司被海关总署核准为AA类企业，在进出口贸易诚信体系建设中步入了新阶段。

渠道优势：国图集团公司是新中国第一家书刊进出口企业，始终以弘扬中华民族优秀文化、促进中国和世界各国之间的文化交流、扩大书刊和其他文化产品的国际贸易为己任。集团总部在北京，并在上海、深圳、广州、西安、无锡、珠海、香港等地设有分、子公司，在美国、英国、法国、德国、比利时、加拿大、日本等国家设有海外子公司和办事处。经过65年的开拓和发展，国图集团公司面向全球180多个国家和地区出口中国出版的各类中外文图书、特色年鉴、地方志、电子出版物、数字出版物、缩微制品、音像制品及上万种中外文报刊，与海外数千家出版发行商、书店、学协会、图书馆及数十万读者保持业务往来，累计向海外发行各种文版的中国出版物10多亿册，向全国数千家高校、科研机构、企事业单位和政府部门长期稳定地提供销售和服务。

物流优势：国图集团公司在北京设有物流中心，库房面积达2万多平方米，拥有一支专业化的物流队伍，提供满足国内外客户需求的标准化仓储、包装、运输、理货、配载、清关等服务，形成了多条快捷畅通的国际运输途径，与海关、机场、港口、邮局等部门建立了长期稳固的合作关系。从送货、收货、提货、包装、贴签，到交付国际邮局、快递公司、航空、海运，凭借高标准的操作流程、稳定安全的运营网络、科学合理的资源整合，提供全方位物流服务。

地址：北京市海淀区车公庄西路35号　邮编：100048　电话：010－68412045、68414284　传真：010－68412023
网址：www.cibtc.com.cn　信箱：cibtc@mail.cibtc.com.cn

浙江·杭州出口加工区

浙江杭州出口加工区于2001年5月18日通过海关总署等国家八部委联合验收，5月23日正式封关运作，为全国首批出口加工区之一。截至2013年，建区累计工业总产值1 262.8亿元，进出口总值达244.91亿美元，税收总额38.7亿元，实现保税物流业务总量22.47亿美元。2013年，浙江杭州出口加工区经济转型明显加快，利用现有资源、拓宽区域功能模式、助力区域企业转型升级。全年工业经济趋稳、外贸出口整体略有增长，保税物流业务结构更趋合理。2013年，实现工业总产值124.54亿元，实现进出口总值20.71亿美元，贡献税收8.6亿元，实现保税物流业务4.8亿美元。

浙江杭州出口加工区地理、交通条件优越，通过高速公路3小时内可到达华东地区各主要城市并且可等距离利用上海和宁波港。同时，杭州萧山国际机场为国家一类口岸，已开通至日本、韩国、新加坡、泰国、我国香港和澳门等国家和地区的每日往返航班。另外具备优越的人才优势，在距离浙江杭州出口加工区2千米处，有浙江省内最大的高教园区——杭州下沙高教园区，总面积10.12平方千米，园区内有14所高校，在校学生数达18万人，专业覆盖理、工、商、财经等专业门类。

目前，浙江杭州出口加工区拥有杭州海关、国检的现场报关部门，为加工区内企业提供现场报关、报检服务。加工区内引入银行1家，报关行5家，货运代理9家，物流企业7家，物业、邮政等公共服务机构为杭州出口加工区内企业提供相应的服务；并先后引进了杭州松下住宅电器设备（出口加工区）有限公司、东芝信息机器（杭州）有限公司、杭州矢崎配件有限公司等世界500强企业，共已入驻生产型企业24家，形成了电子信息、机械制造、家用电器、新能源等产业集聚区。

浙江杭州出口加工区管委会以“工业兴区”战略为指引，以走访调研、专题座谈会等形式，加强产业引导，全面了解企业生产经营状况。开展上门送政策，指导并协助企业了解杭州经济技术开发区（浙江杭州出口加工区）管委会制定的奖励优惠政策，全面支持和鼓励加工区企业自主创新，引进新项目、新技术，加快成品的更新换代及开拓海内外新市场，提高市场竞争力和可持续发展能力，推动加工区的转型升级。

浙江杭州出口加工区为应对国内外经济形势的新挑战，增强区域政策、功能优势，加快产业升级，根据《国务院关于促进海关特殊监管区域科学发展的指导意见》（国发[2012] 58号）文件要求，管委会已于2013年6月正式启动杭州出口加工区升级为综合保税区的申报工作。

为顺应国家“扩大进口，促进贸易平衡”的政策导向，同时推进区域可持续发展，浙江杭州出口加工区整合区域优势资源，优化监管模式，大力发展进口业务。经过两年努力，2013年获浙江省“省级进口平台”称号。同时，杭州市作为全国首批跨境电子商务服务试点的6个城市之一，杭州市人民政府于2014年1月28日确定浙江杭州出口加工区为杭州跨境贸易电子商务（进口）唯一试点区域，将以“全国一流，浙江第一”为目标，全力推进跨境电子商务进口试点业务的相关工作。

标准厂房一角　监管仓库

东芝信息机器生产线

东芝厂房

宁波梅山保税港区

宁波梅山保税港区地处长三角南翼，宁波-舟山港核心区域，2008年2月24日经国务院批准设立，是全国第五个保税港区。其规划面积7.7平方公里，一期2.5平方公里于2010年6月29日通过国务院联合验收组验收，同年8月26日开港试运行。2012年3月2日，口岸正式开放获国务院批复同意。

作为目前浙江省唯一的保税港区，梅山坚持“立足宁波、依托浙江、服务长三角、辐射中西部、对接海内外”的开放战略，重点发展以国际贸易为龙头、以港航运营为基础、以现代物流为支撑、以离岸服务和休闲旅游为配套的现代服务业，致力于打造亚太地区重要国际门户城市的核心功能区，浙江深化对外开放和实施港航强省战略的先行先试区，长三角建设资源配置中心和上海国际航运中心的重要功能区，国家建设自由贸易园区的先行试验区。

自开发建设启动以来，梅山保税港区坚决贯彻国务院批复精神和省市党委、政府的战略部署，高标准、高起点开展功能定位及产业研究，全面科学构建规划体系。基础设施加快完善，口岸功能不断拓展，产业培育快速集聚，先后建成梅山跨海大桥、行政商务中心、1~5号集装箱码头、一期封关监管设施等重大基础工程，区域内实现“七通一平”，累计固定资产投资逾413亿元。2012年1月，梅山成为全国第二家进口罗汉松特定口岸，同年11月，梅山汽车整车进口口岸获国务院批复同意，成为继广西、福州之后第三个具备汽车整车进口口岸功能的保税港区。2013年10月，梅山汽车整车进口口岸顺利通过验收，正式启动运行。

当前，宁波梅山保税港区牢牢抓住“产业培育、城市建设、环境优化”主线，坚持走产城融合、资源节约、环境友好、宜居宜业宜游的科学发展之路；致力于培育国际贸易与现代金融、高端制造与滨海休闲旅游产业，全面推进“国际贸易岛、财富管理岛、蓝海休闲岛”建设。目前已集聚各类企业3600余家，注册资金超1100亿元，已成为宁波、浙江对外开放的新高地，经济发展调整与产业转型升级的引领区。

沈阳综合保税区

2012 年 10 月 30 日沈阳综合保税区通过国家十部委联合验收

监管大楼

B 区主卡口

标准厂房

沈阳综合保税区是由原沈阳出口加工区、沈阳（张士）出口加工区和沈阳保税物流中心 3 个海关特殊监管区域及场所整合组建而成的，于 2011 年 9 月 7 日经国务院批准设立，规划面积 7.198 2 平方千米，其中区块一（简称 A 区）规划面积 4.198 2 平方千米，位于沈阳近海经济范围内；区块二（简称 B 区）规划面积 3 平方千米，位于沈阳浑南新区范围内。沈阳综合保税区采取总体规划、分步实施的原则，一期启动面积 1.854 平方千米，基础设施建设已全部达到“七通一平”，海关监管设施已完全满足海关特殊监管区域相关要求，已于 2012 年 10 月 30 日顺利通过国家十部委的联合验收。

沈阳综合保税区是由海关实行 24 小时不间断监管，集合了全部海关特殊监管区域功能和优惠政策，是我国目前除上海自由贸易区之外开放层次最高、优惠政策最多、功能最齐全、手续最简化的特殊开放区域。沈阳综合保税区可以开展保税物流、保税加工、展示展览、国际采购、分拨和配送、国际中转、售后服务、检测维修、科技研发等业务。

沈阳综合保税区 A 区主要依托沈西工业走廊和沈阳近海经济区的资源优势，吸引大型仓储、分拨、配送型物流企业及加工贸易企业入驻，突出保税加工和保税物流功能；B 区主要依托高新技术产业集群优势及背靠桃仙机场的区位优势，吸引高科技、高附加值产业入驻，突出口岸通关和保税加工功能。A、B 两区将形成“资源共享、错位布局、互为补充、共同发展”的战略局面，共同打造沈阳综合保税区的新格局，努力发展成为国际保税产品研发中心、展览展示中心、保税加工中心和保税物流中心。

沈阳综合保税区地理位置优越，经沈西开发大道，可直达营口港；经沈大高速公路，可直达大连港；经近海铁路，可直达盘锦港。公海联运、铁海联运、空港联运的立体交通构架，使其实现了同海港口岸和空港口岸之间的快速链接。便捷的交通环境，大大降低了企业运输成本。

沈阳综合保税区除享有国家赋予的海关监管、检验检疫、税收、外贸管理、外汇管理等独特优惠政策外，还享有振兴东北老工业基地和辽宁沿海经济带优惠政策。

沈阳综合保税区服务温馨、环境一流，行政审批服务中心为驻区企业提供优质高效的服务，综合保税区海关实行一次申报、一次查验、一次放行的“三个一次”通关模式，实现高效便捷通关。

目前，园区共有 29 家企业开展生产经营活动，96 家企业利用综合保税区功能开展相关业务。2013 年，新开工建设项目 10 个，签约项目 17 个，在谈项目共 63 个，涉及机械加工、电子、物流、商贸等行业。

风生水起大沈阳，扬帆远航保税港。沈阳综合保税区必将开启沈阳的港城时代，进一步完善和提升沈阳作为国家级中心城市的功能与地位，进而推动整个东北地区外向型经济的快速发展，实现沈阳经济区与辽宁沿海经济带的良性互动。

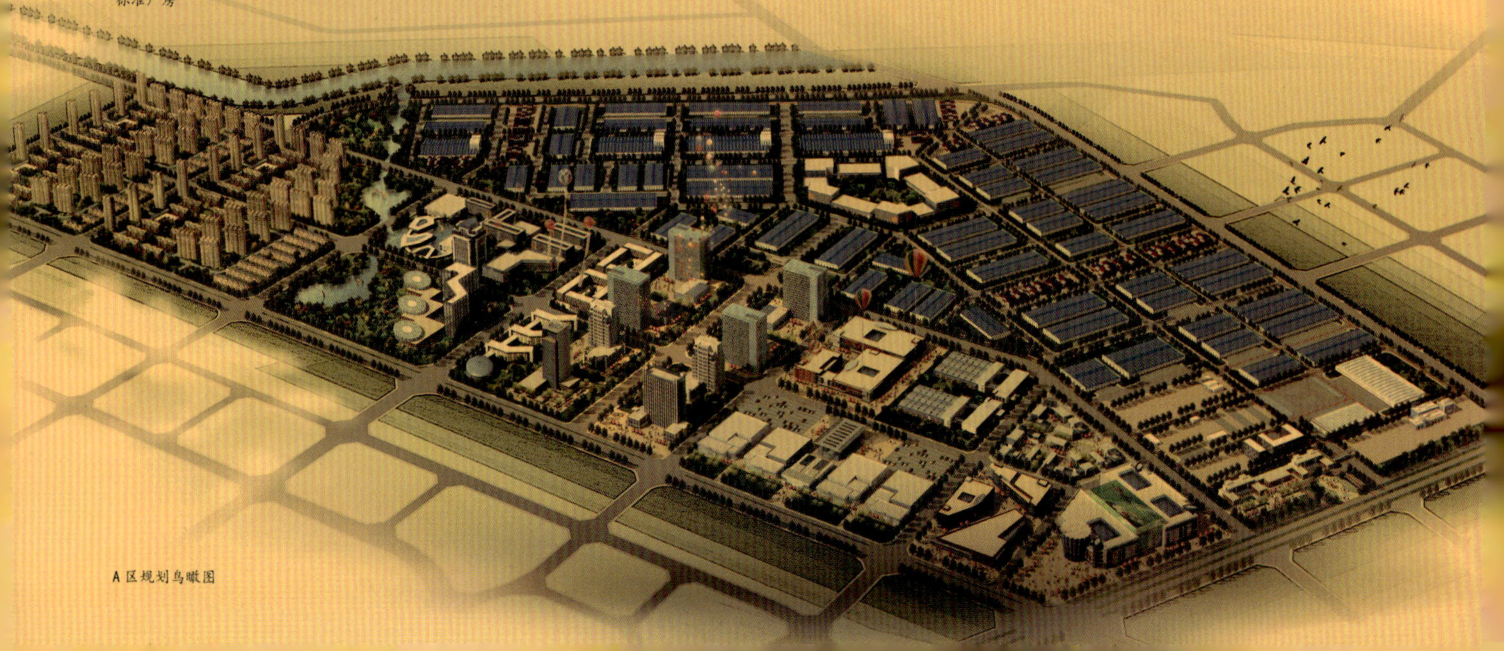
A 区规划鸟瞰图

广西凭祥综合保税区

GUANGXI PINGXIANG INTEGRATED FREE TRADE ZONE

广西凭祥综合保税区于2008年12月经国务院批准设立，规划总面积8.5平方千米，分三期建设，其中一期工程1.2平方千米，分为保税物流区、口岸作业区和配套服务区3个功能区，于2010年11月11日正式开工建设，2011年9月30日正式封关运营。目前，正在加快推进卡凤保税物流加工区集装箱堆场、仓库和标准厂房项目建设，二期3平方千米的建设也在积极推进。

广西凭祥综合保税区申报中心大楼

区位优势：广西凭祥综合保税区位于广西凭祥市友谊关，与越南边境口岸直接相通，是第一个设立在陆地边境上，并与境外实现“直接相连”的具有跨境合作背景的综合保税区，其周边250千米范围内已经形成陆海空立体物流运输便利条件。广西凭祥综合保税区距广西北部湾港口和越南海防港分别为230千米和300千米，距广西壮族自治区首府南宁市195千米，距南宁吴圩国际机场165千米，距越南首都河内市160千米，是中国通往东盟的陆路主通道。

广西凭祥综合保税区保税仓库

跨境合作：2007年1月，广西与越南谅山共同签署了《广西壮族自治区与越南谅山省建立中越边境跨境经济合作区合作备忘录》，双方边境接壤地区各划出土地8.5平方千米，共建总面积为17平方千米的跨境经济合作区。2008年，越南政府批准建立谅山省谅山—同登口岸经济区。广西壮族自治区政府已明确，广西凭祥综合保税区管委会同时挂中国凭祥—越南同登跨境经济合作区管委会牌子，行使中方区域的管理权。目前，双方区域管委会正在务实推动中国凭祥—越南同登跨境经济合作区建设，建立了合作工作机制，推进“两国双园”互动发展，橡胶加工、机电展示、工程机械国际租赁等跨境合作项目建设取得了初步成效。

五中心一基地三条黄金线路 发展格局

运营情况：2013年，通过综合保税区口岸作业区出入境车辆达84 844辆次；进出口货物71.85万吨；完成贸易额70.24亿美元，同比增长119.57%。300多家企业依附综合保税区平台开展进出口贸易、保税仓储物流、工程机械展销与国际租赁等业务，行业涵盖贸易、物流、金融、文化等领域。

功能定位：充分发挥综合保税区连接国内外两个市场、利用境内外两种资源的桥梁纽带作用，引导现代生产型服务业和先进制造业入区发展，重点开展国际贸易、国际中转、分包配送、保税物流、保税仓储、展览展销、检测维修、国际租赁、保税加工、口岸业务，以及与之配套的金融、保险、代理、劳务等业务，积极拓展相关功能。

特色产业：结合独特的区位优势，综合保税区正在形成“五中心一基地三线路”产业发展大格局，即橡胶保税加工贸易中心、机电产品展销租赁维修中心、农资（化肥）保税仓储交易中心、大宗农产品保税加工配送中心、风景苗木进口交易中心，特色资源出口加工基地，以及“综合保税区—越南谅山—越南海防港”、“综合保税区—越南河内—越南胡志明市”、“综合保税区—越南谅山—老挝沙湾拿吉—泰国曼谷”三条黄金物流线路。积极探索开展中国—东盟文化产品交易、离岸金融业务。

广西凭祥综合保税区管理委员会
地址:广西凭祥市友谊关口岸凭祥综合保税区大楼　电话:0771-8587688　传真:0771-8587766
邮箱:pxiftz@163.com　网址:www.pxftz.gov.cn

SPH 上海医药 SHANGHAI PHARMA Kyuan

链通价值 传递健康

Integrating wealth, distributing health

科园信海以“诚信”之道，以“海”之包容，携手国内外著名医药企业，用专业高效与创新服务连通健康产业，传递优质产品，绘制和谐生活。

www.kyxh.com

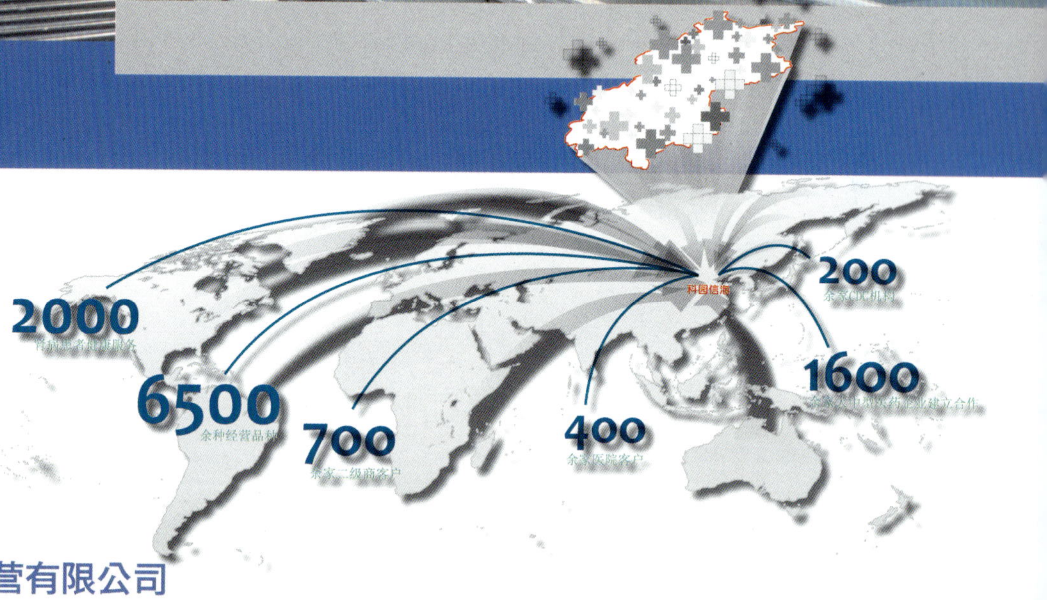

北京科园信海医药经营有限公司

北京科园信海医药经营有限公司成立于1995年，注册资金3亿元人民币，是一家集医院药品销售、跨区域商业分销、疫苗销售、医疗耗材及器械分销、零售及患者服务、进口保税、IT解决方案、第三方物流于一体的大型综合服务性医药经营企业。2011年，公司正式成为上海医药集团旗下全资子公司。

公司连续多年保持了高速而稳健的发展，年复合增长率均在30%以上，远超行业平均增长水平。2011年含税销售收入达96亿元，同比增长44%。

公司先后与国内外600余家知名制药企业建立了长期合作伙伴关系。在北京市有近400家医疗机构，在全国有700家二级商业客户、200余家疫苗CDC销售客户；直配客户2 000余家；经营各类品种6500余种。

伴随着科园信海进口业务的迅速增长，2013年进口厂家已达到20余家，进口品种规格达到80余种，其中冷链产品已达20余种。在海关稽查验证方面，达到了海关管理、企业经营管理和贸易安全的要求，被海关总署授为进口双 A 企业。在客户服务方面，为加强进口产品通关效率，并降低供应商运营成本和风险，科园信海近年来争取到多项特殊优惠政策，包括一次通关抽检、多次报关出库，直通式分拨，“分送集报”的特殊通关政策，大大简化了报关报检送验手续，真正意义上实现了快速通关抽检。目前，科园信海可向客户提供进口产品报关报检、物价申报、保税仓储和加工、基药贴标赋码等全方位服务及问题解决方案。

公司未来的发展，将继续以市场和客户为导向，以高素质人才队伍和优秀企业文化为根本力量，以管理和经营的不断创新为发展动力，以科学规范、完善高效的运作系统为基础，不断提升医药产品流通和使用的高效率，为实现保障人类生命与健康的崇高企业目标而努力。

SPH 上海医药 SHANGHAI PHARMA Kyuan 北京科园信海医药经营有限公司 Beijing Keyuan Xinhai Pharmaceutical Co., Ltd.

地址:北京市丰台区南四环西路186号四区汉威国际广场1号楼7-9层
Address: 7-9F,Building 1,Hanwei International Plaza,No.186 The South Fourth Beltway West Road,Fengtai District, Beijing
电话/Tel: 010-83632507 传真/Fax: 010-83681253

宁波保税区

宁波保税区于1992年经国务院批准设立，规划面积2.3平方千米，宁波出口加工区于2002年设立，规划面积3平方千米，具有国际贸易、保税仓储、保税展示交易、进出口加工等功能，区内企业享有“保税、免税、免证”等特殊政策。两区由宁波保税区管委会统一管理，实行“两块牌子一套班子”体制。经过20多年开发建设，全区已累计完成固定资产投资224亿元，实际利用外资21.4亿美元，现有企业3 500多家，各项功能产业集群发展，开放创新和开放型经济发展走在全国同类区域前列。

开放创新先行先试。先后开展了全国首批区港联动试点，出口加工区拓展保税物流和检测维修等功能试点，国家进口贸易促进创新示范区试点，跨境贸易电子商务服务试点，以及保税区、出口加工区和保税物流园区功能联动试点。海关、检验检疫等口岸部门率先开展分送集报、预报关预检验等监管创新，外汇管理部门率先探索外汇主体监管改革试点，为全国输出了一批可推广、可复制的改革创新经验。

进口商品市场

集约发展走在前列。2012年每平方千米年产出生产总值28亿元，工业产值100亿元，外贸进出口30亿美元，财政收入7亿元。被浙江省政府评为集约用地示范开发区、工业建设节地工程先进典型。

钢材市场

进口贸易大平台。重点培育了进口金属、固体化工、煤炭、船舶等大宗生产资料市场和进口消费品市场，目前各类会员企业1 000多家。2012年市场销售额1 244亿元，占宁波市46.4%。市场交易模式转型提升，2013年11月宁波保税区跨境贸易（进口）电子商务试点正式进入实单运作；推进与淘宝天猫、京东商城等电子商务平台合作，设立网上营销点，实现从线下交易向线上交易拓展升级。

宁波保税区进口商品市场一角

现代物流集散地。全区有仓储物流服务企业130多家，建成具有保税仓储和分拨配送功能的仓储物流设施100万平方米，设有郑州商品交易所、大连商品交易所指定固体化工品期货交割库2.6万平方米，形成了以进口分拨、国际采购配送、期货交割、供应链管理和物流金融为特色的保税物流服务体系，是浙江省首家获准开展保税仓储货物抵押融资试点的区域。

新兴产业发展高地。区内有国家留学人员创业园、国家集成电路产业园、国家高新技术创业服务中心、区域性博士后科研工作站等一批科技产业孵化器，培育了一批节能环保、高端装备、智能电网、新能源领域高新科技产业企业，承担了450多个国家和省市科技计划项目，是浙江省外商投资新兴产业示范基地。2013年上半年，高新技术产品出口总值占宁波市的41.3%、浙江省的13%。

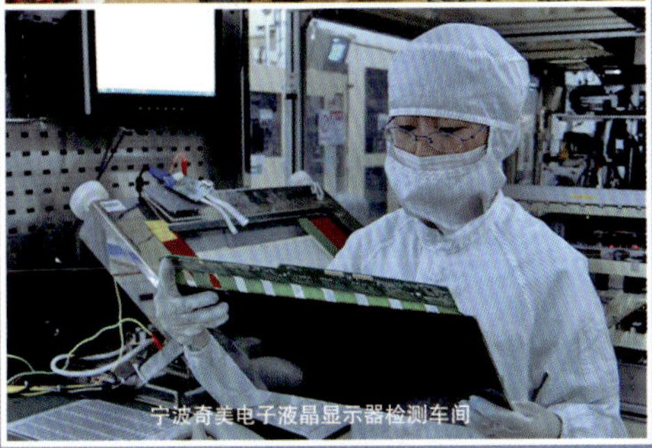
宁波奇美电子液晶显示器检测车间

高端服务业先行区。利用保税区独特优势和开展境外大型设备融资租赁、文化产品保税贸易的有利条件，近年累计引进产业基金、融资租赁和文化贸易等高端现代服务业项目30多个，是浙江省率先“试水”单机单船融资租赁的区域。

深圳市盐田港

Shenzhen Yantian Port

机构设置

深圳市盐田港建设指挥部是深圳市政府的派出机构，负责贯彻落实市政府有关盐田港区和大铲湾港区建设的方针、政策和决定，统筹协调两港区及其后方腹地的开发建设。盐田港建设指挥部下设港口建设办公室和地政监察室两个业务管理部门。盐田港建设指挥部总指挥由深圳市政府副秘书长兼任，盐田港建设指挥部的常务副总指挥由深圳市盐田港集团有限公司董事长兼任。

港口经营

2013 年，盐田港区和大铲湾港区的集装箱吞吐量共完成 1 180 万标箱，同比增长 4.98%，其中盐田港区完成 1 079.6 万标箱，同比增长 1.19%；大铲湾港区完成 100.4 万标箱，同比增长 75.06%。2013 年度，全深圳港集装箱吞吐量 2 327.8 万标箱，盐田港区和大铲湾港区集装箱吞吐量占深圳港总体份额的 50.69%，这为深圳港集装箱吞吐量排名进入全球第三作出了重要贡献。

盐田港建设指挥部与盐田港集团加大与盐田国际、大铲湾现代的沟通和协调，研究更多切实可行的措施，扩大箱源；充分发挥海铁联运的优势，增加盐田国际内陆港的出口箱量和重箱出口比例；加大大铲湾港口内贸业务的开拓力度，充分利用区位优势，拓展滚装船项目；继续推进东港区集装箱码头项目整体申报工作和大型深水泊位建设的前期工作，积极应对全球集装箱超大型化趋势。

口岸管理

2013 年，盐田港建设指挥部将东部的盐田港区和西部的大铲湾港区的口岸管理和服务工作纳入统一管理，统一对外负责两港区的口岸事务协调、口岸设施建设和口岸通关服务等工作的管理，统筹调配相关资源。同时，还协调两个港区的口岸单位，共同促进口岸管理改革和通关措施改进，共同提升通关服务水平。指挥部协助深圳市口岸

2012年11月9日，盐田港集装箱吞吐量超过1亿标箱，年吞吐量超过1 000万标箱。

办每年组织口岸联检单位开展文明口岸共建活动，定期到相关的港口、口岸、企业进行调研，了解一线进出口业务的实际情况，加强借鉴优秀口岸管理服务经验，发现问题和寻找差距，改进和提高通关服务管理。

口岸建设

2013年，为加大口岸配套设施建设工作推动力度，盐田港建设指挥部与深圳市口岸办共同成立了专门的盐田港口岸设施建设协调工作小组，负责盐田港区各相关口岸设施建设工作。已完成和正在推进的工作有：

1. 海关食堂、缉私仓改造与盐田边检站配套生活区绿化和康体设施建设等工程均已顺利完成。
2. 海关、国检和海事办公楼项目。目前，办公楼的报建工作已获得规划国土部门和盐田区政府的支持，已取得了项目用地规划许可证书，环境影响评价也获得了审批通过。
3. 港区数字高清系统已交付使用。
4. 货物数字高清系统(一期) 已交付使用 。
5. 口岸检验检疫3号场检查验场中心和闸口消毒系统改造升级已交付使用。
6. 港口危险品查验场已开展可行性研究工作。
7. 盐田港区三期扩建码头竣工验收和口岸验收工作顺利完成。

盐田港夜景

初具规模的大铲湾港区

2013年7月，马士基18 000标箱船进入盐田港。

衡阳综合保税区

HENGYANG COMPREHENSIVE FREE ZONE

2012年10月25日，国务院批复同意在白沙洲工业园内设立衡阳综合保税区。衡阳综合保税区是湖南省第一家，全国第十八家综合保税区。衡阳综合保税区受到省、市领导的高度重视，成为承接东部产业转移的重心。其坐落于衡阳白沙洲工业园内，由衡阳白沙洲工业园负责建设和运营，衡阳白沙洲工业园为衡阳综合保税区提供稳定的运行机制，区外为区内产业的发展提供齐备的配套服务，同时衡阳口岸并入衡阳综合保税区统一运行，形成内外联动的发展模式。

衡阳综合保税区位于衡枣高速以北，外环南路已南，金叶路以西，外环西路以东，总占地面积257万平方米。衡阳综合保税区一期用地总占地面积84.5万平方米，工业大道将衡阳综合保税区分为南北两区，两区之间由地下通道相连通。衡阳综合保税区一期规划总建筑面积88.77万平方米，其中规划标准厂房71.5万平方米，保税仓库10.8万平方米。

便捷的水、陆、空立体对外交通网络：距离丁家桥千吨级码头10分钟车程，一条湘江黄金水道，通江达海；距离在建南岳机场15分钟车程，拉近世界距离；距离衡枣高速公路入口10分钟车程；距离衡阳高铁东站15分钟车程。

衡阳综合保税区卡口

衡阳综合保税区一期工程鸟瞰图

保税仓储和物流

保税仓储物流衍生出的进出口分拨功能是综合保税区的特色功能，向前延伸提供进出口贸易代理的金融服务，向后延伸提供集装箱堆场服务和运输配送服务。区内仓储物流企业利用综合保税区政策的便利积极与商业、金融业、会展业等相关行业合作成为综合保税区内仓储业拓展增值服务的重要方向。

国际转口贸易

国外企业在综合保税区内可以从事交易、订货等经营活动。内陆地区的综合保税区，尤其是地处边境地区的综合保税区可利用我国综合保税区的政策优势和国内发达的交通网络，增加对周边国家外贸货物的吸引力，扩大影响范围。

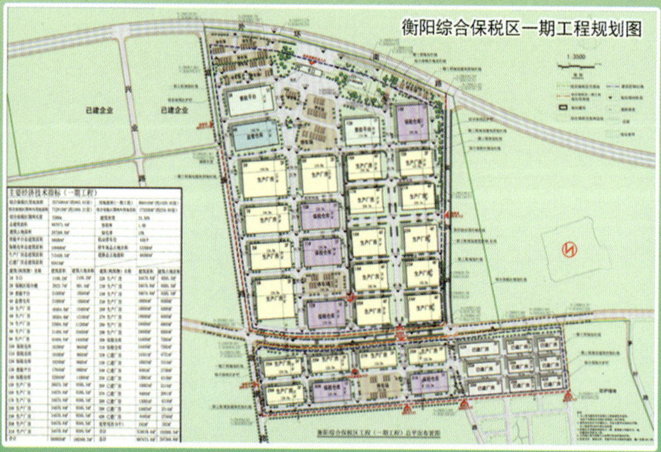

衡阳综合保税区一期工程规划图

国际采购、分销与配送

国内货物进区退税，并可以在综合保税区内进行出售前的简单加工，然后享受区内通关的“一站式”服务向国际市场分销；进口的保税货物同样可以简单加工后返销到国外，若销售到国内需办理进口手续。区内入驻的企业可以开展进出口贸易、区内企业之间的贸易，以及区内企业和境外企业之间的贸易。另外，海关对综合保税区内的企业实施“分批出去，集中报关”的通关政策。这就使得综合保税区的配送功能更加符合现代物流发展的特点，而且综合保税区内同时聚集了国际和国内物流企业，为企业寻求高效率、低成本的国际物流配送方案提供了现实可能性。

国际中转

综合保税区由于地处内陆地区和港口城市相比在国际中转上有先天的劣势，但其更接近消费市场和资源腹地，以及人力成本、土地成本较低等比较优势的存在，使得综合保税区可以发展成为一个很好的国际货物中转平台。

研发、加工制造

综合保税区的优惠政策必将极大地吸引生产要素在区内外集聚，活跃的经济活动必然会吸引大量的高端人才，使得综合保税区不仅是商品聚集区更是企业、人才的高度聚集区，为综合保税区内企业输送高层次人才，也提高了产、学、研的效率和水平。国内外企业可以将自己的研发部门搬进综合保税区为研发、制造一体化创造有利条件。

检测、检验和售后服务

综合保税区对区内货物无限期的保税政策使得跨国公司可以把一些零部件长期储存在综合保税区内，以便随时响应售后服务部门的需求。

口岸通关

与进出口有关的报关、报检等业务部门相继入驻综合保税区。从目前综合保税区的运作情况来看，这些部门的办公地方会集中在一个大楼，为企业的进出口提供“一站式”的服务。

商品展示

综合保税区内可常年举办商品免税展示。综合保税区就可以利用商品常年免税的优势开展国际商品的展示、展销。可在综合保税区建设专业交易市场，把综合保税区建成“永不落幕的国际展览会”。

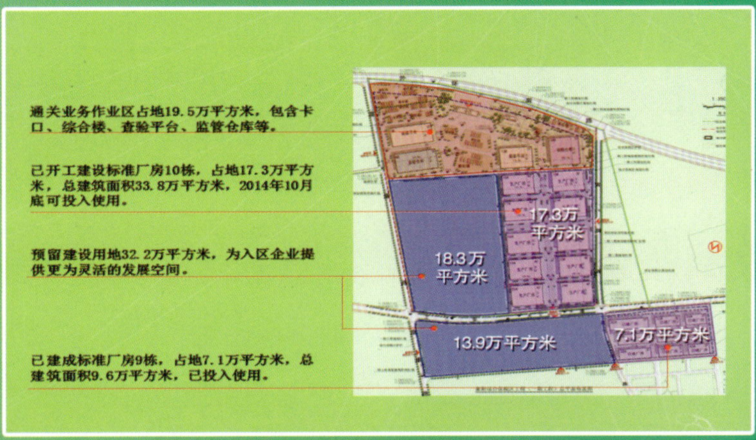

衡阳综合保税区一期规划功能分区图

北区已建成满足电子产业需求的五层标准厂房

南区已建成各类配套企业灵活应用的三层标准厂房

发展前瞻

发展方向一：自贸区体系

1. 先进区、后报关制度； 2. 区内自行运输； 3. 加工贸易工单式核销制度； 4. 保税展示交易制度；
5. 境内外维修制度； 6. 期货保税交割制度； 7. 融资租赁制度； 8. 批次进出、集中申报制度；
9. 简化通关作业随附单证； 10. 统一备案清单； 11. 内销选择性征税制度； 12. 集中汇总纳税制度；
13. 保税物流联网监管制度； 14. 智能卡口验放管理制度。

发展方向二：中部地区国际货物配送中心

通过第三方物流的搭建，大力发展仓储业务，积极引进品牌企业，使衡阳综合保税区成为中部地区的国际货物分拨、配送中心。

发展方向三：总部经济

充分利用衡阳综合保税区独特优势，充分整合水、陆、铁、空资源，积极对接世界500强企业和正在发展中的自主品牌企业。

发展方向四：离岸结算中心

将湖南衡阳打造为中部地区的电子信息产业离岸结算中心。

目　　录

黑龙江省

上海市

江苏省

浙江省

安徽省

福建省

江西省

山东省

河南省

湖北省

湖南省

广东省

广西壮族自治区

海南省

重庆市

四川省

贵州省

云南省

西藏自治区

第五篇　口岸相关法规

第六篇　全国口岸运行主要数据

第七篇　附　录

各地区开放口岸索引

北京市开放口岸

天津市开放口岸

河北省开放口岸

山西省开放口岸

内蒙古自治区开放口岸

辽宁省开放口岸

吉林省开放口岸

黑龙江省开放口岸

上海市开放口岸

江苏省开放口岸

浙江省开放口岸

安徽省开放口岸

福建省开放口岸

江西省开放口岸

山东省开放口岸

河南省开放口岸

湖北省开放口岸

湖南省开放口岸

广东省开放口岸

广西壮族自治区开放口岸

海南省开放口岸

重庆市开放口岸

四川省开放口岸

贵州省开放口岸

云南省开放口岸

西藏自治区开放口岸

陕西省开放口岸

甘肃省开放口岸

宁夏回族自治区开放口岸

新疆维吾尔自治区开放口岸

第一篇

口岸综合

2013年国家口岸管理工作概要

国家口岸管理办公室

2013年，国家口岸管理办公室深入贯彻落实汪洋副总理视察海关总署时关于口岸工作的重要指示精神，着眼大局，服务发展，不断加强自身建设，认真履行工作职责，扎实开展党的群众路线教育实践活动，各项工作取得长足进展。

一、深入学习贯彻汪洋副总理视察海关总署重要讲话精神

一是提高思想认识，明确重点工作。加强全办学习，迅速把思想和行动统一到讲话精神上来；利用多种途径向地方、查验单位及企业宣讲；研究确定8项重点工作，集中口岸系统智慧力量，共同有序推动落实。

二是深入一线调研，查找突出问题。5～11月，先后多次组织人员赴基层实地调研，开展5次全国范围书面调研，召开46场次座谈会，初步摸清地方、企业和群众关心的口岸工作方面存在的突出问题，形成近40万字调研材料。

三是抓好全国口岸工作会议筹备。研究制定全国口岸工作会议方案，完成《国务院关于加强全国口岸工作的意见》（初稿）的起草。会同海关总署研究室起草《关于口岸管理体制改革的报告》，提出下一步口岸改革设想和推进措施，并向海关总署党组作专题汇报。

二、扎实有效开展党的群众路线教育实践活动

严格按照海关总署党组要求，不折不扣落实教育实践活动各环节工作。

一是深入开展学习教育。采取集中学习、个人自学、专题研讨、警示教育、撰写学习体会等形式，对中央和总署规定的必学内容和办内自选内容进行了系统学习，组织集中学习7次，全办自学时间累计389小时。

二是坚持开门搞活动。紧紧围绕落实“为民务实清廉”要求和中央八项规定精神，聚焦反对“四风”，先后调研10余次、26天，召开专题座谈会12次，赴10个口岸相关部委走访11次，征集意见建议36条。

三是坚持立行立改，边整边改。以党章、廉政准则、八项规定和先进典型为镜子，对照查摆和分析“四风”方面存在的突出问题，研究提出整改方向和措施，集中开展四项专项整治，研究制定四项中长期整改任务并积极推进。

三、加强口岸实践和理论创新，优化口岸布局功能

一是有序推动口岸开放。推动落实《国家口岸发展规划（2011—2015年）》，制定2013年口岸开放审理计划并组织实施：列入年度审理计划项目33个，其中水运口岸14个、陆路口岸12个、空运口岸7个。做好口岸开放和临时开放项目审理工作，全年启动审理项目19个，其中国务院已批复项目1个，待批复项目5个，其余项目在征求意见中。牵头完成上海铁路口岸、靖江水运口岸、勐康公路口岸开放和上海水运口岸、云南天宝公路口岸、兰州航空口岸扩大开放的国家级验收。

二是加强口岸工作实践创新。研究提出粤澳新通道口岸通关新模式构想并有序推动。结合“渝新欧”国际铁路货运班列运行管理实际，研

究提出将重庆铁路车站等符合条件的口岸后续监管场所纳入口岸管理范畴，对内陆口岸开放实行与沿海、沿边，以及航空口岸不同的差别化管理新思路，探索推动内陆口岸开放模式创新试点。

三是加强口岸理论创新。充分发挥口岸系统作用，统筹开展口岸课题研究，就出台《国务院关于加强全国口岸工作的意见》、贯彻落实习近平总书记视察天津时关于口岸工作的指示精神、内陆地区口岸开放、丝绸之路经济带等专题开展4批次11项课题研究，部分课题目前已完成，为口岸实践提供智力支持。

四、加大重点区域口岸工作支持力度，进一步推动口岸加快发展

一是大力支持沿边地区口岸建设改造。协调争取国家发展改革委在2013年中央预算内口岸查验设施投资补助（共5亿元）中，分别向内蒙古、吉林、黑龙江、广西、云南、西藏、新疆等沿边省区核拨口岸查验设施建设费用2.48亿元，占当年总投资补助的49.60%。

二是支持各重点区域战略的口岸发展。大力支持福建海峡西岸经济区、内蒙古向北开放、广西泛北部湾经济区、云南面向西南开放桥头堡、西藏和新疆跨越式发展。配合国务院办公厅做好云南边民通道管理的调研工作，推动云南、广西现有原二类口岸和边民通道试行分类管理，进一步促进“兴边富民”行动实施。

五、主动加强沟通联系，发挥协作互助作用

一是主动加强与各相关部委的沟通协调。就地方、社会和群众反映强烈的口岸突出问题，办领导带队先后多次走访中央机构编制委员会办公室（以下简称中央编办）、外交部、国家发展改革委、公安部、交通运输部、国家质检总局等相关部门，广泛听取意见，密切口岸部门间沟通联系和协作配合。

二是深入推进口岸“大通关”建设。2013年6月，组织召开口岸相关部委参加的第16次口岸工作联络协调机制会议，重点传达习近平总书记、汪洋副总理对口岸工作的重要指示精神，就进一步加强口岸部门间沟通联系、召开全国口岸工作会议、出台《国务院关于加强全国口岸工作的意见》等工作设想达成共识，研究提出下一步工作措施。

三是加大对地方政府口岸工作的指导协调力度。组织召开第6期全国口岸管理干部培训班并套开口岸办主任座谈会，向全国口岸系统传达中央领导同志关于口岸工作的重要指示精神，通报贯彻落实思路，听取各地的意见建议，进一步协同推进口岸工作。

四是积极支持跨区域口岸通关协作。加强对东北四省区、泛珠三角、长三角、上海与中部六省等各区域口岸协作机制的指导，进一步促进沿海、内陆、沿边地区口岸之间合作交流、优势互补。

六、深化口岸合作交流，拓展国际外交舞台

一是中越口岸合作取得重大突破。2013年6月，在习近平主席和越南国家主席张晋创见证下，于广洲署长与越南国防部副总参谋长签署《中越陆地边境口岸管理合作委员会工作条例》，并首次将口岸合作内容写入两国政府联合声明。2013年12月，双方在南宁召开中越陆地边境口岸管理合作委员会第1次会议并开展中越陆地边境口岸联合调研，在边境口岸开放、通关便利化、执法互助、检验检疫合作等方面达成多项共识。

二是中俄口岸合作深入开展。2013年9月，组织召开中俄运输合作分委会口岸工作组第16次会议，双方重点就遭受特大洪水灾害的部分口岸恢复开通、加强边境地方口岸主管部门之间合作、推进两国公民自驾8座以下小型车辆开展边境“自驾游”等议题进行磋商并达成共识。

三是中哈口岸合作富有成效。推动落实两国元首有关决议，组织有关部门赴新疆塔城巴克图口岸实地调研、现场协调指导，推动商签两国政府间关于边境口岸开通农产品快速通关“绿色通道”的协议。2013 年 12 月 23 日，会同相关部委、新疆维吾尔自治区政府和哈萨克斯坦海关监管委员会、东哈萨克斯坦州共同开通了巴克图—巴克特口岸农产品快速通关“绿色通道”，两国地方政府、社会各界普遍反响良好。

四是积极配合外交大局。积极采取措施，指导新疆抓紧推动中塔卡拉苏—阔勒买口岸建设，争取早日完成国家级验收；同时，对外承诺该口岸正式开放前，落实冬季以预约通关形式临时开放，确保口岸通行顺畅，得到塔国总统及政府的高度评价。推动落实我国领导人出访涉及口岸事项，参与中巴、中老边境口岸谈判，抓好中蒙、中俄等边境口岸管理司局级会晤等议定事项的落实。

（国家口岸管理办公室提供）

2013年国家电子口岸建设概要

国家电子口岸建设协调指导委员会办公室

2013年，国家电子口岸建设协调指导委员会办公室（以下简称国家电子口岸委办公室）按照国家电子口岸委工作部署，认真贯彻党的十八大以来深化改革、构建开放型经济新体制的有关要求，以落实《电子口岸发展“十二五”规划》（以下简称《规划》）为中心，统筹安排，突出重点，同步推进进出口企业综合资信库、跨部门联网应用项目和地方电子口岸重点应用项目建设，取得了积极成效。

一、中央层面联网应用建设成效明显

国务院办公厅印发《规划》以来，电子口岸委各成员单位、各地方政府认真贯彻文件精神和有关要求，积极推动中央、地方两个层面电子口岸建设，《规划》中各项重点任务进展总体顺利。中央层面，各成员单位按照《规划》分工，以实现国务院各有关部门间与大通关流程相关的数据共享和联网核查为重点，加大互联互通和信息资源共享力度，不断扩展部门间业务协同领域。年内，推动“货物贸易外汇管理制度改革联动系统”、“进口增值税联网核查系统”、“自动进口许可证联网核查系统”、“关库联网税费核销系统”等中央层面联网应用项目建设，进一步提高了口岸管理部门联合执法、业务协同和综合服务能力。

货物贸易外汇管理制度改革联动系统。通过共享进出口通关监管、汇率变动、企业资信等方面的信息，加强海关总署和外汇局的业务联动。2013年9月16日，海关总署和外汇管理局联合发布公告，面向外汇局核定货物贸易外汇管理A类企业，在结汇业务环节取消了报关单收、付汇证明联纸质单据，简化了收结汇手续，节约大量单据用纸。

进口增值税联网核查系统。海关总署和国家税务总局进一步完善进口增值税联网核查系统，提高税务部门对进口增值税申报核查能力。2013年7月1日，国家税务总局对进口增值税抵扣在全国范围实行“先比对后抵扣”新型监管方式，海关缴款书稽核比对相符率达98.50%，有效降低了进口税款抵扣风险，提高了税收管理效率，遏制了骗抵税款势头，管理堵漏效果明显。

自动进口许可证联网核查系统。通过自动进口许可证电子数据、报关核销数据的交换，实现发证数据与实际进出口数据的联网核查，有效防范和打击伪造或变造进出口许可证的违法行为，规范贸易秩序，为宏观调控提供依据。

关库联网税费核销系统。优化海关税费核销业务流程，通过海关总署与国库对税费入库信息比对核销，实现对税收入库的全程监控，提高税收入库工作效率，加大对税收入库的监管力度。

二、跨部门综合资信库建设取得进展

进出口企业综合资信库（以下简称资信库）是《规划》的重点建设任务之一。2013年，海关总署会同环保部、交通运输部、农业部、国家税务总局、国家工商总局、国家质检总局、林业局、民航局、外汇局等部门启动了资信库建设，明确了共享资信信息的范围，建立了联合工作机制，并制订了资信库建设的初步方案。根据方案，资信库预计于2~3年内建设完成，初步实现各部门对进出口企业基本信息、资信等级信息和违法违规记录的共享使用，逐步建立跨部门信息共享和信用联合奖惩机制，促进企业诚信守法，营造诚实、自律、守信、互信的进出口贸易环境。

三、电子口岸平台支撑和服务效能逐步提升

2013年，电子口岸核心系统整体可用率达到99.90%，专网骨干网络可用率达到100%，在“两会”、十八届二中、三中全会等重点时期表现稳定；电子口岸95198热线全年接听热线电话45.80万个，一次解决率达93.46%，接通率达80.31%，满意度达98.80%，为进出口企业提供了7×24小时的持续高效服务。2013年，电子口岸平台累计处理各类单据3.40亿票，其中上传无纸通关随附单据超过5 000万份，为通关业务正常开展提供有力保障。

四、地方电子口岸综合服务项目不断丰富

各地方电子口岸根据对外经济发展需要，不断丰富面向企业的综合服务内容，促进现代物流和商务服务与进出口流程的融合，在降低贸易成本，促进通关便利方面发挥了积极作用：重庆“渝深快线、区域联动”信息系统为重庆笔记本电脑等产品出口，量身定制运输和监管方式，化解了从深圳调运海运空集装箱入渝装货成本高、时间长、箱源紧张的矛盾；广州“通关及物流状态综合信息库”通过网站、邮件、短信等方式向用户提供通关和物流状态“一站式”查询服务；福建“闽台通关物流信息平台”一期在闽台航运、物流、通关信息查询、原产地证明互认互传等方面提供服务；杭州“跨境贸易电子商务通关服务平台”一期满足了杭州市开展跨境贸易电子商务服务试点工作的需要。

此外，为推动《规划》地方层面重点任务实施，电子口岸办结合各地情况，委托部分电子口岸建设单位，围绕“报关报检”、“船舶联检”、“舱单申报”、“加工贸易联网审批备案”、“多式联运”、“出入境人员联网监管”、“会展商品通关申报”等7个项目开展系统性的综合调研，供其他地方电子口岸参考借鉴。目前，7项课题研究已基本完成。

五、地方电子口岸互联互通稳步推进

2013年10月，广东省政府与海关总署签署《关于建设广东电子口岸的合作备忘录》，建设成立省电子口岸，将分散在各地市电子口岸平台上运行的项目逐步向省电子口岸平台集中。辽宁、吉林、黑龙江、内蒙古四省区就联合共建“东北电子口岸”达成共识，签署战略合作协议，有效整合四省区6关4检资源，建设区域合作通关信息交换平台，进一步提升东北三省及内蒙古自治区的对外开放水平和国际竞争力。江西、福建两地电子口岸签署了合作备忘录，发挥闽赣两省各自电子口岸平台的优势，在信息查询、数据交换、铁水联运、区域通关合作方面开展合作。

（国家电子口岸委办公室提供）

国家口岸办大事记（2013年）

2月22日

蒙古国驻华使馆高级参赞胡仁巴特尔拜会国家口岸管理办公室负责同志，就两国口岸政策与法律、口岸基础设施建设及口岸国际合作等问题交换意见。

3月18日~21日

中越边境口岸管理合作机制筹备会议在越南胡志明市召开。中越双方口岸管理牵头部门就建立中越口岸管理合作机制，口岸开放、运行等有关问题进行磋商并签署会议纪要。外交部边海司，广西壮族自治区、云南省口岸办派员参加会议。

4月9日

澳门特别行政区行政长官崔世安在澳门会见由国家口岸管理办公室牵头的粤澳新通道调研组。双方就粤澳新通道项目建设和拱北口岸延长通关时间等事宜深入交换意见。国家口岸管理办公室、海关总署监管司及公安部、国家质检总局、广东省政府有关负责同志参加会议。

4月27日

上海站铁路口岸通过国家口岸管理办公室及有关单位组成的验收组验收。这标志着上海口岸形成了“海、陆、空”类型齐全的对外开放新格局。

6月6日

第16次口岸工作联络协调机制会议在天津市武清区召开。口岸联络协调机制成员单位及中央编办、外交部、国务院港澳事务办公室等相关负责同志参加会议。会议重点传达中央领导有关口岸工作的讲话精神，通报第15次会议以来各部门“大通关”建设工作情况及国家口岸管理办公室一年来的主要工作情况。

7月22日

国家口岸管理办公室牵头组织公安部、交通运输部、农业部、海关总署和国家质检总局等单位和口岸相关部门赴新疆巴克图口岸调研。就巴克图口岸开通农产品快速通关“绿色通道”试点工作进行实地调研、检查指导。

7月29日

中俄运输合作分委会口岸工作组第16次会议预备会议在海关总署举行。会议通报举办分委会第17次会议和工作组第16次会议的时间、地点，双方简要回顾总结工作组第15次会议纪要的落实情况，研究磋商提交工作组第16次会议研究的议题及落实海关总署与俄罗斯边界建设署《中俄边境口岸发展领域合作的协定》的合作机制问题。工作组双方副组长、国家口岸管理办公室和俄边界建设署政策局有关同志出席会议。

8月1日

国家口岸管理办公室通关便利化系列座谈会在北京召开。会议重点讨论创新口岸通关监管模式、简化口岸通关审批流程、降低口岸相关通关费用，以及加强地方电子口岸建设等现阶段口岸运行管理中的重点和热点问题。部分省市口岸的进出口企业、国际货运代理企业、口岸运营企业及地方电子口岸运营企业的代表参加座谈会。

8月7日

国家口岸管理办公室会同公安部出入境管理局、交通运输部海事局，海关总署监管司、国家质检总局通关司等组成国家验收组，对上海港口岸扩大开放杭州湾港区临港产业作业区进行验收。

8月15日

国家口岸管理办公室领导带队走访公安部出入境管理局和交通运输部海事局，通报汪洋副总理视察海关总署时对口岸工作提出的指示要求及全国口岸工作会议筹备进展情况，征求两部门对口岸工作的意见和建议。

8 月 16 日

海关总署署长于广洲出席国家口岸管理办公室主任任职仪式。于广洲署长代表总署党组对国家口岸管理办公室近两年来的工作给予充分肯定，并对下一步工作提出三点要求：一是着力强化协调力，努力打造畅通、和谐口岸；二是坚持问题导向，全力筹备召开口岸工作会议；三是进一步加强自身建设，不断提高口岸工作能力和水平。海关总署人教司主要负责同志宣布总署党组对黄胜强同志的任职决定。国家口岸管理办公室全体人员参加任职仪式。

8 月 23 日

江苏靖江港口岸对外开放通过国家验收。

9 月 4 日

中俄总理定期会晤委员会运输合作分委会口岸工作组第 16 次会议在北京召开。国家口岸管理办公室主任黄胜强与俄罗斯边界建设署国务秘书、副署长热列格利亚共同主持会议并签署会议纪要。双方就进一步加强口岸基础设施建设、调整口岸工作制度、优化口岸通关流程、提高口岸通行能力、密切各层级的口岸合作等问题达成广泛共识并形成切实可行的举措。与会中俄代表普遍认为，此次会议坦诚、务实、高效，面对问题不回避，迎难而上，研究并提出了具有可操作性的措施。两国外交、交通运输、查验及边境毗邻省份口岸主管部门的代表参加会议。

9 月 6 日

中俄总理定期会晤委员会运输合作分委会第 17 次会议在北京召开。会议由交通运输部部长杨传堂与俄罗斯运输部部长索科洛夫主持，国家口岸管理办公室主任黄胜强作为分委会副主席、中俄口岸工作组中方组长出席会议。双方总结上次会议落实情况，听取各工作组汇报，提出下一步工作计划。国家口岸管理办公室、国际司负责同志随同参会。

10 月 1 日

霍尔果斯公路口岸恢复正常通行。经国家口岸管理办公室与哈萨克斯坦海关监管委员会、新疆维吾尔自治区政府有关部门多次沟通协调，中哈霍尔果斯口岸哈方禁止中国籍货车入境并严重影响口岸通关的问题得到圆满解决，口岸恢复正常通行。此前该口岸中方一侧积压的近 600 辆中国籍货车已全部出境。

10 月 17 日

国家口岸管理办公室主任黄胜强在海关总署会见香港特别行政区运输与房屋管理局局长张炳良教授一行，就广深港高铁口岸设置问题交换意见。国家口岸管理办公室、海关总署国际司有关同志陪同会见。

11 月 12 日 ~13 日

云南勐康公路口岸对外开放通过国家验收。国家口岸管理办公室牵头会同公安部、交通运输部、国家质检总局等部门组成国家验收组，经现场检查和听取汇报，正式同意勐康公路口岸对外开放通过验收。

12 月 10 日

国家口岸管理办公室负责同志与哈萨克斯坦驻华使馆海关参赞专门就中哈边境巴克图—巴克特口岸农产品快速通关“绿色通道”开通仪式事宜进行磋商。

12 月 11 日

国家口岸管理办公室组织召开中哈边境巴克图—巴克特口岸开通农产品快速通关“绿色通道”协调会议，通报 12 月 6 日中哈两国海关署长会谈关于 12 月 23 日开通“绿色通道”的决议精神，研究“绿色通道”开通的相关工作方案，并就下一步工作提出要求，明确任务，海关总署办公厅、监管司、国际司，乌鲁木齐海关、新疆维吾尔自治区口岸办、新疆塔城地区行署与会。

12 月 16 日

经国务院批准，广东揭阳潮汕机场作为航空口岸对外开放，同时关闭汕头航空口岸。

12 月 19 日

甘肃兰州机场航空口岸扩大对外开放通过国家验收。国家口岸管理办公室牵头组织公安部、海关总署、国家质检总局和民航局相关司局组成验收组，经现场检查和听取汇报，验收组一致同意兰州机场航空口岸扩大开放通过验收。

12 月 23 日

国家口岸管理办公室主任黄胜强出席中哈巴克图—巴克特口岸农产品快速通关“绿色通道”开通仪式。新疆维吾尔自治区政府副主席史大刚、哈萨克斯坦海关监管委员会副主席简·伊戈尔、东哈州政府副州长共同出席双开通仪式。公安部，交通运输部，农业部，国家质检总局有关司局，海关总署监管司、国际司，乌鲁木齐海关，自治区口岸办，塔城地区负责人及哈萨克斯坦海关监管委员会、东哈州等中哈双方代表参加开通仪式活动。《人民日报》、新华社、中央电视台、《光明日报》、《经济日报》、中央人民广播电台、新疆地方主要媒体，以及香港《大公报》、《文汇报》对开通仪式进行现场采访和报道。其间，黄胜强主任与史大刚副主席会谈，就支持扩大新疆沿边开放、推动新疆口岸建设等问题交换意见。

12 月 25 日

国家口岸管理办公室主任黄胜强与越南边防部队司令部副司令员兼参谋长黄春战，在广西南宁共同主持召开中越陆地边境口岸管理合作委员会第 1 次会议并签署会议纪要。广西壮族自治区政府副主席张晓钦出席会议并致辞。会前，黄胜强主任与张晓钦副主席会谈，就支持广西沿边开放及口岸建设等问题交换意见。外交部，公安部，交通运输部，国家质检总局，海关总署监管司、缉私局、国际司，南宁海关等相关负责同志陪同参加。

12 月 26 日

云南天保口岸扩大开放通过国家验收。国家口岸管理办公室牵头组织外交部、公安部、海关总署、国家质检总局等部门组成验收组，一致同意天保口岸扩大开放通过国家验收。

12 月 26 日 ~29 日

中越口岸管理部门组成工作组赴中越陆地边境口岸开展联合调研。赴中越水口—驮隆、爱店—峙马、友谊关—友谊、峒中—横模、东兴—芒街等 5 对边境口岸进行实地调研，并对中越浦寨—新清、里火—北烽生边民互市点，以及中方凭祥综合保税区进行考察。签署中越陆地边境口岸联合调研情况备忘录。中越双方口岸执法部门、地方政府口岸管理部门共同参加调研。

（国家口岸管理办公室提供）

第 二 篇

口岸查验监管

2013 年海关工作概要

中华人民共和国海关总署

2013 年，全国海关在党中央、国务院的坚强领导和亲切关怀下，认真贯彻党的十八大精神，落实中央决策部署和年初关长会议工作安排，较好完成了全年各项任务。

在加强监管方面，按照中央领导同志指示要求，切实履行把关职责，把好国门。一是积极推进关检合作“一次申报、一次查验、一次放行”（以下简称“三个一”）改革，试点范围从广东扩大到 8 个省（区、市）17 个关区，在提高监管效能、便利通关方面取得初步成效。二是开展打击固体废物进口的“绿篱”专项行动，坚决将危害国家环境与人民健康的物品拒于国门之外，立案查处走私废物案件 220 起，查证各类走私废物 97.63 万吨，其中“洋垃圾” 5.88 万吨。对全部 2 608 家固体废物进口和加工利用企业实现稽查全覆盖。三是加强行邮物品监管，严厉打击利用旅客行李物品夹藏携带货币现钞，查获案件 12 988 起，案值 18.77 亿元，同比分别增长 170.10% 和 44.80%，“水客”综合治理成效明显。四是优化监管查验工作机制，推进稽查作业模式改革，完成进出口企业征信系统开发，推广应用综合业务管理平台，风险管理实战效能得到提升。监管进出境货物 36 亿吨，运输工具 3 281 万辆（架、艘），同比分别增长 4.40% 和 2.00%，进出口查验率、查获率实现“双提高”。五是扎实做好武警海关执勤各项工作，修订颁布武警部队海关执勤规定，营房和信息化建设切实推进。

在税收征管方面，全国海关在严峻的税收形势下，坚定信心、克服困难、勇于担当，全力以赴打好税收“攻坚战”。切实加强综合治税，提升征管质量，对集成电路等 7 个高风险行业进行价格核查，对纺织原材料等 10 项商品组织企业自查自纠，尽最大努力应收尽收，坚决不征“过头税”，完成了调整后的税收任务。全年税收净入库 16 641.02 亿元，同比下降 5.34%，其中关税 2 630.46 亿元，进口环节税 14 010.56 亿元。

在打击走私方面，贯彻国务院打击走私工作座谈会精神，全面加大打击走私工作力度。一是召开打击走私部际联席会议和各省（区、市）打私办主任会议，发挥地方政府在非设关地走私治理等工作中的主导作用。二是会同 10 个部门，在 11 个重点领域开展大规模打击走私专项斗争和联合行动，破大案、打团伙取得较大成果。持续开展北仑河沿线缉私轮战。立案侦办走私犯罪案件 2 061 起，案值 404.10 亿元，涉嫌偷逃税额 77.20 亿元，同比分别增长 10.70%、4.80% 和 11.30%，其中涉税千万元以上的重特大走私犯罪案件 84 起。三是加强口岸反恐维稳工作，严厉打击核生化、毒品、武器弹药等走私，立案侦办走私毒品案件 465 起，缴获各类毒品 5.10 吨，侦办走私武器弹药案 50 起，同比增长 16.30%。四是认真做好向海洋局移交海上缉私力量的准备工作。

在信息报送和统计分析方面，认真开展调查研究和监测预警，定期研判宏观经济形势和外贸态势，及时报送统计分析报告，积极为促进外贸稳定增长建言献策，提出的扩大部分商品进口等多项建议得到国务院的肯定和采纳。海关政务信息在国务院办公厅排名列第 3 位。中央纪委对海关信息工作提出表扬。

在服务发展方面，围绕国务院的部署，推进简政放权，着力改革创新，促进贸易便利。一是研究制定海关简政放权、转变职能的意见，按照

“管精、管少、管好”的原则，取消和下放7个项目，制定了精简审批事项的时间表和路线图。二是支持上海自由贸易区建设，落实“一线放开、二线安全有效管住”的要求，创新监管理念、监管制度和监管手段，出台18项支持措施。制定横琴新区、平潭综合实验区分线管理监管办法。三是促进跨境贸易电子商务发展，在5个城市开展试点，对出口商品实施“清单核放、汇总申报”监管模式。四是深化通关改革，适用“属地申报，口岸验放”区域通关模式企业由15万家扩大至18万家。通关无纸化改革惠及企业23.60万家，在全国试点以来，无纸化报关单占报关单总数的54.70%，进、出口货物平均通关时间分别为3.99小时和0.22小时，通关效率大幅提高。五是推动海关特殊监管区域整合优化。年内经国务院批准设立5个综合保税区，完善保税监管，推进加工贸易转型升级和沿海内陆联动；批准设立3个保税物流中心（B型）。六是拓展国际合作，签署多项双边合作协议。中美“海关—商界反恐伙伴计划”、经认证的企业经营者、“安智贸”等国际合作不断扩大，支持自由贸易区战略实施，推进“渝新欧”等国际货运班列沿线国家海关合作。七是落实国家口岸发展规划，加大口岸开放审理力度，中哈边境口岸农产品快速通关“绿色通道”开通。

在自身建设方面，一是突出准军事化海关纪律部队特色，注重内涵学军，提振队伍精气神。集中学习宣传刘鹏同志等“海关好人”的感人事迹，传播正能量。二是干部人事工作科学化水平不断提高，领导班子结构进一步优化，干部交流工作不断完善，专家制度试点进展顺利，机构编制管理和干部教育培训更加规范，干部监督工作进一步加强，事业单位岗位设置方案得到批准。红其拉甫海关和深圳海关杨晓燕同志，分别获得全国人民满意公务员集体和个人称号。三是统筹做好法制、政务、科技、财务、装备、后勤等工作。出台7部、集中修订23部海关规章，解决12个突出的执法不统一问题，制定规范自由裁量权办法。完成金关工程一期评估验收和二期立项工作，全面启动金关工程二期建设。更新和增配H986设备。改进海关罚没财物管理，开展清仓专项行动，公开拍卖和依法处置各类罚没财物。合理安排财力，盘活用好存量结余资金。在资金和项目安排上，继续向基层和边关倾斜。

在反腐倡廉方面，推进“一案双查”，得到中央领导同志充分肯定。深化应用海关执法廉政风险预警处置系统（HL2008）。完善海关廉政纪律规定，整治利益冲突行为。认真执行党风廉政建设责任制。深入开展清权确权，厘清119项执法权力清单，明晰179项组织管理事项和18项监督事项。加强对领导干部廉洁从政的监督，对7个海关进行了巡视。

认真开展党的群众路线教育实践活动。按照中央统一部署，认真落实中央八项规定精神，制定并实施改进作风、厉行节约反对浪费的“25+10”项措施，在改进调研、简化接待、规范出访、联系基层等方面取得积极成效。全国海关紧紧聚焦“四风”动真碰硬、严肃整改，查摆问题1 100多条，制定整改措施2 600多项，专项整治项目500多个，整改项目1 600多个。优化窗口服务，“12360”热线服务作用进一步发挥，全年提供咨询服务超过100万人次。精简会议文件简报，总署机关发文、办会同比分别减少22.10%和50.80%。认真做好公务用车治理和超标办公用房清理腾退工作。基层执法窗口服务水平不断提升，多个海关在地方政风行风评议中名列前茅。

（海关总署办公厅提供）

2013年出入境边防检查工作概要

中华人民共和国公安部出入境管理局

2013年，全国边检机关深入学习贯彻党的十八大和十八届三中全会精神，坚持“一个中心、两个坚持”的新时期边检工作指导方针，以《中华人民共和国出境入境管理法》（以下简称《出境入境管理法》）实施为契机，加强边检管理创新，严密口岸管控，扎实推进边检执法规范化建设，着力提升边检队伍专业素质，推动边检工作科学全面发展。全年共检查出入境人员4.54亿人次，同比增长5.43%；出入境交通运输工具2 559.96万辆（艘/列/架）次，同比增长2.20%；圆满完成了各项工作任务。

【深入贯彻执行《出境入境管理法》，确保法律准确适用】 为贯彻落实《出境入境管理法》，公安部出台了《关于出境入境人员和交通运输工具边防检查有关事项的通知》（公境［2013］1500号）、《关于出入境边防检查机关办理行政案件程序有关问题的通知》（公境［2013］1501号），研究规范“注销出境入境证件”、“不准入境”、“临时入境许可”、“口岸限定区域管理”等新法赋予边检机关的工作措施；组织了贯彻落实新法培训班，对37个省级边检机关及两所院校的216名有关领导、业务及部分负责法制工作的同志进行了培训。全国边检机关集中开展对内培训和对外宣传、宣讲，帮助出入境旅客理解、掌握法律精神实质，确保广大执勤人员正确适用法律。

全国边检机关认真贯彻执行新法和上级相关文件，制定了相应执法指引和工作规范。上海边检总站走访80多家相关业务单位，收集意见建议50余条，研究制定了实施新法的工作意见，明确了执勤工作中的重点问题。深圳边检总站召开法治讲坛，针对新法实施后执勤工作中107个疑难问题进行了研讨，发文明确了其中42个问题的处理意见。珠海、厦门边检总站研究规范了交通运输工具业务代理备案、车辆通行证和口岸出入证签发等工作。安徽合肥机场、马鞍山边检站会同机场当局或地方政府出台规范性文件，划定口岸限定区域范围，进一步明确了边检机关的职责。北京边检总站组织80多家中外航空公司座谈会，就新法涉及航空公司的内容进行了宣讲和解读。汕头边检总站召开新法宣传会，针对经营单位和船舶代理公司关心的口岸限定区域管理、临时入境许可等重点问题进行了解读和答疑。珠海边检总站组织了3期共200多人的培训。广东湛江边检站摘编新法和业务文件的有关内容，定期以短信形式向官兵发送。山西、河南、湖南、海南、四川、重庆等边防总队为航空公司、旅行社开展普法授课共计3 500人次。

全国边检机关以贯彻落实新法为契机，扎实推进边检机关执法规范化建设。公安部出入境管理局升级了边检信息系统，制作了梅沙系统法律文书外挂软件，修订和完善了法律文书式样，初步建成全国边检机关违法违规人员信息采集、重点关注人员系统。协调部五局、监所管理局研究解决边检机关查获患病在逃人员羁押难、移交慢等问题。北京、海口边检总站组织执法专项检查，查找新法实施以来工作存在的问题，督促新法贯彻落实。上海边检总站出台指导性意见，提高民警询问技巧和案件突破能力。厦门边检总站跟踪解决新法实施重点难点环节，细化送押人员交接程序、信息采集、法律文书制作等19项工作流程。深圳、珠海、厦门边检总站与当地监所管理部门积极沟通，协调解决被行政处罚、被采取强制措施人员收押监管问题，确保监管安全。

【改革边检管理，创新查验模式，服务经济社会发展】 加强规划研究，服务经济社会发展。边检机关积极跟进云南“桥头堡”、中朝两个经济区建设、大图们江区域开发、广东南沙、前海、横琴开发规划、上海“两个中心”建设、深化西部大开发等国家级区域经济社会发展战略的研究制定。开展了边民互市贸易区建设和管理情况摸底，推动中哈在边境口岸开通农产品快速通关“绿色通道”和中老“磨丁—磨憨”口岸货运专用通道“一站式”通关建设。推动在毗邻拱北口岸的粤澳新通道单独设立口岸和边检查验机构，与澳方实行“合作查验、一次放行”的查验模式，减少旅客排队候检次数。珠海边检总站密切跟进粤澳新通道、港珠澳大桥查验模式创新等项目，确保政策落地。

优化边检政策，满足出入境新需求。公安部出入境管理局调整、细化公务机检查流程，印发《公务商务飞机出境入境边防检查管理办法》，研究加强邮轮、游艇监管，以及简化边防检查手续等工作措施。系统总结上海实施24小时直接过境免办边检手续政策的工作经验，指导广州白云机场试行该政策。推广上海、北京72小时过境免签配套边检工作措施，指导相关边检机关做好广州、成都、沈阳、大连、重庆实施该政策。上海、厦门边检总站紧跟邮轮母港建设进程，研究便利邮轮及其载运人员出入境的工作措施。北京、广州边检总站向有关单位通报72小时过境免签旅客数量、违法情事等信息，加大对此类旅客的管控合力。深圳边检总站推广深港走读学童电子标签查验模式，便利了学童往来。珠海、广州、汕头边检总站完成拱北口岸清明临时延关工作任务，开创了边检警力跨区域调配、相互支援工作模式。黑龙江黑河、绥芬河、东宁边检站分别与俄方对口口岸共同实施7天12小时无午休、鲜活货物车辆优先放行制度，推动共同提高通关服务水平工作机制化、常态化。

巩固和深化勤务改革。边检机关继续推动旅检勤务改革。北京边检总站加强组织领导，及时解决勤务改革过程中出现的问题。公安部出入境管理局与交通运输部海事局建立了国际航行船舶监管协作机制，推动共建信息共享、执法协作和船舶共管平台。广州、深圳、珠海等边检总站、海南省公安边防总队与海事部门开展联合检查，签订合作协议，提高港口动态管控能力。河北唐山边检站与当地海事局建立锚地管控协作机制。广东湛江边检站与港口、船方签订三方共管机制，完善口岸综合防控体系。天津、上海边检总站结合边检港口管理改革，明确各方职责，完善工作预案，妥善处置“海娜号”、“维多利亚号”邮轮旅客滞船事件。珠海边检总站明确码头边防检查设施建设标准，进一步加强船舶动态监控。

【加强业务基础建设，提高勤务工作规范化、专业化水平】 加强业务基础建设。公安部出入境管理局研究提出扩大自助通关人员范围、取消查验海员出境证明等工作意见，汇总梳理发布了18个免签、落地签国家名单、11个启用电子签国家名单，规范了查验要求；进一步规范验讫章调校、审核程序，改进验讫章日期带，严密防范错调、错盖验讫章执勤差错事故。

深入推进证件研究工作。公安部出入境管理局证研室改版了证件研究网，重新启用出入境证件联网鉴别系统，推动证件样本库建设。认真做好证研网的日常维护管理工作，全年审核发布各类信息2 699条，证件样本信息1 342条，动态信息1 032条，网站注册用户达9 589人，总访问量24万人次。举办全国边检机关证件鉴别培训班，对各边检总站、各边防总队、武警学院及广州公安边防指挥学校的50名学员进行了培训。研究制订了边检机关证件鉴别人员跟班培训方案，对证件鉴别专业人才建设进行了长远规划。上海、广州及部分现役边检站证研专家对证件样本采集标准进行了研究。深圳边检总站分两批组织633名民警进行了年度证研人员准入资格考试。海口边检总站共享了局证研室伪假证件资源，把录像与实物讲解相结合，开展小单元证研培训。湖南长沙边检站启动“百国护照计划”证件研究工作，收集整理了100本该口岸常见护照证件样本。

深入推进岗位能力建设工作。公安部出入境管理局会同边防管理局指导部分边检总站、边防总队业务和技术骨干开展了边检执勤岗位基础业务能力考核题库修订和站值班领导岗位能力考核题库的编制工作，修订后的题库总题量达6万余道，知识点文档247万余字，确保了考核题库的准确性，满足新形势下各岗位执勤人员学习、训练、考核需求。各边检总站把边检岗位能力考核系统作为新警初任培训的重要内容和检验平台，全面提升新警的业务素质和实战能力。天津、汕头边检总站以考促学，定期组织网上抽考，增加了执勤人员学习的紧迫感和自觉性。珠海、海口、汕头边检总站结合自身实际制定了本单位岗位能力建设工作三年规划，分解了目标、任务，细化了岗位分类，强化了结果运用。厦门边检总站依托边检岗位能力考核系统，举办了年度证件资料录入比赛。福建、安徽边防总队举办岗位业务能力竞赛活动，并通过视频向所属边检站现场直播。

【严厉打击非法出入境活动，确保口岸安全有序】 公安部出入境管理局妥善处理“韩国海警逮捕涉嫌偷渡的5名中国人”等热点案件，制定防范藏匿机体实施偷渡活动工作意见。通过我驻外警务联络官、外国驻华使馆等渠道开展调查取证，推动有关国家移民部门和驻华使馆调查骗领签证案件，指导部分边检站做好应对行政复议和诉讼工作。上海边检总站研发软件自动提示乘坐邮轮脱团未归人员，协调出入境管理部门加大案件侦破力度。深圳、珠海边检总站制定中长期调研工作规划，制定和完善出入境货车风险评估机制，加大对藏匿货车车体偷渡活动打击力度。皇岗边检站民警在对嫌疑人人身行李物品检查中深挖线索，有力地推动了公安部督办“5·22”特大案件侦破。山东烟台机场边检站细化了防范藏匿飞机夹层实施偷渡活动工作措施，提高了打击针对性。全年，全国边检机关查获组织、运送、协助他人非法出入境人员58人次，接收境外遣返人员54 267人次，向有关公安机关移交涉案人员933人次。

【加强国际警务交流与合作，提升边检业务工作层次】 公安部出入境管理局继续跟进巴厘进程部长级会议、APEC商务人员流动工作组会议、中俄运输合作分委会口岸工作组会议、中老、中蒙、中越、中俄边界联委会会议等19个国际合作（会议）机制。继续推进将中韩对口口岸交流机制扩大到天津、上海边检总站。与台湾移民署协商，启动两岸直航口岸边检机关联系机制。与澳大利亚移民部门开展证件研究方面的交流培训，并邀请澳方专家为全国边检机关证件鉴别培训班授课。北京、上海边检总站继续开展与德国联邦警察总局法兰克福、慕尼黑分局交流、互访。深圳边检总站加强与香港地区边境联络和会晤机制，实现了与香港地区所有陆路口岸热线电话对接。现役陆地边检站与毗邻国家口岸边检机关广泛开展共同提高服务水平活动，取得良好效果。黑龙江、吉林、内蒙古等省（区）公安边防总队所属边检站与对口口岸俄罗斯边检机关开展打击口岸违法犯罪活动等领域的联合演练活动。

（公安部出入境管理局提供）

2013年出入境检验检疫工作概要

中华人民共和国国家质量监督检验检疫总局

2013年是全面深入贯彻十八大精神的开局之年。全国出入境检验检疫系统认真贯彻党中央、国务院的一系列新部署、新要求，转变职能，简政放权，推进改革，服务发展，坚定不移地抓质量、保安全、促发展、强质检，各项工作取得新成效，为全国经济社会发展稳中求进、稳中向好提供了质量和安全保障。

【认真执法履职，保障国门安全】 2013年，全国出入境检验检疫部门共检验检疫货物1 552.74万批，货值14 735.74亿美元，同比分别下降16.41%和10.25%；批次不合格率1.42%，货值不合格率7.89%，不合格率同比分别上升0.42%和1.73%。检疫查验出入境交通工具2 055万架（艘、节、列）次，发现卫生学问题1.70万架（艘、节、列）次；查验出入境集装箱4 477万标箱，发现卫生学问题9.20万标箱；查验出入境货物820万批次，发现卫生学问题3.60万批次；查验出入境行李邮包快件4.90亿件，发现卫生学问题1.10万件；查验出入境特殊物品1.40万批次，发现卫生学问题12批次；查验出入境尸体棺柩2 451批次。查验出入境人员4.20亿人次，发现有传染病症状者2.50万人次，确诊甲型H1N1流感等24种传染病共计3 014例，检出核辐射有害因子超标2 172起，处置生物和化学有毒有害物质事件67起。开展口岸传染病监测体检120万人次，检出传染病7 684人次，出入境预防接种126万人次。监管口岸食品生产经营单位4 062家，监督检查51 974次，对2 866家推行了分级管理，确保全国所有口岸无食品安全事故发生。妥善处置可引发人间鼠疫流行的鼠间鼠疫疫情，保护了欧亚大通道的卫生安全；从香港入境的航空器上一次捕获11只小家鼠。加强动植物检验检疫，截获有害生物4 509种52.90万次，同比分别增长6.10%和1%，其中截获检疫性有害生物313种42 084次，同比分别增加19.50%和2.40%。相继暂停了奥地利牛精液、新西兰活牛、美国部分海域象拔蚌、美国加利福尼亚州柑橘、巴西宠物食品、印尼山竹、新西兰和智利相关产区的苹果、澳大利亚禽鸟及其制品输华。新设立处级邮检机构9个，29个重点地区国际邮件互换局实现进驻，截获各类禁止携带邮寄进境的动植物和动植物产品41万批次，同比增长15.60%。出口港澳活禽936万只，活牛1.80万头，肉类产品3.60万箱、27.60万吨，蛋类产品0.60万批、8.10万吨，保证了供港澳农产品的适量、均衡、优质、及时。严格进出口危险化学品、进口废物原料、进出口大宗资源性产品的质量安全监管，施检进出口危险品18.40万批、2 565.30亿美元，检出不合格3 114批、60亿美元，对42家进口废物原料企业进行了处罚，检出进口有害元素及放射性元素超标矿产品38批、6 513.10吨、593.40万美元，在全国首次检出中子超标。做好金伯利进程副主席国工作，监管进出口毛坯钻石2 173批次、558.50万克拉。

【加强检验检疫，维护质量安全】 综合运用监督抽查、生产许可、风险监测和执法打假等措施，加强对儿童用品、纺织服装、电子电器等重点消费品的监管。规范进口一次性使用卫生用品、服装、仿真饰品等检验监管，累计查获不合格进口儿童服装1 343批、1 493.70万元，不合格进口玩具109批、362.40万元。对我国被境外通报召回和退运的出口商品开展质量追溯调查。加强进口食用植物油风险管控，创新监管机制，

2013 年 1 ~ 11 月不合格情况较上年同期下降 86.50%，棕榈油和菜籽油合格率达到 100%。公布实施进出口乳品检验检疫监督管理办法，对进口大米和首次进口婴幼儿食品依照食品安全国家标准实施全项目检测，抽取大米样品 256 个，得到检测数据 6 500 个，总体合格率为 100%，检出 262 批 534.50 吨乳品不符合我国食品安全国家标准。加大对新西兰、澳大利亚和荷兰等国的进口肉类追溯管理力度，对非一体化肉类企业进行重点管理，对多次出现问题的企业采取暂停进口的措施。加强对高风险的进口冰鲜水产品监管，推行进口商自主检查和检测，严格进口水产品准入管理，全年完成印度等 10 个国家或地区的水产品准入工作，品种涉及鱼油等 28 个。加强进口食品追溯管理，督促做好进口及销售记录，共检出质量安全项目不合格的进口食品 1 916批。为做好香港《食物内除害剂残余规例》平稳实施工作，对十三大类 61 种供港食品中 84 个监控项目进行了普查，抽取了监控样品 1 800 个，得到监控数据 25 283 个，根据香港规例要求，普查样品合格率达到 98.90%。开展进口水果有害生物调查，与澳门联合实施供澳食用贝壳贝类毒素监测，供港澳活禽合格率达到 100%。

【完善风险评估，突出安全重点】 以维护国门安全为核心，突出健康安全、生物安全、环境安全、消费安全，不断健全和完善风险评估与风险管理制度。一是风险管理制度化。研究提出加强产品质量安全风险监控工作的指导意见，建立健全进出口食品化妆品、消费品、食用农产品和饲料质量安全风险监控，以及动植物疫情疫病风险监测、国境口岸卫生检疫风险评估预警、进出口商品质量安全风险管理等制度，规范风险监测、风险评估、风险预警和风险快速处置等工作。二是风险排查常态化。成立国家质检总局电子商务产品质量风险监测中心（杭州），发布产品质量安全信息监测专报、周报，加强产品质量安全风险综合评价和分级工作。成立进口食品风险评估专家组，对进口工业产品、进出口食品化妆品，以及进境动植物源性饲料、烟叶、水果和水生动物等开展风险排查和分析，收集进出口食品化妆品安全信息 47 万条，发布 248 期风险预警日报，取得进出口食用农产品和饲料安全风险监控结果 24 万个，发布进出境动植物检疫风险警示通报 55 份、进口工业品风险预警信息 106 条（次）、进出口食品安全风险警示通报 113 个。加快“进出口质量安全风险预警和快速反应监管体系（C－RAPEX）”建设，采集风险信息 7.4 万条，完成风险评估报告 40 份。开展口岸传染病疫情风险排查，完成 49 期排查周报和 38 期信息专报，形成 7 份风险评估报告。加强检验检疫业务督察，发现风险点 2 726 个，提出督察建议 1 671 条。三是风险处置科学化。完善应急处置机制及相关预案，加强舆情监测，对 MIR162 转基因美国玉米、H7N9 禽流感防控、吉林宝源丰禽业公司火灾、欧盟马肉掺假事件、恒天然肉毒杆菌、新西兰乳品双氰胺、智利禽肉二恶英污染、台湾地区“毒淀粉”、输美宠物食品不实报道、含铅水龙头、问题校服等突发热点事件早研判、早回应、早公开，其中对恒天然肉毒杆菌事件的处理，受到了国务院有关领导的肯定。针对美国纽约、阿肯色和威斯康星州低致病性禽流感、白俄罗斯非洲猪瘟、蒙古国口蹄疫、哥伦比亚古典猪瘟、欧洲白蜡树枯梢病疫情，联合农业部发布禁令公告 7 个，并将白蜡鞘孢菌列入进境植物检疫性有害生物名录，使检疫性有害生物名录扩充到 441 种（属）。针对蒙古国口蹄疫疫情，根据风险评估结果临时关闭口岸，这是动植检法出台后我国首次针对境外动植物疫情采取“关闭口岸”措施。积极应对人感染 H7N9 禽流感和中东呼吸综合征疫情，妥善处理新西兰肉类滞港问题。

【服务开放经济，促进外贸增长】 一是贯彻国务院常务会议要求，不再对 1 551 个 HS 编码项下的出口工业制成品实施商品法定检验，免收 2013 年后 5 个月的检验检疫费用。创建出口工业产品示范区 112 个，引领带动汽车、机床、信息产品等产业形成出口竞争新优势。二是扩大关检合作“三个一”试点范围，新增 391 家实施绿色通道制度企业，促进对外贸易便利化。共签发普惠制原产地证书和区域性优惠原产地证书 345.9 万份，签证金额 1 446.5 亿美元，帮助我国出口产品累计获得进口方减免关税约 72 亿美元。支持北京园博会等一系列重大国际活动，提供检验检疫便利和安全保障措施。地理标志保护和国际化运用取得新突破，地理标志保护先后纳入中欧经济体 2020 战略发展规划和中泰副总理级的经贸 5 年发展战略，墨西哥“龙舌兰酒”在华保护进展顺利，获保产品增量超过 150 个，获保总量逾 1 600 个，成为配合我国外交外贸和国家形象展示的新途径。出台支持跨境电子商务零售出口意见，支持电子商务发展。三是出台支持中国（上海）自由贸易试验区建设的意见，规范自由贸易园区检验检疫监督管理，推进自由贸易区建设。完成中冰（岛）、中瑞（士）自由贸易区谈判，积极参与并推动中韩（国）、中日韩、中国—澳大利亚等自由贸易区谈判和中欧经济体地理标志保护合作协议谈判进程，为推动国家自由贸易区建设发挥重要作用。四是认真做好技术性贸易措施应对工作。多次与美、欧、日、加、澳等发达国家在多边场合表达我方关注与立场，提升话语权，为我国产品出口降低了门槛，截至 2013 年 11 月，TBT 通报数量为 1 053 项，SPS 通报数量为 641 项，TBT 通报评议数量为 2 093 项，SPS 评议数量为 2 793 项。组织 2013 年度国外技术性贸易措施对我国出口企业的影响调查，为我国制定相关政策提供可靠的数据支撑。继续做好全国技术性贸易措施部际联席会议办公室牵头工作，成功接待欧盟 7 个考察团输欧食品监管体系，确保食品输欧贸易顺利开展。

【推动区域发展，加大对外交流】 国家质检总局积极推动对内对外交流合作。对内，加强与各地政府的协调，配合区域发展需求，出台支持意见。具体包括制定支持厦门深化两岸交流合作综合配套改革、浙江舟山群岛新区发展、宁夏“两区”建设、贵州毕节试验区、赣南等原中央苏区振兴发展等政策意见，提出对上海自由贸易区、福建平潭综合试验区、珠海横琴新区、广东南沙、深圳前海、甘肃兰州新区、图们江区域开发、东北地区对外开发开放等地区的检验检疫支持性政策，创新分线管理模式。对外，积极促进质检国际合作，配合国家外交工作，做好质检领域磋商工作。具体包括作为重要成员单位，深入参与中美、中欧、中新（新加坡）等重要政府间高层对话机制；与俄罗斯、坦桑尼亚、印度、哥斯达黎加、毛里求斯、马达加斯加、智利、泰国、巴西、墨西哥等国质检合作取得新突破，全年对外签署 98 项质检合作协议；推进电子证书国际核查，与荷兰、德国、智利等国签署合作协议，不断扩大合作国家和产品范围；推进在华设立“世界卫生组织国际旅行卫生合作中心”和“世界卫生组织口岸核心能力建设合作中心”进程；成功参选成为金伯利进程 2014 年主席国。

（国家质检总局提供）

2013 年海事工作回顾

中华人民共和国交通运输部海事局

2013 年，全国海事系统按照党的十八大总体部署，以“促进口岸便利化，提高监管效能”为宗旨，加强队伍“革命化、正规化、现代化”建设，不断提升队伍的有效履职能力、科学执法能力和公共服务能力，把握实施经略海洋、建设海洋强国的目标，在确保水上交通运输安全、提高船舶通关效率、改善口岸运行环境、促进进出口贸易发展方面做出了不懈努力，为国民经济发展发挥了积极作用，各项工作取得了显著成效。

【强化监督管理，水上安全形势稳中趋好】 2013 年，全国共发生运输船舶水上交通事故 261.5 件，死亡失踪 265 人，沉船 142 艘，直接经济损失 3.84 亿元，同比分别下降 3.1%、4.3%、13.9% 和 17.6%，4 项指标全面下降。一是全面排查安全隐患。服务“平安交通”建设，开展了“百日安全生产大检查”、“安全生产月”、渡口渡船专项整治“回头看”等活动，全年未发生死亡失踪 10 人以上的渡船安全责任事故。积极推进“碧海行动”计划，完成 3 艘碍航沉船打捞，改善了渤海海域的通航环境。二是积极开展源头治理。全面履行《1978 年海员培训、发证和值班标准国际公约》（简称 STCW 公约）马尼拉修正案，有效提升船员培训质量。成功举办了 2013 中国海员大会和中国船员技能大比武，进一步促进船员实操技能的提高。推进航运公司安全与防污染管理体系运行情况的综合评价，实施公司体系审核发证 1 444 家次，持有效符合证明的航运公司达1 286家。规范船舶临时吨位证书发放，推行船舶吨位丈量统一管理。三是全面加强动态监管。强化危险货物船舶航行动态监管，试点实施长江干线危险化学品运输船舶的全程监控。将外籍船舶纳入重点跟踪监管范围，加强对到港低标准方便旗船舶管理。推广船舶船员协同系统，进一步提升了海事现场和动态监管水平。

【加快职能转变，服务发展取得突出成效】 一是积极简政放权。取消了船员任职资格特免证明签发等 9 项海事行政审批项目，还有 5 项待国务院批准后取消，累计取消项目占海事原有行政审批项目的 1/3。修改完善了《国内航行船舶变更船检机构管理规定》，规范了船舶转籍管理工作，减轻了船东负担，提高了船舶营运效率。取消、免除了 12 个涉企收费项目，暂停执行 2 个收费规定，减轻了企业负担。二是丰富惠民利民举措。实施内河船舶安装 AIS（船舶自动识别系统）设备补助二期工程。继续开展“救生衣行动”，免费发放救生衣 6 万余件，减轻了渡运经营人负担。联合国家质检总局解决了船员重复体检问题，惠及数十万船员。三是提高航保服务能力。调整优化航标配布，加强航标运行维护。提高重点航道扫测频率，完成了成山角、乐清湾、琼州海峡定线制海域扫测。继续开展沿海和内河 AIS 岸基网络系统完善工程建设，实现了 AIS 和电子海图在线服务。四是支持区域经济发展。加强港珠澳大桥施工水域安全监管和服务保障，圆满完成博鳌亚洲论坛、第 12 届全运会水上交通安全保障任务。分别围绕上海自由贸易区、“美丽天津”、沿江沿海开发、海西经济区、国际旅游岛建设，推出有效举措，积极服务于地方口岸和经济发展。

【规范行政执法，海事法制建设持续深化】 一是加快立法步伐。积极推动《海上交通安全法》等 3 部法律法规及《船员培训管理规则》等 6 个部门规章的起草修订，修订颁布《船员健康检查要求》和《水上溢油源快速签别规程》等13项国家和行业标准。推动地方立法进程，海事法规体系进一步健全。二是规范执法行为。开展2013年度全国海事系统行政执法考核评议，制定实施《中华人民共和国海事局海事行政执法证管理办法》、《海事行政执法视觉形象建设标准》和《中华人民共和国海事行政处罚自由裁量管理办法》，修订船舶登记工作规程。三是健全履约机制。开展对直属海事局履约体系审核和公约知识学习竞赛活动，继续开展国际海事公约动态跟踪，深入研究履约热点问题，海事履约体系进一步完善。

【加强科技引领，装备设施建设明显加强】一是强化科技创新应用。研发应用国内航行海船电子签证系统，长江电子巡航试点成功，圆满完成具有自主知识产权的首艘无人测量艇的研发应用，完成无线电指向标差分北斗播发系统研制和测试，完成长江口水域CORS站建设和国产化AIS基站设备研制及应用，科技创新及应用能力不断增强。二是加强装备设施建设。加大船舶建造项目推进力度，5 000吨级巡航救助船“海巡01”轮投入使用，80米级大型巡航船“海巡22”轮列编，引进多波束测深系统等多套先进设备仪器，技术装备水平进一步提高。三是加强信息系统建设。编制了《2013—2014年海事云数据中心实施规范》和海事信息系统顶层设计总体框架，基本建成中国海事信息系统两级云中心基础设施架构。基本确立中国船舶动态监控中心的海事数据中心和测试中心功能，完成海船船员管理系统改造和海船船员卡系统建设。

【注重联动协作，应急保障能力大幅提高】一是完善应急机制。强化寒潮大风等恶劣天气预警信息发布和应急措施落实，推进中越海上搜救合作，应急处理机制不断完善。逐步建立立体巡航、突发事件联合处置的交流机制。二是加强区域联动。深化区域应急联动协作机制，扎实开展海事立体巡航，成功开展2013海上重大溢油应急处置等演习，应急能力不断提高。三是强化应急处置。海南海事局成功救助了西沙海域遇险的109名船员，黑龙江海事局确保了特大洪水期间运输船舶零事故、人员零死亡，山东海事局圆满完成“11·22”胶州湾海域陆源溢油清污任务，长江海事局成功处置“4·20”客船火灾事故等，各专项任务和突发事件应急处置成效突出。2013年，共组织海（水）上搜救行动2 164次，协调船舶7 507艘次、飞机386架次，搜救成功率达96.8%。

【深化交流合作，海事社会影响不断扩大】一是密切部门合作。协调农业部渔业局研究制订水上安全管理合作方案，落实了商渔船碰撞防范措施；与教育部门联合开展了水上交通安全知识进校园活动；与保监会联合推动了中国籍沿海航行船舶和新建船舶油污责任险统保示范项目；与公安部出入境管理局建立了国际航行船舶监管协作机制，监管部门间协作切实加强。二是增进国际交流。向IMO（国际海事组织）提交了《船载北斗接收机性能标准》草案，积极推进北斗导航系统在世界航运界的认可工作。承办了IMO第2届渡船营运安全等国际会议，选派专业人才赴欧盟、澳大利亚海事部门学习交流，派遣“海巡01”成功出访澳大利亚等4国，积极参与马六甲海峡航行安全和环境保护合作，中国海事国际影响进一步扩大。三是维护国家主权。参与起草《南海行为准则》，选派人员参与海军索马里护航，组织开展南海维权巡航执法行动，对在我国南海永暑礁搁浅的外国籍船舶脱浅作业进行有效监管，实现了南沙海事助导航设施建设零突破，加强大中型海事执法船和固定翼飞机在沿海重要水域的巡航监管，有效地维护了我国海上权益。

【服务地方经济，口岸管理工作成效显著】一是完善监管格局。直属海事系统结合核编转制工作，适应综合交通运输体系的发展，深化水上安全监管服务保障体制改革，科学合理布局监管服务机构。建立政府统一领导、海事依法监管、企业全面负责、社会广泛参与的维护水上安全的良好工作格局。二是加快口岸建设。在水运口岸开放中，认真对待口岸开放申报审批工作，落实配套的海事监管机构，调剂配备海事执法力量，稳步推进监管设施的投入，加强与国家口岸管理办公室，以及海关、边检、质检等检查检验单位及军方和地方政府的沟通和协调，努力促进口岸工作发展。三是及时审理外国籍船舶进出非开放水域。为促进外向型经济的发展，解决制约地方政府进出口贸易瓶颈问题，积极开展外国籍船舶进出非开放水域的调查研究，协调相关检查检验单位和军方，着力解决地方发展过程中的难题。对于批准进出非开放水域的外国籍船舶，强化现场监督管理，提高查验效率，确保安全顺畅便捷。四是加强信息资源有效应用。充分发挥海事船舶船员基础资料、通航基础环境、船舶航行动态、船员就业任职、船舶载运货物等信息资源的优势，积极参与电子口岸建设，提供实时的航运信息服务，拓宽海事测量数据应用，提供综合助航信息服务。坚持落实便民服务的要求，简化口岸开放内部审理工作程序。加大政府信息公开力度，方便行政相对人办事，方便群众安全便捷出行，全面提升海事行政服务效能。五是深化口岸单位合作。积极落实与海关总署、公安部、国家质检总局签署的合作协议和备忘录，推动各地海事部门与当地海关、边检和质检部门签署合作框架协议，形成信息共享和监管合力。落实《打击走私专项斗争和联合行动方案》，有效整治三无船舶，与海关部门在船舶登记、保税监管等方面开展研究，提升监管和服务水平。与质检部门共同研究出台快速通关的有效方式，促进水运口岸通关的便利化。与公安部开展信息共享调研，通过信息化建设提高对船舶的监视监控能力，深化口岸单位合作。六是积极参与国际合作。严格执行联合国国际海事组织《国际便利海上运输公约》，积极参与公约下重大事项的讨论，争取于我国有利的谈判结果。积极推动中韩陆海联运汽车货物运输合作，促进双边贸易发展。举办中国—东盟海事磋商机制，在水上运输安全管理，便利货物和人员出入境等方面开展有益的探索。

（交通运输部海事局提供）

第三篇

全国口岸运行情况

全国口岸2013年度运行情况的通报

国家口岸管理办公室

一、口岸运行基本情况

2013年，通过全国口岸进出的货运总量达30.99亿吨，同比增长8.9%。其中，水运口岸29.41亿吨，同比增长9.0%；铁路口岸0.52亿吨，同比增长6.1%；公路口岸0.98亿吨，同比增长6.5%；航空口岸0.08亿吨，与2012年基本持平。出入境人员45 066万人次（未含持边民通行证进出的人员），同比增长4.6%。其中，公路口岸33 235万人次，航空口岸9 262万人次，水运口岸2 097万人次，铁路口岸472万人次。出入境交通工具2 573.8万辆（艘、列、架）次，同比增长2.0%。其中，汽车2 459.5万辆次，船舶44.4万艘次，飞机63.6万架次，火车6.3万列次。

二、简要分析

2013年以来，国内外经济形势错综复杂，我国政府及时出台了促进进出口稳增长、调结构的政策措施，特别是党的十八届三中全会做出深化改革、扩大开放的重大决定，为我国外贸发展提供了十分有利的条件。从口岸运行数据来看，2013年口岸整体运行形势趋于平稳，在各口岸部门的共同努力下，全国口岸总体运量水平与2012年相比稳步提升，口岸通过能力和通关环境不断改善，口岸效益进一步提高。

（一）水运口岸运行效益相对较好，沿海地区海运口岸优势明显。

2013年，全国水运口岸达标率约为90.7%。总体来看，经沿海地区海运口岸进出境的外贸货物运量约为24.82亿吨，占全国水运口岸运量的84.4%，其中上海、青岛、天津、唐山、宁波水运口岸分列全国水运口岸运量的前5位。沿边地区水运口岸外贸货物运量0.95亿吨，沿海地区内河口岸外贸货物运量3.00亿吨，内陆地区内河口岸外贸货物运量0.47亿吨，沿边地区内河口岸外贸货物运量0.18亿吨。

（二）航空口岸达标率有所提高，内陆、沿边航空口岸发展迅速。

2013年，全国航空口岸达标率约为75.8%，比2012年增长5个百分点。全国出入境人数居前5位的航空口岸分别是上海、北京、广州、杭州、厦门航空口岸。内陆地区航空口岸出入境人数为859万人次，同比增长38.5%，其中张家界航空口岸多年来首次达标；沿边地区航空口岸出入境人数为539万人次，同比增长17.2%，其中兰州航空口岸多年来首次达标。

（三）边境陆路口岸运量稳步增长，总体达标率有所提高。

2013年，边境地区公路口岸外贸货物运量为0.74亿吨，同比增长11.8%，霍尔果斯、阿拉山口、甘其毛都分列公路口岸运量前3位；边境地区铁路口岸外贸货物运量0.51亿吨，同比增长4%，满洲里、阿拉山口、绥芬河分列铁路口岸运量前3位。但从达标率来看，边境地区公路口岸达标率为75.4%，铁路口岸达标率为58.8%，同其他类型口岸相比相对较低，主要原因是由于边境地区口岸的运行状况受政治因素及邻国政策影响较大，个别口岸长年无运量或运量较少。

（四）对港澳口岸进出境人员仍呈增长态势。

2013年，通过港澳公路口岸进出境人员约为32 311万人次，占全国进出境人员总量的71.7%，同比增长4%。其中，拱北、罗湖、福田、皇岗、深圳湾口岸分列进出境人员数量前5位。

2013 年沿边地区内河口岸运营情况统计一览表

序号	省（区）	口岸名称	外贸货物吞吐量（吨）	排名	集装箱（箱次）	排名	出入境人员（人次）	排名	运输工具（艘、辆）	排名
1	黑龙江	漠河	15 659 962	1	0	9	20	11	6	11
2	广西	※梧州港（梧州）	867 138	2	61 276	1	10 565	7	1 251	7
3	广西	※柳州港（柳州）	440 748	3	1 729	3	0	13	0	13
4	黑龙江	同江	358 256	4	0	9	52 101	5	5 458	2
5	黑龙江	黑河	286 242	5	120	5	872 665	1	35 724	1
6	广西	※贵港	151 987	6	10 155	2	2 889	8	382	9
7	黑龙江	嘉荫	44 373	7	0	9	280	10	38	10
8	黑龙江	抚远	23 798	8	5	7	80 343	3	2 051	6
9	黑龙江	佳木斯港，桦川（桦川港）	19 992	9	2	8	0	13	0	13
10	黑龙江	萝北	16 204	10	0	9	58 178	4	2 884	5
11	黑龙江	饶河	15 135	11	8	6	120 489	2	5 315	3
12	黑龙江	哈尔滨港	4 569	12	951	4	0	13	0	13
13	云南	景洪港	199	13	0	9	13 757	6	5 288	4
14	黑龙江	呼玛	0	14	0	9	0	13	0	13
15	黑龙江	逊克	0	14	0	9	1 842	9	898	8
16	黑龙江	富锦港，绥滨（绥滨港）	0	14	0	9	7	12	1	12
17	云南	思茅港	0	14	0	9	0	13	0	13
18	黑龙江	孙吴	0	14	0	9	0	13	0	13
19	吉林	大安	0	14	0	9	0	13	0	13

表注：1. 该表以“进出口货运量”项递减排序；
2. 口岸名称栏中“( )”内为公安部统计用名称；
3. 口岸名称前带“※”的为限国轮进出口岸。

2013 年沿边地区海运口岸运营情况统计一览表

序号	省（区）	口岸名称	外贸货物吞吐量（吨）	排名	集装箱（箱次）	排名	出入境人员（人次）	排名	运输工具（艘）	排名
1	广西	防城，江山港，企沙	59 496 549	1	100 641	1	58 197	1	3 040	1
2	广西	钦州港（果子山，钦州）	26 603 277	2	17 847	3	30 855	2	1 601	2
3	广西	北海港，石头埠港（石头埠）	9 266 738	3	38 827	2	29 285	3	1 156	3

表注：1. 该表以“进出口货运量”项递减排序；
2. 口岸名称栏中“( )”内为公安部统计用名称。

2013 年沿边地区公路口岸运营情况统计一览表

序号	省（区）	口岸名称	外贸货物吞吐量（吨）	排名	集装箱（箱次）	排名	出入境人员（人次）	排名	运输工具（辆）	排名
1	新疆	霍尔果斯	20 957 004	1	788	7	637 932	7	89 122	12
2	新疆	阿拉山口公路（阿拉山口）	12 122 325	2	14 633	2	102 772	19	24 774	24
3	内蒙古	※甘其毛都	10 853 601	3	212	9	339 461	12	248 752	4
4	内蒙古	※策克	6 543 865	4	0	26	185 324	15	164 029	9
5	云南	河口公路	2 660 677	5	4	24	706 133	6	188 438	8
6	内蒙古	二连浩特公路（二连）	2 554 754	6	7 510	3	1 497 670	2	444 482	2
7	广西	友谊关	2 380 230	7	17 262	1	887 495	4	2 991	40
8	云南	※腾冲猴桥	2 305 748	8	0	26	32 432	30	65 622	14
9	新疆	※老爷庙	2 122 733	9	0	26	55 518	24	54 287	16
10	云南	瑞丽	1 991 755	10	42	15	472 343	9	2 139 914	1
11	云南	※磨憨	1 241 063	11	26	17	401 177	10	239 522	5
12	内蒙古	珠恩嘎达布其	802 176	12	8	22	90 121	21	69 329	13
13	吉林	※南坪	673 190	13	39	16	778	47	37 062	18
14	黑龙江	绥芬河公路（绥芬河）	610 590	14	6	23	758 044	5	59 364	15
15	新疆	伊尔克什坦	508 505	15	158	11	44 355	26	32 274	21
16	内蒙古	满洲里公路	495 520	16	201	10	1 481 399	3	259 036	3
17	新疆	※吐尔尕特	451 859	17	535	8	44 488	24	31 946	22
18	新疆	※都拉塔	394 735	18	4	24	33 949	29	29 836	23
19	云南	※孟定清水河（清水河）	368 685	19	0	28	72 341	23	118 877	10
20	黑龙江	※东宁	313 954	20	10	20	393 194	11	39 013	17
21	新疆	卡拉苏	312 400	21	0	26	19 339	35	0	51
22	内蒙古	※满都拉	293 618	22	0	26	36 000	27	14 000	27

续表1

序号	省（区）	口岸名称	外贸货物吞吐量（吨）	排名	集装箱（箱次）	排名	出入境人员（人次）	排名	运输工具（辆）	排名
23	吉林	珲春公路（珲春）	268 640	23	6 921	4	317 837	13	19 311	26
24	吉林	圈河	265 389	24	6 899	5	237 252	14	118 114	11
25	广西	东兴	212 597	25	6 796	6	2 744 209	1	483	45
26	吉林	※三合	205 323	26	16	18	3 390	42	11 389	30
27	新疆	吉木乃	180 894	27	9	21	115 007	17	6 639	34
28	云南	※天保	180 476	28	0	26	110 726	18	34 923	19
29	云南	畹町	178 131	29	0	26	10 438	39	203 847	6
30	西藏	※樟木（聂拉木）	177 309	30	0	26	138 238	16	33 716	20
31	新疆	※塔克什肯	169 440	31	0	26	73 108	22	13 255	29
32	吉林	图们公路（图们）	137 404	32	88	12	13 209	37	9 700	32
33	新疆	巴克图	116 823	33	4	24	100 599	20	13 269	28
34	吉林	※长白	104 455	34	55	13	1 191	43	6 587	35
35	云南	※打洛	93 619	35	0	26	570 125	8	189 522	7
36	广西	※水口	79 755	36	2	25	20 619	34	0	51
37	广西	※龙邦	78 497	37	0	26	13 925	36	124	49
38	吉林	※古城里	69 051	38	0	26	265	52	5 141	37
39	新疆	红其拉甫	51 586	39	12	19	26 314	32	20 776	25
40	内蒙古	※额布都格	42 996	40	0	26	13 000	38	4 000	38
41	吉林	※临江	36 877	41	0	26	392	49	2 704	41
42	内蒙古	※阿日哈沙特	26 468	42	0	26	34 980	28	7 373	33
43	吉林	※开山屯	18 458	43	0	26	1 086	45	2 433	43
44	黑龙江	虎林	17 729	44	0	26	10 226	40	2 475	42
45	黑龙江	※密山	17 321	45	0	26	21 933	33	3 112	39
46	吉林	※沙坨子	12 597	46	44	14	1 120	44	1 643	44

续表 2

序号	省（区）	口岸名称	外贸货物吞吐量（吨）	排名	集装箱（箱次）	排名	出入境人员（人次）	排名	运输工具（辆）	排名
47	云南	※金水河	11 894	47	0	26	4 626	41	10 456	31
48	内蒙古	黑山头（额尔古纳）	9 567	48	0	26	27 765	31	6 510	36
49	新疆	※乌拉斯台	4 231	49	0	26	365	50	191	48
50	内蒙古	室韦	2 162	50	0	26	267	51	226	46
51	新疆	※红山嘴	60	51	0	26	516	48	85	50
52	西藏	※普兰	43	52	0	26	0	53	0	51
53	西藏	※吉隆	0	53	0	26	0	53	0	51
54	新疆	木扎尔特	0	53	0	26	0	53	0	51
55	新疆	※阿黑土别克	0	53	0	26	0	53	0	51
56	内蒙古	#※阿尔山	0	53	0	26	800	46	200	47
57	云南	#※勐康	0	53	0	26	0	53	0	51
58	广西	#※平孟	0	53	0	26	0	53	0	51

表注：1. 该表以“进出口货运量”项递减排序；
2. 口岸名称栏中“( )”内为公安部统计用名称；
3. 口岸名称前带“※”的为限双边口岸；
4. 口岸名称前带“#”的表示该口岸为国务院批准开放时间不足 3 年。

2013 年沿边地区铁路口岸运营情况统计一览表

序号	省（区）	口岸名称	外贸货物吞吐量（吨）	排名	集装箱（箱次）	排名	出入境人员（人次）	排名	运输工具（列）	排名
1	内蒙古	满洲里铁路	18 465 543	1	65 104	2	346 000	1	10 331	2
2	新疆	阿拉山口铁路（阿拉山口）	14 615 165	2	107 664	1	57 900	5	13 085	1
3	黑龙江	绥芬河铁路（绥芬河）	9 201 854	3	104	4	113 000	3	8 658	3
4	内蒙古	二连浩特铁路（二连）	8 521 494	4	10 756	3	258 000	2	8 610	4
5	广西	凭祥	514 870	5	3	6	77 241	4	2 683	5
6	吉林	集安	60 666	6	2	7	6 873	6	816	6
7	吉林	图们铁路（图们）	56 411	7	0	8	700	8	214	7
8	吉林	珲春铁路	20 228	8	64	5	0	9	12	9
9	云南	河口铁路（河口）	9 901	9	0	8	1 400	7	120	8

表注：1. 该表以“进出口货运量”项递减排序；
2. 口岸名称栏中“( )”内为公安部统计用名称。

2013 年沿边地区航空口岸运营情况统计一览表

序号	省（区）	口岸名称	出入境人员（人次）	排名	外贸货物吞吐量（吨）	排名	运输工具（架）	排名
1	云南	昆明机场（昆明）	1 880 023	1	17 809	1	16 185	1
2	新疆	乌鲁木齐机场（乌鲁木齐）	763 001	2	17 719	2	7 438	2
3	广西	南宁机场（南宁）	584 120	3	622	5	4 980	3
4	黑龙江	哈尔滨机场（哈尔滨）	504 950	4	1 853	4	4 345	4
5	吉林	延吉机场（延吉）	429 582	5	0	15	2 551	7
6	广西	桂林机场（桂林）	380 806	6	271	6	2 561	6
7	吉林	长春机场（长春）	377 456	7	3 198	3	2 585	5
8	内蒙古	呼和浩特机场（呼和浩特）	100 004	8	183	7	1 077	8
9	甘肃	兰州机场（兰州）	95 058	9	1	14	207	14
10	黑龙江	牡丹江	91 014	10	3	12	831	9
11	云南	#丽江	52 051	11	0	15	551	11
12	内蒙古	满洲里机场（满洲里）	44 000	12	26	10	668	10
13	西藏	拉萨机场（拉萨）	28 736	13	54	9	115	16
14	内蒙古	海拉尔机场（海拉尔）	20 815	14	1	14	392	12
15	云南	西双版纳机场（西双版纳）	18 093	15	6	11	312	13
16	黑龙江	佳木斯机场	14 098	16	0	15	184	15
17	新疆	喀什机场（喀什）	5 901	17	135	8	111	17
18	黑龙江	齐齐哈尔	3 012	18	2	13	20	19
19	广西	※北海机场	1 135	19	0	15	50	18

表注：1. 该表以“出入境人员”项递减排序；
2. 口岸名称栏中“( )”内为公安部统计用名称；
3. 口岸名称前带“※”的为限国内航空公司进出口岸；
4. 口岸名称前带“#”的表示该口岸为国务院批准开放时间不足 3 年。

2013 年内陆地区内河口岸运营情况统计一览表

序号	省（区、市）	口岸名称	外贸货物吞吐量（吨）	排名	集装箱（箱次）	排名	出入境人员（人次）	排名	运输工具（艘）	排名
1	湖北	武汉（汉口）	17 944 961	1	259 686	2	8	7	1	5
2	安徽	马鞍山港	11 133 527	2	52 137	5	802	2	63	1
3	重庆	※重庆港	9 256 206	3	403 095	1	0	8	0	6
4	安徽	铜陵港（铜陵）	2 950 057	4	10 700	9	611	4	50	3
5	安徽	芜湖港（芜湖）	1 527 251	5	121 935	3	682	3	50	3
6	湖北	黄石	1 213 139	6	12 693	8	20	6	1	5
7	江西	九江	966 578	7	56 187	4	0	8	0	6
8	湖南	岳阳城陵矶（岳阳）	618 080	8	30 683	6	141	5	10	4
9	安徽	安庆港（安庆）	529 438	9	15 310	7	0	8	0	6
10	安徽	池州港（池州）	462 506	10	6 669	10	834	1	56	2

表注：1. 该表以“进出口货运量”项递减排序；
2. 口岸名称栏中“( )”内为公安部统计用名称；
3. 口岸名称前带“※”的为限国轮进出口岸。

2013 年内陆地区航空口岸运营情况统计一览表

序号	省（区、市）	口岸名称	出入境人员（人次）	排名	外贸货物吞吐量（吨）	排名	运输工具（架）	排名
1	四川	成都机场（成都）	2 453 821	1	94 893	3	18 093	1
2	重庆	重庆机场（重庆）	1 373 020	2	117 161	1	10 368	2
3	湖北	武汉机场（武汉）	1 083 631	3	15 163	5	8 190	3
4	湖南	长沙机场（长沙）	921 997	4	6 939	7	6 125	5
5	陕西	西安	803 370	5	16 557	4	5 615	6
6	河南	郑州机场（郑州）	621 682	6	106 319	2	6 452	4
7	山西	太原机场（太原）	322 122	7	1 830	9	2 617	8
8	安徽	合肥机场（合肥）	322 006	8	8 789	6	2 656	7
9	贵州	贵阳机场（贵阳）	215 921	9	441	10	1 071	10
10	江西	南昌机场（南昌）	201 803	10	1 890	8	1 346	9
11	湖南	张家界机场（张家界）	113 986	11	0	15	861	11
12	安徽	黄山机场（黄山）	80 987	12	0	15	800	12
13	宁夏	银川机场（银川）	36 103	13	249	11	350	13
14	河南	※洛阳机场（洛阳）	19 178	14	54	13	120	15
15	湖北	※宜昌三峡机场（三峡机场）	12 314	15	8	14	155	14
16	青海	西宁机场（西宁）	3 704	16	108	12	31	16

表注：1. 该表以“出入境人员”项递减排序；
2. 口岸名称栏中“( )”内为公安部统计用名称；
3. 口岸名称前带“※”的为限国内航空公司进出口岸。

2013 年沿海地区内河口岸运营情况统计一览表

序号	省（区、市）	口岸名称	外贸货物吞吐量（吨）	排名	集装箱（箱次）	排名	出入境人员（人次）	排名	运输工具（艘）	序号
1	江苏	张家港	70 120 479	1	289 656	5	77 253	5	4 241	6
2	江苏	太仓	43 277 938	2	549 629	3	58 010	6	3 078	9
3	江苏	南通港（南通）	40 821 398	3	247 308	7	47 003	9	2 487	12
4	江苏	镇江	26 338 594	4	122 214	11	34 623	14	1 804	14
5	江苏	江阴港（江阴）	22 158 912	5	54 639	19	44 922	11	2 501	11
6	江苏	高港（泰州）	21 346 259	6	65 181	17	53 737	8	2 826	10
7	江苏	南京港	20 684 064	7	676 696	2	31 969	16	1 627	15
8	江苏	常熟	13 227 697	8	161 070	10	17 373	17	981	17
9	江苏	如皋港	7 131 540	9	2	22	9 463	20	493	22
10	江苏	扬州港（扬州）	5 376 080	10	99 575	13	12 882	19	690	20
11	江苏	常州	5 109 879	11	73 098	16	6 995	21	412	23
12	广东	※中山港（中山）	4 417 024	12	783 341	1	1 428 845	1	20 210	1
13	广东	虎门港（东莞，沙田）	3 756 972	13	61 257	18	438 788	3	12 826	2
14	广东	※高明港（高明）	3 640 278	14	200 357	8	55 944	7	4 059	8
15	广东	※江门港（江门）	3 143 368	15	298 346	4	138 755	4	6 251	5
16	广东	※肇庆港（肇庆）	2 801 274	16	174 752	9	33 009	15	4 147	7
17	广东	※南海港（南海）	2 212 715	17	270 678	6	463 76	10	6 295	4
18	广东	新会港（新会）	2 061 808	18	75 324	15	16 132	18	1 882	13
19	广东	※三埠港（开平）	703 783	19	41 982	21	5 865	22	771	19
20	广东	※新塘港（新塘）	702 534	20	79 372	14	4 609	23	644	21
21	广东	※斗门港（斗门）	558 234	21	107 223	12	38 657	13	864	18
22	广东	※鹤山港（鹤山）	314 189	22	48 392	20	43 616	12	1 148	16
23	广东	※容奇港（顺德）	310 025	23	0	23	815 740	2	11 259	3

表注：1. 该表以“进出口货运量”项递减排序；

2. 口岸名称栏中“( )”内为公安部统计用名称；

3. 口岸名称前带“※”的为限国轮进出口岸。

2013 年沿海地区海运口岸运营情况统计一览表

序号	省（区、市）	口岸名称	外贸货物吞吐量（吨）	排名	集装箱（箱次）	排名	出入境人员（人次）	排名	运输工具（艘）	序号
1	上海	上海港（金山，浦江，外高桥，吴淞，洋山），绿华岛	273 233 161	1	22 660 155	1	1 584 579	4	25 113	2
2	山东	青岛港（黄岛，青岛，油港）	272 311 515	2	7 651 760	3	385 794	9	11 545	8
3	天津	天津港，渤中（东港，南疆，塘沽，天津）	222 915 955	3	5 381 509	5	553 665	8	10 814	9
4	河北	唐山	221 181 857	4	17 483	41	84 079	28	3 914	20
5	浙江	宁波港（北仑，大榭，宁波，镇海，穿山）	198 413 636	5	9 547 749	2	238 860	15	7 651	13
6	山东	石臼港（日照）	153 743 335	6	144 051	24	100 866	23	3 855	21
7	浙江	舟山港（马迹山，舟山）、黄兴岛	108 367 235	7	182 607	21	99 081	24	4 690	17
8	江苏	连云港	97 599 738	8	709 773	11	239 242	14	5 390	16
9	山东	岚山港（岚山）	94 486 334	9	2 501	54	63 903	29	3 120	23
10	辽宁	大连港（大连，大连大窑湾，大连湾，大连新港分站，和尚岛）旅顺新港，庄河，长兴岛	83 864 785	10	3 017 440	8	282 244	13	9 055	11
11	广东	湛江港（调顺，南油，霞海，湛江）	74 169 590	11	175 345	22	50 244	33	2 859	26
12	福建	厦门港（东渡，海沧，同益）	67 628 641	12	4 167 462	6	1 641 884	3	23 725	4
13	辽宁	营口港（鲅鱼圈，营口）	63 125 984	13	51 600	35	102 137	22	2 706	30
14	山东	龙口港（龙口）	53 565 790	14	112 364	25	51 765	32	2 758	28
15	山东	烟台港（烟台）	47 469 974	15	486 890	13	136 443	19	2 794	27
16	广东	蛇口港，赤湾港，东角头港，妈湾港（妈湾）	46 316 086	16	3 521 395	7	2 939 888	1	60 885	1
17	广东	※梅沙，盐田港（盐田）	40 399 966	17	6 682 350	4	191 504	18	12 674	7
18	福建	福州港（福州）	34 839 077	18	1 006 101	10	97 220	25	3 657	22
19	广东	南沙港	26 977 337	19	1 407 708	9	94 196	26	7 062	14
20	广东	※湾仔港（湾仔）	20 968 569	20	99 409	26	1 033 905	5	24 229	3

续表 1

序号	省（区、市）	口岸名称	外贸货物吞吐量（吨）	排名	集装箱（箱次）	排名	出入境人员（人次）	排名	运输工具（艘）	序号
21	福建	肖厝港（肖厝）	19 757 368	21	176	58	11 868	49	549	48
22	海南	洋浦港（洋浦）	18 358 617	22	36 791	37	54 457	31	4 338	18
23	广东	惠州港（惠州）	17 968 858	23	3 928	52	16 901	43	1 905	32
24	广东	珠海港（高栏，桂山）	17 578 346	24	73 013	31	49 223	34	3 070	24
25	河北	黄骅	13 814 454	25	3 085	53	9 490	53	429	53
26	河北	秦皇岛	13 484 170	26	79 049	30	86 108	27	1 584	36
27	广东	水东港（茂名）	12 616 327	27	33 378	39	17 431	42	1 101	39
28	广东	阳江港（阳江）	11 640 180	28	4 844	51	11 241	51	510	51
29	福建	漳州港（漳州）	11 046 002	29	67 438	32	15 268	46	859	43
30	福建	城澳港（宁德）	10 961 154	30	1 426	55	16 094	44	926	42
31	山东	莱州港（莱州）	10 622 855	31	35 319	38	12 765	48	720	45
32	福建	松下港（福清）	9 399 966	32	36 903	36	125 495	21	964	41
33	辽宁	锦州港（锦州）	9 214 218	33	9 238	47	22 420	40	550	47
34	浙江	乍浦港（嘉兴）	8 445 955	34	324 034	18	29 428	38	1 738	34
35	辽宁	丹东港	7 804 102	35	81 763	28	19 000	41	2 637	31
36	山东	潍坊	7 750 539	36	415 925	15	3 840	60	286	56
37	山东	威海港（威海）	7 339 533	37	684 238	12	346 960	10	1 793	33
38	福建	秀屿港（莆田）	7 111 383	38	14 308	43	6 689	56	258	59
39	广东	潮阳港（潮阳）	6 958 566	39	9 825	45	13 251	47	732	44
40	广东	潮州港（潮州）	6 572 419	40	5 412	50	5 860	57	261	58
41	广东	汕头港（龙湖，汕头）	6 363 907	41	362 725	16	36 536	37	3 016	25
42	福建	泉州港（泉州）	4 875 039	42	167 018	23	135 068	20	4 000	19
43	浙江	温州港，洞头港（洞头港）	4 592 792	43	79 906	29	5 175	59	262	57
44	山东	蓬莱港（蓬莱）	4 199 358	44	9 068	48	9 083	54	466	52
45	江苏	大丰港（大丰）	3 859 119	45	16 462	42	10 041	52	537	49

续表 2

序号	省（区、市）	口岸名称	外贸货物吞吐量（吨）	排名	集装箱（箱次）	排名	出入境人员（人次）	排名	运输工具（艘）	序号
46	海南	八所港（八所）	3 787 844	46	2	60	6 900	55	387	54
47	山东	东营港（东营）	3 656 395	47	446 521	14	287	62	14	61
48	海南	海口港（马村，秀英）	3 339 802	48	53 097	34	48 467	35	1 058	40
49	广东	广海港（台山）	3 260 816	49	26 197	40	58 150	30	5 991	15
50	浙江	大陈岛，台州港（台州，大麦屿），红光港（红光）	2 820 021	50	61 412	33	44 423	36	2 717	29
51	广东	大铲湾	2 664 303	51	361 668	17	28 202	39	1 721	35
52	广东	万山港（万山）	1 943 428	52	0	62	11 401	50	1 376	37
53	广东	汕尾港（汕尾）	1 462 162	53	9 321	46	5 714	58	532	50
54	广东	九州港，九洲港（九洲）	1 079 777	54	316 546	19	2 252 240	2	16 821	6
55	山东	石岛港（石岛）	982 375	55	247 587	20	340 907	11	1 376	37
56	海南	三亚港（三亚）	812 909	56	211	57	318 718	12	370	55
57	山东	龙眼港	763 256	57	96 431	27	205 576	17	1 149	38
58	辽宁	※葫芦岛港（葫芦岛）	556 914	58	1	61	178	63	8	62
59	广东	莲花山港（番禺，莲花山）	339 463	59	3	59	878 171	6	10 282	10
60	海南	清澜港（清澜）	129 832	60	956	56	747	61	77	60
61	广东	#揭阳	97 914	61	10 559	44	0	64	0	63
62	广东	广州港（广州开发区，黄埔，新港，新沙，洲头嘴）	31 289	62	6 927	49	223 848	16	21 920	5
63	广东	大亚湾港	79	63	0	62	0	64	0	63
64	广东	深圳福永码头	0	64	0	62	637 957	7	8 627	12
65	江苏	#靖江	0	64	0	62	15 722	45	714	46

表注：1. 该表以“进出口货运量”项递减排序；

2. 口岸名称栏中“( )”内为公安部统计用名称；

3. 口岸名称前带“※”的为限国轮进出口岸；

4. 口岸名称前带“#”的表示该口岸为国务院批准开放时间不足 3 年。

2013 年沿海地区公路口岸运营情况统计一览表

序号	省（区、市）	口岸名称	外贸货物吞吐量（吨）	排名	集装箱（箱次）	排名	出入境人员（人次）	排名	运输工具（辆）	排名
1	广东	皇岗（福田，皇岗）	12 611 512	1	2 374 620	1	37 471 937	4	9 299 255	1
2	广东	文锦渡	6 120 712	2	454 262	2	2 757 400	8	1 602 139	4
3	辽宁	丹东公路	1 877 623	3	920	7	155 000	10	155 801	7
4	广东	横琴	1 419 200	4	6 080	6	4 060 744	7	772 763	6
5	广东	深圳湾公路（深圳湾）	662 195	5	116 919	3	36 233 698	5	3 866 867	2
6	广东	沙头角	627 376	6	43 448	4	4 274 045	6	970 260	5
7	广东	珠澳跨境工业区专用口岸（茂盛围）	408 653	7	16 497	5	666 910	9	30 494	8
8	广东	拱北	139 200	8	215	8	98 974 208	1	2 816 463	3
9	广东	罗湖	0	9	0	9	92 023 552	2	0	9
10	广东	福田（福田地铁）	0	9	0	9	46 650 688	3	0	9

表注：1. 该表以“进出口货运量”项递减排序；
2. 口岸名称栏中“( )”内为公安部统计用名称。

2013 年沿海地区铁路口岸运营情况统计一览表

序号	省（区、市）	口岸名称	出入境人员（人次）	排名	运输工具（列）	排名	外贸货物吞吐量（吨）	排名
1	广东	广州铁路（天河）	3 777 835	1	8 018	1	183	3
2	广东	东莞铁路（常平）	453 465	2	0	7	1	4
3	上海	上海站（上海铁路）	153 741	3	364	5	0	5
4	北京	北京西站（北京西客站）	98 794	4	354	6	0	5
5	辽宁	丹东铁路（丹东）	95 000	5	1 862	3	396 279	1
6	广东	佛山铁路（佛山）	86 151	6	7 223	2	4 663	2
7	广东	肇庆铁路（端州）	58 069	7	730	4	0	5
8	广东	深圳笋岗（笋岗）	2 823	8	0	7	0	5

表注：1. 该表以“出入境人员”项递减排序；
2. 口岸名称栏中“( )”内为公安部统计用名称。

2013 年沿海地区航空口岸运营情况统计一览表

序号	省（区、市）	口岸名称	出入境人员（人次）	排名	外贸货物吞吐量（吨）	排名	运输工具（架）	排名
1	上海	上海机场（虹桥，浦东）	27 436 486	1	4 197 879	1	183 473	1
2	北京	首都机场（北京机场）	21 025 802	2	1 918 650	2	112 317	2
3	广东	广州机场（白云）	9 856 023	3	1 110 316	3	69 078	3
4	浙江	杭州机场（杭州）	2 817 835	4	68 391	8	18 811	6
5	福建	厦门机场（高崎）	2 532 827	5	186 608	4	19 548	4
6	山东	青岛机场	2 179 063	6	117 456	6	16 261	7
7	江苏	南京机场（南京）	1 789 964	7	45 008	10	11 540	9
8	广东	深圳机场（福永，深圳机场）	1 666 965	8	105 042	7	19 065	5
9	辽宁	大连机场（周水子）	1 385 811	9	50 707	9	11 667	8
10	辽宁	沈阳机场（沈阳）	1 289 099	10	13 793	12	8 665	11
11	福建	福州机场	1 109 721	11	9	25	8 368	12
12	天津	天津机场	1 047 258	12	185 545	5	9 949	10
13	浙江	宁波机场	823 630	13	16 524	11	6 632	13
14	福建	晋江机场（泉州）	611 530	14	30	23	3 847	15
15	海南	海口机场（海口美兰机场）	493 148	15	8 439	14	3 928	14
16	江苏	※无锡机场（无锡）	388 119	16	2 315	17	3 327	16
17	海南	三亚机场（凤凰机场）	342 786	17	1 099	20	2 699	18
18	山东	烟台机场	324 271	18	9 105	13	3 220	17
19	山东	济南机场（济南）	314 079	19	2 622	16	2 630	20
20	浙江	温州机场	312 970	20	874	21	2 587	21
21	山东	威海机场	293 684	21	2 268	18	2 644	19
22	广东	※汕头机场（外砂）	213 631	22	1 308	19	1 800	22

续表

序号	省（区、市）	口岸名称	出入境人员（人次）	排名	外贸货物吞吐量（吨）	排名	运输工具（架）	排名
23	河北	石家庄机场	158 429	23	6 225	15	1 480	23
24	江苏	盐城机场	123 954	24	0	27	1 148	25
25	江苏	徐州机场（徐州）	122 138	25	107	22	1 160	24
26	广东	※湛江机场	13 130	26	27	24	170	27
27	广东	※梅州机场（梅州）	4 885	27	8	26	200	26
28	福建	※武夷山机场（武夷山）	2 565	28	0	27	53	28

表注：1. 该表以“出入境人员”项递减排序；
2. 口岸名称栏中“( )”内为公安部统计用名称；
3. 口岸名称前标“※”的为限国内航空公司进出口岸。

第四篇

各地口岸运行管理

北 京 市

北京市口岸分布示意图

图例

● 一类口岸　铁路口岸　水运口岸

航空口岸　公路口岸　● 境外口岸

口岸名称	批准开放时间	开放状态
首都国际机场航空口岸	1958.3	国际常年
北京西站铁路口岸	2009.11	国际常年

口岸数量及分布

截至2013年年底，北京市共有经国务院批准的对外开放口岸2个，分别为北京空运口岸和北京陆路（铁路）口岸。

口岸运行数据

2013年，北京口岸客货吞吐量均实现稳中有升，出入境人员2 112.39万人次，同比增长3.23%；海关监管货物162.26万吨，同比增长5.19%；海关监管货值947亿美元，同比增长2.12%（海关监管货值含转关1 017.20亿美元，同比增长3.70%）；海关征收关税及代征税444.80亿元，同比下降9.89%。

首都国际机场客运量连续4年保持世界第二；北京西站陆路（铁路）口岸出入境旅客98 705人次，同比下降15.35%；丰台外贸货物装卸点进出口货运17 642吨，同比增长89.25%；朝阳外贸货物装卸点进出口集装箱120 920标箱，同比下降9.03%。

口岸监管与服务

【北京海关助推首都口岸经济体系建设】 2013年，北京海关紧紧围绕首都“双轮驱动”和京津“双城记”发展战略，问计于政府、企业，认真分析、把握当前国内外经济形势和北京市情，不断创新体制机制，提升监管服务水平，推进贸易便利化，支持首都外向型经济发展。一是推动北京首都国际机场整车（以下简称整车口岸）进口口岸顺利验收。2013年7月3日，整车口岸通过海关总署等国家五部委联合验收，正式投入运营。8月9日，宝马（中国）汽车贸易有限公司首辆“劳斯莱斯”轿车从整车口岸空运进境。截至2013年年底，北京海关共验放以一般贸易方式进口的整车106辆（其中劳斯莱斯98辆），货值3 289.10万美元。在促进整车口岸建设过程中，积极组织筹划，成立专项工作领导小组，全力推动、落实整车口岸的规划、建设，以及相关监管工作。完善工作机制，梳理整车监管环节，制定《首都机场空运整车进口口岸海关监管操作流程》，加强与综合保税区管委会、检验检疫部门、航空地面代理、报关企业的联系配合，着力提高整车口岸整体通关效率。深化关企合作，提前了解整车运输及申报情况，及时提供通关咨询服务，协助企业48小时内完成分拨操作，减少整车在口岸存放时间，降低企业物流成本。设立专门审单、查验窗口，对进口整车实行快速审核验放。在适用政策、基础设施规划、通关时效、运营成本等方面研究拟定相关措施，促进整车口岸长远健康展。二是发挥首都空港优势。利用天竺综合保税区政策优势，支持首都“双轮驱动”发展战略。首创特殊监管区域内文化保税拍卖业务模式，举办了国内首场文化艺术品保税拍卖会，并以此为契机，促成全国首个集保税仓储、物流、检测、修复、文化交流等功能于一体的艺术品常设展厅正式落地天竺综合保税区。目前，已有价值近3亿元艺术品在区内存储，征收税款近千万元。推动新机场筹建工作，主动增进与新机场建设指挥部及北京市口岸办的联系配合，多次召开座谈会，充分沟通，力争使新机场能够满足各项海关监管和服务需求。着力提高新快件中心运转能力。自新快件中心启用以来，通过提供“一站式”通关服务，应用嵌入式监管设备，实行空侧分拨，引入第三方物流公司等措施，大力提高快件运作效率，与老中心相比，新中心企业通关提速2～3小时以上，企业包裹处理能力提升4倍。探索跨境电子商务监管模式。积极推进跨境电子商务进口业务，完成《北京空运口岸跨境电子商务进口监管方案》。同时，根据“创新发展，先行先试，先易后难，分步实施”跨境电子商务试点原则，完成首票跨境电子商务出口货物通关工作。试点期间，共办理跨境电子商务出口货物42票（以出区集报票数为准），共计745个包裹，毛重444.64千克，价值45.39万元。三是加强海运转关工作。积极参与通州口岸平移工作，有针对性提出海关监管区域建设标准与需求，不断探索高效监管模式，力求在新监管区域实现监督管理新跨越。着力支持朝阳外贸货物装卸点建设，力求货到当天即放，对到达较晚的货物施行加班验放；落实监管区外查验工作制度，针对大型A类以上生产型企业，对应当查验又不便在监管现场实施查验的进出境货物，优先派员到企业结合生产或装卸环节实施查验；选择20余家A类生产型企业进行提前选查，进一步缩短了企业通关时间，降低了企业经营成本。支持亦庄保税物流中心发展，特别是帮助GE航卫进行物流流程整合，利用分送集报、暂时进出口等政策，为企业量身定做通关模式，帮助企业降低物流成本，提高通关时效。2013年，平谷马坊国际物流中心监管各类货物41 039标箱，货值14.29亿美元，货重19.83万吨，同比分别增长36.70%、28.60%和29.80%；出口货物通关量同比增长5.10倍。四是促进铁路口岸正式开放工作。做好北京陆路（铁路）口岸正式开放后海关监管服务工作准备。拓宽丰台外贸货物装卸点运营功能。在深入调研的基础上，2013年6月批准丰台外贸货物装卸点开展海运通关业务，截至2013年年底，共办理海运进口业务157票。加强开展铁路运输区域通关业务和转关运输监管工作的联系与配合。2013年，丰台外贸货物装卸点货运量达到1.75万吨，同比增加88.90%；货值6 411.44万美元，同比增加70.92%。正式批复百子湾监管场所投入使用，探讨业务发展方向、运营及工作流程衔接模式，完成内部流程设计，帮助企业解决困难，为业务顺利、有序开展打下良好基础。

【北京海关推进区域通关业务改革】 2013年，北京海关认真落实国务院及海关总署的工作部署，在总结区域通关改革试点取得经验的基础上，研究制订了《北京海关全面深化区域通关业务改革实施方案》，深入推进区域通关改革，优化区域通关作业模式，提高贸易便利化水平，推动进出口稳定发展。一是改革指导思想及总体目标。顺应区域经济和区域物流发展规律，将区域通关改革与分类通关和通关作业无纸化改革有机融合，按照“由企及物”理念，实施区域物流分类监管和企业差别化管理；打破行政区划和海关关区设置所造成的障碍，优化整合口岸和属地海关的管理资源，建立分工明晰、协调配合、整体联动的区域通关新模式，简化海关手续，提高通关效率，提升海关综合监管效能、促进区域经济发展。二是大力推进改革实施。为确保改革顺利推进，北京海关多措并举，根据不同企业类别和行业制订有针对性的改革宣讲方案，通过发放资料、走访企业、召开座谈会等形式，让进出口企业全面了解海关改革的具体措施；主动与地方政府、行业协会等进行联系沟通，使改革成果惠及更多的进出口企业；通过12360海关统一服务热线等渠道，及时解答企业在改革过程中出现的疑难问题；加强海关间的合作，对于企业通关过程中出现的问题，及时协调口岸海关，保障区域通关货物正常通关。三是加大商品归类、估价、原产地确定等专业认定的服务支持力度，实现海关内部审批作业电子化；深化区域通关业务改革，对经营单位为AA类且申报单位为B类（含B类）以上企业的进出口货物，除布控查验货物外，实行“属地申报，属地放行”；将“属地申报，口岸验放”适用范围扩大至B类生产型企业的进出口货物；进一步简化转关手续，逐步取消海关纸质关封及转关纸质单证签章操作，实现转关申报、放行和核销所有作业环节的无纸化。2013年，北京关区共有155家企业通过“属地申报，口岸验放”模式大幅简化海关手续，提高通关效率。2013年，这些企业共申报进口32 196票，同比增长16.89%；货值80.48亿美元，同比增长18.23%；征收税款103.97亿元，同比增长13.80%。

【北京空运口岸72小时过境免签新政实施】 2013年1月1日，北京空运口岸正式实施外国人72小时过境免签证政策。为确保新政顺利实施，北京边检总站高度重视做好政策的各项配套措施的落实工作。新政实施首日，北京边检总站共办理符合72小时过境免签政策的外国人38人次。

其中，CA174航班（澳大利亚—北京）办理1名华裔澳大利亚旅客，UA889航班（旧金山—北京）办理1名华裔新西兰旅客，KA992航班（香港—北京）办理36名俄罗斯旅客。

【北京边检总站为“海娜号”邮轮滞留旅客入境提供优质服务】 2013年9月15日，“海娜号”邮轮被扣游客回国，北京边检总站第一时间与相关部门进行核实，掌握包机架次、到达时间和旅客数量等情况。9月15日、16日，搭载“海娜号”邮轮滞留旅客的7架海航包机分批次抵达首都国际机场T2航站楼，北京边检总站第一时间启动应急预案，调整和增加正常班组人员；调动备勤警力提前到达现场，应对晚间即将出现的旅客高峰；加开通道，加强台外引导，为确保旅客能够快速顺利通关做好准备。9月15日17时01分，首架海航包机HU8006的旅客抵达入境现场。现场执勤民警快速高效地为滞留的中国公民办理了入境边防检查手续。截止到9月16日晚间，共有1 560名“海娜号”滞留旅客经首都国际机场顺利入境回国。

【推进服务品牌建设】 2013年8月中旬，北京边检总站以“中国边检·阳光国门”为主题，以边检服务品牌形象“天天”为主形象，在北京首都国际机场、北京西客站等现场开展中国边检服务品牌集中宣传活动。8月19日上午，北京电视台《直播北京》连线采访总站边检处处长王仕斌，面向北京市观众介绍当前口岸出入境形势、宣传总站提高服务水平工作成效和边检服务品牌形象“天天”。

根据国际机场协会（Airport Council International，ACI）的机场服务质量评价（Airport Service Quality，ASQ）数据显示，近年来北京边检总站的ACI边检指标排名呈总体上升趋势，2013年，有关边检指标排名屡创历史新高，并于第三季度实现了单项指标排名世界第一。

【北京空运口岸单日出入境旅客量首次突破7万大关】 2013年7月27日23时33分56秒，北京边检总站边检一队执勤民警为当日的第7万名旅客办理了出境手续，这也意味着首都国际机场空运口岸单日验放旅客量首次突破7万人次大关，创下自2008年双楼运营国际航班以来的最高纪录。

【北京出入境检验检疫局加强口岸及出口食品示范区建设】 制定了《北京出入境检验检疫局口岸、特殊开放区域国检设施规划、设计、建设及验收管理办法（试行）》。进一步扩大“无纸化申报”实施范围。积极推动国内首家空港型整车进口口岸建设，出台了《汽车口岸标准及验收管理办法》等一系列规范性文件。加快对北京西站陆路（铁路）口岸联检大厅进行的改造，确保其顺利通过验收。按照《北京出入境检验检疫局、平谷区人民政府创建国家级出口食品农产品质量安全示范区工作备忘录》合作内容，全力做好各项工作。

在建立机制和开展政府协调工作方面，建立了与平谷区创建办公室的工作沟通机制，召开了领导小组工作会5次、专题碰头会3次、领导小组办公室工作会议17次、技术研讨会12次，建立了三级示范机制，培育了示范乡镇7个，面积达到77.33平方千米，龙头基地示范村7个，面积达到3.69平方千米，示范合作社7个，龙头食品加工企业3个，有效推进示范区各项工作深入开展。

在开展体系建设和技术指导工作方面。邀请专家对示范区保障体系、标准化体系、农业化学投入品控制体系、追溯体系、预警通报与应急体系、诚信体系、多元化国际市场体系等“七大体系”进行培训。同时，引入第三方评估机制，按照“边建设、边落实、边诊断、边整改”的工作思路，对体系开展全面诊断、指导，发现存在问题143个，进行了总结和改进。

在通过省级、国家级两级考核工作方面。2013年7月23日，北京出入境检验检疫局与平谷区创建办和各相关委办局、乡镇通力合作，顺利完成了由北京市商务委牵头的考核验收工作；9月15日，顺利完成了国家质检总局考核组考核工作。通过示范区建设，建立了政府是食品安全第一责任人的责任机制；优化了出口食品农产品的监管模式。

【北京出入境检验检疫局大力推进汽车整车进口口岸验收与使用】 2013年7月3日，首都国际机场汽车整车进口口岸顺利通过国家五部委联合验收，成为了全国首家也是唯一一家空港型整车进口口岸，迎来了汽车空运时代的开启。自2013年8月19日至12月月底，首都国际机场出入境检验检疫局（以下简称首都机场国检局）共检验进口汽车100余辆，总货值达3 000余万美元，主要涉及劳斯莱斯幻影、魅影、古思特等顶级豪华车型。

首都机场国检局积极开展检验监管设施的建设，打造了一支专业监管队伍，并建立了配套的汽车整车进口口岸查验模式。进口汽车属于入境验证和法定检验商品，产品质量涉及消费者切身利益。根据国家质检总局验收规范的技术要求，首都机场国检局通过设施改造、利用社会资源等多种方式完成了检验检疫查验堆场与进口整车检测专线的建设，并实现了所有检验监管设施的封闭管理、24小时全方位视频监控。积极探讨使用GPS、GIS、GPRS等高新技术实现对待检车辆的实时定位跟踪。首都国际机场整车进口口岸开通之前，进口汽车采用传统的海运运输，仅运输即需1个月，再加上船期、报关报检等环节，用户从下订单到提车可能需要2~3月的时间。而在首都国际机场整车进口口岸开通以后，进口汽车24小时之内即可飞抵北京。

随着2013年11月4日国内首台进口的新款劳斯莱斯魅影轿车抵达北京空运口岸，标志着首都国际机场已经成为进口顶级豪车的首选口岸。通过加强与地方政府和海关等单位的沟通与合作，严把产品质量，提升检验效率，继续稳步提升进口汽车监管水平和服务质量，促进首都国际机场整车进口口岸健康有序发展，为首都国际机场临空经济增添新的活力。

开放口岸

【北京空运口岸】 北京空运口岸首都国际机场（简称首都机场）是中国地理位置最重要、规模最大、设备最齐全、运输生产最繁忙的大型国际航空港，为全球第二大机场，不但是中国首都北京的空中门户和对外交往的窗口，而且还是中国民航最重要的航空枢纽，是中国民用航空网络的辐射中心。

首都机场地处东经 40°04′48″，北纬 116°35′04″，位于北京市区东北方向顺义区境内，距离天安门广场25.35 千米。首都机场于1958 年3 月2 日投入使用，是中华人民共和国首个投入使用的民用机场，也是中国历史上第 4 个开通国际航班的机场。它共有 3 座航站楼：1 号航站楼于1980 年 1 月 1 日投入使用，有 10 个登机口；2 号航站楼于 1999 年 11 月 1 日投入使用，可以同时处理 20 架飞机的停靠；2008 年，3 号航站楼投入使用后，北京首都国际机场成为中国第 1 个拥有 3 座航站楼，双塔台、3 条跑道同时运营的机场。此外，还有位于 3 号航站楼西侧的首都国际机场专机候机楼，以及位于专机候机楼西南侧的首都国际机场公务机候机楼。

首都机场拥有远近机位 322 个，2 条4E 级跑道、1 条4F 级跑道，是中国国内仅有的两座拥有3 条跑道的国际机场之一。截至 2012 年年底，首都机场拥有覆盖最广的国内航线网络和日益强大的国际及地区航线网络，总计 94 家航空公司入驻首都机场运行，连通全世界 54 个国家和地区，包括国内通航点 127 个、国际通航点 110 个，每日进出港旅客 22 万人次左右，包括接送人员在内每天约有 50 万人进出机场，共有 500 余家单位约 5.9 万名工作人员持证上岗，保障首都机场的正常运行。近年来，首都机场荣获 ACI 机场服务质量最佳进步奖，全球“四千万级以上最佳机场”第 2 名、中国首家 Skytrax 四星机场等一系列殊荣。同时，首都机场开通了通程航班行李直挂服务试点，大力推进了与星空联盟、天合联盟和寰宇一家的战略协同与合作，2013 年 1 月 1 日成为国内首个具备实行 72 小时过境免签政策资格的机场，加快推动了《国务院关于促进民航业发展的若干意见》的落实。

2013 年，北京空运口岸出入境旅客 2 102.52 万人次，同比增加 3.33%。其中，出境旅客1 046.30万人次，入境旅客 1 056.22 万人次。

2008 年 7 月 23 日，北京天竺综合保税区获得国务院批复（国函［2008］64 号），总体规划面积 594.40 万平方米，成为全国首家依托空港口岸设立的综合保税区。2010 年 12 月，天竺综合保税区港区一体化功能启动，首都机场货物流转效率全面提高。综合保税区内一级货站总占地面积 28 万平方米，相比旧货站面积扩展近 60%，年设计吞吐量由原来的 34 万吨扩展到超过 100 万吨；进口二级监管库从原有的 1.20 万平方米扩展至 4.60 万平方米，出口拼装区面积从 1 万平方米扩展到 1.50 万平方米，收货场地宽度从60 米扩展到 150 米，极大地提高了出口拼装区同时接收货物的能力。2012 年年底，国务院批准天竺综合保税区为整车进口口岸，成为国内首家依托空港设立的整车进口口岸。

【北京陆路（铁路）口岸】 北京陆路（铁路）口岸位于北京市西三环莲花桥以东的莲花池东路上，南邻莲花池公园，北接中华世纪坛，地处北京西部的交通枢纽位置。北京陆路（铁路）口岸经国务院批准于 2003 年 10 月 1 日起临时开放。该口岸运行北京直通香港列车（T97 次、T98 次），隔日到发各一对，运行时间不到 24 小时。该口岸拥有 1 160 平方米的联检大厅，由原来的北京西站软卧候车室临时改造而成，内驻有海关、检验检疫和边防检查三家联检单位。

2009年11月24日，国务院正式批复铁道部和北京市人民政府，同意北京陆路（铁路）口岸正式对外开放。2012年11月，北京市口岸办上报北京市人民政府的《北京西站铁路口岸正式开放实施方案》获批。

2013年，北京陆路（铁路）口岸出入境旅客9.87万人次，同比下降15.35%。其中，出境旅客5.36万人次，入境旅客4.51万人次。

北京市口岸大事记

1月1日

北京空运口岸对美国等45个国家持有第三国签证和机票的外国人实行72小时过境免签政策。2013年1月1日凌晨5时24分，第1位享受过境免签政策旅客顺利入境。

2月6日

北京市委常委、常务副市长李士祥到北京海关调研并出席口岸工作座谈会。

2月21日

北京市口岸办召开东直门交通枢纽实现航空值机功能专题会。

3月1日

经国家外汇管理局北京市分局批准，首都国际机场正式开展对南非南特、埃及镑、土耳其里拉和卡塔尔里亚尔4种新币种双向兑换业务。

3月8日

首都国际机场3号航站楼4层国内和国际人工分流岗前12台自助分流闸机正式运行。

4月10日

在瑞士日内瓦举行的2012～2013年度Skytrax世界机场奖项颁奖典礼上，首都国际机场再次荣获Skytrax“中国最佳机场奖”。

4月18日

首都国际机场3号航站楼D区正式启用。

5月3日

首都国际机场与日内瓦机场正式缔结友好合作关系。

5月15日

北京丰台外贸货物装卸点铁路专用线接入全国路网正式恢复运行。

6月6日

北京海关隶属的天竺海关成功验放首批跨境电子商务保税出口货物。

6月10日～12日

国际机场协会（ACI）2013年度年会及2012年度服务质量颁奖仪式在土耳其伊斯坦布尔举行，首都国际机场因其卓越的服务品质，旅客满意度稳居全球第三，再次荣获“亚太区最佳机场”第3名，蝉联“全球旅客吞吐量4 000万以上级最佳机场”第2名。

6月20日

首都国际机场海关试行通关无纸化报关单取消加盖放行章、企业凭系统发送放行通知书提货的监管新模式。

6月27日

国际民航组织在北京亚太地区分办事处启用，这是国际民航组织设立的第1个地区分办事处。

7月2日

国家五部委联合验收组对北京首都国际机场汽车整车进口口岸进行联合验收。

7月上旬

首都国际机场海关签署《北京首都国际机场海关、上海浦东国际机场海关、上海虹桥机场海关、广州白云机场海关关于建立关际联动合作机制备忘录》。

7月29日

首都国际机场与都柏林机场共同签署《北京首都国际机场股份有限公司与都柏林机场缔结姊

妹机场备忘录》，正式缔结友好合作关系。

8 月 3 日

北京市委副书记、市长王安顺到北京天竺综合保税区、首都国际机场海关快件监管中心调研。

8 月 22 日

海关总署署长于广洲陪同中央第 32 督导组组长柳斌杰等赴首都国际机场海关实地调研。

8 月 25 日

民航局与以色列民航局签署了《北京首都国际机场与特拉维夫本·古里安机场建立姊妹关系的谅解备忘录》。

9 月 9 日

在第 8 届亚洲品牌盛典上，首都国际机场荣获亚洲品牌协会授予的“亚洲品牌 500 强”称号。

9 月 24 日

北京新机场建设工作组召开第 1 次会议。

10 月 21 日

北京市口岸办召开北京口岸 72 小时过境免签相关情况媒体见面会，中央电视台、北京电视台、《北京日报》、《北京晚报》、《北京青年报》、北京广播电台等媒体到场。

10 月 31 日

首都国际机场荣获国际机场协会（ACI）授予的 APEX 项目合作证书［Airport Council International Declaration of Commitment and Collaboration in Airport Excellence（APEX）in Safety Programme］。

11 月 5 日

我国首个在综合保税区内设立的欧洲古典艺术品展示中心在北京天竺综合保税区顺利落成。

11 月 11 日

北京首都国际机场与联合国环境署共同签署了主题为“野生动植物保护”的谅解备忘录。

12 月 2 日

首都国际机场完成首架波音 747－8 洲际客机执飞保障任务。这是首都国际机场在保障 A380 执飞后，迎来的又一架 F 类客机机型。

12 月 11 日

首都国际机场海关物流管理系统，第 1 票进口货物电子运单试点获得电子放行指令，此举标志着海关、出入境检验检疫局等政府监管机构正式认可了电子运单替代纸质运单完成运输的新的操作流程。

12 月 14 日

北京首都国际机场的年旅客吞吐量已突破 8 000万人次，与 2012 年同期相比增长 2.17%，继续稳居全球第二大机场。

（撰稿人：乔志诚、魏增、谭峰、郑琪、林宇、徐戈、魏庆、张义臣、尹怡君）

2013 年北京市口岸流量统计表

口岸类型		口岸名称	货运量（万吨）				集装箱量（万标箱）				人员（万人次）				交通工具（辆、艘、架、列次）			
			出口	进口	合计	同比（%）	出口	进口	合计	同比（%）	出境	入境	合计	同比（%）	出境	入境	合计	同比（%）
空运口岸		首都国际机场空运口岸	24.13	26.46	50.59	−1.29					1 046.30	1 056.22	2 102.52	+3.33	56 596	55 720	112 316	+2.67
空运口岸		分计	24.13	26.46	50.59	−1.29					1 046.30	1 056.22	2 102.52	+3.33	56 596	55 720	112 316	+2.67
陆运口岸	公路口岸	朝阳口岸	1.42	88.66	90.08	+3.79	0.39	11.70	12.09	−9.03								
陆运口岸	公路口岸	平谷国际陆港	0.07	19.76	19.83	+29.73	0.02	2.71	2.73	+28.49								
陆运口岸	公路口岸	分计	1.49	108.42	109.91	+7.68	0.41	14.41	14.82	−3.89								
陆运口岸	铁路口岸	丰台货运口岸	1.52	0.24	1.76	+90.46	0.14	0.04	0.18	+350.00					1 222	244	1 446	+74.22
陆运口岸	铁路口岸	西站铁路口岸									5.36	4.51	9.87	−15.35	173	181	354	−3.01
陆运口岸	铁路口岸	分计	1.52	0.24	1.76	+90.46	0.14	0.04	0.18	+350.00	5.36	4.51	9.87	−15.35	1 395	405	1 800	+50.63
合计			27.14	135.12	162.26		0.55	14.45	15.00		1 051.66	1 060.73	2 112.39		57 991	56 125	114 116	
同比（%）			+0.85	+6.11	+5.19		+1.85	−3.09	−2.91		+3.80	+3.80	+3.80		+3.89	+2.48	+3.19	

（北京市口岸办提供）

2013 年北京海关主要数据统计表

项目		2013 年	2012 年	同比（%）
进出口货运量（万吨）	合计	162.26	154.25	+5.19
	进口	135.12	127.34	+6.11
	出口	27.14	26.91	+0.85
进出口贸易总值（万美元）	合计	9 469 713	9 273 098	+2.12
	进口	5 568 097	5 552 680	+0.28
	其中：江、海运输	951 712	994 520	-4.30
	铁路运输	3 271	2 783	+17.54
	汽车运输			
	航空运输	4 613 114	4 555 377	+1.27
	邮件运输			
	其他运输			
	出口	3 901 616	3 720 418	+4.87
	其中：江、海运输	39 178	53 243	-26.42
	铁路运输	3 300	968	+240.91
	汽车运输			
	航空运输	3 859 138	3 666 207	+5.26
	邮件运输			
	其他运输			
税收（万元）	两税合计	4 447 577	4 935 969	-9.89
	关税入库			
	进口环节税入库			

表注：江、海运输是指北京朝阳口岸、北京平谷国际陆港。

（北京海关提供）

2013年北京市出入境检验检疫业务统计表

项目	货物检验检疫				交通工具				集装箱量（标箱）		发现动植物疫情		货物通关		出入境人员查验（人次）	健康检查及预防接种（人次）			
	批次	金额（万美元）	检验检疫不合格																
			批次	金额（万美元）	船舶（艘）	飞机（架）	火车（节）	汽车（辆）	合计	检出问题	种类数	种次	批次	金额（万美元）		健康检查	艾滋病监测	发现病例	预防接种
本年累计	222 061	1 946 348	3 286	10 488		110 247	4 352		138 778		172	1 348	261 645	2 379 779	20 757 487	80 224	79 519	2 666	165 376
其中 出境	82 457	855 299	55	296		54 680	2 176		0		0	0	89 321	958 826	10 333 732	56 269	54 098	1 395	165 376
其中 入境	139 604	1 091 049	3 231	10 192		55 567	2 176		138 778		172	1 348	172 324	1 420 953	10 423 755	23 955	25 421	1 271	
同比（%）	-4.94	+3.90	+69.47	+84.78		+1.17	-0.91		+48.95		+56.36	+74.16	-16.45	-13.88	+2.39	+0.57	+0.33	+41.43	+7.03
其中 出境	-33.59	-28.40	-11.29	+140.21		+1.11	-0.91		-100.00		-100.00	-100.00	-41.31	-38.17	+2.38	+1.99	+2.34	+49.68	+7.03
其中 入境	+27.56	+60.76	+72.14	+83.55		+1.23	-0.91		+49.18		+60.75	+74.39	+7.07	+17.16	+2.39	-2.60	-3.71	+33.37	

（北京出入境检验检疫局提供）

2013 年北京市口岸出入境主要数据表

项目			2013 年	2012 年	同比（%）
出入境人员（人次）	出入境人员总数		21 123 932	20 347 025	+3.81
	入境人员		10 607 292	10 214 438	+3.85
	出境人员		10 516 640	10 132 587	+3.79
	出入境旅客		19 731 598	18 997 049	+3.87
	出入境员工		1 392 334	1 349 976	+3.14
	中国公民	小计	12 892 877	11 422 054	+12.88
		内地居民	11 583 647	9 999 743	+15.84
		港澳居民	785 546	875 984	-10.32
		台湾同胞	523 684	546 327	-4.14
	外籍人员		8 231 055	8 924 971	-7.78
	从海港出入境人数				
	从陆港出入境人数		98 705	116 563	-15.32
	从空港出入境人数		21 025 227	20 230 462	+3.93
交通运输工具（辆、艘、架、列次）	总计		112 680	109 761	+2.66
	船舶				
	飞机		112 316	109 395	+2.67
	火车		354	365	-3.01
	机动车辆				

表注：本表统计数据未包括丰台货运口岸数据。

（北京出入境边防检查总站提供）

天　津　市

口岸名称	批准开放时间	开放状态
天津航空口岸	1995.10	国际常年
天津水运口岸		国际常年

天津市口岸分布示意图

口岸数量及分布

天津口岸地理位置优越，交通条件便利，是中国北方对外开放门户，是滨海新区开发开放的基础性功能区域。天津市目前有3个经国务院批准对外开放口岸，分别为天津空运口岸、天津水运（海港）口岸、渤中水运（海上石油交货点）口岸①。

口岸运行数据

2013年，天津口岸进出口贸易额完成2 148.15亿美元，同比增长5.2%。其中，进口完成1 151.01亿美元，同比增长8.3%；出口完成997.14亿美元，同比增长1.8%。外省区市经天津口岸进出口贸易额完成1 202.3亿美元，同比增长3.2%，占口岸进出口贸易额的55.97%。

天津水运（海港）口岸进出口货物吞吐量完成2.67亿吨，同比增长9.9%。其中，进口完成1.87亿吨，同比增长9%；出口完成0.8亿吨，同比增长12%。进出口集装箱吞吐量完成727.31万标箱，同比增长6.3%。其中，进口完成363.78万标箱，同比增长7.5%；出口完成363.53万标箱，同比增长5.2%。

天津口岸出入境人员159.91万人次，同比增长17.4%。其中，天津空运口岸104.72万人次，同比增长12.4%；天津水运（海港）口岸55.19万人次，同比增长20.2%。

天津口岸出入境交通工具29 425艘（架）次，同比增长5.9%。其中，出入境船舶17 215艘次，同比增长2.8%；出入境飞机12 210架次，同比增长10.6%。

口岸综合管理

【口岸扩大对外开放取得重大进展】 天津口岸认真贯彻落实天津市委市政府决策部署和全市扩大对外开放会议精神，全力推动口岸开放工作，积极争取国家支持天津口岸扩大对外开放，得到了国家有关部门对天津水运（海港）口岸南港港区至北塘港区对外开放的大力支持。全面完成了地方政府向国务院提出申请、报送文件的基础性工作，向国务院上报了《天津市人民政府关于报请批准天津口岸扩大对外开放的请示》，得到了国家各部门的有力支持，已通过国务院审核。中央编办已批准天津口岸扩大开放增加口岸查验机构和人员编制计划。

扎实推进新开放码头泊位建设。2013年，新办理对外开放码头泊位5个。截至2013年年底，国务院批复的75个泊位已有43个泊位正式对外开放，共完成货物吞吐量2.28亿吨，占全港货物吞吐量的45.5%；共完成集装箱吞吐量705.26万标箱，占全港集装箱吞吐量的54.2%。积极支持重点项目建设，组织协调口岸查验部门，送政策上门，送服务上门，为中船重工、临港博迈科、临港港务等未正式开放码头泊位办理外轮临时停靠83艘次，进出口货值10.58亿美元。

口岸设施建设取得积极进展。东疆保税港区7.3万平方米联检大楼具备入住条件，30万平方米查验中心具备验收条件，游艇片区82个泊位及会所具备试运营条件。南港工业区2.8万平方米一站式通关中心主体完工。

【大通关服务水平得到新提高】 实施7×24小时通关服务。天津海关、天津出入境检验检疫局延时和节假日加班办理货物通关，海关、检验检疫非工作时间加班人员5.9万人次，办理进出口商品通关128.1亿美元。

推行“三个一”通关模式取得积极进展。制订了《天津口岸“三个一”通关模式试点方案》，在北疆港区、静海子牙园区基本实现了“一次申报、一次查验、一次放行”功能。在北

① 编者注：由于该口岸为多个海上石油交货点组成，无法在地图上标明，所以在天津市口岸分布示意图上没有标注该口岸。

疆港区和静海子牙园区实施“三个一”联合查验货物3 670标箱，查验时间由原来的4天缩短至2天。

通关服务效率明显提高。落实国务院83号文件要求，组织实施了16项便捷通关措施。天津海关无纸化试点范围扩大到所有通关业务现场，受理无纸化报关165.5万票，占报关单总量的58%；出口货物24小时放行率达到99%，进口货物24小时放行率达到96%。天津出入境检验检疫局已受理出口无纸化报检10.8万批次，占出口报检批次总量的65%；查验效率提高67%，通关效率提高50%。天津海事局创新国际航行船舶电子申报，每艘船通关放行时间从原来的4小时缩减到1小时以内。天津边检总站深化勤务模式改革，每艘船从靠泊到办结边检手续从原来的2小时缩减到半小时以内。

积极服务东疆保税港区向自由贸易区转型，积极争取国家有关部门支持东疆增强服务辐射作用的政策，在东疆保税港区实施了入区货物备案清单监管模式试点。

服务重点区域、重点企业、重点项目和重点商品通关。服务东疆、静海、南港等6个重点区域和市内外13个国家级开发区，服务空客、三星等61家重点大企业和静海翰吉斯、北辰陆港、天津浮式LNG等重大项目，解决了一批通关问题。服务促进邮轮经济发展，圆满完成70艘次国际邮轮通关。

【服务区域经济取得积极成效】 积极开展借重首都资源工作。建立了京津口岸合作会商机制和工作制度，服务了北京开发区、重点企业和无水港，北京两个无水港运营量完成14.7万标箱，同比增长84.20%。

拓展服务东部沿海地区。加强东部沿海地区口岸合作，东部沿海五省市经过天津口岸进出口业务快速增长，完成贸易额222.5亿美元，同比增长16.1%，占天津口岸贸易总额的10%。

推进无水港建设和发展。继续完善无水港网络布局，无水港运营总数达到15个，运营总量完成28.2万标箱，同比增长44.3%。

开展跨区域口岸全程物流服务。实施了19个全程物流服务项目；积极开展环渤海区域港口合作，内支线挂靠港口增加到9条，运量12.59万标箱，同比增长103%；积极发展亚欧大陆桥口岸运输，完成12.38万标箱。

【空运口岸服务功能得到进一步完善】 华宇货栈个人物品快件监管仓投入运行，快件监管仓试行了关检“三个一”联合查验通关模式，实现了进出境个人物品海关、检验检疫一机一屏联合查验，开通了天津—台北的货运航班；顺丰速运分拨中心落户空港。空运口岸新增开国际客、货运航线10条，其中客运7条，货运3条。

启动国际航空物流园区建设规划，开展了大陆北方对台航空货运物流中心规划建设的前期调研，配合天津滨海国际机场和天津出入境检验检疫局，启动了“创建国际卫生机场”的调研论证工作。

圆满完成了东亚运动会、中美省州长论坛等7个大型活动及论坛和297批次国内外政要及嘉宾通关保障。

【口岸信息化建设扎实推进】 加快电子口岸发展，保障能力进一步增强。电子口岸应用项目达到27项，处理各类信息报文1 372.18万条，国际航行船舶集中申报19 750艘次，正班出入境航班集中申报3 377架次。

加快信息化项目建设。“三个一”通关信息化平台建成运行，出入境旅游团零散验放系统在空运口岸开通运行。国际航行船舶进出口岸实现了无纸化海事查验通关，边检在全国率先实现船舶登轮证电子化。

开展跨境电子商务口岸信息综合服务平台建设的前期工作，开展了企业调研，梳理了业务流程，提出了建设方案。

开展口岸协同创新工作。完成了国家口岸管理办公室部署的优化口岸服务、国际一流口岸评价指标体系和国家电子口岸委部署的舱单申报系统等3个课题研究。编制完成中国天津口岸培训中心建设方案。

口岸监管与服务

【无纸通关跟进监管】 简化企业签约手续，指定专人负责通关作业无纸化签约审核，企业签约申请实现即到即签，截至2013年10月天津海关共签约通关作业无纸化企业7.7万家。每天审核已签约企业信息，对因降级而不符合通关无纸化要求的企业及时解约，2013年1~11月共解约企业112家。在2013年年初取消海运出口货物提单盖章之后，又于8月份取消海运进口通关无纸化报关单提单盖章，提高了企业申报进口通关无纸化报关单的积极性。1~11月通关作业无纸化报关单共计145.32万票，占同期报关单总量的59%，完成30%的任务指标。海关总署在推动无纸化通关工作中，将天津海关列入首批推介经验试点单位，并对《天津海关通关作业无纸化推广情况介绍》宣传册给予肯定并面向全国海关推广。

【关检“三个一”承诺兑现】 天津海关通过与地方口岸办、检验检疫部门的联系配合，联合制定《天津海关、天津出入境检验检疫局关于开展关检合作“三个一”试点工作的通知》，加快“三个一信息化平台”开发进度。“一单两报”系统已通过测试，进入推广应用阶段，放行信息已经向地方电子口岸传输；关检双方注重机制创新，在核封开箱、查验取样、疫情处理、信息共享等方面全面加强合作，缩短了企业通关时间，降低了企业通关成本。实施“一次查验”报关单1 135票、1 807标箱，为企业节约成本150万元。

【天津海关现代化查验场所】 天津海关出口“提前申报、货到验放”所需的示范区管理系统已经开发和测试完毕，正在对系统进行优化，待示范区基础设施建设完成，相关设备配发到位后即可进行系统联调和上线。移动查验单兵作业系统已经完成初步开发和测试，正在开展系统优化工作。海关总署为示范区配发的大型集装箱检查设备已经投入试运行。为全面展示示范区建设的各项成果，以多种方式、多角度地展示示范区建设的新成果、新技术和新设备，充分展示在监管查验方面取得的经验和成果。

【多项措施扩大口岸开放】 天津出入境检验检疫局围绕天津国际港口城市建设目标，严格落实7×24小时服务保障机制，研究制定促进天津港加快发展的9项措施。积极争取国家质检总局的政策支持，出台8条检验检疫措施支持东疆保税港区向自由贸易港区转型升级。大力推动东疆保税港成为国家进口水果指定口岸，促进了天津进口水果市场发展。在东疆港区全面实施电子放行，电子放行率达到95%。加强出入境船舶分级分类管理，推进国际卫生船舶创建，积极提供“电讯检疫”等便利措施。深化国际邮轮进境检疫模式改革，简化游艇出入境检验检疫手续，促进了天津港邮轮、游艇经济发展。支持天津西站邮件中心建设，完成了监管隔离区的考核验收。

【狠抓监管创新】 天津出入境检验检疫局严格进口肉类集中查验，36个查验平台、3万吨监管备案冷库和样品冷链运输车全部投入使用，全程冷链查验进口冻肉，继续保持系统领先。加强进口汽车集中检验监管，智能检验监管平台全面上线运行。采取多种措施，严密防控新型冠状病毒和人感染H7N9禽流感等疫病疫情。严格进出口食品安全监管，对进出口肉类产品、乳制品等进行了专项整顿，对双氰胺、肉毒杆菌等进行了重点监测。加强对进口汽车召回行为监督，规范了缺陷信息收集、召回程序实施、召回车辆监管等各环节工作。

【天津国际航行船舶进出口岸电子查验系统正式开通】 该系统的开通，使天津水运（海港）口岸率先成为国际航行船舶进出口岸电子查验的便利化口岸，开创了国际航行船舶电子化通关的先河。作为国际航行船舶进出口岸查验重要部门，天津海事局也率先取消全部纸质单据，实现国际航行船舶进出口岸海事查验手续的全部网上受理和审批。系统的运行将全面提高船舶通关效率，有效改善口岸环境，进一步提升口岸监管政务水平和公共服务水平，对于加快推进天津口岸大通关体系建设、增强天津口岸综合竞争力，增强天津口岸在全国大通关建设中的示范带头作用具有重要意义。

【开创国内 FSRU 接卸液化天然气海事安全监管先河】 天津海事局于2012年年初成立了海事监管专项工作组，捋清该项目施工和运营期间的水上交通安全风险源及控制措施，针对天津市首个 LNG 项目和 FSRU 特殊性带来的安全管理空白，成立了4个专项课题组进行制度创新，相继出台了 LNG 海事管理一规四案，确保了项目投产后海事管理规范、到位。海事通航管理、搜救应急、交通管理、船舶监督、危险防污、现场监督、航标配布、水深测量各个部门同步推进，完成工作任务9类28项，全力确保该项目两年内投产运营，创造了天津速度。2013年11月21日，天津水运（海港）口岸第1艘 LNG 船舶——FSRU“安海角”轮顺利靠泊南疆南 LNG 码头，并成功开始向天津市供气。

【天津水运（海港）口岸复式航道开通】 2013年12月25日，天津水运（海港）口岸复式航道试通航启动。天津新港主航道自1952年再开通以来，历经60余载的改扩建，当年底宽60米的单向万吨级航道，已建设成为总宽780米可以通航30万吨级超大型油轮的复式航道。作为国内第1条人工开挖的复式航道，将最终实现大船、小船分流，形成“双进双出”四通道运行，预计占进出港船舶总量47%的商船和大量港作船舶可以从小船航道分流，必将使港口结构更优、效率更高、成本更低、服务更佳，产生巨大的经济效益和社会效益。天津海事局全力做好复式航道及附近水域安全保障工作，让天津水运（海港）口岸复式航道最大限度地发挥效益，为天津港口新发展增添新动力、注入新活力，为天津经济新发展提供坚实的安全保障和优质的海事服务。

【保障《出境入境管理法》的推广执行】 天津边检总站开展新法立法精神、具体条文和适用问题等业务培训，提高全体边检民警对新法内容的掌握水平和实际应用能力。充分利用网络、报刊、广播、电视等媒介，加强对新法实施的正面宣传和解读。面向机场、航空公司、港务公司及代理企业等单位开展法律培训，在执勤现场广泛开展推介活动，强化了广大服务对象的知法、守法意识。积极向天津市委、市政府及其相关委办和各功能区管委会通报和讲解新法政策调整内容，主动与海关、检验检疫、海事等口岸联检单位深入探讨落实新法、强化协作等议题，凝聚了保障新法顺利实施的共识，形成了构建口岸和谐执法环境的合力。新法实施以来，坚持在便民利民措施、规范执法办案和完善相关工作机制上下工夫，理顺工作流程，明确工作环节，着重加大了对违反口岸管理秩序等行为的打击力度，口岸通关秩序平稳有序，促进了口岸的人员往来和对外开放。

【“海娜号”邮轮在韩被扣事件】 事件发生后，天津边检总站始终保持与船方的密切联系，及时跟踪汇报事态发展，搭建实时指挥平台，研究制订专项工作方案，成立网络舆情应对小组，加强与市委宣传部、市公安局、天津港集团及海航集团等方面的协调沟通，全力配合有关方面开展工作，形成工作合力。2013年9月18日“海娜号”邮轮抵达天津东疆邮轮母港。天津边检总站实时掌握现场情况，综合研判各类信息，适时调整勤务部署，确保了现场各个勤务岗位反应灵敏、各项处置工作协调有序，稳妥快捷地办结该邮轮及旅客入境手续，提供了优质的边检服务。

【天津边检总站努力推进勤务组织模式改革】 整合海港执勤科队职能，有效合并监控点位，着力解决执勤岗位职责不明确、警力虚耗等勤务运行问题，码头见警率增长，警务效能明显提升。按照“小型化”、“错班化”思路，初步实现空运口岸根据航班时间、任务量和旅客流量实施弹性勤务组织模式，警力资源动态分配更加高效；合理调整水运口岸班次设置、换班频率，缩短单次工作时长和休息时间间隔，使工、休时段分配更加科学，警力使用集约化水平有效提升。

开放口岸

【天津空运口岸】 天津空运口岸滨海国际机场位于天津市东丽区，距天津市中心 13 千米，距天津港 30 千米，距北京 134 千米。天津滨海国际机场是我国主要的航空货运中心之一，是国内干线机场、国家一类空运口岸、国际定期航班机场，是滨海新区开发开放的重要组成部分。

天津滨海国际机场的建设目标是北方国际航空物流中心和大型门户枢纽机场。天津滨海国际机场现有航线 84 条，其中出入境航线 21 条；航班 6 090 班次，其中出入境航班 852 班次；通航城市 71 个，其中境外通航城市 21 个。天津滨海国际机场共有进出境人员边检查验通道 28 条，海关出境申报通道 8 条，检验检疫出境查验通道 2 条、入境查验通道 5 条，设有出入境口岸签证处。天津滨海国际机场飞行区等级 4E 级，跑道 2 条，可满足空客 A380 运行要求，高峰架次为每小时 24 架次。天津滨海国际机场 T1 航站楼规模 11.6 万平方米，设计旅客吞吐能力 800 万人次，货邮吞吐能力 50 万吨。天津滨海国际机场现有一级货站 3 家，库房面积合计 6.7 万平方米，年累计货邮周转能力 65 万吨。天津滨海国际机场货物出入境查验监管区域共有 5 个，其中海关 4 个，检验检疫局有 1 个。天津滨海国际机场实施“客货并举、以货为主”的发展战略，全力打造中国北方国际航空物流中心和大型门户枢纽机场。

【天津水运（海港）口岸】 天津水运（海港）口岸是国际性海港口岸，位于渤海湾海河入海口，地处京津城市带和环渤海经济圈交汇点，是我国北方最大的人工深水港。

天津水运（海港）口岸同世界上的 180 多个国家和地区的 600 多个港口有贸易往来，对外开放水域面积 470 平方千米，国家批准对外开放岸线长 47.9 千米。天津水运（海港）口岸分为一港八区及中心渔港。目前，东疆港区、南疆港区、北疆港区、大沽口港区、海河港区等 5 个港区口岸正式对外开放。天津水运（海港）口岸现有生产性泊位 143 个，实际运营规模 50 062 万吨、1 200 万标箱。

【渤中水运（海上石油交货点）口岸】 渤中水运（海上石油交货点）口岸于 1988 年经国务院批准开放，可停靠国际航线船舶，直接出口海面交货点生产的原油。

天津市口岸大事记

1 月 31 日

天津市委书记孙春兰、市长黄兴国同志会见海关总署署长于广洲一行。

3 月 4 日

2013 年天津口岸工作会议在天津大礼堂召开，副市长任学锋出席会议并作了重要讲话，市政府副秘书长李培生主持会议，天津市口岸办主任赵尚武做 2012 年天津口岸工作汇报并安排部署 2013 年口岸工作。

5 月 7 日

天津市口岸办被评为机关档案工作二级达标单位，天津市档案局局长荣华同志授牌。

5 月 12 日

天津市口岸办与河北省保定白沟新城管理委员会签署合作意向书。

8 月 28 日

天津市副市长任学锋赴静海子牙循环经济产业区调研，研究推动口岸“三个一”建设工作。

9 月 25 日

天津市市长黄兴国一行检查第 6 届东亚运动会筹备工作，并召开座谈会。

（撰稿人：赵倩）

2013 年天津海关主要数据统计表

项目		2013 年	同比（%）
进出口货物吞吐量（万吨）	合计	26 744. 14	+9. 9
	进口	18 746. 72	+9. 1
	出口	79 97. 42	+12. 1
进出口贸易总值（万美元）	合计	21 486 704	+3. 6
	进口	11 516 590	+8. 4
	其中：江、海运输	9 174 767	+2. 9
	铁路运输	7 023	+25. 6
	汽车运输	5 176	+43. 0
	航空运输	2 328 110	+37. 5
	邮件运输	556	−30. 7
	其他运输	958	−87. 2
	出口	9 970 114	+1. 7
	其中：江、海运输	8 545 930	+0. 8
	铁路运输	122 813	−7. 2
	汽车运输	2 494	−72. 7
	航空运输	1 180 970	+6. 6
	邮件运输	462	−40. 5
	其他运输	117 445	+59. 7
税收（万元）	两税合计		
	关税入库		
	进口环节税入库		

（天津海关提供）

2013 年天津市口岸出入境主要数据表

项目				2013 年	2012 年	同比（%）
出入境人员（人次）	出入境人员总数			1 599 125	1 362 291	+17.4
	入境人员			810 444	688 990	+17.6
	出境人员			788 681	673 301	+17.1
	出境旅客			600 631	512 002	+17.3
	入境旅客			606 403	509 549	+19.0
	出境员工			188 050	161 279	+16.6
	入境员工			204 041	179 461	+13.7
	中国公民	内地居民	入境	482 019	343 316	+40.4
			出境	479 477	338 447	+41.7
		港澳居民	入境	8 232	8 625	-4.6
			出境	7 361	7 787	-5.5
		台湾同胞	入境	31 999	37 631	-15.0
			出境	27 926	32 809	-14.9
	外籍人员		入境	288 194	299 418	-3.7
			出境	273 917	294 258	-6.9
交通运输工具（艘、架次）	总计		入境	11 018	10 551	+4.4
			出境	9 743	9 055	+7.6
	船舶		入境	5 662	5 835	-3.0
			出境	5 150	4 972	+3.6
	飞机		入境	5 356	4 716	+13.6
			出境	4 593	4 083	+12.5

（天津出入境边防检查总站提供）

2013 年天津市出入境检验检疫业务统计表

项目		货物检验检疫				交通工具				集装箱（标箱）		发现动植物疫情		货物通关		出入境人员查验（人次）	健康检查及预防接种（人次）			
		批次	金额（万美元）	检验检疫不合格																
				批次	金额（万美元）	船舶（艘）	飞机（架）	火车（节）	汽车（辆）	合计	检出问题	种类数	种次	批次	金额（万美元）		健康检查	艾滋病监测	发现病例	预防接种
本年累计		530 512	7 652 233	12 840	956 825	10 748	10 440			1 365 130	13 456	304	5 108	68 4701	9 692 721	1 452 744	37 990	27 717	9 036	22 622
其中	出境	233 066	1 436 727	566	18 861	5 153	4 910			257 203				405 524	2 618 484	703 198	35 216	24 943	8 267	22 607
	入境	297 446	6 215 506	12 274	937 964	5 595	5 530			1 107 927	13 456	304	5 108	279 177	7 074 237	749 546	2 774	2 774	769	15
同比（%）		-13.10	-8.99	-1.95	+19.53	+5.04	-0.11			-2.39	+7.79	+15.59	+804.07	-10.35	-7.31	+19.75	-11.06	-8.24	+16.88	-5.76
其中	出境	-28.21	-39.08	+130.08	+1 119.11	+11.06	-4.06			-5.17				-20.60	-26.13	+18.54	-5.94	+0.05	+35.59	-5.70
	入境	+4.05	+2.74	-4.48	+17.40	+0.05	+3.69			-1.72	+7.79	+15.59	+804.07	+10.33	+2.33	+20.91	-47.40	-47.40	-52.94	-51.61

（天津出入境检验检疫局提供）

2013 年天津海事局进出港船舶统计汇总表

船舶类别	进港签证船舶							出港签证船舶						
	艘数（艘）	总吨（吨位）	总载重量（吨）	载客量（客位）	船员人数（人次）	货物到达量（吨）	旅客到达量（人）	艘数（艘）	总吨（吨位）	总载重量（吨）	载客量（客位）	船员人数（人次）	货物发送量（吨）	旅客发送量（人）
总　计	17 502							17 620						
中国籍船舶														
其中外贸船														

（天津海事局提供）

河　北　省

河北省口岸分布示意图

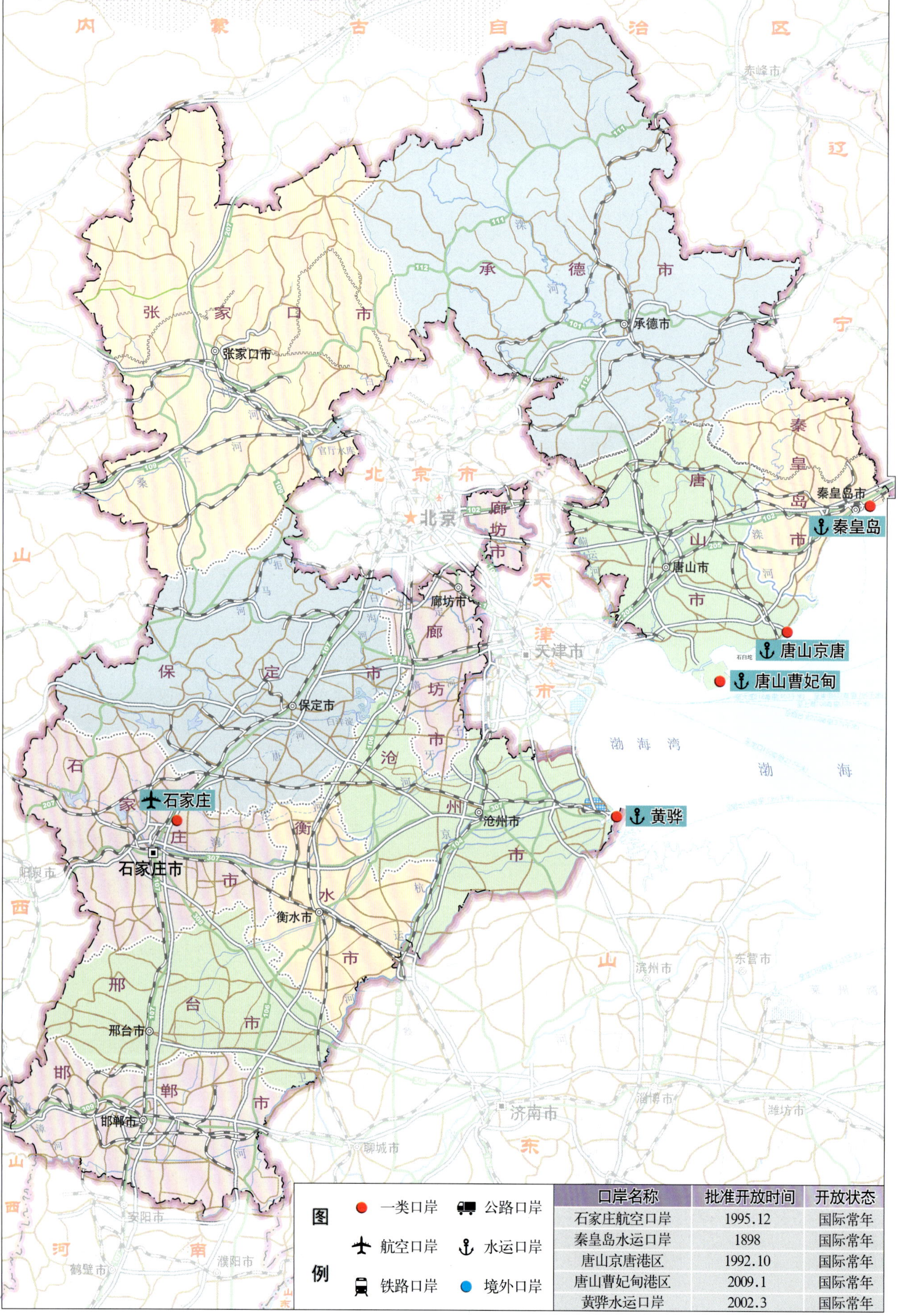

口岸名称	批准开放时间	开放状态
石家庄航空口岸	1995.12	国际常年
秦皇岛水运口岸	1898	国际常年
唐山京唐港区	1992.10	国际常年
唐山曹妃甸港区	2009.1	国际常年
黄骅水运口岸	2002.3	国际常年

口岸数量及分布

截至2013年年底，河北省共有经国务院批准的对外开放口岸4个。其中，海运（海港）口岸3个，分别是秦皇岛水运（海港）口岸、唐山水运（海港）口岸、黄骅水运（海港）口岸；空运口岸1个，即石家庄空运口岸。

口岸运行数据

2013年，河北省水运（海港）口岸完成货运量8.89亿吨，同比增长17.10%，其中秦皇岛水运（海港）口岸完成2.75亿吨，同比增长0.90%；唐山水运（海港）口岸完成4.46亿吨，同比增长22.39%；黄骅水运（海港）口岸完成1.68亿吨，同比增长35%。外贸货运量完成2.44亿吨，同比增长15.60%，其中秦皇岛水运（海港）口岸完成0.14亿吨，同比增长12.30%；唐山水运（海港）口岸完成2.16亿吨，同比增长14.18%；黄骅水运（海港）口岸完成0.14亿吨，同比增长60%。

2013年，河北省水运（海港）口岸完成集装箱吞吐量134.60万标箱，同比增长49.60%，其中秦皇岛水运（海港）口岸完成38.80万标箱，同比增长12.70%；唐山水运（海港）口岸完成72.80万标箱，同比增长60.19%；黄骅水运（海港）口岸完成23万标箱，同比增长125.88%。外贸集装箱完成15.84万标箱，同比增长27.74%，其中秦皇岛水运（海港）口岸完成13.80万标箱，同比增长14.60%；唐山水运（海港）口岸完成2.04万标箱，同比增长364.88%；黄骅水运（海港）口岸无外贸集装箱。

2013年，石家庄空运口岸累计开通国际地区客运航线11条，开通国际定期货运航线2条，进出港航班1 639架次，同比增长18.70%；进出旅客15.93万人次，同比增长34.90%；进出港货物0.74万吨，同比增长18.50%。2013年，石家庄空运口岸新开、加密至韩国首尔、釜山、济州、大邱航线和泰国曼谷航线，开通至泰国普吉岛的航线。石家庄机场通过上海、广州、乌鲁木齐等机场中转的国际航线通达50多个国外城市。

口岸综合管理

【口岸开放进一步深化】 黄骅综合港区开放进程稳步推进。港区正式开放已取得公安部、总参谋部、交通运输部、海关总署、国家质检总局等相关部委和军方的支持性意见，国家口岸管理办公室已正式行文会签中央编办，中央编办已启动审批程序。同时，2013年2月1日和8月1日综合港区临时开放两获延期，从而在政策上保证了港区国际业务的正常运营。

【唐山水运（海港）口岸开放格局日趋完善】 2013年3月21日，京唐港区首钢矿石码头3个20万吨级专用矿石泊位通过省级验收，正式对外启用。至此，京唐港区共有37个泊位建成开放，曹妃甸港区共有24个泊位建成开放。

【曹妃甸综合保税区通过国家验收】 2013年3月22日，河北省首个综合保税区在曹妃甸通过省级预验收；10月16日，曹妃甸综合保税区顺利通过了由海关总署、国家发展改革委、商务部等国家部委组成的国家联合验收组的验收，正式封关运行。

【石家庄空运口岸国际（地区）航线快速增加】 石家庄空运口岸相继开通了台中、曼谷等旅游包机新航线，原有航线的飞行航班也得到大幅度的加密。2013年，石家庄空运口岸国际空运航线航班数和旅客吞吐量同比增长近4倍。

【山海关机场成为国内连续7年实现临时开放的机场】 2013年5月1日～10月31日，山海关机场继续实行季节临时开放，并已连续7年保持出入境通关零差错。同时，为做好山海关机场转场的有关准备工作，已提前组织省级查验部门对北戴河新机场进行了现场探察。

【口岸查验设施建设】 黄骅水运（海港）

口岸查验设施同步完善。非现场部分：航运大厦和联检大厅均已经竣工投入使用，联检楼群项目、检验检疫检测中心及沧州海事基地等项目正在大力推进中。现场部分：已完成口岸部门办公临建用房约1 600平方米，完成海关监管场所隔离围网约2 050米，完成检验检疫局采制样晾晒场地300平方米，完成边防检查站警务室170平方米。《黄骅港综合港区港前配套查验设施规划》已完成初稿，综合调度楼工程已开工建设，预计2014年6月份竣工。

丰南港区建设前期工作进展顺利。主体部分：丰南港区港址勘察实验工作已全部结束，《唐山港总体规划》丰南港区部分修订完成，140.99平方千米用海面积已调整完成，港区《起步工程方案》已确定。配套部分：投资3.20亿元的双向八车道港区集疏港道路已建成通车，临港工业区7.6平方千米沿海滩涂吹填工程已全部完成，100平方千米海域使用权已全部收回，港区开发建设实体唐山丰南港区隆安开发有限公司已正式开展工作。

山海关船舶重工14个泊位已具备通航条件。山船重工已陆续投资共计59.30亿元对大型船舶改装及修理、海洋工程装备、修造船设施进行了改扩建，通航条件已经河北海事局验收通过，秦皇岛市已对0号等14个泊位对外开放进行了预验收。

【口岸管理成效显著】 推进冀京口岸区域通关全面合作。根据冀京口岸情况和合作需求，按照“优势互补、合作共赢”的原则，起草了《冀京口岸合作框架协议》，内容涵盖通关模式、港企合作、信息联网、政策支持、联络机制等方面。

通过不断加大腹地拓展力度，在世界经济低迷的情况下，秦仁航线自2013年4月开始出现了单月连续盈利的好局面，1~11月外贸集装箱运量完成2.04万标箱，占秦皇岛水运（海港）口岸全部外贸集装箱运量的近两成，有力地促进了当地临港产业及周边腹地进出口企业的发展。

驻冀查验部门和地方口岸管理部门变管理为服务，全力支持地方经济建设。石家庄海关在关区全面开通了散杂版卡口系统，并在秦皇岛和唐山率先开展了无纸化通关系统试点工作；河北出入境检验检疫局推行集中查验管理，探索建立了“一次申报、一次查验、一次放行”的通关模式；河北省公安边防总队不断完善边检服务机制，及时推出了“边检微博”、团体证件预约办理等便民举措；河北海事局持续推进海事监管品牌建设，散货船安全监管系统正式开通运行；秦皇岛制定了《关于进一步推进口岸建设开放的实施意见》。

【电子口岸建设】 2013年，电子口岸积极改进工作作风，提高服务水平，由过去被动服务变主动服务、文明服务、创新服务、廉洁服务“四种服务”模式，打造群众满意窗口。全年共办理新入网业务2 301家，办理日常业务9 000余家，接听热线10 953次，未发生投诉事件，收到企业感谢信3封，锦旗1面。通过多种方式收集到企业意见建议22条并及时进行整改，坚持首问负责制、服务承诺制、一次性告知等制度，杜绝“门难进、脸难看、事难办”现象，提高服务质量。积极探索便民利企新模式，加强与电子口岸联审部门联系，创新服务机制，研究如何简化业务办理模式、缩短业务办理时限，降低企业办事成本，针对企业货物滞港，急需报关等特殊情况，建立《窗口服务应急预案》，打造便民服务直通车，及时解决了20余家企业的实际困难，减少了企业经济损失，保障了正常贸易的开展，取得良好效果。

口岸监管与服务

【石家庄海关提升综合监管，促进外贸增长】 石家庄海关严格执行进出境管制政策，严密监管海关监管场所、舱单、运输工具、货物和物品，目前关区共有监管场所38家，验收合格率100%；积极推进散杂版卡口联网与控制系统的推广工作，关区共有19个经营散杂货业务的监管场所的61条卡口通道全部运行散杂版卡口系统；

加强保税监管，规范关区重点商品单耗及核销管理，强化后续监管，实行企业分类动态管理，加强企业稽核查，切实提升综合监管效能。继续完善便捷通关措施，扎实推进通关作业无纸化改革，共核准签约申请企业13 533家，试点海关现场全年无纸化申报报关单12 538票，占试点海关报关单总量的64.92%，平均通关时间大大提高，企业办理进出口业务手续更加便捷简化，低风险报关单放行进入“秒”时代。在原来“属地申报，口岸验放”便捷通关模式的基础上增加了“属地申报，属地放行”模式，适用企业数量由500余家扩大至9 000余家，促进海关通关效率和监管效能的双提高，积极实施海关企业分类管理制度，年内开展了两次大规模的AA类企业上调工作，由上年的11家增加到了41家，同比增长273%。

全力支持曹妃甸综合保税区通过国家验收，封关运营，实现河北省综合保税区零的突破，积极协调配合石家庄、黄骅综合保税区申报工作，争取河北省有更多的海关特殊监管区域。关区共审批设立保税仓库28家，通过验收投入使用的保税仓库20家，验收3家出口监管仓库，调整完善了关区保税仓库布局规划。积极推进石家庄、保定、邢台、邯郸、张家口等地的内陆港建设，积极推进承德、衡水海关筹建和驻邯郸办事处升级工作。大力扶植河北外贸企业发展，用足用好用活减免税、保税政策，办理“进出口货物征免税证明”1 393份，审批减免税货值6.96亿美元，审批减免税款5.57亿元。积极发挥12360海关统一服务热线的作用，加强咨询服务，及时有效解答和解决企业在通关过程中遇到的疑难问题。

深入推动《冀晋蒙辽豫陕检验检疫快速通关合作备忘录》的实质性落实，实行更加便捷、更加安全、更加高效的检验检疫通关模式，引领华北、东北和中西部大腹地进出口物流向河北海港口岸聚集；在与天津出入境检验检疫局实施直通放行合作机制的274家798种商品的基础上，争取使河北省更多进出口企业纳入直通放行序列，节约时间成本，享受直通放行便利。全面落实省内直通放行关检合作机制，建立秦皇岛、唐山、沧州和石家庄空运口岸与内陆局的大通关合作机制。根据不同产品采取相应便捷的检验监管和验放方式，简化流程、提高验放速度。大力引导和帮助企业充分利用普惠制原产地证书和区域性优惠原产地证书等国际认可的优惠政策，帮助企业缩减成本。帮曹妃甸综合保税区到国家质检总局积极跑办曹妃甸作为国家进口原木指定口岸，已得到国家质检总局批复；在整体规划上，指导企业选址、设施设备选用、建设专用进口木材码头和专业熏蒸库房；在技术上，帮其聘请国内知名专家团队共同研究、论证建设方案，其建成的原木熏蒸库是目前国内最先进的熏蒸场库；在建设进口原木专用码头上指导其合理布局，按照标准配备相应设施设备，合理投资；在实验室检测上，从布局指导到技术人才配备上都给予最大帮助倾斜，为其排忧解难、答疑解惑，助推其尽早投入运营。

【签署合作备忘录】 根据交通运输部、国家质检总局《关于加强进出口监管提高口岸工作效率合作备忘录》精神，为加快口岸管理转型升级，切实提高口岸监管水平和通关效率，推动现代物流业发展，共同促进河北对外贸易便利化和区域经济又好又快发展，服务“沿海强省 和谐河北”建设，河北省交通运输厅、河北出入境检验检疫局商定，以科学发展观为指导，按照协调配合、优势互补、信息共享的原则，建立紧密务实的长效合作机制。

加强机场、港口、站场、码头、航道等口岸设施在规划设计、建设、验收、使用和维护等方面的信息共享和管理合作，完善口岸基础设施建设，协同推进口岸功能提升，提高通航安全和通关保障能力；互相提供管理设施利用便利，增强口岸监管能力。大力支持大宗商品交易平台建设，促进航运业和船舶工业稳步发展；大力支持内陆港和集装箱场站建设，充分发挥内陆口岸作用，实现沿海口岸与内陆口岸的联动发展；支持加快推进沿海辐射内陆的高速集疏运通道，完善公路、航道、港口、机场基础设施，促进沿海口岸功能向内陆延伸，推动港口与腹地经济的联系与合作，为腹地货物提供便利快捷的通关环境，拓展港口功能、提升通关效率，促进区域经济一体化发展，打造海陆空联动集疏运网络。交通运输部门在推进港口基础设施建设的同时，高度重视查验监管设施建设，严格按照相关标准和监管的实际需要建设口岸“监管场库+闸口”为主要内容的口岸监管平台和各项基础设施，对已经开放验收的口岸、港区、作业点的监管场库加强管理，不够完善的，共同督促限期整改。对在建或尚未通过正式验收的，将查验监管设施建设纳入港口建设规划，与主体工程统一设计、统一建设、统一验收，完善监管平台和场库设施建设，通过电子闸口或物理闸口实现对进出口货物、交通工具、集装箱等的闸口管理，提升口岸监管服务有效性，完善防控体系，推进口岸综合能力建设，保障国门安全。

联合制定部门间电子口岸数据交换标准与工作流程，搭建部门间信息传输通道，建设统一的出入境船舶申报系统窗口，以河北电子口岸为平台，运用EDI（电子数据交换）等信息化技术手段，发挥交通电子口岸、港航EDI中心和检验检疫信息平台的作用，建立共享共用的数据交换平台，实现进出境旅客、货物、集装箱、交通工具、检验检疫警示通报、查验监管及口岸服务单位的数据采集、电子监管和电子放行。在港区码头、机场作业系统增加检验检疫、交通运输部门查验放行指令控制，对经检验检疫和交通运输部门放行的进出境货物、交通工具及集装箱等，通过数据交换，经港航EDI中心或交通电子口岸向港区码头、机场作业系统发送查验平台、放行指令，实现电子闸口管理，提高交通运输管理工作和检验检疫工作的针对性、及时性、预见性，提升口岸监管能力、作业效率和服务水平，降低物流周期和成本，提高河北口岸国际竞争力，促进外贸稳步增长。推进口岸监管信息平台和交通运输物流公共信息共享平台建设。加强公共信息服务，积极共享共用监管数据和报检数据信息，推进行业监管信息与物流企业生产信息共享互联，为广大用户提供政策指导、技术咨询等公共服务，实现资源共享；积极参加东北亚物流信息服务网络（NEAL－NET）建设，重点推进动态船期和集装箱跟踪信息共享，中日韩危险品货物运输在多式联运方面监管信息共享；积极参与以地方政府为主导的电子口岸建设，切实抓住河北沿海大发展的契机，优化口岸业务流程，实施“一单多报”，实现电子口岸服务功能的整体提升；认真履行国际公约，探索便利运输表格的电子化管理模式，推进国际船舶电子联合检验系统的应用示范。

加强大通关建设，提高运输和贸易便利化水平。有效衔接交通、检验检疫业务流转，促进口岸物流货畅其流；完善机构建设，加强人力资源配置，创新监管模式，实施优惠便利通关制度，实现有效监管，快速通关，提高运输和贸易便利化水平，提升口岸在现代物流中的重要枢纽作用。

建立危险品管理合作机制，强化运输安全。发挥交通运输管理部门和检验检疫的人才和技术资源优势，在危险货物的鉴定、监管等方面加强合作配合，建立危险品运输信息全过程监管体系，适应多式联运危险品管理的需要；切实执行《危险货物分类和品名编号》、《国际海运危险货物规则》、《中国民用航空安全检查规则》等规定和标准，共享危险货物包装容器使用鉴定结果信息，加强口岸执法一致性。大力推进全省口岸集中查验堆场建设，推行集中查验模式，探索建立“一次申报、一次查验、一次放行”的通关模式，全力服务地方经济发展。

【河北省公安边防总队抓好“提服三年规划”落实】 河北省公安边防总队不断完善边检服务机制，及时推出了“边检微博”、团体证件预约办理等便民举措。大力加强制度建设。2013年5月，河北省公安边防总队会同省级查验单位出入境检验检疫局、石家庄海关共同签署了关于口岸防生化等突发事件的协作机制，开拓了各口岸边检站与所在地查验机构合作的范例。为了用健全的长效机制引领以边防检查为中心的各项工作向更高层次迈进，河北省公安边防总队指导各边检站积极协调口岸联检部门及口岸经营单位建立口岸联防联控机制，海港边检站通过海事VTS船舶监管系统实时了解锚地船舶搭靠情况，制订敏感地区船舶、人员管控专项方案，针对不同风险等级的船舶实行分级管控。同时，采取重点推进和以点带面相结合的方法，对各站创新边检勤务模式工作进行分类指导，实现快速反应、妥善处置的点对点式指挥模式。积极探索集“预警研判、勤务派遣、应急处突、动态监管、内外联动、服务群众、舆情应对”于一体的扁平化指挥体系。

【河北海事局打造监管品牌，创新管理模式】为实现“散货船舶安全监管”规范化、信息化，推行了《散货船安全检查应用指南》，监管散货船4.68万艘次，同比增长10.60%，散货船现场监督检查1 859艘，散货船专项检查108艘，保障了5.65亿吨煤炭、2.03亿吨矿石的运输安全。为实现“涉水工程海事监管”规范化、标准化，实施了“4122”工作机制，即每年开展4次专项督查（每季度1次），召开1次涉水工程监管大会、2次内部推进会，组织2次培训。审批水工活动142项、施工船舶263艘次；完成水工项目通航安全验收12次，通航安全影响评估18次；辖区改建航道2条，新建泊位10个，新增设计通过能力6 577万吨。为实现“规范管理科学发展品牌”的制度化、长效化，实施海上人命救助40次，协调出动船舶159艘次、飞机1架次，救助301人，成功率为94.90%。发布恶劣气象海况预警信息18次，组织巡航3 142艘次，计6.90万海里。调查处理水上交通事故33起，其中重大事故2起，大事故4起，一般事故5起，小事故22起。发布航行通告109件次、警告517件次。PSC检查399艘次、FSC检查1495艘次；船舶检验质量检查263艘次；船舶建造重要日期确认9次；核发临时船舶吨位证书121份；船舶登记572艘次；审核公司33家、船舶133艘次。监管旅游船艇25万艘次，连续8年保持零事故、零伤亡、零污染。监管危险品运输船舶4 405艘次，同比增34.70%，保障危险品运输3 064.90万吨，同比增16.30%。增改内外网栏目8个，增加相对人查询项10项，更新许可类办事指南60余项，接受网上咨询50余次，回复率100%。通过完善海事业务网上申报系统，进一步推动了政务信息公开和海事电子政务建设，实现了对进出口岸船舶的远程申请和审批。船舶代理单位只需通过互联网将所需要的信息和数据准确录入，将所需申报的证书材料通过扫描上传至申报系统中，就完成了申报手续，既提高了工作效率，又提升了口岸通关效率与科学化管理水平。充分发挥VTS、AIS和CCTV等信息化监管设备的组合优势，对进出港船舶实施有效的指挥监控、交通组织和信息服务，为船舶进出港创造安全、便捷的通航环境。2013年年初，河北辖区船载客货电子申报系统已全面应用，辖区500余家货物申报单位及其所属申报人员均通过船舶动态管理系统进行了注册和备案，实现了货物适运和船舶适载的远程电子申报，申报人员足不出户即可完成申报工作，并通过网络及时获知审批结果。根据统计分析，电子申报系统应用之前，各单位每次申报行为花费时间平均为60分钟，相关交通、通讯等费用平均为40元，通过系统的推广应用，每年为辖区申报单位节省费用约260万元。

开放口岸

【石家庄空运口岸】 石家庄空运口岸于1995年2月建成，当年实现国际通航，1996年3月正式对外开放。2010年6月，国家民用航空局与河北省签署的《关于加快推进河北民航发展的会谈纪要》，确定石家庄机场为国内唯一一个航空大众化试点机场，是首都国际机场的备降机场和分流机场，是中国联合航空河北分公司、河北航空有限公司、春秋航空公司、中国货运邮政航空公司基地，是河北省重要的空中交通门户和对外开放窗口，现已发展成中国北方重要的国际航空货运中转基地。

石家庄正定国际机场飞行区等级为4E级，

跑道全长3 400米，宽45米，每侧道肩7.50米，总宽60米，建有等长平行滑行道1条，快速出口滑行道2条，可保障B747、A380、AN225在内的各类大型飞机起降。停机坪总面积21万平方米，停机位31个。高峰小时旅客吞吐能力达1 500人次，可满足年旅客吞吐量500万人次的需要。

石家庄空运口岸已跨入高速发展阶段，先后开通了石家庄至香港地区客运定期航线，至韩国、俄罗斯等独联体国家货运机航线，至韩国、泰国、日本等临时客运包机航线。目前有近30家航空公司执飞运营，其中国外、地区航空公司7家。

2012年年底，京广高铁全线通车，高铁正定机场站投入运营，石家庄机场高铁候机楼正式启用，石家庄空运口岸已形成以航空为基础，以陆路为衔接，以铁路为节点的贯穿全省、辐射周边的复合型交通枢纽。

河北省机场集团在保定、沧州、邢台、衡水地区建成了6座异地城市候机楼并投入使用，将机场候机楼除安全检查功能外全部前移至异地市区；与冀运集团合作开通了石家庄机场至保定、邢台、邯郸、衡水、沧州至石家庄机场的旅客直通车，搭建起了与周边地区便捷的地面交通网络；在北京西客站设旅客服务台及乘车站点，分流北京团队客源，努力打造首都“第二机场”；针对北京、山西等地团队旅客开通团队班车服务，提升石家庄空运口岸区域竞争力；2012年年底推出石家庄机场“空铁快线”产品，提供机场候机楼与高铁正定机场间免费往返摆渡车，不断吸引北京、郑州、太原、济南等周边地区旅客，为打造进京“第二通道”奠定坚实基础。机场集团还精心打造“从家飞”服务品牌，搞好“差异化服务”，开设“绿色通道”，提供高效、便捷的异地办理乘机手续，通过优质服务吸引周边、分流京津客源。

不断优化通关政策。2010年，机场集团成立了货运开发办公室，加大国际货运开发力度和货运航班审批跑办力度，加强与驻场联检单位的联系协调，进一步缩短手续的办理时间，为货物的及时通关赢得便捷；石家庄机场海关推出陆空联运、空运转关等新业务模式，协助开通了石家庄机场至欧洲的定期货运航班和经香港中转至全球60个城市的国际航空货运业务，实现了国际货物“一单到底”直达；石家庄海关机场办事处与首都国际机场海关正式签署了《进出口空陆联程货物监管联系配合办法》，实现了国际货物“本地报关、异地出境”。

2013年，石家庄机场完成旅客吞吐量511.05万人次，同比增长5.30%；共保障国际和地区客运航班1 639架次，同比增长18.70%；完成国际和地区旅客吞吐量15.93万人次，同比增长34.90%；保障国际和地区货运航班464架次，同比增长108.10%；完成国际和地区货邮吞吐量7 409.80吨，同比增长18.50%。

新航站楼2013年竣工并于年内投入运营，新增候机楼面积13.30万平方米，新建货运区1.34万平方米，扩建飞行区及相应的配套工程。新航站楼竣工后，石家庄机场年旅客吞吐量保障能力将达到2 000万人次，货邮吞吐量将达到25万吨。

为适应民航高速发展的需要，不断加大机场建设支持力度，规划机场与铁路、公路、港口、城市公共交通的有效衔接。谋划建设了石家庄空港工业园，享受省级开发区政策，积极吸引航空运输服务企业在河北设立地区总部、分支机构，大力促进旅游、会展、商贸物流、金融保险等民航相关产业发展。空港工业园已经向国务院递交了保税区申请。

【秦皇岛水运（海港）口岸】 秦皇岛水运（海港）口岸开通于1898年，至今已有100多年历史，是以能源运输为主的综合性国际贸易港口，也是当今世界最大的煤炭输出港和干散货港。它共有海岸线11.70千米，水域面积222平方千米，陆域面积10.80平方千米。秦皇岛水运（海港）口岸下辖秦皇岛港、新开河、秦山化工、山海关船厂四大港区。秦皇岛港东港区以能源（煤炭、油品）运输为主，西港区以杂货、集装箱装卸运输为主。现有泊位55个，其中生产泊位47个，最大靠泊吨级为15万吨级，设计年通过能力为2.26亿吨。其中，煤炭泊位21个，年设计通过能力1.93亿吨；杂货泊位17个，设计年通过能力1 480万吨；石油化工品泊位6个，设计年通过能力1 630万吨；集装箱泊位3个，设计年通过能力75万标箱。

【黄骅水运（海港）口岸】 黄骅水运（海港）口岸位于沧州市以东约90千米处，东经117°48′，北纬38°17′，由煤炭港区、综合港区、散货港区和河口港区4个港区组成。黄骅水运（海港）口岸一期工程于1997年11月25日开工建设，2001年年底建成并投入使用。建有2个5万吨级和1个3.50万吨级大型煤炭船泊位，设计年吞吐能力3 000万吨。一期完善项目于2002年10月开工建设，2003年5月竣工，规模为1个1万吨级码头泊位，设计年吞吐能力500万吨。2004年12月9日，黄骅水运（海港）口岸一期工程通过国家级验收。黄骅水运（海港）口岸二期工程于2002年9月开工建设，2004年10月建成，规模为1个10万吨级和2个5万吨级煤炭专用泊位，设计年吞吐能力3 000万吨。黄骅水运（海港）口岸三期工程于2010年6月开工建设，新建4个5万吨级的专业化煤炭装船泊位，其中1个泊位按15万吨级预留，设计年吞吐能力5 000万吨。

2013年，黄骅水运（海港）口岸共接卸船舶5 324艘次，集装箱23万标箱。其中，外贸船舶282艘次，同比增长22.61%。

煤炭港区杂货码头于2000年7月开工建设，2003年年底建成，2004年6月投入运营，规模为2个1.50万吨级泊位，设计年吞吐量90万吨。煤炭港区油品码头由原化学品码头改造而成，规模为1个2万吨级泊位，设计年吞吐量300万吨。2013年，煤炭港区共接卸船舶4 254艘，完成吞吐量13 759.10万吨，同比分别增长31.70%和30.52%。其中，外贸货物54.27万吨，外贸船舶18艘次，同比分别下降71.45%和76.00%。

2002年3月，黄骅水运（海港）口岸煤炭港区一期工程经国务院批准为黄骅水运（海港）口岸对外开放（国函［2002］19号文件）；2003年11月，通过省级口岸开放预验收；2005年12月，正式通过国家验收。2005年12月29日，交通部以交函海［2005］470号文件公布黄骅水运（海港）口岸于2006年1月10日起正式对外开放。

黄骅水运（海港）口岸综合港区规划29个泊位。起步工程于2009年3月开工建设，2010年8月1日建成投入运营，总投资127亿元，共建设8个泊位。其中，4个10万吨级通用散杂货泊位，设计年通过能力800万吨；4个10万吨级多用途泊位，设计年通过能力1 000万吨。综合港区自2010年8月1日起临时对外开放（交海批［2010］36号文件）。2011年1月27日、2011年7月、2012年1月18日、2012年7月27日、2013年1月25日和7月19日交通运输部分别以交海批［2011］6号、交海批［2011］45号、交海批［2012］2号、交海批［2012］25号、交海批［2013］5号和交海批［2013］34号文件批准国际航行船舶临时进靠黄骅水运（海港）口岸综合港区。

2011年3月30日，黄骅水运（海港）口岸综合港区二期工程开工，包括20万吨级航道及防波堤延长工程，4个15万~20万吨级矿石泊位，2个5万~10万吨级集装箱泊位，5个5万~10万吨级煤炭泊位，2个10万吨级原油泊位及储备，2个5万吨级液体化学品专业泊位，1个10万吨级粮油泊位。

2012年3月，黄骅水运（海港）口岸综合港区扩大对外开放列入国家“十二五”口岸发展规划；4月，黄骅水运（海港）口岸综合港区扩大对外开放列入2012年国家口岸开放年度计划。2013年，综合港区共接卸船舶1 070艘次，完成吞吐量3 253.58万吨，集装箱23万标箱，同比分别增长73.42%、62.85%和125.88%。其中，外贸货物1 393.59万吨，外贸船舶264艘次，同比分别增长94.24%和70.32%。

【唐山水运（海港）口岸】 唐山水运（海港）口岸位于唐山南部沿海，下设京唐港区和曹妃甸港区，是我国北方新兴的极具活力和发展潜力的现代化国际港口。2013年，唐山水运（海港）口岸完成货物吞吐量4.46亿吨，全国港口排名第8位，全球港口排名第10位。

唐山水运（海港）口岸京唐港区于1989年启动开发建设，1992年10月经国务院批准为开放口岸，1993年正式对外国籍船舶通航。伴随着京唐港区的开发开放，国家在唐山市陆续设立了唐山海关、唐山边防检查站、唐山出入境检验检疫局、河北出入境检验检疫局京唐港办事处、唐山海事局等检查检验单位，负责唐山港对外开放的监管监护工作。曹妃甸港区于2003年启动开发建设，2005年试通航，2009年1月经国务院批准为开放口岸，2012年8月正式对外开放。国家陆续在曹妃甸港区设立了石家庄海关驻曹妃甸港区办事处、曹妃甸边防检查站、河北出入境检验检疫局曹妃甸办事处、曹妃甸海事处等检查检验单位，负责曹妃甸港区对外开放的监管监护工作。

京唐港区位于唐山市东南部，距市区80千米，规划面积88平方千米，规划建设6个港池。目前已建成1号、2号两个港池，3号、4号、5号港池部分完工。现有件杂、散杂、多用途等1.5万~2万吨级泊位35个，航线通达国内120多个港口，与50多个国家和地区的港口建立了业务往来关系；运营货种涵盖煤炭、钢铁、矿石、水泥、原盐、粮食、纯碱和集装箱等。

曹妃甸港区东距京唐港区33海里，北距唐山市区80千米，是渤海沿岸唯一不需开挖航道和港池即可建设30万吨级大型泊位的天然港址。依据规划，曹妃甸港区重点建设进口矿石、原油、天然气和煤炭等专业泊化、大型化码头，最终可建成生产性泊位260余个，形成5亿吨以上的综合通过能力，建成中国北方最大的能源原材料集疏港。2013年，4个25万吨级矿石泊位、1个30万吨级原油泊位及22个4万~10万吨级干散货泊位建成并投入试运营。

河北省口岸大事记

1月25日

交通运输部签署《交通运输部关于同意国际航行船舶临时进靠黄骅港口岸综合港区的批复》（交海批［2013］5号文件），同意国际航行船舶临时进靠黄骅水运（海港）口岸综合港区，期限为2013年2月1日~7月31日。

2月27日

河北海事局40米级B型巡逻船监造组进驻黄海造船有限公司，正式开展驻厂监造工作。

3月1日

散货船安全监管系统正式投入使用。

3月20日

河北海事局60米级B型巡逻船监造组进驻方江新造船厂，正式开展驻厂监造工作。

首批河北籍船舶取得了船舶标志电子标签，标志着河北籍船舶的“电子身份证”工作正式启动。

3月21日

河北省口岸办会同国家驻冀各查验部门对唐山港京唐港区矿石泊位的对外开放进行验收。

3月28日

国家批复《同意山海关机场2013年临时对外开放》（国岸发［2013］4号文件），开放时间为2013年5月1日~10月31日。

3月30日

河北省推荐的唐山水运（海港）口岸被国家口岸管理办公室评为“全国运行管理先进口岸”。

4月16日

河北省政府以《河北省人民政府关于同意唐山港京唐港区矿石泊位对外开放的批复》（冀政函［2013］57号文件），同意该矿石泊位自2013年4月9日起对外开放。

6月18日~22日

国家质检总局核心能力建设第三批考核验收第一考核组一行4人对石家庄机场、秦皇岛、京唐港、曹妃甸、黄骅港5个口岸核心能力建设进行了考核验收。河北 4 个海港口岸和 1 个空港口岸均顺利通过考核验收。

7 月 19 日

交通运输部签署《交通运输部关于同意国际航行船舶临时进靠黄骅港口岸综合港区的批复》（交海批［2013］34 号文件），同意国际航行船舶临时进靠黄骅港口岸综合港区，期限为 2013 年 8 月 1 日 ~2014 年 1 月 31 日。

7 月 31 日

海关总署署长于广洲在石家庄会见省委常委、常务副省长杨崇勇。

8 月 1 日

海关总署署长于广洲考察华北制药集团，参观生产车间，并与部分进出口企业代表座谈。

9 月 6 日

张庆伟省长听取石家庄海关工作介绍，详细了解海关加快推进河北省综合保税区建设有关情况，充分肯定相关工作，希望海关在全省促进外贸稳增长、调结构，加快外向型经济发展方面做出更多贡献。

10 月 16 日

海关总署联合国家发展改革委、财政部、国土资源部、住房和城乡建设部、商务部、国家税务总局、国家工商总局、国家质检总局、外汇局九部委对曹妃甸综合保税区进行验收。曹妃甸综合保税区通过验收并获颁验收合格证书。

11 月 4 日

海关总署署长于广洲在石家庄会见河北省委书记周本顺、省长张庆伟，双方就河北综合保税区建设等问题交换意见。

11 月 5 日

海关总署署长于广洲会见石家庄市委书记孙瑞彬、市长王亮，双方就进一步提高海关监管服务水平、促进石家庄开放型经济发展及综合保税区建设等问题交换意见。

11 月 7 日 ~8 日

河北海事局派员参加了在上海举行的中国—东盟海事磋商机制第 9 次会议，并就压载水公约议题代表中国海事局做主题发言。

11 月 7 日

河北省口岸办赴京与北京市发展改革委、口岸办、新机场办就北京新机场口岸建设工作召开对接会，就起草的《冀京口岸合作框架协议》达成了一致意见，待冀京两省市领导会谈时共同签署。

12 月 31 日

河北省政府签署《河北省人民政府关于同意唐山港口岸曹妃甸港区液化天然气泊位对外开放的批复》（冀政函［2013］181 号文件），同意该液化天然气泊位自 2013 年 12 月 27 日起对外开放。

（撰稿人：高雅平、王宏建、贾智娴、张栋、赵华新）

2013年河北省口岸流量统计表

口岸类型		口岸名称	货运量（万吨）				集装箱量（万标箱）				人员（万人次）				交通工具（辆、艘、架、列次）			
			出口	进口	合计	同比（%）	出口	进口	合计	同比（%）	出境	入境	合计	同比（%）	出境	入境	合计	同比（%）
空运口岸		石家庄空运口岸	6 498	911	7 409	+18.50					8.14	7.79	15.93	+34.90	820	819	1 639	+18.70
空运口岸		分计	6 498	911	7 409	+18.50					8.14	7.79	15.93	+34.90	820	819	1 639	+18.70
陆运口岸	公路口岸																	
陆运口岸	公路口岸	分计																
陆运口岸	铁路口岸																	
陆运口岸	铁路口岸	分计																
水运口岸	海港口岸	秦皇岛口岸	326.30	1 089	1 415.30	+12.30	6.75	7.05	13.80	+14.60	3.27	3.20	6.47	+31.00	846	764	1 610	+15.70
水运口岸	海港口岸	唐山口岸	20 884.00	695	21 579.00	+14.18	1.64	0.40	2.04	+364.88	6.37	7.16	13.53	−6.23	2 933	3 317	6 250	−5.87
水运口岸	海港口岸	黄骅港口岸	1 398.00	54	1 452	+59.54					0.57	0.64	1.21	+26.00	94	188	282	+22.61
水运口岸	海港口岸	分计	22 608.30	1 838	24 446.30	+15.60	8.39	7.45	15.84	+27.74	10.21	11	21.21	+4.90	3 873	4 269	8 142	+2.82
水运口岸	河港口岸																	
水运口岸	河港口岸	分计																
合计			29 106.30	2 749	31 855.30		8.39	7.45	15.84		18.35	18.79	37.14		4 693	5 088	9 781	
同比（%）			+53.04	+32.87	+51.06		+33.34	+19.14	+27.74		+15.86	+24.32	+19.99		+0.89	+9.54	+5.19	

（河北省口岸办提供）

2013 年石家庄海关主要数据统计表

项目		2013 年	同比（%）
进出口货运量（万吨）	合计	25 519.24	+11.00
	进口	24 433.41	+10.70
	出口	1 085.83	+16.10
进出口贸易总值（万美元）	合计	4 503 641.78	+5.15
	进口	3 851 596.00	+4.37
	其中：江、海运输	3 831 560.80	+4.42
	铁路运输	135.52	+803.62
	汽车运输	3 072.93	+90.69
	航空运输	11 656.75	-2.12
	邮件运输		
	其他运输	5 170.00	29.00
	出口	652 045.78	+10.03
	其中：江、海运输	493 551.26	+9.29
	铁路运输	1 056.94	+21.73
	汽车运输	302.61	+3.80
	航空运输	142 491.22	+16.95
	邮件运输		
	其他运输	14 643.75	-18.80
税收（亿元）	两税合计	406.63	+1.42
	关税入库	8.14	-24.00
	进口环节税入库	398.49	+2.00

（石家庄海关提供）

2013 年河北省口岸出入境主要数据表

项目			2013 年	2012 年	同比（%）
出入境人员（人次）	出入境人员总数		354 681	308 123	+15.11
	入境人员		180 910	157 532	+14.84
	出境人员		173 771	150 591	+15.39
	出入境旅客		198 524	164 065	+21.00
	出入境员工		156 157	144 058	+8.40
	中国公民	小计	230 148	240 156	-4.17
		内地居民（因公）	59 331	55 436	+7.03
		内地居民（因私）	161 326	138 454	+16.52
		港澳居民	875	2 826	-69.04
		台湾同胞	8 616	7 440	+15.81
	外籍人员		124 533	103 967	+19.78
	从海港出入境人数		193 348	176 806	+9.36
	从陆港出入境人数				
	从空港出入境人数		161 333	131 317	+22.86
交通运输工具（辆、艘、架、列次）	总计		8 187	7 409	+10.50
	船舶		6 681	6 133	+8.94
	飞机		1 506	1 276	+18.03
	火车				
	机动车辆				

（河北省公安边防总队提供）

2013 年河北省出入境检验检疫业务统计表

项目		货物检验检疫				交通工具				集装箱（标箱）		发现动植物疫情		货物通关		出入境人员查验（人次）	健康检查及预防接种（人次）			
		批次	金额（万美元）	检验检疫不合格																
				批次	金额（万美元）	船舶（艘）	飞机（架）	火车（节）	汽车（辆）	合计	检出问题	种类数	种次	批次	金额（万美元）		健康检查	艾滋病监测	发现病例	预防接种
本年累计		153 623	456.78	2 503	844 745.92	6 220	1 500			37 685	33	101	202	19 381	3 603 304	300 391	28 291	26 834	13 951	32 583
其中	出境	132 650	81.27	304	1 676.52	2 890	729			1 919	0	4	0	10 456	107 975	147 946	24 810	23 766	12 251	32 572
	入境	20 973	375.51	2 199	843 069.40	3 330	771			35 766	33	97	202	8 925	3 495 329	152 445	3 481	3 068	1 700	11
同比（%）		−18.88	−1.50	+1.63	+18.49	+3.89	+17.74			+17.93	+106.30	+455.56	+62.90	−17.05	+5.77	+14.96	+15.77	+13.81	+16.65	−3.05
其中	出境	−22.07	−31.29	+0.23	+0.21	+1.80	+25.04			−47.51	0	+300.00	0	−31.87	−54.09	+16.16	+13.74	+12.36	+14.52	−3.04
	入境	+9.53	+8.70	+10.48	+22.45	+5.78	+11.58			+26.38	+106.30	+470.59	+62.90	+11.33	+10.21	+13.81	+32.61	+26.46	+34.71	−31.30

（河北出入境检验检疫局提供）

2013年河北海事局进出港船舶统计汇总表

船舶类别	进港船舶							出港船舶						
	艘数（艘）	总吨（吨位）	总载重量（吨）	载客量（客位）	船员人数（人次）	货物到达量（吨）	旅客到达量（人）	艘数（艘）	总吨（吨位）	总载重量（吨）	载客量（客位）	船员人数（人次）	货物发送量（吨）	旅客发送量（人）
总计	120 326	643 434 708	988 478 685	725 332	1 088 350	271 538 408	20 173	115 963	647 612 593	989 246 374	810 979	1 125 273	621 949 370.40	19 268
中国籍船舶	116 450	484 274 749	693 204 925	725 332	1 008 617	52 039 481.55	20 173	112 093	488 979 394	694 752 344	810 979	1 043 876	613 497 039.40	19 268
其中外贸船	465	12 689 000	19 985 104	34 800	13 138	13 506 387.09	7 640	270	5 810 662	8 364 858	34 800	8650	1 005 508.53	6 820

（河北海事局提供）

山　西　省

山西省口岸分布示意图

口岸名称	批准开放时间	开放状态
太原航空口岸	1993	国际常年

口岸数量及分布

截至2013年年底，山西省有正式对外开放口岸1个——太原空运口岸；口岸作业区2个——太原武宿综合保税区和山西方略保税物流中心。

口岸运行数据

2013年，山西省口岸共出入境人员322 122人次，同比增长39.04%；出入境飞机2 617架次，同比增长22.64%；进出口货运量344吨，同比减少60.6%。出入境飞机中，固定航班同比增长28.8%，旅游包机同比增长26.3%，公务机同比减少33.3%，备降航班同比增长100%。2013年，大同云冈机场临时开放口岸后，共出入境飞机24架次，出入境人员2 662人次。

2013年，山西省进出口总值达到158亿美元，同比增长5%。2013年，山西省监管货运量2 442万吨，同比增长27.2%；货值49.3亿美元，同比增长15.2%。2013年，山西方略保税物流中心进出口货运量792 054吨，进出口货值10 926万美元，征收两税共2.54亿元，同比增长13%；太原武宿综合保税区办理进出口货物133.4吨，货值29.15万美元。

口岸综合管理

【保障赴台巡游关公圣像及人员顺利进出境】 2013年3月，由山西省委宣传部、山西省台办、运城市委市政府主办的“两岸关公文化巡礼关公祖庙圣像巡游”活动是2013年我国两岸文化交流的重要组成部分。山西省口岸办积极配合山西省台办工作，多次召开会议，协调郑州空运口岸和太原空运口岸在通关礼遇及进出境手续办理等方面给予便捷服务，保障了入岛的关公祖庙珍贵文物及人员顺利进出境。

【太原空运口岸核心能力建设通过验收】 2013年6月17日，国家质检总局考核组对太原空运口岸核心能力建设进行了考核验收。考核组认为，太原空运口岸机制、设施、设备及人员综合能力基本达到相关要求，领导重视、各部门积极响应，口岸卫生专业人员素质、应急处置能力建设，以及保健中心预防接种等方面水平较高，一致同意向国家质检总局推荐太原空运口岸核心能力建设通过考核验收。

【太原空运口岸申请设为进口水果指定口岸】 随着太原往返台湾航班不断增多，大陆与台湾商贸往来逐渐频繁，山西省水果市场中进口高品质水果需求潜力逐渐凸显。为满足山西省水果市场需求，山西省口岸办积极支持将太原空运口岸设为进境水果指定口岸，并主动协调检验检疫、海关、民航等相关部门，确保了各项筹备工作进展顺利。2013年6月下旬，国家质检总局专家组对太原空运口岸进口水果指定口岸建设工作进行了验收并批准通过。

【大同云冈机场临时开放口岸】 山西省口岸办分别于2013年3月、6月、8月在大同市召开3次大同临时开放空运口岸工作协调会。太原海关、山西出入境检验检疫局、山西省公安边防总队、山西省民航机场管理局、大同市政府及相关部门参加了会议。会议主要听取了大同市政府关于大同临时开放空运口岸准备工作情况的介绍及太原海关、山西出入境检验检疫局和山西省公安边防总队对保障大同临时开放空运口岸需求方案的说明。同时，会上各相关单位还分别通报了《大同航空口岸临时开放工作协调会会议纪要》相关工作推进情况。2013年7月31日，国家口岸管理办公室以国岸函字［2013］63号文件，正式批复同意大同云冈机场临时开放口岸。2013年8月27日，山西省口岸办组织有关专家组成验收组，对大同云冈机场空运口岸改造项目进行了验收。2013年9月11日，大同至香港航班正式开通。大同至香港航班的开通，在古都大同与香港之间架起了交流合作、观光旅游的“空中桥梁”。大同空运口岸顺利临时开放既是大同市发展外向型经济、扩大对外开放进程中的重要步骤，也是山西省口岸开放和建设中所取得的又一新的成就，这将对大同乃至山西全省扩大对外开放，推进经济发展等起到积极的推动作用。

【山西省口岸办赴运城市进行航空口岸专题调研】 2013年8月22日，山西省口岸办赴运城市进行航空口岸专题调研。调研组现场考察了运城机场的建设、运营，以及开放航空口岸的条件，并听取申报工作准备情况的汇报。调研组表示，运城经济的快速发展为开放航空口岸奠定了良好的基础，运城机场建设及运营情况也基本达到口岸开放的条件，但还有大量的工作要做；希望运城市充分利用好国家赋予山西省国家资源型经济转型综合配套改革试验区的政策，以及《海关总署关于支持山西省国家资源型经济转型综合配套改革试验区促进外贸稳定增长的意见》，先行先试，寻求突破，夯实自身基础。山西省口岸办积极给予指导并向国家有关部门争取支持，努力推动运城机场早日对外开放，逐步实现山西省“一主三副”航空口岸布局。

【山西省首家公务机公司入驻太原武宿国际机场】 2013年7月4日，山西省民航机场集团公司与山西神飞公务机有限公司举行了战略合作签约仪式，签署了战略合作协议书。双方协议：一是神飞公务机公司与机场集团公司合作投资建设一座兼具贵宾服务功能和公务机服务功能的综合楼，满足未来高端客户服务业务的发展需求；二是与山西民航机场贵宾有限责任公司共同组建太原机场公务机业务地面服务公司，合作开展太原机场公务机地面服务业务。神飞公司作为一个专门从事公务机飞行、航空器代管等业务的基地公司入驻太原武宿国际机场，这将在带动全省通用航空业务发展方面发挥积极的引领作用。

【太原武宿综合保税区通过国家十部委验收并正式封关运行】 2013年9月16日，海关总署牵头会同国家发展改革委、财政部、国土资源部、住建部、商务部、国家税务总局、国家工商总局、国家质检总局、国家外汇管理局等十部门组成联合验收组对太原武宿综合保税区（一期）进行了正式验收。联合验收组按照海关特殊监管区域基础和监管设施验收标准，分基础设施、隔离设施、专用通道、监管设施及相关配套设施等5部分，逐一进行实地考察，并组织验收评审会。验收组成员一致同意太原武宿综合保税区（一期）通过验收。联合验收组与山西省人民政府签署了《太原武宿综合保税区（一期）验收纪要》。至此，太原武宿综合保税区正式通过国家十部委验收，并封关运行。

口岸监管与服务

【太原海关全面启动通关作业无纸化改革】 太原海关与山西省内36家企业完成了《海关通关作业无纸化协议》签约。2013年，共接受通关无纸化申报的报关单533票，货运量47.6万吨，货值7.7亿美元，实征税款2 133万元。

【太原海关区域通关范围进一步扩大】 全国13个口岸海关在太原召开区域通关联系配合办法签署暨业务交流会，太原海关与上海、杭州、宁波、福州、厦门、郑州、江门、南宁8个海关正式确立“属地申报，口岸验放”区域通关模式，区域通关口岸增至19个。

【太原机场海关多措并举推动太原空运口岸快速发展】 2013年，太原机场海关针对进出境航班及旅客数量的快速增长，认真研究，多措并举，积极优化通关环境，全力完成进出境航班监管任务，有效地助推了太原空运口岸健康快速发展。一是密切关注太原口岸进出境航班开通与运营情况，及时分析运行情况和存在问题；二是根据进出境旅游航线的特点，有针对性地向各航空公司、旅行社等单位加大海关政策宣传力度，切实保障航线运营健康有序；三是针对进出境航班及旅客数量成倍增长及午夜、凌晨进出境航班多的特点，及时调整充实一线监管力量，同时充分利用旅客舱单及旅客通关系统，筛查重点，有的放矢，顺利完成航班监管任务；四是强化文明执法，积极加强与口岸各联检单位的沟通联系，及时协调解决旅客通关过程中遇到的各类疑难问题，努力为广大进出境旅客提供宽松和谐的通关环境。

【晋苏两地检验检疫局签署合作备忘录】 2013年3月26日，山西出入境检验检疫局与江苏出入境检验检疫局签署《深化检验检疫合作机制备忘录》。通过建立合作机制，两局将全面促进双方各项工作更加有效、管理更加规范、发展更加和谐，共同营造“互惠、互补、双赢、共进”的良好局面。双方在加强工作创新合作探索特色质检之路，加强检验检疫业务合作提高执法把关水平等10个方面达成合作共识。

【太原机场出入境检验检疫局与山西省公安边防总队签署备忘录】 2013年，太原机场出入境检验检疫局与山西省公安边防总队司令部共同签署《关于共同应对太原空港口岸突发公共卫生事件和核辐射、生物、化学因子恐怖事件协作机制备忘录》（以下简称《备忘录》）。按照“高度重视、积极应对、联防联控、依法科学处置”的原则，双方在4个方面深化协作机制：加强沟通交流，及时通报相关信息；加强日常协作，有效处置突发公共卫生事件、核辐射、生物、化学因子恐怖事件；加强共同应急演练，做到平战结合；加强防护知识培训，提高自身防护能力。《备忘录》的签署，进一步提高了太原空运口岸有效预防和妥善处置突发公共卫生、生物、化学因子恐怖事件等突发事件的应对能力，更好地维护太原空运口岸的稳定。

【拓宽口岸服务功能，加强进境水果指定口岸的建设】 为进一步提升太原空运口岸服务地方经济发展的功能，山西出入境检验检疫局以进境水果指定口岸建设为契机，积极协助配合太原民航机场集团公司做好进境水果指定口岸建设申报的指导工作。经过双方的共同努力，2013年6月山西进口水果指定口岸顺利通过国家质检总局专家组考核验收，7月国家质检总局批准太原空运口岸为进境水果指定口岸。2013年，进境水果共计5批次，货值11.7万美元。

【召开山西省首家进境水果指定口岸开通仪式新闻发布会】 2013年9月9日，山西出入境检验检疫局在太原召开“山西省首家进境水果指定口岸开通仪式新闻发布会”，向新闻媒体介绍了进境水果指定口岸创建过程及指定口岸开通的重要意义，并对首批从台湾地区进口的凤梨、番石榴等6种水果进行了现场检疫和检测。《山西日报》、《山西经济日报》、山西广播电台、《中国国门时报》等媒体的记者应邀出席发布会，并进行了现场采访和新闻报道。

【山西出入境检验检疫局突破外贸瓶颈有新举措】 山西出入境检验检疫局针对山西地处内陆、出口不畅的短板，争取国家质检总局和相关口岸局的支持，对现有检验检疫通关放行模式进行探索，在全省推出“检验检疫虚拟口岸直通车”新通关模式，扶持首批6家进口企业获得“晋津检验检疫虚拟口岸直通车”试点资质。经测算，平均每批为企业节省货运集港时间1天半，节省经济成本500元，此举得到山西省委省政府的关注支持，受到进出口企业广泛欢迎。

【山西出入境检验检疫局服务综改区建设有新举措】 山西出入境检验检疫局出台服务全省综改试验区发展13条措施；主动配合太原综合保税区完成检疫处理区项目建设；先后推荐4种产品获得国家地理标志产品，7家企业获得出口欧盟普惠制原产地试点资质；服务重点工程项目，第一时间落实山西省委书记批示，对山西成功汽车集团进口旧机电设备申请采取远程审核服务措施；召开“促进外贸发展座谈会”，为企业解决实际困难26个；支持大同临时开放机场口岸，保障了大同国际太阳能十项全能竞赛的顺利举办；帮助太原空运口岸获批进境水果指定口岸。

【山西省公安边防总队强化5种意识，推新5项机制】 一是强化“高标准”意识，推新服务规范养成机制。坚持以《边检服务水平评价体系》为参照，严格按照《边检执勤岗位基本业务能力标准》要求，深化定式养成。紧密结合太原空运口岸出入境客流量不断增大这一实际，大力探索创新勤务组织，实现勤务组织精细化、用警效能最大化，确保口岸通关更加顺畅，管控更加严密。二是强化“重实效”意识，推新业务考核培训机制。将业务培训考核工作作为检查员队伍建设的基础性工程贯彻始终，充分依托边检业务执勤岗位练兵考核，进一步完善“周考、月评、年赛”业务练兵考核机制，以“考核促提高、成绩促实效”，构筑外语、法律、边检业务、梅沙系统业务应用及保障专项培训在内的综合培训体系，不断提高检查员的各项业务技能。三是强化“常督察”意识，推新视频督察监控机制。坚持边检服务督察工作日常化，执勤科要按照“一周两查”的要求，落实好勤务录像倒查制度，司令部要定期、不定期对检查员的执勤情况进行视频督查，着重对检查员的证件接还、文明用语和验证程序进行督导，使执勤人员的言行举止始终处于监控状态，促进检查员的固化服务养成，培养镜头意识。四是强化“广纳谏”意识，推新走访问卷调查机制。通过走访座谈、联创共建、业务交流等多种形式，走出站门，充分汲取其他单位的成功经验，取长补短，确保制度机制的先进性。同时，充分拓展外部监督渠道、发挥社会监督功能，确保边检服务水平长效机制建设与地方经济发展步调协调一致。

【坚持旅客为先 打造服务品牌】 山西省公安边防总队全体官兵在业务量不断增大的情况下，牢固树立“旅客为先”的服务意识，持续深入推进提高边检服务水平工作。坚持将服务理念作为检查员业务培训考核的基础性内容贯穿始终。严格按照边检执勤执法标准规程，定期组织开展录像倒查，监督各岗位执勤人员的行为举止，严扣各个查验环节的服务语言、动作及表情，不断强化检查员服务定式养成。定期组织召开边检服务定式讲评会议，以录像倒查的形式对执勤人员的服务行为进行分析和讲评，有效地促进了总队边检服务水平的再提升。紧紧围绕地方经济社会发展规划，主动跟进服务，坚持每月对出入境旅客数据进行分析评估，积极开展口岸调研为省政府提供决策参考。坚持问需于民、问计于民，组织航空公司和旅行社开展了边防检查政策规定和网上报检工作协调座谈会，组织公务机代办人员召开了公务机办理边检政策培训会，积极回应服务对象对边检工作的新期待、新要求。结合太原空运口岸出入境旅游团队和公务机多的特点，全面推出了旅游团“网上报检”、“预检通关”和公务机“全天候通关”等便民措施，提升了服务质量，受到了服务对象的广泛赞誉。在全省范围内实施统一受理公安业务的“山西公安便民服务在线”专栏，建立了“边防总队”链接，定期发布便民公告，及时解答公众提问，为不断完善以民意为导向的服务模式创造了良好条件。

开放口岸

【太原空运口岸】 太原武宿国际机场位于太原市，距市区 13.2 千米，于 2004 年经国务院批复同意扩大对外国籍飞机开放，并于 2005 年 1 月通过国家正式验收。2007 年 11 月，太原武宿机场更名为太原武宿国际机场，为国内省会级干线机场，是北京首都国际机场的备降机场。太原武宿国际机场场区占地面积为 588 万平方米，飞行区等级指标为 4E 级，跑道长 3 600 米，宽 75 米，站坪 34 万平方米，机位 43 个，可起降 B747 机型，同时满足 F 类 A380 备降需要。新建的 2 号航站楼于 2008 年 7 月投入使用，面积为 5.5 万平方米，其中国际厅面积 1.8 万平方米。1 号航站楼经过改造，面积为 2.6 万平方米，并于 2014 年 1 月 1 日启用。新货运楼于 2010 年 4 月投入使用，总建筑面积约 1.2 万平方米，其中海关监管货运库约 2 000 平方米。截至 2013 年年底，太原武宿国际机场通航航线 80 余条，通航城市 54 个，实现了与所有省会城市（石家庄、拉萨除外）的通航。太原空运口岸开通了中国香港地区、中国澳门地区、中国台湾地区、韩国、日本、泰国、新加坡等 13 条国际及地区航线。

【太原武宿综合保税区】 太原武宿综合保税区于 2012 年 8 月 26 日获国务院正式批准。该区是山西省首个综合保税区，规划总面积 2.94 平方千米，预计投资 25 亿元。太原武宿综合保税区规划分东西两区，西区为太原经济开发区富士康 D 区厂房，现已投入使用，面积为 0.2 平方千米；东区紧邻太原武宿国际机场，面积为2.74平方千米；规划设计东西两区通过专用通道进行连接。

2013年9月16日，太原武宿综合保税区正式通过了海关总署、国家发展改革委、财政部、国土资源部、住建部、商务部、国家税务总局、国家工商总局、国家质检总局、国家外汇管理局等十部门正式验收并封关运行。首批入区项目8个，总投资约8.4亿美元，占地面积约0.58平方千米，具体为富士康苹果手机整机生产项目、太重煤机综合保税区进出口基地项目、纯天然椰纤维制品加工项目、医用正电子发射断层扫描仪（简称PET）项目、艾滋病和病毒性肝炎等重大传染病防治项目、山西太钢保税综合服务有限公司仓储物流基地项目、中外运保税仓储物流项目和山西文化保税服务及加工贸易项目。

【山西方略保税物流中心】 山西方略保税物流中心位于山西省侯马市，于2009年6月16日通过国务院验收并封关运营。该中心规划总面积223万平方米，总投资19.2亿元，其中海关特殊监管区域50万平方米。共分两期建设，一期建设面积23万平方米，投资5亿元，其中海关特殊监管区域9.03万平方米，口岸功能区域13.7万平方米，现已建成运营；二期规划面积200万平方米，投资14.2亿元，其中海关特殊监管区域40.97万平方米。保税物流中心一期已建成并验收运营，建有海关特殊监管区、查验办公大楼、监管及保税仓库，组建有公路运输车队、海关监管运输车队；口岸作业区建有可进行4个万吨人列装卸作业的铁路专用线2条，高标准站台2个；配置有技术领先的专业物流设备；投资8 700万元，建起了高标准的网络信息平台、无盲点监控系统等。

山西省口岸大事记

2月2日

太原海关查获内地旅客违规携带港币380万元进境案。

3月1日~4日

由贵州省口岸办罗向东副主任率队一行10人来晋调研考察，山西省口岸办组织对口单位进行了交流座谈。双方就航空口岸基础设施建设、改扩建，以及国际航线的引进和运营等方面做了深入细致的交流。

3月7日

太原海关在太原空运口岸查获一起携带港币现钞1 300万元进境案。这是太原海关建关以来查获的最大一起超量携带货币现钞进境未申报案。

3月中旬

山西省口岸办主任韩仲平赴太原海关、山西出入境检验检疫局、山西省公安边防总队走访座谈，商讨山西省口岸开放和发展等问题，并就大同空运口岸临时开放达成共识，全力支持口岸临时开放。

4月12日

山西省口岸办在机场召开太原空运口岸协调会。会议就保障出席活动人员的入境手续办理、机场礼遇等工作做了安排，以确保山西省本次关公赴台巡游活动圆满完成。

5月中旬

山西省口岸办会同大同市口岸办赴北京向国家口岸管理办公室有关负责人汇报大同空运口岸临时开放申报准备工作，并进一步咨询临时开放口岸报批程序和开放后有关包机的申报要求。

6月17日

国家质检总局考核组对太原空运口岸核心能力建设进行了考核验收并一致同意通过。

6月下旬

太原空运口岸申请设为进口水果指定口岸顺利通过国家质检总局专家组考核验收。

7月25日

大同市委书记丰立祥，市委副书记、市长李俊明，山西省口岸办主任韩仲平在北京拜会海关总署副署长邹志武，国家口岸管理办公室常务副主任赵福地、副主任白石，双方就进一步加快大同空运口岸开放，促进经济发展等内容交换了意见。

7月31日

国家口岸管理办公室以国岸函［2013］63号文件正式批复同意大同空运口岸临时开放。

8月20日

宁波市政府、宁波市口岸办一行5人来晋调研综合保税区建设情况。山西省口岸办组织山西省商务厅、太原海关等单位参加了调研。

9月11日

大同至香港航班正式开通。

9月24日

山西省口岸办在太原召开延长临时开放大同空运口岸期限协调会，太原海关、山西出入境检验检疫局、山西省公安边防总队一致同意延长大同空运口岸临时开放期限。

9月27日

大同市委常委、副市长王克建，山西省口岸办主任韩仲平在北京拜会了海关总署党组成员、国家口岸管理办公室主任黄胜强、常务副主任赵福地，并进行了座谈。会上，就延长大同机场临时开放期限工作进行了专题汇报。国家口岸管理办公室表示全力支持地方经济发展，积极与相关部门进行沟通协商，尽快促成大同机场临时开放延期，为推动大同经济社会发展作贡献。

10月2日

太原空运口岸开通越南岘港旅游包机。

10月11日

电子口岸航空口岸专项建设协调会在山西省经信委召开。航空口岸专项项目是山西电子口岸的重要组成部分，主要包括海关、检验检疫、边检、民航等航空口岸查验管理部门的远程线路传输工程。其核心是与海关、检验检疫、边检、民航等部门的纵向业务系统互联，并实现数据交换。

10月15日

重庆市口岸办、重庆机场集团公司等一行11人考察团来晋调研太原进境水果指定口岸工作。山西出入境检验检疫局、山西省民航机场集团公司详细地介绍了太原进境水果口岸的申报、建设和运营情况。考察团表示，太原进境水果指定口岸的建设和发展经验对重庆市申请设立进境水果指定口岸具有积极的借鉴意义。

10月29日

国家口岸管理办公室正式批复同意大同空运口岸继续临时开放，时间为2013年11月1日～2014年4月30日。

10月30日

太原空运口岸首次截获外来榕树粉蚧。

11月26日

太原空运口岸首次截获菝葜黑盾蚧和凤梨盾蚧两种有害生物。

12月20日

山西省政府组织召开山西省口岸工作领导组全体会议。山西省副省长、山西省口岸工作领导组组长王一新出席会议并做重要讲话。

（撰稿人：杨建业、梁引国、乔溪）

2013 年山西省口岸流量统计表

口岸类型		口岸名称	货运量（万吨）				集装箱量（万标箱）				人员（万人次）				交通工具（辆、艘、架、列次）			
			出口	进口	合计	同比（%）	出口	进口	合计	同比（%）	出境	入境	合计	同比（%）	出境	入境	合计	同比（%）
空运口岸		太原			0.034 4	-60.6	0.082 7	1.633 8	1.716 5	+18.9	15.895 4	16.050 6	31.946 0	+37.89	1 289	1 304	2 593	+21.51
		大同（临时）									0.142 8	0.123 4	0.266 2		12	12	24	
		分计			0.034 4	-60.6	0.082 7	1.633 8	1.716 5	+18.9	16.038 2	16.174 0	32.212 2	+39.04	1 301	1 316	2 617	+22.64
陆运口岸	公路口岸																	
		分计																
	铁路口岸																	
		分计																
水运口岸	海港口岸																	
		分计																
	河港口岸																	
		分计																
合计					0.034 4	-60.6	0.082 7	1.633 8	1.716 5	+18.9	16.038 2	16.174 0	32.212 2	+39.04	1 301	1 316	2 617	+22.64

（山西省口岸办提供）

2013年太原海关主要数据统计表

项目		2013年	同比（%）
进出口货运量（万吨）	合计	2 442	+27.20
	进口	2373	+23.8
	出口	69	+2 471.2
进出口贸易总值（万美元）	合计	492 554.94	+15.20
	进口	479 569.66	+13.20
	其中：江、海运输	464 660.39	+16.50
	铁路运输	116.40	+58.49
	汽车运输	617.64	-88.74
	航空运输	14 175.23	-26.36
	邮件运输		
	其他运输		
	出口	12 985.28	+191.90
	其中：江、海运输	12 380.84	+195.11
	铁路运输	598.43	+215.89
	汽车运输		
	航空运输	6.01	-90.59
	邮件运输		
	其他运输		
税收（万元）	两税合计	480 220	+0.4
	关税入库	43 199	-8.9
	进口环节税入库	437 021	+1.4

表注：本表中的“进出口货运量”为山西省监管货运量。

（太原海关提供）

2013 年山西省口岸出入境主要数据表

<table>
<tr><th colspan="3">项目</th><th>2013 年</th><th>2012 年</th><th>同比（%）</th></tr>
<tr><td rowspan="14">出入境人员
（人次）</td><td colspan="2">出入境人员总数</td><td>322 122</td><td>231 681</td><td>+39.04</td></tr>
<tr><td colspan="2">入境人员</td><td>161 740</td><td>115 025</td><td>+40.61</td></tr>
<tr><td colspan="2">出境人员</td><td>160 382</td><td>116 656</td><td>+37.48</td></tr>
<tr><td colspan="2">出入境旅客</td><td>301 075</td><td>214 531</td><td>+40.34</td></tr>
<tr><td colspan="2">出入境员工</td><td>21 047</td><td>17 150</td><td>+22.72</td></tr>
<tr><td rowspan="5">中国公民</td><td>小计</td><td>305 947</td><td>219 307</td><td>+39.51</td></tr>
<tr><td>内地居民（因公）</td><td>5 598</td><td>5 102</td><td>+9.72</td></tr>
<tr><td>内地居民（因私）</td><td>273 745</td><td>186 735</td><td>+46.6</td></tr>
<tr><td>港澳居民</td><td>9 953</td><td>9 307</td><td>+6.94</td></tr>
<tr><td>台湾同胞</td><td>16 651</td><td>18 163</td><td>-8.32</td></tr>
<tr><td colspan="2">外籍人员</td><td>16 175</td><td>12 374</td><td>+30.72</td></tr>
<tr><td colspan="2">从海港出入境人数</td><td></td><td></td><td></td></tr>
<tr><td colspan="2">从陆港出入境人数</td><td></td><td></td><td></td></tr>
<tr><td colspan="2">从空港出入境人数</td><td>322 122</td><td>231 681</td><td>+39.04</td></tr>
<tr><td rowspan="5">交通运输工具
（辆、艘、架、列次）</td><td colspan="2">总计</td><td>2 617</td><td>2 134</td><td>+22.63</td></tr>
<tr><td colspan="2">船舶</td><td></td><td></td><td></td></tr>
<tr><td colspan="2">飞机</td><td>2 617</td><td>2 134</td><td>+22.63</td></tr>
<tr><td colspan="2">火车</td><td></td><td></td><td></td></tr>
<tr><td colspan="2">机动车辆</td><td></td><td></td><td></td></tr>
</table>

（山西省公安边防总队提供）

2013 年山西省出入境检验检疫业务统计表

项目	货物检验检疫				交通工具				集装箱（标箱）		发现动植物疫情		货物通关		出入境人员查验（人次）	健康检查及预防接种（人次）			
	批次	金额（万美元）	检验检疫不合格		船舶（艘）	飞机（架）	火车（节）	汽车（辆）	合计	检出问题	种类数	种次	批次	金额（万美元）		健康检查	艾滋病监测	发现病例	预防接种
			批次	金额（万美元）															
本年累计	19 423	467 541	189	11 487		2 617			3 857						322 122	6 600	6 594	160	6 187
其中 出境	17 383	390 827	44	241		1 301			434						160 382				
其中 入境	2 040	76 714	145	11 246		1 316			3 423						161 740				
同比（%）	-9.1	-17.7	+17.4	-43.7		+22.6			-28.9						+39.0	+22.9	+24.0	+33.3	-2.3
其中 出境	-8.8	-13.6	+131.6	+213.0		+21.8			-25.0						+37.4				
其中 入境	-11.6	-33.6	+2.1	-44.6		+23.5			-29.4						+40.6				

（山西出入境检验检疫局提供）

内蒙古自治区

口岸数量及分布

截至2013年年底，内蒙古自治区共有经国务院批准对外开放口岸16个，其中空运口岸3个，分别是呼和浩特、海拉尔、满洲里；陆路（铁路）口岸2个，分别是二连浩特、满洲里；陆路（公路）口岸11个，分别是满洲里、二连浩特、策克、甘其毛都、珠恩嘎达布其、满都拉、额布都格、阿日哈沙特、黑山头、室韦、阿尔山。其中，对俄罗斯边境口岸有4个，对蒙古国边境口岸有9个。

口岸运行数据

2013年，内蒙古自治区口岸进出口货运量6 798.9万吨，同比增长1%，其中进口货运量4 621万吨，同比下降3.9%；出口货运量1 291.9万吨，同比增长10.4%；转口886万吨，同比增长17.9%。其中，铁路口岸进出口货运量3 899.6万吨，同比增长6.7%；公路口岸进出口货运量2 425.3万吨，同比下降8.7%；对俄口岸进出口货运量3 031.7万吨，同比增长6.9%；对蒙口岸进出口货运量3 293.2万吨，同比下降5.2%；陆港国际集装箱中转货运量474万吨。全区口岸进出口货值160.1亿美元。外贸进出口总值119.93亿美元，同比增长6.5%，其中出口40.95美元，同比增长3.1%；进口78.98亿美元，同比增长8.4%。从各口岸情况看，满洲里、二连浩特、甘其毛都3个口岸货运量超过千万吨大关，分别为满洲里口岸3 006.1万吨，同比增长6.7%；二连浩特口岸1 305.7万吨，同比增长12.5%；甘其毛都口岸1 081.3万吨，同比下降12.7%。进口货物排前3位的商品为原煤2 344万吨，同比增长12.2%；各种矿石和矿石粉1 022.6万吨，同比下降7.3%；木材809.3万吨，同比增长6.1%。其次是化肥、原油、化工产品等。出口排前3位的商品为矿产品及建材127.2万吨，同比增长54.6%；轻工品及家电84.3万吨，同比增长7.4%；菜果41.5万吨，同比增长34.3%。其次还有机电产品、日用百货等。全区口岸进出境客运量477.9万人次，同比下降0.3%，其中铁路口岸客运量60.4万人次，同比增长7.3%；公路口岸客运量401.5万人次，同比下降2.7%；空运口岸进出境客运量16万人次，同比增长50.9%；对俄口岸进出境客运量191万人次，同比增长6.7%；对蒙口岸进出境客运量286.9万人次，同比下降4.5%。全区口岸进出境交通工具127.4万列（辆、架）次，同比下降2.5%，其中铁路口岸进出境交通工具2.1万列次，同比下降4.5%；公路口岸进出境交通工具125.1万辆次，同比下降2.2%；空运口岸进出境交通工具0.2万架次，同比增长13%；对俄口岸进出境交通工具30.9万列（辆、架）次，同比增长13%；对蒙口岸进出境交通工具96.1万列（辆、架）次，同比下降6.6%。

受国内外经济形势的影响，2013年进出境货运量较2012年同比增幅收窄，主要原因是煤炭、铁矿石、木材进口乏力。从各口岸来看，除满洲里、二连浩特、黑山头、室韦和珠恩嘎达布其口岸以外，其他口岸较2012年同期相比均呈现不同程度的下降，降幅最大的是额布都格和满都拉口岸。根据国家发展改革委、铁道部2013年2月17日下发《关于调整铁路货物运输价格的通知》（发改价格［2013］261号），自2月20日起，货物平均运价每吨千米提高1.5分，装载60吨的1车货物运输1 000千米，增加成本900元，影响了铁路口岸货运量增长。受市场需求和价格因素影响，木材和铁矿砂两大主要品类进口乏力，化肥进口保持稳定，矿产品及建材出口保持稳定增长。二连浩特口岸主要是以铁矿石进口为主，其次是木材和铜矿粉，全年过货量总体呈稳步增长态势。甘其毛都口岸受国内市场需求和蒙古国限制外籍劳务政策的影响，导致煤炭进口量同2012年相比下降。策克口岸因受蒙方坑口价格和劳务费的上涨及国内煤炭价格的下滑影响出现运量下降。

2013年内蒙古自治区各盟市进出口统计表

盟、市	进出口额	出口额（万美元）	进口额（万美元）	同比（%）		
				进出口	出口	进口
总值	1 199 278	409 475	789 803	+6.5	+3.1	+8.4
包头市	210 508	111 273	99 235	+0.3	-4.4	+6.0
锡林郭勒盟	182 076	84 727	97 349	-7.8	-7.0	-8.5
二连浩特市	178 347	83 019	95 328	-6.9	-6.0	-7.6
呼和浩特市	159 856	73 504	86 352	-6.0	-11.8	-0.4
呼伦贝尔市	237 304	43 089	194 215	+8.3	+55.6	+1.5
满洲里市	231 497	39 715	191 782	+8.7	+58.5	+2.1
鄂尔多斯市	113 423	34 578	78 845	+168.8	+51.0	+308.2
巴彦淖尔市	142 552	29 564	112 988	+12.2	+20.1	+10.3
通辽市	20 858	12 300	8 558	+100.9	+68.8	+176.5
赤峰市	91 462	11 372	80 090	+17.8	-10.6	+23.6
阿拉善盟	35 110	5 223	29 887	-42.5	-10.0	-45.9
乌兰察布市	4 687	3 247	1 440	-9.4	-24.5	+71.7
兴安盟	544	400	144	-28.5	-46.3	+803.6
乌海市	898	198	700	-80.6	+20.8	-84.3

表注：1. 按出口额排序；

2. “锡林郭勒盟”的进出口额包含“二连浩特”的，“呼伦贝尔市”的进出口额包含“满洲里市”的。

（内蒙古自治区商务厅提供）

口岸综合管理

【构建口岸开放新格局】 积极推动空运口岸开放，构建内蒙古自治区陆地、航空立体化口岸开放格局，尝试建设跨境皮带输送通道的口岸开放新模式。报请国家口岸管理办公室批准二连浩特机场在中蒙俄经贸洽谈会期间实现临时开放；鄂尔多斯机场在夏季旅游旺季和举办对外经贸活动期间准许临时开放，后又经国家口岸管理办公室同意延长开放时间至2014年4月。鄂尔多斯空运口岸对外开放和阿日哈沙特、满都拉口岸扩大为常年开放列入国家2013年度口岸开放审理计划，已启动开放和扩大开放审理程序。将“二连浩特公路口岸跨境皮带输送通道建设项目”列为2013年重点试验项目。

【加强口岸基础设施建设投入】 继续加大口岸基础设施建设投入，多次协调国家发展改革委、国家口岸管理办公室，内蒙古自治区发展改革委、财政厅等相关部门，积极争取扩大内蒙古自治区口岸基础设施建设资金规模，并取得成效。2013年，全区边境口岸转移支付资金5.28亿元，比2012年增加1.47亿元。国家发展改革委下达预算内口岸基本建设资金3 318万元，比2012年增加418万元。内蒙古自治区财政口岸基础设施建设补助资金在7 000万元基础上又追加了3 000万元，总金额达1亿元，进一步完善了口岸基础设施。

【加大电子口岸建设力度】 为进一步贯彻落实《国务院办公厅关于加强电子口岸建设的通知》和《内蒙古自治区人民政府、海关总署关于建设内蒙古电子口岸的合作备忘录》精神，加快推进内蒙古自治区电子口岸建设工作。组织有关人员赴重庆、湖南、宁波、大连，以及满洲里、二连浩特市进行调研和学习，通过调研和学习，提出内蒙古自治区电子口岸建设规划建议，并组织有关人员编制了内蒙古电子口岸实体平台建设项目、二连浩特口岸电子平台建设项目可行性研究报告。目前，这两个建设项目已通过评审，并落实财政支持资金300万元。

【加强口岸综合服务标准化体系建设】 组织内蒙古自治区联检部门有关人员共同组成调研组赴上海、珠海口岸进行调研，学习沿海发达地区口岸管理和服务经验。先后对满洲里、二连浩特、策克、甘其毛都、珠恩嘎达布其、满都拉等口岸进行实地考察和调研，了解掌握内蒙古自治区重点口岸基础设施、综合服务配套设施、服务能力和水平情况。参照沿海发达地区口岸做法，结合内蒙古自治区口岸的实际，提出了自治区口岸综合服务标准化体系建设意见，编制《内蒙古口岸综合服务平台建设项目可行性研究报告》，并落实财政支持资金100万元。

【加强海关特殊监管区域建设】 协调配合满洲里海关、呼和浩特海关等部门，推进内蒙古自治区综合保税区和保税物流中心申建工作，赤峰市保税物流中心已获批准并正在建设中。呼和浩特、鄂尔多斯、满洲里、集宁综合保税区和二连浩特保税物流中心项目申建工作正在推进中。阿拉善经济开发区与天津市口岸办签订了陆港项目战略合作协议，乌海市政府与天津市口岸办，以及天津港与中新国华公司就合作建设乌海国际陆港签约。

【进一步优化通关环境】 加强与自治区联检部门、俄蒙相关部门的沟通联系。面对甘其毛都口岸出现的种种不利因素，内蒙古自治区口岸办认真进行了调查研究，积极推动当地政府、企业调整发展思路，改变管理和经营模式，加强与口岸查验单位和行业协会配合，共同扭转中蒙煤炭贸易下滑的局面，取得明显成效，甘其毛都口岸煤炭进口仍实现1 000万吨以上。

口岸监管与服务

【呼和浩特海关实施3项支持政策积极助推向北开放】 一是支持口岸建设。积极谋划铁路、公路、航空为一体的立体开放布局，推动有需求开放、有必要开放的地方尽早实现开放。2013年，呼和浩特海关克服人力严重紧缺困难，在关区范围抽调人手帮助鄂尔多斯伊金霍洛机场和二连浩特赛乌素机场国际航线实现临时通航。同时，满都拉口岸通过对外开放验收，集宁海关筹备工作进展顺利，乌海市设立海关正在积极推进中。积极向海关总署申请配置大型自动化监管、检测设备。全年为加强口岸监管科技化水平，增配监管设备100余件、总值6 054万元，配套经费2 750万元。在二连浩特口岸启动通关无纸化改革试点，以信息化无纸通关作业模式替代传统手工作业通关模式，基本实现了二连浩特口岸进出口无纸化全覆盖，降低了企业通关成本。总结二连浩特和甘其毛都口岸中蒙联合监管试点经验，积极推进中蒙《载货清单》电子化数据传输，并拟定技术方案，确定2014年试点范围扩大到策克和珠恩嘎达布其口岸。2013年12月5日成功开行郑蒙欧集装箱班列，进一步拓展了内蒙古自治区边境口岸与内陆地区的贸易联系。二是支持陆港建设。积极研究从陆、海、空全面打通内蒙古自治区“出海口”，加强跨区域合作，深入研究“港对港”通关协作格局，深化区域通关改革，深入推进关检合作“三个一”通关新模式，支持内蒙古自治区打造“三北”地区国际物流发展新高地。目前，呼和浩特和包头陆港通关顺畅，阿拉善盟、巴彦淖尔等陆港建设正在积极推进中。主动加强与国检局、口岸办的沟通协作，深入开展实地调研，牵头起草关检合作“三个一”试点实施方案，在二连浩特公路口岸初步实现“一次申报”试点。三是支持特殊监管区域（保税监管场所）建设。全力支持鄂尔多斯空港综合保税区等申建工作，批准设立甘其毛都口岸首个保税仓库，在二连浩特批建了1个矿能产品保税仓库，对关区所有保税仓库实行电子账册管理，填补了内蒙古自治区沿边口岸没有保税仓库的空白，2013年即实现二连浩特口岸进口保税货物20余万吨。在出口加工区设立加工贸易专门通道，建立起与加贸企业面对面沟通机制，由当初两头在外的相对单一的加工贸易转变为保税加工、保税物流、保税仓储等齐头并进的多元化发展态势。积极支持呼和浩特市创建第二批国家电子商务示范城市，推进内蒙古电子口岸平台建设，为进出口商品通关、结汇退税、第三方支付、物流配送、信用担保等搭建信息流转和网络交易平台。目前，呼和浩特市已成功通过国家发展改革委、海关总署等八部委组织的答辩会，成为第二批国家电子商务示范城市。

【满洲里海关稳步推进口岸经济建设等各项工作】 加强提高3个方面的能力：一是全方位把关能力。改革需要和谐稳定的社会环境，作为边关，必须履行好政治把关、经济把关、文化把关、生态把关、社会稳定把关的职责，为边疆地区改革开放的大局保驾护航、做好服务。二是高层次服务能力。沿边及其周边地区扩大开放、深化改革需要大量的政策指导和模式创新，海关既要把握好政策界限，又要提出决策建议，还要针对改革中出现的新情况、新事物提出海关应对措施，这就要求在情况分析、政策研究、经验借鉴、管理创新方面深入研究、做好储备。三是现代化监管能力。在深化改革的过程中，地方和企业都对通关提速抱有很大期望，形势发展也对优化通关监管模式提出更高要求，要想实现“管得住、通得快”的双向优化，就必须在监管理念、监管模式、监管手段上作出适应性调整和改革，全面提高监管水平。

各项业务工作稳步推进。按照科学整合资源、全面提高效能、强化风险防范、争取多方共赢的原则，在各业务领域广泛开展业务改革，执法效果和社会效果同步提升。在海关总署的统一部署下，通关无纸化改革全面启动，通关作业无纸化率达到83%，2 000余家企业从中受益；区域通关改革进一步深化，与满洲里海关签订区域通关协议的直属海关达到12家，首次作为属地海关接受进口货物申报；关检合作“三个一”前期准备工作进展顺利，与内蒙古自治区、满洲里两级检验检疫部门的沟通协调稳步开展，“一单两报”、“一机两屏”，以及原木检尺数据共享等基础性工作成效显现；开展打私专项行动，查发珍贵动植物及其制品、枪支弹药、玉矿石等重点敏感领域走私及违规超量携带货币等各类案件的能力显著提高。在与地方党政机关合作的基础上，成功搭建了以行业协会为桥梁的新型关、企合作平台，对原木、果菜等部分低风险、低货值、高比重的商品实行“海关监管、政府协管、行业自律、多方共管”的综合监管模式，有效地促进了行业自律，提高了通关效率。从关区具体实际出发，主动推动执法理念转变，突出“宽严相济”原则，对统计类申报不实的行政违法行为实行差别化处理，为守法企业创造宽松环境，全年办理统计类申报不实案件97起，同比下降52.5%，社会效果明显提高；创造性地开展了企业贸易调查，进一步摸清了锌矿砂、铅精矿等矿产品进口实际情况，有关企业补税千余万元，这是满洲里海关有史以来单笔补税金额最大的一笔；推动果菜监管机制改革，实现了果菜等鲜活农产品高效通关，为打造自治区绿色农畜产品输出基地创造了有利条件；探索查验手段创新，初步实现了“选”、“查”分离，配备了旅检通道小客车检查系统，在板材等大宗货物查验方面引入第三方检尺，查验专业化水平和风险防控能力稳步提高；不断强化后续监管，进一步完善企业管理、加大稽查力度、提高风险分析实战水平，综合监管合力有效增强。

【内蒙古自治区公安边防总队开展“走进中国边检”宣传活动】 2013年，内蒙古边检机关组织开展了“走进中国边检”系列宣传活动，在历时5个月的时间里，邀请《内蒙古日报》、内蒙古电视台等主流媒体及在国内收视率较高的湖南卫视，对全区边防部队具有代表性和典型意义的口岸进行广泛深入宣传，在社会上引起较为强烈的反响，中国边检社会美誉度和品牌影响力大幅提升。公安部副部长孟宏伟对此给予充分肯定，专门批示：这项工作抓得不错。

【满洲里边检站组织开展“边检警营开放日”活动，将边检岗位打造成和谐警民关系、宣传工作亮点的重要窗口】 为全面贯彻落实全国边检工作座谈会精神和公安部边防管理局“边检警营开放日”活动部署要求，实现“坚定信念、凝聚力量、赢得支持、扩大影响、提升品牌”的目标，满洲里边检站于2013年4月28日举办了以“向国旗宣誓、向人民报告”为主题的“警营开放日”活动。此次活动邀请了满洲里市政府分管外事工作的领导，满洲里市政法系统、联检联运、口岸办、交通、税务等部门领导，以及各大旅行社、经贸企业、出入境旅客代表及各类媒体记者50多人走进警营，近距离观摩全站官兵的日常工作、学习、生活情况，深入了解口岸为服务驻地经济发展所作的积极探索和贡献。

【内蒙古自治区首个“三个一”试点工作在二连浩特公路口岸成功启动】 根据国家质检总局和海关总署关于进一步扩大关检合作“三个一”试点工作的要求，内蒙古出入境检验检疫局和呼和浩特海关积极推进试点工作，选定二连浩特口岸作为内蒙古自治区首个“三个一”试点进行探索尝试。2013年12月31日，内蒙古出入境检验检疫局与呼和浩特海关在二连浩特公路口岸成功进行“一次录入、分别申报”现场申报测试，标志着内蒙古自治区首个“三个一”试点成功启动。内蒙古出入境检验检疫局副局长刘新及相关处室负责人，呼和浩特海关副关长孙铁燕及相关处室负责人，以及二连浩特出入境检验检疫局和二连浩特海关领导及相关工作人员参加试点启动仪式。

在此次现场操作中二连浩特出入境检验检疫局为申报测试提供了技术支持与保障。在今后的“三个一”试点工作中，二连浩特出入境检验检疫局作为具体工作的实施主体，将进一步探索各项经验，推动试点工作顺利开展。

开放口岸

【呼和浩特空运口岸】 呼和浩特空运口岸白塔国际机场位于内蒙古自治区首府呼和浩特，距市中心14千米，1958年10月1日建成通航，1991年经国务院批准对外开放。机场建筑面积37.4万平方米，可供35架飞机同时停放；航站区新建航站楼5.45万平方米，年吞吐量为300万人次，新站坪机位达32个，机场飞行区等级为4E级。截至2013年，白塔国际机场开通的国际航线共有7条。其中，固定航线2条，分别为呼和浩特—蒙古国乌兰巴托、呼和浩特—中国香港；季节性旅游航线5条，分别为呼和浩特—韩国济州岛、呼和浩特—韩国仁川、呼和浩特—泰国普吉岛，以及分别于2013年4月和6月新增开通的呼和浩特—中国台北、呼和浩特—泰国曼谷。该口岸公务机、备降航班持续增长，且在旅游旺季时有大量包机业务。2013年，呼和浩特空运口岸进出境客运量8.4万人次，同比增长84.2%；进出境飞机1 073架次，同比增长36.9%。

呼和浩特出口加工区于2002年6月21日经国务院批准设立，位于呼和浩特市西郊，规划面积2.2平方千米，2007年12月28日正式封关运作。呼和浩特出口加工区基础设施配套完善。区内道路、热力、燃气、供电、给水、污水、雨水、通讯及网络配套已建设完成，基本实现了“九通一平”，建成了4.4千米不间断全封闭金属围网；1个永久性卡口，卡口设置6条通道，其中货车通道2条，客车通道2条，人员通道2条，通道安装电子闸门放行系统、车辆自动识别系统和摄像系统组成的闭路电视监控系统；建有可供海关及检验检疫部门共同使用的约1.5万平方米的验货场地，其出入口设置2台电子地磅，区内建有1 550平方米的监管仓库，1 000平方米验货平台，1.7万平方米标准厂房，5 268平方米综合办公楼，为区内外企业开展保税物流业务提供了良好的条件。加工区内规划4种功能区：加工工业区、监管及仓储区、管理服务区和公用工程区。

出口加工区封关运行以来累计实现了工业产值45亿元，工业增加值15亿元，海关税收9 029万元。2013年，出口加工区规模以上工业增加值完成1.1亿元，进出口总额完成1.2亿美元；保税物流贸易迅速发展，全年保税物流货值占园区进出口总值60%。

【满洲里空运口岸】 满洲里空运口岸距满洲里市区9千米，交通顺畅便利。机场候机楼面积2万平方米，跑道2 800米，有3条廊桥，可满足国内国际进出港旅客200万人次，高峰小时1 400人次的需求。2013年，满洲里空运口岸进出境客运量4.3万人次，同比增长1.2%；进出境飞机668架，同比增长1.1%。满洲里国际空运口岸在2005～2007年连续3年临时对外开放的基础上，于2009年5月22日正式实现对外开放。截至2013年年底，满洲里国际空运口岸开通了满洲里—赤塔、满洲里—乌兰乌德、满洲里—伊尔库茨克、满洲里—克拉斯诺亚尔斯克、满洲里—乔巴山—乌兰巴托5条国际航线，为中俄友好往来和跨境旅游搭建起空中交通走廊，提供更加便捷的交通条件，带动中俄毗邻地区的合作与发展。

【海拉尔空运口岸】 海拉尔东山国际机场地处呼伦贝尔市中心，据海拉尔市区5千米，辐射全市25万平方千米内的13个旗市区和东北三省等地，是目前内蒙古自治区唯一拥有两个正式国际航班和拥有直通港澳台地区国际航班的空港。海拉尔东山国际机场飞行区达到4D级标准，跑道达2 800延长米，可起降波音767－300以下机型的飞机。2013年，在国家级口岸核心能力验收中，海拉尔空运口岸取得了全区空运口岸第1名的好成绩。2008年、2009年开通海拉尔至日本国际旅游包机12架次；2012年海拉尔空运口岸新开通海拉尔至伊尔库茨克国际航线1条；2013年新开通台湾直航航线，开通冬季台湾包机业务。截至2013年年底，海拉尔空运口岸的国际航线有海拉尔—乔巴山—乌兰巴托、海拉尔—北京—赤塔、海拉尔—台北—香港3条国际航线。2013年，海拉尔空运口岸启动了口岸落地签证业务和台湾籍入境签注及台胞证制证业务。

2013年，海拉尔空运口岸进出境客运量1.8万人次，同比下降4.1%；进出境飞机348架次，同比下降32.8%。

【满洲里陆路（铁路）口岸】 满洲里铁路口岸位于中俄41号界标处，与俄罗斯后贝加尔斯克铁路口岸相对应，是我国规模最大的铁路口岸，也是中俄贸易最大的通商口岸，承担了中俄贸易60%的货运量。满洲里铁路口岸于1901年开通，距今已有百年的历史，现有宽准轨到发编组线51条，其中宽轨24条，准轨27条；口岸站换装线、专用线等线路90余条；宽轨列车会让站1个。自2007年以来，口岸过货量就已经突破了2 400万吨，按照近几年口岸运量持续增长的情况来看，目前的口岸换装能力已经不能满足口岸发展的需要。为此，满洲里市启动了满洲里新国际货场建设。满洲里新国际货场占地面积约15平方千米，一期投资33亿元，由铁道部、中铁集装箱公司、俄罗斯伊利托集团等共同出资建造，主要包括铁路物流中心、煤炭散装货场、汽车专业货场、集装箱专办站、矿石散装货场和化学危险品等专业货场。投入使用后，铁路口岸站场布局资源配置将会更加合理，铁路口岸年综合换装能力可达7 000万吨。

满洲里铁路口岸查验方法先进，通关作业信息化程度高。配有钴－60火车自动检查系统、列车电子监控系统、放射性检测仪等现代化设备设施。建立了覆盖各监管场区的网络系统，实现了进出口货物远程监控和查验信息的同步传输。各货代报关企业与海关、检验检疫局、铁路车站实现了微机联网。海关与铁路车站实现了舱单的网络传输。满洲里铁路车站与俄罗斯后贝加尔车站间实现了电子数据交换，配备了多种性能先进的现代化换装设备，能够满足各种进出口货物的换装仓储需求。

满洲里铁路口岸进口货物主要有木材、原油、化工、纸类、化肥、铁矿砂、合成橡胶等。货物流向全国29个省、直辖市、自治区。出口货物以轻工产品、机电产品、矿产品、石油焦、食品、建材等为主。2013年，满洲里铁路口岸开通了“苏州—满洲里—欧洲”、“广州—满洲里—欧洲”、“郑州—满洲里—欧洲”集装箱班列，全年铁路进出口集装箱达71 106标箱，同比增长6%。2013年，满洲里铁路口岸进出口货运量2 884.3万吨，同比增长6.1%；进出境客运量

34.6 万人次，同比增长 16.4%；进出境火车 1.3 万列次，同比增长 1.9%。

【二连浩特陆路（铁路）口岸】 二连浩特铁路口岸位于内蒙古自治区正北部集二线终端，中蒙 815 号界标附近，与蒙古国扎门乌德市相距 9 千米，是我国与蒙古国接壤的唯一铁路口岸。1956 年，随着中、蒙、苏（北京—乌兰巴托—莫斯科）三国国际联运通车，口岸正式对外开放，对应蒙古国东戈壁省扎门乌德铁路口岸。二连浩特口岸自古就是我国内陆通往北亚、东欧最近、最便捷的通道，通过京包线与天津港相连，是日本、东南亚及其他邻国开展对蒙古国、俄罗斯及东欧各国转口贸易的理想通道，更是蒙古国走向出海口的唯一通道，也是我国向北开放的前沿阵地和重要的进出口商品集散地。

二连浩特铁路口岸功能齐全，查验设备先进，现有宽准轨线路 169 条，建有世界上最大的散堆装货场、列车换轮库，拥有世界一流的 H986 货运列车检验系统。口岸 24 小时通关，年吞吐能力 1 000 万吨。该口岸主要进出口货物有铁矿石、木材、铜矿粉、原油、水泥等，蒙古国 70% 的果蔬和日用品经由该口岸运入。二连浩特铁路口岸旅检入境大厅于 2013 年 5 月 28 日正式启用。2013 年，二连浩特铁路口岸进出口货运量 1 015.3 万吨，同比增长 8.3%。其中，进口铁矿石 526 万吨，占进口运量的 60.5%；进口木材 100.6 万吨；进口铜矿粉 56.2 万吨；进口基础油 39.1 万吨。出口金属 16.7 万吨，同比增长 130.1%。进出境客运量为 25.8 万人次，同比下降 2.7%。进出境火车达 8 602 列次，同比下降 1.9%。

【满洲里陆路（公路）口岸】 满洲里国际公路口岸于 1998 年投入使用，是我国唯一实行 24 小时通关的国际公路口岸。口岸主体建筑有货检大楼、旅检大楼、部队兵营、会晤站，以及相配套的公路口岸交易市场、海关监管区等。口岸封闭区集通关、查验、仓储运输、生活服务于一体，可一次性完成报检报关、税费征缴业务。口岸分为旅检区和货检区，旅检通关大楼共分为 3 层，一层为出入境人员的候检大厅，二层为出境大厅，三层为入境大厅，楼内共开设十进十出人员通道；货检区开设三进三出 6 条货车通道，使满洲里公路口岸的年通过能力达到人员 1 200 万人次，车辆 120 万辆次，货物 600 万吨。货检区出口主要是以蔬菜水果为主，占出口总量的 85%；进口主要是以废钢和木材为主，占进口总量的 90%。目前我国有 29 个省市区的蔬菜水果经由这里出口到俄罗斯，最远可以到达俄罗斯的圣彼得堡和莫斯科等地，成为我国开拓俄罗斯农产品市场的桥头堡。2013 年，满洲里口岸委多次赴海南进行沟通对接，共同推进“南菜北运”工作。

2013 年，满洲里公路口岸积极完善口岸服务功能，规划建设公路口岸国际物流综合体和“厂商跨国贸易通道”项目，争取建设成为全国沿边口岸最大的国际物流贸易中心。2013 年，满洲里公路口岸进出口货运量 121.8 万吨，同比增长 22%；进出境客运量 142.3 万人次，同比增长 5.4%；进出境车辆 24.6 万辆次，同比增长 11.8%。

【二连浩特陆路（公路）口岸】 二连浩特公路口岸位于中蒙边界 815 号界标处，与蒙古国扎门乌德隔界相望，是欧亚大陆桥中的重要战略枢纽。二连浩特市也是国务院首批批准的全国 13 个沿边开放城市之一。

二连浩特公路口岸旧通道于1992年开通试运营，是在中蒙两国铁路员工通勤通道的基础上改建的，只有一条客货混用通道，基础设施、查验条件非常简陋。2000年6月，为了改变二连浩特公路口岸的落后面貌，经上级批准，对原口岸进行扩建。公路口岸新联检通道位于国门西侧，工程总投资5 600万元，总占地面积为34.3万平方米，设计最大通过能力为货运240万吨，客运300万人次。

2013年，二连浩特公路口岸进出口货运量为290.4万吨，同比增长30.4%；进出境客运量为176.8万人次，同比下降4.4%；进出境车辆达44.8万辆次，同比增长5.3%。

二连浩特公路口岸主要设施有：联检大楼3 889平方米，海关特检区货检大楼274平方米，货运报关楼534平方米，边检营房2 100平方米，以及相配套的口岸监管区。通道北出口与蒙古国边境相接，南出口经市区与208国道相连。东西两条次干线与友谊路相连接，新建联检区设有8条通道（进出各4条），实现客货分流。公路口岸新联检区集通关查验、仓储运输、生活服务于一体，可一次性完成报关报检和税费征缴工作。新建公路口岸的运营，从根本上改变了老口岸功能单一，设施滞后的状况，极大地提高了公路口岸的过货能力和通关效率，为二连浩特市改革开放、经济发展奠定良好的基础。2013年，二连浩特口岸办全力做好公路口岸进出口物流园区二期工程和旅检通道改扩建项目。截至2013年年底，公路口岸进出口物流园区二期工程已经基本完工；旅检通道改扩建项目已于2013年8月1日正式投入使用。

【甘其毛都陆路（公路）口岸】 甘其毛都公路口岸与蒙古国南戈壁省汉博格德县嘎舒苏海图口岸相对。位于内蒙古自治区巴彦淖尔市乌拉特中旗巴音杭盖苏木境内，占地面积9.4万平方米。口岸年设计过货能力为3 000万吨，年旅客通行能力100万人次。口岸对应蒙古国南戈壁省，其总面积60%以上的地下都有煤矿资源，已探明煤储量530亿吨，铜矿储量位居世界前列。甘其毛都口岸将成为内蒙古自治区乃至全国重要的向北开放的前沿阵地和能源大通道。2013年4月，“五出五进”卡口正式进入试运行，工程总投资6 500万元，规划设计运行能力年3 000万吨。其中，海关卡口建成无人值守系统工程，整套平台运行良好，各系统之间兼容性稳定，车辆验放速度明显提高，其成为内蒙古自治区首家使用该先进系统的陆路口岸。

2013年，累计投入通道内基础设施建设、更新及维护资金387.8万元，其中新建通道隔离带1 800米，隔离墩800米，新建管理房两处320平方米，国检出境查验卡口2个，更换、维修通道地磅3块，实现了空重车通道分离；完成通道硬化1 600平方米，新安装通道大门3个，安装移动式环保厕所5座，为联检及相关部门购置电热辐射板40多台，更换通道联检部门卡口塑钢门窗70套，日常维护通道内照明灯、卡口、封闭网等设施，为通道内工作人员正常办公和车辆快捷、顺畅、安全通关奠定了坚实硬件基础。

2013年，甘其毛都公路口岸核心能力建设专项资金已累计投入2 000余万元，检验检疫监管设施建设日渐完善，先后建成国检办公楼、化验室、熏蒸房、消毒库、查验室、喷淋设备、监管场所及配套隔离设施、拆箱分拣场地和现场视频监控图像信号传送系统及卡口地磅查验平台和通道式探测仪等设施。同时，为海关、国检招录协管人员20人，充实一线队伍，为口岸检验检疫建立了人、财、物保障机制。2013年9月7日，口岸核心能力建设顺利通过国家质检总局的考核验收。2013年11月12日，甘其毛都公路口岸对应的蒙古国嘎舒苏海图口岸签证办理点签证办理业务正式启动，大大压缩了口岸商旅人员赴蒙签证办理的时间和费用成本。

2013 年，该口岸进出口货运量 1 081.3 万吨，同比下降 12.7%，其中原煤进口 1 057.6 万吨，同比下降 13%；进出境客运量 33.9 万人次，同比下降 9.5%；进出境车辆 24.9 万辆次，同比下降 10.2%。

巴彦淖尔市现代农畜产品（B 型）保税物流园区位于内蒙古自治区规划的重点沿黄沿线经济带——呼包鄂金三角和蒙晋陕能源富集区的辐射地带，紧邻呼包银和京津冀经济圈，区位优势显著，交通条件便利。园区规划总控制面积 34 平方千米，分为南北两区，主要规划建设农畜产品加工区、综合市场区、仓储物流区、危化品区及铁路货运站等。2013 年 6 月，投资 6 000 多万元、占地 6.7 万平方米的公路监管仓开工建设。目前，查验平台、监管仓库、集装箱堆场等项目工程量已完成 90%，乌拉特海关已入驻办公，无水港设立审批程序有序推进，预计 2014 年 3 月公路港可实现挂牌运营。2013 年，巴彦淖尔市政府与天津市口岸办、天津海关多次对接，天津港集团与巴彦淖尔市现代农畜产品（B 型）保税物流园区紧密合作协定正在完善之中，“属地申报，口岸验放”通关模式基本确立，巴彦淖尔市新的内陆出海口基本形成。

【策克陆路（公路）口岸】 策克公路口岸位于内蒙古阿拉善盟额济纳旗境内，与蒙古国南戈壁省西伯库伦口岸相对应，是阿拉善盟对外开放的唯一国际通道，是内蒙古第三大口岸，同时也是内蒙古、陕西、甘肃、宁夏、青海五省区所共有的陆路口岸。2005 年 6 月，国务院批准策克口岸为中蒙双边性常年开放口岸，口岸分设公路通道和铁路煤炭运输专用线通道。

策克口岸对外辐射蒙古国南戈壁、巴音洪格尔、戈壁阿尔泰、前杭盖、后杭盖 5 个畜产品、矿产资源较为富集的省区，这些地区蕴藏着金、铜、铝、铅等多种丰富的贵金属矿藏资源，亟待开发。策克口岸为额济纳旗开辟了一条重要的贸易通道，在对外开放和地方经济发展中起到了活一片经济、富一方百姓、繁荣一个城市的效应，形成一业带动多业发展的独特优势。为提升口岸地区服务、管理、贸易功能，国家投资 3.6 亿元建设了策克口岸物流园区，努力将策克口岸建成以国际贸易为主，以矿产资源加工增值和第三产业为辅，以边贸旅游为补充的贸易经济区。目前，策克口岸已成为内蒙古自治区向北开放的成功典范，成为我国西北地区连通国内外的一个较为重要的交通枢纽、商贸中心、货物集散地和资源大通道。策克公路口岸进口货物主要是原煤，出口货物主要是电力、水泥、机械设备。

2013 年，《策克口岸主城区控制性详细规划》编制工作、互市贸易区的规划设计方案、经五路两侧街景亮化方案和客运站以南商业街规划设计方案完成；信息中心、游客接待中心、车辆候检区服务中心施工图完成；实施盟级重点建设项目 6 项，总投资 7.1 亿元，已经完成策克公路口岸市政道路工程、供水工程、集中供热工程、公路口岸车辆候检区工程、污水处理工程建设资金 2.78 亿元；完成绿化、亮化、硬化、互贸区等工程建设资金 8 640 万元，使口岸基础设施进一步改善，口岸发展环境进一步优化。截至 2013 年年底，口岸进出口货运量 752.5 万吨，同比下降 16.6%；进出境客运量 19.6 万人次，同比下降 19.2%；进出境车辆 16.4 万辆次，同比下降 20.9%。

阿拉善经济开发区地处中国西部“呼—包—银—兰”经济带和鄂尔多斯—乌海—阿拉善“小金三角”交汇点，开发区矿产资源主要有煤、水泥灰岩、硅石、铁矿及建筑用砂、石料矿。现已开发利用的矿种 2 种，主要为水泥灰岩和建筑砂石料；共有矿山企业 5 家，年生产矿量 7 万吨。开发区共入驻各类企业 245 户，其中工业企业 96 户，规模以上企业 41 户，亿元以上产值企业 31 户，上市公司 1 户，中外合资企业 2 户；引进消化吸收世界领先技术 38 项，具有自主创新技术 8 项。2013 年，阿拉善盟行署、庆华集团分别与天津市口岸办、天津港（集团）有限公司签订了

《阿拉善经济开发区陆港项目战略合作协议》，进一步推动阿拉善经济开发区建设工作。

【珠恩嘎达布其陆路（公路）口岸】 珠恩嘎达布其公路口岸位于内蒙古自治区锡林郭勒盟东乌珠穆沁旗嘎达布其镇境内，中蒙边境1046号界标处，与蒙古国苏赫巴托省毕其格图口岸相对应。珠恩嘎达布其口岸对内辐射东北、华北，具有连接东西、纵贯南北的地缘区位优势，对外辐射矿产和动植物资源极为丰富的蒙古国苏赫巴托省、东方省、肯特省，是蒙古国、俄罗斯等国家便捷的出海口之一，也是京、津、唐地区通往俄罗斯、蒙古国最便捷的通道。

2013年，珠恩嘎达布其公路口岸完成了总投资为1 800万元，建筑面积为7 872平方米的口岸报关报检综合楼5层封顶工程；完成了口岸联检大楼、边检生活楼和联检生活楼维修工程，工程主要包括外墙保温、门窗改造、水电暖维修、更换供暖锅炉；完成了出入境检验检疫局核心能力建设项目，顺利通过国家质检总局的验收。

2013年，珠恩嘎达布其口岸开通东乌珠穆沁旗至蒙古国3条边境旅游线路，分别为东乌珠穆沁旗至蒙古国苏赫巴托省额尔敦查干县1日游边境旅游线路，东乌珠穆沁旗至蒙古国苏赫巴托省达里冈嘎县3日游边境旅游线路，东乌珠穆沁旗至蒙古国苏赫巴托省西乌尔特县5日游边境旅游线路，出入境口岸为珠恩嘎达布其口岸。

珠恩嘎达布其公路口岸进口货物主要是原油，煤炭，出口货物主要是日用百货、矿山设备。2013年，珠恩嘎达布其口岸进出口货运量107万吨，同比增长1.9%；进出境客运量9.8万人次，同比增长1.7%；进出境车辆6.9万辆次，同比增长13.9%。

【黑山头陆路（公路）口岸】 黑山头公路口岸位于俄罗斯赤塔州和呼伦贝尔市交界的额尔古纳河东岸，中俄边界91号界标处，交通位置优越，公路向南连接满洲里口岸，向北与室韦口岸相连，向东距额尔古纳市区62千米，距黑山头镇12千米，西隔额尔古纳河与俄罗斯赤塔州旧粗鲁海图口岸相望，两口岸垂直距离1.5千米。距口岸22千米的俄罗斯普里阿尔贡斯克区有公路、铁路通往俄罗斯腹地，是中俄双方通商往来的便捷通道。黑山头口岸是1989年国务院批准，1991年正式对俄罗斯开放的国家双边性常年开放口岸。根据当时对俄罗斯贸易的需要，采取边开通边建设的办法，口岸过货经历了冰上—木桥—永久性水泥桥过货的发展过程。

黑山头新公路口岸自2006年开始建设，截至目前，口岸累计投资9 000余万元，2012年开工建设黑山头口岸第一代国门，国门长47米，高20.8米，宽9米，总建筑面积914.8平方米，该工程在2012年的基础上两边各加宽4.5米，并于2013年7月末全部竣工。2013年，黑山头公路口岸完成了出入境检验检疫局核心能力建设项目，顺利通过国家质检总局的验收。2013年，黑山头公路口岸进出口货运量16.3万吨，同比增长20.1%；进出境客运量8.2万人次，同比增长20.1%；进出境车辆3.4万辆次，同比增长25.3%。

【室韦陆路（公路）口岸】 室韦公路口岸位于中俄界河额尔古纳河中游东岸第111号界标处，南距额尔古纳市区168千米，北距莫尔道嘎镇90千米，西隔额尔古纳河与俄罗斯奥洛契口岸相对，两口岸相距1千米，两口岸码头相距仅200米。室韦口岸是1989年国务院批准的国家双边性常年开放口岸，于2001年10月建成室韦—奥洛契口岸界河大桥，实现了常年通关过货。室韦口岸新建客货联检厅项目的前期编制、申报、规划工作已完成，并于2013年9月进行开工建设客货联检厅，总建筑面积5 654.36平方米。室韦口岸升级客货双通项目已列入2013年9月2日《中俄总理定期会晤委员会运输合作分委会口岸工作组第十六次会议》会议纪要。2013年，室韦公路口岸完成了出入境检验检疫局核心能力建设项目，顺利通过国家质检总局的验收。

室韦口岸相对应俄罗斯赤塔州东北部9个市区，矿产资源十分丰富，以黄金开采最为发达，铅、锌、铁、铜等矿产资源也有相当储量，森林资源更为丰富，木材储积量达4.5亿立方米，该地区公路发达，离西伯利亚大铁路相距200多千米，内陆交通也十分便利。目前正在积极争取室韦—莫尔道嘎铁路项目，并拟建室韦口岸跨界矿石皮带输送项目和木材深加工基地，室韦口岸将成为东北进口木材、钢铁、煤炭、建筑材料的重要集散地。

2013年，室韦公路口岸进出口货运量9.3万吨，同比增长19.6%；进出境客运量2.0万人次，同比增长39.2%；进出境车辆1.37万辆次，同比增长16.5%。

【阿日哈沙特陆路（公路）口岸】 阿日哈沙特公路口岸位于呼伦贝尔市新巴尔虎右旗阿日哈沙特镇境内，中蒙边界1495号界标处，与蒙古国东方省克尔伦县哈比日嘎口岸相对应，是我国对蒙古国开放的重要口岸之一，1990年实现首次过货，1992年国务院批准阿日哈沙特公路口岸为双边性季节开放口岸，每年1月6日~25日、4月1日~10月31日开放。2013年，为进一步推进口岸常年开放工作，阿日哈沙特口岸积极协调国家口岸管理办公室、内蒙古自治区口岸办、海关、国检、边检等多个相关部门及蒙古国相关部门，争取早日实现口岸常年开放。为早日实现口岸国际性常年开放，目前在原阿日哈沙特公路口岸东侧正在建设新的阿日哈沙特口岸通关查验区，新查验区内建筑面积为3 800平方米；总投资1 200万元的口岸进出口货物报关报检大厅建设工程，已进入工程尾声，将在2014年投入使用。

阿日哈沙特公路口岸进口货物主要是民族服饰、手工艺品，出口货物主要是蔬菜水果、建材（白灰、瓷砖、水泥等）、家电（洗衣机、冰箱等）、摩托车、机械设备和日常生活用品。2013年7月1日，国家质检总局口岸核心能力考核验收组对阿日哈沙特口岸核心能力建设工作进行了考核验收，阿日哈沙特口岸以高分顺利通过验收。

2013年，阿日哈沙特公路口岸进出口货运量13.3万吨，同比下降9.9%；进出境客运量3.9万人次，同比下降6.3%；进出境交通工具7 301辆次，同比下降11.7%。

【满都拉陆路（公路）口岸】 满都拉公路口岸位于内蒙古自治区包头市达尔罕茂明安联合旗（简称达茂旗）满都拉镇，中蒙边境757界标处，处于呼（和浩特）包（头）鄂（尔多斯）经济辐射圈内，是距自治区首府呼和浩特市和最大的工业城市包头市最近的陆路口岸，区位优势十分明显。2009年2月，满都拉口岸被国务院批准为国家级双边性季节开放口岸，开放时间为每年3月、5月、8月、11月16日~30日。满都拉口岸的常年开放事宜已列入国务院2013年年度审理计划。2013年，满都拉口岸核心能力建设顺利通过国家口岸考核组验收。

满都拉公路口岸对应的蒙古国杭吉口岸位于蒙古国东戈壁省，矿产资源非常丰富，有额勒苏泰铁矿、阿嘎如特铁矿、杭格呼德尔铁矿、艾勒巴音焦煤矿。口岸进口货物以铁矿石、煤炭为主，出口货物以机械设备、建材为主。2013年，开工建设的封闭式仓储大棚和1.67千米景观大道，现已完成了仓储大棚土地平整工作，景观大道已完成二层水稳层，并开始路面铺油工作；磅房已完成混凝土浇灌工作，正在安装磅体；检车库和检车平台已基本完工；仓储大棚基础工程正在施工，防尘网基础已完工，正在焊接安装防尘网。目前，已完成了6千米道路围栏封闭和园区监管区封闭，“五进五出”通道查验区已完成场地、通道硬化。2013年，满都拉公路口岸进出口货运量29.2万吨，同比下降30.8%；进出境客运量3.6万人次，同比下降33.1%；进出境车辆1.46万辆次，同比下降29.5%。

包头市国际集装箱中转站是经商务部批准的目前唯一一个建在内蒙古自治区及西北地区集口岸、国际货代、国际国内公铁物流、快递、国际验箱资质等功能于一体的国际集装箱内陆中转站，是和天津港（集团）有限公司共同投资建设的“无水港”项目，是包头及周边地区的“国际出海口”。其占地面积26.6万平方米，铁路专用线1 515米，集装箱堆场6.28万平方米，海关监管仓库6 658平方米，普通仓库3 000平方米，停车场 8 000 平方米，综合业务大楼 6 500 平方米。有海关监管集装箱牵引车 42 台，普通及特种货物运输车辆 383 台，集装箱装卸及配套作业设备 25 台，自备集装箱 6 000 组。目前已实现“一次申报、一次查验、一次放行”。在包头国际陆港物流园区投资 3 700 多万元建设的海关集中监管场所，于 2013 年 4 月份通过了海关总署的验收，并拥有独立的海关代码，从而结束了包头无“内陆口岸”的历史。2013 年，包头市国际集装箱中转站吞吐量达 152.6 万吨。

【额布都格陆路（公路）口岸】 额布都格公路口岸地处内蒙古自治区呼伦贝尔新巴尔虎左旗阿木古郎镇西南 18 千米，中蒙边界 1423 界标处。2009 年 2 月，额布都格公路口岸被国务院批准为国家级双边季节性公路客货运输口岸，开放时间为每年 2 月、5 月、8 月、11 月 1 日 ~ 15 日。2013 年，额布都格公路口岸核心能力建设顺利通过国家口岸考核组验收。

额布都格公路口岸与蒙古国白音呼舒口岸隔河（哈拉哈河）相望，对应的蒙古国内石油、盐、畜产品和水产品等资源极为丰富。口岸进口货物以饲草、水产品、煤炭、废旧金属、大庆—塔木察格油田设施设备为主，出口货物以副食品、电器、建材、农机产品为主。2013 年 10 月，额布都格口岸完成报关综合楼主体框架工程及查验区围栏围封工程。同时，完成熏蒸处理库接续工程，接入水、电、暖，已具备熏蒸操作条件。另外，已完成新建口岸桥可行性研究工作。2013 年 5 月、8 月、11 月口岸开放期间 4 次组织新左旗居牧民共 110 余人的旅游团赴哈拉哈苏木和乔巴山市进行模拟式跨境一日游、二日游和三日游，体验蒙古国牧民生活起居情况，通过实地考察，一条成熟的旅游线路已基本形成。

2013 年，额布都格公路口岸进出口货运量 4.2 万吨，同比下降 21.5%；进出境客运量 1.3 万人次，同比下降 26.9%；进出境交通工具 0.4 万辆次，同比下降 35.8%。

【阿尔山陆路（公路）口岸】 阿尔山公路口岸位于兴安盟阿尔山市天池镇（原伊尔施镇），距离阿尔山市 45 千米，在中蒙边境 1382 号 ~ 1383 号界碑之间，努木尔根河右岸门山处，与蒙古国东方省松贝尔口岸相对应。1992 年内蒙古自治区人民政府批准开放，2012 年 3 月国务院批准阿尔山口岸为国际性季节开放公路客货运输口岸，2012 年 12 月通过国家级验收。2013 年 7 月 15 日至 10 月 1 日阿尔山公路口岸实现正式开放。

为了进一步提高口岸的通关能力，2013 年阿尔山口岸加大了基础设施建设，完成了场地平整、绿化和联检区内部道路一期工程，开工建设供水、供热、报关报检大厅、会谈会晤站等工程。2014 年将要开工的海关监管仓库项目正在进行招投标，联检区内部道路二期工程正在进行施工图设计。此外，阿尔山市还对松贝尔口岸至哈拉哈高勒苏木（大约 80 千米）的自然路部分路段进行铺垫修整，包括距离界河桥大约 30 千米的沼泽地进行铺垫，在德格河上建设简易桥，在两座山涧铺设涵管，保证了过境旅游人员的正常通行。2013 年，口岸基础设施建设完成投资约 2 471万元。目前，阿尔山口岸国际综合物流园区已纳入阿尔山市城市总体规划，阿尔山市政府委托新加坡裕廊国际工程有限公司对口岸园区进行战略性规划，对口岸联检区进行详细的规划，对单体规划项目进行科学合理的设计。阿尔山口岸国际综合物流园区已完成 1 条园区路建设（即现在的口岸路）；220 千伏输变电线路及变电站已建设完成，正在进行调试，2013 年 10 月份建成通电；66 千伏输变电线路已完成所有线路塔建设，正在进行架线和变电站建设，预计 2014 年建成通电。

2013 年，阿尔山公路口岸开放期间累计出入境人员 837 人次；累计出入境车辆 166 辆；累计出口货物 5 吨，价值 2 万美元。

内蒙古自治区口岸大事记

1 月 1 日

黑山头陆路（公路）口岸首次进口面粉，这成为口岸进出口货物的新亮点。

2月28日

甘其毛都陆路（公路）口岸原煤通道海关无人值守系统开始试运行。

3月5日

呼和浩特海关批准二连浩特市浩通公用型保税仓库通过验收并正式开展业务，标志着二连浩特口岸保税业务重新启动。

3月6日

内蒙古自治区商务和口岸会议召开。

3月12日

根据中蒙俄三国铁路部门协商，北京—二连浩特—伊尔库茨克试运行新造国际联运客车车体。列车新车体于3月12日到达二连浩特站，该车体试运行良好。

3月27日~28日

中俄满洲里—后贝加尔边疆区区域协调联络定期会晤工作委员会第23次会议在满洲里市召开。

4月1日

内蒙古自治区口岸办参加了中亚区域经济合作交通及贸易便利化战略及实施行动计划中期审议座谈，就边境交通及贸易便利化方面介绍了自治区情况。

4月8日

蒙古国嘎舒苏海图口岸新任海关关长巴图格日乐一行4人到甘其毛都公路口岸参观调研。

4月25日~28日

内蒙古自治区口岸办与俄联邦边界建设署西伯利亚局对中俄边境口岸进行了联合检查，并在满洲里市举行了第4次工作会晤。

4月29日

“重走茶叶之路，探索亚欧国际古商道”活动在二连浩特伊林驿站举行，内蒙古自治区政府副主席布小林参加了活动。

5月18日

海拉尔东山国际机场开通了对香港的国际航空货运业务。

5月27日

蒙古国政府驻南戈壁省全权代表巴德日胡、办公室主任巴图图如、驻嘎舒苏海图口岸政府代表巴图苏如一行3人到甘其毛都公路口岸访问。

6月4日

海拉尔东山国际机场开通海拉尔—台北航线。

6月5日

第4次中蒙口岸联席会议在蒙古国扎门乌德市召开。

6月6日

海拉尔东山国际机场开通口岸落地签证业务。

6月24日~25日

满洲里市口岸委相关人员赴苏州就开通“苏满欧”集装箱运输班列事宜与苏州市商务局、高新区、综合保税区及有关企业负责人进行对接，共同推进“苏满欧”班列开通。

7月1日

二连浩特海关无纸化通关改革试点正式启动。

7月9日

首批蒙古国奥尤陶勒盖铜矿铜精粉经甘其毛都公路口岸入境。

7月15日

中蒙阿尔山—松贝尔口岸临时开放（2013年7月15日~10月1日）仪式在阿尔山陆路口岸举行。

7月23日

满洲里市口岸委领导和满洲里海关相关负责人赴河南郑州，就郑州开通的郑—欧集装箱班列经满洲里口岸运输事宜与河南省口岸办、郑州海关及相关企业进行洽谈对接。

7月25日

内蒙古自治区口岸办参加了国家口岸管理办公室举行的“口岸限定区域管理研讨会议”，结合自治区实际对口岸限定区域管理情况进行了介绍，并参加了口岸限定区域的定义、划定方式、范围、管理等内容的讨论。

7月26日

为进一步加强中蒙两国两地区间的友好往来和文化交流，推进两地区在更多领域的合作发展，阿日哈沙特口岸隆重举行“阿日哈沙特镇—乔巴山市文化交流活动暨第三届人民那达慕”活动。

8月5日

满洲里市口岸委主要领导与俄联邦边境设施建设署西伯利亚管理局后贝加尔区域处处长巴纽什金在满洲里市口岸委举行口岸工作会谈，协调解决顺畅口岸通关，进一步优化口岸通关环境问题。

8月21日

2013年首趟俄铁旅游专列经二连浩特铁路口岸入境，共18节车厢、163人。专列于当日17时15分出境，运载出境旅客113人。

“2013中国·二连浩特中蒙俄经贸合作洽谈会”开幕。

8月26日

阿拉善经济开发区与天津市口岸办签订了陆港项目战略合作协议。

8月27日

乌海市人民政府与天津市口岸办，以及天津港与中新国华公司就合作建设乌海国际陆港签约。

9月30日

首列苏满欧铁路集装箱专列从苏州西站发出，10月3日抵达满洲里口岸，10月13日抵达目的地波兰华沙。它开辟了当前运行速度最快、运输价格最低、通关服务最优的欧亚货运大通道。

10月11日~12日

内蒙古自治区口岸办与俄联邦边界建设署西伯利亚局在呼和浩特举行了第5次工作会晤，双方就口岸合作、口岸建设、优化口岸工作制度等方面进行了交流磋商，签署了《中国内蒙古自治区人民政府口岸办公室代表团与俄联邦边界建设署西伯利亚局代表团工作会晤纪要》及《中国内蒙古自治区人民政府口岸办公室与俄联邦边界建设署西伯利亚局2014年协作计划》。

10月14日

甘其毛都公路口岸首台户外高清LED电子显示屏建成投用，成为口岸城镇一道新的风景，同时也标志着口岸政务信息、广告公布已进入数字化时代。

10月15日

内蒙古自治区口岸办与中国驻蒙古国扎门乌德总领事李向阳进行了座谈，介绍了内蒙古自治区对蒙口岸合作的基本情况，特别是对当前制约中蒙双边贸易和口岸发展的问题进行了交流。

10月19日~20日

内蒙古自治区口岸办郭刚主任率领满洲里市口岸委、满洲里海关等相关部门领导一行赴广东省，就加强南北口岸合作，共同开辟广州—满洲里—欧洲集装箱班列，扩大两省区口岸合作等事宜进行工作对接。

10月21日

从蒙古国首都乌兰巴托起飞的MR8840航班，运载着26名蒙古国游客途经蒙古国乔巴山，在中国满洲里西郊国际机场平稳降落，这标志着中蒙满洲里—乔巴山—乌兰巴托国际航线开通。

11月12日

蒙古国嘎舒苏海图口岸签证办理点签证办理业务正式启动。

11月27日

由内蒙古自治区人民政府援建的中国二连浩特口岸—蒙古国扎门乌德口岸联检区货运公路专用线正式开通运行。

12月5日~7日

内蒙古自治区口岸办郭刚主任一行专程赴河南省对接口岸工作，推动“郑满欧”集装箱班列开通。

12月12日

海拉尔东山国际机场开办台湾籍入境签注及台胞证制证业务。

12月23日

中蒙俄三国交通运输部门及铁路公司代表在蒙古国首都乌兰巴托召开国际会议，探讨三国跨境铁路运输发展问题，并签署相关议定书。

12月28日

呼伦贝尔—乔巴山—乌兰巴托航线正式复航，由蒙古国匈奴航空公司首次执飞。

（撰稿人：彭海霞、梁洁、夏亮、张文博）

2013 年内蒙古自治区口岸流量统计表

口岸类型		口岸名称	货运量（万吨）				集装箱量（万标箱）				人员（万人次）				交通工具（辆、艘、架、列次）			
			出口	进口	合计	同比（%）	出口	进口	合计	同比（%）	出境	入境	合计	同比（%）	出境	入境	合计	同比（%）
空运口岸		呼和浩特									4.3	4.1	8.4	+84.2	536	501	1 037	+36.9
空运口岸		满洲里									2.2	2.1	4.3	+1.2	334	334	668	+1.1
空运口岸		海拉尔									0.9	0.9	1.8	-4.1	174	174	348	-32.8
空运口岸		二连浩特									0.4	0.4	0.8		45	45	90	
空运口岸		鄂尔多斯									0.36	0.34	0.7		37	36	73	
空运口岸		分计									8.16	7.84	16.0	+50.9	1 126	1 090	2 216	+13.0
陆运口岸	公路口岸	甘其毛都	15.0	1 066.3	1 081.3	-12.7					16.8	17.1	33.9	-9.5	124 490	124 262	248 752	-10.2
陆运口岸	公路口岸	策克	24.3	728.2	752.5	-16.6					9.8	9.8	19.6	-19.2	82 050	81 979	164 029	-20.9
陆运口岸	公路口岸	二连浩特	280.2	10.2	290.4	+30.4					89.1	87.7	176.8	-4.4	224 593	223 236	447 829	+5.3
陆运口岸	公路口岸	珠恩嘎达布其	17.9	89.1	107.0	+1.9					4.9	4.9	9.8	+1.7	34 684	34 645	69 329	+13.9
陆运口岸	公路口岸	满洲里	111.2	10.6	121.8	+22.0					70.5	71.8	142.3	+5.4	122 452	124 159	246 611	+11.8
陆运口岸	公路口岸	满都拉	0.05	29.15	29.2	-30.8					1.8	1.8	3.6	-33.1	7 262	7 337	14 599	-29.5
陆运口岸	公路口岸	阿日哈沙特	8.3	5.0	13.3	-9.9					1.95	1.95	3.9	-6.3	3 648	3 653	7 301	-11.7
陆运口岸	公路口岸	黑山头	2.3	14.0	16.3	+20.1					4.0	4.2	8.2	+20.1	16 371	18 021	34 392	+25.3
陆运口岸	公路口岸	室韦	0.2	9.1	9.3	+19.6					1.0	1.0	2.0	+39.2	6 735	6 960	13 695	+16.5
陆运口岸	公路口岸	额布都格	3.7	0.5	4.2	-21.5					0.65	0.65	1.3	-26.9	2 100	2 116	4 216	-35.8
陆运口岸	公路口岸	阿尔山									0.05	0.05	0.1		90	76	166	
陆运口岸	公路口岸	分计	463.15	1 962.15	2 425.3	-8.7					200.55	200.95	401.5	-2.7	624 475	626 444	1 250 919	-2.2
陆运口岸	铁路口岸	满洲里	209.1	1 789.2	2 884.3	+6.1					17.5	17.1	34.6	+16.4	5 213	7 995	13 208	1.9
陆运口岸	铁路口岸	二连浩特	145.7	869.6	1 015.3	+8.3					12.4	13.4	25.8	-2.7	4 307	4 295	8 602	-1.9
陆运口岸	铁路口岸	分计	354.8	2 658.8	3 899.6	+6.7					29.9	30.5	60.4	+7.3	9 520	12 290	21 810	-4.5

续表

口岸类型		口岸名称	货运量（万吨）				集装箱量（万标箱）				人员（万人次）				交通工具（辆、艘、架、列次）			
			出口	进口	合计	同比（%）	出口	进口	合计	同比（%）	出境	入境	合计	同比（%）	出境	入境	合计	同比（%）
水运口岸	海港口岸																	
		分计																
	河港口岸																	
		分计																
合计			1 291.9	4 621.0	6 798.9						238.61	239.29	477.9		635 121	639 824	1 274 945	
同比（%）			10.4	-3.9	+1.0						-0.5	-0.2	-0.3		-2.4	-2.7	-2.5	

表注：1. 满洲里铁路口岸的货运量 2 884.3 万吨，其中出口 209.1 万吨，进口 1 789.2 万吨，转口 886 万吨。

2. 出口货运量的合计数包括中转货运量 474 万吨，其不在分项统计数据中。

（内蒙古自治区口岸办提供）

2013 年呼和浩特海关主要数据统计表

项目		2013 年	同比（%）
进出口货运量（万吨）	合计	3 065.5	-12.4
	进口	2 722.6	-15.7
	出口	342.9	+27.0
进出口贸易总值（万美元）	合计	733 163.8	-1.7
	进口	537 869.2	+0.8
	其中：江、海运输	149 427.0	+52.9
	铁路运输	192 810.9	-10.5
	汽车运输	189 549.1	-12.1
	航空运输	6 078.7	+32.3
	邮件运输	3.5	+8.5
	其他运输	0.0	-83.3
	出口	195 294.6	-8.2
	其中：江、海运输	2 504.8	+470.8
	铁路运输	57 484.7	+3.2
	汽车运输	126 151.4	-17.6
	航空运输	1 012.9	-68.0
	邮件运输	104.0	+53.5
	其他运输	8 036.8	+5 736.7
税收（亿元）	两税合计	54.3	-18.4
	关税入库	3.5	+1.0
	进口环节税入库	50.8	-19.0

（呼和浩特海关提供）

2013年满洲里海关主要数据统计表

项目		2013年	同比（%）
进出口货运量（万吨）	合计	1 825.7	+1.3
	进口	1 691.6	+2.3
	出口	134.1	-10.5
进出口贸易总值（万美元）	合计	5 211 550.8	-10.0
	进口	365 227.4	-12.4
	其中：江、海运输	2 480.24	+2 542.25
	铁路运输	360 012.78	-11.98
	汽车运输	2 734.21	-62.61
	航空运输	0.17	
	邮件运输		
	其他运输		
	出口	156 323.4	-3.9
	其中：江、海运输		
	铁路运输	81 600.55	-15.31
	汽车运输	74 688.19	+12.57
	航空运输	5.15	
	邮件运输		
	其他运输	29.51	+201.57
税收（亿元）	两税合计	33.5	-8.0
	关税入库	1.9	-22.4
	进口环节税入库	31.6	-7.0

（满洲里海关提供）

2013 年内蒙古自治区口岸出入境主要数据表

项目			2013 年	2012 年	同比（%）
出入境人员（人次）	出入境人员总数		4 371 434	4 449 461	-1.75
	入境人员		2 185 460	2 225 508	-1.80
	出境人员		2 185 974	2 223 953	-1.71
	出入境旅客		3 600 007	3 638 406	-1.06
	出入境员工		771 427	811 055	-4.89
	中国公民	小计	731 958	882 370	-17.05
		内地居民（因公）	116 114	114 379	+1.52
		内地居民（因私）	586 337	764 168	-23.27
		港澳居民	10 250	3 000	+241.67
		台湾同胞	19 257	823	+2 239.85
	外籍人员		3 639 476	3 567 091	+2.03
	从海港出入境人数				
	从陆港出入境人数		4 212 840	4 348 549	-3.12
	从空港出入境人数		158 594	100 912	+57.16
交通运输工具（辆、艘、架、列次）	总计		1 229 039	1 262 835	-2.68
	船舶		0	0	0
	飞机		2 227	1 896	+17.46
	火车		18 941	19 300	-1.86
	机动车辆		1 207 871	1 241 639	-2.72

（内蒙古自治区公安边防总队提供）

2013 年内蒙古自治区出入境检验检疫业务统计表

项目		货物检验检疫				交通工具				集装箱（标箱）		发现动植物疫情		货物通关		出入境人员查验（人次）	健康检查及预防接种（人次）			
		批次	金额（万美元）	检验检疫不合格																
				批次	金额（万美元）	船舶（艘）	飞机（架）	火车（节）	汽车（辆）	合计	检出问题	种类数	种次	批次	金额（万美元）		健康检查	艾滋病监测	发现病例	预防接种
本年累计		250 208	909 833	79	131		2 084	599 717	1 187 246	145 068		5		225 124	749 681	4 014 732	31 488	32 485	8 216	27 440
其中	出境	86 727	221 945	49	77		1 038	246 633	604 312	76 575				66 637	86 548	2 003 436	27 499	28 511	5 868	27 283
	入境	163 481	687 888	30	54		1 046	353 084	582 934	68 493		5		158 487	663 133	2 011 296	3 989	3 974	2 348	157
同比（%）		-4.4	-7.4	-40.6	-76.4		+13.4	+8.2	-2.5	-9.6		+25.0		-5.3	-8.1	-2.3	-10.7	-7.3	+25.1	-16.6
其中	出境	-8.6	-11.7	-36.4	-72.9		+18.8	-7.5	-0.3	-10.5				-3.9	-9.1	-2.3	-14.2	-10.6	+19.7	-16.9
	入境	-2.1	-6.6	-46.4	-80.1		+17.5	+22.9	-4.8	-8.5		+25.0		-5.9	-8.0	-2.3	+25.8	+25.7	+41.6	0

（内蒙古出入境检验检疫局提供）

辽　宁　省

口岸数量及分布

截至2013年年底，辽宁省共有经国务院批准对外开放的口岸11个，其中空运口岸2个，分别是沈阳空运口岸、大连空运口岸；水运口岸8个，分别是大连水运（海港）口岸、庄河水运（海港）口岸、旅顺水运（海港）口岸、长兴岛水运（海港）口岸、营口水运（海港）口岸、丹东水运（海港）口岸、锦州水运（海港）口岸、葫芦岛水运（海港）口岸；陆路（铁路）口岸1个，即丹东陆路（铁路）口岸。

口岸运行数据

2013年，辽宁省口岸外贸进出口货运量20 061万吨，同比增长12.50%。其中，进口141 12万吨，同比增长15.50%；出口5 949万吨，同比增长5.90%。铁路口岸进出口货物55.20万吨，同比增长16.70%；公路口岸进出口货物116.70万吨，同比增长14.10%。出入境旅客306.50万人次，同比增长6.20%。集装箱运输完成1 798.40万标箱，同比增长18.80%，其中外贸534.10万标箱，同比增长10.40%。进出口贸易额1 318.60亿美元，同比增长1.60%，其中进口735.80亿美元，同比增长2.80%；出口582.80亿美元，同比增长0.20%。

2013年，辽宁省外贸进出口总额1 142.85亿美元，同比增长9.90%，其中出口645.41亿美元，同比增长11.37%；进口497.44亿美元，同比增长8.00%。出口额在全国各省市中排第7位，出口增幅在沿海十省市中排第1位，高出全国3.50个百分点。

口岸监管与服务

【口岸开放成果显著】 2013年，锦州机场首次实现临时对外开放，完成省政府确定的为中外商务、旅游者游览“2013年中国・锦州世界园林博览会”和参加相关大型活动提供口岸直通条件的任务。营口水运（海港）口岸仙人岛港区获交通运输部批准临时开放，完善了功能，为仙人岛能源化工区开发、华锦集团顺利投产、中国石油储备发挥了重要作用。盘锦海港区再次实现临时开放，港口货物吞吐量大幅增长，尤其外贸货物吞吐量增长迅速，为优化港口功能布局，加快推进盘锦港正式开放做了良好铺垫。丹东安民口岸临时开放延期得到国家批复，为完成“两岛”开发建设的国家任务提供坚实的口岸通行保障。原二类口岸清理整顿工作进展顺利，查验设施改造工作效果明显，逐步启动并入对外开放口岸工作。

【口岸大通关工作深入开展】 2013年，辽宁省口岸办继续委托省国际货代协会和辽宁电子口岸公司，完成一年一度的口岸通关工作测评，形成了测评工作报告。2013年10月中旬，督查组深入沈阳、大连、丹东、锦州和营口等5个口岸城市，明察暗访26个通关业务窗口和现场，与100余家通关企业和22个驻辽口岸一线查验机关进行了座谈，促进口岸通关环境的进一步改善。

【电子口岸建设持续推进】 严格落实辽宁电子口岸平台建设三年规划和项目计划，积极推进新开发的应用项目上线运行，电子口岸平台应用项目不断扩展、功能逐渐完善，电子口岸建设步伐加快推进。大连市政府积极扶持辽宁电子口岸建设，省口岸办向财政申请电子口岸专项运营补贴资金260万元，有力地支持了辽宁电子口岸的建设和发展。

【口岸协调机制发挥作用明显】 为深入贯彻《辽宁省口岸管理办法》，辽宁省海事、口岸联系协调机制年会在大连召开，回顾总结了上届会议以来的工作成果。辽宁海事局通报了海事口岸管理工作情况，强调了口岸管理中的重点环节和注意事项，辽宁省口岸办通报了需海事部门衔接事项和重点工作，辽宁省港航局通报了辽宁省港口建设和运营动态。会议结合国家“十二五”口岸发展规划确定的辽宁口岸发展项目，重点就加强口岸管理工作和需衔接的事项进行了深入研讨、交流。海事、口岸联系协调机制的建立，为提高口岸工作效率、提升监管水平、营造良好环境、带动口岸发展提供强有力的支撑。

【大连海关服务地方经济发展推出新举措】 坚持把服务放在工作的突出位置，主动服务国家和地方经济社会发展大局。推出促进外贸稳定增长的措施。切实贯彻落实中央和海关总署的部署和要求，针对地区经济实际，迅速出台了涵盖创新通关模式、进一步改进税收征管、提升服务能力、创新和简化保税监管手续、维护公平贸易秩序五大方面的21条具体措施，最大限度地发挥海关服务在促进外贸稳定增长中的作用。建立跟踪服务企业机制。面对复杂的经济形势，加大调研工作力度，在坚持经常性沟通走访的基础上，制定了跟踪服务企业制度，大连海关领导、主要业务部门和隶属海关单位都确定两家以上的重点企业实施跟踪服务，定期发布服务简报，切实帮助企业解决通关难题。加强软环境建设。紧密结合大连市政府软环境建设有关要求，在关区广泛开展软环境建设年活动。各业务现场全面开展“三优一满意”活动，实施“5 + 1”工作制、7 ×24小时预约通关措施，全天候运行12360海关统一服务热线，有效保障企业通关顺畅。推动东北四省区海关与检验检疫部门合作并签署协议。积极推进关检合作，与辽宁出入境检验检疫局启动了通关无纸化、进出口直通放行及关检共同查验工作。扶持重点产业、特殊区域及大连国际服务外包产业发展，创新和完善国际服务外包保税监管模式，保证国际服务外包保税研发中心顺畅运行。积极推动省政府开展对特殊区域的考核工作。促进完成大连保税区优化升级和出口加工区A区缩网改造工作。

【沈阳海关积极主动服务老工业基地振兴】 建立起沟通联系的长效机制。关市合作备忘录机制覆盖面进一步扩大，截至2013年年底，已与辽阳、葫芦岛、锦州、抚顺签署了关市合作备忘录，营造了良好的外部环境。

优化关区海关保税监管场所布局。沈阳综合保税区海关正式封关运作，顺利完成业务过渡，业务工作运行平稳；支持符合条件的国有大型企业集团设立公用型保税仓库，在已批准佟二堡地区设立公用型保税仓库基础上，帮助企业通过加快物流周转，降低通关和物流成本，提高市场竞争力；批准在沈北地区设立公用型保税仓库，满足手机产业园及周边电子行业的保税物流需求；积极支持锦州承接加工贸易梯度转移和转型升级的探索和实践。支持配合沈阳桃仙机场T3航站楼建设，切实做好T3航站楼海关监管区域布局建设工作并通过验收。为确保锦州世园会顺利举办，推动锦州机场口岸临时开放顺利得到国家口岸管理办公室批准。积极抓好世园会和“十二运”安保工作，全力保障世园会、“十二运”期间的稳定与安全。

【辽宁出入境检验检疫局坚持创新，服务辽宁外贸新发展】 辽宁出入境检验检疫局以“服务创新年”为载体，大力提升工作效能。积极推进职能转变，开展依法行政示范单位创建活动，着力推行行政许可网上受理、网上审批、网上办理。推动口岸核心能力建设，与地方政府联合组织16次督查，全省11个口岸一次高分通过考核验收。精心打造三大工程，全力支持辽宁沿海经济带和沈阳经济区战略发展。“窗口建设工程”进展顺利，大力推进窗口文明服务规范的落实，完善绿色通道制度，辽宁地区每年有23%的出境货物享受到优惠措施，出台8项具体举措落实减免费等优惠政策，支持大连港集团完成集装箱吞吐量超1 000万标箱的任务。“园区支持工程”成效显著，推动沈阳地区出口切削机床获得全国首批国家级出口工业产品质量安全示范区，实现全区免检。领导亲自带队调研，与地方政府协调，加快推进农业示范区建设。年内，22个省级示范区通过验收。全面建立了“一区一组”、“一企一策”及“一对一联络员制度”等工作机制。“通关提速工程”机制创新，加强关检合作，在全省全面实施无纸化通关和直通放行，利用通关单联网核查信息化系统在全省范围内实现了“通关单无纸化”。与大连海关、沈阳海关联合出台《关检合作“三个一”试点方案》，确定业务模式和操作流程，在辽宁大窑湾口岸启动试点，整体提升辽宁口岸通关通检效率。

【辽宁省公安边防总队全力服务保障外向型经济发展】 全力支持锦州机场在世园会期间临时对外开放，圆满完成了锦州至韩国首尔、中国香港临时国际包机航线通关保障任务。全力支持"一桥两岛"开发建设，保障了新建鸭绿江界河公路大桥顺利合龙。全力配合辽宁省市两级口岸主管部门，促成了大连长兴岛、营口仙人岛、丹东太平湾、盘锦港，以及丹东国门湾等口岸临时对外开放，完成了丹东地区原二类口岸清理工作，调剂警力承担了各临时开放口岸出入境边防检查任务。全力推进沈阳桃仙机场T3航站楼边检执勤现场基础设施建设，保证了T3航站楼如期启用并达到国内一流水平，为更好地服务和保障"十二运"口岸通关工作奠定了坚实基础。严格落实省政府业务会议精神，全力推进业务培训、设施改造、流程设计、协调配合等相关准备工作，保证了沈阳、大连周水子空港口岸部分外国人72小时过境免签政策的顺利实施。围绕口岸企业与民众需求期待研究出台《边防总队服务群众、经济社会发展6项措施》，圆满完成了锦州世园会、"十二运"、夏季达沃斯年会、中朝经贸文化博览会、辽宁台湾周等重大活动通关保障任务。

【辽宁海事局优化政务软环境，助推地方经济发展】 辽宁海事局助推地方经济发展，提前介入，服务口岸开放。主动支持大连"一岛三湾"等重大涉水项目建设，助推盘锦海港区正式开放。依托信息技术平台，实现了对港内作业安全报备的网上受理及非监管区靠泊计划的全天候即时审核，有效地提高了口岸通关效率。保障航运发展，助力社会稳定。围绕加快助推东北亚国际航运中心建设，制定出台了促进航运业转型升级和辽宁沿海绿色航运经济可持续发展的6项具体举措。与渤海石油管理局签订战略合作协议，通过建立沟通协调及应急联动机制等措施，积极服务和保障国家渤海能源战略实施。提高鲅鱼圈港通航能力，提高码头的利用率、作业效率和船舶周转率，牵头研讨鲅鱼圈港区航道双向通航试运行方案并顺利实施。探索航运界联动服务机制，联合多家单位开设"海事安全知识讲堂"。圆满完成"十二运"等重大活动的水上安保工作，实现了水上管控"零事故"的安保目标。开通水上绿色通道，保障了电煤油品、鲜活种苗等重要民生物资运输安全。坚持科技驱动，便利行政相对人。完善危险货物申报系统，推广应用危险货物申报单位网上备案系统，彻底实现危险货物远程无纸化申报，提高了申报单位及装箱单位备案工作的效率，缩短行政相对人备案时间。主动作为，清理部分涉企收费项目。从2013年10月1日起，取消进出沿海港口船舶强制性护航和船舶供受油作业布设围油栏规定，免除集装箱查验过程中的取样送检费用，暂停执行内贸煤炭物理性质检测规定。

开放口岸

【沈阳空运口岸】 沈阳空运口岸桃仙国际机场位于沈阳市东陵区桃仙镇，距市中心22千米，为国家民用一级机场。机场于1985年开始筹建，1989年4月16日正式启用。机场跑道长3 200米，宽45米，飞行区等级为4E，有79个机位，30部廊桥。机场净空条件良好、功能齐全、设备先进，可保障国内外大型客、货机使用。机场现拥有3座航站楼（T1、T2航站楼暂停使用）。T1航站楼设计年旅客吞吐量90万人次。1995年开始二期工程扩建，2001年12月1日，T2航站楼正式投入使用，T2航站楼设计年旅客吞吐量606万人次。2011年开始T3航站楼施工建设，2013年8月T3航站楼投入使用，T3航站楼设计年旅客吞吐量1 750万人次。

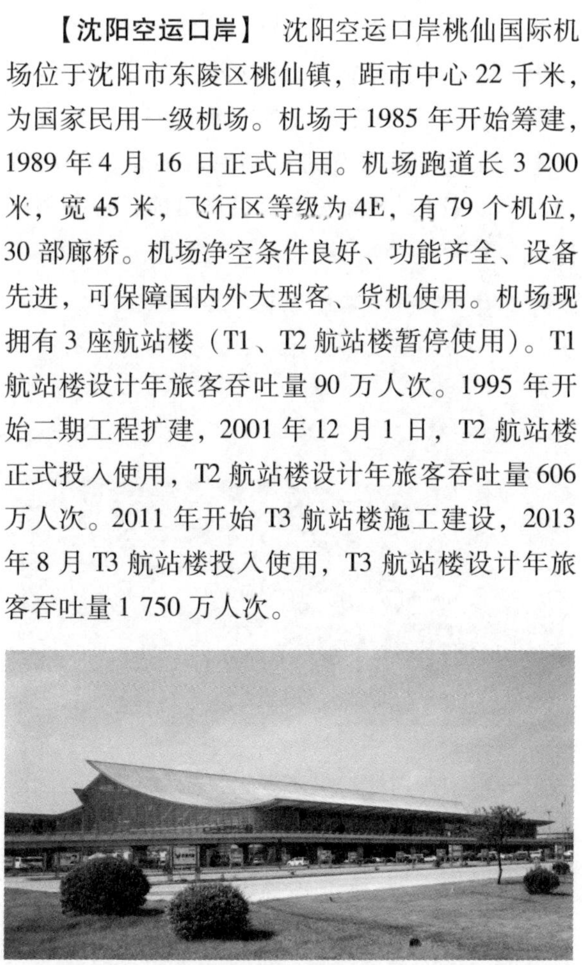

2013 年，经沈阳桃仙国际机场的航线共有 170 条，其中国内航线 145 条；国际及地区航线 25 条，与日本（东京、大板、福冈、名古屋）、韩国（首尔、釜山、清州、济州、大邱、务安、光州）、朝鲜（平壤）、柬埔寨（暹粒）、泰国（普吉、曼谷）、德国（法兰克福）、加拿大（温哥华）、新加坡等 8 个国家和中国香港、台湾、澳门地区通航。

2013 年，沈阳空运口岸旅客吞吐量为 1 210.60万人次，其中国际和地区出入境旅客为 124 万人次，同比增长 18.00%。出入境航班为 8 689架次，进出口货物为 9 553.60 吨。

【大连空运口岸】 大连空运口岸周水子国际机场口岸位于大连市西北部，始建于 1972 年 10 月，从军民合用机场发展建设成为民用机场。1973 年 4 月开航，1985 年经国务院批准对外开放。该机场距大连市中心 10 千米，距沈大高速公路 5 千米，交通运输网络十分便利。机场占地面积 363 万平方米，飞行跑道长 3 300 米，候机楼面积 3.50 万平方米，停机坪面积 11.10 万平方米，拥有一整套先进的航管、通信、导航设施，符合 4EI 类机场标准，可供目前各种大型飞机安全起降。

大连空运口岸已开通航线 157 条，其中国际（地区）航线 39 条；与 13 个国家、92 个国内外城市通航；国内外 36 家航空公司在大连周水子国际机场运营。大连周水子国际机场成为通往日、韩、俄的重要门户，东京、大阪、首尔 3 条日韩航线占其国际运量的 80% 以上，近年俄罗斯的旅客也有较大幅度增长。

2013 年，大连空运口岸旅客吞吐量 1 408.30 万人次，同比增长 5.60%，其中国际（地区）航线出入境旅客 138.10 万人次，同比增长 4.60%，国际旅客吞吐量位居全国机场第 4 位。

【丹东陆路（铁路）口岸】 丹东陆路（铁路）口岸通过鸭绿江大桥与朝鲜新义州口岸相连，地点在铁路丹东站。该口岸分为客运和货运两部分。1954 年，中朝两国签订了铁路联运协定，开通北京至平壤、平壤至莫斯科往返直通国际联运旅客列车，经停丹东站，每周二、四、五、日出境，一、三、四、六入境。国际联运货物列车每天有 4 对进出境，主要货种为煤炭、木材、矿石、水泥、粮食等。2001 年 11 月 24 日，中朝两国签订了《中朝边境口岸及其管理制度的协定》，明确规定：铁路口岸允许持有效护照及签证或边境通行证的双方公民、货物和运输工具通过；允许持有效护照及签证的第三国公民、货物和运输工具通过；铁路口岸每日的开放时间按中朝双方间有关协议中的铁路运行时刻表执行，不受双方规定的节假日和边境口岸每天开放时间的限制。铁路丹东站有楼舍万余平方米，站台、货场等 2 万平方米，日均办理列车 600 多辆，年吞吐货物量 400 万吨，年旅客输送量达 200 多万人次。

2013 年，丹东陆路（铁路）口岸进出口货物 55.20 万吨，同比增加 16.70%，其中进口 40.20 万吨，出口 15 万吨。出入境旅客 11.10 万人次，同比增长 35%，其中进境 5.80 万人次，出境 5.30 万人次。出入境火车 1 888 列次，同比增长 32.00%。

【大连水运（海港）口岸】 大连港始建于 1899 年，距今已有百余年的历史。1960 年 6 月，经国务院批准，正式对外开放。大连港居西北太平洋的中枢，是正在兴起的东北亚经济圈的中心，是该区域进入太平洋，面向世界的海上门户。港口港阔水深，不淤不冻，自然条件非常优越，是转运远东、南亚、北美、欧洲货物最便捷的港口。大连港开放水域346平方千米，陆地面积15平方千米；现有港内铁路专用线150千米，仓库30万平方米，货物堆场180万平方米。大连港与世界上160多个国家和地区、300多个港口建立了海上经贸航运往来关系，开辟集装箱国际航线84条，已成为中国重要的集装箱海铁联运和海上中转港口。大连港拥有30万吨级原油码头和30万吨级矿石码头。大连港与美国的奥克兰港、休斯敦港，加拿大的温哥华港，日本的北九州港、横滨港、伏木富山等港结为友好港。

大连港按功能划分为9个生产作业区。一是大港区。大连港大港区位于大连市中心区，靠近繁华的人民路地段，是大连港的发源地。港区综合通过能力为1 143.40万吨/年，经营货种有粮食、化肥、钢铁、矿石、杂货、内贸集装箱、滚装等，另外还从事客运生产。二是寺儿沟港区。寺儿沟港区位于大连湾南岸东海头，是大连港油品、液体化工产品运输的专业港区。港区综合通过能力为446万吨/年，主要经营货种有原油、成品油、动植物油、液体化工产品。三是黑咀子港区。黑咀子港区位于大连湾西南岸，是大连港以接卸地方小船为主的码头。港区综合通过能力为120万吨/年，主要经营货种为矿建材料、木材、钢铁、粮食和杂货。四是香炉礁港区。香炉礁港区位于大连湾西岸湾底，是大连港钢铁、木材运输的专业化码头。港区综合通过能力261万吨/年，主要经营钢铁、木材、大件、玉米及客/货滚装等货种。五是甘井子港区。甘井子港区位于大连湾北岸，是大连港散货运输专业化生产港区。港区综合通过能力为220万吨/年，主要装卸货种有煤炭、水泥和玉米。六是大连湾港区。大连湾港区位于和尚岛，是“七五”期间新建的煤炭和危险品专业化港区，后经扩建改造，发展成为大连港综合能力较强的港区。港区综合通过能力为615万吨/年，主要经营货种为煤炭、玉米、特资、杂货和滚装货。七是新港港区。新港港区位于大孤山半岛东端，是1976年为出口大庆原油而建设的专业化深水码头。港区综合通过能力为3 000万吨/年，主要经营进出口原油、出口成品油。八是大窑湾港区。大窑湾港区位于大窑湾南岸，是我国规划建设的四大国际深水中转港之一，是大连港运输国际集装箱的专业化港区。除国际集装箱外，大窑湾港区还从事粮食、钢铁、木材、玻璃、汽车、矿建材料等货物的装卸。九是北良港港区。北良港位于大连经济技术开发区的南部，与大连市区隔海相望，是一个以中转粮食为主的专业化港口，年设计中转能力1 200万吨，1997年建成投入使用。

2013年，大连水运（海港）口岸完成货物吞吐量4.07亿吨，集装箱吞吐量1 001.50万标箱，同比分别增长8.90%和24.20%，其中外贸货物吞吐量1.17亿吨，同比增长6.80%。

【营口水运（海港）口岸】 营口水运（海港）口岸位于渤海湾东北岸、辽河的入海口。营口港包括沿辽河的营口老港区、沿渤海的鲅鱼圈港区和仙人岛港区3个港区。营口老港区于1864年通航，至今已有150年的历史，1984年经国务院批准对外开放。鲅鱼圈港区是营口港的核心港区，以矿石、煤炭、集装箱、钢材、油品、粮食、商品汽车等运输为主，1982年经国家批准建设，1984年开工建设，1988年对外开放。仙人岛港区于2008年经国家批准建设，主要以油品、化工品等液体散货和通用散、杂货运输为主，目前30万吨级原油码头及80万立方米罐区已投入运营。

营口港陆域面积2 000万平方米，其中鲅鱼圈港区1 400万平方米，营口老港区100万平方米，仙人岛港区500万平方米。营口港现有库房

40 万平方米，堆场610 万平方米，储罐 341 万立方米，筒仓 120 万立方米；拥有占地 552.30 万平方米的营口港保税物流中心及海关监管仓库，集装箱、汽车、煤炭、粮食、矿石、钢材、大件设备、成品油及液体化工品和原油等九大货种专用码头，其中矿石码头、原油码头分别为 30 万吨级，集装箱码头可以靠泊第五代集装箱船，总通过能力为 13 580 万吨。

营口港码头岸线长度 16 581 米。现有泊位 67 个，其中鲅鱼圈港区 49 个，营口港区 14 个，仙人岛港区 4 个；万吨级以上泊位 40 个。鲅鱼圈港区现有深水航道宽 230 米，底标高 -18 米，长 19.40 千米，可满足 15 万吨级以下船舶全天候通航，30 万吨级矿石码头的船舶乘潮通航，3 万吨级以下的船舶可双向航行。仙人岛港区航道现有 30 万吨级航道，宽 300 米，底标高 -22.50 米，长约 27.85 千米。

营口港已经同 50 多个国家和地区 140 多个港口建立了通航业务关系。现有东亚航线、日本关东航线、韩国釜山航线、韩国仁川航线（国际客货班轮航线）外贸直航航线 4 条，以及多条通过大连、天津、青岛、上海、宁波、南沙等国内主要港口进行国际中转的外贸内支线。集装箱内贸航线已覆盖南沙、黄埔、蛇口、汕头、上海、烟台、宁波、日照等沿海主要港口。散杂货内贸航线主要分布在上海、青岛、江阴、宁波、舟山、温州、泉州、钦州、厦门、深圳、湛江及广州等地。营口港现有散杂货定线航线分精品定线班轮及普通定线班轮两种等级，精品定线班轮已达 30 艘。散杂货外贸航线是韩国、日本、朝鲜、台北、新加坡、伊朗、印度和其他东南亚国家，澳大利亚、巴西、美国、荷兰、意大利、英国、加拿大等欧美国家及南北美洲部分国家和地区。港口主要通航国家及地区为韩国、日本、印度、澳大利亚、巴西、新加坡、缅甸、比利时、越南、荷兰、菲律宾、美国、加拿大、英国等。内外贸航线每月达到 400 余航班。

营口港交通便捷，沈大高速、哈大公路沿港区而行，长大铁路直通码头前沿，与港内 11 条 1 050米铁路装卸线相连。现已开通营口港至哈尔滨、大庆、长春、德惠、公主岭、四平、松原、佳木斯、牡丹江、绥芬河等 40 多条海铁联运集装箱班列和经满洲里连接欧亚大陆桥、经二连浩特直达蒙古国的国际集装箱班列。

2013 年，营口水运（海港）口岸完成货物吞吐量 3.20 亿吨，同比增长 6.30%，集装箱量完成 530.10 万标箱，同比增长 9.30%。

【锦州水运（海港）口岸】 锦州水运（海港）口岸位于渤海西北部的锦州湾北岸，是渤海西北部 400 千米海岸线重要对外开放的国际商港，是辽宁省重点发展的区域性重要港口。1985 年 12 月被批准建设，1986 年 10 月开工建设，1990 年 10 月正式通航，同年 12 月被国家批准为对外开放口岸，成为中国第 49 个对外开放口岸。笔架山港区现有水陆域面积 6 845 万平方米（仅规划水域，不含航道、锚地），规划陆域面积 2 400万平方米，已建成陆域面积 1 000 万平方米，主要由石化作业区、粮食及件杂货作业区、集装箱综合作业区、油品作业区、专业化散货作业区等组成。其主航道水深 -17.90 米，为 15 万吨级航道。岸线总长 5 500 米，堆场总面积 165 万平方米；生产性泊位 23 个，万吨级以上深水泊位 21 个。目前锦州港有外贸集装箱内支线 2 条（大连、天津），内贸航线 6 条，同世界上 80 多个国家和地区建立了通航关系。

2013年，锦州水运（海港）口岸完成货物吞吐量8 533.10万吨，同比增长16%；集装箱吞吐量完成95.90万标箱，同比增长10.40%。

【丹东水运（海港）口岸】 丹东水运（海港）口岸是中国海岸线最北端的国际贸易商港，是天然不冻良港，辖大东（海港）和浪头（河港）两个港区。现有生产性泊位28个，拥有粮食、矿石、煤炭、油品、集装箱、客滚、散杂、通用等专业泊位和配套的专业化、自动化装卸系统及货物存放库场，港口年综合吞吐能力达亿吨。目前已与日本、韩国、俄罗斯、美国、巴西、印度等70多个国家和地区的90多个港口开通了散杂货、集装箱、客运航线。预计到“十二五”期末，新建大型深水泊位40余个，综合吞吐能力达到2亿吨。

2013年，丹东水运（海港）口岸完成货物吞吐总量12 019.20万吨，同比增长25.10%；进出口货物905.30万吨，同比增长43.30%，其中进口662.30万吨，出口243万吨；集装箱进出口总量150.80万标箱，同比增长20.60%。

【葫芦岛水运（海港）口岸】 葫芦岛水运（海港）口岸始建于1908年，1984年经中央军委和国务院批准，葫芦岛港开始军民合用，联合开发；2000年4月经国务院批准实现了国轮外运。2005年3月，葫芦岛港移址迁建至柳条沟港区。2010年11月，葫芦岛港通过国家口岸扩大开放验收，实现了对外国籍船舶开放。

葫芦岛水运（海港）口岸柳条沟港区已建成投产2座散杂泊位，分别为2万吨级和3.50万吨级；2个油品泊位，分别为3万吨级成品油泊位和5 000吨级石化泊位。3号、4号、5号散杂泊位均为5万吨级且均已完工投入试运行。绥中港区2013年完成建设投资12.40亿元，在建3个5万吨级通用散货泊位，其中2个泊位计划于2014年年底投入运营，并申请对外开放。

2013年，葫芦岛水运（海港）口岸货物吞吐量1 221.30万吨，同比减少12.90%，其中外贸运输完成52.30万吨。

【旅顺新港水运（海港）口岸】 旅顺新港水运（海港）口岸位于辽东半岛最南端，距旅顺城内中心12.30千米，距山东蓬莱66千米，地理位置优越，交通十分发达，为北方特有的天然不冻良港。口岸设施齐全，设有生活服务楼、港客站、通讯大楼、仓储区等。外轮停泊锚地2处，面积45平方千米。旅顺新港水运（海港）口岸2010年1月正式对外开放，现有泊位8个，其中1.50万吨级泊位1个，5 000吨级泊位2个，3 000吨级以下泊位5个，已成为大连客滚运输中心。

2013年，旅顺新港水运（海港）口岸通过外贸船舶750艘次，完成外贸货物吞吐量81.10万吨，同比增长6.70%，进出口货物总值13.28亿美元。

【庄河水运（海港）口岸】 庄河水运（海港）口岸位于大连至丹东350千米空白海岸线中间，距大窑湾港32海里，是我国距韩国、日本最近的港口。该口岸于1992年经大连市计划委员会批准立项，2002年12月开工建设。2002年6月，庄河市与韩国（株）大宇建设签订了合资建港合同。起步工程规模为1万吨级泊位和5 000吨级泊位各1个及附属配套设施。设计年货物吞吐能力95万吨，外贸货物75万吨。庄河港于2010年1月正式对外开放。2013年，该口岸货物吞吐量536万吨，客运量32万人次。

【长兴岛水运（海港）口岸】 大连长兴岛水运（海港）口岸于2011年7月经国务院批准对外开放。目前，验收准备工作全面启动。北岸港区恒力石化的7个泊位和葫芦山港区浦项板材

1 个泊位实现临时开放。已建成投产的 4 个港区 26 个泊位均实现口岸临时开放。北港区 30 万吨级原油码头试运营投产。2013 年，货物吞吐量 1 570万吨，其中外贸货物 320 万吨。

大连市

【口岸数量及分布】 截至 2013 年年底，大连市共有经国务院批准对外开放口岸 5 个，其中空运口岸 1 个，为大连空运口岸；水运（海港）口岸 4 个，分别是大连水运（海港）口岸、旅顺新港水运（海港）口岸、庄河水运（海港）口岸、长兴岛水运（海港）口岸。

【口岸运行数据】 2013 年，大连空运口岸进出口商品总值 971.30 亿美元，其中出口 450.60 亿美元，进口 520.70 亿美元；进出口货物吞吐量 7 202.30 万吨，其中出口 2 011.90 万吨，进口 5 188 万吨；出入境检验检疫货物 294 572批次，其中入境 124 413 批次，出境 170 159批次；检验检疫货值总额 4 890 741 万美元，其中入境 3 443 913 万美元，出境 1 446 828 万美元。

【口岸实施通关无纸化、进出口直通放行及关检共同查验】 2013 年 1 月 21 日，按照大连市口岸加速通关领导小组的统一部署，大连海关和辽宁出入境检验检疫局经过一年多的准备，联手启动“通关单无纸化、进出口直通放行及关检共同查验”工作，以大连口岸为核心，分别覆盖了大连海关关区和辽宁出入境检验检疫局辖区，简化了进出口货物申报、查验、放行三大主要环节的手续，推进口岸电子化进程，进一步提高进、出口货物通关效率。实施通关单无纸化、进出口直通放行及关检共同查验后，平均每单货物至少节省 2 小时往返办理及等待时间，每年可为辽宁地区进出口企业节省各项费用 1 000 余万元。

【推进“三个一”通关试点】 根据《海关总署、质检总局关于进一步扩大关检合作“三个一”试点工作的通知》要求，2013 年 10 月，大连海关和辽宁出入境检验检疫局联合启动在大连开展“三个一”试点工作。该项试点工作在国家电子口岸办和中国电子口岸数据中心的指导下，以东北“六关四检”均参与“三个一”试点为契机，以辽宁电子口岸平台为基础，致力于打造覆盖辽宁、吉林、黑龙江及内蒙古（简称东北四省区）区域的东北电子口岸建设，目前东北四省区的政府部门及所辖的六关四检都达成了共识，规划建设的东北电子口岸将进一步推进口岸通关效率和质量的提高。截至 2013 年 12 月 31 日，辽宁电子口岸平台共完成“一次申报”报关单/报检单 28 票，接收海关查验指令 9 876 票，检验检疫局查验指令 1 708 票，海关放行指令72 667 票，检验检疫局放行指令 5 684 票，其中满足一次查验条件的为 72 票，符合一次放行条件的 2 767票。

【大连空运口岸实现 72 小时过境免签政策】 2013 年 12 月 31 日，经国务院批准，大连周水子国际机场自 2014 年 1 月 1 日起对 51 个国家持有第三国签证和机票的外国旅客实行 72 小时过境免签政策。为确保过境免签政策顺利实施，由大连市政府牵头，大连市港口与口岸局、大连海关、辽宁出入境检验检疫局、周水子边检站、大连市公安局、大连市旅游局、大连市财政局、周水子机场集团组成工作协调小组。在学习上海、北京、广州等城市的经验的基础上，制订了具体实施方案，配套了查验业务工作流程和应急预案。本着“满足基本需要、坚持厉行节约”的原则，对机场进行了相应的硬件设施改造。相关口岸查验单位加强沟通协调，各自制定了工作流程和应急预案。12 月 29 日，大连空运口岸通过了国家验收。为进一步做好过境免签工作，大连口岸有关部门还优化空港口岸通关服务的流程，优化大连过境免签政策相适应的本地消费环境，深化国际旅游的合作，为过境的外国旅客提供安全、高效的通关保障和优质顺畅的进出境服务，惠及游客，努力提升大连国际形象，打造东北亚门户枢纽机场。

辽宁省口岸大事记

1月9日

澳门航空公司开通沈阳—澳门国际航线的首航仪式在沈阳桃仙国际机场T2航站楼举行。

1月21日

大连海关与辽宁出入境检验检疫局在大连航运交易市场联合举办“通关单无纸化、进出口直通放行及关检共同查验”工作启动仪式。

2月18日

海关总署署长于广洲一行到大连海关视察指导工作并会见辽宁省委常委、大连市委书记唐军。

2月19日

辽宁省委书记王珉、省长陈政高会见海关总署署长于广洲。

3月4日

辽宁出入境检验检疫局与沈阳海关在沈阳共同签署了关检具体落实事项及实施“通关单无纸化”和“进出口直通放行”两个文件。

3月5日

沈阳综合保税区海关、沈阳综合保税区出入境检验检疫局成立。

3月8日

长兴岛船舶重工修船基地临时开放得到国家批复。

3月14日

大连港与丹东港在北京签署《大连港集团与丹东港集团战略合作框架协议》。

4月3日

国家口岸管理办公室批复锦州机场临时开放，期限为2013年5月1日~10月31日。

5月22日

大连港临时国际候船厅正式启用。新启用的国际候船厅面积为4 603平方米。

6月6日

辽宁省口岸办、沈阳海关、辽宁省公安边防总队、辽宁出入境检验检疫局、中国民航东北管理局、辽宁省机场集团、锦州市政府等单位组成验收组，对锦州机场口岸临时对外开放进行验收，同意锦州机场临时开放运营。

6月10日

锦州—首尔—锦州航线顺利首航。

6月22日

葫芦岛水运（海港）口岸核心能力建设以97.30分的高分通过了国际卫生组织验收。

6月28日

锦州—香港—锦州航线顺利首航。在锦州机场临时开放期间，国际航线累计运输旅客11 558人次，平均上座率为87.00%。

10月24日

国务院批准沈阳、大连两市成为东北首批72小时过境免签城市。两市自2014年1月1日起对51个国家持有第三国签证和机票的外国旅客正式实施72小时过境免签政策。

（撰稿人：石祝康、孔晓冬、吴晓路、杨威、周珊珊、高杰、严柏林、徐林、王晓云、毛建国、陈京雁、李宁）

2013 年辽宁省口岸流量统计表

口岸类型		口岸名称	货运量（万吨）				集装箱量（万标箱）				人员（万人次）				交通工具（辆、艘、架、列次）			
			出口	进口	合计	同比（%）	出口	进口	合计	同比（%）	出境	入境	合计	同比（%）	出境	入境	合计	同比（%）
空运口岸		沈阳	0.40	0.50	0.90	-10.00							120.10	+18.80				
		大连	1.80	1.30	3.10	-3.40							128.20	-2.80				
		分计	2.20	1.80	4.00	-9.00							248.30	+6.50			20 000	-4.80
陆运口岸	公路口岸	丹东	94.80	21.90	116.70	+14.10							15.50	-19.30			156 000	+0.60
		分计																
	铁路口岸	丹东	15.00	40.20	55.20	+16.70							9.50	+33.80			2 000	+100.00
		分计																
水运口岸	海港口岸	大连	4 113.50	7 653.30	11 766.80	+6.80			371.60	+10.90								
		营口	1 169.50	5 052.20	6 221.70	+22.80			10.40	+9.30								
		丹东	243.00	662.30	905.30	+43.30			150.80	+20.60								
		锦州	198.90	652.50	851.40	-3.30			1.30	+10.40								
		葫芦岛	52.30		52.30	+231.00												
		盘锦	5.20	27.80	33.00													
		分计	5 782.40	14 048.10	19 830.50	+12.50			534.10	+10.40			33.20	+8.80			15 000	
合计			5 894.40	14 112.00	20 006.40	+12.40			534.10	+10.40			306.50				193 000	+0.50

表注：进出境人员仅统计进出境旅客，不含进出境员工。

（辽宁省口岸办提供）

2013年大连海关主要数据统计表

项目		2013年	同比（%）
进出口货运量（万吨）	合计	14 235.40	+9.30
	进口	10 979.70	+12.70
	出口	3 255.70	-0.70
进出口贸易总值（万美元）	合计	12 309 156.08	+2.32
	进口	6 760 404.09	+4.36
	其中：江、海运输	6 376 220.22	+4.96
	铁路运输	4 630.07	-34.94
	汽车运输	72 246.39	+30.71
	航空运输	301 695.25	-10.44
	邮件运输	1 117.71	-15.38
	其他运输	4 494.45	+115.12
	出口	5 548 751.99	-0.01
	其中：江、海运输	5 006 792.49	-0.13
	铁路运输	44 606.75	+41.79
	汽车运输	183 469.03	+9.56
	航空运输	175 687.25	-10.72
	邮件运输	13 122.32	+52.56
	其他运输	125 074.15	-7.12
税收（亿元）	两税合计	694.47	-8.49
	关税入库	105.06	+1.29
	进口环节税入库	589.41	-10.04

（大连海关提供）

2013 年沈阳海关主要数据统计表

项目		2013 年	同比（%）
进出口货运量（万吨）	合计	909.50	-1.00
	进口	681.70	-6.20
	出口	227.80	+18.60
进出口贸易总值（万美元）	合计	925 422.24	+0.79
	进口	672 783.94	-3.49
	其中：江、海运输	533 324.82	-2.53
	铁路运输	68 995.85	-8.44
	汽车运输		
	航空运输	69 858.30	-5.43
	邮件运输	604.97	-21.80
	其他运输		
	出口	252 638.30	+14.28
	其中：江、海运输	180 635.23	+28.70
	铁路运输	13 369.04	-8.38
	汽车运输	119.90	-44.11
	航空运输	45 782.73	-10.66
	邮件运输	2 379.63	+9.81
	其他运输	10 351.77	-17.17
税收（亿元）	两税合计	95.81	-2.87
	关税入库	24.10	+9.87
	进口环节税入库	71.71	-6.51

（沈阳海关提供）

2013 年辽宁省口岸出入境主要数据表

项目			2013 年	2012 年	同比（%）
出入境人员（人次）	出入境人员总数		3 564 438	3 370 884	+5.74
	入境人员		1 755 111	1 667 570	+5.25
	出境人员		1 809 327	1 703 314	+6.22
	出入境旅客		3 065 433	2 887 897	+6.15
	出入境员工		499 005	482 987	+3.32
	中国公民	小计	2 302 380	2 004 360	+14.87
		内地居民（因公）	239 000	263 000	-9.13
		内地居民（因私）	1 945 380	1 627 360	+19.54
		港澳居民	31 000	29 000	+6.89
		台湾同胞	87 000	85 000	+2.35
	外籍人员		1 262 058	1 366 524	-7.64
	从海港出入境人数		608 000	571 000	+6.48
	从陆港出入境人数		269 000	276 000	-2.60
	从空港出入境人数		2 687 438	2 523 884	+6.48
交通运输工具（辆、艘、架、列次）	总计		193 041	192 601	+0.23
	船舶		14 956	14 809	+0.99
	飞机		20 422	21 107	-3.35
	火车		1 862	1 432	+30.03
	机动车辆		155 801	155 253	+0.35

（辽宁省公安边防总队提供）

2013 年辽宁省出入境检验检疫业务统计表

项目		货物检验检疫				交通工具				集装箱（标箱）		发现动植物疫情		货物通关		出入境人员查验（人次）	健康检查及预防接种（人次）			
		批次	金额（万美元）	检验检疫不合格																
				批次	金额（万美元）	船舶（艘）	飞机（架）	火车（节）	汽车（辆）	合计	检出问题	种类数	种次	批次	金额（万美元）		健康检查	艾滋病监测	发现病例	预防接种
本年累计		413 419	7 850 440	2 561	515 529. 17	13 197	20 390	12 286	135 617	5 085 790	5 819	325	72	455 450	7 425 015. 70	3 441 234	72 810	69 831	29 694	58 499
其中	出境	263 777	2 184 261	247	2 875. 94	6 520	10 309	6 292	67 754	1 750 988	8	9	0	300 229	2 336 026. 70	1 749 360	63 155	60 176	25 820	58 384
	入境	149 642	5 666 179	2 314	512 653. 23	6 677	10 081	5 994	67 863	3 334 802	5 811	316	72	155 221	5 088 989	1 691 874	9 655	9 655	3 874	115
同比（%）		-10. 77	+6. 03	-20. 76	+21. 48	+2. 77	-2. 31	+36. 57	+1. 30	+19. 43	-3. 02	-2. 13	+4. 35	-9. 88	-0. 29	+4. 33	-0. 77	-4. 82	+32. 11	-12. 06
其中	出境	-17. 33	-5. 67	0. 82	+62. 85	+0. 93	-2. 46	+46. 98	+0. 82	+23. 80	-57. 89	-40. 00	-100. 00	-16. 14	-4. 77	+5. 31	-4. 16	-8. 68	+30. 29	-12. 02
	入境	+3. 74	+11. 34	-22. 53	+21. 31	+4. 64	-2. 15	+27. 13	+1. 78	+17. 26	-2. 84	-2. 17	+9. 09	+5. 33	+1. 91	+3. 34	+29. 16	+29. 16	+45. 75	-26. 28

（辽宁出入境检验检疫局提供）

2013 年辽宁海事局进出港船舶统计汇总表

船舶类别	进港船舶							出港船舶						
	艘数（艘）	总吨（吨位）	总载重量（吨）	载客量（客位）	船员人数（人次）	货物到达量（吨）	旅客到达量（人）	艘数（艘）	总吨（吨位）	总载重量（吨）	载客量（客位）	船员人数（人次）	货物发送量（吨）	旅客发送量（人）
总计	191 317	671 232 564	707 570 778	14 381 530	1 601 164	214 622 428	5 647 617	191 097	681 602 729	715 905 656	14 628 752	1 684 812	253 260 449	5 565 536
中国籍船舶	180 920	444 003 304	382 326 316	14 269 853	1 414 679	98 017 668	5 495 259	180 659	451 603 391	386 137 497	14 517 075	1 512 960	218 792 665	5 418 543
其中外贸船	825	7 618 368	13 162 081	0	10 208	5 280 833	83 652	774	5 803 853	9 458 155	0	9 296	3 208 065	83 652

（辽宁海事局提供）

吉 林 省

口岸数量及分布

截至2013年年底，吉林省共有经国务院批准对外开放口岸17个，其中空运口岸2个，分别是长春、延吉；陆路（铁路）口岸3个，分别是集安、图们、珲春；陆路（公路）口岸10个，分别是图们、南坪、珲春、圈河、长白、临江、三合、开山屯、古城里、沙坨子；公务通道1个，是双目峰；水运（河港）口岸1个，是大安港。中朝边境口岸12个，中俄边境口岸2个。

口岸运行数据

2013年，吉林省口岸进出境货运量243.7万吨，同比增长21.6%，其中进境货运量193.9万吨，同比增长34.7%；出境货运量49.8万吨，同比下降11.8%。监管进出境邮（快）递物品96.3万件，同比减少0.6%。全省口岸进出口货值98.3亿美元，同比增长10%，其中进口85亿美元，同比增长11.6%；出口13.3亿美元，同比增长1.1%。税收入库134.87亿元，同比增长4.76%。全省口岸进出境客运量167.2万人次，同比增长4.4%。进出境交通工具22.43万列（辆、架）次，同比增长14.3%，其中铁路口岸进出境交通工具1 042列次，同比下降11.8%；公路口岸进出境交通工具21.81万辆次，同比增长14.9%；空运口岸进出境交通工具5 136架次，同比下降0.5%。

2013年吉林省进出口统计表

市、县	进出口额（万美元）	出口额（万美元）	进口额（万美元）	同比（%）		
				进出口	出口	进口
总　值	2 585 139	676 017	1 909 122	+5.20	+13.00	+2.80
长春市	2 041 649	329 856	1 711 793	+3.69	+13.03	+2.03
吉林市	110 197	51 909	58 288	-4.14	+5.65	-11.44
延边州	266 708	220 787	45 291	+29.34	+28.83	+32.40
通化市	55 299	15 403	39 896	+23.62	+1.79	+34.49
四平市	34 333	4 430	29 903	+6.38	-31.75	+15.98
白山市	29 647	19 795	9 852	-12.14	-21.02	+14.45
白城市	12 196	10 088	2 108	-31.03	-34.50	-8.71
辽源市	22 109	11 536	10 483	+28.82	+63.70	+4.36
松原市	8 956	8 728	228	-32.12	-31.29	-53.66
公主岭	623	276	347	-6.46	-25.20	+16.84
梅河口	4 142	3 209	933	-49.82	-31.64	-73.80

（吉林省商务厅提供）

口岸综合管理

【口岸基础建设工作取得新突破】 临江市政府投资8 000余万元完成口岸联检综合楼（9 605平方米）、国门（933平方米）、人行天桥（518平方米）等主体工程建设并已竣工验收投入使用。同时，加大了配套设施的完善工程，先后投资了259万元修建了出入境货物通道（水泥混凝土路面1 182.85平方米）和334.76米长的口岸周边砌砖石头挡墙。

珲春市政府在珲春口岸新建了小型车辆查验通道，预计2014年年底竣工；平整了圈河口岸互市贸易场地，搭建候检大厅，完善互市贸易候检区设施；更新了沙坨子口岸办公设施；完善了珲春铁路口岸货物查验楼的办公设施，对铁路口岸沿线和口岸场区进行封闭，并安装监控设施，维修改造铁路口岸执勤点营房，进一步做好铁路口岸常态化运营前的各项准备和保障工作。长白口岸总计投资1 324.6万元，投资553万元对长惠大桥进行维修加固，工程于2013年5月正式施工，加固维修后的桥梁承载力将达到公路—II级荷载标准，整个工程已全部完工；投资30.9万元为口岸国门进行维修改造，投资53.7万元为大楼外墙及屋面保温；投资14.7万元为边防检查监控设施维修改；投资13.7万元为长白出入境检验检疫局建立封闭的医学排查区、传染病快速检测区、隔离区，以及用于病人转运并与其他出入境人员通道不存在交叉污染的专用通道；完成监管货场地面硬化、办公场所、库房装修以及监控查验设备等设施投资658.6万元。

【中俄口岸小型车辆过境通行工作取得了新突破】 一是落实中俄运输合作分委会口岸工作组第15次会议纪要关于中俄口岸互通小型车辆的精神，指导延边州、珲春市政府制定了《珲春口岸进出境小型车辆管理办法（草案）》。二是积极协调国家口岸管理办公室，将珲春—克拉斯基诺口岸小型车辆过境通行工作列为中俄总理定期会晤委员会运输合作分委会口岸工作组第16次会谈议题，在中俄国家层面进行了会谈协商，在第16次会议纪要中明确指出由中俄地方政府间会谈协商过境通行最远距离问题。三是根据中俄总理定期会晤委员会运输合作分委会口岸工作组第16次会议纪要精神，吉林省口岸办提请省政府责成省外办与俄滨海边疆区联系，组成吉林省外事口岸代表团，于2013年10月26日赴俄滨海边疆区会谈协商珲春—克拉斯基诺口岸小型车辆通行问题，并签署了《中国吉林省口岸办公室与俄罗斯联邦国家边界建设设施署远东地区当局工作会晤纪要》和《2014年俄罗斯联邦建设署远东地区管理局与吉林省口岸办公室协同工作计划》。双方一致同意双方小型车辆经珲春—克拉斯基诺口岸过境后可到达的最远距离为珲春（中国）—克拉斯基诺（俄罗斯）；关于其他小型车辆过境通行涉及的具体问题将分步骤进一步研究确定。

【中朝内贸货物跨境运输工作取得新进展】 一是组织召开了由吉林省公安边防总队、长春海关、吉林出入境检验检疫局、省交通运输厅（海事局）、省经合局、延边州、珲春市政府等有关部门参加的协调会。会上明确了工作责任，理顺了主次关系，研究探讨了该项业务发展涉及的有关部门及相关问题，会议确定吉林省公安边防总队、长春海关、吉林出入境检验检疫局各自做好上级主管部门工作，积极争取国家支持。二是吉林省口岸办在征求各查验部门及相关单位意见后，已于2013年10月22日就扩展内贸货物跨境运输涉证商品、增加目的港、允许返程运输，以及运用集装箱和散装方式等代政府拟文报国务院审批。

【实施优惠政策，助力企业发展】 临江市口岸办协调口岸查验单位，积极做好“强协调、促通关”工作，对符合条件的木制品出口生产企业实施一类企业分类管理，实施直通关放行管理，属地报检直通放行，对边境贸易出口商品实施风险管理，按风险等级区别不同品种实施检验检疫；还实行“预约通关”、“属地报关，口岸严防”等通关模式，进行超常规服务和延时服务，帮企业抢效益，实行节假日24小时预约监管服务。对企业进出口货物随到随报、随验随收，做到急事急办、特事特办，尽最大可能方便企业通关。

口岸监管与服务

【长春海关积极主动采取新措施，促进吉林省经济发展】 一是全面提升综合监管效能。全面启动分类通关改革，实现关区所有进出口通关监管现场全覆盖。在一汽场站启动通关作业无纸化改革试点，实现通关无纸化率超过50%。扎实推进关检合作“三个一”试点工作。查验工作水平进一步提高，查验率为7.5%，查获率为19.2%。深入开展“绿篱”专项行动，查获禁止进境的固体废物案件14起，固体废物1 100吨。完善行邮审批业务操作流程和业务单证的管理，提升行邮监管水平，查扣各类反宣品983件，查获进境携藏毒品案件1起，查扣冰毒96.2克，查获涉嫌走私邮寄濒危动植物案件16起，查获象牙等国家保护濒危动植物制品1 081件。突出重点开展稽查，共稽查企业84家，补税64.53万元，同比增长64%。积极推进综合业务管理平台推广应用，关区风险布控报关单共5 722份，布控率6.95 %，有效率为7.31%，分别较2012年同期提高0.29个百分点、2.18个百分点。引导企业守法自律。深化关企合作，年内先后召开3次关企座谈会，助力守法企业发展。二是不断增强税收征管水平。积极应对税收严峻形势，切实加强综合治税，提升征管质量，税收入库134.87亿元，同比增长4.76%，超额完成海关总署下达的134.13亿元的力争税收目标，是全国16个正增长的海关之一。审价补税2 127.3万元，同比增长1.24倍；归类补税4 599万元，同比增长63%。建立分级审批控制机制，审批减免税款5.91亿元。启动开展“吉林企业回家报关”专项行动，降低了通关成本，服务企业卓有成效，全年累计转回税款6.09亿元。全面提升审单执法水平，实施动态化通道调整。探索开展“专业审单预申报预审核”业务，实行报关单删改及特殊通道业务电子化审批模式。与青岛海关进行数据批量互审，加强对审单作业的自查自纠，提高审单工作效能。三是全力推动长吉图开发开放战略实施。积极争取增加内贸货物跨境运输品种和口岸，争取珲春出口加工区转型升级为综合保税区，长春兴隆综合保税区海关机构编制等3项工作；积极支持吉林省重点园区建设。长春兴隆综合保税区顺利通过国家验收，积极支持珲春国际合作示范区和中新吉林食品区建设，支持一汽集团、吉林市申报建设保税物流中心；创新海关监管模式，争取总署支持，为长春轨道客车提供个性化服务，解决了困扰企业加工贸易核销的重大难题，支持出境加工业务稳步开展，2013年对朝出境加工业务进出口总值达2 297.27万元，向总署呈报提出下调汽车电子稳定系统等5项商品暂定税率的建议被国务院税则委员会采纳，为企业降低进口税收成本5亿元；积极做好平台建设，营造对外贸易良好环境，俄远东海关局同意自2013年10月起将长春海关封志作为通关依据，较大地提高了对俄过境货物的通关速度。

【关警融合深入推进，保持打击走私高压态势】 2013年，长春海关全面落实全国海关打击走私工作会议部署，与吉林出入境检验检疫局、吉林省工商局等五部门联合组织开展专项行动。突出重点开展专项打击，集中力量打击绕越设关地走私，查处旅检渠道违法携带货币进出境行为，严厉打击“洋垃圾”走私及重点涉税商品走私，严防枪支、毒品从行邮渠道渗透入境等违法行为，边境地区走私香烟势头得到有效遏制。加强与地方公安部门，以及兄弟海关缉私部门的情报协作与交流合作，提高案件查发能力。加强刑事、行政办案考核，严密办案程序，提高缉私执法水平。优化整合缉私力量和资源，吉林海关缉私分局挂牌成立。与公检法、边防等有关部门保持紧密联系配合，营造反走私综合治理的良好氛围。强化反走私长效机制建设，海关业务部门共向缉私部门移交案件线索292条。

【口岸核心能力建设取得新突破】 吉林出入境检验检疫局将口岸核心能力建设达标作为2013年工作的硬指标。一是加强领导，推动成立一把手为组长的口岸核心能力建设推进领导小组，形成了一把手负主责、分管局领导亲自抓的工作格局。二是促成由省委常委、副省长主持召开全省口岸核心能力建设推进协调会，制订吉林出入境检验检疫局口岸核心能力建设推进方案，建立各级政府领导下的口岸核心能力共建工作机制，并对全省16个口岸进行了倒排工期。目前，吉林省14个口岸已顺利通过国家质检总局的正式验收。三是召开了全省卫生检疫监管工作现场及视频会，现场讨论了口岸核心能力建设中存在的困难及解决办法。四是召开口岸核心能力建设第一批验收总结暨第二批动员大会，对第一批通过验收的口岸核心能力建设的做法和经验进行了总结，并对第二批待考核的口岸进行了再动员。

【加大传染病和动植物疫情监测与防控力度】 吉林出入境检验检疫局牵头成立了吉林省联防联控工作机制口岸组，有效防控了人感染H7N9禽流感、朝鲜出血热疫情传入，加强了口岸核与辐射防控，妥善应对朝鲜第三次核试验可能造成的放射性物质传入，出入境人员体检检出传染病204例。顺利完成实蝇、苹果蠹（du）蛾、马铃薯甲虫和外来杂草等监测任务，尤其是在拉网式调查中首次在珲春地区发现点状分布的马铃薯甲虫疫情，及时采取根除措施，防止了疫情扩散，中央政治局委员、国务院副总理刘延东对此事作出重要批示，国家质检总局对此项工作给予了充分肯定，吉林省委省政府也予以高度关注。2013年，截获进境植物疫情1 639批，同比增长23%，其中检出外来有害生物192批119种，检疫性有害生物5批5种。全年截获禁止进境物5 917件，同比增长45%，从进境邮包中截获禁止进境物1 203批次，同比增长136%。

【贸易便利化建设稳步推进】 绿色通道工作能够提高出口企业通关效率，直接关系到出口企业的切身利益。因此，吉林出入境检验检疫局一直把帮扶企业提升通关效率作为重点工作。2013年继续认真做好绿色通道企业申报、审核及上报工作。经过国家质检总局审查批准，吉林省新增获准实施检验检疫绿色通道制度的出口企业7家，对全省贸易便利化建设起到进一步的推动作用。

开放口岸

【长春空运口岸】 长春空运口岸位于吉林省长春市与吉林市之间，地处长春市九台东湖镇与龙嘉镇交汇处，距长春市区21千米，于1992年4月开通。长春空运口岸最初设立于大房身机场，2005年8月26日正式迁入长春龙嘉国际机场。长春龙嘉国际机场为国内干线机场，占地320万平方米，飞行等级为4D，跑道长3 200米，宽45米，可起降大中型客机。航站楼占地4万平方米，站坪近机位7个，远机位5个。空运口岸登机桥3个，出境通道10个，入境通道12个；设有海关报关大厅，监管仓库。年旅客吞吐量为320万人次，年设计起降飞机32 231架次。高峰期可吞吐旅客1 700人/小时，货邮量5.67万吨。国际联检部门办公楼建筑面积为4 500平方米。

长春空运口岸现有12条国际和地区航线，正式运行6条国际和地区航线，既长春—首尔、长春—长沙—香港、长春—仙台、长春—东京、长春—名古屋、长春—福冈。2007年7月18日又开通了长春—满洲里—伊尔库茨克国际中转航线，8月1日开通了长春—法兰克福、长春—莫斯科、长春—新加坡3条经北京至国际城市中转航线，旅客可以在长春办理通关手续，经北京查验后直接出境。2012年2月引进了泰国阳光航空公司，开通了长春至曼谷的包机航线，另外每年还有数条不定期国际包机航线开通。2004年10月，国务院正式批准长春空运口岸开展落地签证业务。

2013年，长春空运口岸实现进出境旅客37.7万人次，飞行2 400架次。长春空运口岸已成为吉林省通向世界的重要交通枢纽。

【延吉空运口岸】 延吉空运口岸位于延边州首府延吉市西南郊区，距市区5千米。机场占地面积3.7万平方米，跑道长2 600米，道面厚34厘米，现已达到国际4C级机场标准，可飞行空客320、330、319及波音737、TU－154等大中型飞机，波音747等大型客机可减载飞行。通信、导航系统均采用国内外较先进设备，性能优良。延吉机场航站楼建筑面积约为1.7万平方米，分国内、国际两部分。其中，国际部分面积6 007平方米，国际联检厅功能齐备，查验通道设有出入境各6个通道，能够满足30万人次出入境旅客的需要。

目前，延吉空运口岸已开辟了延吉—首尔，延吉—符拉迪沃斯托克（海参崴）两条国际航线。

2013年，延吉空运口岸实现运输进出境旅客达42.96万人次，进出境交通工具2 551辆次。延吉空运口岸现已成为我国与韩国两国人民友好交往的重要空中通道。

【集安陆路（铁路）口岸】 集安陆路（铁路）口岸位于吉林省集安经济开发区，始建于1946年，设计通关能力为30万吨。对应口岸是朝鲜满浦口岸，是我国对朝三大铁路口岸之一。

近年来，口岸累计投入建设资金2 457万元，先后完成了集安铁路口岸联检楼建设工程、口岸区外部环境整治工程、海关监管中心暨国际物流仓储区建设工程，使集安铁路口岸基础设施更加完善、功能结构更加完备、开放管理更加规范、通关环境更加优化，综合效能显著提高。“十一五”期间，集安铁路口岸进出口货物819 730万吨，进出口货值15 433万美元，出入境人员45 966人次。与此同时，作为集安铁路口岸的重要配套设施，总投资1 340万元的集安海关监管中心暨国际物流仓储区已于2009年开始运营。该中心占地面积7万平方米，与火车站物流中心相连，铁路专用线、龙门吊、装卸车、地重衡及各种监管设备配置齐全。作为目前中朝边境唯一开始运营的海关监管场地，不仅创新了海关监管作业模式，而且有效地提高了口岸的通关效能，成为集安铁路口岸又一个新的亮点。

2013年，集安陆路（铁路）口岸实现货运量6万吨，进出境人员0.8万人次，进出境车辆2 510车次。

【图们陆路（铁路）口岸】 图们陆路（铁路）口岸与朝鲜咸境北道稳城郡隔图们江相望，通过铁路口岸可直达朝鲜的罗津港、清津港，经朝鲜豆满江铁路可达俄罗斯远东地区，是吉林省与朝鲜进行贸易往来的主要通道。

铁路口岸始建于1932年，1933年正式开设商埠，有铁路大桥与朝鲜南阳相连，铁路桥全长439.96米（中方230.20米），年过货能力为500万吨。1954年开始开通国际联运，是我国列车通往朝鲜或经朝鲜铁路连接俄罗斯铁路的客货运输线，货物联运能力为250万吨/年。1985年中、朝、日三国“小路桥”运输开通，中朝之间每月对开7对列车，每年经口岸铁路过境桥出境物资达150万吨以上。1992年，图们—朝鲜南阳—朝鲜豆满江—俄罗斯哈桑铁路线开通运营，打开了我国对俄铁路运输的又一通道，1995年停运。1997年8月，图们—罗津边境游旅客列车临时开通，2000年停运，期间接待游客1.2万人次。

图们铁路口岸拥有全国一等编组站，站内共有编组线24条，包括：12条调车线，其中编发线3条；到发线11条，客运线5条；1条走行线。日均编组能力达1 300辆，日均发客货车30多列。

2013年，图们陆路（铁路）口岸实现出入境货物5.38万吨，交通工具实现1 887辆次。

【珲春陆路（铁路）口岸】 珲春陆路（铁路）口岸位于吉林省延边州珲春边境经济合作区南侧铁路换装站内，总建筑面积为2 15万平方米（其中查验设施面积3 976平方米），站区占地面积为122.6万平方米，从城西到接轨处的占地面积为217.7万平方米。

口岸距离俄罗斯卡梅绍娃亚换装站28.3千米（境内8千米，境外20.3千米），卡梅绍娃亚换装站到马哈林诺铁路口岸12千米，初期货物年换装和查验能力为50万吨，旅客年查验能力为50万人次；中期货物年换装和查验能力为250万吨，旅客年查验能力为100万人次。1993年4月初铁路动工兴建。1998年12月17日，该口岸经国务院正式批准为国家开放口岸。2006年6月至2007年10月，投资300多万元兴建了珲春铁路口岸综合服务楼，建筑面积为2 109平方米，占地面积3 000平方米。由于俄方的原因，口岸铁路运输仍处于停运状态。2012年6月，俄罗斯远东铁路局工程轨道检测列车驶入中国珲春，对该段铁路路基、枕木及轨道进行检测。2012年12月，中俄双方领导和专家在中国长春市举行了工作会晤，进一步加快了珲春—马哈林诺铁路口岸恢复国际联运的步伐。2013年12月17日，经过中俄两国口岸管理部门不懈的努力，珲春—马哈林诺铁路口岸正式恢复了国际联运。

【图们陆路（公路）口岸】 图们陆路（公路）口岸与朝鲜咸境北道稳城郡隔图们江相望，是我国对朝鲜的第二大陆路口岸，年过货能力为60万吨。

1933年，设图们税关并正式开设商埠。1941年，建成图们—南阳之间国际大桥，全长514.92米（中方98米）。1945年，开始建立双方边民的探亲制度，并开展了易货贸易。1950年2月，海关总署将图们税关改为中华人民共和国图们关，管理图们公路、铁路口岸进出口货物和珲春、龙井分关；同年9月，国家在图们口岸正式设立边防检查站。1954年开通国际联运，素有“东北亚第一大陆桥”之称。1985年新建图们公路口岸联检楼等口岸设施。2004年4月，开通了图们—朝鲜稳城步行游。为了满足多国合作开发和大通关的需要，2006年新建了图们公路口岸联检大楼，面积为8 000余平方米，设施标准已达到国际化通道式综合联检大楼水准。

2013年，图们陆路（公路）口岸实现出入境货物12.58万吨，出入境人员达2.8万人次，交通工具实现10 233辆次。

【南坪陆路（公路）口岸】 南坪陆路（公路）口岸坐落于吉林省延边州和龙市（县）南坪乡（镇），距和龙市区50千米。口岸始建于1951年，是当时中国志愿军后勤补给的重要驿站通道，抗美援朝战争结束，一直作为两国边民探亲访友的口岸，每年物资与人员往来数量较少。改革开放以后，随着中朝两国贸易往来的增多，南坪口岸基础设施建设及配套设施逐步完善，通关能力得到明显提高。口岸年均过货量300吨，客运量4万余人，交通工具出入境3.5万辆次。口岸现修建有联检大厅、查验综合楼、海关仓库等设施总计6 310平方米。

与南坪口岸对应的朝鲜咸镜北道茂山郡，矿产资源极其丰富，以矿铁开采最为发达，铁矿储量居亚洲前列。随着中朝两国经贸往来的逐步发展，经贸互补、资源相互配置已经成为两国发展的必然趋势，南坪口岸必将逐步成为专业化的铁矿石及其产品材料进口基地，成为吉林省乃至我国沿边开放带建设战略的重要一翼。

2013年，南坪陆路（公路）口岸实现进出境货物68.01万吨，进出境旅客4.18万人次，进出境交通工具35 396辆次。

【珲春陆路（公路）口岸】 珲春陆路（公路）口岸是吉林省唯一对俄国际公路口岸。该口岸位于延边州珲春市区东南部，占地面积4.8万平方米，距市区14.1千米。口岸对面是俄罗斯克拉斯基诺口岸。口岸距俄罗斯克拉斯基诺镇28.5千米，距俄波谢特港42千米，距俄扎鲁比诺镇63千米，距俄斯拉夫扬卡港105千米，距俄符拉迪沃斯托克（海参崴）170千米，距俄纳霍德卡340千米，距东方港350千米。中俄边界线长246千米。

1988年5月10日，国务院批复同意开放珲春长岭子口岸为边境贸易口岸。1990年8月27日，国务院口岸领导小组正式批准，将珲春长岭子口岸更名为珲春口岸，同年10月1日起执行。1993年4月4日，国务院批准该口岸为国家开放口岸，允许第三国人员通行。1998年5月5日，口岸开始正式过客，现已开通至俄罗斯扎鲁比诺、海参崴等地的旅游线路。2000年4月28日，开通了珲春（中国）—扎鲁比诺（俄罗斯）—東草（韩国）客货陆海联运航线。出口韩国的货物有农副产品、土特产、工艺品等；进口货物有膨化食品、家用电器、轻工产品等。年设计过货能力为60万吨，年过客能力为60万人次。2004年8月11日，国务院批准珲春口岸开展落地签证工作。2005年10月21日，口岸正式实施落地签证，极大地方便了外国客人来访，贸易往来日渐活跃。2008年10月25日，开通中、日、韩、俄四国陆海联运航线，当日入境日本旅客60人。

2013年，珲春陆路（公路）口岸实现进出境货物8.57万吨，进出境旅客31.78万人次，进出境交通工具19 321辆次。

【圈河陆路（公路）口岸】 圈河陆路（公路）口岸位于吉林省延边州珲春市区东南部，坐落在圈河与图们江汇合处，占地面积4.20万平方米，对面是朝鲜元汀口岸。圈河口岸历史上曾经是重要通商口岸，是中朝边民探亲往来的重要通道。在圈河口岸和元汀口岸之间有一座12孔钢架结构公路大桥，始建于1936年，1937年开通使用，桥长518米，宽6.6米，承载能力30~40吨，由中、朝两国各管一半。

1981年9月，在中、朝双方公安、安全总代表参加的第13次例会上，根据中方意见，双方研究决定自1982年1月1日起暂时关闭圈河口岸。1995年9月4日，随着图们江下游地区国际合作开发步伐的不断加快，经吉林省政府批准，恢复开通了圈河公务通道。同年10月7日开始过货，10月10日，迎来首批来自韩国的集装箱货物进口。11月10日，开通了由圈河口岸经朝鲜罗津港至韩国釜山的陆海联运航线，出境货物有布料、木制品、生铁、明太鱼丝，入境货物有膨化食品、布料、纺织机械等。1998年12月17日，国务院正式批准圈河口岸为国家开放口岸。经对老口岸重新建设，现建有联检大楼、海关监管仓库、卫生检疫等口岸基础设施。口岸设计年过货能力为60万吨，过客能力为60万人次。2001年投资302万元，维修加固了该桥中方一侧的桥墩，延长了使用寿命。圈河口岸距图们江入海口36千米，距市区43千米，距朝鲜罗先市51千米，距罗津港51千米（6米宽沙石路），距朝鲜先锋港36千米，距清津港127千米，是我国直接进、出朝鲜罗先自由经济贸易区的唯一陆路通道。随着国务院长吉图开发开放先导区规划的实施，圈河口岸正成为吉林省对外通道的桥头堡。

2013年，圈河陆路（公路）口岸实现入境货物23.26万吨，出入境人员达36.91万人次，交通工具实现118 002辆次。

【长白陆路（公路）口岸】 长白陆路（公路）口岸位于吉林省长白朝鲜族自治县长白镇境内，地处鸭绿江开放带的中心地段，与朝鲜两江道首府惠山市惠山口岸相对应，是鸭绿江上游第1个陆路边境口岸。

长白口岸设立于1952年，2007年8月10日被国务院批复升格为国家开放口岸。口岸设有长白边防检查站、长白海关、长白出入境检验检疫局。口岸与朝鲜惠山口岸由149米长的中朝国际公路桥连接。

目前，长白口岸占地面积4.06万平方米，已建成联检大楼、国门、监管货场，有先进的查验配套设施，实现了通路、通电、通水、通暖、通讯、通有线电视，极大改善了联检机关各部门办公条件和环境，进一步完善了通关环境，实现了就地报关、电子报关，提高了通关效率，满足了通关现代化、便利化需要。进口商品主要有原木，板方材、卫生筷子、雪条棒等木制品，铜、金、钼、铅、锌等各种矿产品，松籽等野山果，中药材等；出口商品主要有大米、玉米、白面等农副产品，还有电力、汽柴油、机器设备、机电产品、建筑材料、纺织服装、各种日用品等。目前，口岸开放发展贸易方式也由原始的易货贸易向现代的加工、补偿、转口贸易，向合资、合作、合营贸易方式转变。长白口岸的开放，有力地促进了经济、文化各项事业快速发展。长白口岸已成为对朝内陆地区贸易往来的重要通道。

2013年，长白陆路（公路）口岸实现进出境货物10.2万吨，进出境旅客3.08万人次，进出境交通工具12 316辆次。

【临江陆路（公路）口岸】 临江陆路（公路）口岸于20世纪40年代末建立，1950年10月经国务院批准为国家开放口岸。临江口岸作为陆路口岸已有60多年的历史。为全面提升口岸整体功能，目前临江口岸正对联检综合楼、国门、人行天桥等基础设施进行重新建设和改造。2009年新建9 605平方米的联检综合楼已投入使用，国门和人行天桥建设于2011年年底正式投入运营。新建出入境查验场地占地1万平方米，监管场地建设项目占地1万平方米，于2011年年底竣工。改造后的临江联检综合楼及国门、人行天桥总建筑面积约1.1万平方米，设计年过货量50万吨，过客30万人次，进出口额5 000万美元左右。中朝国际大桥项目已于2012年开工，预计2014年竣工。届时，临江口岸基础设施将焕然一新，一座现代化的新型口岸将屹立于祖国的鸭绿江畔。

2013年，临江陆路（公路）口岸实现进出境货物3.7万吨，进出境旅客0.38万人次，进出境交通工具1 400辆次。

【三合陆路（公路）口岸】 三合陆路（公路）口岸位于吉林省延边州龙井市东南部距市区48千米的三合镇，始建于1930年，属于双边客货运输口岸，1950年建立了三合口岸联检机构。三合国境桥始建于1941年，桥身全长300米，其中中方桥长151米，宽6米。三合口岸设计年过货量30万吨，年过客量15万人次。口岸进出口商品主要是粮油、农产品、五金、矿粉、杂货等。三合口岸与朝鲜咸镜北道会宁市隔江相望，距朝鲜清津港仅86.8千米，是中方口岸中距离朝鲜清津港最近的口岸。

2013年，三合陆路（公路）口岸实现入境货物18.63万吨，出入境人员达1.97万人次，交通工具实现11 753辆次。

【开山屯陆路（公路）口岸】 开山屯陆路（公路）口岸位于吉林省延边州龙井市以东38千米的开山屯镇，于1951年7月设立，属于双边客货运输口岸。开山屯口岸国境桥始建于1933年，是一座公路、铁路两用桥。桥梁全长327.7米，其中中方桥长165.7米，公路桥桥面宽3.5米，铁路桥桥面宽2.2米。1993年为开展边境贸易的需要，吉林省政府批准开山屯口岸桥维修后准许货运车辆通行。开山屯口岸设计年过货量10万吨，年过客量5万人次。开山屯口岸与朝鲜咸镜北道稳城郡三峰区隔江相望，距朝鲜清津港仅120千米，距罗津港96千米（曾有铁路相连），具有明显的交通地域优势。口岸进出口商品主要是粮油、农产品、五金、海产品、杂货等。

2013年，开山屯陆路（公路）口岸实现进出口货物1.71万吨，进出境旅客0.5万人次，进出境交通工具2 559辆次。

【古城里陆路（公路）口岸】 古城里陆路（公路）口岸位于吉林省延边州和龙市南部图们江北岸的崇善镇，距和龙市80千米，距朝鲜大红丹郡24千米，距朝鲜惠山市175千米，地理环境优越，是吉林省延边朝鲜族自治州对朝鲜两江道的唯一口岸。口岸始建于1929年。1988年4月，经吉林省政府批准，临时经古城里口岸进出口货物。1995年5月，经吉林省政府批准，南坪海关、图们出入境检验检疫局南坪办事处抽调部分工作人员临时进驻古城里口岸进行监管。同年9月15日，全长76米、宽9米的永久性钢筋混凝土国境桥正式开通。2007年8月，国务院批准古城里口岸为国家级口岸。

自2007年古城里口岸获国务院批准升级后，吉林省开始对口岸基础设施进行全面建设。2008年总投资1 029万元，新建口岸联检楼；2009年完成联检楼装修、口岸区域内拆迁等工作；2010年总投资517万元，征地面积1.2万平方米，建筑面积1 000平方米，并对口岸监管查验场地、口岸封闭、地面硬化进行全面建设，当年9月竣工。现在的古城里口岸总面积为3.1万平方米，建设面积5 000平方米。

在全面建设硬环境的同时，不断解放思想，投入了大量人力物力，加大了口岸软环境建设投入，使古城里口岸软环境得到优化。近年来，古城里口岸的进出口货物量、货值、进出境人员大幅上升，进口货物主要以木材为主，目前古城里口岸已成为吉林省从朝鲜进口木材的重要口岸。

2013年，古城里陆路（公路）口岸实现进出口货运量7.08万吨，进出境人员0.73万人次，车辆5 190辆次。

【沙坨子陆路（公路）口岸】 沙坨子陆路（公路）口岸位于吉林省延边州珲春市区西部，占地面积3.1万平方米，距珲春市区11千米，对面是朝鲜赛别尔口岸。沙坨子口岸大桥始建于1936年，该大桥总长423.62米（中方351.25米），内径宽为6.1米，有47孔（中方39孔，朝方8孔）。2007年9月30日，国务院正式批准该口岸为国家开放口岸。

沙坨子口岸自建立起一直是中朝两国边民间贸易口岸。改革开放前，主要为双方边民探亲往来服务。沙坨子口岸距朝鲜庆源郡4千米，朝方一侧路面为沙石路，宽6米。

1949年1月1日成立沙坨子支关。口岸初期模式为两国边民往来的通道。1985年2月18日，海关总署决定将沙坨子支关改为沙坨子海关，并于同年开始过货。2010年为提升口岸功能，扩大开放能力，开始对口岸现场进行全面改造，改造项目包括改建联检楼、硬化口岸场地、封闭口岸、完善场地和货物仓储仓库等口岸基础设施。口岸年过货能力可达20万吨，过客能力可达20万人次，口岸占地面积2万平方米，该项目于2012年年底竣工。

2013年，沙坨子陆路（公路）口岸实现入境货物1.37万吨，出入境人员达0.48万人次，交通工具实现1 616辆次。

【双目峰公务通道】 双目峰公务通道位于吉林省延边朝鲜族自治州安图县境内，与朝鲜两江道三池渊郡口岸相对，距长白山天池20千米，距安图县二道白河镇65千米，距朝鲜三池渊郡35千米，是中朝两国边界线上唯一的陆路通道，是《中华人民共和国政府和朝鲜民主主义人民共和国政府关于边境口岸及其管理制度的协定》中所列的15个边境口岸之一，1985年被国家批准为双边公务通道，只允许中朝双方公务人员和边贸货物通行。2009年9月，双目峰公务通道被国家口岸管理办公室批准为临时口岸，通行范围扩大到允许中朝双方因私旅游人员过境，季节性开放。

双目峰公务通道现建有口岸联检楼1座，建筑面积300平方米，通行道路为8米宽土质路面；临时海关监管仓库1个，建筑面积1 000平方米；过境旅客服务中心1个，建筑面积500平方米；联检单位工作人员宿舍，建筑面积450平方米；已完成23千米通信光缆、供电线路的架设；联检通道已封闭，联检楼办公设备、查验设施已安装完毕，可满足联检单位工作的需要。目前吉林省公安边防总队在双目峰驻有边防大队，代行边防检查职能，待海关、检验检疫派驻人员后即可开展正常的联检业务。

2013年该通道升级为国家口岸事项已被列入《国家“十二五”口岸发展规划》。新的口岸建设规划已出台，预计2014年开始动工。

【大安港水运（河港）口岸】 大安港水运（河港）口岸是1990年12月3日经国务院批准的吉林省唯一的内河口岸。

大安港口岸位于大安市城区北4千米的嫩江右岸，对岸是黑龙江省的肇源县，作为水路码头已有80多年历史，俗称“老坎子”码头。1958年正式建港，后几经扩建，形成了布局合理、配套齐全，具有一定规模的港口。主要外贸对象为俄罗斯。从大安港顺流而下经嫩江、松花江、黑龙江省的同江港进入黑龙江，上可到达俄罗斯布拉戈维申斯克，下经下列宁斯科耶、哈巴罗夫斯克（伯力）、共青城、尼古拉耶夫斯克（庙街）港进入日本海。航道从每年4月15日开航，至11月5日终航，航期为200天，航期内可往返16个航次；至黑河港（俄方为布拉戈维申斯克港）全程1 800千米，一次往返加在港时间共18天，航期内可往返9个航次；至俄哈巴罗夫斯克港全程1 300千米，一次往返加在港时间共14天，可往返12个航次。

从1992年起，该口岸停止过货。

吉林省口岸大事记

10月

俄远东海关局同意自2013年10月起将长春海关封志作为通关依据，较大地提高了对俄过境货物的通关速度。

12月17日

中俄珲春—马哈林诺铁路口岸正式恢复国际联运。

（撰稿人：韦海鸥、张丽春、费红伟、周广仁）

2013 年吉林省口岸流量统计表

口岸类型		口岸名称	货运量（万吨）				集装箱量（万标箱）				人员（万人次）				交通工具（辆、艘、架、列次）			
			出口	进口	合计	同比（%）	出口	进口	合计	同比（%）	出境	入境	合计	同比（%）	出境	入境	合计	同比（%）
空运口岸		长春									18.90	18.80	37.70	+4.41	1 200	1 200	2 400	-14.28
		延吉									21.64	21.32	42.96	+9.23	1 273	1 278	2 551	+9.30
		分计									40.54	40.12	80.66	+6.60	2 473	2 487	4 960	-14.13
陆运口岸	公路口岸	图们	3.62	8.96	12.58	-4.41					1.4	1.4	2.8	-5.51	5 136	5 097	10 233	-9.49
		南坪	4.73	63.28	68.01	+215.88					2.09	2.09	4.18	+147.90	17 968	17 968	35 936	+149.10
		古城里	0.41	6.67	7.08	-22.40					0.37	0.36	0.73	-30.70	2 596	2 594	5 190	-27.30
		临江	1.30	2.40	3.70	+17.68					0.19	0.19	0.38	-64.00	700	700	1 400	-68.00
		长白	3.50	6.70	10.20	-32.89					1.54	1.54	3.08	-2.80	6 158	6 158	12 316	-4.00
		三合	3.04	15.59	18.63	-11.91					0.99	0.98	1.97	-18.40	5 859	5 894	11 753	-10.00
		圈河	14.26	9.10	23.36	+18.40					18.40	18.51	36.91	+10.20	59 092	58 910	118 002	+17.80
		珲春	2.96	5.61	8.57	+0.71					16.18	15.60	31.78	+0.01	9 657	9 664	19 321	+3.40
		沙坨子	0.76	0.61	1.37	-14.91					0.24	0.24	0.48	+1.30	808	808	1 616	-22.70
		开山屯	1.24	0.47	1.71	+71.00					0.25	0.25	0.50	-33.20	1 279	1 280	2 559	+2.00
		分计	35.82	119.39	155.21	+35.02					41.65	41.16	82.81	+4.55	109 253	109 073	218 326	+13.93
	铁路口岸	图们	1.40	3.98	5.38	-36.52					0.03	0.04	0.07	-50.86	944	943	1 887	-37.78
		集安	2.00	4.00	6.00	+29.00					0.40	0.40	0.80	-31.60	1 254	1 256	2 510	+32.38
		分计	3.40	7.98	11.38	+9.31					0.43	0.44	0.87	-7.40	2 198	2 199	4 397	-10.79
合计			39.22	127.37	166.59						82.62	81.72	164.34		113 924	113 759	227 683	
同比（%）			-31.23	+73.27	+32.80						+5.48	+5.51	+5.50		+15.52	+16.06	+15.79	

（吉林省口岸办提供）

2013 年长春海关主要数据统计表

项目		2013 年	同比（%）
进出口货运量（万吨）	合计	243.7	+21.6
	进口	193.9	+34.7
	出口	49.8	-11.8
进出口贸易总值（万美元）	合计	982 584	+10.0
	进口	850 148	+11.6
	其中：江、海运输	740 164	+9.8
	铁路运输	35 369	+43.4
	汽车运输	37 084	+18.2
	航空运输	37 256	+17.4
	邮件运输	194	-22.4
	其他运输	81	+724.6
	出口	132 436	+1.1
	其中：江、海运输	15 857	-10.4
	铁路运输	3 026	+0.3
	汽车运输	109 223	6.3
	航空运输	3 604	-38.0
	邮件运输	533	-1.2
	其他运输	193	+13.3
税收（亿元）	两税合计	135	+4.8
	关税入库	43	+5.3
	进口环节税入库	92	+4.2

（长春海关提供）

2013年吉林省口岸出入境主要数据表

项目			2013年	2012年	同比（%）
出入境人员（人次）	出入境人员总数		1 672 174	1 602 091	+4.37
	入境人员		831 066	799 019	+4.01
	出境人员		841 108	803 072	+19.63
	出入境旅客		1 301 179	1 283 263	+1.40
	出入境员工		89 708	89 168	+0.60
	中国公民	小计	1 137 244	1 052 887	+8.01
		内地居民	1 126 751	1 041 401	+8.20
		港澳居民	698	821	-14.98
		台湾同胞	9 795	10 665	-8.16
	外籍人员		534 930	549 204	-2.60
	从海港出入境人数				
	从陆港出入境人数				
	从空港出入境人数				
交通运输工具（辆、艘、架、列次）	总计		224 186	196 065	+14.34
	船舶				
	飞机		5 136	5 164	-0.54
	火车		1 042	1 182	-11.84
	机动车辆		218 008	189 719	+14.91

表注：“出入境人员总数”中含持边民通行证出入境人员数，但“出入境旅客”及“出入境员工”均不含持边民通行证出入境人员数。

（吉林省公安边防总队提供）

2013 年吉林省出入境检验检疫业务统计表

项目	货物检验检疫				交通工具				集装箱（标箱）		发现动植物疫情		货物通关		出入境人员查验（人次）	健康检查及预防接种（人次）			
	批次	金额（万美元）	检验检疫不合格																
			批次	金额（万美元）	船舶（艘）	飞机（架）	火车（节）	汽车（辆）	合计	检出问题	种类数	种次	批次	金额（万美元）		健康检查	艾滋病监测	发现病例	预防接种
本年累计	82 962	507 646	389	555		5 971	3 115	206 324	74 482	413	4	51	28 231	191 473	1 135 270	45 913	46 062	5 683	26 113
其中 出境	47 533	246 029	36	196		2 986	1 530	102 200	5 582				16 975	150 596	575 431	42 523	42 672	5 150	26 113
其中 入境	35 429	261 617	353	359		2 985	1 585	104 124	68 900	413			11 256	40 877	559 839	3 390	3 390	533	
同比（%）	-0.05	-0.57	+51.36	-7.49		+13.39	-29.87	+12.44	-18.72		-66.67	+45.71	-12.41	+7.25	-14.35	+8.02	+8.16	-2.14	+5.38
其中 出境	-10.82	-6.65	-29.41	-35.19		+13.36	-31.05	+10.42	-55.74				-15.45	-0.49	-13.65	+7.32	+7.46	-3.03	+5.38
其中 入境	+19.28	+5.91	+71.36	+20.66		+13.41	-28.70	+14.50	-18.21				-7.39	+9.56	-15.05	+17.75	+17.75	+7.46	

（吉林出入境检验检疫局提供）

黑 龙 江 省

口岸数量及分布

截至2013年年底，黑龙江省共有经国务院批准对外开放口岸25个，其中空运口岸4个，分别是哈尔滨、齐齐哈尔、牡丹江、佳木斯；陆路（铁路）口岸2个，分别是哈尔滨、绥芬河；陆路（公路）口岸4个，分别是东宁、绥芬河、密山、虎林；水运（河港）口岸15个，分别是哈尔滨、佳木斯、桦川、绥滨、富锦、抚远、同江、萝北、嘉荫、逊克、孙吴、黑河、呼玛、漠河、饶河；中俄边境口岸15个。

口岸运行数据

2013年，黑龙江口岸进出口货运量达2 651.6万吨，同比增长5.4%，其中进口货运量达2 518.4万吨，同比增长6.3%；出口货运量133.2万吨，同比减少7.2%。其中，陆路（铁路）口岸进出口货物922.8万吨，同比增长13.6%；陆路（公路）口岸进出口货物81.2万吨，同比下降9.1%；水运（河港）口岸进出口货物209.2万吨，同比减少33.3%；空运口岸进出口货物1.6万吨；管道运输1 436.8万吨，同比增长10.5%。

口岸综合管理

【完成了几项调研与突破性的综合规划】 一是就开通陆海联运大通道问题进行了调研。积极协调各有关部门，会同省直相关厅局、地市，并邀请部分专家组成调研组赴大连港、营口港、俄罗斯符拉迪沃斯托克、东方港、纳霍德卡港等地调研，并在此基础上，经多次论证，编撰了《黑龙江省陆海联运物流通道调研报告》，获得省领导批示和好评。二是制订并上报了《黑龙江省电子口岸“十二五”规划实施方案》，经省政府领导批示同意实施。该方案的实施，对提升黑龙江省电子口岸建设水平、服务水准、通关效率，优化口岸通关环境，促进货物、人员通关便利化起到良好的推动作用。三是起草编制了《黑龙江省口岸公路水路铁路航空交通发展规划纲要(2013—2020)》。该规划已纳入省商务发展十大体系，提出的黑龙江省口岸交通基础设施的建设目标、实施步骤、保障机制等，为黑龙江省口岸今后长远发展奠定了基础。四是完成了中俄口岸工作组第15次会议会谈议题的提报与会谈工作。为利用中俄口岸工作组会谈机制，通过国家层面有效解决黑龙江省口岸运行中存在的问题，黑龙江省口岸办在广泛征求和听取各查验部门及地方政府意见后，经过全面细致的调研，向国家口岸管理办公室提供了相关议题及提出议题的详细背景材料，编写了谈判方案。在会谈中，黑龙江省口岸办就涉及黑龙江省口岸运行需要俄方解决的问题与俄方充分交换了意见，取得了良好成效。

【中俄边境口岸合作不断加强】 由于黑龙江省以边境口岸为主，涉及口岸运行的相关问题绝大多数与俄方有关，因此加强与俄方的沟通联络是口岸能否顺畅运行的关键。近年来，黑龙江省口岸办非常重视与俄方口岸主管部门的合作，与俄联邦边境建设署远东边境管理局建立了口岸合作机制，一直保持良好的工作关系和友好往来。双方经常就口岸工作机制、口岸工作同步、口岸通关存在的问题及时沟通，定期通报交换口岸运行情况，解决双方在通关环节上出现的问题。2013年9月应俄远东边境管理局的邀请，黑龙江省口岸办赴绥芬河口岸及俄符拉迪沃斯托克口岸现场，就口岸工作制、口岸验放秩序、加强口岸基础设施建设、提高口岸通关效率等问题与俄方代表进行了工作会谈，并签署了会谈纪要。在中俄双方口岸管理部门的共同努力下，绥芬河陆路（公路）口岸货运通道自2013年12月1日起由每周6天工作制改为每周7天12小时无午休工作制，为提高绥芬河口岸过货量奠定了坚实的基础。黑河口岸各查验单位也克服各自困难，将原来开关时间提前半小时，即每天早7:00开关，做到与俄方口岸开关时间同步。哈尔滨空运口岸为满足客货运量不断增长的市场需求，经与俄方相关部门的反复沟通，开通了俄叶卡捷琳堡国际航线。萝北口岸在各级主管部门的支持下，经过与俄方反复磋商与多次谈判，终于开通运营了萝北至阿穆尔泽特浮箱固冰通道。

【赴口岸现场指导抗洪抢险工作，力争使口岸损失降到最低】 2013 年 8 月，黑龙江省部分边境水运口岸遭受 300 年一遇特大洪灾，洪灾发生后，黑龙江省口岸办派员赴受灾严重的同江、抚远口岸现场调研，了解口岸受灾情况，慰问战斗在抗洪一线的干部职工。在洪灾来袭时，受灾口岸紧急动员，全员上阵，日夜监守，昼夜奋战，黑河口岸一边抗洪，一边保持正常通关，成为洪水肆虐期间黑龙江沿岸唯一保持正常通关的客运口岸，很多在其他口岸无法进出境的旅客都转到黑河口岸通关。与此同时，黑龙江省口岸办每天与俄远东边境管理局通报情况，交流信息，商讨对策，并与俄方相关部门及口岸所在地政府研究制定抗击洪灾和灾后重建恢复等项工作，最大限度地满足了口岸客货运量的需要。

【电子口岸信息平台建设有序推进】 黑龙江省电子口岸建设一期工程已搭建完成了黑龙江电子口岸（虚拟）门户网站，并在绥芬河铁路口岸试点运行成功，实现了铁路、海关和检验检疫部门进口货物流、信息流的数据交换和资源共享。在此基础上又开通了“报关单实时查询平台”和“口岸进出口商品实时查询平台”，实现了企业、查验单位、政府主管部门的信息共享与数据交换，企业足不出户就可查询单据及货物进出境状态相关情况。目前，绥芬河口岸正在积极探讨开通“绥芬河口岸集成信息管理系统”和“电子通关系统”。

口岸监管与服务

【黑龙江省公安边防总队确保口岸畅通有序】 2013 年，黑龙江全省边检站按照国家部局和黑龙江省公安边防总队统一部署，深入开展提高边检服务水平工作，圆满完成了黑龙江防汛抗洪、哈尔滨机场国际航站楼转场、第 24 届“哈洽会”、首届中国绥芬河国际口岸贸易博览会期间和俄罗斯杜马主席纳雷什金、副总理罗戈津、韩国前总理李寿成及中国人民解放军赴马里维和部队出入境边防检查任务，确保了口岸畅通有序。

2013 年，全省边检站共检查中国内地和来自俄罗斯、韩国、日本、美国及中国港澳台地区等 93 个国家和地区出入境人员 2 966 258 人次，同比减少 14.18%，其中入境 1 477 212 人次，同比减少 14.19%，出境 1 489 046 人次，同比减少 14.18%；旅客 2 660 079 人次，同比减少 14.53%；员工 306 179 人次，同比减少 11.09%。检查出入境交通运输工具 169 099 架（艘、列、辆）次，同比减少 11.00%，其中飞机 5 378 架次，同比增长 3.54%；火车 8 621 列次，同比增长 9.54%；汽车 131 971 辆次，同比减少 11.00%；船舶 23 129 艘次，同比减少 19.28%。

【哈尔滨海关提高监管效能，不断加大实际监管力度】 2013 年，哈尔滨海关共监管进出口货物 2 661.8 万吨，货值 221.2 亿美元；监管运输工具 43.5 万辆（艘）次；监管进出境人员 279 万人次；监管进出境邮递物品 23 万件，邮政快件 27 万件，监管印刷品和音像制品 49.6 万件（盘）；查获反动类印刷品和音像制品 259 件，散发性宗教宣传品 9 164 件，邪教出版物 2 455 件；区域通关合作继续推进，关区“属地申报，口岸验放”适用企业 47 家，货运量 81 192 吨，货值 6 022 万美元。

【强化打私力度，联合缉私成效显著】 哈尔滨海关坚持抓住要害，突出重点，守住底线，加大打击力度，提升打私效能。行政、刑事案件办案质量进一步提高，2013 年刑事立案 14 起，案值6 926.8万元，涉税 1 036.1 万元；行政立案 212 起，案值 5 625 万元，涉税 511 万元；实现罚没收入 623.4 万元。牵头召开黑龙江省打私工作会议，会同有关部门开展了打击重点涉税商品走私、打击治理流通领域走私货物交易行为等 7 项专项斗争和联合行动，取得良好成效。

【哈尔滨海关改进服务，助力龙江项目建设】 一是积极支持哈尔滨综合保税区申建。主动做好与海关总署的沟通和联系工作，全力配合省、市政府做好前期论证、报批和规划建设等工作，邀请了海关总署有关领导为省、市两级政府相关负责同志介绍国家有关政策规定。为借鉴其他城市申建工作的成功经验和做法，哈尔滨海关关长韩森亲自带队赴沈阳、长春、西安等地的综合保税区开展专项调研，了解了综合保税区建设的总体思路和整体规划，并向省、市政府报送了专题报告，为领导决策提供充足的依据。二是全面服务对俄跨境电子商务发展。支持龙江对俄邮递物流通道建设，促成开通了哈尔滨至莫斯科等6个国际函件总包直封业务。加强调研，根据龙江对俄电子商务发展实际，向省委、省政府报送《哈尔滨海关关于推进龙江跨境电子商务发展的有关建议》。克服困难，积极配合地方政府成功开通全球第1个专门承运国际包裹的国际货运航线“哈尔滨至俄叶卡捷琳堡”国际小包货运通道。此外，还对绥芬河综合保税区二期验收、龙江重点产业项目发展、中俄同江铁路大桥建设等提供了有力的政策支持和便捷的执法服务。

【服务外贸发展，促进转型升级】 2013年，黑龙江出入境检验检疫局召开了检验检疫支持企业“走出去”座谈会，协调《黑龙江日报》头版刊发的《中国企业赴俄投资合作有道可循》系列报道被70多个媒体转载报道。支持对俄农业产业联盟发展，优化审批程序，2013年境外种植园区备案面积新增约2 333平方千米。首次引进新西兰和澳大利亚和牛，妥善处置疫牛，有效地防止了疫病传入，帮助企业挽回经济损失200余万元。引进鸡雏5.37万只，丹麦种貂9 000只，日本、德国、荷兰等国家的甜菜、玉米等种子16批次、近3吨。与香港中小企业贸易联盟签署了《港人情深 建设龙江合作备忘录》，与香港标准与检定中心建立了联合检验检疫互认合作机制，有效地推动了黑龙江省优质农产品顺利进入香港市场。推进大庆沃尔沃汽车项目建设，简化检验监管手续，下放免3C认证权限，解决了进口旧生产线备案问题。牵头成立了黑龙江省进出口宝玉石产业协会，主办了黑龙江省宝玉石产业发展港粤深推介会、黑龙江国际珠宝玉石博览会和首届哈尔滨国际宝玉石博览会。黑龙江省委书记王宪魁批示：做好项目，给予支持，加强推动，提高规模和质量，促进转型升级。黑龙江省省长陆昊批示：工作很有成效，坚持继续有力推动。

【推进信息化建设，工作效率不断提高】 黑龙江出入境检验检疫局完成了对CIQ2000、电子监管、诚信管理等业务信息系统的分离，以及电子监管系统升级和集中审单规则布控；部署了哈尔滨机场办事处新场站与省局本部专线网络、航站楼内局域网和视频监控系统，实现了机场办事处与新航站楼的百兆网络连接；开通了绥芬河铁路办直接连接省局本部数字线路，保证了绥芬河铁路办业务的不间断运行；搭建移动办公平台，提高了办公效率；开设了哈尔滨出入境检验检疫局网站和宝玉石协会网站，对俄走出去专题被国家质检总局网站采用。

【组织开展演习，提高应急反应能力】 2013年9月17日，黑龙江海事局、俄罗斯阿穆尔州紧急情况事务总局在黑河市共同举办2013中俄界河联合演习。9月26日，交通运输部北海航海保障中心、佳木斯同江海事处、俄罗斯运输部阿穆尔河国家海河监督管理局、俄罗斯阿穆尔航运股份公司等14家单位共同参与了在同江举办的2013中俄界河防汛船舶应急联合演习。演习设置了中俄抗洪应急救援、中俄联合应急消防、船舶碰撞遇险施救、人命救助、溢油应急处置等科目。中俄双方在贴近实战的演习过程中通力配合、协调一致，大大提升了两国界江搜救应急的速度和效率。其中，同江2013中俄界河防汛船舶应急联合演习还受到地方媒体的关注，黑龙江电视台进行了20分钟直播。

【黑龙江海事局服务能力不断提升】 一是根据《中华人民共和国海事局关于调整海船船员管理分工有关事宜的通知》（海船员［2013］837号）文件授权，黑龙江省内海船船员教育和培训质量体系审核的组织、实施工作，以及所有等级的海船船员考试和发证工作，由原来的分片区管理转为由黑龙江海事局直接管理。这不仅提升了黑龙江海事局对船员及培训的管控力度，方便了黑龙江省船员考试、发证，更为黑龙江省提供了大量就业机会。船员教育和培训质量管理体系的有效运行能够极大地提高黑龙江省内口岸运输船员适任能力，更为全国乃至全世界航运业输送了大量优秀的海员。二是针对游艇这一黑龙江省的新兴行业，扶持了两家游艇操作人员培训机构，对其进行规范管理。不仅服务了黑龙江省地方经济发展，更为黑龙江水域航行安全提供保障。三是在洪水期间力保口岸畅通。在黑河国际客运口岸被迫关闭，改由临时靠泊点运送旅客的“非常时期”，特事特办，简化相关手续，极大地节约了船员和旅客的等待时间，保证了运输效率。四是充分发挥海事专业性优势，在大型口岸涉水活动中主动监护。五是着力打造“便捷界河”，充分发挥口岸查验单位招集人的作用，出台新举措，实行“无假日、无午休”工作制和船舶“报港制”，缩短船舶在港查验时间。出台了针对果蔬鲜活类货物通关的5项举措，提供了便捷高效的服务。

开放口岸

【哈尔滨空运口岸】 哈尔滨空运口岸太平国际机场位于哈尔滨市西郊30千米处。1987年7月1日经国务院批准对外开放，1989年9月22日正式对外开放使用。机场总占地面积332万平方米，航站楼面积6.70万平方米，可满足年旅客吞吐量666万人次，高峰小时3 000人次，每日飞行180架次的需要。停机坪面积33万平方米，可满足18架宽体大型客机的停放和维护，可用近机位13个，远机位8个。哈尔滨太平国际机场地处东北亚中心位置，是东南亚至北美航线的最佳经停点，也是中国东北地区乃至东北亚的重要空中交通枢纽之一。

2013年，哈尔滨空运口岸进出口货运量1.5万吨，出入境人员50.4万人次。

【齐齐哈尔空运口岸】 齐齐哈尔民航机场位于市区东南13千米处。1987年开始建设，2009年12月8日通过国家验收，正式对外开放。齐齐哈尔机场是黑龙江西部地区的航空枢纽，机场等级为4C级，属军民合用机场。主跑道长2 600米，宽45米，客机坪面积2.50万平方米，候机楼面积7 200平方米，分国际、国内区域，年可容纳旅客70万人次，货邮物1.50万吨。机场先后开通了北京、上海、广州、黑河、沈阳、大连、青岛、海拉尔等航线，还开通了齐齐哈尔至俄罗斯布拉格维申斯克、克拉斯诺亚尔斯克国际包机航线

2013年，齐齐哈尔空运口岸进出口货运量1.4万吨。

【牡丹江空运口岸】 牡丹江空运口岸海浪机场位于牡丹江市西南郊9千米处，是黑龙江省东南部地区重要交通枢纽，1985年9月2日正式运营，1996年被国务院批准为国家开放口岸。目前，飞行区等级为4C，装备有I类精密进近灯光系统、仪表着陆系统和全向信标台，主跑道为2 600米×60米×0.45米，能满足B－757以下中型客机昼夜起降。候机楼面积8 200平方米，设有国际联检厅，进出港通道各1条，配有较先进的广播系统、航班显示系统、旅客自动离港系统和录像监控系统。停机坪面积3.6万平方米，设有4个停机位（D类1个，C类3个），停车场面积1.14万平方米，设计年旅客吞吐量为50万人次。

2013年，牡丹江空运口岸进出口货运量10.01万吨，出入境人员9.20万人次。

【佳木斯空运口岸】 佳木斯机场距市区9千米，是日伪时期遗留的机场。1992年经国务院批准对外开放，2009年国家验收正式对外开放。目前，为4C级支线机场，是黑龙江省东部地区重要机场。佳木斯空运口岸曾多次飞行俄罗斯哈巴罗夫斯克包机，并于2010年6月开通了佳木斯至韩国首尔的国际航班。在稳定飞行佳木斯至哈巴罗夫斯克、佳木斯至韩国首尔空中航线的基础上，逐步向俄腹地延伸。

2013年，佳木斯空运口岸出入境人员1.40万人次。

【哈尔滨陆路（铁路）口岸】 哈尔滨内陆港，是国务院1996年9月24日批准的全国第1个内陆口岸试点，办理国际集装箱业务。1997年7月11日通过国家验收，同年8月1日正式对外开放使用。货场占地面积10万平方米，拥有6条铁路到发线，装卸作业便利，堆存能力充足，通关功能完善，可以办理20英尺和40英尺国际集装箱运输业务，年吞吐量10万标箱。哈尔滨内陆港于1998年11月30日延伸到满洲里、绥芬河口岸，实现了国际集装箱直通过境运输，形成了南接沿海、北连边陲的多式物流网络，成为黑龙江及其周围腹地最大的集装箱集散地。

2013年，哈尔滨陆路（铁路）口岸进出口货运量1.2万吨。

【绥芬河陆路（铁路）口岸】 绥芬河火车站位于绥芬河—满洲里铁路与俄罗斯远东铁路的接轨处，绥芬河东与俄罗斯滨海边疆区接壤，铁路口岸地处要道，陆海联运可到达日本新潟、横滨，韩国的釜山，美国的西雅图等地区，处于东北亚经济区中心位置。绥芬河铁路车站现为一等站，业务性质为客、货运输站，主要办理国际联运货物运输，国际、国内旅客运输，以及自站货物的到发、装卸等作业，有南、北两个站场，管辖绥阳（为二等站）、宽沟两个中间站。绥芬河铁路口岸站年设计综运能力为1 000万吨，实际换装能力已经达到1 300万吨/年略高。其中，进口能力为1 050万吨，出口能力为150万吨，地起能力为100万吨。

2013年，绥芬河陆路（铁路）口岸进出口货运量913.1万吨，出入境人员11.3万人次。

【东宁陆路（公路）口岸】 东宁陆路（公路）口岸与俄罗斯波尔塔夫卡公路口岸相对，位于黑龙江省东南边陲三岔口朝鲜族镇，1989年12月经国家批准为开放口岸，1990年3月中苏两国政府换文确认为双边客货公路运输口岸，同年5月正式对外开放。1992年11月，中俄两国政府换文开通旅客运输，陆续开通了东宁至俄罗斯近邻城市的旅游业务。1994年1月，中俄两国政府再次换文确定为双边公路客货运输口岸。2006年6月开通了口岸落地签证业务，2008年8月开通了客运7天12小时无午休工作制，2009年4月开通了异地办证业务。

2013年，东宁陆路（公路）口岸进出口货运量29.40万吨，出入境人员39.30万人次。

【绥芬河陆路（公路）口岸】 绥芬河陆路（公路）口岸与俄罗斯波格拉尼奇内口岸相对，位于黑龙江省绥芬河市东部，是301国道的起点，与俄罗斯滨海边疆区毗邻，距俄对应口岸城市波格拉尼奇内16千米。绥芬河公路口岸于2000年9月16日由国务院批准正式对外开放，现在实行12小时无间断通关工作制。口岸占地为19.70万平方米，口岸设计运能为年过货物100万吨，过客50万人次。

2013年，绥芬河陆路（公路）口岸进出口货运量48.2万吨，出入境人员63.4万人次。

【密山陆路（公路）口岸】 密山陆路（公路）口岸与俄罗斯图里洛格口岸相对，位于黑龙江工省密山市当壁镇中俄界湖兴凯湖的西北岸1.50千米处，距密山市区38千米。密山口岸始建于1992年，1992年4月10日密山至图里洛格口岸公路桥竣工通车，进行首批过货。1993年6月正式开通，每周开关6天。口岸设有四条进出口货物检验通道，两条出入境旅客查验通道。口岸年过货能力在50万吨以上，过客能力在30万人次以上。

2013年，密山陆路（公路）口岸进出口货运量1.70万吨，出入境人员2.10万人次。

【虎林陆路（公路）口岸】 虎林陆路（公路）口岸与俄罗斯马尔科沃口岸相对，位于虎林市区东南58千米处。1992年10月，中俄两国外交部正式换文确认开通虎林—马尔科沃口岸；1993年5月18日，虎林—马尔科沃口岸正式开通。虎林口岸处于南起绥芬河、北到同江的600千米扇状沿边开放带的中点位置，具有一岸对两区（俄滨海和哈巴）、辐射半径大的特点。设计日通车能力700辆次，年过人能力100万人次，年过货能力260万吨，是一个不受流冰期限制的可全天候均衡过货的口岸。

2013年，虎林陆路（公路）口岸进出口货运量1.70万吨，出入境人员1.00万人次。

【哈尔滨水运（河港）口岸】 哈尔滨港位于哈尔滨市区的东北部，地处松花江中游南岸，是我国八大内河港之一，也是我国东北地区内河最大的水陆换装枢纽港，年营运期平均在210天左右，封冻期约为150天，是一个典型的季节性生产港口。有人工直立码头1 454延长米，铁路专用线6股5 870延长米。哈尔滨港设有14个千吨级泊位，年吞吐能力450万吨，日通过能力2万吨。哈尔滨港是1958年3月经国家主席刘少奇同志批准对前苏联开放的内河水运口岸。1989年7月1日经国务院批准，哈尔滨港作为国家一类口岸恢复对外开放。哈尔滨港经松花江、黑龙江与俄罗斯远东地区的下列宁斯阔耶、波亚尔科沃、哈巴罗夫斯克、共青城、布拉戈维申斯克、尼古拉耶夫斯克等7个大中港口城市相连。

【佳木斯水运（河港）口岸】 佳木斯港位于市区内松花江中下游南岸，沿松花江上行可达哈尔滨港，下行可达富锦、同江，进入黑龙江后可直达俄罗斯的下列宁斯阔耶、哈巴罗夫斯克、共青城等开放港口，是1989年经国务院批准正式对外开放的内河口岸。目前拥有千吨级泊位15个。1992年中俄两国签订协议，中方船舶可经俄罗斯阿穆尔河下行，经尼古拉耶夫斯克港出海，开展国际江海联运业务。目前采取冬季浮箱固冰通道和夏季轮渡两种过境方式开展汽车运输。

2013年，佳木斯水运（河港）口岸进出口货运量0.1万吨。

【桦川水运（河港）口岸】 桦川港位于佳木斯东部松花江下游南岸，松花江干流贯穿境内96.5千米，上行可至佳木斯、哈尔滨，下行可至绥滨、富锦、同江、抚远，顺流直下可东出鄂霍次克海进入太平洋沿岸各国，具有得天独厚的发展外向型经济优势。1994年经国务院批准对外开放。桦川港口岸深水区域1.5千米，明水期可泊千吨位江海联运船或内河船。天然船坞可泊千吨驳船10艘，港口内设有船站一处，年吞吐量50万吨，码头4个：粮食杂货码头1个，航运公司码头1个，石油码头1个，煤炭码头1个。目前该口岸尚未正式开通使用。

【绥滨水运（河港）口岸】 绥滨港位于黑龙江省东北边陲绥滨县城，地处松花江下游北岸，1995年经国务院批准对外开放开展国际客货运输。绥滨港上行可通佳木斯、哈尔滨等港口，下行可达富锦、同江等港口，与富锦港隔江相距15千米。沿黑龙江继续下行经俄罗斯阿穆尔河，可通过尼古拉耶夫斯克入海，进入鞑靼海峡及日本海，江海联运的货物可直达日本、韩国等太平洋沿岸国家和地区。该口岸检查检验工作暂由富锦水运口岸检查检验单位承担，近年来由于松花江枯水，加之对外贸易规模较小，进出口货运量不大，均统计在富锦水运口岸。

【富锦水运（河港）口岸】 富锦港位于松花江下游南岸，自然条件优越，是具有千米岸线的深水良港，1989年7月经国务院批准为国家开放口岸。港区内有6个3 000吨级泊位和7.62千米的铁路专用线连接码头，集输条件较好，进口大宗货物实现了国际水铁联运一条龙。港区面积近5万平方米，日装卸能力可达3 000吨，年货运量在30万吨左右。富锦口岸检查检验机关和服务部门机构齐全，查验设施完备。联检机关还承担着鹤岗市绥滨口岸的查验任务。

【抚远水运（河港）口岸】 抚远港位于抚远县抚远镇，口岸距所对应的俄罗斯远东第一大城市——哈巴罗夫斯克市口岸航道距离仅65千米，距离俄西伯利亚大铁路在远东地区最大编组站卡杂科维茨沃只有2.50千米。1992年5月经国务院批准对外开放。抚远口岸港区拥有各类码头泊位28个，码头岸线总长2 300延长米。抚远拥有275千米的中俄界江黄金水道。

2013年，抚远水运（河港）口岸进出口货运量2.4万吨，出入境人员8.0万人次。

【同江水运（河港）口岸】 同江港分为东西两港。西港距俄哈巴港水上距离272千米，与俄下列港水上距离35千米，岸线总长1 991.8

米，是松花江最末端港口，口岸陆域面积48万平方米。可通行3 000吨级船舶，通航期为6个月，主要功能是进出口货物运输。该港口设有10个泊位，铁路专用线4.80千米。东港位于同江市区东北38千米的哈鱼岛西北端，与俄下列港一江之隔，水上最近距离仅为1千米，距俄哈巴港240千米。规划岸线总长度为9 157.71米，规划口岸陆域面积为520万平方米。在夏季有船舶运输、汽车轮渡运输，冬季有国际汽车运输，流冰期有气垫船运输，实现了全年通关。

2013年，同江水运（河港）口岸进出口货运量35.80万吨，出入境人员5.10万人次。

【萝北水运（河港）口岸】 萝北港口岸位于黑龙江省东北部、小兴安岭和三江平原接壤处。1989年经国务院批准对外开放。萝北口岸基础设施齐全，名山港拥有现代化煤炭专用码头、木材专用码头和滚装式轮渡码头各1座，吞吐能力45万吨，其中煤炭专用码头每小时可装运原煤400吨，是黑龙江沿岸最大的煤炭输出港。

2013年，萝北水运（河港）口岸进出口货运量1.60万吨，出入境人员5.90万人次。

【嘉荫水运（河港）口岸】 嘉荫港位于黑龙江省北部边陲嘉荫县城朝阳镇，距县城中心9.5千米处的黑龙江南岸，与俄罗斯犹太自治州帕什科沃口岸隔江对应，航道距离14千米。1989年经国务院批准对外开放。口岸港口线总长650延长米，设客运、木材、滚装、综合4个码头，对应8个泊位。正常水位可停靠3 000吨级驳船，枯水期也可停靠1 000吨级驳船，并配备了各种装卸设备，修建了通港道路、输变电线路和通讯线路，年吞吐量为75万吨。明水期开展水上船舶运输，冰封期开展冰上汽车运输。船舶沿黑龙江上行可达黑河、漠河等港口，下行可达同江、抚远等港口。

2013年，嘉荫水运（河港）口岸进出口货运量3.6万吨。

【逊克水运（河港）口岸】 逊克港位于黑龙江中游南岸逊克县奇克镇，与俄阿穆尔州对应口岸波亚尔科沃隔江相距12千米。1989年经国务院批准对外开放。旅客联检大厅1 650平方米，边检营房1 500平房米，口岸综合办公楼2 200平方米，建筑立壁式码头60延长米，边检办公楼2 500平方米。逊克口岸年出入境旅客能力为5万人，年吞吐货物能力5万吨。

2013年，逊克水运（河港）口岸进出口货运量0.7万吨，出入境人员0.2万人次。

【孙吴水运（河港）口岸】 孙吴港位于黑龙江省北部边陲孙吴县，坐落在黑龙江中游南岸的四季镇，距孙吴县城54千米，距俄方阿穆尔州对应口岸康斯坦丁诺夫卡27千米。上行可达黑河及俄方布拉戈维申斯克港，下行可抵逊克及俄方波亚尔科沃港。1993年经国务院批准对外开放。该港口江面水丰宽阔，为天然深水港，枯水期也可停靠千吨驳船。港口岸线总长528延长米，建有综合性客货栈桥式码头及粮食、石油、煤炭、木材专用码头，可同时停靠5个千吨级驳船作业，装卸及相关设备齐全，年吞吐量30万吨。1998年12月中俄总理定期会晤委员会运输合作分委会口岸工作组第2次会议上，俄方曾建议暂不开放康坦丁诺夫卡—孙吴口岸，该口岸目前尚未正式开通使用。

【黑河水运（河港）口岸】 黑河港位于黑龙江省北部边陲，中俄界河黑龙江上游末端南岸黑河市内，隔江与俄罗斯阿穆尔州首府布拉戈维申斯克口岸相对，双方货运码头相距3 500米，客运码头相距750米，是中俄边境水运口岸中运输距离最近的对应口岸。1982年1月经国务院批准对外恢复开放，1994年1月经中俄两国政府确认为国际客货运输口岸。2004年4月经国务院批准开展口岸签证工作。由该口岸经布拉戈维申斯克可与俄罗斯西伯利亚大铁路和贝阿铁路连接，经其空中航线可与俄罗斯国内各大城市相通；由该口岸沿黑龙江水道下行，还可抵达中俄各开放港口直至日本海沿岸各国港口。

2013年，黑河水运（河港）口岸进出口货运量28.40万吨，出入境人员86.60万人次。

【呼玛水运（河港）口岸】 呼玛港位于黑龙江省西北边陲呼玛县城呼玛镇，与俄罗斯阿穆尔州施马诺夫斯克区乌沙科沃口岸隔黑龙江相望，航道距离19千米。1993年经国务院批准对外开放，港口岸线总长410延长米，设有客运、工作船、木材、综合、简易码头，对应8个开放泊位。已实现机械化或半机械化换装，年货物吞吐能力可达50万吨，旅客年通过能力可达20万人次。1998年12月中俄总理定期会晤委员会运输合作分委会口岸工作组第2次会议上，俄方曾建议暂不开放呼玛—乌沙科沃口岸。鉴于中俄经贸合作形势发展需要，2005~2008年该工作组第8至第10次会议上，双方确认对开放该对口岸予以关注，并要根据两国现行法律予以解决。随后两国地方政府多次协商通报情况，目前我方已做好开通准备工作，俄方仍在做开通报批工作。

【漠河水运（河港）口岸】 漠河港位于黑龙江省西北边陲漠河县，黑龙江上游的连茵，为我国最北端的口岸。同俄罗斯阿穆尔州斯科沃罗季诺区对应口岸加林达隔江相望，相距只有500米。1989年4国务院批准对外开放。该口岸江段水流充沛，可停靠千吨级货轮。岸线总长842延长米，设有木材、综合、粮食码头，对应4个泊位。占地面积近万平方米，建有900平方米联检楼、1 104平方米综合楼、635平方米旅检厅、100平方米货检厅，还有1 000平方米全封闭或半封闭仓库各1座，并备有100吨地中衡、8吨和20吨汽车吊各1台，年设计通过能力20万吨以上。

2013年，漠河水运（河港）口岸进出口货运量135.0万吨。

【饶河水运（河港）口岸】 饶河港位于黑龙江省东部中俄界河乌苏里江中段，双鸭山市饶河县镇南7.5千米。与俄方对应口岸的波克洛夫卡口岸隔江相望，直线距离470米，距比金市35千米，距哈巴罗夫斯克市263千米。1989年经国务院批准对外开放。口岸通关能力年货运量100万吨，日过客2 000人次；联检大楼4 700平方米，拥有双向四通道客货检通道，查验、通讯、监控设施完备。

2013年，饶河水运（河港）口岸进出口货运量1.5万吨，出入境人员11.98万人次。

黑龙江省口岸大事记

1月11日

黑河—布市客运浮箱固冰通道连接施工完成。

3月29日

中国黑河与俄罗斯布拉戈维申斯克2013年春季流冰期气垫船运输正式开通。

4月9日

2013年中国同江至俄罗斯下列宁斯阔耶国际航线气垫船运营正式开始。

4月20日

同江哈鱼岛至俄罗斯下列宁斯阔耶浮箱固冰通道拆解工作圆满完成。

5月6日

2013年中国饶河至俄罗斯波克洛夫卡国际客渡船航线正式开通。

5月10日

2013年中国哈鱼岛至俄罗斯下列宁斯阔耶国际客货运航线正式开通。

5月12日

2013年中国抚远至俄罗斯哈巴罗夫斯克国际货运航线正式开通。

5月13日

2013年中国黑河至俄罗斯布拉戈维申斯克国际货运航线正式开通。同时，2013年春季流冰期气垫船旅客运输监管圆满收官，黑河货运口岸夏航期货运船队顺利首航。

5月17日

2013年中国抚远至俄罗斯哈巴罗夫斯克水上国际客运航线开通。

5月22日

中俄国际口岸“船员之家”正式挂牌。

5月25日

黑龙江省委书记王宪魁视察黑河口岸。

5月27日

黑龙江省代省长陆昊视察黑河口岸，称赞海

事部门工作卓有成效。

6月1日

2013年俄罗斯哈巴罗夫斯克至中国抚远国际休闲旅游航线正式开通

7月12日

俄罗斯阿穆尔州政府口岸调研组到黑河货运口岸调研。

7月16日

原全国政协主席贾庆林视察黑河大岛国际客运口岸，希望各联检单位携手打造一流口岸。

7月23日

第10届全国政协副主席李蒙视察黑河口岸监管工作。

7月29日

黑龙江省副省长张建星视察黑河口岸。

8月6日~11日

中俄界河联合检查代表团对黑龙江中游984千米－29千米河段的航道和航行工作进行联合检查。

8月7日

黑龙江省省长陆昊经黑河口岸赴俄参加“中俄文化大集”俄方启动仪式。

特大型俄罗斯船舶PT－661、MT－3033在佳木斯海事局海巡艇的护航下，顺利驶入佳木斯港。其中，MT－3033驳船为3 000吨级驳船，这是俄罗斯3 000吨级特大型船舶首次驶入松花江中游腹地。

8月26日

黑龙江省委书记王宪魁来到汛情严重的同江市指导防汛工作。

8月27日

在黑龙江抚远县即将迎来特大洪峰之际，省委书记王宪魁一行乘坐“抓吉号”客轮亲临抚远县抗洪一线，检查指导抗洪抢险工作。

9月3日

国家防汛抗旱总指挥部副总指挥、水利部部长陈雷到同江检查指导防汛抗洪工作。

9月17日

2013中俄界河联合演习在黑龙江黑河举行。

9月27日

中俄首次界河防汛船舶应急联合演习在同江成功举行。

11月2日

中国黑河—俄罗斯布市2013年冬季气垫船旅客运输开航。

12月10日

黑龙江省委副书记陈润儿来到饶河口岸、沿江公园等地进行了调研，指出要立足自身优势，强力推进口岸基础设施建设，大力发展外经贸、旅游等主导产业，要结合本县实际，不断推动重点项目建设，全力促进县域经济社会更好、更快地发展。

12月22日

由同江市口岸委员会牵头，会同海事、交警、交通、运管、安监部门负责人组成的中方验收组，与俄方犹太自治州交通局伽赛聂夫局长为首的验收组，共同对中俄2013年至2014年同江至下列宁斯阔耶的浮箱固冰通道进行验收。

12月23日

饶河至保科洛夫卡国际口岸正式开关。

2013 年黑龙江省口岸流量统计表

口岸类型		口岸名称	货运量（万吨）				集装箱量（万标箱）				人员（人次）				交通工具（辆、艘、架、列次）			
			出口	进口	合计	同比（%）	出口	进口	合计	同比（%）	出境	入境	合计	同比（%）	出境	入境	合计	同比（%）
空运口岸																		
空运口岸		分计	1.20	0.37	1.57						253 020	251 841	504 861	-14.2				
陆运口岸	公路口岸																	
陆运口岸	公路口岸	分计	50.19	31.05	81.24	-9.1					521 225	538 485	1 059 710	-12.5				
陆运口岸	铁路口岸																	
陆运口岸	铁路口岸	分计	38.75	884.00	922.75	+13.6					43 056	70 169	113 225	+9.7				
水运口岸	海港口岸																	
水运口岸	海港口岸	分计																
水运口岸	河港口岸																	
水运口岸	河港口岸	分计	37.22	171.99	209.21	-33.3					598 150	593 856	1 192 006	-25.5				
管道			5.81	1 430.98	1 436.79	+10.5												
合计			133.17	2 518.39	2 651.56	+5.4					1 415 451	1 454 351	2 869 802	-7.2				

（黑龙江省口岸办提供）

2013 年哈尔滨海关主要数据统计表

项目		2013 年	同比（%）
进出口货运量（万吨）	合计	2 661.8	+5.4
	进口	2 518.3	+6.3
	出口	143.5	-7.2
进出口贸易总值（万美元）	合计	2 212 307	+10.3
	进口	1 457 427	+0.2
	其中：江、海运输	16 971	-2.3
	铁路运输	130 854	0.0
	汽车运输	15 156	-10.9
	航空运输	23 886	+15.1
	邮件运输	27	-41.6
	其他运输	1 270 533	+0.1
	出口	754 880	+36.9
	其中：江、海运输	69 297	-0.6
	铁路运输	46 674	+20.5
	汽车运输	624 315	+41.3
	航空运输	14 559	+1 113.9
	邮件运输	35	+2.0
	其他运输		
税收（亿元）	两税合计	146.50	-14.61
	关税入库	1.13	
	进口环节税入库	145.37	

（哈尔滨海关提供）

2013 年黑龙江省口岸出入境主要数据表

项目			2013 年	2012 年	同比（%）
出入境人员（人次）	出入境人员总数		2 966 258	3 456 562	-14.18
	入境人员		1 477 212	1 721 486	-14.19
	出境人员		1 489 046	1 735 076	-14.18
	出入境旅客		2 660 079	3 112 200	-14.53
	出入境员工		306 179	344 362	-11.09
	中国公民	小计	1 264 003	1 281 005	-1.33
		内地居民（因公）	89 724	1 57 787	-43.14
		内地居民（因私）	1 132 286	1 080 674	+4.78
		港澳居民	11 682	10 183	+14.72
		台湾同胞	30 311	32 361	-6.33
	外籍人员		1 702 255	2 175 557	-21.76
	从海（河）港出入境人数		902 066	1 180 764	-23.60
	从陆港出入境人数		1 451 219	1 686 569	-13.95
	从空港出入境人数		612 973	589 229	+4.03
交通运输工具（辆、艘、架、列次）	总计		169 099	190 000	-11.00
	船舶		23 129	28 653	-19.28
	飞机		5 378	5 194	+3.54
	火车		8 621	7 870	+9.54
	机动车辆		131 971	148 283	-11.00

（黑龙江省公安边防总队提供）

2013年黑龙江省出入境检验检疫业务统计表

项目	货物检验检疫				交通工具				集装箱（标箱）		发现动植物疫情		货物通关		出入境人员查验（人次）	健康检查及预防接种（人次）			
	批次	金额（万美元）	检验检疫不合格																
			批次	金额（万美元）	船舶（艘）	飞机（架）	火车（节）	汽车（辆）	合计	检出问题	种类数	种次	批次	金额（万美元）		健康检查	艾滋病监测	发现病例	预防接种
本年累计	207 197	1 670 704	4 466	3 442	25 610	5 374	304 128	129 255	9 080	261	142	2 844	181 195	1 482 803	2 835 656	83 443	72 187	11 980	12 677
其中 出境	45 736	186 505	372	225	12 802	2 737	151 928	64 931	4 805		4	4	23 343	72 052	1 413 630	81 046	69 791	11 846	12 641
其中 入境	161 461	1 484 199	4 094	3 217	12 808	2 637	152 200	64 324	4 275	261	138	2 840	157 852	1 410 751	1 422 026	2 397	2396	134	36
同比（%）	+1.91	-0.75	+521.14	+689.45	-16.94	+4.84	+16.79	+1.71	-4.50		+144.83	+417.09	+2.36	-3.44	+84.66	-17.16	+0.38	-2.61	-7.75
其中 出境	-16.57	-13.89	+192.91	+192.21	-16.99	+4.39	+16.64	+4.14	+12.53		+33.33	0.00	-24.83	-44.44	+990.12	-17.91	-0.35	-2.67	-7.73
其中 入境	+8.74	+1.19	+591.55	+793.61	-16.90	+5.31	+16.94	-0.62	-18.38		+150.91	+420.15	+8.14	+0.34	+1.14	+20.03	+27.38	+3.08	-14.29

（黑龙江出入境检验检疫局提供）

2013年黑龙江海事局进出港船舶统计汇总表

船舶类别	进港船舶							出港船舶						
	艘数（艘）	总吨（吨位）	总载重量（吨）	载客量（客位）	船员人数（人次）	货物到达量（吨）	旅客达到量（人）	艘数（艘）	总吨（吨位）	总载重量（吨）	载客量（客位）	船员人数（人次）	货物发送量（吨）	旅客发送量（人）
总计	15 196	2 799 907	1 278 328	614 812	59 969	511 450	457 053	15 180	27 99 845	1 371 270	613 013	59 784	392 244	450 018
中国籍船舶	3 754	943 253	315 085	171 323	14 174	149 063	97 694	3 755	954 352	334 505	170 882	14 097	199 993	101 728
其中外贸船	11 442	1 856 654	963 243	443 489	45 795	362 387	359 359	11 425	1 845 493	1 036 765	442 131	45 687	192 251	348 290

（黑龙江海事局提供）

上　海　市

上海市口岸分布示意图

口岸名称	批准开放时间	开放状态
上海水运口岸罗泾港区		国际常年
上海水运口岸吴淞港区	1949.1	国际常年
上海水运口岸外高桥港区		国际常年
上海水运口岸洋山深水港区	2005.11	国际常年
上海水运口岸化工区港区		国际常年
上海航空口岸虹桥机场	1963.11	国际常年
上海航空口岸浦东机场	1999.10	国际常年
上海铁路口岸	2009.11	隔日开行沪港直通旅客列车

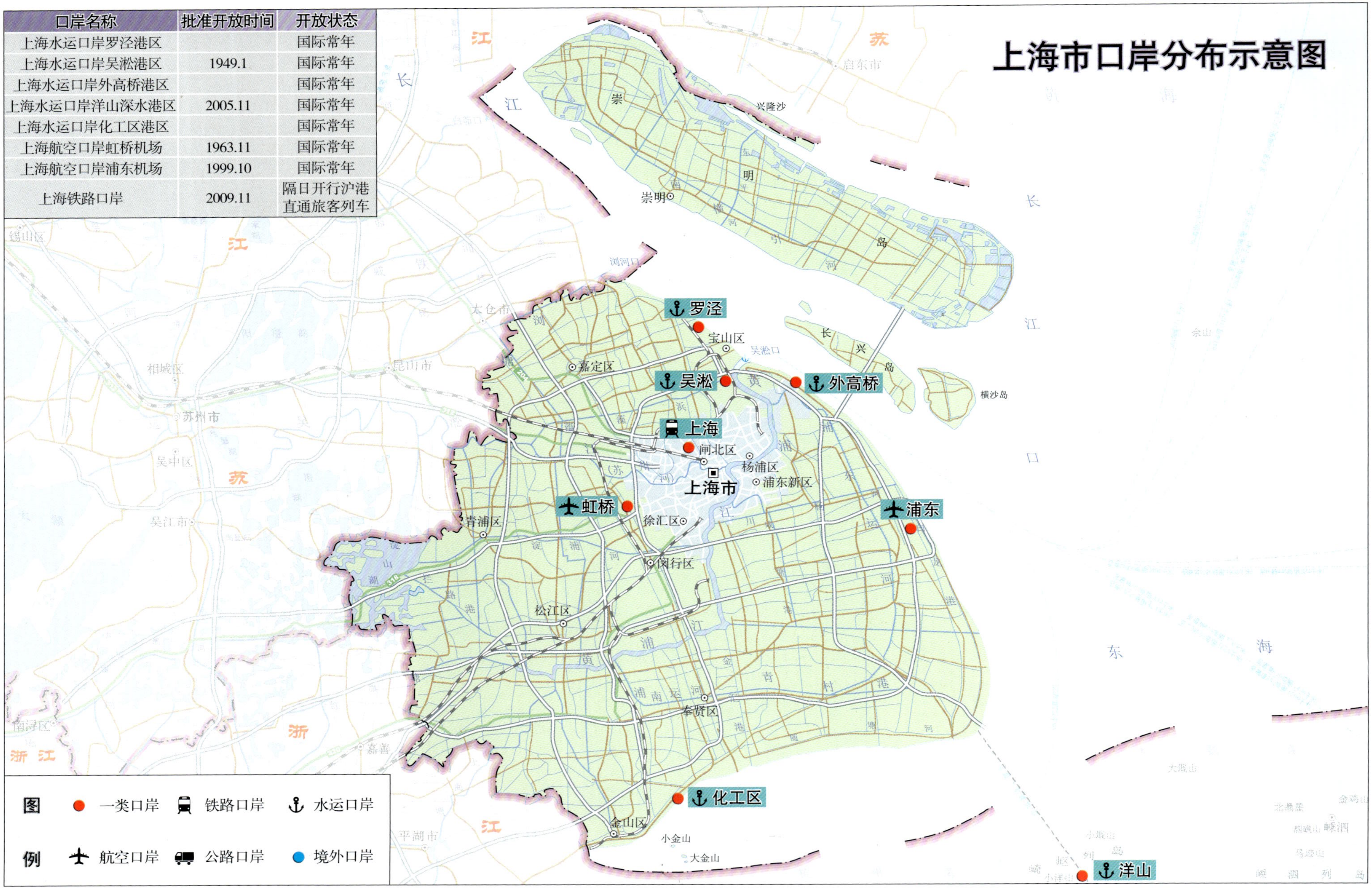

口岸数量及分布

截至2013年年底，上海共有对外开放口岸3个。其中，上海水运（海港）口岸1个，其包括“洋山深水港区、杭州湾北岸、长江上海段、黄浦江沿岸”四大开放区域共90座码头、300个泊位；上海空运口岸1个，其包括上海浦东国际机场和上海虹桥国际机场；上海陆路（铁路）口岸1个，设在铁路上海站。

口岸运行数据

2013年，上海口岸进出口货物总值10 738.7亿美元，同比增长1.5%，占全国进出口货物总值41 603.3亿美元的25.8%。其中，出口6 362.2亿美元，同比增长1.4%；进口4 376.5亿美元，同比增长1.7%（上海关区进出口总值8 121.4亿美元，同比增长1.4%，其中出口4 991.3亿美元，同比增长1.6%；进口3 130.1亿美元，同比增长0.9%）。

2013年上海口岸进出口贸易走势图

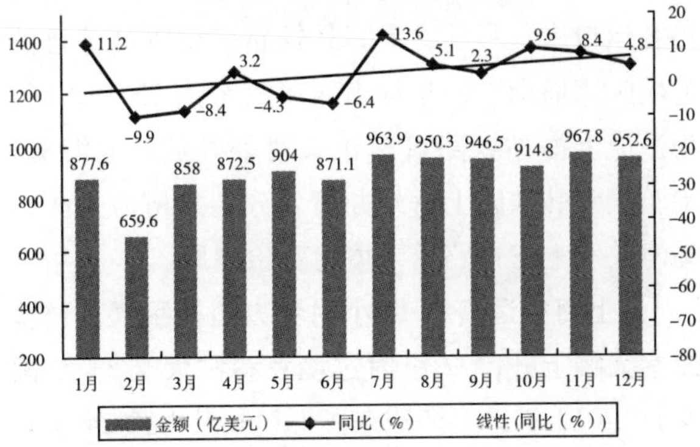

进出口货物吞吐量3.79亿吨，同比增长5.2%。其中，水运口岸货物吞吐量3.77亿吨，同比增长5.2%，占上海港货物吞吐总量7.76亿吨的48.6%；空运口岸货邮吞吐量258.2万吨，同比下降1.3%，占上海航空港货邮吞吐总量334.9万吨的77.1%（浦东国际机场货邮吞吐量256.3万吨，连续第6年居世界第三）；口岸集装箱吞吐量2 883.6万标箱，同比增长2.4%，占上海港集装箱吞吐总量的85.8%（上海港集装箱吞吐量3 361.7万标箱，连续第4年居世界第一）。

2009~2013年上海口岸货物吞吐量运行图

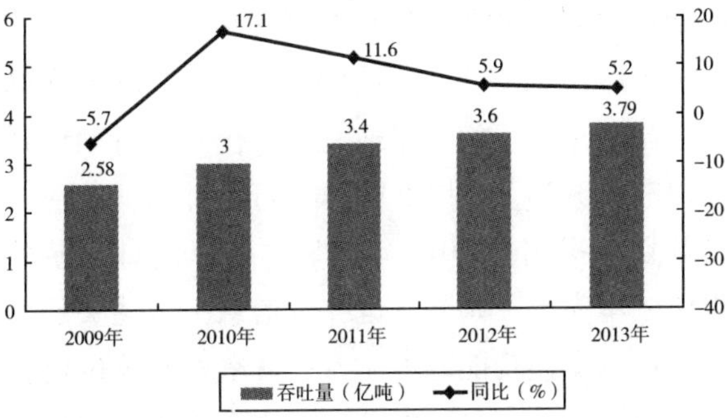

出入境旅客达2 642.1万人次，同比增长8.4%。其中，空运口岸2 552.7万人次，同比增长6.9%，占上海航空港旅客吞吐总量8 279.2万人次的30.8%；水运口岸74.9万人次，同比增长113.5%；铁路口岸14.5万人次，同比下降4.3%。

出入境交通运输工具总数达209 219艘（架、列次），同比增长4.5%。其中，进出上海口岸国际航行船舶25 337艘次，同比下降0.26%；出入境飞机183 516架次，同比增长5.2%；出入境列车366车次，与上年持平。

口岸综合管理

【上海口岸工作领导小组调整，市长、副市长担任正副组长】 经中共上海市委决定，上海口岸工作领导小组调整组成人员，由市长杨雄任组长，市委常委、副市长艾宝俊任副组长，市政府副秘书长戴海波任秘书长。上海口岸工作领导小组成员单位由2005年成立时的18家扩大到27家，包括市口岸办、市发展改革委、市建设交通委、市商务委、市经信委、市交通港口局、市公安局、市财政局、市规土局、市金融办、市旅游委、市文明办等市政府有关部门，上海海关、上海出入境检验检疫局、上海海事局、上海边检总站、民航华东局、上海铁路局等中央在沪机构，浦东新区、虹口区、宝山区等口岸所在地政府，以及上海港务集团、上海机场集团、上海综合保税区管委会、市贸促会、上海航交所、上海信息投资公司等口岸运营单位、区域管理机构及相关单位。

【上海口岸实施《上海口岸通关无纸化三年行动计划》】 根据上海口岸发展和大通关建设需求，上海市口岸办会同口岸查验单位和运营单位，制定了《上海口岸通关无纸化三年行动计划(2013—2015)》（以下简称《行动计划》）。《行动计划》提出到2015年年底，口岸信息化基础设施基本完善，国际航运综合信息平台通关、物流和信息交换功能基本完备；口岸查验单位监管能力和服务效率显著提升，企业通关成本明显降低；监管部门联网核查基本全覆盖，率先实现口岸通关全程无纸化等工作目标。为此，确定了3个板块主要任务：一是着眼促进贸易便利化，按货物在口岸通关过程中的申报、查验、放行和规费支付4个主要环节，提出上海口岸要争取先行先试，率先实现通关作业无纸化；二是着眼上海口岸的功能转型，围绕集装箱枢纽港、航空货运枢纽、综合保税区转型等发展需求，按转关货物、国际转运货物、保税货物、暂时进境货物的不同监管要求，提出创新监管模式，加快推进监管作业无纸化；三是着眼国家电子口岸“十二五”规划提出的“单一窗口”建设方向，提出争取国家相关部门支持，在许可证件、税费凭证、交通工具申报、信用信息管理等4方面，推进管理信息交换无纸化。2013年7月，上海市口岸办、上海海关、上海出入境检验检疫局、上海海事局、上海边检总站联合印发《行动计划》。

【上海口岸开放取得新进展】 2013年，上海口岸按照“十二五”口岸发展规划，有序推进年度口岸开放计划，全年相继落实5个口岸开放项目：一是上海站铁路口岸通过国家验收，正式对外开放，至此，上海口岸形成水运口岸、空运口岸、陆路口岸全方位开放格局；二是位于宝山区炮台湾的吴淞口国际邮轮码头通过上海市口岸办组织的验收，正式对外开通启用；三是位于杭州湾北岸的临港产业作业区通过国家验收，对促进上海产业转型升级将发挥积极作用；四是上海港罗泾港区码头2号、3号泊位和上海外高桥第三发电有限责任公司卸煤码头分别对外开通启用，进一步提高了上海煤电安全稳定供应水平；五是洋山保税港区扩区封关通过预验收，将进一步提升港区中转和集聚辐射能力。按照《上海口岸开放范围内作业区临时接靠（试行）》办法，全年上海水运口岸共有12座码头临时接靠国际航行船舶。

【上海站铁路口岸结束10年临时口岸历史正式对外开放】 2013年4月27日，国家口岸管理办公室会同公安部出入境管理局、海关总署监管司、国家质检总局通关司、国家铁路局等部门组成联合验收小组，通过了对上海站铁路口岸对外开放验收。为推进和落实《内地与香港关于建立更紧密经贸关系的安排》（CEPA），方便旅客出入境，经国务院批准，铁路上海站于2003年10月1日起设立临时口岸，开行上海—香港（九龙）直通式旅客列车，旅客按规定在上海站办理出入境查验手续。2009年11月，国务院批复同意设立上海铁路口岸。随后，有关方面按照要求进行了设施改造，为正式开放创造了条件。上海站铁路口岸是我国境内第1个直通香港的长途铁路客运口岸，目前，上海站铁路口岸隔日开行沪港城际直通列车，年均出入境旅客达15万人次。为适应上海站铁路口岸正式对外开放，原海关、检验检疫驻铁路上海站办事处分别升格为上海车站海关和上海铁路出入境检验检疫局。

【上海空运口岸24小时免办边检手续，过境旅客大幅上升，72小时过境免签扩大至51个国家】 2013年，上海浦东国际机场共办理24小时直接过境旅客免办边检手续旅客41.5万人次，同比增长40.1%，此项政策排名前3位的旅客分别来自日本、美国、加拿大。同年1月1日，上海空运口岸对45个国家公民实施72小时过境免签政策，截至2013年年底，浦东、虹桥两大国际机场共办理72小时过境免签证旅客1.5万人次，较上年48小时过境免签证旅客增长320.5%。自2013年12月1日起，上海空运口岸72小时过境免签国家由年初的45国扩大至51

深入开展】 2013年，上海同创共建文明口岸活动以“优化通关环境、优化口岸服务、优化协作配合”为主线，组织开展五大系列活动：一是围绕“强素质、精业务、创成绩、做表率”主题，聚焦服务自由贸易区建设，组织开展口岸技能竞赛活动；二是以“我与口岸同行”为主题，组织开展“感动人物”、“创新成果”、“珍贵史料”征集评选活动；三是为促进口岸文化建设，由4家查验单位分别牵头成立“书法与绘画”、“声乐与表演”、“摄影与摄像”、“主持与朗诵”等4个文化艺术交流基地，并组织了口岸一线文艺慰问演出；四是着眼于基层互动，组织口岸区域举行体育比赛、文化展示等各具特色的活动；五是组织2011～2012年度文明口岸评选活动，编印《上海口岸群英谱》，推出了一批先进集体和个人。通过以上系列活动，增强口岸单位之间沟通交流，展示上海口岸人精神风貌，为上海口岸发展聚集正能量。

口岸监管与服务

【上海海关启动一线进境“先进区、后报关”试点，务实推进中国（上海）自由贸易试验区建设】 自2013年10月9日首票“先进区、后报关”试点货物顺利入区，逐步扩大试点范围，区内企业从原6家拓展至47家。截至2013年年底，共办理“先进区、后报关”业务111票，涉及货物重量1.97万吨，货值1.63亿美元。经测算，新模式下货物入区通关时间缩短2～3天，货物到港后在港口滞留、堆存时间明显减少，物流成本平均减少10%。同时，推进海关卡口智能化改造，优化车辆过卡入区流程，平均过卡时间从6分钟缩短至30秒；开展“分送集报、自行运输”试点，确定的7家企业货物通过自行运输方式从洋山保税港区转运至外高桥保税物流园区的时间由原5～6小时缩短到3～4小时，平均每辆车节省运输成本约200元。

【上海海关深入推进通关作业无纸化改革】 自2011年8月1日上海海关实施通关作业无纸化改革试点工作以来，进一步加大推进力度，2013年共有16.7万家企业与上海海关签订通关无纸化三方协议，占上海关区办理业务企业的96%，当年放行无纸化报关单883万票，通关无纸化报关单总量及日单量均列全国首位，通关无纸化率达到45.2%。

【上海海关推进查验改革和科技创新，提升监管作业效能】 为增强上海口岸海关监管严密性和执法统一性，2013年上海海关在外高桥港区分别采取进口固体废物集约化查验、视频批量查验、H986集中审像等查验改革项目。“上海港查验信息查询平台”投入试运行，推动解决查验信息不对称问题，积极探索推动“复查复验”工作开展，进一步优化口岸查验资源配置，缓解海关人力紧缺矛盾，提升查验监管作业效能。

【上海海关试行银行担保通关和集中汇总征税】 从提升通关效率、解决企业资金占压、降低企业物流成本等角度出发，上海海关推进税收征管方式创新，在优质税源企业中试行银行担保通关和集中汇总征税，稳固和拓展了一批优质税源企业在上海口岸发展。参与银行担保通关试点的企业实现了银行担保通关与集中汇总征税相融合，全年涉税额超过征税总量的10%，税款金额在全国试点海关中位列第一。

【上海海关加大力度推进信用管理】 一是落实海关总署开展海关企业协调员试点工作要求，完善上海海关总部企业关务协调员制度，进一步扩大总部企业协调员试点范围，试点总部企业增至52家，确保高资信企业适用“担保验放”等便捷措施的政策落地。二是不断扩大诚信企业规模，加强企业分类评审工作，重点推进浦东关区诚信企业集聚地建设，健全与工商等相关执法部门的联动配合机制，推动上海关区高资信企业通关便利措施及企管条线服务措施落实。三是通过报刊、网络及关企座谈会等形式，加强诚信建设宣传，提高海关高资信企业社会信誉度和企业参与积极性。截至2013年年底，上海关区AA类和A类进出口企业分别达387家和3 052家。

【上海海关开展专项打击行动取得成果】 根

据海关总署统一部署，自2013年2月起开展为期10个月的“绿篱”行动，严厉打击以藏匿、伪报等非法手段，走私国家禁止进口固体废物目录列名的废矿渣、废催化剂、废轮胎、废电池、电子垃圾等工业废物及旧服装、建筑垃圾、生活垃圾、医疗垃圾和危险废物等行为。截至2013年年底，先后开展11个专项行动，共查获各类固体废物违法违规案件50起，查获涉案货物共计10 190.97吨，涉案案值共计2 974.89万元，涉嫌偷逃税款268.17万元。同时，参与知识产权等国际执法合作，其中部署开展的“输美侵权消费电子产品联合执法行动”，共启动执法措施830批次，立案查处382批次，查获侵权产品2.5万余件，约占全国参与海关查获侵权产品总数的25%。

【上海出入境检验检疫局实施“三轮驱动”工作新模式】 即实施“通报通放”检务工作模式，借鉴银行存取款通存通兑模式，允许报检人选择最方便的机构报检，自行选择获取检验检疫放行凭证的机构；实施“快检快放”检验监管模式，在风险监测、分类管理、信用监管的基础上，对符合条件企业和进出口产品实施快速检验、放行；实施“即查即放”现场查验模式，将物联网技术运用于检验检疫现场查验，实现货到即查、查毕即放。截至2013年年底，已全面实施“通报通放”，共计受理“通报通放”入境货物289 988批次；将宝钢等76家大中型企业纳入“快检快放”，为企业节省了出口时间和仓储费用；开展“即查即放”模式试点，对1 202批次、2 631标箱货物实施了零等候放行。

【上海出入境检验检疫局落实国家要求，降低检验检疫费用超过40%】 根据《国家发改委、财政部关于降低部分行政事业性收费标准的通知》要求，自2013年1月1日起上海出入境检验检疫局执行调整后的新出入境检验检疫收费标准。此次调整是2004年《出入境检验检疫收费管理办法》实施以来最大幅度的一次降费。与原收费标准比较，此次收费标准调整简化了收费方式，降低了货物检验检疫费收费标准，资源类商品由从价计征改为从量定额收取。截至2013年年底，上海出入境检验检疫局共计减免检验检疫费5.45亿元以上，降费比率超过40%。

【上海出入境检验检疫局加强管理体系建设完善查验监管】 一是着力构建口岸查验场站体系，通过专业性查验场站建设，推行危化产品“集中查验、集中整改”监管方式，初步形成了“一个主干，多个分支”口岸查验场站管理体系。二是推进风险预警体系建设，全面落实进口工业产品质量安全风险监测工作，积极做好不合格风险信息采集，强化质量安全责任调查和责任追究，帮助上海外贸企业合理、有效地应对境外技术性贸易措施。三是加大重点敏感商品监管力度，加强进口废物原料到货检验、进出口危险化学品及其包装的各项检验监管要求，以及加强对援外物资的监管。四是开拓进出口产品监管新领域，率先在上海口岸开展制度化、规范化的进口能效标志产品入境验证工作，将多批不符合我国能效标准的机电产品拦截于国门之外。

【上海海事局实施“四双”举措提升洋山港通航效能】 为提高洋山港集装箱码头有效利用率，上海海事局在已推出“内支线集装箱船舶双档靠泊作业”（即一个泊位同时平行并靠两艘船作业）、“国际干线集装箱船舶双套作业”（即两艘出口船离开码头前，两艘进口船提前在码头水域附近待泊）基础上，2013年又成功实施了“国际干线集装箱船舶双窗口作业”（即实现全潮水安全离泊）的试行和“洋山深水港主航道双向通航”。上述“四双”举措有力地提升了洋山深水港区通航能力。

【上海海事局首创大型集装箱船舶出港“雾航”】 2013年4月5日，上海港受大雾天气影响，能见度不良，大批船舶尤其是集装箱班轮面临延误。为避免港口生产受阻，上海海事局利用VTS交通管理手段，首次引导11艘大型集装箱船舶雾中出港，取得圆满成功。此后，上海海事局积极探索在上海港局部能见度不良情况下，通过运用综合监管手段，全年共成功引导30余艘次大型集装箱船舶浓雾天气安全出港。

【我国迄今规模最大巡航救助一体船“海巡01”轮列编上海海事局】 由中国海事局设计建造的“海巡01”轮，总长128.6米，排水量达5 418吨；设计航速逾20节，续航能力可达1万海里；可搭载直升机并配合其加油、救生和搜寻等作业。2013年4月16日，上海海事局举行“海巡01”轮交船及列编仪式。“海巡01”轮正式列编启用，将为提升我国海事监管装备水平，维护海上交通安全，拓展上海口岸海事监管和服务功能起到积极作用。

【上海海事局推进国际船舶登记制度创新】 一是推进“中国洋山港”保税船舶登记工作。继2012年第1艘“中国洋山港”籍“冠海朝阳”轮船舶登记以来，进一步优化服务流程，及时提供便捷措施，2013年先后完成“向珠”、“向旺”、“向明”、“向兴”等4艘国际船舶登记工作。为此，制定并完善了《中国洋山港船舶登记管理规则》和《中国洋山港船舶登记业务办理指南》，实施了中国洋山港船舶海事证书文书一门式服务，保证船舶在10个工作日内可办妥所有手续，投入营运。二是探索推进自由贸易区国际船舶登记制度。为适应上海自由贸易区建设要求，在已有基础上，制定了自由贸易区国际船舶登记规则、登记工作规程和办事指南等一整套配套程序和办法，以确保国际船舶登记制度能在自由贸易区顺利有效实施。

【上海边检总站制定“实施办法”落实上海空运口岸72小时过境免签政策】 自2013年1月1日起上海机场正式实行72小时过境免签政策。为确保该项政策顺利实施，上海边检总站制定了《上海边检总站72小时过境免签政策实施办法》，明确手续办理操作流程、处理权限和工作要求，并在机场口岸入境执勤现场设置引导标志，设立专门检查通道，做好相关政策咨询发布。同时，与上海市公安局出入境管理局就信息通报等工作进行对接。全年上海两大机场共检查72小时过境免签旅客1.5万余人次，同比2012年48小时过境免签旅客增加320.5%。

【上海边检总站应用多项信息技术提升监管服务水平】 一是推进自助通关系统改造升级，在浦东国际机场部署电子出入境证件数字系统安全服务器，使更多旅客享受便捷通关服务。二是建立边防检查信息系统（简称梅沙系统）新应急模式，在各旅检口岸推广部署，减少梅沙系统故障对旅客通关影响。三是启用具有通用查询、旅检和海港口岸三大模块功能的移动手持终端系统，在各执勤现场启用后，提高了边检工作效率。四是应用3G单兵应急音视频通讯系统，克服了现有电视监控系统的区域限制，为应对突发事件决策指挥和加强口岸安全监管提供了更全面的支持保障。五是设置限定区域工作人员自助通行查验系统，既可全面掌握浦东国际机场边检限定区域工作人员身份生物信息和通行记录，也可利用该项查验方式便利相关人员通行。

【上海边检总站多措并举筑牢口岸管控防线】 2013年，上海边检总站通过启用包括边检移动手持终端系统、执法取证仪系统、验讫章比对复核系统等信息技术，加快装备更新和通关查验系统优化和升级，对空运口岸边检执勤验证台进行优化设计和功能改造，以及成立全国出入境人像比对系统专题小组开展技术攻关等一系列优化查验监管手段和措施，筑牢口岸安全防线。全年共查获网上追逃人员100余人次，同比增加36.4%；查获、审理非法出入境人员200余人次，同比增加8.6%；发现处理其他违法违规人员7 000余人次，同比增加23.7%。

开放口岸

【上海空运口岸】 上海空运口岸是中国目前最大的空运口岸，由浦东国际机场和虹桥国际机场组成。2013年，浦东、虹桥两场起降飞机615 122架次，其中出入境飞机183 516架次；旅客吞吐量8 279.18万人次，其中出入境旅客2 552.6万人次；完成货邮量334.98万吨，其中进出口货邮量258.2万吨。2013年，上海空运口岸年旅客吞吐量在全球排名第七；浦东国际机场货邮吞吐量连续第6年排名世界第三。目前，共有93家国内外航空公司开通了上海的定期航班，其中国内23家，国际及港澳台地区70家；与上海通航的国内外城市达239个，其中国内125个，国际及港澳台地区114个。

浦东国际机场位于上海浦东长江入海口南岸滨海地带，占地面积40平方千米，距上海市中心约30千米。浦东国际机场一期工程于1999年9月建成并对外通航，二期工程于2008年3月建成并对外开通启用。浦东国际机场现拥有2座航站楼，2条4E级跑道，1条4F级跑道（第四条跑道正在建设中，计划于2014年竣工启用），可起降任何型号大型飞机。浦东国际机场建有3个货运区，世界三大快递业巨头（UPS、FedEx、DHL）悉数入驻设立快件转运中心。目前，浦东国际机场是中国大陆最繁忙的国际空港，国际旅客吞吐量为中国大陆第一；总货邮量大陆第一，世界第三。

虹桥国际机场位于上海西郊，距市中心13千米。虹桥机场始建于1921年，当时主要用于军事用途。1963年11月，经国务院批准上海虹桥机场扩建为国际机场，次年4月开通上海至巴基斯坦卡拉奇国际航线。以后经过多次改扩建，目前，虹桥国际机场拥有2座航站楼（其中T2航站楼为国内航班），2条4E级跑道，1个国际公务机基地，目前主要开通至日本、韩国等国城市和中国香港、澳门、台湾等地区航线。

依托上海口岸设立的外高桥保税区、外高桥保税物流园区、洋山保税港区和浦东机场综合保税区，分别与上海外高桥港区、洋山深水港区和上海浦东国际机场毗邻，由此形成了区港联动的格局。

【上海陆路（铁路）口岸】 上海陆路（铁路）口岸位于上海市中心北端上海火车站。2003年10月1日起铁路上海站设立临时口岸。同年10月1日起开行上海—香港（九龙）隔日往返直通式旅客列车。2009年11月，国务院批准正式设立上海铁路口岸。2013年4月，上海铁路口岸通过国家验收宣布对外开放。2013年，上海陆路（铁路）口岸出入境旅客145 396人次。

【上海水运（海港）口岸】 上海水运（海港）口岸位于中国大陆海岸线中部，长江与东海交汇处，是中国最大海港和常年对外开放水运口岸。

上海水运（海港）口岸包括洋山深水港区、杭州湾北岸、长江上海段、黄浦江沿岸四大开放区域。截至2013年年底，共有90座码头、300个泊位对外开放。

2013 年，上海水运（海港）口岸货物吞吐量 3.77 亿吨（占上海港货物吞吐总量 7.76 亿吨的 48.6%），同比增长 5.2%；集装箱吞吐量 2 883.6万标箱（占上海港集装箱吞吐总量 3 361.7万标箱的 85.8%），同比增长 2.4%，其中洋山深水港区集装箱吞吐量 1 436.47 万标箱，水水中转集装箱量 715.02 万标箱，同比分别增长 1.51% 和 12.9%。洋山深水港区集装箱水水中转比率接近 50%，进一步提升了上海口岸集聚辐射能力。2013 年，虽然进出上海港国际航行船舶同比略有下降，但靠泊国际邮轮较上年有较大增长，全年出入境邮轮 394 艘次，同比增长 62.1%，其中母港邮轮 338 航次，同比增长 107%；出入境旅客 75.3 万人次，同比增长 112.5%。自 2010 年起，上海港集装箱吞吐量已连续第 4 年排名世界第一。

洋山深水港位于杭州湾口、长江口外，由全长 32.5 千米东海大桥与上海浦东芦潮港相连接，平均水深 15 米。洋山深水港集装箱码头一期工程于 2005 年 12 月开港运营并对外开放，随后二期、三期工程陆续建成开放，目前岸线全长 5 600米，共有 16 个泊位。码头四期工程正在规划建设中。除集装箱码头外，洋山港区还分别建有液化天然气（LNG）、油品等对外开放码头。

北外滩上海港国际客运中心码头与吴淞口国际邮轮码头，是上海港国际邮轮、客轮专用码头。上海港国际客运中心码头面积约 2 万平方米，拥有岸线长近 1 200 米，共 4 个泊位，主要停靠 7 万吨级以下国际邮轮和上海港至日本神户、大阪间定期班轮。吴淞口国际邮轮码头，规划岸线总长 1 500 米，已建成开放一期码头岸线长 774 米，宽 32 米，拥有 2 个泊位，可同时靠泊 1 艘 10 万吨级邮轮和 1 艘 20 万吨级邮轮，通关查验大楼总建筑面积约 2.3 万平方米，是目前亚太区域规模最大的专业邮轮码头。

目前，上海港拥有集装箱、件杂散货、汽车滚装、液体化工等各类货运码头和 2 个国际邮（客）轮码头，以及包括海洋装备制造、极地科考基地等用途码头。上海港与 200 多个国家及地区的 500 多个港口和 600 多家航运公司建立了航运往来，班轮航线遍及全球主要港口，平均月进出国际航行船舶达 2 000 多艘次。

上海市口岸大事记

1 月 1 日

上海空运口岸对 45 个国家公民实施 72 小时过境免签政策。

上海海事局网上/自助处罚系统正式对外开通运行。

上海口岸海关实行无纸化通关网上签约。

2 月 28 日

上海浦东国际机场正式开通上海—乌兰巴托

定期航线。

3月1日

大型集装箱船舶“新连云港”轮安全驶离洋山港，洋山港“双窗口”离泊作业试验获得成功。

3月15日

2013年上海同创共建文明口岸活动领导小组会议暨2011~2012年度文明口岸活动先进集体和个人表彰会召开。

3月28日

中共中央政治局常委、国务院总理李克强考察上海港，中共中央政治局委员、上海市委书记韩正，中共中央书记处书记、国务委员兼国务院秘书长杨晶，上海市委常委、浦东新区区委书记徐麟，上海市委常委、副市长艾宝俊，上海市委常委、市委秘书长尹弘等陪同考察。

4月1日

洋山口岸海通汽车滚装船码头首艘滚装船靠泊。

4月7日

中共中央政治局委员、上海市委书记韩正，市长杨雄在上海与海关总署署长于广洲会谈。

4月16日

上海海事局举行我国迄今规模最大巡航救助一体船“海巡01”轮交船及列编仪式。

4月25日

上海与中部六省口岸大通关合作第7次联席会议第1次秘书长会议在湖北省武汉市召开。

4月27日

国家口岸管理办公室会同公安部出入境管理局、海关总署监管司、国家质检总局通关司、国家铁路局等部门组成联合验收小组，通过对上海站铁路口岸对外开放验收。

5月23日

为期近一个月，以“邮轮生活精彩无限”为主题的首届上海邮轮旅游节开幕。

5月31日

上海口岸工作领导小组会议召开，上海市委常委、副市长、上海口岸工作领导小组副组长艾宝俊出席并讲话。市政府副秘书长、上海口岸工作领导小组秘书长戴海波主持会议。

同日，上海口岸工作新闻发布会在市政府新闻发布厅举行。

6月18日

上海铁路出入境检验检疫局举行揭牌仪式。

6月20日

上海国际港务（集团）股份有限公司煤炭分公司罗泾煤码头2号、3号泊位通过验收，正式对外开通启用。

6月25日

上海车站海关举行开关仪式。

7月19日

全球最大集装箱船“马士基·迈克-凯尼·穆勒号”首航上海洋山深水港。

8月7日

上海港临港产业作业区通过国家联合验收组验收，正式对外开放。

8月11日

合肥至上海芦潮港集装箱海铁联运快速班列开通。

8月13日

海关总署署长于广洲赴上海电子口岸联席会议办公室视察指导工作。

9月27日

交通运输部与上海市政府《关于落实〈中国（上海）自由贸易试验区总体方案〉加快推进上海国际航运中心建设的实施意见》发布。

9月28日

海航集团旗下邮轮“海娜号”从上海港出发首航中国台湾，标志着首艘大陆资本邮轮成功开辟两岸邮轮航线。

9月30日

铁路上海站、车站海关、铁路出入境检验检疫局、铁路边检站共同举办“十载路沪港情——上海站铁路口岸对外开放十周年”纪念活动。

10月9日

上海自由贸易区新型海关监管模式试点启动，首票试点货物实行“先入区、后报关”。

10月12日

“争取浦东机场开展货邮国际中转、国内转关等功能试点”推进工作阶段性总结会暨《完善浦东机场空运货物国际中转口岸服务功能》课题评审会召开。

10月13日

“大西洋号”、“钻石公主号”、“海娜号”3艘邮轮和“苏州号”客班轮同时抵达上海国际客运中心码头，当日旅客船员通关查验人数达1.4万余人次。

10月15日

上海海事局召开新闻通气会，宣布洋山深水港主航道即日起正式实行双向通航。

10月31日

上海市口岸办、自由贸易区管委会、上海口岸联合会举行中国（上海）自由贸易试验区口岸监管制度创新政策宣讲会。

11月1日

作为“属地申报，口岸验放”升级版的“属地申报，属地放行”模式在南京海关和上海海关正式开通。

11月1日~2日

海关总署署长于广洲、副署长孙毅彪在上海自由贸易区考察调研。

11月3日

中共中央政治局常委、国务院副总理张高丽视察外高桥港区浦东集装箱分公司，中共中央政治局委员、上海市委书记韩正，上海市委副书记、市长杨雄等陪同视察。

11月8日

川渝沪区域大通关合作第6次联席会议在四川省成都市召开。

11月12日

长三角区域城市群大通关合作皖沪项目对接会在上海召开。

11月26日

上海海事局船舶远程电子签证试点工作启动。

12月6日

上海与中部六省口岸大通关合作第8次联席会议在湖北省武汉市召开。

12月10日

上海市口岸办与中国电信上海公司签署战略合作框架协议。

12月16日

上海出入境检验检疫局电子支付平台上线试运行。

12月23日

上海外高桥第三发电有限责任公司卸煤码头通过验收，正式对外开通启用。

12月28日

中国（上海）自由贸易试验区跨境贸易电子商务服务平台正式启动运营。

12月31日

上海吴淞口国际邮轮港码头通过上海市口岸办、上海海关、上海出入境检验检疫局、上海海事局、上海边检总站组织的验收，正式对外开通启用。

（撰稿人：邹增强、张俭、沈娉、赵刚、刘江萍）

2013 年上海市口岸流量统计表

口岸类型		口岸名称	货运量（万吨）				集装箱量（万标箱）				人员（万人次）				交通工具（辆、艘、架、列次）			
			出口	进口	合计	同比（%）	出口	进口	合计	同比（%）	出境	入境	合计	同比（%）	出境	入境	合计	同比（%）
空运口岸																		
		分计			258.2	-1.3							2 744.4	+7.0			183 516	+5.2
陆运口岸	公路口岸																	
		分计																
	铁路口岸																	
		分计											15.4	-4.2			366	
水运口岸	海港口岸																	
		分计			37 705.6	+5.2	1 256.4	1 185.8	2 883.6	+2.4			160.4	+59.8			25 337	-0.26
	河港口岸																	
		分计																
合计					37 963.8		12 56.4	1 185.8	2 883.6				2 920.2				209 219	
同比（%）					+5.2				+2.4				+8.9				+4.5	

表注：1. 货运量指通过上海口岸进出的货运总量；
2. 集装箱量合计中包括出口 1 256.4 万标箱，进口 1 185.8 万标箱，内支线 441.4 万标箱。

（上海市口岸办提供）

2013 年上海海关主要数据统计表

项目		2013 年	同比（%）
进出口货运量（万吨）	合计	19 389.9	+1.9
	进口	10 559.4	+2.6
	出口	8 830.5	+1.1
进出口贸易总值（万美元）	合计	81 213 671	+1.4
	进口	31 300 789	+0.9
	其中：江、海运输	17 978 960	-1.1
	铁路运输	92 445	+32.7
	汽车运输	162 553	-38.3
	航空运输	12 979 127	+4.1
	邮件运输	9 348	-3.0
	其他运输	78 356	+346.4
	出口	49 912 882	+1.6
	其中：江、海运输	38 094 765	+2.5
	铁路运输	64 908	-31.2
	汽车运输	134 989	+58.1
	航空运输	11 347 491	-1.0
	邮件运输	613	-56.5
	其他运输	270 116	-11.5
税收（万元）	两税合计	34 701 771.6	-6.5
	关税入库	7 913 588.1	-4.3
	进口环节税入库	26 788 183.5	-7.1

（上海海关提供）

2013 年上海市口岸出入境主要数据表

项目			2013 年	2012 年	同比（%）
出入境人员（万人次）	出入境人员总数		2 920.4	2 683.2	+8.9
	入境人员		1 452.9	1 332.1	+9.1
	出境人员		1 467.50	1 351.1	+8.6
	出入境旅客		2 642.1	2 437.1	+8.4
	出入境员工		278.3	245.1	+14.0
	中国公民	小计	1 520.1	1 801.2	+18.5
		内地居民			
		港澳居民			
		台湾同胞			
	外籍人员		1 119.2	1 163.1	-3.8
	从海港出入境人数		160.4	100.4	+59.9
	从陆港出入境人数		15.5	16.0	-3.6
	从空港出入境人数		2 744.5	2 565.9	+7.0
交通运输工具（万辆、艘、架、列次）	总计		21	20	+1.3
	船舶		2.53	2.54	-0.3
	飞机		18.35	17.44	+5.2
	火车		0.036 6	0.036 6	0.0
	机动车辆				

（根据上海出入境边防检查总站提供的资料整理）

2013 年上海市出入境检验检疫业务统计表

项目	货物检验检疫				交通工具				集装箱（标箱）		发现动植物疫情		货物通关		出入境人员查验（人次）	健康检查及预防接种（人次）			
	批次	金额（万美元）	检验检疫不合格																
			批次	金额（万美元）	船舶（艘）	飞机（架）	火车（节）	汽车（辆）	合计	检出问题	种类数	种次	批次	金额（万美元）		健康检查	艾滋病监测	发现病例	预防接种
本年累计	2 048 750	18 297 340	46 075	838 556	23 162	188 014	4 344		9 393 640	290 742	971	276 143	3 630 306	18 940 612	29 420 820	74 967	66 799	120 278	71 757
其中 出境	548 035	2 349 743	167	398	12 340	94 348	2 172		785 128		0	0	2 470 722	9 022 570	14 593 576	26 672	25 987	46 870	71 751
其中 入境	1 500 715	15 947 597	45 908	838 168	10 822	93 666	2 172		8 608 512	290 742	971	276 143	1 159 584	9 918 042	14 827 244	48 295	40 812	73 408	6
同比（%）	-13.75	-14.93	+35.52	+19.85	+0.49	+5.25	+13.13		-4.04	+25.08	+9.47	-0.73	-18.45	-15.75	+10.35	+1.56	+1.30	+0.47	-10.17
其中 出境	-30.14	-33.42	-20.85	-23.13	-4.16	+5.05	+13.13		-29.75		-100	-100	-26.74	-29.7	+9.42	+6.05	+5.87	+5.6	-10.17
其中 入境	-5.67	-11.31	+35.87	+19.88	+6.37	+5.45	+13.13		-0.72	+25.08	+9.47	-0.73	+7.47	+2.81	+11.29	-0.76	-1.42	-2.56	-53.85

（上海出入境检验检疫局提供）

2013 年上海海事局进出港船舶统计汇总表

船舶类别	进港船舶							出港船舶						
	艘数（艘）	总吨（吨位）	总载重量（吨）	载客量（客位）	船员人数（人次）	货物到达量（吨）	旅客到达量（人）	艘数（艘）	总吨（吨位）	总载重量（吨）	载客量（客位）	船员人数（人次）	货物发送量（吨）	旅客发送量（人）
总数	99 932	1 030 459 619	1 157 333 268	6 372 918	1 504 209	358 234 033. 76	1 892 296	106 664	1 055 972 042	1 179 141 480	7 870 731	1 612 161	194 622 363. 44	1 248 822
中国籍船舶	80 302	281 144 363	269 036 762	6 043 732	914 089	188 632 943. 81	1 514 514	86 866	298 213 461	278 969 445	7 542 245	1 022 046	68 202 915. 92	867 385
其中外贸船	1 246	27 997 818	25 880 731	31 441	32 515	14 203 379. 88	5 098	1 459	29 066 546	27 605 921	31 786	34 738	7 431 527. 82	6 576

（上海海事局提供）

江　苏　省

口岸数量及分布

截至2013年年底，江苏省共有经国务院批准对外开放口岸18个。其中，空运口岸4个，分别是南京空运口岸、徐州空运口岸、盐城空运口岸、无锡空运口岸；水运口岸14个，分别是连云港水运（海港）口岸、南通水运（河港）口岸、如皋水运（河港）口岸、张家港水运（河港）口岸、南京水运（河港）口岸、镇江水运（河港）口岸、江阴水运（河港）口岸、扬州水运（河港）口岸、泰州水运（河港）口岸、太仓水运（河港）口岸、常熟水运（河港）口岸、常州水运（河港）口岸、大丰水运（海港）口岸、靖江水运（河港）口岸。

口岸运行数据

2013年，江苏省水运口岸外贸运输量达34 460.96万吨，同比增长10.82%；外贸集装箱运量达730.38万标箱，同比增长3.73%。空运口岸出入境旅客2 214 268人次，同比增长17.66%；货运量34 198.50吨，同比增长4.60%。

2013年江苏省空运口岸外贸运输情况表

	出入境旅客（人次）	同比（%）	货运量（吨）	同比（%）
全省合计	2 214 268	+17.66	34 198.50	+4.60
南京空运口岸	1 622 071	+28.16	31 460.00	+7.03
徐州空运口岸	112 762	-28.00	无	无
盐城空运口岸	113 610	+40.63	124.50	+20.35
无锡空运口岸	365 825	-1.20	2 614.00	-15.84

2013年江苏省水运口岸外贸运输情况表

	外贸运量（万吨）	同比（%）	外贸集装箱运量（万标箱）	同比（%）
合　计	34 460.96	+10.82	730.38	+3.73
连云港水运（海港）口岸	10 599.13	+9.49	327.18	+3.26
南通水运（河港）口岸	3 460.23	+5.30	50.09	+5.90
如皋水运（河港）口岸	612.25	+66.48	无	无
张家港水运（河港）口岸	5 091.11	+1.10	46.82	-0.80
南京水运（河港）口岸	2 204.42	+26.54	68.22	+9.59
镇江水运（河港）口岸	2 652.80	+24.40	38.06	+1.30
江阴水运（河港）口岸	1 629.61	+13.73	7.73	+1.02
扬州水运（河港）口岸	594.00	-10.50	24.70	+29.30
泰州水运（河港）口岸	724.97	+4.30	17.62	+29.00
太仓水运（河港）口岸	4 667.99	+7.47	112.82	-16.77
常熟水运（河港）口岸	1 189.54	+9.93	22.18	+1.51
常州水运（河港）口岸	534.07	+36.70	9.94	+6.90
大丰水运（海港）口岸	500.85	+130.48	5.01	+130.49
靖江水运（河港）口岸	无	无	无	无

口岸综合管理

2013年，江苏省实施沿海开发战略，连云港东中西区域合作示范区建设等国家战略陆续展开，先后完成靖江水运（河港）口岸开放的国家验收；建湖、无锡新区的外贸货物装卸点开放，启东港、如东港、赣榆港码头临时开放；验收码头12个、28个泊位；完成镇江、江阴、扬州、宿迁、常熟综合保税区和泰州医药口岸城市的申报。

口岸监管与服务

【南京海关主动推进外贸领域重要改革】 南京海关率先开展对接上海自由贸易区建设研究：赴上海、广东实地调研，并向江苏省委、省政府提出主动承接、错位发展、深化改革的10点建议；主动参与连云港、苏州申报自由贸易港（园）区工作，积极出谋划策。抓紧推进连云港水运（海港）口岸通关协作：围绕推进丝绸之路经济带建设和口岸管理部门“三互”工作，牵头陇海、兰新铁路沿线8个直属海关研究制订区域通关合作方案，提出改革过境货物监管模式等7项创新举措，以连云港为龙头实现通关一体化；积极参与全省“三互”试点。主动开展关检“三个一”（即“一次申报、一次查验、一次放行”）合作：在暂未纳入全国试点的情况下，主动上门与江苏出入境检验检疫局等部门沟通协调，对接执法流程、共享信息数据，确保按时在连云港水运（海港）口岸、张家港水运（河港）口岸、太仓水运（河港）口岸启动“一次查验”、“一次放行”和一单两报系统“一次申报”。2013年年底已联合查验集装箱1 542标箱，货值1 211.58万美元。南京海关全力推动跨境电子商务试点，10余次赴南京、苏州、无锡等市调研指导，争取苏州工业园区获批出口零售试点资格。同步开展海关业务流程设计和信息系统开发，2013年12月18日苏州工业园区试点成功，至2013年年底已验放包裹205票，商品远销美国、巴西等国家。

【积极促进开放型经济转型升级】 南京海关积极参与苏南现代化示范区和昆山深化两岸产业合作试验区建设，争取进口免税等10余项优惠政策，靖江水运（河港）口岸开放，苏州工业园区药品进口口岸获批，“苏新欧”和“苏蒙欧”国际班列开通。南京海关持续推动加工贸易转型升级，外发加工、内销便利等优惠政策效果突出，仅外发加工减免担保一项就为企业减免保证金16.80亿元，促进产业链条延伸；开展全球维修、无纸化报核、工单核销等改革试点，181家试点企业累计免交报关单170万份，经营效率显著提升。南京海关推动海关特殊监管区域整合优化，研究提出江苏省特殊区域整合优化方案，围绕拓展综合保税区国内贸易功能、关注特殊区域准入退出管理等问题，向江苏省委、省政府建言献策。积极争取南通、淮安、泰州等地特殊区域设立或升级，为苏中、苏北承接产业转移搭建平台。围绕“六大中心”目标定位，开展区间货物快速流转、内销货物返区维修等改革试点，仅前者一项就惠及企业168家，涉及货值656.76亿美元；全面推广特殊区域“两单一审”改革，企业通关手续简化一半，特殊区域信息化系统完成整合，区区联动成为现实。

【深化区域通关改革，促进贸易便利化】 南京海关积极推动江苏省内无纸化通关全覆盖，无纸化报关单占到报关单总量的53.90%；同步推广物流监控等信息系统，95.00%以上的进口货物24小时内放行，平均通关效率提高20.00%以上。实施分类查验，将高信用AA类企业查验率控制在0.50%以内；实行查验分流，将原集中在口岸查验的特殊监管区域货物分流至区内查验，减少货物滞港时间。深化区域通关改革，推动江苏省内企业在全国26个海关适用“属地申报，口岸验放”和“属地申报，属地放行”，取消关区内转关，企业在本地“一站式”办结所有海关手续。推行高信用企业担保验放等便利措施。

【提升检验检疫执法把关能力】 完善特色执法监管体系，在“三环联控”模式研究取得突破的基础上，综合应用现代科学技术和“国检通”等信息化网络，构建数字化执法平台，积极探索和实施全申报、大验证、“二八法则”等执法监管模式，推动业务模式、工作流程的变革式创新。加快口岸核心能力建设，17个口岸全部一次性通过口岸卫生检疫核心能力达标验收。发挥江苏省电子口岸的省级平台作用，在南京、江阴、张家港试点推进出入境船舶申报项目，完善通关信息查询系统。全力推进口岸集中查验，对主要进口食品实现了集中监管。强化风险预警管理，加快建立质量安全风险监测、风险预警和快速反应监管体系，大力推进全省系统进口检验监管风险信息监测采集和风险评估工作。2013年1～11月共上报风险信息1 468条，其中高危害等级47项，中危害等级662项，低危害等级170项，未知危害等级818项，信息报送量位居全国检验检疫系统前列。加强重点领域监管，坚持以安全、卫生、健康、环保和反欺诈为着力点，加强重点敏感商品和关键环节的检验监管。组织开展肉类专项检查，检查进出口肉类企业63家，发现问题和隐患10个；有效防控人感染H7N9禽流感疫情，妥善处置入境人员携带剧毒化工品、输入性群体疟疾疫情、苏州美素丽儿奶粉双氰胺、进出口食品塑化剂、酒类抽样投诉、输欧米制品转基因等多项突发事件和举报投诉。此外，“321”邮检工作模式还在全国检验检疫系统推广。

【服务大局作用持续提升】 截至2013年11月15日共减免各项检验检疫费4.90亿元，涉及报检企业22 000余家。大力推动通关便利化，全面推广电子审单、信用放行、无纸化报检、“银检通”电子收费等工作模式。积极向国家质检总局争取政策，协同海关推进“三个一”试点工作，目前已达成试点口岸、业务范围、工作模式、工作平台、工作步骤“五明确”的实施意见，力争2014年12月份在连云港水运（海港）口岸、张家港水运（河港）口岸、太仓水运（河港）口岸展开试点。主动对接上海自由贸易区，积极配合江苏省政府向国家质检总局争取政策，开展江苏自贸港（园）区的研究和申报工作。积极服务区域经济发展，紧跟国家扩大进口和江苏六大新兴产业发展战略，通过建立绿色通道，实施“一企一策”等服务举措，扶持优势产业做大做强。支持江苏特殊监管区域转型升级，推动无锡、盐城、南京综合保税区通过国家验收，南通、太仓综合保税区获得国家批准，并支持镇江、扬州等9个地区申报设立综合保税区。

【江苏省公安边防总队全力做好“亚青会”安保工作】 2013年，江苏省边检机关确保了辖区口岸和部队内部的安全稳定，圆满完成2 400余名运动员、裁判员、793名要客、60支参赛枪支及24 250发比赛子弹的出入境检查任务；完成14万余重点人员背景审查及2 000余名人员布控工作，查处违法违规案件311起，其中破获刑事案件54起，调解矛盾纠纷356起，有力策应了全省安保工作大局，为“亚青会”的成功顺利举办作出了积极贡献。

【江苏海事局积极发挥口岸查验单位牵头作用】 江苏海事局定期组织召开口岸查验单位联席会议，草拟《江苏省港口口岸码头开放管理规定》有关实施细则和工作流程。积极参与省电子口岸平台建设，提出本局综合管理信息平台国际航行船舶进出口岸网上申报模块与平台的无缝衔接相关的需求，并在南京局上线运行“进口岸申请审批模块”，测试“船舶进口岸预报模块”、“船舶出口岸预报模块”，着手准备在江苏海事局系统推广。

开放口岸

【南京空运口岸】 南京禄口国际机场位于南京市江宁区禄口镇，于1997年7月1日正式通航，1997年11月经国务院和中央军委批准对外开放。2005年4月，南京禄口国际机场被世界卫生组织（WHO）评为国际卫生机场，2008年12月5日通过国家航空安全审计。机场现拥有4E级飞行区和1条4E级跑道。候机楼建筑面积13.20万平方米，年旅客保障能力1 200万人次。货运中心面积4.10万平方米，年货邮保障能力

40万吨。禄口国际机场现与下列13个境外及地区航点开通定期客运航班：法兰克福、悉尼、东京、大阪、名古屋、首尔、釜山、新加坡、香港、澳门、台北、台中、台东。与曼谷、普吉境外航点开通定期包机航班，并与洛杉矶、芝加哥、台北等3个境外及地区航点开通定期货运航班。南京禄口国际机场正在进行二期扩建工程，新建第二跑道与T2候机楼，设计年旅客吞吐量3 000万人次，货邮吞吐量80万吨；飞行区等级将提升至4F级，可起降包括A380在内的所有机型，预计于2014年7月建成投用。2013年出入境人员179万人次，同比增长29.80%；进出口货运量3.60万吨，同比增长16.30%；出入境飞机11 853架次，同比增长20.70%。

2013年，南京禄口国际机场新增加大韩航空“釜山—南京—釜山”定期客运航线，新加坡酷航“新加坡—南京—新加坡”定期客运航线，东方航空“南京—台中—南京”、“南京—高雄—南京”定期航线、“北京—南京—悉尼”航线，泰国东方航空公司“曼谷—南京—曼谷”定期客运航线；新开南京至金边、暹粒、岘港、长滩、巴厘岛等5条定期包机客运航线。其中，“北京—南京—悉尼”客运航线是继“南京—法兰克福”航线后，江苏省开通的另一条远程洲际直达航线。

南京空运口岸主要国际及地区航线表

航　线	班　次
南京—法兰克福	每周3班
北京—南京—悉尼	每周3班
南京—首尔	每周14班
南京—釜山	每周4班
南京—东京	每周2班
南京—大阪	每周2班
南京—曼谷	每周3班
南京—香港	每周35班
南京—澳门	每周7班

续表

航　线	班　次
南京—台湾	每周18班
南京—新加坡	每周4班
新加坡—厦门—南京—安克雷奇—芝加哥/洛杉矶（货）	每周2班
南京—台北（货）	每周3班

【徐州空运口岸】 徐州观音机场位于徐州市东南方向的睢宁县双沟镇境内，距离徐州市区45千米，南临104国道，北靠盐徐高速公路，地面交通十分便利。2008年经国务院批准对外开放。观音机场旅客吞吐量连续多年居苏北及淮海地区各机场首位。机场现有3 400米跑道1条，能够起降波音737、空客A330及以下各类型飞机，具备全天候开放条件。

徐州观音机场睢宁城市候机楼是观音机场在市辖县设立的第1个城市候机楼，目前徐州观音国际机场已经在辖区开通了邳州、睢宁、新沂、贾汪的城市候机楼，并开通了枣庄、宿迁、宿州、淮北城市候机楼。2013年周边城市候机楼共运送旅客6万余人次，较2012年同期增长22.00%。作为淮海经济区中心机场，观音机场还将开通丰县、沛县、永城等城市候机楼，进一步拓展机场服务范围。

2013年5月30日，徐州观音机场成功开通直飞韩国（首尔）航线，这是观音机场继2012年开通泰国（曼谷）航线后的第2条国际航线。徐州至韩国（首尔）航线的开通，对于加快徐州市国际空港建设及口岸开放，提升徐州外向型经

济发展具有重要意义。2013 年 6 月 3 日，徐州至台湾高雄航线正式开通，这也是近年来观音机场开通的第 3 条地区航线，此前徐州观音机场已先后开通了徐州至香港、徐州至台北 2 条地区航线。同时，徐州观音机场积极对原有航线进行调整优化，恢复了呼和浩特、沈阳航线，香港航线改由香港航空执行，增加贵阳、成都、大连、海口、长沙、昆明、丽江等热门航线。

2013 年，徐州空运口岸地区航班保障情况良好。安全保障各类飞行 37 822 架次，同比增长 34.60%；旅客吞吐量首次突破 100 万人次，达到 111.20 万人次，实现历史性的突破。其中，保障国际地区航班 1 186 架次，保障旅客 11.39 万人次。

2012 年 4 月，徐州观音机场开通国际货运业务，组织了多批国际货运，完善了国际空港的功能。开通香港货运业务，2013 年共完成地区货运 3.40 吨。

【盐城空运口岸】 盐城南洋机场始建于 1958 年，位于江苏省盐城市亭湖区南洋镇境内。1984 年国务院和中央军委批准为军民合用机场。1996 年盐城市人民政府新征土地约 16.67 万平方米，自筹资金 1.20 亿元建设盐城民航站。2000 年开通民航班机，2009 年正式对外开放。目前，机场飞行区等级为 4C 级，跑道长 2 200 米，可保障波音 737、空客 320 等中等机型起降。2011 年机场旅客吞吐量突破 23 万人次，航班量每周最高 50 班，在飞航线有至首尔、曼谷、香港、台北等 4 条国际和地区航线，至北京、广州、上海、昆明、长沙等多条国内航线，是苏北地区国际和地区航线数量最多的机场。

盐城机场边防检查站、盐城海关驻机场办事处、盐城出入境检验检疫局机场办事处承担该口岸的监管任务。2013 年盐城航空口岸进出境飞机 3 570 架次，安全运送旅客 405 160 人次，货物吞吐量 2 720 吨。其中，国际航班为 1 141架次，出入境人数为 113 610 人次，国际货运为 125 吨。

【无锡空运口岸】 无锡硕放国际机场位于江苏省无锡市东南方硕放镇，距无锡市中心 16 千米，距苏州市区 25 千米，始建于 1995 年，2004 年 2 月 18 日正式开通民用航班，2007 年 9 月 28 日启用新航站区。机场飞行等级为 4D 级，可满足波音 757 及以下机型全载起降。2009 年实施跑道加厚工程，可满足波音 747 型飞机减载起降的要求。开航以来，机场先后引进深航、东航、南航、联航、国航、川航、东海航和顺丰航等 8 家航空公司，开辟了包括北京、广州、成都、香港、澳门、台北、东京、大阪、曼谷等在内的国内、国际（地区）航线 30 条以上，日均航班量达 100 余班，并始终保持 70% 以上的平均客座率和载运率。

2013 年，无锡空运口岸共安全保障运输航班起降 3.18 万架次，完成旅客吞吐量 359.02 万人次，货邮吞吐量为 8.76 万吨，同比分别增长 11.80%、10.90%、4.30%。2013 年 12 月 18 日，开通无锡直飞新加坡的航班，至此无锡硕放国际机场已开通 9 条国际（地区）航线。

【连云港水运（海港）口岸】 2013 年，连云港水运（海港）口岸实现港口吞吐量 2 亿吨，同比增长 8.80%；集装箱吞吐量 548.80 万标箱，同比增长 9.30%；进出口货运量 10 599.13 万吨，同比增长 9.49%。出入境船舶 6 246 艘次，同比增长 3.05%。其中，出境船舶 3 480 艘次，同比增长 1.96%；入境船舶 2 766 艘次，同比增长 4.46%。货物检验检疫累计完成 38 684 批次，同比下降 1.68%。其中，出境货物检验 28 558 批次，同比下降 4.53%；入境货物检验 10 126 批次，同比增长 7.38%。海港出入境人员 239 242人，同比增长 0.79%。其中，出境人员 122 968 人，同比下降 0.09%；入境人员 116 274 人次，同比增长 1.65%。

2013 年，连云港水运（海港）口岸主体港区 7 个新建泊位通过省级对外开放验收。新增中东、韩国、泉州、宁波、青岛 5 条航线，并开通至阜宁内河集装箱航线。积极申报自由贸易港区，成功签订中哈物流中转基地项目。

2013 年，连云港电子口岸门户网站正式开通，国际物流园区公共信息平台和其他涉及国际贸易的特定区域公共信息平台投入使用，口岸公共信息平台注册用户覆盖率达到95.00%以上，集装箱箱单电子化率达到100%。

2013年9月7日，习近平主席访问中亚期间，在哈萨克斯坦首都阿斯塔纳与纳扎尔巴耶夫总统共同见证了连云港市政府与哈萨克斯坦国有铁路股份公司签订项目合作协议，共同构建通过中国连云港的过境货物运输通道及货物中转分拨基地项目。2013年11月29日，李克强总理在出席上海合作组织成员国总理第12次会议上提出中方愿在连云港为上海合作组织各成员国提供物流、仓储服务，简化通关、检验检疫手续，降低关税，消除贸易壁垒。日本、韩国等20多个国家选择利用连云港开展大陆桥运输，2013年，通过连云港至阿拉山口和霍尔果斯两通道的过境货运量再次突破10万标箱。

【大丰水运（海港）口岸】 大丰水运（海港）口岸位于江苏1 040千米海岸线港口空白带的中心位置，东经120°46′1″，北纬33°16′18″，利用此海域特有的潮汐通道“西洋深槽”建设深水码头。“西洋深槽”水深稳定，-15米等深线宽3~4千米，长55千米，并与外海深水贯通，可进出10万吨级船舶。大丰水运（海港）口岸于2006年6月13日被国务院批准，2007年9月20日正式对外开放。大丰水运（海港）口岸区位优势明显，集疏运体系完善，是国家交通运输部规划填补沿海港口空白带的项目，是江苏省沿海重点建设的三大港口之一，直接服务于苏中、苏北及皖北、豫南等中西部地区。目前，已开通至韩国仁川港、釜山港，日本门司港和经上海至欧美等国际集装箱班轮航线，至日本、俄罗斯杂货航线，以及至大连、天津、秦皇岛、青岛等散杂货航线。2013年新开至宁波港内支线。大丰水运（海港）口岸与韩国、日本一衣带水，距釜山港420海里，距长崎港430海里；距上海港250海里，距连云港港120海里。毗邻的盐城、南通机场，以及沿海高速、新长铁路、通榆运河，与其共同构成了海陆空体系完善的集疏运网络。苏通长江大桥通车后，大丰水运（海港）口岸已成为江苏沿海重要的交通枢纽和物流中心。

随着2013年三期工程集装箱粮食码头、通过码头的基本建成，已建成万吨级以上生产性泊位16个，年吞吐能力达6 000万吨。2013年，完成货物吞吐量3 250万吨，集装箱吞吐量5万标箱。

2013年大丰水运（海港）口岸货物吞吐量情况表

	2012年	2013年	同比（%）
货物吞吐总量（万吨）	2 022.13	3 250.48	+60.75
外贸货物吞吐量（万吨）	217.30	500.85	+130.49

【南通水运（河港）口岸】 南通水运（河港）口岸地处长江和沿海“T”字形经济发展带的交汇点上，是我国发展综合运输的沿海主枢纽港、上海国际航运中心北翼的重要组成部分。1982年，南通水运（河港）口岸经国务院、中央军委批准对外开放，现与世界上100多个国家和地区的300多个港口通航。南通水运（河港）口岸拥有长江岸线219千米，其中干堤岸线166千米，洲堤岸线53千米，可建万吨级深水泊位的岸线30多千米；拥有海岸线203千米，其中可建5万吨级以上深水岸线40多千米。其共规划有11个港区，沿江有如皋、天生、通州、任港、狼山、富民、江海、通海、启海9个港区，沿海有洋口、吕四2个港区。地处腰沙—冷家沙海域的通州湾港区正在进行规划研究和编制，即将成为第12个港区。作为长江北岸由海入江的第一港，长江上第一座万吨级泊位、5万吨级泊位、10万吨级泊位均在此诞生。目前，已建成各类码头泊位268座，10万吨级以上泊位28座，其中5万~10万吨级33座，1万~5万吨级36座，码头最大靠泊等级提高到20万吨级。长江主航道流经南通水运（河港）口岸，沿江拥有营船港航道、天生港航道两条专用航道。沿海拥有洋口港区烂沙洋南航道、北航道，吕四港区小庙洪航道建成通航。

南通水运（河港）口岸经过30多年的发展建设，临港工业项目加速集聚，新兴物流市场蓬勃发展，南通市90%以上的基础物流由港口完成。南通辖区长江沿岸对外开放码头截至2013年年底达34座，泊位55个。2013年1月3日，国务院批准设立南通水运（河港）口岸依托原有出口加工区申报南通综合保税区，12月27日南通综合保税区（一期）通过海关总署、国家发展改革委、财政部、国土资源部等十部委的联合验收，正式封关运作。

2013年，南通水运（河港）口岸吞吐量完成2.05亿吨，同比增长10.60%。从品种来看，金属矿石、煤炭、矿建材料是三大主力，吞吐量占全港7成以上。口岸外贸运量3 460.23万吨，同比增长5.30%。集装箱吞吐量60.05万标箱，同比增长19.10%；外贸集装箱吞吐量30.60万标箱，同比增长6.20%。国际航行船舶进出口岸3 910艘次。各项指标创历史新高。

【如皋水运（河港）口岸】 如皋水运（河港）口岸位于长江三角洲北翼，“长寿之乡”江苏省如皋市最南端，与张家港隔江相望，距上游江阴港36千米、南京港200千米，距下游南通港24千米、上海港120千米，距离入海口223千米。如皋港现有长江岸线48千米，其中深水岸线约17.56千米，人工港池岸线14.20千米。目前已建生产性泊位32个，其中5万吨级以上泊位9个；修造船及海工泊位19个，其中30万吨级舾装泊位8个。

2013年，如皋水运（河港）口岸外贸货物吞吐量612.25万吨，同比增长66.48%。进出口岸的外贸货物主要以大宗散杂货和危险化学品为主，散货货种主要为煤炭、金属矿石等，危险化学品主要货种为基础油、棕榈油等。散货业务主要来源于如皋港务集团有限公司码头，该公司建有5万吨级以上公用泊位4个，有大型门吊15台，大型装载机18台，后沿堆场近70万平方米，是长江北岸重要的货物集散地。危险化学品业务主要来源于诚晖石化等4家石化企业，2013年度外贸吞吐量142.60万吨。目前，如皋水运（河港）口岸已经成为华东地区重要的、极具发展潜力的危险品仓储、中转基地，拥有各类大小储罐233个，已具有200万立方米的储存能力和每年2 000万吨的吞吐能力。

如皋水运（河港）口岸还形成了以江苏熔盛重工有限公司为龙头的10多家船舶修造企业和20多家船舶配套企业板块。该公司于2010年成功在香港上市，是南通地区唯一一家应税销售超百亿元的工业企业，其有4座大型船坞，其中139.5米×580米的4号船坞是目前国内最大的干船坞，配备了1台世界最大的1 600吨龙门吊，已为巴西淡水河谷公司、阿曼航运公司等船东建造了数条38万吨级的世界最大的矿砂船。

2013年如皋水运（河港）口岸货物吞吐量情况表

	2012年	2013年	同比（%）
货物吞吐量（万吨）	3 200	2 895	-9.53
外贸货物吞吐量（万吨）	367.76	612.25	+66.48

【张家港水运（河港）口岸】 张家港水运（河港）口岸位于长江下游南岸江苏省张家港市境内，东经120°24′18″，北纬31°58′06″，东邻上海173千米，西距南京220千米，北与南通隔江相望，南距苏州113千米，距无锡、常州均为57千米，腹地富庶，交通畅达。口岸年平均气温21.54摄氏度，相对湿度为60.18%，风力为4.16米/秒，属亚热带海洋性气候。口岸拥有岸线全长63.57千米（其中深水岸线37.50千米），岸线顺通，-10米以下深水贴岸，不冻不淤，并有江心福姜沙作天然屏障，使港口成为得天独厚的避风良港。

至2013年12月，张家港水运（河港）口岸建有泊位127个，其中万吨级以上泊位为69个；拥有对外开放泊位为74个，其中万吨级对外开放泊位62个。口岸具备集装箱、木材、钢材、粮油、化工、煤炭、矿石、杂货件等十三大类不同货种的装卸能力，与全球60多个国家和地区311个港口开展贸易往来，开辟至日本、韩国等

4条近洋航线，月班轮21次。2013年5月，张家港保税港务码头至洋山港集装箱班轮支线顺利开航，至此已有13家船公司在张家港水运（河港）口岸开辟洋山支线。至2013年12月，共有外贸内支线26条，月班轮465次；内贸航线23条，月班轮430次。

2013年，张家港水运（河港）口岸完成货物吞吐量2.60亿吨，同比增长4.00%。其中，主要货种分别为：煤炭及制品，6 867.90万吨；金属矿石，6 713.70万吨；钢铁，4 882.50万吨；化工原料及制品，1 228.70万吨；原木，420.90万吨；水泥，385.20万吨；粮食，339.70万吨。外贸进出口运量为5 091.11万吨，集装箱运量为170.10万标箱，同比分别增长1.10%、13.20%。2013年2月，张家港保税港区汽车整车进口口岸顺利通过国家级验收，全年共进出口整车15 000辆。在同期获批的全国4个汽车口岸中，做到了3个“第一”，即第一个通过国家联合验收，第一个实现首批车辆进口，第一个通过进口整车检测线计量认证审核。

【南京水运（河港）口岸】 南京水运（河港）口岸地处长江下游，距吴淞口360余千米，港辖区沿长江两岸分布，南岸全长104.20千米，北岸全长91千米，航道维护水深达10.50米，可满足3万吨级海轮常年通航，5万吨级海轮乘潮通航。南京水运（河港）口岸是我国沿海25个主枢纽港之一。1986年3月经全国人大常委会批准对外国籍船舶开放。2013年，南京水运（河港）口岸进出口货运量为2 204.42万吨，同比增长26.54%；监管运输工具量2 758艘次，同比增长7.60%；出入境人员4.98万人次，同比减少1.90%。现常年接靠国际航行船舶的码头泊位共有65个。

南京水运（河港）口岸现有国际集装箱班轮航线4条，每月航班量达20班，其中南京至日本每月4班，南京至韩国每月16班；外贸内支线58条，每月航班量达252班，其中南京至洋山每月108班，南京至外高桥每月144班，南京至宁波每月4班。

航线性质		类别	航线数（条）	航班（班/月）
外贸航线	近洋航线	日本线	1	4
		韩国线	3	16
	内支线	洋山	27	108
		外高桥	31	144
		宁波	1	4

南京综合保税区于2012年9月17日经国务院批准设立，规划面积5.03平方千米，分为龙潭片和江宁片两个片区。其中，龙潭片位于栖霞区，紧临龙潭港区，规划面积3.83平方千米；江宁片位于江宁开发区，是在原出口加工区（南区）规划范围内开展升级改造，规划面积1.2平方千米。2013年10月29日，南京综保区（一期）顺利通过国家联合验收组正式验收。

【镇江水运（河港）口岸】 镇江水运（河港）口岸位于长江与京杭运河两条黄金水道的十字交汇处，上距南京87千米，下距长江入海口279千米。1986年经国务院批准对外开放，是我国沿海25个主要港口和海峡两岸海上直航大陆63个港口之一，是国家主枢纽港、长江三角洲地区重要的对外开放口岸。

镇江市规划港口岸线总长126千米，其中深水港口岸线75.10千米。截至2012年年底，已利用港口岸线39.30千米，其中深水岸线28.30千米。目前，共有生产性泊位226个，设计通过能力1.12亿吨，其中集装箱通过能力40万标箱。口岸下辖高资、龙门、谏壁、大港、扬中、高桥、新民洲等7个港区，主要经营煤炭、矿石、钢材、豆类、植物油等散杂货及集装箱业务，是长江中上游地区大宗物资江海中转效益最佳区段，具有江海直达和海江河转运的区位优势。进港主航道水深-10米以上，3万吨级船舶可常年通航，具备深水码头成片规模开发建设的条件，具有持续发展的广阔空间。镇江港与沪宁城际铁路、京沪高速铁路等铁路主干线相连接，沪宁高速、扬溧高速、沿江高速、312国道、104国道等公路主干线连接各大港区，润扬大桥连接大江南北，泰州长江公路大桥穿越镇江港扬中港区，港口距南京禄口国际机场仅1小时车程，集疏运条件畅通便捷，是多种运输方式交汇的中转枢纽港和物流中心港。

镇江水运（河港）口岸共有对外开放泊位41个，已与世界上70多个国家和地区近300个港口建立外贸运输业务，建有镇江新区出口加工区、中远物流保税仓库、金东纸业保税仓库、惠龙港务出口监管仓库、李长荣化工液体化学品保税罐等特殊监管区域。2013年，镇江水运（河港）口岸共完成货物吞吐量14 098.38万吨，外贸吞吐量2 652.85万吨，集装箱吞吐量38.04万标箱。

2013年镇江水运（河港）口岸货物吞吐量情况表

	2013年
一、港辖区货物吞吐量（万吨）	14 098.38
公用码头	8 189.52
货主码头	5 908.86
二、外贸货物吞吐量（万吨）	2 652.80
公用码头	2 039.90
货主码头	612.95
三、集装箱（万标箱）	38.06
港务集团	28.32
大港四期	5.72
货主码头	4.00

【江阴水运（河港）口岸】 江阴水运（河港）口岸是长三角地区区域性枢纽港，无锡地区唯一出海通道。口岸地处长江A、B级航道分界点，东距上海180千米，西至南京204千米，沿江深水岸线长达35千米，1992年5月成为国家一类对外开放水运口岸。2007年7月，国务院批复同意将长江靖江一侧24.1千米沿江岸线纳入江阴水运（河港）口岸扩大开放范围。2009年江阴港跨入亿吨大港行列，2010年集装箱运量突破百万标箱。江阴水运（河港）口岸在长江南岸建有千吨级以上泊位87个，其中万吨级以上泊位43个；在长江北岸江阴—靖江工业园区建有千吨级以上泊位29个，其中万吨级以上泊位18个。目前，全港共有43个泊位对外国籍船舶开放。

江阴保税物流中心（B型）于2009年4月30日正式封关运作，已建成面积0.45平方千米，其中已建成仓库10.50万平方米，堆场6 000平方米，办公用房1.3万平方米。2013年，江阴保税物流中心报关单量为2.1万票，监管货值为23.05亿美元，实现开票销售收入79.50亿元。

江阴水运（河港）口岸与日本、韩国、我国台湾等国家和地区开通了集装箱直达航线，与上海外高桥和洋山港开通了天天班外贸内支线。2013年，口岸内外贸航线达48条，航班密度为每周103班次，进一步增强了港口辐射能力。

2013年，江阴水运（河港）口岸货物吞吐量为13 506.44万吨，集装箱吞吐量为120.36万标箱，同比分别增长1.95%、4.32%。其中，外贸吞吐量完成1 629.61万吨，同比增长13.73%，主要进出口货种为化工品、金属矿石、钢铁、石油及制品、煤炭。

2013年江阴水运（河港）口岸货物吞吐量情况表

指标名称	单位	2012年	2013年	同比（%）
货物吞吐量	万吨	13 248.35	13 506.44	+1.95
外贸吞吐量	万吨	1 432.93	1 629.61	+13.73
集装箱吞吐量	标箱	1 153 768	1 203 618	+4.32

【扬州水运（河港）口岸】 扬州水运（河港）口岸位于江苏中部、长江下游北岸、江淮平原南端，地处长江和京杭大运河交汇处。扬州是我国较早开展对外贸易和国际交往的城市之一，是国务院第一批命名的历史文化名城。它是上海经济圈和南京都市圈的节点城市，向南接纳苏南、上海等地区经济辐射，向北作为开发苏北的前沿阵地和传导区域，素有“苏北门户”之称。沪宁高速公路、宁通高速公路在扬州境内交汇，扬溧高速公路经润扬长江公路大桥直通苏南，扬州已实现环城贯通高速公路。此外，沿江高等级公路、安大公路、淮江公路、盐金公路、仪扬公路等国省干线公路构筑起400千米的“市域环路”，宁启铁路横穿扬州境内，京杭大运河与长江在扬州南部汇流，构成市域航道主骨，形成了便捷的输港通道，是长江北岸重要的交通枢纽和货物集散中心。扬州水运（河港）口岸是经国务院批准的对外开放口岸。1992年11月29日，扬州港经国务院批准对外国籍船舶开放。

扬州境内长江岸线有81千米，其中开放岸线共计近70千米。沿江有仪征、江都、邗江一市二区和省级扬州经济开放区。

扬州水运（河港）口岸布局为“一港三区”，主港区为六圩港区，江都港区、仪征港区分列两翼，具有广阔的经济腹地和江海河联运的区位优势，共有各类码头泊位45个，其中万吨级以上泊位21个。扬州港六圩港区以集装箱运输为主，兼顾煤炭、铁矿石等大宗散货。江都港区距扬州市区36千米，以件杂货为主，现有万吨级泊位10个。扬州港仪征港区距扬州市区29千米，是一个液体化工专业港区，目前已建成万吨级以上泊位8个，千吨级泊位12个。近年来，港区后方扬州化学工业园区的迅速崛起，众多大型化工项目落户园区。

目前，扬州水运（河港）口岸已与全球50个国家和地区的120个港口有货物中转往来，每周有30多个航班从事扬州至上海外贸集装箱支线运输，40多个航班从事内贸集装箱支干线运输，通达世界50个国家120个港口，为江苏苏北、苏中地区从“运河经济”迈向“海河经济”架起了金桥。2013年，口岸完成货物吞吐量8 500万吨，集装箱吞吐量50万标箱。

【泰州水运（河港）口岸】 泰州水运（河港）口岸地处江苏中部、长江下游北岸，是长江进入B级航区的第1个港口，是长江中上游西部地区物资中转运输的重要口岸，是江海河联运、铁公水中转、内外贸运输的节点，是上海组合港中的配套港、国际集装箱运输的支线港和喂给港。口岸辖高港、泰兴、靖江三大港区，杨湾、高港、永安、过船、七圩、夹港、八圩、新港8个作业区，西起江都界，东至靖如界，拥有长江岸线96.30千米，其中深水岸线52千米。常年通航靠泊万吨级海轮，与世界上60多个国家和地区的70多个港口有运输往来，可承接钢材、木材、化工品、粮油、煤炭、集装箱、件杂货等不同货种的中转储运，是全国木材、钢材、粮油、化工品等货物的重要中转港和国际贸易商港，2013年货物吞吐量达1.50亿吨。

泰州水运（河港）口岸于1992年经国务院批准设立。以口岸靖江港区为主体的靖江水运（河港）口岸于2012年11月经国务院批准设立，2013年8月通过国家级验收正式对外开放。随着靖江水运（河港）口岸的对外开放，泰州水运（河港）口岸实现了全岸线（除军事监管区、生态保护区）对外开放，共有对外开放码头31座54个泊位。2013年，泰州水运（河港）口岸进出境货运量为724.97万吨，同比增长4.3%。同期，集装箱进出境运量为17.62万标箱，同比增长29%；监管进出境船舶3 785艘次，同比增长19.80%；监管进出境船员71 989人次，同比增长16.70%。

【太仓水运（河港）口岸】 太仓水运（河港）口岸位于江苏省东南部、长江入海口南岸，距上海、苏州市区均约60千米，是国家定位的上海国际航运中心重要组成部分、集装箱干线港、江海联运中转枢纽港。

太仓水运（河港）口岸共规划港口岸线28.20千米，通航水深-12.50米，分鹿河、新泾、荡茜、浮桥、茜泾5个作业区，主要功能为：重点服务于长三角及长江沿线地区，以集装箱干线运输和铁矿石、煤炭中转运输为主，相应开展石油化工品中转储运，并兼顾临港产业开发。可建设生产性泊位163个，其中万吨级以上泊位76个；货物设计吞吐能力3.26亿吨，其中集装箱设计吞吐能力2 147万标箱。太仓水运（河港）口岸陆域规划控制面积261.80平方千米，按照“一区多园”的发展模式，规划了新能源产业园、新材料产业园、新装备产业园、现代物流园和太仓市中小企业创业园等特色功能园区。2013年5月，太仓港综合保税区成功获批，功能和有关税收、外汇政策参照上海洋山保税港区有关规定执行。

太仓水运（河港）口岸经财政部、国家发展改革委、交通运输部批准同意，自2013年1月1日起作为沿海港口管理，并执行相关的行政事业性收费政策，兼具了海港和长江港口双重特征和优势。经江苏省人民政府批准同意，对进出太仓水运（河港）口岸的集装箱卡车免收江苏境内高速公路、普通公路过路费，对进出太仓水运（河港）口岸的驳船免收江苏境内京杭运河过闸费并优先过闸。太仓水运（河港）口岸服务优良，在苏州工业园区、高新区和昆山开发区设立了服务中心，专门为企业走货提供全方位服务；在苏州高新区设立了“无水港”，将港口功能向内陆延伸，方便企业走货；建成投运了信息中心、口岸集中查验中心、国际客运站、长三角唯一国家级进口木材检疫除害处理区、海轮锚地、海事综合监管救助基地等功能服务载体。太仓水运（河港）口岸通关便利，口岸查验单位全部进驻码头现场办公，实行“一站式办公、一条龙服务”、365天×24小时工作制，推行预约服务、提前报关（检）、上门验放、担保放行、车船直取、绿色通道等措施。

截至2013年年底，太仓水运（河港）口岸已建成码头泊位72个，其中万吨级以上泊位34个，集装箱泊位10个；货物总设计吞吐能力为1.25亿吨，其中集装箱设计吞吐能力为435万标箱；开通运营集装箱班轮航线114条，其中近洋航线13条，挂靠日本、韩国、我国台湾等国家和地区13个港口；内贸干线36条，覆盖沿海主要大港；长江（运河）支线46条，挂靠长江、运河沿线21个港口；洋山支线19条，实行定点、定线、定时、定航次、定价“五定”班轮服务。2013年，太仓水运（河港）口岸完成货物吞吐量1.3亿吨，集装箱吞吐量327万标箱，同比分别增长15.00%和12.00%，其中完成木材吞吐量515万吨，铁矿石吞吐量4 917万吨，同比分别增长32.00%和16.00%，成为全国进口木材第一大港。

【常熟水运（河港）口岸】 常熟水运（河港）口岸位于江苏沿江工业带和沿海开放带的两条主轴线“T”字结构的交汇处，距我国最大的港口——上海水运（海港）口岸仅80千米。常熟水运（河港）口岸于1996年11月正式对外国籍船舶开放，是上海国际航运中心的组合港、集装箱支线港、长三角区域重要中转港、临江工业和商品贸易的配套港，是具有现代物流特征的综合性国际港口。

常熟水运（河港）口岸拥有长江岸线37.50千米，由兴华作业区、金泾塘作业区、铁黄沙作业区（近期开发）组成，此外还有白茆小沙预留发展区。兴华作业区以钢材、纸浆、木材等件杂货江海物资转运和集装箱支线、喂给运输为主，是内外贸相结合的综合性作业区；金泾塘作业区主要为常熟经济开发区的电力、钢铁、化工、造纸、汽车零部件和整车等产业发展提供能源、原材料和产成品运输服务；铁黄沙作业区以通用散杂货和集装箱运输为主，主要为常熟市经济发展和临港工业开发服务，兼顾为长江沿线及周边地区物资转运服务。

常熟水运（河港）口岸进港航道总长 23.10 千米，共有码头泊位 55 个，其中万吨级以上泊位 23 个，码头泊位总长 7 890.40 米，最大靠泊等级 10 万吨级（减载靠泊），设计年货物吞吐能力 4 834.40 万吨；共有锚地 3 个，总面积 13.90 平方千米。至 2013 年，常熟港累计开辟航线 61 条，其中近远洋件杂货航线 22 条，内外贸集装箱班轮航线 39 条；月到港集装箱班轮 349 艘次；与 53 个国家和地区的 265 个国际港口实现了通航通商。

常熟出口加工区于 2005 年 6 月经国务院批准设立，规划面积 0.94 平方千米，实际围网使用面积 0.88 平方千米。目前，常熟出口加工区不仅具有出口加工制造功能，还具有保税仓储、国际贸易、物流配送、设计研发、检测维修等功能。

常熟直通式外贸货物装卸点于 2003 年 12 月开始正式运作，主要对陆路进出口转关货物进行监管，办理检验检疫、查验、放行等业务。

2013 年，常熟水运（河港）口岸依托信息化技术，不断创新口岸管理模式，提高通关效率。口岸开设进出口货物通关“绿色通道”，对进出口货物实行单指令电子放行，实施分类通关；对重点企业和项目进行对口、包干服务等，初步建立口岸电子政务服务平台，从多环节、多渠道入手，优化查验监管流程，一定程度解决了跨关区通关难题，促进了货物通关便利。2013 年，常熟水运（河港）口岸完成货物吞吐量 7 202.10万吨，集装箱吞吐量完成 36.57 万标箱，其中外贸货物吞吐量为 1 189.54 万吨，外贸集装箱吞吐量为 22.18 万标箱。

2013 年常熟水运（河港）口岸货物吞吐量情况表

吞吐量		2012 年	2013 年	同比（%）
全港货物吞吐量（万吨）		6 311.70	7 202.10	+14.10
外贸吞吐量（万吨）	进口	802.30	893.70	+11.40
	出口	279.80	295.80	+5.70
	合计	1 082.10	1 189.50	+9.90
集装箱吞吐量（万标箱）		34.65	36.57	+5.50

【常州水运（河港）口岸】 常州水运（河港）口岸位于常州市新北区境内、长江南岸，北隔长江与泰兴相望，上距南京长江大桥 167 千米，下至上海吴淞口 180 千米。2001 年 4 月经国务院批准对外国籍船舶开放，拥有较完善的开放配套设施和良好的口岸通关服务环境，是长江下游地区重要的集疏运进出口通道。至 2013 年年底，已建成并对外开放的万吨级长江深水泊位达 9 个。其中，集装箱专用泊位 2 个，年可接卸集装箱 30 万标箱；液体化工品专用泊位 3 个，可接卸液体化工品种类多达 51 个；散货及件杂货泊位 4 个。2013 年，常州水运（河港）口岸实现货物总吞吐量 3 067.20 万吨，同比增长 15.00%，其中外贸运量 534.07 万吨，同比增长 36.70%；集装箱运量为 148 929 标箱，同比增长 4.40%，其中外贸集装箱 99 437 标箱，同比增长 6.90%；国际航行船舶 675 艘次，同比下降 0.90%；出入境人员 7 242 人次，同比增长 9%。

江苏省口岸大事记

2月22日

张家港保税港区汽车整车进口口岸顺利通过海关总署、国家发展改革委、工信部、商务部、国家质检总局五部委组成的验收组联合验收。

4月23日

长三角区域大通关建设协作第5次联席会议第1次联络员会议在镇江召开，江苏、上海、浙江、安徽四省市口岸管理部门负责人出席会议。

4月26日

国家口岸管理办公室发布首批“全国运行管理先进口岸”名单，江苏省共有4个口岸入选，分别为张家港、太仓、南通、江阴口岸。

5月21日

全国公安边防部队边检长效机制建设工作会议在张家港市召开。

6月26日

江苏省副省长傅自应、副秘书长方伟，南京海关副关长王杰等到江苏武进出口加工区就出口加工区申报综合保税区进行实地调研。

8月23日

由国家口岸管理办公室会同公安部、交通运输部、国家质检总局和总参谋部组成的验收组，对靖江水运（河港）口岸一类独立对外开放进行国家验收后宣布，靖江水运（河港）口岸对外开放通过国家验收。

10月29日

南京综合保税区（一期）顺利通过国家联合验收组正式验收。

12月27日

南通综合保税区（一期）通过海关总署、国家发展改革委、财政部、国土资源部等十部委的联合验收，正式封关运作。

（撰稿人：徐斌、陈文）

2013 年江苏省口岸流量统计表

口岸类型	口岸名称	货运量（万吨）				集装箱量（万标箱）				人员（万人次）				交通工具（辆、艘、架、列次）			
		出口	进口	合计	同比（%）	出口	进口	合计	同比（%）	出境	入境	合计	同比（%）	出境	入境	合计	同比（%）
空运口岸	南京空运口岸			3.15	+7.03							1 622 071	+28.16				+48.68
	徐州空运口岸			0	0							112 762	-28.00				
	盐城空运口岸			0.01	+20.35							113 610	+40.63				
	无锡空运口岸			0.26	-15.84							365 825	-1.20				
	分计			3.42	+4.59							2 214 268	+17.66				
陆运口岸	公路																
	铁路																

续表

口岸类型		口岸名称	货运量（万吨）				集装箱量（万标箱）				人员（万人次）				交通工具（辆、艘、架、列次）			
			出口	进口	合计	同比（%）	出口	进口	合计	同比（%）	出境	入境	合计	同比（%）	出境	入境	合计	同比（%）
水运口岸	海港口岸	连云港			10 599. 13	+9. 49			327. 18	+3. 26								
		大丰			500. 85	+130. 48			5. 01	+130. 49								
		分计			11 099. 98	+12. 15			332. 19	+4. 13								
	河港口岸	南通			3 460. 23	+5. 30			50. 09	+5. 90								
		如皋			612. 25	+66. 48			0	0								
		张家港			5 091. 11	+1. 10			46. 82	-0. 80								
		南京			2 204. 42	+26. 54			68. 22	+9. 59								
		镇江			2 652. 80	+24. 40			38. 06	+1. 30								
		江阴			1 629. 61	+13. 73			7. 73	+1. 02								
		扬州			594. 00	-10. 50			24. 70	+29. 30								
		泰州			724. 97	+4. 30			17. 62	+29. 00								
		太仓			4 667. 99	+7. 47			112. 82	-16. 77								
		常熟			1 189. 54	+9. 93			22. 18	+1. 51								
		常州			534. 07	+36. 70			9. 94	+6. 90								
		分计			23 360. 98	+10. 20			398. 19	+3. 39								
合计					34 464. 38				730. 38				2 214 268					
同比（%）					+10. 87				+3. 87				+17. 66					

（江苏省口岸办提供）

2013 年江苏省口岸出入境主要数据表

项目			2013 年	2012 年	同比（%）
出入境人员（人次）	出入境人员总数		3 068 178	2 626 718	+16.81
	入境人员		1 544 642	1 320 416	+16.98
	出境人员		1 523 536	1 306 302	+16.63
	出入境旅客		2 391 846	2 009 093	+19.05
	出入境员工		676 332	617 625	+9.50
	中国公民	小计	2 466 405	2 082 734	+18.42
		内地居民（因公）	295 855	283 512	+4.35
		内地居民（因私）	1 754 186	1 383 943	+26.75
		港澳居民	106 491	93 059	+14.43
		台湾同胞	309 891	322 220	-3.83
	外籍人员		601 773	543 984	+10.62
	从海港出入境人数		644 003	612 384	+5.16
	从陆港出入境人数				
	从空港出入境人数		2 424 175	2 014 334	+20.35
交通运输工具（辆、艘、架、列次）	总计		44 265	39 880	+11.00
	船舶		27 090	25 139	+7.76
	飞机		17 175	14 741	+16.50
	火车				
	机动车辆				

（江苏省公安边防总队提供）

2013 年江苏省出入境检验检疫业务统计表

项目	货物检验检疫				交通工具				集装箱（标箱）		发现动植物疫情		货物通关		出入境人员查验（人次）	健康检查及预防接种（人次）			
	批次	金额（万美元）	检验检疫不合格																
			批次	金额（万美元）	船舶（艘）	飞机（架）	火车（节）	汽车（辆）	合计	检出问题	种类数	种次	批次	金额（万美元）		健康检查	艾滋病监测	发现病例	预防接种
本年累计	1 563 045	13 583 462			30 355	17 412									3 117 214	125 654	122 112		86 547
其中 出境	1 244 117	5 610 770			15 277	8 860									1 535 095	104 417	102 198		85 294
其中 入境	318 928	7 972 692			15 078	8 552									1 582 119	21 237	19 914		1 253
同比（%）	-25.1	-12.3			+5.6	+22									+16.6	-2.9	-2.8		-19.3
其中 出境	-29.3	-30.4			+5.5	+26.9									+16.3	-2.2	-2.0		-15.7
其中 入境	-2.6	+7.4			+5.7	+17.3									+16.8	-6.3	-6.7		-79.3

（江苏出入境检验检疫局提供）

2013 年江苏海事局进出港船舶统计汇总表

船舶类别	进港船舶							出港船舶						
	艘数（艘）	总 吨（吨位）	总载重量（吨）	载客量（客位）	船员人数（人次）	货物到达量（吨）	旅客到达量（人）	艘数（艘）	总 吨（吨位）	总载重量（吨）	载客量（客位）	船员人数（人次）	货物发送量（吨）	旅客发送量（人）
总 计	117 996	764 352 951	1 179 631 975	115 761	1 519 548	718 930 907	51 129	118 545	772 148 921	1 192 021 529	116 816	1 530 351	105 675 117	47 955
中国籍船舶	99 832	448 692 024	662 901 516	43 689	1 166 686	474 516 540	24 880	100 301	453 200 573	669 974 042	44 744	1 176 046	73 650 579	22 378
其中外贸船	2 261	20 283 248	25 498 936	38 808	50 113	16 793 419	24 674	2 281	20 789 625	24 707 463	38 808	52 120	4 250 307	21 746

（江苏海事局提供）

浙　江　省

浙江省口岸分布示意图

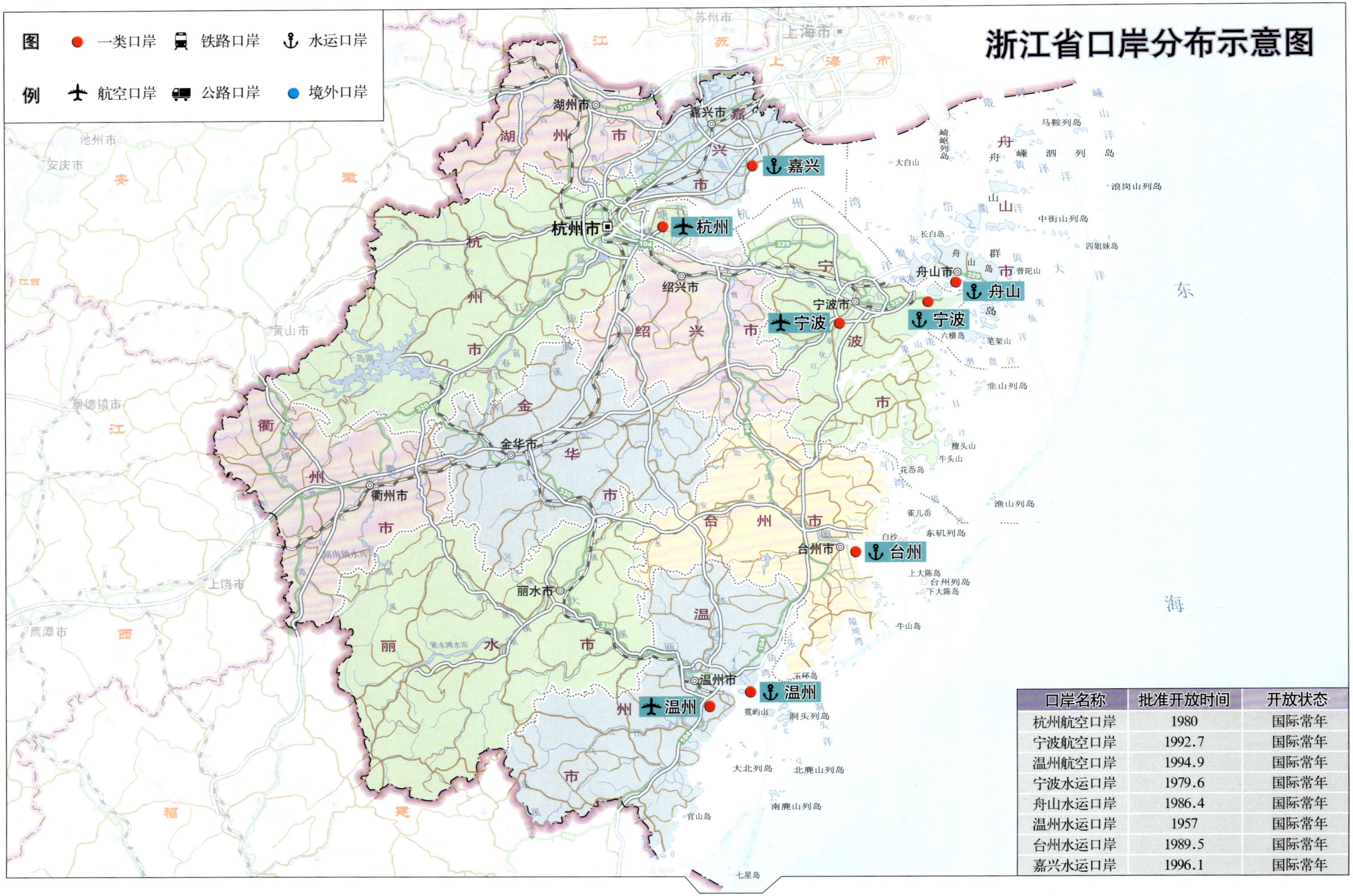

口岸名称	批准开放时间	开放状态
杭州航空口岸	1980	国际常年
宁波航空口岸	1992.7	国际常年
温州航空口岸	1994.9	国际常年
宁波水运口岸	1979.6	国际常年
舟山水运口岸	1986.4	国际常年
温州水运口岸	1957	国际常年
台州水运口岸	1989.5	国际常年
嘉兴水运口岸	1996.1	国际常年

口岸数量及分布

截至2013年年底，浙江省共有经国务院批准对外开放口岸8个。其中，空运口岸3个，分别是杭州萧山空运口岸、宁波栎社空运口岸和温州龙湾空运口岸，共开通国际和地区定期航线46条（其中杭州空运口岸30条，宁波空运口岸6条，温州空运口岸10条）；水运（海港）口岸5个，分别是宁波水运（海港）口岸、舟山水运（海港）口岸、温州水运（海港）口岸、台州水运（海港）口岸和嘉兴水运（海港）口岸，全省口岸对外开放码头97座（泊位183个，其中万吨级以上泊位72个），开辟国际集装箱航线235条（其中远洋干线117条），每月有1 400多个航班，通达100多个国家和地区的600多个港口，形成遍布全球的海上集疏运网络。

口岸运行数据

2013年，浙江省水运口岸共完成进出口货运量3.96亿吨，同比增长12.99%；完成进出口集装箱运量1 478.22万标箱，同比增长5.54%；出入境船舶21 558艘次，同比增长1.49%。其中，宁波水运（海港）口岸完成进出口货运量27 628.07万吨，进出口集装箱1 416.15万标箱，同比分别增长12.62%和5.98%；舟山水运（海港）口岸共完成进出口货运量9 632.6万吨，进出口集装箱运量11.44万标箱，同比分别增长17.40%和6.70%；台州水运（海港）口岸完成进出口货运量996.9万吨，进出口集装箱运量5.35万标箱，同比分别增长0.4%和1.90%；嘉兴水运（海港）口岸完成进出口货运量859.52万吨，进出口集装箱运量30.99万标箱，同比分别增长17.00%、下降12.22%；温州水运（海港）口岸完成进出口货运量444.99万吨，进出口集装箱运量14.29万标箱，同比分别下降19.00%、增长8.60%。

2013年，浙江省空运口岸共完成出入境飞机28 030架次，出入境人员395.44万人次，同比分别增长15.23%和14.05%。其中，杭州萧山空运口岸出入境飞机18 811架次，出入境人员281.78万人次，进出口货运量83 063吨，同比分别增长11.49%、10.62%和下降0.35%；宁波栎社空运口岸出入境飞机6 632架次，出入境人员82.36万人次，同比分别增长5.10%和5.45%；温州龙湾空运口岸出入境飞机2 587架次，出入境人员31.30万人次，进出口货运量872吨，同比分别增长126.14%、125.42%和26%。

2013年，浙江省完成外贸进出口总值3 358.46亿美元，同比增长7.50%。其中，出口2 488.04美元，同比增长10.8%；进口870.42亿美元，同比减少0.96%。

2013年浙江省进出口货值统计表

	进出口值（亿美元）	出口值（亿美元）	进口值（亿美元）	同比（%）		
				进出口	出口	进口
全省合计	3 358.46	2 488.04	870.42	+7.50	+10.8	-0.96
省级公司	85.74	63.49	22.24	-2.5	-1.66	-4.83
杭州市	584.97	384.16	180.81	+6.85	+10.4	-0.05
宁波市	1 003.29	657.10	346.19	+3.91	+6.97	-1.44
温州市	206.02	181.46	24.57	+0.80	+2.55	-10.5
湖州市	95.33	80.88	14.45	+9.29	+9.47	+8.30

续表

	进出口值（亿美元）	出口值（亿美元）	进口值（亿美元）	同比（%）		
				进出口	出口	进口
嘉兴市	317.63	215.12	102.50	+10.5	+9.75	+12.1
绍兴市	333.70	279.16	54.54	+3.96	+9.24	-16.6
金华市	342.75	325.32	17.43	+50.8	+52.7	+22.2
衢州市	37.76	23.90	13.86	+25.0	+28.6	+19.4
舟山市	126.72	66.49	60.23	-18.87	-27.8	-5.35
台州市	218.79	187.20	31.57	+5.13	+8.64	-6.69
丽水市	25.78	23.73	2.04	+15.6	+20.1	-19.3

口岸综合管理

【口岸开放】 全力推动具备条件的口岸尽快实现对外开放，尽早发挥经济效益。口岸扩大开放、开放范围内的新建涉外码头的对外启用和码头临时开放工作成效显著。一批开放范围内的新建涉外码头分别通过浙江省政府组织的验收并对外启用，舟山水运（海港）口岸定海港区万向石油储运有限公司10万吨级和1万吨级码头，老塘山港区五期1号和2号泊位，南洋之星船业有限公司8万吨级舾装码头，六横港区中远船务工程有限公司30万吨级舾装码头，路易达孚中奥能源有限公司5万吨级、3 000吨级码头，高亭港区海舟修造船有限公司30万吨级舾装码头和30万吨级船坞，宁波水运（海港）口岸镇海港区通用散货码头和19号、20号液体化工码头等码头实现了对外启用。同时，宁波中宅煤炭码头、穿山港鑫东方白峰码头、光明通用码头、浙江LNG码头、舟山亚泰船舶修造工程有限公司码头、宁波梅山国际集装箱码头、嘉兴平湖独山港区港务有限公司码头、舟山武港矿石中转码头，以及温州状元岙港区8号、9号泊位等码头获交通运输部批准实行临时开放。2013年11月22日，由海关总署、国家发展改革委等十部委组成的国务院联合验收组对舟山港综合保税区一期进行验收，同意舟山港综合保税区一期通过验收，并与浙江省政府签署了《舟山港综合保税区一期验收纪要》。2013年，浙江省水运（海港）口岸新开放和启用码头（船坞）12座、泊位12个（万吨级以上8个），临时开放码头14座、24批次。

2013年，杭州、宁波和温州空运口岸新开通了13条国际和地区航线。其中，9月28日，杭州空运口岸开通了杭州—洛杉矶货机航线，这是浙江省首条远程国际全货运航线，标志着杭州空运口岸业务发展实现了新的突破，对促进浙江省国际航空物流和跨境电子商务发展，优化地区投资环境产生积极影响。12月20日，杭州空运口岸又开通了杭州—多哈定期航线，这是浙江省第1条直达中东的定期航线，对拓展与中东地区经贸、人员往来具有重要意义。12月24日，温州空运口岸开通了温州—罗马定期航线，这是浙江省第2条直达欧洲的定期航线。

口岸扩大开放前期工作有序推进。舟山水运（海港）口岸马岙港区、六横港区，宁波水运（海港）口岸穿山北港区，嘉兴水运（海港）口岸独山港区、海盐港区的扩大开放和义乌空运口岸对外开放列入海关总署2013年度口岸开放审理计划。温州水运（海港）口岸状元岙港区扩大开放工作进入国务院审批阶段，义乌空运口岸对外开放已进入国家有关部委审理阶段，嘉兴水运（海港）口岸扩大开放独山港区水陆域开放范围及锚地航线事项已获得有关部门同意。2013年9

月，《浙江省人民政府关于要求将乍浦港口岸更名为嘉兴港口岸和嘉兴港独山港区海盐港区对外开放的请示》上报国务院，正式启动了嘉兴港全港对外开放事项。请示件涉及口岸更名、口岸扩大开放两事项，其中口岸扩大开放明确要求口岸扩大开放水陆域范围、航道锚地，查验机构设置、查验人员编制需求，以及口岸查验配套设施等事项，涉及港口项目12个。温州水运（海港）口岸乐清湾港区和宁波水运（海港）口岸石浦港区水陆域范围开放正征求有关部门意见，其中温州水运（海港）口岸乐清湾港区水陆域开放已经征得有关部门同意。有序开展临海头门港区、浙江（台州）炼化一体化项目、（温岭石塘）浙江物产港洲石化有限公司开放前期准备工作。

【大通关建设】 长三角大通关协作向广度与深度发展。根据《长三角区域大通关协作备忘录》的要求和第5次联席会议的分工，抓好浙江省5个重点合作项目的推进落实工作。一是舟山干支线水水中转业务不断拓展。2013年，舟山水运（海港）口岸实现进出口集装箱和货物水水中转55.48万标箱，同比增长15.83%。二是安吉外贸货物装卸点等内河支线水水中转业务快速发展，2013年中转量突破10万标箱，同比增长150%。三是区域铁海联运功能持续提升。开通运行了义乌至阿拉山口、霍尔果斯边境口岸的铁铁联运和义乌—宁波水运（海港）口岸北仑港区铁海联运国际集装箱线路。四是内陆监管点“全球拼”业务加快拓展。截至2013年年底，绍兴已有660余家企业开展“全球拼”业务，并且与上海上港拼箱公司签订合作协议，在更大范围内开展“全球拼”业务。五是空陆联运成效显现。义乌市加大“卡车航班”运行密度，2013年实现“卡车航班”货物569.82吨，货值393.06万美元。

提升口岸信息化建设的水平和实效，推进义乌市场采购贸易联网信息平台建设工作。义乌市场采购贸易联网信息平台的建设运行是实施义乌“市场采购”贸易方式落地的基础工作，对于加快推进义乌国际贸易综合改革试点工作具有重要意义，该项工作一期测试已顺利通过。浙江电子口岸和宁波电子口岸建设运行工作稳健开展。截至2013年年底，浙江电子口岸和宁波电子口岸注册用户已超过14万家，累计自主研发并上线运行各类政务项目142项。一是开展浙江电子口岸和宁波电子口岸跨境贸易电子商务试点工作。2013年7月8日，浙江电子口岸跨境贸易电子商务通关服务平台上线运行，至2013年12月底，累计传输申报清单213 948票。11月27日，宁波市跨境贸易电子商务进口业务试运行成功，宁波成为国内第3个开展跨境贸易电子商务进口实单操作城市。二是筹建浙江电子口岸有限公司灾备中心，经过前期大量的准备工作，拟对建设方案作进一步调研论证。三是制定《浙江电子口岸信息平台运行考核暂行办法》并征求各相关建设部门意见。

改革和创新查验监管模式。一是通关无纸化改革不断深化。杭州、宁波海关和浙江、宁波出入境检验检疫局全面启动了省域通关单无纸化联网核查。二是“属地申报，属地放行”通关模式深入实施。杭州海关和宁波海关在不断扩大“属地申报，口岸验放”通关模式适用范围的基础上，对AA类以上企业启动了“属地申报，属地放行”便利通关模式。截至2013年年底，适用该通关模式的AA类以上企业达到120余家。三是启动“三个一”改革试点工作。启动实施了省域“一次申报、一次查验、一次放行”关检合作改革试点工作，该通关模式已在义乌监管点、舟山港综合保税区及宁波港等有关港区进行试点准备工作。

实现固体废物集装箱转关运输。经多年努力，2013年年初海关总署将台州水运（海港）口岸列为进口固体废物指定口岸。2月底，海关总署、环境保护部调研组来台州调研进口固体废物转关监管情况，对台州进口固体废物监管利用情况给予充分肯定。台州市金属资源再生产业基地海关监管场所于2013年9月30日通过海关验收，海关总署同意台州口岸转关运输固体废物，为台州金属再生产业基地及台州海洋经济发展提供了有效助力。

【口岸配套设施建设】 嘉兴水运（海港）口岸加大口岸基础建设投入，作为嘉兴水运（海港）口岸最主要口岸查验配套设施项目——嘉兴港通关服务中心前期工作全面展开。项目建议书、可行性研究报告和初步设计都已批复，相关手续及许可已办理完毕，项目施工招标和监理招标程序已完成，已具备项目施工条件。嘉兴港通关服务中心占地面积约1万平方米，大楼建筑面积约2万平方米，主要包含联检单位办公用房、查验办证大厅、港口物流公共服务平台用房等。

【电子口岸建设】 2013年，浙江电子口岸继续做好大通关公共服务平台的建设运营维护工作，同时承建多项国家级、省级重点试点示范项目。一是优化升级区域大通关、海关特殊监管区域信息管理系统、商务百事通等已上线项目，完善平台服务功能，推进跨部门、跨区域、跨行业协同作业和流程优化再造。其中，区域大通关平台三期实现转关全过程无纸化作业，通过数据自动比对，提高计算机风险分析能力，通过信息共享，实现所有作业环节对报关单及随附单证情况的有效监控，提高了监管效率，降低了通关成本，为杭州关区与宁波关区实现“一次申报、一次查验、一次放行”奠定了业务与信息化基础。截至2013年年底，平台累计传输报关单1 984 905票，集装箱（自然箱）3 401 933个。商务百事通公共服务平台建设完成出口名牌认证、论坛等新功能，2013年11月26日，该平台被浙江省商务厅评为重点外贸公共服务平台。二是加快浙江特色项目建设，服务保障浙江省“四大国家战略举措”和“四大建设”。2013年11月22日，浙江电子口岸建设的舟山港综合保税区信息化系统顺利上线，确保舟山港综合保税区通过国务院联合验收组的验收。2013年12月9日，浙江电子口岸建设的义乌市场采购贸易联网信息平台上线试运行，并通过浙江省政府组织的业务测试，为承接市场采购贸易方式落地提供了保障。2013年7月8日，浙江电子口岸作为杭州市跨境贸易电子商务服务试点承建单位，建设完成跨境贸易电子商务通关服务平台一期并成功上线运行，截至2013年年底，平台累计传输申报清单213 948票，交换数据量为874 848条。国家交通运输物流公共信息平台建设取得新进展，平台软件使用企业达1万多家，连接企业15万家，连接中日韩三国港口17个。2013年4月8日，浙江电子口岸作为建设主体与中国工程院、中国电子口岸数据中心、浙江大学、海关总署信息中心等单位联合建设的交通物流信息工程技术研发中心被认定为浙江省交通物流信息行业唯一的研发中心。三是做好大通关公共服务平台的运营维护保障工作。2013年新增注册用户11 072家，总数达125 693家。举办外贸大讲堂47场，培训企业1 711家。门户网站日均点击率突破5.8万次，“政务咨询”栏目实时回答企业咨询累计8万余条，其中2013年回答咨询15 240条；“967209”免费客服热线7×24小时为企业答疑解惑，累计接听电话超过40万个，其中2013年回答问题109 224个；各政务项目平台正常稳定运行时间始终保持在99.9%以上。四是进一步升级商务增值服务。重点建设融易通平台，为中小微外贸企业解决外贸代理、融资贷款、出口退税方面的实际问题。自主研发了海量数据中心，服务政府宏观决策和企业经营发展。

【跨境贸易电子商务试点建设】 2012年8月，国家发展改革委牵头批准杭州跨境贸易电子商务试点建设，成为全国首批5个试点城市之一。杭州市在下城区设立了杭州跨境贸易电子商务产业园，设置了核心区和辐射区，杭州海关在产业园设立海关监管中心，组织研发通关服务和通关监管两个平台，申请特批监管场地代码(2928)。2013年7月8日，杭州跨境贸易电子商务产业园正式启动运行，针对小额跨境贸易货物实际，创新建立“集中监管、定期申报、在线通关、无纸操作”的通关新模式，实现了“有效监管、快速通关”。截至2013年年底，已有15家企业入驻，累计监管验放出口邮包19.6万件，园区日通关高峰值达6 000件，平均每日2 000件。

【文明和谐口岸共建活动】 为提高口岸工作

服务质量和管理水平，在杭州空港组织开展了新一轮文明和谐口岸创建活动，浙江省、杭州市口岸办与杭州边防检查站、杭州机场海关、浙江出入境检验检疫局杭州机场办事处等单位分别签订了“2013～2015年度杭州空港文明和谐口岸共建活动”责任书。2013年，口岸各单位按照责任约定，认真组织开展共创活动，在工作目标上与口岸重点对接，在工作内容上与口岸发展链接，在工作方式上与口岸创新衔接，杭州空港口岸建设取得明显成效。公安鉴证办事处在杭州空港口岸广泛开展“群众满意服务窗口”和“走亲连心”活动，认真践行群众路线，自觉开展口岸文明创建活动，全面提升了口岸服务质量。杭州机场海关注重加强与联检单位合作，形成合力提升口岸监管效能，在“一机二屏”的基础上，与检验检疫局机场办事处建立了“恰特草”（一种可作为制造毒品原料的植物）定期移交机制，与机场安检部门签订行李物品监管合作备忘录，探索与边检合作形式，在毒品查缉方面实现信息共享；以“卡迪工作室”为抓手，结合通关需求帮企业排忧解难，结合专业特长为企业建言献策，结合业务优势助企业渡过难关，打造了口岸特色服务品牌。机场公司认真贯彻民航局关于做好航班正点工作的指示精神，系统疏理、完善航班延误跟进处置办法和服务保障措施，在保障国际航班准点、提高航班运行效率上下工夫。检验检疫局机场办事处广泛开展报检企业例行审核和走访摸底活动，把管理寓于服务之中，主动倾听征求企业意见建议，了解掌握社会需求，提升了检验检疫工作质量和窗口良好形象。杭州机场边检站以“业务强站”为抓手，通过加大教育培训力度、加强人才队伍建设、改进软硬件条件、加强证件研究资料信息采集应用、完善证研工作制度、开展业务交流等举措，扎实有效地开展证件研究工作，保障边检执法执勤工作的正常开展。

口岸监管与服务

【杭州海关对接浙江海洋经济发展示范区建设和舟山群岛新区建设】 2013年，杭州海关围绕浙江海洋经济发展示范区建设和舟山群岛新区建设，优化监管服务措施，主动融入并对接服务。一是全力助推舟山港综合保税区建设。按照《海关特殊监管区域基础和监管设施验收标准》全程指导综合保税区开展基础设施、信息化和区港联动建设，制订《舟山港综合保税区海关监管方案》。舟山港综合保税区（一期）于2013年11月22日顺利通过国务院联合验收组正式验收；12月1日，海关总署批复同意设立舟山海关驻舟山港综合保税区办事处；12月13日，海关总署批复增设舟山港综合保税区国内地区代码。二是积极开展舟山自由贸易园区和自由港区的课题研究。2013年8月13日，向浙江省委省政府专报《杭州海关关于建立舟山自由贸易园区的有关建议》。8月15日，省委书记夏宝龙批示肯定。三是支持和推进辖区口岸有序开发开放。支持舟山亚泰、嘉兴独山、温州状元岙等9个项目的14次临时开放申请，支持老塘山五期、南洋之星等6个项目的正式对外启用，支持嘉兴港口岸扩大开放。四是支持打造保税油料“母港”，促进外籍船舶修造行业健康发展。审批调拨保税油211.8万吨，覆盖宁波、上海、大连等8个直属关区35条线路，是国内品种最全、规模最大的保税油料调拨基地。为实现远程监管服务，减少企业物流成本，海关研发了“外籍船舶修理管理系统”，已实现舟山辖区全部22家外籍船修企业联网管理。

【杭州海关服务义乌国际贸易综合改革试点】 2013年，杭州海关围绕义乌国际贸易综合改革试点，积极推进、务实创新，取得明显实效。一是提前谋划对新型贸易方式的监管模式。2013年4月18日，国家八部委批复义乌试行“市场采购”贸易方式后，杭州海关受海关总署委托，代拟了《中华人民共和国海关关于义乌市场采购贸易监管办法》，9月18日，报送的《关于深化义乌国际贸易综合改革试点工作的调研报告》获得李强省长的批示肯定。二是全面实施通关作业无纸化改革。截至2013年年底，义乌小商品通关无纸化率达98%，通关效率提升30%以上。三是义乌港海关监管场所正式启用。2013年10月17日，义乌港海关监管场所正式通过杭州海关验收，11月6日零时起正式投入使用。四是义乌国际铁路联运项目启动。2013年4月24日，义乌铁路西站海关监管场所试运行，义乌小商品可通过铁路直接运抵中亚和俄罗斯，打通了小商品运往中亚国家的通道。五是规范小商品出口贸易秩序。杭州海关于2013年11月1日起实施为期两个月的“蓝海行动”，查获各类走私违法案件1 823起，坚决打击小商品出口通道走私违法活动。六是“中国海关知识产权保护展示厅”项目落地义乌。2013年10月31日，全国海关知识产权基层执法经验现场交流会在义乌海关召开，中国海关知识产权展示厅正式对外开放。七是健全改革保障。2013年1月22日，海关总署批复设立义乌海关缉私分局（正处级），赋予义乌海关刑事案件办理权限。10月30日，义乌海关缉私分局正式挂牌并对外开办业务。

【杭州海关支持杭州跨境贸易电子商务试点】 2013年，杭州海关结合杭州市跨境电子商务产业发展实际，积极推进试点工作。一是研究确定了以“园区积聚+定期申报+信息化监管”为核心的海关监管模式。组织开发了“杭州市跨境贸易电子商务通关服务平台”和“杭州海关跨境贸易电子商务通关管理平台”，在园区内设立海关监管中心，实现了园区内海关与电商企业、物流企业、监管场所等的信息互联。受海关总署委托，杭州海关代拟了《海关跨境贸易电子商务出口货物监管办法》和《海关跨境贸易电子商务出口货物监管操作规程》。二是组织完成进口方案设计，《杭州海关跨境贸易电子商务进口业务实施方案》于2013年8月20日上报海关总署。7月8日，中国（杭州）跨境贸易电子商务产业园正式开园运行，杭州市成为首个进入实质性运转的试点城市。截至2013年年底，杭州跨境电子商务海关监管中心共监管验放跨境贸易电子商务出口邮件19.8万个，货值363.7万美元，涉及161个国家和地区。

【杭州海关开展“绿篱”专项行动和加强旅客行李物品监管专项行动】 2013年，为落实中央领导作出的打击“洋垃圾”走私和加强进出境旅客行李物品监管重要指示，杭州海关围绕海关总署决策部署，扎实开展专项行动。一是自2月份始开展“绿篱”专项行动，切实加强对固体废物正面监管，严厉打击“洋垃圾”走私进口，坚决御“洋垃圾”于国门之外。截至2013年年底，关区监管现场查获涉嫌走私违规案件15起，涉及固体废物共4 886.75吨；退运各类不符合环控标准及禁止进口固体废物11起，计5 477.76吨；立案走私废物案件24起，抓获犯罪嫌疑人15人，涉及固体废物9.26万吨，案值5.12亿元。二是自3月份开展加强旅客行李物品监管专项行动，严厉打击利用旅客行李夹藏携带货币现钞等禁限物品走私违法活动。截至2013年年底，累计查获旅客违规超量携带货币现钞进出境案328起，涉案现金1.1亿元，其中进境8 826万元，出境2 164万元。查获其他禁限物品进出境案件2 754起，其中进境2 722起，出境32起。

【宁波海关采取措施有力支持义乌国际贸易综合改革试点】 2013年，宁波海关共计监管义乌小商品转关货物约39万票，货运量72.7万标箱，同比分别增长13.7%和14%。同期，宁波海关在以下四方面积极支持义乌国际贸易综合改革试点工作，促进义乌小商品出口。在创新监管模式，提高通关效率方面：一是全面开展出口转关无纸化改革，取消义乌转关货物纸质关封和书面申报单证，实现转关数据电子流转，据测算，取消纸质关封后，义乌小商品在宁波口岸整体通关时间缩短3小时以上；二是针对义乌小商品归类争议较多的情况，在全国海关系统中首个试行出口货物担保放行制度，当企业与海关出现归类问题争议时，在不涉及许可证等贸易管制的情况下，货物可先行出口，提高义乌小商品出口通关速度。在改进服务措施，提高通关便利方面：一是建立义乌小商品转关“绿色通道”和快速窗口，提供节假日加班通关和卡口24小时验封服务，建立口岸快速通关环境，确保货物及时出运；二是对于义乌小商品出口中非企业主观故意，涉及货值或税款金额较小的情事，按照“宽严相济”原则，调整立案标准，大幅降低企业违规案件数量，营造宽松的口岸环境；三是对义乌转关出口货物，一律不再查验，实现“一次申报、一次查验、一次放行”。在加强省内海关合作，建立执法统一机制方面，宁波海关、杭州海关多次召开执法统一协作工作联席会议，组织联合培训，共同研究支持义乌国际贸易综合试点改革的深化措施，加强两关在商品归类、企业管理、知识产权保护、缉私案件处理等领域的合作，推动企业分类管理等级互认和商品归类决定互认，建立执法统一协作机制，营造浙江省统一的通关环境。在应用科技手段，提高物流效率方面，开发应用转关施验封系统，通过电子物流平台、电子关锁等电子设施，研发专门的转关管理系统，实现出口转关信息与货物实际物流信息、港区码头作业信息的实时比对，货物在港区滞留时间有效降低，使得通关更加便捷、企业成本更低；开发应用智能卡口系统，实现了系统对转关集装箱信息的自动读取、接收和核销，集装箱进出海关卡口时实现快速响应，减少了车辆进出卡口的等候时间，有效提高了物流效率。

【宁波海关多措并举支持海铁联运业务发展】 一是跟踪服务，提供全程政策支持，制定适合海铁联运的监管办法，通过宣讲会、座谈会、培训会等向港口、铁路、船公司、船代、货代等进行政策宣传，帮助铁路港站共同规划场地、制订物流方案、完善海关监管条件。二是定期沟通，构建联系协调网，先后与市强港办、上海铁路局、宁波港务集团等单位建立定期沟通、联系机制，与成都、西安、鹰潭、金华等多个起运地海关建立海铁联运业务操作联系配合办法，形成畅通的业务联系协调网络。三是灵活调运，提高物流集散效率，针对企业面临在货物装卸后货物不能在港区其他码头装船出运问题，开发应用“物流监控系统——转码头子系统”，实现货物在港区“一点装卸，多码头装船出运”的灵活调运，提高运营效率，减少货物在港区滞留时间。四是提前核对，提高结关核销速度，将出口海铁联运货物纳入“出口预配舱单”管理模式，将报关数据与舱单数据的核对工作提至出口放行之前，加快结关核销速度，提高结关核销率，方便企业办理结关后退税等相关手续。五是优化服务，提升单证放行效率，开辟海铁联运快速通道，积极推动分类通关和无纸通关改革，优化流程，加快转关封志异常单证反馈核实速度，保证正常单证当天放行，实现“一次申报、一次查验、一次放行”。2013 年，宁波口岸海铁联运集装箱量达 10.5 万标箱，同比增长 77%。

【实施 ECFA 以来宁波口岸货物进口量位居全国首位】 2011 年 1 月 1 日，ECFA（《海峡两岸经济合作框架协议》）正式实施，经过 3 年逐步降税，截至 2013 年年底，协议项下商品全部实现零关税。3 年来，宁波海关共监管 ECFA 货物进口量 407.75 万吨，货值 64.31 亿美元，减免税款 15.67 亿元，进口量始终位居全国首位。其中，2013 年监管 ECFA 货物进口量 186.99 万吨，货值 29.45 亿美元，减免税款 7.63 亿元，较 2012 年同期分别增长 30.65%、32.91%、27.37%。主要进口货物为化工原料、机械产品、纺织品、水果等。

【宁波海关监管宁波空港进出境快件总量突破 140 万票】 2013 年，宁波空港口岸国际快件业务稳步发展，增长势头强劲，宁波海关在努力实现严密监管的同时，结合快件业务自身特点，确保通关作业高效运行。据统计，宁波海关全年共监管进出境快件 142.32 万票，同比增长 24.38%；累计重量 4 410.65 吨，同比增长 20.03%。其中，甬港全货机快件为 135.41 万票，重量为 4 056.5 吨；甬台散航快件为 1.35 万票，重量为 139.91 吨；个人物品类快件为 5.56 万票，重量为 214.24 吨。进出境快件物品以服装辅料、外贸样品、公司单据、商品目录、奶粉、保健品等为主。

【宁波海关完成通关作业无纸化改革试点任务】 2013 年，宁波海关 15 个通关业务现场已全部开展通关作业无纸化改革试点，关区实现无纸化全覆盖；截至 12 月 31 日，宁波海关与 9.43 万家企业完成通关无纸化签约手续，审核通关作业无纸化报关单共计 236.8 万票，占同期报关单总量的 63.9%，已达到海关总署“2013 年通关无纸化单量占总报关单量 50%”的指标要求，超额完成海关总署无纸化改革试点任务。其中，12 月份无纸化报关单比率已达 86.27%。口岸通关效率得到全面提升，试点改革成效显著。

【宁波海关全面完成分类通关改革任务】 截至 2013 年年底，宁波关区共验放分类通关作业报关单 365.12 万票，占全年报关单总量的 98.52%，实现海关总署“分类通关作业报关单达到全年报关单总量 95% 以上”的目标。其中，出口分类通关报关单为 341.01 万票，低风险快速放行、低风险单证审核和高风险重点审核报关单数量分别为 268.35 万票、3.35 万票和 69.31 万票，这三类报关单所占比率分别为 78.69%、0.98%、20.33%；进口分类通关报关单 24.1 万票，低风险快速放行、低风险单证审核和高风险重点审核报关单数量分别为 9.35 万票、4.57 万票和 10.18 万票，这三类报关单所占比率分别为 38.78%、18.98%、42.24%。

【浙江出入境检验检疫局加快浙江海洋经济发展示范区建设】 浙江出入境检验检疫局全面落实省部合作备忘录。国家质检总局和浙江省政府签署《关于共同推进浙江海洋经济发展示范区建设、舟山群岛新区建设、义乌国际贸易综合改革试点等战略举措合作备忘录》以后，浙江出入境检验检疫局全面部署，狠抓落实，组织人员将备忘录细化分解为 55 项工作，经局长办公会议审议，印发浙江检验检疫系统执行落实，各项工作均取得实质性进展。扩展口岸功能方面，温州港、舟山港、嘉兴港通过国家质检总局的口岸核心能力验收，温州港获得国家质检总局进境种苗指定口岸资格。提高口岸开放项目审核、验收和审批效率方面，2013 年完成万向石油储运码头、老塘山港区五期、中远船务、南洋之星等 6 家企业码头对外开放启用验收。嘉兴港独山港区申请开放、舟山国际邮轮码头建设等均取得进展。2013 年 4 月，浙江出入境检验检疫局与浙江省交通运输厅举行了会谈，会后印发了会谈纪要，并联合印发了《浙江出入境检验检疫局、浙江省交通运输厅关于全面落实合作备忘录的通知》（浙检通联［2013］81 号），指导舟山、嘉兴、台州、温州四地检验检疫机构和交通部门开展深入合作，共同推进信息化、电子闸口的建设，以落实海洋经济发展战略，提高口岸服务监管水平，加快港航强省建设。

【浙江出入境检验检疫局推进舟山群岛新区建设】 2013 年，浙江出入境检验检疫局专门成立了工作领导小组，立足舟山群岛新区战略定位和发展目标，深入广泛调研，创新适应新区要求的检验检疫监管模式、措施和工作机制；做好下属派出机构建设、检测机构布局、人力资源分配等工作。积极研究支持舟山新区的检验检疫政策建议，并形成材料上报国家质检总局。2013 年 7 月 15 日，《质检总局关于支持浙江舟山群岛新区发展的意见》（国质检通［2013］355 号）文件下发。国家质检总局分管副局长率通关司、动植司、检验司等负责人深入舟山港综合保税区、舟山国际邮轮码头、大宗商品交易中心、舟山检验检疫局实地调研，进行业务指导，并听取新区领导汇报相关情况。2013 年 11 月 22 日，舟山港综合保税区通过国家九部委验收。舟山局增加业务部门入驻浙江舟山大宗商品交易中心，拓展检验检疫通关服务功能；国家海洋生物制品检测重点实验室（国家粮油检测重点实验室）获国家质检总局批准筹建。

【浙江出入境检验检疫局深化义乌市国际贸易综合改革】 以“管得住、通得快，商品可追溯、责任可追究”为目标，不断建立和完善市场采购出口商品检验检疫监管工作机制，对贸易主体实施备案，制定多项工作制度，以风险管理、信用管理和分类管理为基础，以信息技术、执法稽查和检测技术为支撑，探索建立了“集中仓储、联网申报、前移检验、有效监管”的检验检疫监管模式，并于 2013 年 7 月获得省局批准正式试行。聘请高级人才作为技术总监和质量总监，科技项目通过验收，国家小商品质量安全检测重点实验室在2013年9月底通过国家质检总局专家组验收，至此，检测能力已增至74类434项，基本覆盖了义乌出口小商品的种类，为进一步推进义乌国际贸易综合改革试点建设工作提供了强劲的技术支撑。义乌市政府于2013年11月正式批复成立义乌市国外技术性贸易措施应对中心。拟定《国家质检总局标准法规中心浙江局义乌市政府战略合作备忘录》，并已经国家质检总局标法中心及省局的确认，签订时间由地方政府确定。协助公安部门开发经济预警平台，并在预警平台发布预警信息，帮助企业及时掌握贸易信息，有效应对国外技术性贸易措施，减少企业贸易风险。2013年9月，省局组织专家组对义乌港进行入驻前验收，11月，义乌局正式入驻义乌港开展相关工作，为探索建立义乌港口岸查验放行机制打好基础。选定6家企业作为试点单位，加上22家监装备案单位，实施“联网申报—前移检验—现场录入—正式报检—审核放行”的新模式，引导企业做好如实申报，推动其建立商品出入库台账，逐步实现出口各环节的溯源信息全记录。2013年10月1日起已正式试点通关单无纸化模式，义乌辖区内除进口可用做原料的废物和进出口海关特殊监管区域货物之外，所有实施法定检验检疫的进出口商品都纳入试点范围，通关单无纸化模式运行正常。结合市场采购综合管理软件系统的运用，企业可实现全程电子化完成通关流程。

【浙江出入境检验检疫局研究探索通关放行模式改革】 2013年8月中旬，浙江出入境检验检疫局与杭州海关沟通联系，协调“三个一”试点问题。对广东、天津、上海、福建、厦门等试点局和江苏、宁波两个非试点局“三个一”推进工作进行调研。成立浙江局“三个一”试点工作领导小组，研究制订“三个一”试点工作方案，明确工作目标、总体原则、工作内容和工作要求。组织召开了浙江局“三个一”试点工作领导小组第1次会议暨义乌试点推进会，对试点工作进行了总体部署，对义乌试点进行了具体安排，成立3个工作组，分头研究、协同推进义乌试点。2013年10月25日，杭州海关、宁波海关、浙江出入境检验检疫局、宁波出入境检验检疫局联合发布了《关于开展浙江省域通关单无纸化联网核查试点工作的公告》，11月1日全面启动浙江省域通关单无纸化联网核查。浙江省域内两关两检实行通关单无纸化联网核查试点的范围包括除进口可用做原料的固体废物和进出海关特殊监管区域货物之外的所有从浙江省域出入境，并在杭州、宁波关区报关的法定检验检疫进出口商品。除特殊情况外，检验检疫部门对实施范围内的商品不再签发纸质通关单，海关不再收取纸质通关单，海关凭检验检疫部门发送的出入境货物通关单电子数据为企业办理进出口通关手续。对于“属地申报，口岸验放”的报关单，也由属地海关负责通关单电子数据核查，口岸海关不再收取纸质通关单。为落实做好通关单无纸化联网核查工作，浙江局制定并印发了《浙江检验检疫局通关单无纸化联网核查操作规程》。通关单无纸化联网核查这一便利措施的实施，也有力地推动了省域内直通放行工作，直通放行批次7.38万批，直通放行率14.3%。

【浙江出入境检验检疫局建立“大检务”管理机制】 印发《浙江检验检疫局“大检务”管理机制工作方案》，建立检务层级管理、检务业务协作、工作质量检查、检务岗位能力提升、检务信息沟通交流等五大机制，在全省实行统一规划、统一组织、统一落实、统一协调、统一督查的五统一“大检务”管理，充分调动检务人员的能动性，进一步强化检务行业管理，解决检务工作点多面广、人手不足、管理难度大等问题，形成全系统联动、全省一盘棋的检务工作新格局。举办了浙江省系统检务工作研讨会和生态原产地知识暨检务知识培训班。统一编制了《计收费工作指南》、《浙江检验检疫系统报检通关服务指南》、《13类原产地证书填制规范》等资料，统一录入原产地申领员考试16类业务机考题库。持续推进窗口标准化建设，新增达标窗口12个，截至2013年年底，浙江局窗口标准化完成率已达86%。开展计收费和地理标志保护专项检查，对温州、丽水、舟山、绍兴4个局的检务工作进行了驻点检查。检务行业综合管理水平、检务人员综合素质、检务窗口工作质量得到全面提升。

【浙江出入境检验检疫局完成集中审单管理系统深化应用，推进进口全申报】 2013年4月8日，浙江出入境检验检疫局制订发布了《浙江局深化应用集中审单管理系统实施方案》、《集中审单管理办法》、《集中审单管理系统操作指南和常见问题解答、作业指导书和报检数据录入要求》。搭建浙江局集中审单规则树，组织开展浙江局基础规则库的初筛和审定工作，完成109条基础库规则的维护和测试工作并于2013年6月份顺利上线运行。通过集中审单管理系统公告栏、内网集中审单规则发布专栏及集中审单业务工作交流群等多渠道实时发布审单规则的做法得到国家质检总局肯定，被总局借鉴应用于总局规则的发布。全面落实国家质检总局关于推行进口商品全申报部署，印发《浙江局关于进一步推进进口全申报工作的通知》，明确了全申报工作目标、全申报范围、全申报实现方式和工作要求，推动辖区海港、空港口岸基本实现全申报。

【浙江出入境检验检疫局开展打击假冒检验检疫证书专项行动】 2013年5月9日，印发《浙江检验检疫局打击假冒检验检疫证书2013年专项行动案》，重点加强对假冒熏蒸/消毒证书、植物检疫证书等的排查，以及在国外退证查询中发现的伪造原产地证书调查。对澳大利亚官方反馈的64份涉嫌假冒检验检疫证书逐份进行了调查。在国外退证查询中发现伪造原产地证书22份，在口岸发现假冒“国际旅行健康证明书”16份。共召开相关宣传贯彻会及发布会7次，在地市级以上媒体刊发宣传稿12篇；累计查获假证53份，立案34起，实施行政处罚28起，共计罚款33.7万元。案件移交公安机关1起，其涉案的1名公司法人被公安机关刑事拘留，向国家质检总局报送5家买卖使用假证的黑名单企业并予以公开，有力维护了进出口贸易秩序和“中国制造”声誉。

【浙江出入境检验检疫局开展地理标志产品保护工作，促进地方经济发展】 浙江出入境检验检疫局积极协调，加强指导，推动“衢州椪柑”国家级地理标志产品保护示范区建设，于2013年4月份通过国家质检总局验收，于12月份获得总局正式批准。持续推进“杭州丝绸”国家级地理标志产品保护示范区、“嵊泗贻贝”和“临海蜜橘”两个省级保护示范区的建设工作。开展地理标志产品中欧互认工作，积极推荐衢州椪柑、绍兴腐乳、嵊泗贻贝、温州老酒、临海蜜橘5个产品争取在欧获得地理标志保护。促成丽水市政府出台《关于推进全市生态原产地产品保护工作的实施意见》。组织完成《中国地理标志产品大典》浙江局地理标志产品的文字及图片稿件编撰工作，共64个产品分为2卷出版，其中浙江第一卷作为全国首批出版。

【浙江出入境检验检疫局拓展国际贸易市场】 浙江出入境检验检疫局为实施出口品牌发展战略，发挥品牌引领作用，提高出口产品质量和附加值，鼓励浙江企业打造出口自主品牌，促进浙江省外贸转型升级，研究制定了《关于支持出口自主品牌若干意见》。面对世界范围贸易保护主义不断抬头，技术性贸易措施给浙江外贸出口带来的负面影响，浙江出入境检验检疫局发挥职能作用，帮助企业打破国外技术壁垒，促进外贸平稳发展。印发了《浙江出入境检验检疫局技术性贸易措施信息管理办法》，搭建技术性贸易措施信息服务平台，编译出版《技贸措施动态》。组织系统相关专业人员编写了《浙江省主要出口产品应对国外技术壁垒指南》，免费向辖区内企业发放。参与WTO/TBT通报评议、SPS通报评议。探索建立良性互动的技术性贸易措施预警信息联系点，初选3 600家检验检疫协会成员单位为预警信息联系点。积极参与跨境贸易电子商务调研活动，一是办理国家质检总局交办的“发展跨境电子商务”人大代表建议案；二是组织省局业务部门对杭州全麦电子商务有限公司进行实地调研；三是牵头召开调研会议，组织省商务厅、下城区高新园管委会、阿里巴巴等进行研讨；四是参与国家质检总局通关司提出的“跨境电子商务通关管理研究”课题，按时完成调研报告。

【宁波出入境检验检疫局推动口岸对外贸易便利化】 一是口岸通关环境优化明显。协商省内两检两关，对浙江省域进出口货物实施通关单无纸化。向国家质检总局争取在宁波口岸试点实施“三个一”模式，获得支持同意。成立“三个一”试点工作领导小组，赴广东、深圳等地调研，初步形成了试点工作方案。建立宁波局查验和问题检出情况评价指标体系，制定年度量化目标，实施通报机制。二是便利化工作水平显著提高。制定出台检验检疫12项服务进口贸易发展指导意见，开展宁波检验检疫服务进口贸易便利化试点工作。通过试点，20%进口金属材料平均缩短通关时间5～7天；为4家进口危险化学品试点企业节省费用10万元以上；特殊监管区域进口液状石蜡和润滑油、冷轧钢材、冷扎钢卷增长15%；样品预检验制度正式铺开；进口水果预放行制度显成效，2013年，宁波口岸进口水果14 016.5吨，货值2 850.4万美元，同比分别增长128.6%和9.0%；优化食品中文标签加贴工作流程，使进口食品施检时限减少至4～7天；简化报检资料要求。开展走访外贸企业活动，主动解决进出口外贸业务回归所面临的检验检疫的困难。研究制定跨境电子商务进出口商品检验检疫监管政策总体要求，做好监管设施需求协商，实现电商和商品备案、申报、出区自动抽批、核销等功能。组织开发展会商品备案管理系统，提高了展会展品监管的效率。三是主动参与省市重点发展战略。开展国家区域开放开发政策将对宁波检验检疫系统带来的影响分析及对策研究。加强与浙江出入境检验检疫局、浙江省交通运输厅、浙江海事局的专题合作，推动扩大开放、口岸开发开放、口岸信息化、贸易便利化等多项合作。多次赴义乌进行实地调研，探讨如何争取国家质检总局政策支持，在义乌改革试点中在进出口货物涉及检验检疫有效监管、便利放行等方面开展合作。

【宁波出入境检验检疫局口岸管理工作精益求精】 一是继续深化质检交通协作。继续全面推动信息共享共用窗口建设和电子闸口推广示范项目建设，实现了与交通运输部门的数据交互。基本完成海港口岸电子监管系统升级开发，强化了进境电子闸口放行和出境物流信息监控功能，并以该系统为主干，辅以检疫处理前置申请系统、外堆场货物监管系统、流程查询服务系统，实现与地方电子口岸和港务EDI数据的互联互通。二是支持口岸开发开放，先后支持镇海港区通用散货码头和19号、20号码头通过验收正式对外启用，支持梅山整车进口口岸、北仑港四期2号码头通过国家质检总局预验收，支持穿山北港区中宅、LNG、光明、港鑫等码头延长临时开放期限，支持梅山保税港区1号、2号泊位临时开放。在穿山北港区、梅山港区和镇海港区等新开放区域落实视频监控、标志标牌、应急预案等监管条件，与各级政府部门、港务部门和码头企业开展富有成效的协商工作，落实检验检疫设施和监管条件，达成各方共同支持口岸开放的多项合作协议。三是集中查验建设有效推进。积极落实国家质检总局在天津召开的检验检疫集中查验建设经验交流会精神，根据口岸实际情况，与交通部门、港务部门沟通，积极推动“五个统一”，即统一规划、统一流程、统一管理、统一规范、统一平台，通过优化整合，联合建设了24家集中查验场库，形成了“综合为主、专业为辅，港区内堆场为主、港区延伸堆场为辅、其他堆场作补充”的监管场库分布格局，实现了国家质检总局要求的“提前一步在所有口岸实施检验检疫集中查验”的“两个100%”目标，获得了国家质检总局领导的高度肯定，并作为先进典型在国家质检总局举办的“检验检疫集中查验建设交流会”上作介绍发言。

【宁波出入境检验检疫局推进宁波全港创建国际卫生港工程】 一是健全完善机构制度。在宁波市政府创建国际卫生港领导小组及创建国际卫生港办公室的基础上，成立以宁波出入境检验检疫局局长任组长的创建国际卫生港组织机构，制订出台《宁波检验检疫局创建国际卫生港第一阶段实施方案》等系列工作制度，将创建国际卫生港作为全局重点工作予以推进。二是调研摸底港区基础状况。与宁波市口岸办牵头组织开展穿山、梅山两港区的摸底调研，完成创建国际卫生港摸底自评报告，初步掌握两港区基本现状和存在的问题，并据此印发了《穿山、梅山港区创卫主要问题的解决方案》。三是充分发挥技术保障职能。刊发创建国际卫生港简报50期，编印分发《创建国际卫生港35问》等近千册，并组织开展创建国际卫生港宣传、培训；实施创建国际卫生港驻点工作制，每周两天进驻港区现场协助解决问题，发布5期创建国际卫生港进展情况通报；组织召开3次创建国际卫生港现场工作会，并协助市创建国际卫生港办公室组织召开市领导现场督促会和两次创建国际卫生港办公室工作会议。四是牵头完善创建国际卫生港技术规范。编印《创建国际卫生海港技术手册》，协助拟订《宁波创建国际卫生港医学媒介生物监测工作方案》等创建国际卫生港技术文件，有力推进创建国际卫生港进程。五是组织开展创建国际卫生港宣传月主题活动。从2013年11月下旬起，在《中国国门时报》、《宁波日报》、《东南商报》等新闻媒体密集跟踪报导宁波全港创建国际卫生港；在20条公交线路100辆公交车和100辆出租车张贴创建国际卫生港宣传标语；面向市人大代表、政协委员、企业家和全市普通群众发送创建国际卫生港宣传短信12万条，总受众面达到700万人次，该项活动得到宁波市各个层面的广泛关注和充分认可。六是积极承办世界卫生组织会议。协助宁波市政府承办世界卫生组织西太区口岸核心能力建设研讨会，宁波海港和空港口岸接受与会专家实地检阅，获得充分肯定和好评。世界卫生组织西太区负责人李千基（Chin Kei Lee）博士对宁波全港创建国际卫生港十分赞赏，表示"'宁波经验'将被世界分享"。截至2013年年底，穿山、梅山两港区考核标化得分分别为82.78分、82.62分，达到甚至超过时序进度，圆满完成全年任务。

【宁波进出口商品采购贸易改革示范区和出口质量安全示范区"两区"建设取得突破】 2013年1月15日，北仑出入境检验检疫局与宁波经济技术开发区管委会签署共建协议，"宁波进出口商品采购贸易改革示范区"正式挂牌落成，通过检政合作，探索建立以"园区化、规模化、信息化"为特色的采购贸易"宁波模式"。示范区建设引发社会各界高度关注，市领导多次视察园区，专题调研配套支持政策，全年作出7次批示，国家质检总局、浙江省政府相关领导先后听取示范区建设情况汇报，并给予充分肯定。示范区建设经济效益显著，2013年实现采购贸易额11.9亿美元，吸纳100家中高端企业聚集，其中宁波百强企业入驻率达28.0%，对宁波外贸出口增长贡献率达24.6%，且无一起退货通报，实现政策、监管和物流的"三集中"，成为宁波外贸增长的新亮点，被列为宁波市开放型经济三大创新试点之一，并获国家质检总局批准筹建全国首个港口物流"知名品牌创建示范区"。2013年9月17日，宁波出入境检验检疫局驻宁波经济技术开发区现代国际物流园区现场办公室（简称宁波开发区物流园区现场办）正式成立，机构规格正科级，授权北仑出入境检验检疫局管理。按照国家质检总局统一部署，以"地方政府负责、企业严把质量、相关部门齐抓、行业协会协调"为目标，在宁波各产业集聚地分别建成慈溪蔬菜、慈溪家电、余姚电器、鄞州服装、奉化气动元件、象山针织服装等6个省级出口质量安全示范区，并通过验收。其中，慈溪家电、象山针织服装已向国家质检总局申报国家级示范区。宁波市已是全国拥有省级出口示范区最多的城市。通过示范区建设，提高了地方政府对出口质量重视程度，将示范区建设纳入宁波市质量强市绩效考核指标。各县（市、区）人民政府都高度重视出口产品质量安全示范区创建工作，分别成立了工作领导小组，并出台多项质量扶持措施，在示范区发展规划、配套设施、人才培养、科技创新、品牌建设、宣传推介等方面给予政策倾斜和财政支持，得到了广大出口企业的赞许。慈溪市、余姚市、象山县还分别出台多项奖励举措，鼓励出口企业加大创新投入，实施品牌战略。区内企业通过示范带动、对比提升，形成了“向优秀企业学习”的氛围，有利于引领上下游配套集群共同发展。

【宁波口岸进口食品、农产品风险管理全面推广应用】 宁波出入境检验检疫局组织构建了以进口食品、农产品风险管理系统为核心，以企业主体管理、口岸监管和后续监督为重点的进口食品、农产品风险管理监管体系。进口食品、农产品风险管理系统实现了全面上线，截至2013年年底，进口食品风险管理系统已实现上线进口食品企业842家，维护产品信息2 076条，建立风险监管名录759条。制定了食品示范进口商评定、分类管理等多个进口食品分类管理文件，完成了对122家进口商实施分类管理考核，已认定一类企业19家，二类企业72家，三类企业24家，示范进口商7家。强化口岸所有进口食品收货人企业全申报管理，实施进口食品、农产品企业质量安全主动报告制度和诚信管理制度，要求企业“一事一报”和“一年一报”质量异常情况、潜规则问题、消费者投诉等相关情况。开展了产品预检验模式试点，对于符合预检验规范相关要求的进口食品、农产品在进口前可以委托第三方检验机构对相关产品进行预检验，使进口食品、农产品检验时限进一步缩短。建立了二维码、短信防伪码和网站防伪码三位一体的进口食品、农产品防伪溯源平台，已有210多家进口食品企业正式注册，上线食品种类涵盖葡萄酒、蜂蜜、奶粉等重点敏感食品。推行了食品安全质量管理检企联动机制，建立一支既懂法规标准要求又能坚守安全底线的食品、农产品安全员队伍，推动企业主体责任的有效落实。推行进口食品、农产品监管场所管理制度，在提高通检效率的同时推动企业对进口食品、农产品全流程质量管理责任的落实。加强进口食品“两个记录”检查，制订年度检查方案，书面审核和现场验证不断推动进口商保证进口食品追溯、召回等机制的有效运行。建立了进口食品常态化风险会商机制，组建了一支具有丰富的理论与实际工作经验、不同专业背景，涵盖进出口食品、农产品各个领域的风险会商专家队伍，在“例行专题会商”、“临时专题会商”等常态化风险会商机制下，对在进口食品监管过程中发现的风险因素进行分析，提出有效应对措施。

【宁波进口水果纳入防伪溯源管理平台首次突破万吨】 宁波出入境检验检疫局创新进口水果防伪溯源管理，将进口水果纳入防伪溯源管理平台，该平台集防伪溯源与进口检验检疫监管为一体，从根本上解决了进口食品可追溯等检验检疫后续监管的难题。通过该平台在进口的水果上加贴防伪溯源二维码，对进口水果的来源与流向进行全程追溯，能及时召回问题产品，保障进口水果质量安全。实现对进口水果的源头与流向追溯管理，防止假冒，强化水果经营者的主体责任，不仅便于社会公众辨别真伪，增强对进口食品安全的信心，而且也利于经营企业进一步扩大宁波进口水果贸易，创建“宁波进口水果”品牌。2013年，已有南非鲜橙和厄瓜多尔香蕉加贴了防伪溯源二维码。进口商表示，此项工作对于品牌推广和以质取胜方面均起到了积极的作用。为有效促进贸易便利化，确保宁波口岸进口新鲜农产品安全高效的通检，宁波出入境检验检疫局通过创新查验模式、沟通机制、防伪溯源、质量意识等4个方面，不断推进水果进口便利化，大幅缩短了企业进口水果的查验放行时间，为企业节省费用达500元/集装箱。2013年，宁波口岸进口水果量首次突破1万吨大关。其中，进口新鲜水果203批次8 281吨，计548.6万美元，同比分别增长7.5倍、5.6倍和2.9倍。

【宁波出入境检验检疫局组织开展对外来有害生物监测和出口植物源性食品有毒有害物质监控工作】 根据国家质检总局关于做好2013年国家外来有害生物监测工作的有关要求，宁波出入境检验检疫局组织开展了检疫性实蝇、有害杂草、舞毒蛾、林木害虫和种苗花卉有害生物疫情调查和监测工作。按计划，共对200个监测点的检疫性实蝇、13个监测点的外来杂草、1 000个输北美集装箱和50艘船舶的舞毒蛾、36个监测点的外来林木害虫进行了监测，共监测发现3种500余头检疫性实蝇，发现有害杂草毒莴苣和假高粱，未发现舞毒蛾和外来林木害虫。相关监测结果已按时上报国家质检总局，发现的相关疫情已按照有关规定进行了及时处置。根据2013年度国家质检总局进出口食品、化妆品安全风险监控要求，结合宁波实际，制定了风险监控计划，各分支机构共完成包括香菇（含干香菇）、毛豆、青刀豆、荷兰豆、辣椒、菜心、菠菜、甘蓝、小松菜、白花菜、洋葱、西兰花、胡萝卜及白萝卜等在内的14类蔬菜共计120个样品的总局监控任务，形成1 231个检测结果，未检出不合格项目；完成包括雪里蕻、葱、莲藕、榨菜、芋艿、毛笋、雷笋及蚕豆在内的8类蔬菜共计30个样品的直属局抽样监控任务，形成1 908个检测结果。其中，3个芋艿样品检出重金属镉含量分别为0.19毫克/千克、0.25毫克/千克和0.34毫克/千克，均超出了0.1毫克/千克的判定标准，已按照相关规定进行处理，其余检测结果全部合格。进出口食品、化妆品安全风险监控工作圆满完成，进一步摸清了宁波地区出口植物源性食品产品质量底数。

【浙江省公安边防总队创新边检勤务模式】 2013年，浙江省公安边防总队根据公安部边防管理局《关于进一步改革创新边检勤务模式的通知》要求，以杭州、舟山、北仑边检站为试点，开展勤务模式的创新工作。杭州边检站在口岸航线不断开辟增多、业务量迅猛增长、警力严重短缺的情况下，通过实行大科+小组制，达到了缩短检查员工作时间，提升用警效能，提升执勤质量的良好效果，该做法在全国边检长效机制建设工作会议上进行了交流推广。舟山边检站结合点多、线长、面广的舟山群岛口岸实际，全面推行分片驻点、科队联勤的执勤模式，实行分区域管理，在业务量比较集中的区域分别设立执勤中心，辐射管理周边若干个港区，设立集船舶手续办理、证件签发、港区巡查、执法办案等功能于一身的综合性执勤科队，实现“一站式”通关边检服务。北仑边检站通过加强实战型指挥中心建设，完善边检业务指挥体系，自主研发“边检智能管控平台”，实现智能化指挥调度与指挥人员人工干预相结合的指挥模式，有效节省警力，提高管控合力。

【浙江省公安边防总队创新通关服务举措】 2013年，舟山边检站紧跟群岛新区发展步伐，立足口岸发展需求，创新创优服务举措，研究出台了《关于助推舟山群岛新区建设发展16条工作意见》，努力为舟山群岛新区建设发展保驾护航。宁波边检站主动协调，克服困难，将边检报检窗口从宁波前移至镇海物流枢纽中心，最大限度地满足通关快捷化需求，为辖区涉外企业节省了上千万元的成本。嘉兴边检站在服务嘉兴滨海新区建设中不断探索，推出了《嘉兴边防检查站十项措施服务嘉兴海洋经济发展》，为驻地经济发展作出了积极的贡献。温州边检站主动融入温州海洋经济建设大局，在助推温州状元岙口岸扩大开放上，做到提早介入、主动作为，强有力地推进了口岸的开放进度。宁波机场边检站紧紧围绕“宁波启动栎社机场三期扩建，加快空港物流园区建设，建成国内干线机场和长三角国际航空物流枢纽”的战略部署，研究出台了优化通关环境、创新管理手段、打造过硬队伍、扩大便民窗口等“十项服务举措”，全力助推宁波空运口岸又好又快发展。温州机场边检站推出了服务温州产业转型升级、服务温州智慧型大都市建设、服务温州对台对外开放战略等6个方面25项服务举措，进一步体现了边检机关主动融入地方经济建设发展的大局意识和高度责任心。

【浙江省公安边防总队加强警地互动交流】 2013年，浙江省公安边防总队紧紧围绕服务浙江“四大国家发展战略”的有利时机，主动加强与各级地方党委政府的互动交流。2013年6月份，总队组织召开了一次边检工作联席会议，邀请地方口岸系统的领导参加，回顾总结边检机关服务海洋经济、大通关建设等工作情况，了解掌握地方发展规划和进度，共同研究遇到的困难和问题，深入推进口岸开放工作。通过座谈交流，进一步密切了警地双方关系，开阔了视野，为更好地紧密合作奠定了扎实的基础。

【浙江省公安边防总队严密口岸管控】 2013年，浙江省公安边防总队坚决秉持“边检机关维护好口岸安全稳定就是最好服务”的理念，部署各边检站严格落实口岸安全风险评估和形势分析研判制度，按照《边检站处置口岸突发事件指引》要求，进一步完善处理突发情况预案，强化装备和力量保障，尤其是在敏感重要节点，加强值班备勤，加强一线巡逻监控，加强实战演练，严把口岸管控关，切实维护了口岸安全稳定。2013年7月份，浙江省公安边防总队部署开展了涉嫌擅自出境国际航行船舶排查整治活动，依法查处船舶擅自出境案35起。2013年共查获在控对象42人次，不准入境人员22人次，偷渡人员27人次，在逃人员22人次，违法违规人员1 045人次。杭州边检站首次查获了一起外籍人员携带毒品入境案件。

【浙江省公安边防总队推广边检服务品牌】 2013年，浙江省公安边防总队根据公安部的统一部署，开展边检机关服务品牌宣传推广工作，深入宣传边检机关在服务群众、维护口岸安全和助推经济发展等方面的业绩，充分展示新时期边检机关的良好形象。确定5月4日为浙江省“检查员日”，8月1日为“警营开放日”，拍摄制作了边检服务品牌宣传片，利用各种载体进行播放。各边检站邀请地方的主流媒体实地采访，拍摄微视频，与网民互动交流，努力将边检机关的影响力向社会扩展。大榭边检站被大榭管委会评为“模范边防检查站”荣誉称号，宁波机场边检站郑丽荣获2013年度“浙江十大杰出青年”称号。

【浙江海事局推行船舶污染清除协议制度】 2013年，浙江海事局推行船舶污染清除协议制度，辖区船舶污染清除协议签订工作有序开展。全年共有37 580艘次进出港船舶签订了污染清除协议，签订协议率达到99%。其中，内贸船舶为25 476艘次，占总量的68%；外贸船舶为12 104艘次，占总量的32%。签订的协议中，油船17 139艘次，占总量的45.6%；其他散装液体船舶3 063艘次，占总量的8.2%；非散装液体货物船舶17 378艘次，占总量的46.2%。4家专业清污公司在浙江海事局辖区形成以宁波—舟山港为核心，全面覆盖南北两翼的专业清污公司布防格局，船舶污染清除协议制度得以有效推行，全辖区高风险水域均有专业清污公司24小时应急值守，一旦发生船舶污染事故，作为协议方的专业清污公司将在第一时间做出反应。2013年1月24日9:32，锚泊在舟山岱衢洋水域的巴拿马籍集装箱船“VENICE BRIDGE”轮因碰撞事故导致燃油舱破损，燃料油泄漏入海。事故发生后，舟山海安溢油应急处理有限公司第一时间到达现场，在浙江海事局的统一指挥下，按照协议约定开展清污行动，清污效果得到社会各方的普遍认可。同时，也体现了船舶污染清除协议制度在船舶污染“防、治、赔”体系中的重要作用。

【宁波海事助推大榭打造原油中转“精品”口岸】 宁波大榭港区是全国重要的原油中转基地，自2002年开港至2013年年底，累计完成原油装卸作业超过2亿吨。大榭口岸有原油装卸资格码头5座，最大设计泊位为45万吨级的大榭港区实华原油码头。2013年，大榭港区靠泊30万吨级VLCC共计137艘次，原油吞吐量达4 332万吨，占宁波港域原油中转量的50%，较2012年同期增长14%，实现稳步提升。宁波海事局大榭海事处一直坚持监管与服务相统一的原则，以监管效率为目标，以优质服务为手段，着力提升综合实力。为适应大榭口岸原油大进大出、快进快出的需求，大榭海事处坚持实行原油中转“全天候”监管制度，从政策、法规、信息和技术方面提供全方位的支持和对接。一方面，以“五化”为载体，积极拓宽监管服务领域。“五化”即船舶查验限时化、动态巡查频度化、安全检查主动化、静态监管电子化、应急反应有效化。针对大型油轮监管需要，探索“零待时”模式，与联检部门、码头业主等通力合作，提高海事查验效率。另一方面，以“重点”为支撑，努力探索监管合作机制。作为重点单位重点码头，中石化大榭油库、中石油大榭仓储公司、中海油储备库、中海油大榭石化公司等油品储罐总量近500万立方米，大榭海事处与重点单位联系人时刻保持沟通，通过多种形式传递安全信息，做好船舶靠离泊的确认服务。随着周边区域炼化企业产能的进一步扩大，对原油的需求将进一步增加，大榭口岸的原油吞吐量还将继续增加，大榭海事处将继续结合实际，落实服务，不断深化大型油轮监管品牌创建工作，牢牢构筑大型油轮安全监管屏障，切实服务地方海洋经济发展。

【宁波海事3项措施促进宁波口岸开放快速稳健发展】 截至2013年年底，宁波水运（海港）口岸共有正式开放的港区4个，包括48个码头86个泊位，年平均进靠外轮24 838艘次。为了适应国际贸易快速发展的需要，2011年以来宁波水运（海港）口岸先后完成北仑四期集装箱码头、大榭万华码头、宁波实华码头等13个泊位对外开放工作。与此同时，梅山、穿山北等港区连续4年获批临时进靠国际航行船舶，进靠外轮14 761艘次，泊位的正式对外开放准备工作也在积极推进中。

为巩固宁波水运（海港）口岸开放成果，加快推进新一轮口岸开放进程，海事部门不断优化服务举措。一是建立“一站式”服务体系，积极为拟开放码头公司提供海事专业咨询服务。为避免企业多头衔接，海事部门联合相关部门，主动上门为不熟悉口岸开放流程的货主企业提供实地调研服务，以优质服务加快开放进程。二是加强多方沟通联动。码头对外开放过程中设施建设和审批工作环环相扣，为加快开放进程，宁波海事局着力加强与上级海事部门和地方政府部门之间的沟通协调工作，通过召开协调会和走访的形式不断推动开放进程。三是优化开放口岸管理工作，通过开辟“绿色通道”，开发“国际航行船舶进出口岸网上预查验系统”等措施大大加快口岸通关速度，提高船舶周转效率，为宁波口岸进一步开放打下良好的基础。

随着宁波国际强港建设的不断深入，宁波辖区码头对外开放进程也不断加快，宁波海事局将以此为契机，密切关注口岸企业发展动向，以优质的服务探索推进“一站式”服务体系与打造国际强港战略有机融合，实现高效监管与优质服务的新跨越。

开放口岸

【杭州萧山空运口岸】 杭州萧山国际机场位于浙江省杭州市东部萧山区，机场面积10平方千米，地理坐标东经120°26′01″，北纬30°13′46″，距杭州市中心27千米，是我国干线机场、国际定期航班机场。机场拥有两条跑道，可起降空客A380飞机，机场航站楼面积37万平方米，机坪面积90万平方米，能满足年旅客吞吐量3 300万人次、货邮吞吐量80.5万吨、航班起降量26万架次的保障需求。杭州萧山国际机场是由原军民合用杭州笕桥机场迁址新建机场。杭州笕桥机场始建于1935年，1957年成立杭州民用航空站，成为军民合用机场。1979年开通了杭州—香港包机。1980年，经国务院、中央军委批准，杭州笕桥机场航空口岸正式对外开放。1997年7月，杭州萧山国际机场动工新建，2000年12月正式建成通航。2003年9月，国务院批复同意杭州航空口岸扩大对外国籍飞机开放。2004年3月，杭州航空口岸通过国家验收，正式扩大对外国籍飞机开放。2007年11月，杭州萧山国际机场二期扩建工程开工，2010年7月新国际航站楼完工并投入使用。新国际航站楼建筑面积9.6万平方米，飞行区站坪及道面面积22.66万平方米，近机位8个，远机位12个，出发层设计44个国际值机柜台，设计年出入境旅客量384万人次，高峰小时1 020人次。2013年1月初，第二国内航站楼和第二条跑道（北跑道）相继投入使用。第二国内航站楼建筑面积17万平方米，机坪面积40万平方米，近机位31个，远机位11个，出发层设计90个值机柜台，设计年旅客吞吐量1 376万人次，高峰小时3 900人次。北跑道等级为4F级，长3 400米，宽60米，可以起降目前世界上最大的民航客机A380。杭州萧山机场内建有独立的口岸工作园区，并具有完善的口岸设施及功能（包括落地签证、台胞签注点等），实行“5+2”工作制和24小时通关。截至2013年年底，杭州航空口岸开通了30条定期国际（地区）航线，其中国际航线有23个通航点，即阿姆斯特丹、法兰克福、亚地斯亚贝巴、德里、多哈、东京、大阪、首尔仁川、釜山、济州、清州、新加坡、吉隆坡、曼谷、马来西亚亚庇、柬埔寨暹粒、普吉、巴厘岛、长滩岛、马累、哥打基纳巴卢、岘港、洛杉矶（货运）；地区航线有7个通航点，即香港、澳门、台北桃园、台北松山、高雄、台中、花莲。平均每周航班达191班（382架次）。

2013年，杭州萧山机场共完成旅客吞吐量2 211.3万人次，货邮吞吐量36.8万吨，航班起降19.1万架次。客、货运吞吐量在全国民用机场中分别排在第10位和第7位，运营定期航线总数达185条。同期，杭州空运口岸出入境人员281.78万人次，同比增长10.62%，其中出入境旅客268.51万人次（入境135.85万人次，出境132.66万人次），同比增长12.12%；出入境飞机18 811架次（入境9 454架次，出境9 357架次），同比增长11.49%；进出口货物量8.31万吨（进口货物量0.94万吨，出口货物量7.37万吨），同比下降0.35%；进出口快件334.35万件（进口快件113.38万件，出口快件220.97万件），同比下降5.2%；进出口货值（含快件）30.46亿美元，同比下降4.52%。

杭州保税物流中心（B型）于2009年12月1日经海关总署、财政部、国家税务总局、国家外汇局批准设立，2011年6月9日通过国家四部委验收，2011年12月正式封关运营。该项目位于杭州空港经济区内，杭州萧山国际机场东北侧，与机场货运区相连。中心规划面积约5万平方米，建筑面积近10万平方米，主要建成保税大厦11 394平方米，5个仓库（1个监管仓库，4个保税仓库）67 757平方米，堆场23 001平方米，以及内外两个卡口（分别为五进五出10通道及两进两出4通道）和其他必备设施。杭州保税物流中心的经营主体——杭州空港新城保税物流中心有限公司，是杭州空港经济区（空港新城）管委会独家出资控股的国有企业，注册资金4亿，承担着保税物流中心的开发、建设、运营、物流资产经营和服务等职能。2013年，杭州保税物流中心（B型）共经营业务6 768票，同比增长106%；进出口货运量为55.02万吨，同比增长175%；进出口货值为107 299.74万美元，同比增长105%；上缴税收达3.36亿元人民币，同比增长16%。

【宁波栎社空运口岸】 宁波栎社国际机场位于浙东鄞西平原，距宁波市中心约12千米，地理坐标东经121°27′51″，北纬29°49′30″，是国内重要的干线机场。机场占地面积近2 503万平方米，现有跑道长3 200米，宽60米，配有国际先进的通信导航和航行管制设备，为4E级标准，可满足波音747等大型飞机起降。机坪占地面积14.2万平方米，有16个停机位，其中7个近机位。候机楼总建筑面积4.35万平方米，按年旅客吞吐量380万人次，高峰小时1 700人次的要求建设。地下车库面积为1.33万平方米，可停262辆小车；经整改扩建后的地面停车场总面积约2.5万平方米，可停靠512辆小车和12辆大客车。另有货站及其他周边停车位约300个。新建国际货站11 965平方米，预计2014年下半年完成。另已改建完成国内货站10 643平方米，临时货代业务用房1 748平方米，国内分拨棚1 000平方米，国际分拨棚960平方米，扩建卡车监管仓库至2 270平方米。

1992年7月，宁波栎社机场航空口岸经国务院批准正式对外开放，宁波至香港直达航班开通；1998年11月，宁波—澳门—台北/高雄航线开通；1992年底，国际航空货运业务开通；2005

年3月1日，宁波至香港全货机航班正式开通。2005年4月1日，宁波航空口岸对外国籍飞机开放得到国务院正式批准，9月2日，宁波栎社机场对外国籍飞机开放通过国家验收。2006年4月22日，东方航空公司空客A320型客机由宁波直飞韩国首尔国际机场，这是宁波栎社机场升格为国际机场后开通的首条定期国际航线。截至2013年年底，机场开通了70余条国内航线（包括北京、广州、深圳、珠海、大连、天津、青岛、重庆、成都、昆明、武汉、沈阳、三亚、海口、丽江等国内主要省会及旅游城市），以及10余条国际及地区航线（包括香港、澳门、台北、台中、高雄、济州、首尔、曼谷、卡里波、新加坡、清州）。2013年，宁波机场旅客吞吐量为546万人次，同比增长3.66%；飞机起降46 468架次，同比增长3.44%；货邮吞吐量为6.6万吨，同比增长7.27%。其中，国际（地区）出入境人员82.4万人次，同比增长5.4%；出入境航班6 632架次，同比增长5.1%；国际（地区）出入境货邮（含转运关）15 902吨，其中出口11 066吨，同比增长2.56%，进口4 836吨，同比增长4.93%。

【温州龙湾空运口岸】 温州龙湾国际机场地处浙江省三大中心城市之一的温州市龙湾区，距离温州市中心21.7千米，地理坐标东经120°51′03″，北纬27°54′46″。机场于1987年5月开始建设，1990年7月12日建成通航。机场占地面积约3.87平方千米，原有一条2 400米长、60米宽的跑道，机场国内、国际候机楼总面积近1.4万平方米，停机坪面积达7.3万平方米，可满足A300、MD－90等D类飞机起降。温州龙湾国际机场于1990年正式通航启用。1994年9月，机场航空口岸获国务院、中央军委批准对外开放（限中国籍飞机飞港澳地区）。1995年开通温州至澳门航线，1996年开通温州至香港航线。2011年6月，国务院批复同意温州机场对外国籍飞机开放。2012年7月，经国家验收，温州机场正式对外国籍飞机开放。截至2013年年底，温州空运口岸已开辟温州至香港、曼谷、首尔、济州、台北、岘港、长滩等11条国际（地区）航线，特别是2013年12月24日开通温州至罗马的直达航线，成为继北京、上海之后第3个国内直飞罗马的城市。2013年10月17日，温州机场长3 200米的新跑道投入使用，可满足波音747等大型客机和更多的国际航线飞机起降的需要。2013年，温州龙湾国际机场旅客吞吐量为659.59万人次，同比增长17.01%；货邮吞吐量为5.98万吨，同比增长20.26%。国际（地区）出入境人员、飞机和进出口货物量分别为31.30万人次、2 589架次和872吨，同比分别增长125.42%、126.14%和26%。

温州机场新建航站楼工程已进场施工，新建T2航站楼面积达10万平方米，满足机场1 300万的旅客吞吐量；新的国际厅建设也将全面铺开，建成后可适应出入境旅客大幅增长的需要。

【宁波水运（海港）口岸】 宁波港位于我国历史文化名城和著名沿海港口城市——宁波市，是我国对外贸易的重要海港口岸。1979年6月，国务院正式批复宁波港对外开放。宁波港由甬江、镇海、北仑、大榭、穿山、梅山、象山、石浦八大港区组成，拥有大、中、小相配套的各类经营性泊位328座（海港码头322座，内河码头6座），其中万吨级大型泊位72座，10万吨级以上特大型深水泊位27座，集装箱泊位26座（其中3座尚未开放），对外开放码头（泊位）102座（其中临时开放6座）。2013年，全港货物吞吐量为4.53亿吨，同比增长4.5%，吞吐量前5位的货种为铁矿石8 813万吨、煤炭7 926万吨、原油6 123万吨、化工原料及制品1 339万吨、粮食177万吨；集装箱吞吐量1 677.37万标箱，同比增长7.03%。口岸已开通集装箱班轮航线235条，其中远洋干线117条，月均航班1 400班，现与世界上100多个国家和地区的600多个港口通航，全球排名前20位的国际班轮公司都已登陆宁波港口岸。2013年，宁波水运（海港）口岸完成外贸货物吞吐量2.76亿吨，其中进口1.81亿吨，同比增长15.04%，出口0.95亿吨，同比增长8.26%；进出口集装箱吞吐量

1 416.15万标箱，同比增长 5.98%，其中进口 694.54 万标箱，同比增长 5.48%，出口 721.61 万标箱，同比增长 6.47%；出入境船舶 17 249 艘次，同比增长 6.77%。

宁波口岸将围绕发展海洋经济，建设国际强港，打造一流口岸的总目标，着力加强口岸工作统筹谋划，改善口岸设施条件，促进口岸单位合作联动，提高口岸监管和服务水平，努力建成现代化、国际化一流的宁波口岸，更好地为宁波建成区域性国际贸易中心和现代化国际港口城市服务。

【舟山水运（海港）口岸】 舟山港地处我国东部海岸线与长江水道的交汇处，背靠长三角经济腹地，面向太平洋，是我国东部地区和长江流域重要的对外开放海上门户和通道。

舟山港口岸于 1986 年 4 月经国务院、中央军委批准对外开放。目前，已经形成定海、老塘山、金塘、马岙、沈家门、六横、高亭、衢山、泗礁、绿华山、洋山等 11 个港区，全市开放面积 1 302 平方千米，拥有万吨级以上泊位 41 个，其中 25 万吨级超大型深水泊位 5 个；一类口岸监管点 17 个，其中油品码头监管点 9 个，散杂货码头监管点 5 个，矿砂、煤炭和国际客运码头监管点各 1 个；外籍船舶修理企业 22 家，外轮联检锚地 15 个，保税仓库 17 家。2013 年，舟山港货物吞吐量为 3.14 亿吨，同比增长 7.86%，其中进出口货物吞吐量 9 632.59 万吨，同比增长 17.4%。主要进口货种为矿产品 4 512.74 万吨，原油（成品油）2 940.32 万吨，煤炭 1 135.45 万吨，大豆 332.31 万吨，化工品 9.47 万吨和小麦 15.32 万吨；主要出口货种为船舶 367.09 万吨，原油（成品油）211.61 万吨，船舶非主机配件 18.40 万吨和水产品 1.56 万吨。外贸集装箱吞吐量 11.44 万标箱，同比增长 6.7%；出入境船舶 7 267 艘次，同比增长 5.2%。

2013 年 1 月 17 日，舟山群岛新区发展规划经国务院正式批复，舟山群岛新区以“大干、实干、苦干、巧干”的精神，全力推进新区建设，探索更加开放型经济政策，进一步与国际接轨，以建成我国东部地区重要的海上开放门户，努力打造成为我国面向环太平洋经济圈的桥头堡。

【温州水运（海港）口岸】 温州港处于我国海岸线的中间节点，位于我国最早开放的 10 个口岸城市之一——温州市。温州港由状元岙港区、乐清湾港区、大小门岛港区等 3 个核心港区，以及瓯江港区、瑞安港区、平阳港区、苍南港区等 4 个辅助港区组成。1957 年，温州港口岸经国务院批准对外开放，1964 年 8 月 27 日首艘外轮日本“东宫丸”抵达温州。改革开放后，温州港口岸陆续开放了龙湾码头、龙湾石化码头、小门岛油气中转码头、七里港区码头等 8 个码头 22 个泊位。经过多年的发展，温州港口岸已经逐步成为浙西南、赣东、闽北等地区对外交流的重要海港口岸。集装箱航线已开通至台湾近洋干线 1 条，至宁波—舟山港、上海港的外贸内支线 3 条。外贸集装箱航线通过直达及内支线与德国、英国、意大利、俄罗斯、美国、南非、阿联酋、日本、韩国、印度、新加坡、我国香港及我国台湾等 80 个国家和地区开展航运业务。内贸集装箱航线可抵达全国沿海及长江流域港口。2013 年，温州港货物吞吐量为 7 379.37 万吨，同比增长 5.47%，其中外贸货物吞吐量 444.99 万吨，同比下降 19%。主要进口货种为煤炭及制品

247.36万吨，金属矿石97.36万吨，石油天然气及制品14.81万吨，化工原料及制品8.94万吨，木材0.45万吨，集装箱货56.65万吨；主要出口货种为石油天然气及制品1.11万吨，非金属矿石1.21万吨，集装箱货59.53万吨。进出口集装箱吞吐量为14.29万标箱，同比增长8.59%；出入境船舶291艘次，同比增长3.93%。

“十一五”时期，温州港口岸重点构筑大口岸，推动大物流，服务大开发，全力构建口岸大开放格局。随着温州港状元岙港区一期8号和9号2个5万兼靠10万吨级泊位、七里港区二期2个2万吨泊位、浙能乐清电厂3.5万吨级卸煤泊位等一批万吨级项目建成投产，温州港口岸由“瓯江口岸”向“东海时代”迈进，实现由河口型港向近海深水港、由地区性港向沿海枢纽港、由集装箱喂给型港向重要支线港发展的三大历史性转变。“十二五”期间，温州港口岸规划投资百亿元建设港口基础设施，新建深水泊位15个以上，同时深化与上海港、宁波港的合作力度，努力开辟国际集装箱航线，巩固发展温州至台湾、那霸等海上直航集装箱班轮，形成干线、近洋航线、内支线并存的新格局。

【台州水运（海港）口岸】 台州港位于浙江中部沿海，地处我国海岸带中段，是浙中沿海的水运枢纽，港口资源丰富，海岸线745千米，占浙江省的28%。2001年交通部批准台州市港口统一更名为台州港，实现“一城一港”、港城同名的发展格局。台州港由海门、大麦屿、健跳、临海、路桥和温岭等6个港区组成。台州水运（海港）口岸（原名海门港口岸）系水运海港一类口岸，由海门港区和大麦屿港区组成。海门港口岸于1983年11月经国务院批准开展国轮外贸运输业务，1989年5月国务院批准对外轮开放，验收合格后国务院于1990年10月1日公布对外开放。此后，国务院、浙江省人民政府根据台州对外开放需要，陆续批准临海红光液化气专用码头、大陈岛海上水产品交货点两个一类口岸，现并入台州水运（海港）口岸统一管理。2008年4月18日，国务院批准浙江海门港口岸更名为台州港口岸，大麦屿港区扩大开放，并给驻台州查验单位增加了查验人员编制。2011年9月，大麦屿港区通过国家对外开放验收，同年12月由交通运输部公布对外开放。

台州水运（海港）口岸现有开放水陆域面积770平方千米（其中国务院批准的为280平方千米，南京军区划定的为490平方千米），范围包含健跳、临海、海门、黄岩、路桥和温岭港区，在建的三门核电厂、市金属资源再生产业基地，待建的市石化基地和待开放的码头、船舶修造企业等一批重大项目均在其中。

台州水运（海港）口岸现有开放泊位13个。海门港区有5 000吨级外贸泊位4个（其中5 000吨级集装箱专用泊位2个），3 000吨级外贸泊位5个；大麦屿港区有7.4万吨级外贸专用泊位和7万吨级多用途外贸泊位各2个。外贸货物堆场总面积31.6万平方米，建有8个口岸监管场所。台州水运（海港）口岸有4家保税仓库，分别是中石化椒江九条坑保税油库、温岭捷运公用型保税仓库、三门中亚公用型保税仓库和浙江陆通物流有限公司公用型保税仓库，其中前3家已开展经营业务，浙江陆通物流有限公司公用型保税仓库于2013年12月批准设立。

2013年，台州港货物吞吐量为5 628.01万吨，集装箱吞吐量为16.66万标箱，同比分别增长5.03%和10.40%。同期，台州口岸外贸货物吞吐量达996.9万吨，同比增长0.4%，其中进口货物吞吐量948.0万吨，同比增长2.6%，出口货物吞吐量48.9万吨，同比减少28.6%；进出口集装箱吞吐量为53 539标箱，同比增长1.9%，其中进口集装箱吞吐量为26 480标箱，与2012年同期持平，出口集装箱吞吐量27 059标箱，同比增加3.9%。从进口货物情况看，进口货物量排前两位的货种为：煤炭712.8万吨，同比增加0.2%；废五金226.2万吨，同比增加0.6%。出入境船舶744艘次，同比减少1.3%，其中外轮2 610艘次，同比增加3.7%；出入境人员44 448人次，同比减少33.0%。

继2009年7月台州港口岸大麦屿港区开通

台湾海上客运直航后，2010 年 6 月又开通大麦屿港区至台湾基隆港海上客运直航定期航班，成为大陆第 2 个、省内第 1 个对台湾海上定期客运直航业务的水运口岸。2013 年，“中远之星”轮安全出入大麦屿港区 32 艘次，口岸查验通关往返两岸旅客 13 376 人（2009 年以来累计超过 10 万人次），成为浙江对台湾经济文化交流的重要平台。

【嘉兴水运（海港）口岸】 嘉兴港（原名乍浦港）位于浙北地区的杭州湾北岸，地处沪、杭两市中间的浙江省嘉兴市境内，是浙江北部唯一的出海门户，是全国海河联运主要港口之一。其毗邻上海浦东，陆上距上海 95 千米，距杭州 117 千米，距嘉兴市区 43 千米；海上距上海 122 海里，距洋山港区 53 海里，距宁波港 74 海里。嘉兴港自东向西由独山、乍浦、海盐三大港区组成，其中乍浦港区于 1993 年 3 月经批准开办国轮外贸运输业务，1994 年 5 月经批准临时接靠外国籍船舶，1996 年 1 月经国务院同意对外国籍船舶开放，2001 年 4 月正式通过国家一类口岸开放验收对外开放。截至 2013 年，嘉兴港已建成各类生产性泊位 39 个（其中万吨级以上泊位 26 个），年设计货物吞吐能力 3 889 万吨。2013 年 9 月，嘉兴港口岸扩大开放上报国务院。

独山港区是嘉兴港最具开发潜力的深水港区，以承担煤炭、粮食等大宗干散货、液体化工品、件杂货运输及集装箱中转为主，后方建设煤炭、粮食物流园区，依托港口发展临港工业，逐步建设成为具有货物装卸储存、现代物流、临港工业等多功能的综合性港区。乍浦港区主要建设液体化工、件杂货、多用途泊位，后方建设综合物流园区，为嘉兴港区、嘉兴出口加工区和嘉兴市及周边地区生产、生活所需原材料及产成品的运输服务，逐步建设成为装卸储存、保税加工、现代物流、商务信息等多功能的综合性港区。海盐港区主要建设散杂货、多用途泊位，后方建设散杂货物流园区，重点发展临港工业，为浙江海盐经济开发区、大桥新区和腹地生产、生活所需货物的运输及经济发展服务，逐步建设成为具有货物装卸储存、临港工业、现代物流等多功能的综合性港区。

嘉兴水运（海港）口岸已与日本、韩国、俄罗斯、美国、沙特阿拉伯、伊朗、澳大利亚、英国、荷兰、南非等 40 多个国家和地区的近百个港口建立了运输往来，作为宁波港、上海港的喂给港，嘉兴港集装箱业务可覆盖全球运输网络。

2013 年，全港实现货物吞吐量 6 603.19 万吨，同比增长 10.02%；集装箱吞吐量为 101.04 万标箱，同比增长 34.52%。同期，外贸货物吞吐量为 859.52 万吨，同比增长 17%，其中进口货物吞吐量 664.22 万吨，同比增长 12.19%，出口货物吞吐量 195.3 万吨，同比增长 36.97%；外贸集装箱吞吐量为 30.99 万标箱，同比下降 12.22%，其中进口集装箱吞吐量 18.99 万标箱，同比下降 9%，出口集装箱吞吐量 12 万标箱，同比下降 16.86%。从进出口货物情况看，嘉兴水运（海港）口岸外贸货物以进口为主，出口货物以集装箱运输为主。外贸进出口货物排前 3 位的货种为适箱货物 445.72 万吨，化工品 265.41 万吨，油品类 111.26 万吨，同比分别增长 9%、31.38%、37.95%。

宁波市

【口岸运行数据】 2013 年，宁波口岸进出口贸易额再次突破 2 000 亿美元，达到 2 119.01 亿美元，同比增长 7.3%。其中，进口 779.27 亿美元，同比增长 6.2%；出口 1 339.74 亿美元，同比增长 8%；贸易顺差 560.47 亿美元。宁波港货物吞吐量达 4.95 亿吨，同比增长 9.47%，其中外贸货物吞吐量 2.76 亿吨，同比增长 12.62%；集装箱吞吐量 1 677.37 万标箱，同比增长 7.03%，其中外贸集装箱吞吐量 1 416.15 万标箱，同比增长 5.98%。空港口岸出入境航班 6 632 架次，同比增长 5.4%；出入境人员 82.36 万人次，同比增长 5.45%。

【口岸开放和服务工作稳步推进】 2013 年，镇海港埠公司 3 座新建码头正式对外启用通过省政府验收，至此，宁波海港口岸开放泊位数突破

100大关；穿山北港区整体开放、象山石浦水陆域扩大开放和石浦新港码头临时开放的相关申报工作顺利完成；穿山北港区和梅山港区码头延长临时进靠期限，台塑企业运输大型设备船舶靠泊未开放码头和北仑电厂、科元塑胶等企业码头开放的口岸协调工作全面完成。全力推进国际卫生港创建工作，确保穿山、梅山港区创建工作落到实处。

【空港口岸稳步发展】 按照“客货并举，以货为主”的发展战略，一方面优化快速通关、通检流程，营造高效、便捷、安全的通关服务环境，另一方面重点推进国际客货运航线的发展。2013年，新拓展了至美国、日本等重要国际航班，空港全货机和快件专运机实现“货物5+2预约报关”和腹仓附带快件业务。据统计，2013年空港国际货物进出口总量为15 902吨，空港快件量全国排名第8位，“虚拟航班”的监管模式顺利运行，空港口岸功能进一步优化，航空物流集聚能力进一步提升。协调推进空港货物与海关特殊监管区、海港口岸之间的便捷流通，实现海空港联动。

【“一体两翼”通关服务平台功能不断完善】 国际航运服务中心、空港通关中心、海港通关中心“一体两翼”通关服务平台功能不断完善。为企业提供“一站式”通关服务。目前，海关90%以上报关业务，国检90%以上报检业务在航运中心和北仑通关中心完成。不断深化“大通关”服务品牌，推出系列“品牌”特色服务，如宁波海关的“通关我帮您”，宁波出入境检验检疫局的“窗口服务标准化”，宁波海事局的“蓝丝带”等，受到了服务对象的欢迎。

【大通关建设再上台阶】 以深化无纸化大通关建设为重点的年度口岸大通关任务全部完成。不断深化口岸无纸化大通关建设，提高口岸监管效能。关检协作推进关检通关单无纸化，海关依据检验检疫发送的通关单电子数据办理通关手续。宁波海关大力推进通关作业无纸化改革试点。据统计，宁波口岸通关作业无纸化改革试点拓宽至宁波海关主要业务现场，在口岸直接通关的货物，无纸化报关单比重达到76.88%。宁波出入境检验检疫局推行“无纸化”报检。在出境货物口岸查验、原产地证书签证、进出口货物报检等工作中，积极推进无纸化申报，企业原来需要0.5~1个工作日才能领到的单证，现在通过网络或手机短信申报之后，可即来即取。宁波海关与宁波港集团共同推进查验信息无纸化。运用GPS、智能电子封等信息技术，实现货物监管可视化，2013年累计试行65 835车次。

【区域合作不断拓展】 优化跨区域监管模式，扩大“属地申报，口岸验放”通关模式适用范围，口岸的吸引力和辐射力大幅提升。宁波海关与杭州海关协作推进浙江省域出口商品转关无纸化作业，两关间转关货物无纸化转关报关单比重达到90%以上。完善浙江省域出口商品直通放行机制，2013年，浙江省域出口商品直通放行批次约51.1万批，货值211.7亿美元。继续组织召开宁波口岸征求腹地企业意见座谈会。由宁波市口岸打私办牵头组织宁波海关、宁波出入境检验检疫局、宁波港集团、宁波电子口岸等，在杭州、绍兴、丽水、义乌、嘉兴、湖州、南昌、上饶等地开展宁波口岸征求腹地企业意见座谈会，宣传宁波口岸近年来优化口岸服务环境新举措，听取腹地企业对改善和提高宁波口岸服务环境的意见和建议。活动受到各地政府和企业的欢迎，共计400余家企业参加了会议。宁波市口岸打私办将各地企业提出的意见和建议梳理分解，提交口岸相关部门进行整改落实。据统计，2013年，宁波口岸吸引力和辐射力继续保持良好的增长势头，异地企业（除宁波市）在宁波口岸进出口总值达1 341.6亿美元，同比增长10.8%，较宁波口岸总体增速高3.1个百分点，占同期宁波口岸进出口总值的63.3%，占比比2012年年底提高了2个百分点。

【口岸监管模式不断创新】 宁波海关继续深化分类通关改革试点，按照风险高低对报关单实施“低风险快速放行”、“低风险单证审核”、“高风险重点审核”，极大地提高了通关效率。建立宁波海关商品归类咨询平台，集中统一处理进出口企业归类咨询申请，对外出具关区范围内使用的“归类咨询答复书”，于互联网主页提供“宁波海关归类申报提示库”供查询，提高企业归类准确性和可预见性。宁波出入境检验检疫局探索建立进口商品分类管理监管模式。实施进口食品、农产品风险管理，缩短进口水产品、肉类、水果等检疫审批手续时间；简化免于办理强制性产品认证条件进口产品的审批流程。探索进口工业品分类管理改革。对进口金属材料、危险品进行风险分析，开展分类管理研究。

【电子口岸建设再上台阶】 在广泛调研和征求口岸各查验单位对政务项目建设需求的基础上，经专家论证，确定了口岸效能统计分析系统（一期）、海关进口舱单核查系统、海关机场快件核查系统、检验检疫大通关综合监管服务平台（一期）、包装危险货物生产经营单位管理系统、宁波电子口岸出入境交通工具（船舶）信息化监管系统（一期）、宁波电子口岸移动办公系统（一期）等项目为年度政务建设项目，已通过预验收。进一步完善平台服务功能，拓展增值服务，据统计，2013 年，宁波电子口岸注册用户达 14 267 家，传输报文 1 550 万票。

【跨境贸易电子商务试点工作取得重大突破】 成立以宁波市政府分管副市长为组长的市跨境贸易电子商务试点工作领导小组。出口基地已完成规划设计并开始建设施工；进口基地已确定具体保税仓库，完成了仓库功能区域的划分和装修改造前期各项准备工作。申请设立宁波市国际邮件互换局及交换站的工作也已全面开展，其中互换局和互换站近期可获批复；跨境贸易电子商务综合服务信息平台及系统开发建设已基本完成。

【“三个一”试点工作全面起步】 关检合作，在进出口货物通关作业过程实施“一次开箱、一次查验、一次放行”。大力推进口岸贸易便利化试点，一方面，在深入调研的基础上，提出《关于争取实施宁波国际贸易便利化综合改革试点的设想建议》；另一方面，做好宁波市进口贸易便利化试点，进一步优化宁波口岸进口监管模式和监管流程。

【航运交易所建设多头推进】 出台了《宁波市人民政府关于加快宁波航运交易所建设的若干意见》。构建航运交易服务标准化体系，信息平台、交易平台、服务平台三大平台和航运舱位交易市场、船舶交易市场、航运服务人才市场建设进展顺利。2013 年，市场总交易额达到 15.92 亿元。其中，航运舱位交易市场完成交易量 3.77 万标箱，完成交易额 1.93 亿元；船舶交易市场完成船舶交易 120 艘，完成交易额 13.5 亿元；航运服务人才市场完成交易额 0.49 亿元。2013 年，市场交易服务总收入达到 391 万元。其中，船舶交易市场为 200 万元，人才市场为 81 万元，订舱平台为 35 万元，航交所为 75 万元。国家发展改革委“航运交易服务试点项目”信息化系统进一步完善。航运订舱平台资讯中心、危险化学品集装箱舱位订舱系统、危险品货物集装箱网上订舱系统和航运交易服务平台的用户体系全面建设完成。

【口岸中介服务业诚信体系建设有效推进】 继续深入贯彻实施《关于提升宁波口岸中介代理业发展水平若干意见》，宁波市口岸打私办与宁波航运交易所共同制订了《宁波国际货运代理企业诚信评估及应用体系建设草案》。与海关企业管理部门共同研究明确了对口岸中介企业实行重点分类管理的措施。加大诚信企业培育力度。积极引导企业做好升类（级）工作，截至 2013 年年底，宁波市共有 AA 类企业 80 家，A 类企业 2 709家，分别比 2012 年增加 17 家和 404 家，增幅分别达 27% 和 17.5%。

浙江省口岸大事记

1 月 10 日

IBM 全球副总裁王阳博士一行考察宁波国际航运服务中心。

1 月 18 日

浙江省委书记夏宝龙为杭州海关颁发“省文明单位”奖牌。

浙江省委书记夏宝龙会见公安部边防管理局

副局长徐宽宥、浙江省公安边防总队总队长蒋建卫。

1月22日~27日

温州、台州和嘉兴口岸核心能力建设情况正式通过国家质检总局的考核验收。至此，浙江出入境检验检疫局辖区对外开放口岸全部顺利通过考核验收。

1月24日

浙江省委书记夏宝龙在《浙江省边防总队2012年工作情况报告》上作重要批示。

1月25日

杭州海关隶属舟山海关被人力资源和社会保障部、海关总署授予“全国海关系统先进集体”荣誉称号。

义乌海关在全国海关率先成功开展转关申报单自动审核放行的改革试点工作。

1月29日

交通运输部公布，舟山世纪太平洋化工有限公司等6个企业码头正式对外开放。

1月31日

浙江出入境检验检疫局与义乌市政府签订合作备忘录，共同推进义乌市国际贸易综合改革试点。

《人力资源社会保障部、海关总署关于表彰全国海关系统先进集体和先进工作者的决定》（人社部［2013］8号）通报，宁波海关驻鄞州办事处、诸伟芳同志分别被授予“全国海关系统先进集体”和“全国海关系统先进工作者”荣誉称号。

2月21日

浙江省政府办公厅组织相关查验单位对万向石油（舟山）储运有限公司10万吨级、1万吨级码头对外启用筹备工作进行正式验收。

3月1日

海关总署、共青团中央授予温州海关驻瑞安办事处报关厅为“海关系统2011—2012年度全国青年文明号”。

3月13日

浙江省2013年口岸办主任座谈会在杭州召开。副省长梁黎明出席会议并作重要讲话。

3月25日

宁波出入境检验检疫局与浙江省商务厅签署《宁波出入境检验检疫局与浙江省商务厅关于建立出口货物退运、召回、通报信息交流合作机制备忘录》。

3月26日

浙江省省长李强到舟山港综合保税区调研，实地察看综合保税区的建设情况，了解项目引进、监管设施建设进展情况。

4月9日~12日

公安边防部队科学技术进步奖评选会在杭州举行。浙江省边防总队宁波边防支队研发的海上船舶监管系统获评二等奖，宁波机场边检站研发的边检混合验放管理系统获评三等奖，北仑边检站研发的指挥中心勤务指挥系统获评优秀奖。

4月18日

浙江省委副书记、省长李强在义乌调研国际贸易综合改革试点工作。

商务部印发《关于同意在浙江省义乌市试行市场采购贸易方式的函》（商贸函［2013］189号），同意在义乌市试行市场采购贸易方式。

4月23日~26日

由世界卫生组织西太区办事处主办，国家质检总局和宁波市人民政府联合承办的“世界卫生组织西太区加强《国际卫生条例（2005）》指定入境口岸核心能力建设区域研讨会”在宁波召开。

4月24日

铁路义乌西站海关监管点启用，开通义乌至新疆阿拉山口、霍尔果斯口岸等边境口岸的国际集装箱线路和“义乌—北仑”铁海联运国际集装箱专列。

4月27日

商务部、浙江省政府在义乌举行试行市场采购贸易方式推进会。商务部副部长钟山、浙江省副省长梁黎明出席推进会。

5月1日

义乌被联合国亚太经社委员会正式确定为国际陆港城市。

5月3日

浙江省边防总队宁波机场边检站郑丽光荣获选“浙江十大杰出青年”称号。

5月14日

浙江省政府办公厅组织相关查验单位对舟山港口岸老塘山港区五期1号、2号泊位对外启用筹备工作进行验收。

5月23日

交通运输部部长杨传堂一行考察国家交通运输物流公共信息平台并听取平台建设汇报。浙江省委副书记、省长李强陪同考察，浙江电子口岸作为平台的建设运营方参加了汇报会。

6月8日

商务部国际贸易谈判代表兼副部长钟山视察舟山口岸通关服务中心。

6月18日

浙江省政府办公厅组织相关查验单位对舟山中远船务工程有限公司、南洋之星船业有限公司和路易达孚中奥能源有限责任公司3家企业码头对外启用筹备工作进行验收。

6月20日~21日

国务委员王勇率领国家质检总局局长支树平、国家工商总局局长张茅一行到浙江考察行政审批制度改革工作，对义乌港检验监装点和杭州市行政服务中心进行了实地考察。

6月30日

宁波至菲律宾卡里波（长滩岛）的往返直达航线正式开通。

7月5日

宁波出入境检验检疫局通过手机版“交通工具检疫监督管理系统”首次实施出入境船舶检疫“电子放行”。

7月8日

中国（杭州）跨境贸易电子商务产业园正式开园，由浙江电子口岸承建的杭州跨境贸易电子商务通关服务平台也正式上线运行。

7月15日

国家质检总局出台《关于支持浙江舟山群岛新区发展的意见》，全力支持舟山群岛新区发展建设。

7月24日

浙江省口岸工作领导小组第1次会议在杭州召开。

7月31日

浙江省政府在杭州召开“义乌市国际贸易综合改革试点工作新闻发布会”，宣布市场采购贸易方式正式获得商务部等八部委批复，同意在义乌市试行。

8月1日

浙江省委书记、浙江省人大常委会主任夏宝龙在义乌调研国际贸易综合改革试点工作。

马来西亚亚洲航空执飞的杭州至马来西亚哥打基纳巴卢的定期客运航线首航。

8月19日

团中央书记处书记汪鸿雁一行4人到宁波机场边检站调研“边检郑丽服务队”争创省级、国家级“青年文明号”工作。

8月30日

浙江省政府办公厅组织相关查验单位对舟山港口岸高亭港区岱山县海舟修造船有限公司30万吨舾装码头和30万吨船坞的对外启用筹备工作进行验收。

9月2日

海关总署批复同意宁波跨境贸易电子商务实施方案，宁波成为继郑州、杭州、上海之后，全国第4个获批跨境贸易电子商务服务试点项目实施方案的城市。

9月11日

浙江省副省长梁黎明赴浙江电子口岸公司和国家交通运输物流公共信息平台考察调研。

9月16日

浙江省政府组织相关单位对舟山港综合保税区一期进行预验收。

9月17日

长三角区域大通关协作第5次联席会议第2次联络员会议在舟山市召开。

9月28日

南方航空公司开通杭州—洛杉矶货运航线。

10月11日

“义乌港”海关监管区通过杭州海关验收。

10月19日

梅山出入境检验检疫局正式挂牌成立。

10月24日

海关总署、国家发展改革委、工信部、商务部、国家质检总局等部委组成的国务院联合验收组到宁波梅山保税港区进行汽车整车进口口岸现场检查验收。

10月25日

杭州海关、宁波海关、浙江出入境检验检疫局、宁波出入境检验检疫局联合发布了《关于开展浙江省域通关单无纸化联网核查试点工作的公告》，自11月1日起在浙江省域内全面启动通关单无纸化联网核查。

10月25日

上海铁路局金华货运中心开通“义乌—北仑”铁路集装箱专线。

10月31日

中国海关知识产权保护展示厅落地义乌，正式对外开放。

11月1日

浙江省政府办公厅组织相关查验单位对宁波港口岸镇海港区通用散货泊位及19号、20号液体化工泊位对外启用筹备工作进行验收。

11月13日

长三角区域大通关建设协作第5次联席会议第3次联络员会议在安徽省池州市召开。

11月14日

交通运输部在杭州举行了全国交通运输物流公共信息平台建设推进会。

11月22日

舟山港综合保税区一期顺利通过国家验收。

11月27日

宁波跨境贸易（进口）电子商务试点首日实单运作。

11月28日

海关总署署长于广洲、副署长邹志武到杭州跨境贸易电子商务产业园、阿里巴巴集团总部调研。

11月29日

海关总署署长于广洲、副署长邹志武在杭州会见浙江省委书记夏宝龙及浙江省、杭州市、宁波市有关领导。

12月11日

柬埔寨吴哥航空执飞的“杭州—暹粒”定期客运包机航线首航。

12月20日

卡塔尔航空公司执飞的“杭州—多哈”直达定期客运航线开通。

12月24日

温州—罗马直飞航线成功首航，由东方航空公司空客A330－200ER客机执飞，每周2班。

12月28日

梅山海关根据海关总署批复开关，正式对外办理海关业务，业务管辖范围为梅山岛行政区域内的各项海关业务。

12月31日

嘉兴港集装箱吞吐量完成1 010 419标箱，首次突破100万标箱。

（撰稿人：陈展、钱风云、王静、潘思蔚、周燕华、卢文津、高鹏、汤军、邱琳、陈燕燕、叶再武、赵华明、汤征国、冯秀妃、李华楠）

2013 年浙江省口岸流量统计表

口岸类型		口岸名称	货运量（万吨）				集装箱量（万标箱）				人员（万人次）				交通工具（辆、艘、架、列次）			
			出口	进口	合计	同比（%）	出口	进口	合计	同比（%）	出境	入境	合计	同比（%）	出境	入境	合计	同比（%）
空运口岸		杭州空港	7.37	0.94	8.31	-0.35					139.10	142.69	281.78	+10.62	9 357	9 454	18 811	+11.49
		宁波空港	1.11	0.48	1.59	+3.27					40.62	41.74	82.36	+5.45	3 315	3 317	6 632	+5.10
		温州空港	0.01	0.08	0.09	+26.00					15.36	15.94	31.30	+125.42	1 297	1 290	2 587	+126.14
		分计	8.48	1.50	9.98	+0.20					195.08	200.37	395.44	+14.05	13 969	14 061	28 030	+15.23
陆运口岸	公路口岸																	
		分计																
	铁路口岸	宁波铁路北站					0.50		0.50	+4.95								
		分计					0.50		0.50	+4.95								
水运口岸	海港口岸	宁波口岸	9 514.24	18 113.83	27 628.07	+12.62	721.61	694.54	1 416.15	+5.98	9.55	14.34	23.89	+2.11	4 804	7 347	12 151	-0.94
		舟山口岸	614.82	9 017.77	9 632.59	+17.40	0.11	11.32	11.44	+6.70	4.52	5.39	9.91	+7.40	2 162	2 528	4 690	+7.49
		温州口岸	45.83	399.15	444.99	-19.00	7.53	6.76	14.29	+8.60	0.32	0.20	0.52	-2.93	154	108	262	-6.43
		台州口岸	48.90	948.00	996.90	+0.40	2.71	2.65	5.35	+1.90	1.84	2.60	4.44	-29.64	986	1 731	2 717	-2.20
		嘉兴口岸	195.30	664.22	859.52	+17.00	12.00	18.99	30.99	-12.22	1.39	1.55	2.94	+15.24	817	921	1 738	+11.84
		分计	10 419.09	29 142.97	39 562.07	+12.99	743.96	734.27	1 478.22	+5.54	17.62	24.08	41.70	-0.77	8 923	12 635	21 558	+1.49
	河港口岸																	
		分计																
合计			10 427.57	29 144.47	39 572.05	+12.98	744.45	734.27	1 478.72	+5.54	212.69	224.45	437.14	+12.45	22 892	26 696	49 588	+8.82
同比（%）			+5.84	+15.78	+12.98		+5.95	+5.12	+5.54		+11.95	+12.94	+12.45		+9.50	+8.25	+8.82	

（浙江省口岸办提供）

2013年杭州海关主要数据统计表

项目		2013年	同比（%）
进出口货运量（万吨）	合计	13 208.88	+12.30
	进口	11 596.54	+14.50
	出口	1 612.34	-1.50
进出口贸易总值（万美元）	合计	9 188 621.17	+4.60
	进口	5 279 070.86	+1.20
	其中：江、海运输	5 043 963.74	+2.30
	铁路运输		
	汽车运输	6 396.32	+37.60
	航空运输	228 126.00	-19.00
	邮件运输	584.80	-19.80
	其他运输		
	出口	3 909 550.31	+9.50
	其中：江、海运输	3 612 790.27	+10.70
	铁路运输	18 929.09	+11.40
	汽车运输	11 662.40	+23.70
	航空运输	260 688.66	-3.70
	邮件运输	5 479.89	-31.90
	其他运输		
税收（万元）	两税合计	5 490 247.47	-1.20
	关税入库		
	进口环节税入库		

（杭州海关提供）

2013 年宁波海关主要数据统计表

项目		2013 年	同比（%）
进出口货运量（万吨）	合计	15 526. 13	+17. 10
	进口	12 015. 27	+20. 42
	出口	3 510. 86	+7. 02
进出口贸易总值（万美元）	合计	21 190 417. 00	+7. 30
	进口	7 792 577. 00	+6. 20
	其中：江、海运输	7 592 672. 00	+6. 55
	铁路运输		
	汽车运输	69 484. 00	-23. 82
	航空运输	128 150. 00	+5. 91
	邮件运输		
	其他运输	2 271. 00	+7 178. 05
	出口	13 397 840. 00	+7. 96
	其中：江、海运输	13 192 484. 00	+7. 89
	铁路运输	30 076. 00	+4. 75
	汽车运输	72 161. 00	+13. 75
	航空运输	51 636. 00	-6. 52
	邮件运输	0. 00	
	其他运输	51 482. 00	+48. 78
税收（万元）	两税合计	7 356 038. 00	-7. 23
	关税入库	418 737. 00	-13. 62
	进口环节税入库	6 937 301. 00	-6. 82

（宁波海关提供）

2013 年浙江省口岸出入境主要数据表

项目			2013 年	2012 年	同比（%）
出入境人员（人次）	出入境人员总数		4 371 402	3 887 314	+12.45
	入境人员		2 191 565	1 987 445	+10.27
	出境人员		2 179 837	1 899 869	+14.74
	出入境旅客		3 726 670	3 286 022	+13.41
	出入境员工		644 732	601 292	+7.22
	中国公民	小计	3 533 077	3 013 949	+17.22
		内地居民（因公）	228 167	215 842	+5.71
		内地居民（因私）	2 638 032	2 109 677	+25.04
		港澳居民	244 556	226 468	+7.99
		台湾同胞	422 322	461 962	-8.58
	外籍人员		838 325	873 365	-4.01
	从海港出入境人数		416 967	420 183	-0.77
	从陆港出入境人数				
	从空港出入境人数		3 954 435	3 467 131	+14.05
交通运输工具（辆、艘、架、列次）	总计		49 588	45 567	+8.82
	船舶		21 558	21 241	+1.49
	飞机		28 030	24 326	+15.23
	火车				
	机动车辆				

（浙江省公安边防总队提供）

2013 年浙江省出入境检验检疫业务统计表

项目		货物检验检疫				交通工具				集装箱（标箱）		发现动植物疫情		货物通关		出入境人员查验（人次）	健康检查及预防接种（人次）			
		批次	金额（万美元）	检验检疫不合格																
				批次	金额（万美元）	船舶（艘）	飞机（架）	火车（节）	汽车（辆）	合计	检出问题	种类数	种次	批次	金额（万美元）		健康检查	艾滋病监测	发现病例	预防接种
本年累计		1 409 446	8 437 083	10 040	902 496	9 317	21 633			751 674	4 501	914	13 700	220 011	4 457 291	3 317 347	61 593	61 376	79 207	55 708
其中	出境	1 346 669	4 452 875	4 487	12 252	4 085	10 823			216 425	52			173 162	724 025	1 632 824	50 000	49 878	59 139	55 393
	入境	62 777	3 984 208	5 553	890 244	5 232	10 810			535 249	4 449	914	13 700	46 849	3 733 265	1 684 523	11 593	11 498	20 068	315
同比（%）		−20.72	−12.77	+26.56	+31.98	+4.28	+21.00			+17.16	33.05	−3.59	+15.30	−9.46	+2.77	+15.33	−9.31	−9.11	−4.41	+1.29
其中	出境	−21.57	−24.55	−10.02	−12.26	+2.82	+20.71			+17.57	+246.67			−12.39	−11.27	+15.15	−12.66	−12.43	−9.19	+1.64
	入境	+3.16	+5.66	+20.21	+1.26	+5.44	+21.3			+17	+32.1	−3.59	+15.30	+3.32	+6.02	+15.51	+8.69	+8.72	+13.15	−36.36

（浙江出入境检验检疫局提供）

2013年宁波市出入境检验检疫业务统计表

项目	货物检验检疫				交通工具				集装箱（标箱）		发现动植物疫情		货物通关		出入境人员查验（人次）	健康检查及预防接种（人次）			
	批次	金额（万美元）	检验检疫不合格																
			批次	金额（万美元）	船舶（艘）	飞机（架）	火车（节）	汽车（辆）	合计	检出问题	种类数	种次	批次	金额（万美元）		健康检查	艾滋病监测	发现病例	预防接种
本年累计	656 729	9 791 252	3 508	415 340	12 103	6 633			10 090 781	43 707	708	20156	966 770	9 380 005	1 059 394	6 851	6 567	956	5 210
其中 出境	477 887	1 671 763	1 074	2 480	4 816	3 316			4 146 364		7	8	870 781	3 307 157	502 080	4 429	4 411	611	5 108
其中 入境	178 842	8 119 489	2 434	412 861	7 287	3 317			5 944 417	43 707	708	20 148	95 989	6 072 848	557 314	2 422	2 156	345	102
同比（%）	-15.9	+2.0	-13.2	1.5	-0.6	+4.2			+4.8	+42.2	+23.6	+107.1	-18.7	-2.6	+4.7	+5.5	+4.6	+4.9	+13.4
其中 出境	-21.6	-16.0	-29.1	-28.3	+0.8	+4.2			-1.4		-41.7	-83.7	-20.2	-21.2	+5.2	+9.5	+9.6	+9.9	+12.6
其中 入境	+4.5	+6.7	-3.7	+1.7	-1.5	+4.1			+9.6	+42.2	+24.0	+108.1	-1.1	+11.7	+4.4	-1.3	-4.2	-2.8	+67.2

（宁波出入境检验检疫局提供）

2013 年浙江海事局进出港船舶统计汇总表

船舶类别	进港船舶							出港船舶						
	艘数（艘）	总吨（吨位）	总载重量（吨）	载客量（客位）	船员人数（人次）	货物到达量（吨）	旅客到达量（人）	艘数（艘）	总吨（吨位）	总载重量（吨）	载客量（客位）	船员人数（人次）	货物发送量（吨）	旅客发送量（人）
总数	692 398	1 282 779 157	1 606 142 867	71 369 438	5 146 218	556 406 201	23 161 878	693 257	1 284 897 337	1 609 515 029	71 372 795	5 171 063	270 094 036	23 231 332
中国籍船舶	675 239	559 353 809	62[illegible] 026 861	71 354 427	4 815 150	296 647 365	23 155 675	676 041	561 098 941	623 817 157	71 359 828	4 837 436	215 347 416	23 225 157
其中外贸船	1 667	29 663 484	34 705 875	738	33 210	15 906 175	171	1538	23 951 398	25 970 881	639	29 716	2 648 158	85

（浙江海事局提供）

安 徽 省

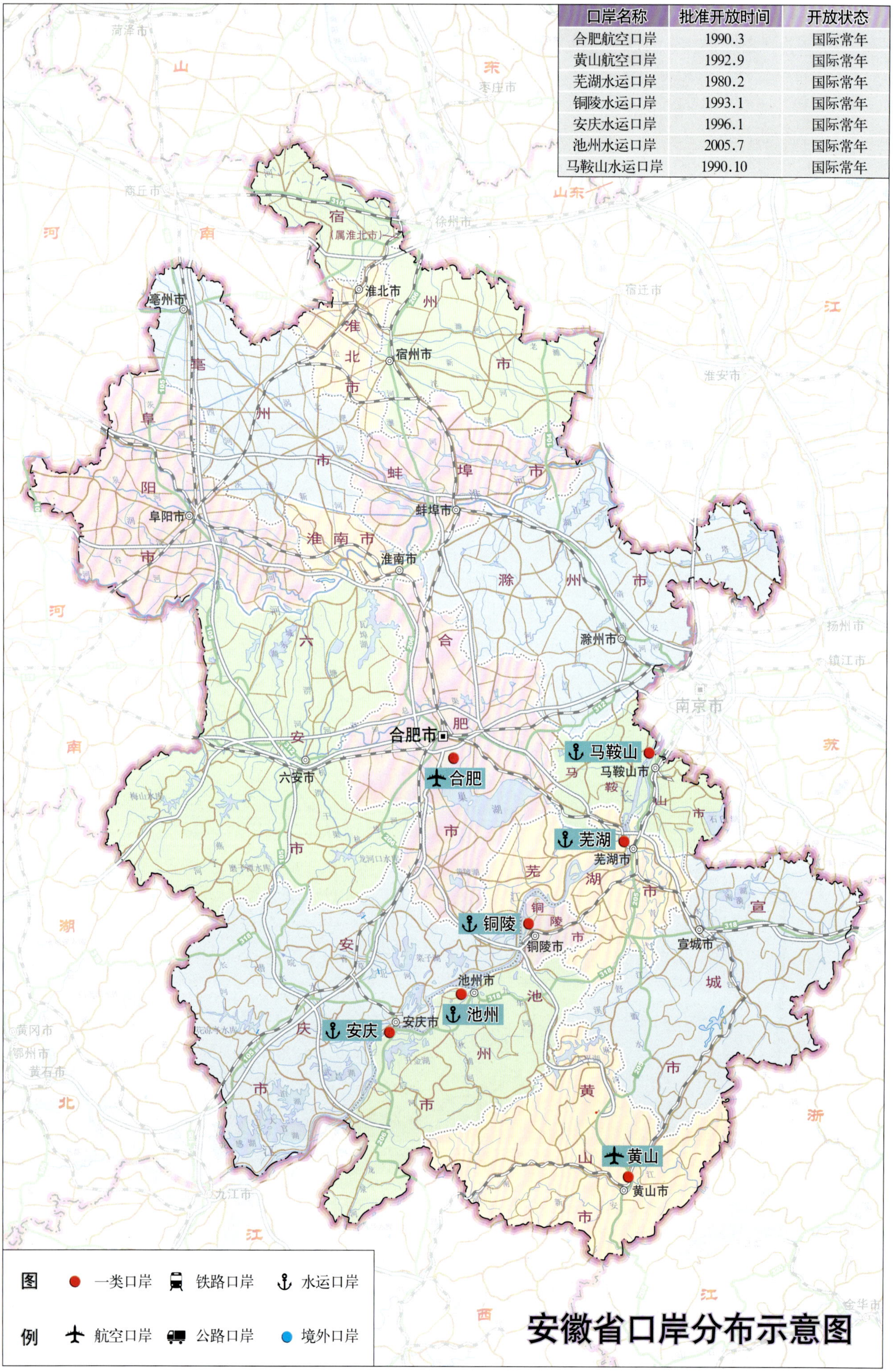

口岸名称	批准开放时间	开放状态
合肥航空口岸	1990.3	国际常年
黄山航空口岸	1992.9	国际常年
芜湖水运口岸	1980.2	国际常年
铜陵水运口岸	1993.1	国际常年
安庆水运口岸	1996.1	国际常年
池州水运口岸	2005.7	国际常年
马鞍山水运口岸	1990.10	国际常年

安徽省口岸分布示意图

口岸数量及分布

截至2013年年底，安徽省共有经国务院批准对外开放口岸7个。其中，水运（河港）口岸5个，分别是芜湖、安庆、铜陵、池州、马鞍山；空运口岸2个，分别是合肥、黄山。

口岸运行数据

2013年，安徽省口岸进出口货运量为1 672.27万吨，同比增长6.2%。其中，进口1 493.29万吨，同比增长8.1%；出口178.98万吨，同比下降7.4%。除去马钢铁矿砂因素（2013年同比减少91万吨），进出口货运量同比增长41.4%，超目标任务增长15%计26.4个百分点。口岸进出口货值为121.4亿美元，同比增长23.7%。其中，进口货值84.8亿美元，同比增长33%；出口货值36.6亿美元，同比增长6.3%。进出口集装箱运量为40.27万标箱，同比增长14.8%。其中，重箱21.38万标箱，同比增长1.1%。到港船舶为3 815艘，同比增长9.5%。其中，外籍轮228艘，同比增长2.2%。2013年，安徽省口岸进出境人员40.3万人次，同比增长20.9%，超目标任务增长20%计0.9个百分点；进出境航班3 457架次，同比增长11.1%。

2013年，安徽省5个水运（河港）口岸进出口货运量和进出口集装箱重箱运量完成情况分别为：铜陵，进出口货运量273.05万吨，同比增长74.1%，进出口集装箱11 776标箱，同比增长105.3%；芜湖，进出口货运量133.47万吨，同比增长15.3%，进出口集装箱122 205标箱，同比下降2.6%；池州，进出口货运量53.52万吨，同比增长34%，进出口集装箱6 680标箱，同比增长56.31%；安庆，进出口货运量51.74万吨，同比增长227.5%，进出口集装箱13 555标箱，同比增长31.1%；马鞍山因铁矿砂和废纸进口减少，进出口货运量为1 113.29万吨，同比下降9.7%，进出口集装箱重箱运量为52 129标箱，同比下降13.7%。两个空运口岸出入境人员完成情况分别如下：合肥，322 006人次，同比增长29%；黄山，80 987人次，同比下降3.3%。两个外贸货物装卸点进出口货运量和进出口集装箱重箱运量完成情况分别是：蚌埠，进出口货运量44.27万吨，同比增长286.3%，进出口集装箱4 837标箱，同比增长33.4%；阜阳，进出口货运量2.93万吨，同比增长43.6%，进出口集装箱2 586标箱，同比增长54.1%。

口岸综合管理

【完成口岸转场和要客礼遇保障任务】 安徽省口岸办详细制订了《合肥新桥国际机场转场口岸查验功能验收工作方案》，并积极组织协调合肥海关、安徽出入境检验检疫局和安徽省公安边防总队等“一关两检”口岸查验单位，以及新桥机场建设指挥部、安徽省民航机场集团公司做好合肥新桥国际机场口岸查验功能建设和验收各项工作。2013年2月26日，合肥新桥国际机场口岸查验功能顺利通过安徽省口岸办牵头组织的验收。5月30日，合肥新桥国际机场正式转场，安徽省口岸办与“一关两检”有关口岸查验单位和安徽省民航机场集团公司，以及东航、国航、海航公司顺利完成首架入境航班新加坡—合肥和首架出境航班合肥—首尔的值机和口岸查验任务，达到“一夜转场，一次成功”的目标。全力做好要客礼遇保障工作，共保障合肥直接出入境的商务专机和包机57架次，给予贵宾查验礼遇800多人次。保障了俄罗斯总理梅德韦杰夫，中国国民党荣誉主席吴伯雄、副主席蒋孝严，台湾海基会董事长林中森，香港中联办副主任林武及香港潮州商会代表团，以及2013安徽（合肥）台湾名品博览会台湾高访团、台湾原警备区司令和恒大集团主席许家印等一大批政要和知名企业家通关礼遇。

【深入推进长三角区域口岸城市群大通关合作】 安徽省口岸办围绕着2013年长三角口岸城市群大通关合作六大类22个重点项目，积极与上海、江苏、浙江三省市口岸单位开展务实合作。2013年10月和11月份，分别与江苏省和上海市口岸办共同组织口岸城市的管理和运营单位，在安徽省马鞍山市和上海洋山港成功举办了长三角口岸城市群大通关合作皖苏、沪皖项目对接会，就口岸港口基础设施建设，临港经济园区建设，航运物流，船务、船代、货代企业引进，航线航班开通，以及通关一体化等项目进行了一对一的对接洽谈。以改进口岸查验监管模式，引进大型船务公司和知名船代、货代企业进驻为重点，增加内支线班轮密度。强化与上海、南京、宁波、杭州等长三角口岸海关合作，不断拓展区域通关口岸范围，实现了安徽省进出口企业“属地申报，口岸验放”业务在全国沿海、沿边主要口岸全覆盖。截至2013年年底，安徽省累计有467家企业获得区域通关资格，其中当年新增241家；通过区域通关模式办理“属地申报，口岸验放”进出口报关单1.6万票，同比增长54.89%。全面推广应用海运通关辅助管理系统，方便货物运抵报关和进口放行，积极开辟绿色通道，做到受理报验、检验检疫、签发证书“三优先”，及时推出边检全天候通关服务、预约办证、优化登轮检查流程，主动开辟集装箱船舶“绿色通道”积极服务港航企业，一系列措施有力地促进了芜湖口岸运量持续稳定增长。马鞍山郑蒲港与上海港就合作开发进行了深入洽谈，共同推进郑蒲港成为上海港在长江沿线的延伸港。铜陵“废五金”集装箱进口转关的大通关合作得到了上海市口岸单位的支持并提供相关便利。池州口岸运营单位与上海泛亚航运有限公司合作开通池州至上海挂靠集装箱内支线班轮。开通蚌埠至上海芦潮港的铁海联运集装箱快线，上海铁路局将蚌埠列为货运改革试点城市，投资2亿元打造蚌埠铁路无水港。

【积极引进国内外大型船务公司和知名船代、货代企业】 2013年4月，在皖港经贸交流活动期间，由安徽省商务厅和香港贸易发展局、香港物流商会共同主办皖港口岸物流业合作对接会，并与香港物流商会签署双方友好合作备忘录。安徽省口岸办征集推介了安徽省口岸物流合作28个重点项目，投资总额达41亿美元，涉及口岸港口基础设施建设，临港经济园区建设，航运物流，船务、船代、货代企业引进，航线航班开通等。中远国际货运公司、中海国际集装箱运输股份有限公司、东方海外集装箱运输股份有限公司等3家船务公司和南京、蚌埠、合肥等地6家货代企业在蚌埠开展铁海联运业务。世界500强企业中远集运落户蚌埠，在该市设立国际集装箱还箱点，降低了蚌埠铁海联运成本，减少一半的铁海联运时间，使蚌埠成为中远集团全球运输网点之一，直接与世界各地进行货物对接，促进了蚌埠口岸物流产业链的形成。

【口岸核心能力建设考核验收】 安徽省政府高度重视口岸核心能力建设工作，各个查验单位密切配合，合力推进全省开放口岸顺利通过验收。构建了“政府主导、企业主体、部门协作”的领导体制和“分工明确、应对迅速、协调有力、运转顺畅”的工作机制。各开放口岸城市分别成立了口岸核心能力建设领导小组，拟订了推进口岸核心能力建设工作方案。各地相继投入1 700余万元资金用于检验检疫业务设施、仪器设备、信息化建设及口岸改造，安徽出入境检验检疫局先后投入资金1 500万元。安徽省7个国家开放口岸一次性通过国家质检总局口岸核心能力建设考核验收，口岸环境进一步优化。

【推动出台口岸建设和物流发展扶持政策】 安徽省口岸办与省发展改革委、经信委、交通运输厅，以及安徽出入境检验检疫局、合肥海关等单位组成口岸建设和进出口物流专题调研组开展相关考察调研，形成《全省口岸建设和进出口物流调研报告》，并会同安徽省财政厅、发展改革委、交通运输厅等有关部门，比照江苏等省市的做法，研究制定促进全省口岸进出口物流加快发展的支持政策。安徽省政府于2013年年底出台政策对进出合肥港、芜湖港的外贸集装箱给予补助，合肥、蚌埠、芜湖、安庆、马鞍山、池州等市也相继出台了口岸物流奖励政策，最大限度促进皖货回流、皖货皖运。

口岸监管与服务

【安徽省公安边防总队提高边检服务水平】 一是严密口岸管控措施。部署开展“口岸安全突出问题专项整治”、“口岸安全隐患大排查”等活动，不断完善口岸协作机制，严把边防检查和口岸查控关。修订应急管理预案35份，开展处突演练41次，建立了证件研究平台和证件资料库，完善《舆情引导工作规范》，促进口岸管控能力不断提升。二是深化爱民固边战略。先后走访企事业单位68家、服务对象1 100余人，联系帮扶困难群众24人；处置口岸群体性事件4起。三是服务经济社会发展。主动跟进服务“皖江城市带承接产业转移示范区”、“皖南国际文化旅游示范区”等发展战略，扎实做好出海边防“两证”办理工作，健全完善“边检警官联系旅游企业”、“边检导游员”等服务机制，不断出台“旅游团零散验放”、“办证窗口前移”等便民服务措施。积极促进地方扩大对外开放，提前介入做好芜湖三山分站建设和九华山机场边检设施筹建等工作。四是创新边检勤务模式。以合肥、马鞍山边检站为试点，积极推进边检勤务模式改革，并召开现场会推广经验做法，目前空运口岸实行检查员跨站支援警力协作机制，水运口岸推行科队联勤、诚信管理、智能管控等机制。2013年，共检查出入境人员38.5万人次，交通运输工具3 469艘（架）次，同比分别增长24.6%、15%；办理行政案件10起，圆满完成俄罗斯总理梅德韦杰夫来访专机群边防检查勤务。

【合肥海关深化业务改革，构建综合监管体系】 一是在分类通关改革的基础上，试行通关无纸化改革。稳步实施“两单一审”改革，将合肥、芜湖出口加工区内外的进出口商品两次申报改为一次申报，两次审核改为一次审核，加快企业从境内采购料件、向区外销售成品的通关速度。二是配合安徽省政府关于机场搬迁“一夜转场，一次成功”的要求，圆满完成机场转场工作，并建成“合肥空港机场口岸海关辅助监管信息化系统”，由过去的纸面单证转关变为电子数据发送，实现了省内“区港联动”。三是为合肥港货物进出口量身定制“一次报关，一次放行，一票到底”的通关模式，协助开通合肥—芜湖—上海外贸中转支线，使合肥港通江达海，提升了作为区域性物流港口的地位，使企业享受到“陆改水”的低成本物流实惠。

【合肥海关促进转型升级，推进加工贸易发展】 一是支持合肥综合保税区申报工作。提前介入材料准备，协助选址规划，跟进解读政策。在先后两轮征求意见过程中，指定专人与省市相关部门对接，多次向海关总署作专题汇报，全程跟踪有关部委的意见反馈。目前，各部委征求意见已经全部结束。二是支持蚌埠（皖北）保税物流中心（B型）申报准备工作。主动和地方有关部门对接，多次进行实地调研，充分做好项目论证，专门派人到海关总署汇报情况，争取早日获批。三是支持铜陵再生资源“园区化”管理。积极参与规划方案论证，现场指导园区监管场所建设，为园区建成后开展转关业务创造条件。

【合肥海关优化监管服务，提升开发开放层次】 一是大力推行“属地申报，口岸验放”的通关模式。根据安徽省企业进出口实际需求，与26个直属海关签署区域通关合作协议，实现安徽企业“属地申报，口岸验放”在全国沿海、沿边主要口岸的全覆盖；与上海、南京、杭州和宁波海关签署《长三角区域海关通关一体化合作备忘录》，稳步推进长三角区域通关一体化。二是加大对高信用企业培育和支持力度，AA类企业增至47家，A类企业增至557家。扩大B类企业“属地申报，口岸验放”范围，467家企业获得区域通关资格。安徽省企业通过区域通关模式报关1.6万票，同比增长54.89%；进出口总值为84.3亿美元，同比增长61.5%；进出口货运量为1 440.6万吨，同比增长8.2%。

【合肥海关合力构建共赢机制】 一是建立沟通机制。通过建立跨部门工作协商机制和应急处置机制，积极稳妥地解决困扰安徽省企业进出口通关中面临的突出问题，共同帮助企业排忧解难，支持企业发展壮大。二是加强政策通报。适时通报减免税优惠政策、自由贸易区协议规定、通关便利措施、海关自身业务改革举措等，齐心协力应对政策调整。三是加强协作配合。积极与检验检疫、国税、银行等相关单位和部门，就关检“三个一”试点、企业及时退税、跨境贸易人民币结算、起运港退税政策等沟通协调，形成服务外贸合力。

【安徽出入境检验检疫局持续提升服务】 外贸促进政策落实到位。严格落实减免出口商品法定检验费相关规定，对1 507个海关编码下的一般工业制成品不再实行商品检验；对2013年8月1日至12月31日期间报检的所有出境货物、运输工具、集装箱及其他法定检验检疫物品免收出境检验检疫费。对省市重大项目实施跟踪服务，并对项目进口设备按规费总额的50%减免进口货物检验检疫费。全年累计减免检验检疫收费1 540.06万元。全力支持安徽企业实施“走出去”战略，研究出台了《安徽检验检疫局支持对外承包工程及援外项目检验检疫六项措施》。加强优惠政策宣传贯彻，全年累计签发优惠原产地证54 576份，金额29.1亿美元，企业据此可减免进口国或地区关税约1.4亿美元。

【安徽出入境检验检疫局贸易便利化水平持续提升】 充分利用安徽省政府与国家质检总局省部合作平台，为安徽开放型经济发展争取检验检疫领域支持政策11条。持续推进帮扶大别山革命老区和皖北地区外向型经济发展举措，落实省直单位定点帮扶临泉工作。深化检验检疫区域合作，与上海、江苏、浙江、宁波出入境检验检疫局共同签署《关于促进安徽食品农产品出口合作备忘录》，长三角地区口岸检验检疫机构将对来自安徽的出口食品、农产品实施快速查验、直通放行。扩大绿色通道企业适用范围，2013年新增出口绿色通道资质企业110家。与合肥海关就“三个一”通关模式试点工作进行磋商，进一步密切关检协作配合。不断优化机构布局，完善对外开放功能，宿州、亳州、淮南、六安四市工作组充分发挥作用，方便企业就近开展业务，得到地方政府和外贸企业一致认可。

【安徽出入境检验检疫局出口品牌战略强力推进】 支持建成博望出口机床暨刃模具、舒城出口童车质量安全示范区，实现安徽出口工业产品质量安全示范区零的突破；与天长市人民政府签署合作备忘录，推进天长出口玩具质量安全示范区建设。稳步开展出口免验工作，新推荐华菱星马汽车、安徽理士电池相关产品申报出口免验，支持安徽江淮汽车集团有限公司成功申报全国首家集团免验企业。联合省商务厅、财政厅、农委发布《安徽省出口食品农产品质量安全示范区实施细则》，全面推进出口食品、农产品质量安全示范区建设，亳州中药材、和县蔬菜示范区晋升国家级出口食品、农产品质量安全示范区。

【安徽出入境检验检疫局助推食品、农产品进出口扩大实绩】 与珠海出入境检验检疫局签署《关于促进安徽优质农产品供应澳门合作备忘录》，助推大闸蟹、蔬菜等优质产品成功打入港澳市场。指导企业通过完善质量安全保障体系和加强源头管理，实现大米恢复出口香港，出口量占内地供港大米总量的1/2。支持优良畜禽种资源大批引进，完成2批1 769头美国种猪进境检验检疫工作，结束了安徽省口岸不能直接引进种用动物的历史，有利于推动养殖业优化升级。

【安徽出入境检验检疫局夯实事业发展基础】 一是全力推进口岸核心能力建设。按照《国际卫生条例（2005）》要求，对全省开放口岸卫生检疫能力建设进行重新规划布局，形成了地方政府主导、口岸经营单位负责、检验检疫部门主动作为的推进机制，全省7个开放口岸一次性通过考核验收，口岸数量和通过率均列中部之首。2013年在出入境人员中检出各种疾病及症状者5 884人次，截获医学媒介生物1 457只，截获各类疫情307批次，较2012年同期均有大幅增长。二是不断强化技术支撑能力建设。加强科技工作管理和学科带头人队伍建设，科研立项数量和经费投入额度均创历史新高。加强检测机构能力建设，7个开放口岸全部建立卫生检疫实验室，安徽出入境检验检疫局保健中心建成病原学、微生物学和媒介生物鉴定实验室，改变了安徽口岸长期以来卫生检疫技术保障能力缺失的状况，部分检测项目还填补了安徽省的技术空白；国家茶叶及农产品检测重点实验室（黄山）获得CNAS认可和食品检验机构资质认定；与山东大学方家熊院士及其团队共建院士工作站，已成功进行科研项目对接。获得国家质检总局年度食品设备专项资金投入1 320万元。安徽食品安全分析与检测省级实验室获得省科技厅绩效考核经费资助20万元。实验室检测能力快速提升，新增认可项目262项，在动物检疫、多种工业消费商品检测方面实现零的突破。

【芜湖海事局安全监管保障稳定】 2013年，辖区船舶流量近60万艘次；船舶进出港20万艘次，占全线的30%；港口吞吐量2.3亿吨，占全线的30%，同比增长15%；监管危险品货物494万吨，占全线的13.5%，同比增长25.6%。辖区共发生水上交通事故30件，运输船舶等级事故3件，死亡（失踪）12人，沉船5艘，直接经济损失630万元，事故4项指标同比“一平三降”，即沉船艘数持平，等级事故数、死亡（失踪）人数、直接经济损失分别下降40%、33.3%、25.9%，安全状况总体稳定。一是涉客船舶零事故。全面实施渡船116机制50项操作指南。深入开展“春雷行动”，落实航次报告、AIS/GPS保持开启等措施，赠送救生衣495件，张贴宣传画3 000份，推动39艘30米以下渡船的人员穿救生衣，组织800名船员和乘客观看教育警示片，强化渡口渡船隐患排查整改74项。严格查处渡船“三不三违”行为，处罚27件，罚款4.7万元。2013年保障渡船58艘、旅客729万人次、车辆136万台次渡运安全。二是涉危船舶零污染。落实长江局“1+6”长效机制，全力开展危险品船舶动态跟踪及现场维护，跟踪10 061艘次，维护一类危险货物船舶411艘次。组织召开52家危险品运输单位座谈会。开展危险品码头、加油站的检查评估，整改、跟踪安全隐患83项。试点运行易流态货物申报备案制度。实施危险品船舶“三不三违”行政处罚252件，罚款64.5万元。2013年保障6 777艘次危险品船舶安全航行。三是涉桥水域零触碰。全过程介入长江大桥建设，为芜湖长江二桥、三桥论证等前期工作提出优化建议。马鞍山海事处、铜陵海事处全力保障铜陵公铁桥、马鞍山公路桥的钢梁吊装阶段安全无事故。保障5艘8.2万吨级新造海船拖带过桥安全。开展桥区“两不两违”行为打击，处罚348件，罚款101万元。通航秩序持续改善。保障裕溪口水道上口段顺利开通。调整三坝沉船水域航标及航路，实行现场驻守。专题研究吊拖船队安全监管，明确10项措施。加强捕捞期与渔政联动及现场监管，未发生渔船和商船碰撞事件。落实夜间错时巡航，强化“有声”巡航，制订切合现场实际的巡航用语。强化VTS水域违法行为整治，指挥中心与执法大队联动查处违章212件，罚款97万元，通航秩序明显改善。四是四船管理不断加强。与海进江船舶专业委员会签订合作协议。制定《航运公司安全管理约谈工作指南》，对发生事故、违章的7家公司进行约谈，对1家公司开展监督检查。2013年，实现公司审核41家，船舶审核102艘次，河船安检4 399艘次，海船安检396艘次，PSC检查12艘次。继续深化船员流动学校、流动课堂运行，开班62期，培训1 000余人次。强化船员现场管理，违法记分4 405件6 120分。加强船检质量监督与沟通，船舶检验质量监督检查767艘次，船舶重要日期确认28艘，吨位丈量复核85艘。

开放口岸

【合肥空运口岸】 原合肥骆岗国际机场，1990年3月经国务院批准对港澳地区开放，2005年4月，经国务院批准扩大对外国籍飞机开放，2006年6月通过国家验收。2007年10月15日，国务院与中央军委正式批复同意合肥迁建骆岗国际机场、新建新桥国际机场，并定位机场性质为国内干线机场。2013年5月29日，原合肥骆岗国际机场转场至新桥国际机场，并于5月30日零时5分正式启用，迎来首个航班。

合肥新桥国际机场位于合肥市肥西县高刘镇，距合肥市中心31.8千米。机场总共分三期建设，根据规划，一期工程设计飞行区技术等级指标为4E级，设计年旅客吞吐量为1 100万人次，货邮吞吐量为15万吨，航站楼面积为11万平方米，跑道长3 400米、宽45米，站坪客机位27个。远期按2030年客货吞吐量分别达到4 200万人次和58万吨的需求建设。新桥机场服务于合肥、淮南、六安、巢湖、桐城等合肥经济圈城市，并辐射皖南、皖北、皖西南、皖东、豫东南等地区。

2013年，合肥空运口岸完成旅客吞吐量562.8万人次，运输起降51 744架次，同比分别增长8.4%和5.6%。目前开通国内航线58条，通航城市47座；国际及境外航线10条，分别是新加坡、首尔和济州岛、曼谷、大阪、长滩岛、台北、高雄、香港和澳门。

【黄山空运口岸】 1992年9月国务院批准黄山空运口岸对港澳地区开放，2009年8月国务院批准其扩大对外籍飞机开放，2010年9月通过国家验收。

黄山机场坐落于黄山市屯溪区，又称屯溪机场。该机场始建于1958年，可满足波音757及其以下机型起降。机场占地面积172.07万平方米，国内候机楼面积1万平方米，国际候机楼面积4 600平方米，设计年旅客吞吐量为112万人次（其中国内92万人次，国际20万人次）；新建航管楼和塔台面积为2 200平方米。飞行区等级指标为4D级，跑道长2 600米、宽45米。主航方向设I类精密进近仪表着陆系统和助航灯光系统。停机坪面积为4.88万平方米，可同时停放5架波音737及3架波音757。

黄山机场地处皖浙赣三省交界地区，辐射皖南、浙西、赣东，是三省交界地区人流、物流、资金流、信息流的集散地，对发展航空运输具有得天独厚的区位优势。以黄山为主的皖南地区，旅游资源丰富，其辖区内被称为“三山一湖”的黄山、九华山、太平湖、齐云山及周边景区是安徽省的王牌旅游产品。尤其是黄山市，其旅游资源密度之大、品位之高、内涵之丰富，堪称世界一绝。

2013年，黄山空运口岸航班起降6 632架次，完成旅客吞吐量22.36万人次；完成货邮吞吐量2 520.7吨，同比增长33.7%，创历史新高，其中出港货邮吞吐量达到2 091.2吨，首次突破2 000吨。2013年，黄山空运口岸累计安全飞行国际（地区）航班801架次，出入境人员为80 987人次。

【芜湖水运（河港）口岸】 芜湖水运（河港）口岸于1980年2月经国务院批准为开放口岸，1991年10月经全国人大常委会批准对外籍轮开放，1992年5月12日通过国家验收。2008年11月被国家批准为首批对台直航港口。

芜湖港是长江干线十大主枢纽港之一，是长江煤炭能源输出第一大港，也是安徽省集装箱主枢纽港，素有“皖南门户，长江巨埠”之美誉。其地处青弋江、运漕河与长江汇合处，位于东经118°22′8″，北纬31°22′29″，沿长江向下距南京港96千米，距马鞍山港48千米。港口岸线顺直，水深流缓，可常年靠泊5 000吨~10 000吨级船舶。南北岸线全长190千米，拥有各类生产经营性泊位139个，其中万吨级泊位4个，5 000吨级泊位45个（含8个兼顾万吨级泊位），对外籍轮开放泊位6个，年吞吐能力达9 500万吨，集装箱年通过能力100万标箱。

2013年，芜湖水运（河港）口岸完成货物吞吐量9 313万吨，同比增长12.7%；完成集装箱量28.77万标箱，同比增长15%；完成汽车滚装量74 321辆，同比增长3.2%。2013年，芜湖水运（河港）口岸完成外贸货运量133.47万吨，同比增长15.3%；到港船舶1 797艘，同比增长14.8%。

【铜陵水运（河港）口岸】 1993年1月国务院批准铜陵港对外国籍船舶开放，1994年8月通过国家验收，1997年正式开通国际集装箱内支线航班，2009年交通运输部确立铜陵港为海峡两岸直航港口。

铜陵港地处长江中下游南岸、八百里皖江中部，素有皖中南及中国古铜都对外开放桥头堡之称。这里陆域平坦，岸线顺直，航道宽阔，水深流缓，河床稳定，是交通运输部《长江干线航道发展规划》确立的万吨级海轮进江终点港。铜陵港地理位置优越，区位优势明显，处在上海—武汉、九江—南京、合肥—黄山及安徽长江五港的中心点。沿江高速、合铜黄高速、铜宣杭高速、宁铜铁路、铜九铁路和已经在建的宁宜城铁、京福高铁交汇于港区及腹地边际，水陆交通四通八达，是皖中南物流集散中心和长江干线重要港口。港口现有15座码头17个泊位，分布于大通、横港、兴隆、铜陵县城关四大港区，港区岸线29.1千米，其中对外开放码头4座，辟有日本、朝鲜、韩国、中国香港、东南亚及欧美等国家和地区的直达或中转航线，常年可通航和靠泊万吨级海轮。主要从事国际、国内集装箱和件杂散货的装卸、仓储、中转，以及理货、船舶代理、水陆运输、旅游服务等业务，是一个多功能、综合性、现代化港口。2013年，口岸完成货物吞吐量6 146万吨。

2013年，铜陵水运（河港）口岸外贸运量累计达273万吨，同比增长74%，其运量和增幅均创历史新高；涉及进出口货值53.8亿美元，同比增长70.7%；完成重箱集装箱11 776标箱，同比增长105.3%。2013年，在“铜陵报关，口岸验放”的政策优惠下，转关进口252.9万吨，同比增长76.8%；转关出口6.9万吨，同比增长283.3%。

【安庆水运（河港）口岸】 安庆港是全国内河28个主要港口之一。1986年6月安庆港被国务院批准为国家开放口岸，1996年1月对外籍轮开放，2011年7月获准对台直航。

安庆市地处皖鄂赣三省交界处，临江近海。安庆港是长江干线上兼有沿海和内陆双重优势对外开放的重要港口，也是安徽省境内长江北岸唯一的深水良港，被称为“皖西南咽喉”。港口岸线总长247千米，占皖江北岸岸线的61%，适合建设港口的岸线105千米，其中深水岸线70千米，安庆至芜湖段长江航道日常维护水深为6米，具有建设5 000吨~10 000吨级海轮深水泊位的优越条件。境内华阳河、皖河、菜子湖、罗昌河四大水系均为长江左岸一级支流，航道总长724千米，与长江干流形成“一干四支”网络水系。目前，安庆港干线港区有各类码头173座，泊位214个，其中生产性泊位136个，5 000吨级以上泊位11个，港口年通过能力为3 864万吨。

安庆港中心港区上自皖河农场，下至枞阳县鲟鱼嘴，岸线长67千米，其中港口岸线47.6千米。依据《安庆港总体规划》，中心港区规划有长风铁水联运综合物流基地、马窝散货物流基地、石化油品码头作业区、五里庙集装箱综合物流基地、沙漠洲港口综合作业区、皖河农场作业区。中心港区拥有港口企业25家，各类码头40座，其中公用码头23座，企业自用码头17座；泊位54个，其中生产性泊位39个，5 000吨级以上泊位9个，3 000吨~5 000吨级泊位4个，3 000吨级以下泊位26个，外贸集装箱泊位2个；拥有公用锚地3处。码头前沿最大靠泊能力为1万吨，最大起重能力为40吨，港口年通过能力2 152万吨，集装箱年设计通过能力6.35万标箱。港口实际年货物通过能力超过了货物吞吐量需求。长江游轮靠港实现常态化。2013年，口岸完成货物吞吐量3 006万吨。

2013年，安庆水运（河港）口岸完成进出口货物运量51.74万吨，同比增长227.5%，进出口货运量一举达到国家开放口岸标准；完成集装箱吞吐量23 351标箱，同比增长38.1%；到港船舶588艘，同比增长11.2%；进出口货值4.35亿美元，同比增长73.6%。

【马鞍山水运（河港）口岸】 1990年10月国务院批准马鞍山水运（河港）口岸办理国轮外运业务，2007年9月国务院批准其扩大对外国籍船舶开放，2009年7月通过国家验收组验收。马鞍山水运（河港）口岸是首批对台湾直航的口岸。

马鞍山港位于长江下游南岸的马鞍山市，东经118°27′9″，北纬31°44′1″，地处安徽省中部东端，与江苏省交界，是“皖江”的东大门。其上毗芜湖，下邻南京，逆江而上至重庆1 959千米，顺流而下至上海440千米。港辖区上起和县的西梁山，下至乌江的驻马河口，全长41千米；港辖区自采石矶翠螺山至慈湖和尚港，全长15.7千米。

马鞍山港是长江十大港口之一，是我国重要的钢铁流通基地，距长江入海口仅320千米，通航条件好。马鞍山地区具有明显的区域优势和良好的港口条件，沿江近海，集疏运便利，承东启西，经济腹地广阔，是安徽的东大门，皖江的第一站。马鞍山市水陆交通十分便利：宁铜铁路上接京沪线，下连皖赣线，与全国铁路网相接；宁芜公路、宁马高速公路与全国公路网贯通；马鞍山至和县长江汽车轮渡沟通大江南北，水陆属长江“黄金”水道，可与国内外港口四季通航。2013年，口岸完成货物吞吐量7 489.2万吨，同比增长9.8%。

2013年，马鞍山水运（河港）口岸受马鞍山钢铁股份有限公司进口下滑影响，完成外贸运量1 113.3万吨，同比下降9.7%；完成集装箱运量5.2万标箱，同比下降13.7%；到港船舶612艘，同比下降8%，其中外籍轮61艘，同比增长24.5%；外贸内支线到港航班275次，同比下降1.1%。

【池州水运（河港）口岸】 池州港是国家开放口岸，全国“十佳集装箱港口”，交通运输部长江重点港口，是长江溯江而上南岸最后一个万吨级深水港。2005年7月经国务院批准对外国籍船舶开放，2009年7月通过国家验收。

池州市依江近海，水网发达，长江流经池州市158千米，岸线长162千米，水流平稳，岸坡稳定，常年通航5 000吨级船舶，属国家一级航道，江口至梅龙段可建万吨级码头；沿江高速公路贯穿池州，东接上海，西连武汉；合黄高速公路北连合肥，南通杭州；沿江铁路大动脉铜九铁路东接上海，西达重庆；安庆长江大桥连接安庆与池州，池州九华山机场已于2013年7月29日建成通航，发展水陆联运和水铁联运前景广阔。

池州港目前拥有生产性码头泊位9个，工作泊位2个，其中1万吨级泊位2个，5 000吨级散货泊位2个，3 000吨级件杂货泊位5个。货场总面积31万多平方米，海关监管仓储面积1.5万平方米，长江深水岸线2 460米，码头前沿水深11米~18米，各类装卸机械设备180余台，最大起重能力45吨，年货运综合通过能力2 000万吨，年集装箱通过能力5万标箱。池州旅游码头是安徽省唯一停靠涉外游轮的旅游码头，每年停靠涉外游轮约130航次，接待入境游客约3万人次。2013年，口岸完成货物吞吐量3 850万吨。

“十二五”期间，池州港将按照由装卸型港口向物流型港口转变、点状发展向网络化发展方向转变的总体思路，投资12亿元人民币建设三期、四期、五期码头和物流保税中心工程，打造“一主四辅”港区，努力建设成为长江中游的江海联运、水水中转、水铁中转港口，以及皖东南、赣北地区综合性物流枢纽和区域性保税物流中心。

2013年，池州水运（河港）口岸完成进出口货运量53.52万吨，同比增长33.5%；进出口集装箱11 692标箱，同比增长57.4%，其中重箱6 683标箱，同比增长56.3%；到港外贸船舶310艘次，同比增长5.1%，其中集装箱班轮212艘次，国际直航船舶98艘次（含外籍轮42艘次）。

【蚌埠外贸货物装卸点】 1993年经安徽省人民政府批准设立蚌埠铁路口岸。该口岸功能相对完备，设有蚌埠海关、蚌埠出入境检验检疫局两个查验单位为进出口企业提供通关服务；设有蚌埠站南货场内海关临时监管点和公路集装箱监管点两个海关监管点。蚌埠外贸货物装卸点区位交通优势明显，连接南北，纵贯东西，具有区域中心优势和地位，可以服务淮南、淮北、宿州、凤阳等地。1996年8月，蚌埠铁路国际集装箱堆场挂牌营运，堆场面积1.5万平方米，年吞吐量25万吨，最大起重能力40吨。可办理阿拉山口、满洲里、欧亚大陆桥国际联运和深圳北过轨供港运输，以及直通式国际集装箱铁海联运业务。目前已开通蚌埠至上海定时定点快线和蚌埠至宁波铁海联运专线。

2013年，蚌埠外贸货物装卸点进出口货量

44.27 万吨，同比增长 286%；进出口集装箱 4 837标箱，同比增长 33.4%。铁海联运共发送 515 标箱，进口 28 标箱。2014 年力争运量翻一番，铁海联运运量突破 4 000 标箱。

蚌埠站南货场是全路 4 星级货场，年到发设计能力约 110 万吨，主要办理除爆炸品、一级氧化剂以外的整车、集装箱货物运输业务，货场占地面积约 29 万平方米，共有货物线 6 条，仓库、雨棚近 1.1 万平方米，露天堆场面积为 2.6 万平方米（其中集装箱露天堆场面积约 1 万平方米）。货场另有企业接轨专用线 14 条，合计年到发量近 400 万吨，运输能源、化工、建材产品。2013 年 9 月，上海铁路局将蚌埠确立为货运改革试点城市，计划投资 2 亿元对功能相对单一的蚌埠南货场进行扩能改造，建设蚌埠铁路无水港，打造皖北区域综合运输物流公共服务平台。

【阜阳外贸货物装卸点】 阜阳是全国重要的铁路交通枢纽，是以农业生产、加工制造、商贸物流为主的皖西北中心城市。阜阳口岸于 1994 年 4 月经安徽省人民政府批准对外开放。阜阳口岸的开放为阜阳的经济发展注入了活力，为地处内陆的阜阳架起了通往世界的桥梁。在国家实施中部崛起战略新的发展机遇到来之际，阜阳口岸将在市委、市政府的正确领导下，充分发挥业已形成的铁路、民航、高速公路、内河运输立体交通优势，打造公路转关、海铁联运、内河中转、陆空联运口岸便捷通道，为阜阳及周边城市提供口岸通关服务。

2013 年，阜阳外贸货物装卸点完成运量 2.93 万吨，同比增长 43.6%；货值 1.86 亿美元；集装箱 2 586 标箱，同比增长 54.1%。主要出口商品是中药材、家具配件、芝麻、调味品、服装等，主要进口商品是薄荷、芝麻、设备、牛皮等。

安徽省口岸大事记

1 月 28 日

池州水运（河港）口岸江口港区二期集装箱码头海关监管场所通过合肥海关验收。

2 月 1 日

黄山市首座城市候机楼正式投入运营。

2 月 25 日

合肥新桥国际机场开始试飞。

2 月 26 日

合肥新桥国际机场口岸查验功能顺利通过验收。

4 月 10 日～12 日

民航局组织合肥机场迁建工程行业验收。

5 月 30 日

合肥新桥国际机场正式启用。

6 月 24 日

马鞍山海关监管场所顺利通过省级预验收。

6 月 25 日

芜湖水运（河港）口岸顺利通过国家口岸核心能力达标验收。

6 月 26 日

池州水运（河港）口岸江口一期码头海关监管场所通过国家达标验收。

6 月 27 日

黄山空运口岸核心能力建设通过国家质检总局口岸核心能力考核组考核验收。

7 月 29 日

池州九华山机场建成通航。

8 月 22 日

合肥新桥机场首次迎来波音 747 全货机，开启机场货包市场的新篇章。

9 月 17 日

蚌埠至上海国际集装箱定时定点铁海联运快线正式开通。

10 月

蚌埠市申建保税物流中心获得省政府批准。

合肥新桥国际机场、安庆、池州、马鞍山、铜陵 5 个开放口岸，先后顺利通过国家质检总局口岸核心能力建设考核验收。

12 月 4 日

芜湖水运（河港）口岸三山港外贸集装箱内支线班轮首航上海外高桥港。

2013 年安徽省口岸流量统计表

口岸类型		口岸名称	货运量（万吨）				集装箱量（万标箱）				人员（万人次）				交通工具（辆、艘、架、列次）			
			出口	进口	合计	同比（%）	出口	进口	合计	同比（%）	出境	入境	合计	同比（%）	出境	入境	合计	同比（%）
空运口岸		合肥									160	161	322	+29.00			2 656.00	+17.10
		黄山									39	41	80	-3.30			801.00	-4.90
		分计									199	203	402	+20.87			3 457.00	+11.10
陆运口岸	公路口岸																	
		分计																
	铁路口岸	蚌埠	5.17	39.10	44.27	+286.30			4	+33.40								
		阜阳	2.18	0.75	2.93	+43.60			2	+54.10								
		分计	7.35	39.85	47.20	+249.60			7	+39.92								
水运口岸	海港口岸																	
		分计																
	河港口岸	马鞍山	27.10	1 086.19	1 113.29	-9.70			52	-13.70							612.00	-8.00
		铜陵	18.45	254.60	273.05	+74.10			20	+93.90							508.00	+22.10
		芜湖	84.01	49.46	133.47	+15.30			287	+15.00							1 797.00	+14.80
		池州	30.41	23.11	53.52	+34.00			11	+57.40							310.00	0.00
		安庆	11.66	40.08	51.74	+227.50			23	+38.10							588.00	+11.20
		分计	171.63	1 453.44	1 625.07	+4.11			395	+14.44							3 815.00	+9.50
合计			178.98	1 493.29	1 672.27	+6.22			402	+14.82	199	203	402	+20.87			7 272.00	+10.25

（安徽省口岸办提供）

2013 年合肥海关主要数据统计表

项目		2013 年	同比（%）
进出口货运量（万吨）	合计	1 718.10	+6.70
	进口	1 539.43	+7.00
	出口	178.67	+4.80
进出口贸易总值（万美元）	合计	1 614 224.09	+44.95
	进口	1 164 063.28	+46.93
	其中：江、海运输	1 035 256.04	+41.46
	铁路运输		
	汽车运输	6 420.19	+69.32
	航空运输	122 385.75	+116.12
	邮件运输		
	其他运输	1.30	-80.45
	出口	450 160.81	+40.15
	其中：江、海运输	385 351.60	+22.43
	铁路运输	3 729.85	+167.41
	汽车运输	968.15	+8 406.66
	航空运输	60 111.21	+1 097.27
	邮件运输		
	其他运输		
税收（万元）	两税合计	1 039 438.4	+15.30
	关税入库		
	进口环节税入库		

（合肥海关提供）

2013 年安徽省口岸出入境主要数据表

项目			2013 年	2012 年	同比（%）
出入境人员（人次）	出入境人员总数		405 922	335 636	+20.94
	入境人员		204 222	168 229	+21.40
	出境人员		201 700	167 407	+20.48
	出入境旅客		374 365	307 893	+21.59
	出入境员工		31 557	27 743	+13.75
	中国公民	小计	319 507	250 201	+27.70
		内地居民（因公）	13 544	12 439	+8.89
		内地居民（因私）	252 438	188 965	+33.59
		港澳居民	3 499	3 740	-6.44
		台湾同胞	50 026	45 057	+11.03
	外籍人员		86 415	85 435	+1.15
	从海港出入境人数		402 993	333 390	+20.88
	从港口出入境人数		2 929	2 246	+30.41
	从陆港出入境人数				
交通运输工具（辆、艘、架、列次）	总计		3 675	3 279	+12.08
	船舶		219	167	+31.14
	飞机		3 456	3 112	+11.05
	火车				
	机动车辆				

（安徽省公安边防总队提供）

2013 年安徽省出入境检验检疫业务统计表

项目	货物检验检疫				交通工具				集装箱（标箱）		发现动植物疫情		货物通关		出入境人员查验（人次）	健康检查及预防接种（人次）			
	批次	金额（万美元）	检验检疫不合格		船舶（艘）	飞机（架）	火车（节）	汽车（辆）	合计	检出问题	种类数	种次	批次	金额（万美元）		健康检查	艾滋病监测	发现病例	预防接种
			批次	金额（万美元）															
本年累计	136 618	936 356	778	8 418	193	3 243	227		98 083	863	21	306	23 158	367 012	403 733	24 113	24 208	5 884	42 531
其中 出境	127 582	753 491	235	2 442	127	1 630	114		30 211	0	0	0	15 408	181 674	200 455	23 031	23 117	5 585	42 505
其中 入境	9 036	182 866	543	5 976	66	1 613	113		67 872	863	21	306	7 750	185 338	203 278	1 082	1 091	299	26
同比（%）	-16.08	-13.03	+16.64	+6.70	+26.14	+5.02			-11.83	+52.47	-4.55	+11.27	-4.40	+29.32	+23.27	-4.72	-4.57	-4.68	-10.93
其中 出境	-16.48	-16.65	+35.06	+305.80	+20.95	+5.57			-36.99	0.00	0.00	0.00	-13.54	-6.05	+22.94	-6.05	-5.91	-6.61	-10.96
其中 入境	-10.01	+5.93	+10.14	-18.00	+37.5	+4.47			+7.23	+52.47	-4.55	+11.27	+21.00	+104.99	+23.58	+36.44	+36.55	+54.92	+100.00

（安徽出入境检验检疫局提供）

2013 年芜湖海事局进出港船舶统计汇总表

船舶类别	进港船舶							出港船舶						
	艘数（艘）	总吨（吨位）	总载重量（吨）	载客量（客位）	船员人数（人次）	货物到达量（吨）	旅客达到量（人）	艘数（艘）	总吨（吨位）	总载重量（吨）	载客量（客位）	船员人数（人次）	货物发送量（吨）	旅客发送量（人）
总计	99 694	118 295 511	87 374 036		1 690	81 868 375		99 782	118 781 737	98 461 974		1 161	89 854 389	
中国籍船舶	99 554	118 260 957	86 813 335		–	81 690 835		99 645	118 451 157	93 017 050			89 600 704	
其中外贸船	140	34 554	560 701		1 690	177 540		137	330 580	5 444 924		1 611	253 685	

（芜湖海事局提供）

2013 年安庆海事局进出港船舶统计汇总表

船舶类别	进港船舶							出港船舶						
	艘数（艘）	总吨（吨位）	总载重量（吨）	载客量（客位）	船员人数（人次）	货物到达量（吨）	旅客达到量（人）	艘数（艘）	总吨（吨位）	总载重量（吨）	载客量（客位）	船员人数（人次）	货物发送量（吨）	旅客发送量（人）
总计	29 607	39 103 122	62 745 288		173 728	14 899 054		29577	39 084 983	62 714 373		174539	44 696 433	
中国籍船舶	29 558	38 958 335	62 516 614		173 012	14 878 683		29528	38 940 196	62 485 699		173823	44 503 183	
其中外贸船	49	144 787	228 674		716	20 371		49	144 787	228 674		716	193 250	

（安庆海事局提供）

福　建　省

福建省口岸分布示意图

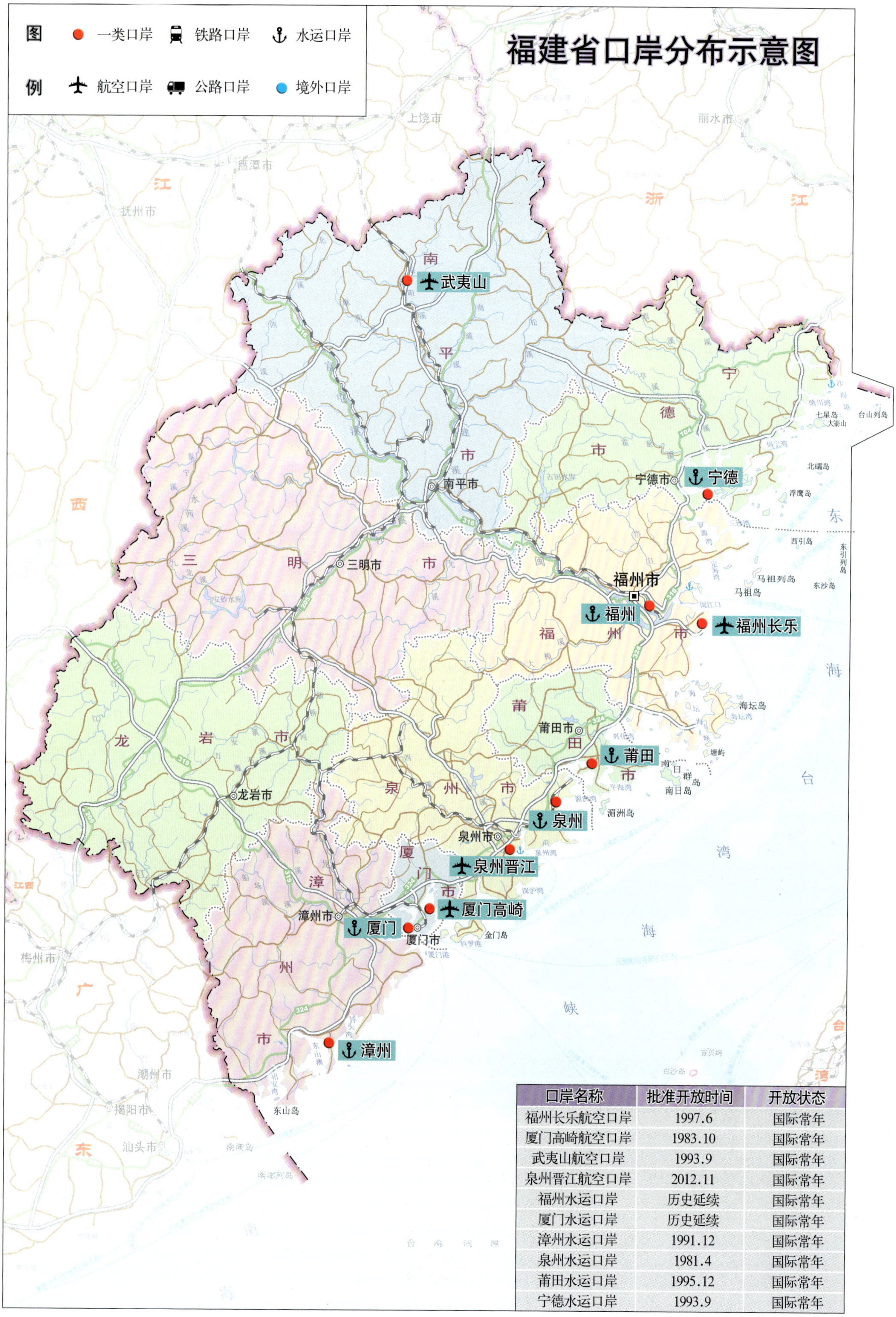

口岸名称	批准开放时间	开放状态
福州长乐航空口岸	1997.6	国际常年
厦门高崎航空口岸	1983.10	国际常年
武夷山航空口岸	1993.9	国际常年
泉州晋江航空口岸	2012.11	国际常年
福州水运口岸	历史延续	国际常年
厦门水运口岸	历史延续	国际常年
漳州水运口岸	1991.12	国际常年
泉州水运口岸	1981.4	国际常年
莆田水运口岸	1995.12	国际常年
宁德水运口岸	1993.9	国际常年

口岸数量及分布

截至2013年年底，福建省共有经国务院批准对外开放口岸10个。其中，空运口岸4个，分别是福州、厦门、武夷山和晋江；水运（海港）口岸6个，分别是福州、厦门、漳州、泉州、莆田和宁德。

口岸运行数据

2013年，福建省水运（海港）口岸累计完成外贸货运量18 711.39万吨，同比增长11.73%，其中进口13 214.41万吨，同比增长15.88%，出口5 496.99万吨，同比增长2.87%；海运国际集装箱吞吐箱量累计完成714.13万标箱，同比增长6.32%，其中进口350.04万标箱，同比增长4.52%，出口364.09万标箱，同比增长8.12%；空港口岸累计出入境旅客389.59万人次，同比增长16.19%，其中入境197.51万人次，同比增长12.24%，出境192.08万人次，同比增长20.56%

对台直航方面，2013年福建省海港口岸对台累计完成进出口货运量2 249.17万吨，同比下降3.58%，其中进口452.62万吨，同比增长16.92%，出口1 796.55万吨，同比下降7.66%；累计完成直航海运集装箱76.49万标箱，同比增长10.03%，其中进口38.89万标箱，同比增长11.81%，出口37.61万标箱，同比增长4.32%；两岸海上直航完成出入境旅客144.60万人次，同比下降5.10%，其中入境72.94万人次，同比下降5.31%，出境71.65万人次，同比下降4.88%。

口岸综合管理

【口岸开放稳步推进】 2013年，福州罗源湾和泉州石井港区对外开放获得国家有关查验单位及总参谋部同意，国家口岸管理办公室已会商中央编办。莆田东吴港区扩大开放获得有关部门回复同意，被国家口岸管理办公室列入年度审理计划。宁德三都澳港区扩大开放报商有关部门，有关部门正抓紧审理。根据对台工作的需要，福州黄岐港区对外开放报批工作正式启动。福州罗源湾港区、平潭澳前客滚码头等10个码头泊位临时开放每半年延期申报促批工作得到交通运输部的大力支持，全部顺利延期，确保了福建省临港工业的可持续发展。

【平潭口岸开放取得重大进展】 2013年，福建省口岸部门根据省政府战略发展布局，重点推进平潭水运口岸开放促批力度。针对平潭综合实验区实行全岛开放，“一线放宽、二线管住、人货分离、分类管理”的全新模式，多管齐下：一是督促平潭实验区管委会按海关、国检等部门要求加快一线口岸、二线卡口基础设施及环岛巡查监控设施建设，推动设备联网测试，满足查验部门全方位监管要求；二是抓紧与有关部门就平潭特殊用地问题进行磋商，制订土地置换合理方案，争取部队对口岸开放的支持；三是积极拜会交通运输部、财政部、中央编办、总参谋部等中央机构，汇报沟通口岸推进情况，争取支持。2013年8月15日和8月23日，交通运输部和总参谋部分别函复国家口岸管理办公室，同意平潭水运口岸对外开放。至此，平潭口岸开放获得了公安部、海关总署、国家质检总局、交通运输部和总参谋部的全部同意，平潭口岸开放国家审理工作取得重大突破。9月中旬，国家口岸管理办公室牵头公安部、交通运输部、海关总署、国家质检总局等有关部门组成调研组到平潭实地察看了澳前港区和金井港区，召开座谈会，了解平潭总体规划和口岸专项规划，听取驻闽查验单位意见。调研结束后，国家口岸管理办公室表示，平潭口岸开放条件基本成熟，将在会商中央编办和国家发改委后，抓紧上报国务院审批。各部门表示将支持平潭先行先试，采取建设成熟一个港区验收一个港区的方式，尽早实现平潭口岸封关运作。12月底，福建省口岸办组织各查验部门协调平潭口岸开放预验收事宜，平潭口岸正式开放进入倒计时。

【口岸服务水平提升】 2013 年，福建省口岸部门全面贯彻中央精神，深化改革创新，不断提升口岸服务水平。一是强化主动服务意识。对省内开放口岸内新增外贸作业点，在建设期间就靠前指导，加强协调。2013 年先后完成了泉州泰山石化、宁德鼎信、福州牛头湾、莆田莆头等新增外贸作业点验收工作。二是加大审批改革力度。通过下放权限，简化流程，使国际船舶临时进靠审批时限从原来的 2 ~ 4 天缩短到半天之内，效率提高 4 倍以上。福建省口岸办 2013 年共协调服务 101 艘次（不含厦门港口岸）国际航行船舶临时进靠，有效满足福建省重点企业对原材料进口的需求。三是积极支持地方口岸建设。省口岸部门认真开展地方口岸项目摸排梳理，做好口岸建设资金项目申报工作。2013 年泉州港口岸围头通关中心、泉港区口岸联检大楼、武夷山航空口岸国际旅检厅改扩建、福州港口岸长乐国检综合实验楼等口岸查验设施建设项目获得国家补助资金 4 090 万元，有效改善了当地口岸工作条件。

【口岸调研活动深入开展】 为提高口岸工作水平，2013 年福建省口岸办积极组织开展各种调研活动。4 月，福建省外经贸厅厅长（省口岸办主任）黄新銮带队深入基层口岸和外经贸企业，了解进出口企业存在的困难。针对福建省港多货散班轮少、审价偏高、资源分布不合理等问题，形成调研报告提出解决方案。该报告得到省领导重视，并请海关、国检等部门就企业反映通关存在的问题认真抓好整改和落实。5 月份，根据国家口岸管理办公室要求，福建省口岸办对全省口岸查验设施现状及查验单位人员编制等问题进行了认真的调研，对存在的问题提出较为完整全面的建议和意见，并形成报告上报。2013 年，福建省口岸办还组织省内查验部门赴新疆霍尔果斯、内蒙古二连浩特和满洲里等口岸调研，比较、学习、借鉴先进管理经验，促进省内口岸工作水平的提升。

【口岸通关标准化工作加强】 2013 年，福建省口岸办牵头制定了《进一步促进通关便利化的措施》，并以省政府（闽政办［2013］71 号文）名义转发。新的促进通关便利化措施从推进服务标准化、科学查验归类审价、优化通关作业流程、简化审批手续、科学设置抽检率、创新报检查验放行模式、优化检验检疫周期管理、推行业务代理诚信服务、创新警力调配支援机制、减轻企业负担等方面都提出具体实施办法和细则，减少了给企业带来的不便，提高了查验效率，有力地支持了福建外经贸的发展。

【口岸通关奖励机制不断创新】 福建省口岸办不断细化完善口岸通关便利化测评奖励机制。通过建立起常态化的工作联络、数据采集及审核、评审等制度，在福建电子口岸网页设立企业投诉和意见建议窗口，向社会公布各设区市口岸管理部门通关便利化服务、投诉热线电话。对原制定的通关便利化奖励测评指标和方法进行修改，在指标设计上加大预约加班成功率、审价、归类、满意度测评、服务标准化等关键环节分值比重，促进口岸查验部门进一步优化通关环境。2013 年 4 月上旬，福建省口岸部门分别在福州、厦门召开两场通关便利化现场会。现场会前后，还组织省内主要媒体开展通关便利化成效宣传，集中连续宣传福建省口岸部门促进通关便利化的经验做法，推动各地口岸和查验部门掀起“比学赶超”热潮，不断提高通关效率，降低企业进出口环节成本。

【省际通关协作持续加强】 为拓展福建口岸腹地，省口岸部门采取多项行之有效的举措。一是推动江西鲜活农产品通过福建出口。福建和江西两省口岸部门、交通部门、查验部门共同协作，出台了江西入闽的柑橘运输车辆免查验、免收高速公路通行费政策，推动江西农产品通过福建口岸出口。在此基础上，省口岸部门还与查验部门建立了出口水果“产地检验检疫 + CIQ 铅封 + 口岸免于查验”的直通放行模式，扩大了福建口岸吸引力。二是邀请江西省商务厅、口岸办、南昌海关、江西出入境检验检疫局、交通厅、南昌铁路局到福建省考察调研口岸合作，推动铁路部门尽快开通新建向莆铁路货运，并对费用、班列进行测算，争取铁路降低运费，建立福建口岸顺达江西的大宗商品便捷通道。三是拓展“属地申报，口岸验放”和直通放行范围。通过召开闽赣两省口岸联席会，落实两省口岸区域通关协作备忘录和两省政府关于全面实施区域通关、直通放行备忘录签署后的执行情况。

【电子口岸工作扎实推进】 一是初步制定福建电子口岸公司体制改革设想。根据福建省领导指示，针对福建电子口岸平台建设存在核心流程未能整合、项目推广难度较大、经营体制亟待进一步理顺的问题，提出福建电子口岸公司改革初步设想，并与相关部门就成立福州公司一事进行商讨。二是泉州电子口岸二期项目、福州电子口岸二期项目和陆地港通关物流信息平台、闽台通关物流信息平台等一批重点项目顺利建成并通过验收。这些项目的建成对提高口岸通关效率，促进闽台通关物流对接，实现陆地港一次申报、查验直通式放行有着积极意义。

【口岸宣传和文明窗口建设取得新成效】 一是组织《福建日报》、福建电视台等新闻媒体到口岸通关现场采访，广泛宣传福建通关便利化成效和经验，扩大影响。二是通过福建电视台政风行风现场直播和现场访谈，通过省政府门户网站访谈等形式，宣传福建口岸先进事迹、通关改革措施，提升口岸形象。三是按照团省委、省妇联的工作部署，牵头开展口岸系统省青年文明号、巾帼文明岗评选相关工作，推动口岸系统树立爱岗敬业、乐于奉献精神。

口岸监管与服务

【口岸查验部门全力支持平潭开放开发】 加快平潭综合实验区开放开发是福建省委、省政府确定的重点发展战略。2013 年，口岸查验部门积极配合地方政府，全力服务平潭开放开发。

福州海关把加快平潭封关运作当成年度“第一号工程”。一是开展业务创新。编写海关信息化系统业务需求方案，修订《平潭综合实验区海关监管方案》及其 7 项附件，取得卡口通道管理模式等 12 项创新性、突破性成果。二是加强政策宣传。与平潭管委会紧密配合，建立工作例会制度。在积极推动《海关对平潭综合实验区监管办法》制定出台的基础上，在平潭开展该监管办法的政策宣讲会，邀请海关总署相关专家现场解读，宣传优惠政策，凝聚各界共识。三是主动融入建设。指导平潭分线管理基础设施建设，全程参与地方制订规划方案，大力推进“二线”通道卡口、环岛巡查、信息化平台三大基础项目建设，研究推动选择性征税、台车入闽、入区退税等工作，为平潭综合实验区全面封关运作打下坚实基础。

福建出入境检验检疫局加大服务平潭力度。一是促成国家质检总局出台平潭检验检疫监管实施方案、监督管理办法，其中在进境商品分线分类检验监管、台湾商品在平潭生产加工使用免于检验等 10 个方面进行了政策突破。二是立足高起点，实时跟进平潭口岸规划建设。帮扶指导“二线”卡口检验检疫基础设施建设，指导澳前码头临时查验场建设并投入使用，指导台车入闽通道检验检疫基础设施建设，极大加快了平潭口岸查验设施建设进度。三是牵头编写平潭检验检疫监管信息化平台设计方案和通关业务组细化需求。积极研究提出 10 个方面服务平潭产业发展的具体措施，印发《平潭对台商品交易市场检验检疫监督管理规定》和《通过闽台客滚航线互通行驶车辆检验检疫管理规定（试行）》。

福建海事局针对平潭开放发展需要，主动作为，积极争取上级政策支持。2013 年，成功争取到交通运输部海事局正式批复同意增设平潭为船籍港。福建海事局还与平潭综合实验区管委会达成意向，拟订平潭船籍港过渡方案及今后运作方案，推动平潭在船舶登记、口岸开放、对台经贸往来等方面实现突破，有力促进了平潭船籍港建设。

【福州海关加快通关便利化改革】 2013 年，福州海关统筹推进各项通关作业改革，通关效率大幅提升。全年审核报关单证 524 119 份，同比增长 2.4%。一是无纸通关改革全面深化，成为全国首个将无纸通关推广至关区全部业务现场的直属海关。全年审核办理无纸化报关单约32万份，占同期报关单总量的61.29%，超过海关总署目标11.29%；累计完成企业无纸化电子签约5.3万家，约占关区备案企业的97%。通关作业无纸化已成为福州关主要的通关作业模式。二是“三个一”通关模式重点推进。积极推动关检合作“一次申报、一次查验、一次放行”通关模式试点在福州江阴口岸顺利实施，并在2013年年底将试点范围扩大至江阴口岸进口的所有法检货物。三是区域通关改革稳中求进。先后与合肥、海口、济南等3个直属海关签订区域通关合作备忘录，并将原有“属地申报，口岸验放”适用范围扩大至B类出口生产型企业进出口货物。2013年，福州海关共办理跨关区“属地申报，口岸验放”通关模式下货值5.93亿美元，同比增长27.01%；征收税款6.21亿元，同比增长24.24%。

【福州海关积极响应地方需求】 一是配合地方，积极应对严峻的外贸形势，与厦门海关联合推出稳增长、调结构的10项措施。妥善解决福建省口岸部门转来的进出口企业反映的热点难点问题。积极参与福建省促进口岸通关便利化考评，平均通关时间缩短至3.89小时。二是加强合作，推动落实新一轮署省合作事项，关地、关关、关检合作不断深化。福州、厦门两关执法统一备忘录、关检扩大“三个一”试点备忘录签订落实，关检通关单无纸化合作继续推进。三是靠前服务，主动指导福州保税港区管委会和业主单位完成保税港区（一期）整改事项的落实，加快了保税港区封关运作步伐。积极配合福建省口岸部门，推动江阴港区汽车整车进口口岸通过国家验收，研究制定进境汽车监管操作规程。2013年共接受申报进口的汽车整车360部，总货值2 020.13万美元，征收税款11 696.8万元。四是着力帮扶，大力支持福建重大项目和重点企业。2013年共审批减免税货值8.44亿美元，减免税款6.47亿元。其中，重点解决了省政府高度关注的宸鸿科技公司封关前设备进口免税问题，项目涉及税款4.2亿元。五是出谋划策，加强政策研究成果转化。积极参与自由贸易区政策研究，联合提出《平潭综合实验区与上海自贸区政策比较》报告，该报告得到省委省政府领导高度评价。参与制订《福建省跨境贸易电子商务工作实施方案》，推进平潭作为全国第二批跨境电子商务试点城市申报工作，获得海关总署批准。加强统计分析与数据服务，及时向福州关区内各设区市通报统计分析信息，进一步改进统计咨询服务方式，建立完善统计联络员制度和信息交换制度。2013年，共编发进出口监测预警信息253期，被省委省政府采用50篇（条）次，被主流新闻媒体刊发38篇次。

【福州海关强化打击走私力度】 2013年，福州海关共立案侦办走私犯罪案件40起，案值41 308.56万元，偷逃税款6 626.68万元，同比分别增长33.3%、349.5%、229.7%；立案调查行政违法案件455起，案值69 138.98万元，缉私罚没及补税共1 306.03万元。一是锁定打击重点。结合关区实际，制订打私联合行动实施方案，明确固体废物、毒品武器、涉税货物等重点打私商品和出口、旅检、海上、非设关地等主要打私渠道，发挥情报先导作用，简化线索流转程序，加强打私信息互通和行动互援。二是查缉大案要案。缉私部门在与各业务职能部门通力协作的同时，加强与地方政府部门、兄弟海关联动配合，先后破获“9·12”冻水产品走私案、“11·1”对台小额贸易渠道走私普通货物案、“11·9”海上偷运走私红木案、“12·4”走私珍贵动物制品案等一批大案要案，2013年办理海关总署缉私局督办的大案要案数量为历年之最。三是参加轮战工作。在缉私任务繁重的情况下，服从海关总署缉私局统一指挥，抽调30名警力赴广西北仑河沿线参加为期4个月的缉私轮战工作并顺利完成会战任务。

【厦门海关服务发展措施有力】 一是积极建言献策。主动呼应《厦门综改方案》需求，提出14条支持东南国际航运中心建设措施。成立厦门自由贸易区建设专题调研组，配合地方开展自由贸易区申报。2013年共撰写监测预警分析文章350余篇，其中8篇次获中央领导批示，80篇获省市政府采用。二是大力扶持特殊监管区域发展新兴业务。支持在海沧保税港区开展省内首个特殊监管区域企业内销产品返区维修业务试点，在泉州出口加工区内开展全国首例承接国内委托加工业务，在象屿保税区开展全国首例文化艺术品展示拍卖业务。鼓励保税仓库开展特种业务经营，促成全国首家水上游艇保税仓库、海西首家航空煤油保税仓库顺利启用；探索“前店后厂”国内飞机发动机维修监管模式，促进航空维修特色产业发展。开展龙岩市加工贸易重点转移承接地政策研究，提出保证金台账管理、特殊监管区域建设等可行性建议，促成多家企业落户生根。三是尽心尽力帮扶企业。用好关长信箱、门户网站、关长接待日等便民平台，坚持关领导下基层调研制度，深入企业调研，主动研究解决企业反映突出的疑难问题；在全国海关首推“移动12360”综合应用平台，受理解答各类咨询2万余次，同比增长93.56%；引导企业用好用足减免税政策，为企业减免税款11.62亿元；取消调单费等11项收费；上调AA类企业9家、A类企业380家，暂停下调A类以上企业47家，差别化管理措施有效落实；适应宸鸿集团总部经济模式要求，对其旗下企业提供全程化、一站式服务。

【厦门海关积极创新监管模式】 厦门海关根据海关总署精神，大胆创新，推出了多项监管新模式。一是继续深化推进分类通关改革，提高通关效率。目前进出口报关单分流比例符合关区业务实际，处于合理水平；关区进出口海运24小时放行率分别为98.73%和99.98%。二是加快通关作业无纸化改革。积极研讨论证，组织各项培训，并成立了以关长挂帅的领导小组，制发了《厦门海关通关作业无纸化改革实施方案》、《通关作业无纸化操作细则》。全力协调各有关部门，分别在东渡海关、机场海关、象屿海关成功启动改革试点。三是全力推进关检合作“三个一”试点工作。2013年8月，厦门海关多次组织人员赴泉州开展现场调研，先后与厦门出入境检验检疫局和福建出入境检验检疫局召开多场专题座谈会，研究开展“三个一”试点工作。12月10日，厦门海关与福建出入境检验检疫局在泉州晋江围头港区查验现场共同举行关检合作“三个一”试点工作启动仪式。四是推动通关现场叫号系统改革。2013年4月17日组织了厦门关区叫号系统的培训，并于5月初启动了机场海关的现场叫号系统安装，9月3日，机场海关叫号系统安装成功并全面启用。此外，根据海关总署要求陆续启动了厦门关区东渡海关、象屿海关、海沧办事处、同安办事处的系统安装工作。五是开展“属地申报，口岸验放”改革。厦门海关积极组织开展区域通关调研并初步制订了《厦门海关深化区域通关改革实施方案》。2013年11月12日厦门海关首票“属地申报，口岸放行”业务在东渡海关顺利放行，方便了企业申报，实现物尽其流。

【福建检验检疫部门积极参与口岸区域合作】 2013年，福建检验检疫部门与口岸管理部门、交通运输部门通力合作，共同推动区域通关合作。9月份，福建出入境检验检疫局、厦门出入境检验检疫局分别与江西出入境检验检疫局签订《关于促进江西农产品出口的合作备忘录》，建立起“产地检验检疫+CIQ铅封+口岸免于查验”的快捷直通模式。在对农产品从生产、加工到出境整个过程的安全卫生质量有效监控条件下，有效推动江西农产品从福建口岸快捷出口，实现双方共赢。福建出入境检验检疫局还积极实施进口资源性矿产品“直提转运”模式，与江西、湖北等出入境检验检疫局共同做好进口大宗资源性矿产品质量安全监管工作，提高进口大宗资源性矿产品检验监管效能，2013年共有688.46万吨、货值7.84亿美元的进口铁矿、煤炭通过福建口岸中转至湖北、江西等各钢铁、发电企业，同比增长12.69%。

【福建出入境检验检疫局推行五大改革措施】 一是通关模式方面。联合福州、厦门海关进一步扩大通关单无纸化实施范围，在全国首次实现“不同检区、关区”联手实施口岸通关便利措施，惠及企业2万多家。扎实推进“三个一”通关模式试点工作，与福州海关签订《关于进一步扩大关检合作“三个一”试点工作备忘录》，与厦门海关联合出台《关检合作“三个一”试点实施方案》，扩大“三个一”模式试点范围。试点实施多点报检模式，为企业省钱、省时、省力，深受试点企业好评。实施入境货物电子全申报管理，全面掌握辖区入境货物信息，强化入境商品监管力度。二是卫生检疫监管方面。加强口岸卫生检疫把关，完善并推行独具特色的卫生检疫监管模式，实施“131”旅检查验模式和“1+1+1”口岸医学媒介生物监测模式，有效确保了口岸公共卫生安全。辖区口岸出入境人员监测体检传染病检出率居全国系统前列，检获医学媒介生物数居全国系统第三，集装箱卫生学问题检出同比增长565%。2013年从出入境人员中发现有发热等症状人员223例，经福建出入境检验检疫局保健中心检测检出确诊传染病例41例。三是动植物检疫方面。完善联防联控机制，与地方农林部门建立并完善动植物疫情监测、调查与应急防控的联动机制，有效确保了国门生物安全。2013年截获进境植物有害生物、检疫性有害生物种次同比分别增长21.2%、12.7%。在全国口岸首次截获和监测到青巨楯蛞蝓、李矮缩病毒、被盖双穗雀稗和濒危野生植物肉质棒槌树。在邮寄物检疫中，共截获禁止进境物649件；截获邮寄入境的植物繁殖材料69批次，同比增长130%，其中各类观赏植物种苗多达118株，超过60个品种，邮寄物截获有害生物种次居全系统第三。在出入境旅客携带物检疫中，共截获禁止进境物1 186件，主要为水果。四是食品、农产品与工业品检验监管方面。加快推行风险管理，深化推进食品、农产品检验监管“111”模式和工业品分类验证监管模式，有效确保了产品质量安全。2013年出口食品和农产品66.5亿美元，同比增长7.4%；蔬菜、食用水生动物、水果、饲料出口同比分别增长14.8%、37.2%、58.1%、77.5%；经检验检疫出口动植物及其产品均未被国外通报质量安全问题。追溯调查出口工业品国外通报案例19起，退运案例227起，未出现因检验检疫责任导致出口工业品被通报的情况。出口食品、农产品质量安全示范区数量居全国第3位。五是电子检验检疫应用方面。积极参与国家质检总局ECIQ建设模块验证等工作，制定福建出入境检验检疫局ECIQ试点工作方案，成为全国ECIQ首批4个试点局之一。加强制度建设，进一步提升集中审单指令效力和申报数据准确性审查；在辖区全面开展电子监管系统监督管理工作，电子监管5项优化建议被国家质检总局采纳，并作为2013年新版本升级的重要内容在全国系统内推广应用。强化电子闸口管理，有效提升闸口管控力，在三明、龙岩、武夷山陆地港新上线电子闸口系统。建立电子闸口系统与船检系统及集中审单系统的数据联动机制，人船货和审单指令实现有效互动。完成大宗散货物流监管系统项目建设方案、系统功能框架搭建及业务需求报告书编写等工作。

【福建关检部门支持陆地港发展】 福州海关发挥技术优势，研发出“陆地港物流通关物流信息平台”。武夷山陆地港依托该系统于2013年12月2日顺利办理了首票“直通式”货物通关手续，标志着关区陆地港“直通式”通关模式正式启用，帮助陆地港发展辐射带动作用。厦门出入境检验检疫局出台了《陆地港货物检验检疫工作规范》，专门印发了《关于进一步支持晋江陆地港发展有关问题的通知》和《泉州晋江陆地港进口水产品检验检疫监督管理实施方案（暂行）》，首开先河与晋江陆地港公司签订备忘录，通关时间从7天缩短到3天，60余家企业受惠。短短3个月吸纳宁波等口岸物流货物转由厦门口岸进口上亿元，有力地支持了晋江陆地港发展。同时，厦门出入境检验检疫局把支持晋江陆地港的政策措施延伸到其他陆地港，专门出台支持龙岩陆地港发展的政策措施；率先试行支持企业“陆地港”措施，帮扶联盛纸业进口废纸便利通关，每年为企业节约物流成本2 000多万元；加强与厦门港务控股集团合作，共同签署了《支持厦门港—陆地港货物便利通关联动发展备忘录》，积极支持东南国际航运中心建设。

【厦门出入境检验检疫局落实各项惠企措施】 一是制定并印发了《关于进一步促进口岸通关便利化的指导意见》，要求各分支机构进一步提升服务水平，提高通关效率，进一步促进外贸稳定增长。该指导意见实施以来，进口酒类、矿产品检验周期大幅缩短，企业受惠明显，企业和社会各界反映良好。二是全面落实免费政策和出口法检目录调整的规定。自2013年8月1日至12月31日严格执行免收出口商品法检费用，此举为出口企业免收检验检疫费2 500多万元。自2013年8月15日起对1 551个海关商品编码项下的一般工业制成品不再实行出口商品检验，一年为出口企业减免检验检疫费8 000多万元，进一步减轻企业负担。三是加强流程时限管理。2013年12月，制定了《厦门检验检疫局检验检疫业务流程和时限管理办法》，对出入境货物、运输工具、集装箱、货物包装等检验检疫业务流程和时限的管理作出详细规定，进一步规范出入境检验检疫工作程序。同时，将流程时限管理纳入各单位绩效考核，从制度上提高检验检疫工作效率和工作质量。

【厦门出入境检验检疫局提升电子信息应用水平】 一是全面实施电子监管。研发进口电子监管系统并在全国率先启用进出口电子监管系统，实现了对所有进出口企业和产品100%电子监管。通过电子监管，对低风险、质量稳定的进出口产品，实施快速放行，企业在报检后10～20分钟就可收到放行回执，平均通关效率提高30%。检验检疫与企业共享质量检验数据，抽批率降低20%，抽检项目减少15%，企业检测成本平均每批下降800元。二是全面推行电子网络报检。依托福建电子口岸，实现电子报检、电子审单、电子监管、电子闸口（口岸检验检疫快速查验系统）和电子监察的全面应用，企业可以足不出户完成从报检、检验检疫到放行通关全过程的网上操作。特别是通过检验检疫流程再造，集中力量破解监管重点、难点，有效促进人力资源科学分配，窗口一线单证核查工作量减轻50%。三是加强口岸联动。在全国率先建立检验检疫与海事、港口、企业四方协作互动机制，推进信息共享共用，提高口岸效率。目前，厦门出入境检验检疫局已被国家质检总局和交通运输部列为实施质检与交通运输信息共享共用窗口建设和电子闸口推广示范项目试点局之一。厦门出入境检验检疫局正以此为契机，积极推进与交通部门信息共享共用窗口建设，新开发的船舶检疫管理系统已于2013年9月1日上线试运行，进一步提高了口岸工作效率。四是全面实施通关单无纸化。2013年4月1日，厦门出入境检验检疫局在辖区开展通关单无纸化试点。5月28日起在厦门检区全面实施通关单无纸化。实施通关单无纸化后，福建省内的出口货物在厦门口岸全面实施直通放行，企业可以直接在口岸办理货物通关手续，减少了口岸移箱、查验等费用。据测算，全年可为企业节约费用3 000多万元。通关单无纸化进一步推动了检验检疫全流程无纸化改革，目前，厦门出入境检验检疫局正开始实施移动检验检疫试点，将实现进出口货物查验、放行和检疫处理监管的及时化和移动化，进一步缩短通关时间，提高效率。五是实施入境货物无纸化电子放行试点。从2013年8月20日起，在海沧、东渡港区启动入境集装箱货物无纸化电子放行试点，货主可免去持纸质“提货单”在检验检疫机构与码头之间奔波（即取消小提单盖检验检疫章），大大提高检验检疫放行效率。据测算，此举将使每单进口货物节约半天的通关时间，节省费用约100元。以海沧口岸为例，进口企业每年将节省通关时间约11.7万小时，节省通关费用390万元。

【检验检疫部门积极支持厦门东南国际航运中心建设】 一是就厦门东南国际航运中心设立检验检疫海西数据分平台事宜，厦门出入境检验检疫局由局长带队，专程到国家质检总局通关司、信息中心等部门汇报沟通，得到领导和相关部门的大力支持。2013年6月15日，国家质检总局副局长魏传忠及总局相关司局人员出席了检验检疫数据海西分平台启动仪式，该平台建设正在顺利进行当中。二是创新对台直航船舶检疫监管模式，对所有厦门港直航船舶在未发生重大疫情的情况下，一律实施电子检疫与电子通关服务“新政”，船舶及进出口货物非生产滞港时间缩短30%以上。三是积极推进先进的口岸管理方式，拓展东南航运中心检验检疫的职能和业务范畴，探索全面开放的检验检疫体制机制，推动空箱闸口集中查验，推进冷链查验场的建设，加快推进移动检验检疫试点工作，进一步实现现场查验通关的便利化。

【福建省公安边防总队助力海西建设】 一是靠前服务重点项目建设。通过筹建工作组、进驻执勤点等，第一时间跟进保障平潭综合实验区、莆田东吴、泉州石化、漳州古雷等港区重点项目建设。积极研究服务两岸往来便捷通关机制，高质量完成“海峡号”首航台北和常态化通航等服务保障工作，为平潭开放开发创造了良好的通关环境。通过开设专用通道、组建便民服务分队、提供业务咨询、引导帮扶等服务，圆满完成了第5届“海峡论坛”、第2届“两岸共同家园论坛”等闽台大型交流活动的通关保障。二是创新便利服务措施。主动走访地方党委、政府、港区企业及出入境人员400余次，发放征求意见表12 000多张，梳理通关便利需求10项，创新推出了业务代理诚信服务、旅游团免申报和零散验放等3项边检便利化措施，下放“航行港澳证明书”审批权限，进一步简化查验流程，提高通关效率，便利化措施分别被省政府办公厅、省公安厅采纳发布。三是跟进保障口岸开放开发。针对福建省新增作业点较多的情况，细化口岸边检查验设施建设标准，指定专人担任“企业联络员”，为企业出谋划策，提供边检政策、法律等咨询服务，确保边检查验配套设施与码头基础设施同步规划同步建设，避免企业走弯路重复建设。2013年先后助推泉州泰山石化、宁德鼎信、福州牛头湾、莆田莆头等5个码头泊位通过省级验收，并外派警力3.1万人次支持罗源湾港区、东吴港区等17个临时开放码头的外贸业务，为港区企业稳定发展创造环境。

【福建边防全力推进勤务改革】 一是改革勤务模式。全面推行海港口岸分区域执勤模式，完成莆田秀屿、连江可门等7个边检执勤点建设，下沉警力258名，覆盖港区重点码头泊位62个，实现边检服务就近化、便利化，保证港口业务20分钟内响应到位，企业办理边检手续平均每航次缩短近30分钟。在空港口岸推行“小单元、大协调”的勤务模式，打造扁平化勤务指挥中心，推动勤务运转更加高效。二是创新勤务管理。针对口岸点多、线长、面广的现状，将港区码头划分为原油化工、散杂货、修造船、集装箱及锚地等五大类别，实施分类管理，配套推行诚信分级服务，对口岸企业、代理人员和船舶进行等级评定和量化管理，有效提升了勤务管理质量，口岸秩序更加规范，勤务用警更加高效。研究建立区域警力调配机制，进一步优化全省警力资源配置，盘活警力资源，初步缓解了业务量大的单位警力紧张问题。三是强化科技应用。全面推广海港信息综合管理和3G无线验放系统，规范省电子口岸应用，主动对接福建公安公众服务平台“5+N”服务大厅，并在重点港区配备集“快速通关、移动监管、流动办公、便民服务、法律宣传”等功能于一体的移动警务车，深化边检网络平台服务，实现了“让服务对象少走路，让数据信息多跑腿”，进一步提高了边检办事效率。

【福建边防提升管控能力】 一是根据福建口岸出入境人员国别特点，编发《百国证件图集》，组织编印证研月刊、季刊和重点国家专刊18份，不断提高一线执勤人员伪假证件识别水平。二是严格落实《边检站处置口岸突发事件指引》，建立二级报警事件“十必查”、“三级查”等制度，先后组织开展反恐、反闯关、应对舆情等情景处突演练42次，进一步提高了部队应急处突能力。2013年共查获口岸偷渡人员165人次，居全国现役边检机关第1位，有力确保了口岸整体安全稳定。三是深化口岸管控跨警种合作。主动与厦门边检总站及海事、海关等部门建立常态化联合执法机制，加强口岸边检协勤队伍建设，建立健全“群体性事件处置联动”、“治安处突联动”、“绿色救助联动”等联勤联动机制，形成了“联勤、联防、联动”的口岸管控新格局。

【厦门边检着力做好大型活动通关服务保障】 2013年，第5届“海峡杯”帆船赛、第5届“海峡论坛”、第5届厦金海峡横渡活动、第17届中国国际投资贸易洽谈会、第9届海峡旅游博览会、首届福建省侨商投资对接洽谈会等大型活动先后在厦门举办，并呈现活动规格高、规模大、境外参会人员多的特点。为确保大型活动期间厦门口岸的安全稳定和顺畅通关，厦门边检总站努力为广大参会来宾提供安全、优质、高效、规范的通关服务。一是制订专项工作方案，明确大型活动期间内外衔接、应急处置、警力调配、勤务指挥、便利通关等工作事项，部署各边检站提前落实和细化各项勤务准备；二是加强工作联系对接，提前掌握参会团组和人员的出入境动态，增派执勤警力加开验证通道，实行出入境警力相互支援，多措并举做好客流高峰应对工作；三是严格核查进入限定区域人员的身份和进行人证对照，加强对现场迎送人数和媒体记者的引导，避免出现秩序混乱或漏检漏控；四是严密执行重要旅客检查勤务，指定专人负责联系重要旅客出入境事务，指派执勤科队领导提前带队抵达查验场所，严格按照重要旅客出入境勤务办理程序组织查验。第17届中国国际投资贸易洽谈会期间，厦门边检总站成功查获一名涉嫌合同诈骗，涉案金额达1亿元的网上追逃人员，实现了顺畅通关和严密管控的双收获。

【厦门边检规范国际航行船舶代理备案和量化管理】 厦门边检总站按照“转变职能、简政放权”的工作思路，从解决服务对象最关切的现实问题入手，积极主动研究港口边检服务工作，全面梳理现有代理单位和代理人员工作规定，制定出台《国际航行船舶代理备案和量化管理暂行规定》（以下简称《暂行规定》）。《暂行规定》统一规范了国际航行船舶代理备案和量化管理制度，明确代理单位和代理人员的备案在厦门边检总站所属各边检站通用，简化代理单位和代理人员备案资料，统筹代理人员培训考核，统一各边检站代理人员量化管理标准，完善各边检站间信息共享机制，并创新推出了备案5日内办结、材料补充回执告知、一次备案后多港区通用等工作制度，努力为服务对象建立高效便捷的业务办理机制，有力提高了口岸通关服务水平。

【厦门边检总站创新边检勤务组织】 厦门边检总站通过推进边检勤务改革创新，有力解决了厦门口岸出入境人员及交通运输工具快速增长带来的通关压力。在高崎、同益边检站推行“检查员双章验放，小单元错时上下勤，高峰期动态警力支援”的旅检勤务新模式，进一步优化用警效益，提高通行效率，年内未出现因边检机关原因导致航班延误情况发生，有力保障了口岸通关的高效畅通。在海沧边检站试行“交检、巡查监护队职能整合，执勤民警一人多岗”的海港综合执勤队模式，对原交检队、监护队、监控中心进行整合，设立3个综合执勤队轮流执勤，每个综合执勤队承担交检、监护、监控一体化职能。改革后，处理业务事件响应时间平均每起减少8分钟，在岗人数大幅增加，每日执勤人员由过去9人增加到15人，进一步确保了口岸限定区域的安全稳定。

【厦门边检服务厦门邮轮母港发展】 厦门边检总站主动因应厦门邮轮母港建设发展态势，进一步优化工作模式，完善便民举措，为促进以厦门为母港的邮轮经济发展作出积极努力。一是主动靠前服务。自2013年3月份开始，厦门边检总站派员从锚地登轮对非随船检查的入境邮轮实施船舶和船员检查，并加大业务和英语培训力度，努力提高锚地登轮检查效率和质量。二是加强联系沟通。在邮轮抵港前保持与邮轮公司、代理公司的密切联系，实时掌握邮轮抵离港动态和旅客、船员情况，提前召开勤务部署会，研究制订勤务方案和应对措施，确保邮轮在港期间各项工作平稳衔接。三是完善工作机制。结合厦门口岸国际邮轮中心环境和勤务实际，制定下发《关于进一步加强邮轮检查勤务组织管理工作的通知》，从随船检查、邮轮和船员检查、旅客检查等3个方面明确邮轮勤务的组织实施，使勤务组织管理工作更加有章可循。2013年，厦门边检总站共查验邮轮 19 艘次，查验邮轮出入境人员 3 万余人次，其中检查以厦门为母港首发的邮轮 4 艘次，查验邮轮出入境人员共计 7 619 人次。

【福建海事多举措服务口岸开放】 2013 年，福建海事部门采取多项举措促进口岸开放，支持地方经济发展。一是制定口岸通关便利措施。全力保障重点船舶安全便捷进出港，推行分类管理给予安全诚信监管便利，并进一步减轻企业负担，全力支持福建省外贸经济的发展。二是制定《福建海事局口岸开放管理程序》。明确了相关部门的分工及省局、分支局和海事处的权限，理顺了内部关系；明确了口岸开放工作办理流程，辖区口岸开放管理工作得到了进一步加强和规范。三是推进口岸开放工作。多次深入公司、码头一线，指导帮助码头推进开放工作。推动福建泰山石化公司码头和福建鼎信物流公司码头顺利通过了新增外贸作业点省级验收。主动协助福州市口岸管理部门解决罗源湾港口航道维护、码头建设及养殖碍航等问题，保证了罗源湾有关码头临时开放，有力地支持了罗源湾临港工业发展。四是完善口岸基础资料。组织对全辖区的码头泊位（含锚地装卸作业点）情况进行统计清理，更新维护了码头泊位信息字典，为将来开展远程电子签证打好基础。

【口岸查验部门深化对台交流服务】 2013 年，口岸查验部门深入研究促进闽台经贸交流、支持台资企业转型升级的各项工作举措。福州海关一是按照海关总署安排，出色地完成了与台湾海关、台湾关税协会两场两岸交流外事活动；二是积极争取对台小额贸易口岸开放，福州连江黄岐码头和宁德霞浦三沙码头获批成为国家第二批试行更加开放管理措施的对台小额贸易口岸；三是推动对台通邮业务发展，支持“平潭—台中”邮路开辟，规范全国唯一水陆路出口邮件总包交换站——马尾对台监管点工作，福州关区 2013 年共监管对台邮件总包 19 831 袋、328.2 吨。厦门海关进一步规范对台小额贸易监管工作，推动大嶝市场转型升级，促进关区对台业务强劲增长。厦门关区全年监管两岸直航飞机 3 622 架次，海上直航 1.92 万航次，货物 1 243.75 万吨，旅客 176.69 万人次，各类包裹、函件 155.96 万件；ECFA 项下进口商品 7.7 亿美元，同比增长 63.83%。福建出入境检验检疫局根据两岸经贸往来特点，积极研发 ECFA 应用服务系统，该系统成为国家质检总局在全国系统推广应用的首个由直属局研发的原产地证业务系统，其实用性、便利性得到地方政府和两岸用户的良好反响。2013 年，该系统访问用户累计已突破 80 万人次。厦门出入境检验检疫局积极深化厦台质检业务合作：一是推动通过福建电子口岸平台与台湾地区相关网络平台实现 ECFA 原产地证书电子信息的有效交换，开发两岸 ECFA 原产地证数据核查系统；二是探索两岸区间（子母公司间）货物流转检验检疫监管新模式，2013 年 1 月，专门派员赴台湾地区就厦台往来工业产品检验监管政策及不合格案例通报调查等开展了技术交流；三是支持技术中心参与两岸检测结果、数据互认工作，开展两岸中草药重金属，白酒中甲醇、铅，涂料中游离甲醛、苯、甲苯、二甲苯、乙苯（总量）等检测比对；四是协助国家质检总局开展两岸进出口机床检验监管制度研究。

开放口岸

【福州空运口岸】 福州长乐国际机场位于福州长乐漳港镇，距离福州市区约 39 千米，机场到市区约 40 分钟。福州长乐机场是我国航空干线网中的重要干线机场，也是东南沿海地区重要的国际航空港。福州长乐国际机场于 1997 年 6 月 23 日正式通航，机场飞行区等级为 4E 级，能起降目前世界上最大的波音 747－400 型飞机，满足直飞东南亚、北美等地区全重起降要求。目前，福州长乐国际机场（包含停机坪）总面积为 674 万平方米，一条长 3 600 米、宽 45 米的跑道和一条长 3 600 米、宽 23 米的平行滑行道。福州长乐国际机场绿化面积为 330 万平方米，绿地率为 46.6%，绿化覆盖率达 48.89%，是全国绿化覆盖率最高的机场之一。2013 年 5 月 30 日，在由上海社科院部门经济研究所发起，上海机场集团主办的“中国机场发展大会”暨“中国机场颁奖典礼”上，福州长乐国际机场获评“中国最佳绿色机场”。

2013年，福州长乐国际机场出入境旅客为1 031 031人次，客运航班为7 989架次，较2012年同期分别增长10.6%和11.6%。福州空运口岸出入境航线达16条，遍及韩国、日本、新马泰、我国港澳台等东亚、东南亚国家及地区，每周航班达201个，平均每天29个，日出入境人员近3 000人次。

2008年12月18日上午，“福州—台北榕台空中直航仪式”在福州长乐国际机场举行。厦门航空的MF883航班随后飞往台北松山机场，拉开了榕台空中直航的序幕。5年来，榕台直航由厦门航空公司执飞台北桃园1条航线发展到厦门航空公司和台湾复兴、立荣、华信航空公司共同经营至台北桃园、台北松山、高雄、台中4条主要航线和澎湖、花莲2条旅游航线，航班也由每周往返2架次增长至50架次，经航线往来两岸的旅客达130万余人次，其中台胞49万余人次，占总数的38%。仅2013年，便有近19万人次经榕台空中航线往来两岸。

【泉州晋江空运口岸】 泉州晋江机场始建于1955年8月，为军用机场。1993年12月，由地方政府自筹资金对机场进行大规模扩建改造。1996年12月12日正式通航，2012年11月航空口岸对外开放通过国家验收。

泉州晋江机场现为军民合用机场，飞行区等级为4D级，能满足波音757等同类机型的起降要求；候机楼面积55 159平方米，有8个登机廊桥；停机坪面积104 300平方米，可停靠15架大中型飞机。机场拥有先进的导航设备，各类服务保障设施齐全。

2013年，泉州晋江机场首次引进澳门航空、河北航空、首都航空、济州航空、德威航空、天津航空等6家航空公司进驻运营，新开海口、南通、石家庄、义乌、南宁、台北和济州等7条航线，加密了北京、天津、成都、南京、贵阳等航班，开通至台北桃园机场的首条正式对台直航定期航线。冬春航季每周进出港航班约550架次，同比增长29.4%；航班整体客座率达到70%，同比增长3.2%。泉州晋江空运口岸正式对外开放后，国际、地区航线航班和旅客运输增长较快。其中，实现国际、地区航班起降3 842架次，同比增长48.86%；国际、地区旅客吞吐量为43.91万人次，同比增长97.24%。截至2013年年底，已有11家航空公司进场运营客货运航班，开通运营航线26条，包括国内客运航线22条，地区客运航线3条，国际客运航线1条和国内货运航线5条，通航城市达27个。

2013年，口岸完成航班起降2.51万架次，同比增长18.3%，完成年度计划的109.1%；实现旅客吞吐量263.44万人次，同比增长22.6%，完成年度计划的114.5%；货邮吞吐量为3.88万吨，同比增长8.6%，完成年度计划的104.8%。口岸实现第18个航空安全年。

【厦门空运口岸】 厦门高崎国际机场于1983年10月22日建成通航，机场位于厦门岛的东北端，地处闽南金三角的中心地带，与台湾隔海相望。厦门机场三面临海，环境优美，净空条件优越，具有良好的区位优势。目前，飞行区等级为4E级，可起降波音747－400等大型飞机，拥有1条3 400米长的跑道和1条3 300米长的平行滑行道及7条联络道。站坪和停机坪总面积57万平方米，可同时停靠74架大型飞机。候机楼面积约为13万平方米，年旅客吞吐能力超过1 500万人次。2013年，在厦门机场营运的航空公司有45家，其中国内航空公司25家，国际及地区航空公司20家；通航的城市有87个，其中国内68个，国际13个（4个货机通航点），地区6个；开通境内外航线140条，其中国内112条，国际21条，地区7条。

厦门机场的航线网络已覆盖了中国所有省会城市和主要二、三线城市，搭建了直达欧洲的客运航线，同时厦门机场的东南亚航线覆盖较广，航班密度较高，在全国位居前列，为广大东南亚地区的侨胞返乡提供最为便捷的交通工具，也有助于促进厦门与东盟地区的经贸、文化交流。特别是由于厦门特殊的对台区位优势，现有每周往返台湾客运航班35对，每周运营至台湾桃园货运航班1对，厦门两岸直航航班的密度位居大陆地区前3位，航点遍及台北（松山、桃园）、高雄、台中、澎湖，极大地促进和方便了两岸民众的交流。

厦门机场正全力推进以T4航站楼为标志的机场三期改扩建各项工程建设，改扩建工程完成后，厦门机场的保障能力将大大提升。T4航站楼建筑面积接近13万平方米，年旅客处理能力将达到2 000万~2 200万人次。站坪、滑行道及配套设施扩建工程建成投用后，停机位总数将达到104个（其中近机位38个，远机位66个）。

2013年，厦门机场共保障飞机安全起降16.68万架次，同比增长14.13%；完成旅客吞吐量1 975.30万人次，同比增长13.82%，列居全国空港第11位，其中累计完成出入境旅客年吞吐量229.55万人次，同比增长8.64%，位列全国空港第6名；累计完成货邮年吞吐量29.95万吨，同比增长10.32%，列居全国空港货运第8位。

【武夷山空运口岸】 武夷山机场位于福建省武夷山市南郊，距国家级旅游度假区和市区各7千米。空中距离，东北距杭州365千米，距上海510千米；西南距厦门360千米，距香港705千米；东南距福州228千米，距台北450千米。1993年9月22日，国务院以国函［1993］134号文批准在武夷山设立国家开放航空口岸，1994年4月1日武夷山航空口岸正式对外开放。武夷山机场现有口岸和查验单位分别是武夷山市口岸办、武夷山边防检查站、武夷山海关、检验检疫局武夷山办事处。

武夷山机场国际旅检厅建筑面积为2 505平方米，是闽北对外开放与交流的重要窗口，是口岸查验单位和民航联合办公的场所，担负着武夷山至香港、澳门航班往返的安全营运，旅客进出把关服务的任务。武夷山机场于1994年6月30日开通武夷山至香港的旅游包机，2000年3月28日又开通了武夷山至澳门的旅游包机。2005年7月1日，武夷山至香港航班转为民航正式航班，自航线开通以来，共飞行3 200架次，出入境旅客达231 141人次。武夷山空运口岸创造了连续10多年旅客零投诉的佳绩，为闽北对外开放和旅游、经贸的发展作出了积极贡献。2012年12月14日，国台办宣布武夷山被列入2013年新增对台旅游包机直航点。武夷山机场目前进出口主要货物有茶叶、工艺品、莲子等。

【泉州港水运（海港）口岸】 泉州港水运（海港）口岸处于上海港至广州港的中心点，毗邻港澳，有1 500多年对外开放的历史。泉州港与国外交往最早可追溯到南朝时期，唐代时期成为中国对外贸易四大口岸之一，宋元时期更以“刺桐港”之称闻名于世，被誉为中世纪“东方第一大港”，与埃及亚历山大港齐名，是中国古代“海上丝绸之路”的始发港之一，与世界100多个国家和地区进行通商贸易，呈现出“市井十洲人”、“涨海声中万国商”的繁荣景象。明朝时期，伟大的航海家郑和第5次下西洋从泉州港出发，泉州的陶瓷、茶叶等诸多地方特产沿着“海上丝绸之路”远销世界各地。

泉州海岸线长541千米，口岸辖区海岸线427千米，规划可开发利用的港口自然岸线113.7千米，其中深水岸线长达57.2千米；可建设万吨级（含）以上深水泊位158个，其中可建5万吨级（含）以上深水泊位88个；规划综合通过能力可达5.682亿吨，其中集装箱达1 990万标箱。保护良好可供建港的深水岸线资源居福建省首位。泉州港口岸开放港区为肖厝、斗尾、泉州湾、围头湾和深沪湾五大港区。现已建成投产码头泊位86个，其中万吨级以上泊位24个，泊位总长14 619米，年设计吞吐能力为1亿吨，基本形成了以肖厝、斗尾和泉州湾为中心港区，大中小码头泊位优势互补、配套设施比较完善、分工比较明确的码头群体。

泉州港口岸现已开通航线130多条，其中外贸航线30多条，与美国、俄罗斯、沙特阿拉伯、澳大利亚、伊朗、印度尼西亚、印度、菲律宾、韩国、日本和我国台湾、我国香港等 28 个国家和地区有海运往来；集装箱运输现已开通航线 90 多条，其中外贸集装箱现已开通 20 多条航线，与我国香港、我国台湾和菲律宾等国家或地区通航。

近年来，泉州港发展迅猛，港口货物吞吐量呈现强劲增长势头，已成为福建省原油进口和成品油出口的重要基地，建材、陶瓷、鞋帽、服装、食盐内外贸出口基地，石油、钢材、煤炭、白糖、化肥、荒料石等进口物资的重要集疏运中心，集装箱吞吐量现居全国港口第 14 位，内贸集装箱运输综合实力连续多年稳居福建省首位，是全国内贸集装箱运输五大港口之一。泉州港港口货物吞吐量从 1990 年的 101 万吨起步，至 2013 年已达 10 804.51 万吨，位居全国港口第 19 位，年均增长率高达 22.53%，其中外贸进出口货物吞吐量 2 389 万吨，同比增长 8.05%。集装箱吞吐量从 1990 年的 130 标箱起步，至 2013 年已达 170.06 万标箱，年均增长率高达 51.00%，其中集装箱进出口完成 11.36 万标箱，同比增长 17.94%。2006 年 6 月，泉州港成功开通泉州至金门客运航线，成为全国第三条对台客运直航的航线，对台客运进入了常态化运输阶段，至 2013 年年底已累计成功接送旅客 59.58 万人次，年均增长率为 30.20%。

【福州水运（海港）口岸】 福州位于福建省东部闽江下游，东濒东海，与台湾隔海相望，海域总面积 11.09 万平方千米，海岸线长度1 310 千米，其中大陆海岸线长度 920 千米；海岛海岸线长度 390 千米，约占福建省海岸总长的 1/3。福州连江县黄岐半岛距马祖仅 8 000 多米。

福州港是交通运输部公布的全国沿海 25 个主要港口之一，是我国南北海上运输主通道的交通枢纽。截至 2013 年，福州港口岸已开放的港区有闽江口内港区、松下港区、江阴港区、牛头湾港区，临时开放的港区有罗源湾港区、黄岐港区。福州港口岸共有对外开放码头泊位 38 个，其中开放水域内涉外作业点 31 个，临时进靠国际航行船舶的码头泊位 7 个，最大可靠泊 15 万吨集装箱和 30 万吨级散杂货船舶。2008 年，闽江口内港区、松下港区、江阴港区被确定为大陆开放的对台直航的港口。福州港现已开辟了美西、非洲、西非远洋航线和日本、韩国、越南、马尼拉、我国台湾、我国香港等 37 条外贸航线，以及“两马”（福州马尾—台湾马祖）海上直航客运航线。

2013 年，福州港口岸完成外贸货物吞吐量 4 859.01万吨，同比增长 17.81%；完成外贸集装箱吞吐量 119.40 万标箱，同比增长 3.16%；“两马”客运直航累计出入境旅客 41 177 人次，同比增长 15.20%。福州港进出口主要货物为煤炭、金属矿、水泥、钢铁、非金属矿等。

特殊监管区 福州保税港区于 2010 年 5 月 18 日经国务院批准设立，规划面积 9.26 平方千米，规划为国际物流区、加工贸易区、港口集散区和铁路物流区 4 个功能区。一期验收面积 3.1 平方千米（其中，国际物流区一期 0.61 平方千米，加工贸易区一期 0.81 平方千米，福州港江阴港区 1～5 号泊位 1.68 平方千米），于 2011 年 12 月 16 日通过国家验收。2013 年 1 月 28 日，福州保税港区（一期）获海关总署批准正式封关运作，实际封关运作面积 2.43 平方千米。

闽江口内港区 闽江口内港区位于我国东南部，台湾海峡西岸，分为河口港和海港。水路可达我国沿海各港和世界各地及长江主要港口，北距上海 433 海里，东距台湾基隆 149 海里，南距香港 420 海里。港内下辖台江、马尾、青州、筹东、松门、长安、小长门、琅岐 8 个作业区和 1 个客运码头，现有开放码头泊位 18 个，最大可靠泊 2 万吨级船舶。

松下港区 松下港区位于福清、长乐市交界处的福清湾内。1994 年 9 月 10 日经国务院批复对外开放，并于 1995 年 11 月 20 日由交通部正式对外公布。其地理位置十分优越，水路位于经济发达的香港和上海之间，北距上海 447 海里、福州马尾港 54 海里，南距厦门港 130 海里、香港 395 海里，东距台湾新竹 80 海里、基隆港 125 海里。陆路西接 324 国道和福厦高速公路，东接长乐国际机场专用公路，并经青州大桥与闽江北岸公路网相接。目前港区内开放的码头有2个，最大可靠泊5万吨级船舶。

江阴港区 江阴港区位于福清市江阴镇东南部的兴化湾北岸。2003年3月12日经国务院批复对外开放，并于2004年7月1日由交通部正式对外公布。江阴港区地处中国海岸线中心点，居上海港、深圳盐田港航运线中部，可接受长三角和珠三角两大中国经济增长极的辐射。江阴港区与台湾隔水相望，可与台湾实行优势互补。目前港区内开放的码头有5个集装箱码头，最大可靠泊15万吨船舶；1个7万吨级煤码头。

牛头湾港区 牛头湾港区位于长乐市松下镇，海坛海峡北侧，东洛列岛西南侧。2008年12月11日经国务院批复对外开放，并于2012年2月14日由交通运输部正式对外公布。牛头湾港区有着便捷的集疏运条件：水路北距上海447海里，南距厦门154海里、香港395海里，东至台湾基隆125海里；陆路距福州中心城区60多千米，距长乐市区、福清市区约30千米；公路主要通过福清北山一级公路，西接324国道和福厦高速公路，东接长乐国际机场专用公路，并经青州大桥与闽江北岸相接。目前港区内开放的码头有4个，最大可靠泊10万吨级船舶。

罗源湾港区 罗源湾港区位于福州市区北部，与台湾、马祖隔海相望，距福州马尾港50多千米，距台湾基隆142海里，距上海405海里，距香港435海里。2013年，该港区共有7个码头泊位，可临时进靠国际航行船舶，最大可靠泊30万吨级船舶。

【宁德水运（海港）口岸】 宁德港口岸位于福建省东北部（北纬26°30′~26°45′，东经119°35′~119°58′），东临台湾海峡，南依省会福州，西连中部江西，北接浙江温州。现有对外开放格局为“134+18”，即1个开放口岸，3个外贸货物装卸点（原二类口岸），4个对台贸易往来点（三沙、沙埕对台小额贸易点和城澳、白马对台货运直航点），18个口岸作业点。进出口货物主要有：煤炭、镍矿、废物原料进口，水产品、砂石、船舶出口，外轮维修以及部分杂货进出口。对外航线主要有对台直航和日本、韩国、印度尼西亚、菲律宾、越南等国际航线。

2013年，宁德水运（海港）口岸共完成外贸货物吞吐量1 098.94万吨，同比下降13.13%。其中，进口928.99万吨，同比增长11.58%；出口169.95万吨，同比下降60.71%。对台直航共完成货运量164.01万吨，同比下降62.43%。完成外国籍船舶维修39艘次，同比增长5.41%。进出口岸外贸船舶981艘次，同比下降21.64%；进出口岸船员16 825人次，同比下降28.99%。

【莆田水运（海港）口岸】 莆田秀屿港口岸于1999年11月26日经国家批准正式对外开放。现有开放口岸1个，即湄洲湾秀屿港（含湄洲岛3 000吨级客运码头），以及莆田市秀屿区南日岛东岱湾港和涵江区三江口港2个外贸货物装卸点。莆田秀屿港口岸位于福建省沿海中部，地理坐标为东经118°58′57″，北纬25°13′3″。现建有20万吨级杂货码头、LNG10万吨级化工专用码头、10万吨级杂货码头、7万吨级杂货码头、5万吨级多用途码头、4万吨级木材码头、万吨级杂货码头、8 000吨级煤炭专用码头、3 000吨级集装箱杂货两用码头、3 000吨级化工专用码头、3 000吨客运码头等各1座，港内设有20万吨级、5万吨级、2万吨级、1万吨级浮筒各1座，避风避险应急锚地1座，设计年货物吞吐量达6 000万吨、客运20万人次。目前在建的万吨级以上深水泊位10多个，预计将新增近亿吨的吞吐能力。莆田秀屿港口岸目前最大可适航30万吨级船舶通航，现正在进行航道疏浚，2014年将适航40万吨级。

莆田港口岸查验单位——海关（含缉私、协勤武警）、检验检疫、边检、海事设置齐全，港区现场也都设有分支机构，可全天候开展口岸通关业务。口岸设有海港进口木材熏蒸除害处理区，国家重点煤炭、鞋革和木材检验检测实验室，港政、航运、代理、船务、银行、保险等全部配套到位，向莆铁路、沈海高速支线直通港区，可实现无转场铁海联运业务，是福建海西重要战略港口。

目前，莆田秀屿港口岸已与美国、俄罗斯、加拿大、巴西、阿根廷、韩国、泰国、沙特、印度尼西亚、马来西亚、非洲、欧洲等世界上的28个国家和地区的50个港口建立了海上航运联系，也开通了与台湾的海上客货运直航业务。进出口主要大宗货物有LNG、木材、煤炭、转基因大豆、钢材、粮食、化石、鞋服原辅材料及成品、机器设备等。2013年，莆田港口岸共完成外贸货运量844.80万吨，同比增长8%；集装箱为7 415标箱，同比增长6%；进口LNG 331.17万吨，同比增长24.7%；煤炭进口42航次，进口量为237万吨。

【厦门水运（海港）口岸】 厦门港是全国25个主要港口、12个区域性枢纽港、9个沿海国际集装箱干线港之一。根据福建港口整合规划，2010年之后，漳州港口岸范围内7个港区全部并入厦门港，厦门港形成了横跨厦漳两市共12个港区的格局。其中，厦门港口岸下辖8个港区（厦门东渡、海沧、嵩屿、刘五店、客运5个港区，漳州后石、石码、招银3个港区），漳州港口岸下辖东山、古雷、云霄、诏安4个港区。

厦门港岸线总长192.4千米，进港航道全长约50千米，10万吨级集装箱船可全天候进出港，15万吨级散杂货船可乘潮通航。全港共有生产性泊位92个，其中万吨级以上泊位46个，10万吨级以上泊位11个，最大靠泊能力达到15万吨级，具备接待全球最大型集装箱船舶和全球最大国际豪华邮轮的条件。

厦门港的港口自动化、信息化水平在全国港口中名列前茅。厦门港口岸的监管体系比较完善，近年来陆续建立和完善了“5+2”工作制、“24小时全天候预约通关”、“属地报关，口岸验放”、“国检直通式放行”等系列便捷通关服务措施，口岸通关环境持续优化，办事快捷高效。

厦门港口岸先后设立了保税区、保税物流园区、出口加工区、保税港区，是全国海关特殊监管区种类最齐全的口岸之一。其中，海沧保税港区是福建开放层次最高、政策最优惠、功能最齐全、通关最便捷、区位优势最明显的海关特殊监管区域，翔安保税物流中心（B型）连续两年进出货值位居全国同类前列，象屿保税区已成为海西最大的进口酒集散中心。

厦门港是大陆对台航运的重要口岸，开通有厦门至高雄、厦门到台中的海上直航定期往返航班。厦金“小三通”航线目前东渡客运码头和五通海空联运码头每天往返航班达36班，已成为两岸经贸文化交流和人员往来的“黄金通道”。厦门港口岸是全国最大的台湾水果进口集散地，比重约占全国的72%。厦门港口岸还是我国首个个案享受国际邮轮多港挂靠、两岸直航政策的口岸。近年来，邮轮经济、游艇经济、新兴帆船运动发展方兴未艾。

目前，厦门港共有集装箱班轮航线231条，其中国际航线165条，内贸线42条，内支线24条，与世界300多个港口建立了业务联系，包括马士基、长荣、中远等世界前20名班轮公司在厦门港都设有分支机构和代理机构。2013年，厦门港（包括漳州所有港区）货物吞吐量完成19 087.84万吨，同比增长10.8%。其中，外贸货物吞吐量为9 338.92万吨，同比增长10.05%。全年集装箱吞吐量完成800.76万标箱，同比增长11.2%，增幅在全国沿海主要港口排名第二。

【漳州水运（海港）口岸】 漳州市海岸线长715千米。漳州港口岸原辖有7个港区，即石码、招银、后石、东山、古雷、云霄和诏安港区；已对外开放6个港区，即石码、招银、后石、东山、古雷和云霄港区。另有浮宫、旧镇、礁美、铜陵和宫口5个对台小额贸易点和6个台轮停泊点。漳州港规划码头泊位岸线53.05千米，规划建设码头泊位250个（其中深水泊位138个），通过能力2.88亿吨，陆域面积5 010万平方米。现已建成客货运码头泊位77个，其中万吨级以上泊位13个，年综合通过能力2 168.4万吨。2013年，在建码头泊位16个，拟建码头泊位12个。根据福建省港口整合方案，漳州港口岸所辖7个港区已于2006年和2010年分批并入厦门港。另根据国家批复，石码、招银、后石3个港区于2010年划入厦门港口岸范围。因此，目前漳州港口岸只下辖东山、古雷、云霄和诏安4个港区。

2013年，漳州港口岸（包括7个港区）外贸吞吐量达到1 028.43万吨，同比增长7.26%；外贸集装箱吞吐量为31 507箱，同比下降6.63%。

招银港区 招银港区位于厦门湾南岸的漳州经济技术开发区内，与台湾隔海相望，距金门岛仅9.4海里，天然水深6～9米，于2002年1月1日正式开放，是首批对台（金门、马祖）直航口岸，也是漳州港口岸进出口的最主要港区。招银港区以集装箱、杂货运输为主，兼顾散杂货和客滚运输。招银港区是全国十大木材进口港和东南沿海主要粮食中转港。该港区现已建成客货运码头泊位15个，其中万吨级以上泊位10个，年综合通过能力为货运1 012万吨，集装箱52万标箱，客运630万人次。该港区设有完整的口岸查验机构。2013年，该港区货物吞吐量达2 125万吨，同比增长0.69 %，其中外贸货物吞吐量达到539.61万吨，同比增长1.43%。

后石港区 后石港区位于漳州龙海市港尾镇后石村，2002年1月1日正式对外开放。港区内的后石电厂由著名的台商王永庆独资兴建，包括7台60万千瓦火力发电机组，并配套10万吨级煤炭专用码头和5 000吨级综合码头各1座，批复使用岸线长770米，并建有28万吨煤炭专用仓库5座，卸煤机2套，年综合通过能力815万吨。后石港区以石油化工、煤炭等大宗液体散货、干散货运输为主，口岸查验监管业务由招银港区查验机构负责。2013年，该港区货物吞吐量达到867.59万吨，同比增长17.93%，其中外贸货物吞吐量达到359.24万吨，同比下降6.06%。

东山港区 东山港区位于漳州市东山县铜陵镇西部，全港自然岸线总长8.17千米，水域面积1 580万平方米，陆域面积1.01万平方米。该港区由铜陵作业区、城安作业区、冬古作业区及其他作业点组成。其中，铜陵作业区于1992年12月28日正式对外开放。东山港区现建有客货运码头泊位16个，年综合通过能力货运为233万吨，客运为13万人次。东山港区设有一套完整的口岸机构。2013年，该港区外贸吞吐量为10.25万吨，同比增长43.55%；国际集装箱为1.78万标箱，同比增长31%，均创历史新高。东山港区是福建省主要的水产品出口基地和对台杂货中转港。

古雷港区 古雷港区位于漳州东山湾东侧的古雷开发区内。古雷港区是福建省规划的以石油化工运输为主，兼顾散杂货运输的大型深水港区。古雷作业区规划码头岸线长15.5千米；规划泊位69个，其中深水泊位43个，预计总通过能力可达1.74亿吨，其中集装箱120万标箱；陆域面积1 684.6万平方米。现已建成南1号码头5万吨泊位1个，2 000吨级泊位1个；南2号15万吨级石化码头1个；南1号（-1、-2）3万吨级、1万吨级码头各1个，5 000吨级散杂货码头3个；南2号（-3、-4）1万吨级各1个。在建的有30万吨级液体化工码头、15万吨级通用散杂货码头各1个。由于码头尚未通过开放验收，外贸船舶靠泊均通过“一船一报”方式实现进出口。

福建省口岸大事记

1月7日

福州保税港江阴港区汽车整车进口口岸通过由海关总署、工信部、商务部、国家质检总局组成的国家联合验收组验收，正式投入运营。

1月25日

被认定为台湾“3·19枪击案”凶犯的唐守义经厦门口岸押解回台湾，将送台南地检署归案。

2月7日

福州保税港江阴港区汽车整车进口口岸首批进口整车手续经由福州海关办结，进入国内销售渠道。

3月1日

东渡海关通关科被授予福建省“三八”红旗集体称号，关员黄晓蓉、林水金分别被评为福建省“三八”红旗手、福建省巾帼建功标兵。

3月26日

国家质检总局和共青团中央发文表彰2011～2012年度全国青年文明号和青年岗位能手，莆田出入境检验检疫局检务科获评全国青年文明号，泉州出入境检验检疫局蔡颖获评全国质检系统青年岗位能手。

4月2日～3日

福建省促进通关便利化现场会分别在福州和厦门召开，福建省副省长倪岳峰出席会议。

4月7日

厦门出入境检验检疫局从一批自加拿大进口豌豆中检出重要检疫性有害生物豌豆细菌性疫病，此为全国口岸首次截获该有害生物。

4月23日

台湾“财政部关务署”署长王亮到福州与福州海关进行工作交流。

4月26日

厦门出入境检验检疫局杨清双获“福建省先进工作者”荣誉称号。泉州出入境检验检疫局郑朝晖获“福建省2008～2012年度先进工作者”荣誉称号，荣获福建省“五一”劳动奖章。

5月5日～6日

国家质检总局副局长刘平均到福建调研指导口岸核心能力建设和对台口岸人感染H7N9禽流感疫情防控工作。

5月10日～11日

交通运输部部长杨传堂到福建调研交通口岸建设，并与福建省委书记尤权、省长苏树林就共同推进海西交通运输发展和对台先行先试深入交换意见并达成共识，签署了部省会谈纪要。

5月14日

泉州泰山石化10万吨级码头新增作业点通过省口岸办组织的省级验收。

5月31日

福州海关与太原海关签署“属地申报，口岸验放”区域通关协议。

6月2日

厦门边检总站所属高崎边检站顺利完成坦桑尼亚联合共和国桑给巴尔民族团结政府总统阿里·穆罕默德·谢因一行出境边防检查任务。

6月8日

海关总署署长于广洲主持召开署务会，审议并原则通过《中华人民共和国海关对平潭综合实验区监管办法》。

6月14日

福建宁德鼎信物流有限公司码头通过省口岸办组织的外贸新增作业点省级验收。

6月15日～17日

交通运输部副部长何建中到厦门出席第5届海峡论坛，并在厦门、平潭等地调研福建两岸海上客运安全监管工作。

6月16日

中央政治局常委、全国政协主席俞正声在福建省委书记尤权、省长苏树林陪同下视察平潭综合实验区。

全国人大常委会副委员长、中华全国妇女联合会主席沈跃跃到厦门边检总站所属同益边检站一队视察。

6月19日～20日

欧盟食品兽医办公室（FVO）组织考察组到泉州对输欧石材木质包装热处理情况进行考察。这是欧盟首次对我国木质包装除害处理企业进行考察，也是我国首次迎接针对木质包装的境外考察。

6月25日

厦门海关缉私局石狮分局侦办的“11·08”特大走私象牙案被海关总署缉私局列为一级挂牌督办案件。该案查获走私象牙4.2吨，案值约2.35亿元。

7月19日

台湾“财政部关务署”关务咨询组组长谢连吉一行来厦，并与厦门海关举行工作座谈。

7月21日

厦门机场出入境检验检疫局旅检科从台湾旅

客行李中截获大量朱顶红种苗，经检测发现尼润潜隐病毒、菊基腐病菌、穿刺短体线虫和4种有害生物，其中尼润潜隐病毒为全国首次截获，检疫性病害菊基腐病菌为全国旅检口岸首次截获。

7月25日

国台办常务副主任郑立中一行赴福州连江黄岐口岸调研，实地察看了在建的黄岐港新对台码头，听取地方政府对黄岐至马祖航线的情况汇报，并提出了个案临时开航的相关建议。

9月10日

福建、江西共同签署《关于进一步加强赣闽两省港口经济合作和海铁联运的框架协议》。根据协议，闽赣两省将在加快构建海铁联运物流体系，合力争取国家交通主管部门和铁路总公司政策支持，共同推进两省合作重大项目建设，建立健全合作长效机制4个方面加强合作。

9月29日

福州海关与福建出入境检验检疫局在福州签署《关于进一步扩大关检合作“三个一”试点工作备忘录》。

9月30日

厦门机场出入境检验检疫局从香港入境维修的飞机上截获了11只活鼠，这是全国各口岸从入境航空器上发现活鼠最多的案例，在世界范围内也属罕见。

10月9日

平潭举行“海峡号”高速客滚船从平潭澳前码头首航台北仪式，这是平潭开通台中航线以来的第二条对台航线。福建省委常委、教育工委书记陈桦，以及福建省对台、口岸部门有关人员出席首航仪式。

10月10日

有关部门复函福建省政府，同意莆田港口岸秀屿港区扩大对外开放。

10月11日

丽星邮轮旗下的“双子星”号邮轮从厦门港出航，开始厦门、澎湖、高雄、香港、厦门6天5晚之旅，这是国际邮轮首次以厦门口岸为母港开通邮轮航线。

10月15日

福建出入境检验检疫局与江西出入境检验检疫局在南昌签订关于促进江西农产品出口的合作备忘录。根据该备忘录，两局合作建立江西出口农产品产地与口岸联合监管模式，以及江西农产品“产地检验检疫 + CIQ 铅封 + 口岸免于查验”的快捷直通模式。

厦门边检总站所属海沧边检站顺利完成全球最大集装箱船“马士基·迈克—凯尼·穆勒”轮首航厦门边防检查工作任务。

10月16日

厦门海沧出入境检验检疫局在从加纳进口的刺猬紫檀原木中截获上万只红火蚁。截获如此巨量的红火蚁，在厦门口岸尚属首次。

10月22日

全国“扫黄打非”工作领导小组专职副组长李长江一行到厦门海关调研。

10月28日

中央政治局委员、国务院副总理汪洋莅临平潭澳前口岸视察。福建省委书记尤权、省长苏树林、省委秘书长叶双瑜等陪同视察。

11月7日

英国海关专员郝伦思一行3人拜访厦门海关。

11月12日

福州港口岸松下码头有限公司0号、3号泊位通过了福建省口岸办组织的外贸新增作业点省级验收。

11月16日

一批参加“2013平潭台湾商品交易会”展览的台湾水果通过“海峡”号客货滚装轮直接运抵平潭澳前口岸。这是台湾水果首次从平潭澳前口岸进口。

11月21日

莆田港口岸秀屿港区莆头作业区1号泊位通过了福建省口岸办组织的外贸新增作业点验收。

11月25日

台湾关税协会理事长蔡俊彦、高雄海关关务长周顺然一行15人组成的“两岸关务厦门·福州参访团”抵达福建开展交流参访活动。

12 月 1 日

超 15 万吨集装箱船“达飞卡瑞尔”轮顺利靠泊福州港江阴港区码头。该轮总载重量达 156 898吨，船长 365 米，宽 51.2 米，最大吃水 16.5 米，满载箱量达 13 300 标箱，满载船体比当今世界最大航母还大，这是迄今福州港靠泊的最大集装箱船。

12 月 10 日

厦门海关和福建出入境检验检疫局举行关检合作“三个一”试点工作启动仪式。

2013 年福建省口岸流量统计表

口岸类型		口岸名称	货运量（万吨）				集装箱量（万标箱）				人员（万人次）				交通工具（辆、艘、架、列次）			
			出口	进口	合计	同比（%）	出口	进口	合计	同比（%）	出境	入境	合计	同比（%）	出境	入境	合计	同比（%）
空运口岸		福州机场	0.19	0.14	0.33	-65.99					51.34	56.53	107.88	+15.93				
		厦门机场	11.60	5.40	17.00	+27.14					118.41	118.40	236.81	+7.85				
		武夷山机场									0.13	0.13	0.26					
		泉州机场									22.20	22.45	44.65	+96.92				
		分计	11.79	5.54	17.33	+20.98					192.08	197.51	389.60	+16.19				
陆运口岸	公路口岸																	
		分计																
	铁路口岸																	
		分计																

续表

口岸类型		口岸名称	货运量（万吨）				集装箱量（万标箱）				人员（万人次）				交通工具（辆、艘、架、列次）			
			出口	进口	合计	同比（%）	出口	进口	合计	同比（%）	出境	入境	合计	同比（%）	出境	入境	合计	同比（%）
水运口岸	海港口岸	福州港	954.44	3 904.57	4 859.01	+17.81	62.42	56.98	119.40	+3.16	2.06	2.06	4.12	+15.20				
		厦门港	4 248.22	4 277.65	8 525.87	+13.19	295.53	283.96	579.48	+6.88	64.18	64.60	128.78	−8.47				
		漳州港	57.35	971.08	1 028.42	+7.79	1.37	1.78	3.15	−6.66								
		泉州港	60.77	2 328.28	2 389.05	+8.05	4.42	6.94	11.36	+17.91	5.25	6.11	11.36	+32.67				
		莆田港	6.27	803.84	810.11	+18.95	0.35	0.38	0.73	+2.68								
		宁德港	169.93	928.97	1 098.90	−11.68												
		分计	5 496.99	13 214.41	18 711.39	+11.73	364.09	350.04	714.13	+6.32	71.48	72.77	144.25	−5.10				
	河港口岸																	
		分计																
合计			5 508.78	13 219.94	18 728.71	+11.74	364.09	350.04	714.13	+6.32	263.56	270.28	533.84	+9.47				
同比（%）			+2.93	+15.87	+11.74		+8.12	+4.52	+6.32		+12.32	+6.83	+9.47					

（福建省口岸办提供）

2013 年福州海关主要数据统计表

项目		2013 年	同比（%）
进出口货运量（万吨）	合计	6 185.12	+14.21
	进口	5 241.49	+21.55
	出口	943.63	-14.46
进出口贸易总值（万美元）	合计	2 766 923	+10.4
	进口	1 263 565	+10.4
	其中：水路运输	1 115 594	+9.3
	铁路运输	0	-
	公路运输	12 739	-24.0
	航空运输	131 482	+29.6
	邮件运输	465	+5.8
	其他运输	3 285	-33.0
	出口	1 503 358	+10.3
	其中：水路运输	1 373 940	+7.8
	铁路运输	421	-66.6
	公路运输	7 027	-34.8
	航空运输	115 768	+62.3
	邮件运输	2 948	+15.0
	其他运输	3 253	+50.0
税收（亿元）	两税合计	121.30	+1.28
	关税入库	13.91	-6.82
	进口环节税入库	107.39	+2.43

（福州海关提供）

2013 年厦门海关主要数据统计表

项目		2013 年	同比（%）
进出口货运量（万吨）	合计	9 300	+11.3
	进口	5 996	+11.5
	出口	3 304	+11.0
进出口贸易总值（万美元）	合计	11 894 576	+6.9
	进口	4 447 604	+1.8
	其中：江、海运输	3 302 373	-2.3
	铁路运输	568	-74.4
	汽车运输	163 314	-8.7
	航空运输	980 561	+21.0
	邮件运输	332	-20.3
	其他运输	456	+649.7
	出口	7 446 972	+10.3
	其中：江、海运输	6 474 503	+8.8
	铁路运输	4 381	+20.2
	汽车运输	298 895	-4.0
	航空运输	658 135	+37.8
	邮件运输	787	-34.0
	其他运输	10 271	+2.6
税收（万元）	两税合计	3 979 901	+5.2
	关税入库	375 270	-7.4
	进口环节税入库	3 604 631	+6.8

（厦门海关提供）

2013年福建省口岸出入境主要数据表

项目			2013年	2012年	同比（%）
出入境人员（人次）	出入境人员总数		1 996 782	1 640 357	+22
	入境人员		1 005 390	820 208	+23
	出境人员		991 392	820 149	+21
	出入境旅客		1 725 197	1 385 071	+25
	出入境员工		271 585	255 286	+6
	中国公民	小计	1 792 493	1 440 330	+24
		内地居民（因公）	157 243	153 419	+2
		内地居民（因私）	1 019 478	763 731	+33
		港澳居民	286 324	183 991	+56
		台湾同胞	329 448	339 189	+3
	外籍人员		204 289	200 027	+2
	从海港出入境人数		413 696	403 187	+3
	从陆港出入境人数				
	从空港出入境人数		1 583 086	1 237 170	+28
交通运输工具（辆、艘、架、列次）	总计		23 784	21 506	+11
	船舶		11 516	11 412	+1
	飞机		12 268	10 094	+22
	火车				
	机动车辆				

（福建省公安边防总队提供）

2013 年厦门市口岸出入境主要数据表

项目			2013 年	2012 年	同比（%）
出入境人员（万人次）	出入境人员总数		417.5	409.4	+1.97
	入境人员		208.4	204.8	+1.73
	出境人员		209.1	204.6	+1.50
	出入境旅客		367.2	361.1	+1.67
	出入境员工		50.3	48.3	+4.2
	中国公民	小计	344.4	333.1	+3.39
		内地居民	181.1	167.9	+7.8
		港澳居民	30.4	27.4	+10.61
		台湾同胞	132.9	137.8	-3.53
	外籍人员		73.1	76.2	-4.08
	从海港出入境人数		164.2	175.8	-6.62
	从陆港出入境人数				
	从空港出入境人数		253.3	233.6	+8.43
交通运输工具（万辆、艘、架、列次）	总计		4.3	4.0	+6.72
	船舶		2.4	2.3	+4.92
	飞机		1.9	1.7	+8.98
	火车				
	机动车辆				

（厦门出入境边防检查总站提供）

2013 年福建省出入境检验检疫业务统计表

项目		货物检验检疫				交通工具				集装箱（标箱）		发现动植物疫情		货物通关		出入境人员查验（人次）	健康检查及预防接种（人次）			
		批次	金额（万美元）	检验检疫不合格																
				批次	金额（万美元）	船舶（艘）	飞机（架）	火车（节）	汽车（辆）	合计	检出问题	种类数	种次	批次	金额（万美元）		健康检查	艾滋病监测	发现病例	预防接种
本年累计		475 895	4 071 753. 02	3 489	449 563. 84	17 917	12 230	0	0	690 369	1 609	777	5 098	290 616	3 119 869. 39	2 010 174	32 481	32 459	16 083	36 758
其中	出境	407 567	1 875 279. 13	629	3 564. 02	8 778	6 113	0	0	240 718	2	5	0	242 996	1 250 531. 13	997 865	27 014	26 992	14 353	36 676
	入境	68 328	2 196 473. 89	2 860	445 999. 82	9 139	6 117	0	0	449 651	1 607	776	5 098	47 620	1 869 338. 26	1 012 309	5 467	5 467	1 730	82
同比（%）		-18. 29	-3. 95	+32. 56	+23. 91	+1. 32	+21. 11	-	-	-3. 27	-10. 46	+20. 47	+39. 82	+5. 77	+0. 57	+21. 40	+23. 16	+23. 17	+19. 17	+12. 43
其中	出境	-24. 93	-22. 48	+94. 74	+153. 35	+2. 62	+21. 00	-	-	-1. 45	-	+25. 00	-100. 00	+6. 60	+0. 81	+21. 09	+9. 43	+9. 43	+12. 42	+12. 34
	入境	+72. 86	+20. 68	+23. 86	+23. 40	+0. 10	+21. 22	-	-	-4. 22	-10. 57	+20. 31	+39. 90	+1. 70	+0. 41	+21. 70	+224. 45	+223. 87	+137. 31	+82. 22

（福建出入境检验检疫局提供）

2013 年厦门市出入境检验检疫业务统计表

项目		货物检验检疫				交通工具				集装箱（标箱）		发现动植物疫情		货物通关		出入境人员查验（人次）	健康检查及预防接种（人次）			
		批次	金额（万美元）	检验检疫不合格																
				批次	金额（万美元）	船舶（艘）	飞机（架）	火车（节）	汽车（辆）	合计	检出问题	种类数	种次	批次	金额（万美元）		健康检查	艾滋病监测	发现病例	预防接种
全年累计		388 375	2 755 535	9 512	257 622	23 795	19 548	0	0	5 162 963	70 644	619	61 605	494 455	2 797 976	4 186 146	14 616	12 742	3 135	8 742
其中	出境	247 199	1 061 871	1 300	5 360	12 344	9 686	0	0	2 561 928	0	4	11	386 869	1 587 972	2 096 527	11 606	9 773	2 390	8 629
	入境	141 176	1 693 664	8 212	252 263	11 451	9 862	0	0	2 601 035	70 644	619	61 594	107 586	1 210 004	2 089 619	3 010	2 969	745	113
同比（%）		-16.93	-11.16	+168.47	+36.44	+3.42	+8.9	0	0	-0.61	+59.97	+19.04	+141.42	-28.37	-22.74	+1.99	+27.52	+26	125.38	+0.31
其中	出境	-23.06	-25.78	+821.99	+1 043.49	+2.75	+10.22	0	0	-2.72	-100.00	+33.33	+266.67	-34.19	-35.26	+2.16	+23.6	+20.73	+124.84	-0.23
	入境	-3.45	+1.35	+141.39	+33.93	+4.16	+7.63	0	0	+1.57	+59.97	+19.27	+141.40	+5.11	+3.53	+1.81	+45.27	+47.13	+127.13	+71.21

（厦门出入境检验检疫局提供）

2013 年福建海事局进出港船舶统计汇总表

船舶类别	进港船舶							出港船舶						
	艘数（艘）	总吨（吨位）	总载重量（吨）	载客量（客位）	船员人数（人次）	货物到达量（吨）	旅客到达量（人）	艘数（艘）	总吨（吨位）	总载重量（吨）	载客量（客位）	船员人数（人次）	货物发送量（吨）	旅客发送量（人）
总　计	390 633	537 876 809	699 676 395	62 336 932	2 346 032	254 165 814	25 563 332	391 328	539 031 566	701 198 353	62 377 351	2 370 028	136 460 669	25 566 724
中国籍船舶	375 798	234 688 641	292 967 115	61 303 747	2 096 137	143 930 116	25 205 966	376 378	235 422 130	293 713 620	61 345 321	2 117 541	97 350 736	25 231 465
其中外贸船	7 129	21 686 253	24 386 467	1 326 169	84 614	14 374 228	417 310	6 988	21 530 821	24 434 154	1 324 904	82 715	3 534 312	426 947

（福建海事局提供）

2013 年福建省口岸对台直航统计表

口岸地	类别	2013 年累计	同比（%）	进口或入境	同比（%）	出口或出境	同比（%）
福州口岸	出入境旅客（人次）	41 177.00	+15.20	20 601.00	+10.67	20 576.00	+20.12
	进出口货物完成量（万吨）	328.60	-4.89	115.10	+0.96	213.50	-7.76
	海港国际集装箱（标箱）	315 800.00	+3.24	158 500.00	+5.88	157 300.00	+0.70
厦门口岸	出入境旅客（人次）	1 287 755.00	-8.17	645 992.00	-8.47	641 763.00	-7.86
	进出口货物完成量（万吨）	1 653.25	+22.32	265.45	+16.92	1 387.80	+23.41
	海港国际集装箱（标箱）	402 265.00	+13.22	204 134.00	+14.23	198 128.00	+4.44
漳州口岸	出入境旅客（人次）						
	进出口货物完成量（万吨）	28.61	-69.71	3.77	-65.12	24.84	-70.31
	海港国际集装箱（标箱）	1 073.00	-72.12	195.00	-86.30	878.00	-63.79
泉州口岸	出入境旅客（人次）	113 559.00	+32.67	61 069.00	+32.99	52 490.00	+32.31
	进出口货物完成量（万吨）	74.78	-31.30	41.25	+16.99	33.53	-54.44
	海港国际集装箱（标箱）	45 710.00	+51.65	25 989.00	+44.52	19 721.00	+62.19
宁德口岸	出入境旅客（人次）						
	进出口货物完成量（万吨）	163.90	-62.09	27.03	0.00	136.87	-68.34
	海港国际集装箱（标箱）						
总计	出入境旅客（人次）	1 442 491.00	-5.10	727 662.00	-5.31	714 829.00	-4.88
	进出口货物完成量（万吨）	2 249.14	-3.58	452.60	+16.92	1 796.54	-7.66
	海港国际集装箱（标箱）	764 848.00	+10.03	388 818.00	+11.81	376 027.00	+4.32

表注：由于 2013 年平潭口岸仍处于临时开放状态，因此平潭综合实验区澳前码头对台直航航线客货运数据未统计在内。

（福建省口岸办提供）

江　西　省

江西省口岸分布示意图

口岸名称	批准开放时间	开放状态
南昌航空口岸	1990.3	国际常年
九江水运口岸	1980.2	国际常年

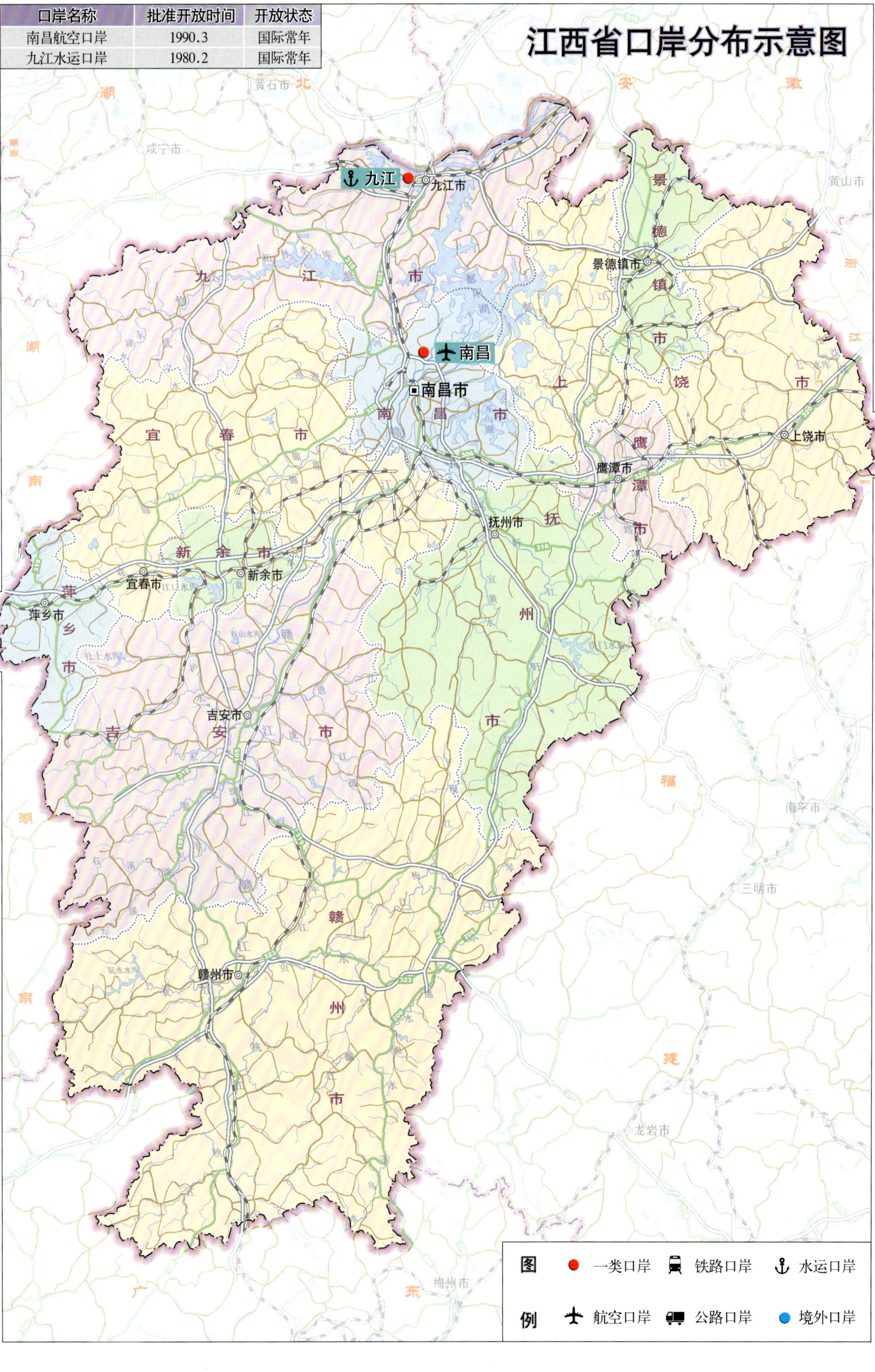

口岸数量及分布

截至2013年年底，江西省共有经国务院批准的对外开放口岸2个。其中，空运口岸1个，为南昌空运口岸；水运口岸1个，为九江水运（河港）口岸。

口岸运行数据

2013年，江西省进出口货运量为298.23万吨，国际集装箱为19.44万标箱，同比分别增长25.27%和21.96%。其中，入境货运量为87.24万吨，国际集装箱为5.92万标箱，同比分别增长48.15%和50.88%；出境货运量为210.99万吨，国际集装箱为13.52万标箱，同比分别增长17.75%和12.52%。

南昌空运口岸出入境人员20.18万人次，同比增长64.73%；出入境飞机1 347架次，同比增长48.68%；进出口货运量0.18万吨，同比增长12.53%。

江西省水运口岸累计完成进出口货运量243.65万吨，国际集装箱15.75万标箱，同比分别增长34.47%和29.18%。其中，九江水运（河港）口岸完成进出口货运量154.42万吨，国际集装箱9.59万标箱；水运口岸作业区完成进出口货运89.23万吨，国际集装箱6.16万标箱。

江西省铁海联运共运送进出口货物43.66万吨，国际集装箱2.54万标箱，同比分别下降9.10%和7.85%。其中，江西至宁波铁海联运共发送货物1.10万标箱，同比增长32.60%，占江西省铁海联运总运量的43.31%，成为江西省铁海联运物流的品牌通道。

江西省公路外贸货物装卸点完成进出口货物总量10.74万吨，国际集装箱1.15万标箱，同比分别增长23.57%和16.10%。

口岸监管与服务

【推进成立地方航空公司】 围绕加快江西地方航空发展，江西省商务厅（省口岸办）会同省发展改革委、省国资委、省机场集团公司开展了一系列的调研，几经征求意见和反复修改，最终形成组建江西地方航空公司建议方案呈报江西省政府。经省领导会议同意，为加快推进组建江西地方航空公司，已成立江西航空投资有限公司。

【赣州黄金机场总体规划获得批复】 2013年8月，《赣州黄金机场总体规划》（2013年版）获中国民用航空华东地区管理局批复。规划中明确了赣州黄金机场近、远期飞行区指标均按4D规划，远景飞行区指标按4E控制；新建T2航站楼，对T1航站楼进行改造作为国际航站楼。总体规划中明确预留了口岸联检单位办公、生活等配套区域规划用地。2013年12月26日，赣州黄金机场改扩建项目正式开工。

【国际（国内）重点航班航线大幅加密开通】 国际航线在巩固南昌至香港航线的基础上，新开通南昌至台湾高雄航线，将南昌至台湾航线加密至每周7班。大幅加密了南昌至韩国及泰国的包机航线。其中，韩国开通了济州岛、首尔、清州3个航点；泰国开通了曼谷、普吉岛两个航点。新开通南昌经南宁至新加坡航班。国内航线加密了南昌至广州、深圳、昆明、西安等重要城市航班，新开通南昌至长春航线。引进宽体机飞行南昌至北京航线，改善了该航线的出行条件。

【铁海联运五定班列有新的突破】 为支持原赣南苏区发展，在江西省商务厅（省口岸办）和赣州市政府的大力推动下，赣州（吉安）—厦门铁海联运五定班列于2013年6月7日顺利开行。该班列运行时间为20小时左右，为赣州、吉安的外贸企业提供了一条通往厦门港高效快捷的口岸物流通道。

【大力推进水路口岸运输发展】 巩固九江水运（河港）口岸至洋山深水港直达货运班轮、上海外高桥始发货运班轮，巩固和加密南昌至九江、上海外高桥货运班轮，初步形成每周两班以上至九江、10班至外高桥密度，形成昌九水运联动。2013年，江西水运口岸货物运输实现快速发展，共运输集装箱货物243.70万吨，同比增长

34.47%，占江西省口岸运输量的81.60%；进出口集装箱为15.75万标箱，同比增长29.18%，占江西省口岸集装箱总量的81%。水运口岸运输增幅高于进出口额增幅，口岸对开放型经济的支撑作用进一步增强。2013年，九江水运（河港）口岸获得全国运行管理先进口岸奖。

【加快推进综合保税区的申报】 围绕赣州和南昌综合保税区的申报，积极协调省直相关部门争取国家对口相关部委支持。赣州综合保税区已完成了国家十部委的批签，2013年11月江西省人民政府根据相关部委的意见，向海关总署呈报了《关于申请调整赣州综合保税区规划的函》。南昌综合保税区围绕“一区两片”规划的布局调整，积极做好协调工作和争取工作，2013年9月江西省人民政府正式行文国务院申请设立南昌综合保税区，完成所有申报基础工作。

【进一步规范口岸作业区建设】 2013年重点针对部分口岸作业区存在的布局不够合理、基础设施建设不配套、监管功能不够完善等问题，在充分调研的基础上，由江西省商务厅（省口岸办）牵头，与发展改革委、海关、检验检疫、交通运输、铁路等部门联合制定了《关于进一步加强口岸作业区规范建设的意见》(赣商陆路字［2013］250号)，对口岸作业区规划建设、申报程序等提出了明确要求，并对拟建、在建口岸作业区建设提出了规范要求，对已建口岸作业区服务功能不完善的，按规范功能要求进行达标改造。组织省发展改革委、海关、检验检疫、交通、铁路等部门对吉安、龙南作业区进行了论证和评审。加强了对在建的万载、定南、南丰等口岸作业区的指导和调度。

【深化口岸区域通关合作】 积极利用与福建、广东口岸区域合作机制，牵头组织江西省交通厅、江西出入境检验检疫局等部门分别赴福建、广东与有关部门沟通协商，积极出台相关政策及配套服务支持。2013年8月和12月先后打通了江西省鲜活农产品（主要是赣南脐橙、南丰蜜橘）出口经福建、广东的快速“绿色通道”，实现了江西省铅封鲜活农产品运输车辆由产地通往福建和广东主要口岸城市的高速公路免开箱查验、免收费。与福建、广东等口岸部门建立长效的口岸通关协调推进机制。与福建省、广东省口岸办分别签署了电子口岸平台合作备忘录，进一步加强电子口岸合作，为赣闽、赣粤铁海联运及区域通关、直通放行提供技术通道保障，及时为企业提供通关和物流信息服务。

【加快电子口岸发展】 落实江西省政府《关于进一步加快电子口岸发展的实施意见》（赣府厅发［2013］1号），并按照要求积极推进电子口岸项目的开发和应用。目前已完成关港联网，检港联网，口岸作业区卡口控制与联网，加工贸易联网审批，出口加工区、鹰潭铜拆解园区、南昌保税物流园区信息联网等系统的开发。高安、定南口岸作业区大通关系统和“三个一”系统、昌九口岸一体化信息系统建设正在推进之中。

【南昌保税物流中心业务实现较快发展】 继续帮助保税物流中心扩大宣传，深入重点企业和重点地市开展推介。组织海关、检验检疫局和物流企业赴上饶、萍乡、吉安等地开展保税物流政策宣传。2013年，南昌保税物流中心业务实现较快发展，完成保税额突破3亿美元大关，实现进出口总额3.38亿美元，同比增长117.94%，保税物流业务量连续4年保持增长态势。

【南昌海关促进江西开放型经济较快发展】 推动署省建立更加紧密合作机制。围绕中部崛起、鄱阳湖生态经济区建设、赣南等原中央苏区振兴发展三大国家战略，以及推进昌九一体化、打造赣东北开放合作、赣西经济转型加快发展等区域发展格局，加强调查研究，提出6个方面的署省合作建议。积极协调促成海关总署与江西省政府在南昌签署新一轮署省合作备忘录。一是深化通关业务改革。进一步对作业单证进行“瘦身”，减少内部审批环节，非实际进出口报关单通关作业无纸化实现关区全覆盖，实际进出口报关单通关作业无纸化改革已开展试点。全面深化区域通关改革，继续将“属地申报，口岸验放”通关模式适用范围扩大到B类企业，南昌关区适用区域通关资格企业数达195家，其中B类生产出口型企业44家，同比分别增长44.53%、46.43%。二是推动口岸开放平台建设。加强对鹰潭海关建设的指导服务，对鹰潭海关实施了预验收工作。新设海关机构工作取得实质性进展，经过充分论证和大力争取，海关总署正式报请国务院设立宜春海关。支持九江城西港扩大开放，指导做好预验收前各项准备工作。积极适应地方发展需求，在省内未设立海关机构的设区市和进出口企业较集中的县（市）设立了18个海关事务联络员办公室，进一步延伸海关服务触角，搭建海关与地方沟通联系新桥梁。三是推动海关特殊监管区域科学发展。在海关特殊监管区域全面开展“两单一审”改革试点工作，推行“区港联动、区区联动”通关模式，有效减少企业排队报关和海关单证处理时间，通关效率明显提升。2013年，江西省出口加工区进出口货值为18.32亿美元。加工贸易进出口84.86亿美元，同比增长7.93%，加工贸易进出口值位列全国第14位，居中部第3位。四是深化“点对点，一对一”服务活动。着力推动“点对点，一对一”志愿服务常态化、差别化，探索对企业、重点项目实行差别化管理和服务。支持赣南等原中央苏区执行西部大开发税收政策，推动鹰潭固体废物加工园区大型集装箱检测设备顺利通过海关总署验收，与长沙海关合作搭建了烟花爆竹等危险品的转关通道，支持推动九江理文造纸企业规划、设计和建设废纸监管场所，切实帮助企业减负增效。继续在江西南丰蜜橘产业园区派员驻点监管，个性化鼓励并指导企业利用好“赣粤港”直通车、海铁联运和深圳梅林口岸陆路属地申报等区域通关模式。争取海关总署支持，为江西省内12家拟降级的A类以上企业成功“保级”。

【江西出入境检验检疫局创新举措，促进外贸平稳增长】 一是严把进出口商品质量安全关，切实加强重点敏感商品和大宗货物检验鉴定。检出从阿联酋进口铜精矿品级严重不符，从美国、日本、我国香港等地进口的电线电缆和电子电器数（重）量不符等问题。迅速应对“染色脐橙”事件，逐一排查辖区内31家脐橙包装厂。组织开展打击逃漏检行为、假冒检验检疫证书等专项执法行动。二是加强口岸建设保障国门安全。积极推进昌北国际机场口岸核心能力建设，以96.16的高分通过国家口岸核心能力考核组考核验收。加强口岸卫生处理工作，抽调业务骨干成立专职卫生处理部门，在全省辖区口岸及集装箱场站开展卫生处理业务。加强口岸进口固体废物原料放射性检测，检出从坦桑尼亚、卢旺达、尼日利亚等国家进口的钽铌矿放射性超标。三季度全国口岸入境核与辐射有害因子监测情况，江西位居“货物监测类别”全国第一。三是全力推动集装箱国检监管区建设。2013年，全省11个设区市已建成集装箱国检监管区6个，立项在建17个，促使执法把关有效性显著提升。四是畅通江西鲜活农产品出海通道。与广东、福建、广西等多地检验检疫部门签订合作协议，促成江西出口货物口岸直通放行及高速公路运输两大“绿色通道”全面畅通，实现口岸“零查验”和高速公路通行免收费、免查验。与深圳市检验检疫科学院共同研发CIQ电子铅封NFC防伪新技术，做到“卡口1秒验放”，促进江西水果出口量价齐增70.00%以上，带动农民增收3亿多元。五是支持培育“江西制造”国际竞争力。充分运用认证利器，把握美国解除我国木制工艺品输美禁令的有利时机，帮助全省25家企业重新获得美方备案资格，使江西省竹木制品时隔8年得以重返美国市场。扩大对外注册，促进江西出口烤鳗在俄罗斯市场占有率高达8成，成为位列全国第二、江西第一的单项出口农产品。有机绿茶在欧盟市场占有率达6成以上；玩具出口遍布东南亚和欧美50余个国家，出口额达到2.40亿美元，同比增长122%。六是创新工作举措促进外贸稳增长。深化业务信息化改革，对全省1 700多家企业实施了快速核放，检验检疫手续平均只需6分钟，每月可为全省外贸企业节省1 000万元。深入园区、厂区服务外贸发展，走访全省85个工业园区、198家外贸公司、622家进出口企业，召开184次“检政企”座谈会，征求意见、建议34条，为企业解决实际问题133个。2013年共减免检验检疫收费2 775万元，惠及全省2 487家进出口企业。七是加强技术保障能力建设。科研工作翻开新篇章，获批国家质检总局课题8项，4项自主研发系统获计算机软件著作权登记，2项标准首次获食品安全国家标准立项，2项质检公益性行业科研专项项目获国家质检总局向科技部推荐，4项仪器装置获实用新型专利，自主研发的国内检测实验室首台具有吸尘除味功能的竹木制品制样机正式投入使用。成立了江西省检验检疫科学技术研究院和红外光谱应用工程技术研究中心，医学媒介生物检测实验室建成并启用，景德镇市陶瓷检测评估中心及黎川陶瓷实验室建设进展顺利。综合技术中心成为全国首家通过猪肺炎支原体检测国际能力验证的实验室，目前可检项目达6 000余项。

【江西公安边防打造服务品牌，提高服务水平】 南昌口岸创新推出“联合执勤、联创共建、联防联控、联考联训、联合保障”的“五联”勤务模式，打破原有执勤业务科一岗多责模式，实行执勤业务科分科执勤，并增设勤务值班、执法办案等专职岗位，通过机关、基层联合执勤等方式，有效解决了航班加密、警力紧张的难题。九江口岸开通船舶出入境（港）边防检查“直通车”，地方代理人员无须往返奔波，只要在办公室通过互联网传递预报信息，即可办理预检手续，确保了来港船舶随到随靠、随时作业。以重要活动安保为契机，进一步提高口岸管控水平。十八届三中全会、赣台会等重要活动期间，江西公安边防总队主动发挥职能作用，积极落实管控措施，圆满完成各项安保任务。通过严密勤务组织，严格落实《查控工作规范》，不断完善梅沙系统应急预案，积极开展“坚持严密管控，为十八大护航”专项行动，于2013年7月3日查获一名涉嫌走私5 000余万元、逃税500余万元的重点监控对象。南昌边检站针对各项工作中存在的薄弱环节和问题，突出了重点时段、重点岗位、重点问题及“人、车、枪、酒、章、密”等关键环节，发现一个解决一个，把问题和安全隐患解决在萌芽状态。九江边检站结合“四反三查”活动的开展，组织各部门、科队按相关规章制度，围绕排查工作重点，采取个人自查、官兵互查、单位普查等方法深入查找存在的问题，全总队先后排查并整改执法执勤和部队管理问题30余个，有效地消除了安全隐患，确保了口岸和部队内部的安全稳定。

2013年，江西省公安边防总队实现了零漏检、零漏控、零事故、零投诉，查控准确率、旅客满意率双双达到100%，保障了口岸的畅通有序和安全稳定。

【九江海事局服务沿江开发，打造绿色的内河航运】 一是提高船舶签证办事效率，规范船舶签证行为。不断规范签证点的IC卡刷卡签证工作，不定期地通过船舶动态系统对签证录入情况进行抽查通报，发现问题及时指出，确保录入的信息准确无误。在枯水期，每周将最新长江航道实际维护尺度数据张贴在签证点宣传展板上，并通过现场执法人员进行高频播报。严格实施分段签证，认真落实超吃水船舶管控工作，各签证点人员在办理船舶签证时严格按吃水控制标准执行。认真开展船舶签证申报信息核查工作，重点核查在船船员及总人数是否与船舶签证申请单填写一致，是否满足船舶最低安全配员证书的要求，船舶实际吃水是否与船舶签证申请单填写一致等，更好地发挥了签证源头把关作用。二是加强安全监管，打造畅通、高效、平安、绿色的内河航运。加强现场巡航检查，及时掌握水情信息，了解航道变化情况，通过内外网络和高频等多种方式对外发布。严厉查处船舶超载、超吃水航行、违法冒雾航行和抢航抢槽等违法行为。对辖区安全隐患进行摸底排查，加强对施工作业区、危险品码头、渡口等重点区域检查，摸排隐患。处置应急事件反应能力不断提升，组织多次有效的水上搜救行动，确保了辖区水上安全形势稳定。三是服务九江造船企业，保证出口新建船顺利试航。为保证试航船舶航行，九江局工作人员从登记申请材料到试航及拖带方案严格审批把关。同时，为确保审批工作的时效性，九江局开辟绿色通道，接到船厂的申请立即进行审核。为

4 艘新建出口试航船舶办理临时国籍登记及试航报备、拖带许可手续，派海巡艇对试航船舶进行了精心维护，保障试航顺利进行，服务了外向型经济。四是开设集装箱船绿色通道，服务地方经济发展。积极践行“三个服务”理念，为集装箱船开设方便、快捷的绿色通道。为便于船员办理船舶进出港签证，实行 24 小时派海巡艇现场签证，对夜间到港船舶实行“绿色通道”制度，即集装箱船在进行电话申报后即可开航（有危险品箱子除外）。对危险品集装箱船申报实行 24 小时申报制。对集装箱船安检实行预约安检，由于集装箱船对船期要求较严，到港时间可能不在工作时间，海事处承诺在接到船方安检申请并确定到港时间后，无论是否是工作时间，海事处工作人员将及时到达码头对船舶进行安检。五是主动服务沿江开发，做好水工审批工作。针对九江长江二桥桥面施工、九鼎物流码头、江西煤炭储备、京九航道整治和小池综合码头等重点工程，由海事局领导负责，定期进行施工现场巡查，提出安全管理要求，进一步增强建设单位和施工单位的水上安全生产意识和遵章守法理念。严格实施水上水下施工作业审批、维护和现场监督检查三位一体的水工管理模式，注重审查施工作业方案对通航的影响程度，尽量减少对通航的影响。通过以上措施，保证了辖区内九鼎物流码头、江西煤炭储备和小池综合码头等码头，以及九江长江二桥等水上施工通航安全有序。

开放口岸

【南昌空运口岸】 1990 年 3 月 5 日，国务院以《国务院关于同意开放南昌机场的批复》（国函［1990］19 号）批准南昌机场对外开放。南昌昌北国际机场原址在南昌向塘机场，1999 年 9 月搬迁至南昌市新建县境内。南昌昌北国际机场与昌九高速相连，距离市中心 23 千米，占地面积为 15 平方千米，跑道长 3 400 米，可起降包括空客 A380 的所有机型，有 46 个停机位，近 2 000个停车位。T1 航站楼为国际候机楼，T2 航站楼为国内候机楼，面积为 9.66 万平方米，主楼宽 222.40 米，进深 90 米。

截至 2013 年，南昌空运口岸完成国内旅客吞吐量 681.10 万人次，同比增长 13.20%；货邮吞吐量达到 40 389 吨，同比增长 6.70%；国内航线 76 条，通航城市 52 个，运营的航空公司 25 家。2013 年，南昌航空口岸出入境人员突破 20 万人次，达到 20.18 万，同比增长 64.73%；出入境飞机 1 347 架次，同比增长 48.68%。开通国际（地区）航线 4 条，分别为韩国、泰国、我国香港、我国台湾，其中南昌至台北航线使用空客 A330 宽体机执飞。

【九江水运（河港）口岸】 1980 年 2 月 14 日，经国务院批准，九江水运（河港）口岸正式对外开放。口岸位于长江中下游结合部南岸，江西省北端的九江市，拥有长江岸线 152 千米，对外开放口岸线 40 余千米。口岸共有 5 条九江—上海集装箱始发班轮运输航线，分别为集海—外港线、长伟—外港线、中海—外港线、申舟—外港线、集海—洋山线，每周共计有 6 班班轮驶往上海港。另外，九江水运（河港）口岸近年来开辟并维护了九江水运（河港）口岸—阿拉山口陆路（铁路）口岸、满洲里陆路（铁路）口岸—亚欧铁路国际联运通道，有效增强了江西省外贸出口的时效性。九江水运（河港）口岸进口主要以木浆、废铜、瓷砖、设备、食品、玻璃球、石材等为主；出口货种范围较广，包括板石、炭黑、木制品、瓷器、轮胎、铝塑板、瓷砖、家具、化工、空气罐、太阳能模版、竹制品、玻纤纱等。九江水运（河港）口岸现有已开放码头 5 座，锚地 2 个。

60.62%，占江西省出口加工区进出口总额的56.85%。其中，出口创汇5亿美元，创造了单位面积产出全国最高的战绩，首次位居江西省出口加工区第1位，居中部地区第2位，在全国出口加工区中排名第27位。

九江水运（河港）口岸码头基本情况表

码头名称	类别	开放状态	基本情况
214码头	一类	已开放	多用途5 000吨级泊位1个，年吞吐能力100万吨
三角线港区	一类	已开放	散货3 000吨级、2 000吨级泊位各2个，年吞吐能力220万吨
外贸码头	一类	已开放	散杂件、集装箱5 000吨级泊位3个，年吞吐能力90万吨
油品码头	一类	已开放	油品专用5 000吨级泊位3个，年吞吐能力540万吨
中建万佳码头	一类	已开放	液化气专用3 000吨级泊位1个，年吞吐能力36万吨
城西港码头	一类	待验收	5 000吨级泊位2个，年吞吐能力30万标箱
联检锚地		已开放	姚港锚地、新港锚地

【南昌出口加工区】 南昌出口加工区位于国家级南昌高新技术产业开发区内，总规划面积1平方千米。南昌出口加工区由海关监管，海关实行“一次申报、一次审查、一次查验”、24小时通关服务的新通关模式。区内企业不仅享有海关提供的简单快捷的通关便利，还享有出口加工区和国家高新技术产业开发区特有的税收等优惠政策。2013年，南昌出口加工区进出口实现10.39亿美元，首次突破10亿美元，同比增长60.62%，占江西省出口加工区进出口总额的56.85%。

【南昌保税物流中心】 南昌保税物流中心位于南昌经济开发区白水湖工业园内，距离南昌国际集装箱码头2千米，距离南昌昌北国际机场12千米，昌九高速、105国道、302国道在区内交汇，建设占地面积18.67万平方米。中心主要对进出口货物提供保税监管、保税仓储、保税物流服务，具有深加工结转“一日游”、进口保税、入区退税的功能，并提供再包装、信息支持等简单增值服务。南昌保税物流中心是江西省唯一的保税物流中心。2013年，南昌保税物流中心进出口货值为3.38亿美元，同比增长117.94%；完成报关单数量1 515票，同比增长8.52%。作为江西省唯一的保税物流中心，南昌保税物流中心已经成为南昌市开放型经济发展的重要平台。

【九江出口加工区】 九江出口加工区是江西省首家国家级出口加工区，距九江市中心区9千米，距九江外贸码头15千米，距昌北国际机场

100千米，距九江机场14千米。京九、武九、合九、铜九等9条铁路在此交汇，福银、杭瑞、合九、武九、大广等5条高速公路从旁经过。区内企业享受进口免税、进料保税、入区退税、出口免税、水电气退税等5项优惠。截至2013年年底，园区累计落户项目69个。其中，工业项目55个，物流项目8个，配套项目6个。目前，园区基本形成以旭阳雷迪、赛翡蓝宝石、旭阳光电为龙头的新能源，以巨石玻纤、盛祥电子布为龙头的新材料，以铨讯电子、绿晶光电、瀚森科技为龙头的电子信息等三大主导产业。口岸物流企业还配备了大型物流仓库和危险品仓储作业区。其中，物流仓储区总面积为1.45万平方米，兼顾了进口保税与出口监管功能；危险品仓库面积为2 000平方米，危险品作业场面积为2 100平方米，主要用于危险品物流储存、作业。

江西省口岸大事记

2月25日

江西省人民政府组织召开全省口岸工作座谈会。副省长李贻煌出席会议，并作重要讲话。会议听取了省商务厅（省口岸办）关于全省口岸工作的情况汇报，南昌海关、江西出入境检验检疫局等相关部门领导和部分与会企业代表进行了座谈与交流。

3月28日~29日

海关总署副署长孙毅彪赴江西开展工作调研。其间，分别与江西省副省长李贻煌，江西省委常委、南昌市委书记王文涛，江西省常委、赣州市委书记史文清进行座谈。

3月30日

国家口岸管理办公室印发了《国家口岸管理办公室关于表扬全国运行管理先进口岸的通报》（国岸发［2013］3号），九江水运（河港）口岸被授予“全国运行管理先进口岸”称号，成为长江中上游地区唯一获此殊荣的内陆水运口岸。

4月17日

赣州海关被评为海关系统“四好”基层单位。

4月19日

井冈山出口加工区顺利通过国家联合验收小组验收。

5月9日

英国动物健康与兽医实验室（AHVLA）发布检测能力验证报告，江西出入境检验检疫局综合技术中心成为全国首家通过“猪肺炎支原体检测”国际能力验证的实验室。

5月10日

开通新余至宁波港集装箱铁海联运专列。该专列运行时间由原来的40多小时缩减到24小时左右。

5月23日

江西出入境检验检疫局保健中心医学媒介生物检测实验室正式建成并启用。

6月6日

江西省商务厅（省口岸办）组织召开了吉安陆路口岸作业区规划建设评审会，对吉安陆路口岸作业区项目进行了论证，并对初步设计方案进行了评审。

6月7日

赣州（吉安）至厦门五定班列顺利开行，每周2班，全程运行20小时左右，极大地缩短了赣州、吉安至厦门港铁海联运的运行时间。

6月12日

韩国真航空开通济州至南昌旅游包机，飞行期为3个月，每周往返飞行2班。

6月25日

韩国易斯达航空公司（Eastar Jet）开通济州

至南昌航线，每周往返飞行两班。

南昌海关通关作业无纸化改革试点工作正式启动。

6月26日

韩国大韩航空（Korean Air）开通济州至南昌、首尔至南昌航线，每4天往返飞行1班。

江西省口岸工作协调领导小组常务副组长、江西省商务厅（省口岸办）副厅长刘文华率省市相关部门负责人赴福建参加赣闽两省口岸联席会议。会上，江西省商务厅（省口岸办）和福建省口岸办签订了《江西、福建电子口岸平台合作备忘录》。

7月1日

“中远天天班”在南昌国际集装箱码头正式运行。

7月2日

东方航空公司的北京至南昌 MU2091/2 航班使用A330双通道宽体客机执飞，每周往返飞行4班。

7月15日

南昌海关在特殊监管区域全面开展“两单一审”业务试点工作。

7月17日

泰国都市航空公司开通曼谷至南昌直航航线，每周往返飞行3班。

赣州海关缉私分局正式成立。

7月31日

台湾远东航空公司开通南昌至高雄直航航班，每周三往返飞行。

8月6日

江西省商务厅（省口岸办）、省发展改革委、南昌海关、江西出入境检验检疫局、省交通运输厅、南昌铁路局六部门联合印发了《关于进一步加强口岸作业区规范建设的意见》。

8月8日~13日

江西省组团参加2013中国·绥芬河国际口岸贸易博览会。

8月19日

南昌海关缉私局查获关区首起邮递渠道毒品出境走私案，查获冰毒600余克，抓获犯罪嫌疑人2名。

8月21日

赣闽两省商务（口岸）、交通、检验检疫等七部门联合下发了《关于铅封鲜活农产品运输车辆通行江西和福建高速公路享受“绿色通道”政策的通知》（赣交财审字［2013］105号）。

8月29日

《赣州黄金机场总体规划》（2013年版）获中国民用航空华东地区管理局批复。

8月30日

江西省委书记强卫、省长鹿心社在南昌会见了海关总署署长于广洲、副署长邹志武，并由鹿心社省长和于广洲署长签署了《江西省人民政府海关总署合作备忘录》。

9月6日

江西省人民政府向国务院呈报了《关于设立南昌综合保税区的请示》。

9月24日

江西出入境检验检疫局与厦门出入境检验检疫局在南昌签署《关于促进江西农产品出口的合作备忘录》，江西省副省长胡幼桃会见双方代表。

9月28日

海关总署正式批复同意设立新余海关缉私分局。

10月24日

江西出入境检验检疫局召开南昌空运口岸核心能力验收汇报会，副省长胡幼桃出席汇报会并讲话。

10月29日

东航江西分公司开通南昌至新加坡（经停南宁）航线，每周往返飞行两班。

11月29日

海关总署副署长孙毅彪在赣州市、龙南县开展工作调研。其间，与江西省委常委、常务副省长莫建成，省委常委、赣州市委书记史文清进行座谈。

12月2日

江西出入境检验检疫局与江西省林业厅签署

《关于共同开展林业有害生物检疫执法协作备忘录》。

12 月 16 日

江西电子口岸九江大通关平台“检港联网”（电子闸口）系统项目在九江口岸城西港区顺利验收，标志着九江口岸“检港联网”系统取得阶段性成果。

（撰稿人：邹志清、朱翌华、张璐、陈文钊）

2013 年江西省口岸流量统计表

口岸类型		口岸名称	货运量（万吨）				集装箱量（万标箱）				人员（万人次）				交通工具（辆、艘、架、列次）			
			出口	进口	合计	同比（%）	出口	进口	合计	同比（%）	出境	入境	合计	同比（%）	出境	入境	合计	同比（%）
空运口岸		昌北国际机场	0.04	0.14	0.18	+12.53					10.14	10.04	20.18	+64.70	673	674	1 347	+48.68
陆运口岸	公路口岸	公路口岸作业区	9.75	0.99	10.74	+23.57	0.99	0.16	1.15	+16.10								
	铁路口岸	铁路口岸作业区	36.40	7.25	43.66	-9.10	1.91	0.63	2.54	-7.85								
水运口岸	海港口岸																	
	河港口岸	九江	102.75	51.68	154.42	+35.08	6.33	3.26	9.59	+28.31								
		水运口岸作业区	62.05	27.18	89.23	+34.20	4.29	1.87	6.16	+30.57								
		分计	164.80	78.86	243.65	+34.47	10.62	5.13	15.75	+29.18								
合计			210.99	87.24	298.23	+25.27	13.52	5.92	19.44	+21.96	10.14	10.04	20.18	+64.70	673	674	1 347	+48.68
同比（%）			+17.75	+48.15	+25.27		+12.52	+50.88	+21.96		+63.43	+65.99	+64.77		+48.57	+48.46	+48.68	

（江西省口岸办提供）

2013 年南昌海关主要数据统计表

项目		2013 年	同比（%）
进出口货运量（万吨）	合计	1 641.22	-7.20
	进口	1 451.65	-8.30
	出口	189.57	+2.17
进出口贸易总值（万美元）	合计	3 673 832	+9.95
	进口	856 861	+3.22
	其中：江水路运输	630 262	-0.19
	铁路运输	9 691	+43.09
	公路运输	90 469	+16.43
	航空运输	125 842	+10.22
	邮件运输	8	+51.18
	其他运输	588	+2 411.61
	出口	2 816 971	+12.17
	其中：水路运输	2 331 233	+8.41
	铁路运输	2 992	+150.41
	公路运输	299 312	+50.16
	航空运输	183 387	+14.42
	邮件运输	40	+740.34
	其他运输	8	
税收（万元）	两税合计	42.13	-27.94
	关税入库	2.38	-21.20
	进口环节税入库	39.75	-28.31

（南昌海关提供）

2013 年江西省口岸出入境主要数据表

项目			2013 年	2012 年	同比（%）
出入境人员（人次）	出入境人员总数		201 802	122 530	+64.70
	入境人员		100 367	60 465	+65.99
	出境人员		101 435	62 065	+63.43
	出入境旅客		189 302	113 851	+66.27
	出入境员工		12 500	8 679	+44.03
	中国公民	小计	191 130	113 282	+68.72
		内地居民（因公）	2 132	1 985	+7.41
		内地居民（因私）	141 908	66 468	+113.50
		港澳居民	2 507	3 883	-35.44
		台湾同胞	44 583	40 946	+8.88
	外籍人员		10 672	9 227	+15.66
	从海港出入境人数		0	22	-100
	从陆港出入境人数		0	0	0
	从空港出入境人数		201 802	122 508	+64.73
交通运输工具（辆、艘、架、列次）	总计		1 347	907	+48.51
	船舶		0	1	-1
	飞机		1 347	906	+48.68
	火车		0	0	0
	机动车辆		0	0	0

（江西省公安边防总队提供）

2013年江西省出入境检验检疫业务统计表

项目	货物检验检疫				交通工具				集装箱（标箱）		发现动植物疫情		货物通关		出入境人员查验（人次）	健康检查及预防接种（人次）			
	批次	金额（万美元）	检验检疫不合格																
			批次	金额（万美元）	船舶（艘）	飞机（架）	火车（节）	汽车（辆）	合计	检出问题	种类数	种次	批次	金额（万美元）		健康检查	艾滋病监测	发现病例	预防接种
全年累计	122 124	748 088	1 028	7 083		1 377	11		129 557	7 969	147	671	17 811	208 977	201 537	10 023	9 901	1 406	8 156
其中 出境	113 099	614 468	483	1 540		688	7		90 056	7 064			13 360	113 223	100 998	8 426	8 424	1 293	8 149
其中 入境	9 025	133 620	545	5 543		689	4		39 501	905	147	671	4 451	95 754	100 539	1 597	1 477	113	7
同比（%）	-12.70	-1.50	-9.20	-21.50		+51.20	-66.70		+39.20	+1 462.50	+258.50	+916.70	-10.20	+8.10	+66.20	-10.4	-10.90	-20	-27.50
其中 出境	-13.10	-2.40	-43.60	-34.70		+51.50	-73.10		+21.40	+1 953.50			-13.40	+5.30	+63.90	-13.2	-12.90	-24.10	-27.50
其中 入境	-7.10	+2.90	+98.20	-16.80		+50.80	-42.90		+109.70	+445.20	+258.50	+916.70	+1.10	+11.60	+68.60	+7.80	+2.40	+105.50	-22.20

（江西出入境检验检疫局提供）

2013 年九江海事局进出港船舶统计汇总表

船舶类别	进港船舶							出港船舶						
	艘数（艘）	总吨（吨位）	总载重量（吨）	载客量（客位）	船员人数（人次）	货物到达量（吨）	旅客到达量（人）	艘数（艘）	总吨（吨位）	总载重量（吨）	载客量（客位）	船员人数（人次）	货物发送量（吨）	旅客发送量（人）
总数	90 511	47 797 599	62 037 852	7 710 933	532 507	23 301 722	2 029 218	90 675	47 833 974	62 041 556	7 639 107	533 472	26 837 813	2 034 877
中国籍船舶	90 511	47 797 599	62 037 852	7 710 933	532 507	23 301 722	2 029 218	90 675	47 833 974	62 041 556	7 639 107	533 472	26 837 813	2 034 877

（九江海事局提供）

山　东　省

口岸数量及分布

截至2013年年底，山东省共有经国务院批准的对外开放口岸16个。其中，空运口岸4个，分别是青岛空运口岸、济南空运口岸、烟台空运口岸、威海空运口岸；水运（海港）口岸12个，分别是青岛水运（海港）口岸、烟台水运（海港）口岸、威海水运（海港）口岸、龙口水运（海港）口岸、日照水运（海港）口岸、石岛水运（海港）口岸、岚山水运（海港）口岸、东营水运（海港）口岸、蓬莱水运（海港）口岸、莱州水运（海港）口岸、龙眼水运（海港）口岸、潍坊水运（海港）口岸。

口岸运行数据

2013年，山东口岸进出口货运量达6.57亿吨，同比增长11.52%。其中，进口5.46亿吨，同比增长12.83%；出口1.11亿吨，同比增长5.45%。国际集装箱吞吐量完成1 803.78万标箱，同比增长7.55%。其中，青岛水运（海港）口岸完成外贸集装箱运输量1 552.20万标箱，占山东省的86.05%。山东省口岸外贸运量指标均创新高。2013年，山东省口岸外贸进出港船舶为29 971艘次，同比增长5.18%。青岛水运（海港）口岸龙头作用明显，进出口运量为3.10亿吨，占山东省的47.18%，同比增加8.4%。从进出口货物情况看，山东口岸进口运量最大的是铁矿石，达到2.69亿吨，同比增长9.65%；增幅最大的是非金属矿，达到4 135.16万吨，同比增长59.73%。出口运量最大的是化肥，达到561.55万吨，同比增长25.72%；出口增幅最大的是木材，达到14.66万吨，同比增加537.39%。2013年，山东省各口岸积极开辟新的国际航线，增加航班密度，出入境旅客人数达408.35万人次，同比增长9.46%。2013年4个空运口岸出入境旅客量为307.07万人次，同比增长18.54%。其中，青岛空运口岸为220.68万人次，占71.87%；烟台空运口岸为29.98万人次，占9.76%；济南空运口岸为29.21万人次，占9.51%；威海空运口岸为27.2万人次，占8.86%。此外，出入境飞机为24 755架次，同比增长5.16%。

2013年山东省各市进出口总值统计表

	进出口总值		出口		进口	
	金额（万美元）	同比（%）	金额（万美元）	同比（%）	金额（万美元）	同比（%）
总　值	26 715 855	+8.80	13 450 998	+4.50	13 264 857	+13.50
济南市	956 606	+4.70	548 093	-4.10	408 513	+19.50
青岛市	7 791 246	+6.50	4 195 962	+2.90	3 595 284	+11.00
淄博市	900 844	-5.60	524 998	-1.30	375 846	-10.90
枣庄市	125 133	+10.70	94 656	+0.80	30 477	+59.10
东营市	1 314 792	+7.20	580 290	+16.50	734 502	+0.80
烟台市	4 931 276	+3.20	2 947 468	+3.90	1 983 808	+2.00
潍坊市	1 616 005	+7.90	1 160 420	+5.80	455 585	+13.70

续表

	进出口总值		出口		进口	
	金额（万美元）	同比（%）	金额（万美元）	同比（%）	金额（万美元）	同比（%）
济宁市	523 028	+2.20	333 417	+4.30	189 611	-1.20
泰安市	248 481	+15.20	136 696	+11.80	111 785	+19.70
威海市	1 714 969	+0.20	1 070 238	+0.50	644 731	-0.40
日照市	3 303 931	+30.60	387 918	+0.10	2 916 013	+36.20
莱芜市	250 403	+17.90	75 095	+2.30	175 308	+26.00
临沂市	940 767	+19.10	463 548	+19.00	477 219	+19.30
德州市	353 811	+30.20	202 646	+8.50	151 165	+77.90
聊城市	618 948	+10.60	200 303	+8.30	418 645	+11.80
滨州市	828 918	+32.10	354 250	+25.20	474 668	+37.70
菏泽市	296 695	-4.90	175 000	+14.50	121 695	-23.50

（山东省商务厅提供）

口岸综合管理

【海港口岸功能进一步提升】 2013 年共完成 16 个新建码头泊位的开放验收工作。主要有青岛水运（海港）口岸海西重机自用码头、日照水运（海港）口岸 5 个散杂泊位、岚山水运（海港）口岸 30 万吨原油泊位、威海水运（海港）口岸三进船业 6 个泊位、潍坊水运（海港）口岸 3 个万吨级泊位等，新增外贸通过能力 3 000 万吨，使口岸结构得以优化，口岸功能得到提升。除此之外，还完成了青岛水运（海港）口岸董家口港 30 万吨矿石码头和 20 万吨矿石转水码头临时进靠国际航行船舶工作，实现了临时开放。顺延了烟台水运（海港）口岸西港区、海阳港区、大宇造船码头和荣成好当家等部分码头的临时开放期限，使上述码头泊位在正式扩大开放前，能够具备进靠国际航行船舶的资质，为有关口岸企业创造了良好的运营环境。

【口岸通关环境继续优化】 围绕如何在口岸领域创造良好的营商环境进行了专题调查研究，查找了影响口岸发展和营商环境的突出问题和困难、矛盾，提出了打造便捷高效通关环境的对策和措施，撰写了《强化服务意识，加快口岸发展，进一步营造高效顺畅的通关环境》的专题调研报告。积极协调口岸查验单位，对东营市一些特殊监管场所继续实行直通监管模式，便利了企业通关查验。支持临沂加快临沂商城出口商品查验中心及海关监管场所等基础设施建设，积极探索“市场采购商品出口”监管新模式，提升了临沂商城国际化的辐射功能和示范效应。

【青岛汽车整车进口口岸通过验收】 2013 年 5 月，经过积极协调，青岛保税港区汽车整车进口口岸顺利通过国家验收，成为同期获批的第 2 家投入运营的汽车整车进口口岸。

【山东电子口岸建设积极推进】 加大了电子口岸建设推进力度，先后从省直部门、青岛海关、济南海关、边防总队、山东出入境检验检疫局、山东海事局及浪潮集团等单位抽调人员，组建电子口岸建设工作小组，分别在济南、青岛集中办公。与各查验单位、省直有关部门和企业进行座谈、对接，征求建设山东电子口岸的有关意见、建议，进一步修改完善《山东电子口岸建设方案》，电子口岸建设积极稳步推进。

【口岸文明共建持续开展】 山东省在口岸系统开展共建文明口岸活动已坚持25年。2013年是第12次山东省口岸文明共建总结年，为深入做好口岸文明共建总结工作，省口岸办专门召开了由边防、海关、检验检疫、海事和有关市口岸办参加的口岸文明共建工作座谈会，进行研究部署，下发了《山东省口岸办公室关于做好共建文明口岸工作总结的通知》。2013年12月份，召开山东省口岸文明共建总结工作会议，经过总结工作小组的审定，有13个"山东省文明口岸"、75个"文明示范窗口"和55名"口岸标兵"获得荣誉称号。文明共建活动的开展，取得了凝聚人心、增进团结、提升服务、促进发展的成效，树立了山东口岸的良好形象。

【空运口岸建设不断加强】 适应形势发展，将开辟新的国际航线作为空运口岸建设的重点，突出抓好国际客货运航线开通和增加现有航班密度工作，并抓住时机拓展欧美航线。济南空运口岸新开了至泰国曼谷、经停深圳至新加坡及到我国台湾高雄、花莲的航线，青岛空运口岸开通了至美国旧金山及至我国台湾台中的航线，威海空运口岸开通了至俄罗斯哈巴罗夫斯克旅游包机，山东省空运口岸国际（地区）客货运航线达到40条，原有航线继续加密。2013年，山东省空运口岸出入境旅客同比增长18.54%，达到307.07万人次，空运口岸建设为山东经济社会发展提供了有力支撑。

口岸监管与服务

【青岛海关不断加大监管力度】 2013年，青岛海关监管进出口货运量4.40亿吨，货值2 878.30亿美元；审核进出口报关单401.70万份。制订《青岛海关"绿篱"专项行动工作方案》，严格执行固体废物分类装运、就近报关，以及货物过机、称重、开箱100%的查验要求，处置滞港固体废物1万吨。加强加工贸易和特殊区域的监管，2013年青岛关区加工贸易生产企业为5 388家，备案加工合同38 190份，备案金额149.30亿美元，加工贸易联网监管企业为162家，加工贸易实际进出口值为644.60亿美元，内销征补税27.70亿元。特殊区域共3类6个，出区征税55.60亿元；保税仓库实有账册108份，入出库货值为262.80亿美元；保税物流中心有2家，进出口总值为10亿美元，出区征税2.60亿元。创新完善保税仓库信息化管理系统，在关区9家保税仓库企业开展试点，按照"管少、管准、管精、管好"的要求，重新构建作业流程和监管方案。2013年，山东口岸批准设立保税仓库、出口监管仓库11家。严密进出境邮件快件监管，建立快件专项查缉机制，保持反恐维稳高压态势，加大关区行邮监管现场毒品查缉力度，严防非法邮寄动植物及其制品进境。2013年监管邮政和非邮政快件计477.60万件，共查获4起武器弹药走私案件，3起毒品走私案件，17起动植物及其制品走私案件；查处快件低报价格、化整为零走私案件2起，案值827万元，涉税137万元。

【青岛海关继续优化通关环境】 制订并下发《青岛海关进口通关作业无纸化改革试点实施方案》，力促关区通关无纸化，加强内外部培训和关企联系配合，引导企业开展试点。关区通关无纸化签约企业达10.30万家。通关无纸化比重为57.10%，率先完成海关总署50%的要求。扩大区域通关合作范围，先后与昆明、宁波、长沙海关开展区域通关合作，与济南海关签署《区域通关"属地申报，口岸验放"模式联系配合办法》，制定《青岛海关、济南海关监管通关联系配合实施意见》。截至2013年年底，青岛海关已与29个直属海关开展区域通关合作。监管"属地申报，口岸验放"货物9 569票，货量3 129.40万吨，货值76.60亿美元，涉及税款66.90亿元。深化区域通关改革，扩大企业应用范围，完成5 000余家企业的参数维护工作。强化舱单管理应用，扩大舱单管理系统试点，制订并下发切换方案，关区9个水运（海港）口岸已完成7个口岸的舱单切换，启动了关区空运舱单切换工作。完善舱单核销监控机制，进出口舱单核销率在99.90%以上。建立了舱单、报关单、载货清单、提单等“四单”核查制度，核查率为7.40%。监管场所分类管理稳步推进，完善监管场所分类管理工作机制，修订《青岛海关监管场所分类管理操作指引》；落实海关总署对监管场所视频监控系统配备使用情况检查要求，对监管场所进行专项检查，共核查5个隶属海关61个监管场所，关区112家监管场所均已安装视频监控系统并与海关联网。运用进出境运输工具管理系统办理运输工具代理、服务和经营企业备案共3 833家，企业备案率和进出境申报数据传输率均达100%，进出境运输工具备案、申报等实现信息化。监管进出境船舶29 407艘次，进出境飞机23 494架次，进出境集装箱772.60万个。进出境旅客行李物品监管方面，在国内海关系统率先实现海运旅客舱单电子化传输，实现空运和海运旅客舱单和通关数据电子化，旅客舱单传输率列国内海关系统首位。监管行邮物品107万件，查处进出境旅客超量携带货币、物品800余起，折合人民币2 800余万元。加强对运输工具服务人员管理，查获携带禁限物品情事23起，查获手机、化妆品、烟酒等物品285件。

【青岛海关积极支持山东开放型经济发展】 支持申办青岛自由贸易港区，参与试点方案编制；主办中韩海关AEO互认安排青岛说明会，推进中韩地方经济合作示范区建设；完成汽车整车进口准备工作，与青岛保税区管委会、港口建设等单位就查验场地建设召开7次协调会，汇编监管制度及相关业务操作指引，确定通关监管流程。2013年5月31日，青岛保税港区整车进口顺利通过验收并于7月8日正式运作。服务地方重点项目建设，临时开放青岛董家口等11个口岸，方便了贸易进出，缓解了港口压力；参与临沂商城国际化综合改革试点，推行海运直通模式；开展税政调研，配合海关总署等四部委解决脱皮花生仁归类问题，税则修订建议被国务院税则委员会采纳5条，为山东省带来年收益8亿元。

【济南海关针对建关特点，强化监管通关】 2013年是济南海关升格为海关总署直属海关第1年，该关坚持以党的“十八大”精神指导建关，明确建关目标和基础建设年工作任务，建立健全了基层党组织，职能、机构、人员基本到位；全面完成业务切换，实现直属海关业务独立运行；完成H2010通关管理系统建设，创造性地推出并应用“属地申报、授权放行”和“快捷转关”通关模式，保证了业务平稳过渡；发挥科技先导作用，基本完成直属海关信息化基础建设，全面部署HZ2011等5个关键系统和4个核心平台。2013年，济南海关监管进出境货物1.10亿吨，同比增长46.20%；进出口总值403.70亿美元，同比增长7.20%。开展“绿篱”专项行动，立案查处走私固体废物案件4起，案值2 155.80万元，退运进口废物1 102吨；严厉打击进出境旅客超量携带货币现钞，查获案件14起，案值211万元，同比增长2.80倍；开展监管场所清理整顿行动，摸清关区11个海关监管场所的底数。强化视频监控，完成视频联网监控系统建设方案。

【济南海关积极推进区域通关和通关作业改革】 稳步推进区域通关，与青岛、上海等15个海关完成口岸参数互认。针对东营地区进口废铜无法在属地办理通关监管的困难，积极与政府部门和口岸海关联系，形成专项报告请示海关总署予以解决；谋划邮件监管场所搬迁事宜，走访邮政企业了解需求，与省邮政企业建立专项工作机制，开展3次联合集中工作，拟订了《济南海关进出境邮件监管方案》；推行通关作业改革，将通关作业无纸化改革试点企业扩大至海关管理类别为B类及以上企业，通关无纸化比率比海关总署要求高出20%；抓好监管袋业务试点工作，自2013年8月1日起在特殊监管区域和济南空运口岸之间试点开展监管袋业务，提高关区小件货物监管效能；建立山东省内对燃料油监管车辆转关联系配合机制，开展省内管道燃料油的转关运输模式，通过该管道办理转关业务11.50万吨，运输周期缩短为原汽车运输的1/10，为企业节省资金800万元；办理山东省首票跨境电子商务出口零售物品通关业务，解决了长期困扰山东省出口电子商务企业的收汇难、退税难等问题。

【济南海关加强加工贸易与保税监管工作】 2013年，实现43个现场备案手册1 742份，备案货值14.70亿美元，保税仓库电子账册27家（清理5家），特殊区域内账册70份（清理33份），联网监管企业29家（清理23家）；推动济南、潍坊综合保税区验收工作。2013年12月，济南、潍坊综合保税区顺利通过国家十部委的正式验收，为下一步封关运作打下了坚实基础。推动保税监管场所建设，上报申建综合保税区、保税物流中心3个，审核保税仓库设立、变更、注销和正式运行申请10个，推动海关总署等四部委联合批复设立鲁中运达保税物流中心；发布业务质疑等12份，对270份手册进行了先期预警，核实问题12个，发现问题5个，逐一督促主管海关整改落实；实施重点商品联防联控，多渠道了解和掌握棉纱、天然橡胶、铜精矿等关区重点商品知识、监管要求及交易特点，针对关区保税仓库棉花激增等行业性风险开展监控，撰写《特殊监管区域棉纱进口价格风险分析》等风险信息上报海关总署。

【济南海关主动服务区域经济发展】 主动对接“两区一圈一带”发展战略，促进贸易便利，落实简政放权，努力建设一流营商环境。就“建设国际铁路大通道”、“拓展跨境电子商务”、“创建济南航空城”等提出18项支持举措，获得省市领导充分肯定。出台并落实“支持山东省外贸稳增长、调结构19条措施”。拓展关际合作，签署青济两关《关于建立更加紧密关系的合作备忘录》，与17个直属海关签署区域通关协议。开展“人民海关为人民”主题实践活动，召开六市关、地、企三方恳谈会，解决问题84个，量身定制专项扶助措施102项，向1 128家企业宣讲优惠政策。启动“两单一审”、分类查验、监管袋等业务改革，企业通关持续提速，无纸化通关报关单比率达69.90%，居全国第1位。开通黄岛至潍坊燃料油运输监管通道，每年节约运费3.50亿元。协调恢复东营废铜进口转关业务，降低运营成本17亿元。推出展前一次性备案、展出地集中验放等便利举措，高效服务“第10届中国艺术节”等会展交流活动。上报两项税政调研建议获国家税则委员会采纳，每年为企业节约8 000万元。

【山东省公安边防总队全力推进“智慧边检”建设】 以贯彻落实《公安部关于进一步提高边检服务水平的意见》为主线，紧扣“智慧边检、平安口岸”主题，坚持科技应用引领勤务变革、创新驱动提升整体效能、机制固化保障持续发展，深入推动提高边检服务水平工作，全力维护国家安全和口岸稳定，圆满完成了国际极限帆船系列赛、第11届中国国际航海博览会等多项重大勤务。中央电视台、人民网等中央媒体对智慧边检建设进行深入报道，引起强烈社会反响。主动把边检工作置于大数据、云计算时代背景和服务国家对外开放战略中去谋划，创造性启动“智慧边检”建设，运用“科技智能”与“智慧队伍”两个杠杆，实现边检警务效能和服务管理能力双提升。以“综合服务、网络服务、安全管控、勤务保障、勤务监督”五大智能系统建设为牵引，以15项信息化项目为支撑，全面构建智慧型服务管理体系。以“教育培训、证件研究、学习交流、专家人才管理、职业文化”五大机制建设为抓手，着力培育既能胜任多个岗位，又具备“云警务”状态下思维和技能的新型检查员队伍。2013年9月28日~29日，总队在青岛召开全省边检勤务改革创新推进会，推广了“智慧边检”部分信息化项目及勤务改革经验做法。

【山东省公安边防总队优化措施服务经济社会发展】 自觉把边检工作置于国家发展大局中思考谋划，定期汇总分析口岸动态，主动回应口岸发展需求，为促进地方外向型经济发展提供有力支持。一是服务保障了荣成俚岛、好当家、烟台大宇、西港区及海洋港区等23个码头38个泊位临时开放，以及威海三进船业、日照水运（海港）口岸西港区等5个开放水域新增涉外点的对外启用，全程跟进青岛董家口超大型港口、潮水国际机场、烟台港西港区等国家和区域重点项目，切实做到“地方经济发展到哪里，边检服务就跟进到哪里”。二是全面对接山东电子口岸建设，以边检申报无纸化、在线咨询实时化、网络服务远程化为目标，全面启用网上预报预检、3G无线验放系统和移动执勤车。2013 年，山东省边检站检查出入境交通运输工具和旅客数量同比分别增长 5.17% 和 8.77%。三是牢牢把握社会管理创新的总要求，全面规范边检服务流程和标准要求，推动边检服务水平实现新提升。黄岛边检站创新推出服务蓝色经济发展 7 项举措，其中两项措施入选“青岛市 2013 年口岸大通关十件实事”；威海边检站推出“海空国门·智慧边检”服务品牌，建立 6 项边检服务机制；济南边检站探索创新口岸诚信管理机制，与济南市旅游局联合开展“诚信示范出境旅行社”评选活动；石岛边检站建立“海上快检平台”，进一步提高了口岸通关效率。2013 年，2 个边检站、6 名个人被公安部评为提高服务水平工作成绩突出单位和个人；13 个执勤业务科、11 名检查员分别被省政府评为“山东省共建文明口岸示范窗口”、“口岸标兵”；1 个业务科队获评“全国巾帼文明岗”称号，1 名个人成功入选全国边检机关文明使者候选人。

【山东省公安边防总队严密管控维护国家安全和口岸稳定】 坚持口岸风险评估机制和重大勤务、敏感节点专项评估制度，及时收集预警性、内幕性情报信息，切实掌握工作主动权。围绕 API、AIS、SAPI 系统，建立口岸预警和海港船舶动态管理机制，全面提升口岸管控效能。目前，山东省 4 个空运口岸边检站 API 预报率均达到98%以上。全面落实《处置口岸突发事件指引》，开展有针对性情景模拟演练，有效提升执勤官兵应对突发事件的能力和水平。强化证件研究鉴别专业能力，构建“一体三化”证件研究模式，打造“证件研究日韩特色品牌”，与山东警察学院、韩国驻青岛总领事馆分别建立教学科研基地和定期会晤机制，深化与省厅文检轮训制度，组织证件鉴别大比武，全面提升检查员查验的能力。建立口岸反偷渡信息交流平台，及时发布山东省口岸反偷渡信息，提高口岸维稳预警能力。狠抓口岸管控框架协议落实，积极开展“反偷渡专项行动”、“海上联合执法”、“登轮秩序专项整治”，进一步规范在港外轮和锚地船舶管理，积极打造“环港区”立体管防圈。总队与青岛海关签订合作备忘录，加强口岸执法力量合作，建立健全口岸管控体系。各边检站全部签订口岸管控跨部门合作框架协议，拓宽多元化协作途径，发挥口岸管控上的整体作战优势。先后查获“1·29 骗签韩国医疗观光案”、“3·1 偷渡巴林卖淫案”、“3·20 持莱索托居留许可偷渡南非案”等一批典型偷渡案件。

【山东出入境检验检疫局积极创新监管模式】 认真落实国家质检总局和省政府的工作部署，做好业务调整和平稳过渡，加大法检制度改革力度，从重产品检验向检验和监管并重的模式转变，从常规一般检验向涉及安全、卫生、环保、健康、反欺诈等重点检验转变，建立健全进出口产品质量管理和风险管理工作模式，有效提升了工作效率和产品质量。2013 年共检出进口不合格工业产品 4 890 批，货值 132 亿美元，检出进口不合格货值约占全国 1/5。出口食品国外通报不合格批次数量同比下降 20.40%，动物源性食品兽药残留实现国外零通报。严防疫病疫情、有毒有害物质和禁止进境物从山东口岸传入传出。2013 年，累计截获植物疫情 15 725 批次；截获动物疫病疫情和有毒有害物质 640 批次；口岸传染病监测体检 10.74 万人次，发现各类传染病1 797例。

【山东出入境检验检疫局出台措施提高口岸便利化水平】 制定出台了促进外贸稳定增长 16 条措施和转变职能优化营商环境工作意见。积极支持中日韩自由贸易区建设，助推西部经济隆起带战略；推动临沂商城国际化，济南、潍坊综合保税区建设，跨境电子商务零售出口，青岛前湾保税港区整车进口口岸建设等地方重点工作。严格执行减免收费政策，2013 年减免检验检疫费 7.80 亿元。持续开展检验检疫流程时限专项治理，出入境商品平均工作流程同比缩短 20%。其中，出境一般报检平均流程同比缩短 0.64 个工作日，入境一般报检平均流程同比缩短0.92个工作日。积极推进省际区域直通合作，不断扩大山东口岸对内陆腹地省份的辐射带动作用，在与天津、河南、山西出入境检验检疫局实现直通放行合作的基础上，2013年与甘肃、河北出入境检验检疫局新签署《直通放行模式合作备忘录》，并与陕西出入境检验检疫局达成初步合作意向，累计实施直通放行企业达到281家。新增154家绿色通道企业，新增数量居全国第3位。继续实施“无纸通关”模式，为省内企业放行货物135.76万批，累计节约33万个工作日。积极推广口岸“集中查验”模式和质检、交通“两个平台”建设，加强与海港、空港、交通、海关、海事等部门的协调配合，高标准建设专用集中查验场地和设施，畅通信息共享平台，提高口岸验放效能，降低企业通关成本，集中查验效率比分散查验提高2倍以上。

【山东出入境检验检疫局指导企业利用政策优惠和认证注册扩大出口】 通过阳光政务热线、开办培训班、召开政策说明会等形式深入开展优惠政策宣讲和培训活动。共签发各类优惠原产地证书27.34万份，货值153.86亿美元，为企业减免进口国关税约5.65亿美元。积极做好认证监管工作，2013年新办理出口食品备案企业242家，新获国外注册66家，累计总数均居全国首位。认真开展国外海关原产地核查风险预警，有效应对国外官方查询340次，保证了山东出口产品在国外顺利通关。

【山东出入境检验检疫局加强技术性贸易措施拓展国际市场】 积极研判国外技术性贸易措施呈现的新趋势和新特点，建立健全国外技术性贸易措施应对机制，搭建山东检验检疫技术性贸易信息平台，探索建立重点区域、敏感商品技术性贸易措施联系点制度。积极开展国外技术性贸易措施搜集整合、预警研判、跟踪调查、企业帮扶等工作，实现了技术性贸易措施研究与检验检疫监管模式创新的有效互动。组织开展了技术性贸易措施影响年度调查，向省政府作了提升技术性贸易措施应对水平服务外贸发展的专题报告，得到省政府领导的高度重视。迅速应对国内“黄浦江漂浮病死猪”、“羊肉掺假”、“毒生姜”、台湾毒淀粉事件及新西兰奶粉双氰氨事件、欧盟“马肉风波”、韩国泡菜中毒事件等情况，确保了进出口食品安全。

【山东海事局开展创建“平安海区”活动】 联合近300家涉海单位启动“平安海区”创建，积极倡导“平安是福”安全文化理念。深化“打非治违”和安全生产大检查等专项活动，滚动排查整改安全隐患27件，实施安全检查3 648艘次，滞留船舶179艘次，VTS监控船舶44万艘次，成功避免险情619起。推行“两小船”公司安全管理标准化和航运企业船籍港管理。与港口、引航等各方共同促进“安全高效港口”、“平安水工”、“平安引航”建设。联合海洋渔业等部门开展商渔船防碰撞安全警示教育，发放山东沿海主要航路渔区形势图5万余份。深入实施客运船舶“五制五关”安全监管长效机制，实现辖区383艘（10人以上）客运船舶全程动态监控，确保了2 617万人次水上安全便捷出行。

【山东海事局探索建立“六问六控”安全监管长效机制】 运用风险管理理论，总结建立了船载危险货物安全监管长效机制；推动日照、东营、烟台等地市完成应急能力建设规划编制，开展渤海溢油遥感监视监测和“渤海黑斑”成因研究；查处违法排污案件22起，危险品谎报瞒报11起，确保了2.20亿吨危险货物运输安全。在“11·22”海上清污工作中，主动作为，12天内协调清污船270艘次，清污人员4 260人次，回收油水混合物等372吨，受到国务院领导、地方党委政府和社会各界的高度赞扬。

【山东海事局简政放权打造“智慧交管”】 积极落实上级部署，取消行政审批项目10项，行政事业性收费6项；主动调整下放行政事权38项。深化行政审批无纸化运行，网上申报率为76%，无纸化办理率为40%。2013年政务受理57.80万件，答复船员咨询6.30万件，处理维权投诉139起；实施行政处罚896起，处罚案卷获全国海事系统执法考核评议第1名。完成船员培训19.70万人次，依法注销船员服务机构3家。推动对外开放泊位23个，支持企业抵押融资10.30亿元。青岛海事局创新"五环工作法"，疏港效能同比增长37%；日照海事局改进服务模式，保障30万吨超级油轮满载进港。联合威海市政府举办航海日系列活动，联合青岛远洋船员学院组织首届山东船员技能大赛。为董家口港建设、郭川环球航行归航等重大活动提供了服务保障。深化"3377"网格化管理，深入推进VTS"7H"标准化管理和海上安全动态科学评估，探索渔业北斗及LRIT应用，预警、预防、预控能力进一步提高，"智慧交管"品牌创建广受好评。门户网站绩效评估连续3年系统第一，政务微博社会影响力日益扩大，海上旅游安全服务栏目获评2013中国政府网站网上办事类精品栏目。

开放口岸

【济南空运口岸】 济南遥墙国际机场位于济南市东郊遥墙镇，距市区20千米，1992年10月经国务院批准对外开放。机场拥有3 600米、2 600米跑道各1条，飞行等级为4E级。2013年，济南遥强国际机场共有27家国内外航空公司执飞135条国内、国际航线，通往49个城市；共执行37 800个航班，累计起降80 746架次，同比增长2.90%；完成旅客吞吐量813.91万人次，同比增长6.20%；完成货邮吞吐量7.26万吨，同比下降2%。济南空运口岸现有国际（地区）航线9条。其中，国际航线5条，分别由济南到大阪、首尔、济州岛、曼谷、新加坡；地区航线4条，分别由济南到台北、花莲、高雄、香港。2013年开通的济南—台湾花莲、高雄航班，使济南与台湾地区通航城市达到4个，每周9班。引进韩国易斯达航空公司，先后开通济南至韩国济州岛、首尔航线，济南—首尔航班由每周6班增至11班。恢复了济南—大阪航班；开通济南—曼谷正班航线，每周3班，实现济南与东南亚地区的首次正班直航。2013年10月底还分别开通济南—武汉—新加坡、济南—深圳—新加坡航线，进一步完善了东南亚地区航线布局。2013年，济南航空口岸完成出入境航班2 644架次，同比增长14.10%；出入境人员31.47万人次，同比增长18%；出入境货运总量7 507吨，同比增长38.70%；出入境货值36.49亿美元，同比增长59.90%。以日韩及我国港台地区航班为重点，东南亚包机、欧美中转航班为辅助的国际航线新格局初步形成，有力地促进了济南乃至山东特别是山东中西部地区的对外交流。

2012年5月，国务院批准济南出口加工区升级为济南综合保税区，2013年12月通过国家验收正式封关运作。2013年，其完成工业总产值41.35亿元，同比增长30.61%；实现利税总额6.95亿元，同比增长11.52%；完成固定资产投资总额51.09亿元，同比增长28.61%（其中基础设施投资6 027万元）；进口额为1亿元，出口额为9.02亿元，同比分别增长100.70%、12.09%。海关监管进出口货运量为37 342吨，货值2.30亿美元。其中，进口17 156吨，货值10 769.70万美元；出口20 186吨，货值1.23亿美元。

2013年，济南邮政速递物流处理进出口邮件1 881.40万件，其中进口970.90万件，出口910.50万件，同比分别增长19.70%、13.40%；国际邮件225.20万件，其中进口139.40万件，出口85.80万件，同比分别增长44%、109%。

【青岛空运口岸】 青岛流亭国际机场位于青岛市北部城阳区，离市区约23千米。建于1958年7月，1992年9月4日经国务院批准对外开放。青岛空运口岸飞行等级为4E，拥有3 400米跑道1条，客机停机坪44万平方米，停机位41个；货机坪3.20万平方米，停机位4个；登机桥14部。候机楼分国内、国际两个航站楼，左右对称，总建筑面积17.10万平方米。2013年青岛空运口岸共有34家航空公司投入运营，国内航线102条，国际（地区）航线19条，直达韩国首尔、釜山，日本东京、大阪、福冈、名古屋，新加坡，曼谷和我国香港、台北、高雄、台中地区。青岛至韩国首尔的航班密集，平均每日往返26架次。2013年，青岛空运口岸进出境航班16 506架次，同比增长5.55%；进出境人员220.68万人次，同比增长20.25%；进出境货物7.68万吨，同比增长5.87%。

【烟台空运口岸】 烟台国际机场位于烟台市南部莱山区境内，地理坐标为东经121°22′12″，北纬37°24′01″，距烟台市中心约15千米，距青岛市区和威海市区分别约200千米和80千米。其外围与沈海高速、威乌高速、绕城高速相连，与周边县（市、区）地面交通均在1小时之内，范围覆盖烟台、威海各县（市、区），最大辐射范围及至青岛北部、潍坊东部等地区。1984年开航，1992年8月开放烟台航空货运口岸，1994年6月开通中国籍飞机执飞香港、澳门客运包机航线。1997年1月经国务院批准正式向外国籍飞机开放，是国家一类空运口岸。机场飞行等级为4D级兼部分4E级。机场占地面积18.53公顷，建有2.06万平方米的国内候机楼和1万平方米的国际候机楼及各项基础设施，拥有先进的通信、导航及指挥系统。2007年6月，烟台国际机场飞行区改扩建工程全面开工，项目总投资4.88亿元，2008年12月改扩建工程完工。烟台空运口岸先后开通至韩国首尔、釜山、济州，日本大阪，俄罗斯，我国香港、台北7条国际（地区）客运航线；开通至韩国首尔，美国纽约、洛杉矶、芝加哥，比利时布鲁塞尔，荷兰阿姆斯特丹等6条国际货运航线。2013年，烟台空运口岸共运行国际（地区）航班3 213架次，出入境旅客吞吐量299 324人次，出入境货物吞吐量10 814吨。

烟台空运口岸进出口货物主要为电子元器件类、机械类等产品，服装等产品仅占少量，各货种所占进出口总量比重如图所示：

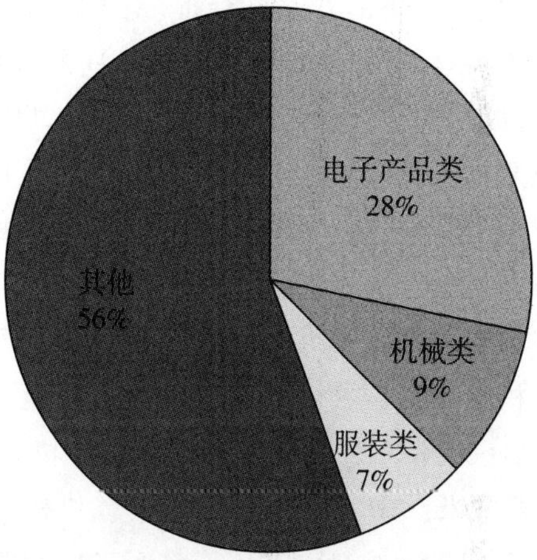

烟台空运口岸进出口货物种类

出境货物流向如图所示：

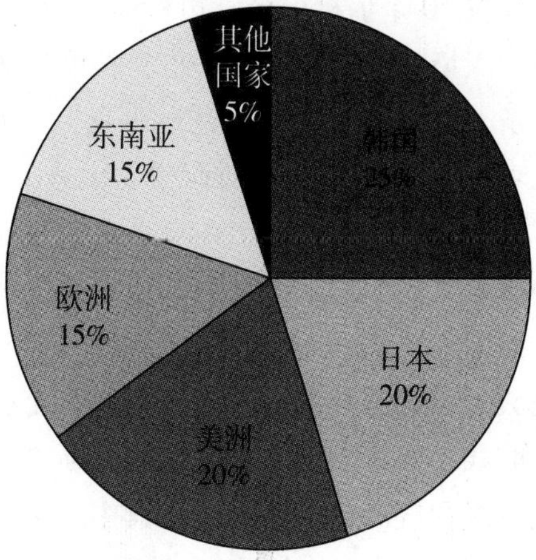

烟台空运口岸出境货物流向

【威海空运口岸】 威海国际机场位于文登市大水泊镇，距威海市区45千米，距文登市、荣成市均为19千米。威海国际机场原为军用机场，1992年经国务院、中央军委批准为军民合用机场，1996年1月正式投入运营，2004年10月经国务院批准为一类空运口岸对外开放。2005年3月开通至韩国仁川国际航班，2005年3月开通至韩国釜山国际航班，2010年7月开通至俄罗斯哈巴罗夫斯克国际旅游包机航线，是山东半岛重要的门户枢纽机场。机场总占地面积266.67万平方米，机场飞行区技术标准等级为4D级，现有一条长2 600米、宽45米的跑道，停机坪面积6.8万平方米，10个停机位，5个登机桥，可供波音767－300、空客A320等大型飞机起降。为改善空运口岸的通关环境，于2009年投资2.50亿元建设新国际候机楼，新国际候机楼1.2万平方米，设置10个值机柜台，边检通道16条（出境6条，入境10条），海关、检验检疫出入境通道各4条。威海国际机场现有至北京、上海、广州、长春、沈阳、哈尔滨、西安、大连、成都、济南、太原、天津、昆明、南京、武汉等国内航线，2013年12月实现对台直航。截至2013年年底，威海国际机场国际及港澳台航线达到4条，分别是威海至韩国首尔国际航线、威海至韩国釜山国际航线、威海至俄罗斯哈巴罗夫斯克国际旅游包机航线和威海至台湾航线。其中，威海至首尔航线每周24班，由中国东方航空公司及韩国大韩、韩亚、济州4家航空公司执飞；威海至釜山每周4班，由韩国韩亚航空公司执飞；威海至台湾每周1班，由台湾中华航空公司执飞。威海国际机场每周国际及港澳台地区航班共计29班。2013年，威海空运口岸运送出入境旅客27.2万人次，运行国际航班2 682架次，外贸货物吞吐量为2 387.10吨。

【青岛水运（海港）口岸】 青岛港是太平洋西海岸重要的国际贸易口岸和海上运输枢纽，是沿黄流域及其腹地外贸物资、能源和原材料运输的重要口岸，是我国重要的大宗原材料进口港、集装箱运输干线港和山东半岛及其腹地重要的物流中心，是世界第七大港。港口位于山东半岛南岸的胶州湾内，始建于1892年，主要从事集装箱、原油、铁矿石、煤炭、粮食等各类进出口货物的装卸、储存、中转、分拨等物流服务和国际客运服务。它由青岛老港区、前湾新港区、黄岛油港区和董家口港区（在建）四大港区组成。青岛老港区以一般散杂货和内贸集装箱运输为主，兼顾少量液体化工品和成品油运输；黄岛油港区以接卸外贸进口原油和成品油、液体化工品为主；前湾新港区以国际集装箱干线和铁矿石、煤炭等大宗干散货中转运输功能为主，是青岛水运（海港）口岸目前现代化程度最高、规模最大的生产性港区；董家口港区为正在开发建设的新港区，2012年4月27日被列入国家"十二五"口岸发展规划。青岛水运（海港）口岸开放范围内拥有码头26座，已对外开放泊位95个，其中万吨级以上泊位79个；集装箱泊位25个，通过能力1 500万标箱。港口平均每月开出的国际国内航班达690班，其中国际航班达580班。口岸拥有航线161条，其中国际（地区）航线147条，国内航线30条，通达非洲、南美、澳洲、欧洲、日本、韩国、地中海、波斯湾、俄罗斯、东南亚等世界180个国家和地区。目前，青岛水运（海港）口岸正在董家口港区加快建设一批世界一流的矿、煤、油和散杂货深水码头，全面发展港口综合物流、专项物流、加工、保税、仓储、商贸、信息、金融和综合服务等功能，打造国家战略物资物流中心、世界重要能源交易中心、东北亚临港产业加工中心、全球大宗物资信息中心和中国港航区域金融中心。青岛老港区邮轮母港码头主体已完工，具备世界最大邮轮靠泊条件，未来将建成世界级的邮轮母港。

2013年青岛水运（海港）口岸运输情况统计表

类别	港口吞吐量（万吨）	外贸			
		进出口（万吨）	同比（%）	进口（万吨）	出口（万吨）
合计	45 002.57	30 963.32	+8.63	23 289.89	7 673.43
煤炭	2 073.53	935.51	+46.11	854.52	80.99
原油	5 601.25	4 630.83	+2.98	4 278.16	352.67
成品油	557.88	135.97	-45.46	0.24	135.73
铁矿石	14 715.94	12 282.34	+11.60	12 282.30	0.04
钢铁	524.77	225.24	-5.85	24.00	201.24
水泥	34.79	23.47	+8.61	21.06	2.41
木材	75.02	73.21	+30.13	71.95	1.26
非金属矿	63.96	43.41	+193.31	41.90	1.51
化肥	147.78	145.91	-6.98	57.43	88.48
粮食	574.36	544.05	+5.82	537.17	6.88
食盐	42.08	42.08	-	42.08	0.00
其他	20 591.21	11 881.31	+6.97	5 079.09	6 802.22

青岛保税港区于2008年9月7日经国务院批准设立，位于胶州湾西岸，规划面积9.72平方千米，码头泊位21个，具有“保税、免税、免证”和“境内关外”等特殊政策，拥有国际物流、国际贸易、交易市场、保税加工、码头作业、航运服务、研发及企业总部、检测和售后服务维修等功能。2013年，青岛市委市政府重新调整保税港区发展建设规划，形成了保税区、保税港区、出口加工区、汽车物流园区和功能拓展区等“四种政策、五个区域”联动发展格局，规划总面积达到65.73平方千米。

2013年，青岛保税港区实现各项税收51.50亿元，外贸进出口总额84.90亿美元，集装箱吞吐量1 550万标箱，与世界上130多个地区和港口建立了经贸往来，累计吸引包括41个世界500强在内的6 700多家企业入区经营。区域累计实现生产总值850亿元，年均增长23%；外贸进出口488亿美元，年均增长30%；各项税收334亿元，年均增长33%。建成全国第1家“美元挂牌、保税交易”的国际橡胶交易市场，并发展成为全球第三大进口橡胶交易定价中心；建成全国第1家矿权、矿产品交易所；建成全国第1家棉花交易市场；培育出全国第1家境外烟叶国际采购中心；出台全国保税港区第1部地方立法；培育了3个国家级重点实验室和两个国家级企业技术中心；培育出山东省第1家民营上市企业——青岛软控，在深圳挂牌，并被科技部授予“国际科技合作基地”称号；获批汽车整车进口口岸，建设酒水基地，力争建成东北亚地区独具特色的进口汽车贸易中心、酒水贸易中心、奢侈品贸易中心和航运服务贸易中心；整合出口加工区，对现有区域功能优化升级，提前为承接自由贸易政策落地搭建平台；与胶州、董家口等地探索互利共赢发展机制，在德州、临沂、潍坊、济宁、菏泽等地辟建近40平方千米功能园区，并通过开建内陆无水港、功能政策推介，为中西部对外开放打开大进大出、快进快出的物流通道。

青岛出口加工区于2003年3月10日经国务院批准设立，规划面积2.80平方千米，2004年8月正式封关运营。目前，加工区累计注册企业95家，投资总额11.80亿美元，涉及电子、机械加工、纺织、医疗、保税物流等行业。2013年完成工业总产值38.10亿元，工业增加值8.30亿元，固定资产投资5.70亿元。合同利用外资7 550.20万美元，到账外资6 481.20万美元，同比增长11%。

青岛保税物流中心于2009年9月3日通过海关总署、国家税务总局、财政部、国家外汇管理局等四部委验收，2010年4月正式运营。青岛保税物流中心位于青岛市城阳区空运口岸工业园，占地面积26.94万平方米，建成保税仓库6座，海关查验仓库1座，仓库总面积8万平方米。2013年，青岛保税物流中心共审放报关单2.45万票，同比增长11%；监管进出口货值8.20亿美元，同比增长11%。为城阳区企业办理退税8 300余万元，同比增长38.30%。

【烟台水运（海港）口岸】 烟台港位于山东半岛北侧，扼守渤海湾口，隔海与辽东半岛相望，与日本、韩国一衣带水，位于东北亚国际经济圈的核心地带，是中国沿海南北大通道（沈阳—海口）的重要枢纽和贯通日韩至欧洲新欧亚大陆桥的重要节点。烟台港地理坐标为东经121°23′46.9″，北纬37°32′51.8″。烟台港历史悠久，早在1861年8月即被辟为通商口岸，至今已有150多年的历史。新中国成立后，烟台港进行了多次扩建，特别是1973年以来，烟台港进行了多次较大规模扩建。随着改革开放和国民经济的发展，国家日益重视发展烟台港，烟台港建设工程被列为国家重点项目。烟台港是中国环渤海港口群主枢纽港，是中国沿海25个重要港口之一，在全国综合运输网中居于重要地位。烟台水运（海港）口岸与世界100多个国家和地区的150多个港口直接通航，每年有800多艘外籍船舶进出港口。口岸已开通至日韩各主要港口的外贸航线16条，开通国内港口的内贸航线13条，开通国内外贸内支线4条，至韩国仁川的国际客货班轮航线1条。烟台水运（海港）口岸辖烟台港芝罘湾港区、西港区、牟平港作业区、海阳港作业区、大宇造船等部分业主码头，其中芝罘湾港区和牟平港作业区已正式对外开放，西港区、海阳港、大宇造船码头实施临时对外开放。

烟台水运（海港）口岸芝罘湾港区是现有的核心港区，以集装箱、客货滚装运输，以及矿石、煤炭、粮食、化肥、钢材等散杂货作业为主，共有泊位48个，万吨以上深水泊位25个，最大水深-20米，码头岸线长度8 300米。芝罘湾港区与烟台保税港区一墙之隔，保税港区划分为港口作业区、物流作业区、公共查验区、出口加工作业区等四大功能区，主要开展集装箱拆拼、临港增值加工、物流仓储、集装箱国际中转等业务。

烟台水运（海港）口岸西港区是规划中的核心港区，地处烟台开发区大季家东北海域，规划港区水域面积约500平方千米，陆域面积约50平方千米，码头岸线总长19千米，码头前沿最大水深－28米。港口作业区规划为五大部分，即石油作业区、液体化工作业区、大宗散货作业区、通用散货作业区和集装箱作业区，将建成5万～30万吨级泊位65个，最终实现港口吞吐能力2亿吨和1 500万标箱。

2013年烟台水运（海港）口岸运输情况统计表

项目	单位	完成	同比（%）
港口吞吐量	万吨	16 377.80	+6.60
外贸	万吨	4 233.40	+37.80
外贸进口	万吨	3 263.80	+54
外贸出口	万吨	969.60	+17.90
集装箱吞吐量	万标箱	163.50	+13.20
出入境旅客	万人次	7.20	－12.30

烟台水运（海港）口岸主要进口非金矿、铁矿石、金属矿石、煤炭制品、粮食等。各货种所占进口总量比重如图所示：

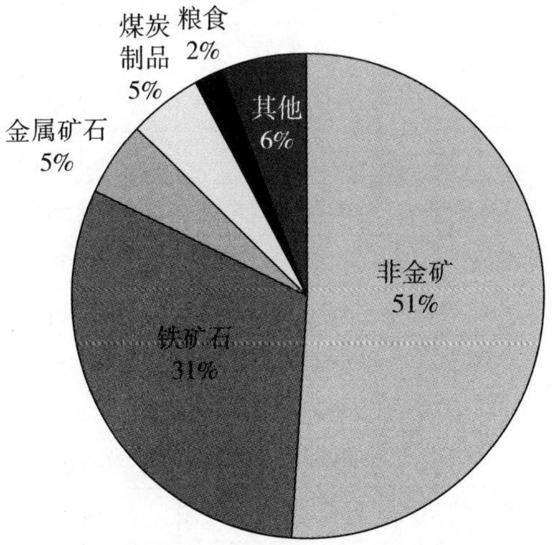

出口货物主要有化肥、商品车、钢铁等。各货种所占出口总量比重如图所示：

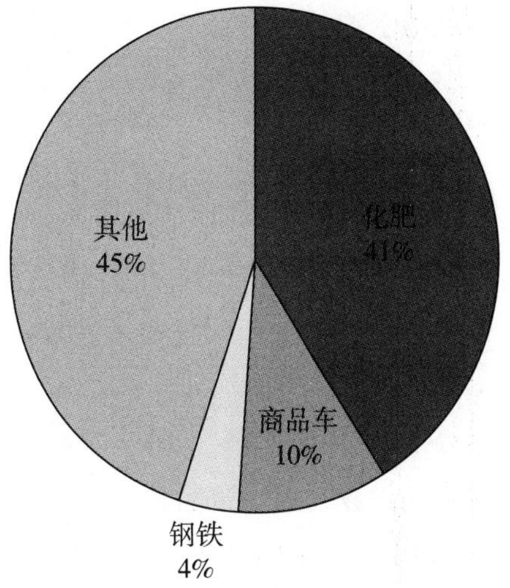

烟台保税港区于2009年9月获国务院批准，2010年7月30日通过国家验收，面积4.86平方千米。2013年烟台保税港区合同外资完成1 655万美元，同比增长63.20%；实际利用外资1 162万美元，同比增长38%。外贸进出口完成6.70亿美元，同比增长24.70%。其中，出口3.90亿美元，同比增长26.50%；进口2.80亿美元，同比增长22.40%。

【威海水运（海港）口岸】 威海港位于山东半岛东端，北临黄海，东与朝鲜半岛、日本列岛隔海相望，扼京津咽喉。水路距大连港93海里，距青岛港200海里，距韩国仁川港136海里。刘公岛其是天然屏障，港口港深域扩，不淤不冻，地理和自然条件十分优越。

1985年4月1日，经国务院、中央军委批准威海港正式对外开放。1990年9月16日，在中韩尚未建交的情况下，开通了全国第1条对韩客货班轮航线。截至2013年年底，威海水运（海港）口岸有18条国际班轮航线，每周30班，与80多个国家和地区的港口建立了贸易往来，基本形成了直达东北亚区域，辐射世界各地的航运体系。威海水运（海港）口岸出口主要目的地依次是亚太经合组织、欧盟等，进口主要原产地依次是亚太经合组织、东盟等，韩国是威海水运（海港）口岸的第一大贸易伙伴。威海水运（海港）口岸进出口贸易方式以加工贸易为主，占58.30%；其次是一般贸易，占39.60%。主要进出口商品是机电产品、农产品、轮胎和水海产品等。威海水运（海港）口岸共有开放泊位22个，其中万吨级以上泊位11个，4个集装箱场站，码头功能齐全，公路铁路集疏运完善。依托口岸，先后设立了威海出口加工区、威海邮局国际邮件分拣中心和多处保税仓库。2010年12月21日，威海水运（海港）口岸在全国率先试点中韩陆海联运汽车运输项目，开启了“门对门”货物直通的物流运输模式。2013年，威海市委市政府根据城市发展和港口生产需要，决定将位于市中心的北港业务全部搬迁到南港。2013年6月27日，顺利完成搬迁任务，总建筑面积4万平方米的威海水运（海港）口岸国际客运中心同步投入使用。7月，三进船业新扩建码头（5个码头和1个干船坞）通过省政府开放验收，成为山东省唯一实现整体开放的外商独资企业码头。2013年，威海水运（海港）港口岸加强了与青岛、上海等口岸的区域外合作；积极推动与韩日口岸部门开展数据共享、食品安全认证、技术政策交流，投资贸易便利化取得新进展；不断推进特色口岸建设，韩国食品、日用品交易集散地和最大水产品进口口岸建设方案已经出台，进入落实阶段。

威海水运（海港）口岸航线一览表

	航线	开通时间	每周
客货运航线	威海—仁川	1990.9.15	3班
	威海—平泽	2009.6.20	3班
对韩国集装箱航线	大连—威海—釜山	2000.10.11	1班
	天津—大连—威海—釜山	2002.4.17	1班
	天津—大连—威海—平泽	2002.11.26	1班
	威海—大连—釜山	2002.8.27	1班
	威海—仁川	2003.7.09	3班
	威海—釜山—美国西海岸	2004.12.01	1班
	连云港—青岛—威海—釜山	2005.3.25	1班
对日本集装箱航线	天津—威海—日本大阪、神户、横滨、东京、名古屋	1995.7	1班
	威海—日本下关、门司、博多	2003.3.3	1班
	丹东—威海—日本大阪、神户、横滨、东京、名古屋	2002.11.28	1班
	威海—日本横滨、东京、名古屋	2004.2.29	1班
	天津—大连—威海—日本下关、门司、博多	2005.8.2	1班
	威海—日本关东	2007.11.27	1班
外贸内支线	威海—大连中转至欧美、东南亚各港口	1999.4	1班
	威海—大连中转至欧美、东南亚各港口	2009.7	1班
	威海—青岛中转世界各港	2003.7.25	1班
	威海—青岛中转世界各港	2004.11.19	1班
	威海—釜山	2008.6.1	7班

威海海关、威海出入境检验检疫局、威海边防检查站、威海海事局承担威海水运（海港）口岸的查验监管任务。2013 年，市口岸办联合各部门出台了《提高口岸通关效率促进外经贸发展的意见》，为企业节省费用 7 000 万元。各部门以"提速增效、服务发展"为重点，改革查验模式，优化通关流程，相继实行了"5 + 2"、"全天候、无假日"、预约通关、无纸化报关缴费等措施，通关效率进一步提高，通关成本进一步降低，执法服务更加优质贴心。据统计，目前威海水运（海港）口岸集装箱货物通关当天验放率达到 100%，旅客通关速度控制在人均 35 秒以内，均保持山东省领先水平。2013 年，威海水运（海港）口岸被国家口岸管理办公室评为"全国运行管理先进口岸"。2013 年，威海水运（海港）口岸监管货值为 159.20 亿美元，同比增长 17.40%；完成港口吞吐量 4 610 万吨，同比增长 13.40%，其中外贸货物吞吐量2 037万吨，同比增长 14.40%；完成国际集装箱 65 万标箱，同比增长 16.60%；运送出入境旅客 57.30 万人次，同比增长 8.60%。

【龙口水运（海港）口岸】 龙口港始建于 1914 年，地处渤海南岸、胶东半岛西北部，与辽东半岛隔海相望，地理坐标为东经 120°19′14″，北纬 37°39′11″。它是距离黄河三角洲最近的 10 万吨级以上船舶出海口，烟台市和烟台港集团规划建设的三大核心港区和两个亿吨港区之一，中国最大的对非散杂货出口贸易口岸和铝矾土进口口岸，首批对台开放直航港口，国内首家拥有原油仓储资质的港口企业，国家规划建设的北煤外运装船港。1984 年 12 月，龙口水运（海港）口岸被国务院和中央军委批准为一类口岸对外开放。目前口岸辖龙口港、龙口胜利码头、龙口渔港码头，主要进出口业务在龙口港。港口现有资产总额 86 亿元，员工 4 000 余人，码头岸线 15 余千米，占地面积 6 平方千米；生产泊位 31 个，其中 10 万吨级 7 个，5 万吨级 5 个，万吨级 7 个，核定通过能力 6 000 万吨以上。港区库场面积 180 万平方米，石油化工仓储能力 150 万立方米，粮食罐存储能力 16 万立方米。

龙口水运（海港）口岸地处环渤海经济圈的中心区域，港湾自然条件良好。北有东西长 8 千米的连岛天然沙坝为屏障，南有金沙滩环抱，不冻不淤，2013 年作业天数在 300 天以上，史有"稳油盆"之称。屺坶岛端部自然水深 -16 米以上，最大水深 -22 米，后方陆域土地广阔，具备优越深水泊位的建设条件。港口直接经济腹地包括龙口市及周边市（县、区）、黄河三角洲地区，自然资源丰富，工农业发达，外向型经济活跃，加工制造业发展势头强劲，是我国经济发展较快的区域之一。龙口水运（海港）口岸交通条件十分便捷，从此起航可直达全国各港口及世界各地。以大莱龙、益阳、胶济、寿平铁路为骨架，以威乌、济青、东青、滨博、龙青等高速公路为脉络，以青州"无水港"为货源集散中心，以寿光、大家洼、羊口等站点为节点，以环渤海港口至龙口港的转水航线为呼应的集疏运网络将龙口水运（海港）口岸与腹地客户紧密相连。德龙烟、黄大铁路贯通后，龙口水运（海港）口岸的发展空间将更加广阔，不仅可承担"三西"（山西、陕西、内蒙古自治区西部）煤炭下海出口分流的任务，同时港口的货源腹地还将向甘、宁、陕、晋、冀等地区延伸，构成一条连接西北、横贯山东境内的沿海铁路大通道。

龙口水运（海港）口岸拥有 70 多条国内外航线，与世界 50 多个国家和地区的港口有贸易往来，现有集装箱航线 20 条，其中环渤海航线 9 条。龙口港已经成为山东半岛至渤海湾港口之间航线最密集、服务最完善的港口。

龙口水运（海港）口岸航线一览表

区域	航线名称	挂港顺序
外贸线	海丰关东线	龙口—名古屋—四日—东京—横滨
	京汉平泽线	龙口—平泽
	大连外支线	龙口—大连及中转世界各地
珠三角区域	中海烟台线	龙口—烟台（大连），中转：黄埔、蛇口、湛江、海口、防城
	天海黄埔线	龙口—虎门—泉州
	安通黄埔线	龙口—黄埔
	信风广东线	龙口—营口—虎门
	中谷珠海线	天津—龙口—珠海
长三角区域	中谷上海线	龙口—大连—上海，中转：长江下游、厦门、黄埔
	信风宁波线	龙口—营口—宁波，中转：乍埔、温州
	信风温州线	龙口—营口—温州，中转：台州等
	凯通泉州线	营口—龙口—太仓—泉州
	天海黄埔线	龙口—泉州—虎门—汕头
环渤海区域	环渤海大连线	龙口—大连—东北口岸（内外贸易同船，锦州、营口、秦皇岛、丹东、东北各海铁内陆点）
	华鸿营口线	龙口—营口—锦州（接东北三省、内蒙古自治区等地货）
	中海营口线	龙口—大连—营口
	凯通营口线	营口—龙口—太仓—泉州
	信宏营口线	龙口—营口—（盘锦）
	信风营口线	龙口—营口—温州
	合德京唐线	龙口—京唐—锦州

为充分利用龙口水运（海港）口岸优越的地理环境，向企业和外商提供优质、便捷的海关监管服务，促进外贸经济的快速发展，2005 年 10 月经青岛海关批复，龙口海达物流公用型保税仓库正式投入使用。保税仓库位于龙口港港区 24 号泊位堆场，面积 10.40 万平方米，主要经营煤炭、石油化工、铝矾土、铁矿砂、水泥及熟料、集装箱、非洲杂货班轮等业务。口岸拥有“大包水泥效率”、“中非杂货班轮”、“木材全程物流服务”、“港口现代物流融资支持平台”和“环渤海黄金水道集装箱运输服务”5 个山东省级服务名牌。铝矾土成为港口首个3 000万吨级货种，煤炭和液体化工吞吐量继续保持在千万吨以上；港口千万吨级货种达到 3 个，百万吨级货种达到 9 个。中非杂货、铝矾土、石油焦、朝鲜煤炭 4 个货种的市场占有率居国内首位。2013 年，港口实现吞吐量 7 058 万吨，同比增长 6%，其中外贸完成 3 654 万吨，同比增长 6.50%；集装箱完成 51.50 万标箱，同比增长 26.70%。

2013 年龙口水运（海港）口岸主要进出口货种一览表

货种名称	吞吐量情况（万吨/标箱）
铝矾土	2 576
煤炭	1 180
液体化工	1 185
燃料油	447
木材及木片	290
原油	484
水泥	263
铁矿	151
镍矿	113
石油焦	140
粮食	140
成品油	125
集装箱	515 132

【日照水运（海港）口岸】 日照（石臼）港地处山东半岛与江苏大地夹角的底部，我国海上南北运输主通道的中间地带，是新亚欧大陆桥东方桥头堡，地理坐标为北纬 35°23′、东经 119°33′，水上北距青岛 65 海里，南距连云港 40 海里，东与朝鲜半岛、日本隔海相望。1982 年正式开工建设，1986 年 5 月经国务院口岸领导小组批准正式对外开放，是我国重点发展的沿海 20 个主枢纽港之一。口岸包括东港区、北港区、西港区，至 2013 年年底已开放煤炭、通用、矿石、散杂、油品、木片、集装箱及客箱码头等泊位 34 个，与世界 100 多个国家和地区通航，设计吞吐能力 1.30 亿吨。2013 年，日照水运（海港）口岸完成吞吐量 2 亿吨；进出口货物 1.26 亿吨，其中进口 1.23 亿吨，出口 335 万吨；国际集装箱 3.88 万标箱。

2013 年日照水运（海港）口岸运输情况统计表

类别	港口吞吐量（万吨）	外贸货运量			
		进出口（万吨）	同比（%）	进口（万吨）	出口（万吨）
合计	19 978.89	12 616.16	−2.25	12 281.22	334.94
煤炭	2 849.71	1 228.93	−7.61	1 184.39	44.54
成品油	20.63	0.61	−47.41	0.61	0
铁矿石	9 496.54	8 298.48	−5.81	8 298.48	0
钢铁	204.59	163.01	+14.02	2.8	160.21
水泥	267.02	19.46	+9.57	0	19.46
木材	1 135.63	1 095.63	−3.68	1 095.63	0
非金属矿	294.42	224.88	−32.44	175.58	49.30
化肥	7.03	7.03	+268.06	0	7.03
粮食	635	623.28	+11.86	623.04	0.24
其他	5 068.32	954.85	+65.87	900.69	54.16

日照水运（海港）口岸集装箱航线一览表

序号	船公司	航线名称	接转港口	班期
1	中远	日照—连云港—蛇口	钦州、湛江、海口、防城及珠江水系各港口	5天
		日照—大连—天津—营口		7天
2	中海	日照—青岛	南沙、钦州、湛江、海口、防城及珠江水系各港口	2天
3	和易	日照—黄埔		6天
		日照—宁波—温州		6天
		日照—福州—漳州	汕头	4天
4	中谷 新良	日照—青岛	厦门、泉州、漳州、汕头	2天
		日照—青岛—黄埔	蛇口、珠海、中山、湛江、南庄	6天
5	致通	日照—青岛—锦州—营口		8天
6	港泰	日照—泉州—黄埔		5天
7	安通	日照—青岛	广州、海口、丹东	3天
8	环海	日照—福州—泉州	钦州	10天
9	明发	日照—营口		7天
		日照—福州—泉州		7天
10	南青	日照—上海	福州、温州	7天
		日照—厦门	汕头、黄埔、海口、湛江、防城、钦州	7天
11	洋浦中良	日照—黄埔		7天
		日照—营口		7天
12	豪港	日照—泉州—漳州		7天
		日照—营口		7天
13	新闽航	日照—泉州	湛江、海口、钦州	5天
		日照—黄埔		7天
14	中创	日照—青岛	世界各港口	每周5班
15	海通	日照—平泽		每周两班

日照水运（海港）口岸配套设施齐全、功能完善。投资3亿元建设的鲁南（日照）国际贸易与航运服务中心，是国内第3个、山东省第1个国际贸易与航运服务中心。海关、检验检疫、海事、边防检查等查验单位进驻大厅，为进出口岸的船舶、货物、人员提供“一站式”通关、“一条龙”服务。

具备国际中转、国际配送、国际贸易、国际采购和保税基本功能的日照保税物流中心（B型），是目前鲁南地区唯一的保税物流中心；具备木材贸易、检验检疫、加工等多种功能的国家级木材贸易加工示范区，是全国第2家木材贸易加工示范区。

日照水运（海港）口岸交通发达，集疏运条件优越。日照地处环太平洋经济圈、黄渤海经济圈和新亚欧大陆桥经济带，是东北亚经济圈和山东半岛蓝色经济区的重要组成部分，晋鲁豫铁路大通道东出海口，区位优势得天独厚，在国家生产力布局和运输格局中具有重要战略地位。区域内有兖日、坪岚、胶新3条铁路通过；兖日铁路向西经西安、新疆阿拉山口可直达鹿特丹、安特卫普等欧洲口岸，是新亚欧大陆桥东方桥头堡；在“十二五”期间新建新菏兖日铁路、晋鲁豫铁路、青日连铁路，将形成“三横二纵”的铁路网；有日兰、沈海2条高速公路，12条国道、省道。在“十二五”期间还将新建潍日、青临、岚临3条高速公路，形成“三纵两横”的高速公路网。通过已经建成运营的日照至仪征、东明两条原油管道和列入国家管网规划的日照至濮阳、洛阳管线及市内管线，每年可向长江、中原地区和腹地企业输送1亿吨以上原油。

日照水运（海港）口岸辐射影响进一步扩大。其采取多种形式，加强与丝绸之路经济带的协作与联合，先后与阿拉山口、霍尔果斯和西安等口岸签署了战略合作框架协议，口岸功能进一步延伸，服务腹地范围进一步拓展。

【石岛水运（海港）口岸】 石岛港位于山东半岛的最东端，与日本、韩国隔海相望，拥有石岛新港、蜊江港、朱口港、石岛港通用泊位码头作业区，1988年12月经国务院批准正式对外开放，2001年8月石岛新港正式对外启用。石岛新港码头沿线总长3 950米，对外启用泊位17个，其中万吨级以上泊位7个，年货物吞吐量1 000多万吨。目前，港口码头三期扩建工程正在进行，建成后可新增岸线2 770米，泊位12个，其中10万吨级泊位2个，5万吨级泊位3个。石岛新港有20万平方米的集装箱堆场和散货场，3 000平方米的国际候船厅；有集装箱桥吊、门机吊、集装箱正面吊、300吨浮吊等各类大型港口吊装设备30多台套，海关监管的集装箱运输车200余辆。石岛新港下设国际物流、船舶代理、报关报检、外轮理货、货物装卸运输等专业化服务部门，主要从事货物装卸储运、旅客运输服务、港机设备租赁、港口拖轮经营、船舶港口服务等业务。港口建有办公自动化、电子卡口、GPS全球定位等先进的管理系统，建立了完善的信息交流平台，实现了资源共享和最佳分配。石岛新港开通了石岛至韩国仁川、群山2条客货班轮航线，至韩国釜山，日本门司、博多、关东、关西，以及青岛、泉州等10余条国际国内全集装箱航线。2011年11月开通了石岛港中韩陆海联运汽车货物运输通道，实现了快速直达运输。

石岛边防检查站、荣成海关、荣成出入境检验检疫局、威海海事局石岛海事处承担该口岸的监管任务。石岛水运（海港）口岸进出口货物以煤炭、钢铁、非金属矿和散杂货为主。2013 年，口岸出入境船舶 2 174 艘，进出口货运量 620.20 万吨，进出口集装箱 13.20 万标箱，出入境旅客 30.40 万人次。

石岛水运（海港）口岸航线一览表

分类	航线名称	开通时间	航班情况
客货	石岛—仁川	2002.7	每周 3 班（二、四、日）
	石岛—群山	2008.4	每周 3 班（一、三、六）
集装箱	石岛—釜山	2003.4	每周 1 班（五）
	石岛—日本门司、博多	2003.6	每周 1 班（一）
	石岛—平泽	2007.6	每周 1 班（五）
	石岛—日本关西	2005.9	每周 1 班（日）
	石岛—日本关东	2005.10	每周 1 班（一）
外贸内支	石岛—青岛	2005.3	每周 3 班（三、五、日）

【岚山水运（海港）口岸】 岚山港位于日照市东南部，黄海海州湾北岸，鲁东南、苏北交界处，地理坐标为北纬 35°05′，东经 119°22′，是 1977 年作为山东省“七五”重点建设项目而兴建的地方港口，1989 年 1 月被国务院批准为一类对外开放口岸。口岸包括南作业区、中作业区、北作业区。截至 2013 年年底已开放油品、液化、通用、散杂等泊位 14 个，其中 30 万吨原油泊位和 10 万吨原油泊位各 1 个。港口设计吞吐能力3 671万吨，2013 年完成吞吐量 1.18 亿吨，其中外贸货物 0.97 亿吨。港口配套设施完善，配有铁路、引航、轮驳、储运、理货、动力、通讯、机修及科研等港口生产服务的各类配套保障系统，拥有 9 条液化品专用装卸线，已成为江北重要的液体化工品集散地和重要的木材进口港。港口交通便利，集疏运体系健全。岚兖铁路直通港口，与 204 国道交叉；坪岚铁路直通码头和罐区，与京沪线、京九线、陇海线等铁路干线联通；岚山至仪征、岚山至东明的输油管线投入使用，坪岚铁路改扩建、岚山至濮阳输油管线也将于“十二五”期间内开工建设。

2013 年岚山水运（海港）口岸运输情况统计表

类别	港口吞吐量（万吨）	外贸货运量			
		进出口（万吨）	同比（%）	进口（万吨）	出口（万吨）
合计	11 774.40	9 741.87	+39.20	9 587.80	154.07
煤炭	792.29	668.42	+67.30	666.12	2.30
原油	2 783.76	2 782.73	+90.90	2 782.73	
成品油	218.02	81.37	-73.40	81.70	

续表

类别	港口吞吐量（万吨）	外贸货运量			
		进出口（万吨）	同比（%）	进口（万吨）	出口（万吨）
铁矿石	5385.36	5 066.11	+41.20	5 066.11	
钢铁	415.16	36.32	-31.10		36.32
水泥	12.21	11.81	+801.50		11.81
木材	555.34	555.34	+12.20	555.34	
非金属矿	105.90	14.70	-82.90	14.20	0.50
粮食	325.68	325.23	+0.50	325.23	
其他	991.54	199.84	-31.10	96.70	103.14

【东营水运（海港）口岸】 东营港始建于1984年，位于山东省东营市北部，地理坐标为北纬38°05′，东经118°57′，1995年12月国务院批准东营港为一类开放口岸。1997年12月，东营港正式对外开放。2010年12月，经省政府有关部门和国家驻鲁口岸查验单位验收，两个新建的3万吨散杂货和燃料油码头正式对外启用。2013年，港口完成吞吐量1 400万吨，进出外轮21艘次，货物9.22万吨，进出口货值3 489.40万美元。围绕建设"国际物流港"的目标，中海油2×5万吨、2×5 000吨，万通2×2万吨，宝港国际2×5 000吨等10个液体化工品泊位，万通7×3 000吨散杂货泊位建成投入试运行，港口吞吐能力达到3 000万吨。万佳港航4个1万吨液体化工泊位完成主体工程，东营至旅顺的滚装船航线开通。

万通海欣100万立方米保税罐区即将通过验收，中海油16.80万平方米散杂货堆场已经建成，106万立方米原油库区通过验收并达到投用条件，1 500万吨原油上岸终端项目已开工建设，宝港国际100万立方米罐区投入使用，这些项目的建成和投产，为完善口岸综合功能、提高吞吐能力、扩大对外开放奠定良好基础。

【蓬莱水运（海港）口岸】 蓬莱港位于山东半岛最北端，与日本列岛和朝鲜半岛隔海相望。2013年港口吞吐量为1 394.47万吨，其中外贸货物341.03万吨，同比增长35%；主要货种有煤炭、原油、成品油、铁矿石、钢铁、水泥、木材、非金属矿及粮食等。蓬莱水运（海港）口岸拥有蓬莱新港和栾家口港两个作业区。蓬莱新港位于蓬莱城东8千米开发区以北，地理坐标为东经120°35′50″，北纬37°46′49″，港口腹地陆路交通已成网络，十分便利。1996年7月被国务院批准为一类对外开放口岸，1997年12月正式对外开放。目前，港口有6个对外开放泊位，占地45.33万平方米；航道长400米，宽100米，水深-10米；拥有15万平方米的堆场，建有2 600平方米的仓库，港口各类设施先进，技术力量雄厚，具有全天候作业能力。现已开通至日本、朝鲜、韩国、我国香港等国家和地区的国际货运航线。栾家口港位于蓬莱市西10千米，地理坐标为东经120°35′50″、北纬37°46′49″，始建于1995年4月。2003年6月国务院批准蓬莱水运（海港）口岸扩大开放至栾家口作业区，2004年2月正式对外开放。港口占地34.53万平方米，自然条件优越，航道宽畅，有对外开放泊位12个，腹地为蓬莱市西城临港工业区，交通十分便利。目前，蓬莱水运（海港）口岸共拥有监管区出入卡口通道9条，封闭式查验场房1 400平方米，平台式查验场地1 200平方米，扣留货物仓库2 400平方米，现场查验单位办公场所及值班休息室3 170平方米，视频监控探头47个。

2013 年蓬莱水运（海港）口岸运输情况统计表

	港口吞吐量（万吨）	外贸			
		进出口（万吨）	同比（%）	进口（万吨）	出口（万吨）
合计	1 394.97	341.03	+35	255.22	85.81
煤炭	330.64	45.33	-318	40.43	4.90
原油	13.27	13.27	-58	13.27	
成品油	4.55				
铁矿石	15.65	13.17	-30	12.67	0.50
钢铁	4.70	4.65	+140	3.05	1.60
水泥	60.92	45.23	+129		45.23
木材	80.30	83.70	+119	80.30	3.40
非金属矿	178.25	98.10		96.60	1.50
化肥		3.50			3.50
粮食	0.35				
食盐		3.30			3.30
其他	99.94	30.78	+14	8.90	21.88
滚装	606.40				

【莱州水运（海港）口岸】 莱州港地处烟台市最西端，位于渤海湾南岸莱州市三山岛工业区，是黄河三角洲地区唯一适合建设 10 万吨级以上泊位的港口，是唯一同时列入黄河三角洲高效生态经济区和山东半岛蓝色经济区两大国家战略的港口，被山东省交通运输厅规划为黄河三角洲地区龙头港。1996 年 11 月被批准为国家一类对外开放口岸，1997 年 12 月正式对外开放。2009 年被批准为对台海运直航口岸，现由中海港务（莱州）有限公司运营。

莱州港主航道水深 -14.3 米，万吨级以上生产泊位 12 个，全部对外开放。其中，10 万吨级油化品专用泊位 1 个，5 万吨级油化品专用泊位 2 个，1 万吨级油化品专用泊位 4 个；5 万吨级通用泊位 2 个；1 万吨级以上散杂货泊位 3 个。2013 年，口岸完成吞吐量 2 000 万吨，其中油化品 1 000 万吨，散杂货 1 000 万吨。

莱州水运（海港）口岸主营货种为原油、燃料油、成品油等液体化工品，以及矿石、煤炭、包件货、散盐等散杂货；具有大宗散货和液化品接卸的能力，现有 13 台门机及各类接卸设备 60 余台，散货卸船能力达 2 000 吨/小时；堆场面积约为 10 万平方米，另有 2 万平方米的专业化包件货仓库。口岸拥有原油罐、汽柴油罐及各类化工品罐 150 万立方米，全长 119 千米、年均输送能力 1 600 万吨的“莱州港—昌邑”输油管线，是环渤海港口中接卸危化品种类最多、设施最齐全、安全保障设施最完备的港口，油化品接卸能力和罐储规模位居山东省第 2 位。

港口全面推进数码港和 ISO 质量管理体系建设，提供国际船（货）代、多式联运代理、保税物流和监管物流、物流金融等拓展服务，是鲁中、鲁西北地区陆上运距最短、综合物流成本最低的深水出海口岸，现有莱州海关监管的散杂货保税堆场 2 万平方米，保税油罐 10 万立方米，保税沥青罐 2.13 万立方米。

【龙眼水运（海港）口岸】 龙眼港位于山东半岛最东端，北纬 37°25′02″，东经 122°38′24″，紧邻著名的海上之路——成山头，与日本、韩国隔海相望，距国际主航道仅 5 海里。1999 年 8 月经国务院批准正式对外开放，是全国第 1 家村办一类对外开放港口，也是中国距韩国最近的一个港口。口岸对外启用泊位 10 个，其中 5 万吨级泊位 3 个，5 000 吨级以上泊位 5 个，集装箱专用泊位 2 个。拥有 160 吨汽车吊 1 台，4 000 马力拖轮 3 条，10 万平方米货场，3 万平方米港口仓库，10 万立方米成品油库，并配有大型国际货运集装箱车队、箱站、货代、船代、物流保税库、豪华的国际候船厅。港池面积百万平方米，航道广阔，无暗礁、无浅滩，水深 -30 米~ -40 米，船舶在夜间、雾天航行安全无险。2001 年 10 月开通至韩国平泽港的客货航线，是中韩两国客货航程最短、最具优势的航线。2006 年建设了 5 万吨级和 8 万吨级两座干船坞。2009 年投资 20 亿元建设龙眼港东区，新建 15 万吨和 20 万吨级两座干船坞，620 米防波堤码头和 300 米顺岸码头，配套建设其他附属设施 10 万平方米，开放后可承修 20 万吨级以下各类型船舶，年修船能力将达到 200 艘次、1 000 万载重吨。2011 年 1 月国务院正式批准开展口岸签证业务。同年 11 月开通了中韩陆海联运汽车货物运输通道，可实现“门到门”直达运输。目前，正在运作龙眼港至韩国大山港的旅客运输航线，开通后可实现全程 3 ~5 小时中韩通航。经过十多年运营，龙眼水运（海港）口岸已成为集修造船业、国际航运、港口物流、成品油经营等多种功能于一体的重要人流、物流集散地。

龙眼港边防检查站、荣成海关、荣成出入境检验检疫局、威海海事局龙眼海事处承担该口岸的监管任务。龙眼水运（海港）口岸进出口货物以钢铁、粮食、煤炭和散杂货为主。2013 年，口岸出入境船舶 1 456 艘，进出口货运量 307. 50 万吨，进出口集装箱 5. 30 万标箱，出入境旅客 18 万人次。

龙眼水运（海港）口岸航线一览表

分类	航线名称	开通时间	航班情况
客货	龙眼—平泽	2001. 10	每周 3 班（三、五、日）

【潍坊水运（海港）口岸】 潍坊水运（海港）口岸始建于 1996 年，位于渤海莱州湾山东潍坊滨海经济开发区海岸，地处环渤海经济圈黄金地带和东北亚区域经济合作的前沿，是鲁中、鲁北、鲁西物资出海陆路运距最短、最便捷的港口，于 2009 年 7 月 28 日正式对外开放。2013 年 12 月 27 日，3 个万吨级泊位对外启用。口岸总体布局为以主航道为轴心，“双堤环抱”单一口门的环抱港区，码头形式为离岸式港岛码头。目前，口岸中港区码头岸线 1 705 米，现有开放泊位 10 个，总设计吞吐能力 892 万吨。口岸通关查验配套服务楼建筑面积4 269平方米，主要为口岸、海关、检疫、海事、边检等查验单位统一使用，为驻港查验工作人员提供必要的餐饮、住宿等生活条件，系口岸查验后勤保障设施。

森达美港（中港区）作为潍坊水运（海港）口岸的主港区，依托国家级的滨海经济开发区，是以散杂货运输为主，临港工业所需原材料及产成品运输为辅的综合性港区。西港区依托省级寿光羊口经济开发区，主要为后方农业产业园及现代制造业园服务，积极开展海河联运。东港区依托省级的昌邑下营经济开发区，主要为后方滨海开发区发展建设服务。初步构成了口岸“一主两辅、功能互补、多点并进、统筹发展”的框架。

目前，潍坊水运（海港）口岸已同韩国、日本、俄罗斯、朝鲜、我国台湾等国家和地区的 20 多个港口有贸易往来。2013 年，口岸累计完成货物总吞吐量 1 684. 70 万吨，其中外贸吞吐量完成 60. 24 万吨。货种主要包括煤炭、铝土、燃料油、铁矿粉、原盐、陶土、矿石等30多个品种，货源涵盖化工、能源、粮食、造纸、建筑、机械加工等多个行业领域，是山东省地区性重要港口。

2013年潍坊水运（海港）口岸运输情况统计表

货物名称	2013年累计（万吨）	进港（万吨）	出港（万吨）
煤炭	393.89	393.89	
铝土	342.02	342.02	
燃料油	243.44	213.27	30.18
铁矿石	150.10	150.10	
原盐	130.39	12.51	117.89
陶土	100.31	100.31	
矿石（金属类）	51.76		51.76
叶蜡石	42.92	42.92	
纸浆	37.52	37.52	
纯碱	32.28		32.28

为加快潍坊市港口集装箱运输业的发展，充分发挥港口在区域经济发展中的引擎作用，潍坊市人民政府制定了支持潍坊水运（海港）口岸集装箱运输业发展的9项优惠政策。2013年起，对潍坊水运（海港）口岸集装箱运输的航运企业、注册登记企业给予资金和税收补助方面的奖励；对集装箱船舶有关的运输通道、引航费、行政事业性收费给予优惠和减免；创新优化集装箱监管模式，健全“大通关”建设组织保障协调机制。

青岛市

【外贸进出口货运量与总值】 2013年，青岛水运（海港）口岸进出口货运量达30 963.32万吨，同比增长8.63%。其中，进口23 289.99万吨，同比增长9.48%；出口7 673.43万吨，同比增长6.15%。海港货物吞吐量45 002.57万吨，同比增长10.60%。集装箱吞吐量1 552.19万标箱，同比增长7.03%。青岛空运口岸货邮量为18.62万吨，同比增长8.32%。口岸外贸进出口总值为1 566.06亿美元，同比增长5.19%。其中，进口总值796.50亿美元，同比增长2.53%；出口总值769.56亿美元，同比增长8.08%。青岛市进出口总值779.10亿美元，占青岛口岸年度总值的49.75%。

【进出境人员与交通工具】 2013年，青岛水运（海港）口岸进出境旅客139 030人次，同比增长7.64%。青岛空运口岸进出境人员2 206 795人次，同比增长20.25%；进出境飞机16 506架次，同比增长5.55%；中外客流量14 516 669人次，同比增长15.20%；机场飞机起降总量128 944架次，同比增长11.75%。

【扩大口岸开放，助推蓝色跨越】 2013年1月25日《交通运输部关于同意国际航行船舶临时进靠青岛水运（海港）口岸董家口港区的函》（交海批［2013］2号），同意国际航行船舶临时进靠青岛港（集团）董家口分公司矿石码头30万吨和20万吨矿石转水码头泊位，董家口港区正式进入外贸运营阶段。2013年12月23日，《交通运输部关于同意国际航行船舶临时进靠青岛港董家口港区部分码头的批复》（交海批［2013］55号），同意青岛港（集团）董家口分公司矿石码头30万吨泊位和20万吨矿石转水码头临时进靠国际航行船舶期限延长，同时增加青岛水运（海港）口岸董家口港区华能码头3.5万吨、5万吨及北二突堤5万吨码头泊位临时进靠国际航行船舶。2013年7月24日，山东省政府组织青岛海关、山东省公安边防总队、山东出入境检验检疫局、山东海事局及山东省港航局等单位，对青岛海西重机有限责任公司自用码头进行对外启用验收；8月5日，《山东省人民政府关于同意青岛港口岸青岛海西重机有限责任公司自用码头对外启用的批复》（鲁政字［2013］149号），批准海西重机有限责任公司自用码头对外启用。

2013年，青岛空运口岸新增和加密6条国际（地区）客货运航线。2013年1月11日，新加坡酷航航空公司在青岛设立营业部，开通新加坡—青岛—沈阳—青岛—新加坡客运航线；7月4

日，菲律宾飞龙航空公司开通青岛—长滩岛旅游包机航线；7月17日，泰国捷特亚洲航空公司开通青岛—曼谷旅游包机航线；8月8日，东方航空公司开通青岛—上海—旧金山客运航线，这是青岛市、山东省首条采用“一机到底”模式飞往北美的空中航线；9月29日，山东航空公司开通青岛—曼谷客运航线；10月3日，山东航空公司开通青岛—台中客运航线。

【全力做好重大活动通关保障】 青岛水运（海港）口岸相继完成海军第14批护航编队赴亚丁湾护航出境保障任务，2013国际极限帆船系列赛青岛站比赛参赛的8个国家（地区）的参赛帆船、船员及参赛物资的通关保障，2013年第5届青岛国际帆船周参赛的25支船队通关保障；为美国“钻石公主号”邮轮2 580名旅客、1 055名员工提供便捷通关服务；为2013国际帆联世界杯帆船赛青岛站比赛，为来自英国、澳大利亚、新西兰、阿根廷等24个国家和地区的131名运动员、104条参赛船（板）及参赛物资办理便捷通关手续；为2013世界柔道大奖赛（中国站）比赛参赛官员、运动员及携带摄影摄像器材进出境提供便捷通关服务。同时，青岛市口岸认真研究制订相关方案，积极做好“2014青岛国际园艺博览会”通关保障准备工作；成立2014 APEC贸易部长会议及第2次高官会等系列会议交通迎送服务小组，研究制订口岸保障方案，做好会议保障准备工作。

【加强口岸跨区域合作】 2013年，青岛市与东营市共同签署《口岸战略合作框架协议》，开展双方口岸交流与合作。东营市鼓励引导本地直通企业把青岛水运（海港）口岸作为对外贸易的主要口岸，积极开拓东营港经青岛水运（海港）口岸中转的国际航线，带动和促进东营市口岸物流发展；青岛市口岸办牵头农行青岛分行、港口、机场、物流公司、代理公司召开口岸跨区域合作座谈暨物流企业银企对接会，争取金融部门对开展口岸跨区域合作企业进行支持；青岛市口岸代表团赴黑龙江省绥芬河市，与绥芬河市口岸管理委员会签署《口岸区域合作框架协议》，积极推进两地“属地报关，口岸验放”、“进出口货物检验检疫直通放行”区域通关合作，努力推进两地海铁联运业务发展；青岛市口岸办与河南漯河市口岸办对接，开展肉类进口口岸调研。截至2013年年底，青岛口岸“属地申报，口岸验放”区域通关范围扩至29个直属关区，建立了与沿黄、环渤海、长三角、珠三角、成渝、海西等主要经济区的合作；与天津、河南、山西、甘肃等地建立了省际检验检疫直通放行合作机制，省际“直通放行”企业达到300多家。

【深化口岸大通关建设】 2013年，驻青岛市口岸各查验单位认真研究服务地方经济发展举措，积极探索口岸管理机制创新和流程优化，推进口岸大通关建设良好发展。一是推进“绿篱”专项行动。加强进口固体废物监管，打击“洋垃圾”走私，维护青岛市环境生态安全，清理滞港长达10年之久的固体废物共356个集装箱计7 767.38吨，解决了污染港口环境，占用港区有限作业空间的“老大难”问题。二是提高口岸通关效率。海关在全国率先开展“监管袋直通业务”试点和“出口拼箱”试点，实现“一次申报、一次验放”；检验检疫对出口货物实施“山东省一个大通关地”监管；边检推出通关“秒服务”，实施网上报检和预约服务，深化口岸“零待时”服务；启动空运口岸出入境人员边检自助通关系统。三是加快通关无纸化改革。深入推进进口报关单随附单证电子数据联网传输，逐步取消企业现场递交纸质单证，实行进口货物电子放行，实现担保验放通关作业无纸化。全面实施检验检疫“通关单联网核查，纸面通关单不流转”模式，提高货物验放速度；研发推广“检验检疫电子通关单查询系统”，方便企业查询通关信息。四是推动邮轮母港建设。研究论证邮轮母港联检大厅通关查验流程设计，推进邮轮母港口岸查验配套设施建设，主动介入，提前布局，确保建成后的各项口岸设施符合国家有关要求。五是推进移动口岸建设。对大型国际帆船赛事实施现场查验、就地放行；探索移动口岸通关监管查验模式。六是推进汽车口岸建成运营。高起点设计整车进口通关流程，完成整车进口查验监管场地的设计规划等工作。2013年5月31日，经海关总署、工信部、商务部、国家质检总局等部委的联合验收，青岛保税港区汽车整车进口口岸一期工程正式运营。七是推进口岸信息化建设。在港区危险品库和查验平台设立远程监控移动摄像头，实现海事执法人员远控集装箱危险货物装箱质量的开箱查验；检验检疫实现ESR系统与港口部门舱单数据全面对接，实现进口货物“电子闸口”监管模式。边防推进“智慧边检”建设，研发客货班轮网上预检预报系统，研发邮轮智能管控系统，等等。八是推进航空领域合作。发挥门户机场和区位优势，与内陆机场开通多条联程中转航线。九是推进陆海联运项目。加大中韩陆海联运青岛通道宣传力度，吸引更多物流企业参与陆海联运业务，拓展内陆腹地货源，促进中韩陆海联运项目可持续发展。十是推动保税功能拓展区建设。积极推动海关特殊监管区整合、扩大和提升发展，海关、检验检疫等单位研究报送青岛自由贸易区申报试点通关便利化措施和航运服务等方案，加快推进保税港区功能拓展区规划建设。

山东省口岸大事记

3月21日

全国直属海事系统船舶交通管理服务系统（VTS）“四型海事”建设创品牌活动现场交流会在威海召开。

3月22日

济南海关缉私局暨山东省公安厅济南走私犯罪侦查局揭牌仪式在济南海关举行。

4月17日

山东海事局和韩国西海海洋警察厅举办2013年第1次中韩海上搜救联合通信演习。

5月8日

国际海事组织无线电通信与搜救分委会（COMSAR）2013年度会议在青岛召开。

5月20日

山东海事局代表中方参加西北太平洋行动计划（NOWPAP）成员国间的第11次溢油应急通信演习。

5月22日

山东省委副书记、省长郭树清到鲁南（日照）国际贸易与航运服务中心检查指导工作，

5月27日

山东省委副书记、省长郭树清视察济南边检站执勤现场，并亲切看望慰问执勤官兵。

5月31日

青岛保税港区汽车整车进口口岸通过由海关总署、工信部、商务部、国家质检总局组成的联合验收组的正式验收。

6月6日

中华人民共和国海事局北海海巡执法总队暨青岛海事局海巡执法支队揭牌仪式顺利举行。

6月14日

中蒙进出口食品安全磋商机制第2次会议在青岛举行。

6月17日~21日

中日俄韩四国西北太平洋行动计划海洋环境应急准备与反应区域中心（NOWPAP MERRAC）第16次联络员会议暨第8次国家主管机关会议在韩国仁川召开，山东海事局派员组成代表团出席会议并圆满完成各项会议日程。

7月22日~25日

山东海事局承办的第9次中日海事会谈在山东召开，交通运输部海事局、日本国土交通省海事局、中国船级社、日本船级社派员参会。

10月15日

国家质检总局、山东农业大学加强进出境动植物及其产品检验检疫领域战略合作协议签署暨2013年山东出入境检验检疫局“国门生物安全进校园”活动启动仪式在泰安山东农业大学举行。

西北太平洋区域合作计划（NOWPAP）成员国（中日韩俄）“船舶危险化学品风险防备和事故应急技术专家研讨会”在青岛召开。

10月15日~18日

中韩（山东—西海）海上搜救合作第3次定

期会议在青岛召开。

10 月 25 日

山东省海上搜救中心和韩国西海海洋警察厅举行 2013 年第 2 次中韩海上搜救联合通信演习。

12 月 12 日

西北太平洋行动计划（NOWPAP）成员国举行中日韩俄第 12 次溢油应急通信演习。

12 月 25 日

济南综合保税区通过国家十部委正式验收。

12 月 26 日

潍坊综合保税区通过国家十部委正式验收。

（撰稿人：赵猛、张威、王亚楠、郑珂、沈明磊）

2013 年山东省口岸流量统计表

口岸类型	口岸名称	货运量（万吨）				集装箱量（万标箱）				人员（万人次）				交通工具（辆、艘、架、列次）			
		出口	进口	合计	同比（%）	出口	进口	合计	同比（%）	出境	入境	合计	同比（%）	出境	入境	合计	同比（%）
空运口岸	青岛			0.00				0.00		110.22	110.46	220.68	+20.25	8 211	8 050	16 261	+3.98
	济南			0.00				0.00		14.49	14.72	29.21	+18.16	1 318	1 312	2 630	+13.46
	烟台			0.00				0.00		15.10	14.88	29.98	+9.08	1 723	1 497	3 220	+8.13
	威海			0.00				0.00		13.54	13.66	27.20	+16.62	1 321	1 323	2 644	+1.42
	分计			0.00				0.00		153.35	153.72	307.07	+18.54	12 573	12 182	24 755	+5.16
海港口岸	青岛	7 673.45	23 305.00	30 978.45	+8.45	786.72	765.47	1 552.19	+7.03	6.84	7.06	13.90	+8.25	5 984	5 611	11 595	+1.83
	烟台	970.30	3 263.90	4 234.20	+37.85	80.57	82.95	163.52	+13.25	3.62	3.48	7.10	-13.50	1 327	1 467	2 794	+0.61
	威海	965.00	1 071.00	2 036.00	+14.30	33.26	31.77	65.03	+16.64	15.11	14.96	30.07	+2.26	915	923	1 838	+11.39
	日照	323.37	12 315.30	12 638.67	-1.98	1.81	2.07	3.88	-39.85	0.94	0.92	1.86	-87.51	1 765	2 090	3 855	-5.12
	东营	0.00	0.00	0.00		0.00	0.00	0.00		0.00	0.00	0.00		6	8	14	+25.00
	潍坊	53.02	4.30	57.32	+18.00	0.00	0.00	0.00		0.00	0.00	0.00		167	119	286	+29.41
	岚山	154.07	9 665.65	9 819.72	+40.30	0.00	0.00	0.00		0.00	0.00	0.00		1 485	1 635	3 120	+25.70
	龙口	510.50	3 667.10	4 177.60	+5.10	0.32	0.33	0.65	-45.29	0.00	0.00	0.00		1 371	1 387	2 758	+32.09
	石岛	278.60	341.57	620.17	-0.73	6.52	6.72	13.24	-2.51	14.99	15.37	30.36	+0.02	732	644	1 376	-3.64
	龙眼	41.60	265.90	307.50	+0.52	2.43	2.85	5.28	-5.08	9.22	8.77	17.99	-1.62	573	576	1 149	+1.06
	蓬莱	85.81	255.32	341.13	+30.85	0.00	0.00	0.00		0.00	0.00	0.00		225	241	466	-27.19
	莱州	0.00	459.31	459.31	+66.30	0.00	0.00	0.00		0.00	0.00	0.00		394	326	720	+16.69
	分计	11 055.72	54 614.35	65 670.07	+11.52	911.63	892.16	1 803.79		50.72	50.56	101.28	-11.17	14 944	15 027	29 971	+5.18

（山东省口岸办提供）

2013 年青岛海关主要数据统计表

项目		2013 年	同比（%）
进出口货运量（万吨）	合计	44 246.00	+9.60
	进口	37 652.00	+9.50
	出口	6 594.00	+10.20
进出口贸易总值（亿美元）	合计	2 957.22	+6.60
	进口	1 695.46	+7.40
	其中：江、海运输	1 595.87	+7.30
	铁路运输	0.36	+86.80
	汽车运输	13.64	-20.80
	航空运输	85.39	+15.30
	邮件运输	0.05	-42.00
	其他运输	0.15	-70.500
	出口	1 261.76	+5.70
	其中：江、海运输	1 156.85	+5.20
	铁路运输	5.36	+4.50
	汽车运输	10.97	-12.70
	航空运输	68.41	+30.40
	邮件运输	0.17	-4.90
	其他运输	20	-17.900
税收（万元）	两税合计	1 533.00	-4.30
	关税入库	147.00	-2.60
	进口环节税入库	1 386.00	-4.50

（青岛海关提供）

2013 年济南海关主要数据统计表

项目		2013 年	同比（%）
进出口货运量（万吨）	合计	11 119.90	+46.20
	进口	999.00	+4.70
	出口	10 120.90	+52.24
进出口贸易总值（亿美元）	合计	400.71	+6.45
	进口	196.34	+10.95
	其中：江、海运输	181.07	+7.88
	铁路运输	1.43	+12.07
	汽车运输	0.10	-19.55
	航空运输	5.11	+20.16
	邮件运输	0.01	-24.33
	其他运输	8.62	+149.37
	出口	204.37	+2.46
	其中：江、海运输	198.26	+2.07
	铁路运输	2.16	-3.23
	汽车运输	0.16	+22.56
	航空运输	2.99	+32.51
	邮件运输	0.00	-62.21
	其他运输	0.80	+34.43
税收（万元）	两税合计	193.50	+.40
	关税入库	16.00	+31.00
	进口环节税入库	177.50	+7.80

（济南海关提供）

2013年山东省口岸出入境主要数据表

项目			2013年	2012年	同比（%）
出入境人员（人次）	出入境人员总数		4 782 971	4 397 286	+8.77
	入境人员		2 396 202	2 197 411	+9.05
	出境人员		2 386 769	2 199 875	+8.50
	出入境旅客		3 916 849	3 566 848	+9.81
	出入境员工		866 122	830 438	+4.30
	中国公民	小计	2 597 709	2 184 396	+18.92
		内地居民	2 357 943	1 936 079	+21.79
		港澳居民	88 127	84 754	+3.98
		台湾同胞	151 639	163 563	-7.29
	外籍人员		2 185 262	2 212 890	-1.25
	从海港出入境人数				
	从陆港出入境人数				
	从空港出入境人数				
交通运输工具（辆、艘、架、列次）	总计		54 726	52 035	+5.17
	船舶		29 971	28 494	+5.18
	飞机		24 755	23 541	+5.16
	火车				
	机动车辆				

（山东省公安边防总队提供）

2013年山东省出入境检验检疫业务统计表

项目		货物检验检疫				交通工具				集装箱（标箱）		发现动植物疫情		货物通关		出入境人员查验（人次）	健康检查及预防接种（人次）			
		批次	金额（万美元）	检验检疫不合格																
				批次	金额（万美元）	船舶（艘）	飞机（架）	火车（节）	汽车（辆）	合计	检出问题	种类数	种次	批次	金额（万美元）		健康检查	艾滋病监测	发现病例	预防接种
本年累计		1 268 560	17 807 485	21 413	2 600 851	28 911	24 862			7 609 669	76 512			1 360 251	18 048 782	4 715 653	107 383	104 687	53 675	93 601
其中	出境	1 080 055	5 108 486	3 378	15 101	14 544	12 677			4 386 771	354			1 116 110	5 195 899	2 356 422	98 564	95 897	45 556	93 510
	入境	188 505	12 699 000	18 035	2 585 750	14 367	12 185			3 222 898	76 185			244 141	12 852 883	2 353 231	8 819	8 790	8 119	91
同比（%）		−14.02	−5.25	+9.42	+5.3	+8.22	+5.83			+38.41	−21.07			−12.2	−6.41	+6.85	+6.93	+7.36	+18.73	+4.09
其中	出境	−16.46	−18.15	+477.44	+31.1	+6.35	+5.6			+34.74	−48.4			−15.48	−17.12	+6.49	+6.77	+7.23	+19.81	+4.05
	入境	+3.23	+1.17	−5	+5.18	+10.17	+6.08			+43.75	−20.88			+6.74	−1.25	+7.22	+8.72	+8.87	+13.02	+75

（山东出入境检验检疫局提供）

2013 年山东海事局进出港船舶统计汇总表

船舶类别	进港船舶							出港船舶						
	艘数（艘）	总吨（吨位）	总载重量（吨）	载客量（客位）	船员人数（人次）	货物到达量（吨）	旅客到达量（人）	艘数（艘）	总吨（吨位）	总载重量（吨）	载客量（客位）	船员人数（人次）	货物发送量（吨）	旅客发送量（人）
总计	317 064	1 068 368 629	1 326 541 826	24 769 577	2 435 066	666 047 150	13 088 237	316 588	1 069 738 704	1 328 311 259	24 732 875	2 461 641	229 127 804	13 079 165
中国籍船舶	297 003	444 575 499	392 727 758	24 001 576	2 010 337	164 722 268	12 596 455	296 523	446 328 364	395 008 775	23 963 474	2 033 826	164 808 453	12 583 327
其中外贸船	1 206	24 093 492	37 153 647	0	25 380	23 555 188	0	1 338	19 038 412	28 201 571	0	26 427	4 880 160	0
外国籍船舶	20 061	623 793 130	933 814 068	768 001	424 729	501 324 882	491 782	20 065	623 410 340	933 302 484	769 401	427 815	64 319 351	495 838

（山东海事局提供）

河 南 省

河南省口岸分布示意图

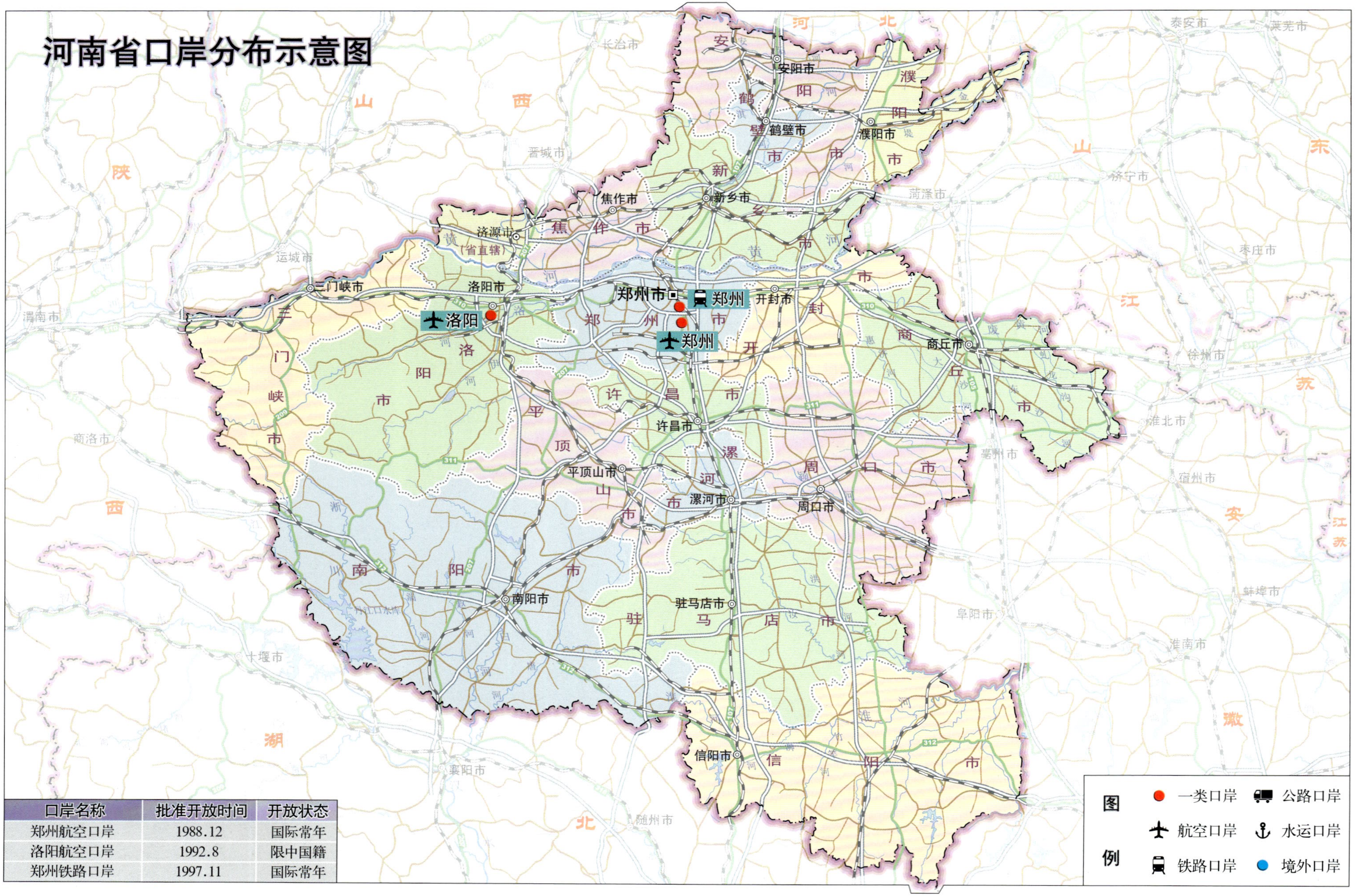

口岸名称	批准开放时间	开放状态
郑州航空口岸	1988.12	国际常年
洛阳航空口岸	1992.8	限中国籍
郑州铁路口岸	1997.11	国际常年

口岸数量及分布

截至2013年年底，河南省共有经国务院批准的对外开放口岸3个。其中，空运口岸2个，分别是郑州空运口岸和洛阳空运口岸；陆运口岸1个，是郑州陆路（铁路）口岸。

口岸运行数据

2013年，河南省实现外贸进出口总值599.5亿美元，同比增加15.9%。其中，进口239.6亿美元，出口359.9亿美元，同比分别增长8.6%和21.3%。郑州海关监管外贸进出口货物量为112.70万吨，同比减少11.2%。其中，进口108.90万吨，同比减少11.20%；出口3.7万吨，同比减少10%。进出口贸易总值为507.4亿美元。其中，进口231.61亿美元，出口275.8亿美元，同比分别增长11.1%和40%。

2013年，河南省郑州和洛阳两个空运口岸客运量为640 860人次（入境315 953人次，出境324 907人次），同比增加55.56%。其中，出入境旅客594 489人次，同比增加55.33%；出入境员工46 371人次，同比增加58.55%。验放出入境客运飞机6 573架次（出境3 530架次，入境3 043架次），同比增加65.73%；验放出入境货运航班2 072架次，同比增加82.39%。河南省空运口岸出入境人员突破60万人次，出入境货运航班突破2 000架次。2013年，郑州空运口岸客运量为621 682人次，出入境客运航班为6 452架次，其中出入境货运航班2 072架次，同比分别增长51.45%、63.51%和82.39%；洛阳空运口岸客运量为19 178人次，出入境客运飞机121架次，同比分别增长1 195.81%和505%。

2013年，郑州陆路（铁路）口岸集装箱吞吐量为3.15万标箱（其中进口1.44万标箱，出口1.71万标箱），同比减少18%。

口岸综合管理

【口岸工作紧扣服务经济建设】 2013年河南省的口岸建设和发展工作，紧紧围绕服务中原经济区、郑州航空港经济综合实验区建设和开放型经济发展大局，保持了较好的发展势头。郑州空运口岸功能进一步完善，郑州陆路（铁路）口岸开通郑州至欧洲货运班列，河南省获准筹建进口肉类指定口岸，郑州新郑综合保税区主要经济指标评价攀升，郑州出口加工区B区建设获国家批准，郑州跨境贸易电子商务服务试点（E贸易）有序推进。

【郑州航空港经济综合实验区发展规划获批】 2013年3月7日，国务院正式批复《郑州航空港经济综合实验区（2013—2025）》，这是全国首个上升为国家战略的航空港经济发展先行区。4月3日，国务院新闻办公室举办新闻发布会，正式对外发布《郑州航空港经济综合实验区发展规划（2013—2025）》。这也是继2012年11月17日国务院批复《中原经济区规划》之后，国家推动河南省经济社会发展的又一重大战略部署。郑州航空港经济综合实验区包括郑州航空港、综合保税区和周边产业园区，规划范围涉及河南省中牟、新郑、尉氏三县（市）部分区域，面积达415平方千米。郑州航空港经济综合实验区将构建“三区两廊”的空间发展格局，即航空港区、北部城市综合服务区、南部高端制造业集聚区、沿南水北调干渠生态防护走廊、沿107国道生态走廊。

【政府81项政策助力郑州航空港区腾飞】 2013年11月12日，河南省政府办公厅出台了《关于支持郑州航空港经济综合实验区发展的意见》（以下简称《发展意见》），从财税、口岸建设及通关便利化、金融、产业发展、要素保障、人才保障等7个方面出台81项支持政策，为实验区加快开发建设提供强大动力。《发展意见》紧紧围绕实验区实际需要，提出“2013年至2015年，河南省政府对航空港实验区实行地方收入全留的财政激励政策，河南省财政按财政体制规定集中航空港实验区的收入，全部补助给航空港实验区，由航空港实验区按规定统筹使用”等。河南省人民政府办公厅又出台了《关于郑州航空港经济综合实验区与省直部门建立直通车制度的实施意见》，并从2013年12月1日起正式实施直通车制度，赋予航空港区“省辖市一级经济和社会管理权限”，航空港区享受用地直批、价格自定、政策直享等266项“特权”。

上述实施意见明确了9个方面的直通内容。一是规划直接上报。实验区总体规划由郑州市会同开封市统一编制，直接报省审批。二是统计直接报送，省统计部门将实验区统计单列。三是项目直接申报，建设项目由实验区直接向省投资主管部门申报或转报，投资计划直接下达实验区。凡符合国家产业政策及相关建设条件的建设项目，一律由实验区自行审批、核准或按规定进行登记备案。四是财政补助直接申报，实验区直接向省财政申报中央和省级财政补助资金，省财政资金直接下达实验区。五是用地直接报批，参照郑东新区建设用地手续报批办法，建立实验区建设用地手续报批绿色通道。六是价格收费直接报批，实验区享有与省辖市等同的价格制定、调整和收费管理权限。七是证照直接发放和直接报批，实验区直接向行政管理相对人核发省辖市权限内的各类证照。八是政策直接享有，省政府及有关部门委托省辖市政府及有关部门代行的管理权限，以及国家和省新制定的省辖市享有的经济社会管理政策，实验区均直接享有。九是信息直接获得，河南省政府及其部门召开的有关会议和举行的重要活动，发放的各类文件和信息，直接通知或发至实验区。

【省政府成立电子口岸建设领导小组】 2013年5月22日，河南省政府办公厅下发了《关于成立河南省电子口岸建设领导小组的通知》。组长为河南省副省长赵建才，成员单位由河南省政府办公厅、河南省发展改革委、河南省口岸办、郑州海关、边防、检验检疫有关口岸联检单位、省财政厅、省商务厅、郑州市政府等17个有关部门组成。河南省电子口岸建设领导小组办公室设在省口岸办，口岸办主任郑金广兼任办公室主任。河南省电子口岸建设领导小组办公室的成立为加快推进电子口岸建设，协调解决电子口岸建设中的重大问题，提高通关效率，促进贸易便利化，改善河南省口岸软环境，推动河南省外向型经济发展和引导各级各有关方面高度重视电子口岸建设，站位全局，自觉参与，按照省政府总体工作部署，加快推进各项工作具有重大意义。

【跨境贸易电子商务服务】 2013年5月31日，海关总署批复《郑州市跨境贸易电子商务服务试点实施方案》，郑州市成为全国5个试点城市（杭州、宁波、上海、重庆、郑州）中第1个获批的城市。

郑州市跨境贸易电子商务服务试点，主要解决以快件或邮件方式通关的跨境贸易电子商务存在难以快速通关、规范结汇及退税等问题。探索形成适合国情，与国际接轨的业务流程、政府监管模式和管理规范，建设并应用基本满足跨境贸易电子商务发展需求的电子化信息综合服务系统及相关基础设施，在促进拓展国际国内两个市场，促进经济发展方式转变，方便百姓生活，改善民生，提高政府管理与服务能力等方面取得明显成效。2013年，跨境贸易电子商务服务办理进出口货物13 972件，货值67.14美元（其中进口9 060件，货值60.83万美元；出口4 912件，货值6.31万美元）；缴纳行邮税34.56万元。验放货物主要是食品、保健品、服装、服饰、打印机、红酒等。跨境贸易电子商务服务试点的开展，对于方便百姓生活，打造全球网购物品集散分拨中心，促进航空物流发展，推动郑州航空港经济综合实验区建设具有重要意义。

【郑州出口加工区启动B区开发建设工作】 2013年7月31日，郑州出口加工区B区规划获国务院审批，为郑州出口加工区开辟发展空间和整合相关资源创造了条件。郑州出口加工区B区开发建设工作正式启动，招商及项目储备工作稳步开展。

【河南省进口肉类指定口岸获批筹建】 2013年12月30日，国家质检总局发文《质检总局关于同意筹建河南进口肉类指定口岸的复函》，河南省进口肉类指定口岸获批筹建，为河南省肉类加工企业实施“走出去”战略，便利其自用进口原料定点加工，引领中原经济发展，服务全国、连通世界起着重要作用。

【郑州新郑综合保税区发挥开放平台作用】 郑州新郑综合保税区自2010年10月经国务院批准设立，2011年11月正式封关以来，经济建设保持良好发展势头，在航空港实验区建设中发挥了开放主平台作用。2012年12月4日经海关总署批准，郑州新郑综合保税区功能进一步拓展，成为“自产内销货物返区维修”全国10个试点之一，获准拓展手机维修业务和手机内销业务，为打造全球苹果手机制造、维修中心和全球采购、分拨中心奠定了基础。2013年，郑州新郑综合保税区完成进出口总值约358亿美元，同比增长25.6%，占河南省进出口总值的59.7%，在全国33个综合保税区中取得进出口总值排名第二的殊荣。郑州新郑综合保税区海关受理报关单156 304票，同比增长23.6%，全年实现税收入库85.87亿万人民币。

【国际快件直达河南省口岸】 2013年3月26日，郑州海关快件监管中心正式开通，河南省及周边地区的国际快件因此真正“快起来”。郑州海关快件监管中心的开通，使国际快件由原来须经北京、上海、广州、重庆等地转运至郑州变为直达郑州。郑州新郑国际机场也由此成为能直接进行航空快件分拣、交付和收运等业务处理的机场。郑州海关快件监管中心正式开通，进一步完善了郑州新郑国际机场处理航空快件的功能，有效提升了机场的综合保障能力，对促进郑州空运环境的改善和快件市场的快速发展具有重要意义。

【郑州获批成为第三批赴台“个人游”试点城市】 2013年6月16日，郑州成为第三批赴台“个人游”试点城市之一。从6月28日起郑州市民只要拿着“两证一签”乘坐直飞台湾的飞机，花上2小时50分钟便可“自由”飞入宝岛。2013年，每周从郑州飞往台湾的航班已多达12个航班。郑州空运口岸将为往来台湾的游客提供优质服务。

“两证一签”就是旅客自己办理好大陆居民往来台湾通行证之后，再委托具有台湾游资质的旅行社办理入台证，证件办好后游客就可以自己购买机票，自己安排行程游宝岛。台湾个人自由行大大方便了大陆游客到台湾宝岛旅游观光、友好往来。

【郑欧国际铁路货运班列开通】 2013年7月18日上午10点56分，在郑州集装箱货运中心站，随着一声清脆的汽笛，满载着出口货物集装箱的41节车厢驶出车站，郑欧国际铁路货运班列从郑州出发，经我国新疆阿拉山口出境至境外哈萨克斯坦、俄罗斯、白俄罗斯、波兰等国家，途径六国抵达德国汉堡。此次路途跨越10 214千米，从郑州出发16天后抵达德国汉堡。

首列班列满载着装有高档服装、高档棉纺织品、特种橡胶制品、特种毛料等货物的21个40英尺的集装箱和20个20英尺的集装箱，货物总重量达614吨。这些货物分别来自河南、浙江、福建、江西等省的10多家企业。郑欧国际铁路货运班列往返货物享受“一站式”通关待遇。郑欧国际铁路货运班列的开通，改变了河南省传统的江海联运、铁海联运耗时长和航空运输成本高的状况，为河南省及邻省周边的出口企业开通了一条中国内陆通往欧洲快捷、安全、成本低的物流通道。该班列运输比海运节约20天左右的时间，比空运节约80%的资金，每个集装箱比公路运输减少2 000~3 000元费用。

随着郑欧国际铁路货运班列第一班列车从郑州铁路集装箱中心站的发车，作为中国最重要交通枢纽之一的郑州，从此和欧洲打通了陆路上的距离隔膜。2013年，郑欧国际铁路货运班列累计开行13个班列。

【台湾软件园落户郑州】 2013年12月11日，郑州航空港经济综合实验区举行了郑州台湾软件园开园暨入园企业签约仪式，台湾软件园正式落户郑州。中国国民党荣誉主席连战发来贺信祝贺郑州台湾软件园开园迎来首批入驻企业，并寄来题写着“郑州台湾软件园”园名的墨宝。河南省委常委、统战部部长史济春，副省长赵建才出席签约仪式。

郑州台湾软件园由台湾友嘉集团联合台湾中华资讯软体协会筹办，美国、新加坡两家知名投资基金参与，总投资10亿元，总建筑面积120万平方米，包括高端软件研发生产区、销售展示区和商务配套区等功能区，具有保税、技术服务、国际会展、创业育成、离岸外包等12项功能。2013年，与郑州台湾软件园进行洽谈并有意向进驻的企业有198家，首批72家企业签署入园协议，入园企业包括20多家上市公司。未来，实验区将以郑州台湾软件园软件产业的升级和转移为依托，将海峡两岸的人才、技术、信息、市场等综合优势相结合，将其建成国内一流的软件研发与服务外包基地。

【措施得力，成效显著】 为全力支持河南省开放型经济持续健康发展，经海关总署核准同意，郑州海关于2013年8月发布实施“郑州海关支持郑州航空港经济综合实验区建设的10项措施”。其主要内容包括推进行政审批制度改革，支持郑州跨境贸易电子商务服务，深化通关制度改革，支持电子口岸建设，支持机场拓展服务功能，为承接产业转移搭建平台，支持企业用足用好优惠政策，充分发挥进出口监测预警作用，促进“守法便利”，提高海关服务水平等措施。经过短短的几个月，各项措施落实成效显著。鼎力支持跨境贸易电子商务服务试点工作，积极对进口集货模式、进口备货模式、出口集货模式的通关流程进行验证测试。海关特殊监管区域发展形势良好，积极做好海关特殊监管区区域间保税货物结转试点，已与全国5家保税区的多家企业开展试点等。口岸大通关效能不断提升，支持郑欧国际货运班列快速发展，支持郑州机场拓展国际航线。海关优惠政策措施全面落实，宣讲各类减税免税的优惠政策，使企业得到了实惠，并将把机场港区内的物流、报关等非生产型企业办理注册备案业务下放到机场海关执行。

随着郑州新郑综合保税区的封关运行及河南省保税物流中心、郑州出口加工区、铁路集装箱中心站、中南邮政物流集散中心等重大项目的集中布局和投入运营，海关特殊监管区域、保税监管场所、口岸建设等基础设施的不断完善，郑州海关快件监管中心获准办理进出境快件业务，郑州市跨境贸易电子商务服务试点的不断推进，河南省承接产业转移的综合优势更加突出，已具备接纳国际国内高水平、大规模产业转移的条件和能力。

口岸监管与服务

【检验检疫9项措施支持建设】 2013年10月24日，河南出入境检验检疫局召开新闻发布会，宣布出台9项措施支持郑州航空港经济综合实验区建设。9项措施包括争取拓展进口肉类、进境水果、进境种子苗木、进口整车等指定口岸功能；支持开展水产品、红酒、乳制品的直接进口；实施“港、区、站”一体化通检模式；促进跨境电子商务快速发展等。目前，河南省市场上销售的进口水产品、红酒、乳制品等商品，大都是从沿海沿边口岸通关通检后转运而来的，而进口整车更不能直接从河南省入境，因为河南省没有指定口岸。为支持河南省航空港建设，该局正在加大对进口商、收货人的培训和注册力度。下一步，这些产品有望直接从河南省口岸直接入境。

【河南省边防总队提高边检服务水平】 圆满完成癸巳年黄帝故里拜祖大典、第31届中国洛阳牡丹文化节、第8届中国中部投资贸易博览会及维和部队轮换等出入境人员的边防检查任务。为中国国民党荣誉主席吴伯雄、副主席蒋孝严，“中华台北”射击队，台湾刑事侦防协会参访团等宾客提供优质高效服务，并积极创造条件开通绿色通道救助重病旅客。为提高口岸通关效率，优化口岸通关环境，郑州边防检查站和洛阳边防检查站更新配置了新型证件阅读机、验讫章柜、旅客服务评价器等执勤设备，开展创新信息技术应用。积极推进河南省电子口岸平台建设，立足河南省内陆空运口岸实际，实现了旅游团预报预检及零散验放、旅游团分团备案和交通运输工具代理人员在线申报等功能。推进执法规范化建设，实现跨越提升。按照“内强素质、外树形象、全面规划、大胆探索”的工作思路，始终坚持将执法规范化建设作为推动部队科学发展、促进和谐警民关系、实现整体跨越提升的着力点和推进器，以标准化、流程化、精细化为重点，不断健全执法队伍正规化、执法责任明晰化、执法监督经常化、执法考评动态化和执法服务优质化的“五化”工作机制，扎实开展工作。坚持社会评议，大力推行阳光执法，服务对象满意率达到99%以上，使全面促进执法规范化建设迈上新台阶。郑州边防检查站和洛阳边防检查站根据口岸实际，建立旅客意见建议定期汇总分析制度，制定《处理投诉暂行规定（试行）》，召开社会监督员座谈会，开展“边检警营开放日”活动，有效强化了内外监督合力，提升了执法公信力。狠抓“四种能力”提升，全面落实“平安口岸”建设。河南省边防总队要求全体官兵提升预警防范能力，提升甄别发现能力，提升处突维稳能力，提升沟通协作能力，进一步维护了河南省社会安全稳定。2013 年，共查获在控对象 26 人，偷渡案件 5 起 5 人，接收境外遣返 18 人，确保郑州空运口岸和洛阳空运口岸的安全稳定。

【郑州海关服务地方经济发展，稳中求进作贡献】 2013 年，郑州海关积极支持地方经济发展，服务地方经济发展，实现外贸进出口总值599 亿美元，同比增长 15.9%，稳居中部地区首位。郑州海关实现两税入库 134.18 亿元，同比增长 70%，为实现国家稳中求进的总基调作出了贡献。支持郑州航空港经济综合实验区效应发挥，郑州航空港经济综合实验区是国家支持中部地区崛起的重要战略之一，郑州海关专门成立课题小组，紧紧围绕地方党政关心关注的重大工程、热点问题开展调研分析，提供决策参考，累计上报统计分析类信息 110 篇。结合河南省开放型经济发展实际，研究制定了“郑州海关支持郑州航空港经济综合实验区建设的 10 项措施”。支持地方重点项目建设稳步推进，积极探索跨境贸易电子商务海关监管的措施和办法，有效推进跨境贸易电子商务服务试点工作。优化业务监管流程，有效解决了通关、退税和结汇方面的问题，提高海关对电子商务进出境监管的规范性和有效性。2013 年，参与试点企业 97 家，监管进口入区商品 74.82 万美元，出区商品 60.83 万美元，征税 34.6 万元；监管出口商品 19 批，价值 6.3 万美元。支持郑欧国际货运班列开通运营。加强与口岸海关的联系配合，协助海关总署和地方政府成功召开“丝绸之路经济带”中欧物流通道建设国际交流会和郑欧国际货运班列海关监管研讨会；监管班列运行 13 班，监管 20 尺集装箱1 128 个，货运量 9 113.89 吨，货值 4 821.11 万美元。围绕重点项目积极落实海关优惠政策，就支持河南省动漫基地建设、推动进口动漫开发用品免税等主动与地方部门沟通协调；对郑州市轨道交通有限公司进口轨道交通关键零部件进度和享受税收优惠政策资格情况开展专题调研，向省政府报送了《关于积极推动河南省企业享受有关进口税收优惠政策的建议》。2013 年，郑州海关共审批各类减免税货物 4.79 亿美元，减免税款 3.89 亿元。根据重点建设项目的入驻需求，经审批设立商丘、新乡、周口保税仓库和出口监管仓库。支持海关特殊监管区域功能拓展，根据加工贸易企业对研发、展示销售、检测维修、物流仓储、金融等生产性服务的迫切需求，加强对海关特殊监管区域（场所）之间的物流监管办法研究，积极推进“区港联动”和“区区联动”，促进贸易便利。完善企业内销产品返区维修业务监管模式，及时向海关总署反映试点中发现的退（免）税问题，确保政策落实到位。整合完善海关特殊监管区域监管辅助平台，建立关区“大保税”统一信息平台。支持口岸大通关效能不断提升，支持促进新郑机场增开国际航线，目前已开通直达亚欧美澳四大洲的国际客货运航线 40 条；创新发展空陆联运等监管模式，与北京、上海等 7 个城市的机场海关签署国际空陆联程货物监管配合办法；促进国际快件业务、国际转运货物、保税航材业务、保税航油业务发展；支持郑州圃田铁路集装箱中心站建设；支持河南省电子口岸建设。2013 年，焦作、三门峡、新乡海关正式开关并对外办理海关业务，安阳办事处调整为安阳海关，信阳海关、鹤壁海关筹建和南阳海关迁建工作进展顺利。努力营造规范有序的开放型经济发展环境，高度重视建立多层次沟通联系长效机制，得到地方党政领导的充分肯定。分别与武警河南省边防总队、河南出入境检验检疫局签订合作备忘录，不断扩大合作的范围、内涵和层次。支持配合河南省市政府筹办第 8 届中国中部投资贸易博览会。协助海关总署在郑州举办驻豫全国人大代表、政协委员走访调研及座谈会。积极深入企业调研，帮助解决其在通关上遇到的实际困难。进一步完善 12360 海关统一服务热线，全年共受理热线电话 3 947 个，同比增长 203%，答复、办理率均为 100%。完成“海通网”建设，建立关区统一的进出口商务服务平台。

【注重发挥职能作用，注重主动服务大局】 2013 年，河南出入境检验检疫局全力支持中原经济区建设，服务河南省经济社会发展。支持郑州航空港经济综合实验区建设，出台 9 项支持措施。支持郑州跨境贸易电子商务试点建设，进一步创新监管模式。探索提出了以“提前申报、集中查验、快速核放、质量追溯”为原则的检验检疫监管模式。支持郑州国际陆港项目建设，确保电子口岸软件设施到位。加强与政府相关部门及企业的沟通联系，与新疆、内蒙古等口岸检验检疫部门建立合作机制。建立陆路口岸国际货运检验监管查验新模式，进一步优化服务措施，保证了郑欧国际铁路货运班列顺利运行。通过组织开发“跨境电子贸易检验检疫辅助系统”、“国际邮件申报及查验系统”、“国际机场快件和普货申报及查验系统”和“内陆铁路集装箱管理系统”等信息系统，为河南省电子口岸建设提供技术支撑。发挥自身优势，积极为政府提供决策参考，启动了进口工业产品检验监管风险信息监测采集和风险评估工作，加强对进口工业产品质量安全监管。落实贸易便利化措施，进一步促进外经贸发展，落实国家政策，支持外贸稳增长。2013 年，河南出入境检验检疫局累计完成检验检疫出入境货物共计 9.76 万批，货值 252.6 亿美元，批次同比减少 10.5%，货值同比减少 2.4%。减免检验检疫收费 8 394.24 万元，惠及企业 1 652 家。落实服务措施，支持企业扩大进出口。大力推进出口企业免验，扩大免验企业数量和免验产品范围，郑州宇通集团成功获得免验资格。做好直通放行工作，与天津、山东、新疆等口岸建立直通放行模式，惠及企业 158 家。落实绿色通道制度，获得资格的企业达到 98 家。指导企业用足用好原产地政策，2013 年 1 ~ 12 月份签发各类原产地证 47 628 份，签证金额 31.92 亿美元，出口企业享受进口国减免关税 3.75 亿美元。调整检验检疫机构设置，优化服务外贸机构布局。邮检办事处经国家质检总局批准成立，鹤壁出入境检验检疫局经批准筹建，新乡出入境检验检疫局已开办检验检疫业务，许昌出入境检验检疫局正在积极筹备开展业务，商丘民权、焦作孟州、信阳固始办事处成立并正式开办业务。河南检验检疫分支局增加到 12 个，正处级办公处增加到 5 个，县（市）级检验检疫办事机构增加到 5 个。加强口岸建设，积极协调有关部门共同推动郑州空运口岸顺利通过国家质检总局口岸核心能力考核验收。2013 年，河南省空运口岸完成出入境人员监测体检 4.1 万人次，检出传染性疾病 14 938 例；完成出入境人员预防接种 6.02 万人次；检出入境甲型 H3 流感病例 1 人次，出入境发热病人 53 例，放射性超标 26 例；完成医学媒介生物类鉴定 147 批，对黄金色葡萄球菌等 6 种媒介生物携带病原体检测 131 例，首次检出携带沙门氏菌病原体。加强郑州陆路（铁路）口岸检验检疫设施建设，提升陆路口岸检验检疫监管能力。注重特殊监管区口岸功能的发挥，以综合保税区、出口加工区、保税物流中心的新建、扩建、移址为契机加强口岸检验检疫设施建设。积极争取，检验检疫设施成功纳入新郑机场 T2 航站楼规划。加强进口货物监管，严格把好生物安全关，严防外来有害生物入侵。2013 年，共截获植物有害生物 77 种、486 次，多次截获西部苋、豚草和松材线虫等检疫性有害生物；检疫监管进境大豆、小麦等粮谷 228.2 万吨，并检出多种检疫性有害生物；截获禁止进境物409批次、101个品种、755.3千克；截获问题邮件41批次。完成了英国进境种鸡、南非进境长颈鹿的隔离检疫工作。严格把好进口商品质量关，严防不合格商品进境。2013年，检出进口机电产品、矿砂、棉花、食品和食品接触材料等不合格商品424批，涉及金额1.6亿美元，有效挽回了企业损失，保证了国家和企业利益。帮助省内6家企业取得“进口废物原料国内收货人”资格，规范进口废物原料监督管理。加强进出口农产品、食品监管。2013年，河南省新增4家国家级和12家省级出口食品、农产品质量安全示范区。积极推进生态原产地产品保护工作，2013年河南省共拥有7个生态原产地产品。加大出口农食产品对外注册工作力度，积极准备应对欧盟、美国、日本、韩国及我国香港等国家和地区对河南省出口禽肉、畜产品和农产品考核工作。2013年，河南省水果首次对外注册，“河南苹果”获得了对加拿大、智利等高端市场出口注册资格，成为全国第6个能够向加拿大出口水果的省份。强化进口食品收货人备案制度，开展了打击非法进口葡萄酒、橄榄油的专项活动。2013年，河南省进出口食品、农产品33 049批，金额27.2亿美元，其中出口25 407批，金额18.6亿美元。加强技术保障能力建设，2013年建设了肉及肉制品检测、果品与果蔬汁检测等国家重点实验室，为出入境货物质量检测提供了有效保障。优化经济发展环境，提升检验监管效能。强化依法行政，加大执法力度。整理印发了《河南各口岸工作要求和执法依据（试行）》提高口岸检验检疫执法把关的一致性和有效性；开展专项业务工作质量督察，规范行政许可工作；认真受理司法调查及外部协查工作，提升行政处罚工作能力。2013年，共受理协查案件10起，全省系统立案27起，结案28起（含2012年未结案1起），结案率100%，有效打击了违法违规行为，优化了河南省经济发展环境。针对河南省突然流感疫情和出口食品案件，河南出入境检验检疫局快速应对，妥善处理突发事件，做好防控工作，使河南省出口禽肉产品未受严重影响。加强合作沟通，建立健全多部门联合抓质量的工作机制。与口岸有关单位加强联系，发布了《关于进一步推进河南省进出口企业质量诚信体系建设的指导意见》，实现多部门信用信息互通共享；与卫生部门建席联席会议制度，推动进口医疗器械“全申报，全监管”工作，保障人民群众生命健康安全。

开放口岸

【郑州空运口岸】 郑州空运口岸于1988年12月经批准开放，当时只限中国籍飞机出入境。2002年5月经国务院批准可供中国籍和外国籍飞机出入境。1997年建成并通航的河南省郑州新郑国际机场位于郑州市东南，距市区27千米，占地466.67万平方米，飞行区等级为4E级，跑道长3 400米，可满足波音747机型的顺利起降，是国家开放空运口岸和国内干线运输机场，是民航局确定的全国八大区域性枢纽之一。建设有高速公路直达机场，交通条件优越。2007年航站楼改扩建工程完工，扩建后航站楼建筑面积达到12.89万平方米，客机坪18.25万平方米，货机坪7.6万平方米，机位43个，可满足波音747以下机型全载起降，年旅客和货邮保障能力分别为1 200万人次、15万吨。特别是近几年，郑州空运口岸国际和地区航线航班开发取得新突破。客运方面，国际和地区旅客吞吐量高速增长。随着郑州机场对台湾居民正式开通落地签注业务，豫台两岸航班飞行班次大幅提升，且运营态势良好，同时引进了长荣航空，加密了豫台航线；上海航空新开了郑州经上海浦东至大阪的定期航线；南方航空增加了郑州至韩国首尔的定期航班；大韩航空除加密郑州至首尔航班外，开通了郑州至釜山、郑州至大邱的临时客运包机；远东航空和华信航空开通了郑州至台湾澎湖的客运包机；复兴航空开通了郑州至台湾花莲的客运包机，方便了国际和地区旅客到郑州机场乘机旅行。货运方面，空桥货运航空国际货运航班加密至每周7班。其他货运航空公司也在积极筹措增加航班事宜，比如增加 UPS 货运航空公司，国泰航空也由每周 2 班加密至 6 班。2013 年，郑州空运口岸出入境人员吞吐量为 62.17 万人次，同比增长 51.45%。郑州机场为适应河南省经济快速发展，机场扩建二期工程正在积极建设中，预计 2015 年完工投入使用。

【洛阳空运口岸】 洛阳空运口岸于 1992 年 8 月 1 日经国务院批准为开放空运口岸，同时批准建立洛阳海关、洛阳边防检查站、洛阳卫生检疫局、洛阳动植物检疫局。洛阳空运口岸成为河南省第 2 个国家开放空运口岸（只限中国籍飞机出入境）。

洛阳机场位于洛阳市北部，距市中心 9 千米。该机场净空条件优越，各种设施、设备齐全，可起降 B737、B767、MD82 等大型客机，是北京机场、郑州机场理想的备降机场。机场候机楼面积 1.7 万平方米，其中国际部分 1.2 万平方米。从 1993 年 2 月 4 日开通以来，运送来自 56 个国家和地区的出入境旅客 10 多万人次。除洛阳直航香港的包机外，还开通了洛阳至日本、韩国、新加坡等国家的不定期直航包机。2013 年，洛阳空运口岸出入境人员吞吐量为 1.92 万人次，同比增长 1 195.81%。

【郑州陆路（铁路）口岸】 郑州陆路（铁路）口岸位于郑州铁路东站。1991 年 3 月经河南省批准为陆路口岸，1994 年 12 月经铁道部、海关总署和河南省政府协商开通了郑州东站至香港九龙的直达集装箱专列。1997 年 11 月 28 日经《国务院关于同意开放河南郑州东站铁路货运口岸的批复》（国函［1997］106 号文）批准为国家开放口岸。截至 2013 年年底，全国只批准河南省郑州和黑龙江省哈尔滨两个开放铁路货运口岸试点。

郑州东站位于京广、陇海铁路交汇处，是全国铁路特等货运站。1993 年被国家确定为国际大型集装箱中转站，全国 9 条国际集装箱联运线中有 4 条在此经达。1997 年被国家批准为开放口岸后，郑州铁路局投资 5 000 多万元，对原集装箱场地进行扩建，增添了吊装设备等硬件设施。郑州东站占地面积 24 万平方米，其中集装箱场地 5.1 万平方米；拥有大型仓库 9 座，货物装卸线 9 条，装卸机 133 台；辖管铁路专用线 44 条；海关监管区 1 个，达 5 万平方米；监管仓库 2 个。其年货物吞吐量达 780 万吨，是国内在新亚欧大陆桥上重要的货运站和集装箱货物集散地之一。

为了树立口岸“窗口”形象和提供货物进出口简便、快捷的服务，河南省政府投资 300 万元购置了 1 770 平方米联检办公用房，郑州铁路局出资 100 万元对联检办公用房进行了改造和装修。郑州海关、河南出入境检验检疫局出资购置电脑，增加了检验检疫设备。联检办公用房安装了电话和铁路专用电话、传真机、空调、电梯等设施，采取“一座楼办公、一条龙服务”的方式，除海关、检验检疫局等查验部门集中办公外，还组织报关行、保险、外运外代等部门进驻口岸联合办公，为客户提供报关、报验、结汇、外代等服务。在运输方式上采取一次收费、一票到底、全程服务、微机管理，途中货物随时查询等措施，减少了环节，增加了透明度。与沿海口岸如青岛、深圳、天津、上海、连云港等口岸达成协议，简化手续避免重复检验，基本上实现“直通”，使郑州陆路（铁路）口岸成了河南省自己的“出海通道”，从而大大降低了货物进出口成本费用。

2013 年 7 月 18 日上午 10 点 56 分郑欧国际铁路货运班列顺利开通。2013 年郑欧国际铁路货运班列累计开行 13 个班列。正在建设中的郑州陆路（铁路）口岸新址计划 2014 年年底建成投入使用。2013 年，郑州陆路（铁路）口岸集装箱吞吐量为 3.15 万标箱，同比减少 18%。

河南省拥有经国务院批准的海关特殊监管区域 2 个（均在郑州），分别是河南省郑州出口加工区、河南省郑州新郑综合保税区；海关特殊监管场所 1 个，即河南省保税物流中心（郑州）。

河南省口岸大事记

3 月 7 日

国务院正式批复了《郑州航空港经济综合实

验区（2013—2025）》，这是全国首个上升为国家战略的航空港经济发展先行区。

3月26日

郑州海关快件监管中心正式开通，河南省及周边地区的国际快件因此真正“快起来”。郑州海关快件监管中心的开通，使国际快件由原来须经北京、上海、广州、重庆等口岸转运至郑州，变为直达郑州。

5月22日

河南省人民政府下发《关于成立河南省电子口岸建设领导小组的通知》，协调解决电子口岸建设中的重大问题，加快推进电子口岸建设。

5月31日

海关总署批复《郑州市跨境贸易电子商务服务试点实施方案》，郑州市成为全国5个试点城市（杭州、宁波、上海、重庆、郑州）中第1个获批的城市。

6月16日

郑州成为第三批赴台“个人游”试点城市之一。从6月28日起，郑州市民只要拿着“两证一签”乘坐直飞台湾的飞机，花上2小时50分钟便可“自由”飞到宝岛。目前，每周从郑州飞往台湾的航班已达12个航班。

6月19日

河南省副省长赵建才主持召开省长办公会，专题研究郑州跨境贸易电子商务服务试点推进工作。

7月18日

上午10点56分，在郑州集装箱货运中心站，郑欧国际铁路货运班列首次发车，将跨越10 214千米，用时16天抵达德国汉堡。

8月2日

河南省打击走私综合治理工作会议在郑州召开，河南省口岸办、河南省公检法、郑州海关等口岸查验单位、河南省直20个有关部门参加会议，河南省副省长赵建才出席会议并讲话。

8月14日

郑州海关发布实施“郑州海关支持郑州航空港经济综合实验区建设的10项措施”。其主要内容包括推进行政审批制度改革，支持郑州跨境贸易电子商务服务，深化通关制度改革，支持电子口岸建设，支持机场拓展服务功能，为承接产业转移搭建平台，支持企业用足用好优惠政策，充分发挥进出口监测预警作用，促进“守法便利”，提高海关服务水平等措施。

8月20日

韩国仁川广域市文化观光体育局副局长郑在德一行从郑州空运口岸入境，前来参加河南省“2013年云台山国际旅游节”。8月23日从郑州空运口岸出境返韩。

9月2日

郑州出口加工区B区规划获国务院审批。

10月24日

河南出入境检验检疫局召开新闻发布会，宣布出台9项措施支持郑州航空港经济综合实验区建设。9项措施包括争取拓展进口肉类、进境水果、进境种子苗木、进口整车等指定口岸功能，支持开展水产品、红酒、乳制品的直接进口；实施“港、区、站”一体化通检模式；促进跨境电子商务快速发展。

11月12日

河南省政府办公厅出台了《关于支持郑州航空港经济综合实验区发展的意见》，从财税、口岸建设及通关便利化、金融、产业发展、要素保障、人才保障等7个方面出台81项支持政策，加快实验区开发建设。

12月11日

郑州航空港经济综合实验区举行了郑州台湾软件园开园暨入园企业签约仪式，台湾软件园正式落户郑州。中国国民党荣誉主席连战发来贺信，祝贺郑州台湾软件园开园迎来首批入驻企业，并寄来题写着“郑州台湾软件园”园名的墨宝。河南省委常委、统战部部长史济春，副省长赵建才出席签约仪式。

12月30日

国家质检监督检验检疫总局发文国质检食函［2013］720号《质检总局关于同意筹建河南省进口肉类指定口岸的复函》。

（撰稿人：孙庆慧）

2013 年河南省口岸流量统计表

口岸类型		口岸名称	货运量（万吨）				集装箱量（万标箱）				人员（万人次）				交通工具（辆、艘、架、列次）			
			出口	进口	合计	同比（%）	出口	进口	合计	同比（%）	出境	入境	合计	同比（%）	出境	入境	合计	同比（%）
空运口岸		郑州	6.85	1.95	8.80	+77.50					31.52	30.65	62.17	+51.45	3469	2 983	6 452	+63.51
		洛阳									0.97	0.95	1.92	+1 195.81	61	60	121	+505.00
		分计	6.85	1.95	8.80	+77.50					32.49	31.60	64.09	+55.56	3 530	3 043	6 573	+65.73
陆运口岸	公路口岸																	
		分计																
	铁路口岸	郑州					1.71	1.44	3.15	-18								
		分计					1.71	1.44	3.15	-18								
水运口岸	海港口岸																	
		分计																
	河港口岸																	
		分计																
合计			6.85	1.95	8.80	+77.50	1.71	1.44	3.15	-18	32.49	31.60	64.09	+55.56	3 530	3 043	6 573	+65.73
同比（%）			+88.60	+46.80	+77.50		-9	-9.0	-18		+54.30	+54.81	+55.56		+62.15	+70	+65.73	

（河南省口岸办提供）

2013 年郑州海关主要数据统计表

项目		2013 年	同比（%）
进出口货运量（万吨）	合计	112.6	-11.2
	进口	108.9	-11.2
	出口	3.7	-10.7
进出口贸易总值（万美元）	合计	5 074 442	+25.3
	进口	2 316 122	+11.1
	其中：江、海运输	386 958	-34.6
	铁路运输	139	+530.5
	汽车运输	61 863	-3.3
	航空运输	1 867 145	+30.6
	邮件运输	17	-28
	其他运输		
	出口	2 758 320	+40.3
	其中：江、海运输	17 458	+23
	铁路运输	17 690	+390.9
	汽车运输	58 014	+6.3
	航空运输	2 664 906	+41.7
	邮件运输	252	+15.4
	其他运输		
税收（亿元）	两税合计	134.18	+70
	关税入库	6.44	-11
	进口环节税入库	127.74	+78

（郑州海关提供）

2013 年河南省口岸出入境主要数据表

项目			2013 年	2012 年	同比（%）
出入境人员（人次）	出入境人员总数		640 860	411 970	+55.56
	入境人员		315 953	204 090	+54.81
	出境人员		324 907	207 880	+56.31
	出入境旅客		594 489	382 723	+55.33
	出入境员工		46 371	29 247	+58.55
	中国公民	小计	530 074	331 335	+59.98
		内地居民（因公）	2 808	2 799	+0.32
		内地居民（因私）	440 681	245 262	+79.68
		港澳居民	22 173	16 931	+30.96
		台湾同胞	64 412	66 343	-2.91
	外籍人员		64 415	51 388	+25.35
	从海港出入境人数				
	从陆港出入境人数				
	从空港出入境人数		640 860	411 970	+55.56
交通运输工具（辆、艘、架、列次）	总计		6 573	3 966	+65.73
	船舶				
	飞机		6 573	3 966	+65.73
	火车				
	机动车辆				

（河南省公安边防总队提供）

2013 年河南省出入境检验检疫业务统计表

项目	货物检验检疫				交通工具				集装箱（标箱）		发现动植物疫情		货物通关		出入境人员查验（人次）	健康检查及预防接种（人次）			
	批次	金额（万美元）	检验检疫不合格																
			批次	金额（万美元）	船舶（艘）	飞机（架）	火车（节）	汽车（辆）	合计	检出问题	种类数	种次	批次	金额（万美元）		健康检查	艾滋病监测	发现病例	预防接种
本年累计	97 658	2 526 247	723	19 697		6 580	556		14 125	200	79	578	26 998	2 071 124	634 669	40 923	40 783	14 938	60 274
其中 出境	82 432	1 454 718	110	475		3 529	556		2 787				17 239	1 152 984	324 907	38 440	38 323	13 565	60 248
其中 入境	15 226	1 071 529	613	19 222		3 051			11 338	200	79	578	9 759	918 140	315 953	2 483	2 460	1 373	26
同比（%）	-10.5	-2.4	+30.9	+337.6		+65.8			-0.5	+32.5	+38.6	+98.6	-10.55	-3.08	+55.6	+12.4	+12.3	+10.8	+16.1
其中 出境	-14.5	-29.7	-0.9	+13.9		+62.5			+71.9				-23.21	-32.79	+53.3	+12.7	+12.7	+10.7	+16.1
其中 入境	+19.5	+106.2	+39.0	+370.6		+69.8			-9.9	+32.5	+38.6	+98.6	+26.22	+117.92	+54.8	+7.7	+7.4	+12.3	+136.4

（河南出入境检验检疫局提供）

湖 北 省

湖北省口岸分布示意图

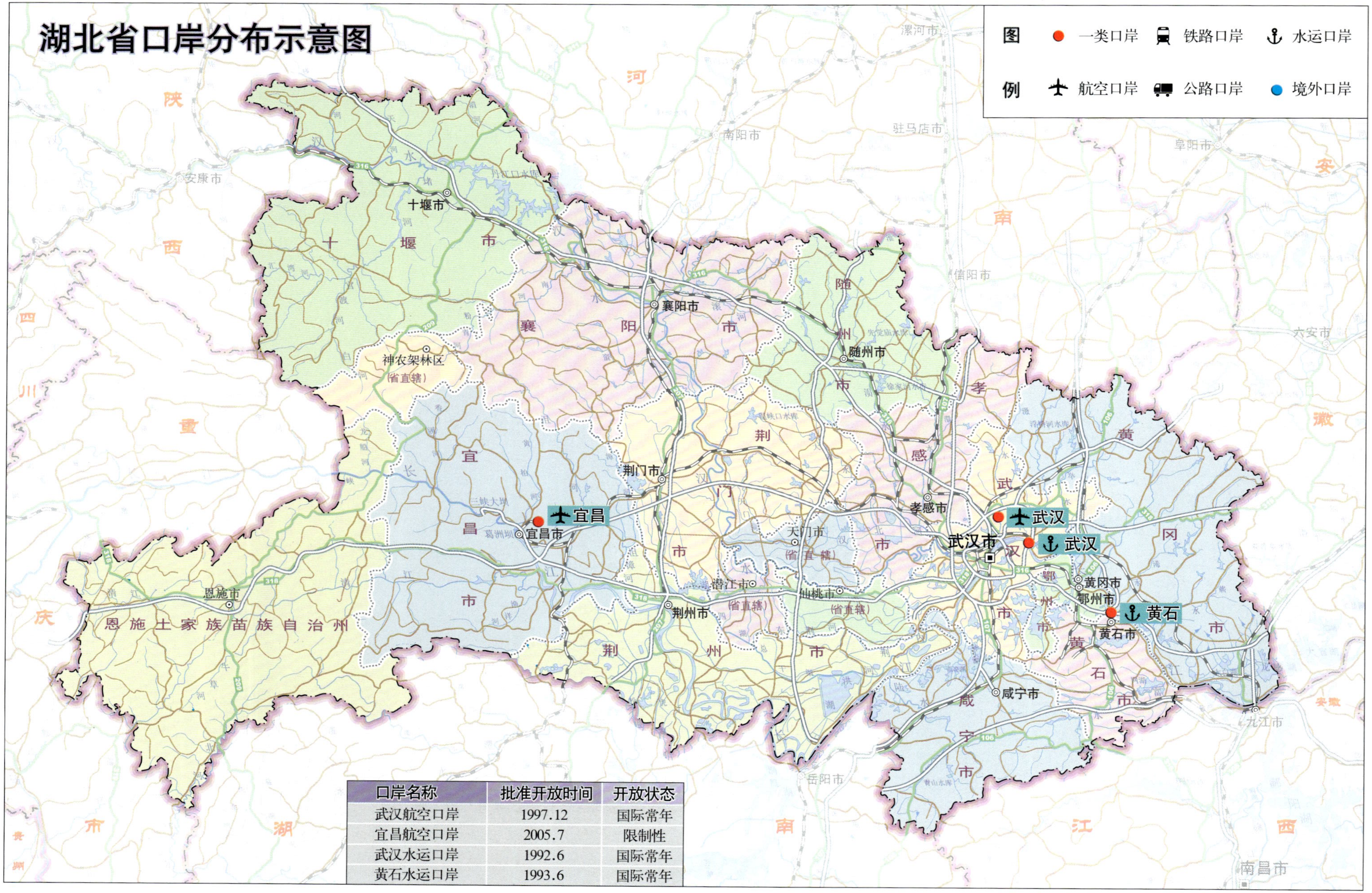

口岸名称	批准开放时间	开放状态
武汉航空口岸	1997.12	国际常年
宜昌航空口岸	2005.7	限制性
武汉水运口岸	1992.6	国际常年
黄石水运口岸	1993.6	国际常年

口岸数量及分布

截至2013年年底，湖北省共有国家批准开放口岸4个。其中，空运口岸2个，分别是武汉空运口岸、宜昌空运口岸；水运口岸2个，分别是武汉水运（河港）口岸、黄石水运（河港）口岸。

口岸运行数据

2013年，湖北省口岸进出口货运量为2 314.3万吨，同比下降10.3%。其中，进口货运量1 850.49万吨，同比下降15.4%；出口货运量463.8万吨，同比增长17.9%。国际集装箱运量为33.8万标箱，同比增长7.6%。其中，出口运量24.2万标箱，同比增长3.9%；进口运量9.6万标箱，同比增长18.5%。空运口岸出入境飞机8 315架次，同比增长56.9%；出入境人数109.2万人次，同比增长55.5%，首次突破100万人次大关，其中出境人数54.5万人次，入境人数54.7万人次。

2013年湖北省（地、市）进出口总值一览表

地市名	进出口（万美元）	同比（%）	进口（万美元）	同比（%）	出口（万美元）	同比（%）
武汉	2 175 189	6.9	980 898	+2.1	1 194 291	+11.1
宜昌	235 041	7.3	33 360	-36.6	201 681	+21.3
荆州	136 598	18.8	23 858	+5.0	112 740	+22.2
黄石	285 265	37.7	164 809	+69.1	120 456	+9.2
襄阳	161 976	28.8	18 547	-3.7	143 429	+34.6
荆门	77 698	21.2	15 945	-9.0	61 752	+32.6
孝感	102 475	31.3	24 495	+69.7	77 980	+22.6
十堰	48 294	36.2	5 964	+6.8	42 330	+41.7
黄冈	53 567	24.9	8 434	+5.4	45 133	+29.4
鄂州	49 218	16	31 595	+18.5	17 624	+12.5
仙桃	66 426	46.1	21 718	+121.0	44 709	+25.4
天门	6 683	26.2	1 184	+347.9	5 499	+9.3
潜江	41 400	15.8	3 277	+43.4	38 123	+13.9
随州	126 660	54.3	13 988	+12.1	112 671	+61.9
咸宁	33 582	13.1	6 800	+5.4	26 783	+15.3
恩施	38 767	27.9	292	-16.0	38 475	+28.4
神农架	116	-94.8	0	0.0	116	-94.8
合计	3 638 955	13.8	1 355 164	+7.9	2 283 790	+17.7

（湖北省商务厅提供）

口岸综合管理

【口岸开放工作】 2013年1月15日，武汉东湖综合保税区首期启动区1.82平方千米基础和查验设施通过国务院联合验收组验收，具备了正式运营的条件。武汉东湖综合保税区是湖北省首个综合保税区，全国第15家通过验收的综合保税区。6 月 29 日，武汉东湖综合保税区正式封关运行。武汉东湖综合保税区的封关运行，将为湖北省落实国家中部崛起战略、推动对外贸易方式转变、承接国际产业转移提供重要平台。

【江海直达航线稳定运行】 2013 年，武汉阳逻港—上海洋山港“江海直达”航线保持了高效的运作。“江海直达”航线开行 434 个班次，其中 431 个班次实现了点对点直航、72 小时内到达的要求，占开行总班次的 99.3%。运能大幅提升，在加强管理服务的同时，大力推进船舶大型化，引导船公司逐步提高运能。“江海直达”航线船舶共 15 艘，较先期增加 2 艘；船舶平均载重吨位 4 647 吨，较先期增加 902 吨；船舶平均载箱能力 347 标箱，较先期增加 68 标箱。运时逐步缩减，会同航线主管部门，积极引导航运企业科学排班，按照“五定”班轮运输要求，严格监管，对航线运营实行班轮化、规范化管理，港船运行效率不断提升。据统计，航行平均时间为 66.8 小时，较规定的 72 小时的航行时间缩短了 5.2 小时。航班班期加密，航线开行初期每周实际约开行 6 ~ 7 个航班。2013 年 3 月，中远、中海、上港集团 3 家企业联合开行“江海直达”天天班，航线运营已达到了每周 9 班的班期密度，实现了武汉“江海直达”货物到港当天即可上船向上海洋山港发运。服务不断完善，加强航运企业联盟合作，支持企业开行“江海直达”天天班，保障了航线周二至周日每日班期的全覆盖。实现了航线发展由政府扶持、政策培育到企业自主作为、市场积极推动的转变，为外贸企业提供更优质的服务；进一步提升港口服务水平，整合港口资源，实现“一港一挂”，提高码头作业效率；积极协调海关、检验检疫、海事等部门，推动海关在阳逻港开展一站式服务，不断打造高效、便捷的口岸通关环境。

【泸汉台集装箱快班服务开通】 2013 年 9 月 29 日，开通了“泸汉台”集装箱快班。该航线是武汉新港与泸州市政府共同打造的首条近洋航线，在泸州、武汉、上海、基隆四港口间实行点对点接力运输。“泸汉台”集装箱快班开通后，武汉到台湾货物运输时间由原来的 10 ~ 12 天缩短为 5 天。除了减少运时外，也大大降低了成本，比公路接驳，海运要便宜 1/3，比铁路接驳，海运要便宜一半左右。从 2013 年 9 月 29 日至 2014 年 1 月 24 日共开行 53 班，出口运输集装箱 1 320标箱，进口运输集装箱 146 标箱。

【电子口岸建设】 湖北省电子口岸通关信息平台是经省政府批准，由省商务厅会同口岸管理、查验、运输、代理、中介服务等相关部门共同建设的跨部门、跨行业的大通关电子政务工程，具体工作由省商务厅信息中心负责承担；实现了与武汉海关的部分数据传输，并开通了通关状态查询功能；保障中心机房的安全稳定运行；完成了湖北省电子口岸建设项目竣工审计。这期间平台运行情况良好，没有发生过安全事故。

【口岸区域合作】 2013 年 4 月，湖北省口岸办组织召开了上海与中部六省口岸大通关合作联席会议秘书长会议，研究完善《进一步深化上海与中部六省口岸大通关合作机制》，确定 2013 年大通关合作项目。认真履行上海与中部六省口岸大通关合作联席会议秘书处职责，加强与区域通关省市的沟通联系，推动区域通关项目的落实，重点推动武汉—上海江海直达、起运港退税、“泸汉台”快运等区域通关项目的对接。12 月，上海与中部六省口岸大通关合作第 8 次联席会议在武汉召开，国家口岸管理办公室领导，上海和中部六省口岸主管部门、联检单位、电子口岸及港口、机场等单位负责人参加会议。会议围绕贯彻落实十八届三中全会精神，积极促进贸易便利化，推进口岸物流多式联运，以及物流和监管信息的互联、互通，开展“一次申报、一次查验、一次放行”通关模式试点工作，进一步深化中部六省与上海口岸大通关合作等进行了沟通交流。

【口岸综合管理】 全力服务好武汉天河机场 T3 航站楼建设。按照湖北省政府的要求，重点做好天河机场海关、边防搬迁过渡的沟通协调，多次察看选点地址，多方听取意见建议，加强协调沟通，保障搬迁工作的落实，确保武汉空运口岸安全正常运行。协调做好查验单位分支机构设立工作。完成十堰出入境检验检疫局筹建工作，正式挂牌并受理业务。武汉海关仙桃工作组2013年9月挂牌，仙桃进出口企业可在当地办理相关报关手续。解决神农架林区集中报关报检问题。神农架林区海关、检验检疫业务分别归宜昌海关、襄阳出入境检验检疫局管理，给进出口企业带来不便。经过积极协调，湖北出入境检验检疫局同意将神农架林区检验检疫业务划归宜昌局管理，实现了海关、检验检疫业务一地管理。协调查验部门做好空运口岸通关服务，提高服务保障水平，完成重大活动和高端政务商务客人通关保障任务。圆满完成特种装备通关组织工作。

口岸监管与服务

【监管通关效能稳步提高】 武汉海关优化了监管查验工作机制，实施了分类查验和查验分流。有序开展了通关作业无纸化改革试点工作。对AA类企业低风险货物实行“属地申报，属地放行”，进一步扩大了“属地申报，口岸验放”适用企业范围。落实海关总署要求，推进快件系统纳入H2000切换试点工作。“四位一体”物流监控体系建设得到有序推进，完成了对关区内15处海关监管场所的清理整顿。2013年，关区监管进出口货运量2 314.33万吨，同比下降10.3%；货运总值为281.93亿美元，同比上升11.6%；监管进出境人员109.7万人次，邮政快件233.5万件，同比分别增长59.6%和16.4%；口岸现场查验率为6.71%，查获率为26.66%，实质性查获率为2.66%，规范性查获率为24.01%。

【综合治税工作全面推进】 武汉海关完成了税款预测调研和税款增量调研，坚持挖存量拓增量。推进关区报关单批量复审工作，对重点税源商品等进行常规批量复审和自主专项复审。通过加大监控核查力度，深化税收抽样考核，税收征管质量进一步提高。完成税款担保清理转税、审价归类补税等工作，确保“颗粒归仓”。准确实施减免税优惠政策，支持湖北省产业结构升级、科教创新发展。开展商品调研，上报税则修订建议并有2条被国务院关税税则委员会采纳。编撰完成《1997—2013年减免税制度汇编》，制定了关区原产地工作指引，开发了“汽车零部件管理系统”，进一步推广税费电子支付系统。完成了海关总署下达的“力争目标”，共征收税款入库121.38亿元；审价补税14 935.4万元，归类补税1 190.5万元；审批减免税款7.96亿元，同比增长10.4%。

【反走私工作保持高压态势】 武汉海关全力开展“绿篱”行动、打击走私专项斗争和联合行动，有效整合“一线监管、后续管理、打击走私”。对固体废物、毒品、武器弹药、濒危野生动植物、境外有害出版物、出口骗退税等10个领域实施了重点打击，成绩斐然。制度建设稳步推进，建立了保密、发文、印章管理等制度，对情报联络员等制度进行了修订。推进基层缉私机构建设，完成武汉海关隶属机场海关缉私分局的申报工作，完成武汉海关隶属黄石海关缉私科、十堰海关缉私科筹建工作。2013年，刑事、行政立案数均创历史最好成绩。刑事案件立案10起，同比增长2.33倍。行政案件立案135起，同比增长32.35%；案值12.24亿元，同比增长32.97%，涉税4 600.59万元，罚没入库470.81万元。办理协查案件106起。

【加工贸易监管和服务进一步优化】 武汉海关建立保税仓库和出口监管仓库退出机制，强化了对保税仓库和出口监管仓库的管理。加大政策宣传力度，通过组织政策宣介会等方式，贴近企业服务。以“一区三园”的架构，推进武汉新港空港综合保税区申报工作。研究申报武汉自由贸易区，形成了优化整合海关特殊监管区域的相关意见。推广应用了深加工结转、外发加工等信息化系统，出台了内销便利化措施，进一步简化了加工贸易内销手续。推广“两单一审”，对国际服务外包保税监管模式进行了大力推广。促成武汉东湖综合保税区于2013年6月29日封关运行，共受理报关单5 872份，进出区货值10.9亿美元，征收税款4 392万元。2013年，关区加工贸易进出口值为93.32亿美元，同比增长4.74%；备案金额24.92亿美元，同比增长22.03%；保税物流进出境15.89亿美元，同比增长251.9%。

【后续管理成效显著】 武汉海关以加工贸易企业为重点组织实施常规稽查；以“绿篱”行动为重点组织实施专项稽查；以游乐设备为重点组织开展综合治税稽查专项行动，取得实效。提交进口游乐设备专项稽查建议，被海关总署采纳，转化为全国专项行动。加大稽查引入中介机构力度，完成了“三查合一”业务调研，进一步理顺工作机制。建立了申请AA类企业授牌管理等制度，企业分类管理效能不断提高。强化报关企业、报关员管理工作，加大对报关企业巡查力度，严格报关员岗位考核。2013年，共稽查企业155家，发现问题企业61家，补税3 927.74万元；移交缉私部门违法线索48起，货值6.23亿元，涉税4 899万元。

【推进署省合作备忘录稳步实施】 2013年，武汉海关组织开展了“湖北省外贸发展对策研究”，课题成果得到多位省政府领导批示。“湖北口岸发展研究”报告获湖北省优秀调研成果三等奖。对名牌商品、出口创汇能力强和科技含量高的商品实施口岸重点保护措施。在阳逻港实施通关“一条龙”服务，进一步扩大“空陆联运班车”试点范围，积极支持“泸汉台”集装箱快班服务开航，监管模式进一步优化，为企业提供了更多的通关便利。对湖北省仙桃地区进出口及拟设立监管场所情况展开了实地调研，提出指导建议，为仙桃监管场所的申请提供支持。加快推动武汉铁路外贸货物装卸点，加强对中铁联集公司设立吴家山铁路中心站海关监管场所建设的指导。定期向地方政府、各行业协会等提供统计数据和信息，为企业提供了优质统计咨询服务。2013年，共编发监测预警统计分析文章74篇；统计分析文章被海关总署《海关要情》共采用6篇次，被湖北省委省政府采用19篇次。

【抓质量、保安全成效显著】 湖北出入境检验检疫局加强质量分析调研。向湖北省政府报送食用菌、蛋品、汽车等十一大类进出口商品质量分析报告，7篇质量分析专报得到省部级以上领导批示。推行进出口企业“质量安全承诺”和质量安全约谈制度，与109家进出口企业法人签订“质量安全责任承诺书”和“质量安全风险责任书”。全力推进出口质量安全示范区建设。湖北省现已创建食用菌、茶叶、蜂产品、水产品、水果、生猪等六大类15个省级出口农产品质量安全示范区，3个国家级出口农产品质量安全示范区，十堰出口汽车质量安全示范区建设全面启动。进一步强化风险管理，提高监管工作的科学性和有效性。建立健全进出口食品、动植物产品质量安全风险分析及定期通报制度，对湖北省192个蜂产品、茶叶、水产品备案基地开展风险监测，取消16个不合格基地的备案资格；加强供港澳活畜注册养殖场、出口备案猪场风险监管，排查质量安全风险47项次；加强外来有害生物监测工作，首次截获长芒苋、毒莴苣等6种外来检疫性杂草；加大进境旅客携带物和进境邮寄物的查验力度，截获禁止进境物230批次。狠抓敏感商品质量安全监管及重点领域的专项整治。成功处置新西兰恒天然奶粉检出肉毒杆菌、出口蛋品遭遇“禽流感”、外媒质疑中国蜂蜜掺假等突发事件，保障了奶制品消费安全和出口蛋品、蜂产品的质量安全。精心组织“质量月”活动，开展防范骗取出口单证、打击假冒证书、进出口危险化学品及包装风险排查等系列专项整治活动，对进出口领域制假售假、假冒单证、逃避监管等违法行为保持高压态势。2013年，共实施行政处罚立案11起，查处企业6家。加强建设、健全口岸突发公共卫生事件应急机制，提高现场应急处置能力。湖北省口岸核心能力建设得到各级政府大力支持，地方政府累计投入1 000多万。湖北省4个国家批准开放口岸一次性通过国家质检总局口岸核心能力考核验收。保健中心在出国劳务人员中检出输入型恶性疟疾7例，有效防止了疫情扩散。

【服务湖北省开放发展有位有为】 湖北出入境检验检疫局全力支持武汉东湖综合保税区建

设，筹备设立综合保税区办事处，出台检验检疫10项服务举措，得到省政府的充分肯定。全力支持武汉新港发展。积极推进入境粮食、水果、肉类的指定口岸建设，自主开发“内河水运口岸快速查验系统”，实现集装箱及货物网上全申报、集装箱24小时电子放行的高效运转，为武汉—洋山“江海直达”、“泸汉台”近洋集装箱快班航线提供有力保障。全力配合做好武汉铁路外贸货物装卸点恢复运营、天河机场新建T3航站楼等重点项目的检验检疫配套设施建设；大力支持襄阳国家级重点实验室建设、襄阳铁海联运“无水港”建设，助推湖北省“借港出海”。服务重点项目、优势产业。为通用汽车武汉基地30万辆乘用车、东风汽车出口成套散件等项目构建“一企一策”的把关服务工作机制。促进、扩大农产品出口，2013年湖北省出口食品、农产品达22.5亿美元，同比增长54.1%。推广应用供港澳蛋品RFID溯源管理系统。湖北省“新生源”获得欧盟批准的氨基酸“牵头注册人”资格，帮助企业有效应对欧盟REACH技术壁垒，企业不仅取得欧盟市场准入，还拥有了否决全球其他氨基酸生产企业进入欧盟市场的话语权。

【深化区域合作，打造通关便利化环境】 湖北出入境检验检疫局通过全面加强与口岸检验检疫机构的区域合作，进一步落实各项合作协议内容。积极推行泛长三角信息平台，按照泛长三角合作机制相关要求，规范了工作联系单的签发及使用，通过信息平台已发送32份电子工作联系单至相关口岸，及时、高效地解决了出口企业在口岸通关中遇到的有关问题。参加泛长三角合作机制2013年重点工作专题会议。建立出口货物口岸查验不合格信息共享机制。为全面贯彻《质检总局关于落实国务院促进外贸发展部署要求改进进出口商品检验监管工作的意见》文件精神，进一步优化湖北省进出口通关环境，经深入调研及与各兄弟局充分沟通，结合湖北出入境检验检疫局工作实际制订了《湖北局促进辖区通关便利化工作方案》，正在逐步落实。借力“关检合作”，试点开展省域无纸化通关工作。为简化进出口申报手续，提高湖北省口岸通关效率，多次与武汉海关沟通，拟在双方信息共享、联合把关的基础上，共同推进通关单无纸化试点工作，具体安排与“关检合作”部署同步实施。优化流程，提高通关放行效率。进一步优化资源配置，完善工作流程和实施电子监管，积极推进关口前移，机场、港口实行“一口对外、一站办结”，积极探索推进“一次申报、一次查验、一次放行”的通关新模式。

【湖北公安省边防总队边检主业有了新突破】 2013年，湖北省开放口岸检查出入境人员历史性地突破百万，达到1 091 901人次，同比增长55.48%，保持了零事故、零案件、零投诉复议的“三零”目标。团队快速通关查验系统、无线验放系统、自助查验通道等一批先进的科技手段投入一线，提高了边检服务效率。开展80万吨乙烯等边检专项勤务20余批次，向地方党委政府报送数据分析、决策建议等有分量的调研报告8份。

【湖北省公安边防总队将边检服务举措纳入地方便民措施】 积极响应湖北省公安机关加强和创新公安管理，征集便民利民举措的号召，将“为出入境人员提供自助通关服务”纳入“湖北省公安机关便民利民19条”，展现了边检机关的优质服务，推广了边检服务品牌，得到了广大出入境人员的欢迎。建成自助通关系统，提供“个性化服务”，为进一步丰富旅客通关方式，投入80余万元在内陆边检机关率先建成出入境自助查验通道4条，旅客信息采集备案点1个。符合条件的旅客只需提前备案，通关时在自助通道按下指纹、刷取证件即可完成通关手续，最大限度地满足了出入境旅客“快捷通关”的需求。2013年2月自助通道经公安部四、六局联合验收组验收通过，已正式投入使用。

【湖北省公安边防总队研发团队快速通关查验系统践行“零限制服务”】 湖北省空运口岸旅游团队约占出入境人员的4成。为解决出入境团队旅客快速通关需求，湖北省公安边防总队投入10万元，由武汉边检站承担研发了“旅游团队快速通关查验系统”。系统横跨互联网、梅沙网两个平台，通过对旅游团队的信息预报审核，可同时生成满足梅沙系统和旅游局名单生成系统需要的数据文件。旅游团队成员在接受边防检查时“随到随检、零散通关”，实现了“申报网络化、通关零散化”的目标。建成无线验放系统，实现“全天候服务”。为进一步拓展服务外延，解决重要政务（商务）专包机、突发性医疗急救包机快速查验的实际需求，湖北省边防总队在武汉边检站积极探索建成3G无线验放系统，不断延伸管控范围和服务触角，实现了远离边检执勤现场独立执行边检勤务的“全天候服务”模式。

【湖北省公安边防总队升级行政案件办理辅助系统达到“一站式服务”】 受公安部边防管理局委托，2012年湖北省公安边防总队完成了边检机关办理行政案件辅助系统的研发任务并顺利通过评审验收。2013年结合《出境入境管理法》的实施，湖北省公安边防总队按时完成公安部边防管理局下达的边检机关行政案件办理辅助系统二期建设任务，解决了一期存在的缺陷，修正了系统法律字典，增添了证据固定使用、执法智能考评和警情分析研判等新功能，进一步提高了办案效率和旅客通关效率。

【加强海事信息化建设】 长江海事局投入专项资金开发了国际航行船舶进出口岸申报系统、船载危险货物远程申报系统，提高口岸申报信息化水平，实现口岸管理与服务能力进一步提升。结合海事局正在实施的信息化三期建设，局机关、分支局、海事处、执法大队、办事处、海巡艇全面实现内网高速互联，提高了现场检查与后台管理、外网申报与内网处理的工作效率。积极开发和使用相关管理软件，便利航运企业和船舶。船舶动态管理系统、船舶报港系统、网上长江海事系统（含移动执法系统）、船载客货系统、船员管理系统等应用软件相继投入使用。船载危险货物远程申报系统、国际航行船舶进出口岸电子申报系统目前正在使用调试、试运行阶段，海事监管工作效率进一步提高。

【强化海事现场监管】 长江海事局深入推进“4R”安全监管模式，结合辖区实际，进一步细化了辖区内的风险源针对性监控措施，完善相关工作规范，充实各项监管和应急资源，切实做好“十大风险源”的监控和防范工作；充分利用VTS、CCTV、GPS监控手段，认真落实交管中心和执法大队VHF整点播报、长江信息台区播和短信平台群发的信息发布措施，强化全方位监控，服务质量不断提高，预控能力进一步提升。强化通航管理，维护长江干线武汉段通航秩序。强化“元旦”、“春节”、“清明”、“五一”、“端午”、“十一”等特殊时段及枯水、洪水期的安全管理，加强对“五区一渡”重点水域的监控。积极应对2013年重庆嘉陵江、武汉汉江秋汛和枯水期对长江水道的影响，制订应急预案，落实海巡艇现场驻守措施。为重庆—上海外贸货物快班轮开辟绿色通道，给予优先办理船舶出港、优先安检复查等优惠待遇。落实好服务“江海直达”外贸集装箱航线具体措施，保证集装箱班轮能按时发航，缩短集装箱班轮的营运周期，加快大通关货物流通。努力做到了“三个100%”：进出辖区港口的集装箱船舶办理签证100%做到了“全天候办理”，危险品申报业务100%在受理当日办结，对申请复查船舶100%在规定时间完成。为重庆港和武汉新港航运服务打造“江海直达”优质航线品牌，推动长江中上游“立足中西部、面向海洋”大物流格局的形成起到了积极作用。

开放口岸

【武汉空运口岸】 武汉空运口岸位于湖北省武汉市黄陂区天河街。1987年经国务院批准对飞行香港的中国籍飞机开放，1997年对外国籍飞机开放。2003年经国务院批准，武汉空运口岸获得落地签证权。武汉天河机场现有3 400米跑道1条，可供波音747－8型飞机起降。武汉天河机场国际航站楼于2010年6月开工建设，12月28日投入使用，2012年年初进行扩建。国际航站楼为主体单层、局部两层结构，离港和到港流程均在同一层，扩建后建筑总面积为9 429平方米，同时配套建设1.8万平方米的道路、停车场，以及楼外供电、供水、弱电、雨水及污水排放等设施。在国际航站楼运营的航空公司有中国东方航空公司、中国南方航空公司、中国国际航空公司、法国航空公司、大韩航空公司、港龙航空公司、中华航空公司、复兴航空公司、胜安航空公司、亚洲航空公司、济州航空公司、韩国易斯达航空公司、泰国东方航空公司、远东航空公司等。国际航站楼设置了检验检疫进出港通道各1条，5个申报柜台；设置了海关进出港通道各2条，4个申报台；设置了边防进出港通道各3条，10个边检柜台；设置了口岸签证柜台9个；设置了安检通道2条，值机柜台8个。武汉空运口岸开通了武汉至巴黎、新加坡、曼谷、普吉岛、首尔、济州岛、香港、澳门、台北、台中、高雄、花莲、澎湖、清迈、大阪、静冈、福冈等25条国际客货运航线。2013年，武汉空运口岸进出境飞机8 161架次，同比增长58.9%；进出境人员108万人次，同比增长57.7%；进出口货运量1.8万吨，同比增长9.5%。

【宜昌空运口岸】 宜昌空运口岸位于湖北省宜昌市猇亭区，距宜昌市中心26千米，距三峡大坝55千米，北接宜黄高速公路，南临长江黄金水道，东临焦枝铁路。宜昌三峡机场于1993年1月18日由国务院、中央军委批准立项，1994年9月正式动工兴建，1996年10月通过国家竣工验收，1996年12月28日取得机场使用许可证并正式通航。2005年经国务院批准对中国籍飞机开放，2006年12月31日开通宜昌至香港直航包机航线。三峡机场按4E级标准规划、4D级标准建设，设计年吞量140万人次，可满足B737、B757、A320等主要机型的起降，现有2 600米跑道1条，停机坪设有6个停机位，旅客航站楼建筑面积1.5万平方米。2013年，宜昌空运口岸进出境飞机76架次，同比下降52.8%；进出境人员1.2万人次，同比下降30.8%；进出口货运量7吨，同比下降50%。

此外，还有湖北省政府批准开放的外贸货物装卸点9个。其中，水运外贸货物装卸点2个，分别是宜昌港、荆州港；铁路外贸货物装卸点4个，分别是武汉、襄阳、十堰、麻城外贸货物装卸点；公路外贸货物装卸点3个，分别是武汉、襄阳、十堰公路外贸货物装卸点。另有海关特殊监管区域2个和B型保税物流中心2个（武汉东湖综合保税区、武汉出口加工区、武汉东西湖保税物流中心、黄石棋盘洲保税物流中心）。通过30多年发展，湖北省口岸已形成了水、陆、空全方位对外开放的格局。

【武汉水运（河港）口岸】 武汉水运（河港）口岸位于湖北省武汉市东部，是长江中上游航运枢纽，水路沿长江东至上海1 125千米，西达重庆1 370千米。武汉新港阳逻港区一期工程于2004年投入运营，建有2个5 000吨级（兼顾万吨级）集装箱泊位及配套设施，设计年吞吐能力25万标箱。二期工程于2010年投产，拥有4个5 000吨级集装箱专用泊位，设计年吞吐能力75万标箱。三期工程正在规划建设中，三期工程共规划17个5 000吨兼顾万吨级集装箱泊位及配套设施，首批开建4个泊位，总投资40亿元，设计年通过能力80万标箱，将与已建成投入使用的一、二期工程共同实现480万标箱的吞吐能力。阳逻港基础设施和查验设施完善，建设有联检大楼、查验仓库、保税仓库、移动式集装箱检查设备（H986）及配套设施、熏蒸房、消毒门、防辐射门等。1980年经国务院批准对航行国际航线的中国籍船舶开放，1992年经全国人大批准对外国籍船舶开放。2006年武汉开通了至上海洋山港的江海直达航线，由于货源不足先后经历了3次停航。2009年该航线再次恢复运行，武汉市政府出台政策，对江海直达航线给予财政补贴，实现了货运72小时内到达上海的目标，成为湖北省进出口货物运输的优质航线。武汉中远、上港长江、中外运湖北公司、武汉长海等4个船公司14艘江海直达船投入运营，每周9班。2013年，江海直达航线共运输国际集装箱22.1万标箱。自2012年8月起，武汉至上海洋山保税港区之间试行起运港退税政策。中外运湖北公司永裕“016”、“018”两船承运的出口货物能够享受起运港退税政策。2013 年，武汉港出入境船舶为 4 艘，出入境人员为 57 人次，进出口货运量为 2 037.4万吨，进出口集装箱运量为 27.9 万标箱。

【黄石水运（河港）口岸】 黄石港位于长江中游南岸，上距武汉 143 千米，下距上海 982 千米。黄石港是湖北省鄂东南地区最大的货物集散地和贸易中转港口。港口直接经济腹地为黄石市（包括大冶市、阳新县），间接经济腹地为鄂州市、黄冈市和咸宁市。据史料记载，黄石港埠最早形成于 1627 年，1980 年国务院批准黄石港开办对外贸易运输业务，1992 年开通国轮国际集装箱运输业务。1993 年 6 月 15 日经国务院批准为水运口岸，2004 年经交通运输部确认为全国 53 个主要港口之一。

黄石港现有主要生产码头 6 座，11 个生产泊位，码头最大靠泊能力 5 000 吨级，实际季节性可靠泊 1.8 万吨级船舶，码头最大起吊能力 40 吨，库场总面积 10 万平方米，港口年综合通过能力 680 万吨。2013 年，黄石港进出口货运量达 118.3 万吨，同比增长 28.9%；国际集装箱运量 1.2 万标箱，同比增长 7.7%。

黄石港监管区的现场联检楼、卡口、堆场、扣留仓库、信息化系统全面竣工，口岸联检单位已进驻联检大楼办公；黄石港检验检疫查验区、卫生处理区、熏蒸区、实验室、检验检疫监管仓库、消毒药品库房、码头电子监管系统等得到全面升级并投入使用。2013 年 11 月，黄石港核心能力建设高分通过国家考核组验收。黄石正积极规划建设棋盘洲港区，棋盘洲港区位于长江蕲春水道右岸棋盘洲江段，距黄石市城区中心 29 千米，水陆域条件较好，是长江中游少有的优良深水港区，港区长江岸线长 7.7 千米。港区内规划建设口岸现场联检办公楼、卡口、围网、监管扣留仓库、查验平台、现场监控系统、关港通系统等项目。棋盘洲港区一期工程建设泊位 9 个，其中 4 个 3 000 吨级（兼顾 5 000 吨级）散货泊位，3 个 3 000 吨级（兼顾 5 000 吨级）件杂货泊位，1 个工作船泊位和 1 个取水泊位，设计年吞吐量为 690 万吨，远期规划预计达 5 000 万吨。

湖北省口岸大事记

1 月 15 日

武汉东湖综合保税区顺利通过由海关总署、国家发展改革委、财政部、国土资源部、住建部、商务部、国家税务总局、国家工商总局、国家质检总局、国家外汇管理局等十部委组成的联合验收组的正式验收，湖北省副省长田承忠出席颁证揭牌仪式。

4 月 4 日

武汉空运口岸开通武汉至吉隆坡直航旅游包机，武汉成为华中地区第 1 家直航马来西亚吉隆坡的城市。

6 月 28 日

武汉海关通关作业无纸化改革试点工作正式启动，并筛选 AA 类企业 1 家、A 类企业 1 家为试点企业，签订通关无纸化协议。试点启动当天共办理无纸化报关单 7 票。

6 月 29 日

武汉东湖综合保税区正式封关运行。湖北省委常委、武汉市委书记阮成发，副省长许克振，武汉市市长唐良智出席封关仪式。

8 月 15 日

十堰出入境检验检疫局正式揭牌开检。

9 月 16 日

武汉海关仙桃工作组挂牌，进出口企业不出仙桃即可办理审核、查验、放行等报关手续。

9 月 23 日

美国驻武汉总领事馆总领事李伟明拜访武汉海关。

9 月 29 日

武汉首条准国际水运航线“泸汉台”集装箱快班正式开通，武汉至台湾货物运输时间将由 10 天缩短至 5 天左右，这是武汉市继国际航空货运线、汉新欧国际铁路货运专列之后，开通的第 3 条对外物流大通道。

10 月 28 日

武汉海关在阳逻港提供一站式通关服务。除

查验、放行通关业务外，阳逻港还设置了接单、征税、布控、转关、结关等窗口，企业可在阳逻港直接办理通关业务。阳逻港现场实现了报关、报检“一站式”服务。

10月22日

黄石棋盘洲保税物流中心（B型）项目可行性研究报告通过评审。

11月27日~12月1日

国家质检总局考核组对湖北省武汉天河机场、武汉阳逻港、黄石港、宜昌三峡机场4个国家批准设立的口岸核心能力建设工作进行了考核验收。4个口岸全部通过国家质检总局口岸核心能力建设考核，达到《国际卫生条例（2005）》口岸核心能力建设标准。

11月28日

武汉海关在恩施土家族苗族自治州及武汉东湖综合保税区设立海关临时工作组。

12月4日

湖北省委书记李鸿忠、省长王国生在武汉会见海关总署署长于广洲，副署长孙毅彪、邹志武，湖北省副省长甘荣坤参加会见。

12月6日

上海与中部六省口岸大通关合作第8次联席会议在武汉召开，上海市和河南、湖南、江西、安徽、山西、湖北省口岸主管部门、查验机构，以及电子口岸、口岸运营单位负责人及代表110人参加了会议。

海关总署署长于广洲、副署长孙毅彪到武汉海关调研。湖北省副省长甘荣坤陪同。

12月7日

海关总署党组书记、署长于广洲与副署长孙毅彪一行深入武汉东西湖保税物流中心，实地调研武汉新港空港综合保税区申报设立情况。

12月19日

襄阳—宁波集装箱铁海联运班列开通。集装箱到达宁波港中转上船后，将直抵非洲。

12月10日

武汉空运口岸开通直飞泰国清迈航线。

十堰外贸货物装卸点项目正式开工建设，计划2014年建成并通过验收投入使用。

（撰稿人：乔欣荣、汪洋、李晓勤、熊亚军、孙毅、陈萌）

2013 年湖北省口岸流量统计表

口岸类型		口岸名称	货运量（万吨）				集装箱量（万标箱）				人员（万人次）				交通工具（辆、艘、架、列次）			
			出口	进口	合计	同比（%）	出口	进口	合计	同比（%）	出境	入境	合计	同比（%）	出境	入境	合计	同比（%）
空运口岸			0. 8	1	1. 8	+9. 5					54. 5	54. 7	109. 2	+55. 5	4 158	4 157	8 315	+56. 9
		分计																
陆运口岸	公路口岸		0. 2		0. 2	－12. 4												
		分计																
	铁路口岸																	
		分计																
水运口岸	海港口岸																	
		分计																
	河港口岸		462. 8	1 849. 49	2 312. 29	－10. 4	24. 2	9. 6	33. 8	+7. 6						4	4	+300
		分计																
合计			463. 8	1 850. 49	2 314. 29	－10. 3	24. 2	9. 6	33. 8	+7. 6	54. 5	54. 7	109. 2	+55. 5	4 158	4 161	8 319	+57
同比（%）			+17. 9	－15. 4	－10. 3		+3. 9	+18. 5	+7. 6		+55. 8	+55. 2	+55. 5		+57	+56. 9	+57	

（湖北省口岸办提供）

2013 年武汉海关主要数据统计表

项目		2013 年	同比（%）
进出口货运量（万吨）	合计	2 314.33	-10.3
	进口	1 850.56	-15.4
	出口	463.77	+17.9
进出口贸易总值（万美元）	合计	2 150 208.71	
	进口	1 120 977.56	+10.31
	其中：江、海运输	782 857.33	+1.04
	铁路运输	20.12	-77.68
	汽车运输	10 716.32	-2.52
	航空运输	327 261.49	+42.23
	邮件运输	122.3	-40.16
	其他运输		
	出口	1 029 231.15	+13.56
	其中：江、海运输	883 576.96	+6.98
	铁路运输	316.25	-55.05
	汽车运输	5 340.15	+503.62
	航空运输	139 678.97	+77.68
	邮件运输	318.82	+73.37
	其他运输		
税收（万元）	两税入库	1 213 751.9	-6.60
	关税入库		
	进口环节税入库		

（武汉海关提供）

2013 年湖北省口岸出入境主要数据表

<table>
<tr><th colspan="3">项目</th><th>2013 年</th><th>2012 年</th><th>同比（%）</th></tr>
<tr><td rowspan="14">出入境人员（人次）</td><td colspan="2">出入境人员总数</td><td>1 091 901</td><td>702 298</td><td>+55.48</td></tr>
<tr><td colspan="2">入境人员</td><td>547 011</td><td>352 522</td><td>+55.17</td></tr>
<tr><td colspan="2">出境人员</td><td>544 890</td><td>349 776</td><td>+55.78</td></tr>
<tr><td colspan="2">出入境旅客</td><td>1 021 382</td><td>656 041</td><td>+55.69</td></tr>
<tr><td colspan="2">出入境员工</td><td>70 519</td><td>46 257</td><td>+52.45</td></tr>
<tr><td rowspan="5">中国公民</td><td>小计</td><td>981 315</td><td>592 968</td><td>+65.49</td></tr>
<tr><td>内地居民（因公）</td><td>36 386</td><td>9 108</td><td>+299.49</td></tr>
<tr><td>内地居民（因私）</td><td>826 818</td><td>478 611</td><td>+72.75</td></tr>
<tr><td>港澳居民</td><td>37 047</td><td>30 777</td><td>+20.37</td></tr>
<tr><td>台湾同胞</td><td>81 064</td><td>74 472</td><td>+8.85</td></tr>
<tr><td colspan="2">外籍人员</td><td>110 586</td><td>63 073</td><td>+75.33</td></tr>
<tr><td colspan="2">从海港出入境人数</td><td>57</td><td>16</td><td>+256.25</td></tr>
<tr><td colspan="2">从陆港出入境人数</td><td>0</td><td>0</td><td>-</td></tr>
<tr><td colspan="2">从空港出入境人数</td><td>1 091 844</td><td>702 282</td><td>+55.47</td></tr>
<tr><td rowspan="5">交通运输工具（辆、艘、架、列次）</td><td colspan="2">总计</td><td>8 319</td><td>5 299</td><td>+55.47</td></tr>
<tr><td colspan="2">船舶</td><td>4</td><td>1</td><td>+300.00</td></tr>
<tr><td colspan="2">飞机</td><td>8 315</td><td>5 298</td><td>+56.95</td></tr>
<tr><td colspan="2">火车</td><td></td><td></td><td></td></tr>
<tr><td colspan="2">机动车辆</td><td></td><td></td><td></td></tr>
</table>

（湖北省公安边防总队提供）

2013 年湖北省出入境检验检疫业务统计表

项目	货物检验检疫				交通工具				集装箱（标箱）		发现动植物疫情		货物通关		出入境人员查验（人次）	健康检查及预防接种（人次）			
	批次	金额（万美元）	检验检疫不合格																
			批次	金额（万美元）	船舶（艘）	飞机（架）	火车（节）	汽车（辆）	合计	检出问题	种类数	种次	批次	金额（万美元）		健康检查	艾滋病监测	发现病例	预防接种
本年累计	90 355	843 725.8	742	11 162.43		8 186			269 698	596	222	911	46 283	555 484.54	1 055 969	34 572	32 927	12 475	39 746
其中 出境	77 254	595 794.2	49	339.2		4 100			173 857	248			28 751	259 964.86	530 796	31 817	30 701	12 166	39 689
其中 入境	13 101	247 931.6	693	10 823.23		4 086			95 841	348	222	911	17 532	295 519.68	525 173	2 755	2 226	309	57
同比（%）	-16	+0.96	-13.62	+22.17		+57.06			-0.63	+308.22	+7.25	+59.82	-2.27	+7.24	+53.46	+2.77	+1.65	+33.71	-6.17
其中 出境	-18.09	-7.34	-39.51	-31.6		+43.06			+11.18	+281.54			-10.49	-3.36	+55.04	+8.79	+5.72	+36.05	-6.03
其中 入境	-1.21	+28.67	-10.93	+25.26		+74.17			-16.68	+329.63	+7.25	+59.82	+15.06	+18.68	+51.9	-37.33	-33.57	-20.36	-53.66

（湖北出入境检验检疫局提供）

2013 年长江海事局进出港船舶统计汇总表

船舶类别	进港船舶							出港船舶						
	艘数（艘）	总吨（吨位）	总载重量（吨）	载客量（客位）	船员人数（人次）	货物到达量（吨）	旅客到达量（人）	艘数（艘）	总吨（吨位）	总载重量（吨）	载客量（客位）	船员人数（人次）	货物发送量（吨）	旅客发送量（人）
总计	14 242	37 995 689	57 263 698		139 877	21 584 441. 22		14 337	38 410 821	57 803 339		141 082	30 750 638. 91	
中国籍船舶	14 082	37 555 410	56 527 550		137 981	21 430 841. 96		14 171	37 950 852	57 037 380		139 084	30 387 156. 58	
其中外贸船	44	127 650	181 047		647	46 687		45	118 384	175 590		563	128 395. 21	

（长江海事局提供）

湖 南 省

湖南省口岸分布示意图

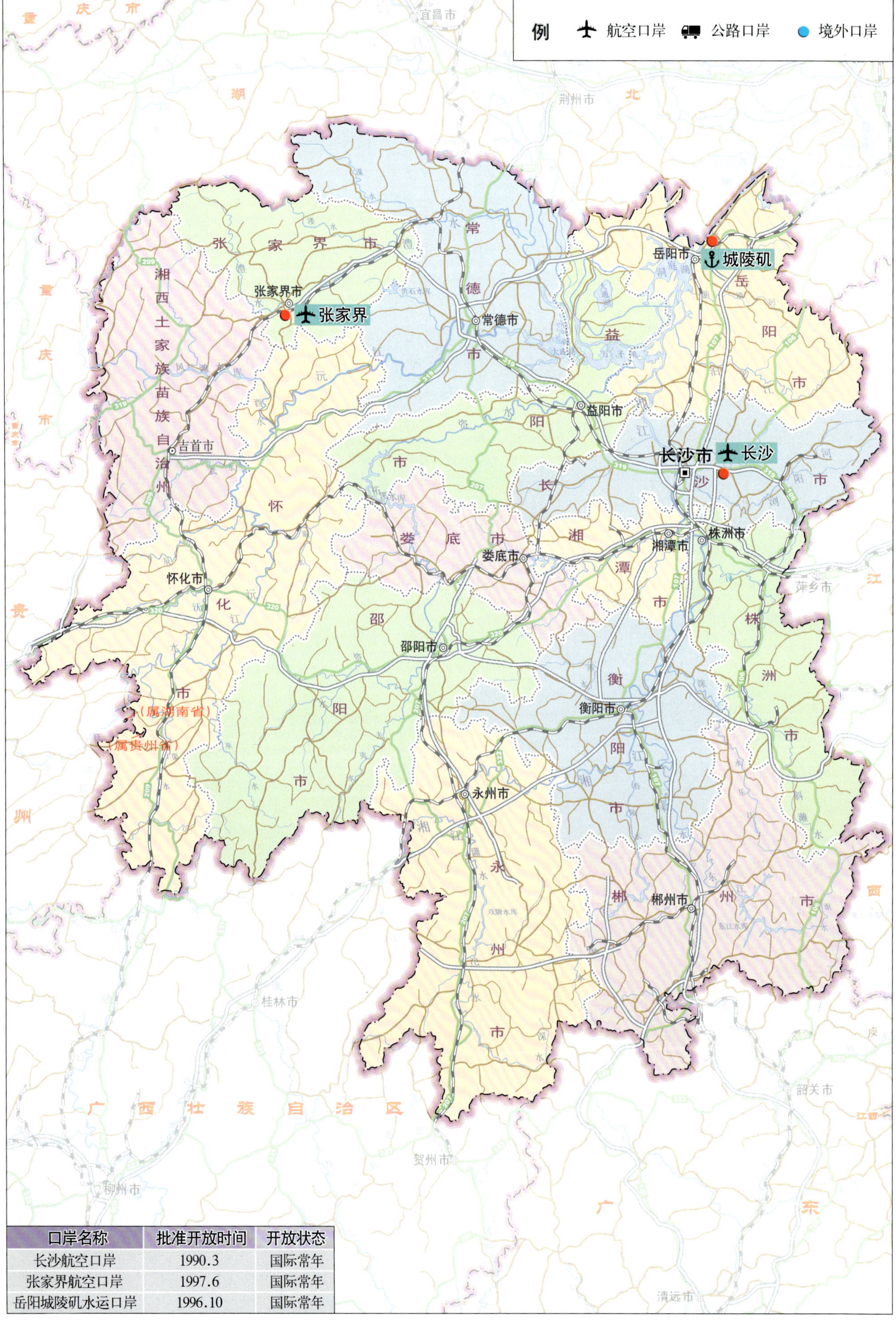

口岸名称	批准开放时间	开放状态
长沙航空口岸	1990.3	国际常年
张家界航空口岸	1997.6	国际常年
岳阳城陵矶水运口岸	1996.10	国际常年

口岸数量及分布

截至2013年年底，湖南省共有经国务院批准的对外开放口岸3个。其中，空运口岸2个，分别为长沙空运口岸和张家界空运口岸；水运口岸1个，即岳阳城陵矶水运（河港）口岸。

口岸运行数据

2013年，湖南省外贸进出口货值为251.6亿美元，同比增长14.7%。其中，出口148.2亿美元，同比增长17.6%；进口103.4亿美元，同比增长10.7%。按运输方式分，水路运输货值为163.99亿美元，同比增长7.7%；铁路运输货值为12.96亿美元，同比增长49.2%；公路运输货值为59.54亿美元，同比增长24.1%；航空运输货值为15.13亿美元，同比增长44.0%；邮件运输进出口总值为10万美元，同比减少23.3%；其他运输方式货值为10万美元，同比减少74.4%。

2013年，长沙海关关区进出境货运量达1 951.6万吨，进出口货值99.7亿美元，同比分别增长8.1%和21.4%。其中，进境货运量1 812.4万吨，同比增长8.4%，出境货运量139.2万吨，同比增长4.0%；进口货值65.9亿美元，同比增长24.9%，出口货值33.8亿美元，同比增长17.6%。

从进出口货物情况看，2013年进口货值排前3位的商品是：铁矿砂及其精矿23.97亿美元，同比减少22.2%；原油5.06亿美元，同比增长591.4%；汽车（包括整套散件）3.34亿美元，同比减少68.4%。进口量较大的还有货车（包括整套散件）、铅矿砂及其精矿、汽车零件等。出口货值排前3位的商品是：钢材9.8亿美元，同比减少26%；汽车（包括整套散件）5.99亿美元，同比增长30.6%；服装及衣着附件5.48亿美元，同比增长48%。出口量较大的还有烟花爆竹、陶瓷产品等。

2013年，湖南省口岸进出境人员为103.61万人次，同比增长25.6%。其中，从空港出入境103.6万人次，同比增长25.6%；从河港入境0.01万人次，同比减少21.2%。长沙空运口岸出入境人员92.2万人次，同比增长18.17%；张家界空运口岸出入境人员11.40万人次，同比增长155.61%。全省口岸出入境旅客97.24万人次，同比增长25.6%；出入境员工6.37万人次，同比增长25.6%。进出境内地居民46.43万人次，同比增长70.31%；港澳居民2.29万人次，同比减少11.6%；台湾同胞14.47万人次，同比增长2.9%；外籍人员40.42万人次，同比增长5.1%。湖南省公安厅人口出入境管理局办理口岸落地签证4.26万人次，同比增长5.38%。

2013年，湖南省口岸进出境交通工具6 996架（艘）次，同比增长23.2%。其中，空运口岸进出境航班6 986架次，同比增长23.3%；水运口岸进出境船舶10艘次，同比减少16.7%。长沙空运口岸进出境航班6 125架次，同比增长8.1%。张家界空运口岸进出境航班861架次，同比增长178.64%。岳阳城陵矶水运（河港）口岸进出境船舶10艘次。

2013年湖南省各市、州进出口统计表

市、州	进出口额（万美元）	出口额（万美元）	进口额（万美元）	同比（%）		
				进出口	出口	进口
总值	2 516 439	1 482 083	1 034 356	+14.7	+17.6	+10.7
长沙市	989 253	616 591	372 662	+13.8	+19.2	+5.9

续表

市、州	进出口额（万美元）	出口额（万美元）	进口额（万美元）	同比（%）		
				进出口	出口	进口
郴州市	378 805	200 947	177 858	+36.5	+40.9	+32.0
湘潭市	263 497	97 710	165 787	+27.6	+15.2	+36.3
株洲市	256 633	192 594	64 038	+19.4	+5.0	+103.7
衡阳市	181 364	126 098	55 266	-3.6	-15.4	-21.9
娄底市	142 947	20 759	122 188	-15.5	-27.0	-13.2
岳阳市	64 423	24 402	40 021	+10.8	+16.6	+7.6
邵阳市	59 077	52 163	6 913	+25.0	+26.3	+15.5
常德市	56 210	37 615	18 595	-6.6	+17.2	-33.8
益阳市	48 515	44 170	4 345	+36.1	+36.8	+29.5
永州市	44 964	40 593	4 371	+55.2	+54.7	+60.3
湘西自治州	17 835	16 941	894	+18.4	+14.7	+203.4
怀化市	8 335	6 977	1 359	+17.5	+375.0	-75.9
张家界市	4 581	4 522	59	+18.5	+25.7	-77.9

口岸综合管理

【口岸开放全面推进】 湖南省政府批复设立常德水运外贸货物装卸点，郴州、永州、怀化铁路和邵阳公路外贸货物装卸点；衡阳公路外贸货物装卸点通过验收，正式投入使用。衡阳综合保税区通过国家十部委联合验收，正式对外开放；湘潭综合保税区正式获国务院批准设立；岳阳、长沙综合保税区申报工作加速推进。城陵矶进口肉类指定口岸建设顺利完工，正在进行制度创建、人员培训、招商及试运行等筹备工作，待国家质检总局验收后正式对外开放；汽车整车、粮食进口指定口岸申报取得积极进展；长沙黄花机场水果进口指定口岸申报工作正式启动。

【口岸建设持续加强】 长沙、张家界空运口岸及岳阳城陵矶水运（河港）口岸顺利通过国家质检总局核心能力建设考核。长沙空运口岸T2航站楼先期机检设施设备顺利完成验收移交，海关、检验检疫新通关现场顺利转场办公，新设立的货运仓库投入使用；张家界空运口岸新航站楼国际厅设计方案确定。长沙霞凝铁路外贸货物装卸点规划布局进一步完善，围网、地磅、仓库及信息系统建设加快推进；星沙海关、长沙出入境检验检疫局综合楼建设完工。岳阳城陵矶进口肉类指定口岸主体工程建设完工。永州公路外贸货物装卸点选址确定，并叠加湖南省供港澳农产品集中验放场功能；郴州、永州等地“无水港”建设工作扎实推进。

【国际通道进一步拓展】 空运口岸新增长沙至菲律宾长滩岛、越南岘港，张家界至台北、高雄等4条航线；长沙至法兰克福欧美国际航线开通工作取得积极进展。岳阳城陵矶水运（河港）口岸至香港直航稳定运行16趟次；积极打造江海直航船队，为开通至我国台湾、日本、韩国等近海航线筹备运力。长沙—深圳（蛇口）、醴陵—深圳（盐田）、湘潭—越南、衡阳—深圳（盐田）“五定班列”及城陵矶港—上海港、霞凝港—上海港“五定班轮”稳定运行。积极开展湘欧国际铁路货运班列论证筹备工作。湖南省口岸协会与郴州湘香物流有限公司合作，对湖南省香港直通车进行统一运营。

【电子口岸建设进展显著】 电子口岸实体平台一期工程基础平台建设工作如期完成，电子口岸水运物流平台海关、检验检疫辅助系统均已完成设备安装和软件部署；长沙海关为配合电子口岸实体平台建设启动海关业务外网建设并与加工贸易综合服务平台同时上线运行。卡口放行管理、港口通关辅助系统等8个业务子系统的实体平台一期项目进入试运行。

【口岸跨区域合作不断深化】 全面深化区域通关改革，加强与16个口岸跨区域合作，为全省253家企业开通“属地申报，口岸验放”，为23家AA类企业开通“属地申报，属地放行”通关模式。关检合作“一次申报、一次查验、一次放行”改革积极推进。加快长沙、衡阳、郴州、永州铁路外贸货物装卸点建设，大力拓展铁水联运和“无水港”业务，加强与沿海港口业务合作。

【口岸综合管理再上新台阶】 牵头组织了全省口岸大通关建设、电子口岸与跨境贸易电子商务建设、湘欧国际货运班列可行性论证、湖南省进出口物流时效性研究等调研，起草临港临空经济调研方案，形成了《关于加快湖南临港临空产业发展的建议》；参与全国口岸工作专项调研、全国口岸工作会议筹备及《国务院关于加强口岸工作的指导意见》（初稿）起草等工作。编写完成了《2012年度口岸发展报告》、《中国口岸年鉴（2012版）——湖南篇》和12期《口岸工作简报》，门户网站信息及时更新，信息统计工作进一步加强。积极组织全省口岸系统开展口岸文明创建工作，推荐岳阳城陵矶水运（河港）口岸管理服务中心、张家界荷花机场国际厅、长沙金霞保税物流中心、郴州出入境检验检疫局等单位参评“2013届全省文明窗口单位”。

口岸监管与服务

【长沙海关着力促进湖南省开放型经济发展】 长沙海关深入全省14个市州的重点企业和园区进行调研走访，与47家重点企业建立联点服务关系，帮助102个园区和1 071家企业用好用足各项政策。认真落实税收减免政策，共计审批减免税货值7.1亿美元，减免税款10.4亿元人民币，减免税审批准确率达100%。大力支持加工贸易发展，取消和下放加工贸易内部核批权限7项，在特殊监管区域和保税场所推行“分送集报”、“两单一审”通关方式，帮助企业减负增效超过1 500万元。湖南省加工贸易综合服务平台（一期）和E速通报关服务平台成功上线运行，12360海关统一服务热线受理各类咨询1.24万余次，问题答复率和客户满意度达100%。通过开展打击走私联合行动、缉枪治爆专项行动和“扫毒害保平安”严打整治行动，充分发挥关境安全保护作用。2013年，立案172起，案值6 170万元；查获毒品10 424克，仿真手枪5支，枪支配件4件，穿山甲鳞片30千克，象牙及制品7 776克；“4·19”走私固体废物案被海关总署缉私局列为一级挂牌督办案件。

【长沙海关多举措推进简政放权和业务改革】 长沙海关加快推进简政放权和业务改革，调整228个内部核批事项，压缩核批层级222级，行政审批时间缩短30%。迅速启动关区业务改革，“一线快起来，二线跟得上，监督检查盯得住和配套改革”四大模块的40项工作任务得到落实。通关作业无纸化改革在现场业务处和驻黄花机场办事处试点，签约企业1 856家，无纸化申报率为36.1%，出口通关时间仅为1小时，出口、进口货物24小时放行率分别达到98.9%和96.6%。在调研基础上全面深化区域通关改革和关检合作，与15家企业签署合作备忘录，与16个口岸海关合作，为全省23家AA类企业开通“属地申报，属地放行”通关模式，拓宽“属地申报，口岸验放”适用范围，适用企业增至253家；大力推动关检“一次申报、一次查验、一次放行”改革，制订方案，加强协调，准备工作已经全部就绪。

【海关加强监管成效明显】 长沙海关开展“绿篱”专项行动，严厉打击“洋垃圾”走私，查获固体废物3.2万吨，有力地支持了“天蓝地绿水净湖南”建设；加强行邮物品监管，查获违法携带货币折合人民币 178 万元，禁限物品 1 395件，侵犯知识产权物品5 万余件。优化监管查验机制、监管场所信息化联网取得重要进展。2013 年受理报关单 8.47 万票，同比增长 17.5%；监管货物1 951.6 万吨，货值94.6 亿美元，同比分别增长 8.1%、20.4%；监管进出境运输工具17 682辆（艘）次，进出境人员 103 万人次，邮递快递物品 187 万件，同比分别增长 7.1%、24.7%、148.3%。全省对外贸易总值为 251.6 亿美元，同比增长 14.7%，其中加工贸易进出口总值76.6 亿美元，同比增长20.3%。

【检验检疫强检测提质量保安全】 湖南出入境检验检疫局以质量和效益为中心，提升检测能力，保证口岸安全。一是加强检测能力。国家茶叶检测重点实验室（湖南）更名为国家食品安全检测重点实验室（湖南），获批筹建国家猪传染病检测重点实验室（湖南）、国家质检总局肉类食品检测区域性中心实验室（岳阳），2 个区域中心实验室、3 个常规实验室通过核查验收。二是提升产品质量。2013 年，共检验出口商品 8.78 万批，货值42.75 亿美元；检出不合格商品 356 批，货值 1 326 万美元，批次不合格率为 0.41%。在建出口质量安全示范区 12 个，三一重工、中联重科等自主品牌获首届中国质量奖提名奖，多家食品出口企业通过欧盟、新加坡等国家和地区官方检查，1 家冰鲜牛肉企业首次对香港注册成功。三是保障国门安全。2013 年，截获进境有害生物 123 种、542 种次，查获旅客禁止携带物 3 913 批，查获入境邮快件禁止进境物 185 件。检疫查验出入境人员 103.5 万人次，发现处置各类传染病症状人员 38 例，发现并处置放射性超标事件 58 例，检验检疫出入境集装箱 8.2 万标箱。建立质量风险会商制度，与海关、环保部门签署合作备忘录，加强食品、消费品及固体废物进口管理，加强执法稽查。

【检验检疫大力支持湖南省经济发展】 主动融入湖南省开放平台建设，积极开展长沙金霞保税物流中心和机场货检大楼检验检疫工作。加快通关模式改革，通过无纸化报检、集中审单、电子监管等措施，使企业办理业务平均提速 30%；与海关就“一次申报、一次查验、一次放行”工作模式试点达成一致。全力服务上海大众（长沙）、蓝思科技等重点项目，支持高新技术产品出口；为烟花扩大出口创造便利环境；推动日用陶瓷、打火机等传统产业增强竞争力；扶持优势农产品拓展市场。2013 年，全省出口食品、农产品计 9.46 亿美元，同比增长 23.1%；肉类产品出口达 3.8 亿美元，同比增长 73%。支持大豆、玉米等资源性产品进口。认真落实法检目录调整、减免收费等政策，为企业减免费用3 600万元。签发的原产地证书帮助企业获得进口国减免关税 5 462 万美元。

【湖南出入境检验检疫局加强口岸核心能力建设】 为加强口岸核心能力建设，湖南出入境检验检疫局成立了专门领导小组，健全卫生检疫工作体制机制，完善相关工作程序规范；投入近 3 000 万元，为全省 3 个开放口岸及保健中心配齐卫生检疫设施；加强口岸一线专业队伍建设，组织突发事件应急处置演练，提高口岸卫生检疫工作效率和质量；加强与口岸相关部门协作，已签订 30 余份联防联控协议，召开口岸核心能力建设协调会，构建起联防联控机制。通过不懈努力，湖南省 3 个开放口岸，即长沙空运口岸、岳阳城陵矶水运（河港）口岸、张家界空运口岸全部通过口岸核心能力考核。

【湖南省公安边防总队创新边检服务措施】 湖南省边防总队深化口岸“舒畅工程”，推出“航班正点行动”、公务机 24 小时随到随检、“一警一企专项服务”、经贸代表团优检服务、边检温馨提示、“一站式”通关、边检业务顾问等 10 余项便民利民措施满足通关需求。先后与长沙、湘潭等经济技术开发区签订《警民共建备忘录》，为企业和园区提供优质边检服务，并开展“送法上门”业务培训。继续推行“10 - 5 - 3 - 1”边检服务法（10 步远时面带微笑，5 步远时主动问候，3 步远时引导提示，1 步远时热情服务）、4S（微笑 Smile、真诚 Sincerity、规范 Standard、满意 Satisfaction）服务模式、“一站式”通关服务及绿色生命通道服务。

【湖南省公安边防总队打造“平安口岸”】 加强情报搜集研判，视频监控系统实现查验现场全覆盖，搭建综合警务信息指挥平台，以“情报主导警务”，加强动态风险评估，将问题处理在勤务开始之前。提升边检服务能力，创新勤务管理，坚持“警力跟着警情走”原则，采取“精减机关、确保一线”措施，建立动态联勤机制，及时调整“1 + 1”和“3 + 1”执勤模式。强化技能培训和科技强警，提高单警素质，继续开展跨警跨领域联勤联动，圆满完成了包括苏里南总统来访在内的 50 余项重大边防安保任务。完善制度建设，加强重点敏感时期口岸管控应急方案的调研修订，健全完善了 14 类应急处突预案；督导边检站加强舆情监控及应对工作，修订完善总队《监控和处置网上敏感舆情暂行办法》，建立新闻发言人制度；研究制定《湖南边防总队“平安口岸”建设指导标准》，明确建设“平安口岸”的指标参数，全面落实以“五无”、“四满意”为总体目标的“平安口岸”建设工作。

【岳阳海事局强化安全管理】 全力开展“五化建设”攻坚，牢牢把握“稳中求进，进中求强”总基调，顺利完成预定任务。一是通过开展春雷行动、夏季风暴、百日安全、“三防一禁”等 18 个专项活动，加大水上安全监管力度，保持对突出违法行为的严打高压态势，“2·12”事故后未发生运输船舶人员死亡事故。二是充分利用电子巡航平台，对一类危险品船舶、旅游客船实施全程跟踪维护，利用差异化管理对 C 类船舶进港必查。三是采取签证把关、功能分区和联合执法等措施，确保了港区渡运、主航道、锚地出入 3 个主要通道的畅通有序，洞庭湖口水域通航秩序明显改善。

开放口岸

【长沙空运口岸】 长沙空运口岸设于长沙黄花国际机场，位于长沙县黄花镇，距长沙市中心 24.2 千米，1990 年开放空运口岸，目前飞行区等级为 4E 级，是湖南省规模最大的民用机场，也是湖南省首个开放口岸。黄花国际机场共有 28 家中外航空公司运营，有中国南方航空公司、厦门航空公司在此设立运营基地，机场每周航班执行密度超过 2 300 架次，航班可供座位数每周达 30 万个。长沙空运口岸实行 24 小时通关，推行无纸化通关、“属地报关，口岸验放”、风险分级管理等措施，以及“10 – 5 – 3 – 1”边检服务法、4S 服务模式。

截至 2013 年，长沙黄花国际机场国际通航城市达 26 个，开通了至韩国、泰国、新加坡及我国港澳台等 6 个国家（地区）的定期航线航班，至越南、菲律宾、马来西亚等 3 个国家的临时包机航班，至法兰克福、巴黎、伦敦、洛杉矶、温哥华、悉尼和墨尔本等 7 条欧美内部代码共享航线。2013 年，长沙黄花国际机场旅客吞吐量达 1 600 万人次；出入境人数达 103.6 万人次，同比增长 25.61%。空运进口货物主要有机电产品、机械零部件等，出口以农产品、资源型产品和劳动密集型加工产品为主。

【张家界空运口岸】 张家界空运口岸地处湖南省张家界市，坐落在中国国家 5A 级景区“武陵之魂天门山”脚下，是湖南省第 2 个空运口岸。张家界拥有丰富的旅游资源，是国内外重要的游客集散地，首批国家旅游综合改革试点城市之一。张家界荷花机场国际货运站及检验检疫综合实验楼建设主体已完工，新航站楼（包含国际厅）于 2013 年 11 月 18 日开工。12 月 31 日起，口岸开办台胞落地签注业务。

张家界空运口岸积极致力于国际（地区）航线的开拓，开辟了至香港、澳门、台北、高雄、首尔、釜山、福冈、名古屋、曼谷等23条国际（地区）航点。2013年新开境外航点2个（桃园、高雄），引进6家航空公司。全年有11家航空公司执飞张家界口岸航线；出入境人员11.4万人次，出入境航班863架次，同比分别增长1.56倍和1.79倍。张家界空运口岸自1999年开放以来，累计通关旅客28.4万人次，出入境航班2 744架次。2013年共受理进出口货物报关单10票，货运量521吨，总货值443.21万美元，入库税款587.41万元。

【岳阳城陵矶水运（河港）口岸】 岳阳城陵矶水运（河港）口岸位于岳阳城陵矶港，1996年获国务院批准正式对外籍船舶开放，是目前湖南省唯一的国家开放水运口岸。处于长江与洞庭湖交汇处的城陵矶港是“长江八大良港”之一，距岳阳市中心区7.5千米，主航道通航水深4.5米，全港岸线22 340米，堆场总面积45万平方米；各类泊位15个，其中3 000吨~5 000吨级深水泊位5个。2005年，城陵矶被交通部列为全国主要内河港口；2008年，被国家定为内河对台水运直航口岸；2009年，城陵矶松阳湖新港正式开港运营；2010年，长江干线武汉至城陵矶河段海轮航道开通；2011年，开通至宁波、上海等港口“五定”始发班轮航线，并开启宜昌、川江、重庆等地货物在城陵矶新港中转的新模式；2012年，城陵矶口岸至香港、澳门直达航线正式开通，成为长江中上游首条直达港澳航线；2013年，岳阳城陵矶进口肉类指定口岸获批建设，2014年通过国家质检总局验收后投入运营。2013年，口岸完成货物吞吐量1.18亿吨，集装箱吞吐量20.13万标箱。其中，进出口货运量1 623万吨，进出口集装箱17.27万箱，同比分别增长7.5%和6.8%。至上海“五定班轮”开行300班次，发运出口集装箱4.87万标箱。

湖南省口岸大事记

2月6日

国家质检总局致函湖南出入境检验检疫局，批复同意筹建岳阳城陵矶进口肉类指定口岸。

马来西亚鲜活龙虾由长沙空运口岸入境，这是湖南省口岸首次直接进口国外鲜活龙虾。

4月17日

湖南省人民政府批准同意设立常德盐关水运外贸货物装卸点，这是湖南省继岳阳城陵矶港和长沙霞凝港后设立的第3个水运外贸货物装卸点。

4月25日

郴州市政府与深圳市盐田区人民政府、中铁集装箱运输公司广州分公司、盐田国际集装箱码头有限公司共同签署《郴州内陆港建设及海铁联运发展战略合作框架协议》，并依据协议共建郴州“无水港”。

5月

长沙空运口岸顺利获评“全国运行管理先进口岸”。

5月10日

城陵矶进口肉类指定口岸查验平台奠基仪式在城陵矶新港码头举行。

6 月 3 日

高雄成为继台北后张家界对台湾直航第 2 个航点。

6 月 23 日

长沙边检站为苏里南总统德西·鲍特瑟一行 60 余人来湘提供礼遇服务，圆满完成了入境边防检查任务。

7 月 1 日

长沙海关正式启动通关作业无纸化改革试点，范围覆盖海关管理类别 A 类及以上进出口企业及 B 类及以上报关企业；制定 18 类 44 条业务改革措施，对 180 项业务审批事项进行改革，调幅达 42%。

8 月

长沙海关与湖南出入境检验检疫局决定就推进“一次申报、一次查验、一次放行”工作开展试点，试点选在长沙霞凝港。

8 月 28 日

衡阳公路口岸顺利通过省口岸验收组验收，正式对外开放。

长沙赴台自由行业务正式启动，湖南省边防总队长沙边检站多项举措确保顺畅通关。

10 月 15 日

湖南省政府正式批复同意在永州道县建设湖南省农副产品集中验放场。

10 月 18 日 ~20 日

欧盟食品兽医办公室（FVO）专家组来湘对湖南省输欧肠衣食品安全监管体系进行全面考察。

12 月 2 日 ~6 日

湖南省 3 个开放口岸，即长沙空运口岸、岳阳城陵矶水运（河港）口岸、张家界空运口岸均顺利通过国家质检总局口岸核心能力建设考核。

12 月 13 日

衡阳综合保税区一期工程顺利通过由海关总署牵头组织的国家十部委联合验收。

12 月 26 日

郴州铁路外贸货物装卸点通过由湖南省口岸办、长沙海关和湖南出入境检验检疫局组成的联合验收组验收，正式对外开放。

12 月 31 日

张家界空运口岸台胞落地签注业务正式开通。

（撰稿人：罗专、马显件）

2013 年湖南省口岸流量统计表

口岸类型	口岸名称	进出口货运量（万吨）				国际集装箱运量（万标箱）				出入境人员（万人次）				出入境交通工具（辆、艘、架、列次）			
		出口	进口	合计	同比（%）	出口	进口	合计	同比（%）	出境	入境	合计	同比（%）	出境	入境	合计	同比（%）
空运口岸	长沙航空口岸									45.98	46.22	92.2	18.17	3 060	3 065	6 125	+14.34
	张家界航空口岸									5.71	5.69	11.4	156.61	430	431	861	+178.64
	分计									51.69	51.91	103.6	+26	3 490	3 496	6 986	+23.30
水运口岸	岳阳城陵矶水运（河港）口岸	413	1 210	1 623	+7.5	8.3	8.97	17.27	+6.8	0.01	0.01	0.02	−21	5	5	10	−16.70
合计		413	1 210	1 623	+7.5	8.3	8.97	17.27	+6.8	51.7	51.92	103.62	+26	3 495	3 501	6 996	+23.13

（湖南省口岸办提供）

2013 年长沙海关主要数据统计表

项目		2013 年	同比（%）
进出口货运量（万吨）	合计	1 951.6	+8.1
	进口	1 812.4	+8.4
	出口	139.2	+4.0
进出口贸易总值（万美元）	合计	2 516 438	+14.7
	进口	1 034 356	+10.7
	其中：江、海运输	670 394	+8.7
	铁路运输	57 802	+48.5
	汽车运输	206 946	-2.5
	航空运输	99 150	+48.5
	邮件运输	12	+156.2
	其他运输	52	-41.2
	出口	1 482 082	+17.6
	其中：江、海运输	969 491	+7.0
	铁路运输	71 802	+49.8
	汽车运输	388 467	+45.2
	航空运输	52 181	+36.1
	邮件运输	125	-28.3
	其他运输	16	-91.0
税收（万元）	两税入库	588 018.8	+5.9
	关税入库	65 276.4	+33.7
	进口环节税入库	522 742.4	+3.2

（长沙海关提供）

2013年湖南省出入境检验检疫业务统计表

项目	货物检验检疫				交通工具			集装箱（标箱）		货物通关		出入境人员查验（人次）	健康检查及预防接种			
	批次	金额（万美元）	检验检疫不合格													
			批次	金额（万美元）	飞机（架）	火车（节）	汽车（辆）	合计	检出问题	批次	金额（万美元）		监测体检	HIV监测	发现病例	预防接种
本年累计	96 592	562 498	524	3 415	6 972			87 450		24 657	175 066	1 034 693	18 042	15 993	1 829	23 475
其中 入境	8 742	135 002	168	2 087	3 483			33 899		6 813	72 006	519 098	2 952	2 497	231	28
其中 出境	87 850	427 496	356	1 328	3 489			53 551		17 844	103 060	515 595	15 090	13 496	1 598	23 447
同比（%）	-4.80	-5.30	-13.40	+41.60	+23.80			+4.80		+11.60	+6.10	+25.70	+19.20	+11.3	+95.4	+60.6
其中 入境	+32.20	+65.10	+20.90	+100.20	+23.80			+30.00		+58.70	+50.60	+25.90	+46.50	+21.5	+272.6	+61
其中 出境	-7.40	-16.50	-23.60	-3.00	+23.90			-6.70		+0.30	-12.00	+25.40	+15.00	+9.6	+82.8	-46.2

（湖南出入境检验检疫局提供）

2013 年湖南海事局进出港船舶统计汇总表

船舶类别	进港船舶							出港船舶						
	艘数（艘）	总吨（吨位）	总载重量（吨）	载客量（客位）	船员人数（人次）	货物到达量（吨）	旅客到达量（人）	艘数（艘）	总吨（吨位）	总载重量（吨）	载客量（客位）	船员人数（人次）	货物发送量（吨）	旅客发送量（人）
总计	37 995	52 843 972	79 265 958	494 323	265 965	25 462 326	455 772	38 040	52 815 750	79 223 625	606 274	266 280	52 774 975	570 666
中国籍船舶	37 995	52 843 972	79 265 958	494 323	265 965	25 462 326	455 772	38 040	52 815 750	79 223 625	606 274	266 280	52 774 975	570 666
其中外贸船	12	36 000	30 000		120	2 600		12	36 000	30 000		120	7 306	

（湖南海事局与岳阳海事局共同提供）

广　东　省

口岸数量及分布

截至2013年年底，广东省共有经国家批准对外开放的口岸55个。其中，空运口岸5个，分别是广州空运口岸、深圳空运口岸、湛江空运口岸、梅州空运口岸、揭阳空运口岸；陆路（铁路）口岸4个，分别是广州陆路（铁路）口岸、东莞陆路（铁路）口岸、肇庆陆路（铁路）口岸、佛山陆路（铁路）口岸；陆路（公路）口岸9个，分别是文锦渡陆路（公路）口岸、沙头角陆路（公路）口岸、皇岗陆路（公路）口岸、罗湖陆路（公路）口岸、深圳湾陆路（公路）口岸、福田陆路（公路）口岸、拱北陆路（公路）口岸、横琴陆路（公路）口岸、珠澳跨境工业区陆路（公路）口岸（专用）；水运（海港）口岸37个，分别是广州水运（海港）口岸、南沙水运（海港）口岸、新塘水运（海港）口岸、莲花山水运（海港）口岸、赤湾水运（海港）口岸、大亚湾水运（海港）口岸（专用）、大铲湾水运（海港）口岸、妈湾水运（海港）口岸、东角头水运（海港）口岸、蛇口水运（海港）口岸、盐田水运（海港）口岸、西冲水运（海港）口岸、珠海水运（海港）口岸、九洲水运（海港）口岸、湾仔水运（海港）口岸、万山水运（海港）口岸、斗门水运（海港）口岸、江门水运（海港）口岸、三埠水运（海港）口岸、新会水运（海港）口岸、鹤山水运（海港）口岸、高明水运（海港）口岸、南海水运（海港）口岸、顺德水运（海港）口岸、汕头水运（海港）口岸、潮阳水运（海港）口岸、南澳水运（海港）口岸、中山水运（海港）口岸、虎门水运（海港）口岸、惠州水运（海港）口岸、肇庆水运（海港）口岸、汕尾水运（海港）口岸、潮州水运（海港）口岸、阳江水运（海港）口岸、湛江水运（海港）口岸、茂名水运（海港）口岸、揭阳水运（海港）口岸。

口岸运行数据

2013年，广东省口岸进出境人员3.50亿人次，同比增长4.30%。其中，入境人员1.75亿人次，同比增长4.30%；出境人员1.75亿人次，同比增长4.40%。进出口货运量3.93亿吨（不含向港澳地区供水出口7亿吨），同比增长3.40%。其中，出口1.33亿吨，同比增长10.30%；进口2.60亿吨，同比增长0.20%。出入境交通工具1 971万辆（艘、列、架）次，同比增长0.60%。其中，船舶24.60万艘次，同比增长3.40%；飞机9.20万架次，同比增长9.50%；火车1.60万列次，同比下降6.90%；机动车辆1 935.60万辆次，同比增长0.50%。进出口集装箱2 695万标箱，同比下降0.70%。其中，进口1 302.90万标箱，同比下降1.30%；出口1 392.10万标箱，同比下降0.10%。外贸进出口总值10 915.70亿美元，同比增长10.90%。其中，出口4 551.70亿美元，同比增长11%；进口6 364亿美元，同比增长10.90%。

广东省陆路口岸进出境人员和进出境交通运输工具占全省通关量的绝大部分。其中，进出境人员比重占92.10%，进出境交通运输工具比重占98.20%。深圳、珠海和广州市通关量继续保持全省前3位，进出境人员分别达到22 485万、10 704万和1 474万人次，分别占全省的64.10%、30.50%和4.20%；进出境交通运输工具分别达到1 484万、366万和11万（艘、辆、列、架）次，分别占全省的80.40%、18.60%和0.60%。其中，拱北陆路（公路）口岸出入境人员9 897万人次，同比增长6.10%，稳居全国出入境人员通关量第1位。

口岸综合管理

【广东电子口岸首期工程开通启用】 根据国务院要求和广东省委省政府部署，省直相关部门和驻粤口岸各相关单位加强协调沟通，积极推进广东电子口岸首期工程建设。广东电子口岸首期工程以原有的“广东省加工贸易联网监管公共平台”为基础，通过扩大容量、增加功能，拓展升级而成，其核心定位是跨部门数据交换共享平台，为口岸各行政执法部门推进联合电子政务、推进通关模式改革创新及省内各地方电子口岸实现数据交换共享提供安全可靠的平台支撑，促进口岸通关管理执法的规范统一、高效运行。广东电子口岸首期工程于2013年10月31日正式开通。首期上线试运行5个项目：一是企业进出口货物通关信息和口岸实时动态查询服务的手机应用，二是加工贸易企业与外经贸、海关、财政、国税、工商、检验检疫、外汇等7个部门的数据交换共享，三是船舶单证“总申报”及粤港两地船载舱单电子数据互联互通互认的来往港澳小型船舶管理服务，四是全省主要口岸实时通关动态视频，五是综合信息发布和服务的门户网站。

【口岸通关制度创新取得新进展】 建立驻粤关检部门协调领导机制，加强协调联动和检查督促，推进“三个一”通关模式与广东电子口岸的对接及逐步扩大试点商品范围。2013年10月全面启动“三个一”通关模式在广东全省推广，并明确2014年扩大推广到省内所有具备条件的口岸。积极开展申报粤港澳自由贸易园区工作，组织编制广东省南沙等地申报粤港澳自由贸易园区区域监管规划，并将其纳入申报粤港澳自由贸易园区的总体方案中，积极争取海关总署支持在南沙先行先试海关创新监管措施并获得批复。

【推进横琴陆路（公路）口岸分线管理二线通关制度创新】 推进横琴陆路（公路）口岸分线管理二线通关制度创新的组织落实工作，协调二线封关验收工作。就国家质检总局提出的《横琴出入境检验检疫监督管理办法》会同广东省和珠海市的相关部门进行研究，及时反馈意见、建议。同时，对《中华人民共和国海关对横琴新区监管办法（试行）》予以跟进。上述两个办法分别于2013年4月和6月出台，为进一步促进横琴新区的发展提供了保障。

【广州空运口岸实施便利通关措施】 2013年6月28日起，广州空运口岸试行24小时直接过境旅客免办边检手续，即从广州空运口岸24小时内过境我国且不离开空运口岸限定区域的旅客可以免办边检手续。该措施大大提高了广州空运口岸的中转能力和效率，为广大国际过境旅客提供了更加便捷的通关服务。2013年8月1日起，广州空运口岸对持有第三国签证和机票的45个国家的公民实行72小时过境免办签证政策，成为继北京、上海之后国内第3个获准实施这一政策的城市。该政策的实施为将广州白云国际机场打造成为国际航空枢纽创造了有利的条件。

【粤港、粤澳口岸合作取得新成果】 一是认真做好粤澳新通道项目开设口岸的有关研究工作，并报经国务院同意粤澳新通道实行“合作查验，一次放行”的新通关模式。二是成立港珠澳大桥跨界通行政策专题研究小组，研究制定《港珠澳大桥珠海口岸设置建议方案》，上报港珠澳大桥跨界通行政策协调小组。积极协调粤港澳三方及各相关单位共同推进港珠澳大桥跨界通行政策及车辆规范管理措施的研究工作，就大桥运行车辆类别、数量、运行模式、司机等多项问题形成新的共识。三是继续实施粤港直通客运车辆过境班次动态管理，支持提供深港跨境学童校巴服务，为跨境学童提供更加便利的通关措施。四是协调落实拱北陆路（公路）口岸在2013年清明节期间实施延关。在粤澳两地政府和国家主管部门的大力支持下，清明节期间拱北口岸延关顺利实施。五是跟进广深港铁路口岸设置及查验模式方案审批进展情况。六是协调各相关查验单位，为配合广铁集团对粤港直通车更换新车底及Ktt九广通列车增加一节车厢并同时微调运行时刻做好了口岸相关配套及人员调整工作，确保了广州天河客运口岸的正常运作。七是根据香港马会和广州市政府提出的在从化建设香港马匹查验场地和在皇岗陆路（公路）口岸快速通关的需求，牵头会同各相关部门及广深两地口岸查验单位多次沟通研究，提出解决方案和措施，并协调各相关部门予以落实。

【积极推进口岸开放行政审批制度改革】 一

是加强与广东省机构编制委员会办公室的协调沟通，将国务院已下放广东省的运输资源性大宗商品船舶和造船企业所造出口船舶临时进出特定口岸的审批权限，明确由广东省口岸办负责办理，待公布后组织实施。二是按照广东省政府要求，对广东省政府计划下放已开放水运口岸范围内新建外贸作业区或涉外码头的开放启用审批权限问题，专题请示国家口岸管理办公室获得支持，同时研究具体实施意见和操作办法，更好地满足企业对口岸开放和便利通关的需求。三是积极参与配合广东省网上办事大厅建设，对列入进驻事项的“广东省沿海砂石出口作业点许可”和“港澳籍小型船舶进出砂石出口作业点作业许可”，按要求完善和提供相关服务内容，切实提高服务效能，方便各地和相关企业办理相关许可。

【口岸开放建设和扩大开放工作取得新成效】 揭阳潮汕机场正式获国务院批准扩大对外开放，湛江机场、梅州机场获国家批准临时对境外飞机开放；深圳文锦渡陆路（公路）口岸旅检场地改造完成并恢复运行，拱北陆路（公路）口岸东西两侧新建出入境联检大楼开通启用；协调促成5个水运（海港）口岸项目通过验收，获省政府批准正式对外开放，12个水运（海港）口岸项目获准实施临时对外开放运作20批次，为促进进出口业务发展提供了强有力的保障。

【加大重点口岸项目验收开放和临时对外开放工作协调力度】 一是积极争取驻粤口岸单位的支持，协调促成珠海水运（海港）口岸高栏港区南水作业区15万吨级干散货码头、惠州平海电厂码头等5个重点项目通过验收，获广东省政府批准正式对外开放。广州水运（海港）口岸南沙港区粮食及通用码头、珠海LNG项目专用码头、台山核电专用码头等12个重点项目获准实施临时对外开放运作20批次，全力支持促进企业扩大煤炭、矿石、石化、粮食等广东省紧缺能源资源大宗货物进口和重点装备进口。二是积极跟进已上报国务院的湛江、中山水运（海港）口岸扩大对外开放项目的审批进展，加强与国家相关部门的衔接沟通，争取各方支持，为广东省及各地重点建设工程项目建设提供口岸开放保障。三是加强与各方协调沟通，共同协商广州水运（海港）口岸黄埔港区相关码头和锚地对外开放、南沙汽车整车码头和汕尾水运（海港）口岸红海湾港区对外开放验收、阳西电厂临时开放运作等问题的解决方案，为下阶段推进相关码头开放运作打下良好基础。

【积极推进口岸资源整合优化，提高资源配置效率】 一是针对当前广东省原二类口岸运作管理出现的新情况、新问题，加大推进整合优化工作力度，积极争取国家口岸管理办公室和广东省政府支持，加强与各地口岸管理部门、运营企业和驻粤口岸单位的协调沟通，协调促成珠海香洲外贸货物装卸点搬迁并整合纳入珠海水运（海港）口岸洪湾港区获得广东省政府批准。协调落实清远港、韶关港来往港澳小型船舶边检手续办理口岸的调整工作。协调推进珠海、佛山、江门等地原二类口岸整合方案的调整工作并取得新的进展。二是针对近年来广东省部分老口岸新建项目多、业主码头多、查验单位人力资源紧张的实际情况，加强与有关地方政府、口岸相关单位和码头经营单位的协调沟通，并以珠海、阳江水运（海港）口岸为试点，通过加强视频监控、网络设备、企业管理信息化建设，探讨推进各对外开放码头泊位查验监管资源的整合共享，统筹区域口岸查验监管资源的规划建设，推行一站式、一条龙联合办公，优化查验单位人力资源配置，提高资源使用绩效，节约政府和企业资金投入，提高口岸通关服务整体效能。三是主动牵头承担国家口岸管理办公室的口岸资源整合优化课题研究，结合广东省口岸实际情况，针对存在的突出问题，研究提出推进口岸资源整合的思路、措施和相关建议，调研报告获得国家口岸管理办公室肯定。

口岸监管与服务

【海关总署广东分署（以下简称广东分署）力促广东省外贸稳定增长】 深入贯彻落实党的

十八大和习近平总书记视察广东重要讲话精神，围绕广东省委省政府布置的中心工作，集中精力抓落实，努力为国家改革开放和广东实现“三个定位、两个率先”的总目标作出新的贡献。结合广东省委、省政府关于扶持大型骨干企业的战略部署，把培育和壮大广东省主营业务收入100亿元以上的大型骨干企业作为近期广东海关支持地方经济社会发展的重要战略任务，制定了《海关鼓励与支持广东省大型骨干企业壮大规模增强实力的指导意见》，包括提高口岸通关速度、优化监管查验工作机制、支持总部企业发展、创新保税监管制度等7个方面，受到了社会的广泛关注，广东省委机关报《南方日报》在头版报道了有关消息，积极评价广东海关不断优化海关监管服务、促进广东外贸稳定增长的做法。同时，广东分署推动广东省内海关进一步加大对中小微企业进出口业务的扶持力度，通过适用特殊类别调整程序，已对92家未达评级最低标准的AA类、A类企业，暂不下调其管理类别，使企业可以继续享受担保验放、绿色通道、快速查验放行等一系列通关优惠。胡春华等省领导先后对广东海关的工作作出批示予以肯定。

【广东分署协调推进海关口岸规划和建设】 注重加强与广东省口岸办及广东省内海关的沟通联系，充分发挥综合协调职能，全力协调广东省内海关开展口岸规划设置和建设，推动口岸监管场所的规范化、标准化建设，及时向广东省口岸办和地方政府反映并协调督促解决广东省内海关在口岸开设中遇到的实际问题和困难，针对广东省内海关口岸工作实际情况，先后向国家口岸管理办公室和广东省口岸办报送了多份综合性材料，其中积极建议广东省口岸办就加大对原二类口岸规范管理的力度，完善海关监管场所和相关设施设备提出了具体意见。一方面，积极跟进湛江海关口岸搬迁工作，协调潮汕空运口岸正式开放问题，协调广东省口岸办就拱北海关提出对“一站式”验放模式的设计方案应在充分听取口岸各联检单位意见后再进行下一步的规划事宜，协调跟进深圳文锦渡陆路（公路）口岸旅检现场改造的有关事宜，积极提供广东省政协港澳地区委员联组讨论意见建议中涉及口岸部分办理意见的答复；另一方面，及时向广东省政府提出广东省内设立、调整或撤销开放口岸的建设性意见，做好对外开放码头、车检场及新建码头的征求意见的反馈和检查验收工作，制发广东省内海关对口岸管理征求意见函及向省口岸办反馈涉及海关的口岸管理意见约90份。在广东省口岸办牵头组织下，2013年，办理专用码头口岸开放验收等项目6个，实施临时对外开放运作14个项目约25批次，切实做到服务于基层海关。

【广东分署推进重点领域改革】 紧紧围绕海关总署的部署要求，积极加快推进关检合作“三个一”试点。2013年7月，海关总署、国家质检总局联合发文要求扩大关检合作“三个一”试点工作；9月，广东分署与广东出入境检验检疫局联合发文，对在广东省内全面启动关检合作扩大试点工作作出部署；10月，在广州南沙、佛山、白云机场等地区试点基础上，广东省内7个直属海关全部成功启动关检合作“三个一”试点。广东分署积极参与海关总署全面深化区域通关改革，推动落实《署省合作备忘录》，推进加工贸易转型升级；召开粤港、粤澳海关合作年度会议，推进粤港海关快速通关对接等改革；推广应用“海关综合业务管理平台”；健全完善来往港澳小型船舶监管系统运维合作机制，协调广东省内海关和项目合作单位妥善解决基于旧系统运维合作的历史遗留问题；从立法的层面协调指导广东省内海关开展重大业务改革，积极参与地方立法，确保改革顺利推行。同时，广东分署综合协调推进省内12360海关统一服务热线建设，加强政策指引和答疑解难；完善口岸应急管理工作机制，在系统内形成“横向到边、纵向到底”的值班网络，得到省领导的肯定。

【广东分署积极做好行政审批制度改革试点】 牵头广东省内海关研究制定贯彻广东省行政审批制度改革工作方案和《广东省商事登记制度改革涉及企业海关注册登记业务操作规程》。做好取消加工贸易业务批准证和内销批准证的改革衔接工作，及时印发指引规范广东省内海关业务操作。积极参与广东省社会信用体系和市场监管体系建设及海关总署“企业信用评估系统”的开发。开展“诚信兴商宣传月”活动，加强与广东省侨商投资企业协会、香港工业总会的交流合作；参与海关总署 AEO 国际互认、中美 C－TPAT 联合验证。

【广东分署加强粤港澳海关合作机制】 推动广东省内海关加强与港澳海关通关合作和执法互助，促进粤港澳更紧密关系发展。一是经粤港海关双方多次研商和精心组织，成功启动应用电子关锁灯号作为查验结果参考互认的载体测试和试点工作；启动使用深圳湾水运（海港）口岸北行（香港入境内地）试行，使粤港海关快速通关对接通过“跨境一锁，分段监管”的模式，进一步提升了通关效率；与香港海关建立固体废物退运通报机制，完善小型船舶系统监控功能，防止退运固体废物回流，将全省口岸进口固体废物纳入风险监控重点，按月向广东省内海关发布分析报告。二是切实加强进出境旅客行李物品监管工作，与广东省公安厅建立进出境旅客违法情况通报机制，与港澳海关就加强对个人携带货币现钞进出境监管进行合作。三是牵头开展对两地牌客车实施海关事务担保的研究和实施工作，向海关总署建议对两地牌客车实施差别化分类管理，协调深圳、拱北海关做好舆论宣传和应对工作。四是不断深化海关知识产权保护合作，牵头开展粤港澳海关知识产权联合保护行动，针对粤港两地通过邮递快件渠道进出口侵权货物情况有所蔓延发展的情况，与香港海关联手开展了打击邮递快件渠道侵权违法活动的专项合作，此外，粤澳海关在横琴、闸口等口岸也举行了打击水客携带侵权货物进出境的专项联合执法行动。

【广东分署支持广东省申报建设粤港澳自由贸易园区】 按照集成现有特殊区域海关方面的最优惠政策、最简便手续和最先进监管手段的总体思路，积极向广东省建言献策。会同广东省有关部门加强向海关总署的汇报沟通，在进行大量深入细致的调查研究、反复论证的基础上，提出了海关方面支持自由贸易区建设的 16 条政策措施，建议争取在国务院批复自由贸易区前在广州南沙等地启动海关监管方面的先行先试。广东分署与广东省外经贸厅联合召开“广东省海关特殊监管区域创新发展政策宣讲会”并开展联合调研，支持广州南沙、深圳前海、珠海横琴三大平台建设，并筹建成立广东保税区域协会。

【广东分署积极支持广东电子口岸建设】 主动配合广东省口岸办开展广东电子口岸管理机制、技术架构、项目应用等方面的研究。配合推动广东电子口岸建设，协助起草并促成《广东省人民政府、海关总署关于建设广东电子口岸的合作备忘录》的签署。2013 年 10 月，广东电子口岸正式开通运作，标志着省级层面“大通关”信息共享和数据交换协调机制、公共平台初步建成，为下一步依托该平台实现全省推广关检合作“三个一”、加工贸易“多方联网”等项目提供基础支撑。

【广东分署积极促成广州市申报跨境贸易电子商务试点】 2013 年 7 月，广州市申报第二批跨境贸易电子商务试点以来，广东分署和广州海关高度重视，海关总署副署长兼广东分署主任吕滨同志亲自部署，要求广东分署、广州海关全力支持广州市政府申报工作，争取尽快开展跨境贸易电子商务服务试点工作，并多次在广东分署主持召开跨境电子商务座谈会，直接对相关申报工作和海关监管工作进行指导。广东分署牵头与广州市政府、广东省口岸办、省外经贸厅、广州海关等单位多次召开会议共同商讨申报工作和海关配套监管工作，还邀请海关总署相关司局领导到会进行指导，有力地促成了广州市申报工作的顺利通过。

【广东分署推动打击走私联合行动纵深开展】 以大要案件、跨关区案件、涉港澳案件为“三个着力点”，全力以赴组织开展“打击走私专项斗争联合行动”和“绿篱”行动。协助海关总署完成全国打私工作座谈会和全国海关打私工作会议的筹备工作，筹办海关打私成果展览。成功指挥、组织 12510D 特大走私汽车案件、进口旧服装“401”专案等跨关区大要案的侦办，并通过新闻吹风会、新闻发布会等方式予以公布，引起社会广泛关注，20多家中央、地方及港澳主流媒体进行了集中报道，取得了“打得准，叫得响”的良好成效。通过与香港海关建立固体废物退运通报机制和完善小型船舶系统监控功能，有效防止不合格废物进口转移；落实海关总署关于加强打击“水客”走私的要求，主动与广东省公安厅进行磋商，建立“进出境旅客违法情况通报机制”；与广东省海防、打私办及各级政府积极推进反走私综合治理工作。2013年，广东省内海关共立案走私案件1.36万起，案值181.64亿元；共查获侵犯知识产权案件5 424批次，涉案货物约2 131.70万件，案值9 717万元；查获毒品走私犯罪案件269宗，抓获毒品走私犯罪嫌疑人209人，缴获各类毒品448千克。

【广东分署服务领导决策，发挥预警作用】 围绕海关中心工作和海关总署及广东省委省政府关注的热点问题，开展专项调研和分析，及时报送各类调研报告和统计分析报告，为广东省委、省政府主要领导了解、掌握外贸形势提供参考。协调广东省内海关推进综合治税，定期开展税收宏观监控分析，认真指导广东海关税收工作，坚持以综合治税为抓手，建立税收长效机制，确保税收征管质量。2013年，广东海关共入库税收3 084.03亿元，占全国的18.50%；监管进出口货运量10.90亿吨，占全国30.40%；监管进出口商品总值1.38万亿美元，占全国33.10%；监管进出境运输工具1 893.70万辆（艘），占全国70.20%；监管进出境人员3.60亿人次。

【广州海关积极开展南沙新区16条先行先试政策措施试点】 为支持广东省申建粤港澳自由贸易园区，广东省提出了海关方面支持自由贸易区建设的16条政策措施。2013年11月22日，海关总署以《海关总署关于实施有关先行先试政策措施的意见》（署加函［2013］360号）予以批复。根据批复意见，属于海关事权且实施条件成熟的10项政策措施将获坚决支持推动，海关对于广州南沙保税港区的管理已可部分实现“一线放开、二线管住、区内自由、业务拓展”。广东省内海关将扩大粤港澳海关“绿色关锁”实施范围，对境外与园区进出货物原则上不查验，对境外入区货物实施减免滞报金等优惠措施。对园区进出口货物，企业可获得预审核、小商品简化归类、自主选择申报方式、信息化标示管理等优惠措施。同时取消保税货物进出园区审批，实施记账式管理，简化区内企业开展加工制造、研发设计、检测维修业务的海关监管手续，支持园区开展跨境电子商务。此外，“凭舱单准予货物先入区再申报”、“园区与相关特殊监管区货物流转参照‘结转’方式监管”、“区内货物自由流转”等三项复制上海自由贸易试验区的措施，待相关政策措施试行一段时间总结经验后，海关总署同意考虑优先在广东省推广。“区内售后维修服务”、“前展后贸模式”、“融资租赁、期货保税交割、保税船舶登记业务、启运港退税”等三项涉及国务院相关部委事权的政策措施，海关总署原则上支持。广州海关明确“通过一事一试，落实对措施的先行先试”的工作原则，逐条完善了具体落实方案和配套规范，对属于海关事权范围的10条措施已全部启动试点，对属于复制上海自由贸易区经验的2条措施已开展可行性实证研究，并在广州海关事权范围内积极试行。

【广州海关大力支持、促进广东外经贸发展】 一是支持广州外贸稳增长。推动南沙旅游购物“小商品”出口企业本地化，成功引导广东中石油总部经济落户南沙；与广州市各区加强对接，在总部经济、服务贸易、会展经济等新型经济形态发展方面加大支持力度，进驻中新知识城政务服务中心办公，为知识城项目和企业提供更加方便、快捷、创新的海关服务。成立专门的跨境贸易电子商务试点工作领导小组，积极支持做好广州试点工作。加强与黄埔海关的执法合作，出台广州海关、黄埔海关共同支持广州市外经贸发展若干措施，从积极推动广州港做大做强等13个方面共同支持广州外经贸发展。全面落实《广州海关、黄埔海关统一执法合作备忘录》，实现广州“一市两关”在执法原则、执法标准、执法要求上的统一。二是扭转佛山市外贸下滑势头。召开关于促进佛山市外贸稳定发展工作会议，积极推动海关与政府联手，采取促进加工贸易价格回归、促进黄金珠宝首饰加工贸易、引导企业报关属地化、启动进口固体废物加工利用企业守法自律合作计划、推进B2B2C跨境电子商务业务等多项有力措施，顺利扭转了外贸颓势。三是促进粤东西北地区振兴发展。制定《广州海关进一步推动加工贸易转型升级十五项措施》和《广州海关关于促进粤东西北地区振兴发展工作方案》，分别研究出台支持韶关、清远、云浮罗定、河源外经贸发展的工作方案，推动粤东西北地区加工贸易转型升级，大力支持地方重点项目建设。四是建立外贸形势分析机制。专门联系海关总署统计司，寻求个性化的数据支持，建立对辖区内11个市、区外贸数据的快速报送机制，第一时间向广州市、佛山市报送旬报，为地方提供更加及时、到位、有深度的统计数据和分析服务，提出政策建议。五是大力推进“三个一”通关模式。目前，“三个一”模式已推广至广州海关31个水运和空运口岸监管现场。“一次申报”新系统已2013年于6月24日在南沙水运（海港）口岸上线运行。六是进一步提升通关效能。实现通关作业无纸化改革在辖区货运口岸“全覆盖”，出口24小时放行率为99.90%，高于全国平均水平。深化区域通关业务改革，与23个直属海关签订区域合作协议，与结对海关共开通107条“属地申报，口岸验放”通道，启动“属地申报，属地放行”通关模式。对高诚信AA类企业无需查验的低风险货物实行“属地申报，属地放行”，对B类出口生产型企业的进口货物实行“属地申报，口岸验放”。建立“关长信封”制度，关领导直接及时处理企业各类通关问题，为企业解决了涉及贸易统计数据查询、报关差错率、船舶维修进出口通关监管、出口货物通关效率提升、无纸化通关等26个问题。

【广州海关打击邮递渠道毒品走私的“霹雳行动”取得突出成效】 针对广州地区毒品走私的严峻形势，广州海关认真贯彻落实海关总署重点打好“五大战役”的部署和广东省委省政府、广州市委市政府有关全面加强缉毒工作的部署，迅速开展了全力打击邮递渠道毒品走私的“霹雳行动”，行动取得重大进展，有力地遏制了邮递渠道毒品走私的猖獗势头，得到了海关总署、国家禁毒委、地方党政的充分肯定，也得到境外有关国家执法部门的高度评价。一是强化职责使命，把打击毒品走私作为重要的政治任务坚决抓好。多次召开打击邮递渠道毒品走私工作专题会议，进行全面部署，制定具体措施，从邮递行业源头整治，正面查缉，综合治理，将任务分解落实到具体的部门，限时完成，着力建立打击毒品走私长效机制。二是强化正面监管，构筑堵截邮递渠道毒品走私的牢固防线。立足监管一线，加强风险研判，加大监管资源投入力度，提升缉毒意识和技能，充分发挥缉毒犬的优势，强化正面查堵，查获案件数量大幅增加。三是强化源头治理，推动邮递行业全面规范整治经营行为。全面梳理掌握邮递企业的责任和义务，促进邮递企业加强邮包揽收管理，督促邮件验视制度的落实，强化邮政企业的管理和连带责任，加强对邮递企业揽收人员的培训。邮递物流企业防范毒品、主动配合海关的意识明显增强，行业经营规范性有了明显好转，并逐渐形成长效机制。四是强化执法合作，力争打团伙、摧网络、断通道。通过与地方禁毒部门及我国香港、我国澳门、美国、澳大利亚、新加坡等10多个境外缉毒执法组织的合作，进一步完善信息共享和联合办案机制，建立情报交换机制，实施跨境协同打击，积极开展联合办案、共同经营，深挖扩线“端窝破链”，提高打击走私毒品的成效。

【黄埔海关不断提升口岸通关服务水平】 进一步深化通关作业无纸化改革和关检合作“三个一”试点工作。全面深化区域通关改革，拓展“属地申报，口岸验放”模式功能，对AA类企业货物实行“属地申报，属地放行”，启动公路转关作业无纸化改革，实现转关监管全程电子化。建立“平均审单时间”监控制度，切实提升单证审核效能。在全国首创加工贸易领域“参数判别、分类审核”作业模式。将内销“集中申报”模式推广到B类企业。做好H2000深加工结转管理系统推广工作，大部分单证实现自动审核。积极推进“三预”工作，探索以企业为单元的预归类社会化和审价合同备案作业模式，积极推进预归类、预审价、原产地预确定工作，缩短企业实际通关时间。创新12360海关统一服务热线、微信、微博等政务公开方式，继续优化行风评议系统和外勤廉政反馈单制度，动态监测“窗口”行风，受到外界好评。进一步完善行政决策法律论证、制度出台与运行法律评估机制。深化广州“一市两关”执法协作，优化东莞片区联席会议制度。深化与司法机关互联互动机制。积极配合广州服务贸易发展规划，支持广州市企业承接国际服务外包业务。积极配合广州发展总部经济，着力扶持企业总部、内销龙头企业、高新技术企业、自主品牌企业，为企业整合生产布局、引进新产品、设立研发机构、开展品牌营销提供支持；加强对跨境贸易电子商务活动的研究，探索新型监管模式，促进广州国际电子商务发展。

【黄埔海关大力强化口岸监管实际效能】 全面实施分类查验和查验分流，集中优势资源防控系统性、区域性风险。将人力资源向基层业务一线倾斜，进一步规范关警协调制度，优化兵力部署，现场监管资源得到充实。严格落实海关总署“巩固查验率、查获率成果”的要求，综合考虑海运、陆运业务及进出口货物结构等情况，合理确定基层单位的达标值。制定《优化查验作业流程实施细则》，开展对查验作业各环节的时效监督，改革和调整作业流程。进一步推进监管场所专项治理，安装了视频监控互联网专线，完善卡口联网监控系统，优化卡口“双信息放行”功能，开发应用码头集装箱堆放异常及卸船超时报警功能，实现对关区内所有码头类监管场所的全面监控。加强知识产权海关保护力度，切实维护贸易公平。不断深化与地方公安局、知识产权局等单位的执法合作与互助，实现行政执法与刑事执法的有效衔接。结合“4·26知识产权宣传周”、“12·4法制宣传日”等特定时机，借助12360海关统一服务热线、互联网站“网上直播”、“在线访谈”等不同形式，深入开展知识产权保护宣传系列活动。进一步发挥合成作战优势，初步形成了风险和情报共同监控、海缉水上拦截、现场海关岸边监管、企管稽查后续管理的海关内部执法立体防线。积极开展粤港海关司法协作。加强与武警、边检、口岸、地方公安等单位的联系沟通，共同落实反走私责任制，重点打击严重扰乱市场秩序、影响广州经济发展和社会稳定的重大走私活动，集中力量开展了“绿篱”、“利斧”等专项行动。加强综合治理，在“国门之盾”行动与地方政府签署MOU的基础上，进一步加强信息共享、资源整合与协作互助，努力形成“海上抓、岸边堵、口岸查、市场管”的反走私综合治理格局。

【黄埔海关竭力支持地方外贸经济发展】 结合地方发展战略和整体规划，以及企业的具体需求，联合广州海关共同研究出台了“支持广州市外经贸发展若干措施”。从“提高区域海关执法合作水平”等13个方面加大对广州外经贸发展的支持力度，并细化成66项具体任务，明确责任落实到位，获得广州市主要领导的高度肯定。配合广州经济技术开发区探索推进特殊监管区域功能整合，配合东莞市申请东莞清溪保税物流中心（B型）立项并上报海关总署审批；积极贯彻落实《署省合作备忘录》，关区加工贸易产业链和价值链实现双提升；发挥统计监测预警功能，开展总部企业（非广州）在广州口岸外贸进出口情况专题调研并向广州市提出相关建议。支持重大项目建设和新型贸易业态发展。落实分类管理，建立重点高资信企业信息档案及分类管理措施监督落实机制，推动A类管理企业通过验证稽查向AA类管理企业转化。广州保税物流园区和东莞保税物流中心“两单一审”、“无纸通关”、“智能验放”模式全面推广，惠及4 000余家企业。抓住广州市获批跨境电子商务试点城市的契机，在前期深入开展专题研究的基础上，打造跨境电子商务通关新模式。推动加工贸易转型升级，优化进出口结构，转变经济发展方式。加强相关操作指引的宣传，引导和帮助来料加工企业不停产转型。加快推进“外发加工管理系统”的应用，实现“网上审批”。简化加工贸易保税货物内销手续。全面推广应用“加工贸易电子化手册”和“内销征税管理系统”，实现“网上申报，即时出单”。将加工贸易内销“集中申报”模式的适用范围扩大到非联网监管企业，允许采用“多次内销，一次报关”方式办理内销业务，增加企业扩大内销的主动性和灵活性。大力支持广州出口加工区拓展保税物流功能，以及开展研发、检测、维修等业务，在广州保税区和广州保税物流园区内开展来自境外的产品维修业务和自产内销货物返修业务试点。提高通关效率，提升单证质量，大幅缩减通关时间和企业物流费用，吸引更多优质税源企业进入保税物流体系。

【深圳海关稳步推进通关业务改革】 2013年，深圳海关稳步推进通关作业无纸化改革。一是出台多项改革措施，包括启动进口涉税通关无纸化改革，将客协进口诚信通关模式全部切换为通关无纸化；出口“事后交单”模式向“通关作业无纸化”模式切换等。2013年5月1日，改革全面启动，通过企业宣讲会、约谈企业负责人等方式宣讲改革意义，建立无纸化通关推广企业联系人制度，以“点对点”服务拓宽与企业沟通渠道，提高企业参与积极性。截至2013年年底，签订协议的企业有12.18万家，其中深圳企业2.58万家，异地企业9.60万家。在货物通关时全程使用无纸化报关单的已达515.15万票，占报关单总量51.39%。二是深圳海关与深圳出入境检验检疫局合作，继大铲湾港区后，陆续在沙头角口岸、前海湾保税港区等处推行“三个一”通关新模式，通关时间平均缩短约10小时，受到企业好评。2013年1～9月，大铲湾关检联合查验4 683标箱，为企业节约开箱、吊柜等费用共计113万元。12月31日，深圳海关又与广东出入境检验检疫局合作，在惠州推行该模式。三是为支持国家西部大开发战略目标，深圳海关与重庆海关加强区域通关合作，为高科技企业量身打造“渝深快线、区域联动”通关模式，2013年3月27日，该模式启动后，出口产品的运输时间缩短1/4，物流成本降低35%，全年通过该模式出口的货物有1 000多车次，货值超过8 000万美元。

【深圳海关支持加工贸易转型升级】 2013年，深圳关区有注册加工贸易生产企业14 849家，比上年减少1 000余家。深圳市大型加工贸易企业呈做大做强态势，进出口超亿美元的企业达241家，比上年增加近10%，其进出口值约占全市的80%。深圳海关把支持加工贸易企业转型升级作为工作重点，鼓励和引导加工贸易企业转型升级，通过召开专题座谈会、下厂实地调研、书面征求意见等方式，认真收集辖区企业在转型升级中存在的困难与建议，对应采取解决措施。2013年12月10日起，深圳海关实施加工贸易审批制度及业务办理无纸化改革，为转型升级企业减轻负担、提高效率，2013年全年共办理来料加工企业转型手续734家，其中深圳市725家，惠州市9家。2013年，深圳市加工贸易进出口货物中进料加工占总值的94.40%，加工贸易进出口总值2 711.34亿美元，其中深圳地区2 248.68亿美元，同比下降5.86%，惠州地区462.66亿美元，同比增长15.94%。富士康集团加工贸易进出口总值居关区内企业之首，达624.79亿美元。

【深圳海关加强企业管理】 2013年，深圳海关开展报关行业专项整治行动，规范企业申报行为，从源头净化报关市场环境，发现214家报关企业存在问题，对39家报关企业实施锁机处理。对冠名“深圳”字样的报关专用章进行集中清理，共清理专用章412枚，实现全部报关企业均启用冠名具体申报口岸的报关专用章，从源头上防范挂靠等不法行为。深圳海关还加强对企业的巡访，及时掌握企业情况，全年共巡访企业4 859家。同时，深圳海关注意延伸服务范围，帮扶企业发展，及时动态调整企业管理类别，2013年全年调整784家企业的管理类别，其中351家企业上调了管理类别，433家企业下调了管理类别。如卡尔·丹顿公司原为B类管理企业，海关走访该企业时，了解到该公司已符合A类企业条件，便鼓励其申请调级，2013年年底该企业顺利上调为高信用A类管理类别，进出口业务有了很大发展。深圳海关还对其首创的“客户协调员制度”进行完善，积极扶持高新技术企业和地方骨干企业加入客协，2013年关区客协企业增至166家，进出口总额2 251.32亿美元，占关区进出口总值的25.41%，纳税额610.14亿元，占关区纳税总值的58.49%。海关总署已在全国海关推广客协制度。

【深圳海关实施差别化稽查】 2013年，深圳海关稽查企业1 702家，核查作业2 086家，稽核查追补税入库2.12亿元。2013年8月1日，深圳海关启动分类稽查改革，根据企业信用等级和风险程度分类实施差别化的稽查方式，其中对低风险类型企业开展“海关指导和测试下的企业报送稽查”的简易作业模式，减少人力投入和下厂次数，缩短稽查作业时间，减轻企业负担，该做法推行后深受企业好评。稽查大队发挥一般贸易稽查集中管理优势，进一步完善业务操作程序，与缉私部门实行“双向联合”作业，及时查发违规违法案件，仅8～11月，该大队即查发刑事案件11宗，移送犯罪嫌疑人24名。深圳海关还针对游艇、公务机、塑胶粒、进口游乐设备、液晶显示屏等重点商品开展了12次行业性专项稽查行动，力求“打击一片、规范一行”。其中，对进口游艇类商品，海关首先采取巡查、核查、上门催报等方式督促企业自查自报，然后再派员进行稽查复核，行动中共涉及96家游艇进口单位1 734艘游艇，查发问题企业23家，案值2.28亿元，涉税1 536万元。对进口“洋垃圾”的相关企业，深圳海关稽查部门进行全面巡查，共查发27家问题企业，涉及固体废物5.10万吨，货值2.40亿元。

【深圳海关启用旅客通关新系统】 2013年，深圳关区进出境旅客2.20亿人次，日均61.40万人次，居全国海关第1位。深圳海关开始启用自主开发的最新验放模式“旅客便捷通关系统”。旅客通关时该系统即对其相关信息进行逻辑分析，确定“正常验放”或者“重点检查”。对前者卡口闸门自动打开放行；对后者卡口闸门紧闭并报警，海关关员可对该旅客进行重点检查。该系统使用后，正常旅客可以“自助快速通关”，通关时间仅需5秒钟。2013年8月26日，文锦渡陆路（公路）口岸旅检场地历经3年多的改造后恢复通关运行。该口岸客运区域总建筑面积达4.76万平方米，旅客进出通道由原来的18条增加到44条。深圳海关认真做好各项筹备工作，使口岸开通后运行正常，旅客通关畅顺。深圳海关还注意优化服务，为走读学童通关提供便利。据统计，居住深圳的港籍学生有3万多名，其中约1.70万名学童往返深港上学。每日中午及傍晚跨境学童过关高峰时段，海关均开通备用通道作为学童专用通道，对于查验无异常的学童保姆简化手续办理，保证其及时护送学童过关。海关还定期召集跨境学童保姆公司负责人进行座谈，与学童保姆签订守法承诺书，确保跨境学童安全通关。

【深圳海关推广电子支付征收税款】 2013年，深圳海关征收税款净入库1 123.60亿元，同比减少8.85%。其中，关税104.10亿元，进口环节税1 019.50亿元，占全国海关税收的6.75%。税收额居前3名的基层单位是皇岗海关、惠州港海关和大鹏海关。2013年税收形势较严峻，深圳海关采取积极措施努力扩大税源，做好相关企业调研和服务工作，主动对120家重点税源企业和113家本地企业开展通关优惠政策及措施的宣传工作，指定业务专家对其实行“点对点”服务，及时协调解决企业通关疑难问题。大力推进加工贸易内销征税便利化，结合企业资信评级，开设内销征税“绿色通道”，指导支持符合内销集中申报的企业办理内销集中申报，方便企业快速办理纳税手续。同时简化办事流程，推动海关特殊监管区域货物出区，以增加税收。进一步推广电子支付业务便利企业纳税，2013年全年企业电子支付税款合计992.80亿元，占全部税款的88.50%。此外，深圳海关还积极开展归类、审价补税和打击价格瞒骗等工作，共征补税款56.86亿元。其中，开展轮胎、覆铜板等专项价格核查，补税5 100万元；对进口高通牌集成电路延续性补征税款4.41亿元；查发进口木材行业性伪报及玻璃、轮胎等低瞒报价格案件3宗，涉税2 400万元。

【深圳海关落实国家各项进口优惠政策】 2013年，深圳关区共进口各优惠贸易协定项下货物6.93万票，受惠货值为35.62亿美元，关税优惠26.36亿元，同比增长25.86%，实征税款34.93亿元。其中，文锦渡、蛇口、大鹏等3个口岸进口受惠货物较多，占全关区进口总值逾7成。在我国已签署实施的13个优惠贸易协定中，除《中国—哥斯达黎加自贸协定》项下未有受惠进口以外，其余协定项下均有受惠进口。2013年从东盟受惠进口货值达19.99亿美元，占关区受惠进口总值近6成。在受惠进口商品中，水果进口货值居首位，达14.20亿美元，占深圳关区受惠进口总值近4成，塑料制品、食品、机电产品、铜制品受惠进口货值较大，均超过1亿美元。

2013年为香港CEPA实施10周年，深圳口岸累计进口该项下货物20.79亿美元，关税优惠14.55亿元，均位居全国首位。为落实优惠政策，深圳海关加强与香港方面的交流合作，与香港海关、香港工业贸易署、中联办（香港）经济部等部门保持紧密联系，建立了年度工作例会、赴港访厂、信息交流等多项机制。深圳海关原产地管理部门广泛开展政策咨询、后续核查等工作，10年间共为相关企业提供政策咨询千余次，向香港海关移交2 840份原产地证书进行原产地常规核查。通过开辟进口报关“绿色通道”、设立“香港CEPA货物专用报关窗口”、与香港海关“多模式联运转运货物便利计划”试点等，使香港CEPA货物通关更为顺畅。

【深圳海关查缉走私成效显著】 2013年，深圳海关查办的走私罪案件、走私行为案件和违规案件继续位列全国海关第一。深圳海关坚持“破大案、打团伙、摧网络、抓主犯”，在关区内开展大规模查缉行动19次，查获案值千万元以上的走私大案30宗，打掉3人以上走私团伙137个，13宗案件被列为海关总署挂牌督办案件。深圳海关继续保持打击“水客”团伙高压态势，对当天入境3次及以上旅客采取“亮灯”行动，查获各类违法情事3 718宗；通过8次行动打掉电子产品走私团伙66个，案值35亿元，一批长期盘踞华强北操控相应品牌水货手机价格的走私团伙被一网打尽，震慑了关区水客走私活动。在货运渠道，从7月起开展专项打击行动，组织机动查验队伍不定时间和场所开展突击行动，重点打击走私国家管控商品和出口骗退税等违法活动，查获各类案件6 200余宗，案值23.40亿元。8月起，又在全关区内开展“打击治理报关企业及报关员走私违法专项行动”，巡查关区全部705家报关企业，立案调查案件22起，案值1 596.20万元，依法处理违规企业45家，关区报关秩序得到明显改善。此外，还加大打击武器弹药走私力度，查获案件19宗，缴获各类仿真枪支5 424支，抓获涉案人员58人。深入开展“绿篱”专项行动，重点打击“洋垃圾”、冻品等走私活动，共查获废物走私案件27宗，摧毁从事废物走私团伙6个，堵截走私“洋垃圾”2 700吨；成功摧毁一个活跃在广东、广西、香港等地的走私冻品的犯罪网络，逮捕16人，案值1.80亿元。

深圳海关还积极开展跨关区联合打私行动，先后与宁波海关缉私局、大连海关缉私局签订打私执法协作机制合作备忘录，并与宁波海关缉私局联合行动，一举摧毁2个跨关区走私电子产品的“水客”网络，打掉走私团伙6个，案值逾3亿元，涉税5 000万元；与大连海关缉私局联合行动，一举摧毁2个跨关区走私韩国商品的特大走私团伙，初估案值逾亿元，涉税1 500万元；与上海、南京、沈阳三个海关缉私局联合开展HS15行动，打掉走私团伙3个，案值2亿元，涉税约4 000万元。此外，加强与地方执法部门合作，受理其移交的走私罪案4宗，案值约2亿元，涉税1 427万。在缉私行动中首次大规模引入边防武警290人参与行动，扩大了打击成效。

【深圳海关查禁毒品走私】 2013年，深圳海关查获毒品走私案件33起，缴获各类毒品132.20千克，捣毁毒品走私团伙5个。针对走私分子利用“麻黄碱”类药品在香港药房可以合法出售之机，从香港大量购买含麻黄碱的药剂，通过水客走私至境内加工提炼制成“冰毒”等毒品销售牟利的毒品走私新特点，深圳海关在口岸进出境现场加强查验，查获大量制毒原料。2013年6月份，深圳海关捣毁一个专门走私麻黄碱入境制毒的集团，查获麻黄碱124.20千克；1~8月，该关下属的罗湖海关查获走私入境的麻黄碱、伪麻黄碱等易制毒化学品64千克。同时，深圳海关还根据邮递渠道空港走私毒品案频发的特点，运用机检、人工查验等多种手段，围绕主要毒源地、中转地等要素加大查验力度，充分发挥缉毒犬在缉毒工作中的作用，查获多起毒品走私案件。其中，该关驻邮局办事处查获12起，占全关查发该类案件的30.80%；机场海关查获9起，查获各类毒品16.63千克。9月23日，该关破获一起外籍不法分子空运出境快件夹藏走私毒品案件，查获冰毒2.73千克，抓获一名东南亚籍犯罪嫌疑人。12月14日，该关查获一起旅客走私毒品出境大案，查获冰毒11.80千克。12月23日晚，该关缉私局联合广东公安边防六支队，查获一起通过深圳湾红树林海岸走私毒品到香港的案件，缴获氯胺酮（俗称K粉）约21千克。

【深圳海关加大知识产权保护力度】 2013年，深圳海关实施知识产权保护措施4 512批次，查获侵权货物293万多件，案值逾5 170万元。其中，行政处罚案件175起，收缴案件3 923起。侵权货物大多是通讯设备、服装鞋帽、箱包、玩具和日化用品等，主要通过海运渠道运往境外。2013年3月起，深圳海关陆续开展了“中美海关知识产权联合执法行动”和“粤港海关联合执法行动”等，查获输往美国的侵权货物2 308批次，近5万件。鉴于国内企业自主知识产权受侵的情况逐年严重，深圳海关一方面加强宣传工作，通过送法进企业、召开执法座谈会和专题授课等形式，引导本土企业主动备案，寻求知识产权海关保护。另一方面加大查缉力度，开展查缉行动39批次，扣留涉嫌侵权货物90多万件，案值1 200万元。其中，影响较大的案件有深圳市朗科科技股份有限公司产品被侵权案件。5月份该公司报案后，海关在各口岸经过7个月有针对性的查验，查获侵犯该公司专利产品12批次，数量近15万个。2013年，深圳海关组织了4次销毁行动，销毁各类侵权货物2 544万件，并向贵州红十字会转交3.40万件服装鞋帽、文体用品等物资用于支援灾区。

【深圳海关统计工作为政府和企业服务】 2013年，深圳海关统计报关单1 001.90万份，同比增长8.40%，占全国海关进出口报关单量的1/6，位居全国海关第二。深圳海关积极利用科技手段，把统计差错率由人工的0.50%下降到0.01%以下，充分发挥统计工作监测预警作用，加强对特殊监管区域、固体废物进口等重点领域监控分析，加强对融资性贸易、黄金加工贸易和异地企业出口等热点问题的监控，及时通报预警信息，为各级领导部门提供决策参考。2013年全年共发布数十篇监测预警信息，有7篇得到国家领导人10次批示。此外，深圳海关还注意服务企业，为各政府部门、企业提供单证查询服务。

【深圳海关促进区域和地方经济发展】 一是推动国家区域经济发展战略的落实。积极参与深汕特别合作区建设，支持粤东西北地区产业发展；拓展“属地申报，口岸验放”业务，与全国30个直属海关612个业务点结对，受惠企业增加2万余家；开通的跨境快速通关线路已覆盖珠三角地区16个监管场所，构筑了珠三角物流快速干道；做好深港两地海关陆路货物查验结果参考互认工作，减少重复查验，增强执法互助，节约企业货物通关成本，受到了跨境运输业界的好评。二是积极促进地方大型骨干企业发展。选取25家重点高新技术和地方骨干企业纳入客户协调员制度管理，开设专门服务窗口，提供7×24小时咨询及预约通关服务；协助深圳三星电子通信有限公司顺利实现产品转型升级，新产品产值达3亿多美元；积极为雪铁龙、比亚迪等重点企业解决通关疑难，节约生产成本9 000万元；为华星光电、长安标致雪铁龙汽车、中海石油 LNG、大鹏 LNG 等多个重点项目提供专人跟进服务，促进项目顺利建设投产。三是支持重点项目建设。研究支持广东自由贸易园区申报、深圳前海开发开放、外贸综合服务、深汕合作区等项目建设；成功推动深圳市于 11 月获批“跨境电子商务出口试点”，在前海湾保税港区完成系统开放及试车测试，吸引 5 家电商企业备案；协助推进深圳市珠宝玉石原材料综合服务平台建设；落实税收优惠政策，为民航、地铁、科教和石油开发等重大项目减免税款 27.29 亿元，其中深圳地区 26.04 亿元，惠州地区 1.25 亿元。

【深圳海关为供港民生物资提供通关便利】 文锦渡陆路（公路）口岸是供港鲜活商品指定出境口岸，历来被香港市民形容为“绿色生命线”，每天约 500 辆货柜车的蔬菜、活禽和冰鲜禽、水果、水产品等鲜活食品经这里运往香港，“相当于将一个农副产品市场从深圳搬到香港”。深圳海关在该口岸采取集中申报的验放模式，企业每天通过互联网申报，每月到海关汇总申报 1 次，其货物即可通关。鉴于鲜活货物易腐易烂，深圳海关设置绿色通道及专用查验台，确保鲜活商品“即来即查即放行”，“新鲜”抵港。2013 年全年验放供港鲜活车辆 19 万辆次，供港鲜活产品 153.80 万吨。深圳海关优化监管服务保障供港电力稳定供应。其下属的沙头角海关与企业建立了专职联络员制度，及时了解企业报关过程中遇到的疑难问题，为企业提供政策咨询和指导，并采取先出口、后申报的做法，方便企业报关。同时，实行“工作日即来即办”、“节假日预约通关”、“上门查验”等措施，为企业进口发电所需的设备、料件等提供通关便利，共监管大亚湾核电站供港电力 99.80 亿度，价值 6.40 亿美元。对其他供港民生物资，深圳海关亦积极提供通关便利。比如指导广东大鹏液化天然气有限公司升级为 AA 类企业，使其享受海关更多快捷通关服务；对广东粤港供水有限公司施行通关无纸化，根据供港天然水业务特点，对其采取每月集中申报方式办理集中报关，提高报关效率。2013 年，深圳海关共监管供港液化气 85 万吨，价值 4.73 亿美元，占香港液化气总量 70%；监管供港天然水 6.10 亿吨，价值 4.80 亿美元。

【拱北海关全面提升服务发展水平】 一是服务中心工作力度更大。深化通关作业无纸化改革，全程无纸化报关单占报关单总量 61%，推动关检合作“三个一”试点，在九洲港、中山港对 12 家企业启动全流程试点，企业申报项目录入项数减少 52%，办单候查、查验时间缩短 50%。推进区域通关业务改革，与 5 个直属海关开通“属地申报，属地验放”。会同外经贸部门明确加工贸易行政审批改革措施，对 5 家战略新型企业开展保税监管改革试点，在跨境工业区开展“两单一审”改革，支持申报高栏、中山综合保税区，在中山保税物流中心开展售后检测维修服务试点。二是服务区域经济措施更实。支持横琴开发开放，配合海关总署出台横琴新区监管办法，根据海关总署委托牵头完成选择性征收关税操作办法。认真落实海关总署要求，举全关之力确保横琴新区封关运作海关各项准备工作到位，建成全国首个区域电子围网。历时 3 年支持澳大新校区建设，新校区如期建成，正式移交澳门特区政府管辖。圆满完成首届中国国际马戏节监管服务工作。落实港澳 CEPA 协议和粤港粤澳合作框架协议。进口澳门 CEPA 货物货值 696 万美元，减免关税 309 万元，同比分别增长 29% 和 24%，实现 10 年快速增长。配合地方做好港珠澳大桥陆路口岸和粤澳新通道规划建设、中山水运（海港）口岸扩大开放、拱北陆路（公路）口岸新联检楼开通、横琴陆路（公路）口岸延长通关时间、珠海空运口岸临时对外开放等重点工作。圆满完成拱北陆路（公路）口岸清明节期间延长通关时间监管服务工作，得到珠澳社会各界好评。三是服务企业发展效果更好。深化关、企合作伙伴关系，加大“推优、培优、促优”力度，关区 AA 类企业 140 家，占比连续 6 年在全国排名第一。完善“电子+实地”企业巡查模式，加强企业分类动态管理，连续 6 年实现分类执法零差错。积极参与商事登记制度、报关员资格核准审批改革，加强对中美 C－TPAT 联合验证企业后续规管，有效发挥“电子协调平台”作用，协调范围增至 800 多家 A 类以上企业，企业满意率100%。加大政务公开力度，做强“关企面对面”宣讲平台，组织政策宣讲会、关企座谈会 234 场次，近 7 000 人次参加，利用“关企 e 线通”对13.50 万家企业推送政策法规。推进 12360 海关统一服务热线规范建设，来电咨询量突破 1 万次，增长 1.30 倍，直接答复率 97% 以上，热线接通率和满意度处于较高水平。依托门户网站拓展政务公开深度、广度，网站受理率、办结率、满意率 100%。

【拱北海关量质并举完成税收任务】 优化综合治税联系配合，制定促进税收增长 12 项措施。强化税收监控，完善重点税源商品及税收异常情况集中复核和专项核查制度，优化疑难问题综合会诊、关税审单联席会议制度。探索“以企业和商品为单元，以风险监控为保障”的风险分类审单模式，加强规范申报管理，报关单规范申报实现零差错，在全国海关名列前茅。规范化验送检工作，取样送检命中率位居华南片区前列。在确保质量前提下，税收入库 138.50 亿元。

【拱北海关进一步提升监管效能】 一是实际监管得到加强。推进“绿篱”专项行动，查获固体废物案件 12 起，案值 490 万元。加强行李物品监管，开展货币、毒品专项查缉行动，查获货币案件 7 341 起，折合人民币 8.73 亿元，同比分别增长 75% 和 28%。落实打击“水客”走私“三项措施”，2013 年 7 月以来，仅半年时间查验被亮灯旅客 1.47 万人次，查获走私违规案件 219 起，查获有效率 43%，以“水客”为主的“当天多次往返旅客”进境次数月均下降 30%。抓好“清源”行动，查获非法印刷品、音制品 2.30 万件，同比减少 15 %。严密“两地车”管理，开展监管专项查缉行动，移交案件 147 起，案值 1 989 万元。二是监管机制进一步优化。优化监管查验工作机制，提升查验效能，推动查验作业标准化，实现分类查验、查验分流。推动监管场所达标建设和规范化管理，利用科技手段强化实际监管效能，探索单兵系统在远程查验、机动查验复验工作中的应用，研究在旅检现场应用人脸识别系统。在高栏水运（海港）口岸开展舱单和运输工具管理系统试点切换。三是后续监管作用有效发挥。开展差别化稽查作业模式改革，推进稽核查深度融合，对 107 家高风险企业开展自查自报。强化保税监管，启用珠海保税区和跨境工业区信息化系统，加强单耗管理，手册报核率、结案率 100%。加大统计监督力度，编发统计监督和执法评估报告 36 期，统计监测预警信息 166 期，向地方党政报送统计分析地方专报 17 期。

【拱北海关打击走私保持高压态势】 2013 年，拱北海关立案查办走私违法案件 9 030 起，案值 24.34 亿元，涉税 2.37 亿元，查办案件数同比增长 58.40%，创历史新高，完成罚没收入 1.47 亿元，同比增长 9.80%；开展 10 个专项打私联合行动，查获案值超千万元的大要案 21 起，海关总署缉私局一级挂牌督办案件 2 起，打掉较大的走私团伙 12 个，相关案件的办理得到海关总署领导的批示肯定；立案侦办毒品案件 46 起，缴获各类毒品 7.10 千克，同比增长 2.50 倍。

【拱北海关不断推进风险防控与法制建设】 推进监控指挥中心建设，将关区 26 个监管点的 1 500多个摄像头统一接入，实现与海关总署指挥中心互联互通，圆满完成国务院领导同志、财政部、中办值班室连线视察。发挥风险分析监控中心合署办公优势，集中开展风险排查，进一步强化了对风险隐患联合分析、集中研判和综合处置的联动效能。进一步完善依法决策机制，组织开展行政审批清理工作，推进执法统一性，制定、修订执法标准 9 项。积极推进“六五”普法规划实施，海关总署向全国普法办推荐拱北海关作为“六五”普法中期先进单位。健全知识产权海关保护长效机制，采取知识产权边境保护措施 611 批次，查获涉案侵权货物、物品 29.60 万件。

【汕头海关加快通关业务改革】 一是推进通关作业无纸化改革。2013 年 10 月 1 日将试点范围扩大至全关 17 个业务现场，并逐步将试点企业范围扩大至资信良好的B类以上进出口企业。二是积极推广“属地申报，口岸验放”监管模式。与黄埔海关、上海海关签订联系配合办法，以座谈会、提供咨询等方式加强宣传指导，争取使更多在外地报关企业利用该通关模式回流到关区开展通关业务。三是推进关检合作“三个一”扩大试点工作。主动加强与汕头出入境检验检疫局的沟通协调，制定《汕头海关、汕头出入境检验检疫局“三个一”通关模式试点管理办法（试行）》及《汕头海关、汕头出入境检验检疫局“三个一”通关模式试点实施细则（试行）》。2013年10月28日，隶属保税区海关顺利启动“三个一”试点工作。四是继续推进分类通关业务改革，积极实施“跨境快速通关”等通关便利措施，关区货物进出口通关速度稳步提升。五是以落实《汕头关区AA类企业通关便利措施》为突破口，积极构建海关与诚信企业的新型战略合作伙伴关系，加大在24小时预约通关、税收征管、信息服务等环节的服务力度。六是落实《汕头海关创新观念优化监管查验工作机制实施方案》，进一步优化监管查验工作，统筹推进通关作业整体效能提高。七是进一步推动简政放权工作，做好海关总署下放相关审批权限的承接工作，完善配套程序，保证各审批事项的顺利进行，并结合清权确权工作，进一步加强海关内部各通关监管环节的衔接，提高办事效率。八是擦亮12360海关统一服务热线品牌，打造“关企E线通”企业信息服务平台，进一步提高服务效能，方便进出口企业和个人了解海关相关工作流程，及时解决通关过程中的疑难问题。九是提高通关监管科学化水平。在汕头广澳深水港码头应用H986大型集装箱检查设备，在汕头国际集装箱码头试点推广“进出境船舶联检系统”，加快推动卡口联网和视频监控联网工程建设，推广业务现场视频监控系统、卡口物流监控系统、电子地磅联网、监管场所电子围网的安装使用。

【汕头海关圆满完成税收预算目标】 2013年，实现两税入库52.16亿元，再创关区税收历史新高。一是加强过程管理，提高税收掌控力。2013年年初明确“抓早、抓紧、抓实”的工作要求，积极开展税源摸底，实时掌握税收进度，科学确定阶段性目标，定期通报税收完成情况，及时表彰奖励先进单位，统筹推进综合治税工作。二是夯实税收服务机制，积极优化税基。提前介入地方大型项目，为其提供税收服务和政策指导，做好煤炭、塑料等主要税源商品和主要税源企业的政策服务，及时了解企业通关需求，出台针对性措施，通过自身区位和服务优势支持地方外贸稳定增长。其中，进口煤及褐煤共计1 929.70万吨，同比增长11.40%，成为全国第八大煤进口口岸。三是夯实税收征管工作基础，全面推进纳税便利化。实施预归类、预审价、原产地预确定、电子支付、税款担保等征管便利措施，取消二级验估制度和保证金转税审批制度；推进审单作业平台建设，修订审单操作规范，调整审单作业流程，促进审单作业规范和执法统一；规范报关单申报工作，提高关区报关质量。四是发挥部门合力，提升税收征管质量。强化关税、监管、企管、风险、稽查等部门间的联系配合，切实做到信息共享、资源统筹、齐抓共管；针对重点税源商品、大宗低价商品、享受优惠进口商品开展数据监控和风险分析；加大案件稽查、加工贸易内销等方面的查缉力度，切实筑牢税收后防线，确保税收“颗粒归仓”。五是落实税收优惠政策，深挖潜在税源。坚持“依法减免”和“主动服务”，关注重点行业和重点项目，积极开展海关减免税政策指导，引导关区企业用好用足国家结构性减税和原产地等优惠政策，以优质服务助推关区企业扩大进口，2013年，共审批减免税款1.39亿元，同比增长80.30%。

【汕头海关反走私工作取得突出战果】 2013年，关区缉私立案826起，同比增长13%；案值89.88亿元，同比增长10.25倍；涉税额20.58亿元，同比增长15.52倍。一是紧紧围绕“大规模、联合、专项”的行动要求，举全关之力开展打私专项斗争和联合行动，进一步提升查发、查破大案的水平。汕头海关自主查破“1301”特大走私皮草案件，案值85亿元，偷逃税20.20亿元，是全国海关2013年查获的最大一起走私案件，海关总署于广洲署长、胡伟副署长等领导多次批示予以肯定。二是进一步夯实打私工作的基础。完善并坚持推行切块下达打私任务、联合办案等行之有效的良好举措，深入调研和掌握制约打私工作的问题，狠抓业务现场成案率，进一步完善打私绩效评估机制，建立情报专案制度，强化案件扩线侦查和案件督办。三是结合“绿篱”行动着力提升查缉走私固体废物案件水平。查办固体废物案件14起（其中刑事立案3起），同比增长3.60倍，查获废旧电器35吨、旧服装3 000多吨，退运不符合规定固体废物982.40吨。四是切实加大打击涉税商品走私的力度，及时将缉私办案成果转化成税收成果。2013年全年侦办涉税刑事案件42起，同比增长45%；涉税20.45亿元，同比增长17.42倍；涉案企业主动补税3 216万元，同比增长22倍。五是切实加强邮递、旅检等渠道的情报网络建设，查缉涉毒涉枪等非涉税走私案件取得较大进步。共侦办非涉税刑事案件7起，同比增长1.33倍，缴获海洛因1 370.40克。六是在海上缉私职能调整的敏感时期，抓好海缉队伍的思想疏导和鼓舞士气工作，不松劲、不懈怠。强化查缉战术的总结和运用，海陆联动，严防猛打，查缉海上走私案件48起，案值1.31亿元。七是深入推进反走私综合治理工作，密切与地方打私办、相关部门的执法合作。与粤东五市打私办等16家单位签订《粤东区域打击治理非设关地走私合作备忘录》，与公安部门建立打击流通领域私货交易协作机制，与环保、质检等部门建立打击废物走私协作机制，与陆丰等地打私办建立对废旧物品行业的协同治理长效机制。八是加大反走私宣传力度，实现“叫得响”的目标。在全国海关率先探索海关纪实摄影、新闻组照等报道形式，召开专项行动成果新闻发布会2场，参与地方电台“民声热线”1次，举行销毁仿真枪、香烟现场会2场，中央电视台等主流媒体采用新闻稿件63篇（次）。

【江门海关成功启动通关作业无纸化改革试点】 江门海关认真落实海关总署通关作业无纸化改革会议精神，加强组织领导，完善运作机制，稳步推进通关作业无纸化改革。2013年7月上旬，在鹤山、外海水运（海港）口岸正式启动通关作业无纸化改革试点工作，目前试点海关通关作业无纸化已逐步进入常态化运作阶段。

【江门海关推进关检合作“三个一”试点】 江门海关积极推进关检合作“三个一”试点工作，加强海关、检验检疫及企业三方协调，与检验检疫部门联合开展重点行业和企业调研，引导企业积极参与试点，共同推进“三个一”合作项目；协助地方搭建电子口岸平台，实施海关、地方、检验检疫部门及企业“四方联网”项目，加强关检合作信息化建设；注重改革创新，根据辖区口岸缺乏统一系统平台实际，探索实践以纸质替代电子信息的过渡流转方式，设计关检合作“一次查验”通知单、作业记录单等单证，模拟“三个一”电子信息操作流程，确保试点工作有序进行。2013年10月30日，正式在外海、高沙水运（海港）口岸启动关检合作“三个一”试点工作。

【江门海关全面深化区域通关业务改革】 为有效服务企业，进一步提高通关效率，江门海关全面统筹深化通关业务改革：一是深入学习海关总署《全面深化区域通关业务改革实施方案》和《区域通关业务改革作业流程》，主动加强与海关总署相关司室的沟通联系，切实领会海关总署关于深化区域通关业务改革的内容和要求。二是加强业务现场调研工作，全面了解深化区域通关改革的重点、难点，通过调取数据分析、现场调研、企业调研、加强与口岸海关沟通联系等方式，打好关区通关改革的基础。三是加强组织保障，结合目前江门海关“属地申报，口岸验放”、分类通关、通关作业无纸化改革的工作经验，按照统筹规划、分步实施的工作思路，制订了《江门海关全面深化区域通关业务改革实施方案》，强化组织领导，明确各部门职责分工。四是加强对外宣传引导，拓宽宣传渠道，注重宣传实效，全面宣传深化区域通关改革对企业的利好因素，提高企业参与改革的积极性，为关区全面深化区域通关业务改革的顺利推广提供良好的外部环境。2013年12月20日，江门海关办理首票“属地申报，属地验放”进口货物。

【湛江海关深化改革提升通关效能】 2013年，湛江海关在加强业务基础建设的同时，深化业务机制改革创新，有效提升了粤西口岸的通关效能。一是顺利启动和推广诚信通关体系建设。包括创新风险防控方式，研究制定企业诚信等级评定管理办法和企业诚信评估标准，细化企业分类评定条件，实现将监管触角前推至企业管理环节；创设快速通关模式，通过科学设置通道和风险参数，组合运用低风险快放、提前申报等多项措施，提升通关速度；优化服务模式，整合信用担保、专柜服务、区外监管、到厂查验等各环节便利措施，为诚信守法企业提供高效、优质的通关服务；优化监管资源配置，减少诚信企业查验次数，促进监管查验资源向非诚信企业倾斜，同时，按照错位监管原则，加强对试点企业的批量复审、统计复核和稽查核查，保证全过程监管的严密性。2013年6月启动试点以来，试点企业进出口24小时放行率分别达到97.10%和99.90%，进口环节海关平均作业时间从改革前9.77小时缩短到4.70小时，出口环节海关平均作业时间从2.53小时缩短到1.47小时，起到了促进贸易便利、提高海关监管效能、引导企业守法自律的良好效果。二是通关作业无纸化改革全面铺开。采取先易后难、统筹规划、分步实施的推进方式，启动并扩大了通关作业无纸化改革，2013年全年通关作业无纸化改革报关单3 770票，取得了初步成效。三是审单作业模式改革成效明显。进一步明确专业审单与现场部门的审单职责，实现专业审单与管理相对人的分离，优化了报关单的流转和审核操作，关区进出口24小时放行率由改革前的79.98%、99.55%提高到91.37%、99.71%。四是关检“三个一”合作取得实质性进展。加强与湛江、茂名两市出入境检验检疫局的沟通与联系，就“三个一”实施达成共识，共同研究制定试点配套制度，在湛江霞海和茂名水东水运（海港）口岸同步开展试点，2013年全年办理关检合作“三个一”报关单89票，一次查验6票。五是全面深化区域通关业务改革。在深入推进转关运输、“属地申报，口岸验放”等通关模式基础上，构建区域通关联动机制，积极与华南、西南、中南地区的政府、海关和大型企业开展通关合作，吸引和拓展腹地物流，助推湛江区域性物流中心建设。目前，湛江海关已与15个海关开展“属地报关，口岸验放”业务。

【湛江海关主动服务粤西区域经济社会发展】 一是深化关地合作，助推地方外贸发展。充分利用“湛江大讲坛”等场合向湛江市党政主要领导和社会各界宣讲外贸发展形势，积极为地方开放型经济发展建言献策；举办加工贸易诚信企业现场会、AA类企业海关优惠政策宣讲会，广泛宣传守法便利政策和海关简政放权举措；加强对关区外贸监测预警分析，编发上报监测预警信息352篇，及时为地方提供预警和分析服务；协助地方开展海关特殊监管区域申建工作，在立项调研、规划、项目入区指引等环节全力提供支持；围绕地方海洋经济发展，大胆探索鲜活水产品保税监管模式，落实各项加工贸易便利化措施，推进首批国家级水海产品（对虾）转型升级专业型示范基地建设。二是坚持靠前服务，服务大项目建设与产业发展。跟进宝钢湛江钢铁项目建设，提前做好项目大规模进口设备的通关和减免税审批准备工作；与茂名石化签订合作备忘录，支持茂名石化改扩建和茂名巴斯夫项目建设，协助解决企业在减免税、口岸通关等方面遇到的疑难问题；指导推动吴川再生资源产业园区建设，多次实地调研并召开现场办公会研究解决园区建设和监管工作中存在的问题；支持湛江晨鸣浆纸有限公司成立湛江首家自用型造纸设备零件专用保税仓库，支持企业用好国家政策；协助国家水产龙头企业国联水产成功应对美国商务部发起的水虾产品反补贴调查，维护了企业合法权益；积极参与茂名市白沙河流域皮革企业污染综合整治工作，促进地方皮革产业转型升级。三是主动履行职责，支持粤西口岸建设与开放。与湛江港签订宝满港区新建码头建设合作备忘录，指导港口经营单位高起点、高标准做好码头功能分区、卡口建设和查验平台建设等工作，共促湛江宝满5万吨级集装箱码头2013年年底顺利实现试运营；针对大项目建设和码头建设需要，积极协助做好湛江东海岛与宝满新港区岸线对外开放的申报准备工作；推动雷州乌石港对台小额贸易点建设，支持服务茂名市长晟码头、博贺新港区等港口物流建设，推进湛江空运口岸对外航开放，优化粤西口岸功能布局。四是畅通联系渠道，提升窗口单位服务水平。开展“服务企业、服务项目、服务基层”活动，广泛了解企业在生产经营中的困难和通关业务需求并形成对应的帮扶措施；加强知识产权海关保护，开展企业自主知识产权培训和现场会，引导企业自主创新；发挥12360海关统一服务热线解答疑难问题、宣讲政策的作用，2013年全年受理咨询求助事项2 062条，同比增长43.60%，服务水平与公众服务满意度稳步提升。

【湛江海关保持粤西反走私高压态势】 2013年共立案112起，案值1.27亿元，涉税3 277.85万元。一是突出重点，打私联合行动硕果累累。集中力量在货运、旅检、海上和陆路跨关区等4个战场实施精、准、狠打击，在固体废物进口、出口骗退税、毒品及成品油走私、违法携带货币进出境等5个领域均取得突破性进展。在货运渠道重点实施打击伪报价格、品名、规格、数量，以及夹藏、侵犯知识产权、出口骗退税等违法行为，查办多起涉嫌出口骗退税违规案件；在旅检、快件渠道重点打击非涉税走私违法行为，查获该关缉私队伍成立以来首个毒品走私案件，缴获大麻6 080克。严厉打击海上偷运走私和陆路跨关区走私，查获象牙10支共78千克，查获海上偷运走私案件3起。二是深化治理，粤西沿海反走私体系建设成效显著。强化与地方执法部门的缉私协作机制，与地方相关执法部门开展座谈交流和情报调研40余次，多次联合地方执法单位突击检查冻库、油库、批发市场等流通领域重点部位，兄弟执法部门向海关移交案件20宗。积极推进湛江、茂名两市7个“反走私综合治理示范村”建设，在湛江市雷州、吴川、遂溪和茂名市博贺等地召开现场会，实现反走私综合治理进村入户，最大限度发挥齐抓共管、群防群治的社会功能。加强与南宁、海口、江门等兄弟海关的跨关区缉私协作，提升北部湾和粤西海域的打私掌控能力。三是苦练内功，缉私队伍战斗力进一步提升。推进缉私执法规范化建设和执法监督制约机制建设，以解决执法突出问题为重点，理顺职责和业务流程，完善执法工作机制和执法制约机制，强化缉私业务技能培训，提高缉私队伍履职能力；从强化领导责任、规范队伍管理、夯实业务基础、从严治警、从优待警等方面，对缉私队伍建设进行规范和指导，提升队伍正规化管理水平和打私工作整体效能。

【广东省公安边防总队开展“模范边检站”创建活动】 根据《公安部关于进一步提高边检服务水平的意见》的要求，广东省公安边防总队将“创建模范单位，建设服务型阳光边检”作为重要平台和推手，着力提升下属18个现役边检站及其执勤人员的行政执法和服务水平，全面创新边检管理模式，积极服务出入境对象，为地方经济社会发展提供了安全、高效的口岸通关环境，赢得了地方党委政府的高度评价和社会各界的广泛赞誉，先后涌现出一批被公安部、省市表彰的先进单位。广东省公安边防总队将创建“模范边检站”工作列入重要工作事项，研究制定《“爱民固边模范边检站”创建标准》，大力推进“模范边检站”创建活动，得到边检站驻地政府的认可和支持，中山、东莞、江门市政府正式发文命名中山、东莞、江门边检站为“模范边检站”。

【广东省公安边防总队创新边检社会管理措施】 以“服务高效、平安稳定、文明和谐、群众满意”为目标，广东省公安边防总队不断创新边检社会管理措施，为服务对象营造了安全、高效、舒适、顺畅的口岸通关环境。一是主动跟进地方经济发展规划，优化边检通关措施。紧跟广东省建设泛珠三角经济圈、粤港澳经济一体化、港珠澳大桥、参与海峡西岸经济区合作发展等经济发展大局，推出有广东边防特色的服务举措，有针对性地制定警力调整、勤务跟进、服务改进和效率提升措施。针对省内、省际口岸物流、人流竞争激烈的实际，在法律法规允许的范围内，研究推出“边检机关助推口岸竞争力服务措施”；针对航行港澳小型船舶是驻粤边检站主要服务和管理对象的实际，重点研究该类船舶通关、作业环节中的成本节省需求，推出“服务往来港澳小型船舶通关若干措施”，为粤港粤澳一体化经济发展创造了良好的社会环境。二是依托科技信息化，优化便利利民渠道。率先构建集“船舶报检、办证、备案、监管”于一体的“航行港澳小型船舶服务系统”，优化航行港澳小型船舶通关流程，先后获得“广东省口岸科技信息应用先进奖”和“公安部科学技术奖三等奖”。在东莞、中山、顺德等旅客流量较大的口岸建设自助查验通道，设立“口岸信息平台”，为旅客出行、船舶作业和船员生活提供便利，对出入境船舶提供紧急救助服务；在广东省公安厅政务网“平安南粤网”设立“网络咨询台”，方便旅客、船方随时就出入境业务、通关服务等进行网络咨询；在湛江、茂名、阳江、汕尾、东莞、南海、顺德、潮州等口岸率先启用边检无线3G移动查验平台，将边检服务延伸到海岛、海上石油作业平台、锚地、渔排等场所，最大限度方便出入境人员办理手续，拓展了边检服务的广度和深度。三是探索跨境协作机制，优化粤港协作渠道。发挥毗邻港澳的地缘优势，探索建立边检站与港方管制站之间点对点的“信息员联络机制”和“出入境联勤机制”，完善广东省公安边防总队与香港入境事务处的“互访交流机制”，开展“粤港大通关协作”、“服务定式交流”等活动，深化粤港口岸通关合作与服务交流。

【广东省公安边防总队创新口岸管控机制】 一是构建口岸社区警务机制。打造联检单位共享的口岸管理区和闸口，建立边检“协管员”或“辅警”制度，将口岸安全纳入社会公共安全体系，通过在港区与公安、联检、安保等部门建立联合防控机制，实现信息共享、勤务联动，结合重点时段、重点部位开展陆上、水上联合巡查行动，建立与联检单位、口岸企业的“联防、联治、联巡、联办、联处”机制，实现港区治安管控、口岸安全防控的无缝对接。二是拓展服务管控前沿。在面积广、管控难度大的湛江、东莞、惠州、茂名、阳江等边检站试点设立边检警务室和区域勤务中心，方便服务对象办理业务，提高办事效率。在广东省全省口岸推广限定区域分片驻勤和科队联勤、船舶诚信管理等勤务模式，有效维护了口岸管控秩序。三是健全长效管理机制。组建边检“便衣队”，与着装警、监控室联勤联动，形成动态预防和灵活打击的立体网络；物色边检“耳目”，形成警民快速联防、人人呼应的防控态势；定期就口岸辖区的社情、安全风险等进行评估管理，对实时形势、港区环境、船舶等因素进行风险等级评估，并根据评估结果对船舶实施差异化管理。同时，全面推行建立港区、码头协管员制度，密切警民合作，有效解决警力紧张问题，做到管控效能最大化。

【广东省公安边防总队创新服务品牌】 一是完善社会监督体系。依托广东省全省边检站90%的基层单位获得省、市级“青年文明号”的良好基础，与港区企业开展结对活动，在企业、港区聘请社会法制监督员，为企业派驻边检法制宣传员，形成良性互动交流渠道；开展警民换位体验活动，检查员与出入境旅客、船员、港区工作人员角色互换，增强官兵服务主动性，促进养成精细化服务；建立提高边检服务水平工作监督机制，坚持“站（科）长接待日”、警民恳谈会制度；邀请口岸企业代表座谈，听取意见建议，落实整改后及时向群众通报情况，接受群众的二次评议。二是推进边检服务品牌建设。深入开展“社会看边检”、“媒体看边检”活动，聘请媒体人员，地方院校专家、学者担任顾问，帮助策划、指导边检公共关系建设，推出特色服务品牌、标志和服务宣传口号。开展“边检警营开放日”活动，邀请共建单位、家属、各级媒体“进边检，看边检，访边检”，近距离了解边检工作，提高边检机关的社会知名度。三是积极开展爱民共建。各单位与驻地敬老院、福利院、学校等开展共建，定期组织官兵看望慰问市福利院、敬老院的孤残儿童、孤寡老人，走访慰问困难群众8 000余人次，结对帮扶特困儿童300余人，捐款100多万元，义务献血30万多毫升，义务军训学生20余万人次，为企业员工开设“法制讲堂”1 000多场次，为驻地各单位开展国防教育讲座600多场，一批官兵获评省“卫民勇士”、“中国好人”、“全国孝亲敬老之星”等先进典型，一批单位获评省市拥政爱民先进单位、精神文明建设先进单位、“广东省文明窗口”等称号。

【广东省公安边防总队依托微信拓宽边检服务平台】 广东边防总队紧跟时代潮流，拓宽服务渠道，打造开通了边检政务微信服务平台“南粤边检”，不断推动边检工作创新发展。一是顺应服务对象需求，打造特色服务平台。广东省公安边防总队在口岸调研中发现，服务对象在“边检机关如何更好改进服务”项目中提出了很多殷切的期望，其中45%以上的服务对象对边检机关没有开通微信、微博等实时服务平台感到失望，认为目前边检机关所能提供的服务咨询手段较为单一，有的甚至认为边检机关与服务对象有代沟，跟不上时代的步伐。这次调研给广东省公安边防总队很大的触动，如何顺应服务对象需求，拓宽边检机关与社会大众的沟通渠道，更好地提供特色服务成为摆在广东省公安边防总队面前的一个课题。2013年5月，广东省公安边防总队以肇庆边检站为试点单位，在微博边检服务的基础上，以“阳光肇庆边检”为名，率先探索、推出边检政务微信平台；9月，启动总队级边检政务微信平台建设；10月，“南粤边检”政务微信上线试运行，关注度迅速攀升，并成功通过腾讯认证。这是边防系统首个通过腾讯认证的总队级边检政务微信平台。10月起广东省公安边防总队部署所属18个边检站启动边检政务微信群的构建工作。目前，广东省公安边防总队及18个边防检查站共开设微信服务号、订阅号19个，服务群总关注量已经突破2万人次，关注者以广东省籍为主，来访者遍布全国各地。当地党政领导对边检微信平台的开通和运行给予了充分肯定，号召政府职能部门学习借鉴。广东省政府招玉芳副省长批示：“此举很好，体现了为民理念，展现了阳光边检形象，望创新发展，不断提升边检服务水平。”二是充实资源内涵，提升服务水准。广东省公安边防总队组织多个边检站开展全面调研，充分了解掌握出入境旅客和社会群众的关注热点，收集整合了中国公民经常前往国政策、船舶出入境手续办理、出入境证件办理、口岸航班动态等多方面信息，拓展建立边检信息查询、业务咨询回复、法律法规提示等模块，以文字、图片、语音、视频等形式开展信息推送、边检政策咨询和其他个性化服务，向全社会宣传“南粤边检，天天服务”的边检服务品牌，展现了真实“接地气”的南粤边检形象和真诚沟通的服务理念。“南粤边检”政务微信采取“服务号”形式运营，共设“边检在线”、“边检风采”、“便民服务”3个子栏目。其中，“边检在线”设单位介绍、中国人出境入境、外国人入境出境、交通工具出境入境、政策法规等5个项目，“边检风采”设国门风采、热点关注、文明使者、社会反响、边检服务品牌推介等5个项目，“便民服务”设口岸航班动态、联系方式、出行咨询、出入境提示、留言板5个项目，平台还开通了自动回复功能，用户只需在手机端输入关键字即可自动回复。2013年广东省公安边防总队及下属子平台推送各类边检讯息达7 000余条，自动答复问询3万余次，人工解答问题1 300余次，收到意见建议40余条，妥善处理和督办了1起登轮证办理拖沓投诉，掌握并解决了1起口岸限定区域围栏损坏情况，受到群众好评。三是实时巡回在线，提供点对点贴心服务。为更好发挥“南粤边检”及其下属微信子平台的影响力和覆盖面，2013年11月1日，广东省公安边防总队将边检服务品牌宣传和“南粤边检”服务品牌宣传紧密结合起来，在所辖口岸统一开展了“南粤边检”政务微信平台推介活动，并利用“声、屏、报、网、短信”等媒体大力推介“南粤边检”政务微信群。

随着“南粤边检”政务微信群的推广，关注人数迅速增加，社会宣传效果显著提升。为保障政务微信平台功能高效落实，避免因专业性、时效性等问题导致服务对象用户满意度下降，广东省公安边防总队一方面指定了专人负责“南粤边检”和各边检站子平台的客服值班，确保实现了“普遍问题实时推送、具体问题一对一解答、反映问题跟进解决”；另一方面及时跟进更新各类政策法规、管理规定，加强口岸动态信息通报，跟进意见诉求解决，确保各类信息权威并符合边检政策法律法规。特别是公安部发布“对持普通护照中国公民实施免签落地签政策国家（地区）名单”、“72 小时过境免签政策”、“取消查验《海员出境证明》”等相关政策后，微信平台咨询量剧增。针对上述热点问题，广东省公安边防总队根据上级政策要求制作了咨询答复口径，及时回应服务对象的咨询和疑问。同时，严格落实“首接责任制”，打破行政区域和业务限制，对服务对象咨询做到不推诿、不拖沓，一律严格按照上级的政策和要求答复。

【广州出入境边防检查总站贯彻执行《出境入境管理法》】 认真抓好《出境入境管理法》及其配套法规、规范性文件的学习培训。周密组织对外宣传，把宣传《出境入境管理法》与深化“大走访”、中国边检服务品牌推介活动紧密结合起来，召开面向口岸单位的新法推介会 6 场，设立现场咨询台 13 个，发放宣传手册 2 529 份，摆放宣传展板 35 块，张贴宣传海报 87 张，接受 13 家新闻媒体采访，刊登相关报道 200 余篇，促进服务对象知法、守法，为新法的顺利施行营造良好的社会氛围。同时修订业务规定，切实增强依法履职能力。

【广州出入境边防检查总站积极推进边检服务创新】 在广州白云国际机场实施 24 小时直接过境免办边检手续和 72 小时过境免签政策。积极跟进广州设立粤港澳自由贸易区、白云国际机场 T2 航站楼建设相关工作，配合广州市旅游局做好 144 小时便利旅游团名单网上预报预检工作。在第 113 届、114 届中国进出口商品交易会期间，白云、天河边检站通过开通交易会来宾特别通道、采用蛇形派位候检模式和增加小语种民警执勤等方式，加强入境客流引导和疏通工作，确保通关顺畅便捷。黄埔边检站在各港口码头搭建网上报检自助平台和服务终端，方便船舶代理及船方进行网上报检，为 15 名遇险外轮船员和 16 名伤病船员开启“绿色通道”，提供通关便利。番禺、南沙边检站为第 2 届广州南沙湾国际游艇博览会、哥斯达邮轮提供优质边检服务，获得地方政府的好评。南沙边检站开通“CII 天天服务群”微信平台，为码头经营单位等提供快捷的边检信息服务。

【广州出入境边防检查总站提升边检服务能力】 邀请香港入境事务处人员举办“以客为本”专题讲座，深化民警的服务理念。开展不同专题的培训活动，强化民警对应知应会基础知识和基本实操技能的学习掌握。赴北京、上海、深圳、珠海边检总站和吉林、黑龙江、内蒙古边防总队进行交流学习。组织各类培训 167 期，参训人员达 5 788 人次，有效提升了民警的执法服务能力。通过举行文艺汇演、开展媒体走基层活动、举办全国边检机关文明使者先进事迹专题图片展、设立“天天”品牌形象宣传栏、完善总站门户网站建设等形式，开展以“中国边检，阳光国门”为主题的服务品牌宣传活动，扩大边检服务工作的知晓度和影响力。

【珠海出入境边检总站做好《出境入境管理法》贯彻实施工作】 一是抓好《出境入境管理法》专题培训。以全员参与、分类负责为原则，将集中培训、自学研究和统一考核相结合，分职级分岗位开展培训，将珠海边检总站人员按照岗位、职级分成四类，分别组织培训班，安排不同的培训课程，按需施教，因材施教，增强培训的针对性和实用性。各站分别开展《出境入境管理法》教育宣传月、“法治边检大家谈”等活动，通过机关“送法下基层”、法制小教员讲解、集中观看授课光盘、重要条文抽签提问等形式，充分利用边检 QQ 群、微博、板报等平台开展培训，确保广大民警深刻理解立法背景、思路和主要亮点，熟练掌握新法的精神实质和具体内容。二是做好《出入境管理法》的实施配套工作。组织业务骨干进行业务文件清理，开展新法配套规定的“废、改、立”调研，专题研究需要上级明确和规范的业务问题，提出相关意见上报公安部出入境管理局。进一步完善符合新法要求的工作流程、机制和具体规定，提前完成梅沙系统相应模块录入项目调整，完善梅沙系统勤务事件流转处理流程。积极主动推进出入境证件鉴定机构及人员资质建设，对内部证件鉴别骨干进行梳理审核，邀请广东省公安厅刑侦局到珠海边检总站实地考察，促进珠海边检总站出入境证件鉴定资质认定登记管理工作。三是加强调研指导。2013 年 7 月 1 日新法实施后，珠海边检总站派出多个工作组，分赴各站开展专题调研，掌握新法执行情况，收集意见建议，对各站反映的问题，组织业务、法制部门进行汇总梳理，逐项研究，提出指导性意见，统一做法，解决执行中的困难，保证新法学习持续深入，执行规范统一，确保一线边防检查工作平稳过渡，新旧法律紧密衔接。四是加强普法宣传。组织开展了形式多样、各具特色的普法宣传活动，在各口岸现场搭建法律咨询台开展现场咨询，制作新法宣传手册、纪念品向旅客派发，在口岸内制作大型宣传展板，设置“普法长廊”，在显眼位置张贴宣传海报，在口岸电子大屏上滚动播放新法内容，以口岸为阵地实现立体覆盖式宣传效果；加强与主流新闻媒体的沟通联系，邀请珠海电视台等媒体到口岸采访拍摄新法宣传活动；开展“送法进企业”活动，组织宣讲小分队，积极走访联检单位、口岸物业、旅行社、客运公司和业务代理单位，主动到外籍人员较多的保税区、对外开放码头、外资企业进行现场咨询和宣传，举办普法讲座，开展座谈交流，宣讲新法的具体内容，确保广大人民群众知法、懂法、守法。

【珠海出入境边检总站提高海上管控水平】 2013 年，珠海边检总站确立了以信息化推动勤务管理智能化、专业化的港口边检管理改革方向。一是充分借助科技信息化建设提高勤务管理效率和综合管控水平。在高栏港投入 100 多万元对所辖码头闭路电视监控系统进行全面改造整合，构建全新的数字化、智能化闭路电视监控指挥系统，实现了所辖码头泊位视频全覆盖。通过充分准备，2013 年 8 月份起在高栏水运（海港）口岸 4 个具备条件的码头率先实施视频送船项目，有效提升了勤务组织效能，节省了警力资源。在推广 IC 卡电子登轮证管理系统基础上，在高栏站研发启用 IC 电子临时入境卡管理系统，提高登陆人员入出码头管理效率。2013 年 8 月，在九洲、高栏等 5 个港口边检站启用“珠海边检总站船舶动态监控系统”（VSS 系统），通过 AIS、GPS 信息收集整理实现了出入境船舶到达提醒、移泊提醒及历史航行轨迹、执勤人员工作轨迹查询等多项功能，有效增强边检机关的船舶海上动态监管能力，延伸了管控触角，提升了边检勤务管理的科技信息化水平。在高栏、万山等港口站继续推行港口管理信誉等级制度和风险评估制度，对风险小、信誉好的企业及船舶实行优检政策，加大共管力度。珠海边检总站指导万山站针对中国港湾公司为港珠澳大桥香港人工岛运送海砂船的出入境船舶，反复研究论证，积极争取上级批准，推动检查地点、检查方式的创新，为经营单位节省大量成本。二是顺利完成珠江口水域三个锚地巡查监管任务接收工作。根据公安部出入境管理局统一安排，珠海边检总站认真做好珠江口水域桂山、大屿山、三门岛三个锚地巡查监管任务的移交接管筹备工作。制定接收三个锚地海上巡查监管工作的方案，确定总体目标，明确各项工作时间节点，并指导万山站完善三个锚地巡查监管勤务方案。研究筹建船艇大队，加快推进万山站船艇码头的维修改造，加强与珠海市有关职能部门的沟通协调，做好淇澳岛船艇基地的用地审批、设计规划等前期准备工作。密切与广州、深圳边检总站及广东省公安边防总队的沟通联络，并在公安部出入境管理局部署下顺利建立执法协作机制，完成巡查监管职责接收；多次召开勤务组织研究部署会，进一步细化勤务方案，完善巡查监管制度，加大对锚地船舶动态监管系统、视频监控系统等科技手段的投入力度，通过科技手段对锚地船舶进行监管；万山站与海事、边防等部门开展海上联合巡查执法，确保了万山海域管控工作安全。

【珠海出入境边检总站改善口岸通关环境】 2013年，珠海边检总站将保证口岸畅通作为提高服务水平重点工作，以各口岸改扩建工作为契机，积极推动改善通关环境。一是顺利完成拱北口岸两翼新联检楼开通工作。拱北口岸两翼改扩建项目是珠海市重点工程，受到社会各界广泛关注，为确保拱北口岸两翼新联检楼首层大厅顺利启用，珠海边检总站提前谋划，全力促进各项查验设施设备及时到位，制定勤务组织方案和工作制度，多次开展业务、技术测试，切实提高开通后的疏导能力，消除管控隐患。严格按照相关标准对现场设施、口岸封闭情况进行验收，对存在的问题，多次与珠海市有关部门沟通协调，明确改进方案和时间，研究替代性措施，确保达到开通运行条件。2013年6月28日开通以来，两翼新建大厅查验设施设备及勤务运转正常，对于缓解拱北陆路（公路）口岸高峰时段拥堵问题作用明显，受到社会各界好评。二是做好中小口岸改扩建工作。珠海出入境边检总站指导横琴站对横琴陆路（公路）口岸过渡期及永久性综合交通枢纽规划设计方案进行研究，就整体规划布局、查验设施建设、交通线路组织等多次提出意见，推动口岸通关环境全面提升，适应横琴开发出入境形势要求。针对中央有关部门就跨境工业区专用口岸在拱北陆路（公路）口岸闭关期间临时扩大开放问题，指导茂盛围站对夜间时段旅客流量、查验设施需求、勤务组织模式等提前进行分析、预测和评估，制订工作方案，从设施、警力、勤务等方面逐项跟进落实。

【珠海出入境边检总站深化勤务模式改革】 2013年，受广珠城轨开通、拱北陆路（公路）口岸两翼大厅启用、港澳扩大免盖章范围等因素影响，珠海各口岸出入境客流一直呈高位运行态势，拱北陆路（公路）口岸单日客流5次刷新历史纪录，给客流疏导和勤务组织工作带来巨大压力。为此，珠海出入境边检总站认真调研，提前评估各项因素对口岸通关、勤务组织、证件查验等产生的影响及可能出现的新情况、新问题，严密勤务组织，盘活警力资源，采取多项措施全力确保口岸畅通。一是优化警力配置。2013年1月份开展了警力调配专项调研，摸清各站执勤岗位设置、警力配备、勤务模式组织和业务工作建设情况，重点就优化警力调配等问题进行深入分析。本着“重点倾斜执勤一线，倾斜业务大站”的原则，从业务量相对较小的边检站抽调30多名警力充实到拱北边检站，为春防工作和拱北陆路（公路）口岸两翼新建大厅启用奠定基础。7~8月，针对拱北陆路（公路）口岸两翼开通后警力严重不足问题，统筹调度总站警力资源，每周末从总站机关、九洲站抽调机动警力，补充拱北边检站引导、工作人员通道等岗位人员，节省验证警力，保证开足通道。9月份，根据党的群众路线教育实践活动中的民警意见建议，再次开展执勤岗位整合及警力配置调研，全面掌握基层现有执勤岗位设置、机关及基层的领导职位、执勤民警配置实际，对影响警力使用效率的因素进行全方位分析，研究提出岗位整合和警力调配意见，指导各站分步进行整合，最大程度减少警力虚耗，提高用警效率。二是不断丰富和改进勤务组织方法。组织拱北等旅检站对口岸客流数据及规律进行全面分析，着重在创新备勤方式和民警轮休机制上下工夫，在各旅检口岸探索试行接力式备勤、滚动式备勤、电话备勤、机关轮流支援基层、分段式截流等灵活多样的备勤和疏导模式，解决单一科队警力不足、难以开启全部通道的问题，对原有“一人双章”、“出入互备”、“早晚互备”勤务模式进行有效补充，提高高峰时段疏导效率。通过采取“早开、快开、满开”等手段，降低高峰形成速度，缩小高峰形成规模。在九洲、横琴水运（海港）口岸试行“蛇形通道”候检模式，均衡旅客候检时间，提高疏通能力。

【珠海出入境边检总站加大服务创新力度】 一是认真研究进一步扩大自助通道适用人群、扩大免盖章范围等措施的可行性，反复论证后提出建议上报公安部出入境管理局；通过加强科技应用，简化查验手续，提高查验效率，减少旅客通过等候时间。二是积极推动建立跨境绿色救助通道。为满足港澳与内地民众跨境生命急救的现实需求，珠海边检总站本着为民、务实的工作宗旨，对珠澳之间跨境生命急救工作的现状、存在问题及建立长效机制进行了可行性调研，向珠海市政府相关部门呼吁建言，推动建立一套政府主导、口岸各检查单位协同配合的跨境生命急救联动协调机制，受到高度重视，并已组织相关单位起草《珠澳跨境生命急救机制方案》广泛征求意见建议。三是积极研究并推动“手机视频看通关”项目建设。珠海边检总站适应当前移动通讯和网络技术趋势，主动与中国移动珠海公司合作，研究建立“手机视频看通关”的可行性，利用全民普及的手机移动网络平台，实现口岸通关动态、边检服务信息等重要信息的快速发布、实时查询和掌上点击观看功能。经反复研究论证，目前该项目方案已基本成熟。四是积极做好精细化服务。拱北、九洲、横琴等边检站更换了查验通道显示屏、大厅电子公告屏，完善了现场通行指引标志，设置旅客休息区，在外国人通道增设临时填卡处，联系公安、交通部门在口岸广场设立“移动警务室”、“交通执法车”等，为出入境旅客提供更加人性化的服务。九洲边检站建立紧急情况下“先起飞、后申报”的应急联动机制，全年救助因严重受伤、突发重病等情况需急送香港救治的海上平台作业人员10人次，搭建了海空“绿色生命通道”。高栏边检站向港区人员发放《登轮单位备案指引》和《海港证件办理指引》，使服务对象能够轻松掌握备案和办证要求。五是积极做好边检服务品牌宣传工作。以“8·19”全国边检服务品牌推介宣传日活动为契机，在拱北陆路（公路）口岸组织“澳门各界人士进边检”活动，派员参加珠海电台“行风评议”访谈，参加“交通875”栏目采访，组织“文明使者”宣讲团走进中山大学珠海校区和暨南大学珠海校区，与高校师生面对面交流互动，让社会各界更多地了解边检，进一步扩大边检机关的社会影响力。2013年，珠海边检总站申报的“珠澳走读学童开设专用通道”项目获评珠海市首批“行政服务创新进步奖”。

【广东出入境检验检疫局积极推动检验检疫监管模式改革创新】 一是研究宏观质量管理新机制。按照2013年7月24日国务院常务会议关于法检体制改革的总体要求，广东出入境检验检疫局成立了40多人的研究团队，承担了国家质检总局加强进出口商品质量宏观管理的研究任务，协助国家质检总局出台了一系列改革措施，为法检制度改革奠定了坚实基础。二是创新适应新业态发展的集中检管模式。在南沙、黄埔、中山、新沙建设了市场采购、输非产品、乳制品、汽车等集中检管区，通过延伸口岸与实体口岸的联动打造完整的监管链条。在南沙建立的首个“市场采购出口商品检管区”于2013年4月份开始运行以来，通过南沙新港出口的市场采购商品月均标箱数增长106%，抽查合格率提高18%，进出检管区的集装箱平均作业时间从2～3天降至45分钟，得到了汪洋副总理的批示肯定。三是研究支持跨境电子商务发展的新监管模式。按照国家发展改革委、商务部和国家质检总局要求，牵头研究跨境电子商务新业务监管模式，提出了无障碍申报、负面清单监管、强化质量信息服务、跨部门协作等一系列配套措施，得到国家发展改革委的充分肯定和认同。四是业务模式改革全面铺开。稳步推进报检无纸化改革，2013年全年无纸报检20.10万批次；创新进口食品风险管理，深化出口分类管理，动态调整重点检测项目、监测项目和验证项目，调整组建22个食品化妆品协作组，提升监管针对性和有效性；完善进口农产品检验检疫执法把关体系和进出口农产品质量安全保障体系，强化口岸新业务准入机制，强化进境农产品定点加工和隔离检疫监管，创新进出口食用农产品和饲料安全风险监控工作；构建业务风险数据监控机制，针对检验检疫业务运行过程中的关键环节和关键点进行监控和稽查。

【广东出入境检验检疫局保障国门安全成效

显著】 一是狠抓高风险敏感商品监管。通过加强风险项目监测和重点环节监管提高敏感商品的检出率。检出108辆韩国进口佳乐小汽车识别代号不符合标准，国家质检总局据此发布预警通报；检出不符合国家环境保护控制标准的固体废物3 745.40吨，货值297.65万美元；检出不合格进出口危险化学品829批，货值15 765.60万美元，危险化学品分类鉴定不合格率达34.20%；检出从75个国家和地区进口的不合格食品8 354批，检出率为8.10%。二是狠抓口岸疫情防控。积极应对人感染H7N9禽流感疫情，成功阻断疫情传播，没有1例人感染H7N9禽流感病例从广东口岸出境。成功处置37例输入性蚊媒传染病病例，同比增长68.18%。与广东省反恐办、省环保厅共同建立口岸核生化应急处置联合工作机制。各保健中心共完成法定传染病监测体检13.60万人次，完成预防接种13.90万人次，发现HIV、性病、肺结核、各型肝炎等各类传染病3 521例。三是狠抓国门生物安全。从进境植物及其产品中截获有害生物和有毒有害物质2 309种、104 119次，同比分别增长9.90%和21.20%；从进境水果中检出有害生物9 031次，检出有毒有害物质超标5批次；从旅客携带物、邮寄物中截获禁止进境物5.50万批次，同比增长68.11%。四是狠抓供港澳鲜活商品和食品安全。2013年全年共检验检疫供港澳食品26.10万批，169.30万吨，27.20亿美元；检验检疫供港澳活动物7.90万批，6.50亿美元。先后有效处置禽流感、毒鸭蛋、毒蔬菜等数十起影响较大突发事件。在辖区9家供港活猪注册场开展电子耳标系统升级试点，对供港活牛试运行电子耳标标志管理，启动供澳食用动物电子标签技术应用可行性研究。全力做好澳门《食品安全法》宣传贯彻和香港《食物内除害剂残余规例》应对工作，全面开展企业及其货源情况摸查普查，邀请香港食品管理部门官员来粤举办宣传贯彻会，向广东省政府提出建立共同应对工作机制、加强重点工作两个方面共五点建议。

【广东出入境检验检疫局六大举措力促广东外贸新发展】 一是积极支持广东外贸转型升级。争取国家质检总局出台了支持南沙新区建设21项政策并落地为广东出入境检验检疫局的33项措施。全面落实国家质检总局便利广州高新区生物材料检验检疫的6项措施。成功承办国家质检总局主办的全国质检系统金伯利进程工作会议，正式启动广东检验检疫局作为2014年金伯利进程主席国秘书处的工作，助推广东钻石产业发展。成功接待欧盟FVO、美国FDA、韩国农林水产食品部等国外官方机构考察，保障广东水产品、农产品顺利出口。制订实行适应广州会展业发展的工作规程，对国外展品和布展物资实行特殊放行措施，推动了广东国际会展业的发展。二是积极推进粤港澳自由贸易区申报和建设。根据自由贸易区定位，充分发挥检验检疫的职能作用，针对园区今后重点发展的航运物流、货物与服务贸易、商品展示与中转、生产性服务业和高端制造业等，提出了19条覆盖范围广、便利程度高、可落地性强的具体支持措施。三是积极应对技术性贸易壁垒。对816家出口企业进行国外技术性贸易措施影响调查。组织开展63项通报评议，向国家质检总局提交10条特别贸易关注信息，其中4条被选作世界贸易组织例会议题。争取国家质检总局支持，在中山、顺德等产业集群地区筹建评议基地。自主创建与广东省政府易发网连通的“标准与技术法规信息快车”、“应对国际贸易技术壁垒”两个技术信息平台，为广大企业提供全面技术信息服务，网站点击率突破257万人次，企业下载标准达83万页。帮助307家出口食品企业应对美国《食品安全现代化法案》并成功获得对美注册。四是着力减轻企业负担。加强对企业的宣传和指导，引导企业用足用好检验检疫政策扩大出口，签发各类原产地证书88.50万份，可为广东外贸企业带来关税减免14.90亿美元。南沙、茂名、黄埔、顺德、新会、湛江和韶关等7个分支局实现了签证份数和签证金额“双增长”。严格落实国家减免收费政策，全年共减免4万余家企业检验检疫收费8亿元，列全国检验检疫系统第1位。扎实开展进出口环节收费清理规范工作，及时向广东省物价局报备相关收费标准，严格执行国家收费政策，切实减轻了企业负担。五是着力建设质量安全示范区。进一步完善“地方政府负总责、企业负主体责任、检验检疫部门监管、相关部门齐抓、行业协会协调、社会力量参与”的出口产品质量安全管理机制。结合广东产业特点，在潮州、顺德、中山、东莞、惠州、江门、河源、汕头和番禺等地建设了10个质量安全示范区，覆盖陶瓷、玩具、家电、灯具、移动终端、摩托车、LED光源等行业；在湛江、江门、中山、东莞、惠州、肇庆、茂名、梅州、河源、清远、汕头等地建设了11个出口食品农产品质量安全示范区，带动了广东产业质量升级。六是着力建设公共技术服务平台。积极发挥检验检疫公共技术平台的“信息服务、评价服务、培训服务、技术支持、检测服务”五大功能，顺德、佛山、东莞、惠州、汕头、江门、广州建设的首批8个平台在服务产业转型升级、扶持中小企业技术进步和质量提升方面做了大量扎实的工作，共组织免费培训74场、政策宣传52场，惠及11 843人次，共减免委托检测收费4.20万批、3 024万元。

【广东出入境检验检疫局辖区内27个指定口岸核心能力建设提前达标】 口岸核心能力是指世界卫生组织各缔约国在机场、港口和陆路口岸预防、抵制、控制和应对公共卫生风险和突发事件的能力，是衡量口岸通关环境和城市竞争力的一项重要指标。中国政府向世界卫生组织郑重承诺，全部指定口岸将于2014年6月15前达到《国际卫生条例（2005）》规定的公共卫生应急核心能力的要求，对于逾期未达标的口岸，国家质检总局将会同有关部门向国务院建议暂时予以关闭。面对达标任务全国最重、口岸发展参差不齐、部分口岸基础设施老化薄弱等巨大压力，广东检验检疫局高度重视，在国家质检总局和广东省委省政府的领导下，多措并举，克服困难，创造性地开展工作，扎实推进。一是成立主要领导任组长的领导小组，整合资源，落实责任，形成合力；二是制定建设策略和工作方案，挂图倒计时作战，确保工作推进有序有效；三是举办多期培训班和推进会，从技术和操作层面将工作落到实处；四是成立督导组对各口岸进行督导检查，提前预检，并组织各口岸互相学习交流；五是对工作中的共性问题集中研究，提出针对性解决方案；六是启动半月报表制度对各口岸工作进行动态监测，加强指挥，持续改进。经过多方努力支持，广东检验检疫局辖区口岸核心能力建设整体水平有了明显提高，主要表现在：地方政府支持力度逐渐加大，口岸联防联控体系逐渐健全，医疗服务和应急救援体系日益完善，工作机制运转高效，口岸传染病排查处置能力不断增强，口岸核生化有害因子监测与排查能力不断提升，突发公共卫生事件的应对能力进一步提高等。截至2013年12月12日，广州、广州机场、天河、汕头、湛江、番禺、江门、新会、阳江、佛山、高明、大亚湾、中山、东莞、肇庆、饶平、茂名、汕尾、梅州、南海、顺德、南沙等广东出入境检验检疫局辖区的27个指定口岸全部通过国家质检总局的核心能力建设考核验收，提前半年实现全部达标。

【广东出入境检验检疫局“三个一”工作取得新进展】 按照国家质检总局的统一部署和广东省政府的相关要求，广东出入境检验检疫局积极开展与广州海关、黄埔海关等省内各海关沟通和合作，“三个一”试点工作取得了阶段性进展。2013年，广东检验检疫局完成了对关检申报企业端软件的整合、信城通平台的升级改造、“三个一”数据落地电子口岸的技术实现及多方联调。广州、佛山、肇庆、云浮、汕头、湛江、江门、中山、茂名等9市的39个口岸参与了试点，涉及18个检验检疫分支局。安装一次申报系统企业端的企业有179家，试点涉及企业2 827家，共有42 704批进口货物采用“三个一”模式通关，检验检疫发送查验指令42 817条，与海关对碰成功3 515条，检验检疫发送放行指令154 390条，与海关对碰成功93 453条。

【深圳出入境检验检疫局确保口岸质量安全】 一是严把敏感商品和供港食品农产品质量关，确保民生安全。2013 年全年没有出现区域性、系统性、行业性的质量安全事件。2013 年，共检验检疫出入境货物 123.60 万批，货值 832.90 亿美元，检出不合格批次 15 209 批，货值 23.40 亿美元；检验检疫及验放供港食品农产品 24.80 万批，货值 44.10 亿美元，货值同比增长 30%，未出现任何质量安全问题。其中，供港蔬菜已连续 18 年未发生“毒菜”事件，全力把控供港活禽检验检疫监管，供港活动物十多年未发生疫情疫病；全国首次从美国进口的 3 批玉米中检出含有未经我国农业部门批准的转基因成分；检出进口大宗商品短重 189 批次，短重量 7 970 吨，为企业挽回损失 207.20 万美元；共实施 CCC 入境验证 8.58 万批，涉及金额 75.30 亿美元。其中，查获不合格产品 337 批，货值 740.20 万美元；发现进口机电产品不合格典型案例 53 起，7 例在全系统通报；开展进出口食品、化妆品、酒类、进口旧机电等敏感商品专项检查，进出口食品风险预警信息采用量及进口食品标签工作质量检查评比均居系统第一。二是严把突发事件应对关，确保口岸安全。面对人感染 H7N9 禽流感的严峻疫情，快速部署，积极应对，各项防控工作及时、主动、到位，获国家质检总局、省市领导和港方的高度评价，招玉芳副省长等领导先后 8 次对深圳出入境检验检疫局防控工作作出批示肯定。妥善处理了出口肉类掺杂、进口法国红酒塑化剂超标滞留口岸、大米镉超标、新西兰“毒奶粉”等多起重大食品安全突发事件。此外，深入开展了打击非法携带应检物等专项行动，共依法办理行政处罚案件 1 150 宗，有力维护了口岸安全稳定。三是严把疫情疫病防控关，确保健康安全和生态安全。建立健全疫情疫病防控体系，提升检出率和截获率。2013 年全年深圳口岸检疫查验出入境旅客 2.20 亿人次，排查有症状旅客 14 305人次，检出传染病 2 289 例，三项指标均居全国第一。首次监测发现口岸媒介携带汉坦病毒，检出输入性登革热、基孔肯雅热等重点传染病 20 例，为 2012 年同期 4 倍。口岸检疫截获有害生物 1 090 种、54 725 种次，种次数位居系统第二。首次检出重要有害生物 29 次，其中全国口岸首次检出 8 次、深圳口岸首次检出 21 次。进境旅客截获禁止进境物 8.10 万批，居全国第一。

【深圳出入境检验检疫局服务口岸经济发展】 一是主动对接地方“大思路、大举措、大项目”，服务地方发展。及时出台了促进进出口稳增长、调结构、促外贸的系列帮扶措施，推动产业转型升级；精心组织“质量月”专题活动，营造齐抓共管的氛围，助力深圳市顺利成为全国首批“质量强市示范城市”；强化质量分析工作，编制质量分析报告 100 多篇，其中 2 篇被转发全系统学习，出口手机产品质量分析报告评分位居系统第一；积极创建“出口小家电产品国家级质量安全示范区”、“国家高新技术产品入境检测维修示范区”，联合市场监管局申报 3 个知名品牌示范区创建基地，其中罗湖黄金珠宝产业集聚基地被命名为“全国黄金珠宝产业知名品牌创建示范区”。同时大力支持前海深港现代服务业合作区建设，打造了前海“多点申报，一次查验”、“深港一检、仓店直通”等六大特色服务品牌；配合质检总局率先出台了《质检总局关于支持深圳前海深港现代服务业合作区先行先试的意见》，推出深圳出入境检验检疫局服务前海 28 条便利措施；推动粤港澳自由贸易区建设，利用 2013 年粤港澳深珠卫生检疫、动植物检疫及食品安全控制会议契机，签署《粤港澳深珠检验检疫通关便利化安排行动计划》，打造五地检验检疫合作的升级版。二是主动开展“大调研、大接访、大协调、大改进”活动，服务企业发展。自 2013 年 8 月开始，深圳出入境检验检疫局领导、机关业务处、分支机构三级联动，深入企业开展“大调研、大接访、大协调、大改进”活动，集中走访企业近 1 000 家，召开座谈会 100 余次，收集企业问题与诉求 804 个，为企业解决困难与问题 790 多个，解决率超过 98.30%；利用 12365 公众平台，接受咨询4 200余次，做到了 100% 接听、100% 处理、100% 反馈；组织对 234 家出口企业开展国外技术性贸易措施影响调查，指导企业积极应对；提供"一企一策"服务，为深圳华南城台湾馆量身定做"直通集查"模式，支持打造对台贸易区域中心；为10家大型企业33亿美元的进口成套设备提供个性化、全流程跟踪服务。三是主动打造"速度最快、费用最低、服务最好"的一流口岸，服务外贸发展。通过"降、快、促、先、优"，促进贸易便利化。2013年，落实上级减免收费政策为企业减免费用近4亿元；利用优惠原产地政策，为企业获进口国关税减免10.60亿美元；累计对4.30万批货物实施通关单电子放行，直接为企业节省费用25.90万元，节省通关时间2.20万小时；采用出口换证全程自动化系统，2013年全年约为企业节省通关时间17万小时；缩短检测周期，如大型危险化学品检验时间从3天缩短为1天，进口红酒检测周期压缩62%，生物制品检疫审批效率提高6倍等，提高了通关效率。同时以口岸核心能力建设为契机，加快口岸基础设施和信息化建设，圆满完成了文锦渡、皇岗陆路（公路）口岸改造和深圳宝安国际机场T3航站楼等检验检疫设施建设，提升了口岸检验检疫形象。目前深圳13个指定口岸均高水平通过国家质检总局口岸核心能力考核组验收。此外加强与港澳相关部门的沟通与交流，与香港渔护署、澳门民政总署签署了合作协议，建立更加融洽互信的合作关系；深化与口岸查验单位的协作，积极推进通关中心建设，开展"三个一"试点工作，促进口岸单位执法联动。

【珠海出入境检验检疫局推出改进检验监管十二项措施】 从4个方面发力，服务促进珠海对外贸易健康平稳发展。一是优质服务进出口企业。在珠海检验检疫局门户网站建立面向社会公众的质量安全信息平台版块，及时发布国外法律法规动态，质量情况报告，风险预警，国外通报召回信息、退运信息、违规企业信息披露，消费者质量信息投诉和举报等。充分利用珠海进出口公共技术服务平台，帮扶中小微企业进行产品研发、比对测试、技术创新和品牌建设。对目录内出口商品全面推行出口合格评定程序，继续做好出口企业产品分类管理；大力推进出口免验，在现有一类企业中优先选取采用信用监管方式的企业推荐免验，帮助出口企业解决在发展中面临的问题。二是强化通关便利化措施。推进贸易便利化是珠海出入境检验检疫局长期坚持的一项政策。根据出台的措施，珠海出入境检验检疫局将继续探索为输非输伊货物在检验和监装上提供便利；进一步做好危险化学品分类鉴别及危险性评估工作，探索危险化学品检验有效、通关便利的监管模式。三是维护产品质量安全，做好进出口商品监督抽查工作。以进口检验监管为重点，加强对一般贸易商品，尤其是日用消费品的检验把关，提高检出率。做好输非输伊商品、市场采购出口商品的检验监管工作，努力提高不合格商品的检出率。四是打击假冒伪劣，优化外贸发展环境。立足检验检疫职能，运用"黑名单"制度、行政处罚等手段严厉打击出口假冒伪劣产品，并做好行政执法与刑事司法的有效衔接，为进出口企业发展创造良好的市场经济环境和秩序，促进外经贸事业健康发展。除此之外，这些措施还包括做好进出口商品监督抽查、加强第三方检验鉴定机构管理、开展对检验检测机构及市场的调研、拓宽质量信息来源渠道等内容。

【珠海出入境检验检疫局创新监管模式，促进通关便利化】 针对珠海市地域不大，口岸较多且分散的特点，珠海出入境检验检疫局在充分调研的基础上，创新了"多点报多点放"通关机制，并于2013年10月10日在斗门、高栏、横琴、九洲、湾仔、香洲同步试点。"多点报多点放"通关机制改革，是指通过优化检验检疫业务流程，实现珠海地区进出口企业可以自主选择在珠海出入境检验检疫局辖区内任何一个分支机构办理报检和签证放行手续，在不改变现有检验检疫监管职能分工和口岸放行机制的基础上，实行就近一次报检、就近取证的通关工作模式。珠海口岸点多面广，较为分散，"多点报多点放"通关机制改革与传统的通关模式相比，最显著的区别是改变了此前入境货物要向口岸检验检疫机构报检并申请证单，出境货物向产地检验检疫机构报检并申请证单的以入境流向方式的管理模式。

"多点报多点放"通关机制不需要企业分别在口岸和属地申报，只需自主选择向口岸或属地任一检验检疫分支机构一次性报检，便可办理后续各项手续。该方式可让企业在报检和申领证单的地点、流程上有了更多的选择，可以根据自身业务特点、人力资源安排和货物物流情况灵活选择任一检验检疫机构申请办理，进一步优化通关流程。此举同时营造了全城一体化的检验检疫通关便利环境，达到"通关便捷，监管有效，协同监管"的效果。

【珠海出入境检验检疫局深入推进"三个一"和通关单电子化】 2013年4月25日与拱北海关联合印发了《拱北海关、珠海出入境检验检疫局共同开展关检合作"三个一"试点实施方案》（拱监发［2013］258号），启动珠海地区关检合作"三个一"试点工作。9月5日与拱北海关联合印发了《拱北海关、珠海出入境检验检疫局开展九洲口岸关检合作"三个一"试点实施方案》（拱监发［2013］519号），明确以充分应用电子信息化技术手段为抓手，提升"三个一"试点应用实效。10月18日珠海出入境检验检疫局与拱北海关在珠海九洲口岸前期试行"一次查验"作业方式的基础上，正式启动关检合作"三个一"全流程试点。截至12月31日，实施试点进出口货物共计353批，试点工作收到良好成效。实施"一次申报"后，申报录入项目由原来的169项优化合并成92项，项目数减少45%，原来的单独报关、报检改为一次完成报关、报检数据录入，录入效率提高30%以上；实施"一次查验"，减少了企业重复移柜、开柜、装卸货物次数，企业候查时间和移柜成本减少50%以上，货物查验时间减少50%；实施"一次放行"，企业无须分别办理放行手续，凭海关和检验检疫部门共同放行信息即可办理提货手续，有效提升通关效率，降低企业经营成本。通关单电子化，是指面向企业申报的出入境法定检验检疫货物，海关凭检验检疫部门发送的出入境货物通关单电子数据为企业办理进出口报关手续，除少数特殊情况外检验检疫机构不再签发纸质通关单，海关不再收取纸质通关单。珠海出入境检验检疫局积极协调拱北海关于2013年10月10日在珠海辖区开展通关单电子化试点工作。对实施通关单电子化试点的企业（信用等级B级以上）申报的经珠海口岸出入境法定检验检疫货物，除特殊情况外不再签发纸质通关单。珠海市范围内的所有检验检疫和海关工作机构均实施通关单电子化试点。通关单电子化试点模式实现了通关单验放环节的无纸化操作，从而使企业凭通关单电子数据办理报关手续，在办理通关手续方面更加高效便捷，显著节约成本，同时对进一步防范打击逃漏检行为，确保进出口产品质量安全起到了积极作用。截至2013年12月31日，共实施通关单电子化12 650批，通关单电子化率超过60%，显著降低企业通关成本，提高通关效率。

【珠海出入境检验检疫局采取六项措施加强H7N9禽流感防控力度】 一是严格开展监测排查。各口岸从严从细进一步加强口岸出入境旅客体温监测、医学巡查和健康申报工作。对发现或申报有发热、咳嗽、呼吸困难等呼吸道症状的出入境人员，加大流行病学调查和医学排查力度，特别是对有疫源地旅行史或禽鸟接触史者应高度怀疑存在感染H7N9禽流感的可能，需采样送保健中心实验室检测，以便早期发现病例争取治疗时间。二是加强对供港澳禽类饲养场的监管。落实各项预防措施，加大对输港澳禽类的监测力度，防止染疫禽类输出。三是开展跨部门协作。密切关注疫情变化，加强与地方卫生部门、农业部门的沟通联系，强化联防联控工作。四是加大疫情防控知识宣传。在出入境口岸查验场所，候车、候船、候机厅（室）和国际旅行卫生保健中心，利用宣传栏、橱窗、电子显示屏或发放宣传册等多种形式告知出入境旅客有关疫情信息和防病知识，进行人感染H7N9禽流感的防治知识宣传，增强出入境人员主动申报意识和科学防病意识。同时，珠海出入境检验检疫局还及时部署，对供港澳鲜活产品（特别是禽鸟类产品）的生产加工企业及交通员工加大宣传力度。五是加强卫生处理工作。对受染或有受染嫌疑的交通工具、货物、集装箱、行李、邮包和患者排泄物按有关技术规范实施消毒和无害化处理。六是做好应急准备工作。确保珠海各口岸人员检疫、动物检疫的监测、采样、防护和卫生处理等设施设备运行良好，应急物资储备充足。

【珠海出入境检验检疫局建立进出口公共技术服务平台】 以4个国家级重点实验室和8个区域性中心实验室为基础，以全国检验检疫系统掌握的信息、检测、认证等丰富资源为依托，联合珠海市科技工贸和信息化局、北京师范大学珠海分校和珠海市进出口商会建立了珠海进出口公共技术服务平台。该平台针对广东企业特点，开展了为期3个月的调研，抽取162家企业，采用实地调研、座谈、问卷调查等方式，对企业的需求进行了认真梳理和科学分类，结合平台集聚的资源特点，设计了信息服务、质量评价、技术培训、技术支持、检测认证5个方面的功能。在技术服务方面，该平台积极帮扶企业开拓国内外市场，通过对企业生产技术和质量安全控制的帮扶指导，公益共享价值上亿元的34台（套）精密分析仪器信息，方便企业快速查找，从而促进产学研检的合作。在食品、电子元器件及电器企业中组织开展3场企业实验室比对活动，对于检测结果有偏离的企业实验室，筹划相应的整改方案以帮助其提高检测能力和技术水平，针对企业提出的自建实验室、加强实验室管理、企业产品在国外被通报后的应对措施等个性化需求，平台均积极响应，为企业提供一对一的服务，深入相关企业与企业人员开展面对面互动。在质量评价方面，为中小企业提供关键原材料质量评价，对产品质量数据进行分析，提供对行业质量状况的评价、对企业自身保证质量能力的评价。半年期间共发布产品质量分析报告18篇，其中原材料评价6篇，产品评价12篇（涉及食品、化妆品、电器、轻纺、动植物性产品几大类别），协助中小企业对原材料、半成品和产品的档次和技术参数进行质量评价。在检测认证服务方面，致力于打造综合型的公共技术服务平台，提供“产品检测+产品认证+体系认证”综合性检测认证服务，成立以来共对908类商品的11 897个项目进行检测，量值均可溯源至国家基准，且检测报告在美、日、欧盟、加拿大、澳大利亚等50多个ILAC成员国家和地区得到广泛认可。在培训服务方面，免费举办出口机电、食品、化工、动植物及其产品等多行业培训与研讨会23场，珠海及周边千余家企业1 500人次参加，授课视频和相关培训资料及时上传平台网站供免费浏览和下载，浏览量和点击率达几万次。

【广东海事局开展专项行动确保辖区安全】 2013年1～12月，广东辖区港口货物吞吐量约16.81亿吨（其中危险货物吞吐量3.37亿吨），同比增长16.36%，集装箱吞吐量约2 955万标箱，同比增长8.95%，船舶进出港约321.41万艘次，同比增长8.03%，旅客运送量约4 021万人次，同比增长8.35%。水上交通事故4项指标“两降一平一升”。其中，水上交通事故38宗，同比持平；死亡失踪24人，同比下降25%；沉船18艘，同比上升29%；经济损失5 763.30万元，同比下降23%。接报海上险情事故676宗，成功救起海上遇险生还者3 614人，搜救成功率97.60%，高于全国平均水平。全力保障港珠澳大桥沉管浮运、临时航道转换等重要工程节点施工，取得大桥水域交通“零事故、零污染、零伤害”阶段性成果，得到交通运输部杨传堂部长等领导的批示肯定。按照“把握规律，抓住重点，关注异常，给力预防”的工作思路，扎实开展“百日安全大检查”、“渡口渡船整治回头看”、“防范商渔船碰撞”等专项行动，大力整治砂石船超载、中小海轮配员不足、易流态货物违规装载等监管顽疾，2013年全年查处船舶违章9 009宗，同比增长11.80%，船员扣分2 014人次，同比增长15.30%，有力保持了水上监管高压态势。成功应对“尤特”、“天兔”、“蝴蝶”等12个热带气旋袭击，其中在强台风“尤特”登陆期间，协调粤港两地救助力量成功救起“夏长”轮遇险船员21人。积极参与“9·29”广东籍渔民西沙遇险搜救，全力挽回人民群众生命财产损失，得到中央政治局委员、广东省委书记胡春华等领导同志的批示肯定。

【广东海事局有序推进海事核编转制】 把落实“三定”规定作为广东海事发展的重大机遇，根据“三定”规定，稳妥实施核编转制工作。遵循“精简、统一、效能”的原则和“转变职能、简政放权”的总体要求，调整机关处室，理顺机关职责事权，细化处室及办事机构具体职责，划转24项“三定”职责，下放34项业务事权，挂牌成立南海航海保障中心，组建广东海事局后勤管理中心。

【广东海事局服务地方经济发展】 启动航海保障“南进战略”，加快重点水域航标建设和专用航标接收工程建设，管理公用航标1 901座，同比增长7%。接收专用航标131座，首次在南沙九章群礁东门礁投放灯浮标。完成交通运输部航测标准体系表修订工作。“海巡31”船定期对南沙、西沙巡航监管，海事直升机首次对专属经济区进行空中巡航。对国内最大、离岸最远的海上钻井平台“海洋石油981”开展安全检查，为同类型安全监管积累经验。推动《广东省渡口渡船安全管理办法》、《广东省桥梁水域通航安全管理规定》地方立法，实施《广东省海上搜寻救助工作规定》和《广东省海上险情应急预案》。以广东省《关于加快内河水运发展的实施意见》颁布为契机，分步制定实施广东沿海和内河航路规划。主动协助各级政府优化水路口岸资源配置，提高口岸物流效能，为广东申报粤港澳自由贸易区工作提供海事专业支持。加大对混合芳烃等未分类货物的监管力度，为国家出台对生物燃料混合物等货物征收消费税的相关政策作出贡献。倡议广东港口资源整合，得到省政府高度重视和专题研究。呼吁重视沿江沿海生态危机，相关提案被列入省政府和省政协重点提案。

【广东海事局强基创新取得明显进步】 开展“智慧海事”一期工程，水上应急搜救指挥系统进入测试阶段，全面摸查信息化资源现状，构建全局决策信息基础保障系统。建立全国海事系统首个VDR（船舶“黑匣子”）实验室，为提高事故调查质量和效率提供科技支撑。西江水上交通智能管理系统、内河“3+1”监管模式赢得行业认可。参加直属海事系统公约知识竞赛、全国海事系统航标职工技能竞赛成绩优异。开展海事概念船设计大赛，完成海事执法概念船“海锋”号的设计，锻炼了队伍科技创新能力。《琼州海峡跨海通道勘察测量》、《海上溢油预测预警关键技术》、《内河水域船舶溢油应急体系研究》等课题获得省部级奖励。深化粤港澳油污和有毒有害物质应急合作，加强与欧盟、澳大利亚等国家的危防业务交流。履约工作成绩显著，完成履行STCW公约独立评价工作，组织起草4个国家提案均被国际海事组织采纳，完成我国正式批准海事劳工公约前的规范性文件起草和发证工作。

【广东海事局大力改善内外协作环境】 抓住《广东海洋经济综合试验区发展规划》颁布实施、广东新一轮交通基础设施建设全面提速、粤东西北振兴发展等机遇，充分发挥海事专业优势，主动融入区域经济社会发展大局，建立健全与地方政府的工作沟通协调机制，争取地方政府在海事监管基地建设、水上应急资源投入等方面的支持。大力推动各地市搜救分中心和溢油应急设备库建设，船舶防污染应急能力建设取得较大进展。协调省财厅、海洋渔业局完成涉海项目海域使用金免缴工作。建立与检验检疫、边检等单位的协作联络机制，提升口岸管理效能。加强与地方税务部门的沟通协调，全面启动船舶车船税代征工作。举办粤港第21次定期协调例会，参加香港2013年海上搜救演习和华南四省区“2013年南海联合搜救桌面演练”，联合粤港澳三地编制《客船与搜救中心合作计划》。积极探索社会组织管理新模式，深化海上劳动关系三方协调机制，发起成立广东省船员服务协会和工会联合会。组织与陕西、江西省地方海事局“结对子”活动，实现优势互补、资源共享。

【深圳海事局推进长效管理机制】 一是深化构建海上安全特区。评估过去四年安全特区构建工作，制定《2013—2017年“海上安全特区”构建方案》。南山局运用综合转化机制，通过流程再造，在危险化学品管理海陆联动等方面，全力创建安全特区样板区并取得良好成效。二是强化隐患排查治理。出台《水上安全隐患排查治理实施办法》，组织“平安交通”创建、“百日安全大检查”、“安全生产月”等专项活动，在全国首次开展“三违”行为综合治理，常态管理与专项活动有机结合，优化了隐患排查治理长效机制。三是认真抓好源头管理。深圳港籍船舶综合质量管理成效显著，管理经验已在系统内推广。构建辖区海上污染风险预警机制，有序推动《国家重大海上溢油应急处置预案》编制工作。颁布《内河小型船舶驾驶员适任培训、考试和发证办法》，填补该类船员管理空白。船员考试随机组卷率、计算机终端考试率、对船员培训机构日常监督检查率继续保持100%。推动制定《深圳市海上休闲船舶管理办法》，《中华人民共和国海上交通安全法》修订工作取得新突破。两级督察机制有效运行，执法风险管理进一步强化。盐田局持续推行差异化管理，初步建成综合安全信息库，综合品质管理效能逐渐显现。宝安局大力推进海上采砂作业“3+2”和小型船舶“312”监管模式，有效破解了安全监管难题。

【深圳海事局不断推进“深圳海上安全特区”构建工作】 全面评估过去四年“深圳海上安全特区”构建工作，总结特区构建经验并组织召开经验交流会，共享构建成果，推广构建经验；不断深化“四个特别”内涵，结合全国“平安交通”创建活动，制定并印发《2013—2017年“深圳海上安全特区”构建暨深圳辖区创建“平安交通”实施方案》，深入推进“深圳海上安全特区”构建和“平安交通”创建工作。目前，特区构建“四个特别”核心理念得到社会各界特别是港航企业的积极评价和高度认可，促进了海事管理手段的不断创新和海事服务水平的全面提高，“四个特别”的深圳海上交通安全综合环境基本形成。

【深圳海事局持续提升“深圳海上安全服务链”品牌效能】 充分发挥服务链交流平台作用，组织开展了“深化服务型海事建设”、“便利运输，促进发展”和“深圳港集装箱危险货物海上运输安全业务交流会”等活动及丰富多彩的服务链主题单元活动。结合党的群众路线教育实践活动，广泛联系各涉海单位，深入、有序推进“深圳海上安全服务链”创建工作，争创“四型海事”知名品牌。尤其是深圳海事局推出的15项便利措施，把党的群众路线教育实践活动落到实处，帮助港航企业克服航运经济低迷带来的不利影响，促进便利运输，提升深圳港口竞争力，服务地方经济发展，得到了社会一致好评。积极开展“6·5世界环境日”、“6·25世界海员日”、“7·11中国航海日”等纪念活动，有效增强了社会对海洋环境保护和海上安全管理工作的了解，“深圳海上安全服务链”的品牌效应越发显著。

【深圳海事局建立健全水上交通安全隐患排查治理工作机制】 制定出台《深圳海事局水上安全隐患排查治理实施办法（试行）》，推动安全隐患排查治理制度化、规范化、常态化；认真执行月度安全分析会工作制度，增强风险意识，强化风险分析，提升预警预控能力，努力做到提前预防、及时预警、有效控制。推动现代化水上安全监管系统建设，促进科学管理。完善水上交通安全约谈机制，督促企业落实安全主体责任。先后完成“鑫海盛168轮”抛锚、蛇口蚝排碍航、东角头油趸、大铲湾渔船碍航、深圳河保洁船等一系列安全隐患的治理工作，积极推进广深沿江高速公路（深圳段）通航孔和海景公司船舶安全隐患治理。

【深圳海事局海事现代化指标达标率持续攀升】 建立了以VTS、AIS、CCTV、VHF和三维地理信息系统为支撑的现代化交通管理、应急指挥系统，对辖区各类风险因素进行跟踪、识别、加权评估确定风险等级，并采取针对性预控措施，基本实现海事监管数字化。海事行政审批在线审批率达92.70%，网上查询率达100%，监督检查项目100%实现移动联网办理，船员考试100%实现电子化，海事服务智能化水平提高。通过举办深港海事高层定期会晤，建立搜救信息通报机制、船舶动态管理协作机制和深港船员证书核查联系渠道，推动了深港海事合作一体化进程，提升了海事管理的国际化水准。

开放口岸

【广州空运口岸】 广州白云国际机场位于广州市白云区人和镇以北、花都区新华镇以东交界处，地理坐标为北纬23°23′32.66″，东经113°18′33.33″，是我国首个按中枢理念规划建设的航空港，是国内三大枢纽机场之一，也是华南地区最大的空运口岸，是中国南方连接国内各省市及世界各地，特别是中国至东南亚各国的航空交通枢纽。

广州白云国际机场于2004年8月5日正式投入使用，现有3 800米×60米、3 600米×45米跑道各1条，飞行等级为4F，可满足A380飞机在内的各类大型飞机全载起降的要求。航站楼建筑面积50万平方米，出入境边检通道各22条，中转通道10条，自助通道5条。截至2013年年底，共有国际和地区客货运航线100多条，进出境旅客1 008万人次，出入境飞机6.90万架次，进出口货运量70万吨。目前，美国联邦快递公司已将公司亚太转运中心整体移驻广州白云国际机场，一大批国内外知名物流企业先后进驻经营。联邦快递亚太转运中心是广州白云国际机场扩建工程核心项目之一，是联邦快递公司在美国本土以外建造的最大转运中心，总投资40多亿。该项目位于机场东跑道东侧，占地面积163.4万平方米。每周有16条国际货运航线136架货机进出白云国际机场，往返220多个国家和地区，每年为广州白云国际机场新增40万~50万吨的货物吞吐量。广州白云空港综合保税区已经国务院批准正式设立，随着新机场二期工程完工，各项功能不断完善，广州白云国际机场必将进一步改善广州投资环境，吸引更多跨国公司落户广州，全面提高广州的国际竞争力和影响力。2013年6月28日起，广州白云国际机场正式试行24小时直接过境旅客免办边检手续，2013年8月1日起正式实施对部分持有第三国签证和机票的外国人实行过境72小时免办签证政策。

【深圳空运口岸】 深圳宝安国际机场是我国第1家以地方投资为主兴建的机场，一期工程于1989年5月动工兴建，1991年10月正式开通国内航线，1992年2月经国务院批准正式对外开放。深圳宝安国际机场拥有中国现代化程度最高的航空货站和24万平方米的货运停机坪，货站内建有现代化的立体散货及集装货处理系统，启用了货物存放、存取机械化自动系统，并配备了电脑自动化语音查询系统，为货主提供规范、流畅、便捷的服务。

深圳宝安国际机场原有A、B两个国内航站楼，面积约15万平方米，临时国际候机楼面积约2万平方米。其中，A、B航站楼设计吞吐量为1 500万人次/年，临时国际候机楼设计吞吐量为125万人次/年。2013年11月28日，深圳宝安国际机场T3航站楼正式投入使用，原A、B航站楼和临时国际候机楼停止使用。深圳宝安国际机场新航站楼国际区设计总面积5.50万平方米。一楼入境大厅联检查验区面积为4 250平方米，三楼出境大厅联检查验区面积为2 400平方米。T3航站楼入境和出境大厅配置的查验监管设施基本一致，各包括海关查验通道2条、检验检疫查验通道8条、边检查验通道16条（含无障碍通道）。签证处位于入境大厅东侧，配备了4个办证窗口，能够有效满足航班高峰期旅客的签证需求。T3航站楼流量设计目标为到2035年预计年旅客吞吐量4 500万人次。其中，国内旅客3 600万人次，国际旅客900万人次，预计高峰小时旅客人数为13 716人，货邮吞吐量240万吨，飞机起降37.50万架。自11月28日T3航站楼启用至12月31日共起降国际航班1 807班（客运、货运、直升机、公务机）。其中，出境国际航班894班，入境国际航班913班。平均出入境国际航班每天53班左右，出入境国际旅客152 995人次。其中，出境国际旅客79 684人次，入境国际旅客73 311人次，平均出入境国际旅客每天4 500人次左右。

截至2013年年底，深圳宝安国际机场共开通国内外航线151条（其中国际客运航线11条、国际货运航线 13 条、港澳台客货运航线 5 条），通航国内外 102 个城市，共有 9 家客货运基地航空公司。2013 年，国际空运货物 19.39 万吨，同比增长 8.40%；出入境旅客 155.06 万人次，同比增长 13.60%；国际及港澳台航班起降 19 762 架次。

与机场配套的福永码头 1991 年建成，1993 年正式运行。由于深圳宝安国际机场第二跑道和第三航站楼等扩建工程建设的需要，原有深圳宝安国际机场福永客货运码头迁建至机场南侧，距新建的 T3 航站楼约 3 千米，紧邻规划中的沿江高速公路。新港区建设规模为 3 个 1 000 吨级多用途泊位和 4 个 500 吨级的客运泊位。2013 年开通深圳至港澳航线每天 12 个航班往返 24 航次，出入境旅客 56.06 万人次，同比增长 19.41%。

【揭阳空运口岸】 揭阳潮汕机场位于揭阳市空港经济区登岗镇，地处潮汕（汕头、揭阳、潮州）三市中心位置，距离三市市区各 20 千米左右，服务半径为总面积 3 万多平方千米的粤东地区，辐射闽南部分地区。2011 年 12 月 15 日，原汕头外砂机场民航业务全面转场至揭阳潮汕机场。机场占地 339 万平方米（含场外 8 万平方米），定位为国内中型机场，是国家“十一五”规划大中型工程建设项目和广东省“十一五”规划重点建设项目。设计目标为到 2020 年飞行区按 4E 级标准规划，本期按 4D 级标准，已建设一条长 2 800 米、宽 45 米的跑道，航站楼面积 5.50 万平方米，站坪面积 16 万平方米，停机位达 21 个。其中，远机位 9 个，近机位 12 个，可满足 B767 型等级飞机的起降和年旅客吞吐量 450 万人次的使用要求。

2011 年 11 月 30 日国家口岸管理办公室批准揭阳潮汕机场临时开放，原来汕头外砂机场口岸功能由揭阳潮汕机场承接。同年 12 月 15 日机场投入使用，定为客货运空运口岸，对外籍飞机开放。汕头外砂机场口岸原有查验机构转入揭阳潮汕机场口岸，先后 5 次获国家口岸管理办公室批准临时对外开放。2012 年 4 月揭阳航空口岸列入《国家“十二五”口岸发展规划》，2013 年 12 月 16 日经国务院批准对外开放。

揭阳潮汕机场由航站楼旅客出入境查验现场、口岸查验综合办公楼、国际货运站查验设施三部分组成。航站楼国际区域面积 1.25 万平方米，分为三层，设有 2 条登机桥连接。第三层为出发层，检验检疫查验通道 6 条，海关检查通道 7 条，边防检查通道 8 条。航站楼二层和一层为到达层，检验检疫通道 6 条，边检检查通道 10 条，海关检查通道 5 条，动植物检疫设有查验台 2 个，并配有检疫犬用房。

国际货运站位于揭阳潮汕机场工作区，分为两层。首层为仓库区和现场办公区，面积 1 768 平方米，分国际到港、国际出港，并设有海关、检验检疫现场业务用房。其中，海关监管仓库面积 1 400 平方米，设置集中查验场地、特殊物品仓库、海关暂扣物品仓库等监管设施，安装有 X 光机、地磅等配套查验设备。检验检疫面积 368 平方米，设置出入境查验平台、卫生处理区、现场业务用房等场地。二层为海关、检验检疫办公场所及申报大厅，各约 130 平方米。

口岸查验综合办公楼建设用地 1.44 万平方米，建筑面积约 1.34 万平方米。主楼 1 至 5 层各查验单位面积平均约 3 889 平方米，附楼各查验单位面积平均约 583 平方米（含第 5 层共用多功能会议厅）。另外，停车场车位约 130 个。

截至 2013 年年底，揭阳潮汕机场开通国内外航线 35 条，通航国内外城市 34 个，国际及地区航线 5 条（香港、台中、高雄、曼谷、新加坡），不定期国际包机航线 2 条（缅甸内比都、韩国首尔）。2013 年，出入境旅客 20.27 万人次，同比增长 17.64%；飞机起降 1 814 架次，同比增长 17.49%；货邮 787.70 吨，同比增长 4.22%。

【梅州空运口岸】 梅县机场位于梅州市梅江区三角镇境内，地理坐标为北纬 23°23′～24°56′，东经 115°18′～116°56′，地处闽、粤、赣三省交界处，1985 年 6 月动工兴建，1987 年 9 月建成投入使用。梅州空运口岸于 1989 年 3 月经国务院批准对外开放，同年 11 月 28 日梅州至香港直航包机航线正式通航。按照广东省“十一五”发展规划，梅县机场飞行区扩建工程于2010年12月动工，2012年7月通过竣工验收，扩建后的跑道长2 400米、宽45米，飞行区等级由3C级上升为4C级，可以满足A320、B737－800等主力机型的起降要求。

梅州空运口岸目前已经开通梅州至广州、珠海、深圳等国内航线和梅州至香港、台湾地区航线。香港航线逢周一、周五各一个航班往返，台湾航线逢周一、周四各一个航班往返。梅州市是我国著名的“华侨之乡”，据统计，祖籍梅州的华侨、华人有360万人，分布在世界60多个国家，而台湾400万客家人中，有160多万人祖籍在梅州，占台湾客家人的1/3。2013年世界客商大会期间开通了梅州梅县机场—台湾台中机场临时包机（9月19日和22日各一班次）。这标志着梅州空运口岸又迎来了一个新的发展阶段。2013年8月15日，国家口岸管理办公室批准梅县机场对台湾航空公司飞机临时开放，结束了外籍航空公司飞机不能进入梅县机场的历史，实现了梅州空运口岸的历史性突破。梅州—台湾旅游包机直航（临时）于2013年12月19开通。

2013年，梅州空运口岸出入境飞机200架次，出入境旅客4 885人次，同比增长35.90%。

【湛江空运口岸】 湛江机场位于广东、广西、海南的交界处，中心坐标为北纬21°13′02″，东经110°21′27″，是连接广东、广西和海南的重要交通枢纽。湛江机场始建于1936年，原为法国殖民者侵占和租用广州湾时兴建，距今已有70多年历史。1953年经民航局批准，“中国民用航空湛江站”正式成立，建站60余年。1987年7月7日国务院批准湛江机场对外开放。湛江机场飞行区等级标准为4C级，拥有2个停机坪，总面积约为4万平方米。货运中心总面积2 700平方米，年处理货物能力可达10万吨。口岸国际联检厅建于20世纪80年代，经改扩建，现面积为1 600平方米，综合业务楼4 616平方米。依托粤西、广西东部的航空市场，湛江机场近几年不断地发展壮大。

2013年湛江机场新增了湛江至长沙、重庆、香港、昆明、武汉、杭州、郑州等7条航线。目前在湛江机场运营的航空公司达10家，湛江与国内通航城市达17个。8月湛江—香港航班复航，截至12月该航班运营5个月出入境旅客11 575人次，平均客座率41.60%。

【广州陆路（铁路）口岸】 1979年经国务院批准，广九直通车在原流花车站开通。1991年广州市政府和广铁集团共同投资6.80亿元，在天河新建广九直通车站，并于1996年9月28日正式启用。广州陆路（铁路）口岸位于广州市天河区中心地带，有大型地铁、公交车站等公共交通配套设施，规模大，设备先进，建筑新颖，口岸日发广九线列车12对，旅客检查手续分别在2个出入境大厅办理。其中，出境大厅有17个检查台，入境大厅有24个检查台。

2010年以来，广州陆路（铁路）口岸各单位紧密配合，各司其职，顺利完成了2010年亚运会、亚残运，2011年大运会及每年两届的春、秋交易会等重大活动的安全通关和安全保卫任务，为境外友人及港澳台同胞提供优质、高效、和谐的服务。

2010～2013年广州陆路（铁路）口岸出入境情况表

时间	2010年	2011年	2012年	2013年
出入境人数（万人次）	276	314	345	378
同比（%）	+11.30	+13.77	+9.87	+9.57
出入境列车（列）	8 760	8 760	8 760	8 760

【东莞陆路（铁路）口岸】 东莞陆路（铁路）口岸位于东莞市东部的常平镇内，地处京九、广梅汕、广深准高速铁路三线交汇点，是我国南方新兴的铁路交通枢纽，是东莞市对外开放的重要通道之一。1994年8月国务院批准开设东莞常平铁路客运口岸，同年10月正式对外开放。1997年5月至2003年9月，经国务院批准，京九、沪九直通旅客列车经停东莞常平铁路客运口岸，并在此办理出入境的有关手续。1997年12月，国务院批准常平铁路客运口岸更名为东莞铁

路口岸。

东莞陆路（铁路）口岸现场设在东莞火车站新综合大楼3楼对开的铁路跨线桥上，总建筑面积3 450平方米，出境和入境查验场地的面积均为720平方米，出入境旅客候车室各240平方米，设有进出境通道各10条。目前直通旅客列车每日“十进十出”，共约2 145坐席，年运送旅客78.30万人次。

2013年，经东莞陆路（铁路）口岸出入境人员45.60万人次，同比增长3.30%。其中，入境22.20万人次，同比下降0.10%；出境23.40万人次，同比增长6.80%。

【佛山陆路（铁路）口岸】 佛山陆路（铁路）口岸为1993年1月经国务院批准对外开放的一类口岸，位于广东省珠江三角洲中部的佛山市禅城区，处于广茂线东段。其东邻广州，西接茂名，是连接广东省东西两翼的交通要道，地理位置优越。口岸左边是粤运和兴汽车站，右边是佛山公共汽车总站，口岸距离325国道只有100多米，交通便利。

佛山陆路（铁路）口岸停靠的固定班次为九龙至肇庆及肇庆至九龙的直通旅客列车。口岸出境大厅面积1 350平方米，入境大厅面积2 085平方米；边检入境查验通道8条，出境查验通道6条；海关入境红色通道1条，绿色通道1条，查验工作台4个；出境红色通道1条，绿色通道1条，查验工作台2个。检验检疫入境厅入口位置设有3个工作卡口，出口位置设有2个查验工作台；出境厅入口位置设有2个工作卡口，出口位置设有1个查验工作台。

2013年，佛山陆路（铁路）口岸出入境旅客为30 485人次，同比增长4%，其中入境旅客17 641人次，出境旅客12 844人次。

【肇庆陆路（铁路）口岸】 肇庆—九龙铁路客运口岸是1994年8月6日经国务院批准开放，1995年3月28日建成使用的一类口岸，经营单位为广州铁路集团公司。口岸位于肇庆市端州区西江北路肇庆火车站东侧，距香港301千米，途经佛山、广州、东莞口岸，单程行车时间约4小时。

口岸联检大楼共六层，总建筑面积15 533.08平方米，总投资6 000万元。首层为出入境联检厅，面积4 168.15平方米，出境大厅设有检验检疫查验台、医学排查室，海关询问室，边防询问室和勤务室，边防验证通道8条（平时开通4条），即时视频监控连通广东省公安边防总队至公安部，海关行李检查X光机1台，即时视频监控连通广州海关。入境大厅设有检验检疫查验台、负压医学排查室、动植物检疫处理室，海关询问室，边防勤务室和执法室，边防验证通道8条（平时开通4条），海关行李检查X光机1台，即时视频监控连通广州海关。

2013年，肇庆陆路（铁路）口岸进出境旅客44 982人次，同比增长5.52%；进出口货物302.60万吨，同比增长2.90%；进出口货物总值45.28亿美元，同比下降9.50%。

2012～2013年肇庆陆路（铁路）口岸出入境情况

	2012年	2013年	同比（%）
出入境人员（人次）	89 353	91 706	+2.63
出入境旅客（人次）	42 629	44 982	+5.52

【罗湖陆路（公路）口岸】 罗湖陆路（公路）口岸位于深圳罗湖商业中心南侧，与香港新界一河之隔，深港两地由一座双层人行桥和一座铁路桥相连。罗湖陆路（公路）口岸是改革开放前深圳仅有的两个陆路口岸之一。1887年九龙海关正式建立，1949年九龙关起义，新中国成立初期主动后撤至现在位置。现联检大楼于1984年1月开始动工兴建，1985年6月14日竣工启用，占地面积18 107平方米，主楼高12层（含地下一层），南、北附楼各3层，总建筑面积共70 623平方米。楼内地下B层和一层为入境（北行）查验场地，建筑面积18 107平方米；二层和三层为出境（南行）查验场地，建筑面积17 558平方米。具体设置如下：地下B层设为港澳旅客入境检查通道，一层为非港澳旅客入境检查通道，二层为非港澳旅客出境检查通道，三层为

港澳旅客出境检查通道。该口岸出入境验证通道共有216条，其中人工查验通道116条，自助查验通道100条。口岸设计通过能力由20世纪80年代每天20万人次，提高到2002年以来每天40万人次。

2013年，罗湖陆路（公路）口岸出入境旅客9 192万人次，日均25.18万人次，同比下降3.80%。

【皇岗陆路（公路）口岸】 皇岗陆路（公路）口岸位于深圳市福田区南端，与香港新界落马洲隔河相望，口岸南面的皇岗—落马洲大桥横跨深圳河连接深港两地。皇岗陆路（公路）口岸是配合广深高速公路建设开设的口岸，1985年5月开始建设，1988年11月30日经国务院批准对外开放，1989年12月29日货运部分启用通车，1991年8月8日客运部分开通使用。1994年11月3日起，开辟两条货检通道试行24小时通关，并设置了空车验放专用通道。1997年3月20日开通了皇岗—落马洲穿梭巴士服务，为方便旅客过境开辟了一条新的途径。1999年10月，实行车辆自然分流通关，即除部分货物、车辆按照有关规定维持现行做法从指定口岸进出境外，其他行走文锦渡、沙头角陆路（公路）口岸的货车在原行走口岸晚上关闸以后，可行走皇岗陆路（公路）口岸24小时通关的货车通道。2003年1月27日零时起，皇岗陆路（公路）口岸实行旅检通道24小时通关。2003年年10月8日始，允许持有文锦渡、沙头角陆路（公路）口岸两地牌的私家车、公务车和商务车在零时至早晨6:30从皇岗陆路（公路）口岸出入境。

皇岗陆路（公路）口岸区域占地面积101.60万平方米，其中监管区65.30万平方米，生活区6.80万平方米，商业服务区29.50万平方米。监管区分东、西两个场地，东场为货检场地，西场为客车和旅检场地。货检场东侧为入境查验场，西侧为出境查验场。旅检大厅东西向排列，东侧为入境大厅，西侧为出境大厅。大厅两侧为客车通道，共设有出入境小汽车、客车检查通道10条（出入境各5条），货车检查通道40条（出入境各20条），旅客检查通道50条（出入境各25条），设计通过能力为每日车辆5万辆次（标准车）、旅客5万人次。

2007年皇岗陆路（公路）口岸开始对旅检场地进行改造。出入境场地改造完成后，小汽车、客车检查通道为20条（出入境各10条）；旅客出入境检查通道为100条（出入境各50条），设计旅客通过能力将提高到每日25万人次。2011年7月26日，口岸车港城首层出境场地改造完成并正式启用运行，旅客出境查验通道由25条增加到50条，小客车出境通道由5条增加到10条。

2013年，皇岗陆路（公路）口岸出入境旅客3 160.10万人次，日均8.66万人次，同比下降4.30%；出入境车辆928.70万辆次，日均2.54万辆次，同比下降2.50%。

【文锦渡陆路（公路）口岸】 文锦渡陆路（公路）口岸是以供港鲜活产品过境为特点的客、货运综合性公路口岸。位于深圳市罗湖区南面、香港新界北面，由一座公路桥与香港新界相连。文锦渡陆路（公路）口岸是改革开放前深圳仅有的两个陆路口岸之一，1978年经国务院批准对外开放。改革开放前，文锦渡只是供港鲜活商品的贸易口岸，1978年10月建成公路桥，1985年2月新建一座公路桥，实行出入境车辆分桥行驶。为配合治理深圳河工程，原出入境桥被拆除，新建一座出入境双向桥，于2005年2月正式投入使用。口岸区域占地面积13万多平方米。

从2010年2月22日零时起，文锦渡陆路（公路）口岸开始进行旅检场地改造，口岸客运区域改造期间临时关闭。原从文锦渡陆路（公路）口岸出入境的客车（含过境巴士、私家车、公务车及商务车）按其已选择的口岸出入境。文锦渡陆路（公路）口岸客运区域改造期间，货运区域正常开放，通关时间为7:00—22:00。2011年5月，文锦渡陆路（公路）口岸旅检场地改造工程正式动工。2013年8月19日，客运区域通过省口岸办验收组的验收，8月26日恢复运行。该项目用地面积34 205.76平方米，建筑面积

47 646.50平方米，工程总造价约2.89亿元。工程主要由新建联检综合楼，停车楼及附属建筑小客车查验通道、雨棚等单体组成。其中，联检综合楼建筑高度约30.40米，地上六层，局部有地下一层，建筑面积20 322平方米（含地下室）。停车楼建筑面积约22 050平方米，建筑高度约23.70米，地上共七层，不设地下室，在功能设置上，一到六层为停车库，七层为协查武警驻地营房、宿舍。

旅客联检楼大厅面积约为7 000平方米（一、二层各3 500平方米），一层为入境联检大厅，二层为出境联检大厅。查验通道由原来的18条（出境8条，入境10条）增加到44条（出入境各22条）。其中，人工查验通道24条，自助式查验通道20条，设计旅客日通过能力由3 000人次增加到3万人次。小（客）车查验区通道由原来的2条（出入境各1条）增加到10条（出入境各5条）。其中，小车通道3条、客车2条，设计过境小（客）车日通过能力由1 100辆次增加到3 000辆次。

2013年，文锦渡陆路（公路）口岸出入境旅客119.50万人次，日均3 274人次，同比增长450.70%；出入境车辆159.60万辆次，日均4 373辆次，同比增长4.90%。

【沙头角陆路（公路）口岸】 沙头角陆路（公路）口岸是服务于深圳市盐田、龙岗及珠江三角洲东部地区的辅助性客货综合性口岸，位于深圳市盐田区沙头角西面，东接沙头角保税区和盐田港，北邻梧桐山公路隧道，1984年9月经国务院批准对外开放，1985年3月建成使用，2005年1月28日启用新的口岸跨境大桥。口岸管理区占地面积约4.20万平方米，其中出入境旅客查验场地5 700平方米，出入境货物查验场地3.60万平方米。旅检大厅设在口岸区中间，东侧是出境货检场，西侧是入境货检场，共设有出入境车辆检查通道10条（出入境各5条），查车台15个，出入境旅客检查通道22条（出入境各11条）。此外，还建有专门供香港灵柩入境的检查服务设施，为港澳同胞前往大鹏湾“华侨墓园”办理安葬和扫墓活动提供方便。设计通过能力每日车辆1 500辆次、人员1 500人次。

2013年，沙头角陆路（公路）口岸出入境旅客383.10万人次，日均10 496人次，同比增长5.70%；出入境车辆96.30万辆次，日均2 638辆次，同比增长5.70%。

【深圳湾陆路（公路）口岸】 深圳湾陆路（公路）口岸位于深圳市南山区蛇口东角头，经深圳湾跨海大桥连接香港鳌勘石。深圳湾陆路（公路）口岸是国家“十五”重点建设项目，1997年12月国家批准立项，工程于2003年8月奠基，2007年7月1日正式开通启用，是经全国人大授权、国内首个实施“一地两检”查验新模式的现代化、智能化口岸，深港双方口岸区域均在深圳境内，双方口岸查验单位均在一栋大楼内完成查验工作。口岸占地117.90万平方米，其中深方为76.30万平方米，港方为41.60万平方米；口岸联检大楼建筑面积5.60万平方米，其中深方2.90万平方米，港方2.70万平方米。

深圳湾陆路（公路）口岸开通初期，旅检大楼内同一层双向通行，即出入境旅客均在一层大厅内通行。随着客流量不断攀升，2011年2月18日，深圳湾陆路（公路）口岸旅检大楼分层改造工程开始施工，同年4月6日完成二层出境大厅改造工程，7月15日完成一层入境大厅改造工程并投入使用。改造后，深圳湾陆路（公路）口岸旅检大楼一层为入境大厅，设人工验放通道25条，自助通道25条；二层为出境大厅，设人工验放通道27条，自助通道25条。在小（客）车检查通道上，海关、边检分别在出、入境检查通道上各设小车通道17条、客车通道2条。在货车检查通道上，货车出境通道海关设27条，边检设22条；货车入境通道海关设26条，边检设22条，另设海关二道12条。

深圳湾陆路（公路）口岸原设计通关时间为24小时通关，经深港双方商定，从2007年口岸开始运行起，通关时间暂定为6:30—24:00，每天运行17.50小时。口岸设计通过能力为每日车辆5.86万辆（其中货车4.32万辆次，小汽车

1.39 万辆次，大客车 1 500 辆次），设计旅客流量为每天 6 万人次。

2013 年，深圳湾陆路（公路）口岸出入境旅客 3 499.10 万人次，日均 9.59 万人次，同比增长 13.80%；出入境车辆 386 万辆次，日均 1.06 万辆次，同比增长 1.20%。

【福田陆路（公路）口岸】 福田陆路（公路）口岸位于福田区裕亨路（福田保税区东侧）。福田陆路（公路）口岸工程建设于 2004 年 12 月正式开工，2007 年 8 月 15 日开通启用，总占地面积 62 962 平方米，总建筑面积 84 198 平方米。福田陆路（公路）口岸由人行通道桥和旅检大楼组成。人行通道桥连接福田陆路（公路）口岸联检大楼和香港九广铁路落马洲管制站，桥长 240 米，深方 116 米，港方 124 米，桥宽 16.50 米，上下两层，单向行走，桥内有自动步行梯（深圳一方每层有一部长 80.50 米的自动步行梯），分别供深港出入境旅客使用（上层为出境，下层为入境）。旅检大厅面积约 1.2 万平方米，二层为入境旅检大厅，三层为出境旅检大厅。出境大厅内设有边检通道 78 条（自助式通道 20 条，人工验放通道 58 条），入境大厅内设有边检通道 68 条（自助式通道 20 条，人工验放通道 48 条），出入境通道共 146 条，设计过境旅客日通过能力为 25 万人次。

福田陆路（公路）口岸设计通关时间为每日 6:30—24:00。经深港双方商定，从 2007 年开始运行起，通关时间暂定为每日 6:30—22:30，运行 16 小时，与深圳地铁的运营时间相衔接。

2013 年，福田陆路（公路）口岸出入境旅客 4 664.50 万人次，日均 12.78 万人次，同比增长 12.80%。

【拱北陆路（公路）口岸】 拱北陆路（公路）口岸地处珠海经济特区境内，距市政府所在地香洲区 9 千米，北面是北岭工业区，西北面是前山镇，西南临近湾仔口岸，东临南海，南与澳门相连。1849 年，葡萄牙人在拱、澳之间建筑城墙设置闸口，闸口北面称为上关闸，南为下关闸。1887 年 4 月 2 日，清朝政府在拱北设海关，新中国成立后接管该关。1999 年 10 月 2 日，迁建后的拱北口岸作为广东省政府迎澳门回归重点工程之一建成投入使用。

迁建后的拱北口岸占地 16.20 万平方米，总投资 4.70 亿元，建筑面积 8.50 万平方米。其中，联检楼（三层半）3.50 万平方米，免税商场及走廊 1.30 万平方米，进境查验场 5 000 平方米，出口报关楼及货物查验场 1 万平方米，其他配套设施建筑 1.70 万平方米。联检楼设计日通关能力为旅客 15 万～20 万人次，车辆 8 000 辆次。在澳门回归特别是国家开放自由行以后，拱北口岸以其优越的地理位置和便捷的通关环境，成为越来越多的中外旅客入出我国内地的首选口岸。近年经拱北口岸出入境的旅客大幅增长，日均出入境旅客达 26 万人次，远远超出了设计通关能力。为缓解拱北口岸的通关压力，2010 年 3 月口岸改扩建工程开始动工，2013 年 6 月工程竣工，改扩建出入境联检楼首层大厅于 2013 年 6 月 28 日正式开放使用。口岸（包括改扩建出入境大厅）设有出入境旅客通道共 199 条，其中联检楼出境大厅 93 条（人工 40 条，自助 53 条），联检楼入境大厅 106 条（人工 42 条，自助 64 条）；一站式客车通道共 12 条，其中出境 6 条（包括鲜活商品通道 1 条），入境 6 条。口岸通关时间旅检（含客车通道）为 7:00—24:00，鲜活商品通道为 7:00—10:00。改扩建出境大厅开放时间为 7:00—12:00，改扩建入境大厅开放时间为 16:00—21:00。

口岸交通中转条件良好。陆运方面，拱北汽车站及信禾车站每天有 100 多个固定班次行驶佛山、广州、汕头、梅州等地的 50 多条客运线路，还有岐关车站公司、拱北口岸旅游公司、港泉湾车路运输公司等单位，拥有充足的各类型客车。广东城际轨道珠海站于 2012 年 12 月 31 日建成投入使用后为旅客提供了更便利的交通条件。水运方面，可在九洲港、香洲港乘客运班轮到中山、广州、深圳、蛇口等地。

拱北陆路（公路）口岸客车“一站式”电子验放系统是 2004 年经广东省政府批准立项建

设，2005 年 3 月 15 日建成投入试运行。它是集计算机、通信、自动控制、电子、机械、信息管理等技术，以及边检、海关、检验检疫三家联检单位的查验业务为一体的新型电子应用系统。

它的主要特点是运用高科技手段实现查验模式的创新，在国内首创并联“一站式”电子查验模式，取代传统的三站串联式人工查验模式，实现对过境客车的快速验放。在该系统中，边检、海关和检验检疫三家查验单位共享一套前端查验数据采集设备，结合智能化的计算机验证系统，经过并行的、各自独立的查验业务流程后，集中控制验放。整个系统由录入及发卡管理子系统、交通引导子系统、远距离 RIC 读卡子系统、自动定位及信息采集子系统、综合控制子系统、现场监控子系统、信息提示及对讲子系统、网络及综合布线子系统、边检查验子系统、海关查验子系统、检验检疫查验子系统等组成。查验人员在监控室内即可掌控全局，司机无需下车填表，实现无纸化通关，提高了口岸的通关效率、工作质量和监管水平。

“一站式”电子验放系统投入运行以来，已开通自动查验通道 8 条，日平均出入境车辆流量约5 700多辆次，车辆通关最快 8 秒，平均 20 秒，通关速度比原来人工验放提高了 20 ~ 30 倍。2013 年，经拱北口岸客车“一站式”电子验放系统出入境的车辆达到了 260 万辆次。

2013 年，经拱北口岸出入境旅客 9 897 万人次，同比增长 7.50%，出入境车辆 260 万辆次。

【横琴陆路（公路）口岸】 横琴陆路（公路）口岸位于珠海市横琴经济开发区十字门东侧，与珠海莲花大桥相接，与澳门路氹隔海相望。横琴陆路（公路）口岸于 2000 年 3 月建成（临时）投入使用。经过一期（2007 年 5 月完成）、二期（2009 年 12 月完成）工程的建设，目前口岸占地 18.2 万平方米，总建筑面积约 3.26 万平方米。其中，联检楼约 1.1 万平方米，进出口报关报检大厅 2 000 平方米，客货车查验通道 9 000 平方米，人行风雨连廊 730 平方米，查货平台及仓库 1 万平方米（临时），总投资约为 2.10 亿元。

联检楼内设出入境旅客通道 36 条，其中出入境人工查验通道各 12 条，自助通道各 6 条；出入境客货车通道 22 条，其中出入境客货车通道各 4 条（已实施一站式通关），货车通道各 6 条，应急通道各 1 条。口岸设计通关能力为旅客 7 万人次/天，车辆 1 万辆次/天。2013 年，横琴陆路（公路）口岸出入境旅客为 400 万人次，平均 1.2 万人次/天，峰值为 2 月 2 日出入境旅客 3 万人次；出入境车辆为 75 万辆次，平均 2 200 辆次/天，峰值为 5 月 3 日 2 700 辆次/天。

【珠澳跨境工业区陆路（公路）口岸】 珠澳跨境工业区专用口岸地处前山水道内港，东与澳门相接，北临石角咀水闸，西临前山水道，东侧临近拱北口岸。2003 年 12 月 5 日，国务院批准建设珠澳跨境工业区，12 月 9 日正式动工建设。2005 年，珠澳跨境工业区陆路（公路）口岸开始建设，2006 年 6 月 28 日，珠澳跨境工业区珠海园区专用口岸通过国务院五部委联合验收。2006 年 9 月 22 日，珠澳跨境工业区珠海园区通过海关总署、国家发展改革委、国土资源部等九部委联合验收。2006 年 12 月 8 日，珠澳跨境工业区及专用口岸正式开通启用。2007 年 4 月 8 日，海关总署颁布的《中华人民共和国海关珠澳跨境工业区珠海园区管理办法》正式实施。珠澳跨境工业区陆路（公路）口岸项目投资 3 000 多万元，用地面积 27 863 平方米，设出入境旅检通道各 2 条，出入境客、货车通道各 2 条，实行 24 小时开放，主要服务于珠澳跨境工业区内的人员和车辆的出入境。

2013 年，珠澳跨境工业区陆路（公路）口岸进出境旅客 63.8 万人次，同比增长 88%；车辆 2.97 万辆次，同比增长 62.40%；货运量 3.50 万吨，同比下降 79%。

【广州水运（海港）口岸】 广州港历史悠久，早在 2 000 多年前的秦汉时期，广州古港就是中国对外贸易的重要港口，是中国古代“海上丝绸之路”的起点之一；1 300 多年前的唐宋时期，“广州通海夷道”是世界上最长的远洋航线；

清朝，广州成为中国唯一的对外通商口岸和对外贸易的最大港口。改革开放以来，社会经济飞速发展使广州港发展成为国家综合运输体系的重要枢纽和华南地区对外贸易的重要口岸。

广州水运（海港）口岸地处珠江入海口和我国外向型经济最活跃的珠江三角洲地区中心地带，濒临南海，毗邻香港和澳门，东江、西江、北江在此汇流入海。通过珠江三角洲水网，广州港与珠三角各大城市及香港、澳门相通，由西江联系我国西南地区，经伶仃洋出海航道与我国沿海及世界诸港相连。广州水运（海港）口岸由内港港区、黄埔港区、新沙港区、南沙港区和珠江口水域组成。内港港区保留部分泊位的客、货运功能，其部分泊位逐步搬迁、调整为城市功能，主要承担广州市及珠江三角洲地区能源物资、原材料、粮食、杂货、客运及沿海、近洋集装箱运输作业；黄埔港区承担沿海、近洋集装箱运输，粮食、煤炭、化肥、成品油等散货运输和沿海粮食中转及西江沿线非金属矿石运输；新沙港区承担集装箱、煤炭、铁矿石、粮食和化肥等物资运输；南沙港区承担集装箱、能源、石油化工、汽车滚装、杂货、粮食运输及保税、物流、商贸、临港工业开发。

广州港出海航道全长约153千米，三期试挖工程完工后，南沙港区至珠江口段出海航道底标高为-17米，有效宽度243米，可满足10万吨级船舶全天候双向通航和12万吨级船舶乘潮通航。广州港拥有码头泊位845个，其中生产性泊位669个；开通外贸航线46条，通达世界80多个国家和地区的350多个港口，是我国与东南亚、中印半岛、中东、非洲、澳洲和欧洲各国运距最近的大型贸易口岸，也是华南地区最大的对外贸易口岸。

2013年，广州水运（海港）口岸完成货物吞吐量4.50亿吨，集装箱吞吐量1 500万标箱。

2013年广州水运（海港）口岸货物吞吐量完成情况

		2011年	2012年	2013年
货物吞吐量（亿吨）		4.31	4.35	4.50
外贸进出量（亿吨）	进口	0.67	0.75	0.66
	出口	0.32	0.35	0.28
	合计	0.99	1.10	0.94

【南沙水运（海港）口岸】 南沙水运（海港）口岸位于珠江的入海口河段西侧堤岸，虎门大桥以南1.60千米，西临南沙蒲洲高新技术开发园、南沙会展中心，南依五星级的蒲洲大酒店，距香港40海里，距澳门41海里，航程70分钟，设计标准为年客运量160万人次，设计旅客聚集量1 600人，为二级国际客运港。南沙客运港呈"叠浪"造型，建筑群包括主楼和副楼，基地面积67 264平方米，主楼建筑面积10 712平方米，设计高度21米，副楼建筑面积2 230平方米。口岸出入境检查大厅设置验证通道8条。码头设顺岸式客船泊位3个，码头岸线长292米，有5艘双体高速客轮，每天往返香港6个航班，每周往返澳门2个航班。广州南沙水运（海港）口岸于2003年12月正式对外开放，2005年4月28日投入使用。

2013年，南沙水运（海港）口岸出入境旅客321 671人次。其中，出境164 523人次，入境157 148人次。

【莲花水运（海港）口岸】 莲花水运（海港）口岸位于广州市番禺区石楼莲花山联围村，拥有岸线171米，水深5米，泊位2个，码头吨位1 200吨。该口岸是广东省最早开放的粤港水陆口岸之一，距香港61海里，于1985年6月正式对外开放，属双边性口岸（广州与香港），每天往返双体高速客轮4艘5个航班，往返航程1小时45分。

2013年，莲花山水运（海港）口岸出入境旅客468 138人次。其中，出境245 529人次，入境222 609人次。

【盐田水运（海港）口岸】 盐田水运（海

港）口岸位于深圳大鹏湾海域西北部，南与香港九龙半岛隔海相望，分为盐田港区、下洞港区和广东大鹏液化天然气（LNG）专用码头。

盐田港区于1990年6月经国务院批准对外国籍船舶开放，1994年7月正式开港。该港区距深圳市区13千米，距大鹏湾口12海里，岸边水深-15～-20米。由于大鹏半岛与九龙半岛天然的屏障掩护，湾内水深浪小，无淤积，大型船舶可以自由进出锚地，是少有的天然良港，并被列为中国沿海重点发展的四大国际深水港之一。

盐田港区划分为西、中、东三个港区。西港区建有多用途泊位3个，可停泊10万吨级以上大型集装箱船舶。截至2012年年底，中港区建有大型集装箱专用泊位15个，中港区一期工程2个泊位于1994年7月完工投入运营，二期工程3个泊位于2000年1月正式投入使用，三期工程4个泊位于2004年9月陆续投产营运，2012年9月17日～18日，三期扩建工程10～15号新建泊位通过广东省口岸办组织的验收，广东省政府于同年10月17日批准上述6个集装箱专用泊位作为深圳水运（海港）口岸盐田港区新增泊位正式对外开放。东港区岸线总长为2.50千米，为深圳市长远规划开发的建设项目，是主要以远洋集装箱运输为主的集装箱专用港区。盐田港与全球近40家大型船公司紧密合作，开通每周近100班远洋国际集装箱班轮。

下洞港区位于大鹏湾畔，为深圳市东部石油、液化气等危险品码头专用作业区。2002年12月，国务院批准下洞港区作为盐田水运（海港）口岸危险品作业区对外开放，港区内共建有3个独立的栈桥式码头共9个泊位。

广东大鹏液化天然气（LNG）专用码头位于深圳东部大鹏半岛秤头角，是“十一五”期间广东省口岸发展规划中主要建设项目之一。2007年3月经国务院批准，盐田水运（海港）口岸大鹏液化天然气专用码头对外国籍船舶开放。LNG码头建有1个靠泊能力为8万吨级的LNG船专用的栈桥式码头泊位和1个5 000吨级的工作船舶。

【大亚湾水运（海港）口岸】 大亚湾核电站专用码头位于深圳市东部大亚湾畔的大坑村麻岭角，距深圳市直线距离约45千米，距香港岛约50千米。大亚湾核电站由广东核电投资有限公司和香港核电投资有限公司合营组成的广东核电合营有限公司负责建设和经营。经国务院批准，大亚湾核电站专用码头于1986年1月1日起对外国籍船舶开放。1987年3月和1989年6月，核电站专用码头和相关配套设备相继竣工投入使用，该码头建有4个泊位（该口岸由大亚湾核电站专用，不对外经营，数据不公开）。

【梅沙水运（海港）口岸】 梅沙水运（海港）口岸位于深圳东部梅沙旅游区内，西距深圳市区30千米，1984年7月经国务院批准为对港、澳地区旅游专用口岸，同年8月实现对外开放。梅沙水运（海港）口岸专用码头水深-4米，建有4个泊位，可靠泊高速气垫船和飞翔船，因客源不足等原因于1985年5月暂停使用至今。

【蛇口水运（海港）口岸】 蛇口水运（海港）口岸位于珠江口东岸，深圳市西部南头半岛南端，东临深圳湾，南与香港隔海相望，西邻珠海、澳门及深圳宝安国际机场，北靠南山内陆腹地。陆路距深圳市区27千米，水路距香港22海里。陆路可与广深、广惠公路干道以及广深高速公路、平南铁路进而由广深线、广九线与国内衔接。口岸于1981年9月经国务院批准对外国籍船舶开放，是我国改革开放初期第1个由企业自筹资金建设、管理和经营的国家一类口岸。

招商港务（深圳）有限公司客货运码头拥有陆域面积75万平方米，岸线总长4 100米（其中客运岸线1 050米），是拥有35个客、货运泊位的中国沿海大型综合性港口，港口年货物通过能力2 000万吨，集装箱100万标箱，客运500万人次，成为珠三角及华南地区重要的海上门户。

蛇口集装箱码头建有10个泊位。其中，一期工程建设规模为2个集装箱专用泊位，年设计吞吐能力为100万标箱，于1991年8月建成投产。二、三期工程项目于2001年上半年动工兴建，共建成8个集装箱专用泊位。其中，二期工程2个集装箱专用泊位于2003年建成投入使用，三期工程6个集装箱专用泊位于2010年3月前建成并陆续投入使用。

2013年，蛇口水运（海港）口岸集装箱吞吐量604.01万标箱，同比减少3.70%；进出口货物389.83万吨，同比减少14.41%。蛇口客运码头开通至港澳航线，每天约38个航班往返72个航次，出入境旅客225.80万人次，同比增长10.77%。

蛇口水运（海港）口岸还有招商局深圳孖洲岛友联修船基地专用码头，为中外客商提供30万吨级的修船业务，是深圳市唯一的大型修船基地。该修船基地距蛇口东北侧前海湾约1 500米，陆域面积约63万平方米，码头岸线3 400米，建有4个泊位（其中2个干船坞，2个浮船坞）。2013年，停靠孖洲岛修船基地维修船舶212艘（其中外国籍船舶185艘），同比减少12%；实现总产值约13.60亿元，同比增长4.60%。

【赤湾水运（海港）口岸】 赤湾水运（海港）口岸位于珠江口东岸，深圳市西部的南头半岛西南端，东连蛇口港，位于蛇口港西侧；南面向伶仃洋，与香港、澳门、珠海隔海相望；西接妈湾电厂和妈湾港区；北靠南山半岛。陆路距深圳市中心30千米，可与广深、广惠公路干道及广深高速公路、平南铁路衔接；水路与香港、澳门、珠海均在20余海里范围。赤湾码头于1982年8月动工兴建，1983年10月建成一个1万吨级泊位并开港，1984年5月经国务院批准对外国籍船舶开放。港区现有泊位17个，其中集装箱专用泊位6个，码头岸线总长3 176米。赤湾水运（海港）口岸是中国主要的散装化肥及粮油进出口中转基地之一，是深圳西部港口群中规模仅次于蛇口港，功能集铁路、公路、水路等运输方式为一体的大型综合性口岸。

2013年，赤湾水运（海港）口岸集装箱吞吐量534.61万标箱，同比增长0.65%；进出口货物338.50万吨，同比下降9.28%。

【妈湾水运（海港）口岸】 妈湾水运（海港）口岸位于珠江口东岸，深圳市西部的南头半岛西侧，东接赤湾港，南面向伶仃洋，与珠江口主航道对接，西邻深圳宝安国际机场，北以南山半岛为腹地，陆路距深圳市区24千米，可与广深、广惠等公路干道以及广深高速公路、平南铁路衔接，水路距香港、澳门、珠海约20余海里。口岸于1987年开始建设，1990年7月建成第1个3.5万吨级多用途泊位，1990年2月经国务院批准对外国籍船舶开放。码头岸线总长3 877米，港区现有泊位14个（集装箱专用泊位3个，煤码头专用泊位2个）。

港区的2个煤码头专用泊位设计能力均为5万吨，为妈湾电力有限公司电厂（深圳能源集团妈湾电厂有限公司）生产所需燃煤提供接卸，2011年7月12日~13日，深圳能源集团妈湾电厂有限公司煤码头通过了由广东省口岸主管部门组织的验收，10月19日广东省政府批准（粤府函［2011］287号）该专用煤码头正式对外开放。

2013年，妈湾水运（海港）口岸进出口货物271.32万吨，同比增长7.42%。

【东角头水运（海港）口岸】 东角头水运（海港）口岸位于深圳市西部南头半岛东南端，东距深圳市区28千米。东角头码头于1985年3月由深圳市航运总公司与香港中华造船厂合资兴建，并由深圳市圳华港湾企业有限公司负责管理和经营，1986年建成3个1 000吨级泊位投入使用，堆场面积2万平方米，1987年1月经国务院批准对外开放。因道路改造等原因，截至2013年年底，进出口业务已暂停约6年。

【大铲湾水运（海港）口岸】 大铲湾水运（海港）口岸位于珠江口伶仃洋矾石水道东南部，深圳西部妈湾港区以北的大铲湾内。港区地理位置优越，水、陆路交通便捷，水路南距香港20海里，北至广州40海里；陆路通过广深高速、机荷高速、107国道及在建的广深沿江高速公路联系腹地。大铲湾港区岸线总长为11.60千米，陆域面积为10.28平方千米，拟建大型集装箱深水泊位17个，中型泊位7个及19个驳船泊位，设计年吞吐能力为1 250万标箱，总投资约450亿元。港区整体工程分四期建设。其中，大铲湾港区集装箱码头（一期）工程于2005年9月正式开工兴建，其建设规模为3个10万吨级和2个7万吨级集装箱专用泊位，占地为112万平方米，泊位岸线总长为1 830米，设计年吞吐能力为250万标箱，整体工程于2009年11月全部工程完工。2009年5月，经国务院批准，深圳港口岸大铲湾港区对外国籍船舶开放。2011年11月，大铲湾水运（海港）口岸正式通过国家验收。

2013年，大铲湾水运（海港）口岸集装箱吞吐量100.45万标箱，同比增长75.14%。

【九洲水运（海港）口岸】 九洲水运（海港）口岸位于珠江口西岸，距香洲、拱北城区各4千米，与香港相距36海里，与澳门相距仅4海里，是客、货运综合口岸。口岸1981年9月经国务院批准对外开放，客货运口岸分别于1982年和1984年建成通航，大坞湾危险品作业区于1991年11月经国务院批准对外开放。客货运码头岸线全长1 442.58米，其中客运码头436.70米，货运码头长1 005.88米，港池直径275米，航道长10.50海里，水深6~9米，客货运码头可分别供8艘大型双体快速客船同时靠泊。港区东面有一条长达580米的防浪堤，西南面有6千米长呈月牙形的海岸线保护着港池，是船舶停靠的良港，设计年客运量为200万人次。1992年珠海市政府投资兴建一座面积7 800平方米的客运联检楼和1.2万多平方米的广场。口岸配套设施日益完善，整体功能充分发挥，出入境旅客逐年增加。客运口岸香港航线日进出航班28班次，逢节假日视情况增开航班。口岸货物年吞吐能力为206万吨，货运码头设有一栋2 300平方米货检大楼及400平方米的货运中心，海关、边检、海事、检验检疫等查验部门及国际货柜码头公司、外轮代理公司、外轮理货公司均在现场办公。码头内设有3 000平方米的集装箱查验场，口岸货运区拥有7个泊位，其中5 000吨级泊位2个，3 000吨级泊位3个，1 000吨级泊位2个，以及10 000吨级锚地1个，2 000吨级锚地1个。仓库面积1.3万平方米，堆场9万多平方米。码头配有各种类型的装卸机械79台，种类齐全，货物起落方便，机械化作业程度高，集装箱作业已全部实行电脑化管理。口岸大坞湾危险品作业区有5 000吨级危险品专用码头，专供载运液化石油气及工业用油的船舶靠泊作业。九洲水运（海港）口岸进出口货物主要经香港转运世界各地，1987年3月起开办国际集装箱运输业务，与日本、美国、我国台湾、我国香港等国家和地区有直接联运业务。珠海九洲港到香港航线集装箱航班进出港14至20航次，当天到港货物，当天报关、装卸、出港。

2013年，九洲水运（海港）口岸出入境旅客2 093 346人次（出境1 078 346人次，入境1 015 000人次），出入境航班13 390航次（出境6 697航次，入境6 693航次），进出口货物139万吨（其中集装箱为23万标箱）。

【湾仔水运（海港）口岸】 湾仔水运（海港）口岸位于珠海市湾仔镇，与澳门一水相隔，水面距离不足300米，是全国十大水路客运口岸之一。湾仔水运轮渡客运口岸于1984年6月21日经国务院批准开放（［84］国函字100号），同年12月23日正式通航。口岸客运航线为珠海—澳门，每天29个航次。货运航线为珠海—澳门、珠海—香港，有豪通码头、加华码头、西域码头三个装卸点。目前口岸临时联检棚于1992年建成，占地2 700平方米，使用总建筑面积1 417.50平方米，设出入境查验通道18条（其中出境查验通道4条，自助查验通道2条，出境临时查验通道5条，入境查验通道5条，自助查验通道2条）。

2013年，湾仔水运（海港）口岸进出境旅客905 905人次，其中出境481 986人次，入境423 919人次，同比下降2%；货运量9 089万吨，其中进口21万吨，出口9 068万吨（其中出口水源7 913万吨供澳门居民用水）；集装箱90 446标箱，其中进口37 221标箱，出口53 225标箱；征收税款3.46亿元。

【万山水运（海港）口岸】 万山水运（海港）口岸位于珠海市万山群岛港区，包括桂山岛、外伶仃岛和大万山岛三大作业区，1995年4

月6日经国务院（国函［1995］25号）批准对外开放。万山群岛处于珠江出海口下游，是船舶由南海进出珠江三角洲的必经之路，紧临香港和澳门，多条国际航线从港区通过，国际锚地就位于桂山岛西侧。港区地域优势特殊，适合开展大型油品仓储、集装箱和大宗货物集散中转业务。口岸的发展建设按“一次规划，分步实施，简易入手，逐步完善。先中心港桂山，后其他岛屿，成熟一个，开放一个”的原则进行。2003年4月1日，经交通部（交函海［2003］）66号）批准，万山港口岸正式对外开放。

主港位于桂山岛十三湾，地理位置为东经113°48′53″~113°50′03″，北纬22°08′43″~22°09′50″范围内，是客货运综合性港口。货运码头建有3 000吨级泊位1个，设计年吞吐量为60万吨，堆场4万 平方米，建有500吨级泊位客运码头1个。联检楼建筑面积1 785.70平方米，口岸广场7 000平方米 。

一湾是桂山岛开放水域内另外一个港口，二湾、三湾为珠海中燃石油公司油库公用码头，主要经营油品储存（零售、批发）、进口保税仓库等，目前正在改造扩大对外开放。码头扩大开放后，将建成500吨、5 000吨泊位各1个，2 000吨泊位2个，15万吨栈桥式泊位1个，年吞吐量800万吨规模。

2013年，珠海中燃石油有限公司保税油入库90 587.61吨，出库88 466吨，同比分别下降53.75%和54.26%。

2003年4月万山港口岸开通香港航线，由于客源有限，3个月后已自行停航。

【珠海水运（海港）口岸】 珠海水运（海港）口岸地处珠海市西部，位于珠江三角洲西侧，黄茅海东部沿岸及高栏列岛海域，距澳门23海里、香港45海里。该口岸地理优势得天独厚，处于珠江出海口的虎跳门、崖门和鸡啼门之间，外临南海，靠近国际航线大西水道仅1海里，内通西江，具备发展江海联运、南北航运和近远洋运输的优越条件，其对外开放的水域范围为北纬21°50′~22°00′，东经113°05′~113°17′。口岸主要贸易有石化、集装箱、钢铁、造船及能源业务，1994年6月经国务院批准设立，1996年7月28日正式对外开放。

口岸目前已启用码头10个、泊位26个，包括珠海国际货柜码头（高栏）有限公司（设有4个泊位，分别是2万吨级和5万吨级泊位各2个）；珠海华南联合石油有限公司，设有2个泊位，分别是5万吨级和5 000吨级泊位各1个；新海能源（珠海）有限公司，设有2个泊位，分别是5万吨级和5 000吨级泊位各1个；珠海一德石化有限公司，设有1个5 000吨级泊位；珠海恒基达鑫国际化工仓储有限公司，设有2个泊位，分别是5万吨级和5 000吨级泊位各1个；珠海碧辟液化石油气有限公司，设有2个泊位，分别是5万吨级和5 000吨级泊位各1个；珠海发电厂，设有2个泊位，分别是5万吨级煤码头泊位和3 000吨级重件码头泊位各1个；珠海粤裕丰钢铁有限公司，设有1个1万吨级泊位；中化格力港务有限公司，设有6个泊位，分别是2个8万吨级泊位和4个5 000吨级泊位；珠海港鑫和码头有限公司，设有4个泊位，分别是2个15万吨级和1个3 000吨级、1个5 000吨级泊位。

2013年，珠海水运（海港）口岸货物吞吐量（含内外贸）1 550万吨，出入港船舶（含国轮、外轮）24 125艘次，征收税款51.38亿元（关税4亿元、代征税47.38亿元），同比分别下降0.21%、下降4.47%、增长0.16%。其中，货物吞吐量及征收税款居珠海市各口岸首位。

【斗门水运（海港）口岸】 斗门水运（海港）口岸位于广东省珠海市斗门区境内，处于西江出海口的磨刀门水道。河面宽1 300米，航道深5~8米，可航行1 000~3 000吨级货轮。水路距澳门17海里，距香港54海里；陆路距京珠高速、西部沿海高速15千米，距澳门40千米，距珠海机场40千米，距斗门城区7千米，距白藤湖旅游中心10千米，水陆交通方便，天然条件优良，是港澳连接珠海西部地区、粤西地区的对外开放的重要口岸。口岸于1987年经国务院批准对外开放，1991年1月28日建成，并开通了斗门至香港的客运航线，进行生产性试航。

斗门水运（海港）口岸占地面积38万平方米（含客、货运区和经济开发区），码头岸线长970米，旅客联检大楼4 700平方米，使用252座豪华快速双体喷射客轮。斗门区政府为进一步完善港区设施，积极筹建集装箱货运码头，是1993年经广东省政府批准对外开放的原二类口岸，1994年6月18日建成试航，主要从事港区内货物装卸、仓储，道路货物运输（集装箱）业务，为客户提供珠海地区到香港地区乃至世界各地的门到门全程陆路、水路联运服务。

2005年10月，货运码头由珠江船务发展有限公司独资经营，投资总额为10 215万元，注册资金2 700万元。货运码头目前拥有岸线203米，4个1 000吨级泊位，堆场面积11万平方米，进出口仓库面积3 726平方米及一大批大型的、先进的装卸、运输设备。扩建工程完成后港口的通过能力大幅度提高，集装箱年通过能力由6万标箱增加到15万标箱，货物年通过能力由60万吨增加到100万吨。另外，港区还设有对外工业加工区，以方便中外客商投资设厂。

2013年，斗门水运（海港）口岸出入境人员31 291人次。

【南海水运（海港）口岸】 南海水运（海港）口岸包括南海客运港、三山港区、平洲外贸货物装卸点、北村外贸货物装卸点和九江外贸货物装卸点。

南海客运港位于南海区桂城街道平洲东平水道上，1986年6月由国务院批准建设（国函46号），1992年12月8日正式对外开放。南海客运港按年出入境旅客80万人次的标准进行建设，1993年出入境旅客达20万人次，1996年达33.60万人次，为历史最高峰。经广东省口岸办批准，南海客运港2006年3月起暂停航。

三山港区位于东平水道与陈村水道交汇处，距香港84海里，距澳门85海里，经广东省政府同意开设三山港进出口货物装卸点，并于1994年1月起正式使用。1995年1月26日，广东省政府以《关于开设南海港一类货运口岸的请示》向国务院请示将佛山平洲客运港、三山货运港合并，更名为南海港口岸。1996年6月18日，国务院同意原佛山平洲客运港、三山货运港合并，列为一类口岸。

三山港区由南海国际货柜码头有限公司经营，南海国际货柜码头有限公司（三山港）投资方是和记黄埔三角洲港口与佛山市南海区交通建设投资公司。港区总面积42万平方米，堆场面积23万平方米，配备岸吊4台、龙门吊机8台、吸箱机11台、叉车29台、电子地磅2台，可应付任何货物的需求。港区拥有6 460平方米及5 600平方米仓库两座，配备现代化设施及完善的计算机管理系统，具有进口保税仓、出口监管仓、拆装箱等功能。港口配备CCTV、X光机货物查验系统、闸口集装箱自动识别系统等，开通接驳航线有南海至香港、蛇口、赤湾、南沙、大铲等班轮，进出口货物种类主要为废五金、木材、家电、洗车零配件等。口岸实行“6+1”工作制（即星期一至星期六正常上班，星期天预约上班）。三山港日处理能力达3 000标箱，最大装卸能力达50吨。港口最大堆存能力达1万标箱。Evergreen、Yangming、COSCO、China Shipping、MSC等众多远洋船公司已与三山港建立起良好的合作关系。2013年，港口进出口货运量221.06万吨，同比下降3%。其中，出口货运量85.31万吨，进口货运量135.75万吨，集装箱吞吐量23.40万标箱。

平洲外贸货物装卸点于1986年5月经广东省口岸办批准设立，位于南海区的东部，东平水道出口处，现由佛山南港码头有限公司经营。港区码头岸线长230米，建有3 000吨级泊位4个，集装箱堆场面积1万平方米，散货堆场面积2.6万平方米。口岸实行“6+1”工作制（即星期一至星期六正常上班，星期天预约上班）。平洲外贸货物装卸点的货源以一般性进出口贸易货物为主，其中“两废”货物（废五金、废塑料）占总货量的70%，服务范围涵盖南海区各镇街及周边地区的企业。2013年，进出口货运量74万吨。

其中，港区出口货运量17万吨，进口货运量57万吨，集装箱吞吐量9万标箱。

北村外贸货物装卸点于1986年经广东省政府批准设立，位于珠江水口水道广州珠江大桥上游3.50千米处，地理环境优越，靠近佛山市南海区的桂城、大沥、里水、官窑、顺德区、三水区和广州市等地，距广州5千米、禅城18千米，约1千米就是广佛高速公路里水、沙涌进出口处，水路距香港90海里，为客户提供香港至北村双向对开航线，便捷的交通条件为经济发展提供了良好的物流服务。口岸硬件条件优越，岸线总长200米，泊位长120米，设有1个1 000吨的集装箱船泊位，2个500吨的散货船泊位。总面积约2万平方米，其中集装箱堆场面积8 200平方米，仓库面积650平方米。设计年吞吐量为5万标箱，散货20万吨，配备40吨吊机和35吨龙门吊各1台，40吨吸车1台，装载机1台，叉车多台，并配有100吨的电子地磅1台，可为客户提供完善的集装箱装卸、堆存、拆拼箱和散货等服务。2013年，口岸货运量15.37万吨，同比增长13%。其中，出口5.43万吨，进口9.94吨，集装箱吞吐量0.87万标箱。

九江外贸货物装卸点于1979年10月经广东省人民政府批准设立，位于西江九江镇东南段，现由佛山中外运仓码有限公司经营，是南海区对外贸易的主要口岸，业务遍及周边20多个镇街，物流网络遍布世界各地。现有码头岸线330米，二期改造完成后，码头岸线将增至440米，驳船位增至6个，其中3 000～5 000吨级泊位2个。码头进口货物主要为布料、铜材、塑料粒等，出口货物以陶瓷、地砖、木枋、家电、家私为主，实行“6+1”工作制（即星期一至星期六正常上班，星期天预约上班）。2013年，码头进出口货运量156.35万吨，同比增加16%。其中，出口货运量128.58万吨，进口货运量27.77万吨，集装箱吞吐量9.8万标箱。

【高明水运（海港）口岸】 高明水运（海港）口岸位于佛山市西翼的西江之滨，分为高明港客运口岸、高明外贸货物装卸点（内设珠江码头和食品出口码头）。

高明港客运口岸是1992年12月经国务院批准对外开放的一类口岸，位于佛山市西翼的西江之滨，可辐射邻近的南海、肇庆、新兴、高要等广大地区。口岸与南海区、三水区隔江相望，距著名的西樵山旅游度假区仅5千米，距香港101海里，每天开行高明至香港的高速客轮。高明港客运口岸出境大厅面积约2 000平方米，设有查验通道3条；入境大厅面积约2 000平方米，设有查验通道3条。口岸查验监管设施齐备，能实施有效监管。

2013年，高明港出入境人员34 295人次，同比下降14%。其中，入境人员18 279人次，出境人员16 016人次。

高明外贸货物装卸点于1985年3月经广东省口岸办批准设立，位于西江河畔，内设珠江码头和食品出口码头。珠江码头位于高明大桥下游，于2001年10月经广东省外经贸厅批准搬迁到现址，并通过验收正式投入使用，由佛山高明珠江货运码头有限公司经营。港区内有集装箱堆场面积17万平方米，散货堆场面积5 000平方米，码头岸线长650米，1 000吨级泊位4个，进出口货物种类主要为废五金、废塑料、纺织品等。口岸实行“6+1”工作制（即星期一至星期六正常上班，星期天预约上班）。2013年，口岸进出口货运量350.36万吨。其中，出口284.40万吨，进口65.96万吨，集装吞吐量32.72万标箱。

食品出口码头是经广东省政府批准对外开放的高明外贸货物装卸点内设码头，位于高明大桥上游，灵龟塔旁，由海晏（广州）国际货运代理有限公司经营。码头占地面积2.6万平方米，码头岸线长度150米，有1 500吨级泊位1个，进出口货物种类主要为废五金、废塑料、瓷砖、钢材等。口岸实行“6+1”工作制（即星期一至星期六正常上班，星期天预约上班）。2013年，进出口货运量24.91万吨。其中，出口6.87万吨，进口18.04万吨，集装吞吐量1.83万标箱。

【汕尾水运（海港）口岸】 汕尾水运（海港）口岸地理坐标为东经115°21′24″，北纬22°

45′24″，水路距香港81海里、澳门112海里、广州179海里，处于对外开放的黄金海岸地带，历来就是粤东沿海的主要外贸口岸。

据史载，早在1894年清政府就把汕尾辟为对外通商口岸，1903年（光绪二十八年）曾开办轮船公司，有“海江号”、“海口号”轮船通航香港的客货业务。孙中山先生在其《建国方略》中曾把汕尾港列为全国重点开放港口。汕尾港又是1962年我国政府宣布首批对外轮开放的16个沿海港口之一。

1988年3月，汕尾以得天独厚的港口优势，经国务院批准建立地级市。为达到以港立市、港城共荣，汕尾市委、市政府高度重视港口建设，千方百计筹措建设资金扩建汕尾港，于1991年7月在市区动工扩建2个5 000吨级泊位码头，1993年10月主体工程竣工并试产，1995年4月航道疏浚工程顺利通过验收营运集装箱业务。扩建后的汕尾港增加了5 000吨级泊位2个（其中集装箱专用码头1个）、1 000吨级泊位3个（其中油专用码头泊位1个），港区总面积13万平方米，年吞吐能力80万吨，集装箱年处理能力2万标箱。该港区位于汕尾市区兴港路。

2009年11月汕尾港红海湾港区获得国务院批复同意对外国籍船舶开放。红海湾港区位于汕尾市直辖的红海湾经济开发区，是列入国家“十一五”规划的开放项目。它主要包括汕尾发电厂专用码头泊位、白沙湖万聪船舶修造厂专用码头（船坞）、东洲（小澳）通用码头泊位及商贸通用码头泊位等4个码头泊位区。

现在已经建成的码头泊位有汕尾发电厂7万吨级煤专用码头泊位、3 000吨级重件码头和1 000吨级油码头各1个；白沙湖万聪船舶修造厂专用码头（船坞）现已建成1万吨级和5 000吨级船坞各1个，500吨级船排4个，正在建设3万吨级和1.5万吨级船台各1个。

红海湾港区于2011年7月19日通过广东省预验收。为迎接国家的验收，实现汕尾港口岸红海湾港区正式对外开放，红海湾港区口岸综合查验中心已完成土地平整工作，现已动工打基础桩。

2012～2013年汕尾水运（海港）口岸外贸货物吞吐量情况表

项目	2012年	2013年	同比（%）
进口（万吨）	303.30	132.60	-56.28
出口（万吨）	0.15	1.70	+1 033.33
总计（万吨）	303.45	134.30	-55.74

乌坎港外贸货物装卸点位于粤东黄金海岸碣石湾顶（东经115.7°，北纬22.9°），也就是在陆丰市东海镇东海开发区，地处深圳与汕头两个特区之间。水路东至汕头98海里，西至香港105海里，陆路距陆丰市区4千米，地理位置优越，交通十分方便快捷。乌坎港于1992年6月23日经广东省口岸办（粤府口函［1992］72号）批准开设，1997年3月3日正式启用。该装卸点建成重力空心方块码头1座，岸线长124米，500吨级泊位2个，港池宽400米，水深-3.90米，新开出海航道750米，宽200米，水深-3.60米，乘潮码头和航道水深分别达到-4.90米和-4.60米，货物监管场地2.80万平方米，码头40吨位装卸吊机1部，设计年吞吐能力为25万吨。

2012～2013年乌坎港外贸货物装卸点吞吐量情况表

项目	2012年	2013年	同比（%）
进口（万吨）	3.39	8.22	+142.48
出口（万吨）	0	1.47	
总计（万吨）	3.39	9.69	+185.84

【虎门水运（海港）口岸】 虎门水运（海港）口岸位于珠江口东岸，处于广州—东莞—深圳—香港城市发展轴带的中间和珠三角经济区中心位置，拥有珠江口53千米的深水岸线，海域面积79平方千米，航道水深-13米，1997年6月27日经国务院批准对外开放。

2003年3月25日广东省人民政府批准了虎门水运（海港）口岸开放水域范围，6月6日通过广东省验收组的预验收，8月13日通过国务院验收组的验收，2003年9月28日经交通部批准作为一类口岸正式对外开放，自北向南分别是麻涌港区、沙田港区、沙角港区、长安港区。麻涌港区为大宗散杂货码头港区；沙田港区为虎门水运（海港）口岸的主港区，主要规划建设多功能大型集装箱码头和石化码头，配合虎门港保税物流园区和后方加工贸易区及石化工业园的同步发展；沙角港区主要配合虎门水运（海港）口岸太平客运码头和虎门镇威远岛整体规划的发展，逐步使威远岛发展成为旅游休闲度假区；长安港区主要远期规划建设大型深水集装箱码头。截至2013年，纳入虎门水运（海港）口岸对外开放的一类货运码头有21座，泊位44个。

口岸于2010年3月正式开通对台航线，并从2013年5月开始，航班由原来一周一班增加一周两班。口岸已实现“区港联动”通关模式，拓展了虎门港码头的功能和范围，既节省通关成本，又提高通关效率。

虎门水运（海港）口岸太平客运码头1982年6月24日经国务院港口工作领导小组文批准开通，1984年7月2日正式通航，恢复了中断20多年的太平至香港客运航线。太平客运码头位于东莞市西南部的虎门镇，地处珠江口东侧，是“广州—深圳—香港”和“广州—珠海—澳门”这两条经济走廊的交汇点，是连贯珠江三角洲、连接穗港澳的交通枢纽。港口地理位置条件优越，交通网络发达。

太平客运码头是广东省最早开通的客运口岸之一，由码头和出入境客运大楼两部分组成，出入境现场面积2 337.14平方米，现有查验通道共12条（其中入境6条，出境6条）。现场采用先进的旅客“自助查验系统”和“一机两屏”监管模式，并与航空公司联手推出“一站式”服务。2003年9月29日开行东莞虎门至香港国际机场航线，目前每日“太建”号（318坐席）、“东泰安”号（271坐席）两船对开，“五进五出”共2 945个坐席。

2013年，虎门水运（海港）口岸出入境人员31.40万人次，同比下降5.00%。其中，入境9.20万人次，同比增长0.40%；出境22.20万人次，同比下降7.10%。进出口货物2 062.40万吨，同比增长4%。其中，进口1 943.30万吨，出口119.10万吨。

【惠州水运（海港）口岸】 惠州水运（海港）口岸位于南海大亚湾西北隅，地处我国华南沿海经济中心珠江三角洲东部；毗邻港澳，面对东南亚和台湾，处在以香港为核心的航运中心地带；依傍国际环球和环太平洋航线，是华南沿海便捷的海上门户和京九铁路的出海口。惠州港拥有超大型原油接卸泊位和具有可建大型干散货泊位的自然条件及丰富的土地资源，对发展石化、电力等能源型临港工业有独特优势。1982年经批准开通至香港航线，1992年7月更名为惠州港，1993年4月16日正式对外国籍船舶开放，成为一类口岸。

惠州水运（海港）口岸包括荃湾港区、东马港区、港口碧甲作业区和亚婆角作业区，建有17座码头，其中货运码头16座，客运码头1座，共有44个泊位，其中万吨级以上泊位17个，设计年吞吐能力为9 449万吨和90万标箱。荃湾港区是惠州港的起步港区，是多功能综合性的港区，以承担大宗散货物资转运和集装箱运输为主。东马港区是大型石化港区，建有30万吨级和15万吨级石化泊位各2个，主要承担大亚湾石化区内生产企业的原材料及产成品装卸和广石化原油接卸服务，同时也为周边地区提供石化货物运输服务及为海上石油钻井平台提供物资输送服务。碧甲港口作业区主要为临港工业区提供港口配套服务，以承担临港工业所需的工业煤炭、矿石等大宗散货接卸任务为主。亚婆角作业区为砂石出口作业点，主要提供矿建材料和非金属矿石等装卸服务。惠州港开通有至日本及香港地区、台湾地区货运航线。2013年，荃湾港区国际集装箱码头1号泊位1月份起实施临时对外开放生产性试运行，港口碧甲作业区广东惠州平海发电厂有限公司煤码头于4月份起正式对外开放，东马港区大亚湾石化工业区公用货运码头（一期）8月5日起实施临时对外开放生产性试运行。

博罗红海港外贸货物装卸点1985年11月5

日经广东省人民政府批准开设，是东江流域的重要河港口岸之一，1998 年 10 月经广东省人民政府、海关总署确认继续保留运作。该装卸点建有码头 2 座，包括恒盛集装箱码头和宏兴码头。其中，恒盛集装箱码头位于博罗县石湾镇江滨路，设有 500 吨级泊位 2 个，设计年吞吐能力为 60 万吨，自开放以来一直保持正常运作。宏兴码头位于博罗县龙溪镇，始建于 1998 年 10 月，分两期建设。一期建设有 500 吨级泊位 10 个，设计年吞吐能力为 500 万吨，于 2013 年 3 月 6 日经广东省政府批准对来往港澳国轮开放启用，仍按原二类口岸模式运作。二期计划建设占地面积 40 万平方米，建设目标是“港区”联动保税区。

2013 年，惠州水运（海港）口岸进出口货运量为 1 829.54 万吨，出入境服务员工 15 596 人次，出入境交通工具 1 231 艘次。

【中山水运（海港）口岸】 中山水运（海港）口岸 1984 年经国务院批准对外开放的一类口岸，1984 年批准客运口岸对国轮开放，1986 年批准中山港货运口岸对国轮开放。中山港地理坐标为北纬 22°34′，东经 113°28′，水路距香港 51 海里，距澳门 38 海里，向东进入伶仃洋与国际航线相通，内河接珠江水网，公路以广珠东线、京珠高速公路为骨干线。中山港河宽平均 400 米，水深 7 ~ 10 米，现可通航 3 000 吨级江海轮。港内设客运码头 1 个（中山港客运口岸）、公共货运码头 2 个（港航集团货运码头、中山外贸码头），经过 20 多年的建设已发展为集客货运一体，年均出入境旅客 100 多万人次，进出口货物 600 多万吨的综合性口岸。

中山水运（海港）口岸近年业务动态一览表

项目 年份	进出口 货运量（万吨）	进出境人员 （人次）	运输工具 （艘）
2006 年	632.29	1 438 358	27 811
2007 年	683.69	1 545 911	28 826
2008 年	613.67	1 363 253	25 358
2009 年	646.56	1 159 761	24 839

续表

项目 年份	进出口 货运量（万吨）	进出境人员 （人次）	运输工具 （艘）
2010 年	673.08	1 232 752	27 596
2011 年	597.47	1 335 278	23 594
2012 年	561.70	1 377 526	21 072
2013 年	613.03	1 424 108	20 846

中山水运（海港）口岸固定航线一览表

序号	始发港	目的港
1	中山港	香港
2	中山港	深圳
3	中山港	南沙

【江门水运（海港）口岸】 江门港客运码头是广东江门五邑地区具有百年悠久历史的客运口岸，原位于江门北街，1997 年 6 月迁至西江河段江门外海大桥下游 1.50 千米处，江门市江海区金瓯路 1 号。水路距香港 95 海里，距澳门 44 海里。口岸占地面积 8 万平方米，码头长度 133 米，500 吨泊位 3 个，设计年客运通过能力 100 万人次。查验综合大楼建筑面积 4 万平方米，大楼内出入境查验通关大厅、候船厅、免税商场等口岸功能设施齐全。港口广场及绿化面积 6.50 万平方米，地下车库建筑面积 8 551 平方米。新中国成立以来，该口岸大部分时段保持通航澳门，1982 年 5 月扩大开放通航香港。口岸客运公司现有高速豪华客轮 2 艘，客位 712 个，日常每天 2 个航班往返于江门至香港，直航单程只需 2 小时 30 分钟左右。该港客船与珠海斗门港挂港联运，2013 年暑期还途经靠泊澳门，兼开澳门航班。节假日进出境客流高峰时，每天进出航班会增开到 6 个。口岸公司建有一支拥有 10 多辆各型客车的车队，接送江门五邑各市和中山、顺德等周边地区的旅客。

2013 年，该口岸出入境旅客 9.23 万人次，同比增长 23.60%。

【新会水运（海港）口岸】 新会水运（海

港）口岸包括天马货运港区及口岸开放水域范围的双水发电厂进口煤专用码头、银湖船舶维修专用码头、宜大化工品专用码头及客运码头（2003年暂停运行）。

天马货运港区位于潭江下游的银洲湖左岸，新会今古洲江裕路2号。其航道经崖门出南海，天然水深8～13米，是少有的内河优良建港水域，交通便利，水路距香港98海里，距澳门47海里，陆路紧靠广东西部沿海高速公路和广珠铁路。2001年12月该港首期全面建成并获准开放，可靠泊外国籍船舶。目前，3 000吨级海轮可全潮，5 000吨级海轮可乘潮进出港。待第二期航道浚深工程完工后，5 000吨级海轮可全潮，1万吨级海轮可乘潮进出港。首期建成使用的港区占地面积12.80万平方米，基本设施建有长323米的码头，含5 000吨级泊位2个、500吨级泊位1个，仓库4 800平方米，集装箱及件杂货堆场共5万平方米，建筑面积近4千平方米的综合联检办公大楼，进出港道路为6车道一级水泥公路。港口运作配套设施较先进、齐备，装卸运输设备主要有门座起重机4台（最大起重能力45吨），各型集装箱牵引车、叉车和运输车50多辆，港口作业船1艘。目前已投入使用的港区设计年货物吞吐能力100万吨，其中集装箱10万标箱。2013年，该港区进出口货物108.30万吨，同比下降17.50%。目前该港区扩建的二期主体工程已基本完工，正在完善口岸设施，争取2014年内通过验收并获准开放使用。

双水发电厂进口煤专用码头，位于天马货运港区下游斜对岸双水发电厂一侧，2006年4月口岸设施建成并获准开放使用。码头长170米，有泊位2个，可靠泊5 000吨级船舶，年设计吞吐能力100万吨。

银湖船舶维修专用码头，位于天马货运港区下游银洲湖出口左岸银湖船舶工程有限公司厂区岸边，2009年2月口岸设施建成并获准开放使用。码头建有5 000吨级泊位1个，担负银洲湖区域修造船产业的船舶进出口查验监管，2013年，出口船9艘共10.80万吨。

宜大化工品专用码头，位于天马货运港区下游银洲湖崖门水道左岸、古井镇南洋围河段。码头总长275米，泊位3个，全潮可靠泊5 000吨级船舶，乘潮可靠泊近万吨级船舶，年设计吞吐能力150万吨。化工库区一、二期工程已建成液体化工库容共10.50万立方米，是广东江门五邑地区具有国际水准、规模较大的石化物流基地。2012年12月，该码头全面完成口岸设施建设并获准开放使用。2013年，该码头进口货物1.20万吨。

【广海水运（海港）口岸】 台山市广海港是1985年10月经国家批准对外国籍船舶开放的一类口岸，位于台山市广海湾华侨投资开发试验区，面临南海，原址在台山广海镇海港码头，距澳门52海里、香港96海里。客运于1988年8月开通香港客运航线，年客运量曾超过10万人次。1996年11月，该口岸客运迁往公益港，2000年起由开平三埠港客轮挂港联运，2007年起暂停运行。货运于1996年规划迁建可停靠万吨级轮船的鱼塘货运港区，目前该港区基本完成了码头万吨级泊位、防浪堤及护岸、堆场、进港道路等主体工程。广海水运（海港）口岸开放水域范围增开的国华粤电台山发电有限公司进口煤炭专用码头于2012年12月获准正式对外开放。该煤炭专用码头位于台山市广海湾东侧铜鼓湾内，建有2个5万吨级泊位（水工设计为10万吨级），港口接卸能力达到1 300万吨，2013年进口煤炭达282.80万吨。同期，广海水运（海港）口岸还通过申报临时开放等方式，为台山核电厂重大建设项目解决进口物资在本项目重件码头就地进口问题，2013年进口设备物资5 439吨，为外资造船企业台山荣德船厂解决了2批次造船配件的现场查验出口。

【鹤山水运（海港）口岸】 鹤山水运（海港）口岸位于广东省鹤山市西江河段、325国道九江大桥侧的沙坪河口与西江的汇合处，鹤山沙坪镇口岸路，1988年4月27日经国务院批准对外开放，1989年1月28日开通鹤山至香港的水路客运航线。港区岸线长260米，码头长48米，泊位1个，建有旅检大楼3 000平方米，内设6条旅客进出境通道，候船厅、免税商场、停车场等设施齐备。目前由佛山高明港高速客轮挂港联运，每天一进一出共2个航班，每航次约需2小时30分钟。

2013年，该口岸出入境旅客3.43万人次，同比下降16.30%。

【肇庆水运（海港）口岸】 肇庆市位于广东省中西部，珠江三角洲与大西南地区交汇处，是西江流域重要的对外开放城市，肇庆市辖肇庆高新区、端州、鼎湖叁区和高要、四会、广宁、怀集、德庆、封开6县（市）。清光绪二十三年（1897年），地处西江上游的广西梧州辟为对外通商口岸，根据《中英通商专约》，肇庆、德庆被定为英国轮船停靠站，民国三十年（1940年）始，梧州海关在肇庆和禄步设立分卡，雷州海关在高要县新桥设立分卡，征收土货运销转口税、战时消费税。

1963年广东省人民政府批准开设肇庆外贸货物装卸点。1982年6月18日，国务院批准肇庆客运港为国家对外开放一类口岸。1984年5月28日，肇庆至香港直达客轮“西江”轮正式通航。20世纪80年代，广东省政府先后批准开设二类港口口岸5个，即肇庆新港口岸、肇庆三榕港口岸、高要港南岸装卸点、德庆港康州装卸点、四会港马房装卸点。目前，正将肇庆二类港口口岸整合到肇庆水运（海港）口岸。现肇庆港客运业务因高速公路的贯通已暂停运作。

2013年，该口岸出入境货运量302.60万吨，同比增长2.90%。

【汕头水运（海港）口岸】 汕头水运（海港）口岸位于广东省东部沿海，美丽富饶的潮汕平原南部，居福州至广州黄金海岸中央，东临台湾海峡，距高雄214海里，西距香港187海里，扼韩江、榕江、练江之出海口，素有“岭东之门户，华南之要冲”的称誉。

汕头港是中国华南地区对外贸易的重要口岸，是沿海25个国家级主要港口之一，是广东省东翼的主要港口。汕头港历史悠久，是中国最早对外开放的港口城市之一，于1861年开埠，是一个有150多年历史的老港，至今已与世界57个国家和地区的268个港口有货物往来。汕头港主航道通航水深为9.50米，全港岸线总长9 444米，堆场总面积126万平方米，拥有500吨级以上泊位78个，其中万吨级以上泊位17个，综合通过能力2 753万吨，集装箱吞吐能力55万标箱。近年来，汕头市大力发展港口物流和海运业，与中国香港地区、泰国、日本等地有集装箱定期货运班轮。

汕头港的直接经济腹地是汕头、潮州、揭阳、梅州4市所辖14县的广大地区，其间接腹地包括闽西南及赣南部分地区。随着广梅汕铁路的通车，汕头港的腹地范围还将扩大和延伸。腹地经本港吞吐的主要货物有煤炭、石油、钢铁、水泥、化肥、木材、粮食等。汕头市是我国14个沿海开放城市之一，又是最早设立的4个经济特区之一，随着沿海经济的开发及临海工业的发展，已形成塑料玩具、工业电子、纺织服装、塑料皮革、食品加工、医疗器械、包装机械等骨干企业，工业经济特别是外向型经济蓬勃发展。

2013年，该口岸完成货物吞吐量4 323万吨，集装箱吞吐量129万标箱。

2012～2013年汕头水运（海港）口岸主要业务一览表

		2012年	2013年	同比（%）
货物吞吐量（万吨）		4 058	4 323	+6.53
外贸进出口量（万吨）	进口	483	463	-4.14
	出口	238	250	+5.04
	合计	721	713	-1.11

【潮阳水运（海港）口岸】 潮阳水运（海港）口岸地处广东省汕头市潮阳区海门镇，距香港161海里，距台湾恒春港210海里，分澳内湾港区（包括原老港区）、龙头山港区和尖山港区，1996年8月经国务院（国函［1996］70号）批

准对外国籍船舶开放，2005 年 7 月通过验收，2005 年 11 月正式对外开放，已建成码头 5 座共 8 个泊位，年设计吞吐能力 529 万吨及集装箱 3 万标箱。

2013 年，潮阳港完成货物吞吐量达 715 万吨，同比增长 41.60%。

【潮州水运（海港）口岸】 潮州水运（海港）口岸位于广东省东南部沿海，是广东省最东端的一个天然良港，包括三百门、西澳、金狮三个港区，海岸线总长 136 千米，港区规划水域面积 230 平方千米。1994 年 11 月，国务院同意将三百门港更名为潮州港，并列为独立对外开放口岸，2003 年 12 月 28 日经广东省政府（受国务院委托）验收合格正式对外开放。对外开放水域 115 平方千米。潮州港东临台湾海峡，距台湾高雄市 186 海里，是广东省距台湾最近的地区，港口至厦门 98 海里，至香港 192 海里，至新加坡、曼谷等东南亚国家港口都在 1 700 海里之内，区位优势十分明显。

潮州港可利用建码头、泊位岸线 39 千米，其中可建 10 万 ~ 30 万吨级码头、泊位岸线 10.40 千米。目前港口已拥有对外开放码头 6 座，泊位 9 个，其中 5 万吨级码头 3 座，分别为广东大唐潮州三百门电厂专用煤码头、潮州市欧华能源码头、三百门港务码头、潮州恒业集装箱综合码头、亚太通用码头（一期 1、2 号泊位正处于试运行阶段）。

2013 年，口岸吞吐量达到 1 051 万吨，同比增长 10.48%。其中，外贸货运量达 669 万吨，检查出入境船舶 261 艘次。

【阳江水运（海港）口岸】 阳江水运（海港）口岸位于海陵湾，海陵湾位于阳江市西南方向的南海海域。海上北距广州约 181 海里，东距香港约 143 海里，距澳门约 129 海里，西距湛江约 125 海里。公路距广州 210 千米，距湛江 230 千米，位于珠三角经济圈和北部湾经济圈两大板块中间，是联结两大经济圈的桥梁和纽带，同时也是广湛水陆交通线的中心点，在广州、湛江港两大主枢纽港之间，与主枢纽港一起构成层次分明的水运体系，成为粤西中部和内陆地区重要出海口。

1988 年 2 月 8 日，根据国务院的批复，撤销阳江县设立阳江市。1989 年 1 月 13 日，广东省计委批准建设阳江港，1989 年 12 月 18 日，阳江港建设工程奠基典礼在吉树村附近举行，并在当日破土动工。万吨级通用码头于 1992 年 12 月 28 日建成试产，1993 年 2 月 9 日国务院批准阳江港为国家一类口岸，1996 年 7 月 14 日至 15 日通过国家验收，7 月 28 日宣布正式对开放。

阳江水运（海港）口岸现有水域纳潮面积约 110 平方千米，东西两岸的岸线长 60 多千米。按照《阳江港总体布局规划》，港区的陆域范围从九姜河至大湾口，陆域宽度 1.60 千米，大湾北岸陆域纵深 500 米，大湾南岸陆域纵深 600 米，面积共约 11 平方千米。口岸现有对外开放泊位 6 个，其中万吨级通用码头泊位 2 个（6、7 号泊位，设计年吞吐量 100 万吨），3.50 万吨通用码头泊位 1 个（8 号泊位，设计年吞吐量 195 万吨），3 万吨级粮食码头泊位 1 个（10 号泊位，水工结构按靠泊 5 万吨级设计，设计年吞吐量 180 万吨），5 万吨级公用散货码头泊位 2 个（11、12 号泊位，水工结构按靠泊 5 万吨级和预留 10 万吨级散货船设计，设计年吞吐量 381 万吨）。通用码头泊位以进口燃煤为主，粮食码头泊位以进口大豆为主，散货码头泊位以进口镍矿为主。目前，阳江水运（海港）口岸拥有国内设施最先进的 10 万吨/个散粮仓库 2 座，3 万吨袋装货平面仓库 1 座，堆场总面积 87.30 万平方米。阳江港主航道水深 12 米，港池和码头前沿水深 8.5 ~ 14.5 米，目前已按 5 万吨级航道进行疏浚改造，可满足载重 7 万吨船舶航行。货轮来自北美洲、南美洲、非洲、欧洲、波斯湾、地中海、阿联酋、伊朗、莫桑比克、印度、澳大利亚、菲律宾、印尼、马来西亚、越南、韩国、日本、我国香港、我国台湾等国家和地区。

2013 年，口岸扩大开放闸坡蝴蝶洲油气专用码头。闸坡蝴蝶洲油气专用码头为 3 000 吨级油气码头，该码头位于海陵岛闸坡镇，地理坐标为东经 111°48′56″，北纬 21°34′51″。2013 年 8 月 13 日，广东省口岸办组织对闸坡蝴蝶洲油气专用码头对外开放进行了验收，11 月 8 日广东省人民政府批准阳江港闸坡蝴蝶洲油气专用码头正式对外开放。该码头主要进口丙烯、正戊烷、液化石油气、甲基叔丁基醚、石脑油（溶剂油）等外贸化工产品，为珠三角、粤西地区提供民用燃气和石油炼化企业提供原料，目前主要航线包括欧洲、北美洲、南美洲、中东，近洋航线包括东南亚、韩国、日本、中国香港地区、中国台湾地区。码头的监管场所（限定区域）库区建有 2.50 米高实体围墙形成独立封闭区域，并安装具有存储功能的视频监控系统，监管区域装有 21 台（其中 6 台属于防爆型）高清晰视频监控，监控范围覆盖整个码头及库区，并实现视频监控信息联网对接，各查验单位可在办公室、值班室进行实时监控。码头配套库区 9 872 平方米，拥有容量 1 500 立方米球形储罐 3 座，总容量为 4 500 立方米。该码头实行 24 小时全天候服务，货物随到随装卸，为客户提供全方位、全过程优质服务。

2013 年阳江水运（海港）口岸通关情况

	货运量（万吨）	集装箱量（万标箱）	人员（万人次）	运输工具（万艘次）
出口	3.85	0.37	0.66	0.03
进口	1 160.16	0.05	0.58	0.03
合计	1 164.01	0.42	1.24	0.06
同比（%）	+39.1	-60.4	+12.40	+56.20

【湛江水运（海港）口岸】 湛江水运（海港）口岸位于中国大陆最南端的雷州半岛，是中国大陆通往东南亚、非洲、欧洲和大洋洲海上航程最短的港口，已与世界 100 多个国家和地区通航。自 1956 年开港以来，经过 50 多年的建设，已成为全国沿海 12 个战略枢纽港之一和原油、铁矿石物流集散中心，是西南沿海港口群的龙头港和我国中西部地区货物进出口的主通道，是泛珠三角地区连接东盟自由贸易区的最佳海上物流平台，是中国内地的重要远洋门户，在亚太经济圈中具有重要的战略地位。湛江水运（海港）口岸主要包括霞山港区、调顺港区、霞海港区和南海西部石油公司专用码头等港区。

霞山港区分为海滨码头北侧至联运公司东堤码头南侧、燃料公司码头北侧至南柳河北侧两个区域，自然岸线共长约 7 千米，陆域纵深 230 ~ 2 000米，港区用地面积为 7.70 平方千米，开通航线主要是原油运输航线（主要是中东航线、非洲航线和新加坡中转航线），铁矿石运输航线（主要是东盟航线、南亚航线、非洲航线、美洲航线），集装箱航线（主要是东南亚航线、东南亚—东北亚航线、经香港、蛇口中转全球航线、日本航线）等，主要进出口货物种类有铁矿石、原油、成品油、集装箱、杂矿、化肥、粮食、钢材、木材等。

调顺港区北起海军加隆基地南侧，南至渔业公司码头北侧，自然岸线长度 6.50 千米，陆域纵深约 330 ~ 840 米，港区面积约为 1.76 平方千米，开通航线主要是煤炭运输航线（主要是东盟航线、非洲航线），主要进出口货物种类有煤炭、杂矿。

霞海港区位于湛江港湾内，码头中心坐标为北纬 21°15′35.6″，东经 110°24′04.4″，开通航线主要是湛江—香港货运班轮及东盟航线，主要进出口货物种类有散货、集装箱。

南海西部石油公司专用码头位于湛江港湾内，码头中心坐标为北纬 21°14′85″，东经 110°25′89.5″。该码头是南海西部石油公司的专用码头，其主要业务是为大型海上钻井平台进口相关的配件。

2013 年，湛江水运（海港）口岸进出口货运量 4 999 万吨，同比增长 2%；进出境集装箱 20.90 万标箱，同比增长 21%；出入境交通工具 7 024 艘（架）次，同比增长 2%；出入境人员 6.34 万人次，同比增长 13.50%；进出口贸易总额 220.40 亿美元，同比增长 4.70%；实现关税税收 199.90 亿元。湛江市全市港口货物吞吐量 1.80 亿吨，同比增长 5.40%。

【茂名水运（海港）口岸】 茂名水运（海港）口岸位于广东省茂名市的东南角，东经111°，北纬21°，是南海伸入内陆的一个面积为32万平方千米的泻湖湾，1988年经国务院批准对外开放。茂名市水东港在清道光年间已成为粤西地区的重要商埠，在清咸丰和民国年间，曾两度对外通商贸易。1958年，广东省航运厅投资在水东湾建成50吨级泊位6个。20世纪80年代开始了大规模的港口开发建设。1984年开辟炮台港作为对港澳进出口货物起运点，后经批准成为装卸点。1988年10月，水东港经国务院批准成为国家对外开放一类口岸，1993年6月18日经国务院批准正式对外国籍船舶开放。水东港航线可直达国内沿海各口岸，与40多个国家和地区口岸建立了贸易往来。

茂名市水东港后方具备公路、铁路、管道等多种运输方式，由进港公路连接高水一级公路，与325国道、207国道相连接，横贯茂名东西南北，接上沈海高速（广湛高速）公路或在建的包茂高速可通往全国各地。茂名市铁路运输以广茂线为东部走廊，以河茂线为西部走廊，连接黎—湛线，通过广茂线、河茂线、茂湛线及在建的广东沿海铁路可接入国铁干线网络，已建的各类管道是水东港区、博贺新港区与后方炼油厂、石化园区连接的重要通道。

茂名水运（海港）口岸是我国南方重要的油品中转集散基地和石化产品进出口基地，也是海产品和农副产品进出口基地，现有对外开放码头12座，较大码头有3万吨级成品油码头、3万吨级煤炭码头、全国首创的30万吨级单点系泊原油接卸码头。另有3 000吨级成品油码头1座、1万吨级成品油码头1座、2万吨级杂货重件码头1座、3 000吨级液体化工码头1座、500吨级双泊位杂货码头1座、1万吨级通用码头1座、5 000吨级围船化工码头1座、1万吨级液化气码头1座、1万吨级综合码头1座，港口年吞吐能力1 795万吨。

2013年，茂名水运（海港）口岸进出口货物总量1 266.70万吨，进出境集装箱47 704标箱，进出境船舶1 202艘次，出入境人员18 889人次。

【顺德水运（海港）口岸】 顺德水运（海港）口岸位于顺德大良德胜河板沙尾，东经111.3°，北纬22.3°，距香港62海里，陆路距广州和佛山各40千米，距东莞50千米，珠海90千米，城际轻轨经港口而过，水路、陆路交通十分便利，1986年经国务院批准开设，1987年12月通过国家验收正式对外开放。1995年9月经广东省政府批准（粤府口函［1995］114号），将容奇港搬迁至现址并易名为顺德港。港口岸线长260米，港区占地7.28万平方米，建筑面积2.93万平方米。顺德港客运口岸现建有4条自助查验通道建设及一套信息采集系统。

顺德港客运口岸在广东省内具有举足轻重的作用，是佛山市内最大的水路客运口岸。2013年经顺德港出入境人数约83.40万人次，同比增长2.90%。其中，出入境旅客为70.80万人次，同比增长1.40%。入境旅客35.20万人次，同比增长2.06%；出境旅客35.60万人次，同比增长0.75%。2013年全年进出境航班4 438航次，平均每天有12个航班往返顺德和香港中港城码头。

2013年，顺德各外贸货物装卸点进出境总货运量456.30万吨，同比下降10%，其中进口140.20万吨，出口316万吨；进出境标箱总数101.30万个，同比下降1%，其中进口46.30万个，出口54.90万个。容奇港、北滘港、勒流港3个外贸货物装卸点全年进出口货运量分别为145.50万吨、184.90万吨、120.10万吨。2013年，顺德区大宗进出口散货货物以钢铁、粮食、机械、设备、电器、化工原料及制品、医药产品等类别为主，出口商品以机电产品、贵金属、服装等为主，进口商品以钻石、初级形状的塑料、钢材等为主。

深圳市

【深圳口岸概况】 截至2013年年底，深圳市经国务院批准对外开放的口岸有15个。其中，陆路（公路）口岸6个，分别是罗湖、文锦渡、皇岗、沙头角、深圳湾、福田陆路口岸；水运（海港）口岸8个，分别是盐田港、大亚湾、梅沙、蛇口、赤湾、妈湾、东角头、大铲湾水运口岸；空运口岸1个，即深圳宝安国际机场。

经广东省政府批准对外开放的外贸货物装卸点3个，即蛇口装卸点、沙鱼涌装卸点和莲塘起运点。同时，在原126千米的特区管理线上设立了南头、白芒、布吉、沙湾、盐田、背仔角、同乐、梅林、蛇口、溪冲、清水河、盐排、南坪、新区、新城、福龙、南光等17个检查站，形成了一、二线并举，海、陆、空全方位的口岸开放大格局。

罗湖陆路（公路）口岸是2013年我国客流量最大的旅客出入境陆路口岸；皇岗陆路（公路）口岸是我国货车出入境数量最多的客货综合性陆路口岸，也是我国率先实行24小时通关的口岸；深圳湾陆路（公路）口岸是我国第1个按照“一地两检”查验模式运作的客货综合性陆路口岸；文锦渡陆路（公路）口岸是我国最早对外开放的口岸；福田陆路（公路）口岸是我国首个内地与香港无缝接驳的地铁口岸；盐田港水运（海港）口岸是我国四大国际深水港之一；蛇口水运（海港）口岸是第1个由企业自筹资金建设、管理和经营的水运口岸；赤湾水运（海港）口岸是第1个中外合资港口企业建设和经营的水运口岸；深圳宝安国际机场是我国第1家以地方投资为主兴建的机场，是我国四大航空港之一。深圳口岸出入境的旅客连年超亿人次，占全国出入境旅客的52%左右；出入境车辆超千万辆次，占全国出入境车辆的70%左右。

【口岸运行数据】 2013年，深圳口岸出入境人员2.25亿人次，日均61万人次，同比增长2.50%；出入境车辆1 570.60万辆次，日均4.30万辆次，同比下降0.50%。水运（海港）口岸集装箱吞吐量2 327.80万标箱，同比增长1.47%，跃居世界第3位；进出口货物18 185.30万吨，同比增长2.55%；出入境旅客281.85万人次，同比增长12.39%。空运口岸出入境旅客155.06万人次，同比增长13.60%；国际空运货物19.39万吨，同比增长8.40%。2013年，深圳市进出口总额达到5 374.80亿美元，同比增长15.10%。其中，出口3 030亿美元，连续21年居内地大中城市首位。

【文锦渡陆路（公路）口岸客运区域恢复运行】 2013年5月8日，历时3年的文锦渡陆路（公路）口岸旅检场地改造主体工程通过深圳市相关部门的验收，8月19日通过广东省口岸办组织的整体验收，8月26日上午7点文锦渡陆路口岸客运区域正式恢复通关。

口岸客运区域改造完成后，旅客查验通道由原来的18条（出境8条，入境10条）增加到44条（出入境各22条，其中人工查验通道24条，自助式查验通道20条），设计日过境旅客由3 000人次增加到3万人次。小（客）车查验通道由原来2条（出入境各1条）增加到10条（出入境各5条，其中小车通道3条、客车2条），设计日过境小（客）车由1 100辆次增加到3 000辆次，各项配套服务设施也得到了大幅提升，成为深港跨境基础设施中又一个新的亮点。

该项目是《粤港合作框架协议》的重要内容，自开工之日起就受到中央及省市领导和社会的高度关注，文锦渡陆路（公路）口岸客运区域恢复运行有着重大的政治意义和社会影响。

【深圳宝安国际机场T3航站楼顺利转场】 2013年10月，深圳机场T3航站楼口岸查验监管设施按照工程设计及查验单位要求完成建设，办公业务用房和查验场地分配、查验监管设施设备安装调试等全部完成。10月10日T3航站楼口岸查验监管设施顺利通过验收。10月中旬按照深圳市政府统一部署，深圳市口岸办成立了口岸工作指挥部，进行了大量协调准备工作，组织了3次转场和口岸开放的综合演练、2次专项模拟演练，确保深圳机场于11月27日正式转场，T3航站楼于28日正式投入使用。

广东省口岸大事记

1月4日

汕头海关办公室机要科、缉私局指挥中心、缉私局海缉处五中队，揭阳海关综合业务科、港口办查验科等5个单位被继续认定为“2011年度广东省青年文明号”。

1月4日~5日

十一届全国政协港澳台侨委员会副主任、全国“扫黄打非”工作小组专职副组长李长江一行到珠海检验检疫局考察。

1月8日

在澳门特区政府与深圳市政府举行的2012年深澳合作工作会议上，双方签署《关于检验检疫技术合作与交流备忘录》及《关于加强供澳冰鲜冷冻家禽检验检疫合作协议》。

1月11日

在香港特区政府与深圳市政府举行的2012年深港合作工作会议上，双方签署《关于水生动物疫病检测的合作安排》。

1月12日

广州南沙港始发国际邮轮旅游起航仪式举行。

1月21日

中央政治局委员、广东省委书记胡春华会见来粤调研的国家质检总局局长、党组书记支树平一行。

1月22日

黄埔海关周敏获“广东省扫黄打非先进个人”表彰。

1月22日~25日

深圳蛇口、大铲湾水运（海港）口岸通过国家质检总局世界卫生组织口岸核心能力考核验收组考核验收。皇岗、文锦渡陆路（公路）口岸，妈湾、赤湾水运（海港）口岸通过预验收。

1月26日

十一届全国政协港澳台侨委员会副主任、全国“扫黄打非”工作小组专职副组长李长江率队到拱北口岸考察查堵有害出版物入境工作情况。

2月3日

汕头海关隶属澄海海关被人力资源社会保障部、海关总署授予“全国海关系统先进集体”荣誉称号。该关缉私局王宋奎被授予“全国海关系统先进工作者”荣誉称号。

2月4日

珠海出入境检验检疫局局长黎庆翔会见来访的澳门贸易投资促进局主席张祖荣一行，双方就举办“2013珠海会展物流通关暨检验检疫政策宣讲会”和进一步建立友好合作关系等交换了意见。

2月5日

太平海关保税监管内勤科、东莞海关保税监管内勤一科、新沙海关通关科获“广东省巾帼文明岗”表彰。

2月17日

公安部部长郭声琨到横琴口岸考察。

2月28日

中央政府驻香港联络办副主任杨建平一行到访深圳出入境检验检疫局，代表中央政府驻香港联络办感谢深圳出入境检验检疫部门多年来的大力支持，肯定检验检疫各项工作提升了香港民众对祖国的向心力、认同感和亲切感。

3 月

深圳海事局财务会计处获“全国五一巾帼标兵岗”荣誉称号。

3 月 4 日

黄埔海关蔡红宇获“全国维护妇女儿童权益先进个人”表彰。

东莞海关保税监管内勤二科获“全国巾帼文明岗”表彰。

4 月

深圳海事局获“深圳市五一劳动奖状”荣誉称号。

太平海关团委获“广东省五四红旗团委”表彰。

4 月 3 日

汕头海关缉私局指挥中心被公安部评为“全国公安系统学雷锋活动成绩突出集体”，被海关总署和共青团中央联合授予“海关系统 2011 ~ 2012 年度全国青年文明号”。

4 月 4 日 ~6 日

在澳门特区政府提议下，经国家口岸管理办公室批准，拱北口岸在清明节期间首次延长通关时间，每天延长通关时间 2 小时（即通关时间由 7:00 至 24:00 调整为 6:00 至次日 1:00）。

4 月 11 日

国家口岸管理办公室在珠海召开粤澳新通道项目协调会，推动粤澳口岸通关模式改革。

4 月 19 日

国家质检总局卫生检疫监管司主办的粤港深珠人感染 H7N9 禽流感检疫防控专题工作会议在深圳举行。

5 月

深圳海上搜寻救助分中心更名为深圳海上搜救中心。

黄埔海关林镇洪获“广东省优秀驻村干部”表彰。

5 月 9 日

深圳澳门两地人感染 H7N9 禽流感防控专题会议在深圳举行。

5 月 22 日

广东省口岸办召开全省推广“三个一”通关模式专题协调会。

5 月 28 日

珠海水运（海港）口岸高栏港区南水作业区干散货码头 2 号泊位临时对外开放。

5 月 30 日

拱北海关在横琴口岸率先启动粤澳跨境甩挂运输试点工作，首票甩挂运输货物顺利通关。

6 月

深圳海事局盐田海事局、大亚湾海事局、宝安海事局、大铲海事局、南山海事局、蛇口海事局举行挂牌仪式。

6 月 14 日

“2013 年粤澳合作联席会议”在广东中山市召开。国务院港澳办副主任周波、广东省省长朱晓丹、澳门特别行政区行政长官崔世安出席会议。珠海出入境检验检疫局黎庆翔局长与澳门贸易投资促进局代主席刘关华共同签署了《关于促进珠澳会展检验检疫便利化合作备忘录》。

6 月 17 日

湛江海关协助商务部完成了美国对我国暖水虾反补贴调查案的实地核查。广东省经贸厅、农业厅、海洋渔业局、财政厅、国税局等部门参与美方的询问核查。这是美国首次对我国农渔产品提出的反补贴调查。

6 月 20 日

中央政治局委员、国务院副总理汪洋在广东省省长朱小丹、深圳市市委书记王荣等陪同下，视察了罗湖和皇岗陆路（公路）口岸。

6 月 20 日 ~21 日

中央政治局委员、国务院副总理汪洋在广东东莞调研外经贸形势并巡查 2013 中国加工贸易产品博览会。海关总署于广洲署长陪同。

6 月 28 日

广州白云国际机场试行 24 小时直接过境旅客免办边检手续。

拱北口岸新建东西两翼联检楼正式开通启用。该项目总投资 5 亿元，于 2010 年 3 月开始建设，新增查验通道35条，日通关能力由原有15万人次将大幅增加至35万人次，较好地改善了拱北口岸的通关环境。

7月2日

黄埔海关和广东出入境检验检疫局在广州举行关检合作“三个一”试点启动仪式。

7月4日

广州水运（海港）口岸顺利通过第三批世界卫生组织口岸核心能力建设考核验收组的口岸核心能力建设考核验收。

7月10日

全国人大常委、致公党中央副主席杨邦杰率领致公党中央调研组一行参观汕头海关关史陈列馆。

黄埔海关肖信龙、刘畅、周青、马佳沁获“广东省职工经济技术创新能手”表彰。

7月17日

广东省口岸办和香港特区政府保安局在深圳召开文锦渡陆路（公路）口岸恢复客运磋商会，就口岸客运区域恢复运行的相关事宜达成多项共识。

经海关总署批准，汕头海关现场业务处正式设立运作，主要负责办理汕头市中心城区的海关业务，监管场所为汕头进出境货运车辆检查场和汕头火车北站货检场，并对经由汕头市邮政中心局进出境的邮递物品、快件实施监管。

7月18日

第18次粤港海关口岸通关效率业务小组研讨会在湛江海关召开。

7月24日

马士基（中国）航运有限公司及盐田国际集装箱码头有限公司举行全球最大集装箱船“MAERSK MC－KINNEY MOLLER”（马士基迈克凯尼穆勒）首航仪式。

7月28日

汕头海关联合执勤武警部队和兄弟海关出动370余名警力，查获1宗案值达85亿元的走私皮草大案。现场查获涉嫌走私熟皮约50万张、生皮约24万张、皮草半成品10余万张，抓获犯罪嫌疑人26名。

8月1日

广州白云机场正式实行72小时过境免办签证政策。

8月3日

停航近9个月的湛江至香港航线正式恢复运营。

8月5日

黄埔海关获“全国职工体育示范单位”表彰。

8月8日

黄埔海关肖信龙获“广东省青年五四奖章”。

8月14日

黄埔海关获“全国群众体育先进单位”表彰，李明获“全国群众体育先进个人”表彰。

8月19日

深圳文锦渡陆路（公路）口岸客运区域恢复运行验收。

珠海边检总站在拱北陆路（公路）口岸举办“中国边检阳光服务”咨询和“澳门各界人士进边检”活动，邀请澳门地区部分全国人大代表、政协委员、澳门立法会议员等澳门各界人士共40余人参观交流。

8月23日

全国政协副主席马飚到肇庆新港口岸调研考察。

8月26日

深圳文锦渡陆路（公路）口岸客运区域正式恢复运行使用。

9月11日

广东珠海LNG项目一期工程码头LNG1号泊位自2013年9月11日~2014年3月10日实行临时对外开放。

9月12日

广东省口岸办派员参加国务院毕井泉副秘书长主持召开的粤澳新通道项目口岸设置工作会议。

9月25日

广东省口岸办召开推进“三个一”通关模式在全省口岸扩大试点工作专题督导会议，中直驻粤18家查验单位和全省各市口岸主管部门领导参加。

10月9日

江门海关缉私局成功破获一起涉嫌利用中越小额边境贸易方式走私冻海产品的特大走私案件，案值逾10亿元，摧毁了3个冻海产品走私团伙。

10月16日

国家质检总局支树平局长会见广东省省长朱小丹，双方就粤港澳自由贸易区建设等相关事宜进行了沟通与交流。

广东省口岸办在深圳组织召开粤港双方“单一窗口”通关模式技术研讨会，粤港双方相关部门派员参加会议，互相通报了各自口岸通关查验技术的最新进展情况，并一同参观了皇岗陆路（公路）口岸。

10月18日

拱北海关、珠海出入境检验检疫局在珠海九洲水运（海港）口岸正式启动关检合作“三个一”全流程试点。

10月25日~28日

第7届“中国杯”帆船赛在深圳大亚湾海域顺利举行，30多个国家和地区共90多支船队参加了比赛，口岸各部门确保了参赛人员和物资的通关。

10月28日

广东出入境检验检疫局李延辉局长会见金伯利进程2013年度主席、南非矿产资源部威利尔·恩拉珀大使一行，双方就我国明年接任金伯利主席国相关事宜深入交换了意见。

10月30日

江门海关和江门出入境检验检疫局在江门水运（海港）口岸的外海和高沙货运港区推行关检合作“三个一”通关改革试点。

湛江海关与湛江、茂名出入境检验检疫局正式启动关检合作“三个一”试点工作。

10月30日~31日

珠海出入境检验检疫局赴澳门拜访澳门民政总署、澳门贸易投资促进局、澳门生产力发展中心、澳门特别行政区政府保安司、《澳门日报》社，就进一步深化交流合作进行交流。

11月7日

2013年粤港澳深珠卫生检疫、动植物检疫及食品安全控制会议在深圳召开。

珠海机场临时开放口岸首架国际全货直航包机顺利通关起航。

11月8日

阳江港闸坡蝴蝶洲油气专用码头正式对外开放。

11月11日

黄埔海关宋扬获“国家知识产权战略实施工作先进工作者”表彰。

11月22日

十一届全国政协港澳台侨委员会副主任、全国“扫黄打非”工作领导小组专职副组长李长江率调研组到拱北口岸视察“扫黄打非”工作。

11月27日

湛江海关配合湛江边防检查站首次对进出口货物实施边防检查。此次检查是2013年7月1日《出境入境管理法》实施后，边检部门首次对湛江关区进出境货物实施边防检查。

11月27日~28日

深圳宝安国际机场T3航站楼正式转场成功，国际出入境查验大厅投入使用。

11月28日

深圳出入境检验检疫局位于深圳华南城“海峡两岸商品交易物流中心”的直通集查工作点正式挂牌成立，“直通集查”检验检疫创新模式正式运行。

12月2日~12日

国家质检总局考核组完成了对广州天河陆路（铁路）口岸、阳江水运（海港）口岸等6个口岸的核心能力考核验收工作，实现了广东出入境检验检疫局辖区正常运营的27个指定口岸全部达到《国际卫生条例（2005）》规定核心能力要求的目标。

12月5日

天河陆路（铁路）口岸通过世界卫生组织口

岸核心能力建设考核。

12 月 12 日 ~14 日

全国口岸核心能力考核组来深圳进行口岸核心能力实地考核验收，深圳文锦渡陆路（公路）口岸、大亚湾水运（海港）口岸顺利通过验收，深圳 13 个指定口岸全部通过世界卫生组织口岸核心能力考核验收。

12 月 18 日

珠海水运（海港）口岸高栏港区南水作业区干散货码头正式对外开放。

12 月 18 日 ~19 日

广东省口岸办组织海关总署广东分署、广州海关、深圳海关、深圳边检总站、深圳检验检疫局、深圳市口岸办等部门相关人员赴香港，与香港马会就来往从化与香港之间的马匹、运输车辆、随车设备及随车人员等的通关、转关、对接等查验流程问题进行沟通，实地了解运输车辆、马匹和特效的监管、运作等实际情况。

12 月 19 日

梅州空运口岸开通梅州—台湾季节性旅游包机直航。

12 月 26 日 ~27 日

珠海斗门、万山水运（海港）口岸通过国家质检总局第三批口岸核心能力现场考核。

12 月 31 日

总投资 58.15 亿元的港珠澳大桥珠海口岸工程开工仪式在港珠澳大桥珠澳口岸人工岛举行。

（撰稿人：沈锐、骆伟雄、林孝铭、吴云、凌虹、甄文创、万海螺、许维贞、聂宁、胡洋、辛元、邵丹、彭双桥、房雯、李梅生、薛刚、曾海、王枣、马建军）

2013 年广东省口岸数据统计报表（按口岸类型统计）

口岸名称		合计				入境				出境			
		人员合计（万人次）	同比（%）	交通工具合计（万辆次）	同比（%）	人员小计（万人次）	旅客（万人次）	员工（万人次）	交通工具（万辆次）	人员小计（万人次）	旅客（万人次）	员工（万人次）	交通工具（万辆次）
公路口岸	罗湖口岸	9 202.48	−3.70			4 695.12	4 695.12			4 507.36	4 507.36		
	皇岗口岸	3 711.02	−3.80	894.29	−2.70	1 716.82	1 455.96	260.86	428.15	1 994.20	1 704.71	289.49	466.14
	文锦渡口岸	275.73	+57.60	160.22	+4.90	128.04	49.71	78.33	81.30	147.69	70.45	77.24	78.92
	沙头角口岸	427.41	+4.50	97.02	+5.80	212.51	188.29	24.22	51.09	214.90	195.45	19.45	45.93
	深圳湾口岸	3 623.37	+12.90	386.69	+1.20	1 850.90	1 777.50	73.40	209.53	1 772.47	1 722.15	50.32	177.16
	福田口岸	4 665.10	+12.80			2 277.68	2 277.68			2 387.42	2 387.42		
	福田保税区	36.16	+2.80	35.64	+2.80	18.07	1.07	17.00	17.81	18.09	1.10	16.99	17.83
	拱北口岸	9 897.42	+6.10	281.64	+2.20	5 057.78	5 053.58	4.20	137.90	4 839.64	4 832.66	6.98	143.74
	横琴口岸	406.08	+29.50	77.27	+16.90	199.49	183.14	16.35	41.70	206.59	192.99	13.60	35.57
	珠澳跨境工业区口岸	62.45	+19.50	2.86	+16.30	30.96	30.41	0.55	1.47	31.49	31.00	0.49	1.39
	合计	32 307.22	+4.00	1 935.63	0.50	16 187.37	15 712.46	474.91	968.95	16 119.85	15 645.29	474.56	966.68
铁路口岸	广州客运东站	377.78	+9.00	0.80	−0.50	190.68	182.64	8.04	0.40	187.10	179.07	8.03	0.40
	笋岗铁路口岸	0.28	−8.20			0.14	0.14			0.14	0.14		
	东莞常平铁路口岸	45.34	+2.70			22.29	22.29			23.05	23.05		
	佛山铁路口岸	8.62	−7.00	0.73	−13.60	4.43	1.77	2.66	0.35	4.19	1.29	2.90	0.38
	肇庆端州铁路口岸	5.80	+6.80	0.08	−0.10	3.20	2.55	0.65	0.04	2.60	1.95	0.65	0.04
	合计	437.82	+7.90	1.61	−6.9	220.74	209.39	11.35	0.79	217.08	205.50	11.58	0.82
空运口岸	广州白云机场	985.60	+10.20	7.10	+10.60	492.79	457.92	34.87	3.55	492.81	457.92	34.89	3.55
	深圳宝安国际机场	166.70	+13.80	1.91	+6.40	82.67	76.96	5.71	0.96	84.03	78.34	5.69	0.95
	揭阳潮汕机场	21.35	+18.10	0.16	+9.10	10.57	10.10	0.47	0.08	10.78	10.30	0.48	0.08
	梅州机场	0.49	+6.30	0.02	−4.30	0.25	0.19	0.06	0.01	0.24	0.18	0.06	0.01
	湛江机场	1.31	+68.90	0.02	−33.90	0.62	0.54	0.07	0.01	0.70	0.63	0.07	0.01
	合计	1 175.45	+10.90	9.21	+9.50	586.89	545.71	41.18	4.61	588.56	547.37	41.19	4.60

续表 1

口岸名称		合计				入境				出境			
		人员合计（万人次）	同比（%）	交通工具合计（万辆次）	同比（%）	人员小计（万人次）	旅客（万人次）	员工（万人次）	交通工具（万辆次）	人员小计（万人次）	旅客（万人次）	员工（万人次）	交通工具（万辆次）
水运口岸	广州莲花山港客运口岸	50.31	+1.80	0.56	+3.30	24.17	21.58	2.59	0.30	26.14	23.82	2.32	0.26
	广州南沙港客运口岸	37.51	+4.30	0.47	-0.10	18.54	15.81	2.73	0.25	18.97	16.52	2.45	0.22
	黄埔港口岸	10.50	-15.70	1.07	-15.20	3.58	0.07	3.51	0.34	6.92	0.06	6.86	0.73
	洲头嘴口岸	1.10	-3.90	0.15	-5.60	0.56		0.56	0.08	0.54		0.54	0.07
	新塘口岸	0.46	+5.50	0.06	+9.00	0.38		0.38	0.05	0.08		0.08	0.01
	新沙口岸	3.20	+4.20	0.18	+2.60	1.70		1.70	0.11	1.50		1.50	0.07
	新港口岸	6.55	+7.20	0.66	+7.30	4.08		4.08	0.43	2.47		2.47	0.23
	广州开发区口岸	1.04	-45	0.13	-45.10	0.89		0.89	0.11	0.15		0.15	0.02
	蛇口口岸	293.98	+18.80	6.09	+17.70	121.24	88.94	32.30	2.97	172.74	137.63	35.11	3.12
	盐田口岸	19.15	+14.30	1.26	+12.30	9.12	0.05	9.07	0.61	10.03	0.02	10.01	0.65
	福永码头	63.79	+19.80	0.86	+19.60	30.74	26.92	3.82	0.43	33.05	29.21	3.84	0.43
	珠海九洲港客运口岸	225.23	+7.70	1.68	-7.10	109.66	101.92	7.74	0.84	115.57	107.84	7.73	0.84
	珠海湾仔客运口岸	103.39	-1.00	2.42	+5.60	34.72	27.85	6.87	1.19	68.67	61.52	7.15	1.23
	珠海斗门港客运口岸	3.86	-4.40	0.09	+4.40	2.02	1.68	0.34	0.04	1.84	1.44	0.40	0.05
	万山口岸	1.14	+247.00	0.14	+38.80	0.55		0.55	0.07	0.59		0.59	0.07
	高栏口岸	4.92	+23.10	0.30	+27.60	2.50		2.50	0.15	2.42		2.42	0.15
	汕头港	3.67	-11.70	0.31	-11.10	1.80		1.80	0.15	1.87		1.87	0.16
	潮阳港	0.55	-2.50	0.03	+5.80	0.19		0.19	0.01	0.36		0.36	0.02
	南澳港												
	惠州港	1.69	-53.30	0.19	-45.30	0.81		0.81	0.09	0.88		0.88	0.10
	汕尾港	0.57	+61.30	0.06	+126.40	0.28		0.28	0.03	0.29		0.29	0.03

续表 2

口岸名称		合计				入境				出境			
		人员合计（万人次）	同比（%）	交通工具合计（万辆次）	同比（%）	人员小计（万人次）	旅客（万人次）	员工（万人次）	交通工具（万辆次）	人员小计（万人次）	旅客（万人次）	员工（万人次）	交通工具（万辆次）
水运口岸	东莞太平口岸	37.15	-4.20	0.57	-1.40	12.14	9.00	3.14	0.30	25.01	21.93	3.08	0.27
	东莞沙田口岸	6.72	+9.20	0.72	+8.40	3.61		3.61	0.39	3.11		3.11	0.33
	中山港	142.89	+3.70	2.02	+0.30	71.90	62.41	9.49	1.01	70.99	61.47	9.52	1.01
	江门港	13.87	+16.80	0.62	+3.80	7.12	4.75	2.37	0.32	6.75	4.49	2.26	0.30
	三埠港	0.59	+3.20	0.08	+2.30	0.31		0.31	0.04	0.28		0.28	0.04
	台山公益港	5.82	-0.20	0.60	-0.90	2.90		2.90	0.30	2.92		2.92	0.30
	鹤山港	4.36	-13.90	0.12	-1.50	2.24	1.79	0.45	0.06	2.12	1.66	0.46	0.06
	新会港	1.61	-1.90	0.19	+0.60	0.88		0.88	0.10	0.73		0.73	0.09
	高明港	5.59	-5.30	0.41	+2.70	2.77	1.44	1.33	0.19	2.82	1.22	1.60	0.22
	南海港	4.64	-3.50	0.63	-5.10	2.56		2.56	0.35	2.08		2.08	0.28
	顺德港	81.57		+1.13	-11.60	40.35	35.49	4.86	0.56	41.22	36.27	4.95	0.57
	阳江港	1.12	+37.90	0.05	+40.90	0.55		0.55	0.03	0.57		0.57	0.03
	湛江港	3.90	-0.30	0.22	-2.50	2.20	0.01	2.19	0.12	1.70	0.01	1.69	0.10
	湛江南油港	0.03	-7.70	0.00	+28.60	0.02	0.00	0.02	0.00	0.01		0.01	0.00
	湛江霞海港	0.38	+98.40	0.04	+145.30	0.19		0.19	0.02	0.19		0.19	0.02
	湛江调顺港	0.72	-3.30	0.04	-2.10	0.36		0.36	0.02	0.36		0.36	0.02
	茂名水东港	1.74	-0.90	0.11	+0.30	0.86		0.86	0.06	0.88		0.88	0.05
	肇庆港	3.30	-5.30	0.41	-4.90	1.99		1.99	0.25	1.31		1.31	0.16
	潮州港	0.58	+11.90	0.02	+8.30	0.30		0.30	0.01	0.28		0.28	0.01
	合计	1 149.19	+7.40	24.70	+3.40	520.78	399.71	121.07	12.38	628.41	505.11	123.30	12.32
总计		35 069.68		1 971.15		17 515.78	16 867.27	648.51	986.73	17 553.90	16 903.27	650.63	984.42

表注：按口岸类型统计。

（广东省口岸办提供）

2013 年广东省内海关口岸主要数据统计表

项目		2013 年	同比（%）
1. 含水出口货运量（万吨）		109 382.00	-7.40
不含水进出口货运量（万吨）		39 368.20	+3.40
其中	进口	25 995.30	+0.20
	出口	13 372.90	+10.30
供港澳水		70 013.80	
2. 从水路口岸进出口货运量（万吨）		36 474.70	+3.90
其中	进口	24 975.30	+0.50
	出口	11 499.40	+12.30
3. 从陆路口岸进出口货运量（万吨）		2 760.80	-2.90
其中	进口	1 002.90	-6.40
	出口	1 757.90	-0.80
4. 进出口集装箱总量（万箱次）		2 695.00	-0.70
其中	进口	1 302.90	-1.30
	出口	1 392.10	-0.10
5. 从水路口岸进出口集装箱总量（万箱次）		2 357.40	-0.70
其中	进口	1 131.30	-1.50
	出口	1 226.10	+0.10
6. 从陆路口岸进出口集装箱总量（万箱次）		337.60	-1.00
其中	进口	171.60	-0.20
	出口	166.00	-1.80
7. 两税合计（亿元）		3 084.00	-9.10
8. 关税入库（亿元）		491.32	-8.83

（海关总署广东分署提供）

2013 年广州海关主要数据统计表

项目		2013 年	同比（%）
进出口货运量（万吨）	合计	5 908.70	+8.50
	进口	3 359.20	+11.90
	出口	2 549.50	+4.40
进出口贸易总值（万美元）	合计	13 643 460.00	+10.20
	出口	5 730 774.70	+5.50
	其中：江、海运输	3 760 080.30	+5.30
	铁路运输	292 522.60	+52.00
	汽车运输	841 988.70	+2.30
	航空运输	829 435.80	-1.00
	邮件运输	413.90	+2.10
	其他运输	6 333.40	-38.60
	进口	7 912 685.30	+13.90
	其中：江、海运输	5 498 928.30	+11.50
	铁路运输	290 708.90	+67.50
	汽车运输	1 217 654.00	-5.20
	航空运输	858 140.40	+62.80
	邮件运输	5 379.30	+955.90
	其他运输	41 874.40	+39.80
税收（万元）	两税合计	4 241 524.00	-3.90
	关税入库	750 984.00	-1.80
	进口环节税入库	3 490 540.00	-4.30

（广州海关提供）

2013 年黄埔海关主要数据统计表

项目		2013 年	同比（%）
进出口货运量（万吨）	合计	7 971	-6.6
	进口	6 214	-7.10
	出口	1 757	-5.00
进出口贸易总值（万美元）	合计	23 017 322	+6.50
	出口	10 565 722	-0.20
	其中：江、海运输	5 631 832	-3.60
	铁路运输	29 792	+5.30
	汽车运输	4 892 369	+3.90
	航空运输	11 662	-5.90
	邮件运输		
	其他运输	67	+6 377.30
	进口	12 451 600	+12.90
	其中：江、海运输	6 529 186	+22.90
	铁路运输	3 498	-19.20
	汽车运输	5 868 733	+4.00
	航空运输	20 222	-25.50
	邮件运输		
	其他运输	29 961	-31.90
税收（万元）	两税合计	10 075 035	-11.80
	关税入库	2 692 941	-12.40
	进口环节税入库	7 382 094	-11.60

（黄埔海关提供）

2013年拱北海关主要数据统计表

项目		2013年	同比（%）
进出口货运量（万吨）	合计	12 610.00	-0.16
	进口	1 624.00	+3.81
	出口	10 986.00	-0.72
进出口贸易总值（万美元）	合计	7 108 780.87	+6.97
	进口	2 719 496.23	+9.65
	其中：江、海运输	2 307 288.70	+11.65
	铁路运输		
	汽车运输	402 844.81	-1.49
	航空运输	9 097.92	+100.76
	邮件运输	186.30	+26.55
	其他运输	78.50	-5.11
	出口	4 389 284.64	+5.38
	其中：江、海运输	3 728 294.29	+5.98
	铁路运输		
	汽车运输	580 047.99	+0.33
	航空运输	34 841.18	+52.77
	邮件运输	241.49	+10 529.23
	其他运输	45 859.69	-1.148
税收（万元）	两税合计	1 384 528.00	-1.51
	关税入库	197 506.00	-3.55
	进口环节税入库	1 187 022.00	-1.160

（拱北海关提供）

2013 年江门海关主要数据统计表

项目		2013 年	同比（%）
进出口货运量（万吨）	合计	2 122.00	+15.10
	进口	1 768.00	+16.70
	出口	354.00	+7.70
进出口贸易总值（万美元）	合计	1 865 073.04	+4.83
	进口	688 931.95	+2.90
	其中：江海运输	635 755.12	+2.98
	公路运输	46 894.95	-1.80
	航空运输	6 279.86	+42.77
	邮件运输	2.02	-81.85
	其他运输		
	出口	1 176 141.09	+6.00
	其中：江海运输	965 893.13	+7.74
	公路运输	188 570.90	+4.11
	航空运输	72.60	-78.35
	邮件运输		
	其他运输	21 604.46	-31.79
税收（万元）	两税合计	541 117.00	-17.10
	关税入库	76 725.00	-24.20
	进口环节税入库	464 392.00	-15.80

（江门海关提供）

2013年湛江海关主要数据统计表

项目		2013年	同比（%）
进出口货运量（万吨）	合计	6 234.35	+1.07
	进口	5 886.30	+1.60
	出口	348.05	-7.19
进出口贸易总值（万美元）	合计	3 191 856.25	+1.43
	进口	2 806 281.89	+0.93
	其中：江、海运输	2 799 714.56	+0.84
	铁路运输		
	汽车运输	5 853.53	+72.87
	航空运输	713.80	+2.56
	邮件运输		
	其他运输		
	出口	385 574.36	+5.22
	其中：江、海运输	375 026.91	+5.39
	铁路运输		
	汽车运输	10 546.71	-0.33
	航空运输	0.74	-91.86
	邮件运输		
	其他运输		
税收（万元）	两税合计	2 840 154.77	-10.87
	关税入库	106 255.08	-21.53
	进口环节税入库	2 733 899.69	-10.40

（湛江海关提供）

2013 年汕头海关主要数据统计表

项目		2013 年	同比（%）
进出口货运量（万吨）	合计	2 431.20	+10.20
	进口	2 154.50	+12.00
	出口	276.70	-2.30
进出口贸易总值（万美元）	合计	1 793 002.90	+8.90
	进口	661 854.20	+14.00
	其中：江、海运输	399 175.80	+0.60
	铁路运输		
	汽车运输	249 256.20	+39.40
	航空运输	10 985.50	+320.30
	邮件运输	2 436.70	-2.70
	其他运输		
	出口	1 131 148.70	+6.10
	其中：江、海运输	809 740.70	+2.10
	铁路运输	214.80	+29.50
	汽车运输	319 447.00	+17.30
	航空运输	1 732.40	+129.40
	邮件运输	13.80	+251.20
	其他运输		
税收（万元）	两税合计	521 591.90	+1.10
	关税入库	71 601.80	+4.40
	进口环节税入库	449 990.10	+0.60

（汕头海关提供）

2013年深圳海关主要数据统计表

项目		2013年	同比（%）
进出口货运量（万吨）	合计	10 843.30	+2.00
	进口	4 933.80	-9.00
	出口	5 909.50	+13.80
进出口贸易总值（亿美元）	合计	8 708.10	+16.60
	进口	3 530.30	+21.50
	其中：江、海运输	305.30	-12.40
	铁路运输		
	汽车运输	3 117.00	+26.90
	航空运输	25.40	+11.20
	邮件运输	0.10	-22.00
	其他运输	82.50	+4.40
	出口	5 177.80	+13.50
	其中：江、海运输	2 271.40	+3.90
	铁路运输	1.80	-10.60
	汽车运输	2 780.20	+23.20
	航空运输	25.30	+17.90
	邮件运输		
	其他运输	99.10	+2.10
税收（亿元）	两税合计	1 123.60	-8.80
	关税入库	104.10	+0.20
	进口环节税入库	1 019.50	-9.70

表注：深圳海关2013年监管进出口货运总量实际为72 105.40万吨，其中监管供应香港饮用水61 262.20万吨，监管普通货物10 843.20万吨。

（深圳海关提供）

2013年广东省口岸出入境主要数据表

项目			2013年	同比（%）
出入境人员（万人次）	出入境人员总数		380.40	+1.10
	入境人员		185.10	+1.00
	出境人员		195.30	+1.20
	出入境旅客		296.40	+2.60
	出入境员工		84.00	-3.80
	中国公民	小计	343.60	+1.80
		内地居民（因公）	79.10	-3.90
		内地居民（因私）	127.20	+18.70
		港澳居民	117.20	-8.00
		台湾同胞	20.10	-3.10
	外籍人员		36.80	-4.60
	从海港出入境人数		324.40	+0.60
	从陆港出入境人数		54.20	+3.20
	从空港出入境人数		1.80	+48.90
交通运输工具（万艘、架、列、辆次）	总数		9.01	-4.10
	船舶		8.90	-4.10
	飞机		0.04	-16.70
	火车		0.07	-0.10
	机动车辆			

（广东省公安边防总队提供）

2013年广州市口岸出入境主要数据表

项目			2013年	同比（%）
出入境人员（万人次）	出入境人员总数		1 483.50	+9.10
	入境人员		741.60	+9.34
	出境人员		741.90	+8.86
	出入境旅客		1 355.60	+9.25
	出入境员工		127.90	+7.52
	中国公民	小计	957.50	+16.34
		内地居民因公	94.10	+3.75
		内地居民因私	671.10	+24.76
		港澳居民	150.50	+0.85
		台湾居民	41.80	-1.47
	外籍人员		526.00	-2.01
	从海港出入境人数		121.40	+0.61
	从陆港出入境人数		377.80	+9.00
	从空港出入境人数		984.30	+10.28
交通运输工具（万艘、架、列、辆次）	总数		11.90	+4.41
	船舶		4.20	-5.18
	飞机		6.90	+11.91
	火车		0.80	-0.47
	机动车辆			

（广州出入境边防检查总站提供）

2013年汕头市口岸出入境主要数据表

<table>
<tr><th colspan="3">项目</th><th>2013年</th><th>同比（%）</th></tr>
<tr><td rowspan="14">出入境人员（万人次）</td><td colspan="2">出入境人员总数</td><td>25.60</td><td>+12.10</td></tr>
<tr><td colspan="2">入境人员</td><td>12.60</td><td>+12.50</td></tr>
<tr><td colspan="2">出境人员</td><td>13.00</td><td>+11.80</td></tr>
<tr><td colspan="2">出入境旅客</td><td>20.40</td><td>+16.20</td></tr>
<tr><td colspan="2">出入境员工</td><td>5.20</td><td>-1.60</td></tr>
<tr><td rowspan="5">中国公民</td><td>小计</td><td>13.50</td><td></td></tr>
<tr><td>内地居民因公</td><td>0.20</td><td></td></tr>
<tr><td>内地居民因私</td><td>11.00</td><td></td></tr>
<tr><td>港澳居民</td><td>1.70</td><td></td></tr>
<tr><td>台湾同胞</td><td>0.60</td><td></td></tr>
<tr><td colspan="2">外籍人员</td><td>12.10</td><td></td></tr>
<tr><td colspan="2">从海港出入境人数</td><td>4.50</td><td></td></tr>
<tr><td colspan="2">从陆港出入境人数</td><td></td><td></td></tr>
<tr><td colspan="2">从空港出入境人数</td><td>21.10</td><td></td></tr>
<tr><td rowspan="5">交通运输工具（万艘、架、列、辆次）</td><td colspan="2">总计</td><td>0.50</td><td>-4.20</td></tr>
<tr><td colspan="2">船舶</td><td>0.30</td><td>-9.80</td></tr>
<tr><td colspan="2">飞机</td><td>0.20</td><td>+9.10</td></tr>
<tr><td colspan="2">火车</td><td></td><td></td></tr>
<tr><td colspan="2">机动车辆</td><td></td><td></td></tr>
</table>

（汕头出入境边防检查总站提供）

2013年珠海市口岸出入境主要数据表

项目			2013年	同比（%）
出入境人员（万人次）	出入境人员总数		10 016.40	-2.00
	入境人员		5 086.60	-1.70
	出境人员		4 929.80	-2.40
	出入境旅客		9 940.70	-2.00
	出入境员工		75.80	-0.40
	中国公民	内地居民	4 977.40	+8.40
		港澳居民	4 761.60	-10.70
		台湾同胞	95.40	-14.10
	外籍人员		182.00	-2.20
交通运输工具（万艘、架、列、辆次）	总数		348.704	+7.10
	船舶		4.50	+2.90
	飞机		0.004	+1 700.00
	火车			
	机动车辆		344.20	+7.20

（珠海出入境边防检查总站提供）

2013年广东省出入境检验检疫业务统计表

项目		货物检验检疫				交通工具				集装箱（标箱）		货物通关		出入境人员查验（人次）	健康检查及预防接种（人次）			
		批次	金额（万美元）	检验检疫不合格														
				批次	金额（万美元）	飞机（架）	火车（节）	汽车（辆）	轮船（艘）	合计	检出问题	批次	金额（万美元）		健康检查	艾滋病监测	发现病例	预防接种
本年累计		3 192 355	21 441 791	34 547	1 125 739	71 461	90 204	271 852	142 016	10 136 072	66 320	3 045 379	21 211 833	18 575 930	74 003	61 996	36 845	68 884
其中	出境	2 660 779	10 692 377	2 653	8 425	35 712	45 157	214 063	69 657	5 557 125	432	2 400 804	10 168 854	9 413 367	52 294	38 674	23 569	65 957
	入境	531 576	10 749 414	31 894	1 117 314	35 749	45 047	57 789	72 359	4 578 947	65 888	644 575	11 042 979	9 162 563	21 709	23 322	13 276	2 927
同比（%）		-19.25	-17.58	+27.74	+28.96	+10.56	-3.95	-15.86	+0.72	+4.27	-32.56	-17.68	-13.99	+9.98	-46	+3.13	-24.03	-58.98
其中	出境	-21.68	-25.13	-16.17	+55.25	+10.07	-3.57	-18.48	-0.8	+3.73	-28.83	-21.39	-24.66	+9.55	-55.53	-2	-38.38	-59.95
	入境	-4.36	-8.39	+34.11	+28.62	+11.06	-4.32	-4.48	+0.64	+4.95	-32.58	-0.14	-1.07	+10.43	+11.55	+12.94	+29.53	-9.38

（广东出入境检验检疫局提供）

2013年深圳市出入境检验检疫业务统计表

项目	货物检验检疫				交通工具			集装箱（标箱）		货物通关		出入境人员查验（人次）	健康检查及预防接种（人次）			
	批次	金额（万美元）	检验检疫不合格													
			批次	金额（万美元）	船舶（艘）	飞机（架）	汽车（辆）	合计	检出问题	批次	金额（万美元）		健康检查	艾滋病监测	发现病例	预防接种
本年累计	1 235 485	8 328 780	15 283	247 128	84 435	19 320	14 505 353	20 306 175	33 271	1 352 019	9 014 115	220 377 548	75 702	75 702	7 633	26 644
其中 出境	851 591	4 707 309	1 204	3 599	44 083	9 650	7 386 822	10 001 805		988 314	5 806 588	110 957 026	17 126	17 126	1 609	26 644
其中 入境	383 894	3 621 471	14 079	243 529	40 352	9 670	7 118 531	10 304 370	33 271	363 705	3 207 527	109 420 522	58 576	58 576	6 024	
同比（%）	-11.09	-25.05	-7.77	-6.5	+7.96	+6.97	-2.73	-0.01	-13.32	-13.56	-25.12	+2.54	+4.52	+4.52	+263.65	-0.44
其中 出境	-18.25	-33.9	-10.28	-28.47	+8.77	+7.02	-1.26	-6.18		-19.75	-30.82	+2.21	-19.57	-19.57	+164.64	-0.44
其中 入境	10.34	-9.26	-7.55	-6.08	+7.07	+6.92	-4.22	+6.81	-13.32	+9.36	-12.01	+2.87	+14.56	+14.56	+304.02	

（深圳出入境检验检疫局提供）

2013 年广东海事局进出港船舶统计汇总表

国家（地区）	进港船舶							出港船舶						
	艘数（艘次）	总吨（吨位）	总载重量（吨）	载客量（客位）	船员人数（人）	货物到达量（吨）	旅客到达量（人）	艘数（艘次）	总吨（吨位）	总载重量（吨）	载客量（客位）	船员人数（人）	货物发送量（吨）	旅客发送量（人）
总计	273 520	90 454 572	1 010 982 634	35 125 002	2 376 550	554 057 051	13 382 194	282 458	905 274 538	1 010 787 006	35 926 930	2 426 187	173 639 681	13 656 758
同比（%）	+1.05	+8.97	+9.83	+4.15	+0.71	+7.93	+0.12	+2.92	+8.53	+9.02	+5.88	+1.49	+7.45	-0.05
中国籍船舶	262 510	594 031 333	566 535 213	35 114 912	2 187 820	378 349 236	13 381 519	271 372	595 362 345	567 744 575	35 916 565	2 235 175	152 354 879	13 654 083
其中外贸船	28 405	42 335 002	48 222 236	6 525 204	281 284	33 851 122	2 479 378	28 853	58 818 330	76 671 592	6 568 609	294 208	5 629 041	2 670 099

（广东海事局提供）

2013 年深圳海事局进出港船舶统计汇总表

国家（地区）	进港船舶							出港船舶						
	艘数（艘次）	总吨（吨位）	总载重量（吨）	载客量（客位）	船员人数（人）	货物到达量（吨）	旅客到达量（人）	艘数（艘次）	总吨（吨位）	总载重量（吨）	载客量（客位）	船员人数（人）	货物发送量（吨）	旅客发送量（人）
总计	65 516	808 055 262	897 148 862	6 211 178	651 879	86 277 566	2 804 215	66 025	820 937 962	912 563 462	6 213 383	679 434	71 754 128	3 603 314
中国籍船舶	50 573	68 771 031	69 611 717	6 211 178	359 675	33 551 867	2 803 570	50 817	69 076 582	69 932 221	6 213 383	381 768	18 852 077	3 603 311
其中外贸船	17 969	16 753 451	9 694 957	3 690 421	154 709	2 155 160	1 139 445	18 348	23 115 566	15 823 651	3 716 496	162 474	2 554 675	1 519 913

（深圳海事局提供）

广西壮族自治区

口岸数量及分布

截至2013年年底，广西壮族自治区共有经国务院批准对外开放口岸18个。其中，水运（海港）口岸6个，分别是防城港、北海、钦州、江山、企沙、石头埠；水运（河港）口岸3个，分别是梧州、贵港、柳州；空运口岸3个，分别是桂林、南宁、北海；陆路（铁路）口岸1个，为凭祥；陆路（公路）口岸5个，分别是友谊关、东兴、水口、龙邦、平孟（尚未正式对外公布）。

口岸运行数据

2013年，广西壮族自治区口岸进出口货运量累计9 518万吨，同比下降1.4%。其中，进口8 510万吨，同比增长0.1%；出口1 008万吨，同比下降12.6%。进出口货值432.47亿美元，同比增长5.4%。其中，进口233.26亿美元，同比下降9.9%；出口199.21亿美元，同比增长31.3%。出入境人员累计850.44万人次，同比增长17.14%。其中，出境人员累计424.46万人次，同比增长17.06%；入境人员累计425.98万人次，同比增长17.21%。出入境交通工具57.25万架（艘、辆、列）次，同比增长45.66%。其中，船舶0.74万艘次，同比增长0.83%；飞机0.76万架次，同比增长9.57%；火车0.27万列次，同比下降14.01%；机动车辆55.48万辆次，同比增长47.71%。出入境集装箱35.03万标箱，同比增长13.38%。其中，入境17.32万标箱，同比增长10.92%；出境17.71万标箱，同比增长15.89%。

口岸综合管理

【口岸开放工作全面推进】 2013年，广西全区共有防城港口岸扩大开放、梧州口岸扩大开放、硕龙口岸新开、峒中口岸新开、水口口岸扩大开放、东兴口岸扩大开放等6个口岸开放项目列入国家年度口岸开放审理计划。2013年6月初，自治区人民政府将梧州口岸扩大开放的请示上报国务院，8月底自治区人民政府将东兴口岸和水口口岸扩大开放请示上报国务院，11月自治区人民政府将防城港口岸扩大开放的请示上报国务院，12月初自治区人民政府将友谊关口岸扩大开放的请示上报国务院，12月中旬自治区人民政府将峒中口岸（原二类口岸）升格的请示上报国务院。北海口岸扩大开放完成国家各相关部委征求意见的审理程序，进入文件会签阶段。北海铁山港1号、2号泊位临时开放工作已批复第二期临时开放至2013年12月，继续申请第三期临时开放。爱店口岸（原二类口岸）升格工作完成国家相关部委审理程序，进入文件会签阶段。硕龙口岸（原二类口岸）升格、里火互市点升格和水口口岸二桥扩大开放开始征求驻桂查验单位、自治区相关单位和驻桂部队意见。

【口岸基础设施建设进展顺利】 2013年，中央预算内投资补助广西开放口岸查验设施建设资金4 547万元，惠及7个口岸9个项目。深入开展兴边富民行动大会战工作，2013年安排有关兴边富民建设项目38个，其中口岸建设项目20个，边民互市建设项目8个，边境贸易市场建设项目4个，边境农贸市场建设项目6个，涉及广西8个边境县（市），项目总投资13 574.64万元，其中兴边富民资金补助7 400万元。各重点口岸建设进展顺利。其中，北海口岸非现场部分的铁山港园区项目已确定施工单位，完成了施工图纸会审工作，施工队已陆续进场并开始作业；现场部分的铁山港港口企业进一步完善了口岸设施建设和设备采购，驻北海口岸查验部门已陆续进驻现场办公。平孟口岸完成联检大楼南楼建设及联检楼内部装修和电子监控系统的安装调试工作，完成关内外广场建设并启动平孟口岸验货场（二期）工程建设。爱店口岸（原二类口岸）投入103万元对基础设施进行完善和建设，包括开展口岸通往界碑台阶拓宽工程、完成口岸联检楼改扩建工程的可研究报告和规划设计方案。梧州口岸赤水港区口岸联检楼主体工程已基本建成。东兴口岸二桥口岸综合服务区建设项目取得立项批复。水口口岸联检楼改（扩）建设工程于2013年3月5日开工，完成相关拆除工作；水口检验检疫实验楼项目落实土地，完成项目地质勘探、可研报告批复、工程预算和设计方案等前期工作。弄怀监管货场项目竣工，在逐步完善基础设施的同时已经部分投入使用，联检部门相继进驻并开展相关业务工作。

【电子口岸建设稳步推进】 2013年广西电子口岸继续加强应用系统建设和维护工作。一是优化门户网站，解决部分用户登录门户网站成功但无法进入业务系统的问题。二是升级西江物流服务平台，解决部分报文无法正常解析、报关单数据预定异常等问题。三是深度参与南宁加工贸易综合服务平台建设，完成广西电子口岸与商务部EDI中心、海关、中国电子口岸间的数据交换通道搭建、系统测试、无纸化手册备案数据预定等工作，2013年12月，平台正式上线运行。四是以海运物流服务平台为基础，建成上线海运新舱单辅助申报系统，通过数据共享与业务协同提高企业工作效率，提升数据申报质量。2013年11月，该系统首先在防城港试点使用。广西电子口岸门户网站全年访问量1 457 142人次，企业通过广西电子口岸办理各类通关业务424 061票。其中，海运物流服务平台54 271票，西江物流服务平台39 276票，凭祥综合保税区电子信息平台241 435票，钦州保税港区电子信息平台76 335票，南宁保税物流中心电子信息平台2 958票，中国—东盟博览会进出境展览品管理系统1 936票，海运新舱单辅助申报系统7 850票。受理中国电子口岸IC \ IKey卡业务、企业用户注册及变更注册信息等业务5 449单，在线答疑协助企业办理业务3 300余次，协助渠道包括热线电话、QQ群、现场技术支持、门户网站答疑等。

【广西口岸畅通工程初见成效】 按照广西商务工作十大重点工程任务部署，自治区口岸办积极开展口岸畅通工程，研究制订详细工作方案，组织赴崇左、百色和防城港大部分边境口岸进行实地调研，并根据每个口岸和通道的情况、存在问题，提出解决措施，编制各口岸和通道的梳理情况表，积极协调解决各口岸阻滞问题。2013年5月29日，组织召开口岸工作联席会议。会议通报了口岸运行、管理及开放工作推进情况，并就相关具体工作事项进行协商研究，提出今后工作需进一步完善和协商的事项。2013年11月22日，组织召开部分外贸企业与口岸查验部门对接座谈会，积极为双方搭建加强沟通与交流的平台，进一步协调解决通关过程中遇到的困难和问题，促进口岸通关环境不断优化。根据自治区人民政府工作安排，研究提出《广西北部湾经济区通关一体化建设工作方案》，进一步推进北部湾经济区电子口岸基础平台、电子口岸应用系统及口岸物流信息平台建设，推动查验部门信息共享和查验结果互认，提高北部湾经济区口岸通关效率和贸易便利化水平。

【中越广西跨境客货运输工作再上新台阶】 2013年6月9日，中越公务车辆及货运直达车辆开通仪式在广西凭祥友谊关口岸举行，中国和越南两国公务及货运车辆首次实现直达运输。这是继广西与越南开通国际客运车辆直达后的又一重大事件，广西中越跨境汽车直通工作再上新台阶。6月18日，越南北琦投资股份公司1辆重型牵引车及其挂车从越南首都河内出发，经友谊关口岸入境，完成了越南河内—中国深圳直达货运线路的试运行。这是自2012年2月《中越两国政府修改协定的议定书》和《中越两国政府实施协定的议定书》生效以来，越南货运车辆首次进入我国非边境省（区）。2013年7月，中国百色—越南高平运输线路开通仪式在龙邦口岸举行，龙邦口岸成为广西继友谊关、东兴、水口口岸后第4个跨境公路直通运输口岸。12月13日，在由中国东兴、越南芒街两地政府牵头组织的2013年越中商贸旅游博览会暨中越（东兴—芒街）边境自驾车旅游仪式当天，东兴市旅游局组织30辆自驾车经东兴口岸前往越南芒街，自驾车人员主要为参会代表及游客。东兴口岸中越边境旅游自驾车的开行，是东兴口岸国际道路运输方式的又一项突破，为下一步常态化发展及带动边境乃至周边省市经济发展和贸易往来起到积极的推动作用。截至2013年年底，已经获得中越两国交通运输部门许可并经广西国际道路运输管理办公室备案的客货运输车辆共51辆，其中经友谊关口岸出入境的客货运输车辆46辆（货运37辆，客运9辆），经东兴口岸出入境的客运车辆3辆，经龙邦口岸出入境的客运车辆2辆。

口岸监管与服务

【南宁海关不断提高口岸通关效率，综合监管效能得到新提升】 南宁海关在防城港、凭祥、梧州口岸开展通关作业无纸化改革试点工作，2013年，无纸化报关单共2.29万票，超额完成全年50%无纸化作业目标，达54.5%；扩大“属地申报，口岸验放”通关模式至B类生产型出口企业；开展部分海关特殊监管区域“两单一审”扩大试点；制定出台8项优化监管查验工作措施；与广西区内一批重大企业签订合作备忘录，对广西20家生产型纳税大户企业制定和实施9条便利化管理措施；简化税款担保审批手续，下放货物直接退运审批权限；完善广西进口鲜活产品快速通关模式和应急管理办法，实现提前申报、优先审单、总担保验放。进出口报关单平均作业时间1.22小时，24小时作业完成率98.45%，同比缩短（加快）0.69小时和提高0.7个百分点。深入推进“绿篱”专项行动，2013年立案查办监管区域固体废物违规案件37起，案值3 891万元；深入开展进出境旅客行李物品监管专项行动，强化知识产权海关保护，行邮现场查获违禁影音制品8 382件，查获走私毒品案件10起、各类毒品12千克，查获违规携带货币案件8起，案值300万元，共对186个批次、8.5万件侵权嫌疑货物采取知识产权海关保护措施，货值437万元。在全国海关率先探索建立企业风险评价指标体系，风险布控实体有效率11.01%，办结稽查作业229起，稽核补税4 664.97万元；加强企业基础信息实地巡查，巡查比率达10%，超额完成海关总署目标任务。作为全国海关企业协调员11个试点海关之一，与35家企业签订合作备忘录，参与广西社会信用体系建设，积极培育高信用企业，2013年全年评定AA类和A类企业4家和58家，同比分别增长100%和38%，全年监管进出口货运量9 518万吨、货值432.86亿美元，海关查验率8.54%、查获率16.89%，实现双提高。

【南宁海关打击走私工作取得新战果】 深入开展打击走私专项联合行动，共出动警力4.2万人次、车辆1.2万辆次参与地方党政联合查缉；继续深入开展北仑河沿线缉私轮战行动，构建打、控、管、防立体防线；重拳打击非设关地“洋垃圾”走私，查获非设关地涉嫌走私“洋垃圾”案件316起，涉案“洋垃圾”2.52万吨，端掉一批“洋垃圾”窝点及过驳点；重点查处监管区域各类走私违法犯罪活动，立案查办监管区域走私案件902起，案值8.79亿元，案值同比增长51%；协调各方力量加强边境管控，推动自治区召开全区打私综治会、全区打私联合行动现场推进会，推动中国广西与越南广宁建立中越边境地区跨境联合打私工作机制；坚持走群众路线力促打私工作，创新开展“走村、进屯、入户，促和谐”反走私宣传活动，群众举报案件数约占广西办理案件总数的60%，查处比率增长10%。立案查办各类走私违法犯罪案件2 246起，案值39.74亿元，涉税17.36亿元，其中立案侦办走私犯罪案件73起，案值35.15亿元，涉税16.99亿元，均创历史新高。

【南宁海关创新监管模式，支持边民互市贸易健康发展】 联合广西商务厅下发《中越边民互市“生活用品”目录》及商品价格表，建立与商务厅、边境市县两级互市管理协调机制；在东兴互市贸易区开展“互市贸易区市场交易模式”试点工作，探索互市贸易监管新模式；制定《边民互市贸易管理操作规程》和《边民互市委托监管规定》，修改《边民互市商品价格管理工作规范》，开发“南宁海关边民互市贸易信息系统”，出台互市贸易“家庭式拼车”举措。2013年，广西互市贸易商品货运量271.93万吨，货值227.51亿元，同比分别增长53.29%和94.34%。

【南宁海关积极推动完善广西保税物流体系】 配合自治区向国务院申报将南宁保税物流中心升级为南宁综合保税区和设立贵港西江综合保税区，支持和参与钦州保税港区二三期项目、凭祥综合保税区二三期项目和北海出口加工区B区、中马钦州产业园区、马中关丹产业园区有关规划建设工作；配合推动南宁、北海、梧州、钦州等地成为国家级加工贸易梯度转移重点承接地并加快产业转移承接步伐。2013年，广西加工贸易实际进出口51.29亿美元，再创历史新高，自2001年起连续13年增长，实现了5年内翻3番，海关特殊监管区域保税进出口总值24.02亿美元，同比增长18.6%。

【广西出入境检验检疫局继续加强口岸疫病疫情防控】 推动地方政府牵头，口岸相关部门配合，加快口岸卫生检疫核心能力建设，广西所有18个开放口岸全部通过口岸卫生检疫核心能力验收。指导、协调、推动东兴口岸成为全国首个进口景观树指定口岸，遏制景观树非法入境；协调推动凭祥口岸进境水果检疫与辐照处理中心项目建设取得实质性进展；与广西商务厅、农业厅、海关、边防等8厅局签署合作备忘录，共同加强边境地区疫病疫情防控。

在南宁、桂林空运口岸全面实施“人—机—犬”旅客携带物查验新模式；在南宁和梧州开展国际邮包快件检疫监管，截获大量禁止入境有害生物及疫区产品。以进口水产品为突破口，探索实施风险分析、分类监管，引入采信第三方检测，规范进出口食品安全监管。积极争取并配合广西壮族自治区政府召开全区出口食品、农产品质量安全示范区建设推进会，指导帮助广西新增4个国家级出口食品农产品质量安全示范区。强化源头监管和出口产品检测，妥善处理了生姜“神农丹”事件和镉大米事件。及时分析出口商品法检目录大幅度调整对广西相关业务的影响，围绕国家质检总局加强进出口商品质量宏观管理、创新进出口检验监管机制等18条措施，研究转变职能、改进监管服务的方式方法，明确了广西辖区强化检验监管的11项重点工作，并积极参加国家质检总局创新检验监管机制课题研究，推动检验监管制度的改革。同时，推动建立广西首个自治区级出口工业品质量安全示范区；开展进口废物原料、危化产品等检验检疫监管专项督查，打击和预防“洋垃圾”非法入境；加强进口金属矿产品检验监管，检出7批放射性超标或有害元素超标货物，实施退运处理。2013年，广西出入境检验检疫部门检验检疫出入境货物37.7万批次（货值279.4亿美元），截获进境动植物有害生物558种、11 682次，其中检疫性有害生物50种、842次，属全国首次截获的有害生物19种。旅邮检共截获禁止携带物8 030批，检出有害生物388次，其中检疫性有害生物10种、139次。签发各类原产地证书5.5万份，签证金额20.3亿美元。查验出入境人员745万人次，健康检查2万人次，发现病例0.4万人次，检疫出入境交通工具65万辆架次，检疫查验出入境集装箱20.2万标箱。

【广西出境检验检疫局积极服务地方外经贸发展】 协调国家质检总局和中马钦州产业园区管委会推动进口马来西亚燕窝项目建设，就燕窝进口检验检疫监管要求、燕窝及营养保健食品检测国家重点实验室、园区燕窝产业的发展进行多次专题研究，促成8家马来西亚燕窝生产加工企业通过国家认证认可监督管理委员会考核注册，获得对华出口燕窝资格。2013年年底，国家质检总局发布公告，马来西亚加工净燕恢复对华出口。会同钦州保税港区管委会举办了新闻发布会，向国家质检总局申报筹建燕窝及营养保健食品检测国家重点实验室；帮助钦州保税港区获得国家质检总局批准，筹建全国唯一的进口酒类综合服务产业知名品牌创建示范区。与云南、贵州检验检疫局分别签署了合作协议，与9个直属局签订合作备忘录，参与西南六省区检验检疫多方合作，更好地发挥广西作为西南出海大通道的作用。全力服务第10届中国—东盟博览会，连续10年保持零投诉，承办中国—东盟质检部长会议（论坛），获得中国—东盟博览会10周年品牌论坛荣誉。为解决困扰多年的边贸检验检疫监管，特别是边民互市贸易监管难题，广西检验检疫部门以创新边贸管理为突破口，根据广西边贸形势和特点，以底线思维为导向，以风险分析为基础，通过实施“三个统一，两个加强”，即统一同类商品检验检疫工作规范和作业指导书，统一执法尺度和执法依据，统一使用边贸检验检疫综合业务管理系统（BIQ），加强口岸现场快速检测实验室建设（2013年年内共投入857万元的仪器设备，投入比例和金额为历年最高），加强运用信息化手段对边民互市贸易点实行视频监控等措施，探索与边贸发展要求相适应的检验检疫监管体系，取得初步成效，既进一步规范了边民互市贸易检验检疫管理，又加快了通关速度，促进了边贸发展。深入贯彻执行支持广西扩大开放、促进外贸平衡发展的各项措施，积极落实法检目录调整和检验监管制度改革，免收检验检疫规费1.26亿元，有力地支持了广西外贸的发展。

【广西壮族自治区公安边防总队服务大型会议活动亮点突出】 2013年，广西边检机关圆满完成了“中国—东盟博览会”、“中越青年大联欢”、“两岸经贸论坛”等大型会议活动中，32名各国政要、76个专（包）机、320个代表团、5.8万余人次的出入境边防检查专项勤务。强化“数字边检”建设。建立三级勤务指挥平台，依托口岸辖区和执勤现场的电子地图，研发启用依托GPS定位功能，可实现处突和执勤各个单元在电子地图和三维地图上直观动态实时呈现的系统，搭建集语音、视频、图像监控、勤务指挥等多种功能于一体的扁平化勤务综合指挥平台；建立网上警务室、网上边检站、边防官方微博、警民互动QQ群等，推行预约服务、引办服务、延时服务、网络服务，进一步延伸服务触角。强化执勤人员培训。坚持以贴近实战、注重实效为原则，突出重点，丰富形式，强化业务培训的实用性，广泛开展专题培训、理论引训、实战导训，进一步提高专项勤务执勤人员的业务素质和专业技能水平。优化通关环境，进一步优化重要代表团礼遇、团队预约通关、移动查验、增开临时通道等便利措施，形成按类分流、集中验放的高效通关机制。在口岸执勤现场成立边检志愿者服务队，开通24小时边检服务热线，印制边检宣传画册、海报、服务手册、会议指南等涵盖大会信息和具有边检服务特色的宣传品，让与会嘉宾享受便捷、温馨的通关服务。加强勤务保障，认真总结服务大型会议活动的经验做法，不断优化勤务实施方案。积极克服各国代表团出入境时间集中、执勤警力不足、通关压力大等困难，建立客流预测分析机制，及时调整勤务安排；针对各国代表团级别高、人数多的实际，抽调外语精、业务熟的执勤人员组成机动服务小组，负责对各国领导人、重要外宾的出入境勤务，进行“定点、定人、定向服务”，全力提供优质高效、安全便捷的通关服务。

【广西壮族自治区公安边防总队口岸管控成效突出】 2013年，广西边检机关共查获在控对象153人次、在逃人员21人、失效证件84本，查获偷渡案件8起10人次，查处其他违法违规人员178人次。加强口岸安全风险评估，坚持口岸安全风险分析评估机制，部署开展出入境证件信息录入排查活动、口岸安全隐患排查专项行动，充分发挥人口信息系统、照片查控比对系统及API旅客信息系统的功能作用，提高口岸防控能力。依托广西壮族自治区公安边防总队证件研究中心，积极举办证件研究培训班，应势出版了多项出入境证件研究安保专刊。桂林、南宁边检站依托证件研究成果分别查获2起内地居民持伪假签证偷渡出境案件。严密口岸查控工作，强化一线检查员人证对照、资料录入、证件识别等查验环节，不断加大对重点国家和地区人员查验力度。同时，定期组织全区梅沙系统巡检，建立完善资料核查制度，专人负责定期核对查控数据，确保口岸查控工作万无一失。制定下发《边防检查工作指引》，进一步加强对来自重点国家、地区的交通运输工具和人员及其携带行李物品的检查、抽查力度，及时发现偷运入境违禁物品，进一步提高口岸管控能力。强化对外警务协作，各边检站、边境检查站加强与驻地解放军、国安、国保、刑侦、海关等部门协作，依托对越警务协作机制，建立了“定期会晤、专题会晤、紧急会晤”三项联络制度，落实了互通情况、互通线索、互通信息的“三通”工作机制。各级边检机关与越方举行会谈会晤 168 次，协调地方政府、驻军部队和兄弟单位专题会谈 69 次，处理涉外事务信函 1 700 余件，遣返“三非”越南人 75 批 887 人，移交外逃新疆籍人员 3 批 20 人，协助境外抓捕重大外逃案犯 8 人。提升技防含量，针对口岸边境一线渡口、码头、便道众多不易设防的地理环境特点，按照“实时可视可控”的要求，建立口岸辖区沙盘模型，为定期开展战术研讨、图上推演、实兵拉练、观摩交流，实施精确打击奠定基础；升级改造监控系统，覆盖所有重点执勤区域和执勤岗位单元，将现有监控图像全部接入站部监控平台，联网率达到 100%，可远程实时操控，可实现网络化、扁平化、可视化指挥调度，为进一步加强口岸安全管控提供技术保障。

【广西海事局认真履行水上交通安全监管职责，提高海上突发事件应急处置能力】 深入开展“平安交通”、“打非治违”、“海船消防安全专项检查”、“船舶推进装置及辅助设备集中检查”等专项活动，紧抓“六船一筏”、法定节假日和 35 个民俗节日、56 处航段等监管重点、难点，采取针对性措施，保障了重点船舶、重点时段、重要航段的水上交通安全。辖区事故件数、死亡失踪人数、沉船艘数、直接经济损失同比分别下降 61.9%、88%、3.3%、68.16%，辖区水上交通安全形势稳中趋好。实行船舶进出港许可业务代理诚信管理制度，规范船检管理程序，开展船舶降滞攻坚战，共检查中国籍船舶6 698艘次，检查外国籍船舶 816 艘次，办理船舶进出港签证 265.6 万艘次，监管水上货物吞吐量 3.61 亿吨、水上旅客 6 743 万人次。严抓船员考评发证质量，共组织船员考试 432 期、2.2 万人次，发放证书 2.55 万本。实施航运公司差别化管理，审核航运公司 34 家、船舶 169 艘次。强化现场监管，累计巡航 2.38 万次、9 万小时、95.6 万海里，查处违法行为 4 585 起。严格落实船载危险货物和散装固体货物申报制度，打击船舶违法载运危险品和渡船乘客夹带危险品等行为。加强通航秩序维护和水上水下活动监管，组织审查通航安全影响论证和评估报告 55 项，审批水工项目 114 项，监管水工项目 147 个，发布航行通（警）告 450 份。应急机制不断完善，牵头起草的《广西壮族自治区海（水）上搜救奖励和补偿管理暂行办法》已由自治区人民政府印发实施，开创国内先河。演习演练不断强化，共组织开展了海（水）上应急演习演练 61 次，提升了应急处置能力，成功承办了交通运输部和自治区人民政府在钦州联合举办的我国迄今为止规模最大的 2013 年海上溢油应急处置专项演习。防抗台风成效显著，组织防抗热带风暴、台风 12 个，为历年之最，成功应对“飞燕”等 3 个台风的接连来袭。应急处置科学高效，坚持 24 小时应急值班，及时有效地处置水上险情，共组织开展海（水）上搜救行动 136 次，成功救助船舶 112 艘、人员 711 人，人命救助成功率 97. 53%。成功处置“1·21”海南籍渔船“琼临高 10011”火灾险情。史上最强台风“海燕”来袭期间，12 小时内迅速处置 16 起险情，成功救助遇险人员 57 人。支持并保障辖区“两岸直航”，钦州至高雄贸易航线开通与安全营运，北海、防城港中越客运航线复航。积极协助做好钦州保税港区二三期泊位开放和防城港、梧州口岸扩大开放工作。成功保障钦州海上原油安全，清洁过驳 711 万吨，为地方增加税收 30 多亿元。组织协调相关单位疏导长洲水利枢纽待闸船舶，确保了西江黄金水道安全畅通。加强口岸查验单位间协作，与南宁海关签订合作备忘录，促进通关便捷、高效。促成北海铁山港1号、2号泊位临时开放，进靠船舶107艘，装卸货物516万吨，为临港企业节约物流成本4亿多元；协调解决了沿海载运种子饼船舶适装证书不适应问题，解决了企业的实际困难。

开放口岸

【桂林空运口岸】 桂林空运口岸位于桂林市西南方向临桂县境内，距市中心26千米，中心点地理方位为北纬25°13′06″、东经110°02′22″。2012年桂林空运口岸被国家质检总局授予《世界卫生组织口岸核心能力建设达标单位》，成为广西首个符合《国际卫生条例》要求的空运口岸。2013年，桂林空运口岸共安全保障国际航班（地区）出入境飞机2 567架次，安全验放出入境人员38.09万人次。目前已开通国际（地区）定期航班7条（泰国曼谷、马来西亚吉隆坡、韩国首尔、新加坡、中国台北、中国高雄、中国香港）。

【南宁空运口岸】 南宁空运口岸位于南宁市良庆区，距南宁市区32千米。2013年，南宁机场开通21条国际（地区）航线，直飞香港、澳门、台北、台中、高雄、花莲，以及新加坡、吉隆坡、胡志明、雅加达、金边、万象、仰光、曼谷、首尔、济州、普吉、槟城、达卡、熊本、安克雷奇等国际（地区）城市。2013年，南宁空运口岸共查验出入境旅客和员工58.4万人次，出入境航班4 980架次，进出口货物23.09万吨，同比增长37.69%。

【北海空运口岸】 北海空运口岸位于北海市银海区境内，占地面积约37.4万平方米。机场飞行区等级为4D标准，可全天候起降B737、A320等同类机型。北海机场新航站楼投资3.08亿，面积2.7万平方米，三层，高度24米，值机柜台6个，VIP候机室6个，廊桥5个，远机位2个，行李传送系统1套，设计旅客吞吐量270万人次/年，高峰小时吞吐量1 350人。口岸已开通北海—香港直飞业务，2013年共出入境飞机50架次，出入境旅客833人次。

【友谊关陆路（公路）口岸】 友谊关陆路（公路）口岸距离凭祥市区18千米，距离越南谅山18千米，与越南友谊口岸相对，为常年开放的国际性口岸。口岸于1951年开通，1979年一度关闭，1992年4月经国务院批准恢复对外开放。2012年9月，友谊关口岸荣获世界卫生组织口岸核心能力达标单位。2013年，先后完成了友谊关口岸边检站的查验设施维修工程、友谊关口岸联检楼三楼会议室及卫生间的改造工程、友谊关口岸限定区域内广场部分地板砖的更新工程、友谊关口岸零公里绿化美化，极大地改善了友谊关口岸通关环境，对加快口岸的通关速度和发展口岸经济起到了积极的推动作用。2013年，友谊关口岸出入境人员96.12万人次，进出口货物105.87万吨，出入境车辆97 679辆。

广西凭祥综合保税区于2008年12月经国务院批准设立，规划控制面积8.5平方千米，位于广西凭祥市友谊关，一期于2011年9月30日正式封关运营。广西凭祥综合保税区是广西北部湾经济区开放开发的重要平台，是服务于中国—东盟自由贸易区贸易往来，集口岸、国际贸易、保税物流、保税加工、国际配送等功能于一体的国际经济合作区域。自封关运营以来，广西凭祥综合保税区运行情况良好，2013年新增入区登记注册企业36家，其中有3家越南企业入区设立办事处。2013年，园区进出口贸易额完成70.42亿美元，同比增长119.57%。其中，口岸业务70.22亿美元，保税业务0.2亿美元。固定资产投资额完成0.8亿元，招商引资签约项目投资额完成2.4亿元，关税、进口增值税收入完成4.5亿元。

【东兴陆路（公路）口岸】 东兴陆路（公路）口岸位于东兴市繁华市区，地处我国西南陆地边境线与大陆海岸线的汇合处，在中越边境的最东端，东南濒临北部湾，北面背靠十万大山，通过北仑河大桥和越南芒街口岸连接，为常年开放的国际性口岸。口岸于1958年经国务院批准对外开放，1978年一度关闭，1994年4月17日恢复对外开放。2011年国务院批准设立东兴开发开放试验区，东兴口岸同东盟各国的贸易、旅游交流将进一步发展。2013年11月，广西壮族自治区公安厅口岸签证处入驻东兴口岸现场，东兴口岸正式启动外国人口岸签证业务，成为广西第1个陆路口岸签证处。2013年投资870万元建设的出入境大厅调换改造工程竣工投入使用，口岸形象得到了很大的提升。2013年，东兴口岸出入境人数为442.5万人次，进出口货物为20.81万吨，出入境车辆为20 96辆次。经东兴口岸进口的货物主要有橡胶、红木、矿产品、碳、干果、糖果、棉纱等；经东兴口岸出口的商品主要有纺织品、机械设备、鞋材、干货、电缆、塑料制品等。东兴口岸的发展对促进我国西南地区同东盟各国的发展和联系起到了重要的作用。

【水口陆路（公路）口岸】 水口陆路（公路）口岸位于龙州县的西端，中越边界西路943（1）号界碑处，水口镇境内，距龙州县城34千米，与越南驮隆口岸仅一河之隔，为常年开放的双边性口岸，1978年曾一度关闭，1992年10月经国务院批准恢复对外开放。2013年，完成了水口口岸联检楼改扩建工程的主体工程建设。2013年经水口口岸出入境人员67.92万人次，出入境车辆243 529辆次，进出口货物9.57万吨。水口口岸主要进出口货物有冻海产品、腰果、核桃、机电配件及日用品等。

【龙邦陆路（公路）口岸】 龙邦陆路（公路）口岸位于百色市靖西县龙邦镇，地处中越边境741号～742号界碑，与越南茶岭口岸对应，距靖西县城42千米，距越南茶岭县城5千米。2003年1月，国务院批准龙邦口岸对外开放。2007年10月，龙邦口岸通过验收正式对外开放。2013年开工建设口岸二期挡土墙，项目总投资1 400万元，已完成搬土7万多立方米、滑坡面喷浆加固约5 000平方米、抗滑桩50条、人工挖桩成孔30条、坡面排水2条。龙邦口岸驻县城办证大楼完成八层主体框架和内墙墙体，正在进行门窗制作等工作。龙邦口岸进出口货物主要有腰果、核桃、冷冻海产品、铁矿、锰矿、钢筋、搅拌机、打谷机、电器、电子产品、照明装置等共十五大类100多个品种。2013年，龙邦口岸出入境人员8.02万人次，进出口货运量16.78万吨，出入境车辆45 956辆次。

【平孟陆路（公路）口岸】 平孟陆路（公路）口岸位于中越边界第647号界碑处，与越南朔江口岸相对应，是广西最西端的陆路口岸。2011年10月9日，国务院正式批复平孟公路口岸对外开放，口岸性质为中国和越南双边公路客货运输口岸，2013年平孟口岸尚未通过国家验收正式对外开放。为早日通过国家验收，平孟口岸加快建设步伐，2013年完成了口岸新联检大楼、国门广场、口岸验货场一期工程、报关报检楼维修改造等项目建设，开通了口岸新的联检查验通道，平孟口岸现场查验设施基本达到国家开放口岸功能运转设置的要求。2013年，平孟口岸进出口货物主要有水果、海鲜、中药材、纺织品、建材、土特产品、矿产品和小五金等。2013年，平孟口岸出入境人员8.74万人次，进出口货运量10.1万吨，出入境车辆5 736辆次。

【凭祥陆路（铁路）口岸】 凭祥陆路（铁路）口岸位于凭祥市南区，与越南同登口岸相对应，为常年开放的国际性口岸，于1953年经国务院批准对外开放，是湘桂铁路的终点，也是广西唯一的一个铁路口岸。凭祥铁路口岸站区内设立40股道标准轨，窄轨铺轨总长13.2千米，站线铺轨21.61千米，占地1.8平方千米，货物站台3 500平方米，旅客站台3 840平方米，候车室280平方米，货仓420平方米，准轨客车1 397辆，窄轨客车142辆，换装能力111.8万吨。2013年，主要完成了凭祥铁路口岸检验检疫现场查验设施改造、增添新设备等工程，口岸的监管服务区占地面积约5万平方米。2013年，凭祥铁路口岸进出口货运量66.76万吨，出入境人员7.72万人次，出入境火车2 695列次。2013年9月凭祥铁路口岸顺利通过世界卫生组织口岸核心能力达标单位检查验收。

【防城港水运（海港）口岸】 防城港水运（海港）口岸位于广西南部沿海北部湾北岸，是我国大陆海岸线最西南端的深水良港，也是我国沿海11个主要港口之一及西部第一大港，1983年7月经国务院批准对外国籍船舶开放，为常年开放国际性口岸。口岸地理位置和建港条件得天独厚，北靠云、贵、川，南濒北部湾，东邻粤、琼、港、澳，西接越南，地处华南经济圈、西南经济圈与东盟经济圈的结合部，是中国通往东盟、南亚、西亚、欧洲、非洲、大洋洲及南美洲海上运距最短的口岸。

经过40多年的发展，口岸所在港口防城港已经拥有泊位41个，其中万吨级以上深水泊位26个，泊位最大靠泊能力为20万吨级，是广西港口中码头泊位最多、功能最齐全的港口。防城港20万吨级矿石码头两边均能靠船，是国内唯一的前沿吃水最深，既可卸船又可装船的20万吨级码头。防城港硫磷专用码头是全国目前唯一一个现代化硫磷专用泊位。铁路、高速公路直达港口，各类仓储和装卸设备齐全。口岸与100多个国家和地区的250多个港口有业务往来。2013年，防城港口岸进出口货运量5 789.55万吨，集装箱完成15.63万标箱。防城港口岸进口的产品主要有煤炭、铁矿石、黄豆、化工、农林产品等；出口的产品主要有煤炭、铁矿石、非金属矿石、化肥及农药等。

【北海水运（海港）口岸】 北海水运（海港）口岸位于广西南端、北部湾东北部的北海半岛西段北岸，东经109°4′12″，北纬21°28′5″。它以环北部湾的中心城市北海为依托，水域地域宽广，地理优势显著：背靠大西南，面向东南亚，南与海南隔海相望，西濒越南，处于“一城系四南”的中枢位置，为常年开放的国际性口岸。口岸现有9个泊位，其中2个万吨级泊位，1个2万吨级泊位，1个3.5万吨级泊位，设计吞吐能力215万吨。1998年4月，经广西壮族自治区政府同意，开通北海至越南下龙海上旅游航线业务。2013年6月，北海港客运口岸联检大楼投入使用。2013年，北海口岸出入境船舶1 429艘次，进出口货物981.75万吨，出入境邮轮82艘次，旅客6 500人次。

【钦州水运（海港）口岸】 钦州水运（海港）口岸1994年6月经国务院批准设立，1997年6月18日通过验收正式宣布对外开放，是常年开放的国际性口岸。钦州港位于广西钦州市境内，北部湾顶端的钦州湾内，地处东经108°37′44″~108°41′29″，北纬21°36′40″~21°44′23″，处于广西南部沿海南（宁）北（海）钦（州）防（城）沿海经济区的中心位置，面向东南亚，背靠大西南，三面环山，南面向海，是天然的避风良港，水深，港池宽，潮差大，回淤少，建港条件优越，是大西南地区通向东南亚最便捷的出海口之一。2013年，钦州口岸基础设施建设主要是钦州口岸联检大楼。目前，副楼（共四层）已经封顶，主楼施工至第三层；钦州保税港区查验部门永久性业务技术用房项目已经封顶；钦州港果子山边地贸口岸联检楼的可行性研究报告审核通过，项目的初步设计通过了专家评审。钦州港口岸出口货物种类主要有化肥、碳电极，磷酸、磷酸氢钙等化工原料；进口货物种类主要有铁矿、锰矿等金属矿石、原油、煤炭、淀粉、生牛皮、机械设备等。口岸2013年进出口货运量2 182.05万吨。

钦州保税港区于2008年5月29日经国务院批准设立，是我国西部沿海唯一的保税港区，规划总面积10平方千米，由码头作业区、保税物流区、出口加工区和综合服务区组成，2011年2月16日全面开港运营。2011年11月1日钦州保税港区整车进口口岸顺利通过国家验收并对外开放，汽车进口业务已正常开展。为充分发挥口岸的优势，保税港区 1.6 万平方米的国际汽车城、进口汽车检测线已投入使用，7 万吨级的汽车滚装泊位、15 万平方米的汽车堆场也将全面竣工，将形成年进出口汽车 30 万辆以上吞吐能力，成为西南地区重要的汽车进出口基地。目前，一期 2.5 平方千米的基础及监管设施已全面建成，2 个 10 万吨级集装箱码头已正常运营，一期项目用地已招商完毕，二三期基础和监管设施已通过预验收。保税港区整车进口开局良好，特色业务加快培育，集装箱运输业务快速发展，招商引资取得新成效，已有 135 家公司落户。2013 年，钦州保税港区港口货物吞吐量完成 1 616 万吨，同比增长 39.7%；进出口总额完成 13.72 亿美元，同比下降 45%；关税及进口环节税 6.27 亿元，同比下降 68%；集装箱吞吐量 60.13 万标箱，同比增长 26.8%，其中外贸集装箱 3.01 万标箱，同比增长 43%；固定资产投资 13 亿元，同比增长 4%；地方税收 4 530 万元，同比下降 30.4%。

【江山水运（海港）口岸】 江山水运（海港）口岸于 1994 年 10 月经国务院批准对外开放，1995 年 2 月通过验收正式对外开放，为仅限中国籍和越南籍船舶开展运输业务的常年开放的口岸。江山港位于防城港市防城区江山半岛西南端，东经 108°13′，北纬 21°30′，其东北部是防城港，西南与越南隔海相望，海路距越南鸿基不足 80 海里，陆路距防城区 38 千米，是一个水深、避风、不淤积的天然良港。江山港边地贸口岸开放以来，凭借其距离越南较近、航道状况良好、水路便利等优势，主要进口越南的煤、菅草、木材等货物，出口产品主要有钢材等。2013 年江山水运（海港）口岸进出口货运量 39.09 万吨。

【企沙水运（海港）边地贸口岸】 企沙水运（海港）边地贸口岸于 1994 年 10 月经国务院批准对外开放，1995 年 5 月通过验收正式对外开放，为仅限中国籍和越南籍船舶开展运输业务的常年开放的口岸。企沙港位于防城港市港口区的企沙镇内，地处北部湾西北部的企沙半岛南端，东面和南面濒临北部湾，东北面与钦州港相邻，西面为防城港，北面背靠大西南。口岸现有 5 个业主码头，建有泊位 37 个。口岸进口货物主要是矿产品、无烟煤、原木，出口货物主要是白水泥、石膏、建筑用玻璃和机电产品。2013 年，该口岸进出口货运量 463.37 万吨。

【石头埠水运（海港）口岸】 石头埠水运（海港）口岸于 1994 年 10 月经国务院批准对外开放，1995 年 4 月通过验收正式对外开放，为仅限中国籍和越南籍船舶开展运输业务的常年开放的口岸。2013 年，该口岸出入境船舶 202 艘次，进出口货物 11.19 万吨。

【梧州水运（河港）口岸】 梧州水运（河港）口岸位于广西东部，北纬 23°30′，东经 111°，是广西乃至西部地区毗邻粤港澳地区最近的口岸，地处珠江流域中游的桂江、浔江、西江交汇处，与粤港澳一水相连。口岸经梧州沿江而上，可至贵港、南宁、柳州、桂林、百色等地，连接资源丰富的大西南地区，经梧州沿江而下，可达广州、深圳、珠海、香港、澳门，连接沿海经济发达地区，因而梧州口岸素有“广西水上门户”、“两广咽喉”之称。梧州口岸具有百年通关历史，据《梧州市志》记载，早在 1897 年梧州便作为通商口岸对外开放，凭借着天然水运优势，与 130 多个国家和地区有经贸往来，成为广西最大的内河港口，是常年开放的限制性内河水运口岸。

该口岸近年来进出口货物主要包括船舶、人造宝石、电池、松香及其深加工产品、钛白粉、纺织品、服装、玩具、回收固体废料、电子设备、机电产品及配件等。2013 年，该口岸进出口货运量 89.39 万吨，进出口集装箱 9.66 万标箱，出入境人员 1.03 万人次，出入境船舶 1 245 艘次。

【贵港水运（河港）口岸】 贵港水运（河港）口岸于 1992 年 3 月经国务院批准对外开放，1994 年 1 月通过验收正式对外开放，是常年开放的限制性内河水运口岸，位于广西贵港市珠江干流西江中游黎湛铁路与西江航道的交汇处。目前罗泊湾码头作业区堆场面积16万平方米，仓库面积2.05万平方米，码头岸线长900米，5股道专用线长5 000米，拥有3个2 000吨级集装箱泊位、4个1 000吨级件杂货及多用泊位，年吞吐能力为集装箱20万标箱和件杂货180万吨。预计2015年罗泊湾作业区20万标箱集装箱堆场和库场等配套项目建成后，集装箱和件杂货通过能力分别达到30万标箱和300万吨以上。2013年3月，口岸开通贵港至香港定期班线。

该口岸主要出口商品是胶合板、办公家具、白砂糖等，主要进口商品是柴油发动机零配件、小型挖掘机零配件、废纸等。2013年，口岸进出口货运量14.88万吨，出入境集装箱17 662标箱，出入境船舶388艘次，出入境人员2 825人次。

【柳州水运（河港）口岸】 柳州水运（河港）口岸于1988年经国务院批准对外开放，1990年5月通过验收正式对外开放，是常年开放的限制性内河水运口岸，位于广西柳州市区内，距离西南出海通道口约400千米，距离中越边境约450千米，交通运输十分方便。鹧鸪江码头是目前该口岸唯一对外开放的监管场所。由于鹧鸪江码头升级改造，该监管区从2011年年初开始拆除重建，2013年恢复通关业务，在鹧鸪江码头作业区恢复建成口岸简易通关监管设施，并按国家质检总局的标准要求完成口岸卫生检疫核心能力建设，顺利通过质检总局考核组的验收。2013年经柳州海关监管进出口货运量为50.41万吨。

【爱店公路口岸】 爱店公路口岸位于广西崇左市宁明县爱店镇，中越边境1223号界碑处，北距宁明县城51千米，东距东兴市195千米，西距凭祥市友谊关92千米，南距越南首都河内180千米、凉山省府34千米、禄平县17千米，与越南峙马口岸相对。该口岸于1957年对越开放，1979年一度关闭，1991年恢复贸易往来。2009年中越两国政府在签订的《关于中越陆地边境口岸及其管理制度的协定》中同意“爱店—峙马”口岸在条件具备时开放。2012年广西壮族自治区政府向国务院申请将该口岸正式开放。2013年该口岸升格工作完成国家相关部委审理程序，进入文件会签阶段。目前，该口岸主要进出口商品有中草药材、机电产品、针织品、日常用品、水果、干杂货等。2013年，该口岸进出口货物65.15万吨，出入境人员4.7万人次。

【峒中公路口岸】 峒中公路口岸位于广西防城港市防城区峒中镇旧街，中越边境1317（1）号界碑处，处于防城区最西端，距离防城区中心124千米，北靠十万大山，西南与越南广宁省平辽县横模关口接壤。该口岸于20世纪50年代就已对外开放，1979年一度关闭，1991年恢复贸易往来。2009年中越两国政府在签订的《关于中越陆地边境口岸及其管理制度的协定》中同意“峒中—横模”口岸在条件具备时开放。2013年年底，广西壮族自治区政府向国务院申请将该口岸正式开放。近年来，该口岸主要从越南进口农副产品及海产品和药材，出口我国广西以至华南地区的日用五金百货产品和轻工机械建筑材料等产品。2013年，该口岸进出口货物7.73万吨，出入境人员5.36万人次。

【硕龙公路口岸】 硕龙公路口岸位于广西崇左市大新县硕龙镇，中越边境847号界碑处，距大新县县城45千米，距靖西龙邦口岸150千米，距龙州水口口岸130千米，西与越南高平省接壤，距越高平市105千米，距高平省重庆城38千米、下琅县城30千米，对应越方里板口岸。该口岸于1954年对越开放，1978年一度关闭，1991年恢复贸易往来。2009年中越两国政府在签订的《关于中越陆地边境口岸及其管理制度的协定》中同意“硕龙—里板”口岸在条件具备时开放。该口岸出境的货物主要有化肥、农药、布匹、服装及其他生活日用品、建材、机电产品等，入境货物主要有锰矿石、林木、果类、中草药材等。2013年，该口岸进出口货物4.89万吨，出入境人员8.97万人次。

【平而关口岸】 平而关口岸位于广西崇左市西南、凭祥市西北端，中越边境1036（1）号界碑处，距凭祥市区23千米，西南面与越南隔河相望，与越南平宜口岸对应，该口岸是凭祥市唯一的公路、水路口岸，1979 年一度关闭，1991 年恢复贸易往来。2009 年中越两国政府在签订的《关于中越陆地边境口岸及其管理制度的协定》中同意“平而关—平宜”口岸在条件具备时开放。该口岸目前只有边民间的小船通航，口岸规模很小，以边民互市为主。2013 年开工建设了平而河大桥。2013 年，该口岸进出口货物 0. 24 万吨，出入境人员 3. 16 万人次。

【科甲公路口岸】 科甲公路口岸位于广西崇左市龙州县武德乡，中越边境 911 号界碑处，与越南高平省下琅县山水相连，距龙州县城 39 千米，对应的是越南的下琅口岸。该口岸于 1953 年对越开放，1978 年一度关闭，1991 年恢复贸易往来。2009 年中越两国政府在签订的《关于中越陆地边境口岸及其管理制度的协定》中同意“科甲—下琅”口岸在条件具备时开放。该口岸进出口的货物主要是农产品、土特产品、日用品和药材等。2013 年，该口岸进出口货物 2. 91 万吨，出入境人员 5. 83 万人次。

【岳圩公路口岸】 岳圩公路口岸位于广西百色市靖西县，中越边境 791 号界碑处，离靖西县城 28 千米，与百色市相距 209 千米，距南宁 258 千米，与越南重庆县相连，对应越南坡标口岸，分别与越南重庆县城、高平市、首都河内相距 22 千米、72 千米、342 千米。该口岸于 1952 年 10 月对越开放，1979 年一度关闭，1991 年恢复贸易往来。2009 年中越两国政府在签订的《关于中越陆地边境口岸及其管理制度的协定》中同意“岳圩—坡标”口岸在条件具备时开放。该口岸进出口货物主要有水泥、饲料、锰矿、药材等 50 多种。2013 年，进出口货物 2. 13 万吨，出入境人员 5. 56 万人次。

【南宁内河水运外贸货物装卸点】 南宁内河水运外贸货物装卸点于 1987 年正式对外开放，位于南宁市邕江河段，上溯左江可达龙津港，溯右江可通百色，下航可抵贵港、梧州、广州、香港、澳门等地。1992 年有码头泊位 23 个，年吞吐能力 115 万吨，港口有铁路专线与南宁火车站相接。南宁港经过几十年建设，已具备了发展成为一个吞吐量达 1 000 万吨以上的现代化内河大型港口的基本条件。南宁水运外贸货物装卸点开通了直达香港、澳门的外贸货物运输。西江航运贵港枢纽二期工程建成通航后，千吨级船队可从南宁直达港澳，可进行散装和集装箱运输。铁路进出口运输由南铁南宁站和南宁南站承担装卸和编组任务，验关点设在南宁南站的沙井外贸仓库专用线。随着南宁市的逐步发展，南宁内河水运外贸货物装卸点现有的软硬环境设施已逐渐不能满足南宁市水运业发展的需要，南宁港码头已于 2008 年下半年拆除，南宁内河水运外贸货物装卸点因为码头拆迁而暂停业务。该外贸货物装卸点新址规划定点位于南宁港中心城港区牛湾作业区，牛湾作业区一期工程目前正在施工建设。

广西壮族自治区口岸大事记

1 月 8 日

全国政协副主席黄孟复考察钦州保税港区。

1 月 12 日

广西壮族自治区党委书记彭清华考察钦州保税港区。

1 月 15 日

广西壮族自治区党委书记彭清华到广西凭祥综合保税区和友谊关口岸调研视察。

1 月 18 日

南宁海关、广西出入境检验检疫局、自治区农业厅、林业厅、商务厅、工商局、水产畜牧兽医局、广西壮族自治区公安边防总队 8 个单位共同签署“加强边境疫病疫情防控，促进广西经济社会协调发展合作备忘录”。

1 月 30 日

交通运输部首次批复同意国际航行船舶临时进靠北海铁山港 1 号、2 号泊位。

2 月 20 日

广西壮族自治区党委书记彭清华到梧州进口再生资源加工园区视察工作。

4 月 11 日

广西壮族自治区代主席陈武到贵港口岸视察

工作。

4 月 25 日

广西壮族自治区主席陈武视察钦州保税港区。

5 月 13 日

广西壮族自治区党委书记彭清华到龙邦口岸调研。

6 月 1 日~3 日

全国人大常委会副委员长向巴平措到东兴、凭祥、水口口岸调研。

6 月 18 日

越南北琦投资股份公司 1 辆重型牵引车及其挂车从越南首都河内出发，经友谊关口岸入境，完成了越南河内—中国深圳直达货运线路的试运行。这是自 2012 年 2 月《中越两国政府修改协定的议定书》和《中越两国政府实施协定的议定书》生效以来，越南货运车辆首次进入我国非边境省（区）。

6 月 28 日~7 月 2 日

首艘广西籍国际航行邮轮“北部湾之星”完成北海至越南下龙湾跨国旅游航线首航。

7 月 8 日

广西壮族自治区党委书记彭清华、广西壮族自治区主席陈武陪同国务院总理李克强考察钦州保税港区。

8 月 24 日

全国政协副主席马飚视察梧州进口再生资源加工园区。

8 月 28 日

全国政协副主席马飚视察南宁保税物流中心。

9 月 2 日

国家质检总局局长支树平一行先后到广西出入境检验检疫局综合实验楼建设工地、技术中心国家农产品安全检测重点实验室、国际旅行卫生保健中心实验室、广西出入境检验检疫局机关视察。

中国—东盟互联互通交通部长特别会议在南宁举行，会议由交通运输部部长杨传堂和老挝公共工程与运输部部长宋玛・奔舍那共同主持。广西壮族自治区政府主席陈武和中国外交部副部长刘振民出席开幕式并致辞。东盟各国交通部长（部长代表）、东盟秘书处副秘书长林康宪，我驻东盟大使杨秀萍及双方企业界代表出席会议。

9 月 3 日

交通运输部部长杨传堂视察调研广西海事工作，并指导党的群众路线教育实践活动开展。

国家质检总局局长支树平出席第 10 届中国—东盟博览会，并到广西出入境检验检疫局驻博览会现场办、广西特种设备监督检验院视察。

9 月 23 日

“2013 年海上重大溢油应急处置演习”在广西钦州港青菜头水域成功举行，交通运输部副部长、中国海上搜救中心主任何建中，广西壮族自治区副主席、广西海上搜救中心指挥长张晓钦参加并共同担任此次演习的总指挥。这是我国迄今为止规模最大的海上溢油应急处置专项演习，既是全国海上搜救机构成立 40 年来，国家层面首次针对重大海上溢油进行的专项演练，也是国家重大海上溢油应急处置部际联席会议制度建立以来的第 1 次国家层面演练。

10 月 10 日

广西壮族自治区党委书记彭清华视察东兴口岸、东兴边民互市贸易区。

广西壮族自治区主席陈武视察梧州进口再生资源加工园区。

11 月 1 日~2 日

全国政协副主席齐续春率全国政协（北部湾）考察团到凭祥调研。

11 月 4 日

全国政协副主席罗富和视察东兴口岸和东兴边民互市贸易区。

11 月 12 日~15 日

《亚洲地区打击海盗和武装劫船合作协定》（ReCAAP）成员国联络点高官会在广西桂林召开，外交部、公安部、交通运输部和中国船东协会相关人员出席了会议。

11 月 24 日 ~27 日

第 2 届中越青年大联欢活动在广西举行。中共中央政治局委员、国家副主席李源潮和越共中央政治局委员、越南祖国阵线中央委员会主席阮善仁共同出席大联欢活动。

11 月 25 日

中央政治局委员、国家副主席李源潮视察东兴口岸及东兴边民互市贸易区。

12 月 6 日

全国政协副主席何厚铧率澳门工商界代表团到南宁保税物流中心考察。

12 月 21 日

全国政协副主席王钦敏视察东兴口岸。

12 月 23 日

广西壮族自治区主席陈武到凭祥就跨境经济合作区设立的可行性进行调研。

南宁海关隶属邕州海关开关，正式对外办理业务。

12 月 24 日

中国广西与越南广宁在邕召开跨境联合打击走私工作组第 1 次会议。自治区副主席张晓钦代表中方发言，越方代表团团长越南广宁省人委副主席给予积极回应。

12 月 25 日 ~26 日

中越陆地边境口岸管理合作委员会第 1 次会议在广西南宁召开。国家口岸管理办公室主任黄胜强与越南边防部队司令部副司令员兼参谋长黄春战共同主持并签署会议纪要，自治区副主席张晓钦出席会议并致辞。

12 月 26 日 ~29 日

中越陆地边境口岸联合调研组赴中越水—驮隆、爱店—峙马、友谊关—友谊、峒中—横模、东兴—芒街等 5 对边境口岸进行了实地调研，并对中越浦寨—新清、里火—北烽生边民互市点及中方凭祥综合保税区进行了考察。国家口岸管理办公室常务副主任赵福地任中方调研组组长，越南国防部边防部队司令部口岸局局长黎青松任越方调研组组长。

（撰稿人：张蘅）

2013年广西壮族自治区口岸流量统计表

口岸类型		口岸名称	货运量（万吨）				集装箱量（万标箱）				人员（万人次）				交通工具（辆、艘、架、列次）			
			出口	进口	合计	同比（%）	出口	进口	合计	同比（%）	出境	入境	合计	同比（%）	出境	入境	合计	同比（%）
空运口岸		桂林	4.21	4.58	8.79	+89.03					19.33	18.76	38.09	-6.37	1 287	1 280	2 567	-5.17
		南宁									28.97	29.47	58.44	+29.15	2 470	2 510	4 980	+22.3
		北海									0.03	0.05	0.08	-76.47	25	25	50	-69.51
		分计	4.21	4.58	8.79	+89.03					48.33	48.28	96.61	+1.13	3 782	3 815	7 597	+9.45
陆运口岸	公路口岸	友谊关	104.68	1.19	105.87	+0.62					47.97	48.15	96.12	+0.73	47 428	50 251	97 679	+64.37
		东兴	15.15	5.66	20.81	-8.00					220.7	221.8	442.5	+18.13	10 479	10 479	20 958	+0.38
		水口	8.66	0.91	9.57	+8.38					33.85	34.07	67.92	+77.01	121 765	121 764	243 529	+217.07
		龙邦	7.81	8.97	16.78	85.38					3.95	4.07	8.02	+94.66	22 978	22 978	45 956	+193.31
		平孟	3.44	6.66	10.10	+3.59					4.36	4.38	8.74	+2.46	2 868	2 868	5 736	+1.09
		分计	139.74	23.39	163.13	+4.08					310.83	312.47	623.3	+19.89	205 518	208 340	413 858	+127.33
	铁路口岸	凭祥	1.01	65.75	66.76	-7.88					3.81	3.91	7.72	-3.78	1 197	1 227	2 424	-14.73
		分计	1.01	65.75	66.76	-7.88					3.81	3.91	7.72	-3.78	1 197	1 227	2 424	-14.73

续表

口岸类型		口岸名称	货运量（万吨）				集装箱量（万标箱）				人员（万人次）				交通工具（辆、艘、架、列次）			
			出口	进口	合计	同比（%）	出口	进口	合计	同比（%）	出境	入境	合计	同比（%）	出境	入境	合计	同比（%）
水运口岸	海港口岸	防城港	567.66	5 221.89	5 789.55	+6.48	8.06	7.58	15.64	+12.57	2.71	3.06	5.77	-0.52	1 441	1 624	3 065	-2.57
		北海	215.54	766.21	981.75	+30.26	2.60	2.24	4.84	-7.91	0.34	0.31	0.65		729	700	1 429	+7.36
		钦州	86.65	2 095.4	2 182.05	-3.57	1.40	1.60	3.00	+65.17	1.51	1.59	3.10	-19.27	991	1 021	2 012	-27.83
		江山		39.09	39.09	-41.24					0.17	0.21	0.38	-57.3	238	238	476	-35.5
		石头埠		11.19	11.19	+97.35									101	101	202	+53.03
		企沙	0.99	462.38	463.37	-7.28					2.35	2.37	4.72	+21.96	2 404	2 404	4 808	-31.76
		分计	870.84	8 596.16	9 467.00	+4.62	12.06	11.42	23.48	+15.27	7.08	7.54	14.62	+5.71	5 904	6 088	11 992	-20.94
	河港口岸	梧州	38.56	50.83	89.39	+4.86	4.70	4.96	9.66	+0.36	0.48	0.55	1.03	-7.21	619	626	1 245	-10.69
		贵港	13.30	1.58	14.88	+22.37	0.95	0.82	1.77	+95.95	0.16	0.12	0.28	+27.27	205	183	388	+36.14
		柳州	17.15	41.20	58.35	-27.66									400		400	
		分计	69.01	93.61	162.62	-4.77	5.65	5.78	11.43	+1.05	0.64	0.67	1.31		1 224	809	2 033	+20.21
合计			1 084.81	8 783.49	9 868.30	+4.39	17.71	17.20	34.91	+13.68	370.33	372.74	743.07	+16.13	217 625	220 279	437 904	+66.87
同比（%）			-9.30	+6.37	+4.39		+16.20	+11.18	+13.68		+16.22	+16.04	+16.13		+65.94	+67.79	+66.87	

（广西壮族自治区口岸办提供）

2013年南宁海关主要数据统计表

项目		2013年	同比（%）
进出口货运量（万吨）	合计	9 518	-1.4
	进口	8 510	+0.1
	出口	1 008	-12.6
进出口贸易总值（万美元）	合计	4 324 650	+5.4
	进口	2 332 558	-9.9
	其中：江、海运输	2 229 674	-11.3
	铁路运输	608	-37.5
	汽车运输	92 354	+44.4
	航空运输	7 887	-18.1
	邮件运输	26	+344.4
	其他运输	2 009	+2 490.2
	出口	1 992 092	+31.3
	其中：江、海运输	474 852	-11.0
	铁路运输	107 227	-51.2
	汽车运输	1 408 047	+84.9
	航空运输	320	+44.3
	邮件运输	526	+50.1
	其他运输	350	-35.4
税收（万元）	两税合计	2 476 545	-14.8
	关税入库	256 725	-14.8
	进口环节税入库	2 219 820	-14.8

（南宁海关提供）

2013 年广西壮族自治区口岸出入境主要数据表

项目			2013 年	2012 年	同比（%）
出入境人员（人次）	出入境人员总数		8 504 352	7 260 322	+17. 13
	入境人员		4 259 826	3 634 301	+17. 21
	出境人员		4 244 526	3 626 021	+17. 06
	出入境旅客		8 280 646	7 050 812	+17. 44
	出入境员工		223 706	209 510	+6. 78
	中国公民	小计	2 777 188	2 254 502	+23. 18
		内地居民（因公）	123 533	119 325	+3. 53
		内地居民（因私）	2 308 069	1 761 253	+31. 05
		港澳居民	88 241	95 382	-7. 49
		台湾同胞	257 345	278 542	-7. 61
	外籍人员		2 064 144	1 733 568	+19. 07
	从海港出入境人员		131 791	118 622	+11. 10
	从陆港出入境人员		3 743 489	3 000 520	+24. 76
	从空港出入境人员		966 061	868 928	+11. 18
交通运输工具（辆、艘、架、列次）	总计		572 506	393 031	+45. 66
	船舶		7 430	7 369	+0. 839
	飞机		7 591	6 928	+9. 57
	火车		2 683	3 120	-14. 01
	机动车辆		554 802	375 614	+47. 71

表注：“出入境人员总数”、“入境人员”、“出境人员”、“出入境旅客”、“出入境员工”项数据中含持边民通行证出入境人员数，但“中国公民”、“外籍人员”、“从海港出入境人员”、“从陆港出入境人员”、“从空港出入境人员”项数据中不含持边民通行证出入境人员数。

（广西壮族自治区公安边防总队提供）

2013年广西壮族自治区出入境检验检疫业务统计表

项目		货物检验检疫				交通工具				集装箱（标箱）		发现动植物疫情		货物通关		出入境人员查验（人次）	健康检查及预防接种（人次）			
		批次	金额（万美元）	检验检疫不合格																
				批次	金额（万美元）	船舶（艘）	飞机（架）	火车（节）	汽车（辆）	合计	检出问题	种类数	种次	批次	金额（万美元）		健康检查	艾滋病监测	发现病例	预防接种
本年累计		147 643	2 567 084	1 549	626 329	14 321	8 255	21 174	607 520	321 675	124	361	169	109 652	2 523 778	7 459 842	20 236	19 630	3 876	14 995
其中	出境	96 302	508 296	253	713	7 087	4115	10 584	303 188	160 168	63	16		57 870	449 286	3 724 748	18 295	17 749	3 689	14 987
	入境	51 341	2 058 788	1 296	625 616	7 234	4 140	10 590	304 332	161 507	61	345	169	51 782	2 074 492	3 735 094	1 941	1 881	187	8
同比（%）		-1.08	-11.55	+25.43	+5.24	+2.30	+11.83	-18.70	+47.86	+11.27	+2 380.00	+138.8	+634.80	+6.95	-8.13	+15.12	-4.3	-5.08	-6.29	-23.51
其中	出境	-10.46	-9.39	+104.00	+118.89	+158.00	+11.19	-18.80	+47.58	+11.05	+6 200.00	-38.5		-7.48	-7.78	+15.02	-2.67	-3.25	-3.15	-23.53
	入境	+23.11	-12.07	+16.65	+5.18	+3.02	+12.47	-18.70	+48.14	+11.49	+1 425.00	+161.4	+634.80	+29.51	-8.21	+15.22	-17.4	-19.41	-42.8	+100.00

（广西出入境检验检疫局提供）

2013 年广西海事局进出港船舶统计汇总表

船舶类别	进港船舶							出港船舶						
	艘数（艘）	总吨（吨位）	总载重量（吨）	载客量（客位）	船员人数（人次）	货物到达量（吨）	旅客到达量（人）	艘数（艘）	总吨（吨位）	总载重量（吨）	载客量（客位）	船员人数（人次）	货物发送量（吨）	旅客发送量（人）
总计	1 345 754	227 608 325	331 061 193	43 190 792	311 219	167 014 567	33 758 018	1 345 039	227 827 918	331 643 616	43 144 725	316 178	120 537 444	33 585 728
中国籍船舶	1 339 558	159 404 469	212 972 207	4 3190 792	231 992	82 996 506	33 758 018	1 338 880	160 052 542	214 364 081	43 144 725	236 476	113 541 408	33 585 728
其中外贸船	934	5 540 488	7 135 179	25 559	13 532	5 266 665	3 982	935	5 862 361	8 007 801	26 425	13 766	1 176 806	3 989

（广西海事局提供）

海　南　省

海南省口岸分布示意图

口岸名称	批准开放时间	开放状态
海口航空口岸	2003	国际常年
三亚航空口岸	1995	国际常年
海口水运口岸	1962	国际常年
三亚水运口岸	1984.7	国际常年
洋浦水运口岸	1991	国际常年
八所水运口岸	1988.9	国际常年
清澜水运口岸	1996	国际常年

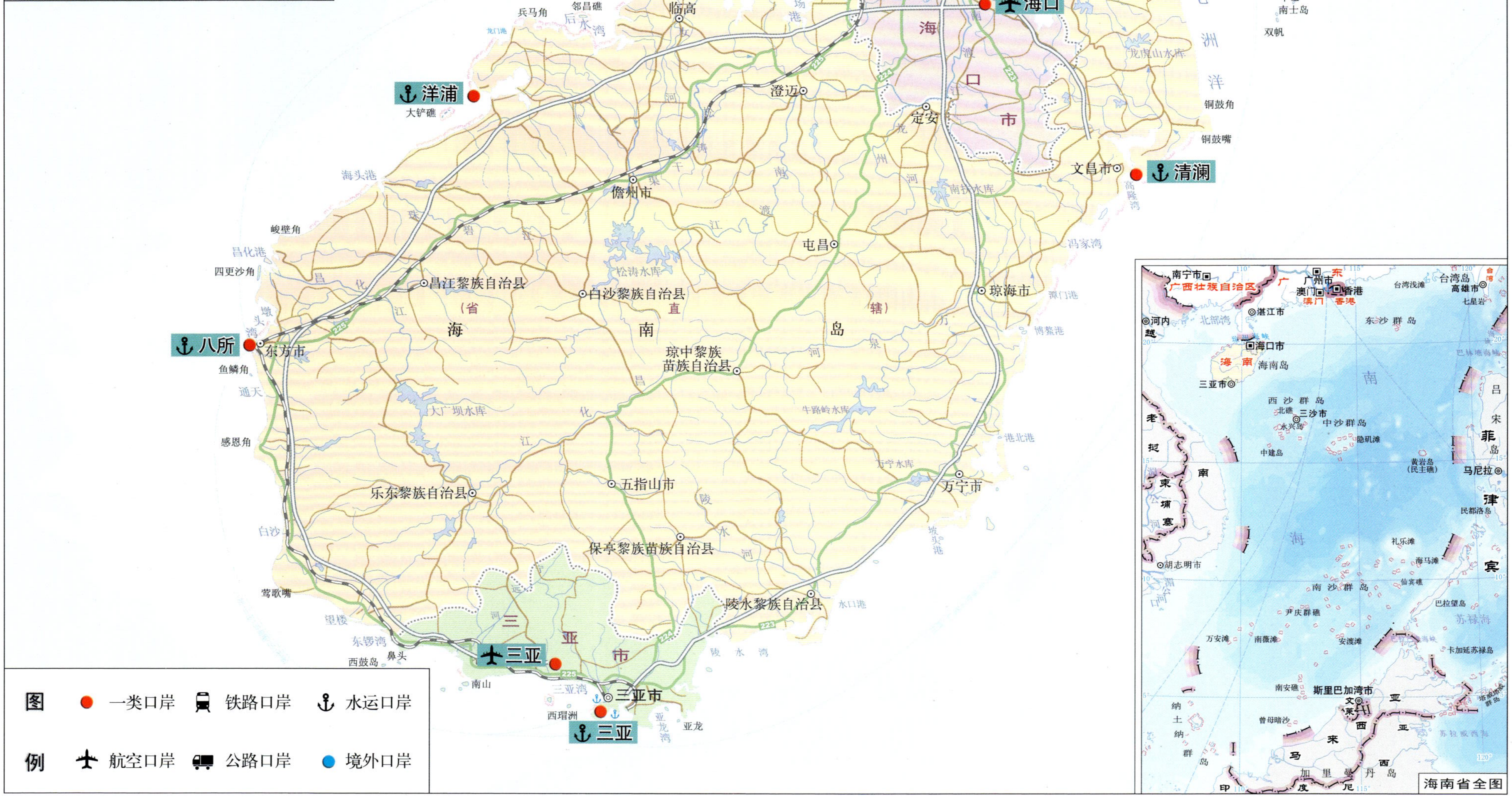

图例
- 一类口岸
- 铁路口岸
- 水运口岸
- 航空口岸
- 公路口岸
- 境外口岸

口岸数量及分布

截至2013年年底，海南省共有经国务院批准对外开放口岸7个。其中，空运口岸2个，为海口空运口岸和三亚空运口岸；水运口岸5个，为海口水运（海港）口岸、洋浦水运（海港）口岸、八所水运（海港）口岸、三亚水运（海港）口岸、清澜水运（海港）口岸。

口岸运行数据

2013年，海南省出入境旅客934 644人次，同比增长13.70%；出入境船舶6 047艘，同比增长24.70%；出入境飞机6 633架，同比增长4.30%；出入境货物2 036.80万吨，同比增长4.80%；出入境集装箱124 430标箱，同比下降17.50%。

口岸综合管理

【推动口岸扩大开放】 组织海口水运（海港）口岸二期深水码头验收，并报海南省政府批准正式对外启用。二期深水码头从2003年开始进行前期工作，2006年12月开工建设，2009年6月投入试运行，总用地面积84.91万平方米，建有2个3万吨级泊位，其中西侧泊位可停靠国际邮轮。深水泊位起步工程设计吞吐能力为45万吨/年，客运量10万人次/年（单向），进出港航道等级为3万吨级集装箱船船型。继续跟踪推进境外游艇游览景区水域开放工作；三亚、清澜、八所等3个已开放口岸范围确认方案已报有关部门确认；签署海口—广州两地联系配合机制，保障南方航空于2013年10月27日开通"海口—广州—首尔"航线航班，海南全省口岸开放格局进一步扩大。

【加强口岸基础设施和配套设施建设】 协调解决资金1 200万元，圆满完成美兰机场新国际航站楼搬迁启用工作；完成海口空运口岸综合业务用房和口岸信息楼维修改造、清澜水运（海港）口岸保障性住房等基础设施项目建设的任务；不断完善东方市八所边贸城各项基础设施，开工建设三亚空运口岸联检业务用房，启动海口水运（海港）口岸马村港区单位限价商品房项目建设；三亚水运（海港）口岸单位周转房、八所水运（海港）口岸整体规划和儋州市白马井边贸城用地等前期工作稳步进行；协调解决清澜水运（海港）口岸业务用房项目建设；跟踪推进美兰国际机场二期扩建和琼海博鳌机场建设的相关工作；主动配合陵水黎安国际旅游岛建设先行试验区的口岸基础设施和配套设施规划编制工作，指导相关市县做好口岸规划，逐步完善口岸基础设施和配套设施，改善口岸通关环境。

【综合管理职能移交】 2013年9月16日，为贯彻落实党中央、国务院和海南省委、省政府关于转变职能、简政放权的指示精神，充分调动市县口岸办的工作积极性和主动性，不断提高工作效率和服务质量。经海南省政府批准，海南省海防与口岸办把海口水运（海港）口岸区域、海口空运口岸的综合管理职能和资产移交给海口市口岸办。至此，海口水运（海港）口岸、海口空运口岸辖区内日常口岸综合管理协调和服务工作职能，全部下放由海口市口岸综合管理部门承担。涉及海南省和海南省直机关的口岸综合管理、协调和服务工作职能，继续由海南省海防与口岸办承担。海口水运（海港）口岸马村港区的口岸综合管理、协调和服务工作职能，由澄迈县口岸办承担，海口市口岸办协同配合海南省海防与口岸办、澄迈县口岸办做好相关工作。截至2013年年底，权力下放和资产移交工作流畅衔接，无缝对接，取得了工作不停、程序不乱、顺利过渡的预期成效。

【推动邮轮游艇产业加快发展】 2013年4月，习近平总书记到海南视察时指出"要加快邮轮母港的建设步伐，加快发展邮轮产业，拉动内需，为国际旅游岛建设做贡献"。为贯彻习近平总书记视察海南时的重要讲话精神，海南省海防与口岸办认真落实《海南省游艇管理试行办法》、

《海南省游艇俱乐部（游艇会）审核登记注册备案管理办法》等制度规范，充分发挥海南省推进邮轮游艇产业发展工作联席会议的牵头抓总作用，跟踪推进境外游艇游览景区开放工作，指导清水湾、石梅湾游艇俱乐部游艇码头联检楼规划设计和建设，狠抓邮轮游艇产业各项措施的落实。

此外，全力做好首艘自主邮轮“海娜号”顺利运营及西沙邮轮旅游2013年5月1日成功首航的保障工作，成功举办2013海南邮轮游艇产业发展峰会暨海南国际邮轮游艇与水上运动用品展览会，组织海南省政府代表团参加第8届中国邮轮产业发展大会，支持邮轮游艇企业，积极培育产业市场，取得了明显的市场推动效应。截至2013年年底，海南省现有邮轮相关企业6家，游艇制造企业6家，游艇销售、服务的企业70多家，游艇会（游艇俱乐部）39家及游艇相关专业培训机构3家；已建成游艇码头7个、泊位1 170个，在建码头3个、泊位1 285个；海南省全省游艇保有量300多艘，邮轮旅游呈逐年增长趋势。2013年，海南省出入境邮轮274艘，同比增长66.10%；邮轮旅客145 524人次，同比增长44.20%；出入境游艇93艘。

【提供口岸通关优质服务】 修改完善《海口空运口岸保障公务机要客通关实施细则》，圆满完成2013博鳌亚洲论坛年会、海口游艇展览会、沃尔沃帆船赛、司南杯帆船赛等重大涉外活动、重要赛事活动的口岸通关服务保障工作。2013年，共服务保障专（包）机、公务机和航班6 906架次，共为50多艘境外参展游艇、参赛帆船提供口岸通关服务，确保口岸通关便捷顺畅。

【促进外贸经济发展】 深入企业、口岸现场调研，协调保障45艘外轮临时靠泊海南逸盛石化公司专用码头，64艘外籍运输鱼苗船舶临时靠泊非开放水域，解决了企业的原料进口和产品出口难题。修改完善《关于加强海南省直通香港（澳门）运输车辆指标管理的暂行办法》，2013年全年共为3家公司办理68辆运输车辆的指标续期，协调解决了2家经营公司的合作纠纷。协调口岸各查验单位，支持临高威隆造船厂对外承接国际航行船舶应急维修业务。配合海南省实施渔业开发的“南海工程”，积极做好海南宝沙001、011号外租渔业加工船舶停靠海口港的协调保障工作。

【加快口岸信息化建设】 初步完成海南省海防与口岸办信息中心人员配备工作，为全省海防、口岸、打私、游艇监控管理系统和离岛免税购物信息系统公共服务平台等信息化建设提供了强有力的技术支撑。加强对市县海防监控设施的巡检维护管理，确保已建设施正常运行，逐步实现省监控中心与市县分中心联网。完成离岛免税购物信息系统公共服务平台升级任务，认真做好海南离岛免税购物管理信息系统公共服务平台的运行、维护、管理和开发工作，确保离岛免税购物政策顺利实施并持续释放政策效应。积极推进电子口岸大通关平台建设、管理和运维工作，加快电子口岸大通关安全数据交换系统项目建设，系统建成后将实现与5家口岸查验单位的互联互通。境外游艇管理信息系统建设项目于2013年10月底通过初验，项目建设资金2 707.70万元，正式上线运行后可实现对境外游艇进出海南和在海南水域活动的有效管理。依托海防监控网络和反走私成员单位信息资源，建设海南省统一的打私监管信息系统，加大对口岸通关走私、海上绕关走私、水客走私的监管打击力度，提升反走私监控能力。

口岸监管与服务

【海口海关全面推进各项业务改革】 海口海关建立顺畅的综合治税工作机制，加强对重点税源商品和重点税源企业的跟踪和监控，组织开展游艇、公务机专项稽查行动，联动发挥一线监管、后续管理和打击走私等工作的整体合力，超额完成海关总署下达的税收目标任务，2013年全年税收入库达到85.13亿元，其中稽查补税8 836万元，同比增长28倍，实现审价补税7 049万元。启动通关作业无纸化改革试点，深入推进分类通关改革，全面推广应用海关综合业务管理平台，扩大“属地申报，口岸验放”通关模式合作范围，探索引入社会中介机构协助稽查，推进差别化稽查作业和差别化审单作业模式，全面推行分类查验和查验分流。2013 年全年监管进出口货运量 2 415 万吨，监管进出口货值 1 72.70 亿美元，监管进出境人员 128 万人次，同比分别增长 6.60%、下降 4.60%、增长 14.10%。建立验证评估、提示预警、跟踪落实“三位一体”的企业资信培育机制，帮助核电、海航、三星等 3 家企业成为全国信用等级最高的 AA 类企业。以行政审批制度改革为着力点推进简政放权、转变职能工作，将 77.00% 的业务办理事项及行政审批事项集中到海南省政务服务中心实现“一站式”办理，压缩 44.00% 的审批事项办件时限。

【海口海关助推海南国际旅游岛建设重大政策持续释放效应】 认真做好“两增一扩”（全省力争增加 2 家免税店，扩大三亚市区免税店的范围）离岛免税店建设报批工作，配合三亚海棠湾国际购物中心建设，探索创新离岛免税购物提货和监管模式，推动落实离岛免税“即购即提、先征后退”和“购物邮寄离岛”新模式，支持放大离岛免税政策效应。2013 年，共监管三亚、海口等 2 家免税店销售离岛免税品 447 万件，销售金额约 33 亿元，购买人数 110 万人次，同比分别增长 28.00%、40.00% 和 6.00%；征收超值物品行邮税 7 657 万元，居全国海关第 1 位。大力促进海南邮轮游艇产业发展，支持海南省首家水上保税仓在三亚鸿洲国际游艇会投入运作，发挥游艇保税仓的保税仓储、物流配送等政策优势，有效减轻游艇企业的资金周转压力；完善会展赛事等进出境游艇监管操作规范，实行统一备案、集中办理、24 小时预约通关、驻点监管等措施，确保游艇会展、赛事活动顺利发展。采取提前登轮联检、旅客舱单提前申报和旅行团集中申报等方式，缩短邮轮靠港和游客通关时间。2013 年全年共监管海南口岸以各种方式进出境的游艇 135 艘次，监管进出境邮轮 248 艘次，同比增加 44.00%。

【《海南出入境游艇检疫管理办法》出台施行】 2013 年 6 月 5 日，国家质检总局签发《海南出入境游艇检疫管理办法》，自 8 月 1 日起施行，这是国家质检总局第 2 个针对地方发布的检验检疫工作相关的部门规章。2013 年 7 月 18 日，国家质检总局在海口举办《海南出入境游艇检疫管理办法》专题新闻发布会。该办法分为总则、入境检疫、出境检疫、监督管理、法律责任和附则等共 6 章 41 条，以“先行先试”、“管住、便捷”为原则，借鉴澳大利亚、新西兰、斐济等国家和地区的做法，在保障检疫安全的前提下，在电讯检疫、悬挂检疫信号、检疫地点、简化手续、伴侣动物和游艇俱乐部管理等方面，为游艇出入境提供更加便捷宽松的通关环境。

【海南出入境检验检疫局全面推行出口货物省内直通放行制度，推动贸易便利化】 海南出入境检验检疫局结合海南外贸实际，在报经国家质检总局批准后，自 2013 年 9 月 1 日起全面推行出口货物省内直通放行制度，进一步降低申请门槛，简化申请受理程序。为确保此项制度顺利实施，该局实施海口辖区“港区地”联动、海口地区办事处合署办公的一体化运作管理模式，探索建立新型检验检疫监管模式，增强监管效能，进一步便利企业，提高口岸通关服务保障能力。先后与海事、港航公司建立合作机制，实现信息资源共享，提高通关效率，助推外贸发展。推动洋浦进境肉类、粮食指定口岸和三亚进境植物种苗指定口岸建设。开展海南全省出口企业遭受国外技术性贸易措施影响调查，提出对策建议。引导企业利用相关优惠政策开拓海外新市场，帮扶罗非鱼片、小麦粉、甲醇、生物质燃料等产品打入国际市场。

此外，为促外贸稳增长，海南出入境检验检疫局还制定了多项措施推动贸易便利化：执行暂免出口商品法定检验费规定；积极推进出口货物省内直通放行；强化出口企业质量诚信管理；主动转变监管重点，加强进口食品、乳制品、与食品接触产品、成套设备、医疗器械、旧机电产品、离岛免税消费品、原油、煤炭、建筑材料、能效标志产品、3C 验证产品等的监管；主动开展法检制度改革和检验检测服务工作；推进出口质量安全示范区建设，加大重点出口企业帮扶力度；完善进口全申报，推进出口全监管；创新目录外商品监管模式；积极开展“国门安全”调研活动；全面加强进出口商品质量分析工作等。

【海南出入境检验检疫局力促海南特色经济发展】 海南出入境检验检疫局全力服务海南离岛免税政策实施，从贯彻检验检疫政策和技术规范、完善质量安全保障体系入手，筹建“国家进口化妆品检测重点实验室（海南）”，探索监管服务新机制，实施口岸重点监控、日常监管和后续巡检，完善电子监管系统，确保离岛免税商品质量安全，助推旅游业发展。加强国际邮轮母港卫生检疫核心能力建设，构建邮轮突发公共卫生事件应对协调机制，探索邮轮游艇检疫监管新模式，推动邮轮游艇产业加快发展。不断优化检验检疫服务保障，积极为博鳌亚洲论坛年会等重要涉外活动及三亚热带兰花博览会、环海南岛国际大帆船赛等会展、赛事保驾护航。2013 年，共检验检疫离岛免税进口产品 1 857 批、价值 1.74 亿美元，检出不合格产品 182 批、价值 415.54 万美元。加大原油、煤炭、设备等产品检验检疫力度，帮助企业挽回经济损失 800 多万美元；口岸截获动植物疫病疫情及有害生物 1 205 批次、280 种类、2 318 种次，同比分别增加 65.29%、12.45% 和 70.44%；检疫查验出入境邮寄物 43.93 万件，同比增加 13.57%，截获违规入境物品 112 批次，同比增加 229.41%；查验旅客携带物 27 044 件，截获违规入境物品数 5 924 件，同比增加 140.62%。

【海南出入境检验检疫局推进口岸核心能力建设取得预期成效】 海南出入境检验检疫局建立健全以“地方政府牵头、检验检疫指导、管理主体履责、各部门配合”的海南省口岸核心能力建设共建机制，积极搭建全省口岸核心能力建设检地协作平台，先后与 17 家单位签署备忘录，完善联防联控长效机制，争取地方政府、口岸运营单位资金投入，改善基础设施和配套设施。按照各项指标要求，抽调业务骨干组成巡回工作队，多次实地指导，现场协调解决问题。2013 年，经国家质检总局组织考核，海南省除清澜水运（海港）口岸外 6 个开放口岸顺利达到世界卫生组织口岸核心能力建设要求。此外，三亚水运（海港）口岸、海口空运口岸、八所水运（海港）口岸、海口综合保税区、海口水运（海港）口岸等 5 个口岸检验检疫分支机构窗口建设顺利通过达标验收。

【海南海事局服务保障海洋强省战略】 加大南海巡航力度，通过船载自动识别系统等手段，2013 年全年共开展南沙巡航 2 次、西沙巡航 5 次，有效维护了南海权益。保障重点物质运输，2013 年全年累计免征琼州海峡客滚船港建费 1.60 亿元，降低民生物资的运输成本；开辟绿色通道，全年保障8 081艘次重点物资运输船舶安全运输新鲜瓜菜、电煤等重点物资 1 823 万吨。服务重大涉水活动开展和重点涉水工程建设，2013 年全年共派出工作人员 873 人次、船艇 93 艘次参加水上安保工作，圆满完成 2013 年博鳌亚洲论坛年会等重大国事活动及 2013 年环海南岛国际大帆船赛等 10 多个体育赛事的水上安保工作。组织召开各类涉水工程施工协调会 32 次，协调解决困难，强化施工水域秩序维护，为文昌卫星发射基地、昌江核电站、洋浦跨海大桥等重点涉水工程保驾护航。推动邮轮游艇产业加快发展，开展游艇安全管理规定立法修订工作，强化安全管理，确保邮轮游艇产业的安全有序发展。维护海洋环境清洁，2013 年全年安全监管危险品运输船舶 3 762 艘次、危险货物2 772.30万吨，未发生泄露、溢油等污染事故，实现了运输船舶对海南海域的零污染。

【海南海事局主动融入三沙市建设发展大局】 设立三沙海事局驻海口办事处，建立健全机构设置和人员配置，努力提高“四型海事”（学习型、责任型、服务型、创新型）建设能力，主动融入三沙市建设发展大局。加强现场安全管理，严格查排隐患，严把船舶签证关，确保西沙永兴岛陆岛交通运输安全。加快三沙海域海上通信和助航基础设施建设，提升航海保障能力，保障三沙海域海上航行安全。加强三沙船舶垃圾和污染物处置研究，提高船舶垃圾和污染物接收处理能力，保持三沙海域海洋环境清洁。加强预警预报，强化应急演练，提高海上救助能力，确保三沙海域海上人命安全。优化邮轮游艇监督管理，加强水上飞机等新型水上娱乐产业监管研究，为三沙海域旅游开发做好服务。完善三沙海事装备建设，配备大型海事巡逻船艇，建立定期巡航制度，积极维护国家海洋主权。

【“两客三游（邮）（客滚船、客渡船和游船、游艇、邮轮）船舶”零事故、零伤亡】 海南海事局把加强水上交通安全保障工作当做第一要务，将“两客三游（邮）船舶”作为监管重点，强化琼州海峡客滚运输安全管理，坚持邮轮进出港护航制度，推行游艇“3+3”管理模式，编制渡口渡船“档、人、账”安全网，免除渡工培训考试费用，2013 年全年安全运送旅客2 195 万人次，同比增长 4.47%，安全护航进出境邮轮 196 艘次、游客 11.90 万人次，实现了“两客三游（邮）”船舶（客滚船、客渡船、游船、游艇、邮轮）零等级事故、零人员伤亡。

【海口出入境边防检查总站通过信息化建设深化海港勤务改革】 2013 年，海口出入境边防检查总站加大信息化建设力度，通过广泛利用社会资源、自主创新研发技术软件等方式，建设完成两大系统和一个软件，深化海港勤务改革。一是建设口岸限定区域监控界面报警系统，推行远程监控与人工巡查相结合的海港勤务模式。在秀英、马村建设口岸限定区域监控界面报警系统，可以在所有监控镜头控制区域内任意划定警戒面，实现人员、车辆进出等自动报警，有效地管控船舶梯口、作业区、船舷区域，减轻民警负担，提高工作效率。二是建设 3G 移动监控系统，实现监控镜头全覆盖。为堵住固定监控镜头难以全面覆盖的监管漏洞，通过租用联通公司专线，在秀英、马村建设 3G 移动监控系统，只要有联通手机信号的区域，均可将实时监控图像传至秀英、马村监控中心，把船舶外舷、临时办证点等业务需要的区域场所纳入监控范围，实现了监控镜头全覆盖。三是自主开发梅沙系统和公安网接口软件，免去人工转换步骤。在协助海南省口岸办完成境外游艇管理信息系统建设过程中，海口出入境边防检查总站顺利完成梅沙网与公安网之间数据交换平台的硬件采购安装、接口软件研发测试等前期工作。正式上线后，可实现国际游艇互联网申报数据自动实时进入梅沙系统，互联网申报成功后检查员可直接在梅沙系统开展预检，进一步提高工作效率。

【海口出入境边防检查总站积极服务保障海南国际旅游岛建设】 海口出入境边防检查总站与海南海事局签署执法合作协议，建立了信息通报、资源共享、国际航行船舶监管协作、执法协作和党建联建等八大机制，从而进一步拓展了双方合作交流的层面，提升了执法协作力度。积极参与海南省境外游艇管理信息系统建设，认真做好海口至越南、海口至香港邮轮航线复航服务保障工作，加强与口岸部门、代理单位联系，科学运用风险评估机制，结合勤务实际，制定了邮轮专项勤务实施方案，推动形成了邮轮游艇、帆船及相关赛会边检服务长效机制。完善《美兰口岸公务机服务保障流程》，强化公务机出入境服务保障管理。提前介入美兰国际机场新国际航站楼启用工作，项目建设初期，协助海南省口岸办、美兰机场公司按照国家有关标准和要求，推进边检执勤设施的规范化建设。施工过程中加强与机场部门、施工单位协调沟通，逐步改进完善配套设施，较好地解决了部分执勤场地、经费、配套设施建设需求。为做好搬迁各项准备工作，专门成立搬迁建设工作指挥室，研究制定《美兰机场新航站楼边检设备物品搬迁方案》，落实搬迁责任单位和个人，有条不紊地开展固定资产、执勤、办公用品等各项搬迁工作。同时，在规定时间内建设一整套全新的 UPS、网络、梅沙服务器、梅沙前台、监控、电话及 LED 等设备，并在建设中实现监控系统的部分数字化改造，增加了监控系统的灵活性及可控性。

【海南省公安边防总队创新边检勤务模式，提升服务水平】 出台实施《关于进一步改革创新边检勤务模式实施方案》，推行边检站站内科队联勤、省内支援执勤等勤务模式，部署开展“瘦机关，壮基层”活动，对现有警力进行优化组合，不断提高通关效率和服务水平。2013 年，完善边检网上报检系统，统一了船舶、旅行社网上申报一站式服务平台，实现网上报检、网上办证、网上咨询、网上应诉等功能的“一网通”，进一步方便群众办事；推行游艇“一证通”服务，极大方便了游客，助推游艇产业加快发展；对“大型豪华邮轮快速通关”辅助系统进行升级，全面推广外国人出入境卡片自助打印系统，探索实行随船办检勤务，实现邮轮旅客查验“零等待”，提高通关效率；海南省公安边防总队所属各边检站推广网上报检、网上咨询、预约办证、信息提示等服务措施，开通 24 小时应急绿色通道，实行 24 小时全天候服务，逐步实现网络化、远程化、自动化边检服务。其中，凤凰、三亚边检站启用边防检查无线验放系统，实现服务前移、移动检查、移动监管、快速通关等功能；凤凰边检站对“免签团辅助验放系统”进行改造升级，实现了对所有旅游团的“随到随检”。

【海南省公安边防总队积极为海南经济社会发展保驾护航】 海南省公安边防总队与海南省海事局签署战略合作协议，建立信息通报、资源共享、执法协作、国际航行船舶监管、海上搜救及党建联创、廉政共建、职工联谊等八项协作机制，并先后指导三亚、洋浦、八所边检站在协议框架内与当地海事部门签署了配套协作协议，促进总队各级边检机关与各级海事部门的密切协作，提升口岸整体管控效能，合力推动海南经济社会发展。落实 24 小时查控值班制度，圆满完成博鳌论坛年会、“海天盛筵”、“阿罗哈”大帆赛等重大国际活动、赛事的边检安保任务，实现“坚决不让一个不该进的人进来，不让一个不该出的人出去”的工作目标。协助海南省商务厅、东方市政府争取对越互市贸易政策，助推边贸经济发展。主动服务洋浦大型企业进驻生产经营，为海南逸盛码头运行、中海油开工、荷兰孚宝石油投产等重大项目提供优质边检服务。

开放口岸

【海口空运口岸】 海口美兰国际机场位于海口市灵山镇，占地面积 5.83 平方千米，1999 年建成使用，2003 年正式对外开放。国际航空 4E 级标准园林式机场，跑道长 3 600 米、宽 45 米，可满足波音 747－400 等大型飞机全载起降要求，设计年客运能力 930 万人次、货物 15 万吨。机场航站楼总面积 9.93 万平方米，站坪总面积 38.40 万平方米，站坪机位 33 个，已启用的新国际航站楼占地面积 1.32 万平方米，可满足年出入境旅客吞吐量 105 万人次。截至 2013 年年底，已开通国内航线 121 条、国际及地区航线 9 条，年旅客吞吐量已突破 1 000 万人次，旅客吞吐量年平均增长率保持在 10.00% 左右。2013 年，美兰国际机场口岸进出境飞机 3 934 架次，同比增长 5.50%；进出境旅客 468 026 万人次，同比增长 10.90%。

海口美兰国际机场 2005 年 4 月 1 日顺利通过世界卫生组织（WHO）检验，成为我国第 4 家“国际卫生机场”；2010 年荣获 ACI 全球总干事杰出贡献奖；2011 年 3 月份荣膺 SKYTRAX 区域最佳机场（中国区）；2011 年 11 月成为国内首家通过 ASQ 资格认证的机场；2011 年 12 月荣膺 SKYTRAX 四星机场，成为国内第 2 家、全球第 9 家四星级机场；2012 年 9 月，成为我国首批通过口岸核心能力验收的口岸。

【三亚空运口岸】 三亚凤凰国际机场位于三亚市凤凰镇，占地 2.58 平方千米，1994 年建成使用，1995 年正式对外开放。国际航空 4E 级标准热带海岛滨海花园式机场，跑道长 3 400 米、宽 60 米，可满足波音 747－400 等大型飞机全载起降的要求，设计年客运能力 650 万人次、货物 15 万吨。机场航站楼总面积 4.23 万平方米，停机坪可同时停放 41 架大中型客机。截至 2013 年年底，已开通国内航线116条、国际及地区航线26条，年旅客吞吐量已突破1 000万人次。2013年，三亚空运口岸进出境飞机2 699架次，同比增长2.60%；进出境旅客32.11万人次，同比增长7.30%。

【海口水运（海港）口岸】 海口水运（海港）口岸位于海口市北部，是交通运输部规划的25个沿海主枢纽港之一，由秀英、马村、新港等三大港区组成。其中，秀英港区是海口水运（海港）口岸的主体港区，1957年对外开放，主要经营大宗散杂货、集装箱、车客滚装运输等，现有码头泊位20个，年吞吐能力为件杂货225万吨、集装箱70万吨、旅客478万人次、滚装车辆65万辆。2009～2011年货物吞吐量平均每年增长24.00%，年均增速超过全国规模以上港口13.00%的涨幅，集装箱吞吐量稳居北部湾之首；马村港区2005年扩大对外开放，主要经营马村港务有限公司3.50万吨级散杂泊位，年吞吐能力为件杂货65万吨，目前马村港扩建二期工程正在建设中，建设规模为4个2万吨级通用泊位和3个5 000吨级中小泊位，年设计吞吐量275万吨；新港港区2005年扩大对外开放，原有生产泊位16个，货物吞吐能力杂货96万吨、滚装车辆35万辆，现港口业务已搬迁到秀英港区，港区土地正进行城市化改造开发。2013年，海口港口岸出入境货物300.50万吨，同比增长25.20%；出入境人员18 230人次，同比增长3 674.30%；出入境船舶855艘次，同比减少22.20%；集装箱7.71万标箱，同比增长3.40%。

【海口综合保税区】 海口综合保税区位于海南老城经济开发区内，占地面积1.93平方千米，2008年12月22日经国务院批准设立，是继国务院批准设立洋浦保税港区后，海南又一个由海关监管的开放层次最高、优惠政策最多、功能最齐全、手续最便捷的特殊经济区域。海口综合保税区是海口保税区转型发展、区位调整升格获国务院批准设立的开放层次更高的海关特殊监管区域。1992年10月，海口保税区获国务院批准设立，经过十多年的发展，区域已形成了以生物制药、汽车制造、电子信息和机电加工为支柱的四大产业群，对带动海口市的产业结构调整，促进海南省、海口市的经济发展做出了积极的贡献。随着城市经济的发展，为解决园区功能定位与城市发展规划的矛盾、区港分离和发展空间不足的三大问题，经海口市、海南省政府报请国务院批准，海口保税区转型升格为海口综合保税区。综合保税区以虚拟港口为依托，设立在特定区域，参照保税港区管理办法管理，被称为“内陆保税港区”。海口综合保税区将发挥依托省会城市及海口市被批准为全国加工贸易梯度转移的重点承接城市的优势，重点发展具有海南特色的、轻型的外向型加工业、物流业，为海南旅游业、航空航天产业、热带高效农业、水（海）产品出口加工业服务配套的专业园，形成以口岸为依托的高度开放的加工贸易和现代物流运营区。

【三亚水运（海港）口岸】 三亚水运（海港）口岸位于海南岛南端，以国际客运为主，货运为辅，自古以来是著名的盐海港口，1953年改为商港，1984年对外开放，主要担负海南东南部海上客货运输。其中，三亚港码头现有泊位7个，设计年吞吐能力100万吨；三亚凤凰岛国际邮轮港现有1个8万吨级邮轮码头，年接待能力60万人次。二期拟投资30亿元，扩建1个10万吨级、2个15万吨级、1个22.50万吨级泊位，鸿洲国际游艇码头已建成泊位72个。2013年，三亚港口岸出入境货物0.75万吨，同比增长733.30%；出入境人员127 294人次，同比增长26.70%；出入境船舶214艘次，同比增长7.70%。此外，该口岸还在2013年中国邮轮发展大会上被评为全国最佳邮轮服务口岸。

【清澜水运（海港）口岸】 清澜水运（海港）口岸位于海南岛北部的文昌市境内，是海南省东部地区重要的支线补充港和国家航天发射基地的主要海运枢纽。1996年对外开放，拥有渔业码头1座、5 000吨级泊位1个和500吨级泊位2个。开通8条航线通往中国大陆、中国香港、中国台湾、中国澳门及东南亚等地区，年设计吞吐能力50万吨。清澜港码头扩建工程于2009年动工实施，分四期完成，预计2015年货物吞吐量将达到310万吨，2020年货物吞吐量将达到370万吨。届时，清澜新港将成为琼东海岸线上重要的货物进出境集散地，也是连接西、南、中沙群岛的重要港口。同时，该港口将具备开辟赴港澳和西沙海上旅游航线及运转文昌新一代航天发射场重要物资的能力。2013年，清澜港口岸出入境货物0.34万吨，出入境船舶80艘，同比增长40.40%。

【洋浦水运（海港）口岸】 洋浦水运（海港）口岸位于海南岛西北部洋浦经济开发区境内，是规划与建设中的区域国际航运枢纽和物流中心，由洋浦、神头等两大港区组成，港口年吞吐量突破3 000万吨，开放海域面积扩大到55平方海里，“十二五”规划末有望跨入亿吨大港行列。其中，洋浦港区1991年对外开放，素有“天然深水良港”之称，经过三期工程建设，现拥有20个泊位、3个5万吨级通用散货泊位，设计年通过能力1 000万吨；神头港区2012年正式对外开放，现有3 000吨级至30万吨级码头泊位共12个。2013年，洋浦港口岸出入境货物1 614.69万吨，同比增长1.30%；出入境船舶4 347艘，同比增长45.40%；集装箱4.73万标箱，同比减少37.90%。

洋浦保税港区位于海南省洋浦经济开发区内，占地面积9.20平方千米，将分三期开发建设，2007年9月24日经国务院批准对外开放。洋浦保税港区是我国继上海洋山保税港区、天津东疆保税港区和大连大窑湾保税港区之后，设立的第4个保税港区，也是我国在华南地区设立的首个保税港区。洋浦毗邻东盟贸易区，靠近国际主航线，深水岸线长达50多千米，可建1万～30万吨码头泊位80个，还是距离南海石油天然气资源最近的工业基地。港区将充分发挥区域、资源和政策优势，面向东南亚，建成环北部湾地区最为开放的航运中心，建成以石油、天然气、化工原料、纸浆、纸制品的保税仓储、中转交易为主的物流中心，并发展成为全国重要的化工产品加工出口基地。设立洋浦保税港区，是国家实施区域经济发展战略和能源战略、完善国家对外开放格局的重要举措，有利于促进海南特区乃至整个北部湾区域经济快速发展。

【八所水运（海港）口岸】 八所水运（海港）口岸位于海南岛西部北黎湾的西南部，是海南省重要的工业港，1958年对外开放，现有3个作业区共11个泊位，年设计综合吞吐能力1 263万吨。截至2013年年底，八所港与全国沿海各港口及全球20多个国家和地区通航贸易，口岸服务机构齐全，是环北部湾经济圈主要的贸易港口。计划投入8 000万元，增设1个滚转式泊位，提高货物的进出港能力；规划建设1个边贸专用码头，完善边贸城运作的功能。按照要求在开放港区内划出约7.5万平方米土地，作为八所口岸发展邮轮、游艇预留用地。2013年，八所港口岸出入境货物136.08万吨，同比增长24.90%；出入境船舶380艘，同比增长11.50%。

海南省口岸大事记

1月15日

“海巡21”轮从海口海事基地码头起航，首次进行南海巡航，旨在保障航行安全，保护海洋环境，维护国家主权。

1月23日

三沙海事局驻海口办事处正式挂牌成立。

1月26日

国内首艘自主经营的豪华邮轮“海娜号”首航仪式在三亚举行。

1月31日

海口美兰国际机场海关被人力资源社会保障部、海关总署授予“全国海关系统先进集体”荣誉称号，海口海关刘闻一同志被授予“全国海关系统先进工作者”荣誉称号。

3月7日～13日

第12届全运会帆船预赛在海口举行。海南省海防与口岸办协调海南海事局等口岸查验单位，采取多项措施确保比赛期间海上交通安全。

3月11日

海南省公安边防总队三亚边检站执勤业务二科，被全国妇联评为“全国巾帼文明岗”。

海关总署署长于广洲在北京会见海南省委书记罗保铭、省长蒋定之。就海南省提出进一步扩大开放的有关事项，于广洲表示给予大力支持。罗保铭表示海南在海关总署的积极支持和推动下，将下大力气做足开放发展这篇“大文章”。

3月18日

海南、珠海两地出入境检验检疫局签署合作备忘录，建立三级合作机制，共促海南优质农产品扩大供澳。

3月21日~29日

“阿罗哈杯”2013环海南岛大帆船赛在三亚成功举办。海南省海防与口岸办协调口岸各查验单位为参赛的外籍船舶、人员等提供了优质的通关保障服务。

3月23日

海南省委书记罗保铭到三亚海关凤凰岛邮轮码头旅检现场视察。

3月29日

国务委员、公安部部长郭声琨一行莅临三亚凤凰国际机场，检查指导博鳌论坛年会边防检查安保工作准备情况。

4月1日

海口水运（海港）口岸二期深水码头通过口岸验收，并报海南省政府批准正式对外启用。

4月4日~6日

海口海关开设专门通道服务博鳌亚洲论坛年会。

4月8日

2013博鳌亚洲论坛年会在海南召开。海南省海防与口岸办主动协调各查验单位，圆满完成了口岸通关服务保障工作。

4月10日

习近平总书记视察三亚凤凰岛国际邮轮港，赴海南省公安边防总队三亚边防检查站执勤现场视察。

4月17日

海口综合保税区首个多功能公共保税仓库投入使用，海南大印保税物流有限公司入区仓储的504吨复合橡胶成为首批入库货物。

4月17日~24日

第2届“司南杯”大帆船赛在三亚举办。海南省海防与口岸办协调口岸各查验单位为参赛的帆船、人员等提供了优质的通关保障服务。

4月20日

海南离岛免税政策实施两周年，海口海关共监管三亚、海口两家免税店对离岛旅客销售免税品676万件，销售总金额46.80亿元，购买人数约194万人次。

4月24日

海南省省长蒋定之在洋浦听取海口海关工作汇报，希望该关继续充分发挥洋浦保税港区的功能和作用，用好用足各项优惠政策和措施，把洋浦打造成海南对外开放新高地。

4月26日

海南海事局出台实施服务海南“蓝色经济”发展，做海洋强省战略的“推动者”等深化服务国际旅游岛建设的10项措施。

5月1日

西沙邮轮旅游成功首航。

5月10日

全国游艇口岸管理座谈会在海口召开，会议就如何加强游艇安全管理、出台游艇产业发展配套政策和标准等问题进行了研究探讨。

“琼海关”旧址入选全国第七批重点文物保护单位。

6月3日

海南省委书记罗保铭对海口海关和海南省委政研室联合报送的《关于探索创新海南离岛旅客免税购物模式的研究报告》作出批示：“研究报告很有参考和应用价值。”

6月5日

国家质检总局签发《海南出入境游艇检疫管理办法》，自8月1日起施行，这是国家质检总局第2个针对地方发布的检验检疫工作相关的部门规章。

6月17日

海南出入境检验检疫局“国家进口化妆品检测重点实验室（海南）”获国家质检总局批准筹建。

6月18日

三亚海事局为“哥诗达大西洋”号大型邮轮首航三亚护航，该轮是目前造访三亚吨位最大的邮轮。

7月

国家进出口化妆品检测重点实验室（海南）获批筹建，建成后将有力促进海南离岛免税购物经济发展，也将有效维护消费者合法权益。

7月1日

海关总署正式批复同意海口海关开展游艇水上保税仓库业务试点，为推动海南省游艇产业加快发展提供了新引擎。

7月4日

海口海关在隶属洋浦经济开发区海关、海口美兰机场海关和海口港海关，启动通关作业无纸化改革试点工作。

7月7日

“梦想客机”B787进驻海南航空，该机以卓越的性能和超前的设计理念，成为全球航空公司新宠。

7月16日

三沙海上搜救分中心正式成立。

8月1日

海南海事局政务中心正式运行。

8月12日

海口美兰国际机场新国际航站楼通过口岸验收，自8月14日起正式启用。

8月30日

由中国海上搜救中心、中华搜救协会和香港海上救援协调中心主办，海南省海上搜救中心承办的首次南海联合搜救桌面演练在海口举行。

9月2日

三亚鸿洲游艇水上保税仓库正式投入使用，这是全国第2家游艇水上保税仓库。

9月12日

海南海事局船员考试中心挂牌成立。

9月16日

经海南省政府批准，省海防与口岸办把海口港口岸海口港区、海口美兰国际机场口岸的综合管理职能和资产，移交给海口市口岸办。

9月29日

受2013年第21号强台风“蝴蝶”影响，西沙海域广东台山籍5艘渔船、171名渔民遇险，引起了中央、海南省领导的高度关注。海南省海上搜救中心迅速组织协调派出船舶203艘次、飞机161架次，对4.40万平方千米的空域、3.70万平方千米的水域进行了搜寻，成功搜救109人。

10月11日~13日

2013海南邮轮游艇产业发展峰会暨海南国际邮轮游艇与水上运动用品展览会在海口举办。来自国内外300余名代表、近30家媒体参会，在国内外产生了极大的影响，有力推动了海南邮轮游艇产业加快发展。

10月21日

海南省委书记、省人大常委会主任罗保铭赴三亚凤凰岛国际邮轮港调研，要求落实习近平总书记在海南视察时的重要讲话精神，把三亚建成具有国际竞争力的邮轮启运港。

海南省委书记罗保铭听取海口海关工作汇报，希望该关认真贯彻落实习近平总书记视察海南重要讲话精神，不断创新管理理念和监管模式，充分发挥政策效应，为海南进一步扩大开放做出新的更大贡献。

11月17日

火箭运载船舶——“远望21”、“远望22”先后安全进靠清澜港码头，清澜海事局圆满完成了水上安保任务。

11月21日

洋浦经济开发区首家保税仓库——中石化（香港）海南石油有限公司洋浦成品油保税仓库，正式投入运营。

12月12日

海口海关与三亚市委、省国税局综合上报国务院办公厅的信息——《海南离岛旅客免税购物政策试点实施情况及相关建议》，得到中共中央政治局常委、国务院副总理张高丽批示。

12 月 12 日

继三亚凤凰国际机场口岸和三亚凤凰岛国际邮轮港口岸于 6 月下旬通过国家质检总局口岸核心能力建设考核验收后，海口港、洋浦港、八所港等 3 个口岸核心能力建设顺利达标。

12 月 24 日

海南省委书记罗保铭在海口会见海关总署党组副书记、副署长鲁培军。

（撰稿人：范新、王基辉、张恒、魏东亮、梁文辉、周青瑜）

2013 年海南省口岸流量统计表

口岸类型		口岸名称	货运量（万吨）				集装箱量（万标箱）				人员（万人次）				交通工具（辆、艘、架、列次）			
			出口	进口	合计	同比（%）	出口	进口	合计	同比（%）	出境	入境	合计	同比（%）	出境	入境	合计	同比（%）
空运口岸		海口									23.65	23.15	46.80	+10.90	1 951	1 983	3 934	+5.50
空运口岸		三亚									16.43	15.68	32.11	+7.30	1 354	1 345	2 699	+2.60
空运口岸		分计									40.08	38.83	78.91	+9.40	3 305	3 328	6 633	+4.30
陆运口岸	公路口岸																	
陆运口岸	公路口岸	分计																
陆运口岸	铁路口岸																	
陆运口岸	铁路口岸	分计																
水运口岸	海港口岸	海口	47.80	252.70	300.50	+25.20	4.04	3.67	7.71	+3.40	0.94	0.89	1.83	+3 674.30	497	358	855	-22.20
水运口岸	海港口岸	八所	42.67	93.41	136.08	+24.90									144	262	406	+11.50
水运口岸	海港口岸	三亚		0.75	0.75	+733.30					6.30	6.43	12.73	+26.70	170	192	362	+7.70
水运口岸	海港口岸	洋浦	160.16	1 454.53	1 614.69	+1.30	2.11	2.62	4.73	-37.90					2 136	2 211	4 347	+45.40
水运口岸	海港口岸	清澜		0.34	0.34										41	39	80	+40.40
水运口岸	海港口岸	分计	250.63	1 801.73	2 052.36	+5.60	6.15	6.29	12.44	-17.50	7.24	7.32	14.56	+44.20	2 988	3 062	6 050	+24.80
水运口岸	河港口岸																	
水运口岸	河港口岸	分计																
合计			250.63	1 801.73	2 052.36		6.15	6.29	12.44		47.32	46.15	93.47		6 293	6 390	12 683	
同比（%）			+27.50	+3.20	+5.60		-9.40	-24.10	-17.50		+14.10	+13.20	+13.70		+12.90	+13.50	+13.20	

（海南省海防与口岸办提供）

2013 年海口海关主要数据统计表

项目		2013 年	同比（%）
进出口货运量（万吨）	合计	2 414.82	+6.63
	进口	2 096.15	+6.51
	出口	318.67	+7.44
进出口贸易总值（万美元）	合计	1 498 054.31	+4.60
	进口	1 127 414.02	+0.79
	其中：水路运输	906 376.55	-4.77
	铁路运输	467.28	+25.95
	公路运输	3 018.97	+119.04
	航空运输	213 233.71	+29.20
	邮件运输	3.62	-52.28
	其他运输	4 313.89	
	出口	370 640.29	+18.19
	其中：水路运输	322 647.76	+21.92
	铁路运输	156.14	-35.35
	公路运输	31 116.23	+50.80
	航空运输	4 923.51	+8.68
	邮件运输		
	其他运输	11 796.65	-49.94
税收（万元）	两税合计	851 332.29	-20.84
	关税入库	57 944.44	+12.76
	进口环节税入库	793 387.85	-22.52

（海口海关提供）

2013 年海南省口岸出入境主要数据表

项目			2013 年	2012 年	同比（%）
出入境人员（人次）	出入境人员总数		723 608	628 705	+15.09
	入境人员		360 119	311 512	+15.60
	出境人员		363 489	317 193	+14.60
	出入境旅客		450 846	416 948	+8.13
	出入境员工		272 762	211 757	+28.81
	中国公民	小计	323 916	257 091	+26.02
		内地居民（因公）	53 384	41 529	+28.55
		内地居民（因私）	147 911	90 719	+63.04
		港澳居民	83 433	80 811	+3.25
		台湾同胞	39 188	44 032	-11.00
	外籍人员		400 747	372 501	+7.58
	从海港出入境人员		380 822	296 902	+28.27
	从陆港出入境人员				
	从空港出入境人员		342 786	331 803	+3.31
交通运输工具（辆、艘、架、列次）	总计		7 871	6 589	+19.46
	船舶		5 172	3 856	+34.13
	飞机		2 699	2 733	-1.24
	火车				
	机动车辆				

（海南省公安边防总队、海口出入境边防检查总站提供）

2013年海南省出入境检验检疫业务统计表

项目	货物检验检疫				交通工具				集装箱（标箱）		发现动植物疫情		货物通关		出入境人员查验（人次）	健康检查及预防接种（人次）			
	批次	金额（万美元）	检验检疫不合格																
			批次	金额（万美元）	船舶（艘）	飞机（架）	火车（节）	汽车（辆）	合计	检出问题	种类数	种次	批次	金额（万美元）		健康检查	艾滋病监测	发现病例	预防接种
全年累计	17 481	1 036 781	403	19 901	6 112	6 983			114 323	15	280	2 318	15 366	984 482	1 305 735	4 539	4 463	1 158	3 052
其中 出境	9 398	236 201	17	172	3 033	3 478			56 539				8 059	229 791	656 704	2 230	2 234	593	3 050
其中 入境	8 083	800 580	386	19 729	3 079	3 505			57 784	15	280	2 318	7 307	754 691	649 031	2 309	2 229	565	2
同比（%）	+5.54	-13.45	+16.81	-2.91	+23.38	+6.21			-6.72	+50.00	+12.45	+70.44	+0.42	-19.89	+17.93	+7.71	+6.24	+26.97	-5.04
其中 出境	-3.78	+20.00	-19.05	-10.11	+23.69	+6.07			+1.52				-10.94	+14.29	+18.14	+3.58	+4.05	+31.49	-5.10
其中 入境	+18.92	-20.03	+19.14	-2.64	+23.06	+6.34			-13.59	+50.00	+12.45	+70.44	+16.86	-26.58	+17.72	+12.03	+8.52	+22.56	

（海南出入境检验检疫局提供）

2013年海南海事局进出港船舶统计汇总表

船舶类别	进港船舶							出港船舶						
	艘数（艘）	总吨（吨位）	总载重量（吨）	载客量（客位）	船员人数（人次）	货物到达量（吨）	旅客到达量（人）	艘数（艘）	总吨（吨位）	总载重量（吨）	载客量（客位）	船员人数（人次）	货物发送量（吨）	旅客发送量（人）
总计	447 712	314 391 388	153 408 896	39 054 720	1 977 866	72 954 452	8 615 412	447 717	314 253 572	153 037 073	39 058 577	1 984 018	54 179 854	8 749 594
中国籍船舶	444 912	291 377 362	124 697 526	38 802 273	1 848 242	54 714 006	8 539 017	444 938	291 475 746	124 758 917	38 806 130	1 851 162	52 591 319	8 674 581
其中外贸船	588	3 451 402	5 011 340	959	8 322	3 357 501		655	4 320 770	6 355 423		9 415	1 086 588	

（海南海事局提供）

重　庆　市

重庆市口岸分布示意图

口岸名称	批准开放时间	开放状态
江北航空口岸	1994	国际常年
重庆寸滩水运口岸	2010	国际常年

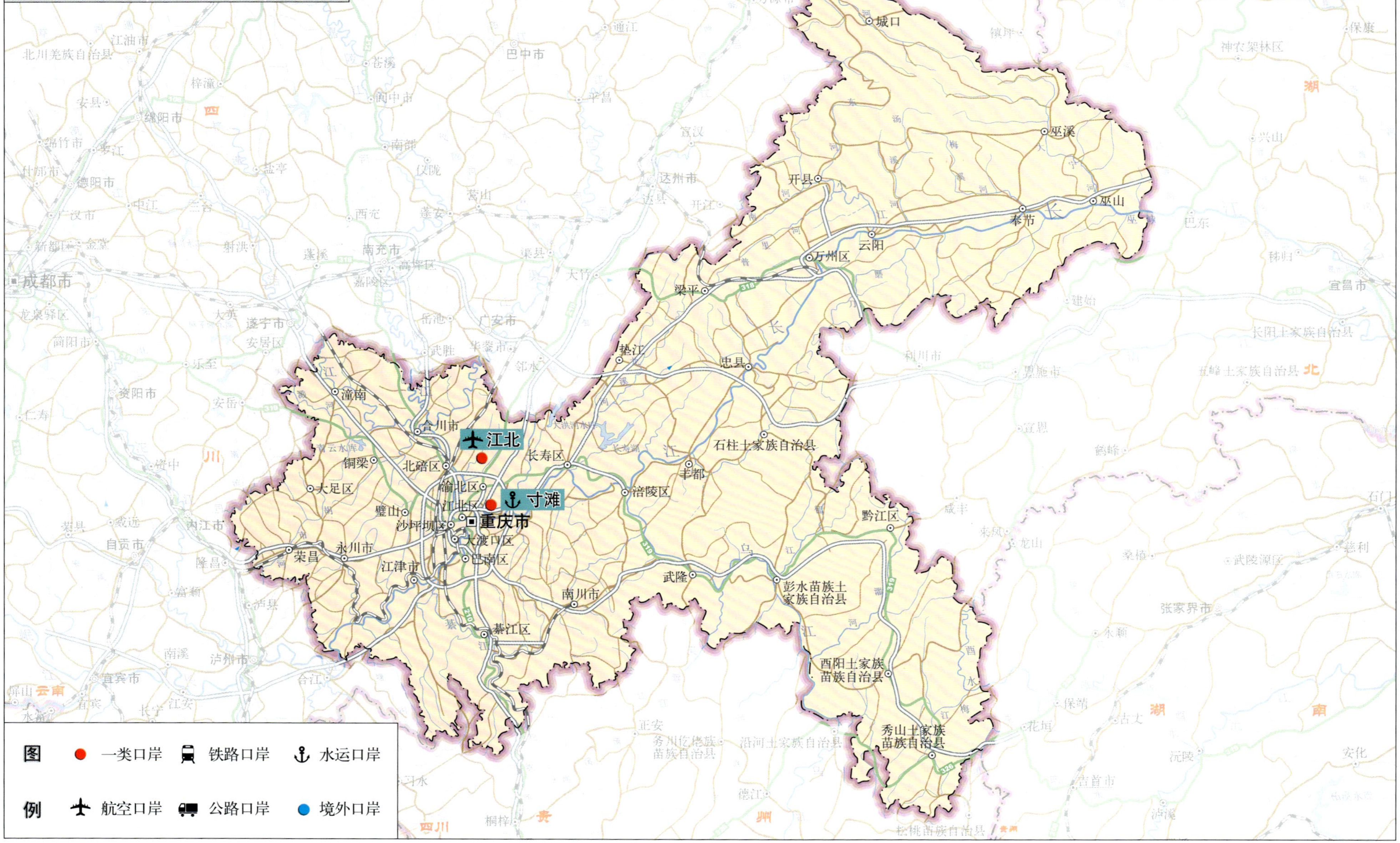

图例

- 一类口岸
- 铁路口岸
- 水运口岸
- 航空口岸
- 公路口岸
- 境外口岸

口岸数量及分布

截至2013年年底，重庆市共有经国务院批准对外开放口岸2个，分别为重庆空运口岸、重庆水运（河港）口岸。

口岸运行数据

重庆空运口岸航班起降10 368架次，同比增长17.50%；国际旅客量达到137.30万人次，同比增长46.35%；办理落地签4 787人次，同比增长31.00%；国际货邮量18万吨，同比增长20.00%；保税航油加注量6.40万吨。团结村陆路（铁路）临时开放口岸外贸集装箱吞吐量完成3.60万标箱，同比增长100%；外贸货物吞吐量达到35万吨，同比增长180%。团结村陆路（铁路）口岸开行渝新欧班列36趟，发送集装箱0.33万标箱；开行渝深铁海联运班列334趟，发送集装箱313万标箱。重庆水运（河港）口岸外贸集装箱吞吐量达到50万标箱，同比增长12.00%；外贸货物吞吐量完成1 050万吨，同比增长17.00%。

口岸综合管理

【完善口岸功能及硬件配套】 协调保税港区落实建设用地，同步建设进口肉类和进口水果指定口岸的冷链查验设施；完成重庆空运口岸联检大楼建设工作；完成团结村陆路（铁路）临时开放口岸联检大楼建设，并已投入使用；改扩建2.20万平方米监管查验场所。

【电子口岸建设】 2013年1月，重庆电子口岸中心完成原国际贸易电子数据交换中心的划转工作。11月，重庆电子口岸中心顺利通过重庆市编办新设事业单位机构编制执行情况评估。2013年，成功开发并上线运行3个应用项目，分别是重庆边检旅客申报系统、航空物流综合信息系统、“渝深快线、区域联动”信息系统；目前正在开发应用项目5个，分别为铁路口岸通关辅助系统、加工贸易综合信息系统、航空口岸通关综合管理系统、检验检疫安全接入网、全市口岸视频监控系统。

【开通72小时过境免签功能】 2013年7月，重庆市政府上报《关于在重庆口岸对部分外国人实行过境免签政策的请示》。10月16日，国务院正式同意重庆开通72小时过境免签功能，成为继北京、上海、广州、成都之后第5个拥有该项政策的城市。

【申报进境水果指定口岸】 2013年，重庆市果品行业协会、重庆市贸促会、重庆两路寸滩保税港区等单位分别要求设立水果口岸。10月12日，重庆市政府召开专题会议研究进境水果指定口岸申报及筹建工作。10月16日，重庆出入境检验检疫局向国家质检总局提交关于恳请支持重庆设立进口水果指定口岸的请示。11月20日，重庆空运口岸、两路寸滩保税港区获得进境水果指定口岸立项批复。

【承担“加快内陆地区口岸发展问题研究”课题】 2013年，国家口岸管理办公室委托重庆市口岸办开展“加快内陆地区口岸发展问题”调研。重庆市口岸办会同内陆地区12省市口岸办，认真进行研究，提出与时俱进发展口岸定义，完善内陆地区口岸发展规划布局、制度体系及环境，优化空间布局体系，完善发展政策体系，制定发展保障体系，加强内陆地区口岸信息化体系建设。

口岸监管与服务

【重庆海关】 重庆海关完成“海关支持‘向西开放’国际物流大通道建设”署级课题研究，并配合海关总署研究制定中哈海关关于渝新欧铁路集装箱运输海关监管实施技术规程，及时协调解决货物在国际段被盗、被频繁查验等问题。渝新欧班列正式纳入中欧安全智能贸易航线试点计划，实现了“安智贸”项目从海运方式向铁路运输方式的延伸。积极支持开展冬季保暖集装箱的运行测试。积极协调渝新欧铁路沿途各国、各地区海关的合作，确保首趟回程班列通关顺畅。自2011年开通以来，重庆海关累计监管渝新欧班列94趟，监管进出口集装箱0.68万标箱，其中2013年监管渝新欧班列36趟，监管进出口集装箱0.33万标箱。

重庆海关积极探索以诚信通关体系建设为核心的综合监管改革，开发启用了接单环节派单叫号系统，大力推进集拼箱业务。积极推动通关作业无纸化、“两单一审”、“属地申报，属地放行”及“渝深快线、区域联动”等监管通关业务改革和创新，简化通关手续，方便物流进出，为企业减负增效，使企业享受海关最大的通关便利。

【重庆出入境检验检疫局】 重庆出入境检验检疫局积极健全与环保、反恐部门就应对口岸核与辐射突发事件的合作机制，成功应对入境磷矿石集装箱放射性测超事件，实现口岸核生化监测信息互通和有效联动。切实加强“心防、人防、物防、技防、联防”五位一体的防控体系建设，妥善应对了H7N9禽流感疫情防控，首次截获法国野燕麦、新波罗灰粉蚧、假高粱、印度蒺藜草、美洲蒺藜草等5种检疫性有害生物，并首次从送检的空调冷凝水中分离、鉴定出3株嗜肺军团菌。

重庆出入境检验检疫局与四川出入境检验检疫局、香港国泰航空公司联合签署直通放行合作备忘录，为重庆电子信息产品出口海外开辟又一空中通道，降低了产品出口海外的物流成本。

【重庆市公安边防总队】 重庆市公安边防总队根据重庆口岸业务量快速递增的现实，结合落实新编制工作，强化基础调研，实施顶层规划，强力推进勤务模式改革。通过对重庆口岸航线、航班、流量等基本情况，以及未来3到5年间的口岸发展趋势进行科学评估分析，确立了“小机关、大基层、小单元、大勤务”的勤务模式改革思路，精简机关，壮大基层，将每日勤务工作拆分为出境入境两个执勤单元，分别由不同科队承担，同时在勤务高峰期建立不同执勤单元之间联合执勤、机关支援基层及勤务中队战士帮勤的大勤务统筹机制，优化了警力配置，有效解决了警力虚耗、浪费问题，为服务地方经济社会发展提供了强有力的组织支撑。

【重庆海事局】 重庆海事局始终坚持“海事监管为经济社会发展服务，海事人员为行政相对人服务”的理念，以依法监管为前提，以规范管理为重点，以行政相对人满意为目标，不断提高服务水平。2013年，长江三峡北线船闸进行计划性检修，船闸通过能力不足，船舶通航压力增大。根据长江航务局和长江海事局《2013年三峡船闸检修期水上安全监督管理工作方案》，集装箱船舶属于受控船舶，必须实施分段签证。为确保重庆—上海外贸货物快班轮不受影响，重庆海事局将集装箱快班轮作为重点物资运输船舶专题向上级请示，得到上级的理解和支持，为集装箱快班轮开辟了绿色通道，使其不受分段签证的限制，优先过闸，减少中途滞留时间。船闸检修期间，重庆海事局共计为53艘次集装箱快班轮优先办理了直航签证，为集装箱班轮快捷、高效运输提供了力所能及的服务。

开放口岸

【重庆空运口岸】 2013年，重庆空运口岸新开通国际航线6条（旧金山、洛杉矶、悉尼、岘港、清迈、哥打基纳巴卢），加密国际航线2条（曼谷、新加坡），恢复包机国际航线4条（济州、马累、暹粒、长滩），国际客货运总量43条（客运24条，货运19条）。重庆到美国航班达到每周10班，重庆到悉尼航线每周2班。2013年，重庆国际（地区）直达客运航点24个，洲际枢纽航点2个，国际航线体系进一步完善，以东南亚、我国港澳台为基础，覆盖欧洲、大洋洲、北美洲、亚洲的客货运航线网初步形成，2013年全年口岸出入境旅客数首次突破100万人次，重庆空运口岸整体吞吐量比重由2012年的4.20%提高到5.40%。2013年四个季度的国际机场协会（ACI）全球180个机场旅客满意度测评中，涉及重庆的边检指标在国内机场中名列前茅，国际机场效应不断扩大。

【重庆水运（河港）口岸】 2013年9月25日，保税港区展示交易中心一期1万平方米展场正式开业，截至2013年年底，入驻企业41家，全年交易额达9.20亿元，实现税收522万元。交易中心经营进口商品品种达2 000余种，包括进口酒（葡萄酒、啤酒、洋酒、清酒等）、进口食品（包括饼干、橄榄油、大米、糖果、蜂蜜、巧克力、奶粉等预包装食品）、进口化妆品及保健品、进口家居日用品（厨具、刀具、墨镜、母婴用品、洗涤用品等）、进口高档汽车（奔驰、宝马、法拉利、保时捷、路虎等）原材料等。

【团结村陆路（铁路）临时开放口岸】 2013年12月25日，国家口岸管理办公室正式批准重庆市沙坪坝区土主镇团结村铁路集装箱中心站作为口岸临时对外开放。团结村中心站作为渝新欧国际铁路联运大通道的起点站、重庆及西部地区与欧洲经贸往来的“桥头堡”，国家批准其为对外开放口岸，对于强化重庆市开放型经济的通道、平台建设，加快构建内陆开放高地具有十分重要的意义。

重庆市口岸大事记

1月22日

重庆EDI数据中心由重庆市外经贸委划转至重庆电子口岸中心。

7月17日

中国东方航空公司开通每5天1班重庆—哥打基纳巴卢包机直飞航线。

7月26日

重庆市口岸办召开加快内陆地区口岸发展问题研究座谈会。

7月29日

中国山东航空公司开通每5天1班重庆—清迈包机直飞航线。

8月9日

中国国际航空公司开通每周7班重庆—旧金山客运直飞航线。

8月20日

中国东方航空公司开通每周3班重庆—洛杉矶客运直飞航线。

9月25日

两路寸滩保税港区展示交易中心一期展场正式开业。

10月16日

国务院办公厅同意重庆开通72小时过境免签功能。

11月15日

加快内陆地区口岸发展问题研究评估会在渝召开，标志着“加快内陆地区口岸发展问题研究”课题结题。

11月20日

重庆空运口岸、两路寸滩保税港区获得进境水果指定口岸立项批复。

11月30日

中国山东航空公司开通5天/班重庆—岘港包机直飞航线。

12月20日

四川航空公司开通每周班2重庆—悉尼客运直飞航线。

12月25日

国家口岸管理办公室批准重庆市沙坪坝区土主镇团结村铁路集装箱中心站作为口岸临时对外开放。

（撰稿人：王济光、邓诗）

2013 年重庆市口岸流量统计表

口岸类型		口岸名称	货运量（万吨）				集装箱量（万标箱）				人员（万人次）				交通工具（辆、架、列次）			
			出口	进口	合计	同比（%）	出口	进口	合计	同比（%）	出境	入境	合计	同比（%）	出境	入境	合计	同比（%）
空运口岸		重庆空运口岸	10.96	3.05	14.01	+29.36					69.03	68.27	137.30	+46.35	5 173	5 195	10 368	+17.50
		分计	10.96	3.05	14.01	+29.36					69.03	68.27	137.30	+46.35	5 173	5 195	10 368	+17.50
陆运口岸	公路口岸	公路口岸																
		分计																
	铁路口岸	团结村陆路（铁路）口岸	4.28	0.07	4.35	+100.00	0.53	0.01	0.54	+100.00								
		分计	4.28	0.07	4.35	+100.00	0.53	0.01	0.54	+100.00								
水运口岸	海港口岸																	
	河港口岸	重庆水运（河港）口岸	246.10	726.57	972.67	+37.89	26.41	11.80	38.21	+19.78								
		分计	246.10	726.57	972.67	+37.89	26.41	11.80	38.21	+19.78								
合计			261.34	729.69	991.03	+38.37	26.94	11.81	38.75	+21.47	69.03	68.27	137.30	+46.35	5 173	5 195	10 368	+17.50
同比（%）			+15.18	+49.11	+38.37		+27.98	+8.83	+21.47		+45.82	+46.88	+46.35		+17.25	+17.75	+17.50	

（重庆市口岸办提供）

2013 年重庆海关主要数据统计表

项目		2013 年	同比（%）
进出口货运量（万吨）	合计	1 000.30	+38.20
	进口	737.20	+49.80
	出口	263.10	+13.60
进出口贸易总值（万美元）	合计	519.60	+55.50
	进口	195.70	+50.60
	其中：水路运输	56.60	+20.80
	铁路运输	0.20	+5 761.80
	公路运输	28.60	+82.20
	航空运输	110.30	+63.80
	邮件运输		
	其他运输		
	出口	323.90	+58.60
	其中：水路运输	182.70	+47.60
	铁路运输	11.30	-0.40
	公路运输	5.80	+113.40
	航空运输	124.00	+88.30
	邮件运输	0.10	+24.20
	其他运输		
税收（万元）	两税合计	112.30	+22.60
	关税入库	18.30	+29.40
	进口环节税入库	94.00	+21.30

（重庆海关提供）

2013 年重庆市口岸出入境主要数据表

项目			2013 年	2012 年	同比（%）
出入境人员（人次）	出入境人员总数		1 373 019	938 165	+46.35
	入境人员		682 746	464 758	+46.90
	出境人员		690 273	473 407	+45.81
	出入境旅客		1 286 662	868 796	+48.10
	出入境员工		86 357	69 369	+24.49
	中国公民	小计	1 223 749	820 210	+49.20
		内地居民（因公）	19 207	19 298	-0.47
		内地居民（因私）	1 063 878	660 949	+60.96
		港澳居民	48 037	44 057	+9.03
		台湾同胞	92 627	95 906	-3.42
	外籍人员		149 270	117 955	+26.55
	从海港出入境人员				
	从陆港出入境人员				
	从空港出入境人员		1 373 019	938 165	+46.35
交通运输工具（辆、艘、架、列次）	总计		10 368	8 824	+17.50
	船舶				
	飞机		10 368	8 824	+17.50
	火车				
	机动车辆				

（重庆市公安边防总队提供）

2013 年重庆市出入境检验检疫业务统计表

项目	货物检验检疫				交通工具				集装箱（标箱）		发现动植物疫情		货物通关		出入境人员查验（人次）	健康检查及预防接种（人次）			
	批次	金额（万美元）	检验检疫不合格																
			批次	金额（万美元）	船舶（艘）	飞机（架）	火车（节）	汽车（辆）	合计	检出问题	种类数	种次	批次	金额（万美元）		健康检查	艾滋病监测	发现病例	预防接种
全年累计	65 193	711 641.27	838	10 741.19		10 371			328 744	559	225	329	58 030	855 226	1 360 260	15 548	14 970	9 029	25 541
其中 出境	49 514	495 657.36	237	2 392.95		5 183			199 766	49			35 769	412 266	683 421	12 561	12 513	7 528	25 501
其中 入境	15 679	215 984.36	601	8 348.24		5 188			128 978	510	225	329	22 261	442 960	676 839	2 987	2 457	1 501	40
同比（%）	−2.36	−2.80	+259.66	+110.52		+14.07			+29.69	−16.44	+141.94	+112.26	+9.56	+18.65	+47.48	−9.64	−0.97	+11.51	+3.91
其中 出境	−6.96	−0.34	+264.62	+230.20		+20.12			+38.29	+444.44			−3.69	−1.72	+47.04	−14.01	−3.17	+8.80	+3.89
其中 入境	+15.71	−8.01	+257.74	+90.71		+8.60			+18.31	−22.73	+141.94	+112.26	+40.65	+47.01	+47.93	+14.93	+11.99	+27.42	+25.00

（重庆出入境检验检疫局提供）

2013 年重庆海事局进出港船舶统计汇总表

船舶类别	进港船舶							出港船舶						
	艘数（艘）	总吨（吨位）	总载重量（吨）	载客量（客位）	船员人数（人次）	货物到达量（吨）	旅客到达量（人）	艘数（艘）	总吨（吨位）	总载重量（吨）	载客量（客位）	船员人数（人次）	货物发送量（吨）	旅客发送量（人）
总计	72 186	189 513 608	98 593 646	9 039 738	866 232		4 984 625	73 416	191 808 364	65 241 501	8 735 742	807 576		5 060 856
中国籍船舶	72 186	189 513 608	98 593 646	9 039 738	866 232		4 984 625	73 416	191 808 364	65 241 501	8 735 742	807 576		5 060 856
其中外贸船														

（重庆海事局提供）

外卡口及综合配套办公楼

中心夜景图

外卡口

北京亦庄保税物流中心

北京亦庄保税物流中心（以下简称中心）于2011年1月5日经国家相关部门批准设立（署加函［2011］8号），并于2011年12月9日通过国家四部委联合验收，12月19日正式封关运行。2013年11月26日，中心通过北京出入境检验检疫局的验收，北京经济技术开发区国检局正式入驻中心。

中心位于北京经济技术开发区核心区，地处五环路与六环路之间，东临京沪高速公路，距离首都机场约30千米，距离市中心约20千米，距天津新港约140千米，往来北京城区、天津港口、环渤海地区顺畅便捷，交通路网发达，具有得天独厚的区位优势。

中心是从事保税物流仓储业务的海关集中监管场所，可集中办理保税相关报关报检业务。中心设立仓库、堆场、海关监管及检验检疫查验工作区。中心集保税物流、出口退税、转口贸易、简单加工及增值服务功能于一体，并享有保税政策。中心总规划面积20万平方米，一期建设总面积13.88万平方米，保税仓库总面积约5万平米。目前，中心库房已出租面积达到1.75万平方米，出租率达到42.49%，居于同行领先水平。

中心具有一系列政策优势：货物从境外入区，予以保税；货物从区外入区视同出口，享受出口退税；保税办理期间货物实行保税监管，区内企业间的货物可自由流转。同时，自正式封关运行以来，结合企业需求，开展了7×24小时预约验收；实施了分类通关，低风险货物可快速放行；开通了无纸化通关试点；开通了分送集报，提高通关效率。

除此之外，中心主动优化转关模式，关区内实现了与北京朝阳口岸和北京首都机场口岸的高效联动，关区间实现了与苏州海关、天津海关及上海海关的顺畅配合。中心着力为企业量身打造个性化通关方案，提高企业效率。

北京亦庄保税物流中心的建设是服务北京南部制造业基地的重要举措，有利于提高企业物流运作效率、降低成本，促进企业供应链的优化升级。中心将通过向企业提供优质的保税物流服务方式，立足于服务北京经济技术开发区内及其周边区域的企业，并逐步扩大服务范围和区域，把业务辐射至北京市各区县及整个华北地区。

查验库

车辆进区

保税仓库及配套办公用房

博大世通国际物流（北京）有限公司

博大世通国际物流（北京）有限公司（以下简称公司）负责北京亦庄保税物流中心项目的前期调研、开发建设及后期运营管理的工作。

公司成立于2010年11月23日，注册资本金为人民币34 025.61万元，是由北京经济技术投资开发总公司投资设立的国有投资企业。公司主营业务范围包括仓储服务、物品包装、货运代理、分批包装、专业承包、房地产开发、物业管理、劳务服务、货物进出口、技术进出口、代理进出口等。

北京亦庄保税物流中心

地址：中国北京经济技术开发区西环南路36号　邮编：100176　总机：010-56352001　传真：010-56352016

招商：010-56352008　运营：010-56352030/31　网址：www.bjblc.com.cn　邮箱：xiaomeng@bjblc.com.cn

博大世通国际物流（北京）有限公司

电话：010-56352015　传真：010-56352016

厦门海沧保税港区

厦门海沧保税港区于2008年6月5日经国务院批准设立，位于全国最大的台商投资区——海沧台商投资区,是全国第七个获批的保税港区，也是东南国际航运中心核心港区的重要组成部分，总体规划面积9.509 2平方千米，分为3个功能区域，即现代港区、保税物流园区、出口加工区，并于2010年12月顺利完成封关运作。

保税港区实行与国际惯例接轨的保税港区优惠政策和便捷高效的通关环境，入驻企业可开展保税仓储物流业务，国际转口贸易，国际采购、分销和配送，国际中转，检测和售后维修，商品展示，研发、加工、制造，港口作业，以及经海关批准的其他业务等九大业务，可享受国外货物入区保税、国内货物入区视同出口实行退税、区内企业之间的货物交易不征增值税和消费税等税收和外汇管理多项优惠政策。福建省、厦门市、海沧区分别出台了支持东南航运中心建设，支持航运物流、贸易、金融租赁等发展的一系列政策，逐步推动海沧保税港区向自由贸易园区发展。

保税港区自封关运作以来，加工制造、保税仓储、码头物流“三驾马车”齐头并进，并以原有的电子信息、精密机械、医疗器械、新型材料四大产业为基础，初步形成以加工制造产业为依托，保税仓储物流服务为特色，现代港口服务为纽带的产业集群，已有60多家知名企业入驻，包括世界知名企业柯达公司、品谱公司、世界最大汽车继电器供应商海拉公司、全球最大的钨制品企业厦门钨业集团、瑞士泛亚班拿物流集团、香港嘉里物流，丹麦马士基、法国达飞、中国中远、香港和记黄埔、新创建等知名制造企业、物流贸易企业和航运商、码头企业。

2013年，保税港区码头货物吞吐量累计5 993万吨，同比增长49.4%，集装箱吞吐量累计381万标箱，同比增长22.8%，加工制造企业累计完成工业产值52亿元，现已逐步发展成为全国最大的钨制品出口基地、全国最大的石材进出口集散中心，以及全国主要的酒类进口口岸。

根据国务院批复的《厦门市深化两岸交流合作综合配套改革试验总体方案》，海沧保税港区将立足“东南国际航运中心”大平台建设，以打造“国际物流中心、全球贸易平台”为目标，加快发展现代化临港产业，推进区域营运中心和保税展示交易平台建设，培育发展临港大宗商品专业交易市场，全力打造以国际贸易、金融、经济中心为依托的东南国际航运中心。

义乌市国际陆港集团有限公司

2014年1月，原义乌市交通发展有限责任公司更名为义乌市国际陆港集团有限公司，以义乌市内国际物流园区、国内物流园区、保税物流园区、快递物流园区及国际航空港等项目的投资、建设与管理为主，是一家5A物流企业。公司注册资金2亿元，现有员工671人，下属企业6家：第一分公司、第二分公司、工程分公司、义乌保税物流中心有限公司、义乌市大陈联托运市场有限公司、义乌市义乌港物流有限公司。

目前公司拥有：义乌港、国际物流中心、江东货运市场、江北下朱货运场、大陈联托运市场等大型运输场站。

义乌港和国际物流中心是浙江省"大通关"重点建设项目。义乌港是具海关、国检等口岸功能的内陆无水港，集聚了外贸企业、国际物流企业260余家。提供集装箱堆场、仓储和公用型保税等功能和订舱、报关、报检、仓储、提箱、拼箱、海陆联运等全方位一条龙服务。2013年，完成集装箱作业量83.17万标箱，施封量49.92万标箱，同比分别增长50.86%和3.2%。

江东货运市场、江北下朱货运场、大陈联托运市场聚集了300多家从事国内物流业务的企业。物流网络方便、快捷、安全、价廉，覆盖全国，是浙江省四大物流主枢纽之一。

随着义乌国际贸易综合试点改革工作的推进及市委市政府对公司的新定位，公司将积极建设保税物流中心（B型）、跨境电子商务园区、国际电子商务城、铁路物流、航空物流等大型物流场站。

保税物流中心（B型）用地13.1万平方米，仓库建筑面积10万平方米以上。规划建设海关业务用房、卡口智能化物流信息系统、恒温恒湿仓库、展示大厅和海关监管仓库等。项目拥有保税仓储、简单加工增值服务、出口退税、进口和转口贸易、国际物流配送、物流信息和咨询、商品展示等功能，2014年9月封关运行。

跨境电子商务园区用地9.5万平方米，估算投资3亿元。跨境电子商务园区是一个以海关监管平台为核心，面向跨境电子商务企业及上下游服务企业的开放性平台。园区内集行政监管、物流集散、电子商务、信息交流、金融服务、生活餐饮等功能于一体，将大幅度降低物流成本和贸易成本。

国际电子商务城规划总用地面积约为35.4万平方米，其中一期占地面积约6.7万平方米，概算投资12.8亿元，已于2013年开工建设。国际电子商务城按照"特色明显、产业链完整、服务功能健全"的总体思路，打造完整的电子商务产业链，培育和发展电子商务产业，促进产业整合、集成发展，带动地方经济转型升级，计划2015年启用。

保税物流中心（B型）总体鸟瞰图

江东货运市场一角

义乌港海关监管区FS3000自动检测设备

集装箱堆场作业

奎屯口岸

保税物流中心大门

奎屯海关监管仓库大门

奎屯公共型保税仓库大门

奎屯市是新疆综合经济开发带上的重点发展城市、对外开放城市及新型工业商贸城市，地处天山北坡经济带的中心位置，东距自治区首府乌鲁木齐市253千米，西出伊犁通向西亚，南越天山直达南疆交通要塞库车市，北抵油城克拉玛依市及物产丰富的塔城、阿勒泰地区，扇形辐射阿拉山口、霍尔果斯、都拉塔、巴克图、吉木乃、塔克什肯等一类开放口岸，并设有二类内陆口岸，312国道与217国道在此十字交汇，高速公路、铁路横贯辖区，中哈石油管道、中土天然气管道和伊犁煤变油输油管道都从奎屯经过，初步形成了集公路、铁路、管道运输为一体的立体交通运输网络体系。奎屯市拥有第二条亚欧大陆桥西部入境的第一个具有物资进出口功能的区段站——奎屯火车站，年货物吞吐量2 400多万吨，已建有铁路专用线11条，区位优势突出，交通条件便利，现代物流业发展潜力巨大。

一是区位优势。奎屯市位于天山北坡经济带中心，是奎屯—独山子—乌苏“金三角”区域中心城市，距自治区首府乌鲁木齐250千米，总面积1 171.2平方千米，户政管辖人口31万，市区常驻人口16万。奎屯市扇形辐射北疆29个县市和10个口岸，聚集了近530万人口、2 200亿元地方生产总值，分别占全疆总人口、全疆经济总量的25%和30%。奎屯是中亚进入我国的第一个铁路编组站，具有“东联西出，西引东进”和连接南北疆的突出地缘优势。

二是交通优势。奎屯市是新疆重要的综合性交通枢纽和通信电力枢纽城市，坐拥“三高”——乌奎高速、奎克高速、奎赛高等级公路，“三铁”——北疆铁路、奎北铁路、精伊霍铁路，“三管”——中哈石油管道、西气东输二线及三线，“双国道”——312国道、217国道，初步形成了铁路、公路和管道在内的四通八达的综合交通运输体系。

三是产业优势。奎屯市是典型的工商业城市，主导产业是化工、冶金、电力、装备制造、纺织、卷烟、光伏。奎屯—独山子经济技术开发区是国家级开发区，规划面积113.89平方千米，地跨奎屯市、独山子区，是全疆最大的石化产业发展平台，重点发展石油化工（石油化工、天然气化工、煤化工、磷化工）、钢铁冶金、机械制造、光伏、纺织、物流等产业。按照自治区党委的要求，开发区的目标是十二五末建设成为千亿元产值、百亿元税收的一流园区，形成1 000万吨重油加工、100万吨乙烯、70万吨尿素、30万吨EPS、200万吨钢铁、100万吨钢管、100万吨棉纺、15万吨碳化硅、300万吨水泥的产业能力。

四是承载优势。城市承载力和辐射带动力优势明显，城市控制规划面积200平方千米，建成区面积40平方千米，城市化水平达98%，绿化覆盖率40%，集中供热率90%，生活垃圾处理率100%，污水处理率68%，燃气普及率90%。奎屯现有23所学校，在校学生2.8万人，2013年高考录取率95%、高中入学率87%；现有各类医院13所，床位1 600余张；现有各类宾馆餐饮企业千家，星级酒店9家。

五是战略优势。奎屯市是国家商务部确定的商贸物流中心城市、全国电子商务示范基地和原国家二类口岸，是自治区特色农产品出口示范基地。国家天山北坡经济带发展规划将“奎—克—乌”区域定位为国家重要的能源基地和轻工业基地、商贸物流中心，自治区将这一区域定位为新疆重要的增长极。同时，自治区第八次党代会提出，要把伊犁建设成为天山北坡西部中心城市和向西开放的桥头堡。自治区城镇化体系规划（2012~2030年）提出把“奎—独—乌”区域建设成新疆重要的石化基地和北疆重要的交通枢纽。伊犁州党委提出，要努力打造天山北坡西部经济强区、中心城市、向西开放的桥头堡和世界级旅游精品。

目前，奎屯市外贸进出口产品主要有棉花、圆木、铬矿、基础油等，出口产品主要有蜂蜜、番茄酱、服装、水果蔬菜等，外贸进出口地涉及俄罗斯、乌兹别克斯坦、哈萨克斯坦等30多个国家和地区，初步形成以电子商务、进口保税、出口监管“三大平台”为重点的外向型经济发展新模式。此外，奎屯市扇形辐射自治区内17个海关，与边境有一定距离，具有通关便利、仓储安全的特点，符合国家关于发展保税物流业的要求和自治区、伊犁州现代物流业发展规划，能够在实施自治区“东联西出”、“西来东去”发展战略中发挥重要的桥梁纽带作用。

奎屯市口岸于1994年6月经自治区人民政府正式批准设立，主要开展公路及铁路国际货物的直达运输，业务管理单位为奎屯市外事侨务（口岸）办公室。1997年11月，乌鲁木齐海关批准阿拉山口海关驻奎屯海关监管组进驻奎屯。奎屯监管组的主要任务是开展对阿拉山口进口原油的直通式验收监管，同时监管从阿拉山口分流至奎屯的部分货物。2011年9月，奎屯火车站口岸通过自治区口岸办、乌鲁木齐海关、新疆出入境检验检疫局联合验收。奎屯火车站口岸总投资2.5亿元，占地面积约66.7万平方米，口岸内的基础设施较为完善，具备各项基本功能，目前，建有粮油、棉花、石油等物资中转仓库13个，铁路专用线14条，年货物吞吐量2 400多万吨，并建成了占地面积约9.3万平方米的公共型保税库、海关监管库。

国家工信部部长苗圩视察电子商务平台

商务部副部长蒋耀平视察亚欧国际物资交易中心工作

在乌兹别克斯坦召开的第七届世界棉花会议上，余战海董事长与乌兹别克斯坦国家外经贸部签订进口棉花协议。

自治区党委常委、秘书长白志杰视察工作

全国供销总社监事会主任诸葛彩华一行视察保税物流中心

全国人大常委会委员、自治区原副主席达列力汗·马米汗视察工作

随着奎屯火车站口岸的获准投入运营，奎屯市成为自治区第一个拥有国际电子商务平台，具有进口保税、出口监管职能和口岸功能的城市，这对拉动奎屯市乃至北疆地区对外贸易的快速发展起到积极的促进作用，也为奎屯打造商贸物流中心城市奠定了坚实的基础。2013年8月8日，国家海关总署、财政部、国家税务总局、外汇管理局等四部委正式批准设立奎屯保税物流中心。该保税物流中心是全国第25家，新疆唯一一家保税物流中心。奎屯保税物流中心坐落在奎屯西区国际物流园区，项目总投资3.5亿元，占地面积约67.3万平方米。其中，海关特殊监管区约34万平方米，建设保税仓库1.2万平方米，堆场15万平方米；配套服务区约33.4万平方米，计划建设综合服务场所8 000平方米，海关和国检分别在中心内设立机构。目前，奎屯保税物流中心（B型）项目各项基础设施建设工作进展顺利，预计2014年8月正式实现封关运营。

奎屯保税物流中心将立足奎屯，辐射北疆，面向中亚，充分发挥保税仓储、出口退税、国际贸易和转口贸易、全球采购和国际分拨配送、简单加工和增值服务、一日游等政策功能，积极借势与霍尔果斯、阿拉山口口岸战略合作及与公铁联运“无缝链接”，逐步形成棉花、铁精粉、铝锭等大宗资源进口物流聚集中心，中亚各国食品、红酒等进口商品展示交易中心，五金机电、建材家居、汽车零配件、农资农副产品等货物出口集散直拼中心，番茄酱、果蔬、肉制品等特色农产品出口交易集散中心，建成全国重要的国际仓储物流枢纽和进出口加工基地，力争升级为政策最优惠、功能最齐全、层次最高的海关特殊监管区域——综合保税区。

董事长：徐庆仁

www.jcecable.com

永泰电子（东莞）有限公司

永泰电子（东莞）有限公司（简称永泰）的母公司是创立于1991年的积中盛股份有限公司，总部设立于台湾。1998年年底永泰电子（东莞）有限公司在东莞市常平镇成立，投总资本额14 450万港币，厂房占地面积近36 000多平方米，员工近2 000人，主要生产经营新一代数字化电子设备配套的关键的精密接插件及连接线HDMI、MHL、USB、LAN Cable等，客户遍布欧洲、美国、日本、长三角和珠三角等国家和地区。

永泰致力于产品与研发。产品侧重3D影音与手持便携式产品；研发侧重自动化技术，对制造流程进行革新。永泰采购世界上最精密的模具制造、五金冲压及金属压铸设备及技术，强化产品开发能力。在北京设立了一个拥有多名清华大学教授及科研人员的研发中心，再加上东莞生产总部的研发中心，南北两支研发团队合力，针对焊接技术和设备及高频特性技术方面研发，产品不断推陈出新。同时也着重于产品专利、产品制程专利及焊接机器专利各方面知识产权保护做努力，目前已申请专利116项，其中发明专利5项，实用新型专利86项，外观专利25项。

- 2008年被评为“东莞市专利培育企业”
- 2009年被评为“东莞市专利奖之优秀奖”
- 2010年被评为“东莞市专利试点企业”
- 2010年被评为“广东省高新技术企业”
- 2011年被评为“海关AA类企业”与“属地管理企业”
- 2011年被评为“东莞市加工贸易转型升级示范企业”
- 2012年被评为“广东省加工贸易转型升级示范企业”
- 2013年被评为“广东省名牌企业”

永泰引入先进的国际企业管理模式，已通过ISO9001、ISO14001、OHSAS18001、SONY GP等体系认证，并结合企业自身因素，建立起一套行之有效的管理体系，依托于数据，通过教育与培训使员工、基层管理干部及公司最高管理层在做任何决策前都有据可依，并导入ERP系统加强企业内部管控。

永泰在生产方面导入精益6Sixgma模式：以数据为量化，以经验与论证为托依，通过创新制程设计、制程自动化等，来强化产品易制性、产品性能及质量保证。

对于永泰来说，转型未久，品牌的推广、销售渠道的建立等都尚在起步阶段。因此，转型后的企业，必须摆脱以前的纯粹代工的思路，作为一个完整意义上的企业，打造自主知识产权产品，面对多个方面考验，建立销售渠道。

调整产业结构、把握产品转型契机，首要任务是推改革、调结构，从自身精细化管理中谋求最佳营运成本，运用创新设计、垂直整合、制程自动化等，来强化产品易制性，从而使企业最大限度降低对人力的需求。延伸拓展自主知识产权品牌产品开拓新兴市场、占领市场，提升产品附增价值，通过新产品、新市场，培育新的增长点。强调和注重自身管理、客户满意，并通过创造高度信任、独立自主的环境，为员工提供个人与职业发展的机会，来激发员工的潜能。

Yong Tai Electronic（DONG GUAN）Ltd.

NO.239,YUAN SHAN BEI MANAGED REGION,CHANG PING TOWN,DONG GUAN CITY,GUANG DONG PROV.523583,CHINA

MITSUBISHI MOTORS

Drive@earth

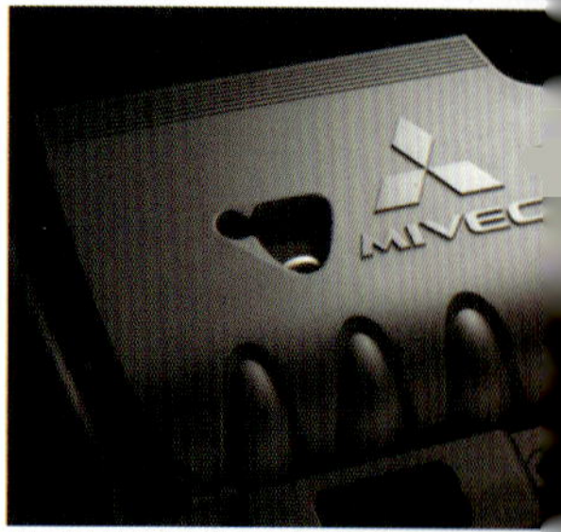

至臻品质 全新欧蓝德开启信赖旅程

随着中国汽车消费文化的逐渐成熟，人们选购车辆的标准已由高质量要求升级为具有“品质感”。品质感既是高质量的设计和制造，也是时尚设计、尊享体验和人性化配置带来的品质生活。在颇受欢迎的城市SUV市场，全新欧蓝德不仅满足了城市白领人群对高品质SUV车型的需求，也代表着三菱在中高端SUV产品上执着创新和精益求精的态度。

全新欧蓝德上市之初，三菱汽车销售（中国）有限公司总经理长泽裕之就对其品质肯定有佳：“全新欧蓝德是代表进口三菱最新造车工艺和水平的经典之作，传承三菱越野基因的同时，更将品质和实用性提升到一个全新的台阶。”

■ 智能安全 可靠保障的旅程

安全，无疑是家庭购车考虑的首要因素。全新欧蓝德在E-NCAP安全碰撞中荣获“五星安全”和“先进安全技术奖”，连续2年获IIHS顶级安全评价（Top Safety Pick +），以及赢得日本J-NCAP“新·安全性能综合评价五星奖”和“J-NCAP大奖”，这些行业中的权威奖项就是其高安全性最好的背书。

全新欧蓝德拥有智能领先的安全行车智能辅助系统，为用户提供从车辆开启、风险检测、遇险警报和制动的全过程的安全措施。自适应巡航控制系统（ACC），通过雷达识别前车车速，自动追踪并随其减速或停止，保持设定的车距，减小追尾的危险；RISE抗冲撞安全强化车身，有效分散撞击能量；遍及车身的7个安全气囊，提供全面碰撞保护；斜坡起步辅助系统（HSA），帮助新驾驶员解决了车辆倒滑现象；搭载4WD的全时四驱系统带来全天候、全路况的随性安心驾驶体验，以及全系标配的倒车影像等功能，赋予驾乘者全方位的主动和被动安全呵护。

■ 节油环保 高效成就低碳出行

近年来，全国各地的雾霾天气让人们对环保车型有了更高要求。就汽车而言，环保既指低排放，也意味着燃油高效。全新欧蓝德秉承“Leading the new stage 引领 SU的新时代”的研发理念，搭载最新的 SMART MIVEC 发动机，整体提升燃油经济性 15%，同时，二氧化碳排出量较上代车型减少 130 克 / 千米，实现了出色的低油耗及低排放标准其中，2.0L 车型百公里油耗最低达到 7.1 升，可谓是 SUV 车型的节油先锋。

全系装载 ECO 经济驾驶辅助系统，在较为顺畅的道路中，开启此系统，车辆即对发动机、空调、4WD 等各部位进行节能控制，从整体上减少能源损耗。此外，先进的气动力学设计和轻量化车身将风阻系数降至 0.33，在提高燃油经济性、减少二氧化碳排放量的同时，也提高了车辆行驶的稳定性。

■ 进口品质 树立价值典范

与同级别国产车型相比，全新欧蓝德为原装进口车型，其一大特点即使用全球同一品质标准。产品品质不因国别区别对待，而且尊重每一市场汽车消费习惯，以用户需求为产品设计初衷是全新欧蓝德赢得市场的又一“法宝”。

伴随着人们生活水平的提高，全新欧蓝德也在不断进化，与社会和家庭同步成长。从第一代到第三代，欧蓝德车型从内而外进行着蜕变，而今的全新欧蓝德带来更加贴合消费者需求的丰富科技应用、人性化配置，更安全、更高性价比的产品，必将为车主带来高品质的汽车生活。

TOSHIBA

Leading Innovation >>>

集东芝之大成·创时代之先端

东芝信息机器（杭州）有限公司

东芝信息机器（杭州）有限公司是位于杭州经济技术开发区出口加工区M12-19-1地块，投资额为7 100万美元，注册资金为3 400万美元的外商合资企业，主要生产东芝电脑产品及其外围机器和零部件、车载电子产品，销售自产产品并提供售后服务。生产的产品绝大部分销往欧美、日本、东亚、东南亚、大洋洲等海外市场。公司是以B2B事业为中心的东芝全球PC唯一生产据点。月生产能力达到30万台，职工人数1 904人。

公司成立于2002年6月，于2003年4月开始正式投入生产，并于当年取得了ISO9001和ISO14001的认证。初年产量为70万台，获得了杭州市外商投资企业2003年年度自营出口第1名，出口额为36 649.36万美元，并获得销售收入第6名。2004年年产量为120万台，获得自营出口第1名，出口额为110 834万美元，同时获得销售收入第2名，金额为953 396万元，并获得出口先进企业“金龙奖”和2011年浙江省出口百强企业等。2008年取得OHSAS18001的认证，2011年6月生产累计台数达到1 000万台。2013年获得日本能率协会的“GOOD FACTORY”奖（“GOOD FACTORY”奖由日本能率协会主办，是一个表彰主要在亚洲区域内，成为制造业模范的工场的制度，表彰对象是致力于企业经营革新，在改革方面取得较大成果的工厂）。几年来，公司一直保持这种良好势头，不断发展，获得杭州市及所处经济技术开发区的多种奖项、奖励。

2013年，公司导入新的项目，EPS-ECU车载电子产品,为公司发展提供了更大的可能性。

目前，公司拥有200人左右的设计中心及浙江省唯一一座10米法电波暗室，在保证自己公司产品品质的同时，还可以向其他有需要的客户提供优质的服务。

公司设计、生产差别化、差异化的商品，发挥以品质为主轴的精细制造力，与设计联手的生产体制，以及以操作工为本的制造管理力，以B2B市场为中心，向顾客提供高品质的、高附加价值的笔记本电脑。同时，还生产台式机及工业用PC等。

公司把“为了人类和地球的明天”作为经营口号，秉承“尊重人，创造丰富价值，为社会作贡献”的经营理念，开展绿色采购、绿色生产，各种环保工作在中国范围内领先开展。

入手如无物的轻薄·商业机新标准

PORTEGE-R850

一滑而立·一机两得

U9-20T　平板电脑新概念

东芝信息机器（杭州）有限公司

地址：浙江省杭州出口加工区内M12-19-1

邮编：310018

电话：0571-86714411　传真：0571-86714317

上海分公司

地址：上海市黄浦区西藏中路268号来福士广场办公楼508室

邮编：200001

电话：021-62375050　传真：021-62375060

中电投远达环保工程有限公司

中电投集团 CPI YUANDA ENVIRONMENTAL-PROTECTION ENGINEERING CO.,LTD.

中电投远达环保工程有限公司（以下简称“远达环保”）成立于1999年，注册资本金2.5亿元。主要股东为中电投远达环保（集团）股份有限公司(股票代码SH:600292)和中冶赛迪集团有限公司；主要从事烟气脱硫、脱硝，除尘工程总承包，超细粉尘治理，核电环保等业务。

“远达环保”是国家科技部、国资委等联合批准的国家创新型企业，是国家发展改革委员会批准的燃煤烟气净化国家地方联合工程研究中心和国家级企业技术中心，拥有博士后科研工作站和院士专家工作站，也是中国电力投资集团公司认定的集团环境工程技术中心；建设有国内最大的原烟气综合实验基地、国内首套万吨级烟气二氧化碳捕集装置。

“远达环保”目前拥有国家专利246项；起草并编制了国家及行业相关标准12项；承担国家、地方科研项目60余项；科研项目获奖38项；在国内外重要学术期刊发表论文118篇。

目前，“远达环保”拥有控股公司3家，参股公司2家，分公司5家，员工580人，其中博士、博士后15人，硕士60余人，并外聘中国工程院院士2人。公司基本形成了以环保工程、产品制造与技术服务三大价值链为核心，以技术进步和科技创新为支撑的产业构架体系，业绩遍布全国大部分地区和海外部分国家。

图1

图2

图3

图4

图5

案例图片注释：

1.远达环保工程公司大楼

2.国内首台单机百万机组脱硝工程——上海外高桥第三发电公司1×1000MW超超临界燃煤机组烟气脱硝工程

3.冷却塔、吸收塔、烟囱三塔合一技术——山西神头发电有限责任公司“上大压小”2×600MW超临界空冷机组脱硫工程

4.国内首台单机百万千瓦机组脱硫工程——华能浙江玉环电厂2×1000MW超超临界燃煤机组烟气脱硫工程

5.冶金行业首个旋流除液烟囱烟塔合一脱硫项目——重钢1号360平方米烧结机烟气脱硫项目

6.2010上海世博会重点环保项目——上海漕泾电厂1000MW机组脱硫工程

图6

固邦公司副总经理 吴忠志

固邦（东莞）电器有限公司
KUPOINT (DONG GUAN) ELECTRIC CO.,LTD.

固邦（东莞）电器有限公司位于东莞市虎门镇怀德工业区，交通方便、环境优雅，是一家独资企业，海关AA类管理企业，主要生产和销售圣诞节日灯饰、灯饰配件、塑胶制品，占地面积20万平方米，拥有员工2 500余人。公司本着“以质量求生存，以效益求发展，以品种求繁荣”的宗旨，自1970年成立至今已取得了飞速的发展，成为灯饰行业中一颗灿烂的明珠。公司已通过ISO及CQC等认证，产品远销欧洲、美国、加拿大等国家和地区。

公司投资建设了配套完善的生产生活设施、园林化的厂区、生活区及多种体育活动场地，极大地丰富了员工的业余生活，并吸引了大批优秀的企业管理、产品开发及生产技术人才，是虎门镇的明星企业。

时代在前进，企业要创新，公司领导层高瞻远瞩，在“团结、务实、开拓、创新”的方针下，极其注重新产品的开发工作，现已拥有比较庞大的专业研发队伍，在现有的UL、GS、CSA、JAPAN等多种规格产品的基础上，及时顺应现代产品的多元化，采取复合材料设计产品。到目前为止，除了圣诞灯饰，公司还生产和销售包括LED灯饰、仿真圣诞树（PE、PVC）等上万种产品，极大地丰富了国际灯饰产品的市场，同时也实现了公司可持续发展的战略目标。

新的世纪，新的目标，公司同仁正以满腔的热情，继往开来，为力争创造最佳企业效益而努力奋斗，拥抱明天那轮火热的太阳。

鲁中运达保税物流中心

☆ 基本情况

项目自2006年年底开始规划，2007年4月获得省政府批复。2013年8月8日，海关总署、财政部、国家税务总局、国家外汇管理局联合下发通知，批复同意设立鲁中运达等3家保税物流中心。项目计划于2014年8月8日通过海关总署验收投入运营。

项目位于山东省滨州市邹平县，地处鲁中泰沂山区与鲁北黄泛平原的叠交地带，东接工业重地淄博，西邻省会济南，南依胶济铁路，北靠黄河，紧靠济青高速公路邹平和周村出口。

项目承办单位为山东鲁中运达物流有限公司，由邹平经济技术开发区注资成立，注册资金1亿元。项目一期计划投资2.6亿元，规划占地面积约40万平方米，建筑面积30万平方米，建设内容包括海关卡口区、办公服务区、海关查验区、保税物流区等设施。项目目前已建设完成钢结构标准仓库4栋，建筑面积2.4万平方米，散货堆场3万平方米，办公楼4 600平方米。

鲁中运达保税物流中心获批后，将加快推进滨州市实施黄河三角洲高效生态经济区和山东半岛蓝色经济区区域发展战略规划，促进加工贸易转型升级和梯度转移，进一步推动保税产业链延伸和区域经济优化。

保税物流中心不仅能提供保税仓储、国际物流配送、简单加工等基本的保税功能，还可提供诸如配套清关、商品展销、物流方案设计、物流服务中介、物流金融、教育培训、电子商务等众多增值服务。

☆ 申报过程

- 2007年，邹平经济技术开发区出资1亿元成立山东鲁中运达物流有限公司，正式启动保税物流中心项目建设申报。
- 2012年3月，滨州市政府通过直属海关向海关总署上报了补充申请。
- 2013年7月，济南海关领导带队赴海关总署进行专题汇报，最终实现鲁中运达保税物流中心项目成功获批。
- 2013年8月，海关总署、财政部、国家税务总局、国家外汇管理局联合下发通知，批复同意设立鲁中运达等3家保税物流中心（B型）。

☆ 项目经济和社会效益

鲁中运达保税物流中心是我省唯一一家设在县级区域的保税物流中心，是一个不依靠空港、海港的内陆口岸，作为山东新兴的内陆保税物流中心，通过信息化及地域优势，提高了内陆企业的通关效率，缩短了流通时间，大大降低了企业的费用和成本，增强了企业的竞争力，“一日游”在鲁中地区就可以轻松完成。

鲁中运达保税物流中心的建立，首先可以提高邹平周边乃至鲁中地区的竞争力，可以完善中心周边功能建设，促进辐射区域的招商，引进外资、知名企业、先进产业，提高辐射范围内招商引资的档次和水平；可以有效地整合物流资源，推进邹平及周边地区物流服务水平，促进全球供应链形成，加快产业结构优化。

鲁中运达保税物流中心的建立，既有利于促进邹平物流业的发展与提高，为国际物流企业提供适宜的发展环境，又可满足制造业的现代化生产方式、营销方式和管理方式的需求，延伸产业链，优化供应链，提高增值率。

鲁中运达保税物流中心的设立改善了邹平及周边地区的投资软环境、增强了竞争优势，迎合了我国外向型经济发展战略，符合新一轮经济发展的需要。

郑州新郑综合保税区

ZHENGZHOU XINZHENG INTEGRATED BONDED ZONE

河南省郑州新郑综合保税区成立于2010年10月24 日，是国务院批准的全国第13个、中部地区第一家实现封关运行的综合保税区。郑州新郑综合保税区规划面积5.073平方千米，一期、二期共2.73平方千米已分别于2011年11月4日与2012年12月21日完成封关运行，为实现区内的功能扩展与转型升级，三期2.343平方千米现已完成前期筹备工作，计划于2014年年中启动建设。

【区位优势】郑州新郑综合保税区位于郑州航空港区，距离郑州市中心城区约20千米。郑州具有“三纵两横”高速公路网，“五纵六横”干线公路网，“米”字形的铁路网；拥有铁路一类、原二类口岸各1个，航空一类口岸和公路原二类口岸各1个。货物在郑州直接联检封关，实现陆、海、空联运，直达国外。

航空港经济综合实验区国务院新闻发布会

郑州航空港经济综合实验区作为国务院批准的国家级新区已经上升到国家经济发展的战略高度，郑州新郑综合保税区作为郑州航空港经济综合实验区的核心区、中原经济区的核心增长极，将以此为契机通过政策创新、体制创新与模式创新，积极承接国内外产业转移，并围绕《国务院关于促进海关特殊监管区域科学发展的指导意见》（国发［2012］58号）以海关特殊监管区域为基础的“六大中心”（即制造中心、物流中心、销售中心、结算中心、研发中心和维修中心），大力发展物流产业、高端制造业和现代服务业，力争建设成为我国开放层次最高、政策最优惠、功能最齐全的特定经济功能区域。

国务院政策研究室针对“六个中心”调研会

【经济情况】2013年，郑州新郑综合保税区累计完成固定资产投资31.83亿元，共实现工业总产值1 446.85亿元；累计完成进出口总值357.88亿美元(其中出口202.998亿美元，进口154.88亿美元)，占全省进出口总值的59.7%，带动河南省外贸历史上首次突破500亿美元大关，同比增长58.6%，连续12个月居中部六省第一，带动全省进出口增速居全国第3位。

申报大厅

【发展趋势】为确保综合保税区的高效运转，在科学设计区内业务流程、信息系统的基础上，加快河南电子口岸建设步伐，推进大通关信息平台、大监管信息平台、海关特殊监管区域信息平台、河南国际物流信息平台和监控指挥中心等“四平台一中心”建设，着力打造全省的电子口岸大通关平台。同时，围绕国务院的“六个中心”进一步加快区域产业转型升级，全力将郑州新郑综合保税区打造成为一个功能完备、运转高效、环境优美的国内一流综合保税区，力争建设成为国际物流中心、中原经济区对外开放主平台、中部地区加快发展的重要支点。2012年12月3日《加贸司关于于开展海关特殊监管区域内企业内销产品返区维修试点工作的通知》（加贸函［2012］97号）已正式批复郑州新郑综合保税区作为内销产品返区维修试点。国家质量监督检验检疫局为支持河南省建设成为引领中原经济区发展、服务全国、连通世界的开放高地，于2013年12月30日正式批准河南省依托郑州国际航空港和欧亚国际铁路联运两个一类口岸，筹建进口肉类指定口岸。

北京中海通科技有限公司
CHINA CUSLINK CO.,LTD

公司简介

北京中海通科技有限公司（简称中海通）是全国海关信息中心（全国海关电子通关中心）下属的一家高新技术企业，成立于1998年，经营范围涉及进出口贸易信息咨询、系统集成、软件研发、信息安全、运维支持等IT综合服务领域。

在海关大规模、系统化的信息化建设中，中海通承担了许多重要任务，参与了“金关工程”、“金宏工程”、H2000全国海关通关系统、H2010现代海关业务管理信息系统、中国海关门户网站体系等海关重要信息系统建设，为海关信息化建设提供了有力的支持和保障。作为进出口贸易信息咨询服务业的开创者和领导者，中海通以海量进出口贸易数据为基础，依靠强大的咨询分析团队，累积形成了涵盖金融、科研、物流等十余个行业的贸易信息应用解决方案，帮助客户把握贸易走势，开拓潜在市场，提供决策支持。

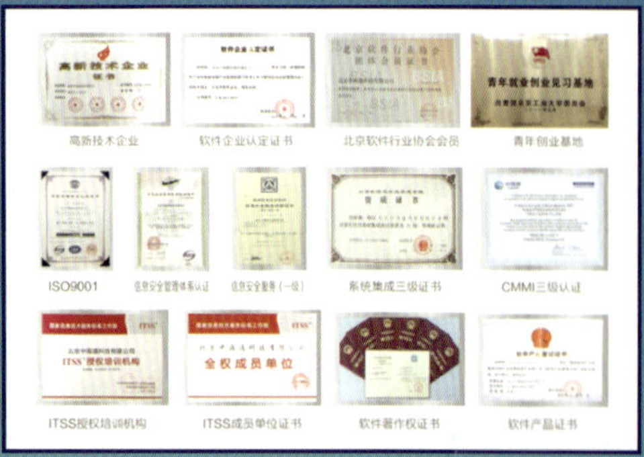

历经多年建设，中海通已获得高新技术企业、软件企业认定、质量管理体系认证、信息安全管理体系认证、系统集成三级认证、CMMI（软件能力成熟度模型）三级认证、ITSS全权成员单位等多项资质及国家政府采购资格，拥有十余项软件产品认证及二十余个自主软件著作权。今后，中海通将继续专注于电子政务信息化建设和进出口贸易信息服务领域，致力于成为一流IT综合服务提供商，竭诚为全国海关系统和社会各界用户提供专业、高效、优质的服务。

主要成果

海关信息系统建设：

- 金关工程
- 金宏工程海关子项
- H2000全国海关通关系统
- H2010现代海关业务管理信息系统
- HB2012海关办公平台
- 中国海关门户网站群
- 新闻宣传集成管理系统
- 海关缉私综合应用系统
- 安全运行管理平台
- 平潭综合试验区海关分线管理信息平台

进出口贸易信息应用解决方案：

- 国务院发展研究中心、中科院等科研机构
- 中国石油和化学工业协会、中国钢铁协会等行业指导性组织
- 中国银行、中国进出口银行等金融机构
- 中国石化、中粮集团等大型企业
- 中远集团、嘉里大通等物流行业

软件产品

- 云门户平台
- 运维操作审计系统
- 机房信息管理系统
- 舆情监控系统
- 运维服务平台

政府信息化建设实践专家

进出口贸易信息服务专家

业务范围

（一）进出口贸易信息咨询服务

中海通向社会各界用户提供权威、专业、高效的进出口贸易信息咨询服务，为政府机构、研究机构和进出口相关企业准确把握我国对外贸易发展趋势、政策走向、招商引资和投资等提供有价值的参考，发挥决策支持作用。

业务服务平台：海关信息网www.haiguan.info

（二）系统集成服务

中海通在系统工程科学方法的指导下，以满足客户需求为出发点，以多年积累的项目管理经验为支撑，优选各种技术和产品，帮助客户建立低成本、高效率、可扩充、易维护的IT系统。

（三）软件研发服务

凭借多年的政府及大型企业项目经验，中海通形成了一套成熟的软件项目开发流程和质量保证体系，通过了CMMI三级认证，可为客户提供量身定制的软件开发、软件解决方案和专业测试与性能工程服务。

（四）技术支持与服务

中海通以海关总署及全国海关技术支持项目的丰富经验为基础，以“沟通渠道便捷通畅，响应速度快速高效，服务质量至臻完善”为目标，致力于打造技术一流、服务专业、流程规范的技术支持服务体系。

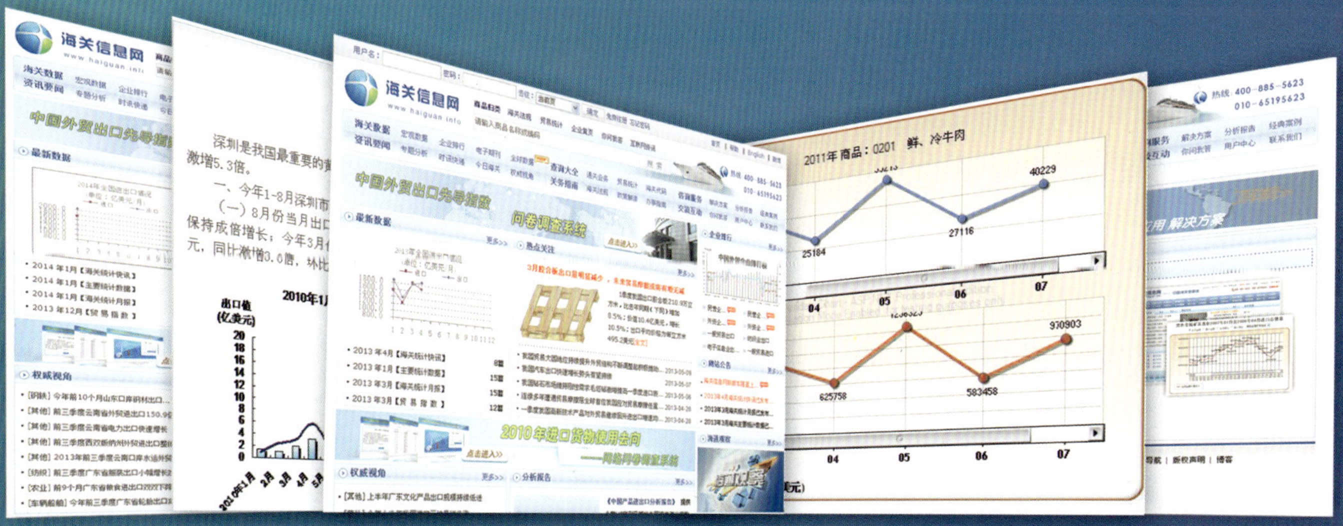

联系方式

电话：400-885-5623　　传真：010-87167400　　网址：www.cuslink.cn

地址：北京市朝阳区东四环南路甲1号（100023）　邮箱：market@cuslink.cn

中国电子口岸数据中心成都分中心

中国电子口岸数据中心成都分中心（以下简称成都数据分中心）主要负责四川省进出口企业的数据支持服务及相关应用项目开发、合作等。目前，四川省获得进出口经营权的企业已经超过1万家。成都数据分中心部署专网路线13条，辐射四川省行政区域内8个地市州，入网企业达15 222家，预录入报关用户达11 435家，通过QP系统预录有实际投资的企业突破150家。

当前，国际分工更加深化，国内外发展态势要求四川进一步提高对外开放水平。2013年，四川省外贸规模突破600亿美元大关，创历史新高，外贸进出口总值居全国第11位，居中西部第2位，其中出口总值列全国第11位，进口总值列全国第13位，开放型经济的脚步进一步加快。这也要求成都数据分中心全力推动自身建设，促进地方经济的快速、持续发展。成都数据分中心根据中央、海关总署党组对电子口岸建设的新要求，认真学习贯彻全国海关关长会议精神，深入践行“四好”总体要求，紧密围绕成都海关建设内陆“一流海关”的目标，锲而不舍，狠抓落实，勇于创新，开拓进取，推动成都数据分中心工作再上新台阶。

2013年，成都数据分中心在成都海关和海关总署数据中心的支持与帮助下，先后完成通关无纸化系统建设、新快件系统建设、新舱单系统建设、电子口岸专网3G备份线路建设、工单核查系统建设、一报一审系统建设、捷通信息平台建设、深加工系统建设、集成通（TCS）测试环境系统建设、分送集报系统建设、智能邮箱客户端系统建设等一系列系统建设工作，为减少企业负担、提高通关效率做出了突出的贡献。

同时，成都数据分中心积极配合总署数据中心、成都海关及东方口岸科技有限公司完成了QP改进版4.0预录入系统、集成通系统、北京保税仓系统、北京保税仓QT查询工具系统、无纸化手册系统、电子账册联网监管系统、老舱单系统、报关单条形码系统、电子口岸制卡系统、电子口岸专网维护、电子口岸视频会议系统、电子口岸呼叫热线系统、QP激活码管理系统等一系列系统的维护升级工作，及时排除各种故障，保障了企业工作的顺畅运行。

为不断提升服务企业水平，成都数据分中心还举办了企业培训班，强化与企业的直接沟通与交流。此外，成都数据分中心制作发放了企业联系卡、培训光盘，建立了QQ互动交流平台，方便企业与分中心进行相关业务的咨询与沟通，受到企业广泛赞誉。

2014年，四川地方电子口岸建设进入更加关键的时期，成都数据分中心也迎来了新的挑战与发展机遇。成都数据分中心将进一步加强与地方政府及其相关部门和企业的联系、沟通与合作，不惧挑战，抓住机遇，积极主动开展工作，特别是在航空、铁路、公路口岸物流中心等海关特殊监管区域及地方电子口岸建设中，充分发挥自身专业优势，提升成都数据分中心素养，为加快推进四川“多点多极”格局建设、实现外贸健康发展作出新的更大的贡献。

井冈山出口加工区

简 介

井冈山出口加工区位于井冈山经济技术开发区内，于2011年3月经国务院批准设立，总体规划面积2.25平方千米，一期开发0.63平方千米。出口加工区一期工程于2011年11月动工建设，主要建设内容包括卡口、信息化系统、监管大楼、监管仓库、保税仓库、标准厂房、企业厂房及其他相关办公配套服务设施。2013年4月19日，顺利通过国家部委正式验收并封关运行。

相关优惠政策

加工区由海关实行“一次申报、一次审单、一次查验”、全封闭、24小时通关服务的新型通关管理模式，加工区内企业不仅享有海关提供的简单、快捷通关便利，还享有国家级出口加工区和国家级经济技术开发区特有的税收等优惠政策。区内基本实现了“七通一平”，海关、商检、银行、运输、仓储等机构一应俱全，落户企业不出园区即可办理一切进出口手续。同时，入区的企业还享受一系列税收和外汇管理的优惠政策，包括：进口免税，入区退税，进料保税，出口免税，出口加工区之间的进出货物免税，区内货物销往境外不需办理出口收汇核销手续，向境外支付不需办理进口付汇核销手续，货物可以在加工区和其他国家之间自由进出而无须配额和许可证，水、电、气退税等。这些政策使得区内生产的出口产品不含任何税赋，大大降低了入区企业的成本。

招商引资产业导向

坚持“高新技术立区、招商引资兴区、做大产业强区”的发展思路，井冈山出口加工区发展以出口为主的产业，主要包括电子信息、精密机械、生物制药、新材料等。欢迎“原料、销售在国外市场，加工生产在国内”的出口型企业来加工区租赁厂房或自建厂房投资兴业，共同将井冈山出口加工区打造成江西开放程度最强、产业集聚度最高的外向型经济区。热忱欢迎海内外朋友前来投资兴业！

井冈山出口加工区

地址：江西省吉安市井冈山经济技术开发区内　邮编：343100
电话：0796-8406177　传真：0796-8406177
邮箱：jgsckjgq@163.com　网址：www.gjjkq.gov.cn

中国电子口岸数据中心太原分中心

高志凯副关长在太原武宿综合保税区调研

吕关长陪同孙毅彪副署长在太原武宿综合保税区参观信息化机房

近年来，中国电子口岸数据中心太原分中心（以下简称太原数据分中心）紧紧围绕电子口岸和海关工作大局，狠抓落实，勇于创新，开拓进取，全面建设取得了长足发展和进步，对山西的对外经济发展作出了积极的贡献。

太原数据分中心下设综合部、技术部，并在太原机场海关和武宿综合保税区设有派驻机构，现有工作人员13名，其中80%是30岁以下的青年人，承担着太原关区内报关单预录入和山西省内所有进出口企业的电子口岸卡的制卡工作。经过十几年的快速发展，从仅做专网维护，发展到现在的从事集安防工程、卡口系统设计施工、信息服务、系统集成、软件开发及信息咨询、技术开发服务等多种经营的实体；从技术上一穷二白，发展到自主开发关区监管场所卡口管理系统、监管仓库管理系统、运输工具安全管理系统及服务关区业务改革、服务广大进出口企业的科技企业；目前，太原数据分中心办理的中国电子口岸入网企业已达到3 000余家，并继续以每年约100家的数量增加，优质的服务赢得了广大进出口企业的青睐。

2013年，为了确保山西综改区的“头号工程”太原武宿综合保税区（一期）信息化工程的建设，太原数据分中心充分利用技术和人才优势协助东方口岸科技公司完成了保税区智能卡口管理系统、海关业务辅助管理平台、视频监控系统的建设，保障了该综合保税区通过国家十部委联合验收组的正式验收，为提高山西省对外开放的层次和水平发挥了应有的作用。

太原数据分中心下属的经济实体山西东方物通科技有限公司成立于2012年10月，现有人员6名，全部为大专以上学历的大学生，担负着电子卡口、视频监控、周界报警、综合布线等技术工程的方案设计、工程施工等任务。2013年，公司凭借技术和人才的优势先后承建了太原海关缉私局入境旅客缉毒监控系统、山西方略出口监管仓库联网监管项目、山西兰花集团联网监管项目等技术工程项目9个，全年公司营业收入突破500万元。

征程如虹、岁月如歌，太原数据分中心以真诚、创新和智慧，创造更加美好而辉煌的明天。

中国电子口岸物流商务基地
Logistics Business Base China E-port

一、公司简介

东方口岸科技有限公司成立于 2002 年2月，是中国电子口岸数据中心、中国电信集团和中信21世纪电讯有限公司共同出资成立的高新科技企业，是中国电子口岸物流商务的推动者和实践者，承担“中国电子口岸物流商务基地”日常运行职责。

东方口岸科技有限公司为政府行政管理部门、物流行业、各大银行、保险公司、信息安全等行业和全国50万家进出口企业用户提供物流电子商务服务和解决方案（产品），主要包括CA认证与安全交换、物流链集成、物流及关务系统开发、电子计费与支付、电信增值业务、企业ERP咨询实施等。

东方口岸科技有限公司积极与包括SAP、IBM、ORACLE、Dell等众多全球知名IT企业保持密切联系，与不同国家和地区的机构建立广泛合作与长期战略伙伴关系。东方口岸科技有限公司的发展战略是“以服务为宗旨，以促进为目的，以需求为导向，以合作促发展”。

面向未来，东方口岸科技有限公司将认真贯彻落实科学发展观，加速推进持续成长，继续走技术领先、服务领先的专业化道路，实现电子政务和电子商务的协同发展，向实现产业升级、塑造行业领先地位的战略目标迈进。

二、资质认证

- 中华人民共和国电信与信息服务业务经营许可证
- 中华人民共和国增值电信业务经营许可证（含短消息类服务接入代码使用证书）
- 软件企业认定证书
- CMMILevel 3
- 计算机软件著作权登记证书（25个）
- 商用密码产品型号证书（10个）
- 商用密码产品生产定点单位证书
- 商用密码产品销售许可证
- 高新技术企业证书
- 中关村高新技术企业

三、产品概况

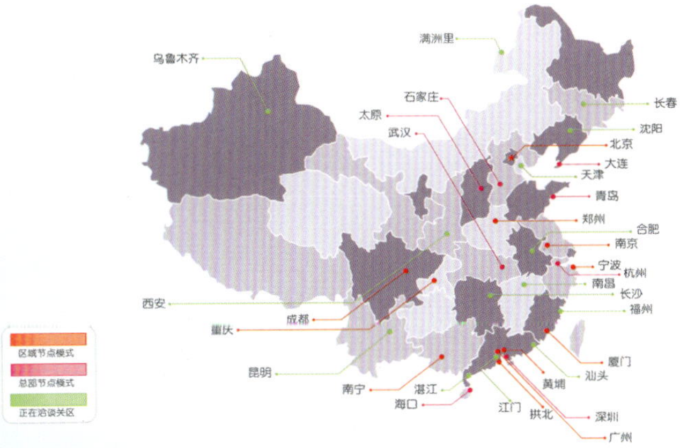

集成通系统

集成通是面向贸易、物流与通关领域，为企业与企业之间、企业与管理部门之间的业务协作提供以数据传输、标准转换、流程管理、安全支持、支付支持、辅助申报为核心功能的综合数据集成服务，从而推动企业实现与合作伙伴之间、与口岸管理部门间业务协作的自动化、无纸化，帮助企业优化贸易、物流与通关的业务流程，消除进出口业务链上的数据鸿沟，增强业务的透视度，提高运作效率，降低运作成本，全面提升企业在全球供应链下的竞争水平。

集成通分类：

物流集成通、报关集成通、特区集成通、加贸集成通

智能指挥中心平台

LSC 物流通 Logistics Supervision Solution of Customs

根据金关工程二期的要求及海关总署关于指挥中心建设的指导意见，自2011年4月开始，东方口岸科技有限公司将先进的物联网技术、移动视频技术及智能视频分析技术整合形成“智能指挥中心平台”，该系统由“指挥中心基础系统”、“智能监控系统”、“智能分析系统”、“智能指挥系统”和“指挥中心数据库”5个主要应用系统构成，为海关各级办公指挥、风险管理、监管通关、审单、查验、稽查部门提供了定制化智能支持服务，切实发挥了信息化系统对实际监管工作的预警、调控、指挥、监督作用，成为直属海关指挥中心日常运行的重要信息化辅助应用工具。

智能指挥中心平台的网络架构涉及对外接入局域网、管理网、视频专网。

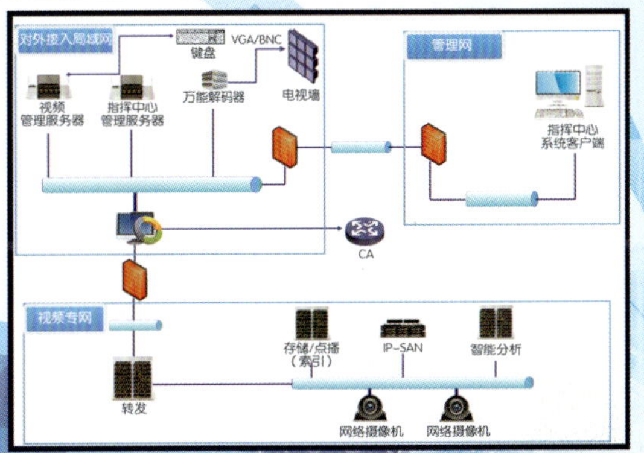

地址：北京市朝阳区三丰北里1号楼悠唐国际A座15层 邮编：100020 电话：010-65195500 传真：010-65194718 网址：www.east-port.cn 热线：010-95198-2

中国电子口岸数据中心福州分中心

2013年，福州数据分中心紧紧围绕党的十八大及十八届三中全会精神，深入开展党的群众路线教育实践活动，不断改进工作作风，认真落实《电子口岸发展“十二五”规划》在新的起点上解放思想、开拓创新、主动作为的要求，扎实推动福州海关业务改革和电子口岸建设再上新台阶。

一、大力支持海关业务改革和重点项目建设

一是积极参与关检合作“三个一”试点工作，完成“一次申报”接口的软件开发和联网调试，为平台运行提供技术保障；二是配合完成福州关区通关作业无纸化改革的全面推广及“新舱单及运输工具管理系统”、“快件通关系统”的试点工作；三是支持和参与平潭综合实验区封关运作和福建省跨境贸易电子商务试点。

二、不断完善电子口岸基础设施建设

一是深化区域海关合作，完成与上海、南京、杭州、宁波、厦门、合肥、南昌等兄弟海关互联互通项目的建设，实现跨关区电子口岸系统数据交换；二是对电子口岸网络进行升级改造，实现双线路自动备份，以“安全第一”的原则加强系统运维工作，确保系统安全稳定高效运行；三是优化电子口岸专网智能管理平台的系统参数配置，提高对网络关键节点事件的监控质量和捕捉效率，有效提升网络安全管理的智能化水平；四是对电子口岸热线呼叫中心进行系统升级，同时支持数字和模拟信号，大大增强系统运行的稳定性。

三、切实改进作风，努力做好服务

一是将对外办事窗口移至报关大厅，方便企业统一办理海关手续；二是配合做好收费项目清理工作，切实减轻企业负担；三是建设“电子口岸联网辅助审批系统”，使企业无需逐一奔波6个联审部门审批，实现“一站式”服务；四是完成电子口岸热线呼叫中心的功能升级，提高客服人员的综合业务素质和服务水平；五是完善企业培训机制，建立“电子口岸大讲堂”；六是对互联网门户网站进行升级改版，功能更为完善，企业操作更加便利；七是启用“分中心综合业务管理平台”，方便企业办理电子口岸联网、授权等业务。

四、筑牢防线，强化非执法领域廉政风险

一是以规范制度为抓手，夯实非执法领域内控基础，积极推进公务员卡改革，规范财务日常管理；二是以规范权力运行为重点，做好清权确权工作；三是以加强廉政教育为基础，围绕防控“三大风险”认真开展警示教育活动，筑牢廉洁自律道德防线。

中国电子口岸数据中心南宁分中心

中国电子口岸数据中心南宁分中心于2003年12月31日正式挂牌成立，至今已经发展10来年，数据分中心始终立足本职，统筹兼顾做好中国电子口岸与广西电子口岸平台的推广发展，为广大外贸企业提供优质高效的通关服务，促进广西外向型经济的发展。10年来数据分中心从无到有，从小到大，自身也获得了长足的发展，现有干部职工19人，广西电子口岸应用项目8个，门户网站日均访问量逾4 000人次，日均处理各类业务约1 100份，初步筑牢3项基础。

覆盖全区的电子口岸网络基础：

随着电子口岸网络基础进一步的完善，实现了工商、税务、海关、外汇、外贸、质检、银行等部门和进出口企业、加工贸易企业及部分海关业务现场的联网。年内已完成的南宁加贸三方联网系统部署与测试工作，不仅为企业节省审批时间，还使外经贸部门和海关通过数据交换和信息共享，进一步理顺关系，实现对加贸业务的协调管理。电子口岸平台与各部门政务外网建设协调发展，口岸管理部门联合监管执法和服务能力显著增强。

建成通关信息汇集核心的数据基础：

切实做好新舱单与运输工具管理系统、新快件系统、西江物流服务平台的运行保障工作，完成海运物流服务平台改造升级等工作，并将特殊监管区辅助管理系统集中在广西电子口岸进行统一的建设和运营维护。中国电子口岸专网南宁分节点与广西电子口岸核心网络严格按等级保护二级要求进行整改，确保核心网络安全可靠。通过创新技术手段，自主开发运营维护监控系统，对广西电子口岸网络、应用系统、预定数据、数据交换通道、服务器等进行实时监控，大幅提高故障处理的效率，提升运营维护保障水平。核心处理交换机及核心数据库小型机均采用双机热备冗余，保障系统稳定运行和数据安全。系列工作的开展，增加对电子口岸核心交换数据的要求，广西电子口岸通关核心平台作用进一步突显。

安全稳定运行和高效统一的客服基础：

南宁数据分中心本着为企业提供更优质、便利的服务，不断加强对技术人员与客服人员业务技能培训，并积极融合中国电子口岸及广西电子口岸热线服务内容，以热线融合为突破口，提升服务品质和企业满意度，并进一步拓宽技术服务的渠道，对热线咨询无法完全解答企业的问题，通过远程桌面工具直接为企业提供技术支持和指导，缩短问题处理的时间。推出“7×24”小时不间断业务咨询服务，对工作时间以外的热线问题，将自动转接至客服人员手机号码进行咨询。在窗口服务方面，进一步改善服务为民的措施，落实首问负责制、限时办结制等，并将原有的业务办理时长大幅缩减，代办业务从7天缩减到3天以内，提高企业办事效率。

南宁数据分中心将努力打造符合区位特色，服务广西、服务西南、服务东盟的“大通关、大物流、大外贸”统一信息平台服务，进一步提高广西地区对外开放水平和国际竞争力。

广州轻出集团股份有限公司
GUANGZHOU LIGHT HOLDINGS LIMITED

广州轻出集团股份有限公司（简称广州轻出）成立于1956年，是中国最早的进出口公司之一，广州最大的外贸企业。作为一家集进出口贸易、国内贸易、仓储物流等于一体的集团公司，广州轻出位列中国外经贸质量效益型先进企业和全国进出口企业500强及广东省企业100强。广州轻出经营的产品涵盖家用电器、服装鞋包、日用百货、文体用品、五金机械、矿产资源等，产品出口到120多个国家和地区，同时，也为国内企业采购或进口原材料、设备等，将国际品牌引入国内市场。广州轻出凭借卓越的信誉和优质的专业服务，为客户打造最优的供应链。

广州轻出拥有一批享誉国内外的商标，其中包括中国驰名商标“三角牌”电饭锅、“钻石牌”电风扇，广东省著名商标“GZLI”，以及广州市著名商标“金雀牌”乐器、“冠军牌”体育用品、“TITAN”牌自行车胎、“钻石牌”锁等。

三角牌 “TRIANGLE” 钻石牌 “DIAMOND” 钻石牌 “DIAMOND” 金雀牌 SKYLARK BRAND HAMPION TITAN

广州轻出早在90年代初就十分重视知识产权海关保护工作，是国内最早在海关总署进行商标备案的企业之一，其第33117号“钻石”牌锁商标便获得海关总署颁发的中国第1份《知识产权海关保护备案证书》的殊荣，(编号T95-00001)。目前，广州轻出已将旗下知名品牌共25件注册商标在海关总署进行了全方位备案保护。近年来，在海关总署及上海海关、杭州海关、广州海关等多个海关及口岸的鼎力协助下，破获多起侵犯该公司商标专用权案件，有效维护了其品牌权益。

坚持和谐进步、奉献社会的企业精神，广州轻出致力于为世界各地的客户提供优质和富有竞争力的产品，把打造国际品牌立为企业使命。未来，广州轻出将继续与各地海关、口岸合作，为推动海关知识产权保护，营造良好的通关秩序和促进国际经贸发展做出贡献。

上海亿通国际股份有限公司

上海亿通国际股份有限公司成立于2001年7月，是一家专业从事口岸物流公共信息和国际经贸电子商务统一平台建设运营和服务的控股型企业，是中国大陆口岸物流信息化建设领域的先行者和引领者。

公司成立以来，根据国家口岸管理部门和上海市政府授权，在上海口岸相关政府部门和单位的大力支持下，积极推动上海口岸物流信息资源的整合，逐步形成了以统一数据处理平台为核心，相关口岸监管及港口航运单位"一点接入"的大口岸物流基础信息共享支撑体系，网络覆盖上海海港、空港口岸及所有特殊监管区域，并辐射长三角和长江流域，与香港、台湾等地区的物流信息网络衔接，服务功能贯穿"外贸监管"、"现代物流"、"供应链管理"、"电子支付"四大业务环节，为上海航运航空枢纽建设提供了重要的技术支撑和保障。

公司发展至今，已拥有1 100平方米的电信级数据中心和600平方米的异地容灾备份中心，平台网络连接海关、检验检疫、港口、海事、边检等主要口岸监管单位，并通过上海政务外网实现与工商、税务、质检、国资、外经贸委、外管局的网络互联，同时实现了十大金融机构的网络接入。客户网络涉及各类出口加工制造企业、第三方物流企业、各类进出口及国际物流业务中的相关单位，覆盖上海的洋山保税港区、外高桥保税区、保税物流园区、五大出口加工区及上海所有的海港、空港口岸，此外还实现与香港、台湾物流信息网络的衔接，积极探索"两岸三地"的口岸信息共享。

近年来，为响应国务院及上海市政府提出的建设上海国际航运中心的号召，公司积极地参与到上海国际航运中心综合信息共享平台的建设中，按照"整合资源、强化主业、优化结构、和谐发展"的指导方针，不断强化公司核心竞争力建设，提高自主创新能力和市场竞争能力，实现跨越式发展。公司提出了集团式发展战略、数据中心战略和长江战略三大核心战略，重点围绕上海国际航运中心信息化服务体系建设，以公共信息服务平台建设和运营为目标，努力提高上海口岸物流信息一体化服务能力，同时实现长江流域主要港口信息互联，提高航运信息增值服务能力，大力拓展跨区域、跨国界、全覆盖的物流信息采集、处理和交换，构建具有高度市场竞争力的现代物流信息服务产业集团，并计划利用5~10年的时间成为全国乃至全球领先的电子数据服务商。

总经理：李伟达

董事长：刘亚东

河南德众保税物流中心大有作为

—— 中部明珠耀孟州

河南省委书记、省人大常委会主任郭庚茂(左一)到河南德众保税物流中心视察，焦作海关关长贺方（右五）、德众保税物流中心总经理张振志（右二）等陪同

河南省委常委、常务副省长李克(前排左二）到河南德众保税物流中心视察，河南省委常委、省委宣传部部长赵素萍（前排左一）等领导陪同

区位凸显优势

“唐宋八大家之首”韩愈故里河南省焦作市孟州市，人口38万，面积541.6平方千米，属中原经济区豫西北版块。2014年1月29日获得国家批复的河南德众保税物流中心，位于中原城市群洛阳、三门峡、济源、焦作、晋城中心区的河南省孟州市高新技术产业开发区与洛阳（国家）高新技术产业开发区吉利科技园综合部，紧邻二广高速出入口，是连接铁路、公路和航空的区域性多式联运枢纽。

周边京广、陇海、新月、侯月、焦柳、焦枝铁路，连霍、二广、长济、郑焦晋、焦桐、京昆高速及207国道或环绕四周或穿境而过，距洛阳铁路站28千米、济源铁路站30千米、中石化铁路专用线2千米、国家一类铁路口岸郑州铁路莆田西站110千米，距国家一类航空口岸洛阳北郊机场35千米、郑州航空港区125千米，正在建设的济孟铁路专用线直达二期园区，可谓承东启西 、连南贯北,区位优势凸显，经济通联八方，为河南德众保税物流中心充分发挥辐射带作用创造了优越条件。

产业强力支撑

孟州是拥有多项殊荣的内陆县级市：“国家科技进步示范市”、“国家可持续发展实验区”、“国家生态示范区”、“中国金融生态市”、“全国最具投资潜力中小城市百强”、“外商眼中的河南最佳投资城市”、“河南省高新技术产业开发区”等。近年来，孟州依托深厚的资源禀赋，孕育了世界皮革行业龙头隆丰皮草及气缸套产销量亚洲第一、世界第二的中原内配等国际影响力产业化龙头企业；打造了气缸套、核黄素、羊剪绒、超硬材料等产品的世界知名品牌；形成了汽车零部件、生物化工、皮毛加工、新材料四大主导产业。截至2013年年底，孟州市成功引进3家世界500强和3家中国500强，培育了多家上市公司，外向型经济连续9年稳居河南省109个县（市）之首。繁荣的区域加工制造和商贸流通业对于保税物流中心的需求日益迫切。

河南德众保税物流中心获批后，上海宝钢、东风集团、中纺集团、奥特莱斯等一大批央属企业、商会集团纷纷落户孟州。

政府大力支持

德众保税物流中心总经理张振志说：“没有政府支持，我们不可能获得国家批复”。近年来，从国家宏观经济战略层面，国务院先后发布了《物流业调整和振兴规划》、《关于支持河南省加快建设中原经济区的指导意见》、《关于促进物流业健康发展政策措施的意见》、《国务院关于保税物流中心扩大试点的批复》等。从地方政府层面，河南省“十二五”规划及焦作市“十二五”规划都对区域性物流发展给予了诸多利好政策。

“在这样的大背景下，我们先以‘两仓’模式向郑州海关申请，获批后向发改委立项”，张振志称，该项目2012年列入焦作市重点项目，2013年列入河南省首批A类重点项目，河南省委书记郭庚茂，河南省常务副省长李克，河南省副省长赵建才、张维宁等党政领导，以及海关总署、河南省口岸办、郑州海关、河南检验检疫等系统领导先后300多次到该中心视察指导工作。

政府的大力支持让德众保税物流中心有了放手一搏、高端立项的底气。

企业苦练内功

德众保税物流中心项目计划总投资30亿元，占地约230万平方米，分三期完成。其中，项目一期占地约33万平方米，投资5.5亿元，建有约19万平方米封关运营区、约7万平方米综合服务区、8万平方米内贸仓储区；二期占地约67万平方米，计划投资9.5亿元，建设内陆最大国际采购分拨配送中心和E贸易分中心，保税油存储及冶炼加工项目；三期占地约134万平方米，计划投资15亿元，建设有国际影响力的全产业链皮毛加工区，并以此撬动孟州自贸区形成。

如此庞大的建设工程和日益明晰的发展目标，需要一大批创业者、奉献者，需要一个特别能吃苦、特别能战斗的建设和运营团队。值得庆幸的是“德众”不缺这些。

“虽然是以‘两仓’立项的，但我们是按争创全国一流保税物流中心标准来建设的”，项目一线行政负责人行建祥介绍了德众保税物流中心志在必得的雄心及自力更生艰苦奋斗的艰辛历程。

一期工程从2012年5月1日动工到2012年11月竣工，不到10人的团队，用短短半年时间完成了保税物流中心一期工程建设的庞大施工任务，实现了“全国一流”的庄严承诺。同年12月25日，河南德众保税物流中心以“两仓”模式启动运营，广泛招揽各类人才，组建保税业务团队；通过一年努力，培养了一支合法守信、精通仓储、配送、场站作业、国际物流、国际贸易等业务的经营管理团队；与富士康、中纺、中集、中海、中远、中内配、法国达飞、中金黄金、莲花味精、南京苏康医药、飞昊化纤、天鸿商贸等深入合作，初步形成了羊皮、棉花、红酒、奶粉、牛羊肉、保健品、奢饰品国际采购及国内货物简单加工等项目的规模和渠道营销优势。

有理由相信，河南德众保税物流中心定会乘风破浪、快速前行，在中原经济区建设中发挥重要作用。

河南德众保税物流中心“前店后仓”模式直接惠及孟州及周边百姓的进口商品展销大厅

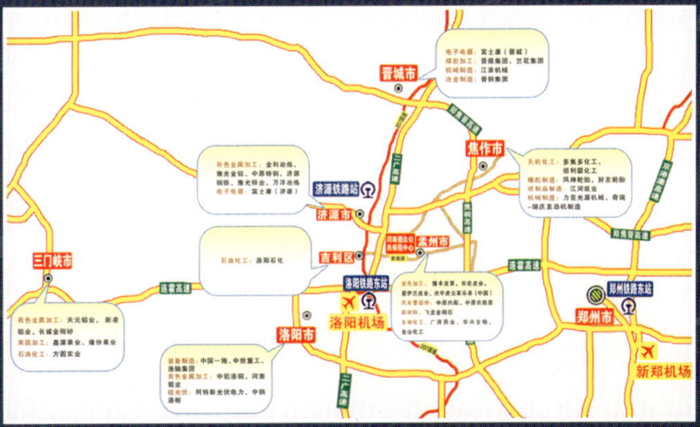

河南德众保税物流中心周边大型制造业和大个头企业云集

BLC 武汉东西湖保税物流园

2013年，武汉东西湖保税物流园招商引资签约项目协议投资总额达到103亿元，其中签约物流项目8个，总投资额30.7亿元，用地面积约为75.6万平方米，获得各界认可，被评为“全国物流示范基地”、“2013中国最佳物流园区”。

科学选址，坚持规划先行。我们以保税物流中心为核心，依托东西湖物流产业基础，规划了19平方千米的园区范围，在聘请专业机构进行市场调研及论证的基础上充分发挥当地的区位优势，完成了物流产业发展规划，编制了物流园区详规，为物流产业的长远发展奠定了基础。

我们坚持按规划功能区布局项目，不轻易改动规划，对不符合入园条件的企业，坚决不予入园，并逐步建成电子商务与快递、现代物流区域总部、多式联运、保税物流4个版块。

优化产业，突出发展重点。招商引资的重点集中在规划确定的电子商务与快递、现代物流企业总部、保税物流、多式联运4个产业目标上。一是形成了以京东、苏宁易购、顺丰、中邮、圆通为代表的电子商务和快递板块；二是引进以DHL、天地华宇大区总部、德邦物流华中区总部、盛辉物流华中区总部为代表的现代物流总部聚集区；三是铁路集装箱中心站、多式联运码头与武汉新港对接，形成铁水联运优势，铁路口岸的建成使“汉新欧”国际班列常态化成为可能，通过与天河机场联动，使保税物流中心成为“虚拟空港”，大力建设铁、水、公、空齐发力的综合立体物流枢纽；四是充分利用保税物流中心功能，引进全球商品采购中心、法国西南之屋，带动国际贸易企业集聚。

加大投入，推动基础设施建设。一是投资3亿元完成征地拆迁及农工安置工作，引进铁路集装箱中心站。二是投入近4亿元建成了武汉东西湖保税物流中心、公路口岸及联检大楼项目。三是投入20多亿元完善园区道路基础设施建设。目前园区“七横十二纵”的路网主骨架已基本贯通，“七通一平”同步实施到位。

提档升级，强化功能集聚。园区具有优越的保税物流基础设施和进出口通关条件，完成了铁路集装箱中心站、公路口岸和保税物流中心的建设。一是铁路口岸已经建设完成，即将封关运行，为“汉新欧”国际班列常态化运行创造了条件。二是充分利用汉江转运码头，将武汉新港与铁路集装箱中心站对接，形成铁水联运优势。三是推动保税物流中心与天河机场联动，使保税物流中心成为“虚拟空港”。四是联合武汉新港和出口加工区，以“一区三园”申报武汉新港空港综合保税区（暂定名），提升园区对外开放功能，申报资料经湖北省政府批准已上报国务院待批中。

做好服务，提升园区软环境。一是通过开展体育比赛、企业沙龙等活动，使企业在园区有家的感觉。二是成立专班为企业提供一条龙服务，从对企业入驻到企业经营过程中遇到的困难再到快速发展过程中的正确引导，确保企业发展壮大和园区的可持续发展。不断提高服务质量，改善园区投资软环境，打造“七通一平”，使企业享受信息灵通、资金融通、人才流通、服务沟通、政策畅通、法制顺通、生活便通、服务扁平的全新环境。

地址：湖北省武汉市东西湖区高桥三路189号　电话：027-83264010　传真：027-83264010

江苏省大丰市口岸管理委员会

大丰港位于江苏1 040千米海岸线港口空白带的中心位置，东经120° 46′ 1″，北纬33° 16′18″，利用此海域特有的潮汐通道“西洋深槽”建设深水码头，“西洋深槽”水深稳定，-15米等深线宽3至4千米，长55千米，并与外海深水贯通，可进出10万吨级船舶。大丰港于2006年6月13日被国务院批准为国家一类口岸，2007年9月20日正式对外开放。大丰港区位优势明显，集疏运体系完善，是国家交通运输部规划填补沿海港口空白带的项目，是江苏省沿海重点建设的三大港口之一，直接服务于苏中、苏北及皖北、豫南等中西部地区。大丰港目前已开通至韩国仁川港、釜山港、日本门司港和经上海至欧美等国际集装箱班轮航线，至日本、俄罗斯杂货航线，以及至大连、天津、秦皇岛、青岛等散杂货航线，2013年新开至宁波港内支线。大丰港与韩国、日本一衣带水，距釜山港420海里、长崎港430海里、上海港250海里、连云港港120海里，毗邻盐城、南通机场、沿海高速、新长铁路、通榆运河，构成了海陆空体系完善的集疏运网络。苏通长江大桥通车后，大丰港已成为江苏沿海重要的交通枢纽和物流中心。

随着2013年三期工程集装箱粮食码头、通用码头的基本建成，目前大丰港已建成万吨级以上生产性泊位16个，年吞吐能力达6 000万吨，

2013年，大丰港完成货物吞吐量3 250万吨，集装箱吞吐量5万标箱。

2013年大丰港货物吞吐量完成情况

	2012年	2013年	同比%
货物吞吐总量（万吨）	2 022.13	3 250.48	60.75
外贸货物吞吐量（万吨）	217.3	500.85	130.49

码 头

盐城大丰海事处

盐城海关驻大丰港办事处

盐城出入境检验检疫局大丰港办事处

盐城边防检查站

地址：江苏省大丰港经济区中央大道1号　邮编：224145　电话：0515-83555129　传真：0515-83555280

四 川 省

四川省口岸分布示意图

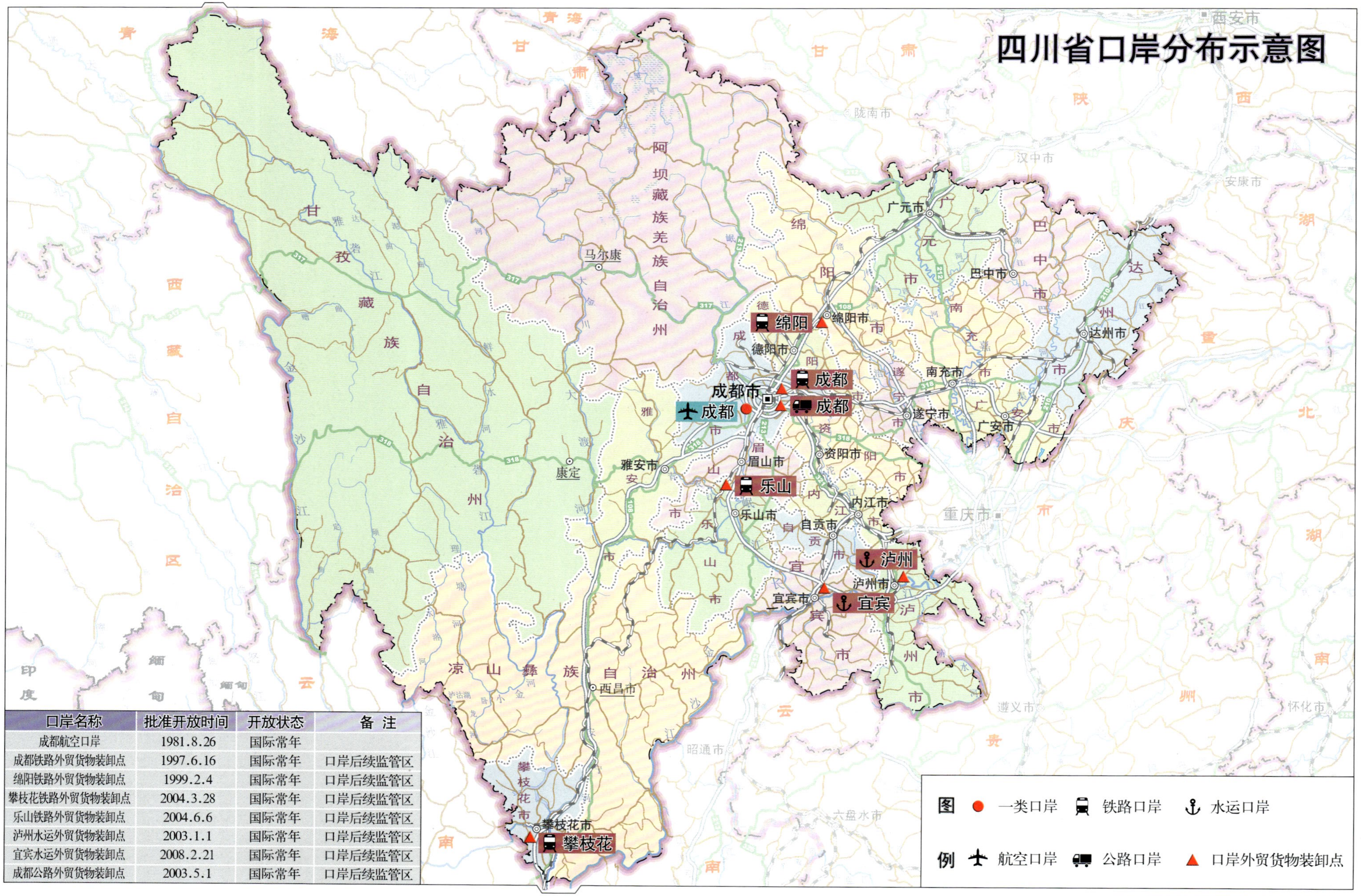

口岸名称	批准开放时间	开放状态	备 注
成都航空口岸	1981.8.26	国际常年	
成都铁路外贸货物装卸点	1997.6.16	国际常年	口岸后续监管区
绵阳铁路外贸货物装卸点	1999.2.4	国际常年	口岸后续监管区
攀枝花铁路外贸货物装卸点	2004.3.28	国际常年	口岸后续监管区
乐山铁路外贸货物装卸点	2004.6.6	国际常年	口岸后续监管区
泸州水运外贸货物装卸点	2003.1.1	国际常年	口岸后续监管区
宜宾水运外贸货物装卸点	2008.2.21	国际常年	口岸后续监管区
成都公路外贸货物装卸点	2003.5.1	国际常年	口岸后续监管区

口岸数量及分布

截至2013年年底，四川省经国务院批准对外开放口岸1个，即成都空运口岸；共有经四川省人民政府批准外贸货物装卸点7个。

口岸运行数据

2013年，四川省出入境飞机18 103架次，同比增长19.70%；出入境人员245.38万人次（其中中外航空公司机组及员工16.8万人次），同比增长25.23%；经停飞机2 182架次，经停人员62 048人次；进出境货物12.67万吨；为外国籍人士办理口岸签证919人/份，同比增长12倍多；为台湾同胞办理口岸签注5 457人/份，同比增长11.29%；为进、出境的重要客人3 984人次及所乘专机、班机提供了口岸礼遇、乘机、起降保障。

口岸综合管理

【口岸建设和管理】 四川省口岸办充分发挥综合协调职能，组织口岸各单位抓好以下工作：对成都双流国际机场T1航站楼国际出入境大厅进行了改造，拓宽了出入境大厅面积，新增了中转休息区；进一步规范了通关流程，口岸通关环境明显改善，空运口岸形象大大提升；严把国门，严厉打击走私、偷渡、贩毒活动，查获多起偷渡、贩毒、走私案件；加强口岸疫情防控和管理，积极做好口岸疾病（疫情）防控工作；认真做好外国人签证和台胞签注工作；积极推进西昌外贸货物装卸点和攀枝花外贸货物装卸点新建、迁建工作。

【推进特殊监管区建设】 办理了四川省政府给国务院申请设立德阳综合保税区的文件和泸州设立保税物流中心（B型）给海关总署的文件。争取新设立德阳综合保税区和成都空港、成都铁路集装箱物流园区、宜宾港、泸州港4个保税物流中心（B型）。

【区域大通关合作】 四川省口岸系统各部门积极支持泸州外贸货物装卸点、宜宾外贸货物装卸点扩大通关区域合作，与重庆、武汉、上海等沿江、沿海港口签署通关合作协议。支持泸州外贸货物装卸点开通泸州直达台湾（泸州—武汉—台湾）集装箱航线和“泸（泸州港）—昆（昆明）”铁水联运集装箱班列。

成都海关于2013年6月28日在成都高新综合保税区（双流园区）成功举行四川省全域通关物流体系“区港联动”通关模式启动仪式。区港联动开启动后，可对货物运输加封电子关锁，全程进行GPS定位，对进出口货物运输实施有效监管。

【组织办好会议】 在有关查验、运输服务部门的大力支持下，全力承办好四川省全省打击走私工作专项会议、川渝沪区域合作第6次联席会议并组织上海、重庆参会代表考察泸州港和宜宾港，周全、节俭、圆满完成了承办会议的各项工作任务。组织办好四川省口岸办主任会议和全年四个季度口岸系统领导同志联席会议，落实上级政策，解决具体问题。

【成都空运口岸72小时过境免签政策】 根据成都市政府请示和四川省政府领导安排，四川省口岸办牵头协调四川省公安厅、四川省外事办等单位向国家有关部门汇报，争取成都口岸72小时过境免签政策，在较短时间内获国务院批准，对51个国家的外国人实行72小时过境免签，并于9月1日正式实施。查验单位、运输服务部门（企业）相继制定了服务72小时过境客人的措施。72小时过境免签政策对促进四川省国际旅游和国际贸易，对吸引国（境）外更多的客人来川旅游观光起到积极的作用。

组织有关驻川查验单位负责人分两批次随四川省政府张晋川副秘书长赴上海、广州考察学习72小时口岸免签执行情况、72小时过境人员停留管理办法和经验。

【争取设立国家粮食、水果、汽车整车进口试点口岸】 围绕外向型经济发展需求，争取在成都空运口岸设立国家水果进口口岸；在成都青白江外贸货物装卸点设立汽车整车进口口岸；在宜宾、泸州外贸货物装卸点设立国家指定粮食进口口岸。在成都海关、四川出入境检验检疫局的大力支持和成都、宜宾、泸州市政府积极努力、配合下，完成了调研、申报工作。

【开通国际（地区）航线】 在驻川查验单位、运输服务部门（企业）支持下，四川航空公司2013年2月28日开通成都至澳大利亚墨尔本的国际航线；国航西南分公司5月19日开通成都至法兰克福的国际航线；卡塔尔航空公司9月3日开通成都至卡塔尔首都多哈国际航线；英国航空公司9月23日开通成都至英国伦敦的国际航线。截至2013年年底，成都空运口岸已开通国际（地区）航线71条（客运直飞航线33条，客运经停航线11条，货运航线27条），通航国际（地区）城市58个。

【圆满完成“4·20”抗震救灾国际救援物资接收任务】 2013年4月20日，四川省雅安市芦山县发生7.0级大地震，四川省口岸系统各单位、运输服务部门（企业）启动应急预案，立即赶赴空运口岸现场并开展相关工作。按照四川省委常委、常务副省长钟勉同志指示精神，四川省政府口岸办主持召开了民政、外办、食品药品监管、海关、检疫、边防、出入境管理、机场集团等单位领导同志会议，研究制定了“4·20”芦山大地震成都空运口岸国际救援物资、人员快速通关应急方案，圆满完成俄罗斯3批5架次145吨救援物资在空运口岸的快速验放和服务保障任务。

【开通“蓉欧”班列】 在成都市政府的积极努力和口岸查验单位、运输服务部门（企业）的大力支持下，成都铁路外贸货物装卸点2013年4月26日正式开通成都至波兰“蓉欧”国际快速铁路货运直达班列。该班列从成都青白江外贸货物装卸点始发至波兰罗兹，途经哈萨克斯坦、俄罗斯、白俄罗斯，有效辐射中亚、欧洲及我国西部地区。全程运行约14天，运输时间较海运节省约2/3。直达班列的开通降低了企业陆海转运成本，对促进四川省外向型经济快速发展将产生重要的作用。

【口岸服务保障】 四川省口岸系统各单位、运输服务部门（企业）齐心协力，通力合作，圆满完成了英国首相卡梅伦、澳大利亚总督昆廷·布赖斯、玻利维亚总统莫拉莱斯等外国元首、政府首脑对四川省的友好访问和参加成都《财富》全球论坛、世界华商大会、第14届中国西部国际博览会、第2届国际物流博览会等重要会议、活动的国内外重要嘉宾、港澳台地区重要客人943批、3 984人次及所乘专（包）机、班机的出入境礼遇和口岸服务保障任务。

【口岸年鉴、信息】 在查验部门、有关企业的支持、协助下，四川省口岸管理、海关、边防、检验检疫部门，按时完成了《中国口岸年鉴》（2012年四川口岸综述）、《四川年鉴》（2012年口岸管理）编撰组稿工作，积极为《川政晨讯》、《政务外网》、《厅务工作》、《中国口岸》（双月刊）报送口岸信息。

口岸监管与服务

【成都海关加强口岸监管，提高口岸通关效率】 2013年，共办理报关单56万份，同比增长17.8%，监管进出口货值389亿美元，同比增长8.6%，入库两税115亿元，同比增长11.5%。2013年，关区口岸区域查验率7.56%、查获率25.19%。综合治税成效显著，其中审价补税4.73亿元，同比增长53.9%。后续管理支撑有力，稽核查覆盖面进一步增大，有效查发率增加；逆向监管成效显著，查处案件的数量和质量均实现历史性突破。立案侦办走私犯罪案件21起，案值7 488万元；查处走私行为案件18起、行政违规案件275起，案值4.03亿元；成功侦破“11·8”快件渠道走私大案。

重点业务改革实现阶段性突破。以“全域通”为支撑的关区通关一体化建设取得实质性成果。“区港联动”取消了机场与综合保税区间的传统转关，简化作业环节10个，企业通关物流时间缩短3～5小时，2013年为企业节省费用

845万元。四川省关区内“属地申报，口岸验放”报关货运量同比增长2倍，每标箱货物节约成本500~1 000元。覆盖关区主要业务现场的物流信息化系统初步建成，并成功实现与部分相关单位的数据共享对接，物联网技术应用实现零的突破，关区联动监控指挥系统硬件支撑基本到位。此外，通关作业无纸化改革试点成功，签约企业42家；空运新舱单系统运行顺利，企业申报时间提前6小时；特殊区域一揽子简化手续优化监管改革逐步释放“红利”；与大连海关之间“区间结转”新模式在全国海关率先试点成功，地方企业首先享受到改革“红利”，物流时间缩短至1天。据测算，仅试点的英特尔1家企业一年在4个关区之间流转就可节省成本约2 000万元。海关总署高度肯定并批准在包括上海自由贸易区在内的多个区域扩大试点。“一报一审”顺利推进并在部分企业试点成功，企业和海关工作量均减少约30%；“双向分送集报”已在区内18家企业开通，企业报关量减少约90%；“工单式核销”在多家企业开展首批试点；内销货物返区维修业务试点正式启动。在上述改革中，科技发挥了重要的支撑作用。

综合监管实现安全有效。紧紧围绕推进“五位一体”建设，发挥正面监管、后续管理和逆向监管的整体联动作用，切实做到安全高效“把好国门”。举全关之力积极开展打私联合行动，查处案件的数量和质量均实现历史性突破。立案侦办走私犯罪案件21起，案值7 488万元；查处走私行为案件18起，行政违规案件275起，案值4.03亿元；成功侦破“11·8”快件渠道走私大案；查获全国海关2013年年内办理的最大一起枪支配件走私出境案，切实维护了健康安全的进出口秩序。

重点服务成效明显。特殊区域建设加快推进。德阳综合保税区和4个保税物流中心（B型）申报建设取得重要进展，其中空港保税物流中心（B型）审批已经启动。成都高新综合保税区辐射带动效应凸显，2013年全年共实现进出口276.5亿美元，同比增长5.4%，占全省进出口的42.8%，在全国30个综合保税区中排名第三。航空枢纽建设稳步推进。加强空运口岸监管，加快进出境货物的验收验放，进一步提高服务质量和通关效率，航空枢纽作用进一步发挥。“蓉欧快铁”运行顺畅。成功架起了连接欧亚大陆桥的国际物流通道，辐射功能初步显现，运行8个月占“新丝绸之路”国际货运专列近四成。区域合作进一步拓展。进一步打通重点区域合作通道，新增区域通关合作口岸6个，2013年通过该模式进出口货值20.6亿美元，同比增长53.8%，征收税款22.9亿美元，同比增长89.3%。

为民服务体系进一步健全。窗口服务的标准化、规范化水平全面提升，“首问负责制、限时办结制、服务承诺制”有效落实。验放与百姓直接相关的邮递快递物品98.6万件，同比增长38.3%；政务微博、门户网站、12360海关统一服务热线、新闻发布会、市民体验日“五位一体”的政务公开体系更加完备，海关与群众的沟通渠道进一步畅通。

【四川出入境检验检疫局加强口岸监管，保障口岸安全】 2013年，共完成检验检疫监管进出口产品63 869批，货值51.3亿美元。其中，出口42 675批，货值33.1亿美元；进口21 194批，货值18.2亿美元。检出不合格产品344批，货值3 255万美元，同比分别增长70.3%、175.8%。签发原产地及普惠制证书18 823份，签证金额12.25亿美元。为出入境人员健康体检33 675人次，发现病例19 273例，其中传染病2 306例。

完善口岸服务功能。积极推动双流机场口岸核心能力建设，建成空运口岸负压隔离病房，添置通道式车辆核与辐射监测系统，建立“一点四支撑”空运口岸传染病疫情防控体系，双流国际机场免验通过口岸核心能力验收。完善检验检疫基础设施建设。四川省对外开放口岸和特殊监管区全部设立集中查验场地，按检验检疫业务要求进行了功能分区，配备了核辐射检测、检验检疫查验平台、熏蒸库、实验室等设施设备，总面积达14万平方米。加大窗口标准化建设力度，窗口建设实现软硬件升级，服务标准、标志、流程、规范“四个统一”，建成4个示范窗口和7个达标窗口。

保障口岸安全。完善口岸疫病疫情联防联控机制，与四川省、成都市卫生、环保、宗教、交通、公安部门等相关部门联合制定了《成都双流国际机场口岸应对突发公共卫生、核和辐射及生物恐怖事件应急预案（试行）》、《四川口岸核和辐射监测及应急处置合作机制》、《四川口岸艾滋病综合防治项目实施方案》等，与四川省环保厅、四川机场集团公司、成都军区防化技术大队等部门建立口岸反恐工作合作机制，制定《四川口岸应对突发公共卫生事件及核与辐射恐怖事件处置预案（试行）》、《陆运口岸现场核与辐射、生物恐怖袭击事件应急处置预案》、《四川进出境邮寄物品查验现场核生化防控配合办法》等16个监测预案和工作流程。成功处置空运口岸首例入境航空器内活鼠事件，2013年检出出入境传染病2 306例。加强口岸动植物检疫，在双流国际机场首次引进检疫犬，建立“人—机—犬”三位一体检疫查验模式，进一步加强旅客携带禁止进境物品的检疫监管，加强入境货物、集装箱、运输工具和邮寄物检疫。2013年，截获进境违规2 680次，截获进境植物有害生物145种499次，同比分别增长237.21%、230.46%。其中，截获检疫性有害生物6种12次，同比分别增长100%、300%，有4种为四川省口岸首次截获，有1种为全国首次截获，国家质检总局据此刊发警示通报。

加强进出口产品质量监管。推进示范区建设，出台《省级出口工业产品质量安全示范区建设工作规范（试行）》，指导和帮助四川省建设省级示范区4个，国家级出口农产品食品质量安全示范区4个。帮助成都成功创建“全国质量强市示范城市”，成都高新区成功创建“全国知名品牌创建示范区”。开展进口儿童用品专项检查，分析报告得到质检总局充分肯定。保证四川省引进种猪、种禽的检疫安全。深入开展以5个方面15项内容为重点的“质量月”活动，查找质量安全隐患266个，解决质量问题235个。成功应对白酒塑化剂、马肉风波、恒天然乳粉等突发食品安全事件，辖区内未发生系统性、区域性、行业性质量安全事件。

提升口岸通关便利化水平。大力推行检验检疫业务信息化建设，创新试行出口企业无纸化报检（通关）模式，开发专门的业务系统，真正做到了报检、签证放行、归档全流程无纸化。在成都、绵阳、乐山等地选取出口企业选点试行，通关放行速度显著提升。全面应用实施电子业务系统，双流机场检验检疫业务综合信息化管理平台实现试运行，在口岸全面建立电子监管视频监控系统，对进出口货物实行远程视频监管放行。改进监管模式，出口农产品食品检验监管模式（“3+3G”）被成都市政府纳入2013年年度创新工作项目。四川省共有出口分类管理企业318家，出口免验企业2家，绿色通道企业78家，使更多的企业享受便利化通关。加强口岸部门协作，11月川渝沪三地召开区域大通关合作第6次联席会议，加强区域大通关合作。12月西南六省（区、市）出入境检验检疫局召开第2次联席会议，研究深入推进《关于加强区域合作，促进西南地区开放型经济加快发展合作备忘录》落实工作，在直通放行、绿色通道、口岸建设、诚信管理等多个方面密切合作。加强与成都海关的联系，积极参与“全域通”建设，推动进出境货物信息互联共享，建立并实施了成都铁路国际集装箱监管区“三位一体”闸口监管，双流国际机场入境旅检口岸“一机两屏”协同查验机制。2013年3月，川渝检验检疫机构与国泰航空公司签署了《重庆—成都—香港国际中转（货运）航班检验检疫监督工作备忘录》，对国泰航空经重庆中转、成都出境的“港—渝—蓉—港”航线出口货物，实施一地施检、直通放行，形成了“分段监控把关，联合全程监管”的联合检验检疫监管模式。

服务地方外向型经济发展。召开服务外贸企业座谈会，实施支持进出口企业加快发展8项服务措施，先后出台贯彻实施省委省政府《关于进一步扩大和深化对外开放合作的意见》7 条措施、支持民营经济发展 8 条意见、服务成都口岸过境免签 4 项措施。完成《促进中江县外向型农业加快发展的调研报告》、《四川食用农产品出口质量安全现状及对策研究》、《航空口岸联防联控技术体系研究》等多项课题研究和调研报告。大力支持四川省申请设立国家进境粮食、肉类指定口岸工作，帮助成都申报进境水果指定口岸。圆满完成成都财富全球论坛、第 14 届西博会等 7 个大型展会服务保障工作，共完成 14 次专机保障任务，得到组委会表彰。优质服务蓉欧班列，支持成都建设区域物流中心城市。加大企业帮扶力度，举办国外技术标准、召回案例等培训，800 多家企业、2 000 余人参训。为出口企业减免检验检疫费 2 000 万元，签发各类原产地证书 18 823份，帮助企业享受进口国减免关税近 6 123. 8万美元。四川省吉利汽车出口量大幅增长，“乡城松茸”填补了四川省出口农产品申报地理专用标志的空白，近 10 种特色农产品实现首次出口。圆满完成芦山地震进境援助物资快验快放，开辟国际救援专用通道，设立专门受理窗口，实行基础申报单证“三免”措施，快速验放来自俄罗斯、马来西亚、中国台湾、中国香港等国家（地区）的援助物资 12 批，价值 872. 79 万美元。

【四川省公安边防总队坚持科技强警，优化通关环境，提升通关水平】 2013 年，四川省边防检查工作持续面临“两个压力巨大、一个矛盾突出”的挑战和考验，即确保口岸安全稳定压力巨大，保障顺畅通关压力巨大，编制警力紧缺与执勤任务繁重之间的矛盾突出。在四川省委、省政府的坚强领导下，四川省公安边防总队认真贯彻落实上级党委的指示要求，圆满完成了各项边防检查保卫任务，实现了“两个确保、五个提升”的工作目标。

坚持科技强警，优化通关环境，提升通关水平。坚持把科技强警工作作为破解工编矛盾和转变服务能力生成方式的重要引擎来抓，投入 450 余万元建成了智能化验证台，每名旅客每次通关时间至少缩短了 5 秒。投入 260 余万元加紧建设自助查验通道和移动查验车，建成后将极大地提高口岸验放能力。同时，紧贴边检工作需求，投入 80 余万元研发了出入境重点旅客分析管理系统，既缩短了重点可疑人员的查验比对时间，又为弹性用警和小单元执勤提供了研判预警；投入 40 余万元研发了 72 小时过境免签信息交换与核查系统，实现了对过境免签外国人的动态化、无缝化监管。通过提高边检科技信息化含量，既为出入境旅客提供了安全、便捷的通关环境，又提高了勤务组织管理的科学化、精细化水平，提高了口岸通关效率，兑现了 95% 以上的旅客等候办理边防检查手续不超过 25 分钟、检查一名旅客时间不超过 45 秒钟（港澳旅客不超过 15 秒）的公开承诺。

完成重大专项勤务，确保 72 小时过境免签政策顺利施行。主动跟进保障、积极服务省市经济社会发展战略规划。围绕四川省委、省政府“建设西部经济核心增长极”、“建设国际化城市”、“打造国家级航空枢纽”的战略规划，及时研究制订配套工作措施，加强与美国、澳大利亚、英国、加拿大、荷兰等领事机构及香港入境事务处的工作交流，坚持定期提供口岸出入境人员数据统计分析信息，主动派员深入各航空公司、旅行社及外资企业举办边检法律法规和外国移民签证政策宣讲培训班，既为政府制订口岸发展规划、航空公司开辟新航线和企业优化经营活动提供决策参考依据，又有效降低航空公司的载运风险和旅行社、外资企业的运营成本。2013 年新开客运航线运营正常，客源丰富，加速了成都国家级航空枢纽建设步伐。同时，批准 480 余个旅行团分团，准许 190 余个旅行团持团签复印件出境，允许 320 余名外省居民参加成都旅行社组织的台湾游，促进了成都出境游市场持续火爆。优质高效服务，圆满完成了各项重大专项勤务。进一步健全重大会议、活动通关保障机制，采取成立特勤队实行 24 小时备勤、开设“专用通道”和“礼遇通道”等做法，全警动员，全力以赴做好 2013 成都《财富》全球论坛、第 12 届世界华商大会、第 14 届西博会、亚太旅游交易会、世界现代五项比赛、中印反恐联训及外国政要访华期间的口岸边检安全保卫和服务保障工作，共检查公务机 167 架次（其中《财富》论坛期间 54 架次），同比增长 156.9%（2012 年仅 65 架次），为英国首相卡梅伦、澳大利亚总督昆廷等 60 余名外国政要及通用电气董事长伊梅尔特等 7 000 余名来蓉考察投资、访问参会嘉宾提供了优质、高效、全面的边检服务。2013 年 12 月 21 日，启动《非对外开放口岸异地查验预案》，挑选业务骨干紧急赶赴西昌，圆满完成了玻利维亚总统莫拉莱斯的专机出境检查任务。“4・20 芦山地震”发生后，坚持旅客第一、抗震第一，确保了口岸出入境秩序正常，并登机快速为 3 架运载救援物资的俄罗斯包机办理了出入境边检手续，又一次经受住了特大地震的考验。同时，承办了中老缅泰湄公河流域执法安全合作情报信息交流工作会议，赢得了四国代表团的一致好评，开创了内陆边防检查站承办国际性外事会议的先河。科学组织谋划，全力确保 72 小时过境免签政策顺利施行。2013 年 6 月，国务院批准成都机场实行 72 小时过境免签政策。作为第 1 家实施此项政策的现役制边检机关，多措并举，科学谋划，在加强政策研究、规范检查流程，加强沟通协调、密切协作配合，加强培训宣传、营造良好氛围，加强硬件建设、优质高效服务等方面下工夫，积极做好各项前期准备工作，确保了此项便利政策于 9 月 1 日顺利施行，使成都成为继北京、上海、广州之后第 4 个、中西部第 1 个实行 72 小时过境免签的城市，进一步加速了成都的国际化进程，提升了成都的国际影响力。截至 2013 年 12 月 31 日，为 57 名外国旅客办理了临时入境许可，使他们享受了此项优惠便利政策。

化解矛盾，规范执法。积极顺应口岸执法环境的变化，坚持“在阳光下执法、在玻璃橱窗下工作”的理念，投入 80 余万元改造建设了执法办案场所，持续开展了《出境入境管理法》的培训宣传活动，共培训航空公司、旅行社等单位从业人员 200 余人，发放法律手册 3 000 余本，141 名干部和检查员取得了基本级执法资格，120 名干部和检查员取得了中级执法资格，确保了《出境入境管理法》于 7 月 1 日顺利施行。强力推进执法规范化建设，特别是在重点旅客查验和案件办理过程中，积极推行“柔性执法”、“说理执法”，赢得了旅客的理解和支持，着力化解了口岸执法管控矛盾和纠纷。2013 年没有出现一起有效投诉、行政复议和诉讼，边检执法公信力进一步提升，为成都经济社会发展营造了公平公正的法治政务环境。

开放口岸

【成都空运口岸】 成都空运口岸位于成都市双流县，距离成都市区 16 千米。成都双流国际机场是我国西部地区枢纽机场，2013 年旅客货吞吐量 3 344.6 万人次，在全国城市排名第 4 位、机场排名第 5 位，中西部机场第 1 位。机场建有 2 条跑道，1 条 4E 级跑道、1 条 4F 级跑道，可起降 A380 等大型客、货飞行器；建有 2 座航站楼（T1、T2），面积达 50 万平方米。成都空运口岸的国际旅检现场设在 T1 航站楼 A 指廊，建筑面积 3.9 万平方米；设有 8 个登机廊桥、国际值机柜台 37 个，边检入境 14 个、出境 12 个通道；海关出入境快速通关通道，检验检疫出入境各设 6 个通道。成都空运口岸已开通国际（地区）航线 71 条（其中定期直飞客运航线 33 条，直飞货运航线 27 条，中转和包机客运航线 11 条），通航国际（地区）城市 58 个。机场建有 3 座航空货运站，总面积 10.7 万平方米，年货物处理能力 150 万吨，能满足航空货物较长时期的发展需要。其中，建筑面积 5.5 万平方米的双流机场空港新货运站是中国中西部最大、功能较完善的综合货运站。目前机场年验放进出境货物 12 万多吨，除四川省货物外，通过该口岸进出口的货物可中转至国内 30 多个城市；可实行国际货物大通关，加快货物的通关速度，满足驻川英特尔等世界 500 强企业高端技术密集型 IT 产品 24 小时内到达全球客户手中的要求。

成都空运口岸经国务院批准，2013 年 9 月 1 日起正式实施部分国家外国人过境 72 小时免办签证政策（51 个国家），口岸查验部门为 57 名外国人提供 72 小时过境免签服务。

【成都铁路外贸货物装卸点】 成都铁路外贸货物装卸点位于成都市青白江区城厢集装箱中心站（占地 140 万平方米，亚洲第一，全国 18 个集装箱中心站之一），距离成都市区 44 千米。已开通成都至上海、深圳、重庆“五定班列”和通往欧洲波兰的“蓉欧”国际货物直达快速班列。查验设施、设备齐备、完善，联检大厅面积 5 210 平方米；查验区面积 2.7 万平方米，海关、检疫监管仓库面积 1 920 平方米，监管堆场面积 2.88 万平方米，检验检疫场地 6 300 平方米、实验楼 2 021 平方米、熏蒸房 150 平方米及其他功能设施；集装箱正面吊 4 台，叉车 6 台，集装箱卡车 19 台。2013 年，成都铁路外贸货物装卸点验放、运输进出口货物 37.37 万吨，同比减少 9.36%；国际集装箱吞吐量 15 571 标箱，同比减少 9.37%。

【绵阳外贸货物装卸点】 绵阳外贸货物装卸点位于四川省川西北地区绵阳市火车站，距离成都市 93 千米，服务川西北地区外向型经济发展，是川西北地区通往世界的门户。拥有出口加工区、综合监管平台、出口监管仓库和公共型保税仓库等特殊监管区 3 处。基础设施、设备完善齐全，可满足川西北地区外贸货物进出境查验、验放的需求。2013 年，绵阳外贸货物装卸点验放、运输进出口货物 29.45 万吨，同比增长 14.25%；国际集装箱吞吐量 3 565 标箱，同比增长 0.58%。

【攀枝花外贸货物装卸点】 攀枝花外贸货物装卸点位于川南地区攀枝花市渡口火车站，地处川滇结合部，是四川省通往东南亚沿边、沿海口岸的最近点，为“南方丝绸之路”上重要的交通枢纽和商贸物资集散地。其独有的地域位置，凸显了其在四川省建设西部综合交通枢纽和发展开放型经济、建设面向东南亚“桥头堡”的重要使命。查验、监管设施、设备，堆场面积、监管仓库等基础设施、设备完善齐全，可满足攀西地区外贸货物进出口查验、验放的需求。2013 年，攀枝花外贸货物装卸点验放、运输进出口货物 9 279吨，同比减少 96.36%。

【乐山外贸货物装卸点】 乐山外贸货物装卸点设立在乐山市夹江县火车站，位于四川省川南地区，距离成都 124 千米。

【泸州外贸货物装卸点】 泸州外贸货物装卸点位于四川省川南地区，地处长江上游，泸州市龙马潭区高坝工业园区（龙马潭区罗汉镇泥大坝）距离成都 251 千米。可利用成渝、成自泸两条高速公路和通往港口堆场的临港铁路，实现铁公水联运。港口堆场面积 100 万平方米，监管仓库（围网查验监管区）面积为 500 平方米；共有 45 吨（吊具下 35 吨）轨道式龙门吊 7 台，45 吨（吊具下 35 吨）集装箱岸边桥式起重机 3 台，岸边 120 吨大件吊 1 台，岸边 45 吨大件吊 1 台，堆高车 1 台，正面吊 2 台，50 吨集装箱内转车 8 台，3 000 吨级直立框架式泊位 6 个，重大件泊位 1 个，散物泊位 1 个，商品车滚装泊位 1 个。公用型保税仓库和出口配送型出口监管仓库 7 500平方米，年集装箱吞吐能力达 100 万标箱。2013 年，泸州外贸货物装卸点验放、运输进出口货物 206.67 万吨，同比增长 28.62%；国际集装箱吞吐量 20.13 万标箱，同比增长 34.52%。

【宜宾外贸货物装卸点】 宜宾外贸货物装卸点位于四川省川南地区，地处四川省宜宾港志城作业区，处长江上游北岸，距离成都市 242 千米。宜宾港志城作业区堆场面积为 7 万平方米，其中监管仓库围网查验监管区面积为 3 000 平方米；共有 40 吨龙门吊 8 台，40 吨岸吊 4 台，堆高车 2 台，正面吊 1 台，60 吨集装箱卡车 20 台，1 000 吨（兼顾3 000吨级）集装箱泊位 4 个，重件泊位 1 个，重载滚装泊位 1 个。出口监管仓、公用型保税仓库 1 个。宜宾港一期工程已完成，年集装箱吞吐能力可达 50 万标箱。2013 年，宜宾外贸货物装卸点验放、运输进出口货物 5.58 万吨，同比增长 0.71%；国际集装箱吞吐量 673 标箱，同比减少 38.98%。

【成都公路外贸货物装卸点】 2010 年 9 月 6 日，四川省政府正式批准成都公路外贸货物装卸点从成都市成华区建材路11号迁建至龙泉驿区成都（国家）经济开发区物流中心内，于2012年迁建动工，计划2014年底竣工正式对外开放。2013年，成都公路外贸货物装卸点共验放、运输进出口货物11.35万吨，同比减少52.96%；国际集装箱吞吐量5 404标箱，同比减少52.98%。

【成都国际邮件互换局（成都双流国际快件中心）】 成都国际邮件互换局位于成都市双流县航空港经济开发区、机场高速公路旁，距双流国际机场不足10分钟的车程，距市中心也仅需30分钟。快件监管仓库2 500平方米，报关大厅400平方米，联检单位办公及休息区2 000平方米，快件企业办公场地1 000平方米，停车场5 000平方米，监控室150平方米。国际邮件快件中心是独立的封闭区域，根据功能限制、流向限制和技术监控等要求，通过有限的物流隔离，划分出不同性质和功能的作业区域，从而实现场地的分区管理，使各区域间保持相对独立、相互隔离，并实施24小时监控。成都国际邮件互换局（成都双流国际快件中心）已开通98个国家和地区特快专递业务，与200多个家国际（地区）城市互通邮件，并同新加坡、韩国、日本、美国4个国家和我国香港地区建立了国际特快专递直封关系。2013年，成都国际邮件互换局（成都双流国际快件中心）查验、交换国际邮件291.56万件，同比减少3.1%；查验、交换非邮快件3 826吨，同比增长13.36%。

四川省口岸大事记

1月22日~25日

泰王国首席贸易代表欧兰·柴帕瓦博士一行对四川省进行友好访问，并从成都空运口岸出入境。

2月28日

四川省航空公司开通成都至澳大利亚墨尔本的国际航线，每周执行3个往返航班，由四川省航空公司执飞。

4月21日

台湾海基会副董事长兼秘书长高孔廉一行结束对四川省的访问后从成都空运口岸出境。

4月26日

成都铁路外贸货物装卸点开通成都至波兰“蓉欧”国际快速铁路货运直达班列。该趟班列每周1列，每列41个集装箱。

5月8日

全国人大常委、香港前立法会主席范徐丽泰一行4人对四川省进行访问后从成都空运口岸出境。

5月11日

荷兰对外贸易部和发展合作大臣普劳曼女士结束对四川省的访问后从成都空运口岸出境。

5月19日

中国国际航空公司西南分公司开通成都至德国法兰克福的国际航线。

7月29日

澳大利亚外交部长鲍勃·卡尔一行5人从成都空运口岸入境，对四川省进行友好访问。

8月19日

佛得角总理助理兼卫生部部长一行结束对四川省的访问后从成都空运口岸出境。

9月1日

成都空运口岸72小时外国人过境免签政策正式实施。

9月3日

卡塔尔航空公司开通成都至卡塔尔首都多哈国际航线，每周执行3个往返航班，由卡塔尔航空公司执飞。

9月4日

尼泊尔前议长、制宪会议主席内姆旺率尼宪法基金会代表团，结束对我国的正式访问后，从成都空运口岸出境回国。

9月6日

泰国前总理班汉一行7人，结束对我国的访问后，从成都空运口岸出境回国。

9月13日

中国国民党原副主席、海基会原董事长、台湾“三三会”会长、台湾经济研究院董事长江丙坤先生一行15人，结束对大陆的访问后，从成都空运口岸出境返回台湾。

9月14日

荷兰卫生、福利和体育部部长佩斯女士一行6人，结束对我国的访问后，从成都空运口岸出境回国。

9月23日

英国航空公司开通成都至英国伦敦的国际航线，每周执行3个往返航班，由英国航空公司执飞。

9月24日~26日

第12届世界华商大会在四川省成都市举行，四川省口岸办组织驻川查验单位、运输服务部门（企业），圆满完成参加论坛的国（境）外重要客人、嘉宾的口岸服务保障任务。

10月9日

加拿大外交部部长约翰·贝尔德从成都空运口岸入境，对四川省进行友好访问。

10月22日

澳大利亚总督昆廷·布赖斯一行参观四川省成都大熊猫繁育研究基地后从成都空运口岸出境回国。

10月30日

四川省魏宏省长、甘霖副省长到海关总署拜会于广洲署长，商洽调整增设成都海关机构和海关特殊监管区及增加海关人员编制等相关事宜。

12月4日

英国首相卡梅伦一行193人圆满结束对我国的访问后，从成都空运口岸出境回国。

12月21日

玻利维亚总统莫拉莱斯在西昌卫星发射中心观看我国为玻方成功发射通讯卫星后，从西昌青山机场临时航空口岸出境赴俄罗斯，四川省口岸办组织驻川查验单位、运输服务部门（企业），为总统一行出境提供口岸查验、服务保障。

（撰稿人：刘礼明）

2013年四川省口岸流量统计表

口岸类型		口岸名称	货运量（万吨）				集装箱（万标箱）				人员（万人次）				交通工具（辆、艘、架、次）			
			出口	进口	合计	同比（%）	出口	进口	合计	同比（%）	出境	入境	合计	同比（%）	出境	入境	合计	同比（%）
空运口岸		成都空运口岸	8.32	4.35	12.67						121.79	123.59	245.38	+25.23	8 927	9 176	18 103	+19.7
空运口岸		分计	8.32	4.35	12.67						121.79	123.59	245.38	+25.23	8 927	9 176	18 103	+19.7
陆运口岸	公路口岸	成都陆路（公路）口岸	3.81	7.54	11.35	-52.96	0.19	0.35	0.54	-52.98								
陆运口岸	公路口岸	分计	3.81	7.54	11.35	-52.96	0.19	0.35	0.54	-52.98								
陆运口岸	铁路口岸	成都陆路（铁路）口岸	25.21	12.16	37.37	-9.36	1.05	0.5	1.55	-9.37								
陆运口岸	铁路口岸	绵阳陆路（铁路）口岸	2.67	0.28	2.95	+52.59	0.02	0.33	0.35	+57.46								
陆运口岸	铁路口岸	攀枝花陆路（铁路）口岸	0.64	0.29	0.93	-96.36												
陆运口岸	铁路口岸	乐山陆路（铁路）口岸																
陆运口岸		分计	28.52	12.73	41.25	-39.98	1.07	0.83	1.90	-1.58								
水运口岸		泸州水运（河港）口岸	109.16	97.51	206.67	+28.62	10.35	9.78	20.13	+48.89								
水运口岸		宜宾水运（河港）口岸	4.95	0.63	5.58	-0.71	0.06	0.01	0.07	-38.98								
水运口岸		分计	114.11	98.14	212.25	+27.62	10.41	9.79	20.20	+48.10								
合计			154.76	122.76	277.52	+6.18	11.67	10.97	22.64	-3.04	121.79	123.59	245.38	+25.23	8 927	9 176	18 103	+19.7

（四川省口岸办提供）

2013 年成都海关主要数据统计表

项目		2013 年	同比（%）
进出口货运量（万吨）	合计	153.87	+3.22
	进口	94.17	-10.74
	出口	59.70	+37.00
进出口贸易总值（万美元）	合计	3 878 048.09	+8.60
	进口	1 859 464.42	+8.62
	其中：江、海运输	340 676.59	+2.46
	铁路运输	165.62	-93.11
	汽车运输	16 909.59	-51.84
	航空运输	1 501 662.38	+11.91
	邮件运输	50.24	-20.13
	其他运输		
	出口	2 018 583.67	+8.32
	其中：江、海运输	324 000.11	+123.04
	铁路运输	36 124.31	-21.23
	汽车运输	28 790.08	-32.88
	航空运输	1 629 578.14	+0.01
	邮件运输	91.03	-6.08
	其他运输		
税收（万元）	两税合计	1 213 751.90	-6.60
	关税入库		
	进口环节税入库		

（成都海关提供）

2013年四川省口岸出入境主要数据表

项目			2013年	2012年	同比（%）
出入境人员（人次）	出入境人员总数		2 453 826	1 959 485	+25.2
	入境人员		1 236 042	982 714	+25.8
	出境人员		1 217 784	976 771	+24.7
	出入境旅客		2 284 982	1 825 564	+25.2
	出入境员工		168 844	133 921	+26.1
	中国公民	小计	2 056 018	1 514 601	+35.7
		内地居民（因公）	77 332	69 914	+10.6
		内地居民（因私）	1 708 797	1 125 428	+51.8
		港澳居民	109 547	120 646	+9.2
		台湾同胞	160 342	198 613	+19.3
	外籍人员		228 964	444 884	+48.5
	从海港出入境人员				
	从陆港出入境人员				
	从空港出入境人员		2 453 826	1 959 485	+25.2
交通运输工具（辆、艘、架、列次）	总计		18 093	15 124	+19.6
	船舶				
	飞机		18 093	15 124	+19.6
	火车				
	机动车辆				

表注："中国公民"及"外籍公民"之和为出入境旅客数，不包含出入境员工数。

（四川省公安边防总队提供）

2013 年四川省出入境检验检疫业务统计表

项目	货物检验检疫				交通工具				集装箱（标箱）		发现动植物疫情		货物通关		出入境人员查验（人次）	健康检查及预防接种（人次）			
	批次	金额（万美元）	检验检疫不合格																
			批次	金额（万美元）	船舶（艘）	飞机（架）	火车（节）	汽车（辆）	合计	检出问题	种类数	种次	批次	金额		健康检查	艾滋病监测	发现病例	预防接种
本年累计	63 870	512 961	351	3 355		19 771			42 588		88	122	31 871	547 836	2 510 290	33 675	32 092	19 273	42 153
其中 出境	42 676	331 257	90	787		10 010			20 589		1		9 312	58 775	1 284 952	30 579	29 341	16 743	42 090
其中 入境	21 194	181 704	261	2 568		9 761			21 999		87	122	22 559	489 061	1 225 338	3 096	2 751	2 530	63
同比（%）	-9.97	-17.69	+73.76	+183.84		+26.54			+0.38		+1 660.00		+19.38	+18.91	+28.00	+12.18	+8.44	+29.68	-4.82
其中 出境	-25.05	-26.16	-9.09	+62.94		+32.65			+43.59		+100.00		-24.63	+0.15	+31.95	+14.66	+10.06	+29.99	-4.89
其中 入境	+51.33	+4.09	+153.40	+267.38		+20.83			-21.68		+1 640.00		+57.28	+21.65	+24.10	-7.58	-6.27	+27.65	+96.88

（四川出入境检验检疫局提供）

贵 州 省

贵州省口岸分布示意图

口岸名称	批准开放时间	开放状态
贵阳航空口岸	1992.9	国际常年

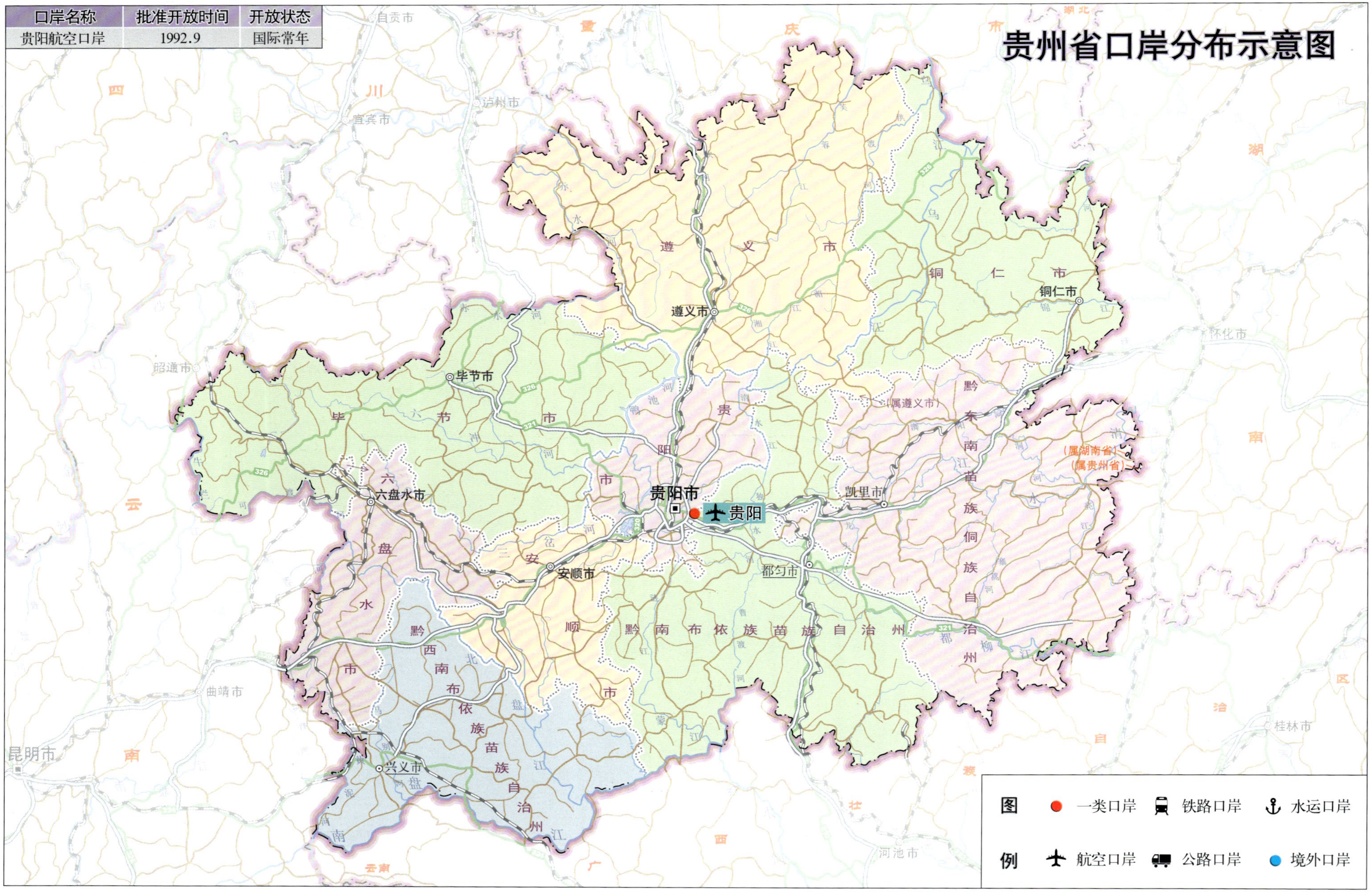

口岸数量及分布

截至2013年年底，贵州省有经国务院批准对外开放的空运口岸1个，即贵阳空运口岸（贵阳龙洞堡国际机场）。

口岸运行数据

2013年，贵阳空运口岸出入境人员215 921人次，同比增长88.98%，其中入境108 172人次，出境107 749人次；出入境旅客201 829人次，同比增长89.54%；出入境员工14 092人次，同比增长81.32；出入境航班1 827架次，同比增长68.08%，其中入境914架次，出境913架次，查处违法违规200余起，截留禁止进境携带物1 081批次。

2013年贵州省各市、州进出口统计表

盟、市	进出口额（万美元）	出口额（万美元）	进口额（万美元）	同比（%）		
				进出口	出口	进口
合计	829 023	688 583	140 442	+25.01	+39.04	-16.37
贵阳市	666 279	592 364	73 915	+31.84	+40.57	-11.97
黔东南州	63 837	63 217	620	+192.38	+189.61	+10 675.98
遵义市	18 036	14 797	3 239	+28.36	+18.54	+106.49
毕节市	10 889	10 573	316	-67.77	-68.67	+843.00
安顺市	3 059	2 270	789	+14.41	+9.51	+31.31
黔南州	13 553	2 068	11 485	+67.67	+28.13	+77.54
黔西南州	2 081	1 849	232	+35.87	+42.72	-1.70
铜仁市	1 637	1 415	222	+67.23	+89.25	-3.89
六盘水市	49 652	29	49 623	-33.67	-20.43	-33.68

表注：按出口额排序

（贵州省商务厅提供）

口岸综合管理

【口岸开放程度大幅提高】 2013年，在《国务院关于进一步促进贵州经济社会又好又快发展的若干意见》（国发［2012］2号文件）支持推动下，在贵州省委、省政府的正确领导下，经过口岸部门的共同努力，贵阳空运口岸发展迅速，开放程度大幅提高，国际及地区航班迅速发展，航线辐射泰国（曼谷、普吉、苏拉塔里）、韩国（首尔、仁川、济州岛）、柬埔寨、新加坡、中国台北、中国桃园、中国香港等多个国家和地区。

【加大内陆口岸开放建设力度】 贵州省口岸工作立足于盘活现有口岸资源，积极开拓新的口岸开放平台，着力构建一个高效服务全省外向型经济发展的稳定有序的口岸开放体系，依照《贵州省“十二五”口岸发展规划》，结合外向型经济发展需求，研究制定《贵州省公用型海关特殊监管场所建设指导意见》，大力推进口岸作业区、进口保税仓、出口监管仓、保税物流中心、“无水港”、综合保税区等项目建设。在海关总署及国家有关部委的大力支持和帮助下，贵州省首个综合保税区（贵阳综合保税区）于2013年9月14日正式获国务院批准建设，进一步充实了贵州对外开放平台体系建设。按照贵州省委、省政府关于扩大对外开放、发展外向型经济的要求，大力推进贵安新区建设，支持贵安新区申报设立综合保税区，有序开展贵阳无水港项目建设，协调支持香港商储胜记仓投资贵阳无水港建设工作。

【强化协调提升服务】 贵州省口岸办认真组织贵州省公安边防总队、贵州出入境检验检疫局、贵阳海关、贵州省公安厅出入境管理局、贵州省机场集团有限公司等单位召开口岸现场通关协调工作例会，专题研究解决口岸建设、管理及运行中出现的各方面问题，协调、统一相关单位的意见，推动口岸建设和管理工作的有效开展。例会原则上每月召开一次，也可根据需要随时召开，会议形成的共识或达成事项以会议纪要形式发布，口岸现场各单位共同遵守，确实发挥口岸协调作用，有效改善口岸通关环境和服务水平。

【大力发展航班航线，积极推动贵阳空运口岸升级改造】 进一步规范航空口岸国际及地区航线服务管理工作，提高口岸综合管理水平和查验服务质量，加大新开航线扶持力度，引进有实力的航空公司新开国际和地区航班航线。狠抓贵阳龙洞堡国际机场升级改造，协调联检提前介入改造事宜，主动参与航站楼改造的前期规划设计工作，通过充分调研学习提出系列意见和建议，提高项目设计的科学性和可行性，竭力推进贵阳空运口岸二期改造建设工作顺利进行。

口岸监管与服务

【贵阳海关应收尽收，强化税收征管】 2013 年，贵阳海关以税收工作为轴心，积极走访税源大户，挖掘新税源；强化关区税收征管工作，加强基础建设，全方位、多角度开展税收征管质量监控，撰写税收监管分析报告 4 篇；加强对税收征管过程的实时跟踪，规范税单流转程序，及时纠偏，开展征管风险防控与处置，下达风险处置指令单 17 单，不断提高依法征管、科学征管水平。充分利用和发挥关区归类、估价、原产地技术小组作用，以税收征管质量为重点，做到应收尽收，颗粒归仓。

【贵阳海关做好服务，促进外贸稳定增长】 2013 年，贵阳海关与黔东南州、黔西南州签订了合作备忘录，在通关、发展地方特色产业、建设蔬菜及花卉出口基地等方面给予全力支持；贵阳海关领导走群众路线，多次率队到遵义、毕节、金沙等市、县企业调研，贴近服务企业；为拓展业务量，积极推广“属地申报，口岸验放”模式，深入开磷、水钢、瓮福等大型企业宣介海关优惠政策，与关区 10 家重点企业签订协议；由贵阳海关须卫平副关长、李惠强纪检组长率队，到南宁、防城、深圳等口岸走访，疏通转关环节；业务部门积极协助贵州企业在口岸海关结关放行，解决企业通关困难。在此基础上，认真做好第 9 届泛珠三角区域合作与发展高层论坛暨经贸洽谈会和第 3 届中国（贵州）国际酒类博览会监管服务工作，针对展会制定专门的海关监管办法和实施方案，为进出境人员和展品提供便捷通关服务，累计监管各类洋酒 5 万瓶。切实落实海关总署“把好国门、做好服务、带好队伍、防好风险”要求、中央 8 项规定、省委 10 项规定，树立“人民海关为人民”意识，进一步改进工作作风，关区企业评价良好，无投诉事项；为提高执法透明度，方便企业咨询，贵阳海关开通通关监管微博，设立 12360 海关统一服务热线工作室，搭建海关与企业沟通桥梁，释疑解惑，受理电话 906 个，得到社会各界好评。

【贵阳海关打击走私违法，维护经济秩序】 2013 年，按照海关总署要求，贵阳海关各部门协同开展“绿篱”行动，打击“洋垃圾”进口，人民网、新华网和贵州省内各大媒体对此作了相关报道。贵阳海关缉私局开展打击走私专项斗争和联合行动，受理案件线索 13 起，立案侦办刑事案件 1 起，行政立案 12 起，案值 1 295 万元；行政结案 8 起，结案案值 152 万元。根据贵州省“禁毒雷霆严打整治活动”要求，在旅检渠道开展缉毒工作；与贵州省林业厅共同制定《打击走私濒危野生动植物联合行动方案》。与此同时，积极协助兄弟海关缉私局开展协查工作，协查案件 16 起，协查完成率 100%；充分发挥缉私主体作用，进一步加强反走私综合治理，组织召开了2次反走私综治联席会议，强化了与“贵州省打私办”成员单位的联系配合。

【贵阳海关助推贵阳综合保税区申建】 贵阳海关高度重视并积极推动贵阳综合保税区申建工作，大力支持贵阳综合保税区规划、论证、招商引资、优惠政策宣讲等工作，就综合保税区的规划、建设、海关监管模式、流程设计、引企入驻等事宜提出了合理化建议。贵阳海关领导多次陪同省委、省政府领导赴海关总署，争取海关总署对设立贵阳综合保税区的支持，贵阳综合保税区于2013年9月14日终获国务院批准。综合保税区获准后，贵阳海关立即主持召开专题办公会研究相关工作，成立领导小组和筹备工作组，统筹推进综合保税区监管工作，相关部门制定了综合保税区监管工作方案，就成立领导机构、人力资源配置、监管模式等做出安排，助推贵阳综合保税区有序建设。

【贵州出入境检验检疫局口岸艾滋病防控及口岸卫生监督工作】 2013年，贵州出入境检验检疫局共实施艾滋病监测3 079人次，检出艾滋病感染者2例，其中1例中国籍出境留学人员，1例外籍入境人员。贵州出入境检验检疫局采取多项措施，加强口岸艾滋病防控和监测：一是继续加大口岸艾滋病防控知识宣传教育力度，加强对商务、劳务、留学等重点人群的宣传教育，进一步拓宽艾滋病防控宣传教育的渠道，口岸艾滋病防控知识宣传覆盖率已达到100%；二是增加艾滋病防控的投入力度，完善口岸艾滋病监测体系；三是完善实验室建设，加强艾滋病防控专业队伍建设，提高检测水平；四是深化联防联控的合作机制，吸收社会力量，努力探索更加科学有效的合作模式，使联防联控能够向广深方向发展；五是寻求口岸艾滋病防控在体制机制上的突破。

2013年4月，贵阳机场T2航站楼投运，场内商铺陆续开业。贵州出入境检验检疫局在机场的监管对象从2012年的31家迅速增至71家，整体数量翻番。贵州出入境检验检疫局采取以下措施，加大食品安全督查力度，着力提升口岸卫生监督执法效果：一是提前介入到贵阳机场T2航站楼投入运营的前期筹备工作中去，在T2航站楼各商家进场装修前，强化预防性卫生监督，结合相关的卫生标准，对各商家，特别是涉及食品安全的餐饮企业的工程规划图纸进行了认真细致的审核，及时指出其布局设计不合理、工艺流程有交叉的地方，提出合理化整改建议，从源头上规范卫生监督流程；二是按照《食品安全法》及其实施细则的相关要求，严格遵从程序性和实效性原则，认真履行口岸卫生行政许可职责，2013年，共新签、换发国境口岸卫生许可证70份；三是按照《出入境口岸食品卫生监督管理规定》和《关于在口岸食品生产经营单位推行食品卫生监督分级管理的通知》的相关要求，继续深入推进口岸食品生产经营单位日常卫生监督及分级管理工作，按照2013年年初拟定的卫生监督计划对口岸各食品生产经营、餐饮、服务、饮用水生产（二次供水）、公共卫生场所等单位进行日常卫生监督，并按照一定频次对现场的食品及原材料实施采样并进行快速检测，对口岸内营运达1年以上的食品生产经营、餐饮单位实施动态分级评估，并按照相应的信誉度等级进行授牌；四是加强对口岸食品从业人员健康体检和知识培训的检查力度，2013年共组织从业人员533人进行健康体检，签发“从业人员健康证书”533份；五是进一步规范卫生监督档案整理归档工作。针对监管对象单位独立建档，将企业卫生许可申办材料、卫生许可流程文件及日常卫生监督记录表格、食品现场快速检测记录表格等统统纳入档案，并逐一编制了《机场口岸卫生监督情况一览表》及《卫生监督档案目录》，使得整个卫生监督流程清晰直观。

【贵州出入境检验检疫局口岸传染病监测】 2013年，贵州出入境检验检疫局共收集到国家质检总局发布的疫情公告8份，并结合疫情公告严密监测疫情动态，对本口岸的传染病传入风险进行研判，及时采取防控措施。一是通过对各工作点职能的明确和规范，进一步完善了入境航空器卫生查验、旅客健康查验和截留物管理等常规工作。二是对检疫传染病、监测传染病的疫情信息及时进行采集、汇总及上报工作。2013 年共上报 10 例传染病个案，其中艾滋病 2 例、梅毒 4 例、乙型肝炎 1 例、丙型肝炎 1 例、肺结核 1 例、疟疾 1 例。三是在口岸充分利用口岸电子显示屏、公告栏等手段加强对出入境人员的健康宣教。同时与贵州省卫生厅、疾控中心、机场急救中心建立紧密合作机制，确保口岸与地方衔接紧密、交流通畅、及时联动。作为南方热带病联防组成员之一，贵州出入境检验检疫局认真贯彻质检总局做好热带病防治和南方八省十一局热带病卫生检疫联防组工作部署，把医学媒介生物监测工作有机地融入日常检验检疫工作中。为加大热带病防治知识宣传力度，提高出入境人员自我防护意识和疫情报告意识，减少疫病传播风险，印制了登革热等热带病卫生检疫宣传资料在口岸等公共场所散发，进行传染病防治宣传。同时，在出入境旅检通道上，通过 LED 大屏幕适时播放疫情信息，告知旅客采取有针对性的预防措施，切实有效地做好口岸登革热等传染病的防控工作。

【贵州出入境检验检疫局口岸核心能力建设】 按照口岸核心能力建设验收要求，贵州出入境检验检疫局向贵州省政府递交了相关文件，恳请解决在贵阳机场改造中满足检验检疫业务用地用房和检疫查验通道面积问题。贵阳机场启动 T1 航站楼国际厅改造项目，在机场集团组织召开的若干次项目意见会中，贵州出入境检验检疫局以口岸检验检疫部门职能发挥为立足点，以《国际卫生条例（2005）》口岸核心能力（空港）建设标准及《国家对外开放口岸出入境检验检疫设施建设管理规定》为依据，争取到检验检疫专业用房共 598 平方米，基本满足了口岸核心能力建设要求，确保 T1 航站楼国际厅过渡期检验检疫各功能区及相应的设施设备有效运行。按照口岸核心能力建设的相关要求，添置了防毒面罩、防护服、护目镜、口罩、消毒液等疫情防控及核生化反恐应急物资，拟购置生物安全移运箱、登革热、疟疾等传染病快速检测设备及试剂。

【贵州出入境检验检疫局口岸突发公共事件防控】 2013 年，贵州出入境检验检疫局及时修订了《贵州出入境检验检疫局口岸突发公共卫生事件应急预案》、《贵州出入境检验检疫局口岸食物中毒应急预案》、《贵州出入境检验检疫局口岸应对新型冠状病毒应急预案》等预案，制定了《贵州出入境检验检疫局口岸应对中东呼吸综合症应急预案》。组织职工认真学习各项预案要求，适时开展相关专业技能培训和现场演练，有效防止了重大疫情、疫病的发生。结合当前疫情形势，不断完善口岸传染病疫情防控工作模式。一是进一步完善与地方政府部门传染病或突发公共卫生事件的联防联控工作机制，进一步落实与地方卫生部门的合作，建立和完善疫情信息相互通报、突发公共卫生事件联合处置、定期联席会议等制度，把口岸疫情防控工作纳入地方政府卫生工作，逐步建立政府主导、多部门联防联控的工作局面。二是进一步完善与口岸查验部门的传染病疫情防控合作工作机制。签订合作协议，加强疫情信息通报、口岸现场疫情处置等方面的合作。

【贵州出入境检验检疫局自建检疫犬驯养基地】 2013 年 4 月，贵州出入境检验检疫局派出工作人员赴昆明警犬（检疫犬）驯养基地进行学习，并在基地选定了两条检疫犬进行驯养。6 月，将原机场联检楼进行适当整修后，改造成检疫犬驯养基地。自驯检疫犬上岗以来，基本实现了航班全覆盖，检出率较之以往的租用检疫犬有明显提升。

【贵州出入境检验检疫局争取国家政策支持】 2013 年 4 月，贵州出入境检验检疫局协调组织了国家质检总局与贵州省政府召开的《国家质检总局、贵州省人民政府关于开展质量兴省活动推动贵州经济社会又好又快更好更快发展合作备忘录》首次联席会议。按照《联席会议会议纪要》，国家质检总局和贵州省政府分别给予了贵州出入境检验检疫局更多的政策和资金支持。国家质检总局同意设立“支持贵州进出口产品专项工作经费”项目，并在 2014 年预算中安排了专项经费；

贵州省及相关市（州）两级政府2013年也安排了协检员和业务开办费等经费，为贵州检验检疫事业长远发展奠定了良好基础。

【贵州出入境检验检疫局与口岸机构签署合作备忘录】 2013年，贵州出入境检验检疫局分别与广东、深圳、广西、重庆出入境检验检疫局签订了关于进一步推进通关便利化，努力促进贵州产品出口的合作协议，以进一步提高贵州进出口产品通关便利化水平，促进贵州产品出口。合作备忘录明确将从依法把关、监管有效、便利贸易、方便进出的角度出发，实施出口货物直通放行模式，采取“产地检验、口岸出单”的通关模式，并积极探索直通放行其他有效通关模式，以企业诚信管理和货物风险分析为基础，以信息化管理为手段推进直通放行模式的实施，坚持“谁施检，谁负责”的原则。

【贵州出入境检验检疫局推进分支机构建设】 贵州出入境检验检疫局全面贯彻落实贵州省委书记赵克志对全省设立检验检疫机构的重要批示，积极争取了国家质检总局同意批复成立毕节和铜仁两个办事处。2013年，在贵州全省9个市（州）中除安顺和黔南未设检验检疫机构外，其他的7个市（州）均设有检验检疫机构。为全面促进贵阳综合保税区建设，在国务院批复建立贵阳综合保税区后，贵州出入境检验检疫局立即成立了贵阳综合保税区检验检疫机构筹建处。在加强分支机构职能上，坚持检验检疫重心下移，尽力把检验检疫业务工作职能向分支机构转移，充实分支机构的人、物、财，使其有职能、有权限、有资源，为地方经济社会发展发挥更大的作用。

【贵州出入境检验检疫局创建国家级示范区】 2013年，贵州出入境检验检疫局围绕贵州省委、省政府提出的创建100个现代化农业示范园的工作目标，结合贵州省茶产业及特色农产品的发展现状和规划，制定了创建出口茶叶和蓝莓质量安全示范区工作计划，组织开展示范区申报材料、验证材料编制指导和培训，对示范区农产品开展病虫害及农残监测工作，推进以风险分析为核心的检验监管模式改革，开展有机认证和基地备案考核工作，联合贵州省农委、贵州省商务厅等有关部门，大力推动示范区创建工作，形成了地方政府主导、部门联动、龙头带动、全民行动的工作机制，提升了当地出口食品、农产品的质量安全水平。国家质检总局于2013年12月31日发布2013年第187号公告，湄潭出口茶叶质量安全示范区和麻江出口蓝莓质量安全示范区分别成为贵州首家茶叶类和水果类的国家级质量安全示范区。质量安全示范区的建设，帮助地方政府建立健全了组织领导体系、标准化体系、控制管理体系、检测监控体系、查询追溯体系、诚信管理体系，全面提升了辖区出口食品、农产品质量安全整体水平，提升了当地农产品品牌形象，在促进地方农产品出口的同时，也进一步拓宽了国内市场。

【贵州省公安边防总队畅通口岸通关服务】 2013年，贵州省公安边防总队深入优化边检服务流程，推行“一站式”服务，从改善通关环境入手，对执勤口岸现场边防检查标志的样式设计、功能使用、外观色彩等诸多方面进行了规范统一；设立咨询台，安排专人负责为出入境旅客答疑解惑；设置饮水机、充电台等服务设施，有效缓解了旅客在候检时产生的烦闷情绪；推出便民药箱、老花镜、针线包等服务举措，为旅客提供便利；针对出境中国旅客和入境外国游客，分别开展了“中国游客文明出境宣传”活动和“贵州旅游热点介绍”活动，倡导广大出入境游客文明旅游、安全旅游；为进一步保障口岸通行秩序，贵州边防总队克服人员少、装备缺等困难，坚持大力推行“7×24”小时全天候验放模式，利用现有警力、物力资源，科学合理地进行勤务安排和部署，坚持值班领导、勤务值班室、执勤科队三级值班制度和每日备勤人员轮班制度，定人定岗，细化分工，有效保证了在正常航班查验任务的基础上，第一时间为护送病患救治、运送救灾物资等临时紧急航班打开边检绿色通道。与临近的重庆、成都、昆明等口岸建立协作通关机制，组织应急力量24小时对备降贵阳口岸的航班和旅客提供监护和通关查验服务。2013 年 3 月，经过充分调研、对比论证，正式建成并推广运用了“出入境旅游团队旅客网上报检系统”，对加强边检工作信息加密、降低工作成本、科学简化工作流程、进一步提升工作效率等起到了极大的推动作用，这一举措在 2013 年度贵州省直机关目标考核中，获得了优秀创新奖。针对贵州省各类经贸交流、旅游推广、地方支持的重大活动逐步增多的趋势，贵州省公安边防总队积极应对经济社会发展和人民群众对边检工作的新期待、新需要，通过充分调研，多方征求意见，制定了《贵州省公安边防总队关于促进贵州省国际会展业又快又好发展的意见》，为边检机关服务地方经济社会发展积极建言献策。

【贵州省公安边防总队加强口岸法规宣传】 2013 年 7 月 1 日起正式实施的《出境入境管理法》将和越来越多出入境旅客的切身权益息息相关。贵州省经济社会的快速发展和对外开放的不断扩大，使贵阳口岸呈现出“大进大出、快进快出”的局面。为维护和管理好口岸正常秩序，新《出入境管理法》对现行出入境管理法律法规在使用中所暴露出的一些问题进行了改进，从而进一步完善了各项服务管理制度，提高了依法行政和服务水平。贵州省公安边防总队立足本质，加强学习，有力地抓好了新《出入境管理法》的贯彻落实和宣传推广工作，制定了《贵州边防总队贯彻执行<出境入境管理法>工作方案》，成立了由军、政主官任组长的工作领导小组，按照“总队统一指导，机关组织实施，业务科具体落实”的原则，分工负责，分阶段推进，做好《出入境管理法》学习宣传和贯彻落实工作。贵州省公安边防总队将各级执勤执法人员列为重点，集中开展学习培训，详细讲解出入境管理法条目，全面梳理边检执勤执法工作，突出新法对业务工作的指导性，促进了执勤人员对新政策的了解掌握和熟练运用。贵州省公安边防总队还组织贵阳口岸各航空公司和相关代理单位开展了《出入境管理法》专题培训，让涉法企业了解掌握《出入境管理法》正式实施后的合法权益，有效促进边检机关公平、公正、规范执法。为了进一步扩大宣传影响，更加深入地向广大群众宣传普及了《出入境管理法》和最新的出入境政策法规，集中开展了《出入境管理法》对外宣传活动，官兵走上街头，贴近群众，向市民共发放宣传资料 1 600余份，解答法律相关问题 270 次。贵阳晚报、贵州商报、黔中早报、公安报、法制日报、中国新闻网、人民网等省市多家媒体对此次活动进行了跟踪报道。活动进一步提高了边检服务品牌的知名度和影响力，起到了良好的宣传效果和社会效应。

开放口岸

【贵阳空运口岸】 贵阳空运口岸（龙洞堡国际机场）位于贵州省贵阳市东部，距离市区 11 千米，交通便利。机场于 1997 年 5 月 28 日正式投入空运，是西南地区一个重要的航空枢纽。机场管理机构为贵州省机场集团有限公司，距贵阳市中心约 11 千米，车程约 25 分钟。该机场占地面积约 400 万平方米，机场跑道长 3 200 米、宽 45 米，共有 3 条快速脱离道和 2 条端联络道，可接受波音 747，空中客车 A330 等同类及其以下机型的全重起降，是具有先进导航系统和设施的 4E 级现代化机场。新航站楼能够满足年旅客吞吐量1 550万人次、货邮吞吐量 22 万吨、飞机起降量 14.6 万架次，主要建设规模为新建航站楼 11 万平方米，停机坪 26 万平方米，货运站 2.1 万平方米，停车场（楼）10.5 万平方米，配套有空管、供油、供电、给排水、供冷、供热、燃气、消防救援和辅助生产设施，用地规模约 72.4 万平方米，是西南地区一个重要的航空枢纽。贵阳机场形成了以中型飞机为主、小型飞机配套、长短航线互补的航空运输，目前该机场直飞航线 63 条，每周航班起降 1 000 余架次。直飞航线和包机航线遍及国内 50 个大中城市和中国香港、中国台北、韩国、新加坡、泰国、柬埔寨等国家及地区，包括 4 家基地公司在内，总共有 16 家航空公司在该机场营运。基地航空公司分别是中国国际航空股份有限公司贵州分公司、中国南方航空集团贵州航空有限公司、华夏航空公司、天津航空贵州分公司。

2006 年 1 月 19 日，贵阳龙洞堡机场更名为贵阳龙洞堡国际机场，成为中国西南地区第 4 家国际机场。此前，该机场已通过国家有关部门的综合评估和验收，并获得民航总局的正式批复。目前，贵阳龙洞堡国际机场 1 号航站楼升级改造工作正在实施当中，扩建工程完工后将有效提升机场硬件保障水平。

贵州省口岸大事记

1 月 23 日

贵阳口岸办理签证业务正式开通运行，积极有效地推动了外国人赴贵州从事旅游、商务、科技文化交流活动。

3 月 14 日

贵州省委常委、常务副省长谌贻琴到贵阳边检站执勤现场进行视察。

5 月 9 日 ~12 日

财政部、国家质检总局口岸核心能力建设调研组到贵州调研。

5 月 15 日

海关总署“十八大精神和‘中国梦’巡回宣讲报告会”在贵阳举行。

6 月 14 日

海关总署署长于广洲在北京会见贵州省委书记赵克志、省长陈敏尔一行，座谈会就贵州口岸开放建设及海关特殊监管区域建设有关工作进行了深入交谈。

6 月 23 日 ~26 日

电子口岸西北工作区 2013 年工作会议在遵义召开。

9 月 4 日

在贵州考察调研质检工作的国家质检总局局长支树平在贵阳会见了贵州省委书记赵克志、省长陈敏尔、副省长蒙启良、副省长王江平等贵州省委、省政府领导。

9 月 9 日

第 9 届“泛珠三角区域合作与发展高层论坛暨经贸洽谈会”和第 3 届“中国（贵州）国际酒类博览会”在贵阳隆重开幕，中共中央政治局委员、国务院副总理汪洋，各国政要，香港、澳门特别行政区行政长官，中外知名酒类企业代表出席会议。

9 月 14 日

国务院批复同意设立贵阳综合保税区（国函［2013］100 号）。

11 月 11 日

贵阳海关缉私局首个派出机构——机场缉私科正式成立。

11 月 26 日

12 时 07 分，乘坐贵阳前往曼谷 OX831 次航班的刘女士顺利通过出境边防检查，贵阳机场口岸 2013 年度出入境旅客突破 20 万人次。这是贵阳空运口岸年度出入境旅客流量首次突破 20 万人次大关，同比去年增长近 100%。

12 月 23 日

贵阳机场口岸联检单位开展国际厅转场搬迁工作。

（撰稿人：邓院生、孙伟、杨珺轶、金若行）

2013 年贵州省口岸流量统计表

口岸类型		口岸名称	货运量（万吨）				集装箱量（万标箱）				人员（万人次）				交通工具（辆、艘、架、列次）			
			出口	进口	合计	同比（%）	出口	进口	合计	同比（%）	出境	入境	合计	同比（%）	出境	入境	合计	同比（%）
空运口岸		贵阳空运	0.058	0.059	0.117	+37.60					10.80	10.80	21.60	+88.98	913	914	1 827	+68.08
		分计	0.058	0.059	0.117	+37.60					10.80	10.80	21.60	+88.98	913	914	1 827	+68.08
陆运口岸	公路口岸																	
		分计																
	铁路口岸																	
		分计																
水运口岸	海港口岸																	
		分计																
	河港口岸																	
		分计																
合计			0.058	0.059	0.117						10.80	10.80	21.60		913	914	1 827	
同比（%）			+45.00	+31.00	+37.60						+87.83	+90.13	+88.98		+66.91	+69.26	+68.08	

（贵州省口岸办提供）

2013 年贵阳海关主要数据统计表

项目		2013 年	同比（%）
进出口货运量（万吨）	合计	447.15	+74.10
	进口	363.62	+86.80
	出口	83.53	+34.30
进出口贸易总值（万美元）	合计	128 751	+13.50
	进口	75 885	+23.00
	其中：江、海运输	68 438	+23.70
	铁路运输		
	汽车运输	352	-20.30
	航空运输	7 095	+19.10
	邮件运输		
	其他运输		
	出口	52 866	+2.20
	其中：江、海运输	46 419	+2.60
	铁路运输	1 750	+8.60
	汽车运输	1 330	-33.50
	航空运输	3367	+17.00
	邮件运输		
	其他运输		
税收（万元）	两税合计	82 727	+23.30
	关税入库	16 171	+8.10
	进口环节税入库	66 556	+27.60

（贵阳海关提供）

2013 年贵州省口岸出入境主要数据表

项目			2013 年	2012 年	同比（%）
出入境人员（人次）	出入境人员总数		215 921	114 257	+88.98
	入境人员		108 172	56 893	+90.13
	出境人员		107 749	57 364	+87.83
	出入境旅客		201 829	106 486	+89.54
	出入境员工		14 092	7 771	+81.34
	中国公民	小计	207 683	110 482	+87.98
		内地居民（因公）	3 969	819	+384.62
		内地居民（因私）	149 175	68 636	+117.34
		港澳居民	17 549	5 201	+237.42
		台湾同胞	36 990	35 826	+3.25
	外籍人员		8 238	3 775	+118.17
	从海港出入境人员				
	从陆港出入境人员				
	从空港出入境人员		215 921	114 257	+88.98
交通运输工具（辆、艘、架、列次）	总计		1 812	1 071	+69.19
	船舶				
	飞机		1 812	1 071	+69.19
	火车				
	机动车辆				

（贵州省公安边防总队提供）

2013 年贵州省出入境检验检疫业务统计表

项目		货物检验检疫				交通工具				集装箱（标箱）		发现动植物疫情		货物通关		出入境人员查验（人次）	健康检查及预防接种（人次）			
		批次	金额（万美元）	检验检疫不合格																
				批次	金额（万美元）	船舶（艘）	飞机（架）	火车（节）	汽车（辆）	合计	检出问题	种类数	种次	批次	金额（万美元）		健康检查	艾滋病监测	发现病例	预防接种
本年累计		5 390	85 013.0	30	512.86		1 827			1 790				1 779	35 160.72	215 691	3 060	3 064	652	3 860
其中	出境	4 834	74 204.9	23	77.19		913			1 790				722	33 977.50	108 266	2 429	2 435	500	3 856
	入境	556	10 808.1	7	435.67		914							1 057	1 183.22	107 425	631	629	152	4
同比（%）		-17.99	-12.11	-14.29	-26.58		+68.08			-5.24				+32.96	-10.16	+89.15	+17.83	+20.11	+85.23	+4.41
其中	出境	-20.65	-15.23		-45.5		+66.91			-5.24				-9.64	-7.02	+89.48	+8.78	+11.19	+67.79	+4.33
	入境	+15.83	+17.54	-41.67	-21.77		+69.26							+96.1	-54.36	+88.83	+73.35	+74.24	+181.48	+300

（贵州出入境检验检疫局提供）

云　南　省

口岸数量及分布

截至2013年年底，云南省经国务院批准对外开放口岸16个。其中，空运口岸3个，分别是昆明、西双版纳、丽江；陆路（铁路）口岸1个，为河口陆路（铁路）口岸；陆路（公路）口岸10个，分别是瑞丽、畹町、孟定清水河、腾冲猴桥、打洛、磨憨、勐康、河口、天保、金水河；水运（河港）口岸2个，分别是景洪、思茅。

口岸运行数据

2013年，云南省口岸进出口额118.5亿美元，同比增长70.1%，占全省进出口贸易额的45.88%。其中，出口73.4亿美元，同比增长53.4%；进口45.1亿美元，同比增长106.8%。进出口货运量1 191万吨，同比增长40.4%。其中，出口305万吨，同比增长13.1%；进口886万吨，同比增长53.1%。出入境人员2 935万人次，同比增长18.4%。其中，出境1 452万人次，同比增长18.3%；入境1 483万人次，同比增长18.4%。出入境交通工具559万辆（艘、架、列）次，同比增长26.7%。其中，出境277万辆（艘、架、列）次，同比增长26.8%；入境282万辆（艘、架、列）次，同比增长26.6%。

【对缅边境口岸】 对缅边境口岸流量位居云南省口岸进出口额第一。2013年云南省对缅边境口岸进出口额56.4亿美元，同比增长93.7%，占云南省口岸进出口总额的47.6%；口岸进出口货运量620万吨，同比增长84.8%，占云南省口岸进出口货运量的52.1%；出入境人员2 238万人次，同比增长21.5%，占云南省口岸出入境人员的76.2%；出入境交通工具506万辆次，同比增长26%，占云南省口岸出入境交通工具的90.5%。

【对越边境口岸】 2013年云南省对越边境口岸进出口额12.8亿美元，同比增长28.6%，占云南省口岸进出口总额的10.8%；口岸进出口货运量303万吨，同比增长91.5%，占云南省口岸进出口货运量的25.4%；出入境人员415万人次，同比增长1.2%，占云南省口岸出入境人员的14.1%；出入境交通工具24万辆次，同比增长47.8%，占云南省口岸出入境交通工具的4.3%。

【对老边境口岸】 2013年云南省对老边境口岸进出口额22.7亿美元，同比增长116.6%，占云南省口岸进出口总额的19.1%，首次超过对越口岸，排全省第2位。口岸进出口货运量125万吨，同比增长25.8%，占云南省口岸进出口货运量的10.5%；出入境人员82万人次，同比增长17.1%，占云南省口岸出入境人员的2.8%；出入境交通工具27万辆次，同比增长25.1%，占云南省口岸出入境交通工具的4.8%。

口岸综合管理

【口岸开放规划工作】 积极落实国家“十二五”口岸发展规划，推进批准口岸和规划新开口岸开放建设工作。按照口岸开放的相关程序，有序推动天保、打洛、瑞丽口岸扩大开放，组织完成勐康口岸开放前省级和国家级验收，推动实现畹町口岸芒满通道临时开放，完成芒市机场第6次临时开放和芒市机场口岸开放申报，将已列入国家“十二五”口岸发展规划的都龙、勐满陆路（公路）口岸，关累水运（河港）口岸，腾冲、芒市空运口岸等作为工作重点开展工作，开展新开口岸规划建设等开放前实质性工作，部分重新修编各口岸经济区总体规划和口岸建设规划，完成沧源永和、南伞、孟定清水河、怒江等口岸经济区发展总体规划，云南瑞丽重点开发开放实验区口岸发展规划和腾冲空运口岸现场查验设施功能设计方案评审，进一步扩大口岸开放力度，促进云南口岸功能发挥。

【口岸基础设施建设】 云南省口岸办与云南省财政厅共同完善修改《云南省口岸建设专项资金管理办法》，主要在资金和项目配置上突出重点口岸的辐射带动功能和口岸通关效益，加快口岸配套设施和通关便利化软硬件环境建设，使云南省口岸建设和发展既有整体性又相互补充和支持。开展口岸建设项目申报审理工作，严格按照《云南省口岸建设专项资金管理办法》组织云南省口岸建设项目申报、审核、评审、上报和下达工作。完成瑞丽、河口、磨憨、勐康、孟连、南伞等口岸新建查验楼和查验货场建设，推进拟新开的都龙、田蓬、关累口岸基础设施建设。继续完善投资项目集群规划信息库建设，做好项目储备工作，建立云南省口岸规划项目数据信息收集、存储、交换、共享一体化信息库。

【创新口岸管理模式，探索推行“一口岸、多通道”管理方式】 通过深入沿边居民、沿边贸易企业、沿边基层政府开展实情调研，认真梳理严格执法和服务地方经济发展的关系，在严格执行国家管理政策的基础上，结合云南口岸通道实际，支持地方外向型经济发展，深入实际找出问题根源，在向国家积极争取的同时，积极协调查验部门寻求解决对策，选择畹町芒满通道作为试点，创造性推进“一口岸多通道”管理模式，并得到国家相关部门大力支持，在2013年9月15日实现临时开放，为实现“一口岸、多通道”模式创新开创了全国的先河，创立了“云南模式”，形成了“云南经验”，为口岸创新发展、沿边开放提升迈出了坚实步伐。

【践行“富民兴边”战略】 强化口岸区域协作，推进口岸双边通关便利化合作，拓展国际物流通道建设。创新口岸发展向口岸城市（镇）、重点通道发展延伸，增加口岸功能和效果，带动口岸区域的经济带发展，形成全产业链服务为一体的经济社会服务体系，为云南省开放型经济持续快速发展提供全方位、多层次、高质量的口岸服务。统筹口岸经济发展目标，协调各口岸相关部门，积极创造促进边民参与边境贸易和发展外向型经济的条件和环境，推进沿边开放，探索沿边口岸开放新模式，把创新作为深入实施兴边富民工程的突破口，积极创造促进边民参与边境贸易和发展外向型经济的条件和环境，加速推进口岸建设发展创新力度，凸显云南口岸在对外开放中的优势和特色，促进创新发展，集聚发展要素，配置效能资源，积极推进边民互市贸易场所管理试点，提高沿边开放效益，实践“富民兴边”战略。积极、有序地推进云南省边民互市贸易场所规范化管理试点工作，截至2013年年底，已完成盈江、畹町、瑞丽、天保、南伞、章凤、河口、打洛、孟定清水河口岸和绿春平河边民互市贸易场所规范化建设实施方案评审工作，并对盈江、畹町、天保、瑞丽、章凤口岸边民互市贸易场所进行了验收，为边民互市贸易运行打下了良好的基础，为树立国家级口岸良好形象、扩大边境地区对外开放建立了服务进出口企业协作新机制，为促进边境地区产业发展拓展了平台，推动了口岸边境地区经济社会又好又快发展，实现了各族群众共同富裕和边疆和谐稳定，形成了口岸贸易、边民互市交易、物流配套多位一体的现代贸易体系。

【建立口岸工作机制，营造高效便利的口岸通关环境】 建立内部机制，云南省口岸办牵头召开云南省口岸查验单位工作座谈会。各单位一致同意在云南省口岸建设管理领导小组下，建立常态化、制度化的云南省口岸查验单位联席工作机制，执行云南省口岸建设管理领导小组的重要决策，通报和交流口岸管理和运行情况，研究加快口岸发展的工作思路和对策措施，解决口岸工作中存在的主要问题，合力推进口岸开放和通关便利化建设，合力营造高效便利的口岸通关环境。建立双边机制，积极参与和推动建立中老、中缅、中越口岸国家层面、省级层面和口岸所在地的多层次联络合作机制，形成内外联动发展的合力。建立多边机制，推动建立昆曼国际大通道“三国四省”联合工作组机制，有效解决和改善昆曼国际大通道“通而不畅”的问题。

【电子口岸建设】 提升口岸智能化水平，推进云南电子口岸大通关建设，实现具有云南特色的“单一窗口”工程，提升云南省贸易便利化水平，有效参与对外经济合作与竞争，促进云南省对外贸易稳定平衡发展。2013年，云南省口岸办牵头联合相关单位，完成云南电子口岸大通关平台主题式课题研究，通过专家评审，取得审查意见并报发展改革委立项审批获得批复。同时，“以需求为导向，以应用促发展”，从“企业迫切需要，群众重点关注，对云南开放型经济和桥头堡战略有重大促进作用”的联网应用项目入手，完成云南电子口岸大通关平台主题式补充项目课题研究。云南电子口岸大通关平台主题式项目的成功推进，为大通关电子口岸平台的建设奠定了基础，实现了电子口岸智能化业务协同、数据共享，一站式无纸化通关；进一步提高国际竞争力，促进外贸发展方式转变，提升贸易便利化水平，促进云南省口岸经济社会持续快速健康协调发展。

【区域通关合作】 协调各口岸相关部门，充分发挥云南省政府与海关总署、国家质检总局、商务部等部委及云南省商务厅与昆明海关签署的合作备忘录的作用，继续推出适应“桥头堡”战略要求的新一轮通关便利化措施，共同推进口岸通关软环境的改善和优化，提高云南口岸综合竞争力，真正形成中国面向西南开放的通达之桥。全面推进以政府牵头协调、统一信息平台、手续前推后移、加快实货验放为导向的“大通关”建设，进一步提高通关效率，为企业搭建平台，提供全方位、多层次、高质量的口岸服务。推进双边和多边合作，各口岸相关部门积极协作，全面推动“属地申报，口岸验放”通关模式，提高通关效率。截至 2013 年年底，云南省已与黄埔、上海、湛江、南宁、深圳及西安等地进行了广泛的通关合作。建立中越、中老、中泰各方交通运输、物流贸易等官方信息协调机制，促进边境贸易便利化。加强与地方省市的大通关协作，与泛珠各省区及贵州省口岸办、宁夏回族自治区口岸办等签署合作协议，共同完善通关便利环境。

口岸监管与服务

【昆明海关充分发挥海关口岸管理职能】 一是昆明海关完善落实口岸事务协调管理领导小组有关工作制度。不断完善口岸事务协调管理领导小组工作制度，多次召集召开领导小组会议研究口岸事务，及时对隶属海关进行工作指导，形成了有关职能部门和各隶属海关主动参与、各司其职、相互配合的口岸工作模式；加大政策研究力度，针对“一口岸、多通道”管理模式，加强与国家口岸管理办公室和云南省口岸办的联系沟通，积极参与省口岸协会牵头的课题研究，深入调研剖析，提出相关意见和建议；认真研究和办理各类涉及口岸工作的全国人大代表建议及政协提案。二是积极发挥海关口岸管理职能作用。结合国家“十二五”口岸发展规划，积极协调地方口岸管理部门做好云南口岸总体规划、项目评审、实地选址、开放验收、临时开放等工作。针对云南口岸通道工作难点，着力优化资源配置，采取“一点式”、“两点式”监管模式；在管好现有口岸的基础上，采取驻点监管、预约监管、临时依申请监管等方式对辖区内通道实现有效管理。同时，出台有关管理办法，进一步规范辖区边境通道管理工作，维护边境地区正常的进出境秩序。对地方提出的开通口岸通道申请，及时开展调研，严格依法依规办理，同时强化对国家、海关政策法规的宣传和解释工作。三是完善工作联系机制。积极参加云南省政府、云南省口岸办、云南省外事办公室等部门组织召开的口岸会议，做好口岸有关管理部门及各级地方政府部门领导来访座谈交流工作，通过各种渠道，采取多种形式与各口岸管理部门沟通交流口岸通道管理方面的做法和经验，宣传海关口岸管理方面的政策法规，阐明海关的管理需求，争取理解和支持，形成口岸工作合力，提高口岸管理整体效能。

【昆明海关积极推进通关便利化改革】 一是启动通关作业无纸化改革试点。2013 年 7 月，昆明海关正式启动通关作业无纸化改革试点工作，将其作为全面推进通关便利化的一项重要举措，选定了昆明机场海关、河口海关为试点单位，试点业务范围包括昆明机场海关的空运进出口业务及河口海关的公路运输进出口业务。截至 2013 年 12 月 31 日，共有 26 家企业参与此项改革（其中经营企业 21 家，报关企业 5 家）。两关无纸化报关单分别占报关单总量的3.57%和26.3%，货运量11.9万吨，货值1.2亿美元，征收税款652.5万元，主要进口商品为旋切单板、打印机、机器零件等，出口商品新鲜蔬菜水果。经过前期周密的准备和制定相应的工作制度和操作规范、流程，各项工作进展顺利，无纸化通关逐渐成为企业及社会各界高度关注的通关新模式。二是进一步深化分类通关改革。从2010年开始试点出口分类通关改革业务，2011年4月起在关区范围内全面展开。分类通关改革业务使诚信企业快速通关。2013年，昆明海关继续深化分类通关改革，进一步加快高资信企业和低风险货物通关速度，关区近80%的出口报关单、3%的进口报关单实现“低风险快速放行”，改革成效明显，社会反应良好。三是积极推进区域通关改革。制订下发了《昆明海关全面深化区域通关业务改革工作方案》，积极推动“属地申报，口岸验放”业务。截至2013年12月31日，昆明海关共与深圳、黄埔、上海、天津、南京、南宁、湛江、青岛海关等8个关区开通了跨关区的区域通关模式，全年通过“属地申报，口岸验放”通关模式为40家云南企业办理进出口货值5.9亿美元，货运量78.8万吨。

【昆明海关着力优化监管与服务，支持云南外向型经济发展】 一是促进云南外贸持续稳定增长。积极协调促成新一轮署省合作备忘录签订，与云南省商务厅建立共同推进桥头堡建设紧密合作机制，全力抓好署省合作备忘录落实。坚决落实国务院、海关总署关于促进外贸稳增长、调结构有关决策部署，制定实施促进贸易便利化推动云南外贸稳定增长的11项具体措施，外贸整体增幅高于全国平均水平15.3个百分点，其中出口增速位居全国第一。二是支持海关特殊监管区域建设取得新进展。促成红河综合保税区正式获国务院批准设立，昆明综合保税区申报建设进入关键环节。支持符合条件的边境口岸设立保税监管场所，强化对加工贸易和保税物流业务的指导力度，引导云南加工贸易转型升级。三是大力支持云南特色优势产业发展。服务国家重大能源战略，为中缅油气管道天然气进口量身制定监管服务措施，自2013年7月份全面建成投入运营以来，共监管进口2.3亿立方米，价值9 496万美元。认真落实国家税收优惠政策，2013年共审批进出口货物征免税证明7 651份，减免税款12.23亿元。大力支持云南会展业发展，为首届中国—南亚博览会、中国国际旅游交易会、国际珠宝展及各类边境商品交易会等提供优质通关服务。服务云南航空强省建设，协调新增丽江—昆明—香港、天津—昆明—清迈、银川—昆明—曼谷3条国际航线开展国内段客运业务。促进边民互市贸易健康发展，2013年，云南边民互市贸易进出口货值及货运量同比分别增长17.48%、47%。强化知识产权海关保护，查获侵权案件同比增长10%，案值增长1.73倍，有力维护滇虹、华为等自主品牌在境外市场的合法权益。四是为云南开放发展提供优质决策咨询服务。立足海关职能，围绕瑞丽重点开发开放试验区、跨（边）境经济合作区、孟中印缅经济走廊建设等深入开展课题研究。积极开展对跨境电子商务零售出口贸易、浙江义乌市场采购贸易模式和措施的专题调研，向云南省委、云南省政府提出意见和建议，获云南省领导批示。充分发挥统计分析辅助决策作用，2013年全年共为地方外经贸管理部门提供数据56次，为41家外贸企业提供咨询服务93次。积极报送各类统计分析及工作专报，获省领导批示8篇。深入推进12360海关统一服务热线建设，加大政务公开力度，热情为各类外贸企业提供通关咨询服务。

【云南检验检疫创新检验检疫监管模式】 一是积极创新优化检验检疫监管模式，建立完善高风险项目严密监管和低风险产品快速放行相结合的模式，不断推进快速核放、绿色通道、分类管理、直通放行等监管措施，加强对诚信守法经营、管理水平较高企业的帮扶和引导。截至2013年，有6家进出口企业列入检验检疫信用AA级管理，9家企业享受绿色通道制度，15家企业的30多种出口货物在云南省各口岸实施了直通放行。二是不断加强口岸与产地检验检疫机构协作，实施“产地检验，口岸出单”出口通关模式和“口岸转检，属地报检”进口通关模式，与重庆出入境检验检疫局建立直通放行合作机制，与广西出入境检验检疫局签署了合作备忘录，共同推动进出口货物的通关便利化进程，与贵州出入境检验检疫局合作备忘录的签署也列入了议事日程。三是采取“境外预检、一次检疫、分批放行”的管理模式，积极开展替代种植返销国内农产品检验检疫管理工作，对获得审批许可、准予进口的替代种植项下返销农产品，在通关放行上给予24小时承诺服务，做到快验、快速检疫处理、快放。四是不断完善促进云南口岸通关便利化的措施。推行无纸化报检，企业报检人员足不出户，从报检到查询电子证单信息仅需5分钟，最大限度地缩短了检验检疫工作时限；针对云南进出口鲜活农、林、水产品较多的特点，实施24小时预约和“5+2”工作模式，全力保障鲜活产品快进快出，创造便捷、高效的通关环境，有力促进云南省外贸发展。

【云南出入境检验检疫局不断完善检验检疫口岸基础设施建设】 一是投入大量资金，不断提高口岸现场检验设施的科技含量和装备水平，实现了口岸人员体温监测、交通工具检疫处理自动化，在流量较大口岸实现了行旅通道、人员、卡车、集装箱放射性监测自动化，进一步提高了通关效率和服务水平。二是全面加强口岸卫生检疫核心能力建设，分三批对云南16个开放口岸进行达标验收。目前，昆明、瑞丽、畹町、河口、磨憨口岸已通过核心能力建设达标验收。三是不断扩大口岸功能，争取到国家质检总局增加云南省进境种苗、种球、水果指定口岸，建设进境活体水生动物隔离场的政策。目前新增瑞丽、畹町、盈江、河口口岸为进境种苗、种球指定口岸，瑞丽、畹町、孟定清水河、河口、天保口岸为进境活体水生动物口岸。四是加快检验检疫信息化建设，积极推进以电子申报、电子监管、电子放行为主要内容的电子检验检疫体系建设，推广应用“云南边境贸易业务综合管理系统”，实现了边民互市与检验检疫业务的电子化管理，切实提高边境贸易通关速度；探索应用虚拟化、移动办公平台、射频识别等技术，以公众为中心，重点突出“服务”功能，加强门户网站建设，发挥信息化技术在服务大通关方面的支撑保障作用。

【云南检验检疫积极服务云南外贸发展】 一是积极向国家质检总局争取政策，推进解决周边国家农产品输华准入问题。截至2013年，已推动中老两国签署了老挝玉米、木薯干、西瓜、香蕉输往中国植物检验检疫要求议定书，老挝大米输华检验检疫风险评估已通过专家审定；根据云南省政府要求，柬埔寨玉米，缅甸大米、玉米和老挝印奇果等农产品有害生物风险分析和检疫准入工作也正稳步推进中。二是加大对云南优势产业、特色产品出口的支持力度，推进出口食品农产品质量安全示范区及生产标准化建设。截至2013年，已建成元谋县、宾川县、蒙自市、建水县、通海县、罗平县共6个出口食品农产品质量安全示范区，出口蔬菜、花卉种苗、茶叶、食用菌等备案基地534个，出口动物源性食品备案基地48个，全省备案基地面积达1 441平方千米；帮助云南茶叶、保山小粒咖啡、德宏后谷咖啡等产品扩大出口到30多个国家和地区，云南产猪肉、羊肉进入港澳和中亚市场，云南养殖水产品出口进入欧美市场，农产品出口跃居云南出口产品的第1位。同时提高对云南重点项目的服务保障能力，对进口的昆明地铁信号系统、滇池水环境综合治理工程水处理设备和污泥处理设备、云南沃森生物疫苗生产设备、玉溪大红山铁矿管道运输设备等在依法实施检验监管、确保进口机电产品质量安全的同时，实现便捷通关验放；主动服务国家能源战略，建成瑞丽出入境检验检疫局石油及天然气检测实验室，确保2013年7月31日中缅天然气管道正式通气后，如期开展了检验检测工作。三是充分发挥WTO/SPS国际通报咨询中心和专家团队的作用，加强技术性贸易措施研究，为企业和相关部门提供信息咨询，开展美国、加拿大、欧盟、日本、越南等国家贸易措施评议和云南省40家企业的技术贸易措施影响情况调查工作，向国家质检总局提交韩国和越南相关贸易关注问题，以便在WTO委员会例会上磋商，帮助云南省产品出口，有效应对国外技术贸易措施对外贸的影响。四是认真落实国务院、国家质检总局和云南省政府关于促进外贸稳定增长的系列举措，执行减免检验检疫费和《法检目录》调整政策。从2013年8月1日起，对所有出境货物、运输工具、集装箱及其他法定检验检疫物免收出境检验检疫费；从2013年8月15日起，除保留危险化学品、烟花爆竹、打火机、玩具及童车产品、食品接触产品、汽车和稀土等的出口商品法定检验外，取消1 507个海关商品编码项下的一般工业制成品出口法定检验；对保留在《法检目录》中的出口工业产品，除散装商品、危险货物及其包装外，其余不再实施口岸查验；积极帮助云南外贸企业用足用好中国—东盟自由贸易区关税优惠政策等优惠原产地证政策，降低出口产品成本，提高出口产品竞争力。五是支持云南国际会展事业的发展，认真做好南博会、昆交会及边境地区会展活动的检验检疫保障工作，积极争取到国家质检总局在检疫审批、标签审核、参展人员、货物通关便利等方面出台11项检验检疫优惠政策和通关便利措施。在各主要入境口岸设置办理窗口和专用通道，对出入境参展人员及其携带物、参展物品实施有效检验检疫监管，共同营造健康规范的会展环境，促进云南国际会展经济发展。

【云南省公安边防总队创新边检工作举措】 一是积极创新服务措施。加强对云南桥头堡、瑞丽重点开发开放试验区和跨境经济合作区建设涉及的边检服务工作的研究，进一步深化“阳光早市”、“求学直通车”、鲜活农产品绿色通道等便民利民措施，拟写《推进孟中印缅经济走廊沿边开放特区边防管理通关便利化研究报告》供云南省发展改革委决策参考，主动服务南博会、旅交会、滇缅合作论坛、中缅（老、越）边交会及伊斯兰教人员赴沙特朝觐等20余次重大活动，总结提炼7条服务举措报公安部边防局推广。2013年，各级共走访地方党委政府和公安机关800余次，帮助企业和出入境旅客挽回经济损失7亿多元，收到感谢信100余封、各类锦旗21面。二是深入探索改革勤务组织模式。本着“优化、整合、节约、高效”的原则，各边检站从机构设置、人员配备、勤务组织等方面入手，积极改革创新勤务模式，并研究撰写了《空港口岸边检勤务模式科学化实践与思考》、《陆地口岸边防检查现场设施建设研究》、《陆地口岸边防检查警力优化配置研究》等理论文章。昆明边检站前移二线业务机构，采取“区域分流、台外引导、定位派岗、检查验证”一体化勤务模式，勤务整体运行效率进一步提升；瑞丽边检站采取“化整为零”的方法，推出小单元执勤与动态警力相结合勤务模式，有效提高了用警效能；磨憨、景洪港、金水河边检站积极探索限定区域等级管控、诚信通关星级管理机制，努力推动快捷通关与严密管控双提升。三是加快边检基础设施建设。主动跟进云南对外开放步伐，积极向各级地方党委政府争取经费支持，高标准、高质量完成河口、勐康、猴桥等口岸联检楼边检配套设施建设。四是强化梅沙系统运维保障。云南省公安边防总队和西双版纳边防支队抽调业务、技术骨干，分别成立梅沙系统运行维护保障中心，通过开展24小时边检查控和系统运维值班，确保梅沙系统安全平稳运行，各项出入境边防检查业务工作有序开展。五是加大边检科技应用力度。积极协助云南省公安边防总队信息化处研发业务信息综合运用平台，整合边检数据资源，实现出入境数据实时查询、统计和分析；争取公安部边防局支持，开通昆明、瑞丽口岸8条自助查验通道，为瑞丽、河口、磨憨、打洛等单位配发涉爆（毒）物品检测仪2套、车体检查仪4套、3M证件阅读机23台，口岸通关效率得到有效提升。

【云南省公安边防总队严密口岸管控措施，提升管控能力】 一是严格出入境检查。严格落实人证对照、照片比对、查控审核和值班备勤等工作制度，加大对出入境人员、行李物品和交通运输工具的检查力度。结合南博会、旅交会、十八届三中全会等重大安保工作需要，制定专项工作方案，下发了《云南周边国家出入境制度简介及证件式样》、《口岸管控重点嫌疑人员检查甄别指引》、《南博会期间重点情报搜集指引》等指导性文件，确保重点时期、敏感节点期间口岸通道安全稳定。二是深化边民集散式检查。各边防支队严格落实云南省公安边防总队《关于进一步规范集散式边民出入境检查工作的意见》和《集散式检查工作规范》，最大限度地将出入境边民纳入有效管理，切实做到边境管控更加严密、边检服务更加到位。德宏支队召开集散式边民出入境检查暨提高边检服务水平交流研讨会，文山支队购置20台笔记本安装梅沙系统单机版，积极开展边民集散式检查工作。三是加强处突演练。各单位积极结合周边局势变化，健全完善安全保卫、反恐处突、梅沙系统应急保障等预案，定期开展实兵演练，努力做到“想定充分、处置得当、控制得住”，进一步提高边检机关处突应急能力。四是密切联动协作。主动加强与国家安全、公安国保、反恐等部门和解放军边防部队的合作，不断健全完善反偷渡信息交流、办案侦查协作等长效机制；积极与越、老、缅三国边防部门开展会谈会晤，及时妥善处理口岸涉外事务，共同打击跨境犯罪，确保了口岸通道的安全稳定。

开放口岸

【昆明空运口岸】 昆明长水国际机场（原巫家坝国际机场），1955年经国务院批准对外开放，2012年6月28日转场至位于云南省昆明市官渡区大板桥镇的长水国际机场。昆明长水国际机场旅客吞吐量居西南地区第2位，国际航线开通数量位居全国第七。机场现已建设东、西两条平行跑道，东跑道长4 500米，宽60米，西跑道长4 000米，宽45米，跑道间距1 950米，可供空客A320等所有机型起降。目前已开通国际和地区航线35条，与泰国、越南、缅甸等16个国家106个国内外城市通航。

【西双版纳空运口岸】 西双版纳航空机场位于景洪市郊4千米，1990年4月建成通航，设计年旅客吞吐量350万人次，货物吞吐量1.09万吨，飞行区指标为4D，可满足B767、A300系列类型飞机的起降需要，配有I类灯仪表着陆系统及夜航灯光设备。1995年12月3日经国务院批准为对外国籍飞机开放的国家一类航空口岸，1996年12月10日通过国家验收，1997年1月1日正式对外开放。西双版纳国际机场是国内重要的干线机场和连通东南亚、南亚的中型枢纽机场，先后开通了23条国内航线和泰国、老挝3条国际航线。

【丽江空运口岸】 丽江机场航空口岸位于丽江市古城区七河乡，距离市区约28千米，2012年5月31日正式通航，机场占地面积120万平方米，机场飞行区等级为4D，跑道长度3 000米，宽45米，成南北向，可供波音737－700型及以下机型起降，国际候机楼建筑面积5 300平方米，有3座登机廊桥。拥有平行滑行1条、仪表着陆系统、助航灯光等通信导航设备，可保障A300、B767－300同类型及以下的机型起降机场。2011年11月11日，国务院正式批准丽江机场对外开放。2012年2月22日，中华人民共和国丽江海关正式挂牌成立。3月15日，中华人民共和国丽江边防检查站正式挂牌成立。4月26日，中华人民共和国丽江出入境检验检疫局正式挂牌成立。目前，开通了中国香港和泰国两条航线，中国东方航空公司和四川航空公司经营这两条航线。

【瑞丽陆路（公路）口岸】 瑞丽公路口岸位于云南省西部、德宏傣族景颇族自治州的西南，与缅甸木姐口岸对接，边境线长141.4千米，距云南省会昆明750千米，距缅甸木姐市4千米、腊戍160千米、仰光900千米，它是中缅铁路通道（昆明—大理—瑞丽—腊戍—曼德勒—印度洋）、中缅公路通道（昆明—瑞丽—仰光）和中缅陆水联运大通道（昆明—瑞丽—八莫港）上的重要口岸。瑞丽口岸还是全国唯一一个实行“境内关外”（入境：货物、车辆可入境不入关，出境：货物、车辆出关不出境）特殊管理的口岸。

瑞丽口岸是云南省较早开放的国家开放口岸，1978年国务院批准开放，1985年经德宏州政府批准为边境贸易区。1991 年 2 月云南省政府批准瑞丽姐告设立边境贸易经济区，1992 年 6 月国务院批准为沿边开放城市，1993 年撤县设市，国务院特区办批准在瑞丽口岸设经济合作区。2000 年经国务院批准按照“境内关外”的方式设立“姐告边境贸易区”，2001 年 10 月 26 日经国务院批准瑞丽口岸对第三国人员开放，2010 年国务院将瑞丽批准为瑞丽开发开放试验区。

瑞丽口岸是中缅边境口岸中人员、车辆、货物流量最大的口岸，其东、南与缅甸棒赛、木姐、南坎三个城市相毗邻，东有瑞丽市畹町经济开发区国家开放口岸，西有章凤外贸货物装卸点。姐告是起于上海的 320 国道的终点，是昆瑞公路与缅甸的“史迪威”公路相接点，是云南省实施国际大通道战略的试验区和示范区，是中国大西南沿边开放的主要城市，是通往南亚、东南亚的重要门户。近年来，瑞丽口岸边民互市贸易、边境小额贸易、一般贸易有了长足的发展，出口商品达 2 000 多种，进口商品达 200 多种。不少中国商品通过缅甸转口到孟加拉、泰国、新加坡、印度和中东国家，国外各种商品也源源不断通过瑞丽口岸进入我国内地。

【畹町陆路（公路）口岸】 畹町公路口岸位于云南省西部德宏傣族景颇族自治州南部，全区地域位于东经 97°58′～98°10′，北纬 24°02′～24°08′，南与缅甸相邻，西北与瑞丽隔江相望，与缅甸的九谷口岸对接，两国村寨相望，山水相连，国境线长 28.6 千米。畹町口岸是我国开放最早的口岸之一，1952 年畹町口岸开通，为国家开放口岸。1992 年 6 月 9 日国务院批准畹町为对外开放城市。

畹町是中国历史上较早通向东南亚、南亚的主要贸易通道，是“南方丝绸之路”的重要驿站。抗日战争时期，滇缅公路通车后成为当时中国大后方对外联系唯一的国际陆运口岸。1993 年，畹町—九谷新桥建成，畹町口岸的优势得到进一步发挥。从畹町口岸出境，可直达缅甸中部，水、陆、空设施齐全的曼德勒市。由昆明经畹町、曼德勒至仰光和印度的加尔各答，运距要比从昆明经广州绕马六甲海峡到仰光和加尔各答分别缩短 4 651 千米和 4 331 千米，是中国大西南通往东南亚、南亚和西亚的捷径。畹町口岸服务功能齐备，基础设施完善。

【河口陆路（公路）口岸】 河口陆路（公路）口岸位于红河哈尼族彝族自治州河口瑶族自治县，与越南老街口岸对接，国境线长 193 千米。2011 年 7 月，国务院批准河口公路口岸对外开放。河口公路口岸具有“口岸就是县城，县城就是口岸”的天然优势，是滇越铁路、昆河公路、红河航道与越南乃至东南亚地区铁路、公路、航道连接的交通枢纽，距昆明市 469 千米，距越南首都河内 296 千米，距出海口——越南北方最大的海防港 416 千米，是中国西南进入东南亚、南太平洋的便捷通道。

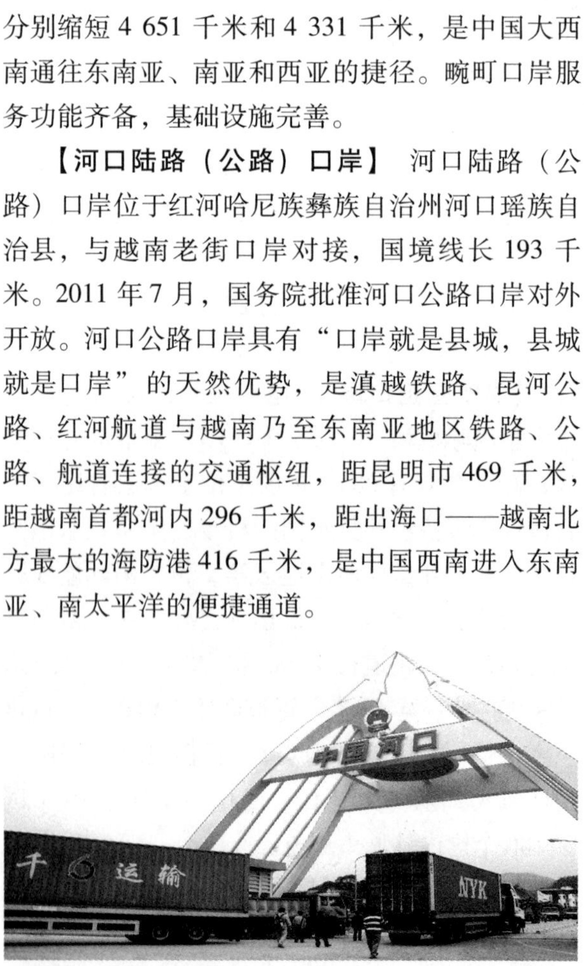

在中国—东盟自由贸易区和“昆明—河内—海防”经济走廊的规划中，河口口岸处于“咽喉”的重要地位，是西南地区与东南亚国家发展对外贸易的窗口，是云南省建立国际大通道中越铁路、中越公路4条出境通道上的重要口岸。目前，河口口岸联检楼、公路口岸北山配套查验场已建设完成并投入使用，口岸物流配套设施由昆钢集团河口公司正在完善建设中。中国河口—越南老街跨境经济合作区、国际物流园区、边民互市市场、河口口岸免税商品城、海产品交易市场等项目正在快速推进。

【磨憨陆路（公路）口岸】 磨憨陆路（公路）口岸位于云南省西双版纳州勐腊县城南58千米的磨憨经济开发区，1992年3月被国务院批准为国家开放口岸，是国家首批列为沿边开放的地区。1993年12月22日，中老两国共同宣布正式开通磨憨—磨丁国际口岸。2000年6月云南省人民政府批准磨憨口岸为边境贸易区，并赋予优惠政策。2004年9月6日，国务院批准磨憨口岸开展口岸签证工作，并对第三国人员实行开放。

磨憨口岸与老挝磨丁口岸对接，允许中老双方人员、车辆持有效证照出入境和第三国人员持有效证照通行及各种贸易货物开放。磨憨口岸距老挝南塔省会南塔60千米、北本码头240千米、首都万象700千米。从磨憨口岸出境经老挝可直抵泰国、越南、柬埔寨等国，是我国通往东南亚各国最大的陆路通道。目前，磨憨口岸基础设施日益完善，配套功能日益健全，产业培育初见成效。磨憨口岸国际物流客运中心、云维西双版纳大为商贸中心、西部货场、五国商贸城、新联检楼等一大批项目建成投入使用，西双版纳至老挝琅勃拉邦边境旅游环线经国家旅游局批准开通，磨憨国家级边境经济合作区或中老跨境经济合作区的建设工作正在稳步推进。

【金水河陆路（公路）口岸】 金水河陆路（公路）口岸位于红河哈尼族彝族自治州金平苗族自治县城西南38千米金水河镇。金水河口岸于1954年12月17日经中越双方会谈同意正式开放为边民互市口岸，1978年12月关闭，1993年2月25日经国务院批准设立为国家开放口岸，1993年11月10日正式对外开放。金水河口岸与越南马鹿塘口岸对接，允许中越双方人员、车辆持有效证照通行和开展各种贸易。

金水河口岸距越南莱州省会封土25千米、河内590千米、老挝边境230千米，是国家西南战略安全节点的重要组成部分、云南省主要对越通道和红河州对越开放口岸“桥头堡”之一。2008年金水河口岸进行扩规，同年8月完成《金水河口岸建设总体规划方案（2009—2020年）》，2010年8月完成《金水河口岸控制性详细规划规划方案》和《金水河口岸南片区市政道路与边民互市可研》的编制，2009年7月云南省发展改革委（云发改外资［2009］1897号）批准实施。截至2012年7月，金水河口岸建设总投资达到2 342.22万元。随着蒙自—金水河口岸高等级公路的建成和越南山萝水利枢纽建成投入使用，其水库库淹区航运将缩短金水河口岸至山萝省距离。金水河口岸重点开展以进口玉米、木薯、稻谷、茶叶、咖啡为主的对外贸易。经金水河口岸出境，可到达越南西北部旅游重镇奠边府和沙巴，充分领略越南的异国风光，开展中越民俗旅游文化交流和品尝越南风味饮食。

【天保陆路（公路）口岸】 天保陆路（公路）口岸位于云南省文山州麻栗坡县南端，距麻栗坡县城40千米，与越南河江省清水河口岸对接，口岸距越南河江省省会河江市23千米、首都河内341千米、海防港441千米。该口岸1954年3月1日开通，1960年12月关闭。1963年3月，口岸恢复对外开放。1978年，口岸关闭。1993年2月25日，经国务院批准恢复天保口岸正式对外开放为国家开放口岸。

2011年6月12日，国务院同意天保口岸扩大对外开放，口岸性质为国际公路客货运输口岸，2013年12月天保口岸扩大对外开放通过国家级验收。天保口岸联检楼及查验货场等基础设施已建成投入使用，边防、海关、出入境检验检疫局的办公、生活等基础设施和配套设施已完善。

【腾冲猴桥陆路（公路）口岸】 腾冲猴桥陆路（公路）口岸位于腾冲县猴桥镇的槟榔江畔，距腾冲县县城65千米，距中缅边界南4号界桩19千米，与缅甸甘败地口岸对接。口岸距缅甸北部重镇密支那133千米，从该口岸经密支那到西印度雷多（里多）仅687千米。1991年8月云南省政府（云政发［1991］140号）文批准腾冲对外开放，2000年4月经国务院批准为开放口岸，2003年1月正式对外开放。

该口岸是历史上“南方丝绸之路”的重要通商口岸，是抗日战争时期“史迪威公路”（中印公路）的枢纽，是云南省通向南亚规划建设的大通道之一。

【孟定清水河陆路（公路）口岸】 孟定清水河陆路（公路）口岸位于耿马傣族佤族自治县孟定镇人民政府所在地，与缅甸掸邦第一特区接壤，边境线长47.35千米，与缅甸清水河口岸对接，距耿马县城83千米，平均海拔510米。该口岸是我国西南地区通往缅甸和东南亚的重要陆路通道，面积350平方千米。1957年孟定口岸正式对外开展小额贸易进出口业务，1991年8月被省政府批准对外开放，2004年10月国务院批复同意开放为国家开放口岸，2007年11月8日经国家验收正式对外开放，允许中国和缅甸双方人员、车辆持有效证照、签证或边境通行证通行，并对各种贸易货物开放。

目前，孟定清水河口岸联检楼和配套查验货场已建成投入使用。口岸得天独厚的地理位置优势、热带的自然风光、古朴文雅的民俗风情、丰富的旅游资源和热带经济作物使孟定口岸有“黄

金口岸”之称。孟定口岸边境贸易辐射面广，公路通往国内外，交通十分便利。从清水河到缅甸重镇户板、滚弄分别为15千米和24千米，到缅北重要商品集散地腊戌161千米，到缅甸首都仰光1 136.9千米，从盘姑公路到昆明750千米。孟定清水河口岸自建成投入使用以来，一直是国内外经济贸易活动的窗口，对缅甸边境贸易的辐射面主要是第一特区（果敢同盟军）、第二特区（佤邦地区）、清水市、滚弄镇区、户板镇区、腊戌、佤城、仰光等5省1市10个镇区，经营方式也由以物易物小额贸易发展为边境贸易、转口贸易、大贸。

【打洛陆路（公路）口岸】 打洛陆路（公路）口岸位于云南省西双版纳州勐海县西南端打洛镇，距勐海县城66千米，与缅甸掸邦东部第四特区勐拉县接壤，国境线长36.5千米。由打洛出境经缅甸，可达泰国、越南、马来西亚、新加坡、印度等国家，距缅甸掸邦东部首府景栋86千米，经东枝到仰光1 270千米，到泰缅边界重镇大其力240千米，距泰国清迈550千米，是云南省中路国际大通道的重要口岸之一。1950年11月，成立了海关打洛支关；1956年，打洛口岸正式对外开展小额贸易进出口业务；1991年8月10日云南省人民政府批准打洛对外开放，1992年被列为国家首批沿边开放的地区。

1997年3月25日，中华人民共和国政府和缅甸联邦政府签订《关于中缅边境管理与合作的协定》，中国打洛—缅甸勐拉口岸被列为对第三国人员开放的口岸，2007年11月13日经国务院批准为国家开放口岸，2009年8月19日海关、检验检疫、边防检查站正式进驻口岸新联检楼。

【勐康陆路（公路）口岸】 勐康陆路（公路）口岸位于云南省普洱市江城县，与老挝丰沙里省兰堆口岸对接，距约乌县城52千米，距省城丰沙里186千米，距老挝首都万象830千米，是云南省通往老挝及通向东南亚最便捷的陆路通道，是普洱市对外开放的重要“桥头堡”。2011年7月24日，国务院批准同意中国与老挝边境的云南勐康口岸对外开放，口岸性质为双边公路客货运输口岸，2013年11月12日云南勐康口岸通过国家级验收。

结合“一城连三国”的特殊区位优势，江城县提出把江城建成云南省对越南、老挝开放的黄金前沿门户，普洱市面向东盟的商贸流通基地，努力构建以江城为中心，辐射老挝、越南三国边境经济圈的发展战略，加快勐康口岸、龙富通道建设，实现口岸活县。目前，勐康口岸联检楼、查验货场已建设完成，口岸物流配套设施正在规划建设中，口岸正成为中老边界上一个集边境贸易、生态休闲、民俗文化为一体的边境旅游小镇。

【河口陆路（铁路）口岸】 河口陆路（铁路）口岸位于云南省东南端，与越南社会主义共和国老街省山水相邻，国境线长193千米。河口铁路口岸具有“口岸就是县城，县城就是口岸”的天然优势，是滇越铁路、昆河公路、红河航道与越南乃至东南亚地区铁路、公路、航道连接的交通枢纽，距昆明市469千米，距越南首都河内296千米，距出海口——越南北方最大的海防港416千米，是中国西南进入东南亚、南太平洋的便捷通道。在中国—东盟自由贸易区和“昆明—河内—海防”经济走廊的规划中，处于“咽喉”的重要地位，是西南地区与东南亚国家发展对外贸易的窗口。河口历史上就是我国与越南、东南亚各国进行经济文化交流的门户和咽喉，是“南方丝绸之路”的第2条通道。1895年河口被辟为商埠，1910年，随着滇越铁路的建成通车，云南省进出口物资有80%以上经河口口岸进出，河口成为中国西南对外商贸的最大集散地。1992年，河口被国务院批准为沿边开放县，同年12月国务院特区办批准在河口设立4.02平方千米的边境经济合作区，1996年，河口口岸复通，河口迎来了千载难逢的发展机遇，进出口贸易焕发出勃勃生机与活力，带动了河口经济社会事业快速发展。

【景洪水运（河港）口岸】 景洪水运（河港）口岸是澜沧江—湄公河国际航道上重要的港口口岸，是一个可以辐射三个以上国家的国际性口岸，下设景洪港区中心码头和勐罕、关累两个开放码头。景洪港区中心码头位于云南省西双版纳州政府所在地景洪市区澜沧江北岸，占地面积约9.8万平方米，设计规模年货运量40万吨，客运量150万人次，共6个泊位（2个客运泊位、4个货运泊位）。关累码头是景洪港重要的货运码头，设计规模年货运量20万吨，客运量10万人次。景洪港于1993年7月24日经国务院批准为国家开放口岸，2000年4月20日中、老、缅、泰四国签署《四国商船通航协定》，2001年6月13日通过国家正式验收，2001年6月21日宣布对外开放，2001年6月交通运输部批准对外国籍船舶开放，港口与老挝、缅甸、泰国多个港口开通了散杂货、集装箱、客运航线。

【思茅水运（河港）口岸】 思茅水运（河港）口岸位于普洱市思茅港镇，距离普洱市区87千米，1993年7月国务院批准为开放口岸，2001年4月1日起正式对外国籍船舶开放。思茅港是澜沧江—湄公河国际航运中国境内的第一港，可达老、缅、泰、柬、越五个国家，是东南亚地区最便捷的一条黄金水道，是云南乃至大西南通往东南亚的重要通道。港口规模为年货运30万吨、客运10万人次，有大小船只43艘，国际航运船只31艘，载货能力3 000吨，客位449个，查验设施配套齐全。思茅港边防检查站、思茅海关、普洱市出入境检验检疫局承担口岸的监管任务，由于修建国家重点项目——小白塔电站，从2005年1月起暂停航运。

【田蓬外贸货物装卸点】 田蓬外贸货物装卸点于1954年3月1日对外开放，属边境陆路通道，位于云南省富宁县的东南部，东经10°37′，北纬23°18′，与越南苗旺、同文两县接壤，国境线长60千米，对内距富宁县城80千米、文山州府235千米、昆明680千米，距广西南宁市480千米、北海港750千米，对外距越南同文县24千米、苗旺县35千米、河江省会110千米、河内451千米，通道有公路通往国内外，交通便利。1979年因中越关系紧张，口岸关闭。1996年9月27日，经云南省政府批准对外开放，2012年被国务院纳入“十二五”开放规划，恢复开通以来，一直是中越经济贸易活动的窗口，对越边境贸易逐年活跃。

【片马外贸货物装卸点】 片马外贸货物装卸点位于怒江傈僳族自治州泸水县正西66千米的片马镇人民政府所在地，地处高黎贡山西麓，属边境陆路通道，与缅甸大田坝口岸对接。边界线长64千米，距泸水县城96千米，距缅甸北部城市密支那224千米，通道有三条公路通向国外，交通十分便利。片马1991年8月10日经云南省人民政府批准对外开放，是中缅边界北段10号至47号界碑638千米长的边界线唯一的通道，成为中国滇藏两省、区通往南亚的一个重要通道。片马是中国古西南丝绸之路的重要组成部分，边境贸易源远流长。由于它在中缅边界北段具有独特的区位优势，二战前和二战中曾几度被英、日两国侵占，直至1961年才回归祖国。

【盈江外贸货物装卸点】 盈江外贸货物装卸点位于云南省德宏傣族景颇族自治州西部的盈江县城，东经97°31′~98°15′，北纬24°24′~25°20′，与缅甸拉咱口岸对接，属边境陆路通道，与缅甸克钦邦第二特区接壤，国境线长214.6千米，距缅北八莫150千米，距密支那180千米，距仰光1 200千米，距印度雷多540千米。口岸有公路通往国内外，交通十分便利，成为西南地区通往缅甸的一个重要通道，1991年8月10日经云南省人民政府批准批准对外开放，自对外开放以来，成为国内外经济贸易活动通道，对缅甸边境贸易的辐射面逐步扩大，由原来边境一线的集镇，发展到八莫、密支那、仰光、印度雷多等重镇，经营方式形成了以边境贸易、一般贸易、对外经济技术合作和转口贸易等多种贸易相结合、多渠道并举的大经贸新格局。

【章凤外贸货物装卸点】 章凤外贸货物装卸点地处德宏傣族景颇族自治州陇川县人民政府所在地章凤正西4千米的拉影，位于北纬24°08′~24°09′，东经97°39′~97°17′，与缅甸雷基（洋人街）口岸对接，距缅甸重镇八莫80千米。章凤自古以来就是南方丝绸路上的重点门户之一，1991年8月10日经云南省人民政府批准对外开放。章凤通道是中缅两国重要陆路通道之一，还是缅甸政府唯一指定进口棉纺织品通道。

【南伞外贸货物装卸点】 南伞外贸货物装卸点位于云南省临沧市镇康县南伞镇，地处北纬23°46′，东经98°49′，平均海拔1 100米，气候温和，属热带气候类型。南伞通道总面积272.5平方千米，与缅甸掸邦第一特区接壤，国境线长47千米，距缅甸首都内比都750千米、第一大城市仰光1 142千米、第二大商业城市曼德勒484千米、缅北重镇腊戌197千米，距掸邦果敢自治区老街仅9千米，距昆明784千米、临沧232千米、保山市龙陵县城238千米，北上保山，南往普洱，公路四通八达，是通往南亚、西亚的内陆通道之一，1991年8月经云南省人民政府批准对外开放，1996年列为边境经济开发实验区，2002年开始把通道建设纳入新县城规划统筹进行建设，逐步改善了基础设施和联检部门办公条件。

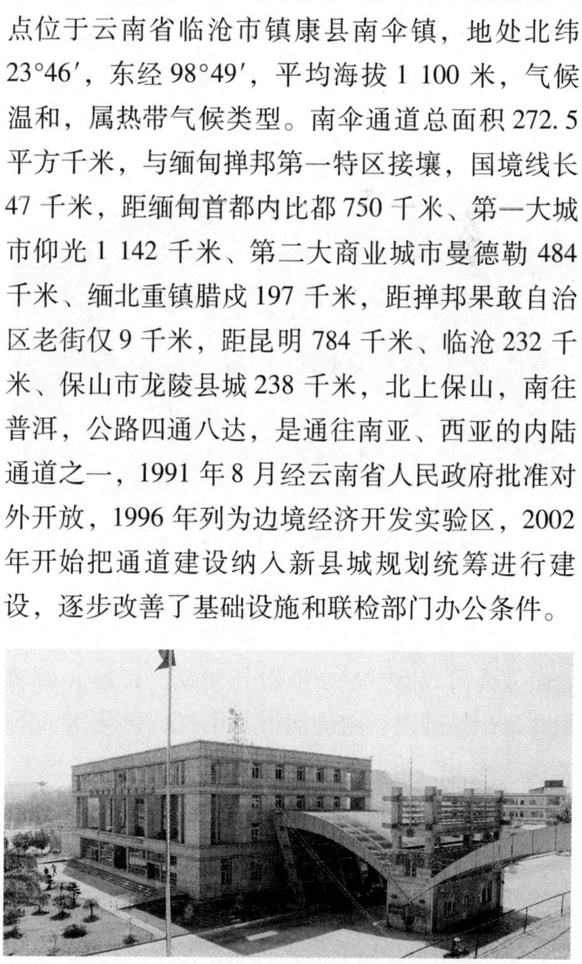

【孟连外贸货物装卸点】 孟连外贸货物装卸点位于普洱市孟连县西南部，地处南马河与南卡江的汇合处，以南卡江心为界，江东岸为中国，江西岸为缅甸，距云南省会昆明690千米，距普洱市230千米，距孟连县城51千米。通道与缅甸掸邦第二特区政府（佤邦）邦康市隔江相望，自然条件优越，地理位置独特，区位优势明显，从邦康市经丹阳、腊戍、曼得勒达缅甸原首都仰光约1 300千米。勐阿是普洱市客、货吞吐量最大的通道，对缅贸易占全市的2/3以上，是中缅两国交往的主要通道，也是我国通往东南亚各国的主要陆路通道之一，1991年经云南省人民政府批准对外开放。孟连通道具备较为完善的联检查验功能和设施，金融、通信、市政、交通等配套设施齐全，通道人流、物流通关顺序流畅。中缅双边友好往来频繁，边民互市、经贸交流与合作不断深入，孟连县对外贸易得到了迅猛发展。进口货物主要以木材、矿产品为主，出口货物以建材、百货、成品油、机电产品、生活用品等商品为主。

【沧源外贸货物装卸点】 沧源外贸货物装卸点位于临沧市沧源县，地处北纬23°04′～23°30′，东经98°52′～99°43′，1996年9月27日经云南省人民政府批准批准对外开放，有芒卡和永和两个出境通道，与缅甸掸邦第二特区接壤，国境线长达147.083千米。芒卡贸易区位于沧源县南腊乡人民政府所在地，中缅边界146号界碑处，距县城110千米，距缅甸佤邦南登特区4.07千米。永和贸易区距县城14千米，距缅甸佤邦绍帕区3千米，永和连接着班歪—龙潭—中国西盟，班歪—营盘—邦康—大其力或瓦城，班歪—勐冒—腊戍等境外公路干线，是云南省通往缅甸和邻国的通道之一。两个贸易区都有公路通往国内外，交通十分便利，是西南地区通往东南亚的一个重要通道。

云南省口岸大事记

1月15日

云南省人民政府在西双版纳召开表彰大会，为西双版纳边防支队荣记集体一等功。

1月21日

外交部副部长傅莹一行到猴桥陆路（公路）口岸视察。

1月23日

海关总署署长于广洲在昆明与云南省委书记秦光荣、省长李纪恒会谈并签署新一轮署省合作备忘录。

3月23日

云南省省长李纪恒、副省长丁绍祥到章凤外贸货物装卸点、曼满通道调研。

3月27日

文化部副部长杨志今到瑞丽陆路（公路）口岸调研。

4月14日

国家民委副主任丹珠昂奔一行到瑞丽陆路（公路）口岸调研。

4月17日

云南省省长李纪恒到磨憨、打洛陆路（公路）口岸视察。

4月22日

全国政协港澳台侨委主任杨崇汇赴金水河陆

路（公路）口岸调研。

5 月 15 日

外交部边海司参率中国代表团与老挝代表团在磨憨、磨丁举行会谈，双方原则同意在磨憨口岸新开通货运专用通道。

5 月 20 日

云南省长李纪恒到丽江空运口岸视察。

5 月 31 日

云南省委副书记仇和一行赴章凤外贸货物装卸点调研。

6 月 3 日

中国河口口岸管委会与越南老街省口岸管委会 2013 年第 1 次会谈在河口举行。

6 月 5 日

国务院侨办主任裘援平一行到瑞丽陆路（公路）口岸调研。

6 月 26 日

华信航空股份有限公司开通台北至丽江定期航班。

7 月 19 日

云南省委副书记仇和赴永和外贸货物装卸点调研。

7 月 24 日

云南省委副书记仇和赴磨憨陆路（公路）口岸调研。

8 月 6 日

经云南省商务厅（省口岸办）和云南省民政厅批准，云南省口岸协会正式成立并举行了第 1 次会员代表大会。

8 月 9 日

云南省委副书记仇和赴勐康陆路（公路）口岸调研。

8 月 14 日

云南省委副书记仇和到金水河陆路（公路）口岸调研。

9 月 7 日

全国人大常委会副委员长张平一行到瑞丽陆路（公路）口岸视察。

9 月 12 日

中央外办副主任叶大波、商务部援外司副司长余应福一行到猴桥陆路（公路）口岸调研。

10 月 11 日

全国政协委员、侨联兼职副主席梁国扬一行到瑞丽陆路（公路）口岸视察。

10 月 29 日

丽江机场新加坡航线首航。

11 月 12 日

勐康陆路（公路）口岸对外开放通过国家验收。

11 月 18 日

云南省委书记秦光荣到雷允通道调研。

11 月 18 日～20 日

全国人大常委会委员、外事委员会主任委员傅莹一行到河口、天保陆路（公路）口岸进行陆地国界立法调研。

12 月 11 日

昆曼公路清孔—会晒大桥正式通车。

12 月 3 日

云南省政协主席罗正富到猴桥陆路（公路）口岸视察。

12 月 10 日

全国人大常委会原副委员长、民革中央原主席周铁农一行到畹町陆路（公路）口岸调研。

12 月 16 日

云南省启动边境旅游异地办证工作。

12 月 26 日

外交部副部长谢杭生一行到磨憨陆路（公路）口岸调研。

天保陆路（公路）口岸扩大对外开放通过国家验收。

12 月 28 日

勐康陆路（公路）口岸正式宣布对外开放。

（撰稿人：杨镇宇、李楠、洪应松、柴枢楠）

2013 年云南省口岸流量统计表

口岸类型		口岸名称	货运量（万吨）				集装箱量（万标箱）				人员（万人次）				交通工具（辆、艘、架、列次）			
			出口	进口	合计	同比（%）	出口	进口	合计	同比（%）	出境	入境	合计	同比（%）	出境	入境	合计	同比（%）
空运口岸		昆明机场	0.94	0.39	1.33	+7.30					94.32	93.68	188.00	+26.60	8 147.00	8 038.00	16 185.00	+25.60
		版纳机场									0.89	0.93	1.82	-36.70	154.00	161.00	315.00	-34.60
		丽江机场									2.65	2.56	5.21	+248.70	276.00	273.00	549.00	+166.50
		分计	0.94	0.39	1.33	+7.30					97.85	97.17	195.02	+27.58	8577.00	8472.00	17 049.00	+25.61
陆运口岸	公路口岸	瑞丽	71.14	115.19	186.33	+28.80					717.51	732.46	1 449.97	+16.00	1 514 021.00	1 526 682.00	3 040 703.00	+15.30
		畹町	3.58	14.18	17.76	+35.50					40.22	43.87	84.09	+29.20	115 886.00	120 035.00	235 921.00	+45.50
		磨憨	40.67	73.25	113.92	+24.90					38.33	36.91	75.24	+17.00	123 261.00	118 483.00	271 744.00	+23.00
		金水河	0.85	5.44	6.29	-3.20					14.54	14.66	29.20	+28.00	5 232.00	5 261.00	10 493.00	+56.10
		河口	112.37	154.01	266.38	+102.00					153.98	154.44	308.42	-2.90	94 223.00	93 596.00	187 819.00	+59.80
		天保	2.72	15.31	18.03	+132.70					31.17	31.32	62.49	+15.80	17 423.00	17 500.00	34 923.00	+10.90
		腾冲猴桥	2.28	226.71	228.99	+57.80					31.22	31.28	62.50	+46.50	90 108.00	88 528.00	178 636.00	+77.00
		孟定清水河	10.81	10.22	21.03	+62.30					22.07	22.24	44.31	+24.90	77 267.00	72 180.00	149 447.00	+75.60
		打洛	5.31	3.62	8.93	+82.60					28.64	28.38	57.02	+27.70	95 216.00	94 306.00	189 522.00	+19.00
		片马	0.12	30.72	30.84	+21.20					13.52	13.41	26.93	+19.40	60 187.00	59 876.00	120 063.00	+16.50
		盈江	0.04	6.68	6.72	-16.80					68.95	68.95	137.90	+27.80	107 776.00	107 780.00	215 556.00	+18.30
		章凤	10.00	14.10	24.10	+33.20					52.66	65.83	118.49	+27.30	168 315.00	205 537.00	373 852.00	+45.70
		南伞	10.56	33.96	44.52	-5.20					54.89	55.57	110.46	+7.00	108 610.00	109 993.00	218 603.00	+16.70
		孟连	6.09	19.83	25.92	+52.80					49.87	50.00	99.87	+56.50	110 991.00	108 714.00	219 705.00	+108.00
		沧源	5.49	19.41	24.90	+0.50					22.71	23.39	46.10	+25.30	60 700.00	60 549.00	121 249.00	+28.60
		田蓬	6.02	5.05	11.07	+22.40					7.40	6.96	14.36	-4.80	3 693.00	3 449.00	7 142.00	+4.20
		勐康	1.63	9.85	11.48	+34.90					3.45	3.46	6.91	+18.50	13 014.00	12 826.00	25 840.00	+36.10
		分计	289.69	757.54	1 047.23	+77.40					1 351.11	1383.11	2734.22	+17.76	2 765 923.00	2 805 295.00	5 571 218.00	+27.44
	铁路口岸	河口	0.89	0.10	0.99	+100.20					0.07	0.07	0.14	+16.00	102.00	22.00	124.00	+13.80
		分计	0.89	0.10	0.99	+100.20					0.07	0.07	0.14	+16.00	102.00	22.00	124.00	+13.80

续表

口岸类型		口岸名称	货运量（万吨）				集装箱量（万标箱）				人员（万人次）				交通工具（辆、艘、架、列次）			
			出口	进口	合计	同比（%）	出口	进口	合计	同比（%）	出境	入境	合计	同比（%）	出境	入境	合计	同比（%）
水运口岸	海港口岸																	
		分计																
	河港口岸	景洪港	7.24	6.32	13.56	-4.80					2.70	2.74	5.44	+12.10	2 655.00	2 653.00	5 308.00	+0.80
		思茅港																
		分计	7.24	6.32	13.56	-4.80					2.70	2.74	5.44	+12.10	2 655.00	2 653.00	5 308.00	+0.80
合计			298.76	764.35	1063.11	+75.34					1 451.73	1 483.09	2 934.82	+18.35	2 777 257.00	2 816 442.00	5 593 699.00	
同比（%）			13.34	123.02	75.34	+75.34					18.28	18.42	18.35	+18.35	26.84	26.61	26.72	

（云南省口岸办提供）

2013年昆明海关主要数据统计表

项目		2013年	同比（%）
进出口货运量（万吨）	合计	1 191	+40.4
	进口	886	+53.1
	出口	305	+13.1
进出口贸易总值（万美元）	合计	1 184 604	+70.1
	进口	450 640	+106.8
	其中：江、海运输	85 648	+20.3
	铁路运输	106	+278.6
	汽车运输	300 161	+197.6
	航空运输	38 533	-2.6
	邮件运输	40	+5.3
	其他运输	26 152	+315
	出口	733 964	+53.4
	其中：江、海运输	16 141	-8.7
	铁路运输	411	+47.8
	汽车运输	602 625	+52.6
	航空运输	92 621	+91
	邮件运输	81	+440
	其他运输	22085	+28.7
税收（万元）	两税合计	267 767	+41.1
	关税入库	19 946	-1.6
	进口环节税入库	247 821	+46.2

（昆明海关提供）

2013 年云南省口岸出入境主要数据表

<table>
<tr><th colspan="3">项目</th><th>2013 年</th><th>2012 年</th><th>同比（%）</th></tr>
<tr><td rowspan="14">出入境人员（人次）</td><td colspan="2">出入境人员总数</td><td>28 857 296</td><td>25 329 387</td><td>+13.93</td></tr>
<tr><td colspan="2">入境人员</td><td>14 602 376</td><td>12 830 276</td><td>+13.81</td></tr>
<tr><td colspan="2">出境人员</td><td>14 254 920</td><td>12 499 111</td><td>+14.05</td></tr>
<tr><td colspan="2">出入境旅客</td><td>4 776 690</td><td>4 119 587</td><td>+15.95</td></tr>
<tr><td colspan="2">出入境员工</td><td>510 732</td><td>338 048</td><td>+51.08</td></tr>
<tr><td rowspan="5">中国公民</td><td>小计</td><td>7 921 512</td><td>6 427 752</td><td>+23.24</td></tr>
<tr><td>内地居民</td><td>7 718 764</td><td>6 240 580</td><td>+23.69</td></tr>
<tr><td>港澳居民</td><td>102 556</td><td>86 870</td><td>+18.06</td></tr>
<tr><td>台湾同胞</td><td>100 192</td><td>100 302</td><td>-0.11</td></tr>
<tr><td colspan="2">外籍人员</td><td>20 935 784</td><td>18 901 635</td><td>+10.76</td></tr>
<tr><td colspan="2">从海港出入境人员</td><td>53 658</td><td>48 548</td><td>+10.53</td></tr>
<tr><td colspan="2">从陆港（通道）出入境人数</td><td>26 853 471</td><td>23 753 329</td><td>+13.05</td></tr>
<tr><td colspan="2">从空港出入境人员</td><td>1 950 167</td><td>1 527 510</td><td>+27.67</td></tr>
<tr><td rowspan="5">交通运输工具（辆、艘、架、列次）</td><td colspan="2">总计</td><td>5 018 924</td><td>4 182 314</td><td>+20.00</td></tr>
<tr><td colspan="2">船舶</td><td>5 288</td><td>5 268</td><td>+0.38</td></tr>
<tr><td colspan="2">飞机</td><td>17 048</td><td>13 547</td><td>+25.84</td></tr>
<tr><td colspan="2">火车</td><td>120</td><td>85</td><td>+41.18</td></tr>
<tr><td colspan="2">机动车辆</td><td>4 996 468</td><td>4 163 414</td><td>+20.01</td></tr>
</table>

表注："出入境人员总数"中含持边民通行证出入境人员，但"出入境旅客"及"出入境员工"均不含持边民通行证出入境人员数。

（云南省公安边防总队提供）

2013 年云南省出入境检验检疫业务统计表

项目	货物检验检疫				交通工具				集装箱（标箱）		发现动植物疫情		货物通关		出入境人员查验（人次）	健康检查及预防接种（人次）			
	批次	金额（万美元）	检验检疫不合格																
			批次	金额（万美元）	船舶（艘）	飞机（架）	火车（节）	汽车（辆）	合计	检出问题	种类数	种次	批次	金额（万美元）		健康检查	艾滋病监测	发现病例	预防接种
本年累计	92 661	590 000. 17	9 766	63 277. 58	1 026	16 784	321	1 372 868	17 950		233	11 610	89 028	478 017. 98	18 399 320	37 720	35 748	13 119	79 517
其中 出境	53 578	340 745. 74	212	5 706. 33	506	8 402		576 304	7 182		7	3	55977	267 531. 13	5 831 786	20 932	19 403	10 315	79 352
其中 入境	39 083	249 254. 43	9 554	57 571. 25	520	8 382	321	796 564	10 768		226	11607	33051	210 486. 85	12 567 534	16 788	16 345	2 804	165
同比（%）	-3. 13	+20. 11	+2. 43	+66. 91	-27. 90	+26. 68	+141. 35	+28. 39	-2. 92		-6. 05	+104. 04	+4. 14	+22. 25	+15. 48	+2. 90	+8. 87	+37. 10	-7. 76
其中 出境	-9. 68	+9. 91	+53. 62	+111. 53	-22. 03	+26. 82		+23. 30	-10. 96		-76. 67	-90. 63	-1. 30	+0. 19	+21. 52	-10. 55	-3. 97	+34. 56	-7. 79
其中 入境	+7. 57	+37. 56	+1. 68	+63. 49	-32. 82	+26. 54	+141. 35	+32. 35	+3. 30		+1. 80	+105. 14	+14. 86	+69. 78	+12. 88	+26. 63	+29. 42	+47. 35	+7. 14

（云南出入境检验检疫局）

西藏自治区

西藏自治区口岸分布示意图

口岸名称	批准开放时间	开放状态	国外对应口岸
拉萨航空口岸	1993.6	国际常年	
普兰公路口岸	1961	国际常年	雅犁
吉隆公路口岸	1961	国际常年	热索瓦
樟木公路口岸	1961	双边常年	科达里

口岸数量及分布

截至2013年年底，西藏自治区共有对外开放口岸4个。其中，空运口岸1个即拉萨空运口岸；陆路（公路）口岸3个，分别是樟木陆路（公路）口岸、吉隆陆路（公路）口岸、普兰陆路（公路）口岸。

口岸运行数据

2013年，西藏自治区陆路（公路）口岸进出口货物17.8万吨，同比增长1.84%；对尼口岸进出境货运量17.8万吨，同比增长1.84%；自治区口岸进出口总值20.53亿美元，同比增长12.3%。其中，出口200 193.61万美元，同比增长13.93%；进口5 124.89万美元，同比减少28.04%。自治区口岸进出境客运量1 640 684人次，同比增长4.3%；出入境边民61 927人次，同比增长49.42%；出入境旅客176 918人次，同比增长2.34%；出入境员工36 691人次，同比减少1.1%。陆路（公路）口岸出入境人员1 611 713人次，同比增长4.38%。空运口岸出入境人员28 971人次，同比增长2.76%。进出境运输工具4.25万辆（架），同比增长2.92%，其中汽车4.22万辆，飞机289架，同比分别增长2.92%和2.85%。

口岸综合管理

【口岸管理体制机制逐步得到完善】 经西藏自治区编办批准，樟木、吉隆、普兰陆路（公路）口岸分别设立了口岸管理委员会，樟木、吉隆陆路（公路）口岸为正县级机构，编制17人，普兰陆路（公路）口岸为副县级机构，编制10人，实现了口岸管理协调工作属地化原则。

【口岸开放有序推进】 根据《国家"十二五"口岸规划》，吉隆陆路（公路）口岸扩大开放工作有序推进，按照国家对口岸扩大开放审批程序的要求，完成了《吉隆口岸扩大开放可行性论证报告》、"一关两检"机构人员编制方案；组织西藏军区、"一关两检"、公安、旅游、林业、环保、日喀则行署和吉隆县等部门采用座谈、实地踏勘等方式拟定了吉隆口岸拟开放区域并得到了有关部门的同意；组织"一关两检"赴尼泊尔就吉隆口岸扩大开放出入境检查检验事宜进行了磋商；向国家口岸管理办公室申请备案，将吉隆口岸实施扩大开放列入2014年计划。

【口岸建设稳步推进】 2013年，国家中央预算内安排国家开放口岸补助资金4 700万元，地方财政安排口岸建设资金5 000万元，主要用于吉隆陆路（公路）口岸联检楼、停车场、业务及备勤用房，拉萨空运口岸边检信息与应急指挥中心（维护口岸稳定工作需要）口岸基础设施和口岸管委会，以及"一关两检"出入境检查检验设备改造等配套设施的建设，为口岸的开放创造了基础条件，口岸的通关环境得到了改善。

【进一步完善地方电子口岸】 根据西藏自治区口岸建设管理和边境贸易发展领导小组专题会议精神，组织发展改革委、财政、"一关两检"、外汇、国税等单位赴陕西等五省区（市）对电子口岸建设情况进行了考察。经考察认为，电子口岸经过几年的探索取得了良好的效果，对提高口岸通关效率、降低企业经营成本、提升贸易便利化水平、改善投资环境、促进对外贸易和地方经济健康发展起到了积极的推动作用，并向西藏自治区口岸建设管理和边境贸易发展领导小组上报了《关于赴陕西等五省区（市）开展电子口岸建设情况考察的报告》。报告中提出了关于西藏地方电子口岸建设的相关建议并获领导小组常务副组长董明俊副主席同意，启动了电子口岸平台建设项目可行性论证工作。

口岸监管与服务

【扩大市场，发展边贸】 以"扩大市场、发展边贸"为重心，樟木口岸管理委员会积极协调联检单位，实施口岸"预约通关、担保放行"、农副产品“随到随报（关、检）、提前报号、优先放行”等便利措施，与尼方协商中方农副产品运输车辆直接前往尼境内卸货等方式，提高了通关效率。在尼大选期间积极与尼沟通，妥善安排了口岸囤积的货物，有效促进了口岸边境贸易发展。吉隆口岸管委会积极谋划口岸开放后群众生产和就业保障措施，积极协调解决林业、环保等部门和当地群众在项目实施过程中提出的相关问题，确保了项目的正常实施，充分发挥了口岸管委会的工作职能。

【严密口岸管控措施，坚决维护口岸安全稳定】 坚持以口岸查控为核心，以中尼边境一线为重点，有效规范口岸限定区域管理秩序，加大对来自重点国家的交通运输工具及人员的检查力度；进一步完善口岸处突预案，严密口岸管控，加大硬件投入力度，提高信息资料采集质量，做到接收、布控及时、规范、精确，确保口岸查控工作万无一失；强化证件研究工作，以此为平台强化对各边检站证研骨干的培养，全面提高证研工作质量；强化口岸管控合力，立足口岸实际，全面加强了对外警务协作，在情报信息共享、重点人员核查、重大案件侦办等方面，与所在地公安机关国保、出入境、反恐等部门及国家安全机关保持了密切协作，形成了管控合力；积极参与和落实涉外警务合作总体意向，争取外部支持，2013 年，共与尼泊尔、印度军警和移民机构开展口岸边防会谈会晤 48 次、友好活动 12 次。

【综合监管效能、治税水平不断提升】 以无纸通关为重点，积极推进口岸通关业务改革。自 2013 年 6 月起至年底，审核无纸化通关出口报关单 1 075 份，占同期出口报关单量的 39.44%；深化区域通关业务改革，将“属地申报，口岸验放”通关模式适用范围由 A 类及以上企业拓展至 B 类生产型企业；积极探索关区特色风险管理工作模式，风险布控有效率达 47.34%；樟木陆路（公路）口岸货柜车辆系统二期上线运行，载货清单管理和施封锁管理实现电子化，车辆监管工作进一步加强。

强化综合治税理念，着重在商品归类、价格审核、原产地审核和减免税管理等方面加大工作力度。2013 年，实现审价补税 51.72 万元，同比增长 117.07%；全年税收实际入库 1.01 亿元，同比增长 44.12%，自 1996 年以来首次突破亿元大关，圆满完成了年度税收任务；全年审批减免税货物总值 1.4 亿美元，减免税款 1.5 亿元，同比分别增长 59.59% 和 79.52%；落实对尼产品“零关税”待遇，审核原产地证书 152 份，涉及进口货物 1 728.2 吨，减免税款 933.11 万元。

【抓质量保安全促发展】 引导企业牢固树立“诚信至上、以质取胜”理念。按照“平稳过渡、控制风险”的原则，对出口生姜、大蒜等高风险农副产品进行重点监管，对边民互市贸易进出境无标签食品、化妆品进行抽采样和质量安全监测工作，共投入采样费 11 万余元，样品检测费 20 万元，是历年来资金投入最多、抽取样品最齐、检测项目最全的一次。加强口岸卫生检疫监管工作，2013 年，共检出不合格进出口产品 6 批，价值 10 万美元，查获假冒伪劣商品货值约 60 万元，截获禁止进境动植物产品 2 971 批次，截获各类检疫性有害生物 136 批，发现检疫性有害生物 5 种，其中 2 种为西藏首次截获。樟木陆路（公路）口岸和拉萨空运口岸卫生检疫核心能力建设顺利通过国家预验收。

开放口岸

【拉萨空运口岸】 拉萨贡嘎机场位于山南地区贡嘎县甲竹林镇，距西藏自治区首府拉萨市 50 千米，是西藏自治区唯一对外开放的机场。目前只开通了成都—拉萨—加德满都往返一条国际航线。随着近年来对外开放力度加大，旅游业快速发展，成都—拉萨—加德满都往返国际航线已由一开始的季节性飞行，增加至全年飞行。2013 年，出入境货物 560.59 万美元，出入境人员 28 971人次。

【樟木陆路（公路）口岸】 樟木陆路（公路）口岸位于西藏自治区日喀则地区聂拉木县南端的樟木镇，以友谊桥为界与尼泊尔隔河相望，有110千米的边境线。樟木口岸历史上就是中国通往南亚的重要通道，距尼泊尔中心城市较近。中尼两国边民长期友好相处，具有与尼泊尔进行经济文化往来的地缘优势。1965年中尼公路建成通车，迅速提高了樟木口岸对中尼贸易流的吸引力，提升了它作为中尼贸易前沿的功能，并且承担了西藏自治区90%以上的边境贸易、2/3的对外贸易及全国一半以上的对尼贸易。口岸主要出口货物为服装、家用电器、玩具、丝绸、布料、羊毛、大蒜、土豆、苹果、生姜等，进口货物为香料、化妆品、大米、面粉、蔬菜、水果、植物油、牛奶制品等。

目前，口岸实施有“预约通关，担保放行”、“24小时、全天候、无假日通关”、农副产品“随到随报（关、检）、提前报号、优先放行”、中方农副产品运输车辆直接前往尼境内卸货等通关便利化措施。

【吉隆陆路（公路）口岸】 吉隆陆路（公路）口岸位于西藏自治区日喀则地区吉隆县的吉隆镇，以热索桥为界与尼泊尔隔河相望。吉隆口岸自古就有商道、官道、战道之称，历史上曾是西藏与尼泊尔最大的陆路通商口岸之一，是中尼双方政治、经济、文化交流的主要通道，也是中尼间的传统边贸市场。吉隆口岸土地开发潜力较大，和对应的尼泊尔热索瓦地区尚未大面积建设，可开发利用土地充足，可以进行较大规模的建设开发。

根据中央第5次西藏工作座谈会议精神确定的发展方向，“十二五”期间西藏口岸发展的主要目标是充分发挥西藏口岸与周边国家的地缘优势、旅游文化资源优势和后发优势，确定了“重点建设吉隆口岸，稳步提升樟木口岸，积极恢复亚东口岸，加快发展普兰口岸和日屋口岸”的口岸建设发展思路。

按照重点建设吉隆口岸的要求，设立吉隆口岸中尼跨境经济合作区前期工作得到稳步推进。一是完成了《关于建立中尼吉隆口岸跨境经济合作区的调研报告》；二是自治区政府于2012年上报了《关于设立中尼吉隆口岸跨境经济合作区的请示》，国务院已批转商务部牵头办理；三是西藏自治区人民政府与国家商务部签订了《商务部、西藏自治区人民政府关于推动建设吉隆口岸跨境经济合作区备忘录》；四是根据自治区人民政府及商务部提出的建设中尼吉隆口岸跨境经济合作区应遵循的“高点定位、统筹规划、夯实基础、合理布局、分步实施、循序渐进”指导意见，原则明确合作区将分3步的工作方案，即实现吉隆口岸的扩大开放，允许第三国人员出入境并开展一定规模的边境贸易及旅游。吉隆跨境经济合作区的建设阶段，大力扶持物流、仓储等关联行业发展，不断提高通道速度，提升贸易便利化水平，与此同时，中尼两国完成磋商，就建立中尼吉隆跨境经济合作区有关事宜达成初步协议。进入全面建设中尼吉隆口岸跨境经济合作区阶段后，积极实施中尼吉隆口岸跨境经济合作区中各项功能区建设，把吉隆跨境经济合作区建设成自治区全面深化与南亚地区各国的经贸交流，深入参与南亚次区域经贸合作的平台和重要通道。

【普兰陆路（公路）口岸】 普兰陆路（公路）口岸位于阿里地区普兰县普兰镇，县城西南与印度毗邻，南与尼泊尔接壤，是全国12个三国交界县之一，有21个通外山口。全县边境线总长414.75千米，其中中尼边境线长319.7千米，中印边境线长95.05千米。

普兰口岸与毗邻的中尼、中印边境地区及其腹地之间资源条件和贸易商品互补性较强，三国边民对贸易活动积极，为普兰口岸对外贸易的长期、稳定发展带来了良好前景。尼泊尔和印度对阿里地区的活畜、畜产品、冈仁波齐矿泉水等特色产品，以及国内生产的日用品需求量很大。“神山”、“圣湖”对南亚各国信众乃至西方游客也有强大吸引力，具有发展旅游服务贸易的市场潜力。近年来，普兰口岸对外贸易发展较快，并连同周边札达、日土、噶尔等边境县共同支撑阿里地区对外贸易的发展。口岸主要出口货物为羊毛、羊绒、青稞、酥油、食盐、活畜等初级农产品，饮料、服装、家电、日用百货、建材的比重有所提高；进口货物为木材、红糖、藏红花、咖啡、食用佐料、纺织品、服装、木碗、装饰品、化妆品等。2013 年，口岸出入境货物 4 199.3 万美元，出入境人员 2 300 人次。

【日屋外贸货物装卸点】 日屋外贸货物装卸点位于日喀则地区定结县日屋镇。定结县历史上有西安堂嘎、日屋、古荣堂嘎 3 个边贸互市点。1963 年 8 月，3 个边贸互市点集中到日屋，形成了民间自由发展的日屋边贸市场。日屋外贸货物装卸点对应尼泊尔哈提亚市场和基玛塘市场，是中国西藏与尼泊尔之间传统的长年性边民互市贸易市场。

西藏自治区口岸大事记

3 月 6 日

西藏自治区人大常委会副主任、日喀则地委书记丹增朗杰一行工作组在聂拉木边防检查站蒲方爱站长的陪同下，莅临樟木口岸视察一线执勤工作。

10 月 17 日

西藏自治区人大副主任桑珠一行工作组莅临乃堆拉检查指导工作。

10 月 30 日

西藏自治区人大副主任、日喀则地委书记丹增朗杰在吉隆边检站政委李呷呷陪同下，到吉隆口岸热索一线调研口岸基础设施建设情况及边境防控维稳工作。

11 月 27 日

西藏自治区党委副书记、政府主席洛桑江村在自治区政府副主席多吉次珠、阿里地委副书记、行署专员白玛旺堆、普兰边检站站长普布旺堆等领导的陪同下，莅临普兰口岸斜尔瓦通道检查指导工作，并亲切慰问了一线执勤官兵。

（撰稿人：王海明、李跃飞、陈培、陈春生、郭雄）

2013 年西藏自治区口岸流量统计表

口岸类型		口岸名称	货运量（万吨）				集装箱量（万标箱）				人员（万人次）				交通工具（辆、艘、架、次）			
			出口	进口	合计	同比（%）	出口	进口	合计	同比（%）	出境	入境	合计	同比（%）	出境	入境	合计	同比（%）
空运口岸		拉萨空运口岸									1.19	1.42	2.61	-7.62	142	137	279	-0.71
空运口岸		分计									1.19	1.42	2.61	-7.62	142	137	279	-0.71
陆运口岸	公路口岸	樟木、普兰、吉隆、亚东口岸									81.41	80.06	161.47	+4.56	21 595	20 616	42 211	+2.94
陆运口岸	公路口岸	分计									81.41	80.06	161.47	+4.56	21 595	20 616	42 211	+2.94
陆运口岸	铁路口岸																	
陆运口岸	铁路口岸	分计																
水运口岸	海港口岸																	
水运口岸	海港口岸	分计																
水运口岸	河港口岸																	
水运口岸	河港口岸	分计																
合计											82.60	81.48	164.08		21 737	20 753	42 490	
同比（%）											+5.43	+3.26	+4.30		+7.65	-1.61	+2.92	

（西藏自治区口岸办提供）

2013 年拉萨海关主要数据统计表

项目		2013 年	同比（%）
进出口货运量（万吨）	合计	17. 80	+1. 84
	进口	0. 53	+14. 24
	出口	17. 27	+1. 50
进出口贸易总值（万美元）	合计	205 318. 50	+12. 30
	进口	5 124. 89	-28. 04
	其中：江、海运输	1 125. 05	+179. 73
	铁路运输		
	汽车运输	3 437. 92	+45. 51
	航空运输	560. 59	-87. 13
	邮件运输	1. 26	+452. 12
	其他运输	0. 07	
	出口	200 193. 61	+13. 93
	其中：江、海运输		
	铁路运输		
	汽车运输	200 150. 43	+13. 97
	航空运输		
	邮件运输		
	其他运输	43. 18	-28. 27
税收（万元）	两税合计	10 060	+44. 12
	关税入库	2 329	+43. 16
	进口环节税入库	7 731	+44. 41

（拉萨海关提供）

2013年西藏自治区口岸出入境主要数据表

项目			2013年	2012年	同比（%）
出入境人员（人次）	出入境人员总数		1 640 684	1 572 344	+4.35
	入境人员		810 320	784 750	+3.26
	出境人员		830 364	787 594	+5.43
	出入境旅客		176 918	143 375	+23.40
	出入境员工		36 691	37 092	-1.08
	中国公民	小计	161 195	114 031	+41.36
		内地居民（因公）	4 059	3 993	+1.65
		内地居民（因私）	94 296	67 971	+38.73
		港澳居民	663	495	+33.94
		台湾同胞	250	126	+98.41
		边民	61 927	41 446	+49.42
	外籍人员		1 479 489	1 458 313	+1.45
	从海港出入境人员				
	从陆港出入境人员		1 611 713	1 544 152	+4.38
	从空港出入境人员		28 971	28 192	+2.76
交通运输工具（辆、艘、架、列次）	总计		42 490	41 286	+2.92
	船舶				
	飞机		289	281	+2.85
	火车				
	机动车辆		42 201	41 005	+2.92

表注：“出入境人员总数”中含持边民通行证出入境人员数，但“出入境旅客”及“出入境员工”均不含持边民通行证出入境人员数。

（西藏自治区公安边防总队提供）

2013 年西藏自治区出入境检验检疫业务统计表

项目	货物检验检疫				交通工具				集装箱（标箱）		发现动植物疫情		货物通关		出入境人员查验（人次）	健康检查及预防接种（人次）			
	批次	金额（万美元）	检验检疫不合格																
			批次	金额（万美元）	船舶（艘）	飞机（架）	火车（节）	汽车（辆）	合计	检出问题	种类数	种次	批次	金额（万美元）		健康检查	艾滋病监测	发现病例	预防接种
本年累计	1 697	19 434	6	10		279		26 960					2 030	21 350	148 479	1 360	1 360	55	28
其中 出境	1 265	15 885	6	10		148		13 375					1 607	18 348	83 208	255	255	13	28
其中 入境	432	3 550				131		13 585					423	3 002	65 271	1 105	1 105	42	
同比（%）	-39.76	-19.79	-70	-79.76		-7.31		-1.81					-32.29	-15.13	+17.43	+5.43	+6.58	+5.77	+33.33
其中 出境	-47.4	-30.68	-70	-79.76		-5.73		-3.58					-38.03	-22.55	+22.45	-19.3	-18.27	-43.48	+33.33
其中 入境	+4.85	+169.96				-9.03		-0.01					+4.44	+104.88	+11.58	+13.45	+14.63	+44.83	

（西藏出入境检验检疫局提供）

陕 西 省

陕西省口岸分布示意图

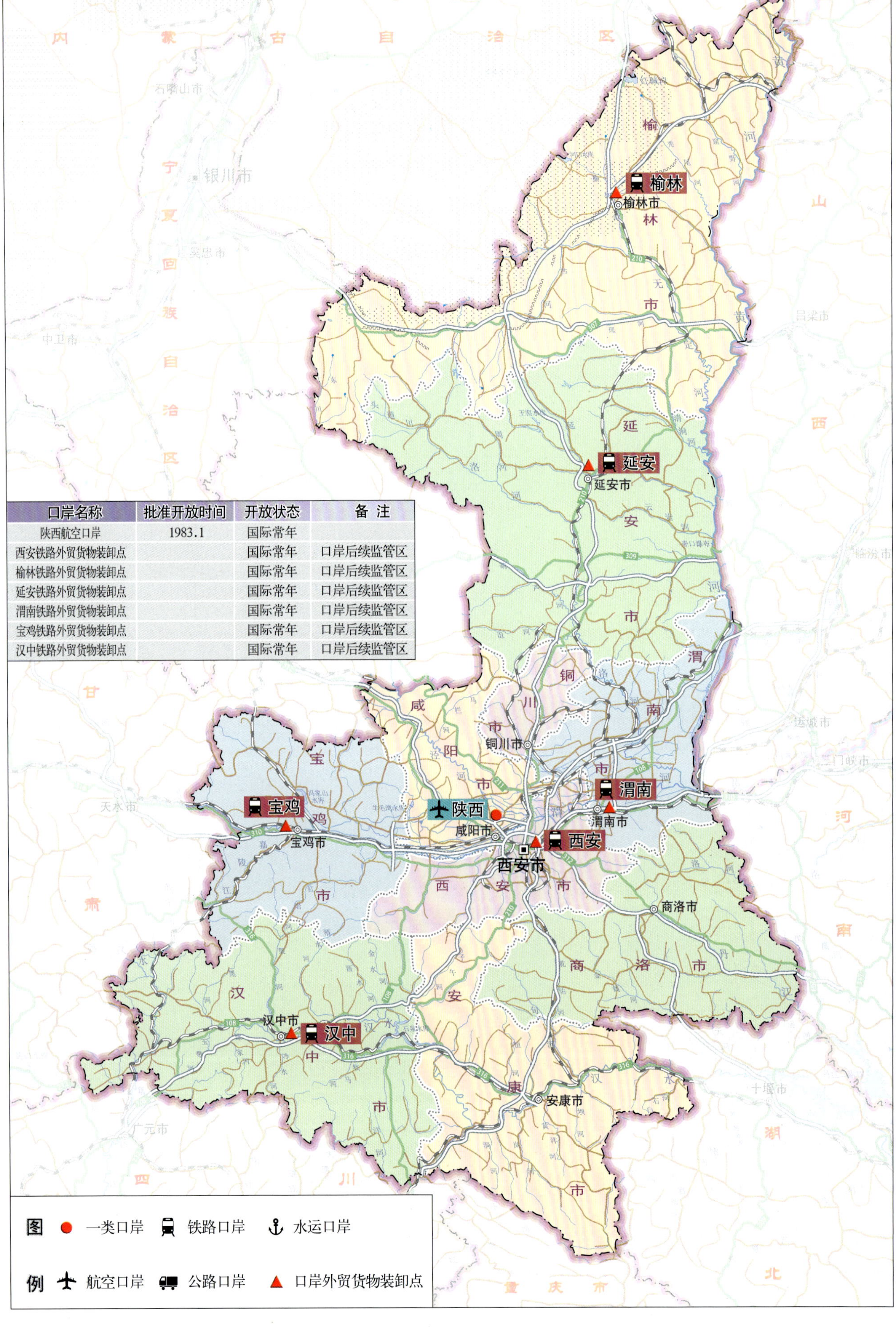

口岸名称	批准开放时间	开放状态	备注
陕西航空口岸	1983.1	国际常年	
西安铁路外贸货物装卸点		国际常年	口岸后续监管区
榆林铁路外贸货物装卸点		国际常年	口岸后续监管区
延安铁路外贸货物装卸点		国际常年	口岸后续监管区
渭南铁路外贸货物装卸点		国际常年	口岸后续监管区
宝鸡铁路外贸货物装卸点		国际常年	口岸后续监管区
汉中铁路外贸货物装卸点		国际常年	口岸后续监管区

口岸数量及分布

截至2013年年底，陕西省有经国务院批准对外开放口岸1个，即西安咸阳空运口岸；经省政府批准的陆路外贸货物装卸点6个，即西安、宝鸡、榆林、延安、汉中、渭南外贸货物装卸点，其中运营的2个，即西安、宝鸡外贸货物装卸点；2个综合保税区，即西安综合保税区、西安高新综合保税区；2个出口加工区，即西安出口加工A区、西安出口加工B区。

口岸运行数据

2013年，西安咸阳空运口岸进出口货运量达23 910吨，同比增长30.2%，其中，进口16 442吨，同比增长32.9%；出口7 468吨，同比增长24.5%。海运运输进出口货物3 492 330吨，同比增长8.6%。铁路运输进出口货物11 005吨，同比下降14.5%。公路运输进出口货物561吨，同比增长5.6%，其中，进口245吨，同比增长21.9%；出口316吨，同比下降4.2%。邮运进出口货物9吨，与2012年同期持平，基本为进口，出口不足1吨。出入境旅客782 281人次，同比增长39.2 %，其中，进境389 560人次，同比增长40.7%；出境392 721人次，同比增长37.7%。出入境航班及包机9 376架次，同比增长6.4 %，其中，进境4 640架次，同比增长8.8%；出境4 736架次，同比增长4.2%。

口岸综合管理

【陕西省口岸办机构调整】 2013年10月，根据陕西省编办（2013）号文件，陕西省口岸办划归陕西省人民政府办公厅，副厅级编制，由一名政府副秘书长兼口岸办主任，设常务副主任1名，副主任2名。同时，撤销陕西省电子口岸。

【协调口岸部门圆满完成西安咸阳空运口岸核心能力建设工作】 2013年10月，陕西省口岸办会同省财政厅、省发展改革委，解决西安咸阳空运口岸联检单位现场保障人员问题，为海关配备协勤人员15名，为检验检疫配备协勤人员18名，给予边防查验出勤补贴资金，有效缓解了工作人员不足问题。由陕西省口岸办牵头，西安国际港务区负责集结货源，口岸查验单位密切配合，确保西安至中亚五国“长安号”国际货运班列顺利开行。完成了陕西口岸72小时过境免签上报工作。

【加大口岸基础设施建设】 2013年6月，延安市口岸办领导班子工作人员配备到位并开展工作。延安海关、延安出入境检验检疫局机构办公后勤保障及附属设施项目的前期筹备工作开始进行；渭南海关业务用房占地1万平方米，总建筑面积5 032平方米，2013年3月动工；2013年9月，榆林口岸行政功能区已建设主体封顶；渭南出入境检验检疫局业务、生活用房占地1万平方米，总建筑面积7 069平方米，于2013年6月动工；渭南口岸查验监管场所设在渭南市物流规划区内，该项目一期占地约3.3万平方米，约2万平方米用于仓储和物流货场，约1.3万平方米用于办公和职工生活等设施，目前土方工程已基本完成；西安市商务局口岸处设立口岸物流奖励奖金，按每年度国际货运量予以奖励；2013年9月西安综合保税区、西安高新综合保税区通过海关总署等国家十部委联合验收，2013年12月23日，西安综合保税区正式封关运行，西安高新综合保税区封关工作已准备就绪，同时，航空口岸新货区海关监管场所已建成使用。

口岸监管与服务

【西安海关促进陕西开放型经济突破发展】 西安海关制定出台推动海关特殊监管区域建设的指导意见，同步推进西安综合保税区、西安高新综合保税区建设。准确定位两个综合保税区各自发展方向：西安综合保税区作为国际物流中心，打造成“东拓西进”的物流通道；西安高新综合保税区作为高端电子信息产业基地，打造成“东拓西进”的产业聚集，实现错位发展，两个综合保税区在2013年9月通过海关总署等国家十部委联合验收。2013年12月23日西安综合保税区正式封关运作，西安高新综合保税区封关也已准备就绪。在此基础上，还继续推进陕西航空产业综合保税区和空港新城保税物流中心的申报。西安海关为落户西安的三星项目建设提供通关保障，制定并实施过渡监管方案，自2013年11月至2013年年底，投入监管人力226人次，克服严寒、时间晚等不利因素，做好三星全货运包机的监管工作，共监管货运包机168架次，其中进境包机86架次、出境82架次，监管三星进境生产设备5 880件，共4 192.9吨，出境货物8 850件，共549.7吨，监管机组人员389人。助力陕西建设“丝绸之路经济带新起点”，保障“长安号”顺利首发。航空口岸新货运区海关监管场所建成使用，铁路散货监管场所建设全力推进。牵头推动西安市申报跨境电子商务试点城市。继续深化无纸化通关改革，在出口加工区B区开展的特殊监管区域进出口业务通关作业无纸化试点运行进展顺利，进境报关单平均通关时间由之前的108分钟缩短至27分钟。与检验检疫部门共同推行“通关单”无纸化，预计每年可为陕西企业节约成本300万元以上。推进“区域通关”改革试点，7家AA类企业试行“属地申报，属地放行”模式，开通业务口岸增加到25个。加工贸易监管审批进一步简化，取消电子化手册核销环节纸质报关单，返区维修和“两单一审”试点顺利推进。

【陕西出入境检验检疫局加强口岸核心能力建设，守住疫情疫病防控关】 陕西出入境检验检疫局联合地方政府加强机场口岸核心能力建设，西安咸阳空运口岸通过国家质检总局验收，口岸卫生检疫保障能力明显提高。与地方卫生部门建立联防联控工作机制，有效应对H7N9禽流感疫情。实施口岸卫生处理效果评价，开展口岸卫生处理应急处置演练。2013年共检验检疫出入境货物3.11万批次，货值29.5亿美元，其中出境货物2.55万批次，货值18.15亿美元；入境货物5 620批，货值11.35亿美元；不合格货物168批，货值3 473万美元，因不合格货物对外索赔490万美元。签发各类原产地证1.56万份，企业可获得关税优惠5 655万美元。2013年，共检疫出入境航班5 595架次，查验出入境人员80.26万人次，发现发热病人或有症状者34人。传染病监测2.07万人次，发现传染病病例198例。检测出进境集装箱疫情及有毒有害物质100批次。处置核与辐射有害因子超标5起。

【陕西出入境检验检疫局改革创新促发展，突出做好5项服务】 一是落实中央号召，服务丝绸之路经济带建设。出台支持丝绸之路经济带建设6项措施，参与制订陕西省丝绸之路经济带发展规划，保障“长安号”国际列车顺利发车。与新疆出入境检验检疫局签署2个合作备忘录，简化陕西货物经新疆口岸出口的查验程序。作为组长单位，召集丝绸之路沿线7个直属局召开研讨会，提出动植物检疫支持措施，上报国家质检总局。二是保障三星项目等重点项目，服务开放型经济发展。对三星项目给予重点保障，上门了解需求，开展专题培训，保障项目引进设备、夜航包机快速验放，受到省市政府领导高度评价。重点支持综合保税区建设，推动熏蒸库、隔离设施等监管及其配套设施建设，促进西安综合保税区和西安高新综合保税区通过验收。服务外交大局，做好中韩互赠的庆州犬和朱鹮检疫工作。与地方政府合作，加快渭南出入境检验检疫局建设步伐。三是扶持果业和畜牧业发展，服务改善民生。指导富县创建全国良好农业规范示范县，168平方千米苹果基地获良好农业规范认证。推进出口农产品质量安全示范区建设，蒲城酥梨和白水苹果2个示范区获得国家质检总局批准，洛川和富县2个苹果示范区通过复审。示范区水果质量明显提高，合格率达99.1%。实现陕西酥梨首次出口美国，陕西苹果首次出口智利。陇县橡籽仁实现首次出口。促进陕西奶山羊打入蒙古国际市场。支持良种引进，检疫入境种猪2批，共3 197头，检出二类疫病4种。四是推进监管创新，服务外贸发展。贯彻国务院法检制度改革决定，出台一系列促进贸易便利化具体措施，落实免收费政策，探索对目录内工业品实施更加灵活的检验监管措施。与海关联合推行出口企业无纸化报检工作。实施省内出口直通放行制度，减少口岸二次报检和查验环节。新增享受检验检疫绿色通道企业3家。全面应用电子监管系统。五是严防植物疫情传入，服务生态文明建设。设立西安邮检办事处。加强进境货物木质包装检疫监督管理，重点做好三星项目进口货物检疫与处理工作，切实降低生物安全风险，保护大秦岭。强化旅客携带物查验，截获旅客携带禁止入境物品1 306批次，截获大洋臂纹粉蚧等植物检疫性有害生物2批。

【陕西省公安边防总队提高重大勤务保障能力和快速反应能力】 陕西省公安边防总队全力服务陕西经济发展。及时制定了《陕西省公安边防总队边防检查重大勤务工作规范》，成立了专机和包机检查服务队，投入9万元为现场配备了警务通、移动验放终端和3G图像传输等先进执勤设备，配备了专机勤务检查指挥车，将检查台前移到专机停机坪，实现了专机检查信息和图像实时传输，提高了重大勤务保障能力和快速反应能力。先后为韩国总统朴槿惠、阿富汗总统卡尔扎伊、斯里兰卡共和国总统拉贾帕克萨、乌克兰总统亚努科维奇、俄罗斯副总理罗戈津、哈萨克斯坦议会下院议长尼格马图林等外国元首和政府要员提供通关礼遇7批次，共185人次。2013年，共查获在控、在逃人员35名，接收境外遣返人员16人次，发现处理违法违规事件66起，共66人次。2013年1月28日和2月2日连续查获两名涉嫌持枪故意伤人的重大刑事在逃人员。

【陕西省公安边防总队建立长效服务机制】 一是加强信息报送工作，为口岸开放建言献策，向陕西省政府提出了“西安口岸72小时过境免签”建议。积极跟进陕西省委“抢抓向西开放机遇”的工作思路，上报了《陕西省公安边防总队服务丝绸之路经济带新起点和桥头堡建设的工作意见》。二是服务驻地大型活动，先后完成了在陕举办的亚洲政党专题会议、欧亚经济论坛、清明公祭轩辕黄帝典礼、第17届中国东西部合作与投资贸易洽谈会和国际道德经论坛等一系列重大活动的边防检查任务。三是开通绿色通道。为世界500强企业来陕投资人员、参加经贸洽谈的嘉宾和知名经济界人士开辟“绿色通道”，先后为韩国三星电子集团、日本松下公司和马来西亚成功集团的112名贵宾提供了礼遇通关服务。特别是韩国三星项目落户西安工作筹划建设至今，陕西省公安边防总队主动作为，积极与西安高新区管委会联系，建立服务协作机制，制定三星西安项目人员和货运包机出入境边防检查服务流程，实行重要旅客和团队预约服务，进一步优化了西安的投资环境，受到陕西省、西安市两级领导和三星公司等服务对象的广泛好评。四是加强沟通协调，妥善处理中旅西北和西安康辉两家旅行社组织的赴柬埔寨暹粒旅游团204名旅客无柬埔寨签证出境的事件，为企业挽回近300万元经济损失。2013年6月西安口岸开通首条至芬兰赫尔辛基的欧洲航线后，陕西省公安边防总队迅速跟进服务，保证航班按时按质开通。2013年，全面推出了“通过西安边检微博、QQ群、热线电话等方式提供出入境检查咨询服务”，“通过陕西边检出入境人员预申报平台和边检网上办事大厅，实现旅游团队现场通关免排队”，“为出入境人员开放出入境记录查询服务并提供证明，方便查询人员办理签证、就业等事宜”和“为临时出入境的急救包机提供快捷通关服务”4项便民新举措，被陕西省公安厅全部纳入陕西省公安机关50项便民新举措中，并面向社会集中发布，进一步拓宽了边检服务渠道，提高了口岸通关效率。特别是陕西省公安边防总队自主研发的“陕西边防出入境人员预报申报平台”，自试运行以来，访问量达128 600人次、接受旅行团报检302 659人次、发送短信4 300余条，受到省内主流媒体和服务对象的广泛关注和普遍好评。

开放口岸

【西安咸阳空运口岸】 西安咸阳空运口岸位

于陕西省咸阳市，距西安市中心47千米，距咸阳市13千米，海拔高度479米，机场代码XIY。一期于1991年9月1日建成通航，二期于2003年9月16日投入运营，三期于2012年5月投入运营。机场占地564万平方米，机场建筑面积36万平方米，拥有3座航站楼，可以起降空客380等大型客机，并安装了雷达空中管制系统。目前拥有3 000米×45米的跑道和3 800米×60米的平行滑行道各1条，停机位59个，是西北地区最大的空中交通枢纽、中国第五大机场，是中国东方航空集团公司西北公司、海南航空集团长安公司、南方航空集团西安公司、幸福航空的基地机场。截至2013年年底，西安咸阳国际机场共运营国际（地区）客运航线31条，到达城市17个；运营国际货运航线4条，到达城市3个。2013年6月15日新开通了首条洲际客运航线——西安至赫尔辛基及西安经停北京至西雅图等国际航线；开通了西安至韩国，服务三星集团投资落户西安项目的货运航线。2013年西安咸阳空运口岸出入境航班及包机9 376架次，出入境旅客782 281人次。

陕西省口岸大事记

4月5日

第17届中国东西部合作贸易洽谈会期间共查验专机、包机9架次，正常航班101架次。

5月30日

斯里兰卡共和国总统拉贾帕克萨访问陕西。

“2013亚洲政党专题会议”在西安举行，西安咸阳空运口岸设有专用通道，共查验参会航班21架次，参会代表及随行人员400余人次。

6月

延安市口岸办正式挂牌办公。

西安咸阳空运口岸开通首条欧洲航线——西安至芬兰赫尔辛基。

6月30日

韩国总统朴槿惠一行访问陕西。

9月

榆林口岸行政功能区建设主体封顶。

9月17日

西安综合保税区正式通过国家十部委联合验收。

9月25日

阿富汗总统卡尔扎伊访问陕西。

10月

陕西省口岸办由省商务厅整建制划归陕西省民政府办公厅管理，同时撤销陕西省电子口岸。

10月14日

哈萨克斯坦议会下院议长尼格马图林访问陕西。

10月18日

俄罗斯副总理罗戈津访问陕西。

11月28日

首发“长安号”国际货运班列开行，标志着西安经欧亚大陆桥开往中亚的国际货运专列的开始。

12月3日

乌克兰总统亚努科维奇访问陕西。

12月23日

西安综合保税区实现封关运行，成为西北第1个封关运行保税区。

（撰稿人：敬军民、王铮）

2013 年陕西省口岸流量统计表

口岸类型		口岸名称	货运量（吨）				集装箱量（标箱）				人员（人次）				交通工具（辆、艘、架、列次）			
			出口	进口	合计	同比（%）	出口	进口	合计	同比（%）	出境	入境	合计	同比（%）	出境	入境	合计	同比（%）
空运口岸		西安咸阳国际机场	7 468	16 442	23 910	+30.2					403 671	399 705	803 376	+47.43	4 736	4 640	9 376	+6.4
		分计	7 468	16 442	23 910	+30.2					403 671	399 705	803 376	+47.43	4 736	4 640	9 376	+6.4
陆运口岸	公路口岸																	
		分计	316	245	561	+5.6												
	铁路口岸																	
		分计	11 005		11 005	−14.5												
水运口岸	海港口岸																	
		分计			3 492 330	+8.6												
	河港口岸																	
		分计																
合计					3 527 806	+8.6					403 671	399 705	803 376	+47.43	4 736	4 640	9 376	+6.4
同比（%）																		

（陕西省口岸办提供）

2013年西安海关主要数据统计表

项目		2013年	同比（%）
进出口货运量（万吨）	合计	352.78	+8.60
	进口	323.20	+8.90
	出口	29.58	+5.10
进出口贸易总值（万美元）	合计	1 447 132.41	+61.70
	进口	901 427.38	+59.95
	其中：江、海运输	304 313.45	+46.65
	铁路运输		
	汽车运输	700.43	+24.78
	航空运输	596 240.07	+67.89
	邮件运输	144.40	-39.51
	其他运输	29.03	-72.66
	出口	545 705.03	+64.78
	其中：江、海运输	84 161.90	-6.75
	铁路运输	5 109.06	+11.67
	汽车运输	6 627.65	+17.19
	航空运输	449 656.61	+94.95
	邮件运输	11.22	-73.41
	其他运输	138.59	
税收（亿元）	两税合计	33.75	-11.30
	关税入库	5.16	-0.30
	进口环节税入库	28.59	-13.10

（西安海关提供）

2013年陕西省口岸出入境主要数据表

项目			2013年	2012年	同比（%）
出入境人员（人次）	出入境人员总数		803 376	544 914	+47.43
	入境人员		399 705	269 131	+48.52
	出境人员		403 671	275 783	+46.37
	出入境旅客		755 713	508 624	+48.58
	出入境员工		47 663	36 290	+31.34
	中国公民	小计	593 530	409 974	+44.77
		内地居民（因公）	10 846	11 241	-3.51
		内地居民（因私）	476 349	285 307	+66.96
		港澳居民	45 128	46 380	-2.70
		台湾同胞	61 207	67 046	-8.71
	外籍人员		209 846	134 940	+55.51
	从海港出入境人数				
	从陆港出入境人数				
	从空港出入境人数		803 376	544 914	+47.43
交通运输工具（辆、艘、架、列次）	总计		5 615	4 072	+37.89
	船舶				
	飞机		5 615	4 072	+37.89
	火车				
	机动车辆				

（陕西省公安边防总队提供）

2013年陕西省出入境检验检疫业务统计表

项目		货物检验检疫				交通工具				集装箱（标箱）		发现动植物疫情		货物通关		出入境人员查验（人次）	健康检查及预防接种（人次）			
		批次	金额（万美元）	检验检疫不合格																
				批次	金额（万美元）	船舶（艘）	飞机（架）	火车（节）	汽车（辆）	合计	检出问题	种类数	种次	批次	金额（万美元）		健康检查	艾滋病监测	发现病例	预防接种
本年累计		31 093	294 993	168	3 473		5 595			12 857	885	17		9 588	127 356	802 643	20 655	19 924	7 319	35 230
其中	出境	25 473	181 521	29	293		2 789			717		1		4 050	43 384	403 424	16 582	16 648	6 018	35 191
	入境	5 620	113 472	139	3 180		2 806			12 140	885	16		5 528	83 972	399 219	4 073	3 476	1 301	39
同比（%）		-3.89	-4.31	+15.86	-28.80		+39.91			+212.90	+1 958.14			+27.62	+29.01	+50.20	+9.60	+8.27	+7.60	-7.13
其中	出境	-6.94	-18.12	+123.08	-42.66		+39.38			-15.55				+23.55	-18.65	+49.03	+4.35	+3.28	+3.79	-7.14
	入境	+12.85	+31.02	+5.30	-27.18		+40.44			+273.39	+1 958.14			+30.53	+85.01	+51.40	+45.36	+40.39	+29.58	+8.33

（陕西出入境检验检疫局提供）

甘　肃　省

甘肃省口岸分布示意图

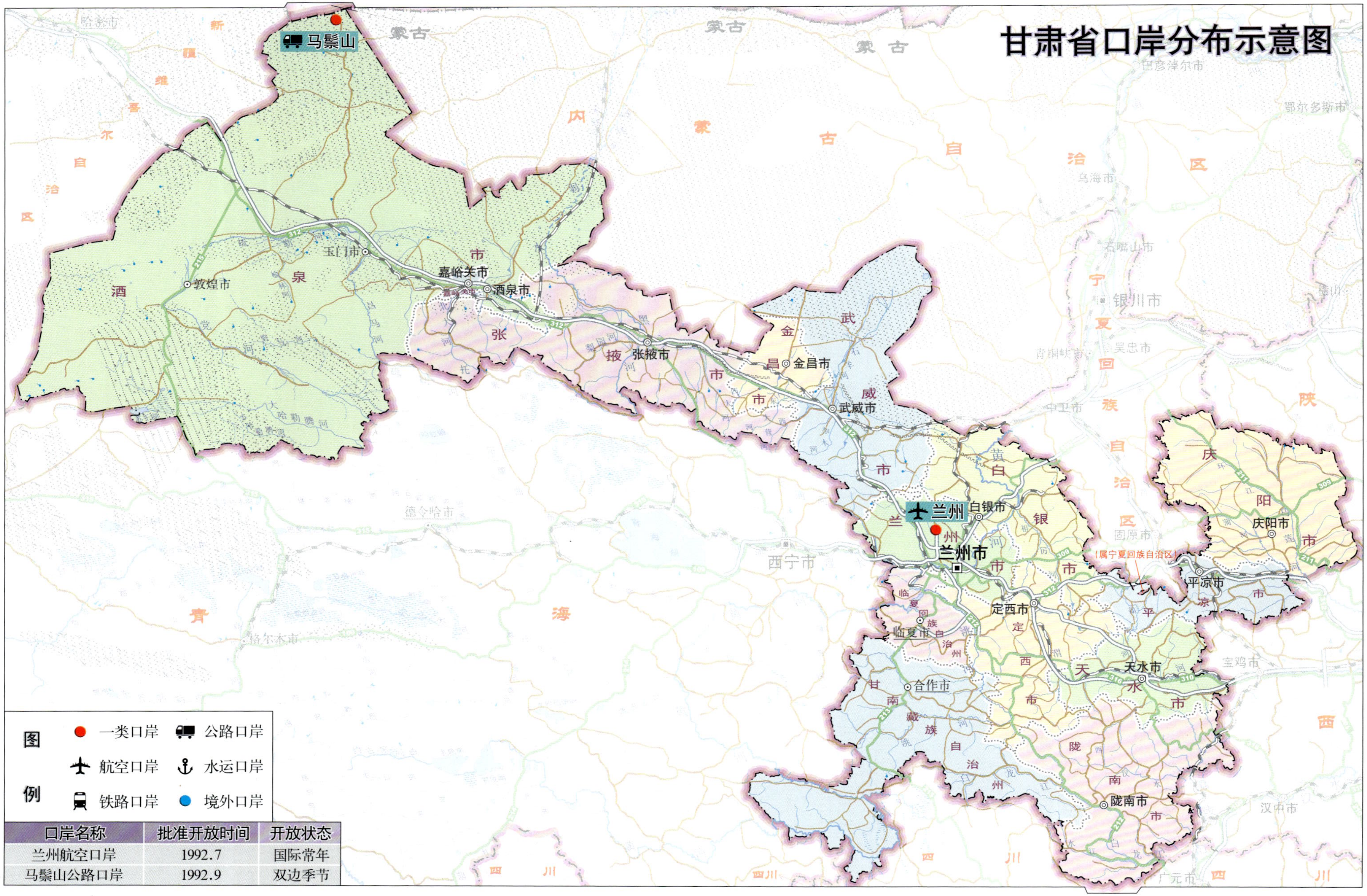

图例

- 一类口岸
- 公路口岸
- 航空口岸
- 水运口岸
- 铁路口岸
- 境外口岸

口岸名称	批准开放时间	开放状态
兰州航空口岸	1992.7	国际常年
马鬃山公路口岸	1992.9	双边季节

口岸数量及分布

截至2013年年底，甘肃省共有经国务院批准的对外开放口岸2个，为兰州空运口岸、马鬃山陆路（公路）口岸。

口岸运行数据

2013年，由兰州海关监管的进出口货运量达420.7万吨，同比增长30.6%，其中进口货运量419.1万吨，同比增长31.4%；出口货运量1.6万吨，同比减少50.1%。兰州空运口岸进出境客运量为95 059人次，同比增长179.26%，其中入境47 661人次，同比增长182.05%；出境47 398人次，同比增长176.51%。进出境运输工具（航空器）668架次，同比增长221.15%。

2013年甘肃省各市州进出口统计表

市、州	进出口额（万美元）	出口额（万美元）	进口额（万美元）	同比（%）		
				进出口	出口	进口
总值	1 028 103	467 877	560 226	16.00	+31.00	+5.00
兰州	406 342	359 323	47 019	20.00	+34.00	-33.00
金昌	377 542	4 267	373 275	10.00		+10.00
嘉峪关	82 770	1 315	81 455	-3.00	-61.00	
白银	78 103	33 100	45 003	48.00	+45.00	+50.00
天水	36 824	26 938	9 886	19.00	+21.00	+14.00
甘南	14 422	14 422		10.00	+10.00	
酒泉	10 711	9 935	775	47.00	+46.00	+65.00
庆阳	8 663	8 663		18.00	+18.00	
定西	3 544	1 138	2 406	72.00	+106.00	+59.00
武威	2 340	2 163	177	26.00	+17.00	
张掖	2 323	2 303	20	28.00	+34.00	-79.00
平凉	1 871	1 743	128	2.00	-4.00	+615.00
临夏	1 663	1 663		-9.00	-9.00	
陇南	986	903	83	74.00	+79.00	+28.00

（甘肃省商务厅提供）

口岸综合管理

【兰州空运口岸全面开放】 2010年国务院批复同意兰州空运口岸扩大对外国籍飞机开放后，甘肃省口岸办首先全力以赴协调、推动中川机场口岸联检单位办公生活大楼建设和候机楼国际厅改造等口岸基础设施完善工作，同时协调完成兰州中川机场及其航路航线开放程序，督促完善口岸查验机构建制，提高口岸服务和管理水平，不断开辟国际和地区航线，增加航班。2013年7月2日，甘肃省政府会同兰州海关、甘肃出入境检验检疫局、甘肃省公安边防总队、民航甘肃监管局等完成兰州空运口岸扩大开放预验收；

2013年12月19日，由国家口岸管理办公室、公安部、海关总署、国家质检总局、民航局组成的国家验收组对兰州空运口岸扩大对外开放进行正式验收并宣布通过，至此，兰州空运口岸正式全面开放。

【穆斯林朝觐通关保障】 兰州空运口岸是我国穆斯林信众赴沙特朝觐出入境最重要的口岸之一。在国家宗教局和中国伊斯兰教协会及国家口岸管理办公室的指导下，甘肃省口岸办协调兰州海关、甘肃出入境检验检疫局、甘肃省公安边防总队和甘肃机场集团兰州机场公司等单位，配合甘肃省宗教局、省伊斯兰教协会连续8年先后顺利完成甘肃、青海、宁夏和西藏等省区广大穆斯林信众赴麦加朝觐由兰州航空口岸中川机场出入境的保障服务，共完成出入境朝觐包机228架次，朝觐信众达71 204人次。2013年，兰州空运口岸各联检单位共计完成验放任务28架次，共8 540人次，约占全国朝觐穆斯林信众出入境总数的38.00%。

【申请开放】 敦煌机场的开放项目已列入国家“十二五”口岸发展规划，为了将规划变为现实，甘肃省口岸办根据省委省政府安排部署，全力开展协调推进工作。2013年，在指导、协助和督促敦煌市政府开展基础设施和各项制度建设等相关具体工作的同时，甘肃省口岸办赴京专家向国家口岸管理办公室汇报和请示工作，请求国家口岸管理办公室尽早将敦煌机场列入国家年度口岸开放审理计划，并通过甘肃省政府向国务院上报对外开放的请示。

【兰州新区综合保税区申建】 2012年8月国务院批准设立兰州新区以来，甘肃省口岸办按照省委省政府安排部署，积极开展兰州新区综合保税区申建的协调推动工作，指导兰州市和兰州新区制订工作方案，强化与申建相关的各厅局和海关、检验检疫部门的联系制度，推动甘肃省首个海关特殊监管区域的申请报批和建设等，按计划开展各项工作，并取得成效。经过一年多的努力准备，2013年10月27日，《甘肃省人民政府关于设立兰州新区综合保税区的请示》已上报国务院。与此同时，甘肃省口岸办积极协助省内其他海关监管场所如兰州保税物流中心、武威保税物流中心等的申建工作。

口岸监管与服务

【兰州海关多措并举支持地方发展】 兰州海关配合地方做好兰州新区综合保税区、武威保税物流中心、兰州国储石油保税仓库等海关特殊监管区域和场所的前期规划、申报等基础工作，全面启动海关特殊监管区域和场所建设；开展政策调研和宣传，听取企业意见和建议，研究解决问题；组织业务培训，方便企业通关；围绕“丝绸之路经济带”战略构想开展专题研究；简化业务审批，提高通关效率；建立协作机制，支持兰州新区建设；加强海关协作，畅通转关渠道；落实“节假日预约通关”、“特殊货物上门查验”等服务承诺；建立新设机构，推动地方经济发展，协调推进金昌海关、兰州机场办事处、天水办事处等3个新设机构的筹建，配合兰州空运口岸扩大开放验收、敦煌空运口岸设立、兰州国际港务区和嘉峪关国际港务区调研规划等工作。

【甘肃出入境检验检疫局口岸卫生核心能力通过验收】 随着国际和地区航班的逐年增加，甘肃出入境检验检疫局高度重视兰州航空口岸公共卫生核心能力建设。口岸公共卫生核心能力建设是世界卫生组织通过的《国际卫生条例(2005)》的重要内容。国务院办公厅2013年7月24日转发的《关于切实履行〈国际卫生条例(2005)〉加快推进公共卫生应急核心能力建设的指导意见》（国办发［2013］84号）要求全国列入规划建设的对外开放口岸必须于2014年6月15日前达标。2013年以来，甘肃出入境检验检疫局在甘肃省政府的支持和兰州空运口岸各相关单位的配合下，工作模式由“守口”检查转向常态性的口岸传染病监测、卫生监督、卫生处理、联防联控、公共卫生事件应对等，大力开展培训和岗位练兵，使口岸执勤队伍练就随时应对突发公共卫生事件的能力。与此同时，兰州空运口岸公共卫生核心能力硬件建设得到大力提升，包括联检楼各功能区的设置及入境通道隔离设施建设和设备配备等一应俱全。12 月 5 日 ~7 日，国家质检总局专家组一行 5 人，对甘肃出入境检验检疫局申报的兰州空运口岸核心能力建设情况进行考核验收。经听取汇报、现场检查、材料审核、书面考试、现场操作考核等程序，专家组认为甘肃出入境检验检疫局在推进兰州空运口岸公共卫生核心能力建设、提升口岸卫生检疫综合能力方面成效显著，同意向国家质检总局推荐通过兰州空运口岸核心能力验收，有力提高了保障当地国门安全的能力。

【兰州边防提高服务与管控能力】 甘肃省公安边防总队兰州边防检查站坚持服务与管控并举，狠抓业务技能，提高服务水平，同时加强边检专业化、法制化和科技信息化建设，展现国门良好形象。2013 年，兰州边防检查站不断创新服务举措，优化边检通关服务，改善口岸服务质量。《兰州边防检查站便民利民服务措施》被纳入省公安厅“改进作风便民利民八项措施”，受到省内外媒体关注和报道。兰州边防检查站全面落实旅游预报预检、入境团队免排、非定期航班便捷检查、特殊旅客预约通关等便民措施。推出旅游团队和朝觐包机快速验放方法，通过预检预录、上门服务、窗口前移、边检协管员等措施缩短通关时间，方便服务对象。同时，按照上级要求和部署，有针对性地开展口岸反分防渗、涉爆查缉等工作。认真落实口岸反恐维稳风险评估分析制度，定期定量分析出入境人员动态，加强核查比对，提高发现违法犯罪人员的能力。加强与公安、国保、联检等单位的协作配合，协调建立兰州空运口岸协作机制，不断完善处置闯关等口岸突发事件的预案，提高口岸管控能力。

开放口岸

【兰州空运口岸】 兰州中川机场一直以来作为西北地区重要航空港和 I 类国际备降机场，距兰州市中心约 70 千米，现有候机楼面积 2.75 万平方米，8 部登机廊桥和 13 个远机位，飞行区等级为 4D，跑道长 3 600 米，宽 60 米，可保证大中型航空器安全起降。正在新建的候机楼总面积达 6.1 万平方米，新增 8 部廊桥。建成后机场总停机位将达到 29 个，候机楼总面积将达到 8.85 万平方米。1992 年 7 月国务院批准有限开放兰州空运口岸，开辟了兰州至香港航线。2010 年 9 月国务院批准兰州空运口岸扩大对外国籍飞机开放，经过 3 年的建设和完善，兰州空运口岸于 2013 年 12 月通过国家验收，正式扩大开放。现有国际联检厅面积 3 100 平方米，新建的联检单位办公生活大楼功能齐备，也已交付使用。2013 年，兰州中川机场旅客吞吐量达到 564.96 万人次，同比增长 23.26%。国际和地区航线 6 条，国际和地区航班 668 架次，同比增长 221.15%，出入境旅客达到 95 059 人次，同比增长 179.26%。

【马鬃山陆路（公路）口岸】 马鬃山陆路（公路）口岸是甘肃省唯一的陆路口岸，位于中蒙边境。该口岸于 1992 年正式开放，先后季节性开放 5 次，过货 4 次，进出境货物 1 500 吨，实现贸易额 443.5 万元。青海、宁夏和内蒙古等邻近省区也参与了马鬃山陆路（公路）口岸的边境贸易活动。1993 年因蒙古国单方面终止贸易合同，双方边境贸易中断。近年来，两国边境毗邻省份均有恢复双边贸易的强烈愿望，但蒙方国家层面对此项工作的进展缓慢。

甘肃省口岸大事记

1 月

兰州空运口岸获“全国进境种苗示范口岸”荣誉称号。

4 月 11 日 ~12 日

2013 年度全国朝觐卫生检疫保障会议在兰州召开。

5 月 5 日

第 10 届和第 11 届全国政协常委、香港香江集团董事长杨孙西先生率领香港工商界高层考察团乘专机飞抵兰州中川机场。

5月20日

兰州海关和甘肃出入境检验检疫局与兰州新区管理委员会合作备忘录签字仪式在兰州新区综合服务中心举行。

7月3日

兰州至韩国首尔旅游包机首航成功。

9月15日

约旦国王阿卜杜拉二世一行乘专机从兰州空运口岸入境，转机前往宁夏回族自治区银川市出席“2013中国—阿拉伯国家博览会”。

9月19日～28日

甘肃、青海、宁夏、西藏四省区近4 300名穆斯林信众从中川机场出境赴麦加参加朝觐活动。

9月29日～11月7日

甘肃、青海、宁夏、西藏四省区近4 300名穆斯林信众结束麦加朝圣活动由中川机场顺利入境。

10月11日～12日

甘肃省委常委、省长刘伟平在兰州会见海关总署署长于广洲一行，并一同到兰石集团、兰州新区和兰州中川机场调研，实地查看兰州空运口岸联检大楼和候机楼国际厅通道建设情况。

12月5日～7日

兰州空运口岸通过国家质检总局口岸公共卫生核心能力建设达标验收。

12月19日

兰州空运口岸通过国家口岸管理办公室、公安部、海关总署、国家质检总局和民航局等部委的联合验收，正式扩大对外开放。

兰州海关全面启动深化区域通关改革，这一政策将惠及甘肃省545家进出口企业，实现在“家门口”全程通关。

（撰稿人：王裕民、汪小刚、王潇乐、甘振杰）

2013 年甘肃省口岸流量统计表

口岸类型		口岸名称	货运量(万吨)				集装箱量(万标箱)				人员(万人次)				交通工具(辆、艘、架、列次)			
			出口	进口	合计	同比(%)	出口	进口	合计	同比(%)	出境	入境	合计	同比(%)	出境	入境	合计	同比(%)
空运口岸																		
		分计									4.74	4.77	9.51				668	+221.15
陆运口岸	公路口岸																	
		分计																
	铁路口岸																	
		分计																
水运口岸	海港口岸																	
		分计																
	河港口岸																	
		分计																
合计			1.60	419.10	420.70						4.74	4.77	9.51				668	
同比(%)			-50.10	+31.40	+30.60						+176.51	+182.05	+179.26				+221.15	

(甘肃省口岸办提供)

2013年兰州海关主要数据表

项目		2013年	2012年	同比（%）
进出口货运量（万吨）	合计	420.70	322.10	+30.60
	进口	419.10	319	+31.37
	出口	1.60	3.10	-93.75
进出口贸易总值（万美元）	合计	405 400	387 000	+4.70
	进口	401 800	382 000	+5.18
	其中：江、海运输			
	铁路运输			
	汽车运输			
	航空运输			
	邮件运输			
	其他运输			
	出口	3 600	5 000	-38.89
	其中：江、海运输			
	铁路运输			
	汽车运输			
	航空运输			
	邮件运输			
	其他运输			
税收（亿元）	两税合计	36.60	42.97	-17.40
	关税入库	0.14	0.20	-42.85
	进口环节税入库	36.46	42.77	-17.30

（兰州海关提供）

2013 年甘肃省口岸出入境主要数据表

项目			2013 年	2012 年	同比（%）
出入境人员（人次）	出入境人员总数		95 059	34 039	+179.26
	入境人员		47 661	16 898	+182.05
	出境人员		47 398	17 141	+176.51
	出入境旅客		89 511	32 320	+176.95
	出入境员工		5 548	1 719	+222.74
	中国公民	小计	8 6931	33 451	+159.87
		内地居民（因公）	20	366	-94.59
		内地居民（因私）	82 744	29 739	+178.23
		港澳居民	34	1 359	-97.49
		台湾同胞	4 133	1 987	+108
	外籍人员		2 581	588	+338.94
	从海港出入境人数				
	从陆港出入境人数				
	从空港出入境人数		95 059	34 039	+179.26
交通运输工具（辆、艘、架、列次）	总计		668	208	+221.15
	船舶				
	飞机		668	208	+221.15
	火车				
	机动车辆				

（甘肃省公安边防总队提供）

2013 年甘肃省出入境检验检疫业务统计表

项目	货物检验检疫				交通工具				集装箱（标箱）		发现动植物疫情		货物通关		出入境人员查验（人次）	健康检查及预防接种（人次）			
	批次	金额（万美元）	检验检疫不合格																
			批次	金额（万美元）	船舶（艘）	飞机（架）	火车（节）	汽车（辆）	合计	检出问题	种类数	种次	批次	金额（万美元）		健康检查	艾滋病监测	发现病例	预防接种
本年累计	11 557	125 955	49	260		684			30		10	24	3 681	59 676	91 845	9 431	8 931	2 128	17 733
其中 出境	7 075	48 494	35	198		344					2		295	3 971	46 135	8 383	8 073	2 000	17 731
其中 入境	4 482	77 461	14	62		340			30		8	24	3 386	55 705	45 710	1 048	858	128	2
同比（%）	-5.74	-14.13	-10.91	-19.06		+210.91			-11.76		-250		-35.69	+7.05	+183.88	+2.00	-1.84	+43.4	+4.42
其中 出境	-8.02	-11.87	-10.26	-3.04		+212.73							-11.68	-13.77	+181.16	+0.52	-1.49	+46.41	+4.41
其中 入境	-1.9	-15.49	-12.5	-46.92		+209.09			-11.76		-27.27		-37.18	+8.92	+186.67	+15.67	-4.98	+8.47	

（甘肃出入境检验检疫局提供）

青 海 省

青海省口岸分布示意图

图例

● 一类口岸　铁路口岸　水运口岸

航空口岸　公路口岸　● 境外口岸

口岸名称	批准开放时间	开放状态
西宁航空口岸	2008.3	国际常年

口岸数量及分布

截至2013年年底，青海省有经国务院批准开放的口岸1个，即西宁空运口岸。

口岸运行数据

2013年，青海省口岸出入境旅客共计3 273人次，同比增长3.80%，其中出境1 621人次，入境1 652人次；出入境员工431人次，同比增长2.80%，其中出境217人次，入境214人次。

口岸监管与服务

【口岸基础设施建设】 2013年，西宁空运口岸联检综合楼开工建设，建筑面积7 500平方米，总投资3 200万元，是口岸办、海关、检验检疫、公安边防等单位执行口岸通关检查服务的重要办公场所，预计2014年6月竣工。西宁航空港T1航站楼的改造进入收尾阶段，预计2014年4月完工。

【国际航线】 2013年8月开通了西宁至台湾的定期航线。同时为西宁—昆明—曼谷中转联程航班、西宁—昆明—迪拜航班、西宁—新疆—土库曼斯坦航班、西宁—麦加朝觐包机业务做了大量协调准备工作，预计2014年开通。

【陆路口岸建设】 随着青海省临空经济开发区的建设，陆路口岸建设也在积极推进中，西宁曹家堡保税物流中心（B型）及综合配套建设方案正在编制报批。

【西宁海关】 2013年监管进出口货物7 567.10吨，征收税款1.35亿元。一是通关改革不断推进。累计放行无纸化报关单103票，占启动以来报关单总量的32%。二是业务执法不断规范。开展海关报关单数据管理工作，启用H2010报关单证理单系统。制定了监管场所管理、进口展览品监管、旅检现场应急处置等规定，进一步规范了业务操作流程。开展《行政强制法》执行情况自查，对关区审批事项进行摸底核查。对全关194项规章制度进行归纳分类。三是对企业管理不断强化。全年完成升AA类企业3家，升A类企业7家，关区A类及以上企业达40家，占实际进出口企业的30%。深化“互动稽查、关联并查、批量核查、稽核联动”作业模式，主动引入中介机构协助海关稽查工作，实现了“稽核联动、三查并举、提升绩效”目标。全年稽查企业5家，保税常规核查企业4家，实地巡查企业18家。强化风险参数管理，丰富风险处置手段，关区风险防控能力得到提高。关区风险布控率为15.40%，风险布控有效率为31.37%，实体有效率为10.91%。组织召开了青海省电子口岸建设工作会议，推动了“青海电子口岸企业入网网上审批系统”等跨部门联网项目建设和应用。青海电子口岸现有入网企业769家。

【青海省公安边防总队】 2013年，完成各项边检勤务任务，共出动警力368人次，车辆32台次，动用单警装备160套次，执勤设施320套次，检查出入境航班31架次，出入境旅客3 273人次，出入境员工431人次。一是加强业务培训，提高边检队伍专业素质。制订了检查员培训方案，加强培训工作，提高了检查员独立上台验放能力。二是围绕提高边检服务水平，大力开展岗位技能大练兵活动，一线执勤人员的业务能力有明显提升。三是以新颁布的《中华人民共和国出入境管理法》为契机，加强执法规范化建设，组织执法人员培训，提升口岸执法服务地方经济发展的影响力。四是协调相关联检单位，制定详细的工作计划，扎实推进联检大楼及T1航站楼的改造工程进度，为下一步西宁口岸发展奠定了基础。五是开展边检服务品牌推介活动，在西宁曹家堡机场现场设立宣传点，为广大中外旅客提供边检业务咨询服务，大力推介边检服务品牌，提高服务质量，对青海省对外开放产生了积极的促进作用。

【青海出入境检验检疫局】 2013年，检疫查验出入境航空器31架次，出入境旅客3 273人次，行李3 495件，截获禁止进境携带物2批，保护了国门安全。对口岸3家食品生产经营单位、餐饮场所进行了卫生监督和食品卫生检测。

青海省口岸大事记

5月3日

台湾立荣航空公司驻大陆首席代表林志忠一行到青海省考察航线相关事宜。

5月13日

青海省委常委、常务副省长骆玉林主持召开会议，专题研究青海省航空及通用航空筹备和运营工作。

5月28日

西宁空运口岸联检综合楼封顶。

6月14日

青海省口岸办在西宁曹家堡机场召开西宁航空港T1航站楼设计方案研讨会，西宁海关、青海出入境检验检疫局、青海省公安边防总队、西宁机场公司等单位领导出席。

7月6日

东航空客330宽体大飞机首航西宁至北京航线，标志着西宁机场已经具备宽体大飞机的运行保障能力。

7月17日

青海省委常委、常务副省长骆玉林主持召开“青海航空及通用航空筹备领导小组第10次会议”。

8月1日

西宁至台湾航班开通，每周两个航班。

8月2日

青海省委常委、省长郝鹏在青海宾馆会见台湾立荣航空股份有限公司董事长郑光远一行。青海省政府秘书长高华、省商务厅厅长乌成云参加会见。

8月8日

青海省商务厅、江西省商务厅在西宁市召开口岸工作交流座谈会。

（撰稿人：崔艳杰）

宁夏回族自治区

宁夏回族自治区口岸分布示意图

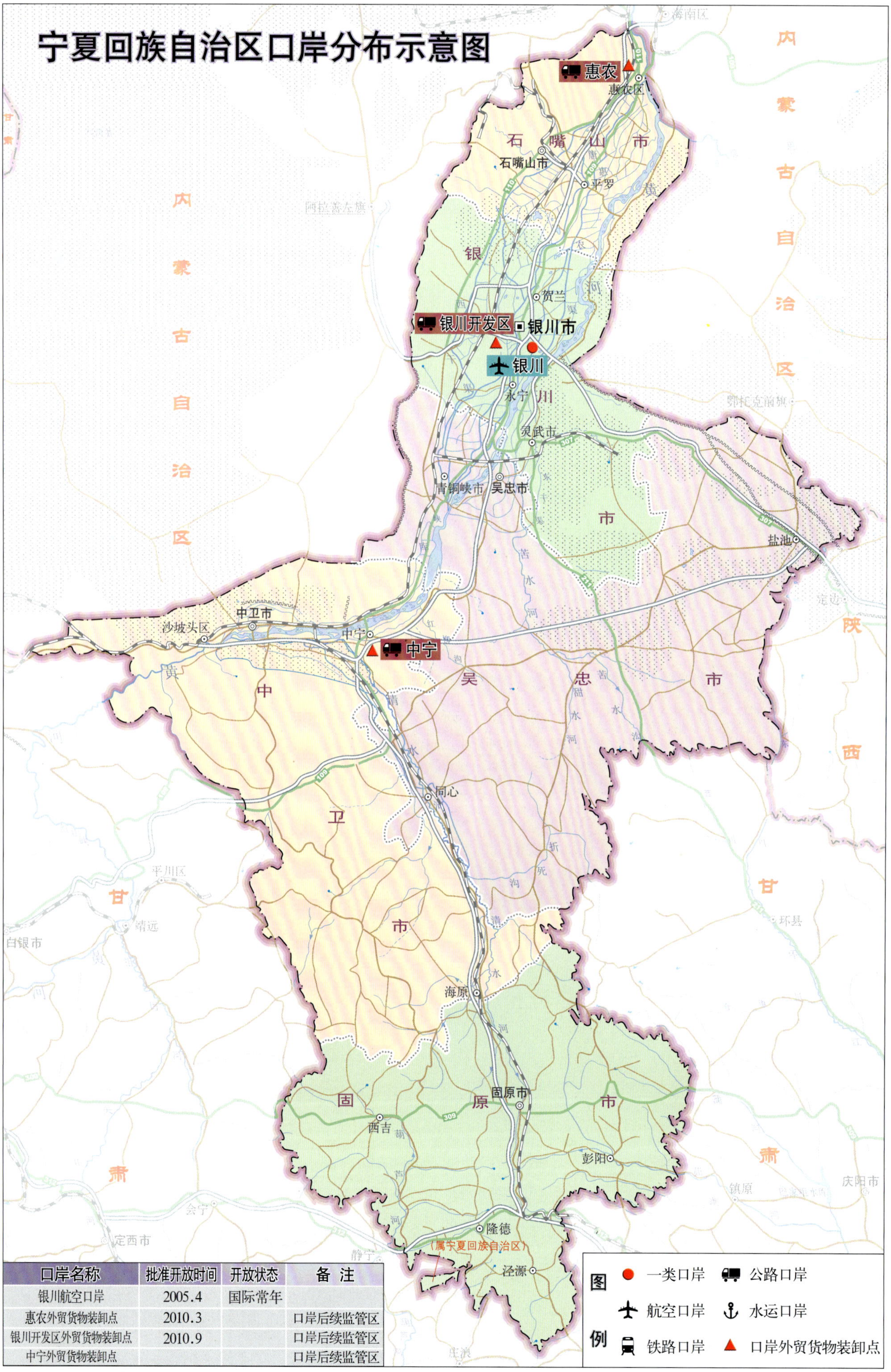

口岸名称	批准开放时间	开放状态	备注
银川航空口岸	2005.4	国际常年	
惠农外贸货物装卸点	2010.3		口岸后续监管区
银川开发区外贸货物装卸点	2010.9		口岸后续监管区
中宁外贸货物装卸点			口岸后续监管区

口岸数量及分布

截至2013年年底，宁夏回族自治区共有经国务院批准对外开放口岸1个，为银川空运口岸。

口岸运行数据

2013年，宁夏外贸进出口总值达32.2亿美元，同比增长45.2%，高于全国平均增速37.6个百分点。其中，出口总值为25.5亿美元，同比增长55.5%；进口总值为6.7亿美元，同比增长15.6%。

2013年，银川河东国际机场运输机起降3.91万架次，旅客吞吐量424.78万人次，货邮吞吐量2.91万吨，同比分别增长18.29%、11.51%和8.19%。2013年，银川河东国际机场航线总数为48条，比上年新增18条，加密9条，通达国内外48个城市。银川空运口岸陆续开通银川至韩国仁川、泰国曼谷、阿联酋迪拜、我国台湾地区和我国香港地区等航线航班，出入境航班350架次，出入境36 103人次，同比增长98%，其中，入境18 097人次，同比增长99%；出境18 006人次，同比增长98%。

2013年，宁夏外贸货物装卸点（惠农外贸货物装卸点、银川开发区外贸货物装卸点、中宁外贸货物装卸点）完成集装箱货运量3.02万标箱，同比下降20%，货运量73.7万吨，同比下降7.17%。

口岸监管与服务

【宁夏内陆开放型经济试验区】 2012年9月10日，按照《国务院关于宁夏内陆开放型经济试验区规划的批复》（国函［2012］130号），在宁夏回族自治区设立内陆开放型经济试验区（以下简称试验区），原则上同意实施《宁夏内陆开放型经济试验区规划》（以下简称《规划》），标志着宁夏回族自治区成为我国内陆地区第1个对外开放试验区、全国首个以整个省域为单位的试验区，试验区面积6.64万平方千米，是我国目前面积最大的试验区。同日，国务院以国函［2012］131号文批复同意设立银川综合保税区。

试验区划分为开发开放核心区、开发开放辐射区、特色农业示范区和生态屏障区，实行分类指导。根据《规划》，试验区建设的主要内容是：确立“四大战略定位”、构筑“三大平台”、推进“五大领域开放合作”、落实“五项任务”、建设“八大基地”。

“四大战略定位”：国家向西开放的战略高地；国家重要的能源化工基地；重要的清真食品和穆斯林用品产业集聚区；承接产业转移的示范区。“三大平台”：以沿黄经济区为平台推进区域经济合作；以中阿博览会为平台拓展对外交流合作；以综合保税区为平台引领外向型经济发展。“五大开放合作领域”：经济贸易合作；能源开发合作；科技教育合作；文化旅游合作；投资金融合作。“五项任务”：创新对外开放体制机制；建立推进特色产业开放合作机制；推进能源领域开放合作；提高对外开放支撑保障能力；构建和谐稳定社会环境。“八大基地”：国家能源加工转化和战略储备基地；清真食品和穆斯林用品产业集聚地；特色优势农产品生产加工基地；区域战略性新兴产业基地；新亚欧大陆桥重要的物流中转基地；承接产业转移基地；国际旅游目的地；中阿合作人才培训基地。

2013年，试验区建设规划和核心区建设规划编制工作加速推进，清水河产业走廊、新型城镇化、能源战略储备基地、中卫煤炭物流与加工转化基地、银川空运试验区5个专项规划的编制工作已启动。试验区领导小组建立了重大战略谋划机制、工作目标责任机制、重大项目推进机制、上下协调沟通机制，充分调动各方面的积极性，形成了推进内陆试验区建设的整体合力。

2013年，宁夏梳理出试验区建设急需突破的支持政策，积极争取国家部委和相关企业的支持，截至2013年9月6日，在下放外商投资审批权、引入“石油美元”股权投资、民族贸易政策、土地政策、服务业开放门槛、中国—阿拉伯国家博览会（以下简称中阿博览会）、航权开放试点、口岸签证、开展中国与阿拉伯国家旅游合作等10个方面、20多条重要政策上与部分国家部委达成共识，这些政策和措施为宁夏内陆开放型经济试验区打造良好的发展环境提供了强有力的支撑。

【加强对宁夏内陆开放型经济试验区建设指导、协调及服务】 2013年9月8日，国务院批复建立了宁夏内陆开放型经济试验区建设部际联席会议制度，联席会议由国家发展改革委牵头负责，包括外交部、国家发展改革委、教育部、科技部、工信部、国家民委、公安部等39个部门及宁夏回族自治区人民政府参加。根据国务院要求，各单位按照职责分工，相互配合，研究解决宁夏内陆开放型经济试验区建设工作中遇到的问题，2013年首次省级政府工作会议提出将加快内陆开放型经济试验区建设，争取把试验区纳入丝绸之路经济带规划建设的整体之中，其中中国与阿拉伯国家的合作是宁夏的开放重心。

【银川综合保税区】 2012年9月10日，国务院正式批准宁夏设立银川综合保税区。银川综合保税区规划占地面积8.17平方千米，国务院批准建设海关特殊监管区面积为4平方千米，范围为：东至银川国际空港物流中心9号东路西侧，南至下桥村，距离空港12号路向南2 583米，西至G211高速公路东侧辅道边，北至银川国际空港物流中心规划12号路南界，采用围网全封闭管理。围网建设工程分两期进行，一期围网范围为：东至银川国际空港物流中心9号东路西侧，南至规划纬三路，西至G211高速公路东侧辅道边，北至银川国际空港物流中心规划12号路南界，总面积2.08平方千米。除上述4平方千米的建设用地外，剩余4.17平方千米作为银川综合保税区的生活及项目配套用地。

口岸核心区基础设施建设。2013年，银川综合保税区按照海关总署验收标准，累计投资11 475万元，高标准、高质量建设完成海关巡关道4 440米，物理监控围网5 700米，海关、检验检疫查验中心300平方米，海关罚没仓库4 500平方米，海关、检验检疫查验场地2.3万平方米，海关、检验检疫查验综合楼570平方米，检验检疫熏蒸房230平方米，双向10车道（宽121米）电子监控主卡口及信息化数据收集交换平台工程。

【招商引资】 2013年，银川综合保税区按照“急而不躁、忙而不乱、宁缺毋滥、有序推进”的招商引资工作要求和实现招商引资项目“由多到优”，“由小到大”，“由散到聚”转变的工作思路，以服从、服务国家“向西开放”战略和宁夏内陆开放型经济试验区建设，全面深化中阿经贸务实合作为突破口，以“节会招商”、“接待招商”、“电话招商”、“函件招商”、“网络招商”等多种组合式招商实现提高招商引资的成功率，以参加“西洽会”、“渝洽会”、“香港经贸活动周”、“宁夏—迪拜经贸活动周”、“中韩经贸文化交流活动周”、“哈洽会”、“南博会”、“中阿博览会”、“高交会”、“中国（国际）穆斯林企业家峰会”等重点节会实现提升银川综合保税区招商引资影响力，策划并组织实施“百名宁夏外向型企业家走进银川综合保税区”、“中国（国际）穆斯林企业家峰会综合项目洽谈会”等活动，进一步提升银川综合保税区的对外知名度。对接国内外重点企业达50家以上，签约项目11个，其中合同项目3个，合同项目实施率为100%。截至2013年12月累计对接国内外企业450家，接待国内外投资考察团200批次，正式入区开工建设的项目6个，分别是中国500强企业山东如意集团投资建设的日产800吨如意纺高档纱线项目，西部黄金珠宝文化产业园项目，领鲜·普诺斯保税仓库项目，昊蒙冷藏、保鲜库项目，中银绒业保税仓库项目及银川综合保税区自建标准厂房和保税仓库项目。有6家企业以项目租赁方式入区，分别为雪晶阿富汗羊绒深加工项目、汇川外贸服装出口加工项目、成丰工贸高端裘皮制品出口项目、法西姆清真牛羊肉深加工项目、鸿泰国际贸易项目、顺元堂枸杞加工出口项目。

【顺利通过国家验收】 经过180天的紧张筹备建设，2013年9月13日，银川综合保税区顺利通过国家验收组验收，海关总署加贸司副司长吴海平、宁夏政府副主席王和山共同签署了《银川综合保税区验收纪要》，并为银川综合保税区授牌，吴海平副司长和宁夏党委常委、银川市委书记徐广国共同为银川综合保税区揭牌。2013年12月29日，银川综保区正式封关运行，徐广国书记、王和山副主席分别为6家入园企业代表颁发了海关注册证书，银川综保区与银川海关、宁夏出入境检验检疫局分别签署了战略合作备忘录，力促银川综合保税区健康、快速、可持续发展。

【首届中阿博览会】 经国务院批准，原来由商务部、中国贸促会和宁夏回族自治区政府共同成功举办3届的宁洽会暨中阿经贸论坛，自2013年起正式更名为中国—阿拉伯国家博览会（以下简称中阿博览会）。

2013年中阿博览会于9月15日~19日在宁夏银川举办，中共中央总书记、国家主席习近平向中阿博览会发来贺信，中共中央政治局常委、全国政协主席俞正声出席开幕式并发表主旨演讲。大会以“中阿携手，面向全球”为主题，以“传承友谊、深化合作、共同发展”为宗旨，以22个阿拉伯国家并向外延伸至57个伊斯兰国家作为主要合作目标，围绕政治、经济、文化3个维度，政府、企业、民间3个经度，围绕农业、能源、金融、文教、旅游等重点领域设计了五大板块，进行全面策划。在设计理念上，突出体现了中阿共办、部区联办、民间协办、简朴务实几大特色，每个板块都按照会议论坛、展览展示、洽谈推介进行。其中，会议论坛18项，展览展示8项，对接洽谈3项，其他活动12项。

2013年第1届中阿博览会共有7 348名嘉宾参会参展，其中，国外嘉宾近2 000人，国内嘉宾有5 300多人，分别来自46家中外大型商会协会、1 200多家大型企业和金融机构。来宾覆盖了阿盟国家、其他伊斯兰国家及非伊斯兰国家，总共达67个，有3个国家元首和政府首脑出席了开幕大会，约旦、阿联酋、巴林、科威特等14国的41位部长级官员到会，17个国家派出了外交官。国内则有商务部、中国贸促会、外交部、工信部、财政部等21个国家部委和27个省、自治区、直辖市及香港特别行政区政府派代表团出席会议。

博览会经贸活动签约项目共计158个，涵盖能源化工、新材料、装备制造、清真食品、基础设施、物流商贸、文化旅游、金融合作等众多领域，签约金额达2 599.01亿元。其中，签约合同项目54个，总投资1 058.83亿元；协议项目95个，总投资730.18亿元；框架协议、涉外合作合同、合作备忘录及意向性项目8个，涉及销售合作金额600亿元，涉外合作合同金额210亿元；友好城市协议1个。

中阿博览会期间，与国（境）外合作尤其是与阿拉伯国家的合作取得新突破。签约项目中，国（境）外项目51个，签约金额980.99亿元，其中与阿拉伯国家合作项目31个，签约金额达到664.91亿元。

【基础设施建设全面展开】 2013年，民航局批复同意“银川河东机场（Yinchuan Hedong Airport）”更名为“银川河东国际机场（YINCHUAN HEDONG INTERATIONAL AIRPORT）”。这是继咸阳国际机场更名以来，西部机场集团第2家国际机场。2013年6月24日，银川河东国际机场获得《国家发展改革委关于宁夏银川河东机场三期扩建工程可研报告的批复》（发改基础[2013] 1177号）。

银川河东国际机场三期扩建工程按照2020年旅客吞吐量1 000万人次、货邮吞吐量10万吨的目标设计，主要建设包括四方面内容。一是机场工程：在现跑道和平行滑行道之间新建1条端联络道，1条垂直联络道，1条快速出口滑行道；扩建17.86万平方米的客机站坪，2个机位的货机坪，3个机位的除冰坪；新建8万平方米的T3航站楼，1.42万平方米的停车楼，4.07万平方米的地面停车场；新建2 000平方米的特种车库，4 000平方米的安检护卫业务用房，3 283平方米的武警用房，将总面积 3 344 平方米的货运、武警、配套用房改造为机务维修用房，配套建设楼前高架桥、助航灯光、供电、供水、供热、供气、雨污水污物处理、消防救援、安保、货运站等辅助设施。二是空管工程：新建 4 500 平方米的航管楼和 1 座塔台（合建），改造现航管楼，新建 1 座二次雷达站，新增航管、导航、通信、气象等设施。三是宁夏安监局安全运行中心工程：新建 3 200 平方米的宁夏安监局安全运行中心。四是供油工程：迁建 1 座汽车加油站。本期项目总投资 30. 06 亿元。扩建后的银川河东国际机场飞行等级由 4D 提升为 4E，保障能力有了极大的提高。

与银川河东国际机场三期扩建工程相配套，银川河东国际机场航空口岸新增口岸联检办公场所 4 000 平方米，其中，货物检疫区 1 000 平方米，包括检疫平台、熏蒸库；新增货物堆场 1 万平方米，内设分拣场地、检疫检验监管仓库、暂存库、查验平台等，2013 年基础性工作已全面展开，各项工作正在有序推进。

【宁夏区域航空枢纽课题研究】 宁夏不沿边不靠海，但具有地缘、空域和人文的自然优势，更有国家向西开放战略和宁夏内陆开放型试验区等政策资源提供的历史机遇和战略发展优势，在民航局的支持下，宁夏委托中国民航科学技术研究院完成了“宁夏面向阿拉伯国家和穆斯林地区航空枢纽建设战略研究”课题，明确了以银川空运口岸为核心，打造宁夏为航空枢纽的战略定位、努力目标和发展路径。

【航权开放】 2013 年 8 月，在银川举办的中国—阿联酋双边航空会谈上，中国对阿联酋开放了银川河东国际机场第三、四、五航权，并同意阿联酋航空公司开通迪拜经停银川至郑州的航线，每周四班。宁夏航权开放是民航局落实《国务院关于宁夏内陆开放型经济试验区规划的批复》，支持宁夏内陆开放型经济试验区建设的重大举措，标志着宁夏对外开放空中通道建设取得重大突破。

【银川河东国际机场航空口岸设立免税店】 2013 年 8 月 12 日，海关总署批准银川河东国际机场设立口岸免税商店（《海关总署关于同意在银川河东机场设立口岸免税商店的复函》，署监函［2013］223 号），同意中国免税品（集团）有限责任公司下属中免集团银川机场免税品有限公司在银川河东机场设立并经营口岸免税商店，2013 年 9 月，在银川河东国际机场设立的免税店正式开始营业。

【落地签证】 经国务院批准，银川空运口岸获得口岸签证权，自 2014 年 1 月 1 日起，乘坐国际直航航班抵达银川河东国际机场的外国人及外国旅行团，可直接在公安厅出入境管理局口岸签证处申办停留期限不超过 30 日的一次入境有效签证进入宁夏。

【穆斯林朝觐】 2007 年宁夏回族自治区人民政府成立了“自治区朝觐领导小组”，自此，在政府的组织下宁夏穆斯林群众可以在银川空运口岸办理直飞朝觐目的地的出入境等通关手续。2013 年度宁夏穆斯林朝觐包机口岸保障工作自 9 月 15 日开始至 10 月 29 日结束。期间，银川空运口岸共保障朝觐出入境包机 14 架次、朝觐人员 2 072 人次（不含朝觐工作人员），查验行李 64 183 千克。

2013 年度宁夏穆斯林朝觐包机口岸保障工作恰逢银川举办首届中阿博览会，口岸保障面临出境航班密集、保障工作点多面广、保障力量分散、境外疫情复杂、冠状病毒变异传播途径不确定等新情况，宁夏口岸保障部门和单位在保障工作中抓环节、突出重点、突出特色，一是加强组织领导，依据职责进行科学分工，明确责任；二是坚持会议通报制度、现场交流制度、总结讲评制度，实施保障前、中、后期的流程管控，及时发现和处理突发情况；三是建立快捷、高效的信息传播渠道，始终保持信息通畅，确保信息及时、准确，增强了工作预见性、针对性和有效性；四是以提升优质服务促进通关效率。

【银川海关提升综合监管水平】 2013 年，银川海关强化进出口货物实际监管，海关监管场所管理得到了规范。加强进出境旅客行李物品监管，对进出境旅客行李物品和机组工作人员行李实施100%过机检查，在查获利用旅客行李夹藏携带货币现钞和非法出版物等方面取得突破。发挥后续监管作用，开展稽查作业13项，补征税款293.33万元，移交线索1起。推广运用综合业务管理平台，提高风险分析研判能力，引入社会中介机构参与调查，开展企业协调员工作，贯彻由企及物理念，加大对企业实地巡查力度，加强对异地法人企业的通关分析，严密监控企业异常情况。2013年，在克服宏观经济形势和重点税源商品价格下降等影响下，银川海关主动服务，实施有效监管，实现税收入库5.28亿元，监管货运量33.03万吨，货值5.23亿美元；监管进出境国际航班671架次，验放进出境人员36 839人次，同比分别增长了253%、102%。

【打击走私成果显著】 银川海关围绕“绿篱行动”和打私联合行动，加大风险分析和情报经营，加大办案力度，打私能力得到了提高。全年共立刑事案件3起，案值1.49亿元，同比增长17.3倍，涉税767.86万元，同比增长3.7倍。其中，破获建关以来最大1起涉税走私犯罪案件，案值约1.45亿元，涉税645万元，被海关总署缉私局列为二级挂牌督办案件，也是建关以来首起总局挂牌督办案件。同时案件类型有所突破，首次查获利用水客走私奢侈品案件，案值508.5万元，涉税122.86万元，并深挖扩线，将有关线索移交深圳海关缉私局，有力打击了水客走私团伙。全年办理行政案件16起，其中立案调查4起，案值3 913万元，涉及偷逃税款565万元；办理积案12起，总案值达2.8亿元。缉私罚没收入307.43万元，同比增长28%，缉私补税318万元，同比增长4.64倍。全年办理协查案件21起，抓获犯罪嫌疑人4人，协助搜集证据197件份，协助查扣冰毒27.91克及毒品藏匿工具数件。有力地维护了宁夏经济秩序安全稳定。

【积极推动银川综合保税区建设】 银川海关全力配合银川综合保税区管委会等相关部门做好规划设计、入区项目审核、信息系统建设、预验收等工作，有力地保证了银川综合保税区在获批一周年时顺利通过国家十部委的联合验收，在“审批快”的基础上实现“建设快”的目标。积极协助综合保税区开展招商引资，通过专题讲座、新闻媒体、信息网络等渠道，广泛宣传综合保税区功能和政策优势。带领宁夏五市及银川综合保税区管委会前往深圳，请深圳海关组织加工贸易企业进行座谈，进行招商引资宣传。引荐泰国正大集团等4家生产型加工贸易企业落户综合保税区，计划投资15亿元，预计年进出口额11亿美元。派员前往郑州、苏州、上海、宁波等地学习调研综合保税区海关作业和管理经验，举办综合保税区业务培训，开展海关作业模拟测试，确保了银川综合保税区在年底前顺利封关运营，实现了当年开工建设，当年通过验收，当年封关运营。

【全力保障口岸通关】 银川海关保障银川至迪拜、首尔、曼谷等国际航线的顺利开通。树立宁夏对外开放窗口形象，圆满完成了中阿博览会、穆斯林群众朝觐、宁夏香港经贸周、宁夏韩国文化周等重大活动进出境监管任务。连续4年被自治区评为“服务保障先进单位”。

【促进宁夏电子口岸项目应用】 银川海关积极依托海关H2000通关作业平台和宁夏电子口岸平台推进宁夏电子口岸项目应用，实现了企业报关的信息化和自动化，得到了良好的社会效果，《宁夏日报》等多家主流媒体对银川海关开展电子口岸业务、服务地方经济发展、保障企业效益和资金安全的做法进行了多次宣传报道。目前启用的电子口岸应用项目已有出口收汇、进口付汇和网上报关等10项，入网企业达到1 158家，税费电子支付业务发展迅速，目前银川海关已与宁夏的中国银行、中国建设银行、交通银行、中国工商银行、招商银行等五家商业银行签订了合作协议，并与23家进出口企业签订了网上支付协议，涵盖银川关区绝大多数的重点税源企业。广大进出口企业网上支付税费现已超过30亿元，占海关税款入库比例达到了70%，税费电子支付已成为了银川关区企业缴税的主流方式。银川海关现已制发各类电子口岸业务 IC 卡 3 000 余张，累计办理各执法部门及在网企业各项服务业务 2 000多次，咨询解答业务问题上万次，树立了良好的政府部门形象，有力推动了宁夏外向型经济的快速发展。

【宁夏出入境检验检疫局口岸核心能力考核达标】 银川空运口岸核心能力建设工作自 2009 年开展以来，宁夏出入境检验检疫局高度重视，通过加大基础投入、完善规章制度、加强队伍建设等有力措施，切实提高了口岸各项能力。此次银川空运口岸顺利通过国家质检总局口岸核心能力考核组的现场验收考核，标志着银川空运口岸达到了世界卫生组织的要求，具备口岸卫生检疫、疫情疫病防控和口岸卫生应急处置等方面的综合能力。

【创新监管模式，提升服务质量】 宁夏出入境检验检疫局积极支持开通国际航线，主动加强与通航口岸检疫主管部门联系，同时对新开航线进行风险分析，实行航班备案管理制度，最大程度减少备案审批时间。积极开展口岸检验检疫宣传工作，在国际候机厅旅检通道现场及利用各种媒体平台进行形式多样的出入境检验检疫须知宣传。在 2012 年铁合金检测实验室建设的基础上，2013 年惠农办铁合金检测实验室顺利通过宁夏出入境检验检疫局专家组的验收，并报国家质检总局备案。建成后的铁合金检测实验室已能正常检测硅、铝、碳、硫、磷等常规项目。为石嘴山地区 10 家出口铁合金企业共免费检测铁合金 154 批。国家出台减免检验检疫收费政策后，加大宣传，确保外贸企业知悉，共为全区外贸企业减免费用近 200 万元。加强普惠制和自由贸易区等区域性优惠原产地政策的宣传、咨询和签证工作，全年共签发各类原产地证书 4 625 份，涉及金额 5.27 亿美元，可为企业减免出口关税近 2 600 多万美元。

加强入境物品查验，保障宁夏生态安全。随着国际航线的增多和旅客数量的大幅增长，口岸检验检疫部门加强了对入境物品的查验力度，旅客携带物品 100% 过机检查。2013 年度检验检疫部门共在银川空运口岸截获旅客禁止携带物 331 批次，较去年同期增长 347.3%，主要包括海产品、猪牛肉及其制品、牛奶、蛋、新鲜水果及蔬菜等。

【强化口岸卫生监督，确保食品航空安全】 2013 年度口岸检验检疫部门共对银川空运口岸 11 家食品生产经营单位和 7 家服务单位开展日常性卫生监督检查 391 次，对 8 家单位进行卫生许可评审。大力开展食品安全监督管理风险评估，突出重点，分级管理，对航食配餐进行全程监管并进行了“假羊肉”、“肯德基冰块”等敏感食品事件的专项食品安全监督检查。在银川空运口岸开展鼠、蚊、蝇、蜚蠊密度动态监测及实蝇监测工作。

加大投入力度，强化口岸基础建设。以银川空运口岸为重点，积极开展疫情防控及口岸检验检疫核心能力建设。2013 年，宁夏出入境检验检疫局共投资 85.63 万元作为口岸建设经费，购置了口岸核与辐射监测设施设备、红外体温监测仪、防护用品及各类应急检测试剂，从整体上提升了银川空运口岸整体防控能力和水平，并认真做好机场三期扩建检验检疫用房和设施设备配置需求报送工作。

【全力保障穆斯林朝觐】 在 2013 年的朝觐出入境保障工作中，宁夏出入境检验检疫局进一步完善检验检疫工作模式，针对沙特疫情状况联合多部门提前进行演练。首次在银川空运口岸发现疑似传染病病例 2 名，进行流行病学个案调查后及时与地方卫生部门联系，移交地方卫生部门，经向地方疾病预防控制中心跟踪病例检测结果，中东呼吸综合征病毒检测呈阴性，分别确诊为 H1N1 和 H3N2 流感。

主动服务中阿博览会。宁夏出入境检验检疫局在中阿博览会之前积极准备、精心组织、主动服务。对银川空运口岸餐饮及其他经营服务单位开展全面专项检查，全力确保口岸食品安全；开辟“绿色通道”，对入境参展人员和参展物品，实行 24 小时无障碍预约查验服务，在确保参展物资安全的同时加快验放速度。博览会期间成功保障了中阿经贸论坛入境包机3架次，出境包机1架次的顺利通关。

支持“两区”建设，扎实推进银川综合保税区筹建工作。国家质检总局出台《关于支持宁夏“两区”建设的意见》，共分为6个方面29条具体举措，宁夏出入境检验检疫局及时将其细化，针对宁夏优势特色产业先试先行，探索创新工作手段，出台“一厂一品一案”等个性化服务举措。在银川综合保税区建设方面，检验检疫部门专门派人前往昆山综合保税区检验检疫局进行跟班学习，同时积极与综合保税区管委会协调联络，成功通过了2013年9月10日国务院十部委的联合验收，截至2013年年底，检验检疫报检大厅、临时办公用房及一期信息化建设已交付使用。

【深化口岸边检勤务管理创新】 2013年，宁夏回族自治区公安边防总队主动作为，不断强化勤务流程，扎实提高边检服务水平。2013年，检查出入境人员36 103人次，飞机350架次，为国家党政领导和外国元首提供优质高效的边检通关服务20余次，全年实现口岸执勤执法工作零差错、零投诉、零复议。

创新模式，优化配置。宁夏回族自治区公安边防总队根据自身实际，结合银川空运口岸特点，经常走访宁夏政府有关部门，深入自治区宗教局、伊斯兰教协会、广大朝觐穆斯林群众和出入境旅客中，收集建议，了解诉求，研究和制定边检勤务服务举措，及时推出简化查验手续、提高通关效率的便民利民新举措。改革勤务管理模式，优化勤务组织和警力配置，提升信息化技术应用水平，提高服务管理效能，宁夏回族自治区公安边防总队每季度交换勤务的方式，锻炼每名检查员办理出入境手续的能力，将执勤科分为两个执勤小组，独立承担出入境检查任务，以满足日益繁忙的口岸勤务需求。

完成口岸重大勤务工作。2013年，宁夏回族自治区公安边防总队结合宁夏朝觐工作特点，主动作为，靠前服务，推出了“绿色验放通道”、“关口延伸服务”、“服务小分队”、“便民礼拜区”等多项便民措施，坚持“主动微笑、主动靠前、主动服务”，彰显“顺畅通关，服务群众”的工作理念。中阿博览会期间，宁夏回族自治区公安边防总队提供了高效、周到的边检礼遇服务，严格按照《中华人民共和国出入境管理法》赋予边检机关办理临时入境许可的权力，为参会嘉宾在特殊情况下办理临时入境许可手续，保证了博览会期间各项议程的正常、有序进行。

开放口岸

【银川空运口岸】 银川河东国际机场始建于1995年，1997年9月6日正式通航。银川河东国际机场位于宁夏回族自治区银川市下辖的灵武市临河镇黄河东岸，距银川市区19千米，占地370.67万平方米，机场技术等级为4D级，属国内干线机场，跑道长3 200米，宽45米，可起降波音747（减载）以下各类机型飞机。

2005年4月1日，国务院（国函［2005］20号）正式批准设立银川空运口岸。2008年4月1日，银川河东机场正式被中国民航总局批准对外国籍飞机开放。

2013年，银川河东国际机场运输起降3.91万架次，旅客吞吐量424.78万人次，货邮吞吐量2.91万吨，同比分别增长18.29%、11.51%和8.19%。截至2013年，银川河东国际机场开通国内外48条航线，通达国内外48个城市，银川空运口岸陆续开通了银川—仁川、银川—曼谷、银川—香港、银川—台北等国际和地区航线航班，进出境36 103人次。2013年银川河东国际机场三期扩建工程全面有序展开。

【惠农外贸货物装卸点】 2007年4月，经宁夏回族自治区人民政府批准设立惠农外贸货物装卸点，于2010年3月封关运营。惠农外贸货物装卸点位于石嘴山工业园区内，110国道以西，兴惠路以南，包兰铁路线东侧，紧靠惠农站（一级编组站）。规划占地面积22.87万平方米，设计年吞吐量10万标箱、运输能力200万吨，总投资1.17亿元。一期工程，总面积15万平方米，铁路专用线长800米，设计年吞吐量10万标箱。集装箱堆场（含海关办公房、监管库、停车场）8 万平方米，联检单位办公生活用房5 300平方米。具备了查验、报关、报检、租船订舱、装箱、拆箱、储存、运输等口岸物流服务功能。自 2010 年 3 月封关运营以来，截至 2013 年年底共实现货物发运量 2 253 万吨，9. 38 万标箱，出口货值达 81 亿元左右。

（一）跨区域合作。在宁夏、天津省市主要领导推动下，两地跨区域合作稳步推进，建立了宁津合作协调推进机制，双方均成立了协调推进领导小组，以惠农外贸货物装卸点为核心的宁津物流园建设拉开了序幕，编制完成了《石嘴山陆港经济区物流核心区总体规划》和宁津物流园详规初稿。当地政府投资 1. 57 亿元完成了拆迁工作。“宁津物流园”项目概算总投资 42 亿元，规划占地面积 5 平方千米，主要建设铁路专用线、集装箱堆场、散货堆场、货用站台、物流仓储区、保税物流区和检验检疫查验平台。计划 2014 年 5 月开工建设。

（二）项目建设。以打造惠农外贸货物装卸点为中心重点实施的黄河大桥改扩建项目已完成投资 6 000 万元，旧桥加固工程已完成，新桥建设正在紧张施工；东乌铁路宁夏境内段前期手续已办理完毕，正在办理内蒙古境内矿产压覆等手续；109 国道改线工程正在加紧施工，滨河大道延伸段正在办理项目前期手续，该工程的实施将为东乌铁路跨河接轨，建设公铁两用黄河大桥创造条件。富海物流公司（公路运输）二期初步设计和拆迁工作已经完成，建设资金全部落实到位。西部物流 2 条铁路专用线于 2013 年 8 月建成并投入使用。加快电子口岸信息平台建设，海关通过H2000系统实现电子信息化，并与海关总署相连接；检验检疫部门以 CIQ2000 系统作为电子信息平台与天津及国家检验检疫网络对接。

（三）积极争取政策支持。交通部就铁水联运示范项目进行了实地调研，争取铁路部门就运输路径重箱发运、空箱返回在包兰线进行了科学配置，减轻了口岸运营企业物流成本，货物种类增加了 PVC、电极糊、双氰胺、增碳剂。北方国际航运中心给予了建设匹配资金的优惠政策。

（四）临港经济配套建设。一是北方国际集团进驻为惠农外贸货物装卸点服务的富海物流区，重点展开陆港船代、货代、加工制作、出口贸易等方面的业务，逐步拓展到农产品加工、物流贸易、加工生产、国际金融服务等领域。二是依托天津市优势支柱产业，结合石嘴山市现有产业基础，在钢铁深加工、汽车装备配套、能源化工产业链延伸、医药中间体等领域开展合作，共同规划建设产业园，承接天津相关产业转移，引导本地产业向园区聚集。三是与天津渤海化工集团就产业西移进行了对接，项目计划投资 50 亿元，建设 PVC 循环经济产业园。四是富海物流公司和天津铁合金交易所有限公司成功展开了运输和仓储合作，实现物流最优配载，降低物流成本，形成了天津铁合金交易所、生产企业、物流公司三方互利共赢的局面。

2013 年，惠农外贸货物装卸点完成货物发运量 14 188 标箱，同比下降 40%，实现营业收入 1. 04 亿元，同比下降 37%。

【银川开发区外贸货物装卸点】 2007 年 6 月，经宁夏回族自治区人民政府批准设立银川开发区外贸货物装卸点。银川开发区外贸货物装卸点位于银川经济技术开发区西区，诚信街以东、经天路以南、文萃南街以西、光明路以北。概算总投资 3 亿元，占地约 30. 5 万平方米，铁路专用线长2 344米。口岸一期项目占地约 5. 7 万平方米，建筑面积 8. 59 万平方米，其中口岸联检楼占地 2 637 平方米、集装箱堆场占地 3. 6 万平方米，海关、检验检疫暂扣库占地 500 平方米，监管库占地 500 平方米，货物中转占地 500 平方米。2010 年 9 月，银川开发区陆路口岸一期工程通过了综合验收，并封关运营。封关运营以来，截至 2013 年年底共实现货物发运量 392. 6 万吨，共计 40 649 标箱。

（一）完善陆港海关监管场所设施。一是对陆港海关监管场所视频监控系统、电子卡口管理系统等设施设备进行检查维修，并健全监管场所、监管仓库、监控视频设施等各项管理制度，确保设备规范正常运转。2013 年，海关监管场所完成进境转关货物 25 单，共 746 吨，货值1 849 万美元，海关税收 351 万元。二是与企业共同研究制定了《银川陆港海关信息化建设科技装备需求》，并牵头多次与海关领导及业务部门进行沟通。委托计算机公司完成监管场所远程联网系统软硬件建设，并向电信部门申请宽带传输业务，实现了两地之间视频监控系统、计算机管理系统的互联互通。

（二）建立陆港高效的运营服务体系。一是继续推进与中国外运长航集团有限公司组建陆港合资公司的相关工作。会同相关部门对组建陆港合资公司进行研究讨论，拟定了《银川陆港项目说明》、《银川中外运陆港项目增资扩股方案》及《陆港办关于进一步推进银川陆港合资项目建设的请示》。同时，拟定了《合资公司章程》和《合资公司合作协议》，提交中外运长航集团、开发区建发公司及管委会常年法律顾问审定完成。二是积极帮助宁夏港通国际物流有限公司调整发展战略，扩大集装箱服务网络，与宁东铁路公司、青铜峡铝业集团分别合作建设了宁东鸭子荡车站、青铜峡铝厂两个集装箱场站，率先在宁夏开通了银川至连云港集装箱班列，已成为宁夏拥有自备集装箱最多的企业和集装箱第三方物流领军企业。三是促进传统物流加快向现代物流转变。着力推进金桥物流园各功能区建设，不断提升冷藏果蔬、食用油及测土配方肥等农产品和农资商品的加工、仓储、配送等物流业态的运营质量，努力打造成为全区农产品和农资商品仓储配送中心。

（三）推进陆港项目建设。2013 年，确定新建续建项目 8 个，完成固定资产投资 1 亿元。其中，中外运陆港一期两栋仓库（1 万平方米）、业务楼及配套项目续建工程；金桥物流两栋站台仓库（15 209 平方米）及道路、站台工程；供销综合库铁路专用线改造工程已完成并通过了铁路部门的综合验收，改造铁路 3.56 千米；出口加工基地二期工程，完成 1 号、4 号、16 号多层厂房及相关配套设施建设，一、二期工程全部完成；四季青冷藏物流低温冷库（4 800 平方米）项目工程，冷冻库钢屋架主体结构全部建成；承润食用油技术改造项目，完成了液压自动化改造，新上一条冷榨生产线，填补了宁夏无冷榨生产线的空白；佳奇石化制造业与物流业联动工程项目，已完成宁蒙陕甘信息港网站建设，吸收 400 余家企业会员缴费入网测试；港通物流信息平台项目，完成了软件开发及硬件设备安装，实现了与连云港港口集团物流信息系统的互联互通。2013 年，实际完成货物发运量 16 100 万标箱，同比增长 15.90%.

【中宁外贸货物装卸点】 2012 年 7 月，经自治区人民政府批准设立中宁外贸货物装卸点。中宁外贸货物装卸点位于中宁物流园区内，距中宁县 3 千米。穿行或紧临中宁物流园区有包兰、宝中、太中银 3 条铁路，石中、中郝、中营、中固、中盐 5 条高速公路和 109、101、201 等 3 条国省道，距太中银铁路中宁战略装车点和包兰铁路石空战略装车点分别为 5 千米、3 千米。中宁陆路口岸规划占地面积约 16.7 万平方米，总建筑面积10 878平方米，概算投资 1.20 亿元，主要建设海关、国检办公楼 1 686 平方米，检查桥 307 平方米，海关、国检暂扣仓库 3 827 平方米，保税仓库 4 203 平方米，熏蒸库 368 平方米，实验室（2 座）376 平方米，消防泵房 110 平方米和室外堆场及接入铁路专用线、道路、绿化、配套水电管网等。

2013 年，中宁外贸货物装卸点建设完成海关和检疫联检楼、实验室、蒸熏室、暂扣库、保税仓库、堆场、查验场所；完成了道路硬化、护坡砌护及上下水、消防、绿化管道的铺设；围栏制作安装到位，信息化建设安装完毕。中宁东战略装车点集装箱运营资质已获批准。当地政府和园区管委会积极开展口岸运营企业对接工作，为封关运营做前期的准备工作。

宁夏回族自治区口岸大事记

1 月 13 日

银川空运口岸开通银川—曼谷直航旅游包

机。

1月16日

宁夏出入境检验检疫局与自治区环保厅签署了《口岸核与辐射突发事件应急处置合作机制》。

1月17日

银川海关缉私局被评为“全区惩治和预防腐败体系建设和落实党风廉政建设责任制先进单位”。

2月7日

银川河东国际机场春节期间首次开通银川至台北直航旅游包机。

4月18日

“银川综合保税区百日攻坚大会战暨第一批入区企业签约仪式”在银川综合保税区举行。

4月23日

银川至台北直飞定期航班开通。航班由东方航空公司执飞。

5月12日

台湾远东航空公司开通台北至银川定期直飞航班。银川至台湾的直飞定期航班增至每周两班。

6月4日

银川海关缉私局被评为“自治区2012年度全区打击发票违法犯罪活动先进集体”，银川海关郝云同志荣获“自治区2012年度全区打击发票违法犯罪活动先进个人”称号。

6月18日

银川海关机场办旅检科被命名为“2011～2012年度自治区级青年文明号”。

6月24日

银川河东国际机场获得《国家发展改革委关于宁夏银川河东机场三期扩建工程可研报告的批复》(发改基础［2013］1177号)。

6月28日

国家质检总局出台《关于支持宁夏“两区”建设的意见》。国家质检总局在6个方面提出29条具体举措，支持宁夏内陆开放型经济试验区建设。

宁夏回族自治区主席刘慧听取银川海关工作介绍。

7月17日

2013年中阿博览会组委会会议在北京举办。宁夏回族自治区政府主席刘慧、商务部副部长李金早、中国贸促会副会长于平分别发表了讲话，袁家军常务副主席介绍了本次博览会的准备情况和活动方案，王和山副主席及中央有关部委的司局级领导、自治区博览会组委会成员单位主要负责人出席会议。

7月20日

《银川综合保税区管理试行办法》和《银川综合保税区优惠政策》分别以宁夏回族自治区人民政府令（第57号）和宁政发［2013］86号文件正式公布。

8月5日

银川综合保税区（一期）建设顺利通过由自治区政府牵头的联合预验收。宁夏回族自治区政府副主席王和山、银川市市长马力等领导出席预验收仪式。

8月上旬

民航局批复同意“银川河东机场(Yinchuan Hedong Airport)”更名为“银川河东国际机场(YINCHUAN HEDONG INTERATIONAL AIRPORT)”。

8月14日～15日

中国—阿联酋双边航空会谈在银川举办。中国对阿联酋开放了银川河东国际机场第三、四、五航权，并同意阿联酋航空公司开通迪拜经停银川至郑州的航线。

8月16日

天津市委副书记、市长黄兴国和自治区党委副书记、自治区主席刘慧代表两市区政府，签署了《天津市宁夏回族自治区经济与社会发展合作框架协议》。

8月17日

天津市委副书记、市长黄兴国，副市长任学峰一行在石嘴山惠农区考察宁津物流园区项目建设情况。自治区主席刘慧、副主席王和山及市委书记彭友东、市长王永耀、副市长潘明生陪同考察。

8月20日

银川海关与国家外汇管理局宁夏分局在银川签署合作备忘录。

8月30日

银川空运口岸开通银川直飞香港定期航班。

9月5日

宁夏政府主席刘慧视察银川综合保税区海关检验检疫办事大厅运行情况。

宁夏回族自治区主席刘慧，宁夏回族自治区党委常委、银川市委书记徐广国，自治区副主席王和山等自治区领导视察银川综合保税区。

9月10日

银川综合保税区正式通过国家十部委联合验收组的验收。宁夏回族自治区党委常委、银川市委书记徐广国，宁夏回族自治区副主席王和山出席验收工作会议和颁发验收合格证书仪式。

9月13日

银川空运口岸为中阿博览会贵宾乘坐的两架包机提供了快速便捷的通关服务。

9月15日~19日

银川空运口岸保障宁夏穆斯林朝觐群众搭乘7架朝觐包机启程前往麦加。

银川空运口岸认真做好首届中阿博览会保障工作。首届中阿博览会共有7 348名嘉宾参会参展。

9月25日

宁夏回族自治区李建华书记、刘慧主席视察银川综合保税区，听取银川综合保税区建设情况的汇报。

10月15日

银川海关财务和关务保障处被命名为“全国海关2013年政务公开示范点”。

10月26日~29日

银川空运口岸保障7架宁夏穆斯林朝觐包机入境，验放穆斯林群众2 074人、机组124人、行李物品6 000余件、赞目水2 074桶。

11月13日

银川海关驻机场办事处、昆明机场海关、中国东方航空云南有限公司在银川河东国际机场共同签署了《关于开通银川—昆明—曼谷国际航线合作备忘录》，标志着银川—昆明—曼谷定期国际航班开通。银川—昆明—曼谷的旅客在银川河东国际机场直接办理机票和行李托运，实行一机到底。

12月10日

银川海关在宁夏2013年群众评议机关和干部作风工作活动中取得中央驻宁单位第2名的优异成绩。此次活动由宁夏回族自治区党委、政府组织，约15.90万人参加评议活动。

12月16日

银川机场出入境检验检疫局被自治区党委和政府授予“全区民族团结进步模范集体”。

12月27日

银川海关与银川市政府签署《合作备忘录》。双方进一步加强合作，建立紧密合作机制，共同推动银川经济发展。

12月29日

银川综合保税区正式封关运行。宁夏回族自治区党委常委、银川市委书记徐广国，自治区副主席王和山出席封关启动仪式，并为首批入区企业颁发企业登记注册书。宁夏出入境检验检疫局与银川综合保税区管委会签署了《共同促进银川综合保税区健康发展和功能创新合作备忘录》。

（撰稿人：王云、徐蓓蓓、马龙、黄杰、祁琳、刘春佳、牛冬宁、郭振宏、袁立新、王军、杨洪）

2013 年宁夏回族自治区口岸流量统计表

口岸类型		口岸名称	货运量（吨）				集装箱量（万标箱）				人员（人次）				交通工具（辆、架、列次）			
			出口	进口	合计	同比（%）	出口	进口	合计	同比（%）	出境	入境	合计	同比（%）	出境	入境	合计	同比（%）
空运口岸		银川		117.41	117.41	-46.08					18 006	18 097	36 103	+98			350	+86
空运口岸		分计																
陆运口岸	公路口岸																	
陆运口岸	公路口岸	分计																
陆运口岸	铁路口岸	惠农							1.42	-40.00								
陆运口岸	铁路口岸	银川开发区							1.61	+15.90								
水运口岸	海港口岸																	
水运口岸	海港口岸	分计																
水运口岸	河港口岸																	
水运口岸	河港口岸	分计																
合计									3.03	-19.87	18 006	18 097	36 103	+98			350	
同比（%）										-19.87				+98				+86

（宁夏回族自治区口岸办提供）

2013 年银川海关主要数据统计表

项目		2013 年	同比（%）
进出口货运量（吨）	合计	330 262	-52.15
	进口	321 819	-52.85
	出口	8 443	+12.01
进出口贸易总值（万美元）	合计	52 348	-5.13
	进口	49 690	-8.83
	其中：江、海运输	47 120	-9.24
	铁路运输		
	汽车运输		
	航空运输	2 570	+4.70
	邮件运输		
	其他运输		
	出口	2 658	+292.61
	其中：江、海运输	977	+44.53
	铁路运输		
	汽车运输	1 221	
	航空运输	460	
	邮件运输		
	其他运输		
税收（万元）	两税合计	52 766	-13.79
	关税入库	6 292	+36.63
	进口环节税入库	46 474	-17.70

（银川海关提供）

2013 年宁夏回族自治区口岸出入境主要数据表

项目			2013 年	2012 年	同比（%）
出入境人员（人次）	出入境人员总数		36 103	18 165	+98.75
	入境人员		18 097	9 088	+99.13
	出境人员		18 006	9 077	+98.37
	出入境旅客		33 386	16 827	+98.41
	出入境员工		2 717	1 338	+103.06
	中国公民	小计	34 179	16 100	+112.29
		内地居民（因公）	441	238	+85.29
		内地居民（因私）	28 542	15 841	+80.18
		港澳居民	433	21	+1 961.90
		台湾同胞	100	4 763	
	外籍人员		1 924	2 065	-6.82
	从海港出入境人数				
	从陆港出入境人数				
	从空港出入境人数		36 103	18 165	+98.75
交通运输工具（辆、艘、架、列次）	总计		350	188	+86.17
	船舶				
	飞机		350	188	+86.17
	火车				
	机动车辆				

（宁夏回族自治区公安边防总队提供）

2013 年宁夏回族自治区出入境检验检疫口岸业务统计表

项目		货物检验检疫				交通工具				集装箱（标箱）		发现动植物疫情		货物通关		出入境人员查验（人次）	健康检查及预防接种（人次）			
		批次	金额（万美元）	检验检疫不合格																
				批次	金额（万美元）	船舶（艘）	飞机（架）	火车（节）	汽车（辆）	合计	检出问题	种类数	种次	批次	金额（万美元）		健康检查	艾滋病监测	发现病例	预防接种
全年累计		431	1 351. 21				596							431	1 351. 21	35 784	4 394	4 394	7	7 986
其中	出境						297									17 942	4 048	4 048	4	7 986
	入境	431	1 351. 21				299							431	1 351. 21	17 842	346	346	3	
同比（%）		-23. 99	-32. 65				+62. 8							-23. 99	-32. 65	+112. 8	+3. 6	+3. 6	+133. 3	-6. 70
其中	出境						+61. 4									+110. 8	+0. 8	+0. 8	+33. 3	-6. 70
	入境	-23. 85	-32. 65				+64. 3							-23. 85	-32. 65	+114. 8	+53. 1	+53. 1	+300	

（宁夏出入境检验检疫局提供）

新疆维吾尔自治区

口岸数量及分布

截至2013年年底，新疆维吾尔自治区共有经国家批准对外开放的一类口岸17个。其中，空运口岸2个，分别是乌鲁木齐空运口岸、喀什空运口岸。陆路（铁路、公路、管输）口岸15个，分别是中蒙（蒙古）边境口岸4个，包括老爷庙陆路（公路）口岸、乌拉斯台陆路（公路）口岸、塔克什肯陆路（公路）口岸和红山嘴陆路（公路）口岸；中哈（哈萨克斯坦）边境口岸7个，包括阿黑土别克陆路（公路）口岸、吉木乃陆路（公路）口岸、巴克图陆路（公路）口岸、阿拉山口陆路（公路、铁路、管输）口岸、霍尔果斯陆路（公路、铁路、管输）口岸、都拉塔陆路（公路）口岸、木扎尔特陆路（公路）口岸；中吉（吉尔吉斯斯坦）边境口岸2个，包括吐尔尕特陆路（公路）口岸、伊尔克什坦陆路（公路）口岸；中巴（巴基斯坦）边境口岸1个，包括红其拉甫陆路（公路）口岸；中塔（塔吉克斯坦）边境口岸1个：卡拉苏陆路（公路）口岸。

对外开放的17个口岸中，霍尔果斯、阿拉山口、巴克图、吉木乃、塔克什肯、红其拉甫、伊尔克什坦陆路口岸和乌鲁木齐、喀什空运口岸等9个口岸对第三国人员、货物、交通工具开放；阿黑土别克和木扎尔特2个陆路（公路）口岸尚未开通使用。

口岸运行数据

2013年，新疆维吾尔自治区口岸出入境人员2 017 346人次，同比减少2.51%，其中入境人员1 004 517人次，同比减少2.16%；出境人员1 012 829人次，同比减少2.86%。出入境旅客1 585 862人次，同比减少5.82%。出入境员工431 484人次，同比增长11.93%。边民互市91 371人次，同比增长80.78%。出入境交通工具339 993辆（列、架）次，同比增长12.9%，其中飞机7 690架次，同比增长10.22%；火车15 849列次，同比增长12.19%；机动车辆316 454辆次，同比增长13%。进出口货运量4 883.57万吨，同比增长18.38%（含中哈石油管道1 184.08万吨，同比增长15.89%；中哈天然气管输1 980.72万吨，同比增长25.36%），其中进口货运量4 421.4万吨，同比增长22%；出口货运量462.17万吨，同比增长11.4%。

2013年，新疆维吾尔自治区口岸进出口贸易额达417.64亿美元（含管输油气贸易额），同比增长13.5%，其中进口贸易额236.13亿美元，同比增长12.6%；出口贸易额181.51亿美元，同比增长14.7%。

口岸综合管理

【口岸开放进一步扩大】 延长霍尔果斯陆路（公路、铁路、管输）口岸开放时间，临时开放至2013年12月，全年运行良好；落实了中哈关于霍尔果斯陆路（铁路）口岸延长7天12小时工作制评估；有效推动了促进中哈巴克图—巴克特口岸农产品快速通关的“绿色通道”正式开通前的相关工作。

【着眼长远抓好口岸规划工作】 2013年自治区口岸办加强了口岸及口岸所在地区规划编制的指导工作，按照既要服务于国家宏观战略要求，又要兼顾自治区经济发展的需要，将口岸规划与城镇体系规划统筹衔接，参与指导《阿勒泰地区城镇体系规划（2012—2030年）》、《塔城市城市总体规划（2012—2020年）》、《自治区新型城镇化行动计划》、《阿克苏地区城镇体系规划（2012—2030年）》、《克孜勒苏柯尔克孜自治州城镇体系规划（2012—2030年）》等规划的评审。

【管好用好口岸建设资金，改善口岸通关环境】 2013年共落实2.59亿元用于口岸基础设施建设专项资金，其中边境地区转移支付资金2.13亿元，中央预算内补助资金4 622万元。同时完成了2014年中央预算内补助资金项目的申报和立项工作。这些建设资金的投入，改善了口岸基础设施条件，提高了通关效率。

口岸监管与服务

【通关协调】 一是与哈方协商妥善解决了1 800辆欧洲3号标准的商品车顺利通关。根据哈萨克斯坦共和国政府2013年2月6日第97号决议，自2013年7月1日起不符合欧洲4号标准的油耗动力车辆不允许进入哈萨克斯坦境内。2013年8月~9月，哈萨克斯坦共和国霍尔果斯海关单方面禁止中方货车入境，严重影响我方通关，造成我方涉外企业蒙受经济损失。对此，自治区口岸办采取措施积极应对，及时解决了上述问题。二是积极协调解决老爷庙陆路（公路）口岸蒙方单方面停用"中蒙边境地区出入境通行证"（以下简称通行证）问题，协调蒙方口岸相关部门，并报国家口岸管理办公室协调解决。

【边民互市政策落实及管理】 一是为喀什疏附县、塔什库尔干县申请设立边民互市贸易区政策，积极推动喀什疏附县和塔什库尔干县边民互市贸易区建设。于2013年6月报请自治区人民政府批准，设立了两个县边民互市贸易区，目前这两个边民互市贸易区正在抓紧筹建。二是为吉木乃陆路（公路）口岸边民互贸区争取到了实行"三日免签"优惠政策。为增强口岸边民互市贸易区活力，2013年4月经外交部批准，在口岸边民互市贸易区实行"三日免签"政策。2013年6月外交部批准同意对哈萨克斯坦公民进入吉木乃陆路（公路）口岸边民互贸区实行"三日免签"政策。7月草拟了《关于吉木乃边民互市"三日免签"工作方案的报告》，并上报自治区政府。三是报请公安部同意哈萨克斯坦共和国公民在都拉塔陆路（公路）口岸边民互市贸易区实行"一日免签"政策。公安部于2013年8月1日通过了验收，批准哈萨克斯坦公民"一日免签"进入口岸边民互市贸易区进行交易活动。四是有效开展了口岸边民互市管理工作。在口岸边民互市贸易区实行免签政策对活跃偏远边境县市的地方经济，方便边民日常生活起到了积极作用，但也可能为不法分子潜入潜出提供机会。为趋利避害，自治区口岸办与新疆公安边防总队联合草拟并下发《关于加强口岸边民互市贸易区管理规定》，加强了管理力度。

开放口岸

【乌鲁木齐空运口岸】 位于新疆维吾尔自治区首府乌鲁木齐市郊地窝堡，距市区16千米。乌鲁木齐机场原为中苏民用航空机场，1970年7月经国务院批准进行扩建。1973年建成并对外开放，是中国五大门户机场之一。

2013年，乌鲁木齐空运口岸出入境人员776 523人次，其中入境人员386 885人次，出境人员389 638人次，出入境旅客708 880人次，出入境员工67 643人次。出入境航班7 579架次。进出口货运量1.46万吨，同比减少4.65%，其中进口货运量2 255吨，同比减少1.53%；出口货运量1.24万吨，同比减少5.19%。进出口贸易额4.6亿美元，同比减少19.58%，其中进口贸易额1.47亿美元，同比减少2.97%；出口贸易额3.14亿美元，同比减少25.54%。

【喀什空运口岸】 位于新疆维吾尔自治区喀什地区喀什市北面，距市中心10千米。1993年4月23日经国务院批准开放，2005年11月17日向第三国开放。喀什机场1953年建成，经过3次扩建，目前跑道全长2 800米，宽50米。候机楼4 856平方米，既具有检查、售票等功能，又满足旅客候机、就餐、住宿、购物、迎送的需要。机场飞行保障设备安全，有东西导航台。东面设有夜航灯光设备，备有通用特种车辆，可供飞机昼夜起降。由于缺乏客源，从2007年至2012年，喀什机场国际航运处于停滞状态。

2013年，喀什空运口岸进口货运量153.8吨。出入境人员5 114人次，出入境旅客4 326人次，出入境员工788人次。出入境航班111架次。

【阿拉山口陆路（铁路、公路、管输）口岸】 为中哈边境常年开放口岸，位于新疆维吾尔自治区博尔塔拉蒙古自治州博乐市境内，是集铁路、公路、管道三种运输方式于一体的国家一类口岸。地处东经83°36′，北纬45°12′。距博乐市73千米，距乌鲁木齐市460千米，距中哈两国边防会晤点即接轨点4.4千米，距阿拉木图580千米。1990年6月27日经国务院批准对外开放。铁路口岸于1992年12月1日正式向第三国开放，自开办铁路临时货运以来，口岸过货量保持了年均25%以上的增长。

2013年，阿拉山口陆路（铁路、公路、管输）口岸出入境人员102 761人次，同比减少19.1%，其中入境51 384人次，同比减少19.2%；出境51 377人次，同比减少19%。出入境交通工具37 859列（辆）次，同比减少7.6%，其中入境18 789列（辆）次，同比减少7.4%；出境19 070列辆次，同比减少7.8%。进出口货运量2 982.88万吨，同比增长10.2%，其中进口2 410.95万吨，同比增长16.1%；出口571.93万吨，同比减少9.3%［其中中哈陆路（管输）口岸进口原油1184.08万吨，陆路（公路）口岸进出口货运量23.8万吨，陆路（铁路）口岸进出口货运量1 775万吨］。进出口贸易额174.28亿美元，同比增长7%，其中进口贸易额133.2亿美元，同比增长10.9%；出口贸易额41.08亿美元，同比减少3.8%。

【霍尔果斯陆路（公路）口岸】 位于新疆维吾尔自治区伊犁哈萨克自治州霍城县境内，同哈萨克斯坦共和国阿拉木图州毗邻，地处东经80°29′，北纬44°14′，距伊犁哈萨克自治州首府伊宁市90千米，距乌鲁木齐670千米。联检厅距中哈边界线210米，距哈萨克斯坦霍尔果斯口岸1.5千米，距哈萨克斯坦阿拉木图市378千米。口岸历史悠久，早在隋唐时期，就是古丝绸之路上的重要驿站。自1881年起就是中俄两国之间的正式通商口岸。新中国成立后，1950～1962年，中苏贸易进入了兴盛时期。1962年以后，由于中苏关系紧张，霍尔果斯陆路（公路）口岸除保持通邮外，停止了进出口贸易。1983年11月16日，经国务院批准恢复开放。1986年起开展了地方贸易和边境贸易。1992年8月，中哈两国政府同意该口岸向第三国开放，具有国际联运地位。1992年11月开始对第三国人员、交通工具和货物开放。2010年5月，中央召开新疆工作座谈会，决定设立霍尔果斯经济开发区，实行特殊的政策，将其建设成为新疆新的经济增长点和全国向西开放的桥头堡。

【霍尔果斯陆路（铁路）口岸】 东接精伊霍铁路，西至中哈铁路接轨点，全长9千米。工程概算总额为19.3亿元，2020年设计运量1 900万吨/年，2030年设计运量3 350万吨/年。已于2012年12月22日实现临时开放并过货通车。2013年6月，国家口岸管理办公室批准延长霍尔果斯陆路（铁路）口岸临时开放时间至2013年12月14日。2013年出入境旅客969 691人次，同比增长45.3%。出入境员工95 833人次，同比增长13.12%。出入境交通工具中汽车128 616辆次，同比增长49.47，列车1 950列次。进出口货运量2 269.18万吨，同比增长21.39%，其中进口货运量1 992.2万吨，同比增长12.48%；出口货运量276.98万吨，同比增长246.41%［其中中哈陆路（管输）口岸天然气1 980.72万吨，陆路（公路）口岸78.04万吨，陆路（铁路）铁路口岸165.16万吨，合作中心45.26万吨］。进出口贸易额144.16亿美元，同比增长11.12%，其中进口贸易额98.20亿美元，同比增长4.36%；出口贸易额45.96亿美元，同比增长43.5%［其中：中哈陆路（管输）口岸97.54亿美元，陆路（公路）口岸27.15亿美元，陆路（铁路）口岸16.78亿美元，合作中心2.69亿美元］。

【都拉塔陆路（公路）口岸】 位于新疆维吾尔自治区省道313线伊犁河谷最西端，南倚乌孙山，北邻伊犁河，西与哈萨克斯坦阿拉木图州春贾区接壤，距伊宁市约70千米，距哈萨克斯坦阿拉木图市约247千米，距哈方科里扎特口岸3.8千米。1992年8月中哈两国政府签署协议同意开放口岸。2006年2月15日批准对外开放，同年12月底实现旅客通关。2013年出入境旅客

4 118 人次，同比减少 82%。出入境员工 29 837 人次，同比增长 48.2%。出入境交通工具29 880 辆次，同比增长 48.7%。出口货运量 39.48 万吨，同比增长 62.7%。贸易额 37.45 亿美元，同比增长 89.7%。

【巴克图陆路（公路）口岸】 位于新疆维吾尔自治区伊犁哈萨克自治州塔城地区境内，地处东经 82°48′，北纬 46°41′，海拔 460～480 米。口岸对面为哈萨克斯坦共和国东哈州。从巴克图陆路（公路）口岸入境至塔城市 17 千米，至乌鲁木齐市 621 千米，出境至哈方巴克特口岸 800 米，至马坎赤市 60 千米，至乌尔加尔机场 110 千米，至阿亚库斯车站 250 千米，至东哈州首府乌斯季缅市 800 千米。巴克图陆路（公路）口岸已有 200 年通商历史，是中国西部通往中亚及欧洲的交通要道。1990 年 10 月，经批准恢复开放成为临时过货口岸，允许边境双方经贸、旅游人员和交通工具过往。1992 年 8 月中哈两国政府达成协议，同意该口岸向第三国开放，具有国际联运地位。1994 年 3 月经国务院批准对外开放。1995 年 5 月，巴克图陆路（公路）口岸通过国家正式检查验收，于 1995 年 7 月 1 日正式对中哈两国及第三国公民、交通工具和货物开放。年货运能力 20 万吨，客运量 10 万人次。2013 年 12 月 23 日，促进中哈巴克图—巴克特口岸农产品快速通关的“绿色通道”正式开通。出入境旅客 81 334 人次，同比增长 64.66%。出入境员工 13 260人次，同比减少 81.17%。出入境交通工具 11 070 辆次，同比增长 56.9%。进出口货运量 11.46 万吨，同比增长 57.9%，其中进口货运量 0.25 万吨，同比减少 9.5%；出口货运量 11.2 万吨，同比增长 60.7%。进出口贸易额 9.55 亿美元，同比增长 22.6%，其中进口贸易额 612.09 万美元，同比增长 47%；出口贸易额 9.49 亿美元，同比增长 22.5%。

【木札尔特陆路（公路）口岸】 位于新疆维吾尔自治区伊犁哈萨克自治州昭苏县西南 109 千米处，天山北麓，特克斯河上游，地理坐标为东经 80°45′，北纬 44°35′，海拔 1 806 米，距新疆生产建设兵团农四师 74 团机关西北 9 千米，距伊宁市 296 千米。对面为哈萨克斯坦共和国阿拉木图州纳林果勒区，对方口岸名称为纳林果勒口岸，两口岸相距 4 千米，距阿拉木图市 320 千米。木札尔特陆路（公路）口岸在 1953 年曾作为中苏两国临时过货点，一度是边民易货贸易的进出口货物集散地，由于历史原因，关闭 30 多年。1992 年 8 月，中哈两国政府签订协议，同意开放该口岸。1994 年 3 月经国务院批准对外开放。截至 2013 年，该口岸尚未开通。

【吉木乃陆路（公路）口岸】 位于新疆维吾尔自治区阿勒泰地区吉木乃县境内，对面为哈萨克斯坦共和国东哈萨克斯坦州。地处阿尔泰山南麓，东经 85°43′，北纬 47°33′，平均海拔 770 米左右，口岸所在地属大陆性北温带干旱气候。从口岸入境至吉木乃县城 24 千米，至阿勒泰市 198 千米，至乌鲁木齐市 650 千米。从口岸出境至哈方对应口岸迈哈布奇盖 0.5 千米，距斋桑县 60 千米，至东哈萨克斯坦州首府乌斯季缅市约 500 千米。吉木乃陆路（公路）口岸历史上就是新疆的通商口岸，1962 年以后中断贸易和人员往来，口岸关闭。1991 年中哈两国政府签订协议，批准吉木乃陆路（公路）口岸开通临时过货。1992 年 8 月，中哈两国政府签署协定，同意开放吉木乃陆路（公路）口岸，为双边常年开放口岸，允许中哈两国人员、货物和交通工具通行。1994 年 3 月经国务院批准对外开放，1997 年 11 月正式通过国家验收，为国家一类口岸。2002 年 3 月 1 日批准向第三国开放。2013 年 6 月，外交部批准同意对哈萨克斯坦公民进入口岸边民互贸区实行“三日免签”政策。2013 年出入境旅客 107 844 人次，同比减少 16%。出入境员工 6 672 人次，同比减少 40%。出入境交通工具 6 639 辆次，同比减少 41%。进出口货运量 17.74 万吨，同比增长 40%，其中进口货运量 11.35 万吨，同比增长 39.32%；出口货运量 6.38 万吨，同比减少 48%。进出口贸易额 5.38 亿美元，同比减少 24%，其中进口贸易额2 413.8万美元，同比增长 318%；出口贸易额 5.13 亿美元，同比减少

27%。

【阿黑土别克陆路（公路）口岸】 位于新疆维吾尔自治区阿勒泰地区哈巴河县西部，对面为哈萨克斯坦共和国东哈州。地处北纬48°21′，东经85°44′。口岸距哈巴河县城117千米，距阿勒泰市284千米，距乌鲁木齐市829千米。1992年8月，中哈两国政府签订协议，同意开放阿黑土别克陆路（公路）口岸，允许中哈两国人员、交通工具和货物通行。1994年3月经国务院批准对外开放。口岸的总体规划已完成。截至2013年，该口岸尚未开通。

【吐尔尕特陆路（公路）口岸】 位于新疆维吾尔自治区克孜勒苏柯尔克孜自治州乌恰县境内，地处图噜噶尔特山口，地理坐标为东经75°23′，北纬49°30′，海拔3 795米。距阿图什市170千米，距喀什165千米，距乌鲁木齐1 630千米。与口岸对应的为吉尔吉斯斯坦共和国的图噜噶尔特口岸，相距12千米。早在汉代，吐尔尕特是丝绸之路上的一个重要驿站。口岸通商始于1881年，已有上百年的历史。20世纪初期口岸已经开放。新中国成立后，根据中苏两国签订的贸易协定和换货合同，于1950年初正式办理进出口过货。1958年5月，开展了中苏两国间的边境贸易。1969年通商贸易停止。1983年12月13日，再次恢复通商贸易。2013年出入境旅客12 958人次，同比增长12%。出入境员工32 477人次，同比减少4%。出入境交通工具32 732辆次，同比减少4%。进出口货运量41.3万吨，同比减少6.1%，其中进口货运量3.8万吨，同比减少21%；出口货运量37.4万吨，同比减少4.6%。进出口贸易额23.8亿美元，其中进口贸易额4 095万美元；出口贸易额23.4亿美元。

【伊尔克什坦陆路（公路）口岸】 位于新疆维吾尔自治区克孜勒苏柯尔克孜自治州乌恰县境内，地处东经73°58′，北纬39°42′，距乌恰县城150千米，距阿图什市250千米。伊尔克什坦国境公路经X54省道与314国道相连，从该口岸至吉尔吉斯奥什州210千米，比从吐尔尕特陆路（公路）口岸出境到奥什州近800千米，是我国最西端的一条重要国际通道。伊尔克什坦陆路（公路）口岸是古丝绸之路上的一个重要通道和驿站，历史上曾有过一段商旅不断的繁荣时期。20世纪50年代，这里是中苏两国边民贸易的通道，后因中苏关系恶化，该口岸被迫关闭。1996年江泽民主席出访中亚五国期间，与吉尔吉斯共和国总统达成开放该口岸的协议。1998年1月26日国务院批准该口岸为国家一类口岸，对吉尔吉斯共和国及第三国人员、货物开放。2013年出入境人员42 310人次，同比增长0.2%。出入境旅客10 702人次，同比增长34%。出入境员工31 608人次，同比减少7.6%。出入境车辆35 395辆次。进出口货运量43.2万吨，同比减少8.4%，其中进口货运量3.21万吨，同比减少30%；出口货运量40.1万吨，同比减少6.1%。进出口贸易额19.7亿美元，同比减少9.6%，其中进口贸易额0.3亿美元，同比减少52.4%；出口贸易额19.4亿美元，同比减少8.4%。

【红其拉甫陆路（公路）口岸】 位于新疆维吾尔自治区喀什地区西南部，帕米尔高原塔什库尔干塔吉克自治县境内，同巴基斯坦北部地区毗邻。东经75°33′，北纬37°02′，海拔4 500米。从红其拉甫入境，至塔什库尔干县城130千米，至喀什市420千米，至乌鲁木齐市1 890千米。从红其拉甫出境，至巴基斯坦苏斯特125千米，至巴基斯坦北部地区首府吉尔吉特市270千米，至巴基斯坦首都伊斯兰堡约870千米。与红其拉甫陆路（公路）口岸对应的是巴基斯坦北部地区的苏斯特口岸。由于红其拉甫陆路（公路）口岸海拔较高，严重缺氧，气候恶劣，1993年口岸检查检验机构下迁至塔什库尔干县城办公。1981年9月，中国和巴基斯坦政府达成原则协议，同意开放红其拉甫陆路（公路）口岸。1982年8月27日，口岸对中巴两国公民正式开放。1986年5月1日，又正式向第三国人员开放。2013年出入境人员15 949人次，同比增长23%。出入境旅客10 660人次，同比增长24%。出入境员工5 289人次，同比增长22%。出入境交通工具20 776辆次。进出口货运量4.87万吨，同比减少

18%，其中进口货运量 0.24 万吨，同比减少 43%；出口货运量 4.63 万吨，同比减少 16%。进出口贸易额 2.22 亿美元，同比减少 38%，其中进口贸易额 0.08 亿美元，同比减少 85%；出口贸易额 2.14 亿美元，同比减少 30%。

【卡拉苏陆路（公路）口岸】 位于新疆维吾尔自治区喀什地区塔什库尔干塔吉克自治县境内，在西昆仑山和萨雷阔勒岭之间，东经74°52′，北纬 38°11′，海拔 4 050 米。属高原山地气候，早晚温差大，气候比较寒冷。距塔什库尔干县城 62 千米，距喀什市 225 千米，距塔吉克斯坦穆尔加布市 89 千米，距塔吉克斯坦首都杜尚别约 850 千米。2004 年 5 月 25 日对外临时开放。2013 年 7 月 31 日 ~8 月 2 日自治区相关单位赴卡拉苏陆路（公路）口岸进行预验收工作，预计 2014 年上半年卡拉苏口岸可实现对外正式开放。2013 年出入境人员 19 339 人次，同比增长 74%。出入境旅客 4 045 人次，同比增长 42%。出入境员工 15 294 人次，同比增长 85%。进出口货运量 31.24 万吨，同比增长 79%，其中进口货运量 0.24 万吨，同比增长 211%；出口货运量 31 万吨，同比增长 79%。进出口贸易额 13.7 亿美元，同比增长 23%，其中进口贸易额 0.17 亿美元，同比增长 11.58%；出口贸易额 13.53 亿美元，同比增长 22%。

【乌拉斯台陆路（公路）口岸】 位于新疆维吾尔自治区奇台县北塔山地区，中蒙边界 73 号界标正西方向 4.3 千米，东经 90°44′，北纬 45°22′。口岸距边防会谈会晤站通道界线 4.8 千米、乌拉斯台会谈会晤站 4 千米，蒙古国北塔格口岸 6.5 千米。距奇台县城 248 千米，距乌鲁木齐市 450 千米，距昌吉市 485 千米。1991 年 6 月 24 日，中蒙两国政府在北京签署《中华人民共和国政府和蒙古人民共和国政府关于中蒙边境口岸及其管理制度的协定》，批准开放中蒙边境新疆昌吉回族自治州乌拉斯台口岸—北塔格口岸（蒙），为国家一类双边季节性开放口岸。2013 年出入境人员 365 人次，其中入境人员 115 人次，出境人员 250 人次。出入境旅客 187 人次。出入境员工 178 人次。出入境交通工具 191 辆次。出口货运量 4 232 吨。出口贸易额 327 万美元。

【老爷庙陆路（公路）口岸】 位于新疆维吾尔自治区哈密地区巴里坤哈萨克自治县境内，与蒙古国戈壁阿尔泰省相邻，对面为布尔嘎斯台口岸。从老爷庙入境至巴里坤县城 172 千米，至哈密市 308 千米，至乌鲁木齐 773 千米。老爷庙出境至蒙古布尔嘎斯台 57 千米，至布格特县城 280 千米，至戈壁阿尔泰省会阿尔泰市 484 千米。老爷庙陆路（公路）口岸历史上就是古代商人的驿站，是中蒙之间的通商要道。1991 年 6 月 24 日，中蒙两国政府达成协议，开放老爷庙—布尔嘎斯台口岸。1992 年 3 月正式开通。2013 年，出入境人员 55 286 人次，同比增长 34%。出入境车辆 44 792 辆次，同比增长 11%。进出口货运量 224.42 万吨，同比增长 41.83%，其中进口货运量 222.96 万吨（主要为铁矿砂），同比增长 41.5%；出口货运量 1.46 万吨，同比增长 132%。进出口贸易额 11.4 亿美元，同比增长 33.8%，其中进口贸易额 10.4 亿美元，同比增长 41.9%；出口贸易额 1 亿美元，同比增长 11.65%。

【红山嘴陆路（公路）口岸】 位于新疆维吾尔自治区阿勒泰地区福海县境内，东经88°55′，北纬 48°51′。距福海县城 240 千米，距阿勒泰市 192 千米，距乌鲁木齐市 896 千米，至中蒙边界线 2 千米，与蒙古国巴彦乌列盖省萨格赛县接壤，距巴彦乌列盖省省会乌列盖市 180 千米，距萨格赛县城 160 千米，从红山嘴出境至蒙古国大洋口岸 12 千米。红山嘴陆路（公路）口岸历史上就是中蒙贸易通道。1991 年 6 月 24 日中蒙两国政府签订协议，开放红山嘴陆路（公路）口岸。1992 年经国务院批准对外开放，1992 年 7 月正式开通。2013 年出入境人员 516 人次，其中入境人员 214 人次，出境人员 302 人次。出入境旅客 442 人次。出入境员工 74 人次。出入境交通工具 85 辆次。出口货运量 60 吨，同比减少 45.45%。出口贸易额 10 万美元，同比增长 254.62%。

【塔克什肯陆路（公路）口岸】 位于新疆维吾尔自治区阿勒泰地区青河县境内，东经90°48′，北纬46°11′。对面为蒙古国科布多省布尔干县。从塔克什肯入境距青河县城90千米，距阿勒泰市380千米，距乌鲁木齐市510千米。口岸距中蒙边界线15.5千米，距对方布尔干口岸25千米，距布尔干县城65千米，距科布多省会约265千米。口岸依山傍水，地势平坦，历史上就是中蒙贸易通道。新中国成立后中蒙贸易有所发展，当时中国向蒙古国出口的商品主要有农副产品和生活用品，进口的商品则是牲畜、棉布和茶叶。20世纪60年代初，塔克什肯与布尔干之间的贸易中断。1989年7月20日，口岸经国家批准对外开放。2013年出入境人员154 765人次，同比增长17%；出入境车辆13 487辆次，同比减少26%；进出口货运量16.67万吨，同比减少45%；进出口贸易额2.80亿美元。

新疆维吾尔自治区口岸大事记

1月17日

中哈双方在中方霍尔果斯口岸举行了第1次7天12小时工作制评估会议，签署了会议纪要并达成继续试行霍尔果斯公路口岸7天12小时通关工作制。

6月

自治区政府向国务院申报红山嘴陆路（公路）口岸向第三国开放。

12月23日

巴克图—巴克特陆路（公路）口岸农产品快速通关“绿色通道”正式开通。

（撰稿人：马建中、贾芳）

台湾地区

2013 年台湾地区口岸工作综述

2013 年，由于两岸情势稳定、政府持续推动各项公共运输发展及积极营销国际观光，加以台湾地区经济回温，运输、观光、邮政等交通各业绩有亮丽的表现。

运输方面：各项轨道运输（包括台铁、北高捷运及高铁载客量）均创历年新高，汽车客运则为近 16 年新高；港埠货柜装卸量刷新历年纪录，自由港区贸易量、值双双攀升高点；机场国际航线及两岸航线进出旅客，受惠观光效益，人数均创新高。

观光方面：来台旅客人数达 801.6 万人次，中国大陆及港澳地区、美国、马来西亚、新加坡、韩国、印度尼西亚、加拿大、澳大利亚、德国、法国、荷兰及意大利等主要国家和地区来台人数创历年新高，观光旅客持续扩增；另台湾地区民众离岛人数 1 105.3 万人次，亦达高峰。

邮政方面：邮政储金结存金额及两岸收寄快捷件数均刷新历年纪录。

各业施政指标		2013		成果
		成果	年增率（%）	
铁公路	轨道及汽车客运载客量总计（1~5 项）	599.8 万人次	+3.8	创历年新高
	1. 台铁每日载客量	62.3 万人次	+3.5	创历年新高
	2. 北捷每日载客量	174.0 万人次	+5.7	创历年新高
	3. 高捷每日载客量	16.6 万人次	+7.8	创历年新高
	4. 高铁每日载客量	13.0 万人次	+6.9	创历年新高
	5. 汽车每日载客量	333.9 万人次	+2.6	近 16 年新高
	6. 高速公路平均每日通行辆次	162.5 万辆次	+3.7	创历年新高
	7. ETC 车道通行率	79.1%	+26.1	创历年新高
港埠	8. 港埠货柜装卸量	1 405 万标箱	+1.2	创历年新高
	9. 港埠货物装卸量	7.1 亿计费吨	+2.2	近 6 年新高
	10. 港埠进出港旅客人数	99 万人次	+41.8	近 34 年新高
	11. 自由港区贸易量	1 412 万公吨	+38.7	创历年新高
	12. 自由港区贸易值	6 689 亿元	+33.3	创历年新高
航空	13. 各机场进出旅客人数	4 882 万人次	+7.5	近 14 年新高
	14. 各机场两岸航线客运量	919 万人次	+2.8	创历年新高
	15. 桃园国际机场旅客人数	3 070 万人次	+10.3	创历年新高
观光航空	16. 来台旅客人数	801.6 万人次	+9.6	创历年新高
	17. 来台观光目的旅客人数	547.9 万人次	+17.1	创历年新高
	18. 台湾地区民众离岛人数	1 105.3 万人次	+7.9	创历年新高
邮政	19. 邮政储金结存金额	5.2 兆元	+4.3	创历年新高
	20. 两岸收寄快捷件数	35.0 万件	+19.1	创历年新高

表注：本表港埠系指国际商港（基隆港、高雄港、台中港、花莲港、苏澳港、安平港及台北港）。其中，金额体制为新台币。

一、国际商港货柜装卸量创历年新高，台中港两岸柜量占比最高

2013 年，台湾地区国际商港货柜装卸量 1 405万标箱，创历年新高，较上年增加 1.2%；其中以高雄港 994 万标箱居首（占 70.7%，增 1.6%），其转口柜 475 万标箱占 47.8%，其次基隆港 161 万标箱（增 0.3%），台中港及台北港分别为 147 万标箱（增 5.2%）和 103 万标箱（减 6.2%）。

两岸海运直航部分，2013 年台湾地区国际商港货柜装卸 227 万标箱（增 6%），以高雄港 128 万标箱最多（增 6%），其次为台中港 46 万标箱（增 4.4%），基隆港 45 万标箱（增 9%）三港合占总量的 96%；各港两岸直航货柜装卸量占该港货柜装卸量的比率以台中港 31.1% 最多，且连续 2 年超过 30%，货柜装卸量屡创佳绩。

在一般货物装卸量方面，2013 年达 2 亿 7 万计费吨，较上年增加 4.7%，若依主要港口观察，其中高雄港 8 370 万计费吨，同比减少 5.1%，主要系原油及煤炭进口减少；台中港 6 768 万计费吨，因铁矿砂及石油同比增加 11.1%；台北港 1 767 万计费吨，同比增长 35.6%，增幅最大，为煤炭、铁矿砂及其他液化品增加所致。

近 6 年国际商港货柜装卸量

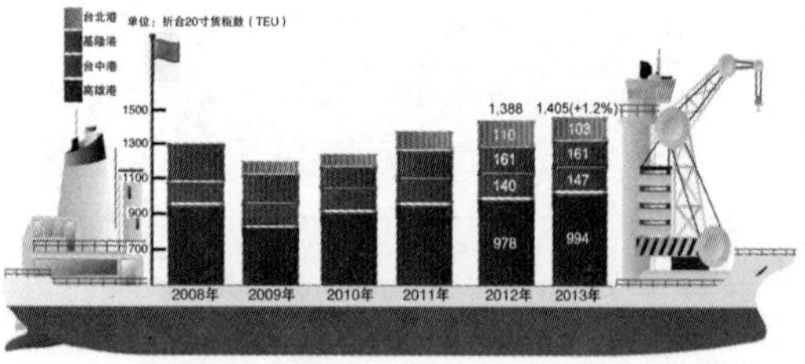

注：1. 总计包含安平港。

2. 2008 年 12 月 15 日起实施两岸海运直航。

3. 2009 年 2 月 18 日台北港货柜业务正式营运。

二、国际邮轮旅客增长近 70%，带动进出港旅客量

2013 年，国际商港进出港旅客人数计 99.2 万人次，较上年增加 41.8%。各港以基隆港 52.5 万人次居首（占 52.9%，增 22.6%），其国际邮轮旅客 39.9 万人次（增 45.5%）；台中港 17.3 万人次（占 17.4%，增 24.8%），创历年新高，主要来自两岸渡轮之旅客 10.6 万人次；高雄港 14.1 万人次（增 18.5%）。

2013 年，国际邮轮旅客人数计 55 万人次（占 55.5%，增 68.5%），展现台湾港务公司推动国际邮轮靠泊之亮丽成果；两岸渡轮为 14.2 万人次（占 14.4%，减 16.1%），主要因台州—基隆航线停航所致；国内航线则受惠“丽娜轮”苏澳—花莲航线营运，旅客增至 29.8 万人次（占 30.1%），同比增加 47.5%。

两岸小“三通”持续受两岸海空运直航吸纳效应影响，2013 年进出港旅客计 139 万人次，人数为近 4 年新低，较上年同期减少 6.7%，以金门港 135 万人次为主（占 97%），同比减少 7.2%。

近 6 年国际商港进出港旅客人数

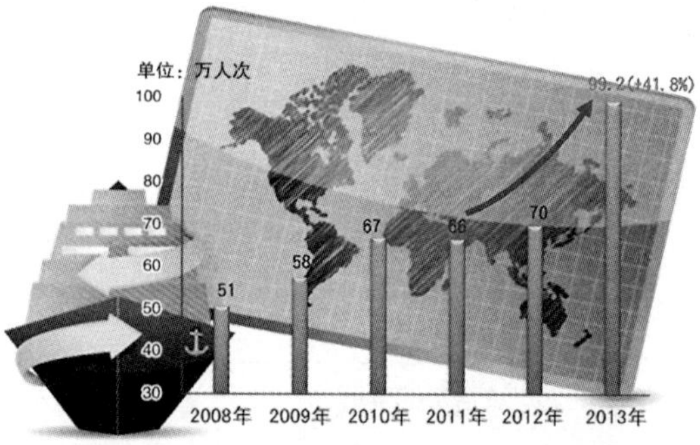

注：2008 年 12 月 15 日起实施两岸海运直航。

三、自由贸易港区贸易量、值续增，再创佳绩

2013 年，自由贸易港区贸易量 1 412 万公吨，较上年增加 394 万公吨（增 38.7%），贸易值6 689亿元（新台币，下同），同比增加 1 670 亿元（增 33.3%），占台湾地区进出口贸易总值 17 兆 639 亿元（增 0.8%）之 3.9%，显示自由贸易港区贸易量、值续呈强劲成长之势，并双创历年新高。

综观各自由贸易港区贸易值变化，以台中港 3 842亿元居冠，同比增加 32.2%，主要系外国

油商以台中港为油品储转中心之需求增加所致；其次桃园空港因上年同期电子业需求疲弱，比较基期偏低，厂商引进高单价货物转运再出口，国际物流业务大幅增加，贸易值1 672亿元，同比大幅增加552亿元（增49.3%）；台北港因汽车、零组件及油品业务转运增长，贸易值跃升至749亿元，同比增长32.6%；另高雄港贸易值为286亿元，同比减少4.8%；基隆港贸易值为141亿元，同比增加9.1%。

各海港在营运利基持续发酵下，整体贸易规模持续扩增；而桃园空港由于云端产业进驻，可望带动相关产业整合，有助提升空港营运收益。展望未来，透过自贸港多元发展，将提升竞争力，带动台湾经济发展。

近6年自贸港区贸易量、值

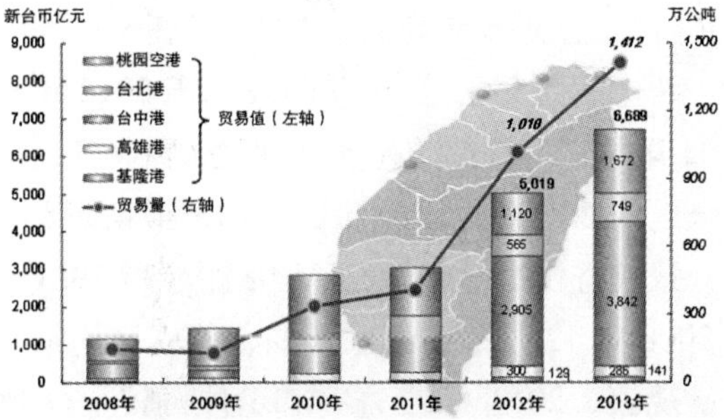

注：本表总计含苏澳港。

四、机场旅客人数创近14年新高，低成本航空成长迅速

2013年，台湾地区各机场进出旅客合计4 882万人次（平均每日13.4万人次），较上年增加340万人次（增7.5%），其中国际航线（含港澳）旅客2 699万人次，同比增加12.8%；两岸航线919万人次，同比增加2.8%；本地航线1 055万人次，同比减少1.2%；另过境旅客209万人次，同比增加11.6%。

就各机场进出旅客人数观察，桃园机场受惠于观光人数持续增加，带动航空客运畅旺，进出旅客人数3 070万人次（平均每日8.4万人次），创历年新高；松山机场及高雄机场进出旅客分别为585万人次（平均每日1.6万人次）和465万人次（平均每日1.3万人次）亦稳定成长，分别创近7年及近6年新高。

另观察航空客运市场变化，依据国际民航组织（ICAO）2013年报告，低成本航空（Low Cost Carriers，LCCs）亚洲市场占有率为23%，欧洲更高达37%。近年来台湾国际旅游市场有年轻化趋势，因此吸引外籍航空公司纷纷来台设点，既能产生价格竞争优势，又有助于推升来台观光人数，2013年在台营运的13家外籍低成本航空公司，其载客计232万人次，占国际航线客运量6%，较上年增加85.6%，增长迅速。

近6年台湾地区主要机场进出旅客人数

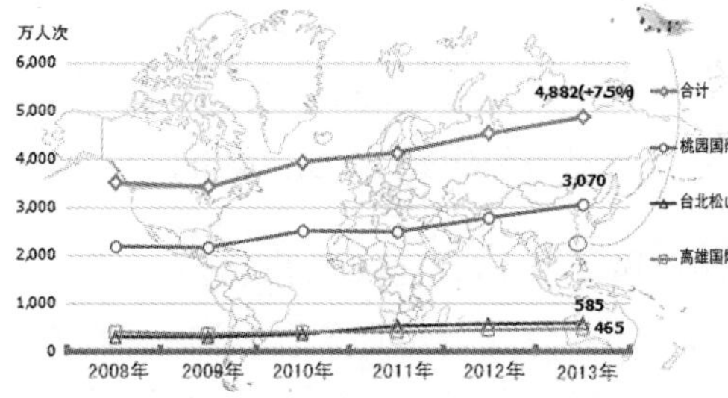

五、亚洲地区来台旅客人数连续5年两位数增长

2013年，台湾地区积极推展国际观光营销，加上两岸情势稳定，整体来台旅客人数持续增长，全年突破800万人次（达801.6万人次），较上年增加9.6%，平均每日2.2万人次。观光外汇收入新台币3 742亿元，较上年增长7.4%。旅游市场持续增长，进而带动相关产业发展，其中以观光旅馆2013年总营业额551亿元，同比增长4.9%表现最为亮眼，展现本地区观光市场经营绩效。

2013年，来台旅客以亚洲地区713.9万人次（占89.1%）最多，同比增加10.3%，为连续5年2位数成长。各国家（地区）中以中国大陆287.5万人次居首，虽受其实施《旅游法》影响，增长略有减缓，仍较上年增加11.1%；其次为日本142.2万人次，由于日币贬值降低日本人出游意愿，致较上年微幅减少0.8%；再次为中国港澳旅客连续2年突破百万达118.3万人次，同比增加 16.4%；马来西亚、新加坡、韩国、印度尼西亚、美国、加拿大、法国、德国、澳大利亚、意大利及荷兰等地来台人数均创历年新高，本地区观光市场多元蓬勃发展。

2013 年来台旅客人数按居住地分

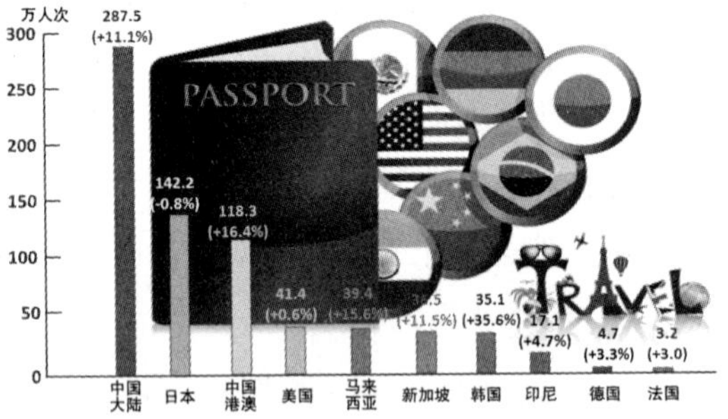

六、台湾地区民众离岛人数连续 4 年增加

2013 年，台湾地区民众出台湾地区人数达 1 105.3万人次（平均每日 3 万人次），创历年新高，较上年增加 7.9%，已连续 4 年增长。就离岛目的地观察，台湾地区民众离岛仍以临近区域为主，其中以前往中国大陆 307.2 万人次（平均每日 8 417 人次）居首位，同比减少 2.1%，除部分受 H7N9 禽流感疫情影响外，也反映出台湾地区民众赴对岸交流有趋缓之势；其次为赴日本之 234.6 万人次，同比大幅增加 50.4%，主因日币贬值，提升台湾地区民众赴日旅游诱因，再创历史新高；前往香港地区 203.9 万人次，同比增加 0.9%，以上三地合占出境总人数的 67%。

2013 年台湾地区民众离岛人数按目的地分

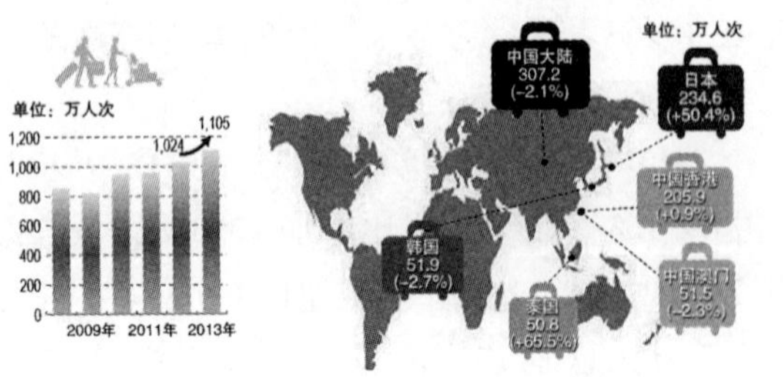

往年台湾地区民众喜爱之东南亚旅游地区，2013 年 5 月起受“广大兴”渔船遭菲律宾海巡人员枪击事件影响，牵动台湾地区民众赴相关国家地区旅游之消长，其中以赴泰国 50.8 万人次，较上年增加 65.5%，增长最多，其次越南 36.2 万人次（增 6%）创历年新高，再次为新加坡 29.8 万人次（增 23%）及马来西亚 22.7 万人次（增 17.5%）；至于菲律宾及印度尼西亚则分别减少 38.8% 和 16.4%。

七、两岸邮政速递创佳绩，带动两岸快捷邮件续创新高

2013 年，“中华邮政”收寄邮件合计273 312万件，较上年减少 0.3%，其中函件269 998万件（减 0.2%）、包裹 2 560 万件（减 8.4%）及快捷邮件 754 万件（减 1.5%）。由于网络购物蓬勃发展，提供更为经济实惠的宅配新选择，2013 年 3 月 26 日起开办 1 千克以下“便利包”，致 2013 年函件类小包交寄量 2 281 万件（增 22.6%），创近 6 年新高。

两岸邮务方面，“中华邮政”于 2012 年 9 月 17 日开办“两岸邮政速递（快捷）”业务，提供民众更便捷实惠的邮递服务，2013 年收寄 8.1 万件，致收寄快捷总件数达 35 万件（增 19.1%），创 2008 年 12 月开办以来最高，若就平均每月速递量观察，2013 年收寄 6 716 件，较上年增加 69.7%，显示此项业务发展之潜力。另两岸收寄函件418.1 万件（增 3.8%）亦创近 5 年新高，只有包裹 7.5 万件（减 9.6%）呈现下降。

近 5 年“中华邮政”两岸收寄函件及快捷邮件数

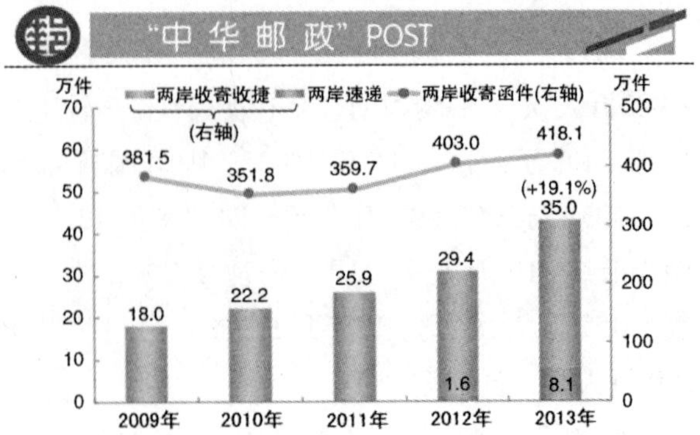

邮政储金方面，2013 年底结存户数为 3 399 万户（增 2%）、结存金额 5 兆 2 109 亿元（增 4.3%）及平均每户结存金额达 15.3 万元（增 2.3%），均创历年新高。

香港地区

2013 年香港地区口岸工作综述

说明：香港地区对外贸易包括香港地区的对外商品贸易及服务贸易。香港地区的对外商品贸易统计是根据进出口报关单上的资料编制。《中华人民共和国香港特别行政区基本法》说明，香港特别行政区为单独的关税地区。香港地区与中国内地之间的贸易，亦须办理进出口报关，有关的统计资料包括在香港地区的对外商品贸易统计数字内。香港地区与中国内地之间的服务贸易视作对外交易，并包括在香港地区服务贸易统计数字内。

总体商品贸易

单位：百万港元

贸易种类	2011 年	2012 年	2013 年
港产品出口（离岸价）	65 662	58 830	54 364
同比（%）	-5.5	-10.4	-7.6
转口（离岸价）	3 271 592	3 375 516	3 505 322
同比（%）	+10.5	+3.2	+3.8
整体出口（离岸价）	3 337 253	3 434 346	3 559 686
同比（%）	+10.1	+2.9	+3.6
进口（到岸价）	3 764 596	3 912 163	4 060 717
同比（%）	+11.9	+3.9	+3.8
贸易总额	7 101 849	7 346 509	7 620 404
同比（%）	+11.0	+3.4	+3.7
商品贸易差额	-427 343	-477 817	-501 031

港口货物吞吐量

单位：千公吨

项目		2011 年	同比（%）	2012 年	同比（%）	2013 年	同比（%）
港口货物总吞吐量	合计	277 444	+3.6	269 282	-2.9	276 055	+2.5
	卸下	157 841	+2.3	154 699	-2.0	162 275	+4.9
	装上	119 603	+5.3	114 583	-4.2	113 780	+0.7
海运货物吞吐量	合计	194 926	+7.1	188 860	-3.1	184 238	-2.4
	卸下	120 185	+5.0	117 448	-2.3	116 071	-1.2
	装上	74 742	+10.6	71 412	-4.5	68 168	-4.5
河运货物吞吐量	合计	82 518	-3.8	80 423	-2.5	91 817	+14.2
	卸下	37 656	-5.4	37 251	-1.1	46 205	+24.0
	装上	44 862	-2.5	43 172	-3.8	45 612	+5.7

按用途类别划分的进口、转口及留用进口货值

单位：百万港元

	用途类别	2011 年	2012 年	2013 年
食品	进口	145 231	150 743	169 748
	转口	39 150	39 509	42 908
	留用进口	109 291	114 870	130 787
消费品	进口	938 089	944 366	933 964
	转口	883 834	866 744	841 128
	留用进口	250 466	265 125	274 797
原料及半制成品	进口	1 297 711	1 284 357	1 359 996
	转口	1 115 625	1 110 436	1 168 233
	留用进口	327 620	306 262	330 993
燃料	进口	145 973	141 887	137 214
	转口	4 561	6 659	5 753
	留用进口	141 639	135 728	131 892
资本货品	进口	1 237 593	1 390 809	1 459 795
	转口	1 228 421	1 352 168	1 447 300
	留用进口	196 972	234 489	222 122
总计	进口	3 764 596	3 912 163	4 060 717
	转口	3 271 592	3 375 516	3 505 322
	留用进口	1 026 078	1 056 611	1 095 355

按主要国家/地区划分的商品贸易

单位：百万港元

贸易种类/主要国家/地区		2011 年	2012 年	2013 年
进口	总量	3 764 596	3 912 163	4 060 717
	同比（%）	+11.9	+3.9	+3.8
中国内地		1 696 807	1 840 862	1 942 131
日本		318 601	311 605	286 343
中国台湾		240 916	244 889	261 895
新加坡		254 556	246 346	246 441
美国		211 368	204 459	219 678
韩国		149 969	153 527	158 709
马来西亚		89 015	83 649	87 601

续表1

贸易种类/主要国家/地区		2011 年	2012 年	2013 年
印度		86 603	81 831	87 321
泰国		76 537	72 873	77 544
瑞士		79 081	78 546	77 195
出口	总量	65 662	58 830	54 364
	同比（%）	-5.5	-10.4	-7.6
中国内地		30 699	26 026	24 784
美国		7 165	6 766	5 401
新加坡		2 620	2 712	2 533
中国台湾		3 004	2 698	2 433
中国澳门		1 439	1 664	1 856
越南		1 136	1 388	1 815
瑞士		2 847	3 062	1 486
澳大利亚		792	795	1 315
日本		1 531	1 192	1 262
马来西亚		1 266	1 313	1 165
转口	总量	3 271 592	3 375 516	3 505 322
	同比（%）	+10.5	+3.2	+3.8
中国内地		1 716 656	1 831 732	1 924 463
美国		323 606	331 739	325 902
日本		133 624	142 778	133 967
印度		92 919	76 281	82 965
中国台湾		82 266	78 145	74 926
德国		88 675	77 441	73 552
韩国		59 829	57 576	63 070
越南		44 991	49 315	56 766
新加坡		53 624	53 238	56 047
英国		57 178	54 015	53 006
整体出口	总量	3 337 253	3 434 346	3 559 686
	同比（%）	+10.1	+2.9	+3.6
中国内地		1 747 355	1 857 759	1 949 247
美国		330 771	338 505	331 303
日本		135 155	143 970	135 229
印度		93 518	77 181	83 301
中国台湾		85 270	80 842	77 359

续表 2

贸易种类/主要国家/地区		2011 年	2012 年	2013 年
德国		89 264	77 812	73 827
韩国		61 274	58 853	64 128
越南		46 127	50 702	58 580
新加坡		56 244	55 950	58 580
英国		58 688	55 164	54 045
贸易总额	总量	7 101 849	7 346 509	7 620 404
	同比（%）	+11.0	+3.4	+3.7
中国内地		3 444 162	3 698 621	3 891 378
美国		542 140	542 964	550 981
日本		453 756	455 575	421 572
中国台湾		326 186	325 732	339 253
新加坡		310 799	302 297	305 021
韩国		211 243	212 379	222 838
印度		180 121	159 013	170 622
德国		154 952	135 090	129 689
泰国		119 056	114 628	120 861
马来西亚		117 617	112 421	114 301

按产品所属工业划分的港产品出口统计表

单位：百万港元

主要货物类别	2011 年	2012 年	2013 年
食品	2 431.7	2 657.7	2 819.8
饮品	496.8	509.6	557.5
烟草制品	2 494.7	2 950.5	3 093.3
纺织制品	1 504.7	1 388.2	1 206.1
成衣制品	2 786.8	1 986.0	1 659.1
纸及纸制品和印刷及已储录资料媒体的复制	4 593.6	3 920.8	3 467.6
非金属矿产制品	1 154.3	904.2	760.3
化学品及化学产品	9 637.3	8 196.2	7 870.6
药品、医药化学剂和植物药材产品	2 512.7	2 922.9	2 703.9
橡胶及塑胶制品（家具、玩具、体育用品及文具除外）	1 348.9	1 369.5	1 370.2
基本金属制品	9 066.0	7 934.7	6 114.9
金属制品（机械及设备除外）	369.8	330.7	481.8

续表

主要货物类别	2011 年	2012 年	2013 年
电脑、电子及光学产品	9 057.8	7 049.1	5 160.0
电器设备制品	1 037.2	919.3	930.1
其他机械设备	4 904.2	3 487.4	3 497.9
珠宝首饰及相关制品	8 613.0	9 002.6	8 713.6
其他制造业	1 961.1	2 136.7	2 732.3
总计	63 970.5	57 666.2	53 139.2

商品贸易指数

（2010 年 =100）

指数类别	贸易种类	2011 年	2012 年	2013 年
货值	进口	111.9	116.3	120.7
	同比（%）	+11.9	+3.9	+3.8
	港产品出口	94.5	84.6	78.2
	同比（%）	-5.5	-10.4	-7.6
	转口	110.5	114.0	118.4
	同比（%）	+10.5	+3.2	+3.8
	整体出口	110.1	113.3	117.4
	同比（%）	+10.1	+2.9	+3.6
	留用进口	117.3	120.8	125.2
	同比（%）	+17.3	+3.0	+3.7
单位价格	进口	108.1	111.6	112.6
	同比（%）	+8.1	+3.3	+0.9
	港产品出口	106.4	109.1	111.5
	同比（%）	+6.4	+2.5	+2.2
	转口	108.0	111.7	113.1
	同比（%）	+8.0	+3.4	+1.3
	整体出口	108.0	111.6	113.1
	同比（%）	+8.0	+3.4	+1.3
	留用进口	109.5	109.7	109.4
	同比（%）	+9.5	+0.2	-0.3

续表

指数类别	贸易种类	2011 年	2012 年	2013 年
货量	进口	104. 1	105. 1	109. 3
	同比（%）	+4. 1	+1. 0	+3. 9
	港产品出口	88. 1	76. 6	69. 4
	同比（%）	-11. 9	-13. 0	-9. 4
	转口	102. 7	102. 9	106. 0
	同比（%）	+2. 7	+0. 1	+3. 0
	整体出口	102. 4	102. 3	105. 2
	同比（%）	+2. 4	-0. 1	+2. 8
	留用进口	107. 8	111. 6	118. 6
	同比（%）	+7. 8	+3. 5	+6. 3
贸易价格比率		99. 9	100. 0	100. 4
	同比（%）	-0. 1	+0. 1	+0. 4

表注：1. 贸易指数已更新为以 2010 年为基期。数字是全年指数。

2. 贸易价格比率指数是指计算自整体出口单位价格指数与进口单位价格指数的比率。

澳 门 地 区

2013 年澳门地区口岸工作综述

2013 年，澳门地区年经济实质增长 11.9%，本地生产总值为 4 135 亿元（澳门元，下同），人均本地生产总值为 697 502 元（约 87 306 美元）。经济增长主要动力源自旅游博彩业持续畅旺，带动服务出口增加 12%；其中博彩服务出口增加 12.4%、其他旅游服务出口上升 10%，拉动经济增长 12.3%。其他组成部分方面，虽然私人投资增加 27.3%，但政府投资大幅回落 48.1%，导致固定资本投资增幅明显收窄至 4.7%；另外，私人消费及政府最终消费支出均上升 6.3%、货物出口增加 11.4%，而货物进口上升 15.1%。

澳门地区生产总值主要指标

	2011	2012	2013
本地生产总值－当年价格（亿澳门元）	2 937	3 434	4 135
实质增长率（%）	+21.3	+9.1	+11.9
人均本地生产总值－当年价格（澳门元）	534 734	603 495	697 502
人均本地生产总值实质增长率（%）	+18.6	+5.4	+7.4

在本地生产总值结构方面，旅游博彩业兴旺，令货物及服务净出口占本地生产总值的比重由 2012 年的 58.2%扩大至 2013 年的 60.9%。相反，内部需求所占的比重由 2012 年 41.8%下降至 2013 年的 39.1%，其中，投资的比重下跌 0.9 个百分点，为 13.8%；私人消费支出（18.7%）及政府最终消费支出的比重（6.5%）亦分别回落 1.4 及 0.4 个百分点。

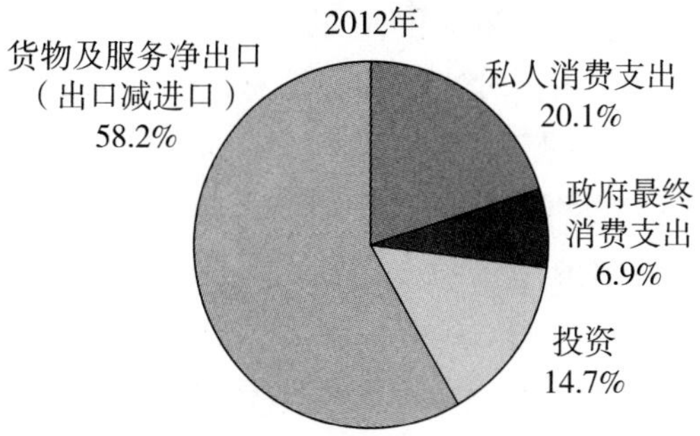

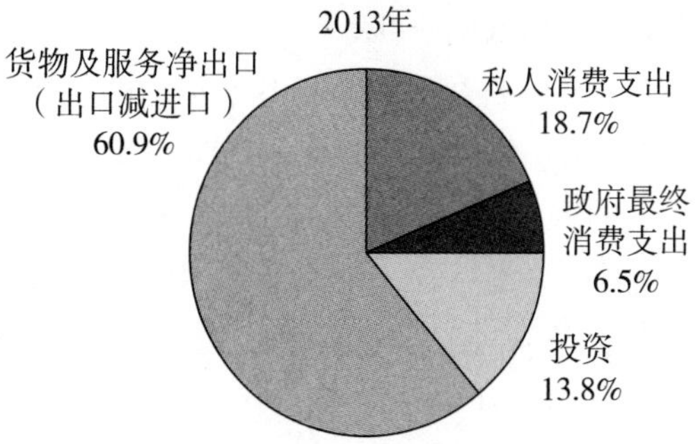

本地生产总值主要组成部分结构

【进出口贸易】 2013 年，总出口货值为 90.9 亿元，同比增长 11%；本地产品出口（20.1 亿元）持续萎缩，同比下降 12%，再出口（70.8 亿元）则同比增加 21%，其占出口货值的比重已上升至 78%。随着内部需求及旅客消费增加，带动进口货值同比增加 14%，达 810.1 亿元，创历年最高纪录。2013 年，货物贸易逆差为 719.2 亿元。

2013 年，输往中国香港（48.6 亿元）及中国内地（16.1 亿元）货值分别同比上升 19%及 17%，出口至美国（3.6 亿元）及欧洲联盟（2.8 亿元）分别同比减少 28%及 11%。

2013 年，非纺织品出口为 82.5 亿元，同比上升 16%，其中电子元器件（9.6 亿元）和钻石及钻石首饰（5.1 亿元）的升幅达 53%及 155%。纺织品及成衣出口为 8.5 亿元，同比下跌 20%，针织/钩织成衣（2.9 亿元）同比减少 29%。

2013 年，由中国内地（264.1 亿元）和欧洲联盟（187.9 亿元）进口货值同比增加 14% 和

13%。消费品进口同比增加19%，为516.5亿元，其中黄金制首饰（96.7亿元）、手表（65亿元）和美容化妆及护肤品（26.8亿元）分别同比上升31%、26%和66%。

2013年，对外商品贸易总额达901.1亿元，较2012年的790.9亿元增加14%。

【货运情况】 2013年，经陆路进出澳门地区及中国内地的汽车总流量同比增长4%，达4 658 186辆次，其中81%经关闸进出。在海路客运方面，往来港澳及中国内地的客轮共138 342班，同比下降1%，其中往来香港地区的客轮班次占总数的79%。

2013年，经国际机场抵达及离境的商业航班共44 917班，较2012年增长16%，其中往来中国内地的飞机航班占总数的38%，同比增长20%。另一方面，往来港澳及中国内地的直升机航班共17 285，同比减少6%，其中往来香港地区的占总数的81%。

2013年，海路货柜总吞吐量为124 973标准货柜单位，共89 494柜次，同比分别增加4%和2%。经海路进出口的货柜货物毛重为194 638公吨，同比减少6%，其中6 122公吨为转口货物。经陆路进出口的货柜货物毛重共28 827公吨，同比减少6%，其中转口货物有9 355公吨。

航空货物出口达15 019吨，同比减少8%。进口货物同比增加1%，为6 434公吨。转口空运货物共4 968公吨，同比减少2%。

【出入境情况】 2013年12月，旅客为2 586 829人次，同比增加4%；不过夜旅客有1 313 836人次，占总数的51%。

中国内地旅客有1 620 434人次，同比增长8%，主要来自广东省（647 348人次）及福建省（66 940人次）；个人游中国内地旅客有700 934人次。此外，韩国（46 412人次）及马来西亚（40 935人次）旅客同比分别增加5%及8%；中国香港（570 830人次）及中国台湾（86 575人次）旅客则同比减少7%及3%。长途旅客方面，澳洲（11 416人次）旅客同比增加5%，而美国（16 182人次）、加拿大（6 684人次）及英国（4 524人次）旅客同比分别下降3%、6%及3%。

2013年12月，旅客平均逗留1.0日，与2012同月持平，留宿旅客及不过夜旅客平均逗留1.9日及0.2日。

2013年全年旅客总数达29 324 822人次，较2012年增加4%；不过夜旅客有15 056 359人次（占总数的51%）。中国内地旅客同比增加10%，共18 632 207人次，其中个人游中国内地旅客占43%。韩国（474 269人次）旅客同比增长7%。而中国香港（6 766 044人次）、中国台湾（1 001 189人次）、马来西亚（291 136人次）及日本（290 622人次）旅客分别同比减少4%、7%、4%及27%。此外，来自英国（61 330人次）及法国（43 440人次）的长途旅客有所增加；美国（179 527人次）、澳洲（109 566人次）及加拿大（74 213人次）的旅客则有所减少。2013年旅客平均逗留1.0日，与2012年持平。

澳门地区对外贸易指数

年	出口			本地产品出口			再出口			进口			贸易价格比率
	价值	单位价格	数量	价值	单位价格	数量	价值	单位价格	数量	价值	单位价格	数量	
2011	100.0	100.0	100.0	100.0	100.0	100.0	100.0	100.0	100.0	100.0	100.0	100.0	100.0
2012	117.1	100.7	116.3	95.6	101.3	94.4	128.2	100.6	127.5	113.9	103.0	110.6	97.7
2013	130.5	100.1	130.3	84.1	103.3	81.4	154.7	99.6	155.3	130.1	102.5	126.8	97.6

澳门地区对外商品贸易主要指标

单位：百万澳门元

年	进口	按年变动（%）	出口	按年变动（%）	本地产品出口	按年变动（%）	再出口	按年变动（%）
2012	70 927.8	+14	8 159.7	+17	2 285.0	-4	5 874.7	+28
2013	81 013.5	+14	9 093.9	+11	2 009.2	-12	7 084.7	+21

澳门国际机场空运货物流量

单位：公吨

年	总数	出发地								
		中国内地	中国台湾	韩国	日本	泰国	马来西亚	菲律宾	新加坡	其他
2011	9 826	261	7 637	135	213	553	115	642	69	200
2012	6 393	323	4 108	86	165	638	104	716	85	168
2013	6 434	405	3 763	166	242	751	116	795	44	152
年	总数	目的地								
		中国内地	中国台湾	韩国	日本	泰国	马来西亚	菲律宾	新加坡	其他
2011	24 950	1 433	19 525	313	583	1 465	719	33	788	90
2012	16 348	1 491	9 089	555	529	2 338	1 205	57	842	241
2013	15 019	1 646	6 480	530	444	3 085	1 240	334	667	592

澳门地区边检站车辆总流量

单位：辆次

年	总数	入境				出境			
		小计	重型客车	重型货车	轻型汽车	小计	重型客车	重型货车	轻型汽车
2011	4 135 910	2 047 054	400 534	165 854	1 480 666	2 088 856	408 324	167 740	1 512 792
2012	4 465 854	2 222 373	471 706	163 814	1 586 853	2 243 481	479 667	160 778	1 603 036
2013	4 658 186	2 321 370	509 334	154 081	1 657 955	2 336 816	517 526	156 450	1 662 840

澳门地区各口岸货柜货物毛重统计表

单位：公吨

年	总数	进口						出口					
		小计	内港	关闸	九澳港	路凼城边检站	跨境工业区	小计	内港	关闸	九澳港	路凼城边检站	跨境工业区
2011	202 852	175 483	120 361	1 170	36 406	16 863	684	27 369	16 438	29	5 088	5 768	47
2012	220 912	198 927	116 648	678	66 907	14 088	606	21 985	13 928	27	3 732	4 225	72
2013	207 988	191 177	116 486	350	57 473	16 762	105	16 811	11 595	9	2 961	2 109	136
年	总数	转口入境						转口出境					
		小计	内港	关闸	九澳港	路凼城边检站	跨境工业区	小计	内港	关闸	九澳港	路凼城边检站	跨境工业区
2011	15 200	8 613	2 083	–	1 888	4 226	416	6 588	274	820	422	4 941	131
2012	17 050	10 023	1 015	–	2 557	3 051	3 399	7 027	324	711	2 167	3 772	53
2013	15 477	9 680	1 238	–	2 666	2 520	3 256	5 797	534	709	1 685	2 729	140

澳门地区货柜流量统计表

单位：柜次

年	总数	进口			出口		
		小计	海路	陆路	小计	海路	陆路
2011	78 763	50 228	48 235	1 993	28 535	26 668	1 867
2012	91 270	56 188	54 253	1 935	35 082	33 454	1 628
2013	92 711	58 468	56 517	1 951	34 243	32 802	1 441
年	总数	转口入境			转口出境		
		小计	海路	陆路	小计	海路	陆路
2011	916	530	182	348	386	44	342
2012	615	338	108	230	277	16	261
2013	539	357	162	195	182	13	169

澳门地区离澳货船统计表

年	船旗											
	中国内地			中国香港			巴拿马			其他		
	船次	千总吨	千净吨	船次	千总吨	千净吨	船次	千总吨	千净吨	船次	千总吨	千净吨
2011	5 429	3 114	1 750	3 249	2 161	1 035	17	39	14	34	47	18
2012	8 622	4 027	2 278	2 892	1 985	967	16	32	13	37	62	25
2013	9 956	5 328	2 950	2 127	1 574	820	17	32	15	25	77	24

澳门地区按原居地统计之出入境旅客表

原居地	入境					出境				
	2012 年		2013 年		变动率（%）	2012 年		2013 年		变动率（%）
	人次	结构（%）	人次	结构（%）		人次	结构（%）	人次	结构（%）	
总数	28 082 292	100.0	29 324 822	100.0	+4.4	27 977 281	100.0	29 220 575	100.0	+4.4
中国内地	16 902 499	60.2	18 632 207	63.5	+10.2	16 845 684	60.2	18 565 739	63.5	+10.2
中国香港	7 081 153	25.2	6 766 044	23.1	-4.4	7 051 906	25.2	6 740 455	23.1	-4.4
中国台湾	1 072 052	3.8	1 001 189	3.4	-6.6	1 068 405	3.8	1 001 913	3.4	-6.2
印度	150 825	0.5	160 019	0.5	+6.1	150 149	0.5	159 293	0.5	+6.1
印度尼西亚	209 084	0.7	208 481	0.7	-0.3	208 703	0.7	207 936	0.7	-0.4
日本	395 989	1.4	290 622	1.0	-26.6	395 963	1.4	290 557	1.0	-26.6
马来西亚	301 802	1.1	291 136	1.0	-3.5	301 344	1.1	290 562	1.0	-3.6
菲律宾	283 881	1.0	274 103	0.9	-3.4	279 376	1.0	270 108	0.9	-3.3
韩国	444 773	1.6	474 269	1.6	+6.6	443 496	1.6	474 233	1.6	+6.9
新加坡	205 692	0.7	189 751	0.6	-7.7	205 568	0.7	189 601	0.6	-7.8
泰国	231 295	0.8	238 635	0.8	+3.2	230 492	0.8	238 255	0.8	+3.4
越南	13 868	0	17 105	0.1	+23.3	10 849	0	14 133	0	+30.3
亚洲其他	64 011	0.2	64 993	0.2	+1.5	62 986	0.2	64 159	0.2	+1.9
巴西	10 283	0	9 785	0	-4.8	10 240	0	9 706	0	-5.2
加拿大	83 459	0.3	74 213	0.3	-11.1	83 239	0.3	74 004	0.3	-11.1
美国	188 730	0.7	179 527	0.6	-4.9	188 278	0.7	178 999	0.6	-4.9
美洲其他	24 049	0.1	25 166	0.1	+4.6	23 908	0.1	25 093	0.1	+5.0
法国	42 486	0.2	43 440	0.1	+2.2	42 297	0.2	43 313	0.1	+2.4
德国	29 320	0.1	29 717	0.1	+1.4	29 197	0.1	29 640	0.1	+1.5
荷兰	12 506	0	11 697	0	-6.5	12 485	0	11 680	0	-6.4
意大利	13 004	0	13 487	0	+3.7	13 002	0	13 406	0	+3.1
葡萄牙	14 497	0.1	16 034	0.1	+10.6	14 035	0.1	15 612	0.1	+11.2
俄罗斯	26 844	0.1	30 528	0.1	+13.7	26 618	0.1	30 499	0.1	+14.6
西班牙	8 190	0	8 723	0	+6.5	8 145	0	8 673	0	+6.5
瑞士	7 521	0	7 658	0	+1.8	7 471	0	7 657	0	+2.5
英国	59 468	0.2	61 330	0.2	+3.1	59 322	0.2	61 174	0.2	+3.1
欧洲其他	48 856	0.2	50 221	0.2	+2.8	48 623	0.2	50 042	0.2	+2.9
澳洲	113 295	0.4	109 566	0.4	-3.3	113 025	0.4	109 224	0.4	-3.4
新西兰	14 399	0.1	14 401	0	0	14 388	0.1	14 357	0	-0.2
大洋洲其他	1 471	0	1 346	0	-8.5	1 452	0	1 349	0	-7.1
南非	4 667	0	4 981	0	+6.7	4 663	0	4 930	0	+5.7
其他	22 323	0.1	24 448	0.1	+9.5	21 972	0.1	24 273	0.1	+10.5

第五篇

口岸相关法规

中华人民共和国海关总署令

中华人民共和国海关总署
第 208 号令

《中华人民共和国海关对平潭综合实验区监管办法（试行）》已于 2013 年 6 月 8 日经署务会议审议通过，现予公布，自 2013 年 8 月 1 日起施行。

署　长　于广洲

二〇一三年六月二十七日

中华人民共和国海关对平潭综合实验区监管办法（试行）

第一章　总　则

第一条　为了规范海关对平潭综合实验区（以下简称平潭）的管理，根据《中华人民共和国海关法》和其他有关法律、行政法规，制定本办法。

第二条　海关对经平潭进出境、进出平潭的运输工具、货物、物品及平潭内海关注册登记企业、场所等进行监管和检查适用本办法。

第三条　平潭与境外之间的口岸设定为“一线”管理；平潭与中华人民共和国关境内的其他地区（以下简称区外）连接的通道设定为“二线”管理。海关按照“一线放宽、二线管住、人货分离、分类管理”的原则实行分线管理。

第四条　平潭应当设立符合海关监管要求的环岛巡查、监控设施和海关信息化管理平台；“一线”、“二线”海关监管区和平潭内海关监管场所应当设立符合海关监管要求的设施、设备、场地等。经海关总署验收合格后，平潭方可开展相关业务。

第五条　在平潭内从事进出口业务，享受保税、减免税、入区退税政策，以及与之相关的仓储物流和从事报关业务的企业和单位（以下简称企业），应当向海关办理注册登记手续。

企业应当依法设置符合海关监管要求的账簿、报表等，并接受海关稽查。

企业应当建立符合海关监管要求的计算机管理系统，与海关实行电子计算机联网和进行电子数据交换。

第六条　除法律、行政法规、规章另有规定外，海关对进出平潭及在平潭内存储的保税货物、与生产有关的免税货物及从区外进入平潭并享受入区退税政策的货物（以下简称退税货物）实行电子账册管理。

第七条　海关对平潭内设立的台湾小商品交易市场实行监管，具体管理办法由海关总署另行制定。

第八条　法律、行政法规、规章禁止进境的货物、物品不得从“一线”进入平潭，法律、行政法规、规章禁止出境的货物不得从“二线”以报关方式进入平潭。

平潭内企业不得开展列入《加工贸易禁止类商品目录》商品的加工贸易业务。

第二章　对平潭与境外之间进出货物的监管

第九条　除法律、行政法规、规章另有规定外，海关对平潭与境外之间进出的保税货物、与生产有关的免税货物及退税货物实行备案管理，对平潭与境外之间进出的其他货物按照进出口货物的有关规定办理报关手续。

第十条　除下列货物外，海关对从境外进入平潭与生产有关的货物实行保税或者免税管理：

（一）生活消费类、商业性房地产开发项目等进口货物；

（二）法律、行政法规和规章明确不予保税或免税的货物；

（三）列入财政部、税务总局、海关总署会同有关部门制定的“一线”不予保税、免税的具体货物清单的货物。

第十一条 除法律、行政法规和规章另有规定外，从境外进入平潭的实行备案管理的货物，不实行进口配额、许可证件管理。

从平潭运往境外的货物，实行出口配额、许可证件管理。

第三章 对平潭与区外之间进出货物的监管

第十二条 平潭内保税、减免税、退税货物销往区外，应当按照进口货物有关规定办理报关手续；从区外销往平潭的退税货物，应当按照出口货物的有关规定办理报关手续。上述货物应当经海关指定的申报通道进出平潭；办理相关海关手续后，上述货物可以办理集中申报，但不得跨月、跨年申报。

其他货物经由海关指定的无申报通道进出平潭，海关可以实施查验。

平潭内未办结海关手续的海关监管货物需要转入区外其他监管场所的，一律按照转关运输的规定办理海关申报手续。

第十三条 区外与生产有关的货物销往平潭视同出口，海关按规定实行退税，但下列货物除外：

（一）生活消费类、商业性房地产开发项目等采购的区外货物；

（二）法律、行政法规和规章明确不予退税的货物；

（三）列入财政部、税务总局、海关总署会同有关部门制定的“二线”不予退税的具体货物清单的货物。

入区退税货物应当存放在经海关认可的地点。

第十四条 对设在平潭的企业生产、加工并销往区外的保税货物，海关按照货物实际报验状态照章征收进口环节增值税、消费税。

对设在平潭的企业生产、加工并销往区外的保税货物，企业可以申请选择按料件或者按实际报验状态缴纳进口关税。企业没有提出选择性征收关税申请的，海关按照货物实际报验状态照章征收进口关税。企业申请按料件缴纳关税的，按照以下规定办理：

（一）企业应当在手册备案时一并向海关提出申请；在海关征税前，企业可以变更申请；

（二）海关以货物对应的保税料件征收关税；

（三）对应料件如涉及优惠贸易原产地管理的，企业应当在该料件备案时主动向海关申明并提交有关单证，否则在内销征税时不得适用相应的优惠税率；对应料件如涉及反倾销、反补贴等贸易救济措施，海关按照有关贸易救济措施执行。

第十五条 经平潭运往区外的优惠贸易政策项下货物，符合海关相关原产地管理规定的，可以申请享受优惠税率。

第十六条 从平潭运往区外办理报关手续的货物，实行进口配额、许可证件管理。其中对于同一配额、许可证件项下的货物，海关在进境环节已验核配额、许可证件的，在出区环节不再验核配额、许可证件。

从区外运往平潭办理报关手续的货物，不实行出口配额、许可证件管理。

第四章 对平潭内货物的监管

第十七条 平潭内使用电子账册管理的货物在平潭内不同企业间流转的，双方企业应当及时向海关报送相关电子数据信息。

第十八条 平潭内企业不实行加工贸易银行保证金台账制度，海关对平潭内加工贸易货物不实行单耗标准管理。

办理相关海关手续后，平潭内企业与区外企业之间可以开展加工贸易深加工结转和外发加工业务。

对从事国际服务外包业务的企业，其进出口货物按照有关规定办理。

第十九条 在平潭内销售保税货物，存在以下情形的，应当办理相关海关手续，并按照本办法第十四条规定缴纳进口关税和进口环节增值税、消费税：

（一）销售给个人；

（二）销售给区内企业，不再用于生产的；

（三）其他需要征税的情形。

第二十条 平潭内的减免税货物的后续监管按照减免税有关规定实施监管。

第二十一条 从区外进入平潭的退税货物，按以下方式监管：

（一）原状或用退税货物加工成成品经“一线”出境的，实行备案管理；

（二）原状或用退税货物加工成成品在区内销售并用于生产的，实行电子账册管理；

（三）原状或用退税货物加工成成品销往区外加工

贸易企业及运往海关特殊监管区域或者保税监管场所的，按照保税货物有关规定办理；

（四）原状或用退税货物加工成成品后属于区内建设生产厂房、仓储设施所需的基建物资的，按照相关部门核定的审批项目及耗用数量核销；

（五）原状或用退税货物加工成成品在区内销售，但不属于本条第（二）项、第（四）项规定情形的，或销往区外但不按照保税货物管理的，按照进口货物的有关规定办理报关手续；

（六）其他情形按照进口货物的有关规定办理报关手续。

第二十二条 对平潭与其他海关特殊监管区域、保税监管场所，以及加工贸易企业之间往来的保税货物，海关继续实行保税监管。

第二十三条 平潭内保税、减免税、退税货物因检测维修等情形需临时进出平潭的，须办理相关海关手续，不得在区外用于加工生产和使用，并且应当在规定时间内运回平潭。

第二十四条 对平潭内企业在进口保税料件加工生产过程中产生的边角料、副产品，海关按照加工贸易边角料、副产品的有关规定监管。

第二十五条 有以下情形之一的，平潭内企业应当及时书面报告海关：

（一）海关监管货物遭遇不可抗力等灾害的；

（二）海关监管货物遭遇非不可抗力因素造成损坏、损毁、灭失的；

（三）海关监管货物被行政执法部门或者司法机关采取查封、扣押等强制措施的；

（四）企业分立、合并、破产的。

第二十六条 因不可抗力造成海关监管货物损坏、损毁、灭失的，企业书面报告海关时，应当如实说明情况并提供保险、灾害鉴定部门的有关证明。经海关核实确认后，按照以下规定办理：

（一）货物灭失，或者虽未灭失但完全失去使用价值的，海关予以办理核销手续；

（二）货物损坏、损毁，失去原使用价值但可以再利用的，仍应接受海关监管。

第二十七条 因保管不善等非不可抗力因素造成海关监管货物损坏、损毁、灭失的，按照以下规定办理：

（一）对于从境外进入平潭的保税货物，平潭内企业应当按照有关规定，按照海关审定的货物损毁或灭失前的完税价格，以海关接受损坏、损毁、灭失货物申报之日适用的税率、汇率，依法向海关缴纳进口税款；属于进口配额、许可证件管理的，应当交验相关进口配额、许可证件。

（二）对于从境外进入平潭的减免税货物，按照《中华人民共和国海关进出口货物减免税管理办法》第四十五条的规定审定补税的完税价格；属于进口配额、许可证件管理的，应当交验相关进口配额、许可证件。

（三）对于从区外进入平潭的退税货物，按照进口货物的有关规定办理报关手续。

第二十八条 进出平潭的下列海关监管货物，办理相关海关手续后，可以由平潭内企业指派专人携带或者自行运输：

（一）价值1万美元及以下的小额货物；

（二）因品质不合格进出平潭退换的货物；

（三）其他已向海关办理相关手续的货物。

未办理海关手续的，个人不得携带、运输平潭内保税、免税，以及退税货物进出平潭。

第五章　对进出平潭运输工具和个人携带物品的监管

第二十九条 经“一线”进出平潭的运输工具按《中华人民共和国海关进出境运输工具监管办法》（海关总署令第196号）和《中华人民共和国海关进出境运输工具舱单管理办法》（海关总署令第172号）的规定进行监管。

海关可以对所有经“二线”进出平潭的运输工具实施检查，经“二线”进出平潭的运输工具不得运输未办理相关海关手续的海关监管货物。

第三十条 台湾地区机动车进出境，应当办理海关手续，具体监管办法另行规定。

第三十一条 旅客携带的行李物品通关管理办法由海关总署会同有关部门另行制定。

第六章　附　则

第三十二条 除法律、行政法规和规章另有规定外，经“一线”从境外进入平潭的货物和从平潭运往境外的货物列入海关统计，经“二线”指定申报通道进入平潭的货物和从平潭运往区外的货物列入海关单项统计。

平潭内企业之间转让、转移的货物，以及平潭与其他海关特殊监管区域、保税监管场所之间往来的货物，不列入海关统计。

第三十三条 违反本办法，构成走私行为、违反海关监管规定行为或者其他违反海关法行为的，由海关依照《中华人民共和国海关法》和《中华人民共和国海关行政处罚实施条例》的有关规定予以处理；构成犯罪的，依法追究刑事责任。

第三十四条 本办法由海关总署负责解释。

第三十五条 本办法自2013年8月1日起施行。

中华人民共和国海关总署
第209号令

《中华人民共和国海关对横琴新区监管办法（试行）》已于2013年6月8日经海关总署署务会议审议通过，现予公布，自2013年8月1日起施行。

署　长　于广洲

二〇一三年六月二十七日

中华人民共和国海关对
横琴新区监管办法（试行）

第一章　总　则

第一条 为了规范海关对横琴新区（以下简称横琴）的管理，根据《中华人民共和国海关法》和其他有关法律、行政法规，制定本办法。

第二条 海关对经横琴进出境、进出横琴的运输工具、货物、物品，以及横琴内海关注册登记企业、场所等进行监管和检查适用本办法。

第三条 横琴与澳门之间的口岸设定为“一线”管理；横琴与中华人民共和国关境内的其他地区（以下称区外）之间的通道设定为“二线”管理。海关按照“一线放宽、二线管住、人货分离、分类管理”的原则实行分线管理。

第四条 横琴应当设立符合海关监管要求的环岛巡查、监控设施和海关信息化管理平台；“一线”、“二线”海关监管区和横琴内海关监管场所应当设立符合海关监管要求的设施、设备、场地等。经海关总署验收合格后，横琴方可开展相关业务。

第五条 在横琴内从事进出口业务，享受保税、减免税、入区退税政策，以及与之相关的仓储物流和从事报关业务的企业和单位（以下简称企业），应当向海关办理注册登记手续。

企业应当依法设置符合海关监管要求的账簿、报表等，并接受海关稽查。

企业应当建立符合海关监管要求的计算机管理系统，与海关实行电子计算机联网和进行电子数据交换。

第六条 除法律、行政法规和规章另有规定外，海关对进出横琴及在横琴内存储的保税货物、与生产有关的免税货物以及从区外进入横琴并享受入区退税政策的货物（以下简称退税货物）实行电子账册管理。

第七条 法律、行政法规、规章禁止进境的货物、物品不得从“一线”进入横琴，法律、行政法规、规章禁止出境的货物不得从“二线”以报关方式进入横琴。

横琴内企业不得开展列入《加工贸易禁止类商品目录》商品的加工贸易业务。

第二章　对横琴与境外之间
进出货物的监管

第八条 除法律、行政法规和规章另有规定外，海关对横琴与境外之间进出的保税货物、与生产有关的免税货物及退税货物实行备案管理，对横琴与境外之间进出的其他货物按照进出口货物的有关规定办理报关手续。

第九条 除下列货物外，海关对从境外进入横琴与生产有关的货物实行保税或者免税管理：

（一）生活消费类、商业性房地产开发项目等进口货物；

（二）法律、行政法规和规章明确不予保税或免税的货物；

（三）列入财政部、税务总局、海关总署会同有关部门制定的“一线”不予保税、免税的具体货物清单的货物。

第十条 除法律、行政法规和规章另有规定外，从境外进入横琴的实行备案管理的货物，不实行进口配额、许可证件管理。

从横琴运往境外的货物，实行出口配额、许可证件管理。

第三章　对横琴与区外之间进出货物的监管

第十一条　横琴内保税、减免税、退税货物销往区外，应当按照进口货物有关规定办理报关手续；从区外销往横琴的退税货物，应当按照出口货物的有关规定办理报关手续。上述货物应当经海关指定的申报通道进出横琴；办理相关海关手续后，上述货物可以办理集中申报，但不得跨月、跨年申报。

其他货物经由海关指定的无申报通道进出横琴，海关可以实行查验。

横琴内未办结海关手续的海关监管货物需要转入区外其他监管场所的，一律按照转关运输的规定办理海关申报手续。

第十二条　区外与生产有关的货物销往横琴视同出口，海关按规定实行退税，但下列货物除外：

（一）生活消费类、商业性房地产开发项目等采购的区外货物；

（二）法律、行政法规和规章明确不予退税的货物；

（三）列入财政部、税务总局、海关总署会同有关部门制定的“二线”不予退税的具体货物清单的货物。

入区退税货物应当存放在经海关认可的地点。

第十三条　对设在横琴的企业生产、加工并销往区外的保税货物，海关按照货物实际报验状态照章征收进口环节增值税、消费税。

对设在横琴的企业生产、加工并销往区外的保税货物，企业可以申请选择按料件或者按实际报验状态缴纳进口关税。企业没有提出选择性征收关税申请的，海关按照货物实际报验状态照章征收进口关税。企业申请按料件缴纳关税的，按照以下规定办理：

（一）企业应当在手册备案时向海关提出申请；在海关征税前，企业可以变更申请；

（二）海关以货物对应的保税料件征收关税；

（三）对应料件如涉及优惠贸易原产地管理的，企业应当在该料件备案时主动向海关申明并提交有关单证，否则在内销征税时不得适用相应的优惠税率；对应料件如涉及反倾销、反补贴等贸易救济措施，海关按照有关贸易救济措施执行。

第十四条　经横琴运往区外的优惠贸易政策项下货物，符合海关相关原产地管理规定的，可以申请享受优惠税率。

第十五条　从横琴运往区外办理报关手续的货物，实行进口配额、许可证件管理。其中对于同一配额、许可证件项下的货物，海关在进境环节已验核配额、许可证件的，在出区环节不再验核配额、许可证件。

从区外运往横琴办理报关手续的货物，不实行出口配额、许可证件管理。

第四章　对横琴内货物的监管

第十六条　横琴内使用电子账册管理的货物在横琴内不同企业间流转的，双方企业应当及时向海关报送相关电子数据信息。

第十七条　横琴内企业不实行加工贸易银行保证金台账制度，海关对横琴内加工贸易货物不实行单耗标准管理。

办理相关海关手续后，横琴内企业与区外企业之间可以开展加工贸易深加工结转和外发加工业务。

对从事国际服务外包业务的企业，其进出口货物按照有关规定办理。

第十八条　在横琴内销售保税货物，存在以下情形的，应当事先办理相关海关手续，并按照本办法第十三条规定缴纳进口关税和进口环节增值税、消费税：

（一）销售给个人；

（二）销售给区内企业，不再用于生产的；

（三）其他需要征税的情形。

第十九条　横琴内的减免税货物的后续监管按照减免税有关规定实施监管。

第二十条　从区外进入横琴的退税货物，按以下方式监管：

（一）原状或用退税货物加工成成品经“一线”出境的，实行备案管理；

（二）原状或用退税货物加工成成品在区内销售并用于生产的，实行电子账册管理；

（三）原状或用退税货物加工成成品销往区外加工贸易企业及运往海关特殊监管区域或者保税监管场所的，按照保税货物有关规定办理；

（四）原状或用退税货物加工成成品后属于区内建设生产厂房、仓储设施所需的基建物资的，按照相关部门核定的审批项目及耗用数量核销；

（五）原状或用退税货物加工成成品在区内销售，但不属于本条第（二）项、第（四）项规定情形的，或销往区外但不按照保税货物管理的，按照进口货物的有关规定办理报关手续；

（六）其他情形按照进口货物的有关规定办理报关手续。

第二十一条 对横琴与其他海关特殊监管区域、保税监管场所及加工贸易企业之间往来的保税货物，海关继续实行保税监管。

第二十二条 横琴内保税、减免税、退税货物因检测维修等情形需临时进出横琴的，须办理相关海关手续，不得在区外用于加工生产和使用，并且应当在规定时间内运回横琴。

第二十三条 对横琴内企业在进口保税料件加工生产过程中产生的边角料、副产品，海关按照加工贸易边角料、副产品的有关规定监管。

第二十四条 有以下情形之一的，横琴内企业应当及时书面报告海关：

（一）海关监管货物遭遇不可抗力等灾害的；

（二）海关监管货物遭遇非不可抗力因素造成损坏、损毁、灭失的；

（三）海关监管货物被行政执法部门或者司法机关采取查封、扣押等强制措施的；

（四）企业分立、合并、破产的。

第二十五条 因不可抗力造成海关监管货物损坏、损毁、灭失的，企业书面报告海关时，应当如实说明情况并提供保险、灾害鉴定部门的有关证明。经海关核实确认后，按照以下规定办理：

（一）货物灭失，或者虽未灭失但完全失去使用价值的，海关予以办理核销手续；

（二）货物损坏、损毁，失去原使用价值但可以再利用的，仍应接受海关监管。

第二十六条 因保管不善等非不可抗力因素造成海关监管货物损坏、损毁、灭失的，按照以下规定办理：

（一）对于从境外进入横琴的保税货物，横琴内企业应当按照有关规定，按照海关审定的货物损毁或灭失前的完税价格，以海关接受损坏、损毁、灭失货物申报之日适用的税率、汇率，依法向海关缴纳进口税款；属于进口配额、许可证件管理的，应当交验相关进口配额、许可证件。

（二）对于从境外进入横琴的减免税货物，横琴内企业应当按照一般贸易进口货物的规定，按照海关审定的货物损毁或灭失前的完税价格，以海关接受损坏、损毁、灭失货物申报之日适用的税率、汇率，依法向海关缴纳进口税款；属于进口配额、许可证件管理的，应当交验相关进口配额、许可证件。

（三）对于从区外进入横琴的退税货物，按照进口货物的有关规定办理报关手续。

第二十七条 进出横琴的下列海关监管货物，办理相关海关手续后，可以由横琴内企业指派专人携带或者自行运输：

（一）价值1万美元及以下的小额货物；

（二）因品质不合格进出横琴退换的货物；

（三）其他已办理相关海关手续的货物。

未办理相关海关手续的，个人不得携带、运输横琴内保税、免税及退税货物进出横琴。

第五章 对进出横琴运输工具和个人携带物品的监管

第二十八条 经“一线”进出横琴的运输工具按《中华人民共和国海关进出境运输工具监管办法》（海关总署令第196号）和《中华人民共和国海关进出境运输工具舱单管理办法》（海关总署令第172号）的规定进行监管。

海关可以对所有经“二线”进出横琴的运输工具实施检查。经“二线”进出横琴的运输工具不得运输未办理相关海关手续的海关监管货物。

第二十九条 对横琴与境外之间进出的澳门单牌车辆，海关根据国务院授权广东省政府与澳门特区政府签订的相关协定实行监管，车辆经横琴进境后仅限在横琴内行驶。

第三十条 旅客携带的行李物品通关管理办法由海关总署会同有关部门另行制定。

第六章 附 则

第三十一条 除法律、行政法规和规章另有规定外，经“一线”从境外进入横琴的货物和从横琴运往境外的货物列入海关统计，经“二线”指定申报通道进入横琴的货物和从横琴运往区外的货物列入海关单项统计。

横琴内企业之间转让、转移的货物，以及横琴与其他海关特殊监管区域、保税监管场所之间往来的货物，不列入海关统计。

第三十二条 违反本办法，构成走私行为、违反海关监管规定行为或者其他违反海关法行为的，由海关依照《中华人民共和国海关法》和《中华人民共和国海关行政处罚实施条例》的有关规定予以处理；构成犯罪的，依法追究刑事责任。

第三十三条 本办法由海关总署负责解释。

第三十四条 本办法自2013年8月1日起施行。

中华人民共和国海关总署
第210号令

《海关总署关于修改〈中华人民共和国海关最不发达国家特别优惠关税待遇进口货物原产地管理办法〉的决定》已于2013年7月1日经海关总署署务会议审议通过，现予公布，自2013年7月1日起施行。

署　长　于广洲

二〇一三年七月一日

海关总署关于修改《中华人民共和国海关最不发达国家特别优惠关税待遇进口货物原产地管理办法》的决定

为有效执行免关税待遇措施第二步实施方案，海关总署决定对《中华人民共和国海关最不发达国家特别优惠关税待遇进口货物原产地管理办法》（2010年6月28日海关总署令第192号公布，以下简称《办法》）作如下修改：

一、将《办法》第十一条由“与货物一起申报进口并在《税则》中与该货物一并归类的包装、包装材料和容器的原产地，以及正常配备的附件、备件、工具及介绍说明性材料的原产地，不影响货物原产地的确定”修改为“货物适用税则归类改变标准的，在确定货物的原产地时，与货物一起申报进口并在《税则》中与该货物一并归类的包装、包装材料和容器的原产地，以及正常配备的附件、备件、工具及介绍说明性材料的原产地，不影响货物原产地的确定”。

二、增加“货物适用从价百分比标准的，在计算货物的增值百分比时，与货物一起申报进口并在《协调制度》中与该货物一并归类的包装、包装材料和容器，以及正常配备的附件、备件、工具及介绍说明性材料的价格应当予以计算”的规定，作为《办法》第十一条第二款。

三、将《办法》第十四条第一款第（一）项由“由出口受惠国政府指定的原产地证书签发机构（以下简称签证机构）签发，并由该国海关在出口时加盖印章的有效原产地证书（格式见附件）正本及第二副本”修改为“由出口受惠国政府指定的原产地证书签发机构（以下简称签证机构）签发，并由该国海关加盖印章的有效原产地证书（格式见附件）正本及第二副本”。

四、对《办法》第十九条作如下修改：

（一）将第（一）项由“由签证机构在货物出口前或者出口时签发”修改为“由签证机构在货物出口时或者出口后5日内签发”。

（二）将第（四）项由“具有出口受惠国海关在出口时加盖的印章;”修改为“具有出口受惠国海关加盖的印章;”。

五、增加“必要时，经受惠国相关主管部门同意，海关总署可派员访问受惠国的出口商或者生产商所在地，对受惠国主管机构的核查程序进行实地考察。”的规定，作为《办法》第二十条第一款的补充内容。

六、增加“‘原产材料’是指满足本办法所列原产地规则要求，在生产另一货物的过程中所使用的货物”的规定，列在《办法》第二十六条有关“材料”的解释之后。

七、增加“有下列情形之一的，原产地证书可以在货物出口之日起12个月内予以补发：

（一）由于不可抗力没有在货物出口时或者出口后5日内签发原产地证书的；

（二）授权机构确信已签发原产地证书，但由于不符合本办法第十九条规定，原产地证书在进口时未被接受的。

补发的原产地证书应当注明‘补发’字样。本条第一款第（一）项情形下，补发证书自货物实际出口之日起一年内有效；在第一款第（二）项情形下，补发证书的有效期应当与原原产地证书的有效期相一致。”的规定，作为《办法》第二十二条，其他条款次序作相应调整。

《中华人民共和国海关最不发达国家特别优惠关税待遇进口货物原产地管理办法》根据本决定作相应修改，重新公布。

本决定自2013年7月1日起施行。

附件：中华人民共和国海关最不发达国家特别优惠关税待遇进口货物原产地管理办法

附件

中华人民共和国海关最不发达国家特别优惠关税待遇进口货物原产地管理办法

第一条 为了正确确定与我国建交的最不发达国家特别优惠关税待遇进口货物的原产地，促进我国与有关国家间的经贸往来，根据《中华人民共和国海关法》、《中华人民共和国进出口货物原产地条例》的规定，制定本办法。

第二条 本办法适用于从与我国建交的最不发达国家（以下称受惠国）进口并享受特别优惠关税待遇货物的原产地管理。

受惠国名单由海关总署另行公告。

第三条 从受惠国直接运输进口的货物，符合下列条件之一的，为该受惠国原产货物，适用《中华人民共和国进出口税则》（以下简称《税则》）中相应的特惠税率：

（一）完全在受惠国获得或者生产的；

（二）非完全在受惠国获得或者生产，但在该受惠国最后完成实质性改变的。

本条第一款第（二）项所称“实质性改变”，适用本办法第五条、第六条、第七条规定的标准确定。

第四条 本办法第三条第（一）项所称“完全在受惠国获得或者生产”的货物是指：

（一）在该受惠国出生并饲养的活动物；

（二）在该受惠国从本条第（一）项所指的动物中获得的货物；

（三）在该受惠国收获、采摘或者采集的植物和植物产品；

（四）在该受惠国狩猎或者捕捞获得的货物；

（五）在该受惠国注册或者登记，并合法悬挂该受惠国国旗的船只，在该受惠国根据符合其缔结的相关国际协定可适用的国内法有权开发的境外水域得到的鱼类、甲壳类动物及其他海洋生物；

（六）在该受惠国注册或者登记，并合法悬挂该受惠国国旗的加工船上加工本条第（五）项所列货物获得的货物；

（七）在该受惠国开采或者提取的矿产品及其他天然生成物质，或者从该受惠国根据符合其缔结的相关国际协定可适用的国内法有权开采的境外水域、海床或者海床底土得到或者提取的除鱼类、甲壳类动物及其他海洋生物以外的货物；

（八）在该受惠国收集的该受惠国消费过程中产生的仅适用于原材料回收的废旧物品；

（九）在该受惠国加工制造过程中产生的仅适用于原材料回收的废碎料；

（十）利用本条第（一）项至第（九）项所列货物在该受惠国加工所得的货物。

第五条 在受惠国境内非完全获得或者生产，但符合《与我国建交的最不发达国家产品特定原产地规则》的，应当视为该受惠国原产货物。

《与我国建交的最不发达国家产品特定原产地规则》是本办法的组成部分，由海关总署另行制定并公布。

第六条 除《与我国建交的最不发达国家产品特定原产地规则》另有规定外，在受惠国境内，部分或者完全使用非受惠国原产材料进行制造或者加工，所得货物在《税则》中的四位数级税则归类发生变化的，应当视为原产于受惠国的货物。

第七条 除《与我国建交的最不发达国家产品特定原产地规则》另有规定外，在受惠国境内，部分或者完全使用非受惠国原产材料生产的货物，其增值部分不低于所得货物船上交货价格（FOB）40%的，应当视为原产于该受惠国的货物。

本条第一款所称货物的增值部分应当按照下列方法计算比例：

$$\frac{\text{货物船上交货价格（FOB）}-\text{非原产材料价格}}{\text{货物船上交货价格（FOB）}}\times 100\% \geqq 40\%$$

“非原产材料价格”，是指非受惠国原产材料的进口成本、运至目的港口或者地点的运费和保险费

（CIF）。原产地不明的材料按照最早可以确定的在受惠国境内为该材料实付或者应付的价格，计入非原产材料价格；该原产地不明材料由货物生产商在受惠国境内获得时，从供应商仓库运抵生产商所在地的运费、保费、包装费及任何其他费用均不计入非原产材料价格。

本条规定中货物船上交货价格和非原产材料价格的计算应当符合《海关估价协定》。

第八条 下列微小加工或者处理不影响货物原产地确定：

（一）为在运输或者贮存期间使货物保持良好状态而进行的加工或者处理；

（二）为便于货物装卸而进行的加工或者处理；

（三）为便于货物销售而进行的包装、展示等加工或者处理；

（四）简单的稀释、混合、干燥、装配、分类或者装饰；

（五）动物屠宰。

第九条 属于《税则》归类总规则三所规定的成套货物，其中全部货物均原产于某一受惠国的，该成套货物即为原产于该受惠国；其中部分货物非原产于该受惠国，但是非原产货物的价格按照本办法第七条确定的比例未超过该成套货物价格15%的，该成套货物仍应当视为原产于该受惠国。

第十条 在确定货物的原产地时，货物生产过程中使用，本身不构成货物物质成分、也不成为货物组成部件的下列材料或者物品，其原产地不影响货物原产地的确定：

（一）燃料、能源、催化剂及溶剂；

（二）用于测试或者检验货物的设备、装置及用品；

（三）手套、眼镜、鞋靴、衣服、安全设备及用品；

（四）工具、模具及型模；

（五）用于维护设备和厂房建筑的备件及材料；

（六）在生产中使用或者用于运行设备和维护厂房建筑的润滑剂、油（滑）脂、合成材料及其他材料；

（七）在货物生产过程中使用，未构成该货物组成成分，但能够合理表明其参与了该货物生产过程的任何其他货物。

第十一条 货物适用税则归类改变标准的，在确定货物的原产地时，与货物一起申报进口并在《税则》中与该货物一并归类的包装、包装材料和容器的原产地，以及正常配备的附件、备件、工具及介绍说明性材料的原产地，不影响货物原产地的确定。

货物适用从价百分比标准的，在计算货物的增值百分比时，与货物一起申报进口并在《协调制度》中与该货物一并归类的包装、包装材料和容器，以及正常配备的附件、备件、工具及介绍说明性材料的价格应当予以计算。

第十二条 本办法第三条所称“直接运输”，是指申报享受特别优惠关税待遇的进口货物从受惠国直接运输至我国境内，途中未经过中国和该受惠国以外的其他国家或者地区（以下简称其他国家或者地区）。

货物经过其他国家或者地区运输至我国境内，不论在运输途中是否转换运输工具或者作临时储存，同时符合下列条件的，应当视为“直接运输”：

（一）未进入其他国家或者地区的贸易或者消费领域；

（二）该货物在经过其他国家或者地区时，未做除装卸或者其他为使货物保持良好状态所必须处理以外的其他处理；

（三）处于该国家或者地区海关的监管之下。

本条第二款规定情况下，相关货物进入其他国家或者地区停留时间最长不得超过3个月。

第十三条 海关有证据证明进口货物有规避本办法嫌疑的，该进口货物不得享受特别优惠关税待遇。

第十四条 货物申报进口时，进口货物收货人或者其代理人应当按照海关的申报规定填制《中华人民共和国海关进口货物报关单》，申明适用特惠税率，并同时提交下列单证：

（一）由出口受惠国政府指定的原产地证书签发机构（以下简称签证机构）签发，并由该国海关加盖印章的有效原产地证书（格式见附件）正本及第二副本。

未提交有效原产地证书正本及第二副本的，应当按照《中华人民共和国海关进出口货物优惠原产地管理规定》的规定，就该进口货物是否具备原产资格向海关进行补充申报。

（二）货物的商业发票正本。

（三）货物的运输单证：

1. 货物从受惠国直接运输至我国境内，进口货物收货人或者其代理人应当提交在出口受惠国签发的运输单证；

2. 货物经过其他国家或者地区运输至我国境内，

进口货物收货人或者其代理人应当提交在出口受惠国签发的联运提单以及证明符合本办法第十二条第二款规定的相关文件等；

受惠国为内陆国家，因运输原因货物必须从其他国家启运的，进口货物收货人或者其代理人可以提交国际联运始发的其他国家或者地区签发的联运提单、由出口受惠国运输至签发联运提单的国家或者地区的运输单证以及证明符合本办法第十二条第二款规定的相关文件等；

3. 在其他国家或者地区作临时储存的，进口货物收货人或者其代理人应当提交货物全程运输单证，以及临时储存货物的国家或者地区海关出具的证明符合本办法第十二条规定的文件。

第十五条 进口货物收货人或者其代理人按照第十四条规定就该进口货物具备受惠国原产资格向海关进行补充申报的，海关可以根据进口货物收货人或者其代理人的申请，依法选择按照该货物适用的最惠国税率、普通税率或者其他税率收取等值保证金后放行货物，并按照规定办理进口手续，进行海关统计。

第十六条 同时具备下列条件的，进口货物收货人或者其代理人可以自缴纳保证金之日起1年内，向海关申请退还已缴纳的等值保证金：

（一）进口时已就进口货物具备原产资格向海关进行补充申报，申明适用特惠税率；

（二）提交有效原产地证书正本、第二副本及海关要求提供的与货物进口相关的其他文件。

进口货物收货人或者其代理人未在缴纳保证金之日起1年内提出退还保证金申请的，海关应当立即办理保证金转为进口税款手续。海关统计数据同时作相应修改。

第十七条 享受特别优惠关税待遇进口货物适用的原产地证书应当由一份正本和三份副本组成。副本包括第二副本、第三副本和第四副本，其中第二副本为海关认为必要时核查之用，第三副本应当由出口受惠国签证机构留存，第四副本由出口人留存。

第十八条 原产地证书自签发之日起1年内有效。

第十九条 进口货物收货人或者其代理人向海关提交的原产地证书应当同时符合下列条件：

（一）由签证机构在货物出口时或者出口后5日内签发；

（二）符合本办法附件所列格式，以英文填制；

（三）符合与受惠国通知中国海关的印章样本相符等安全要求；

（四）具有出口受惠国海关加盖的印章；

（五）所列的一项或者多项货物为同一批次的进口货物；

（六）具有不重复的原产地证书编号；

（七）注明确定货物具有原产资格的依据；

（八）证书在其有效期内。

第二十条 海关对原产地证书的真实性、相关货物是否原产于相关受惠国或者是否符合本办法其他规定产生怀疑时，海关总署可以直接或者通过中国驻相关受惠国使领馆经济商务参赞处（室）向受惠国海关或者原产地证书签证机构提出核查要求，并要求其在自收到核查要求之日起的180日内予以答复。必要时，经受惠国相关主管部门同意，海关总署可派员访问受惠国的出口商或者生产商所在地，对受惠国主管机构的核查程序进行实地考察。

未能在上述期限内收到答复的，该货物不得适用特惠税率。

在等待受惠国原产地证书核查结果期间，依照进口货物收货人或者其代理人的申请，海关可以依法选择按照该货物适用的最惠国税率、普通税率或者其他税率收取等值保证金后放行货物，并按规定办理进口手续、进行海关统计。核查完毕后，海关应当根据核查结果，立即办理退还保证金手续或者办理保证金转为进口税款手续，海关统计数据应当作相应修改。

对国家限制进口或者有违法嫌疑的进口货物，海关在原产地证书核查完毕前不得放行。

第二十一条 原产地证书被盗、遗失或者损毁，并且未经使用的，进口货物收货人或者其代理人可以要求该进口货物的出口人凭原产地证书第四副本向受惠国原签证机构书面申请在原证书正本有效期内签发经核准的原产地证书副本。该副本应当在备注栏注明“原产地证书正本（编号________日期________）经核准的真实副本”字样。经核准的原产地证书副本向海关提交后，原产地证书正本失效。

原产地证书正本已经使用的，经核准的原产地证书副本无效。

第二十二条 有下列情形之一的，原产地证书可以在货物出口之日起12个月内予以补发：

（一）由于不可抗力没有在货物出口时或者出口后5日内签发原产地证书的；

（二）授权机构确信已签发原产地证书，但由于不符合本办法第十九条规定，原产地证书在进口时未被接受的。

补发的原产地证书应当注明“补发”字样。本条第一款第（一）项情形下，补发证书自货物实际出口之日起一年内有效；在第一款第（二）项情形下，补发证书的有效期应当与原原产地证书的有效期相一致。

第二十三条 具有下列情形之一的，进口货物不适用特惠税率：

（一）进口货物的原产地不符合本办法规定的；

（二）货物申报进口时，进口货物收货人或者其代理人没有提交有效的原产地证书正本及第二副本，也未就进口货物是否具备受惠国原产资格进行补充申报的；

（三）原产地证书所用的签证机构印章与海关备案资料不一致的；

（四）原产地证书所列货物与实际进口货物不符的；

（五）自受惠国海关或者签证机构收到原产地核查请求之日起180日内，海关没有收到受惠国海关或者签证机构答复结果，或者该答复结果未包含足以确定原产地证书真实性或者货物真实原产地信息的；

（六）进口货物收货人或者其代理人存在其他不遵守本办法有关规定行为的。

第二十四条 海关对依照本办法规定获得的商业秘密依法负有保密义务。未经进口货物收货人同意，海关不得泄露或者用于其他用途，但是法律、行政法规及相关司法解释另有规定的除外。

第二十五条 违反本办法，构成走私行为、违反海关监管规定行为或者其他违反海关法行为的，由海关依照《中华人民共和国海关法》和《中华人民共和国海关行政处罚实施条例》的有关规定予以处理；构成犯罪的，依法追究刑事责任。

第二十六条 本办法下列用语的含义：

“受惠国”，是指与中国签有对最不发达国家特别优惠关税待遇换文的国家或者地区；

“材料”，是指在生产另一货物的过程中所使用的货物，包括任何组件、成分、原材料、零件或者部件；

“原产材料”，是指满足本办法所列原产地规则要求，在生产另一货物的过程中所使用的货物；

“生产”，是指货物获得的方法，包括货物的种植、饲养、提取、采摘、采集、开采、收获、捕捞、诱捕、狩猎、制造、加工或者装配；

“海关估价协定”，是指作为《马拉喀什建立世贸组织协定》一部分的《关于履行1994年关税与贸易总协定第7条的协定》。

第二十七条 本办法由海关总署负责解释。

第二十八条 本办法自2010年7月1日起施行。

附件：原产地证书格式及填制说明（略）

中华人民共和国海关总署
第211号令

《中华人民共和国海关审定内销保税货物完税价格办法》已于2013年12月9日经海关总署署务会议审议通过，现予公布，自2014年2月1日起施行。

署　长　于广洲

二〇一三年十二月二十五日

中华人民共和国海关审定内销保税货物完税价格办法

第一条 为了正确审查确定内销保税货物的完税价格，根据《中华人民共和国海关法》、《中华人民共和国进出口关税条例》及其他有关法律、行政法规的规定，制定本办法。

第二条 海关审查确定内销保税货物完税价格，适用本办法。涉嫌走私的内销保税货物计税价格的核定，不适用本办法。

第三条 内销保税货物的完税价格，由海关以该货物的成交价格为基础审查确定。

第四条 进料加工进口料件或者其制成品（包括残次品）内销时，海关以料件原进口成交价格为基础审查确定完税价格。

属于料件分批进口，并且内销时不能确定料件原进口一一对应批次的，海关可按照同项号、同品名和同税号的原则，以其合同有效期内或电子账册核销周期内已进口料件的成交价格计算所得的加权平均价为基础审查确定完税价格。

合同有效期内或电子账册核销周期内已进口料件的成交价格加权平均价难以计算或者难以确定的，海关以客观可量化的当期进口料件成交价格的加权平均价为基础审查确定完税价格。

第五条 来料加工进口料件或者其制成品（包括残次品）内销时，海关以接受内销申报的同时或者大约同时进口的与料件相同或者类似的保税货物的进口成交价格为基础审查确定完税价格。

第六条 加工企业内销的加工过程中产生的边角料或者副产品，以其内销价格为基础审查确定完税价格。

副产品并非全部使用保税料件生产所得的，海关以保税料件在投入成本核算中所占比重计算结果为基础审查确定完税价格。

按照规定需要以残留价值征税的受灾保税货物，海关以其内销价格为基础审查确定完税价格。按照规定应折算成料件征税的，海关以各项保税料件占构成制成品（包括残次品）全部料件的价值比重计算结果为基础审查确定完税价格。

边角料、副产品和按照规定需要以残留价值征税的受灾保税货物经海关允许采用拍卖方式内销时，海关以其拍卖价格为基础审查确定完税价格。

第七条 深加工结转货物内销时，海关以该结转货物的结转价格为基础审查确定完税价格。

第八条 保税区内企业内销的保税加工进口料件或者其制成品，海关以其内销价格为基础审查确定完税价格。

保税区内企业内销的保税加工制成品中，如果含有从境内采购的料件，海关以制成品所含从境外购入料件的原进口成交价格为基础审查确定完税价格。

保税区内企业内销的保税加工进口料件或者其制成品的完税价格依据本条前两款规定不能确定的，海关以接受内销申报的同时或者大约同时内销的相同或者类似的保税货物的内销价格为基础审查确定完税价格。

第九条 除保税区以外的海关特殊监管区域内企业内销的保税加工料件或者其制成品，以其内销价格为基础审查确定完税价格。

除保税区以外的海关特殊监管区域内企业内销的保税加工料件或者其制成品的内销价格不能确定的，海关以接受内销申报的同时或者大约同时内销的相同或者类似的保税货物的内销价格为基础审查确定完税价格。

除保税区以外的海关特殊监管区域内企业内销的保税加工制成品、相同或者类似的保税货物的内销价格不能确定的，海关以生产该货物的成本、利润和一般费用计算所得的价格为基础审查确定完税价格。

第十条 海关特殊监管区域内企业内销的保税加工过程中产生的边角料、废品、残次品和副产品，以其内销价格为基础审查确定完税价格。

海关特殊监管区域内企业经海关允许采用拍卖方式内销的边角料、废品、残次品和副产品，海关以其拍卖价格为基础审查确定完税价格。

第十一条 海关特殊监管区域、保税监管场所内企业内销的保税物流货物，海关以该货物运出海关特殊监管区域、保税监管场所时的内销价格为基础审查确定完税价格；该内销价格包含的能够单独列明的海关特殊监管区域、保税监管场所内发生的保险费、仓储费和运输及其相关费用，不计入完税价格。

第十二条 海关特殊监管区域内企业内销的研发货物，海关依据本办法第八条、第九条、第十条的规定审查确定完税价格。海关特殊监管区域内企业内销的检测、展示货物，海关依据本办法第十一条的规定审查确定完税价格。

第十三条 内销保税货物的完税价格不能依据本办法第四至十二条规定确定的，海关依次以下列价格估定该货物的完税价格：

（一）与该货物同时或者大约同时向中华人民共和国境内销售的相同货物的成交价格；

（二）与该货物同时或者大约同时向中华人民共和国境内销售的类似货物的成交价格；

（三）与该货物进口的同时或者大约同时，将该进口货物、相同或者类似进口货物在第一级销售环节销售给无特殊关系买方最大销售总量的单位价格，但应当扣除以下项目：

1. 同等级或者同种类货物在中华人民共和国境内第一级销售环节销售时通常的利润和一般费用以及通常支付的佣金；

2. 进口货物运抵境内输入地点起卸后的运输及其相关费用、保险费；

3. 进口关税及国内税收。

（四）按照下列各项总和计算的价格：生产该货物所使用的料件成本和加工费用，向中华人民共和国境内销售同等级或者同种类货物通常的利润和一般费用，该货物运抵境内输入地点起卸前的运输及其相关费用、保险费；

（五）以合理方法估定的价格。

纳税义务人向海关提供有关资料后，可以提出申请，颠倒前款第三项和第四项的适用次序。

第十四条 本办法中下列用语的含义：

内销保税货物，包括因故转为内销需要征税的加工贸易货物、海关特殊监管区域内货物、保税监管场所内货物和因其他原因需要按照内销征税办理的保税货物，但不包括以下项目：

（一）海关特殊监管区域、保税监管场所内生产性的基础设施建设项目所需的机器、设备和建设所需的基建物资；

（二）海关特殊监管区域、保税监管场所内企业开展生产或综合物流服务所需的机器、设备、模具及其维修用零配件；

（三）海关特殊监管区域、保税监管场所内企业和行政管理机构自用的办公用品、生活消费用品和交通运输工具。

内销价格，是指向国内企业销售保税货物时买卖双方订立的价格，是国内企业为购买保税货物而向卖方（保税企业）实际支付或者应当支付的全部价款，但不包括关税和进口环节海关代征税。

拍卖价格，是指国家注册的拍卖机构对海关核准参与交易的保税货物履行合法有效的拍卖程序，竞买人依拍卖规定获得拍卖标的物的价格。

结转价格，是指深加工结转企业间买卖加工贸易货物时双方订立的价格，是深加工结转转入企业为购买加工贸易货物而向深加工结转转出企业实际支付或者应当支付的全部价款。

第十五条 纳税义务人对海关确定完税价格有异议的，应当按照海关作出的相关行政决定缴纳税款，并可以依法向上一级海关申请复议。对复议决定不服的，可以依法向人民法院提起行政诉讼。

第十六条 违反本办法规定，构成走私或者违反海关监管规定行为的，由海关依照《中华人民共和国海关法》和《中华人民共和国海关行政处罚实施条例》的有关规定予以处理；构成犯罪的，依法追究刑事责任。

第十七条 本办法由海关总署负责解释。

第十八条 本办法自2014年2月1日起施行。

中华人民共和国海关总署
第212号令

《海关总署关于修改〈中华人民共和国海关暂时进出境货物管理办法〉的决定》已于2013年12月9日经海关总署署务会议审议通过，现予公布，自2014年2月1日起施行。

署　长　于广洲

二〇一三年十二月二十五日

海关总署关于修改《中华人民共和国海关暂时进出境货物管理办法》的决定

根据财政部、国家发展改革委有关通知，“ATA单证册调整费”正式取消，海关总署决定对《中华人民共和国海关暂时进出境货物管理办法》（2007年3月1日海关总署令第157号公布）作如下修改：

删除该办法第三十四条第二款“发生前款规定情形的，ATA单证册持证人应当按照规定向海关交纳调整费。在我国海关尚未发出《ATA单证册追索通知书》前，如果持证人凭其他国海关出具的货物已经运离我国关境的证明要求予以核销单证册的，海关免予收取调整费”的表述。

《中华人民共和国海关暂时进出境货物管理办法》根据本决定作相应修改，重新公布。

本决定自2014年2月1日起施行。

附件：中华人民共和国海关暂时进出境货物管理办法

附件

中华人民共和国海关暂时进出境货物管理办法

第一章　总　则

第一条 为了规范海关对暂时进出境货物的监管，根据《中华人民共和国海关法》（以下简称《海关法》）及有关法律、行政法规的规定，制定本办法。

第二条 经海关批准，暂时进出关境并且在规定的期限内复运出境、进境的货物适用本办法。

第三条 本办法所称暂时进出境货物包括：

（一）在展览会、交易会、会议及类似活动中展示或者使用的货物；

（二）文化、体育交流活动中使用的表演、比赛用品；

（三）进行新闻报道或者摄制电影、电视节目使用的仪器、设备及用品；

（四）开展科研、教学、医疗活动使用的仪器、设备和用品；

（五）在本款第（一）项至第（四）项所列活动中使用的交通工具及特种车辆；

（六）货样；

（七）慈善活动使用的仪器、设备及用品；

（八）供安装、调试、检测、修理设备时使用的仪器及工具；

（九）盛装货物的容器；

（十）旅游用自驾交通工具及其用品；

（十一）工程施工中使用的设备、仪器及用品；

（十二）海关批准的其他暂时进出境货物。

使用货物暂准进口单证册（以下称 ATA 单证册）暂时进境的货物限于我国加入的有关货物暂准进口的国际公约中规定的货物。

第四条 除我国缔结或者参加的国际条约、协定及国家法律、行政法规和海关总署规章另有规定外，暂时进出境货物可以免于交验许可证件。

第五条 暂时进出境货物除因正常使用而产生的折旧或者损耗外，应当按照原状复运出境、进境。

第六条 暂时进出境货物的进境、出境申请由直属海关或者经直属海关授权的隶属海关核准。

第七条 暂时进出境货物应当在进出境之日起 6 个月内复运出境或者复运进境。

因特殊情况需要延长期限的，ATA 单证册持证人、非 ATA 单证册项下暂时进出境货物收发货人应当向主管地海关提出延期申请，经直属海关批准可以延期，延期最多不超过 3 次，每次延长期限不超过 6 个月。延长期届满应当复运出境、进境或者办理进出口手续。

国家重点工程、国家科研项目使用的暂时进出境货物以及参加展期在 24 个月以上展览会的展览品，在 18 个月延长期届满后仍需要延期的，由主管地直属海关报海关总署审批。

第八条 ATA 单证册项下暂时出境货物，由中国国际商会向海关总署提供总担保。

除另有规定外，非 ATA 单证册项下暂时进出境货物收发货人应当按照海关要求向主管地海关提交相当于税款的保证金或者海关依法认可的其他担保。

在海关指定场所或者海关派专人监管的场所举办展览会的，经主管地直属海关批准，可以就参展的展览品免于向海关提交担保。

第九条 暂时进出境货物因不可抗力的原因受损，无法原状复运出境、进境的，ATA 单证册持证人、非 ATA 单证册项下暂时进出境货物收发货人应当及时向主管地海关报告，可以凭有关部门出具的证明材料办理复运出境、进境手续；因不可抗力的原因灭失或者失去使用价值的，经海关核实后可以视为该货物已经复运出境、进境。

暂时进出境货物因不可抗力以外其他原因灭失或者受损的，ATA 单证册持证人、非 ATA 单证册项下暂时进出境货物收发货人应当按照货物进出口的有关规定办理海关手续。

第十条 异地复运出境、进境的暂时进出境货物，ATA 单证册持证人、非 ATA 单证册项下暂时进出境货物收发货人应当持主管地海关签章的海关单证向复运出境、进境地海关办理手续。货物复运出境、进境后，主管地海关凭复运出境、进境地海关签章的海关单证办理核销结案手续。

第十一条 除本办法另有规定外，海关按照《中华人民共和国行政许可法》及《中华人民共和国海关实施〈中华人民共和国行政许可法〉办法》规定的程序和期限办理暂时进出境货物行政许可事项。

第二章 暂时进出境货物的核准

第十二条 货物暂时进出境申请应当向主管地海关提出。

ATA 单证册持证人向海关提出货物暂时进出境申请时，应当提交真实有效的 ATA 单证册正本、准确的货物清单以及其他相关商业单据或者证明。

非 ATA 单证册项下的暂时进出境货物收发货人向海关提出货物暂时进出境申请时，应当按照海关要求提交《货物暂时进/出境申请书》（格式文本见附件 1）、暂时进出境货物清单、发票、合同或者协议，以及其他相关单据。

第十三条 海关就 ATA 单证册项下暂时进出境货

物的暂时进出境申请批准同意的，应当在 ATA 单证册上予以签注，否则不予签注。

海关就非 ATA 单证册项下暂时进出境货物的暂时进出境申请作出是否批准的决定后，应当制发《中华人民共和国海关货物暂时进/出境申请批准决定书》（格式文本见附件 2）或者《中华人民共和国海关货物暂时进/出境申请不予批准决定书》（格式文本见附件 3）。

第十四条 暂时进出境货物申请延长复运出境、进境期限的，ATA 单证册持证人、非 ATA 单证册项下暂时进出境货物收发货人应当在规定期限届满 30 日前向货物暂时进出境申请核准地海关提出延期申请，并且提交《货物暂时进/出境延期申请书》（格式文本见附件 4）以及相关申请材料。

直属海关受理延期申请的，应当于受理申请之日起 20 日内制发《中华人民共和国海关货物暂时进/出境延期申请批准决定书》（格式文本见附件 5）或者《中华人民共和国海关货物暂时进/出境延期申请不予批准决定书》（格式文本见附件 6）。

隶属海关受理延期申请的，应当于受理申请之日起 10 日内根据法定条件和程序对申请进行全面审查，并且将审查意见和全部申请材料及时报送直属海关。直属海关应当于收到审查意见之日起 10 日内作出决定并且制发相应的决定书。

属于本办法第七条第三款规定情形的，ATA 单证册持证人、非 ATA 单证册项下暂时进出境货物收发货人应当向主管地直属海关提出申请。直属海关应当于受理延期申请之日起 10 日内根据法定条件和程序对申请进行全面审查，并且将审查意见和全部申请材料及时报送海关总署。海关总署应当自收到审查意见之日起 10 日内作出决定。

第三章 暂时进出境货物的监管

第十五条 ATA 单证册项下暂时进出境货物申报时，ATA 单证册持证人应当向海关提交有效的 ATA 单证册。

非 ATA 单证册项下暂时进出境货物申报时，货物收发货人应当填制海关进出口报关单，并且向海关提交货物清单、《中华人民共和国海关货物暂时进/出境申请批准决定书》和其他相关单证。

第十六条 境内展览会的办展人以及出境举办或者参加展览会的办展人、参展人（以下简称办展人、参展人）应当在展览品进境或者出境 20 日前，向主管地海关提交有关部门备案证明或者批准文件及展览品清单等相关单证办理备案手续。

展览会不属于有关部门行政许可项目的，办展人、参展人应当向主管地海关提交展览会邀请函、展位确认书等其他证明文件及展览品清单办理备案手续。

第十七条 展览会需要在我国境内两个或者两个以上关区内举办的，进境展览品应当按照转关监管的有关规定办理转关手续。进境展览品由最后展出地海关负责核销，由出境地海关办理复运出境手续。

第十八条 展览会需要延期的，办展人、参展人应当在展期届满前持原批准部门同意延期的批准文件向备案地海关办理有关手续。

展览会不属于有关部门行政许可项目的，办展人、参展人应当在展期届满前持相关证明文件在备案地海关办理有关手续。

第十九条 办展人、参展人应当于进出境展览品办结海关手续后 30 日内向备案地海关申请展览会结案。

第二十条 下列在境内展览会期间供消耗、散发的用品（以下简称展览用品），由海关根据展览会的性质、参展商的规模、观众人数等情况，对其数量和总值进行核定，在合理范围内的，按照有关规定免征进口关税和进口环节税：

（一）在展览活动中的小件样品，包括原装进口的或者在展览期间用进口的散装原料制成的食品或者饮料的样品；

（二）为展出的机器或者器件进行操作示范被消耗或者损坏的物料；

（三）布置、装饰临时展台消耗的低值货物；

（四）展览期间免费向观众散发的有关宣传品；

（五）供展览会使用的档案、表格及其他文件。

前款第（一）项所列货物，应当符合以下条件：

（一）由参展人免费提供并且在展览期间专供免费分送给观众使用或者消费的；

（二）单价较低，做广告样品用的；

（三）不适用于商业用途，并且单位容量明显小于最小零售包装容量的；

（四）食品及饮料的样品虽未按照本款第（三）项规定的包装分发，但确实在活动中消耗掉的。

第二十一条 展览用品中的酒精饮料、烟草制品及燃料不适用有关免税的规定。

展览用品属于国家实行许可证件管理的，应当向海关交验相关证件，办理进口手续。

本办法第二十条第一款第（一）项所列展览用品超出限量进口的，超出部分应当依法征税；第一款第（二）项、第（三）项、第（四）项所列展览用品，未使用或者未被消耗完的，应当复运出境，不复运出境的，应当按照规定办理进口手续。

第二十二条 进境展览品在非展出期间应当存放在海关指定的监管场所，未经海关批准，不得移出。因特殊原因确需移出的，应当经主管地直属海关批准。

进境展览品经海关批准同意移出指定监管场所，但是进境时未向海关提交担保的，应当另外提供相应担保。

第二十三条 海关派员进驻展览场所执行监管任务时，展览会主办人或者承办人应当提供办公场所和必需的办公设备，为海关工作人员执行公务提供便利。

第二十四条 为了举办交易会、会议或者类似活动而暂时进出境的货物，按照本办法对展览品监管的有关规定进行监管。

第二十五条 暂时进出境货物确需进出口的，暂时进出境货物收发货人应当在货物复运出境、进境期限届满30日前向主管地海关申请，经主管地直属海关批准后，按照规定办理进出口手续。

第四章 ATA 单证册的管理

第二十六条 中国国际商会是我国 ATA 单证册的出证和担保机构，负责签发出境 ATA 单证册，向海关报送所签发单证册的中文电子文本，协助海关确认 ATA 单证册的真伪，并且向海关承担 ATA 单证册持证人因违反暂时进出境规定而产生的相关税费、罚款。

第二十七条 海关总署在北京海关设立 ATA 核销中心。ATA 核销中心对 ATA 单证册的进出境凭证进行核销、统计及追索，应成员国担保人的要求，依据有关原始凭证，提供 ATA 单证册项下暂时进出境货物已经进境或者从我国复运出境的证明，并且对全国海关 ATA 单证册的有关核销业务进行协调和管理。

第二十八条 ATA 核销中心在业务活动中统一使用《ATA 单证册追索通知书》、《ATA 单证册核销通知书》、《ATA 单证册缴款通知书》（格式文本见附件7、8、9）。

第二十九条 海关只接受用中文或者英文填写的 ATA 单证册。

第三十条 进境 ATA 单证册在进境后发生毁坏、灭失等情况的，ATA 单证册持证人应当持原出证机构补发的 ATA 单证册到主管地直属海关进行确认。

补发的 ATA 单证册所填项目应当与原 ATA 单证册相同。

第三十一条 ATA 单证册项下暂时进境货物申请延长期限超过 ATA 单证册有效期的，ATA 单证册持证人应当向原出证机构申请续签 ATA 单证册。续签的 ATA 单证册经主管地直属海关确认后可以替代原 ATA 单证册。

续签的 ATA 单证册只能变更单证册有效期限，其他项目均应当与原单证册一致。续签的 ATA 单证册启用时，原 ATA 单证册失效。

第三十二条 对 ATA 单证册项下的过境、转运、通运货物，海关凭 ATA 单证册中的过境联办理进出境手续。

ATA 单证册持证人需要对 ATA 单证册项下暂时进出境货物转关的，海关凭 ATA 单证册中的过境联办理转关手续。

第三十三条 ATA 单证册项下暂时进境货物未能按照规定复运出境或者过境的，ATA 核销中心应当向中国国际商会提出追索。自提出追索之日起9个月内，中国国际商会向海关提供货物已经在规定期限内复运出境或者已经办理进口手续证明的，ATA 核销中心可以撤销追索；9个月期满后未能提供上述证明的，中国国际商会应当向海关支付税款和罚款。

第三十四条 ATA 单证册项下暂时进境货物复运出境时，因故未经我国海关核销、签注的，ATA 核销中心凭由另一缔约国海关在 ATA 单证上签注的该批货物从该国进境或者复运进境的证明，或者我国海关认可的能够证明该批货物已经实际离开我国境内的其他文件，作为已经从我国复运出境的证明，对 ATA 单证册予以核销。

第五章 附 则

第三十五条 违反本办法，构成走私行为、违反海关监管规定行为或者其他违反《海关法》行为的，由海关依照《海关法》和《中华人民共和国海关行政处罚实施条例》的有关规定予以处理；构成犯罪的，依法追究刑事责任。

第三十六条 从境外暂时进境的货物转入保税区、

出口加工区等海关特殊监管区域和保税监管场所的，不属于复运出境。

第三十七条 海关对用于装载海关监管货物的进出境集装箱及进出境租赁货物不适用本办法。

享有外交特权和豁免的外国驻华机构或者人员暂时进出境物品不适用本办法。

第三十八条 暂时进出境物品超出自用合理数量的，参照本办法监管。

第三十九条 ATA单证册持证人、非ATA单证册项下暂时进出境货物收发货人、办展人、参展人可以委托代理人代为办理有关海关手续。代理人代为办理的，代理人还应当向海关提供被代理人出具的授权委托书。

第四十条 本办法有关用语的含义：

展览会、交易会、会议及类似活动是指：

（一）贸易、工业、农业、工艺展览会，以及交易会、博览会；

（二）因慈善目的而组织的展览会或者会议；

（三）为促进科技、教育、文化、体育交流，开展旅游活动或者民间友谊而组织的展览会或者会议；

（四）国际组织或者国际团体组织代表会议；

（五）政府举办的纪念性代表大会。

在商店或者其他营业场所以销售国外货物为目的而组织的非公共展览会不属于本办法所称展览会、交易会、会议及类似活动。

展览品是指：

（一）展览会展示的货物；

（二）为了示范展览会展出机器或者器具所使用的货物；

（三）设置临时展台的建筑材料及装饰材料；

（四）宣传展示货物的电影片、幻灯片、录像带、录音带、说明书、广告、光盘、显示器材等；

（五）其他用于展览会展示的货物。

主管地海关，是指境内展览会、交易会、会议及类似活动所在地海关或者货物进出境地海关。

第四十一条 本办法规定的海关实施海关行政许可的期限以工作日计算，不含法定节假日。

第四十二条 本办法由海关总署负责解释。

第四十三条 本办法自2007年5月1日起施行。1976年9月20日发布的《中华人民共和国海关对出口展览品监管办法》、1986年9月3日海关总署发布的《中华人民共和国海关对暂时进口货物监管办法》、1997年2月14日海关总署令第59号发布的《中华人民共和国海关对进口展览品监管办法》、2001年12月24日海关总署令第93号发布的《中华人民共和国海关暂准进口单证册项下进出口货物监管办法》同时废止。

附件：1.《货物暂时进/出境申请书》（略）

2.《中华人民共和国海关货物暂时进/出境申请批准决定书》（略）

3.《中华人民共和国海关货物暂时进/出境申请不予批准决定书》（略）

4.《货物暂时进/出境延期申请书》（略）

5.《中华人民共和国海关暂时进/出境延期申请批准决定书》（略）

6.《中华人民共和国海关货物暂时进/出境延期申请不予批准决定书》（略）

7.《ATA单证册追索通知书》（略）

8.《ATA单证册核销通知书》（略）

9.《ATA单证册缴款通知书》（略）

中华人民共和国海关总署
第213号令

《中华人民共和国海关审定进出口货物完税价格办法》已于2013年12月9日经海关总署署务会议审议通过，现予公布，自2014年2月1日起施行。

署　长　于广洲

二〇一三年十二月二十五日

中华人民共和国海关审定进出口货物完税价格办法

第一章　总　则

第一条 为了正确审查确定进出口货物的完税价格，根据《中华人民共和国海关法》（以下简称《海关法》）、《中华人民共和国进出口关税条例》的规定，制定本办法。

第二条 海关审查确定进出口货物的完税价格，

应当遵循客观、公平、统一的原则。

第三条 海关审查确定进出口货物的完税价格，适用本办法。

内销保税货物完税价格的确定，准许进口的进境旅客行李物品、个人邮递物品以及其他个人自用物品的完税价格的确定，涉嫌走私的进出口货物、物品的计税价格的核定，不适用本办法。

第四条 海关应当按照国家有关规定，妥善保管纳税义务人提供的涉及商业秘密的资料，除法律、行政法规另有规定外，不得对外提供。

纳税义务人可以书面向海关提出为其保守商业秘密的要求，并且具体列明需要保密的内容，但是不得以商业秘密为理由拒绝向海关提供有关资料。

第二章　进口货物的完税价格

第一节　进口货物完税价格确定方法

第五条 进口货物的完税价格，由海关以该货物的成交价格为基础审查确定，并且应当包括货物运抵中华人民共和国境内输入地点起卸前的运输及其相关费用、保险费。

第六条 进口货物的成交价格不符合本章第二节规定的，或者成交价格不能确定的，海关经了解有关情况，并且与纳税义务人进行价格磋商后，依次以下列方法审查确定该货物的完税价格：

（一）相同货物成交价格估价方法；

（二）类似货物成交价格估价方法；

（三）倒扣价格估价方法；

（四）计算价格估价方法；

（五）合理方法。

纳税义务人向海关提供有关资料后，可以提出申请，颠倒前款第三项和第四项的适用次序。

第二节　成交价格估价方法

第七条 进口货物的成交价格，是指卖方向中华人民共和国境内销售该货物时买方为进口该货物向卖方实付、应付的，并且按照本章第三节的规定调整后的价款总额，包括直接支付的价款和间接支付的价款。

第八条 进口货物的成交价格应当符合下列条件：

（一）对买方处置或者使用进口货物不予限制，但是法律、行政法规规定实施的限制、对货物销售地域的限制和对货物价格无实质性影响的限制除外；

（二）进口货物的价格不得受到使该货物成交价格无法确定的条件或者因素的影响；

（三）卖方不得直接或者间接获得因买方销售、处置或者使用进口货物而产生的任何收益，或者虽然有收益但是能够按照本办法第十一条第一款第四项的规定做出调整；

（四）买卖双方之间没有特殊关系，或者虽然有特殊关系但是按照本办法第十七条、第十八条的规定未对成交价格产生影响。

第九条 有下列情形之一的，应当视为对买方处置或者使用进口货物进行了限制：

（一）进口货物只能用于展示或者免费赠送的；

（二）进口货物只能销售给指定第三方的；

（三）进口货物加工为成品后只能销售给卖方或者指定第三方的；

（四）其他经海关审查，认定买方对进口货物的处置或者使用受到限制的。

第十条 有下列情形之一的，应当视为进口货物的价格受到了使该货物成交价格无法确定的条件或者因素的影响：

（一）进口货物的价格是以买方向卖方购买一定数量的其他货物为条件而确定的；

（二）进口货物的价格是以买方向卖方销售其他货物为条件而确定的；

（三）其他经海关审查，认定货物的价格受到使该货物成交价格无法确定的条件或者因素影响的。

第三节　成交价格的调整项目

第十一条 以成交价格为基础审查确定进口货物的完税价格时，未包括在该货物实付、应付价格中的下列费用或者价值应当计入完税价格：

（一）由买方负担的下列费用：

1. 除购货佣金以外的佣金和经纪费；

2. 与该货物视为一体的容器费用；

3. 包装材料费用和包装劳务费用。

（二）与进口货物的生产和向中华人民共和国境内销售有关的，由买方以免费或者以低于成本的方式提供，并且可以按适当比例分摊的下列货物或者服务的价值：

1. 进口货物包含的材料、部件、零件和类似货物；

2. 在生产进口货物过程中使用的工具、模具和类似货物；

3. 在生产进口货物过程中消耗的材料；

4. 在境外进行的为生产进口货物所需的工程设计、技术研发、工艺及制图等相关服务。

（三）买方需向卖方或者有关方直接或者间接支付的特许权使用费，但是符合下列情形之一的除外：

1. 特许权使用费与该货物无关；

2. 特许权使用费的支付不构成该货物向中华人民共和国境内销售的条件。

（四）卖方直接或者间接从买方对该货物进口后销售、处置或者使用所得中获得的收益。

纳税义务人应当向海关提供本条所述费用或者价值的客观量化数据资料。纳税义务人不能提供的，海关与纳税义务人进行价格磋商后，按照本办法第六条列明的方法审查确定完税价格。

第十二条 在根据本办法第十一条第一款第二项确定应当计入进口货物完税价格的货物价值时，应当按照下列方法计算有关费用：

（一）由买方从与其无特殊关系的第三方购买的，应当计入的价值为购入价格；

（二）由买方自行生产或者从有特殊关系的第三方获得的，应当计入的价值为生产成本；

（三）由买方租赁获得的，应当计入的价值为买方承担的租赁成本；

（四）生产进口货物过程中使用的工具、模具和类似货物的价值，应当包括其工程设计、技术研发、工艺及制图等费用。

如果货物在被提供给卖方前已经被买方使用过，应当计入的价值为根据国内公认的会计原则对其进行折旧后的价值。

第十三条 符合下列条件之一的特许权使用费，应当视为与进口货物有关：

（一）特许权使用费是用于支付专利权或者专有技术使用权，且进口货物属于下列情形之一的：

1. 含有专利或者专有技术的；

2. 用专利方法或者专有技术生产的；

3. 为实施专利或者专有技术而专门设计或者制造的。

（二）特许权使用费是用于支付商标权，且进口货物属于下列情形之一的：

1. 附有商标的；

2. 进口后附上商标直接可以销售的；

3. 进口时已含有商标权，经过轻度加工后附上商标即可以销售的。

（三）特许权使用费是用于支付著作权，且进口货物属于下列情形之一的：

1. 含有软件、文字、乐曲、图片、图像或者其他类似内容的进口货物，包括磁带、磁盘、光盘或者其他类似载体的形式；

2. 含有其他享有著作权内容的进口货物。

（四）特许权使用费是用于支付分销权、销售权或者其他类似权利，且进口货物属于下列情形之一的：

1. 进口后可以直接销售的；

2. 经过轻度加工即可以销售的。

第十四条 买方不支付特许权使用费则不能购得进口货物，或者买方不支付特许权使用费则该货物不能以合同议定的条件成交的，应当视为特许权使用费的支付构成进口货物向中华人民共和国境内销售的条件。

第十五条 进口货物的价款中单独列明的下列税收、费用，不计入该货物的完税价格：

（一）厂房、机械或者设备等货物进口后发生的建设、安装、装配、维修或者技术援助费用，但是保修费用除外；

（二）进口货物运抵中华人民共和国境内输入地点起卸后发生的运输及其相关费用、保险费；

（三）进口关税、进口环节海关代征税及其他国内税；

（四）为在境内复制进口货物而支付的费用；

（五）境内外技术培训及境外考察费用。

同时符合下列条件的利息费用不计入完税价格：

（一）利息费用是买方为购买进口货物而融资所产生的；

（二）有书面的融资协议的；

（三）利息费用单独列明的；

（四）纳税义务人可以证明有关利率不高于在融资当时当地此类交易通常应当具有的利率水平，且没有融资安排的相同或者类似进口货物的价格与进口货物的实付、应付价格非常接近的。

第四节　特殊关系

第十六条 有下列情形之一的，应当认为买卖双方存在特殊关系：

（一）买卖双方为同一家族成员的；

（二）买卖双方互为商业上的高级职员或者董事

的；

（三）一方直接或者间接地受另一方控制的；

（四）买卖双方都直接或者间接地受第三方控制的；

（五）买卖双方共同直接或者间接地控制第三方的；

（六）一方直接或者间接地拥有、控制或者持有对方5%以上（含5%）公开发行的有表决权的股票或者股份的；

（七）一方是另一方的雇员、高级职员或者董事的；

（八）买卖双方是同一合伙的成员的。

买卖双方在经营上相互有联系，一方是另一方的独家代理、独家经销或者独家受让人，如果符合前款的规定，也应当视为存在特殊关系。

第十七条 买卖双方之间存在特殊关系，但是纳税义务人能证明其成交价格与同时或者大约同时发生的下列任何一款价格相近的，应当视为特殊关系未对进口货物的成交价格产生影响：

（一）向境内无特殊关系的买方出售的相同或者类似进口货物的成交价格；

（二）按照本办法第二十三条的规定所确定的相同或者类似进口货物的完税价格；

（三）按照本办法第二十五条的规定所确定的相同或者类似进口货物的完税价格。

海关在使用上述价格进行比较时，应当考虑商业水平和进口数量的不同，以及买卖双方有无特殊关系造成的费用差异。

第十八条 海关经对与货物销售有关的情况进行审查，认为符合一般商业惯例的，可以确定特殊关系未对进口货物的成交价格产生影响。

第五节 除成交价格估价方法以外的其他估价方法

第十九条 相同货物成交价格估价方法，是指海关以与进口货物同时或者大约同时向中华人民共和国境内销售的相同货物的成交价格为基础，审查确定进口货物的完税价格的估价方法。

第二十条 类似货物成交价格估价方法，是指海关以与进口货物同时或者大约同时向中华人民共和国境内销售的类似货物的成交价格为基础，审查确定进口货物的完税价格的估价方法。

第二十一条 按照相同或者类似货物成交价格估价方法的规定审查确定进口货物的完税价格时，应当使用与该货物具有相同商业水平且进口数量基本一致的相同或者类似货物的成交价格。使用上述价格时，应当以客观量化的数据资料，对该货物与相同或者类似货物之间由于运输距离和运输方式不同而在成本和其他费用方面产生的差异进行调整。

在没有前款所述的相同或者类似货物的成交价格的情况下，可以使用不同商业水平或者不同进口数量的相同或者类似货物的成交价格。使用上述价格时，应当以客观量化的数据资料，对因商业水平、进口数量、运输距离和运输方式不同而在价格、成本和其他费用方面产生的差异做出调整。

第二十二条 按照相同或者类似货物成交价格估价方法审查确定进口货物的完税价格时，应当首先使用同一生产商生产的相同或者类似货物的成交价格。

没有同一生产商生产的相同或者类似货物的成交价格的，可以使用同一生产国或者地区其他生产商生产的相同或者类似货物的成交价格。

如果有多个相同或者类似货物的成交价格，应当以最低的成交价格为基础审查确定进口货物的完税价格。

第二十三条 倒扣价格估价方法，是指海关以进口货物、相同或者类似进口货物在境内的销售价格为基础，扣除境内发生的有关费用后，审查确定进口货物完税价格的估价方法。该销售价格应当同时符合下列条件：

（一）是在该货物进口的同时或者大约同时，将该货物、相同或者类似进口货物在境内销售的价格；

（二）是按照货物进口时的状态销售的价格；

（三）是在境内第一销售环节销售的价格；

（四）是向境内无特殊关系方销售的价格；

（五）按照该价格销售的货物合计销售总量最大。

第二十四条 按照倒扣价格估价方法审查确定进口货物完税价格的，下列各项应当扣除：

（一）同等级或者同种类货物在境内第一销售环节销售时，通常的利润和一般费用（包括直接费用和间接费用）以及通常支付的佣金；

（二）货物运抵境内输入地点起卸后的运输及其相关费用、保险费；

（三）进口关税、进口环节海关代征税及其他国内税。

如果该货物、相同或者类似货物没有按照进口时的状态在境内销售，应纳税义务人要求，可以在符合本办法第二十三条规定的其他条件的情形下，使用经进一步加工后的货物的销售价格审查确定完税价格，但是应当同时扣除加工增值额。

前款所述的加工增值额应当依据与加工成本有关的客观量化数据资料、该行业公认的标准、计算方法及其他的行业惯例计算。

按照本条的规定确定扣除的项目时，应当使用与国内公认的会计原则相一致的原则和方法。

第二十五条 计算价格估价方法，是指海关以下列各项的总和为基础，审查确定进口货物完税价格的估价方法：

（一）生产该货物所使用的料件成本和加工费用；

（二）向境内销售同等级或者同种类货物通常的利润和一般费用（包括直接费用和间接费用）；

（三）该货物运抵境内输入地点起卸前的运输及相关费用、保险费。

按照前款的规定审查确定进口货物的完税价格时，海关在征得境外生产商同意并且提前通知有关国家或者地区政府后，可以在境外核实该企业提供的有关资料。

按照本条第一款的规定确定有关价值或者费用时，应当使用与生产国或者地区公认的会计原则相一致的原则和方法。

第二十六条 合理方法，是指当海关不能根据成交价格估价方法、相同货物成交价格估价方法、类似货物成交价格估价方法、倒扣价格估价方法和计算价格估价方法确定完税价格时，海关根据本办法第二条规定的原则，以客观量化的数据资料为基础审查确定进口货物完税价格的估价方法。

第二十七条 海关在采用合理方法确定进口货物的完税价格时，不得使用以下价格：

（一）境内生产的货物在境内的销售价格；

（二）可供选择的价格中较高的价格；

（三）货物在出口地市场的销售价格；

（四）以本办法第二十五条规定之外的价值或者费用计算的相同或者类似货物的价格；

（五）出口到第三国或者地区的货物的销售价格；

（六）最低限价或者武断、虚构的价格。

第三章 特殊进口货物的完税价格

第二十八条 运往境外修理的机械器具、运输工具或者其他货物，出境时已向海关报明，并且在海关规定的期限内复运进境的，应当以境外修理费和料件费为基础审查确定完税价格。

出境修理货物复运进境超过海关规定期限的，由海关按照本办法第二章的规定审查确定完税价格。

第二十九条 运往境外加工的货物，出境时已向海关报明，并且在海关规定期限内复运进境的，应当以境外加工费和料件费以及该货物复运进境的运输及其相关费用、保险费为基础审查确定完税价格。

出境加工货物复运进境超过海关规定期限的，由海关按照本办法第二章的规定审查确定完税价格。

第三十条 经海关批准的暂时进境货物，应当缴纳税款的，由海关按照本办法第二章的规定审查确定完税价格。经海关批准留购的暂时进境货物，以海关审查确定的留购价格作为完税价格。

第三十一条 租赁方式进口的货物，按照下列方法审查确定完税价格：

（一）以租金方式对外支付的租赁货物，在租赁期间以海关审查确定的租金作为完税价格，利息应当予以计入；

（二）留购的租赁货物以海关审查确定的留购价格作为完税价格；

（三）纳税义务人申请一次性缴纳税款的，可以选择申请按照本办法第六条列明的方法确定完税价格，或者按照海关审查确定的租金总额作为完税价格。

第三十二条 减税或者免税进口的货物应当补税时，应当以海关审查确定的该货物原进口时的价格，扣除折旧部分价值作为完税价格，其计算公式如下：

$$\text{完税价格} = \text{海关审查确定的该货物原进口时的价格} \times \left[1 - \frac{\text{补税时实际已进口的时间（月）}}{\text{监管年限} \times 12}\right]$$

上述计算公式中“补税时实际已进口的时间”按月计算，不足1个月但是超过15日的，按照1个月计算；不超过15日的，不予计算。

第三十三条 易货贸易、寄售、捐赠、赠送等不存在成交价格的进口货物，海关与纳税义务人进行价格磋商后，按照本办法第六条列明的方法审查确定完税价格。

第三十四条 进口载有专供数据处理设备用软件的介质，具有下列情形之一的，应当以介质本身的价值或者成本为基础审查确定完税价格：

（一）介质本身的价值或者成本与所载软件的价值

分列；

（二）介质本身的价值或者成本与所载软件的价值虽未分列，但是纳税义务人能够提供介质本身的价值或者成本的证明文件，或者能提供所载软件价值的证明文件。

含有美术、摄影、声音、图像、影视、游戏、电子出版物的介质不适用前款规定。

第四章　进口货物完税价格中的运输及其相关费用、保险费的计算

第三十五条　进口货物的运输及其相关费用，应当按照由买方实际支付或者应当支付的费用计算。如果进口货物的运输及其相关费用无法确定的，海关应当按照该货物进口同期的正常运输成本审查确定。

运输工具作为进口货物，利用自身动力进境的，海关在审查确定完税价格时，不再另行计入运输及其相关费用。

第三十六条　进口货物的保险费，应当按照实际支付的费用计算。如果进口货物的保险费无法确定或者未实际发生，海关应当按照“货价加运费”两者总额的3‰计算保险费，其计算公式如下：

保险费＝（货价＋运费）×3‰

第三十七条　邮运进口的货物，应当以邮费作为运输及其相关费用、保险费。

第五章　出口货物的完税价格

第三十八条　出口货物的完税价格由海关以该货物的成交价格为基础审查确定，并且应当包括货物运至中华人民共和国境内输出地点装载前的运输及其相关费用、保险费。

第三十九条　出口货物的成交价格，是指该货物出口销售时，卖方为出口该货物应当向买方直接收取和间接收取的价款总额。

第四十条　下列税收、费用不计入出口货物的完税价格：

（一）出口关税；

（二）在货物价款中单独列明的货物运至中华人民共和国境内输出地点装载后的运输及其相关费用、保险费。

第四十一条　出口货物的成交价格不能确定的，海关经了解有关情况，并且与纳税义务人进行价格磋商后，依次以下列价格审查确定该货物的完税价格：

（一）同时或者大约同时向同一国家或者地区出口的相同货物的成交价格；

（二）同时或者大约同时向同一国家或者地区出口的类似货物的成交价格；

（三）根据境内生产相同或者类似货物的成本、利润和一般费用（包括直接费用和间接费用）、境内发生的运输及其相关费用、保险费计算所得的价格；

（四）按照合理方法估定的价格。

第六章　完税价格的审查确定

第四十二条　纳税义务人向海关申报时，应当按照本办法的有关规定，如实向海关提供发票、合同、提单、装箱清单等单证。

根据海关要求，纳税义务人还应当如实提供与货物买卖有关的支付凭证以及证明申报价格真实、准确的其他商业单证、书面资料和电子数据。

货物买卖中发生本办法第二章第三节所列的价格调整项目的，或者发生本办法三十五条所列的运输及其相关费用的，纳税义务人应当如实向海关申报。

前款规定的价格调整项目或者运输及其相关费用如果需要分摊计算的，纳税义务人应当根据客观量化的标准进行分摊，并且同时向海关提供分摊的依据。

第四十三条　海关为审查申报价格的真实性、准确性，可以行使下列职权进行价格核查：

（一）查阅、复制与进出口货物有关的合同、发票、账册、结付汇凭证、单据、业务函电、录音录像制品和其他反映买卖双方关系及交易活动的商业单证、书面资料和电子数据；

（二）向进出口货物的纳税义务人及与其有资金往来或者有其他业务往来的公民、法人或者其他组织调查与进出口货物价格有关的问题；

（三）对进出口货物进行查验或者提取货样进行检验或者化验；

（四）进入纳税义务人的生产经营场所、货物存放场所，检查与进出口活动有关的货物和生产经营情况；

（五）经直属海关关长或者其授权的隶属海关关长批准，凭《中华人民共和国海关账户查询通知书》（见附件1）及有关海关工作人员的工作证件，可以查

询纳税义务人在银行或者其他金融机构开立的单位账户的资金往来情况，并且向银行业监督管理机构通报有关情况；

（六）向税务部门查询了解与进出口货物有关的缴纳国内税情况。

海关在行使前款规定的各项职权时，纳税义务人及有关公民、法人或者其他组织应当如实反映情况，提供有关书面资料和电子数据，不得拒绝、拖延和隐瞒。

第四十四条 海关对申报价格的真实性、准确性有疑问时，或者认为买卖双方之间的特殊关系影响成交价格时，应当制发《中华人民共和国海关价格质疑通知书》（以下简称《价格质疑通知书》，见附件2），将质疑的理由书面告知纳税义务人或者其代理人，纳税义务人或者其代理人应当自收到《价格质疑通知书》之日起5个工作日内，以书面形式提供相关资料或者其他证据，证明其申报价格真实、准确或者双方之间的特殊关系未影响成交价格。

纳税义务人或者其代理人确有正当理由无法在规定时间内提供前款资料的，可以在规定期限届满前以书面形式向海关申请延期。

除特殊情况外，延期不得超过10个工作日。

第四十五条 海关制发《价格质疑通知书》后，有下列情形之一的，海关与纳税义务人进行价格磋商后，按照本办法第六条或者第四十一条列明的方法审查确定进出口货物的完税价格：

（一）纳税义务人或者其代理人在海关规定期限内，未能提供进一步说明的；

（二）纳税义务人或者其代理人提供有关资料、证据后，海关经审核其所提供的资料、证据，仍然有理由怀疑申报价格的真实性、准确性的；

（三）纳税义务人或者其代理人提供有关资料、证据后，海关经审核其所提供的资料、证据，仍然有理由认为买卖双方之间的特殊关系影响成交价格的。

第四十六条 海关经过审查认为进口货物无成交价格的，可以不进行价格质疑，经与纳税义务人进行价格磋商后，按照本办法第六条列明的方法审查确定完税价格。

海关经过审查认为出口货物无成交价格的，可以不进行价格质疑，经与纳税义务人进行价格磋商后，按照本办法第四十一条列明的方法审查确定完税价格。

第四十七条 按照本办法规定需要价格磋商的，海关应当依法向纳税义务人制发《中华人民共和国海关价格磋商通知书》（见附件3）。纳税义务人应当自收到通知之日起5个工作日内与海关进行价格磋商。纳税义务人在海关规定期限内与海关进行价格磋商的，海关应当制作《中华人民共和国海关价格磋商纪录表》（见附件4）。

纳税义务人未在通知规定的时限内与海关进行磋商的，视为其放弃价格磋商的权利，海关可以直接使用本办法第六条或者第四十一条列明的方法审查确定进出口货物的完税价格。

第四十八条 对符合下列情形之一的，经纳税义务人书面申请，海关可以不进行价格质疑及价格磋商，按照本办法第六条或者第四十一条列明的方法审查确定进出口货物的完税价格：

（一）同一合同项下分批进出口的货物，海关对其中一批货物已经实施估价的；

（二）进出口货物的完税价格在人民币10万元以下或者关税及进口环节海关代征税总额在人民币2万元以下的；

（三）进出口货物属于危险品、鲜活品、易腐品、易失效品、废品、旧品等的。

第四十九条 海关审查确定进出口货物的完税价格期间，纳税义务人可以在依法向海关提供担保后，先行提取货物。

第五十条 海关审查确定进出口货物的完税价格后，纳税义务人可以提出书面申请，要求海关就如何确定其进出口货物的完税价格做出书面说明。海关应当根据要求出具《中华人民共和国海关估价告知书》（见附件5）。

第七章 附 则

第五十一条 本办法中下列用语的含义：

境内，是指中华人民共和国海关关境内。

完税价格，是指海关在计征关税时使用的计税价格。

买方，是指通过履行付款义务，购入货物，并且为此承担风险，享有收益的自然人、法人或者其他组织。其中进口货物的买方是指向中华人民共和国境内购入进口货物的买方。

卖方，是指销售货物的自然人、法人或者其他组织。其中进口货物的卖方是指向中华人民共和国境内销售进口货物的卖方。

向中华人民共和国境内销售，是指将进口货物实际运入中华人民共和国境内，货物的所有权和风险由卖方转移给买方，买方为此向卖方支付价款的行为。

实付、应付价格，是指买方为购买进口货物而直接或者间接支付的价款总额，即作为卖方销售进口货物的条件，由买方向卖方或者为履行卖方义务向第三方已经支付或者将要支付的全部款项。

间接支付，是指买方根据卖方的要求，将货款全部或者部分支付给第三方，或者冲抵买卖双方之间的其他资金往来的付款方式。

购货佣金，是指买方为购买进口货物向自己的采购代理人支付的劳务费用。

经纪费，是指买方为购买进口货物向代表买卖双方利益的经纪人支付的劳务费用。

相同货物，是指与进口货物在同一国家或者地区生产的，在物理性质、质量和信誉等所有方面都相同的货物，但是表面的微小差异允许存在。

类似货物，是指与进口货物在同一国家或者地区生产的，虽然不是在所有方面都相同，但是却具有相似的特征，相似的组成材料，相同的功能，并且在商业中可以互换的货物。

大约同时，是指海关接受货物申报之日的大约同时，最长不应当超过前后45日。按照倒扣价格法审查确定进口货物的完税价格时，如果进口货物、相同或者类似货物没有在海关接受进口货物申报之日前后45日内在境内销售，可以将在境内销售的时间延长至接受货物申报之日前后90日内。

公认的会计原则，是指在有关国家或者地区会计核算工作中普遍遵循的原则性规范和会计核算业务的处理方法。包括对货物价值认定有关的权责发生制原则、配比原则、历史成本原则、划分收益性与资本性支出原则等。

特许权使用费，是指进口货物的买方为取得知识产权权利人及权利人有效授权人关于专利权、商标权、专有技术、著作权、分销权或者销售权的许可或者转让而支付的费用。

技术培训费用，是指基于卖方或者与卖方有关的第三方对买方派出的技术人员进行与进口货物有关的技术指导，进口货物的买方支付的培训师资及人员的教学、食宿、交通、医疗保险等其他费用。

软件，是指《计算机软件保护条例》规定的用于数据处理设备的程序和文档。

专有技术，是指以图纸、模型、技术资料和规范等形式体现的尚未公开的工艺流程、配方、产品设计、质量控制、检测以及营销管理等方面的知识、经验、方法和诀窍等。

轻度加工，是指稀释、混合、分类、简单装配、再包装或者其他类似加工。

同等级或者同种类货物，是指由特定产业或者产业部门生产的一组或者一系列货物中的货物，包括相同货物或者类似货物。

介质，是指磁带、磁盘、光盘。

价格核查，是指海关为确定进出口货物的完税价格，依法行使本办法第四十三条规定的职权，通过审查单证、核实数据、核对实物及相关账册等方法，对进出口货物申报成交价格的真实性、准确性以及买卖双方之间是否存在特殊关系影响成交价格进行的审查。

价格磋商，是指海关在使用除成交价格以外的估价方法时，在保守商业秘密的基础上，与纳税义务人交换彼此掌握的用于确定完税价格的数据资料的行为。

起卸前，是指货物起卸行为开始之前。

装载前，是指货物装载行为开始之前。

第五十二条 纳税义务人对海关确定完税价格有异议的，应当按照海关作出的相关行政决定依法缴纳税款，并且可以依法向上一级海关申请复议。对复议决定不服的，可以依法向人民法院提起行政诉讼。

第五十三条 违反本办法规定，构成走私行为、违反海关监管规定行为或者其他违反《海关法》行为的，由海关依照《海关法》和《中华人民共和国海关行政处罚实施条例》的有关规定予以处理；构成犯罪的，依法追究刑事责任。

第五十四条 本办法由海关总署负责解释。

第五十五条 本办法自2014年2月1日起施行。2006年3月28日海关总署令第148号发布的《中华人民共和国海关审定进出口货物完税价格办法》同时废止。

附件：1.《中华人民共和国海关帐户查询通知书》（略）

2.《中华人民共和国海关价格质疑通知书》（略）

3.《中华人民共和国海关价格磋商通知书》（略）

4.《中华人民共和国海关价格磋商记录表》（略）

5.《中华人民共和国海关估价告知书》（略）

中华人民共和国国家质量监督检验检疫总局令

国家质量监督检验检疫总局令
第 151 号

《进口棉花检验监督管理办法》已经 2012 年 6 月 27 日国家质量监督检验检疫总局局务会议审议通过，现予公布，自 2013 年 2 月 1 日起施行。

局　长　支树平

二〇一三年一月十八日

进口棉花检验监督管理办法

第一章　总　则

第一条　为了加强进口棉花检验监督管理，提高进口棉花质量，维护正常贸易秩序，根据《中华人民共和国进出口商品检验法》（以下简称《商检法》）及其实施条例的规定，制定本办法。

第二条　本办法适用于进口棉花的检验监督管理。

第三条　国家质量监督检验检疫总局（以下简称国家质检总局）主管全国进口棉花的检验监督管理工作。

国家质检总局设在各地的出入境检验检疫机构（以下简称检验检疫机构）负责所辖地区进口棉花的检验监督管理工作。

第四条　国家对进口棉花的境外供货企业（以下简称境外供货企业）实施质量信用管理，对境外供货企业可以实施登记管理。

第五条　检验检疫机构依法对进口棉花实施到货检验。

第二章　境外供货企业登记管理

第六条　为了便利通关，境外供货企业按照自愿原则向国家质检总局申请登记。

第七条　申请登记的境外供货企业（以下简称申请人）应当具备以下条件：

（一）具有所在国家或者地区合法经营资质；

（二）具有固定经营场所；

（三）具有稳定供货来源，并有相应质量控制体系；

（四）熟悉中国进口棉花检验相关规定。

第八条　申请人申请登记时应当向国家质检总局提交下列书面材料：

（一）进口棉花境外供货企业登记申请表（以下简称登记申请表）；

（二）合法商业经营资质证明文件复印件；

（三）组织机构图及经营场所平面图；

（四）质量控制体系的相关材料；

（五）质量承诺书。

以上材料应当提供中文或者中外文对照文本。

第九条　境外供货企业可以委托代理人申请登记。代理人申请登记时，应当提交境外供货企业的委托书。

第十条　国家质检总局对申请人提交的申请，应当根据下列情形分别作出处理：

（一）申请材料不齐全或者不符合法定形式的，应当当场或者自收到申请材料之日起 5 个工作日内一次告知申请人需要补正的全部内容；逾期不告知的，自收到申请材料之日起即为受理；

（二）申请材料齐全、符合规定形式，或者申请人按照国家质检总局的要求提交全部补正材料的，应当受理；

（三）申请人自被告知之日起 20 个工作日内未补正申请材料，视为撤销申请；申请人提供的补正材料仍不符合要求的，不予受理，并书面告知申请人。

第十一条　受理当事人提交的申请后，国家质检总局应当组成评审组，开展书面评审，必要时开展现场评审。上述评审应当自受理之日起 3 个月内完成。

第十二条　经审核合格的，国家质检总局应当对境外供货企业予以登记，颁发《进口棉花境外供货企业登记证书》（以下简称登记证书）并对外公布。

第十三条 经审核不合格的，国家质检总局对境外供货企业不予登记，并书面告知境外供货企业。

第十四条 登记证书有效期为3年。

第十五条 不予登记的境外供货企业自不予登记之日起2个月后方可向国家质检总局重新申请登记。

第十六条 已登记境外供货企业的名称、经营场所或者法定代表人等登记信息发生变化的，应当及时向国家质检总局申请变更登记，提交本办法第八条规定的登记申请表及变更事项的证明材料，国家质检总局应当自收到变更登记材料之日起30个工作日内作出是否予以变更登记的决定。

第十七条 需要延续有效期的，已登记境外供货企业应当在登记证书有效期届满3个月前向国家质检总局申请复查换证，复查换证时提交本办法第八条规定的材料，国家质检总局应当在登记证书有效期届满前作出是否准予换证的决定。

到期未申请复查换证的，国家质检总局予以注销。

第三章 质量信用管理

第十八条 国家质检总局对境外供货企业实行质量信用管理。直属检验检疫局根据进口棉花的实际到货质量和境外供货企业的履约情况，对境外供货企业的质量信用进行评估，并上报国家质检总局。

第十九条 按照质量信用，境外供货企业分为A、B、C三个层级：

（一）A级：境外供货企业自获得国家质检总局登记后即列为A级；

（二）B级：A级境外供货企业发生本办法第二十条所列情形之一的降为B级；

（三）C级：未获得国家质检总局登记的境外供货企业默认为C级；B级境外供货企业发生本办法第二十条所列情形之一的降为C级。

第二十条 登记境外供货企业进口的同合同、同发票、同规格的棉花发生下列情形之一的，检验检疫机构应当对该境外供货企业的质量信用进行评估并作相应调整：

（一）等级降级幅度在2级及以上的棉包数量超过总包数20%的；

（二）长度降级幅度在1/16英寸（约1.58毫米）及以上的棉包数量超过总包数20%的；

（三）马克隆值不合格的棉包数量超过总包数60%的；

（四）到货重量短少率超过3%，未及时赔偿的；

（五）货物中发生严重油污、水渍、霉变、板结的棉包数量超过总包数的5%的；

（六）货物包装发生影响运输、搬运、装卸的严重破损，破损棉包数量超过总包数20%的；

（七）混有异性纤维、棉短绒、废棉和危害性杂物，经核查对企业造成严重损失的。

第二十一条 进口棉花发生本办法第二十条所列情形时，检验检疫机构应当将有关检验结果告知收货人，收货人应当及时书面通知境外供货企业。未经检验检疫机构允许，收货人不得销售、使用该批进口棉花。检验检疫机构应当及时将进口棉花的检验情况及相关证明材料上报直属检验检疫局。

第二十二条 直属检验检疫局对检验情况及相关证明材料进行审核，初步评估确定境外供货企业的质量信用层级，并将评估结果及理由书面告知境外供货企业。

第二十三条 境外供货企业对初步评估结果有异议的，应当自收到书面通知之日起15个工作日内，向作出评估结果的直属检验检疫局提出书面申辩，并提交相关证明材料。经复核，原评估结果有误的，予以更正。

无异议或者期限届满未申辩的，直属检验检疫局确定最终评估结果，书面告知境外供货企业，同时上报国家质检总局。

第二十四条 国家质检总局根据评估结果及时调整境外供货企业质量信用层级，并通知检验检疫机构及相关单位。

第二十五条 实施质量信用评估过程中发生复验、行政复议或者行政诉讼的，应当暂停评估。待复验、行政复议或者行政诉讼结束后，继续组织评估。

第二十六条 国家质检总局对获得登记的境外供货企业质量信用层级按下列方式进行动态调整：

（一）A级境外供货企业进口的棉花发生本办法第二十条所列情形的，境外供货企业的质量信用层级由A级降为B级；

（二）自直属检验检疫局书面通知境外供货企业质量信用层级之日起5个月内，从B级境外供货企业进口的棉花发生本办法第二十条所列情形的，境外供货企业的质量信用层级由B级降为C级；如未发生本办法第二十条所列情形的，质量信用层级由 B 级升为 A 级；

（三）自直属检验检疫局书面通知境外供货企业质量信用层级之日起 5 个月内，从 C 级境外供货企业进口的棉花未发生本办法第二十条所列情形的，境外供货企业（不含未在国家质检总局登记的企业）的质量信用层级由 C 级升为 B 级。

第四章　进口检验

第二十七条　进口棉花的收货人或者其代理人应当向入境口岸检验检疫机构报检。报检时，除提供规定的报检单证外，已登记境外供货企业应当提供《进口棉花境外供货企业登记证书》（复印件）。

第二十八条　检验检疫机构根据境外供货企业的质量信用层级，按照下列方式对进口棉花实施检验：

（一）对 A 级境外供货企业的棉花，应当在收货人报检时申报的目的地检验，由目的地检验检疫机构按照国家质检总局制定的检验检疫行业标准实施抽样检验；

（二）对 B 级境外供货企业的棉花，应当在收货人报检时申报的目的地检验，由目的地检验检疫机构实施两倍抽样量的加严检验；

（三）对 C 级境外供货企业的棉花，检验检疫机构在入境口岸实施两倍抽样量的加严检验。

第二十九条　实施进口棉花现场检验工作的场所应当具备以下条件：

（一）具有适合棉花存储的现场检验场地；

（二）配备开箱、开包、称重、取样等所需的设备和辅助人员；

（三）其他检验工作所需的通用现场设施。

第三十条　检验检疫机构对进口棉花实施现场查验。查验时应当核对进口棉花批次、规格、标记等，确认货证相符；查验包装是否符合合同等相关要求，有无包装破损；查验货物是否存在残损、异性纤维、以次充好、掺杂掺假等情况。对集装箱装载的，检查集装箱铅封是否完好。

第三十一条　检验检疫机构按照国家质检总局的相关规定对进口棉花实施数重量检验、品质检验和残损鉴定，并出具证书。

第三十二条　进口棉花的收货人或者发货人对检验检疫机构出具的检验结果有异议的，可以按照《进出口商品复验办法》的规定申请复验。

第五章　监督管理

第三十三条　境外供货企业质量控制体系应当持续有效。

国家质检总局可以依法对境外供货企业实施现场核查。

第三十四条　收货人应当建立进口棉花销售、使用记录以及索赔记录，检验检疫机构可以对其记录进行检查，发现未建立记录或者记录不完整的，书面通知收货人限期整改。

第三十五条　检验检疫机构应当建立质量信用评估和检验监管工作档案。国家质检总局对质量信用评估和检验监管工作进行监督检查。

第三十六条　已登记境外供货企业发生下列情形之一的，国家质检总局撤销其登记。境外供货企业自撤销之日起 6 个月后方可向国家质检总局重新申请登记。

（一）提供虚假材料获取登记证书的；

（二）在国家质检总局组织的现场检查中被发现其质量控制体系无法保证棉花质量的；

（三）C 级已登记境外供货企业发生本办法第二十条所列情形的；

（四）不接受监督管理的。

第六章　法律责任

第三十七条　收货人发生下列情形之一的，有违法所得的，由检验检疫机构处违法所得 3 倍以下罚款，最高不超过 3 万元；没有违法所得的，处 1 万元以下罚款：

（一）书面通知限期整改仍未建立进口棉花销售或者使用记录以及索赔记录的；

（二）不如实提供进口棉花的真实情况造成严重后果的；

（三）不接受监督管理的。

第三十八条　有其他违反相关法律、行政法规行为的，检验检疫机构依照相关法律、行政法规追究其法律责任。

第三十九条　检验检疫机构的工作人员滥用职权，故意刁难当事人，徇私舞弊，伪造检验检疫结果的，或者玩忽职守，延误出证的，按照《中华人民共和国进出口商品检验法实施条例》第五十九条规定依法给予行政处分；构成犯罪的，依法追究刑事责任。

第七章　附　则

第四十条　进口棉花的动植物检疫、卫生检疫按照法律法规及相关规定执行。

第四十一条　香港、澳门和台湾地区的棉花供货企业的登记管理和质量信用评估管理按照本办法执行。

第四十二条　从境外进入保税区、出口加工区等海关特殊监管区域的进口棉花，按照相关规定执行。

第四十三条　本办法由国家质检总局负责解释。

第四十四条　本办法自2013年2月1日起施行。

国家质量监督检验检疫总局令
第152号

《进出口乳品检验检疫监督管理办法》已经国家质量监督检验检疫总局局务会议审议通过，现予公布，自2013年5月1日起施行。

局　长　支树平

二〇一三年一月二十四日

进出口乳品检验检疫监督管理办法

第一章　总　则

第一条　为了加强进出口乳品检验检疫监督管理，根据《中华人民共和国食品安全法》（以下简称食品安全法）及其实施条例、《中华人民共和国进出口商品检验法》及其实施条例、《中华人民共和国进出境动植物检疫法》及其实施条例、《国务院关于加强食品等产品安全监督管理的特别规定》（以下简称特别规定）、《乳品质量安全监督管理条例》等法律法规规定，制定本办法。

第二条　本办法所称乳品包括初乳、生乳和乳制品。

本办法所称初乳是指奶畜产犊后7天内的乳。

本办法所称生乳是指从符合中国有关要求的健康奶畜乳房中挤出的无任何成分改变的常乳。奶畜初乳、应用抗生素期间和休药期间的乳汁、变质乳不得用作生乳。

本办法所称乳制品是指由乳为主要原料加工而成的食品，如：巴氏杀菌乳、灭菌乳、调制乳、发酵乳、干酪及再制干酪、稀奶油、奶油、无水奶油、炼乳、乳粉、乳清粉、乳清蛋白粉和乳基婴幼儿配方食品等。其中，由生乳加工而成、加工工艺中无热处理杀菌过程的产品为生乳制品。

第三条　国家质量监督检验检疫总局（以下简称国家质检总局）主管全国进出口乳品检验检疫监督管理工作。

国家质检总局设在各地的出入境检验检疫机构（以下简称检验检疫机构）负责所辖地区进出口乳品检验检疫监督管理工作。

第四条　进出口乳品生产经营者应当依法从事生产经营活动，对社会和公众负责，保证食品安全，诚实守信，接受社会监督，承担社会责任。

第二章　乳品进口

第五条　国家质检总局依据中国法律法规规定对向中国出口乳品的国家或者地区的食品安全管理体系和食品安全状况进行评估，并根据进口乳品安全状况及监督管理需要进行回顾性审查。

首次向中国出口乳品的国家或者地区，其政府主管部门应当向国家质检总局提供兽医卫生和公共卫生的法律法规体系、组织机构、兽医服务体系、安全卫生控制体系、残留监控体系、动物疫病的检测监控体系及拟对中国出口的产品种类等资料。

国家质检总局依法组织评估，必要时，可以派专家组到该国家或者地区进行现场调查。经评估风险在可接受范围内的，确定相应的检验检疫要求，包括相关证书和出证要求，允许其符合要求的相关乳品向中国出口。双方可以签署议定书确认检验检疫要求。

第六条　国家质检总局对向中国出口乳品的境外食品生产企业（以下简称境外生产企业）实施注册制度，注册工作按照国家质检总局相关规定执行。

境外生产企业应当经出口国家或者地区政府主管部门批准设立，符合出口国家或者地区法律法规相关要求。

境外生产企业应当熟悉并保证其向中国出口的乳品符合中国食品安全国家标准和相关要求，并能够提供中国食品安全国家标准规定项目的检测报告。境外生产企业申请注册时应当明确其拟向中国出口的乳品种类、品牌。

获得注册的境外生产企业应当在国家质检总局网站公布。

第七条 向中国出口的乳品，应当附有出口国家或者地区政府主管部门出具的卫生证书。证书应当证明下列内容：

（一）乳品原料来自健康动物；

（二）乳品经过加工处理不会传带动物疫病；

（三）乳品生产企业处于当地政府主管部门的监管之下；

（四）乳品是安全的，可供人类食用。

证书应当有出口国家或者地区政府主管部门印章和其授权人签字，目的地应当标明为中华人民共和国。

证书样本应当经国家质检总局确认，并在国家质检总局网站公布。

第八条 需要办理检疫审批手续的进口乳品，应当在取得《中华人民共和国进境动植物检疫许可证》后，方可进口。

国家质检总局可以依法调整并公布实施检疫审批的乳品种类。

第九条 向中国境内出口乳品的出口商或者代理商应当向国家质检总局备案。申请备案的出口商或者代理商应当按照备案要求提供备案信息，对信息的真实性负责。

备案名单应当在国家质检总局网站公布。

第十条 检验检疫机构对进口乳品的进口商实施备案管理。进口商应当有食品安全专业技术人员、管理人员和保证食品安全的规章制度，并按照国家质检总局规定，向其工商注册登记地检验检疫机构申请备案。

第十一条 进口乳品的进口商或者其代理人，应当持下列材料向海关报关地的检验检疫机构报检：

（一）合同、发票、装箱单、提单等必要凭证。

（二）符合本办法第七条规定的卫生证书。

（三）首次进口的乳品，应当提供相应食品安全国家标准中列明项目的检测报告。首次进口，指境外生产企业、产品名称、配方、境外出口商、境内进口商等信息完全相同的乳品从同一口岸第一次进口。

（四）非首次进口的乳品，应当提供首次进口检测报告的复印件以及国家质检总局要求项目的检测报告。非首次进口检测报告项目由国家质检总局根据乳品风险监测等有关情况确定并在国家质检总局网站公布。

（五）进口乳品安全卫生项目（包括致病菌、真菌毒素、污染物、重金属、非法添加物）不合格，再次进口时，应当提供相应食品安全国家标准中列明项目的检测报告；连续5批次未发现安全卫生项目不合格，再次进口时提供相应食品安全国家标准中列明项目的检测报告复印件和国家质检总局要求项目的检测报告。

（六）进口预包装乳品的，应当提供原文标签样张、原文标签中文翻译件、中文标签样张等资料。

（七）进口需要检疫审批的乳品，应当提供进境动植物检疫许可证。

（八）进口尚无食品安全国家标准的乳品，应当提供国务院卫生行政部门出具的许可证明文件。

（九）涉及有保健功能的，应当提供有关部门出具的许可证明文件。

（十）标注获得奖项、荣誉、认证标志等内容的，应当提供经外交途径确认的有关证明文件。

第十二条 进口乳品的进口商应当保证其进口乳品符合中国食品安全国家标准，并公布其进口乳品的种类、产地、品牌。

进口尚无食品安全国家标准的乳品，应当符合国务院卫生行政部门出具的许可证明文件中的相关要求。

第十三条 进口乳品的包装和运输工具应当符合安全卫生要求。

第十四条 进口预包装乳品应当有中文标签、中文说明书，标签、说明书应当符合中国有关法律法规规定和食品安全国家标准。

第十五条 进口乳品在取得入境货物检验检疫证明前，应当存放在检验检疫机构指定或者认可的监管场所，未经检验检疫机构许可，任何单位和个人不得擅自动用。

第十六条 检验检疫机构应当按照《中华人民共和国进出口商品检验法》规定的方式对进口乳品实施检验；进口乳品存在动植物疫情疫病传播风险的，应当按照《中华人民共和国进出境动植物检疫法》规定实施检疫。

第十七条 进口乳品经检验检疫合格，由检验检疫机构出具入境货物检验检疫证明后，方可销售、使用。

进口乳品入境货物检验检疫证明中应当列明产品名称、品牌、出口国家或者地区、规格、数/重量、生产日期或者批号、保质期等信息。

第十八条 进口乳品经检验检疫不合格的，由检验检疫机构出具不合格证明。涉及安全、健康、环境保护项目不合格的，检验检疫机构责令当事人销毁，或者出具退货处理通知单，由进口商办理退运手续。其他项目不合格的，可以在检验检疫机构监督下进行技术处理，经重新检验合格后，方可销售、使用。

进口乳品销毁或者退运前，进口乳品进口商应当将不合格乳品自行封存，单独存放于检验检疫机构指定或者认可的场所，未经检验检疫机构许可，不得擅自调离。

进口商应当在3个月内完成销毁，并将销毁情况向检验检疫机构报告。

第十九条 进口乳品的进口商应当建立乳品进口和销售记录制度，如实记录进口乳品的入境货物检验检疫证明编号、名称、规格、数量、生产日期或者批号、保质期、出口商和购货者名称及联系方式、交货日期等内容。记录应当真实，记录保存期限不得少于2年。

检验检疫机构应当对本辖区内进口商的进口和销售记录进行检查。

第二十条 进口乳品原料全部用于加工后复出口的，检验检疫机构可以按照出口目的国家或者地区的标准或者合同要求实施检验，并在出具的入境货物检验检疫证明上注明“仅供出口加工使用”。

第二十一条 检验检疫机构应当建立进口乳品进口商信誉记录。

检验检疫机构发现不符合法定要求的进口乳品时，可以将不符合法定要求的进口乳品进口商、报检人、代理人列入不良记录名单；对有违法行为并受到处罚的，可以将其列入违法企业名单并对外公布。

第三章 乳品出口

第二十二条 国家质检总局对出口乳品生产企业实施备案制度，备案工作按照国家质检总局相关规定执行。

出口乳品应当来自备案的出口乳品生产企业。

第二十三条 出口生乳的奶畜养殖场应当向检验检疫机构备案。检验检疫机构在风险分析的基础上对备案养殖场进行动物疫病、农兽药残留、环境污染物及其他有毒有害物质的监测。

第二十四条 出口生乳奶畜养殖场应当建立奶畜养殖档案，载明以下内容：

（一）奶畜的品种、数量、繁殖记录、标志情况、来源和进出场日期；

（二）饲料、饲料添加剂、兽药等投入品的来源、名称、使用对象、时间和用量；

（三）检疫、免疫、消毒情况；

（四）奶畜发病、死亡和不合格生乳的处理情况；

（五）生乳生产、贮存、检验、销售情况。

记录应当真实，保存期限不得少于2年。

第二十五条 出口生乳奶畜养殖不得使用中国及进口国家或者地区禁用的饲料、饲料添加剂、兽药以及其他对动物和人体具有直接或者潜在危害的物质。禁止出口奶畜在规定用药期和休药期内产的乳。

第二十六条 出口乳品生产企业应当符合良好生产规范要求，建立并实施危害分析与关键控制点体系（HACCP），并保证体系有效运行。

第二十七条 出口乳制品生产企业应当建立下列制度：

（一）原料、食品添加剂、食品相关产品进货查验制度，如实记录其名称、规格、数量、供货者名称及联系方式、进货日期等；

（二）生产记录制度，如实记录食品生产过程的安全管理情况；

（三）出厂检验制度，对出厂的乳品逐批检验，并保存检验报告，留取样品；

（四）乳品出厂检验记录制度，查验出厂乳品检验合格证和质量安全状况，如实记录产品的名称、规格、数量、生产日期、保质期、生产批号、检验合格证号、购货者名称及联系方式、销售日期等。

上述记录应当真实，保存期不得少于2年。

第二十八条 出口乳品生产企业应当对出口乳品加工用原辅料及成品进行检验或者委托有资质的检验机构检验，并出具检验报告。

第二十九条 出口乳品的包装和运输方式应当符合安全卫生要求。

对装运出口易变质、需要冷冻或者冷藏乳品的集装箱、船舱、飞机、车辆等运载工具，承运人、装箱单位或者其代理人应当按照规定对运输工具和装载容器进行清洗消毒并做好记录，在装运前向检验检疫机构申请清洁、卫生、冷藏、密固等适载检验；未经检验或者经检验不合格的，不准装运。

第三十条 出口乳品的出口商或者其代理人应当按照国家质检总局的报检规定，向出口乳品生产企业所在地检验检疫机构报检。

第三十一条 检验检疫机构根据出口乳品的风险状况、生产企业的安全卫生质量管理水平、产品安全卫生质量记录、既往出口情况、进口国家或者地区要求等，制定出口乳品抽检方案，按照下列要求对出口乳品实施检验：

（一）双边协议、议定书、备忘录确定的检验检疫要求；

（二）进口国家或者地区的标准；

（三）贸易合同或者信用证注明的检验检疫要求。

均无上述标准或者要求的，按照中国法律法规及相关食品安全国家标准规定实施检验。

出口乳品的生产企业、出口商应当保证其出口乳品符合上述要求。

第三十二条 出口乳品经检验检疫符合相关要求的，检验检疫机构出具“出境货物通关单”或者“出境货物换证凭单”，并出具检验检疫证书；经检验检疫不合格的，出具“出境货物不合格通知单”，不得出口。

第三十三条 出口乳品出境口岸检验检疫机构按照出境货物换证查验的相关规定，检查货证是否相符。查验合格的，凭产地检验检疫机构出具的“出境货物换证凭单”换发“出境货物通关单”；查验不合格的，由口岸检验检疫机构出具不合格证明，不准出口。

产地检验检疫机构与口岸检验检疫机构应当建立信息交流机制，及时通报出口乳品在检验检疫过程中发现的卫生安全问题，并按照规定上报。

第三十四条 出口乳品生产经营者应当建立产品追溯制度，建立相关记录，保证追溯有效性。记录保存期限不得少于2年。

第三十五条 出口乳品生产企业应当建立样品管理制度，样品保管的条件、时间应当适合产品本身的特性，数重量应当满足检验要求。

第三十六条 检验检疫机构发现不符合法定要求的出口乳品时，可以将其生产经营者列入不良记录名单；对有违法行为并受到处罚的，可以将其列入违法企业名单并对外公布。

第四章 风险预警

第三十七条 国家质检总局和检验检疫机构应当收集和整理主动监测、执法监管、实验室检验、境外通报、国内机构组织通报、媒体网络报道、投诉举报以及相关部门转办等乳品安全信息。

第三十八条 进出口乳品生产经营者应当建立风险信息报告制度，制定乳品安全风险信息应急方案，并配备应急联络员；设立专职的风险信息报告员，对已发现的进出口乳品召回和处理情况等风险信息及时报告检验检疫机构。

第三十九条 检验检疫机构应当对经核准、整理的进出口乳品安全信息提出初步处理意见，并按照规定的要求和程序向国家质检总局报告，向地方政府、有关部门通报。

第四十条 国家质检总局和直属检验检疫局应当根据进出口乳品安全风险信息的级别发布风险预警通报。国家质检总局视情况可以发布风险预警通告，并决定采取以下措施：

（一）有条件地限制进出口，包括严密监控、加严检验、责令召回等；

（二）禁止进出口，就地销毁或者作退运处理；

（三）启动进出口乳品安全应急处置预案。

检验检疫机构负责组织实施风险预警及控制措施。

第四十一条 向中国出口乳品的国家或者地区发生可能影响乳品安全的动物疫病或者其他重大食品安全事件时，国家质检总局可以根据中国法律法规规定，对进口乳品采取本办法第四十条规定的风险预警及控制措施。

国家质检总局可以依据疫情变化、食品安全事件处置情况、出口国家或者地区政府主管部门和乳品生产企业提供的相关资料，经评估后调整风险预警及控制措施。

第四十二条 进出口乳品安全风险已不存在或者已降低到可接受的程度时，应当及时解除风险预警通报和风险预警通告及控制措施。

第四十三条 进口乳品存在安全问题，已经或者可能对人体健康和生命安全造成损害的，进口乳品进口商应当主动召回并向所在地检验检疫机构报告。进口乳品进口商应当向社会公布有关信息，通知批发、销售者停止批发、销售，告知消费者停止使用，做好召回乳品情况记录。

检验检疫机构接到报告后应当进行核查，根据进口乳品影响范围按照规定上报。

进口乳品进口商不主动实施召回的，由直属检验检疫局向其发出责令召回通知书并报告国家质检总局。必要时，国家质检总局可以责令召回。国家质检总局可以发布风险预警通报或者风险预警通告，并采取本办法第四十条规定的措施以及其他避免危害发生的措施。

第四十四条 发现出口的乳品存在安全问题，已经或者可能对人体健康和生命安全造成损害的，出口乳品生产经营者应当采取措施，避免和减少损害的发生，并立即向所在地检验检疫机构报告。

第四十五条 检验检疫机构在依法履行进出口乳品检验检疫监督管理职责时有权采取下列措施：

（一）进入生产经营场所实施现场检查；

（二）查阅、复制、查封、扣押有关合同、票据、账簿以及其他有关资料；

（三）查封、扣押不符合法定要求的产品，违法使用的原料、辅料、添加剂、农业投入品以及用于违法生产的工具、设备；

（四）查封存在危害人体健康和生命安全重大隐患的生产经营场所。

第四十六条 检验检疫机构应当按照有关规定将采取的控制措施向国家质检总局报告并向地方政府、有关部门通报。

国家质检总局按照有关规定将相关进出口乳品安全信息及采取的控制措施向有关部门通报。

第五章 法律责任

第四十七条 进口乳品经检验检疫不符合食品安全国家标准，擅自销售、使用的，由检验检疫机构按照食品安全法第八十五条、第八十九条的规定，没收违法所得、违法生产经营的乳品和用于违法生产经营的工具、设备、原料等物品；违法生产经营的乳品货值金额不足1万元的，并处2 000元以上5万元以下罚款；货值金额1万元以上的，并处货值金额5倍以上10倍以下罚款；情节严重的，吊销许可证。

第四十八条 进口乳品进口商有下列情形之一，由检验检疫机构依照食品安全法第八十七条、第八十九条的规定，责令改正，给予警告；拒不改正的，处2 000元以上2万元以下罚款；情节严重的，取消备案：

（一）未建立乳品进口、销售记录制度的；

（二）进口、销售记录制度不全面、不真实的；

（三）进口、销售记录保存期限不足2年的；

（四）记录发生涂改、损毁、灭失或者有其他情形无法反映真实情况的；

（五）伪造、变造进口、销售记录的。

第四十九条 进口乳品进口商有本办法第四十八条所列情形以外，其他弄虚作假行为的，由检验检疫机构按照特别规定第八条规定，没收违法所得和乳品，并处货值金额3倍的罚款；构成犯罪的，依法追究刑事责任。

第五十条 出口乳品出口商有下列情形之一，未遵守食品安全法规定出口乳品的，由检验检疫机构按照食品安全法第八十五条、第八十九条的规定，没收违法所得、违法生产经营的乳品和用于违法生产经营的工具、设备、原料等物品；违法生产经营的乳品货值金额不足1万元的，并处2 000元以上5万元以下罚款；货值金额1万元以上的，并处货值金额5倍以上10倍以下罚款；情节严重的，取消出口乳品生产企业备案：

（一）未报检或者未经监督、检验合格擅自出口的；

（二）出口乳品经检验不合格，擅自出口的；

（三）擅自调换经检验检疫机构监督、抽检并已出具检验检疫证明的出口乳品的；

（四）出口乳品来自未经检验检疫机构备案的出口乳品生产企业的。

第五十一条 出口乳品生产经营者有本办法第五十条所列情形以外，其他弄虚作假行为的，由检验检疫机构按照特别规定第七条规定，没收违法所得和乳品，并处货值金额3倍的罚款；构成犯罪的，依法追究刑事责任。

第五十二条 有下列情形之一的，由检验检疫机构责令改正，有违法所得的，处以违法所得3倍以下罚款，最高不超过3万元；没有违法所得的，处1万元以下罚款。

（一）进口乳品的进口商未在规定的期限内按照检验检疫机构要求处置不合格乳品的；

（二）进口乳品的进口商违反本办法第十八条规定，在不合格进口乳品销毁或者退运前，未采取必要措施进行封存并单独存放的；

（三）进口乳品的进口商将不合格进口乳品擅自调离检验检疫机构指定或者认可的场所的；

（四）出口生乳的奶畜养殖场奶畜养殖过程中违规

使用农业化学投入品的；

（五）出口生乳的奶畜养殖场相关记录不真实或者保存期少于2年的；

（六）出口乳品的生产经营者未建立追溯制度或者无法保证追溯制度有效性的；

（七）出口乳品的生产企业未建立样品管理制度，或者保存的样品与实际不符的；

（八）出口乳品的生产经营者违反本办法关于包装和运输相关规定的。

第五十三条 进出口乳品生产经营者、检验检疫机构及其工作人员有其他违法行为的，按照相关法律法规的规定处理。

第六章 附 则

第五十四条 进出口乳品进出口商对检验检疫结果有异议的，可以按照《进出口商品复验管理办法》的规定申请复验。

第五十五条 饲料用乳品、其他非食用乳品以及以快件、邮寄或者旅客携带方式进出口的乳品，按照国家有关规定办理。

第五十六条 本办法由国家质检总局负责解释。

第五十七条 本办法自2013年5月1日起施行。

国家质量监督检验检疫总局令 第153号

《海南出入境游艇检疫管理办法》已经2013年4月23日国家质量监督检验检疫总局局务会议审议通过，现予公布，自2013年8月1日起施行。

局 长 支树平

二〇一三年六月五日

海南出入境游艇检疫管理办法

第一章 总 则

第一条 为防止疫病疫情传入传出，规范海南出入境游艇检疫，根据《中华人民共和国国境卫生检疫法》及其实施细则、《中华人民共和国进出境动植物检疫法》及其实施条例、《国际卫生条例》等法律法规和国务院有关规定，制定本办法。

第二条 本办法适用于从海南出境、入境游艇的检疫和监督管理工作。

第三条 国家质量监督检验检疫总局（以下简称国家质检总局）主管全国出入境游艇检疫监督管理工作。

国家质检总局设在海南的出入境检验检疫机构（以下简称检验检疫机构），负责海南出入境游艇检疫和监督管理工作。

第四条 海南出入境游艇检疫监督管理遵循先行先试、监管有效、简化手续、方便快捷的原则。

第二章 入境检疫

第五条 入境游艇必须在最先抵达的口岸接受检疫。

检验检疫机构可以对入境游艇实施电讯检疫、锚地检疫、靠泊检疫或者随船检疫。

第六条 艇方或者其代理人应当在游艇抵达口岸前，向入境口岸检验检疫机构申报下列事项：

（一）游艇名称、国籍、预定抵达检疫地点的日期和时间；

（二）发航港、最后寄港；

（三）游艇操作人员和其他艇上人员数量及健康状况；

（四）依法应当向检验检疫机构申报并接受检疫的动植物、动植物产品和其他检疫物。

第七条 艇方或者其代理人应当在游艇到达检疫地点前12小时将确定到达的日期和时间通知检验检疫机构。

第八条 无重大疫病疫情时，艇方或者其代理人可以向检验检疫机构申请电讯检疫，并提供《交通工具卫生证书》、《船舶免予卫生控制措施证书/船舶卫生控制措施证书》。

未持有上述证书的，检验检疫机构可以先予实施电讯检疫，艇方或者其代理人在游艇抵达检疫地点后应当申请补办。

第九条 有下列情形之一的游艇，艇方或者其代理人应当主动向检验检疫机构报告，由检验检疫机构在检疫锚地或者检验检疫机构指定的地点实施检疫：

（一）来自受染地区的；

（二）来自动植物疫区，国家有明确要求的；

（三）有受染病人、疑似受染病人，或者有人非因意外伤害而死亡并死因不明的；

（四）发现有啮齿动物异常死亡的。

第十条 除实施电讯检疫的以及本办法第九条规定的检疫以外的其他游艇，由检验检疫机构在口岸开放码头或者经检验检疫机构同意的游艇停泊水域或者码头实施靠泊检疫。

需要办理口岸临时开放手续的，按照相关规定执行。

第十一条 受入境检疫的游艇应当按照规定悬挂检疫信号等候查验，在检疫完毕并签发《船舶入境检疫证书》后，方可解除检疫信号、上下人员、装卸行李等物品。

不具备悬挂检疫信号条件的，入境时应当在检疫地点等候查验，并尽早通知检验检疫机构实施检疫。

第十二条 办理入境检疫手续时，艇方或者其代理人应当向检验检疫机构提交《出/入境游艇检疫总申报单》、《船舶免予卫生控制措施证书/船舶卫生控制措施证书》、游艇操作人员及随艇人员名单等相关资料，必要时提供游艇航行等相关记录。来自黄热病疫区的，还应当提供艇上人员《预防接种证书》。

不能提供《船舶免予卫生控制措施证书/船舶卫生控制措施证书》的，艇方或者其代理人在游艇入境后应当向检验检疫机构申请补办。

第十三条 检验检疫机构依法对入境游艇上的受染病人实施隔离，对疑似受染病人实施不超过受染传染病潜伏期的留验或者就地诊验。

第十四条 入境游艇有下列情形之一的，应当实施检疫处理：

（一）来自受染地区的；

（二）被受染病人、疑似受染病人污染的；

（三）发现有与人类健康有关的医学媒介生物，超过国家卫生标准的；

（四）发现有动物一类、二类传染病、寄生虫病或者进境植物检疫性有害生物的。

第十五条 入境游艇在中国境内停留期间，艇上人员不得将所装载的动植物、动植物产品和其他检疫物带离游艇；需要带离时，应当向检验检疫机构报检，相关程序及要求按照《出入境人员携带物检疫管理办法》及其他法律法规的相关规定执行。

游艇上装载有禁止进境的动植物、动植物产品和其他检疫物的，检验检疫机构应当做封存或者销毁处理。

第十六条 携带犬、猫（以下简称宠物）入境的，每人每次限带1只，携带人应当向检验检疫机构提供输出国家或者地区官方动物检疫机构出具的有效检疫证书和疫苗接种证书。宠物应当具有芯片或者其他有效身份证明。

第十七条 来自非狂犬病发生国家或者地区的宠物，经查验证书符合要求且现场检疫合格的，可以办理宠物入境随行手续。

来自狂犬病发生国家或者地区的宠物，应当在检验检疫机构指定的隔离场所隔离30天。

工作犬，如导盲犬、搜救犬等，携带人提供相应证明且现场检疫合格的，可以免于隔离检疫。

检验检疫机构对隔离检疫的宠物实行监督检查。

第十八条 入境宠物有下列情形之一的，禁止带离游艇：

（一）入境宠物无输出国家或者地区官方动物检疫机构出具的有效检疫证书和疫苗接种证书的；

（二）数量超过限额的；

（三）现场检疫不合格的。

第十九条 入境游艇经检疫查验合格的，由检验检疫机构签发《船舶入境检疫证书》等证单。

第三章 出境检疫

第二十条 游艇出境时，应当在出境3小时前向出境口岸检验检疫机构申报并办理出境检疫手续。办理出境检疫手续后出现人员变动或者其他特殊情况24小时内不能出境的，须重新办理。

游艇在入境口岸停留不足24小时出境的，经检验检疫机构同意，在办理入境手续时，可以同时办理出境手续。

第二十一条 办理出境检疫手续时，艇方或者其代理人应当向检验检疫机构提交《出/入境游艇检疫总申报单》、游艇操作人员及随艇人员名单等有关资料。入境时已提交且无变动的，经艇方或者其代理人书面声明，可以免予提供。

第二十二条 出境游艇经检疫查验合格的，由检验检疫机构签发《交通工具出境卫生检疫证书》等证单。

第四章　监督管理

第二十三条　游艇入境后，发现受染病人或者突发公共卫生事件，或者有人非因意外伤害而死亡并死因不明的，艇方或者其代理人应当及时向到达的口岸检验检疫机构报告，接受临时检疫。

第二十四条　游艇在境内航行、停留期间，不得擅自启封、动用检验检疫机构在艇上封存的物品。

游艇上的生活垃圾、泔水、动植物性废弃物等，艇方应当放置于密封的容器中，在离艇前应当实施必要的检疫处理。

第二十五条　检验检疫机构对游艇实施卫生监督，对卫生状况不良和可能导致传染病传播或者检疫性有害生物传播扩散的因素提出改进意见，并监督指导采取必要的检疫处理措施。

第二十六条　检验检疫机构对游艇专用停泊水域或者码头、游艇俱乐部实施卫生监督，游艇俱乐部和艇方或者其代理人应当予以配合。

第二十七条　游艇停泊水域或者码头，满足下列条件的，经检验检疫机构同意，可以在该水域或者码头实施检疫：

（一）具备管理和回收游艇废弃物、垃圾等的能力；

（二）具备对废弃物、垃圾等进行无害化处理的能力；

（三）具备相关的口岸检验检疫设施，满足检验检疫机构查验和检疫处理的需求。

第二十八条　游艇在境内停留期间发生传染病疫情或者突发公共卫生事件等，检验检疫机构应当及时启动应急预案，科学应对，妥善处置，防止疫病疫情扩散传播。

第二十九条　检验检疫机构根据需要可以在游艇码头等场所设立工作点，实行驻点服务。

第五章　法律责任

第三十条　有下列违法行为之一的，由检验检疫机构处以警告或者100元以上5 000元以下的罚款：

（一）入境、出境的游艇，在入境检疫之前或者在出境检疫之后，擅自上下人员，装卸行李、货物等物品的；

（二）入境、出境的游艇拒绝接受检疫或者抵制卫生监督，拒不接受检疫处理的；

（三）伪造或者涂改卫生检疫证单的；

（四）瞒报携带禁止进境的微生物、人体组织、生物制品、血液及其制品或者其他可能引起传染病传播的动物和物品的；

（五）携带动植物、动植物产品和其他检疫物入境，未依法办理检疫审批手续或者未按照检疫审批的规定执行的。

第三十一条　有下列违法行为之一的，由检验检疫机构处以1 000元以上1万元以下的罚款：

（一）未经检疫或者未经检疫合格的入境、出境游艇，擅自离开检疫地点，逃避查验的；

（二）隐瞒疫情或者伪造情节的；

（三）未实施检疫处理，擅自排放压舱水，移下垃圾、污物等物品的；

（四）未实施检疫处理，擅自移运尸体、骸骨的。

第三十二条　未经检疫查验，从游艇上移下传染病病人造成传染病传播危险的，由检验检疫机构处以5 000元以上3万元以下的罚款。

第三十三条　有下列违法行为之一的，由检验检疫机构处以3 000元以上3万元以下的罚款：

（一）未经检验检疫机构许可擅自将随艇进境、过境动植物、动植物产品和其他检疫物卸离游艇或者运递的；

（二）擅自调离或者处理在检验检疫机构指定的隔离场所中隔离检疫的动植物的；

（三）擅自开拆、损毁检验检疫封识或者标志的；

（四）擅自抛弃随艇过境的动物尸体、排泄物、铺垫材料或者其他废弃物，或者未按规定处理游艇上的泔水、动植物性废弃物的；

（五）艇上人员违反本办法规定，携带无官方动物检疫证书，或者检疫发现有疫病疫情的宠物上岸的。

第三十四条　艇上人员有其他应当申报而未申报，或者申报的内容与实际不符的，由检验检疫机构处以警告或者5 000元以下的罚款。

第三十五条　出入境人员拒绝、阻碍检验检疫机构及其工作人员依法执行职务的，依法移送有关部门处理。

第三十六条　受行政处罚的当事人应当在出境前履行检验检疫机构作出的行政处罚决定。当事人向指定的银行缴纳罚款确有困难，经当事人提出，检验检疫机构及其执法人员可以当场收缴罚款。当场收缴罚款的，必须向当事人出具罚款收据。

执法人员当场收缴的罚款，应当自收缴罚款之日起2日内，交至行政机关；在水上当场收缴的罚款，应当自抵岸之日起2日内交至行政机关；行政机关应当在2日内将罚款缴付指定的银行。

第三十七条 检验检疫机构工作人员应当秉公执法、忠于职守，不得滥用职权、玩忽职守、徇私舞弊；违法失职的，依法追究责任。

第六章 附 则

第三十八条 本办法所称：

“游艇”仅限于用于游览观光、休闲娱乐等活动的具备机械推进动力装置的船舶。

“艇方”是指游艇所有人或者其使用人。

“艇上人员”包括游艇上的操作人员以及乘坐游艇的所有人员。

“游艇俱乐部”包括为出入境游艇提供游艇靠泊、保管及使用服务的依法成立的游艇俱乐部、游艇会以及其他组织。

“受染”是指受到感染或者污染（包括核放射、生物、化学因子），或者携带感染源或者污染源，包括携带医学媒介生物和宿主，可能引起国际关注的传染病或者构成其他严重公共卫生危害的。

“受染嫌疑”是指检验检疫机构认为已经暴露于或者可能暴露于严重公共卫生危害，并且有可能成为传染源或者污染源。

“受染人（物）”是指受到感染或者污染或者携带感染源或者污染源以至于构成公共卫生风险的人员、宠物、行李、物品、游艇等。

“受染地区”是指需采取卫生措施的特定地理区域。

第三十九条 经国家质检总局批准，其他地区出入境游艇检疫监督管理工作可以参照本办法执行。

第四十条 本办法由国家质检总局负责解释。

第四十一条 本办法自2013年8月1日起施行。

国家质量监督检验检疫总局令 第155号

《有机产品认证管理办法》已经2013年4月23日国家质量监督检验检疫总局局务会议审议通过，现予公布，自2014年4月1日起施行。

局 长 支树平

二〇一三年十一月十五日

有机产品认证管理办法

第一章 总 则

第一条 为了维护消费者、生产者和销售者合法权益，进一步提高有机产品质量，加强有机产品认证管理，促进生态环境保护和可持续发展，根据《中华人民共和国产品质量法》、《中华人民共和国进出口商品检验法》、《中华人民共和国认证认可条例》等法律、行政法规的规定，制定本办法。

第二条 在中华人民共和国境内从事有机产品认证以及获证有机产品生产、加工、进口和销售活动，应当遵守本办法。

第三条 本办法所称有机产品，是指生产、加工和销售符合中国有机产品国家标准的供人类消费、动物食用的产品。

本办法所称有机产品认证，是指认证机构依照本办法的规定，按照有机产品认证规则，对相关产品的生产、加工和销售活动符合中国有机产品国家标准进行的合格评定活动。

第四条 国家认证认可监督管理委员会（以下简称国家认监委）负责全国有机产品认证的统一管理、监督和综合协调工作。

地方各级质量技术监督部门和各地出入境检验检疫机构（以下统称地方认证监管部门）按照职责分工，依法负责所辖区域内有机产品认证活动的监督检查和行政执法工作。

第五条 国家推行统一的有机产品认证制度，实行统一的认证目录、统一的标准和认证实施规则、统一的认证标志。

国家认监委负责制定和调整有机产品认证目录、认证实施规则，并对外公布。

第六条 国家认监委按照平等互利的原则组织开展有机产品认证国际合作。

开展有机产品认证国际互认活动，应当在国家对外签署的国际合作协议内进行。

第二章　认证实施

第七条　有机产品认证机构（以下简称认证机构）应当经国家认监委批准，并依法取得法人资格后，方可从事有机产品认证活动。

认证机构实施认证活动的能力应当符合有关产品认证机构国家标准的要求。

从事有机产品认证检查活动的检查员，应当经国家认证人员注册机构注册后，方可从事有机产品认证检查活动。

第八条　有机产品生产者、加工者（以下统称认证委托人），可以自愿委托认证机构进行有机产品认证，并提交有机产品认证实施规则中规定的申请材料。

认证机构不得受理不符合国家规定的有机产品生产产地环境要求，以及有机产品认证目录外产品的认证委托人的认证委托。

第九条　认证机构应当自收到认证委托人申请材料之日起10日内，完成材料审核，并作出是否受理的决定。对于不予受理的，应当书面通知认证委托人，并说明理由。

认证机构应当在对认证委托人实施现场检查前5日内，将认证委托人、认证检查方案等基本信息报送至国家认监委确定的信息系统。

第十条　认证机构受理认证委托后，认证机构应当按照有机产品认证实施规则的规定，由认证检查员对有机产品生产、加工场所进行现场检查，并应当委托具有法定资质的检验检测机构对申请认证的产品进行检验检测。

按照有机产品认证实施规则的规定，需要进行产地（基地）环境监（检）测的，由具有法定资质的监（检）测机构出具监（检）测报告，或者采信认证委托人提供的其他合法有效的环境监（检）测结论。

第十一条　符合有机产品认证要求的，认证机构应当及时向认证委托人出具有机产品认证证书，允许其使用中国有机产品认证标志；对不符合认证要求的，应当书面通知认证委托人，并说明理由。

认证机构及认证人员应当对其作出的认证结论负责。

第十二条　认证机构应当保证认证过程的完整、客观、真实，并对认证过程作出完整记录，归档留存，保证认证过程和结果具有可追溯性。

产品检验检测和环境监（检）测机构应当确保检验检测、监测结论的真实、准确，并对检验检测、监测过程做出完整记录，归档留存。产品检验检测、环境监测机构及其相关人员应当对其作出的检验检测、监测报告的内容和结论负责。

本条规定的记录保存期为5年。

第十三条　认证机构应当按照认证实施规则的规定，对获证产品及其生产、加工过程实施有效跟踪检查，以保证认证结论能够持续符合认证要求。

第十四条　认证机构应当及时向认证委托人出具有机产品销售证，以保证获证产品的认证委托人所销售的有机产品类别、范围和数量与认证证书中的记载一致。

第十五条　有机配料含量（指重量或者液体体积，不包括水和盐，下同）等于或者高于95%的加工产品，应当在获得有机产品认证后，方可在产品或者产品包装及标签上标注“有机”字样，加施有机产品认证标志。

第十六条　认证机构不得对有机配料含量低于95%的加工产品进行有机认证。

第三章　有机产品进口

第十七条　向中国出口有机产品的国家或者地区的有机产品主管机构，可以向国家认监委提出有机产品认证体系等效性评估申请，国家认监委受理其申请，并组织有关专家对提交的申请进行评估。

评估可以采取文件审查、现场检查等方式进行。

第十八条　向中国出口有机产品的国家或者地区的有机产品认证体系与中国有机产品认证体系等效的，国家认监委可以与其主管部门签署相关备忘录。

该国家或者地区出口至中国的有机产品，依照相关备忘录的规定实施管理。

第十九条　未与国家认监委就有机产品认证体系等效性方面签署相关备忘录的国家或者地区的进口产品，拟作为有机产品向中国出口时，应当符合中国有机产品相关法律法规和中国有机产品国家标准的要求。

第二十条　需要获得中国有机产品认证的进口产品生产商、销售商、进口商或者代理商（以下统称进口有机产品认证委托人），应当向经国家认监委批准的认证机构提出认证委托。

第二十一条 进口有机产品认证委托人应当按照有机产品认证实施规则的规定，向认证机构提交相关申请资料和文件，其中申请书、调查表、加工工艺流程、产品配方和生产、加工过程中使用的投入品等认证申请材料、文件，应当同时提交中文版本。申请材料不符合要求的，认证机构应当不予受理其认证委托。

认证机构从事进口有机产品认证活动应当符合本办法和有机产品认证实施规则的规定，认证检查记录和检查报告等应当有中文版本。

第二十二条 进口有机产品申报入境检验检疫时，应当提交其所获中国有机产品认证证书复印件、有机产品销售证复印件、认证标志和产品标志等文件。

第二十三条 各地出入境检验检疫机构应当对申报的进口有机产品实施入境验证，查验认证证书复印件、有机产品销售证复印件、认证标志和产品标志等文件，核对货证是否相符。不相符的，不得作为有机产品入境。

必要时，出入境检验检疫机构可以对申报的进口有机产品实施监督抽样检验，验证其产品质量是否符合中国有机产品国家标准的要求。

第二十四条 自对进口有机产品认证委托人出具有机产品认证证书起30日内，认证机构应当向国家认监委提交以下书面材料：

（一）获证产品类别、范围和数量；

（二）进口有机产品认证委托人的名称、地址和联系方式；

（三）获证产品生产商、进口商的名称、地址和联系方式；

（四）认证证书和检查报告复印件（中外文版本）；

（五）国家认监委规定的其他材料。

第四章　认证证书和认证标志

第二十五条 国家认监委负责制定有机产品认证证书的基本格式、编号规则和认证标志的式样、编号规则。

第二十六条 认证证书有效期为1年。

第二十七条 认证证书应当包括以下内容：

（一）认证委托人的名称、地址；

（二）获证产品的生产者、加工者以及产地（基地）的名称、地址；

（三）获证产品的数量、产地（基地）面积和产品种类；

（四）认证类别；

（五）依据的国家标准或者技术规范；

（六）认证机构名称及其负责人签字、发证日期、有效期。

第二十八条 获证产品在认证证书有效期内，有下列情形之一的，认证委托人应当在15日内向认证机构申请变更。认证机构应当自收到认证证书变更申请之日起30日内，对认证证书进行变更：

（一）认证委托人或者有机产品生产、加工单位名称或者法人性质发生变更的；

（二）产品种类和数量减少的；

（三）其他需要变更认证证书的情形。

第二十九条 有下列情形之一的，认证机构应当在30日内注销认证证书，并对外公布：

（一）认证证书有效期届满，未申请延续使用的；

（二）获证产品不再生产的；

（三）获证产品的认证委托人申请注销的；

（四）其他需要注销认证证书的情形。

第三十条 有下列情形之一的，认证机构应当在15日内暂停认证证书，认证证书暂停期为1至3个月，并对外公布：

（一）未按照规定使用认证证书或者认证标志的；

（二）获证产品的生产、加工、销售等活动或者管理体系不符合认证要求，且经认证机构评估在暂停期限内能够能采取有效纠正或者纠正措施的；

（三）其他需要暂停认证证书的情形。

第三十一条 有下列情形之一的，认证机构应当在7日内撤销认证证书，并对外公布：

（一）获证产品质量不符合国家相关法规、标准强制要求或者被检出有机产品国家标准禁用物质的；

（二）获证产品生产、加工活动中使用了有机产品国家标准禁用物质或者受到禁用物质污染的；

（三）获证产品的认证委托人虚报、瞒报获证所需信息的；

（四）获证产品的认证委托人超范围使用认证标志的；

（五）获证产品的产地（基地）环境质量不符合认证要求的；

（六）获证产品的生产、加工、销售等活动或者管理体系不符合认证要求，且在认证证书暂停期间，未采取有效纠正或者纠正措施的；

（七）获证产品在认证证书标明的生产、加工场所外进行了再次加工、分装、分割的；

（八）获证产品的认证委托人对相关方重大投诉且确有问题未能采取有效处理措施的；

（九）获证产品的认证委托人从事有机产品认证活动因违反国家农产品、食品安全管理相关法律法规，受到相关行政处罚的；

（十）获证产品的认证委托人拒不接受认证监管部门或者认证机构对其实施监督的；

（十一）其他需要撤销认证证书的情形。

第三十二条 有机产品认证标志为中国有机产品认证标志。

中国有机产品认证标志标有中文“中国有机产品”字样和英文“ORGANIC”字样。图案如下：

C:100 M:0 Y:100 K:0

C:0 M:60 Y:100 K:0

第三十三条 中国有机产品认证标志应当在认证证书限定的产品类别、范围和数量内使用。

认证机构应当按照国家认监委统一的编号规则，对每枚认证标志进行唯一编号（以下简称有机码），并采取有效防伪、追溯技术，确保发放的每枚认证标志能够溯源到其对应的认证证书和获证产品及其生产、加工单位。

第三十四条 获证产品的认证委托人应当在获证产品或者产品的最小销售包装上，加施中国有机产品认证标志、有机码和认证机构名称。

获证产品标签、说明书及广告宣传等材料上可以印制中国有机产品认证标志，并可以按照比例放大或者缩小，但不得变形、变色。

第三十五条 有下列情形之一的，任何单位和个人不得在产品、产品最小销售包装及其标签上标注含有“有机”、“ORGANIC”等字样且可能误导公众认为该产品为有机产品的文字表述和图案：

（一）未获得有机产品认证的；

（二）获证产品在认证证书标明的生产、加工场所外进行了再次加工、分装、分割的。

第三十六条 认证证书暂停期间，获证产品的认证委托人应当暂停使用认证证书和认证标志；认证证书注销、撤销后，认证委托人应当向认证机构交回认证证书和未使用的认证标志。

第五章　监督管理

第三十七条 国家认监委对有机产品认证活动组织实施监督检查和不定期的专项监督检查。

第三十八条 地方认证监管部门应当按照各自职责，依法对所辖区域的有机产品认证活动进行监督检查，查处获证有机产品生产、加工、销售活动中的违法行为。

各地出入境检验检疫机构负责对外资认证机构、进口有机产品认证和销售，以及出口有机产品认证、生产、加工、销售活动进行监督检查。

地方各级质量技术监督部门负责对中资认证机构、在境内生产加工且在境内销售的有机产品认证、生产、加工、销售活动进行监督检查。

第三十九条 地方认证监管部门的监督检查的方式包括：

（一）对有机产品认证活动是否符合本办法和有机产品认证实施规则规定的监督检查；

（二）对获证产品的监督抽查；

（三）对获证产品认证、生产、加工、进口、销售单位的监督检查；

（四）对有机产品认证证书、认证标志的监督检查；

（五）对有机产品认证咨询活动是否符合相关规定的监督检查；

（六）对有机产品认证和认证咨询活动举报的调查处理；

（七）对违法行为的依法查处。

第四十条 国家认监委通过信息系统，定期公布有机产品认证动态信息。

认证机构在出具认证证书之前，应当按要求及时向信息系统报送有机产品认证相关信息，并获取认证证书编号。

认证机构在发放认证标志之前，应当将认证标志、有机码的相关信息上传到信息系统。

地方认证监管部门通过信息系统，根据认证机构报送和上传的认证相关信息，对所辖区域内开展的有机产品认证活动进行监督检查。

第四十一条 获证产品的认证委托人以及有机产品销售单位和个人，在产品生产、加工、包装、贮藏、运输和销售等过程中，应当建立完善的产品质量安全追溯体系和生产、加工、销售记录档案制度。

第四十二条 有机产品销售单位和个人在采购、贮藏、运输、销售有机产品的活动中，应当符合有机产品国家标准的规定，保证销售的有机产品类别、范围和数量与销售证中的产品类别、范围和数量一致，并能够提供与正本内容一致的认证证书和有机产品销售证的复印件，以备相关行政监管部门或者消费者查询。

第四十三条 认证监管部门可以根据国家有关部门发布的动植物疫情、环境污染风险预警等信息，以及监督检查、消费者投诉举报、媒体反映等情况，及时发布关于有机产品认证区域、获证产品及其认证委托人、认证机构的认证风险预警信息，并采取相关应对措施。

第四十四条 获证产品的认证委托人提供虚假信息、违规使用禁用物质、超范围使用有机认证标志，或者出现产品质量安全重大事故的，认证机构5年内不得受理该企业及其生产基地、加工场所的有机产品认证委托。

第四十五条 认证委托人对认证机构的认证结论或者处理决定有异议的，可以向认证机构提出申诉，对认证机构的处理结论仍有异议的，可以向国家认监委申诉。

第四十六条 任何单位和个人对有机产品认证活动中的违法行为，可以向国家认监委或者地方认证监管部门举报。国家认监委、地方认证监管部门应当及时调查处理，并为举报人保密。

第六章 罚 则

第四十七条 伪造、冒用、非法买卖认证标志的，地方认证监管部门依照《中华人民共和国产品质量法》、《中华人民共和国进出口商品检验法》及其实施条例等法律、行政法规的规定处罚。

第四十八条 伪造、变造、冒用、非法买卖、转让、涂改认证证书的，地方认证监管部门责令改正，处3万元罚款。

违反本办法第四十条第二款的规定，认证机构在其出具的认证证书上自行编制认证证书编号的，视为伪造认证证书。

第四十九条 违反本办法第八条第二款的规定，认证机构向不符合国家规定的有机产品生产产地环境要求区域或者有机产品认证目录外产品的认证委托人出具认证证书的，责令改正，处3万元罚款；有违法所得的，没收违法所得。

第五十条 违反本办法第三十五条的规定，在产品或者产品包装及标签上标注含有“有机”、“ORGANIC”等字样且可能误导公众认为该产品为有机产品的文字表述和图案的，地方认证监管部门责令改正，处3万元以下罚款。

第五十一条 认证机构有下列情形之一的，国家认监委应当责令改正，予以警告，并对外公布：

（一）未依照本办法第四十条第二款的规定，将有机产品认证标志、有机码上传到国家认监委确定的信息系统的；

（二）未依照本办法第九条第二款的规定，向国家认监委确定的信息系统报送相关认证信息或者其所报送信息失实的；

（三）未依照本办法第二十四条的规定，向国家认监委提交相关材料备案的。

第五十二条 违反本办法第十四条的规定，认证机构发放的有机产品销售证数量，超过获证产品的认证委托人所生产、加工的有机产品实际数量的，责令改正，处1万元以上3万元以下罚款。

第五十三条 违反本办法第十六条的规定，认证机构对有机配料含量低于95%的加工产品进行有机认证的，地方认证监管部门责令改正，处3万元以下罚款。

第五十四条 认证机构违反本办法第三十条、第三十一条的规定，未及时暂停或者撤销认证证书并对外公布的，依照《中华人民共和国认证认可条例》第六十条的规定处罚。

第五十五条 认证委托人有下列情形之一的，由地方认证监管部门责令改正，处1万元以上3万元以下罚款：

（一）未获得有机产品认证的加工产品，违反本办法第十五条的规定，进行有机产品认证标志标注的；

（二）未依照本办法第三十三条第一款、第三十四条的规定使用认证标志的；

（三）在认证证书暂停期间或者被注销、撤销后，仍继续使用认证证书和认证标志的。

第五十六条 认证机构、获证产品的认证委托人拒绝接受国家认监委或者地方认证监管部门监督检查的，责令限期改正；逾期未改正的，处 3 万元以下罚款。

第五十七条 进口有机产品入境检验检疫时，不如实提供进口有机产品的真实情况，取得出入境检验检疫机构的有关证单，或者对法定检验的有机产品不予报检，逃避检验的，由出入境检验检疫机构依照《中华人民共和国进出口商检检验法实施条例》第四十六条的规定处罚。

第五十八条 有机产品认证活动中的其他违法行为，依照有关法律、行政法规、部门规章的规定处罚。

第七章 附 则

第五十九条 有机产品认证收费应当依照国家有关价格法律、行政法规的规定执行。

第六十条 出口的有机产品，应当符合进口国家或者地区的要求。

第六十一条 本办法所称有机配料，是指在制造或者加工有机产品时使用并存在（包括改性的形式存在）于产品中的任何物质，包括添加剂。

第六十二条 本办法由国家质量监督检验检疫总局负责解释。

第六十三条 本办法自 2014 年 4 月 1 日起施行。国家质检总局 2004 年 11 月 5 日公布的《有机产品认证管理办法》（国家质检总局第 67 号令）同时废止。

第六篇

全国口岸运行主要数据

2013 年全国口岸进出口商品总值表

序号	口岸名称	进出口总值（万美元）	同比(%)	比重(%)	出口（万美元）	同比(%)	比重(%)	进口（万美元）	同比(%)	比重(%)
0	合　计	415 899 346.7	+7.5	100.0	220 900 399.9	+7.8	100.0	194 998 946.8	+7.2	100.0
1	北京口岸	8 444 023.0	+4.3	2.0	2 951 263.5	+5.9	1.3	5 492 759.5	+3.4	2.8
2	天津口岸	21 475 152.6	+5.1	5.2	9 958 538.2	+1.6	4.5	11 516 614.4	+8.4	5.9
3	河北口岸	4 528 428.8	+5.8	1.1	648 103.4	+9.3	0.3	3 880 325.4	+5.3	2.0
4	山西口岸	492 524.6	+15.0	0.1	12 985.3	+191.9	0.0	479 539.4	+13.2	0.2
5	内蒙古口岸	1 255 672.3	−5.2	0.3	351 617.7	−6.4	0.2	904 054.7	−4.8	0.5
6	辽宁口岸	13 232 875.6	+2.5	3.2	5 786 160.5	+0.4	2.6	7 446 715.1	+4.1	3.8
7	吉林口岸	976 391.4	+10.4	0.2	128 583.1	+1.2	0.1	847 808.3	+11.9	0.4
8	黑龙江口岸	2 212 389.9	+10.3	0.5	754 869.6	+36.9	0.3	1 457 520.3	+0.2	0.7
9	上海口岸	81 179 692.8	+1.4	19.5	49 887 037.7	+1.6	22.6	31 292 655.1	+0.9	16.0
10	江苏口岸	33 909 006.5	−0.8	8.2	14 873 334.7	−3.4	6.7	19 035 671.9	+1.4	9.8
11	浙江口岸	30 324 214.0	+6.6	7.3	17 278 853.4	+8.4	7.8	13 045 360.6	+4.3	6.7
12	安徽口岸	1 613 715.2	+44.9	0.4	450 160.8	+40.1	0.2	1 163 554.4	+46.9	0.6
13	福建口岸	14 656 331.8	+7.8	3.5	8 944 983.5	+10.3	4.0	5 711 348.3	+4.1	2.9
14	江西口岸	1 033 857.6	−10.7	0.2	397 508.8	−13.0	0.2	636 348.8	−9.2	0.3
15	山东口岸	32 748 918.0	+6.2	7.9	14 326 947.0	+4.8	6.5	18 421 970.9	+7.2	9.4
16	河南口岸	4 467 928.6	+23.0	1.1	2 449 834.4	+38.3	1.1	2 018 094.2	+8.4	1.0
17	湖北口岸	2 149 932.7	+11.8	0.5	1 029 038.2	+13.5	0.5	1 120 894.5	+10.3	0.6
18	湖南口岸	977 124.8	+20.6	0.2	326 911.2	+12.5	0.1	650 213.6	+25.1	0.3
19	广东口岸	137 594 502.7	+13.0	33.1	79 190 138.8	+12.6	35.8	58 404 363.8	+13.5	30.0

续表

序号	口岸名称	进出口总值（万美元）	同比（%）	比重（%）	出口（万美元）	同比（%）	比重（%）	进口（万美元）	同比（%）	比重（%）
20	广西口岸	4 322 324.7	+5.4	1.0	1 991 663.4	+31.3	0.9	2 330 661.3	-9.8	1.2
21	海南口岸	1 394 996.2	-1.5	0.3	301 289.5	+15.3	0.1	1 093 706.8	-5.3	0.6
22	重庆口岸	5 177 634.2	+55.8	1.2	3 231 190.7	+58.9	1.5	1 946 443.6	+50.9	1.0
23	四川口岸	3 876 193.7	+8.4	0.9	2 018 562.8	+8.3	0.9	1 857 630.9	+8.5	1.0
24	贵阳口岸	129 000.0	+14.6	0.0	52 808.6	+2.2	0.0	76 191.5	+25.0	0.0
25	云南口岸	1 139 118.2	+68.4	0.3	684 221.5	+49.0	0.3	454 896.8	+109.4	0.2
26	西藏口岸	205 320.4	+12.3	0.0	200 194.6	+13.9	0.1	5 125.8	-27.8	0.0
27	陕西口岸	1 446 890.1	+61.7	0.3	545 705.0	+64.8	0.2	901 185.1	+59.9	0.5
28	甘肃口岸	393 076.3	+1.1	0.1	3 475.3	-66.9	0.0	389 601.0	+3.0	0.2
29	宁夏口岸	48 836.3	+13.2	0.0	2 481.4	+321.6	0.0	46 354.9	+8.9	0.0
30	青海口岸	14 151.5	-12.7	0.0	0.0	-100.0	0.0	14 151.4	-11.8	0.0
31	新疆口岸	4 479 122.0	+11.9	1.1	2 121 937.4	+10.5	1.0	2 357 184.6	+13.1	1.2

2013 年全国口岸进出口货运量统计表

序号	口岸名称	进出口			进　口		出　口	
		货运量（吨）	比重（%）	同比（%）	货运量（吨）	同比（%）	货运量（吨）	同比（%）
0	合　计	3 599 600 214	100.0	+4.4	2 302 711 749	+10.4	1 296 888 465	-4.7
1	北京口岸	4 787 374	0.1	-15.4	3 359 529	-22.1	1 427 845	+6.2
2	天津口岸	200 713 778	5.6	+10.8	141 099 416	+9.6	59 614 362	+13.7
3	河北口岸	255 192 404	7.1	+11.0	244 334 098	+10.7	10 858 306	+16.1
4	山西口岸	24 416 568	0.7	+27.2	23 730 643	+23.8	685 925	+2 471.2
5	内蒙古口岸	48 912 013	1.4	-7.7	44 142 615	-9.6	4 769 398	+13.6
6	辽宁口岸	151 449 602	4.2	-7.8	116 613 775	+11.3	34 835 827	+0.2
7	吉林口岸	2 436 705	0.1	+21.6	1 938 683	+34.7	498 022	-11.8
8	黑龙江口岸	26 618 185	0.7	+5.4	25 182 996	+6.3	1 435 189	-7.2
9	上海口岸	193 898 809	5.4	+1.9	105 594 202	+2.6	88 304 607	+1.1
10	江苏口岸	309 257 618	8.6	+12.4	254 565 059	+15.0	54 692 559	+1.7
11	浙江口岸	287 350 011	8.0	+14.8	236 118 019	+17.4	51 231 992	+4.2
12	安徽口岸	17 181 071	0.5	+6.7	15 394 320	+7.0	1 786 751	+4.8
13	福建口岸	154 849 730	4.3	+12.5	112 369 423	+16.0	42 480 307	+4.1
14	江西口岸	16 412 190	0.5	-7.2	14 516 538	-8.3	1 895 652	+2.2
15	山东口岸	553 658 563	15.4	+15.4	477 733 912	+16.4	75 924 651	+9.5
16	河南口岸	11 160 410	0.3	-12.0	10 789 338	-12.1	371 072	-10.7
17	湖北口岸	23 143 310	0.6	-10.3	18 505 595	-15.4	4 637 715	+17.9
18	湖南口岸	19 516 163	0.5	+8.1	18 124 091	+8.4	1 392 072	+4.0
19	广东口岸	1 093 819 966	30.4	-7.4	259 952 830	+0.2	833 867 136	-9.5
20	广西口岸	95 180 033	2.6	-1.4	85 104 091	+0.1	10 075 942	-12.6
21	海南口岸	24 148 216	0.7	+6.6	20 961 510	+6.5	3 186 706	+7.4
22	重庆口岸	10 003 088	0.3	+38.2	7 372 369	+49.8	2 630 719	+13.6
23	四川口岸	1 538 696	0.0	+3.2	941 655	-10.7	597 041	+37.0
24	贵阳口岸	4 471 551	0.1	+74.1	3 636 218	+86.8	835 333	+34.3
25	云南口岸	11 682 635	0.3	+37.7	8 714 760	+50.6	2 967 875	+9.9
26	西藏口岸	162 576	0.0	-7.0	5 101	+10.4	157 475	-7.4
27	陕西口岸	3 527 815	0.1	+8.6	3 231 988	+8.9	295 827	+5.1
28	甘肃口岸	4 206 386	0.1	+30.6	4 190 799	+31.4	15 587	-50.1
29	宁夏口岸	239 377	0.0	-32.7	231 043	-33.9	8 334	+27.6
30	青海口岸	9 790	0.0	-69.3	9 524	-69.8	266	-37.9
31	新疆口岸	49 655 581	1.4	+19.4	44 247 609	+20.6	5 407 972	+10.7

2013 年全国口岸监管进出口
邮递物品、印刷品和音像制品、快递物品统计表

序号	口岸名称	邮递物品		印刷品和音像制品		快递物品	
		数量（件）	同比（%）	数量（件）	同比（%）	数量（件）	同比（%）
0	合　计	186 629 293	+221.8	127 846 144	-4.4	183 621 451	+16.5
1	北京口岸	84 288 918	+667.4	93 114 727	+4.0	15 228 142	+0.2
2	天津口岸	1 135 679	+567.5	6 257 478	-3.8	1 912 928	-3.2
3	河北口岸	0	-	0	-	0	-
4	山西口岸	0	-	65	-	0	-
5	内蒙古口岸	34 814	-23.5	387 109	-8.0	43 698	+55.5
6	辽宁口岸	564 967	+11.7	1 005 589	-12.9	2 515 933	+9.1
7	吉林口岸	96 092	-1.9	355 898	-5.2	511 219	+3.1
8	黑龙江口岸	558 467	+251.4	545 749	-12.9	301 841	+10.6
9	上海口岸	20 303 692	+37.7	5 097 173	-17.7	55 754 560	+2.8
10	江苏口岸	8 509 438	+59.8	1 708 986	1.5	3 863 831	+112.7
11	浙江口岸	13 426 042	+89.2	1 011 915	-24.1	12 324 304	+26.0
12	安徽口岸	0	-	0	-	0	-
13	福建口岸	3 635 745	+1085.6	944 332	-20.1	5 545 773	+65.7
14	江西口岸	0	-	4 464	-68.6	0	-
15	山东口岸	1 769 509	+95.0	910 911	-2.6	5 050 430	+18.8
16	河南口岸	613 118	+432.7	1 048 459	-49.8	961 394	+105.5
17	湖北口岸	518 894	+51.1	1 398 201	+1.9	419 338	+43.7
18	湖南口岸	1 119 990	+116.1	120 438	-7.1	629 620	+497.7
19	广东口岸	49 307 012	+2336.6	9 455 852	-40.1	74 730 679	+23.3
20	广西口岸	68 637	+19.9	211 152	+2.8	1 105 955	+410.7
21	海南口岸	21 170	+30.0	32 993	-3.8	41 966	+43.2
22	重庆口岸	110 674	+192.2	1 135 993	+9.4	1 475 963	+38.3
23	四川口岸	156 638	+48.0	1 806 735	-5.9	829 570	+36.6
24	贵阳口岸	0	-	0	-	0	-100.0
25	云南口岸	60 136	-5.0	217 403	-5.2	100 666	-9.7
26	西藏口岸	4 129	+6.8	23 867	-8.1	2 659	+87.8
27	陕西口岸	179 891	+62.5	851 416	+10.6	214 466	+47.6
28	甘肃口岸	0	-	0	-	0	-
29	宁夏口岸	0	-	0	-	0	-
30	青海口岸	0	-	0	-	0	-
31	新疆口岸	145 641	+131.3	199 239	+8.0	56 516	+66.3

1981年～2013年进出口商品总值表（一）

单位：百万元人民币

年　份	进出口总值	出口总值	进口总值	差　额（＋出超、－入超）	同比（%）	
					出口	进口
1981年	73 534	36 761	36 773	－12	－	－
1982年	77 137	41 383	35 754	＋5 629	＋12.6	－2.8
1983年	86 015	43 833	42 182	＋1 651	＋5.9	＋18.0
1984年	120 103	58 056	62 047	－3 991	＋32.4	＋47.1
1985年	206 671	80 886	125 785	－44 899	＋39.3	＋102.7
1986年	258 037	108 211	149 826	－41 615	＋33.8	＋19.1
1987年	308 416	146 995	161 421	－14 426	＋35.8	＋7.7
1988年	382 179	176 672	205 507	－28 835	＋20.2	＋27.3
1989年	415 592	195 606	219 986	－24 380	＋10.7	＋7.0
1990年	556 012	298 584	257 428	＋41 156	＋52.6	＋17.0
1991年	722 575	382 710	339 865	＋42 845	＋28.2	＋32.0
1992年	911 962	467 629	444 333	＋23 296	＋22.2	＋30.7
1993年	1 127 102	528 481	598 621	－70 140	＋13.0	＋34.7
1994年	2 038 190	1 042 184	996 006	＋46 178	＋97.2	＋66.4
1995年	2 349 994	1 245 181	1 104 813	＋140 368	＋19.5	＋10.9
1996年	2 413 386	1 257 643	1 155 743	＋101 900	＋1.0	＋4.6
1997年	2 696 724	1 516 068	1 180 656	＋335 412	＋20.5	＋2.2
1998年	2 684 968	1 522 354	1 162 614	＋359 740	＋0.4	－1.5
1999年	2 989 623	1 615 977	1 373 646	＋242 331	＋6.1	＋18.2
2000年	3 927 325	2 063 444	1 863 881	＋199 563	＋27.7	＋35.7
2001年	4 218 362	2 202 444	2 015 918	＋186 526	＋6.7	＋8.2
2002年	5 137 815	2 694 787	2 443 027	＋251 760	＋22.4	＋21.2
2003年	7 048 345	3 628 789	3 419 556	＋209 232	＋34.7	＋40.0
2004年	9 553 909	4 910 333	4 643 576	＋266 757	＋35.3	＋35.8
2005年	11 692 177	6 264 809	5 427 368	＋837 441	＋27.6	＋16.9
2006年	14 097 474	7 759 789	6 337 686	＋1 422 103	＋23.9	＋16.8
2007年	16 692 407	9 362 714	7 329 693	＋2 033 020	＋20.7	＋15.7
2008年	17 992 147	10 039 494	7 952 653	＋2 086 841	＋7.2	＋8.5
2009年	15 064 806	8 202 969	6 861 837	＋1 341 132	－18.3	－13.7
2010年	20 172 234	10 702 284	9 469 950	＋1 232 334	＋30.5	＋38.0
2011年	23 640 195	12 324 056	11 316 139	＋1 007 916	＋15.2	＋19.5
2012年	24 416 021	12 935 925	11 480 096	＋1 455 829	＋5.0	＋1.4
2013年	25 816 889	13 713 143	12 103 746	＋1 609 398	＋6.0	＋5.4

1981 年~2013 年进出口商品总值表（二）

单位：百万美元

年　份	进出口总值	出口总值	进口总值	差　额 （+出超、-入超）	同比（%）	
					出　口	进　口
1981 年	44 022	22 007	22 015	-8	-	-
1982 年	41 606	22 321	19 285	+3 036	+1.4	-12.4
1983 年	43 616	22 226	21 390	+836	-0.4	+10.9
1984 年	53 549	26 139	27 410	-1 271	+17.6	+28.1
1985 年	69 602	27 350	42 252	-14 902	+4.6	+54.1
1986 年	73 846	30 942	42 904	-11 962	+13.1	+1.5
1987 年	82 653	39 437	43 216	-3 779	+27.5	+0.7
1988 年	102 784	47 516	55 268	-7 752	+20.5	+27.9
1989 年	111 678	52 538	59 140	-6 602	+10.6	+7.0
1990 年	115 436	62 091	53 345	+8 746	+18.2	-9.8
1991 年	135 634	71 843	63 791	+8 052	+15.7	+19.6
1992 年	165 525	84 940	80 585	+4 355	+18.2	+26.3
1993 年	195 703	91 744	103 959	-12 215	+8.0	+29.0
1994 年	236 621	121 006	115 615	+5 391	+31.9	+11.2
1995 年	280 864	148 780	132 084	+16 696	+23.0	+14.2
1996 年	289 881	151 048	138 833	+12 215	+1.5	+5.1
1997 年	325 162	182 792	142 370	+40 422	+21.0	+2.5
1998 年	323 949	183 712	140 237	+43 475	+0.5	-1.5
1999 年	360 630	194 931	165 699	+29 232	+6.1	+18.2
2000 年	474 297	249 203	225 094	+24 109	+27.8	+35.8
2001 年	509 651	266 098	243 553	+22 545	+6.8	+8.2
2002 年	620 766	325 596	295 170	+30 426	+22.4	+21.2
2003 年	850 988	438 228	412 760	+25 468	+34.6	+39.8
2004 年	1 154 554	593 326	561 229	+32 097	+35.4	+36.0
2005 年	1 421 906	761 953	659 953	+102 001	+28.4	+17.6
2006 年	1 760 438	968 978	791 461	+177 517	+27.2	+19.9
2007 年	2 176 175	1 220 060	956 115	+263 944	+25.9	+20.8
2008 年	2 563 255	1 430 693	1 132 562	+298 131	+17.3	+18.5
2009 年	2 207 535	1 201 612	1 005 923	+195 689	-16.0	-11.2
2010 年	2 974 001	1 577 754	1 396 247	+181 507	+31.3	+38.8
2011 年	3 641 864	1 898 381	1 743 484	+154 897	+20.3	+24.9
2012 年	3 867 119	2 048 714	1 818 405	+230 309	+7.9	+4.3
2013 年	4 158 993	2 209 004	1 949 989	+259 015	+7.8	+7.2

2013 年进出口商品国别（地区）总值表

单位：千美元

进口原产国（地） 出口最终目的国（地）	2013 年			2012 年		
	出　口	进　口	出入超	出　口	进　口	出入超
总　值	2 209 003 999	1 949 989 468	259 014 531	2 048 714 419	1 818 405 003	230 309 416
亚洲	1 134 069 621	1 089 938 208	44 131 413	1 006 811 857	1 038 293 365	-31 481 508
阿富汗	328 259	9 595	318 664	464 049	5 187	458 863
巴林	1 238 929	305 181	933 749	1 202 781	348 026	854 755
孟加拉国	9 705 087	602 366	9 102 720	7 969 913	479 922	7 489 991
不丹	17 405	9	17 397	15 604	13	15 591
文莱	1 703 776	89 804	1 613 973	1 252 438	373 099	879 339
缅甸	7 338 689	2 856 867	4 481 822	5 673 712	1 298 226	4 375 486
柬埔寨	3 409 507	363 635	3 045 873	2 708 110	215 323	2 492 787
塞浦路斯	971 730	52 800	918 930	1 093 321	144 511	948 810
朝鲜	3 630 075	2 927 497	702 577	3 532 400	2 503 763	1 028 636
中国香港	384 494 891	16 206 575	368 288 316	323 430 624	17 880 374	305 550 251
印度	48 432 411	16 970 251	31 462 160	47 677 512	18 795 816	28 881 696
印度尼西亚	36 930 487	31 424 262	5 506 225	34 283 375	31 950 703	2 332 672
伊朗	14 036 645	25 389 864	-11 353 219	11 597 450	24 868 392	-13 270 942
伊拉克	6 894 088	17 984 764	-11 090 676	4 911 820	12 655 773	-7 743 953
以色列	7 645 304	3 181 317	4 463 987	6 988 134	2 922 317	4 065 816
日本	150 132 447	162 245 403	-12 112 956	151 621 834	177 833 947	-26 212 113
约旦	3 434 555	169 875	3 264 680	2 958 638	297 103	2 661 535
科威特	2 675 509	9 586 638	-6 911 129	2 089 184	10 467 809	-8 378 626
老挝	1 722 577	1 010 079	712 498	934 143	786 634	147 509
黎巴嫩	2 490 831	45 579	2 445 252	1 691 939	20 327	1 671 612
中国澳门	3 170 786	387 121	2 783 665	2 708 212	279 176	2 429 036
马来西亚	45 930 591	60 152 786	-14 222 195	36 525 282	58 306 765	-21 781 483
马尔代夫	97 414	418	96 996	76 488	185	76 302
蒙古	2 449 592	3 509 547	-1 059 955	2 653 504	3 947 703	-1 294 198
尼泊尔联邦民主共和国	2 210 887	43 250	2 167 637	1 968 164	29 520	1 938 644
阿曼	1 900 844	21 040 613	-19 139 769	1 811 576	16 975 441	-15 163 865
巴基斯坦	11 019 596	3 196 840	7 822 756	9 275 393	3 138 254	6 137 139
巴勒斯坦	90 677	186	90 491	40 674	338	40 336

续表1

进口原产国（地） 出口最终目的国（地）	2013年			2012年		
	出　口	进　口	出入超	出　口	进　口	出入超
菲律宾	19 868 125	18 181 810	1 686 315	16 731 333	19 644 131	-2 912 798
卡塔尔	1 710 908	8 463 353	-6 752 445	1 205 099	7 278 103	-6 073 004
沙特阿拉伯	18 739 814	53 450 711	-34 710 897	18 452 347	54 861 871	-36 409 523
新加坡	45 831 865	30 064 515	15 767 350	40 741 872	28 530 778	12 211 094
韩国	91 164 951	183 072 757	-91 907 806	87 677 679	168 737 615	-81 059 937
斯里兰卡	3 436 549	182 564	3 253 985	3 001 092	161 955	2 839 136
叙利亚	690 152	4 705	685 447	1 189 444	10 915	1 178 529
泰国	32 717 904	38 522 646	-5 804 742	31 196 204	38 554 656	-7 358 451
土耳其	17 746 991	4 486 234	13 260 757	15 584 562	3 511 012	12 073 550
阿拉伯联合酋长国	33 411 295	12 823 526	20 587 769	29 568 321	10 851 969	18 716 352
也门共和国	2 138 817	3 061 301	-922 484	1 955 099	3 604 055	-1 648 956
越南	48 586 298	16 891 893	31 694 406	34 208 114	16 231 294	17 976 820
中华人民共和国	-	157 540 441	-157 540 441	-	142 942 188	-142 942 188
中国台湾	40 634 048	156 404 907	-115 770 859	36 777 429	132 203 635	-95 426 205
东帝汶	47 386	397	46 989	62 474	688	61 785
哈萨克斯坦	12 545 124	16 050 838	-3 505 714	11 000 728	14 680 843	-3 680 115
吉尔吉斯斯坦	5 075 346	62 350	5 012 996	5 073 367	88 949	4 984 418
塔吉克斯坦	1 869 364	88 751	1 780 612	1 747 870	108 829	1 639 042
土库曼斯坦	1 137 644	8 893 257	-7 755 613	1 699 117	8 673 382	-6 974 265
乌兹别克斯坦	2 613 355	1 938 093	675 262	1 783 339	1 091 849	691 490
亚洲其他国家（地区）	98	39	59	95	-	95
非洲	92 799 365	117 454 718	-24 655 353	85 310 606	113 250 640	-27 940 035
阿尔及利亚	6 023 897	2 164 547	3 859 351	5 416 656	2 311 906	3 104 750
安哥拉	3 964 059	31 972 669	-28 008 610	4 039 030	33 561 905	-29 522 875
贝宁	2 992 477	206 007	2 786 470	2 413 662	261 538	2 152 124
博茨瓦那	148 252	193 858	-45 606	182 121	120 676	61 445
布隆迪	50 962	9 307	41 655	46 460	10 678	35 782
喀麦隆	1 514 679	366 169	1 148 510	1 064 318	890 432	173 887
加那利群岛	3 174	51	3 123	2 522	1	2 520
佛得角	61 988	0	61 988	57 490	1	57 489
中非	9 459	40 649	-31 190	17 684	48 619	-30 936
塞卜泰（休达）	672	0	671	340	-	340
乍得	371 893	103 500	268 392	172 778	220 729	-47 951

续表 2

进口原产国（地）出口最终目的国（地）	2013 年			2012 年		
	出　口	进　口	出入超	出　口	进　口	出入超
科摩罗	29 860	8	29 852	14 943	6	14 937
刚果（布）	779 293	5 712 191	-4 932 897	521 098	4 556 309	-4 035 210
吉布提	1 018 884	274	1 018 610	901 780	617	901 162
埃及	8 362 675	1 851 607	6 511 068	8 223 992	1 320 737	6 903 255
赤道几内亚	357 517	2 469 918	-2 112 401	361 228	1 822 829	-1 461 601
埃塞俄比亚	1 868 466	315 688	1 552 779	1 529 483	309 366	1 220 118
加蓬	432 706	898 644	-465 937	426 595	617 967	-191 372
冈比亚	308 521	77 978	230 543	257 513	84 713	172 801
加纳	3 946 028	1 203 330	2 742 698	4 790 663	643 607	4 147 056
几内亚	907 476	84 092	823 384	753 851	10 995	742 856
几内亚（比绍）	11 890	16 828	-4 938	15 895	6 633	9 261
科特迪瓦共和国	955 795	257 133	698 662	803 907	142 556	661 351
肯尼亚	3 217 481	52 783	3 164 698	2 788 739	52 415	2 736 323
利比里亚	2 335 750	164 418	2 171 333	3 446 550	228 607	3 217 943
利比亚	2 834 679	2 038 928	795 751	2 384 239	6 376 124	-3 991 885
马达加斯加	642 961	173 906	469 055	542 414	114 411	428 003
马拉维	213 793	38 421	175 372	249 067	47 503	201 564
马里	274 639	152 468	122 171	290 232	331 689	-41 457
毛里塔尼亚	598 451	1 728 522	-1 130 070	455 402	1 464 972	-1 009 570
毛里求斯	648 701	12 868	635 833	620 171	10 713	609 458
摩洛哥	3 271 645	531 428	2 740 218	3 131 193	559 643	2 571 550
莫桑比克	1 199 293	454 875	744 418	940 887	401 776	539 111
纳米比亚	481 941	257 700	224 241	438 911	241 228	197 683
尼日尔	183 941	15 875	168 065	158 492	37 163	121 329
尼日利亚	12 042 613	1 546 603	10 496 010	9 296 028	1 273 918	8 022 110
留尼汪	134 025	234	133 792	139 735	153	139 582
卢旺达	134 109	108 450	25 660	90 107	71 465	18 642
圣多美和普林西比	4 862	2	4 860	3 008	43	2 965
塞内加尔	997 396	39 730	957 666	793 973	51 356	742 617
塞舌尔	38 670	402	38 268	33 167	263	32 904
塞拉利昂	152 567	1 452 659	-1 300 092	249 188	502 980	-253 792
索马里	133 761	16 340	117 421	101 107	3 104	98 003
南非	16 830 776	48 388 425	-31 557 649	15 323 017	44 671 266	-29 348 248

续表 3

进口原产国（地） 出口最终目的国（地）	2013 年			2012 年		
	出　口	进　口	出入超	出　口	进　口	出入超
西撒哈拉	10	7	3	288	0	288
苏丹	2 398 432	2 100 023	298 409	2 178 620	1 554 267	624 354
坦桑尼亚	3 140 702	552 548	2 588 154	2 089 722	379 297	1 710 425
多哥	2 443 222	117 944	2 325 279	3 383 103	84 811	3 298 292
突尼斯	1 263 159	176 729	1 086 429	1 391 920	176 976	1 214 944
乌干达	452 213	71 925	380 287	495 144	42 881	452 263
布基纳法索	103 387	186 891	-83 504	72 506	232 656	-160 150
刚果（金）	948 752	2 745 655	-1 796 903	837 486	3 512 914	-2 675 429
赞比亚	729 692	3 047 866	-2 318 174	697 216	2 691 957	-1 994 741
津巴布韦	413 826	687 839	-274 013	430 490	584 427	-153 937
莱索托	89 829	13 413	76 416	94 413	5 418	88 995
梅利利亚	7 537	-	7 537	7 880	-	7 880
斯威士兰	24 762	115 072	-90 309	28 920	100 381	-71 461
厄立特里亚	137 957	50 934	87 022	53 532	1 259	52 272
马约特岛	77 715	1	77 714	23 396	112	23 284
南苏丹	75 087	2 468 344	-2 393 257	34 522	499 465	-464 944
非洲其他国家（地区）	406	45	360	1 812	206	1 606
欧洲	405 743 984	324 171 556	81 572 428	396 399 091	286 689 855	109 709 236
比利时	15 560 178	9 848 071	5 712 107	16 376 585	9 964 364	6 412 221
丹麦	5 711 397	3 375 699	2 335 698	6 539 744	2 905 412	3 634 332
英国	50 942 128	19 078 788	31 863 340	46 297 156	16 805 084	29 492 072
德国	67 342 500	94 155 690	-26 813 189	69 210 333	91 921 057	-22 710 724
法国	26 714 168	23 109 686	3 604 482	26 899 212	24 118 214	2 780 998
爱尔兰	2 477 167	4 192 850	-1 715 683	2 098 345	3 797 158	-1 698 813
意大利	25 752 660	17 573 787	8 178 873	25 653 432	16 067 556	9 585 876
卢森堡	1 807 834	256 661	1 551 173	1 956 195	262 580	1 693 615
荷兰	60 314 752	9 824 934	50 489 817	58 896 802	8 702 613	50 194 189
希腊	3 218 976	433 267	2 785 709	3 593 166	427 301	3 165 864
葡萄牙	2 506 864	1 399 461	1 107 403	2 500 694	1 514 900	985 794
西班牙	18 928 498	5 971 826	12 956 672	18 237 071	6 333 894	11 903 177
阿尔巴尼亚	324 596	234 841	89 756	343 905	143 115	200 790
安道尔	2 244	15	2 230	26 846	324	26 522
奥地利	2 037 527	5 030 350	-2 992 823	2 040 227	4 723 685	-2 683 457

续表 4

进口原产国（地） 出口最终目的国（地）	2013 年			2012 年		
	出　口	进　口	出入超	出　口	进　口	出入超
保加利亚	1 116 984	956 743	160 241	1 054 574	838 887	215 687
芬兰	5 831 524	3 905 642	1 925 882	7 440 553	3 832 339	3 608 213
直布罗陀	41 581	6 010	35 570	114 585	3	114 582
匈牙利	5 692 280	2 715 148	2 977 132	5 737 973	2 323 095	3 414 878
冰岛	146 642	75 799	70 843	95 388	88 961	6 427
列支敦士登	17 734	115 236	-97 502	15 239	71 287	-56 049
马耳他	2 514 566	725 238	1 789 329	2 245 419	884 707	1 360 713
摩纳哥	28 797	8 857	19 940	82 496	6 762	75 734
挪威	2 737 115	3 467 985	-730 870	3 019 714	3 067 668	-47 954
波兰	12 574 875	2 231 797	10 343 078	12 386 457	1 996 903	10 389 554
罗马尼亚	2 822 537	1 207 502	1 615 035	2 797 178	979 567	1 817 611
圣马力诺	1 995	1 931	63	1 485	839	646
瑞典	6 799 061	6 987 099	-188 038	6 415 281	6 922 178	-506 897
瑞士	3 511 310	56 076 314	-52 565 004	3 492 236	22 816 694	-19 324 458
爱沙尼亚	1 109 820	199 575	910 245	1 233 542	135 773	1 097 769
拉脱维亚	1 374 267	99 158	1 275 110	1 312 709	68 827	1 243 882
立陶宛	1 686 178	124 786	1 561 392	1 630 425	89 497	1 540 928
格鲁吉亚	862 092	54 456	807 637	740 158	33 582	706 576
亚美尼亚	119 850	73 139	46 711	113 204	34 063	79 141
阿塞拜疆	868 568	233 583	634 985	1 069 828	213 897	855 931
白俄罗斯	872 160	580 512	291 648	919 817	663 130	256 687
摩尔多瓦	112 629	18 586	94 043	123 942	18 619	105 323
俄罗斯联邦	49 591 172	39 667 828	9 923 344	44 055 956	44 155 035	-99 078
乌克兰	7 849 225	3 272 867	4 576 358	7 323 268	3 031 482	4 291 786
斯洛文尼亚	1 832 812	302 799	1 530 013	1 566 641	256 030	1 310 611
克罗地亚	1 389 943	104 266	1 285 677	1 299 830	74 514	1 225 316
捷克	6 837 795	2 614 923	4 222 872	6 323 044	2 406 989	3 916 055
斯洛伐克	3 084 437	3 458 156	-373 719	2 423 032	3 655 227	-1 232 194
前南斯拉夫马其顿	63 476	107 973	-44 496	88 750	139 780	-51 030
波斯尼亚—黑塞哥维那	91 328	20 880	70 448	46 712	23 301	23 411
梵蒂冈城国	-	3	-3	27	71	-44
法罗群岛	1 445	74 571	-73 125	1 280	49 532	-48 251
塞尔维亚	431 912	180 127	251 785	412 876	101 347	311 529

续表 5

进口原产国（地） 出口最终目的国（地）	2013 年			2012 年		
	出　口	进　口	出入超	出　口	进　口	出入超
黑山	86 383	16 143	70 241	145 761	22 015	123 746
欧洲其他国家（地区）	-	-	-	-	-	-
拉丁美洲	133 961 297	127 428 948	6 532 349	135 215 205	126 072 646	9 142 558
安提瓜和巴布达	245 482	339	245 143	746 977	71	746 905
阿根廷	8 750 430	6 085 768	2 664 661	7 869 263	6 560 925	1 308 338
阿鲁巴岛	21 325	157	21 168	16 244	13 243	3 001
巴哈马	336 710	77	336 634	592 077	116 885	475 192
巴巴多斯	70 210	12 688	57 522	96 112	10 443	85 669
伯利兹	122 365	8 385	113 980	52 512	7 787	44 725
多民族玻利维亚国	531 469	275 774	255 695	351 915	324 078	27 837
博内尔	35	-	35	53	1	52
巴西	35 895 471	54 299 123	-18 403 651	33 419 561	52 329 398	-18 909 836
开曼群岛	11 189	264	10 924	113 579	123	113 456
智利	13 105 469	20 707 685	-7 602 216	12 599 454	20 626 670	-8 027 216
哥伦比亚	6 826 037	3 620 271	3 205 766	6 229 250	3 157 248	3 072 002
多米尼克	22 969	109	22 860	25 299	1 146	24 153
哥斯达黎加	926 977	4 758 054	-3 831 077	901 758	5 270 237	-4 368 479
古巴	1 374 786	504 634	870 152	1 173 584	569 169	604 415
库腊索岛	20 097	1 461	18 636	26 148	146	26 002
多米尼加共和国	1 045 515	290 011	755 503	1 029 931	409 670	620 261
厄瓜多尔	2 966 846	775 263	2 191 583	2 613 996	938 323	1 675 673
法属圭亚那	14 514	77	14 437	15 481	29	15 453
格林纳达	7 572	32	7 540	19 869	4	19 865
瓜德罗普岛	30 312	211	30 100	34 283	34	34 249
危地马拉	1 475 308	173 934	1 301 374	1 283 666	68 508	1 215 158
圭亚那	160 138	21 129	139 009	199 523	26 077	173 446
海地	323 494	15 010	308 485	283 708	9 968	273 740
洪都拉斯	799 037	234 871	564 165	1 056 653	251 050	805 603
牙买加	627 059	3 811	623 248	786 097	30 686	755 410
马提尼克岛	23 613	86	23 527	21 934	442	21 492
墨西哥	28 966 300	10 238 477	18 727 823	27 515 487	9 159 607	18 355 880
蒙特塞拉特	151	22	130	9	39	-30
尼加拉瓜	522 915	91 822	431 093	466 787	115 850	350 937

续表 6

进口原产国（地） 出口最终目的国（地）	2013 年			2012 年		
	出　口	进　口	出入超	出　口	进　口	出入超
巴拿马	10 992 734	43 944	10 948 790	15 306 042	53 000	15 253 042
巴拉圭	1 356 500	60 671	1 295 829	1 335 794	47 842	1 287 953
秘鲁	6 188 838	8 408 062	-2 219 224	5 332 481	8 466 353	-3 133 872
波多黎各	657 455	1 052 453	-394 998	656 216	882 384	-226 168
萨巴	1 234	0	1 234	900	-	900
圣卢西亚	19 879	27	19 852	28 785	120	28 666
圣马丁岛	3 037	-	3 037	2 189	-	2 189
圣文森特和格林纳丁斯	25 232	-	25 232	29 060	2	29 058
萨尔瓦多	521 956	8 988	512 968	490 528	7 365	483 162
苏里南	174 032	28 089	145 943	189 112	23 353	165 759
特立尼达和多巴哥	321 390	119 502	201 888	312 180	139 662	172 518
特克斯和凯科斯群岛	378	8	370	296	1	295
乌拉圭	2 323 603	2 466 419	-142 816	2 413 266	1 911 220	502 046
委内瑞拉	6 064 501	13 120 097	-7 055 595	9 304 202	14 543 342	-5 239 141
英属维尔京群岛	11 068	88	10 981	153 822	7	153 815
圣其茨—尼维斯	15 592	276	15 316	2 705	134	2 572
圣皮埃尔和密克隆	19	4	15	4	0	4
荷属安地列斯群岛	59 529	0	59 529	115 637	1	115 635
拉丁美洲其他国家（地区）	525	776	-251	775	3	772
北美洲	397 815 175	177 651 409	220 163 765	380 110 095	156 165 667	223 944 428
加拿大	29 216 688	25 236 971	3 979 718	28 124 796	23 210 485	4 914 311
美国	368 406 404	152 342 295	216 064 109	351 776 792	132 897 455	218 879 338
格陵兰	163	72 135	-71 971	447	57 448	-57 001
百慕大群岛	190 035	0	190 035	207 757	-	207 757
北美洲其他国家（地区）	1 884	9	1 875	303	279	24
大洋洲	44 614 556	108 694 180	-64 079 624	44 867 565	91 666 113	-46 798 548
澳大利亚	37 554 163	98 954 059	-61 399 896	37 728 309	84 617 940	-46 889 630
库克群岛	19 480	1 008	18 472	4 034	1 018	3 016
斐济	244 498	59 376	185 122	214 023	22 161	191 861
盖比群岛	134	-	134	40	-	40
马克萨斯群岛	32	-	32	-	-	-
瑙鲁	1 075	37	1 038	972	51	921
新喀里多尼亚	90 341	129 247	-38 906	96 653	149 380	-52 727

续表 7

进口原产国（地） 出口最终目的国（地）	2013 年			2012 年		
	出　口	进　口	出入超	出　口	进　口	出入超
瓦努阿图	380 483	2 244	378 239	133 612	2 418	131 195
新西兰	4 131 684	8 253 214	-4 121 529	3 864 542	5 810 289	-1 945 747
诺福克岛	517	-	517	323	2	321
巴布亚新几内亚	553 070	797 690	-244 620	640 097	642 265	-2 168
社会群岛	4 279	-	4 279	3 964	-	3 964
所罗门群岛	36 802	404 521	-367 719	36 681	377 698	-341 017
汤加	38 480	25	38 455	20 160	0	20 159
土阿莫土群岛	-	-	-	-	-	-
土布艾群岛	-	-	-	-	-	-
萨摩亚	54 473	11	54 462	71 746	23	71 722
基里巴斯	18 657	456	18 201	33 983	173	33 810
图瓦卢	7 534	0	7 534	143 449	0	143 449
密克罗尼西亚联邦	4 938	9 983	-5 044	4 079	10 925	-6 846
马绍尔群岛共和国	1 422 454	77 754	1 344 700	1 823 200	23 379	1 799 821
帕劳共和国	3 186	14	3 173	1 640	28	1 612
法属波利尼西亚	45 045	4 252	40 793	43 818	8 038	35 781
瓦利斯和浮图纳	714	13	701	201	-	201
大洋洲其他国家（地区）	2 517	278	2 240	2 039	325	1 714
国别（地区）不详	-	4 650 448	-4 650 448	-	6 266 716	-6 266 716
东南亚国家联盟	244 039 819	199 558 296	44 481 523	204 254 583	195 891 608	8 362 974
欧洲联盟	338 953 459	219 936 701	119 016 758	335 258 941	212 152 861	123 106 081
亚太经济合作组织	1 435 709 171	1 235 404 076	200 305 095	1 306 084 098	1 162 775 280	143 308 817

表注：1. 东南亚国家联盟包括文莱、缅甸、柬埔寨、印度尼西亚、老挝、马来西亚、菲律宾、新加坡、泰国、越南。

2. 欧洲联盟包括比利时、丹麦、英国、德国、法国、爱尔兰、意大利、卢森堡、荷兰、希腊、葡萄牙、西班牙、奥地利、芬兰、瑞典、塞浦路斯、匈牙利、马耳他、波兰、爱沙尼亚、拉脱维亚、立陶宛、斯洛文尼亚、捷克、斯洛伐克、保加利亚、罗马尼亚。

3. 亚太经济合作组织包括文莱、中国香港、印度尼西亚、日本、马来西亚、菲律宾、新加坡、韩国、泰国、越南、中华人民共和国、中国台湾、俄罗斯、智利、墨西哥、秘鲁、加拿大、美国、澳大利亚、新西兰、巴布亚新几内亚。

4. 保加利亚与罗马尼亚于 2007 年 1 月正式加入欧盟。本表在计算对欧盟贸易与上年同期增长率时，按照新的范围口径对 2006 年同期的数据进行了调整。

2013 年进出口商品构成表

单位：千美元

商　品	出　口		进　口	
	金　额	比重（%）	金　额	比重（%）
总　值	2 209 003 999	100.0	1 949 989 468	100.0
一、初级产品	107 267 627	4.9	658 080 843	33.7
0 类 食品及活动物	55 726 089	2.5	41 701 168	2.1
00 章　活动物	580 625	0.0	432 743	0.0
01 章　肉及肉制品	3 063 932	0.1	5 934 929	0.3
02 章　乳品及蛋品	262 640	0.0	5 243 245	0.3
03 章　鱼、甲壳及软体类动物及其制品	19 433 091	0.9	6 181 732	0.3
04 章　谷物及其制品	1 568 437	0.1	5 634 280	0.3
05 章　蔬菜及水果	20 124 073	0.9	7 431 096	0.4
06 章　糖、糖制品及蜂蜜	1 951 962	0.1	2 414 059	0.1
07 章　咖啡、茶、可可、调味料及其制品	2 780 645	0.1	1 059 369	0.1
08 章　饲料（不包括未碾磨谷物）	2 756 929	0.1	3 958 657	0.2
09 章　杂项食品	3 203 755	0.1	3 411 058	0.2
1 类　饮料及烟类	2 608 873	0.1	4 509 430	0.2
11 章　饮料	1 287 138	0.1	3 049 771	0.2
12 章　烟草及其制品	1 321 735	0.1	1 459 659	0.1
2 类　非食用原料（燃料除外）	14 562 732	0.7	286 370 741	14.7
21 章　生皮及生毛皮	19 015	0.0	4 385 694	0.2
22 章　油籽及含油果实	1 018 061	0.0	41 438 472	2.1
23 章　生橡胶（包括合成橡胶及再生橡胶）	688 493	0.0	10 856 148	0.6
24 章　软木及木材	1 053 068	0.0	17 807 864	0.9
25 章　纸浆及废纸	106 293	0.0	17 305 501	0.9
26 章　纺织纤维及其废料	3 158 012	0.1	14 649 734	0.8
27 章　天然肥料及矿物（煤、石油及宝石除外）	2 966 289	0.1	6 626 302	0.3
28 章　金属矿砂及金属废料	402 209	0.0	171 493 462	8.8
29 章　其他动、植物原料	5 151 292	0.2	1 807 563	0.1
3 类　矿物燃料、润滑油及有关原料	33 786 102	1.5	315 160 150	16.2
32 章　煤、焦炭及煤砖	2 196 201	0.1	29 089 679	1.5

续表 1

商　品	出　口		进　口	
	金　额	比重（%）	金　额	比重（%）
33 章　石油、石油产品及有关原料	27 982 753	1.3	260 948 364	13.4
34 章　天然气及人造气	2 212 802	0.1	24 726 872	1.3
35 章　电流	1 394 346	0.1	395 235	0.0
4 类　动植物油、脂及蜡	583 832	0.0	10 339 354	0.5
41 章　动物油、脂	204 897	0.0	244 937	0.0
42 章　植物油、脂	252 040	0.0	9 923 557	0.5
43 章　已加工的动植物油、脂及动植物蜡	126 895	0.0	170 860	0.0
二、工业制品	2 101 736 372	95.1	1 291 908 625	66.3
5 类　化学成品及有关产品	119 617 540	5.4	190 304 460	9.8
51 章　有机化学品	36 464 994	1.7	66 202 176	3.4
52 章　无机化学品	13 497 813	0.6	8 055 951	0.4
53 章　染料、鞣料及着色料	5 673 591	0.3	4 275 363	0.2
54 章　医药品	12 320 373	0.6	16 216 230	0.8
55 章　精油、香料及盥洗、光洁制品	5 932 324	0.3	3 947 860	0.2
56 章　制成肥料	6 213 296	0.3	3 371 012	0.2
57 章　初级形状的塑料	12 689 293	0.6	55 144 454	2.8
58 章　非初级形状的塑料	11 295 430	0.5	12 707 989	0.7
59 章　其他化学原料及产品	15 530 425	0.7	20 383 424	1.0
6 类　按原料分类的制成品	360 606 390	16.3	147 872 070	7.6
61 章　皮革、皮革制品及已鞣毛皮	2 155 301	0.1	4 872 673	0.2
62 章　橡胶制品	21 899 912	1.0	8 925 386	0.5
63 章　软木及木制品（家具除外）	11 712 096	0.5	997 952	0.1
64 章　纸及纸板；纸浆、纸及纸板制品	15 369 835	0.7	4 099 368	0.2
65 章　纺纱、织物、制成品及有关产品	106 577 946	4.8	21 563 305	1.1
66 章　非金属矿物制品	47 212 985	2.1	20 158 648	1.0
67 章　钢铁	54 688 667	2.5	21 442 741	1.1
68 章　有色金属	22 655 286	1.0	51 026 801	2.6
69 章　金属制品	78 334 362	3.5	14 785 195	0.8
7 类　机械及运输设备	1 038 534 386	47.0	710 141 196	36.4
71 章　动力机械及设备	33 815 143	1.5	23 461 501	1.2
72 章　特种工业专用机械	36 334 397	1.6	35 111 922	1.8
73 章　金工机械	6 910 432	0.3	13 774 575	0.7

续表 2

商　品	出　口		进　口	
	金　额	比重（%）	金　额	比重（%）
74 章　通用工业机械设备及零件	93 953 048	4.3	49 743 805	2.6
75 章　办公用机械及自动数据处理设备	218 922 099	9.9	57 033 083	2.9
76 章　电信及声音的录制及重放装置设备	257 690 787	11.7	74 075 003	3.8
77 章　电力机械、器具及其电气零件	292 412 760	13.2	356 752 495	18.3
78 章　陆路车辆（包括气垫式）	64 768 605	2.9	73 989 140	3.8
79 章　其他运输设备	33 727 115	1.5	26 199 671	1.3
8 类　杂项制品	581 249 011	26.3	138 854 543	7.1
81 章　活动房屋；卫生、水道、供热及照明装置	30 107 792	1.4	850 006	0.0
82 章　家具及其零件；褥垫及类似填充制品	59 488 161	2.7	2 424 533	0.1
83 章　旅行用品、手提包及类似品	27 841 200	1.3	1 564 704	0.1
84 章　服装及衣着附件	177 434 802	8.0	5 335 055	0.3
85 章　鞋靴	50 761 328	2.3	1 955 258	0.1
87 章　专业、科学及控制用仪器和装置	59 827 566	2.7	87 853 879	4.5
88 章　摄影器材、光学物品及钟表	18 080 305	0.8	18 480 775	0.9
89 章　杂项制品	157 707 856	7.1	20 390 333	1.0
9 类　未分类的商品	1 729 045	0.1	104 736 356	5.4
96 章	80	0.0	868	0.0
97 章	771	0.0	–	–
98 章	1 728 194	0.1	104 735 488	5.4

2013年进出口商品类章总值表

单位：千美元

类　章	出　口		进　口	
	金　额	比重（%）	金　额	比重（%）
总　值	2 209 003 999	100.0	1 949 989 468	100.0
第一类　活动物；动物产品	16 840 613	0.8	18 099 356	0.9
01章　活动物	580 625	0.0	432 743	0.0
02章　肉及食用杂碎	988 524	0.0	5 929 656	0.3
03章　鱼、甲壳动物、软体动物及其他水生无脊椎动物	12 526 363	0.6	5 993 593	0.3
04章　乳品；蛋品；天然蜂蜜；其他食用动物产品	544 779	0.0	5 245 216	0.3
05章　其他动物产品	2 200 322	0.1	498 148	0.0
第二类　植物产品	19 853 455	0.9	55 971 868	2.9
06章　活树及其他活植物；鳞茎、根及类似品；插花及装饰用簇叶	275 439	0.0	173 378	0.0
07章　食用蔬菜、根及块茎	7 871 395	0.4	2 549 352	0.1
08章　食用水果及坚果；甜瓜或柑橘属水果的果皮	4 171 873	0.2	4 100 716	0.2
09章　咖啡、茶、马黛茶及调味香料	2 245 403	0.1	256 359	0.0
10章　谷物	513 962	0.0	5 053 759	0.3
11章　制粉工业产品；麦芽；淀粉；菊粉；面筋	610 519	0.0	802 304	0.0
12章　含油子仁及果实；杂项子仁及果实；工业用或药用植物；稻草、秸秆及饲料	2 924 864	0.1	42 626 755	2.2
13章　虫胶；树胶、树脂及其他植物液、汁	1 150 739	0.1	223 938	0.0
14章　编结用植物材料；其他植物产品	89 260	0.0	185 309	0.0
第三类　动、植物油、脂及其分解产品；精制的食用油脂；动、植物蜡	606 539	0.0	10 822 945	0.6
15章　动、植物油、脂及其分解产品；精制的食用油脂；动、植物蜡	606 539	0.0	10 822 945	0.6

续表1

类　章	出　口		进　口	
	金　额	比重（%）	金　额	比重（%）
第四类　食品；饮料、酒及醋；烟草、烟草及烟草代用品的制品	28 065 298	1.3	15 898 337	0.8
16 章　肉、鱼、甲壳动物、软体动物及其他水生无脊椎动物的制品	8 982 206	0.4	197 436	0.0
17 章　糖及糖食	1 451 715	0.1	2 363 617	0.1
18 章　可可及可可制品	385 986	0.0	714 385	0.0
19 章　谷物、粮食粉、淀粉或乳的制品；糕饼点心	1 531 678	0.1	2 583 892	0.1
20 章　蔬菜、水果、坚果或植物其他部分的制品	7 852 143	0.4	661 646	0.0
21 章　杂项食品	2 464 515	0.1	1 205 243	0.1
22 章　饮料、酒及醋	1 341 095	0.1	3 058 234	0.2
23 章　食品工业的残渣及废料；配制的动物饲料	2 734 225	0.1	3 654 224	0.2
24 章　烟草、烟草及烟草代用品的制品	1 321 735	0.1	1 459 659	0.1
第五类　矿产品	37 634 107	1.7	469 991 142	24.1
25 章　盐；硫黄；泥土及石料；石膏料、石灰及水泥	3 455 987	0.2	5 986 590	0.3
26 章　矿砂、矿渣及矿灰	378 873	0.0	148 772 300	7.6
27 章　矿物燃料、矿物油及其蒸馏产品；沥青物质；矿物蜡	33 799 248	1.5	315 232 252	16.2
第六类　化学工业及其相关工业的产品	97 689 321	4.4	125 460 032	6.4
28 章　无机化学品；贵金属、稀土金属、放射性元素及其同位素的有机及无机化合物	13 592 888	0.6	9 460 465	0.5
29 章　有机化学品	42 201 531	1.9	65 876 607	3.4
30 章　药品	6 207 562	0.3	15 096 015	0.8
31 章　肥料	6 252 535	0.3	3 374 943	0.2
32 章　鞣料浸膏及染料浸膏；鞣酸及其衍生物；染料、颜料及其他着色料；油漆及清漆；油灰及其他类似胶粘剂；墨水、油墨	5 803 352	0.3	4 312 108	0.2
33 章　精油及香膏；芳香料制品及化妆盥洗品	3 620 700	0.2	2 384 842	0.1

续表 2

类　　章	出　口		进　口	
	金　额	比重（%）	金　额	比重（%）
34 章　肥皂、有机表面活性剂、洗涤剂、润滑剂、人造蜡、调制蜡、光洁剂、蜡烛及类似品、塑型用膏、“牙科用蜡”及牙科用熟石膏制剂	3 133 967	0. 1	3 692 431	0. 2
35 章　蛋白类物质；改性淀粉；胶；酶	2 453 126	0. 1	3 099 359	0. 2
36 章　炸药；烟火制品；火柴；引火合金；易燃材料制品	901 511	0. 0	121 282	0. 0
37 章　照相及电影用品	1 217 757	0. 1	2 321 811	0. 1
38 章　杂项化学产品	12 304 391	0. 6	15 720 169	0. 8
第七类　塑料及其制品；橡胶及其制品	84 882 649	3. 8	92 288 841	4. 7
39 章　塑料及其制品	61 753 122	2. 8	72 390 445	3. 7
40 章　橡胶及其制品	23 129 527	1. 0	19 898 396	1. 0
第八类　生皮、皮革、毛皮及其制品；鞍具及挽具；旅行用品、手提包及类似品；动物肠线（蚕胶丝除外）制品	34 795 877	1. 6	11 147 150	0. 6
41 章　生皮（毛皮除外）及皮革	466 067	0. 0	8 025 629	0. 4
42 章　皮革制品；鞍具及挽具；旅行用品、手提包及类似容器；动物肠线（蚕胶丝除外）制品	30 673 226	1. 4	1 917 131	0. 1
43 章　毛皮、人造毛皮及其制品	3 656 584	0. 2	1 204 391	0. 1
第九类　木及木制品；木炭；软木及软木制品；稻草、秸秆、针茅或其他编结材料制品；篮筐及柳条编结品	14 456 793	0. 7	18 818 486	1. 0
44 章　木及木制品；木炭	12 748 096	0. 6	18 768 808	1. 0
45 章　软木及软木制品	17 067	0. 0	37 008	0. 0
46 章　稻草、秸秆、针茅或其他编结材料制品；篮筐及柳条编结品	1 691 630	0. 1	12 669	0. 0
第十类　木浆及其他纤维状纤维素浆；纸及纸板的废碎品；纸、纸板及其制品	19 793 522	0. 9	23 576 654	1. 2
47 章　木浆及其他纤维状纤维素浆；纸及纸板的废碎品	106 293	0. 0	17 305 501	0. 9
48 章　纸及纸板；纸浆、纸或纸板制品	15 987 710	0. 7	4 372 833	0. 2

续表 3

类　章	出　口		进　口	
	金　额	比重（%）	金　额	比重（%）
49 章　书籍、报纸、印刷图画及其他印刷品；手稿、打字稿及设计图纸	3 699 520	0.2	1 898 321	0.1
第十一类　纺织原料及纺织制品	273 958 531	12.4	40 415 704	2.1
50 章　蚕丝	1 630 003	0.1	86 283	0.0
51 章　羊毛、动物细毛或粗毛；马毛纱线及其机织物	2 619 247	0.1	3 674 376	0.2
52 章　棉花	17 546 657	0.8	17 229 073	0.9
53 章　其他植物纺织纤维；纸纱线及其机织物	1 285 328	0.1	692 468	0.0
54 章　化学纤维长丝	16 014 283	0.7	3 713 279	0.2
55 章　化学纤维短纤	11 211 386	0.5	3 391 698	0.2
56 章　絮胎、毡呢及无纺织物；特种纱线；线、绳、索、缆及其制品	4 125 344	0.2	1 194 818	0.1
57 章　地毯及纺织材料的其他铺地制品	2 505 473	0.1	152 674	0.0
58 章　特种机织物；簇绒织物；花边；装饰毯；装饰带；刺绣品	4 874 882	0.2	734 111	0.0
59 章　浸渍、涂布、包覆或层压的纺织物；工业用纺织制品	7 375 917	0.3	1 978 189	0.1
60 章　针织物及钩编织物	12 900 389	0.6	2 321 973	0.1
61 章　针织或钩编的服装及衣着附件	96 792 636	4.4	1 667 714	0.1
62 章　非针织或非钩编的服装及衣着附件	68 251 833	3.1	3 148 793	0.2
63 章　其他纺织制成品；成套物品；旧衣着及旧纺织品；碎织物	26 825 153	1.2	430 252	0.0
第十二类　鞋、帽、伞、杖、鞭及其零件；已加工的羽毛及其制品；人造花；人发制品	64 052 608	2.9	2 358 076	0.1
64 章　鞋靴、护腿和类似品及其零件	50 761 328	2.3	1 955 258	0.1
65 章　帽类及其零件	4 439 499	0.2	44 945	0.0
66 章　雨伞、阳伞、手杖、鞭子、马鞭及其零件	3 002 369	0.1	19 413	0.0
67 章　已加工羽毛、羽绒及其制品；人造花；人发制品	5 849 411	0.3	338 460	0.0

续表 4

类　　章	出　口		进　口	
	金　额	比重（%）	金　额	比重（%）
第十三类　石料、石膏、水泥、石棉、云母及类似材料的制品；陶瓷产品；玻璃及其制品	45 427 757	2.1	9 601 685	0.5
68 章　石料、石膏、水泥、石棉、云母及类似材料的制品	10 062 402	0.5	1 452 561	0.1
69 章　陶瓷产品	19 162 590	0.9	688 539	0.0
70 章　玻璃及其制品	16 202 765	0.7	7 460 585	0.4
第十四类　天然或养殖珍珠、宝石或半宝石、贵金属、包贵金属及其制品；仿首饰；硬币	50 288 449	2.3	18 339 649	0.9
71 章　天然或养殖珍珠、宝石或半宝石、贵金属、包贵金属及其制品；仿首饰；硬币	50 288 449	2.3	18 339 649	0.9
第十五类　贱金属及其制品	155 998 534	7.1	103 667 262	5.3
72 章　钢铁	38 620 858	1.7	21 335 562	1.1
73 章　钢铁制品	57 347 730	2.6	10 429 877	0.5
74 章　铜及其制品	7 144 440	0.3	49 828 688	2.6
75 章　镍及其制品	996 864	0.0	4 524 506	0.2
76 章　铝及其制品	20 039 265	0.9	8 702 562	0.4
78 章　铅及其制品	164 296	0.0	83 540	0.0
79 章　锌及其制品	233 362	0.0	1 671 742	0.1
80 章　锡及其制品	157 002	0.0	552 206	0.0
81 章　其他贱金属、金属陶瓷及其制品	3 184 877	0.1	1 541 434	0.1
82 章　贱金属工具、器具、利口器、餐匙、餐叉及其零件	13 256 543	0.6	3 210 032	0.2
83 章　贱金属杂项制品	14 853 298	0.7	1 787 113	0.1
第十六类　机器、机械器具、电气设备及其零件；录音机及放声机、电视图像、声音的录制和重放设备及其零件、附件	944 438 144	42.8	609 987 607	31.3
84 章　核反应堆、锅炉、机械器具及零件	383 152 504	17.3	170 570 774	8.7
85 章　电机、电气设备及其零件；录音机及放声机、电视图像、声音的录制和重放设备及其零件、附件	561 285 640	25.4	439 416 833	22.5

续表 5

类　章	出口		进口	
	金　额	比重（%）	金　额	比重（%）
第十七类　车辆、航空器、船舶及有关运输设备	100 165 345	4.5	100 363 269	5.1
86 章　铁道及电车道机车、车辆及其零件；铁道及电车道轨道固定装置及其零件、附件；各种机械（包括电动机械）交通信号设备	10 994 681	0.5	999 362	0.1
87 章　车辆及其零件、附件，但铁道及电车道车辆除外	58 549 723	2.7	74 147 799	3.8
88 章　航空器、航天器及其零件	1 939 710	0.1	23 181 189	1.2
89 章　船舶及浮动结构体	28 681 232	1.3	2 034 918	0.1
第十八类　光学、照相、电影、计量、检验、医疗或外科用仪器及设备、精密仪器及设备；钟表；乐器；上述物品的零件、附件	81 759 204	3.7	111 783 730	5.7
90 章　光学、照相、电影、计量、检验、医疗或外科用仪器及设备、精密仪器及设备；上述物品的零件、附件	74 530 412	3.4	107 588 247	5.5
91 章　钟表及其零件	5 568 386	0.3	3 903 174	0.2
92 章　乐器及其零件、附件	1 660 406	0.1	292 309	0.0
第十九类　武器、弹药及其零件、附件	159 233	0.0	4 886	0.0
93 章　武器、弹药及其零件、附件	159 233	0.0	4 886	0.0
第二十类　杂项制品	135 368 804	6.1	5 886 548	0.3
94 章　家具；寝具、褥垫、弹簧床垫、软坐垫及类似的填充制品；未列名灯具及照明装置；发光标志、发光铭牌及类似品；活动房屋	86 414 552	3.9	3 063 719	0.2
95 章　玩具、游戏品、运动用品及其零件、附件	35 847 098	1.6	1 351 289	0.1
96 章　杂项制品	13 107 155	0.6	1 471 539	0.1
第二十一类　艺术品、收藏品及古物	1 041 022	0.0	770 754	0.0
97 章　艺术品、收藏品及古物	1 041 022	0.0	770 754	0.0
第二十二类　特殊交易品及未分类商品	1 728 194	0.1	104 735 488	5.4
98 章　特殊交易品及未分类商品	1 728 194	0.1	104 735 488	5.4

2013 年进出口商品贸易方式总值表

单位：千美元

贸易方式	进出口总值		出口		进口	
	金额	比重（%）	金额	比重（%）	金额	比重（%）
总值	4 158 993 467	100.0	2 209 003 999	100.0	1 949 989 468	100.0
一般贸易	2 197 185 303	52.8	1 087 326 246	49.2	1 109 859 057	56.9
国家间、国际组织无偿援助和赠送的物资	476 968	0.0	455 876	0.0	21 092	0.0
其他捐赠物资	19 000	0.0	8 168	0.0	10 833	0.0
来料加工贸易	180 000 753	4.3	92 486 571	4.2	87 514 183	4.5
进料加工贸易	1 176 701 473	28.3	767 553 299	34.7	409 148 174	21.0
寄售、代销贸易	653	0.0	653	0.0	–	–
边境小额贸易	44 994 112	1.1	30 928 718	1.4	14 065 394	0.7
加工贸易进口设备	969 032	0.0	–	–	969 032	0.0
对外承包工程出口货物	15 987 664	0.4	15 987 664	0.7	–	–
租赁贸易	8 968 075	0.2	303 926	0.0	8 664 150	0.4
外商投资企业作为投资进口的设备、物品	9 744 977	0.2	–	–	9 744 977	0.5
出料加工贸易	451 287	0.0	199 363	0.0	251 924	0.0
易货贸易	3 042	0.0	2 055	0.0	987	0.0
免税外汇商品	27 465	0.0	–	–	27 465	0.0
保税监管场所进出境货物	131 347 487	3.2	46 509 613	2.1	84 837 874	4.4
海关特殊监管区域物流货物	360 409 411	8.7	141 979 740	6.4	218 429 671	11.2
海关特殊监管区域进口设备	3 985 514	0.1	–	–	3 985 514	0.2
其他	27 721 251	0.7	25 262 108	1.1	2 459 142	0.1

2013年出口商品贸易方式企业性质总值表

单位:千美元

企业性质 贸易方式	合 计	国有企业	中外合作	中外合资	外商独资	集体企业	私营企业	其 他
	金 额 / ±%	金 额 / ±%	金 额 / ±%	金 额 / ±%	金 额 / ±%	金 额 / ±%	金 额 / ±%	金 额 / ±%
总 值	2 209 003 999	248 869 951	15 688 390	300 499 341	727 536 367	49 548 489	862 978 308	3 883 152
	(+7.8)	(-2.9)	(-2.9)	(+4.6)	(+1.2)	(-2.6)	(+20.6)	(+17.3)
一般贸易	1 087 326 246	144 883 642	6 474 532	110 982 893	153 452 032	39 343 051	630 407 434	1 782 661
	(+10.1)	(-3.6)	(+3.8)	(+2.7)	(+7.9)	(-1.1)	(+16.8)	(+15.9)
国家间、国际组织无偿援助和赠送的物资	455 876	350 159	-	8 600	-	29 011	25 693	42 412
	(-17.0)	(-27.6)	-	-	-	(-1.1)	(+25.4)	(+167.2)
其他捐赠物资	8 168	711	-	-	5	-	3 084	4 368
	(+396.8)	(+3.8)	-	-	(-77.1)	-	(+34 306.4)	(+386.6)
来料加工贸易	92 486 571	17 582 543	4 264 561	13 465 041	43 007 339	2 043 530	11 951 790	171 767
	(-6.4)	(-3.5)	(-1.2)	(-3.2)	(-8.7)	(-4.2)	(-7.9)	(+6.6)
进料加工贸易	767 553 299	33 244 211	4 404 866	153 277 703	494 367 112	6 461 354	74 182 806	1 615 249
	(+0.5)	(-13.3)	(-11.1)	(+5.6)	(-1.0)	(+0.6)	(+9.0)	(+21.9)
寄售、代销贸易	653	336	-	230	-	-	87	-
	(-82.4)	-	-	-	-	-	(-97.7)	-
边境小额贸易	30 928 718	2 081 525	-	-	-	133 024	28 714 014	155
	(+27.7)	(+27.0)	-	-	-	(-51.6)	(+28.8)	(+353.3)
对外承包工程出口货物	15 987 664	14 610 358	12 833	161 342	95 587	73 124	1 031 044	3 376
	(+8.2)	(+4.8)	(+9 153.4)	(-21.9)	(-34.5)	(+139.7)	(+137.1)	(-69.5)

续表

企业性质 贸易方式	合　计 金额／±%	国有企业 金额／±%	中外合作 金额／±%	中外合资 金额／±%	外商独资 金额／±%	集体企业 金额／±%	私营企业 金额／±%	其　他 金额／±%
租赁贸易	303 926	46 825	1 360	3 766	670	1 336	249 969	-
	(−46.0)	(−89.2)	-	(+236.0)	(−62.2)	-	(+97.9)	-
出料加工贸易	199 363	123 154	8 048	33 718	28 063	4	5 754	621
	(+1.8)	(+17.3)	(+136.3)	(−22.1)	(−30.0)	-	(+48.3)	(+282.8)
易货贸易	2 055	-	-	-	-	15	2 041	-
	(+607.8)	-	-	-	-	(+128.3)	(+621.6)	-
保税监管场所进出境货物	46 509 613	21 541 024	489 273	8 751 185	2 500 970	1 191 902	11 860 930	174 330
	(+9.5)	(+5.0)	(−12.6)	(+0.6)	(−19.7)	(−6.0)	(+47.2)	(−30.4)
海关特殊监管区域物流货物	141 979 740	13 513 373	31 504	13 718 483	33 988 971	186 062	80 519 106	22 242
	(+49.7)	(+15.2)	(+58.9)	(+23.5)	(+26.2)	(−75.7)	(+81.9)	(+854.5)
其他	25 262 108	892 092	1 414	96 380	95 618	86 078	24 024 556	65 971
	(+23.0)	(+73.9)	(−97.9)	(+47.8)	(+19.4)	(−47.4)	(+22.3)	(+829.8)

2013 年进口商品贸易方式企业性质总值表

单位：千美元

企业性质 贸易方式	合　计	国有企业	中外合作	中外合资	外商独资	集体企业	私营企业	其　他
	金 额／ ±%	金 额／ ±%	金 额／ ±%	金 额／ ±%	金 额／ ±%	金 额／ ±%	金 额／ ±%	金 额／ ±%
总　值	1 949 989 468	499 350 192	8 285 208	284 065 975	582 239 479	34 081 181	436 334 156	105 633 277
	(+7.2)	(+0.7)	(+0.5)	(+3.3)	(-1.0)	(-3.5)	(+26.1)	(+51.0)
一般贸易	1 109 859 057	401 903 011	4 933 406	141 605 505	204 926 079	28 133 598	261 277 765	67 079 693
	(+8.6)	(+0.5)	(+10.3)	(+1.8)	(+3.8)	(+0.3)	(+17.6)	(+115.0)
国家间、国际组织无偿援助和赠送的物资	21 092	17 778	-	-	-	-	2 525	789
	(-22.6)	(+5.8)	-	-	-	-	(-21.2)	(-89.0)
其他捐赠物资	10 833	627	-	-	-	-	3 418	6 788
	(-96.8)	(-99.6)	-	-	-	-	(-87.7)	(-96.0)
来料加工贸易	87 514 183	21 259 636	1 260 678	12 264 195	40 552 073	980 444	7 142 008	4 055 150
	(+3.5)	(+9.7)	(+2.7)	(+20.2)	(-2.8)	(+4.3)	(-11.6)	(+34.0)
进料加工贸易	409 148 174	13 197 217	1 967 236	87 406 325	243 802 828	1 793 062	26 895 854	34 085 653
	(+3.1)	(+15.6)	(-11.3)	(+12.3)	(-2.5)	(-20.2)	(+49.1)	(-2.0)
寄售、代销贸易	-	-	-	-	-	-	-	-
	-	-	-	-	-	-	-	-
边境小额贸易	14 065 394	5 407 439	-	-	-	190 903	8 464 620	2 432
	(-8.0)	(-16.0)	-	-	-	(+69.1)	(-3.2)	(-40.0)
加工贸易进口设备	969 032	61 629	12 523	22 734	814 179	16 123	41 844	-
	(+6.2)	(-46.4)	(+43.2)	(-70.0)	(+23.2)	(+14.1)	(+10.1)	-

续表

企业性质 贸易方式	合　计	国有企业	中外合作	中外合资	外商独资	集体企业	私营企业	其　他
	金 额 / ±%	金 额 / ±%	金 额 / ±%	金 额 / ±%	金 额 / ±%	金 额 / ±%	金 额 / ±%	金 额 / ±%
租赁贸易	8 664 150	4 931 007	1 485	2 640 356	116 978	89 345	884 979	-
	(+27.7)	(+5.3)	-	(+90.0)	(-43.0)	(+1 144.0)	(+78.2)	-
外商投资企业作为投资进口的设备、物品	9 744 977	-	22 839	3 988 589	5 733 548	-	-	-
	(-27.4)	-	(-84.5)	(-20.4)	(-30.6)	-	-	-
出料加工贸易	251 924	166 017	6 652	48 014	26 028	4	5 210	-
	(+5.4)	(+8.0)	(+82.6)	(+38.2)	(-40.3)	-	(+60.3)	-
易货贸易	987	35	-	-	-	-	952	-
	(+414.4)	(-81.9)	-	-	-	-	-	-
保税监管场所进出境货物	84 837 874	31 017 673	27 973	17 385 658	7 687 035	1 511 540	26 942 358	265 637
	(+1.2)	(-9.2)	(-77.8)	(-7.7)	(-4.3)	(-30.5)	(+33.3)	(-11.0)
海关特殊监管区域物流货物	218 429 671	20 994 371	39 194	16 058 664	76 028 526	1 351 620	103 874 182	83 112
	(+18.0)	(+11.3)	(+108.1)	(-16.4)	(-2.4)	(-22.5)	(+54.2)	(+144.0)
海关特殊监管区域进口设备	3 985 514	57 181	1 501	2 268 688	1 581 438	215	76 489	2
	(-34.6)	(+102.2)	(-51.2)	(-23.4)	(-48.1)	(+647.9)	(+33.7)	(-43.0)
其他	2 459 142	309 107	11 721	377 248	970 766	14 326	721 951	54 022
	(-6.5)	(-4.2)	(-14.3)	(+15.1)	(-6.9)	(-19.4)	(+12.0)	(-79.0)

2013 年进出口商品经营单位所在地总值表

单位：千美元

经营单位所在地	进出口总值		出口		进口	
	金额	比重(%)	金额	比重(%)	金额	比重(%)
总值	4 158 993 467	100.0	2 209 003 999	100.0	1 949 989 468	100.0
北京市	428 995 812	10.3	63 097 561	2.9	365 898 251	18.8
北京新技术产业开发实验区	3 398 131	0.1	1 427 434	0.1	1 970 697	0.1
北京经济技术开发区	14 079 107	0.3	4 934 399	0.2	9 144 708	0.5
天津市	128 501 788	3.1	49 004 938	2.2	79 496 850	4.1
天津滨海新区	89 009 088	2.1	30 549 836	1.4	58 459 252	3.0
天津经济技术开发区	50 571 279	1.2	22 318 620	1.0	28 252 658	1.4
河北省	54 911 571	1.3	30 960 609	1.4	23 950 962	1.2
石家庄市	14 013 623	0.3	7 117 068	0.3	6 896 555	0.4
石家庄高新技术产业开发区	20 124	0.0	6 188	0.0	13 936	0.0
秦皇岛市	4 376 646	0.1	2 418 502	0.1	1 958 144	0.1
秦皇岛经济技术开发区	3 140 830	0.1	1 503 092	0.1	1 637 739	0.1
山西省	15 790 979	0.4	7 995 574	0.4	7 795 405	0.4
太原市	9 161 998	0.2	5 294 113	0.2	3 867 885	0.2
大同市	478 146	0.0	214 924	0.0	263 222	0.0
大同经济技术开发区	89 583	0.0	89 159	0.0	424	0.0
晋中市	444 036	0.0	247 026	0.0	197 010	0.0
内蒙古自治区	11 994 572	0.3	4 092 561	0.2	7 902 011	0.4
呼和浩特	1 596 332	0.0	732 809	0.0	863 523	0.0

续表 1

经营单位所在地	进出口总值		出口		进口	
	金额	比重(%)	金额	比重(%)	金额	比重(%)
二连浩特	1 783 710	0.0	830 187	0.0	953 522	0.0
满洲里市	2 317 269	0.1	397 140	0.0	1 920 129	0.1
辽宁省	114 478 189	2.8	64 522 007	2.9	49 956 182	2.6
沈阳市	14 282 395	0.3	6 986 945	0.3	7 295 450	0.4
沈阳南湖科技开发区	2 655 204	0.1	2 084 234	0.1	570 970	0.0
大连市	68 828 367	1.7	37 433 753	1.7	31 394 613	1.6
大连经济技术开发区	25 186 950	0.6	11 507 593	0.5	13 679 357	0.7
大连市高新技术产业园区	2 771 581	0.1	2 341 756	0.1	429 825	0.0
丹东市	5 109 619	0.1	3 405 872	0.2	1 703 747	0.1
吉林省	25 831 735	0.6	6 738 906	0.3	19 092 829	1.0
长春市	20 374 373	0.5	3 276 103	0.1	17 098 270	0.9
长春新技术开发区	852 918	0.0	258 353	0.0	594 565	0.0
珲春市	1 812 997	0.0	1 630 379	0.1	182 619	0.0
黑龙江省	38 879 095	0.9	16 231 726	0.7	22 647 368	1.2
哈尔滨市	6 468 835	0.2	2 891 955	0.1	3 576 880	0.2
哈尔滨高技术开发区	492 545	0.0	382 025	0.0	110 520	0.0
黑河市	3 377 349	0.1	3 080 438	0.1	296 911	0.0
绥芬河市	6 792 872	0.2	2 019 386	0.1	4 773 486	0.2
上海市	441 268 216	10.6	204 180 026	9.2	237 088 190	12.2
上海漕河泾新兴技术开发区	3 036 288	0.1	1 591 916	0.1	1 444 372	0.1
上海经济技术开发区	3 192	0.0	2 556	0.0	636	0.0
上海浦东新区	208 345 499	5.0	70 788 837	3.2	137 556 661	7.1
江苏省	550 802 269	13.2	328 801 752	14.9	222 000 518	11.4

续表 2

经营单位所在地	进出口总值		出口		进口	
	金额	比重(%)	金额	比重(%)	金额	比重(%)
南京市	55 742 605	1.3	32 257 258	1.5	23 485 347	1.2
南京高新技术外向型开发区	1 779 893	0.0	1 042 163	0.0	737 730	0.0
苏州市	309 351 099	7.4	175 687 400	8.0	133 663 699	6.9
苏州工业园	80 459 634	1.9	42 526 911	1.9	37 932 722	1.9
南通市	29 811 007	0.7	21 275 659	1.0	8 535 348	0.4
南通经济技术开发区	4 301 302	0.1	2 647 493	0.1	1 653 809	0.1
连云港市	6 637 541	0.2	3 783 257	0.2	2 854 283	0.1
连云港经济技术开发区	2 356 339	0.1	807 708	0.0	1 548 631	0.1
浙江省	335 788 705	8.1	248 746 241	11.3	87 042 464	4.5
杭州市	65 055 574	1.6	44 758 046	2.0	20 297 528	1.0
杭州高新技术产业开发区	1 833 924	0.0	1 485 622	0.1	348 303	0.0
宁波市	100 311 667	2.4	65 689 175	3.0	34 622 492	1.8
宁波经济技术开发区	18 219 828	0.4	7 997 262	0.4	10 222 565	0.5
宁波高新技术产业开发区	257 563	0.0	196 926	0.0	60 637	0.0
温州市	16 846 562	0.4	14 907 894	0.7	1 938 667	0.1
温州经济技术开发区	1 257 425	0.0	1 169 647	0.1	87 777	0.0
金华市	11 801 396	0.3	11 112 770	0.5	688 626	0.0
金华经济技术开发区	321 929	0.0	314 955	0.0	6 974	0.0
安徽省	45 518 969	1.1	28 251 314	1.3	17 267 655	0.9
合肥市	18 185 296	0.4	11 897 387	0.5	6 287 910	0.3
合肥高新技术产业开发区	1 641 824	0.0	1 180 942	0.1	460 882	0.0
芜湖市	5 428 277	0.1	3 929 857	0.2	1 498 420	0.1
芜湖高新技术产业开发区	30 715	0.0	23 960	0.0	6 755	0.0

续表 3

经营单位所在地	进出口总值		出口		进口	
	金额	比重(%)	金额	比重(%)	金额	比重(%)
蚌埠市	1 708 846	0.0	1 244 321	0.1	464 525	0.0
蚌埠高新技术产业开发区	202 994	0.0	196 692	0.0	6 302	0.0
马鞍山市	3 630 544	0.1	1 384 624	0.1	2 245 920	0.1
马鞍山经济技术开发区	53 313	0.0	12 086	0.0	41 228	0.0
铜陵市	5 717 987	0.1	622 112	0.0	5 095 875	0.3
铜陵经济技术开发区	37 095	0.0	26 798	0.0	10 296	0.0
安庆市	1 804 332	0.0	1 494 690	0.1	309 642	0.0
安庆经济技术开发区	52 326	0.0	52 023	0.0	303	0.0
滁州市	1 855 332	0.0	1 382 652	0.1	472 681	0.0
滁州经济技术开发区	85 516	0.0	26 769	0.0	58 746	0.0
池州市	405 928	0.0	257 509	0.0	148 419	0.0
池州经济技术开发区	52 748	0.0	7 973	0.0	44 774	0.0
福建省	169 320 901	4.1	106 474 420	4.8	62 846 481	3.2
福州市	31 355 035	0.8	19 318 331	0.9	12 036 704	0.6
福州经济技术开发区	4 295 624	0.1	2 623 571	0.1	1 672 053	0.1
福州市科技园区	16 867	0.0	16 867	0.0	-	-
厦门市	84 082 785	2.0	52 342 639	2.4	31 740 146	1.6
厦门火炬高技术产业开发区	2 071 109	0.0	981 631	0.0	1 089 478	0.1
平潭	438 023	0.0	204 599	0.0	233 424	0.0
平潭综合试验区	44 935	0.0	5 476	0.0	39 459	0.0
江西省	36 746 634	0.9	28 166 652	1.3	8 579 982	0.4
南昌市	9 711 389	0.2	7 307 586	0.3	2 403 803	0.1
南昌经济技术开发区	284 724	0.0	121 993	0.0	162 731	0.0

续表 4

经营单位所在地	进出口总值		出口		进口	
	金额	比重(%)	金额	比重(%)	金额	比重(%)
景德镇市	1 121 507	0.0	1 096 005	0.0	25 502	0.0
景德镇高新技术产业开发区	14 588	0.0	14 024	0.0	564	0.0
萍乡市	1 373 003	0.0	1 348 331	0.1	24 672	0.0
九江市	4 381 973	0.1	3 709 185	0.2	672 788	0.0
九江经济技术开发区	169 715	0.0	164 096	0.0	5 618	0.0
新余市	2 078 159	0.0	1 072 550	0.0	1 005 609	0.1
新余高新技术产业开发区	78 910	0.0	66 585	0.0	12 325	0.0
赣州市	3 300 096	0.1	2 915 730	0.1	384 366	0.0
赣州经济技术开发区	136 734	0.0	130 007	0.0	6 727	0.0
上饶市	3 183 030	0.1	3 048 607	0.1	134 423	0.0
吉安市	3 561 416	0.1	3 322 922	0.2	238 494	0.0
井冈山经济技术开发区	322 989	0.0	316 840	0.0	6 149	0.0
山东省	266 531 533	6.4	134 190 125	6.1	132 341 408	6.8
济南市	9 574 740	0.2	5 483 155	0.2	4 091 585	0.2
济南市高技术产业开发区	1 159 563	0.0	936 245	0.0	223 318	0.0
青岛市	77 939 021	1.9	41 953 383	1.9	35 985 639	1.8
青岛经济技术开发区	9 052 652	0.2	4 516 309	0.2	4 536 342	0.2
烟台市	45 059 518	1.1	26 866 104	1.2	18 193 415	0.9
烟台经济技术开发区	13 280 528	0.3	7 792 581	0.4	5 487 947	0.3
威海市	13 046 203	0.3	7 718 556	0.3	5 327 647	0.3
威海火炬高技术产业开发区	1 593 736	0.0	1 291 580	0.1	302 155	0.0
河南省	59 956 868	1.4	35 987 102	1.6	23 969 766	1.2
郑州市	42 740 458	1.0	25 062 940	1.1	17 677 518	0.9

续表 5

经营单位所在地	进出口总值		出口		进口	
	金额	比重(%)	金额	比重(%)	金额	比重(%)
郑州经济技术开发区	28 111	0.0	6 735	0.0	21 376	0.0
郑州高新技术产业开发区	644 235	0.0	500 040	0.0	144 195	0.0
湖北省	36 380 076	0.9	22 836 208	1.0	13 543 868	0.7
武汉市	21 762 622	0.5	11 941 305	0.5	9 821 317	0.5
武汉经济技术开发区	3 413 880	0.1	1 275 441	0.1	2 138 439	0.1
武汉吴家山经济技术开发区	0	0.0	0	0.0	0	0.0
武汉东湖新技术开发区	7 361 297	0.2	4 300 024	0.2	3 061 273	0.2
黄石市	2 831 257	0.1	1 205 475	0.1	1 625 782	0.1
黄石经济技术开发区	27	0.0	27	0.0	–	–
襄阳市	1 541 653	0.0	1 358 656	0.1	182 998	0.0
襄阳经济技术开发区	4 237	0.0	2 285	0.0	1 952	0.0
荆州市	2 135 112	0.1	1 743 208	0.1	391 904	0.0
荆州经济技术开发区	94 605	0.0	82 814	0.0	11 791	0.0
湖南省	25 175 308	0.6	14 821 196	0.7	10 354 112	0.5
长沙市	9 891 238	0.2	6 162 701	0.3	3 728 538	0.2
长沙高新技术产业开发区	431 252	0.0	339 592	0.0	91 660	0.0
岳阳市	605 555	0.0	226 405	0.0	379 150	0.0
广东省	1 091 581 437	26.2	636 363 845	28.8	455 217 592	23.3
广州市	118 895 714	2.9	62 806 704	2.8	56 089 010	2.9
广州经济技术开发区	16 251 341	0.4	7 445 607	0.3	8 805 734	0.5
广州天河高新技术产业开发区	13 984 179	0.3	5 691 065	0.3	8 293 113	0.4
广州南沙新区	11 400 124	0.3	6 005 208	0.3	5 394 916	0.3
深圳市	537 358 932	12.9	305 701 914	13.8	231 657 018	11.9

续表6

经营单位所在地	进出口总值		出口		进口	
	金额	比重(%)	金额	比重(%)	金额	比重(%)
深圳科技工业园	416 350	0.0	219 184	0.0	197 166	0.0
珠海市	54 163 557	1.3	26 581 323	1.2	27 582 235	1.4
汕头市	9 234 047	0.2	6 601 534	0.3	2 632 514	0.1
湛江市	5 512 944	0.1	2 622 796	0.1	2 890 148	0.1
湛江经济技术开发区	818 854	0.0	585 601	0.0	233 253	0.0
中山市	35 622 536	0.9	26 474 730	1.2	9 147 806	0.5
中山火炬高技术产业开发区	10 823	0.0	2 590	0.0	8 233	0.0
广西壮族自治区	32 827 499	0.8	18 693 257	0.8	14 134 242	0.7
南宁市	4 416 439	0.1	2 352 317	0.1	2 064 123	0.1
桂林市	923 379	0.0	758 561	0.0	164 818	0.0
桂林新技术产业开发区	339 653	0.0	292 877	0.0	46 777	0.0
北海市	2 699 200	0.1	1 366 106	0.1	1 333 094	0.1
凭祥市	7 415 636	0.2	6 929 482	0.3	486 154	0.0
东兴市	814 820	0.0	725 041	0.0	89 780	0.0
海南省	14 985 434	0.4	3 706 486	0.2	11 278 948	0.6
海口市	4 768 447	0.1	1 594 138	0.1	3 174 309	0.2
海南洋浦经济技术开发区	7 639 590	0.2	1 502 791	0.1	6 136 799	0.3
重庆市	68 692 163	1.7	46 795 899	2.1	21 896 265	1.1
重庆高新技术产业开发区	806 941	0.0	730 954	0.0	75 986	0.0
重庆两江新区	13 083 620	0.3	8 926 172	0.4	4 157 448	0.2
万州区	439 432	0.0	340 154	0.0	99 278	0.0
万州经济技术开发区	4 100	0.0	4 095	0.0	5	0.0
长寿区	1 185 102	0.0	204 965	0.0	980 137	0.1

续表 7

经营单位所在地	进出口总值		出　口		进　口	
	金　额	比重(%)	金　额	比重(%)	金　额	比重(%)
四川省	64 574 658	1.6	41 949 056	1.9	22 625 602	1.2
成都市	50 395 456	1.2	31 720 961	1.4	18 674 496	1.0
成都高新技术产业开发区	3 716 392	0.1	2 160 047	0.1	1 556 346	0.1
绵阳市	2 790 084	0.1	1 786 967	0.1	1 003 116	0.1
绵阳经济技术开发区	97 061	0.0	93 362	0.0	3 700	0.0
贵州省	8 290 101	0.2	6 885 975	0.3	1 404 126	0.1
贵阳市	6 662 330	0.2	5 923 642	0.3	738 688	0.0
云南省	25 303 558	0.6	15 671 378	0.7	9 632 181	0.5
昆明市	16 897 095	0.4	10 122 772	0.5	6 774 322	0.3
昆明经济技术开发区	5 240 830	0.1	2 932 642	0.1	2 308 188	0.1
畹町市	266 775	0.0	45 736	0.0	221 038	0.0
瑞丽县	1 581 284	0.0	1 263 449	0.1	317 834	0.0
河口县	530 933	0.0	379 746	0.0	151 187	0.0
曲靖市	371 073	0.0	334 942	0.0	36 130	0.0
曲靖经济技术开发区	197 255	0.0	197 255	0.0	–	–
西藏自治区	3 319 409	0.1	3 269 050	0.1	50 359	0.0
拉萨市	3 205 165	0.1	3 163 896	0.1	41 270	0.0
陕西省	20 128 062	0.5	10 225 657	0.5	9 902 404	0.5
西安市	17 984 829	0.4	8 477 679	0.4	9 507 151	0.5
西安新技术产业开发区	3 445 583	0.1	2 084 880	0.1	1 360 702	0.1
汉中市	73 154	0.0	66 999	0.0	6 155	0.0
甘肃省	10 236 106	0.2	4 677 322	0.2	5 558 785	0.3
兰州市	4 060 726	0.1	3 591 864	0.2	468 862	0.0

续表 8

经营单位所在地	进出口总值		出　口		进　口	
	金　额	比重(%)	金　额	比重(%)	金　额	比重(%)
兰州新技术产业开发区	27 395	0.0	24 557	0.0	2 838	0.0
青海省	1 402 742	0.0	847 264	0.0	555 479	0.0
西宁市	1 241 320	0.0	778 719	0.0	462 601	0.0
宁夏回族自治区	3 217 686	0.1	2 552 158	0.1	665 528	0.0
银川市	2 392 227	0.1	2 059 236	0.1	332 991	0.0
新疆维吾尔族自治区	27 561 391	0.7	22 267 735	1.0	5 293 656	0.3
乌鲁木齐市	7 796 221	0.2	6 397 992	0.3	1 398 229	0.1
乌鲁木齐经济技术开发区	2 531 661	0.1	1 956 623	0.1	575 037	0.0
博乐市	2 698 604	0.1	1 563 083	0.1	1 135 521	0.1
伊宁市	7 504 123	0.2	5 688 607	0.3	1 815 515	0.1

2013年进出口商品境内目的地/货源地总值表

单位：千美元

境内目的地/货源地	进出口总值		出口		进口	
	金额	比重(%)	金额	比重(%)	金额	比重(%)
总值	4 158 993 467	100.0	2 209 003 999	100.0	1 949 989 468	100.0
北京市	131 560 781	3.2	33 221 397	1.5	98 339 383	5.0
北京新技术产业开发实验区	2 106 356	0.1	928 924	0.0	1 177 432	0.1
北京经济技术开发区	16 898 454	0.4	7 583 699	0.3	9 314 754	0.5
天津市	134 600 071	3.2	48 929 960	2.2	85 670 111	4.4
天津滨海新区	84 131 526	2.0	26 417 714	1.2	57 713 811	3.0
天津经济技术开发区	42 912 534	1.0	20 133 896	0.9	22 778 638	1.2
河北省	90 219 355	2.2	40 844 047	1.8	49 375 309	2.5
石家庄市	11 963 188	0.3	6 244 268	0.3	5 718 920	0.3
石家庄高新技术产业开发区	17 115	0.0	2 925	0.0	14 189	0.0
秦皇岛市	5 873 207	0.1	2 786 748	0.1	3 086 459	0.2
秦皇岛经济技术开发区	2 148 914	0.1	1 160 108	0.1	988 806	0.1
山西省	17 160 927	0.4	9 749 371	0.4	7 411 556	0.4
太原市	7 887 250	0.2	4 885 893	0.2	3 001 358	0.2
大同市	575 078	0.0	308 294	0.0	266 784	0.0
晋中市	498 279	0.0	148 340	0.0	349 939	0.0
内蒙古自治区	14 389 456	0.3	5 255 530	0.2	9 133 927	0.5
呼和浩特	1 313 954	0.0	422 136	0.0	891 818	0.0
二连浩特	1 737 149	0.0	825 518	0.0	911 631	0.0

续表 1

境内目的地/货源地	进出口总值		出口		进口	
	金额	比重(%)	金额	比重(%)	金额	比重(%)
满洲里市	1 879 550	0.0	39 256	0.0	1 840 294	0.1
辽宁省	121 360 506	2.9	53 407 910	2.4	67 952 596	3.5
沈阳市	12 720 928	0.3	5 325 520	0.2	7 395 408	0.4
沈阳南湖科技开发区	846 623	0.0	474 546	0.0	372 077	0.0
大连市	67 541 937	1.6	30 155 987	1.4	37 385 950	1.9
大连经济技术开发区	22 295 016	0.5	7 622 965	0.3	14 672 051	0.8
大连市高新技术产业园区	997 549	0.0	671 920	0.0	325 629	0.0
丹东市	4 791 317	0.1	2 944 929	0.1	1 846 387	0.1
吉林省	25 190 658	0.6	5 698 954	0.3	19 491 704	1.0
长春市	19 053 010	0.5	2 194 308	0.1	16 858 702	0.9
长春新技术开发区	755 615	0.0	194 828	0.0	560 787	0.0
珲春市	1 205 065	0.0	1 022 593	0.0	182 472	0.0
黑龙江省	27 396 382	0.7	12 238 899	0.6	15 157 482	0.8
哈尔滨市	8 566 578	0.2	6 791 848	0.3	1 774 730	0.1
哈尔滨高技术开发区	220 699	0.0	138 522	0.0	82 177	0.0
黑河市	397 207	0.0	112 382	0.0	284 824	0.0
绥芬河市	1 936 336	0.0	574 328	0.0	1 362 008	0.1
上海市	434 277 989	10.4	188 785 908	8.5	245 492 081	12.6
上海漕河泾新兴技术开发区	2 670 177	0.1	1 384 932	0.1	1 285 245	0.1
上海经济技术开发区	48 103	0.0	15 808	0.0	32 295	0.0
上海浦东新区	184 815 629	4.4	52 915 117	2.4	131 900 512	6.8
江苏省	593 295 283	14.3	333 804 198	15.1	259 491 086	13.3
南京市	51 480 756	1.2	19 688 888	0.9	31 791 868	1.6

续表 2

境内目的地/货源地	进出口总值		出口		进口	
	金额	比重(%)	金额	比重(%)	金额	比重(%)
南京高新技术外向型开发区	1 538 893	0.0	791 519	0.0	747 375	0.0
苏州市	316 268 979	7.6	176 800 169	8.0	139 468 810	7.2
南通市	36 268 851	0.9	22 454 888	1.0	13 813 963	0.7
南通经济技术开发区	3 945 529	0.1	1 959 587	0.1	1 985 942	0.1
连云港市	11 413 521	0.3	3 328 451	0.2	8 085 070	0.4
连云港经济技术开发区	737 467	0.0	523 103	0.0	214 363	0.0
浙江省	365 507 579	8.8	262 413 568	11.9	103 094 011	5.3
杭州市	49 272 709	1.2	34 284 344	1.6	14 988 365	0.8
杭州高新技术产业开发区	1 771 543	0.0	1 441 420	0.1	330 123	0.0
宁波市	115 394 291	2.8	62 261 895	2.8	53 132 396	2.7
宁波经济技术开发区	13 713 320	0.3	3 575 379	0.2	10 137 941	0.5
宁波高新技术产业开发区	13	0.0	13	0.0	-	-
温州市	16 848 757	0.4	15 145 353	0.7	1 703 404	0.1
温州经济技术开发区	191 766	0.0	126 722	0.0	65 044	0.0
金华市	13 765 205	0.3	13 094 368	0.6	670 837	0.0
金华经济技术开发区	10 199	0.0	1 289	0.0	8 910	0.0
安徽省	38 927 526	0.9	22 460 220	1.0	16 467 306	0.8
合肥市	10 495 443	0.3	5 893 310	0.3	4 602 133	0.2
合肥高新技术产业开发区	775 176	0.0	421 274	0.0	353 901	0.0
芜湖市	5 279 939	0.1	3 637 997	0.2	1 641 942	0.1
芜湖高新技术产业开发区	19 685	0.0	10 717	0.0	8 968	0.0
蚌埠市	963 715	0.0	735 520	0.0	228 195	0.0
蚌埠高新技术产业开发区	21 820	0.0	17 877	0.0	3 943	0.0

续表 3

境内目的地/货源地	进出口总值		出　口		进　口	
	金　额	比重(%)	金　额	比重(%)	金　额	比重(%)
马鞍山市	3 603 349	0.1	1 074 532	0.0	2 528 817	0.1
马鞍山经济技术开发区	31 192	0.0	3 733	0.0	27 459	0.0
铜陵市	6 154 509	0.1	737 863	0.0	5 416 646	0.3
铜陵经济技术开发区	18 321	0.0	7 748	0.0	10 573	0.0
安庆市	1 415 501	0.0	1 050 237	0.0	365 264	0.0
安庆经济技术开发区	3 532	0.0	3 531	0.0	2	0.0
滁州市	1 624 231	0.0	1 203 936	0.1	420 295	0.0
滁州经济技术开发区	116 282	0.0	30 775	0.0	85 506	0.0
池州市	444 215	0.0	263 189	0.0	181 026	0.0
池州经济技术开发区	59 149	0.0	7 505	0.0	51 643	0.0
福建省	154 483 026	3.7	94 313 703	4.3	60 169 323	3.1
福州市	25 033 369	0.6	15 113 670	0.7	9 919 699	0.5
福州经济技术开发区	2 299 579	0.1	1 232 334	0.1	1 067 245	0.1
福州市科技园区	16 888	0.0	16 793	0.0	95	0.0
厦门市	57 834 531	1.4	32 117 249	1.5	25 717 282	1.3
厦门火炬高技术产业开发区	1 861 573	0.0	856 245	0.0	1 005 329	0.1
平潭	11 443	0.0	8 943	0.0	2 500	0.0
平潭综合试验区	8 985	0.0	6 585	0.0	2 400	0.0
江西省	33 652 422	0.8	23 300 616	1.1	10 351 807	0.5
南昌市	6 362 819	0.2	4 122 322	0.2	2 240 496	0.1
南昌经济技术开发区	243 843	0.0	92 563	0.0	151 280	0.0
景德镇市	690 009	0.0	644 468	0.0	45 540	0.0
景德镇高新技术产业开发区	22 076	0.0	18 579	0.0	3 497	0.0

续表 4

境内目的地/货源地	进出口总值		出口		进口	
	金额	比重(%)	金额	比重(%)	金额	比重(%)
萍乡市	906 586	0.0	343 471	0.0	563 115	0.0
萍乡经济技术开发区	620	0.0	620	0.0	-	-
九江市	2 732 790	0.1	1 883 136	0.1	849 653	0.0
九江经济技术开发区	11 675	0.0	8 423	0.0	3 252	0.0
新余市	1 868 419	0.0	882 245	0.0	986 174	0.1
新余高新技术产业开发区	171 702	0.0	159 171	0.0	12 530	0.0
赣州市	3 021 682	0.1	2 466 614	0.1	555 068	0.0
赣州经济技术开发区	24 508	0.0	16 534	0.0	7 974	0.0
上饶市	1 654 227	0.0	1 459 603	0.1	194 624	0.0
上饶经济技术开发区	1 427	0.0	1 412	0.0	16	0.0
吉安市	1 669 111	0.0	1 311 894	0.1	357 216	0.0
井冈山经济技术开发区	18 378	0.0	13 893	0.0	4 485	0.0
山东省	314 942 087	7.6	141 546 096	6.4	173 395 991	8.9
济南市	9 043 937	0.2	5 307 027	0.2	3 736 910	0.2
济南市高技术产业开发区	547 490	0.0	349 910	0.0	197 580	0.0
青岛市	96 215 121	2.3	39 935 822	1.8	56 279 300	2.9
青岛经济技术开发区	9 586 332	0.2	4 046 256	0.2	5 540 075	0.3
烟台市	46 423 065	1.1	25 790 896	1.2	20 632 169	1.1
烟台经济技术开发区	11 401 947	0.3	5 980 615	0.3	5 421 332	0.3
威海市	11 551 762	0.3	7 840 110	0.4	3 711 651	0.2
威海火炬高技术产业开发区	1 583 458	0.0	1 284 780	0.1	298 678	0.0
河南省	62 773 584	1.5	38 577 788	1.7	24 195 796	1.2
郑州市	41 202 479	1.0	23 464 660	1.1	17 737 819	0.9

续表 5

境内目的地/货源地	进出口总值		出口		进口	
	金额	比重(%)	金额	比重(%)	金额	比重(%)
郑州经济技术开发区	120 037	0.0	9 846	0.0	110 191	0.0
郑州高新技术产业开发区	336 801	0.0	299 024	0.0	37 777	0.0
湖北省	35 635 283	0.9	20 985 995	1.0	14 649 289	0.8
武汉市	20 135 577	0.5	9 849 996	0.4	10 285 580	0.5
武汉东湖新技术开发区	6 853 974	0.2	3 930 133	0.2	2 923 840	0.1
武汉经济技术开发区	3 295 411	0.1	1 083 531	0.0	2 211 880	0.1
黄石市	2 982 494	0.1	1 209 322	0.1	1 773 173	0.1
黄石经济技术开发区	2 190	0.0	2 157	0.0	33	0.0
襄阳市	1 053 695	0.0	685 441	0.0	368 254	0.0
襄阳经济技术开发区	5 811	0.0	1 055	0.0	4 756	0.0
荆州市	2 181 618	0.1	1 670 724	0.1	510 894	0.0
荆州经济技术开发区	19 069	0.0	9 481	0.0	9 588	0.0
湖南省	24 316 065	0.6	14 402 966	0.7	9 913 099	0.5
长沙市	7 775 759	0.2	4 672 013	0.2	3 103 746	0.2
长沙高新技术产业开发区	206 844	0.0	117 215	0.0	89 629	0.0
岳阳市	695 848	0.0	376 948	0.0	318 900	0.0
广东省	1 281 191 589	30.8	731 763 406	33.1	549 428 183	28.2
广州市	159 951 349	3.8	89 228 326	4.0	70 723 022	3.6
广州经济技术开发区	15 434 984	0.4	6 854 219	0.3	8 580 765	0.4
广州天河高新技术产业开发区	13 531 896	0.3	5 365 503	0.2	8 166 393	0.4
广州南沙新区	11 754 902	0.3	5 189 329	0.2	6 565 573	0.3
深圳市	615 354 953	14.8	325 887 492	14.8	289 467 461	14.8
深圳科技工业园	137 812	0.0	85 973	0.0	51 839	0.0

续表 6

境内目的地/货源地	进出口总值		出口		进口	
	金额	比重(%)	金额	比重(%)	金额	比重(%)
珠海市	41 937 068	1.0	23 139 332	1.0	18 797 736	1.0
汕头市	11 118 441	0.3	7 555 552	0.3	3 562 888	0.2
湛江市	10 037 363	0.2	2 658 390	0.1	7 378 973	0.4
湛江经济技术开发区	529 417	0.0	411 110	0.0	118 308	0.0
中山市	37 014 620	0.9	27 885 522	1.3	9 129 098	0.5
中山火炬高技术产业开发区	84 092	0.0	72 113	0.0	11 979	0.0
广西壮族自治区	38 696 068	0.9	9 395 611	0.4	29 300 458	1.5
南宁市	3 951 168	0.1	2 465 489	0.1	1 485 679	0.1
桂林市	1 068 305	0.0	879 228	0.0	189 078	0.0
桂林新技术产业开发区	142 169	0.0	105 817	0.0	36 353	0.0
北海市	7 062 694	0.2	1 344 717	0.1	5 717 976	0.3
凭祥市	182 766	0.0	61 434	0.0	121 333	0.0
东兴市	19 450	0.0	9 579	0.0	9 870	0.0
海南省	14 758 044	0.4	3 172 930	0.1	11 585 114	0.6
海口市	3 369 946	0.1	660 638	0.0	2 709 308	0.1
海南洋浦经济技术开发区	8 228 832	0.2	1 428 206	0.1	6 800 625	0.3
重庆市	58 785 234	1.4	38 211 396	1.7	20 573 837	1.1
重庆高新技术产业开发区	214 356	0.0	167 666	0.0	46 689	0.0
重庆两江新区	6 042 135	0.1	2 570 600	0.1	3 471 535	0.2
万州区	289 943	0.0	186 325	0.0	103 619	0.0
长寿区	1 286 858	0.0	286 010	0.0	1 000 848	0.1
四川省	55 094 683	1.3	32 760 464	1.5	22 334 219	1.1
成都市	42 212 458	1.0	24 459 413	1.1	17 753 045	0.9

续表 7

境内目的地/货源地	进出口总值		出　口		进　口	
	金　额	比重(%)	金　额	比重(%)	金　额	比重(%)
成都高新技术产业开发区	1 847 643	0.0	965 509	0.0	882 134	0.0
绵阳市	1 754 568	0.0	812 282	0.0	942 286	0.0
贵州省	4 757 003	0.1	3 209 490	0.1	1 547 513	0.1
贵阳市	2 830 348	0.1	1 998 495	0.1	831 853	0.0
云南省	15 824 303	0.4	8 768 549	0.4	7 055 755	0.4
昆明市	7 920 451	0.2	4 091 513	0.2	3 828 938	0.2
昆明经济技术开发区	83 968	0.0	37 743	0.0	46 225	0.0
畹町市	6 828	0.0	763	0.0	6 065	0.0
瑞丽县	498 899	0.0	20 779	0.0	478 120	0.0
河口县	24 394	0.0	1 989	0.0	22 405	0.0
曲靖市	268 846	0.0	210 877	0.0	57 969	0.0
曲靖经济技术开发区	8 422	0.0	8 422	0.0	–	–
西藏自治区	2 104 150	0.1	2 049 233	0.1	54 916	0.0
拉萨市	1 937 820	0.0	1 899 411	0.1	38 409	0.0
陕西省	20 219 749	0.5	10 224 104	0.5	9 995 645	0.5
西安市	15 945 825	0.4	7 584 069	0.3	8 361 757	0.4
西安新技术产业开发区	1 285 562	0.0	678 475	0.0	607 087	0.0
汉中市	231 669	0.0	124 176	0.0	107 493	0.0
甘肃省	6 841 557	0.2	1 429 426	0.1	5 412 130	0.3
兰州市	1 060 452	0.0	668 390	0.0	392 062	0.0
兰州新技术产业开发区	13 928	0.0	11 969	0.0	1 960	0.0
青海省	855 720	0.0	350 709	0.0	505 011	0.0
西宁市	497 759	0.0	170 339	0.0	327 420	0.0

续表 8

境内目的地/货源地	进出口总值		出　口		进　口	
	金　额	比重(%)	金　额	比重(%)	金　额	比重(%)
青海高新技术产业开发区	1 753	0.0	1 753	0.0	–	–
宁夏回族自治区	2 608 279	0.1	1 798 736	0.1	809 542	0.0
银川市	921 916	0.0	555 392	0.0	366 524	0.0
新疆维吾尔族自治区	37 568 107	0.9	15 932 819	0.7	21 635 288	1.1
乌鲁木齐市	25 914 483	0.6	8 233 551	0.4	17 680 932	0.9
乌鲁木齐经济技术开发区	975 389	0.0	491 712	0.0	483 677	0.0
博乐市	1 471 541	0.0	328 034	0.0	1 143 507	0.1
伊宁市	4 943 939	0.1	3 315 352	0.2	1 628 587	0.1

2013年进出口商品关别总值表

单位：千美元

关别	进出口总值		出口		进口	
	金额	比重（%）	金额	比重（%）	金额	比重（%）
总值	4 158 993 467	100.0	2 209 003 999	100.0	1 949 989 468	100.0
北京海关	84 440 230	2.0	29 512 635	1.3	54 927 595	2.8
天津海关	214 751 526	5.2	99 585 382	4.5	115 166 144	5.9
石家庄海关	45 284 288	1.1	6 481 034	0.3	38 803 254	2.0
太原海关	4 925 246	0.1	129 853	0.0	4 795 394	0.2
满洲里关	5 221 587	0.1	1 563 237	0.1	3 658 351	0.2
呼特关区	7 335 136	0.2	1 952 940	0.1	5 382 196	0.3
沈阳关区	9 154 520	0.2	2 424 892	0.1	6 729 628	0.3
大连海关	123 174 236	3.0	55 436 713	2.5	67 737 523	3.5
长春关区	9 763 914	0.2	1 285 831	0.1	8 478 083	0.4
哈尔滨关区	22 123 899	0.5	7 548 696	0.3	14 575 203	0.7
上海海关	811 796 928	19.5	498 870 377	22.6	312 926 551	16.0
南京海关	339 090 065	8.2	148 733 347	6.7	190 356 719	9.8
杭州关区	91 306 236	2.2	38 840 503	1.8	52 465 733	2.7
宁波关区	211 935 904	5.1	133 948 031	6.1	77 987 873	4.0
合肥海关	16 137 152	0.4	4 501 608	0.2	11 635 544	0.6
福州关区	27 632 138	0.7	14 995 876	0.7	12 636 262	0.6
厦门关区	118 931 180	2.9	74 453 959	3.4	44 477 221	2.3
南昌关区	10 338 576	0.2	3 975 088	0.2	6 363 488	0.3
青岛海关	327 468 441	7.9	143 267 185	6.5	184 201 256	9.4
济南海关	20 738	0.0	2 285	0.0	18 453	0.0
郑州关区	44 679 286	1.1	24 498 344	1.1	20 180 942	1.0
武汉海关	21 499 327	0.5	10 290 382	0.5	11 208 945	0.6
长沙关区	9 771 248	0.2	3 269 112	0.1	6 502 136	0.3
广州海关	136 452 231	3.3	79 124 413	3.6	57 327 818	2.9
黄埔关区	229 684 000	5.5	124 249 532	5.6	105 434 467	5.4
深圳海关	870 496 837	20.9	517 782 469	23.4	352 714 368	18.1
拱北关区	70 930 365	1.7	43 865 028	2.0	27 065 337	1.4

续表

关别	进出口总值		出口		进口	
	金额	比重（%）	金额	比重（%）	金额	比重（%）
汕头海关	17 930 443	0.4	11 311 485	0.5	6 618 958	0.3
海口关区	13 949 962	0.3	3 012 895	0.1	10 937 068	0.6
湛江关区	31 884 654	0.8	3 821 501	0.2	28 063 153	1.4
江门关区	18 566 497	0.4	11 746 960	0.5	6 819 537	0.3
南宁关区	43 223 247	1.0	19 916 634	0.9	23 306 613	1.2
成都关区	38 761 937	0.9	20 185 628	0.9	18 576 309	1.0
重庆关区	51 776 342	1.2	32 311 907	1.5	19 464 436	1.0
贵阳海关	1 290 000	0.0	528 086	0.0	761 915	0.0
昆明关区	11 391 182	0.3	6 842 215	0.3	4 548 968	0.2
拉萨海关	2 053 204	0.0	2 001 946	0.1	51 258	0.0
西安关区	14 468 901	0.3	5 457 050	0.2	9 011 851	0.5
乌鲁木齐关区	44 791 220	1.1	21 219 374	1.0	23 571 846	1.2
兰州关区	3 930 763	0.1	34 753	0.0	3 896 010	0.2
银川海关	488 363	0.0	24 814	0.0	463 549	0.0
西宁关区	141 515	0.0	0	0.0	141 514	0.0

2013 年进出口商品运输方式总值表

单位：千美元

运输方式	进出口总值		出　口		进　口	
	金　额	比重（%）	金　额	比重（%）	金　额	比重（%）
总　值	4 158 993 467	100. 0	2 209 003 999	100. 0	1 949 989 468	100. 0
水路运输	2 575 695 407	61. 9	1 441 734 588	65. 3	1 133 960 819	58. 2
铁路运输	35 598 460	0. 9	17 519 257	0. 8	18 079 202	0. 9
公路运输	828 111 483	19. 9	426 651 551	19. 3	401 459 932	20. 6
航空运输	656 305 399	15. 8	302 467 947	13. 7	353 837 452	18. 1
邮件运输	639 434	0. 0	292 211	0. 0	347 223	0. 0
其他运输	62 643 285	1. 5	20 338 445	0. 9	42 304 841	2. 2

2013年进出口商品前40位国别（地区）总值表

单位：千美元

最终目的国（地区）	出口额	名次	原产国（地区）	进口额	名次
总值	2 209 003 999	-	总值	1 949 989 468	-
中国香港	384 494 891	1	韩国	183 072 757	1
美国	368 406 404	2	日本	162 245 403	2
日本	150 132 447	3	中华人民共和国	157 540 441	3
韩国	91 164 951	4	中国台湾	156 404 907	4
德国	67 342 500	5	美国	152 342 295	5
荷兰	60 314 752	6	澳大利亚	98 954 059	6
英国	50 942 128	7	德国	94 155 690	7
俄罗斯联邦	49 591 172	8	马来西亚	60 152 786	8
越南	48 586 298	9	瑞士	56 076 314	9
印度	48 432 411	10	巴西	54 299 123	10
马来西亚	45 930 591	11	沙特阿拉伯	53 450 711	11
新加坡	45 831 865	12	南非	48 388 425	12
中国台湾	40 634 048	13	俄罗斯联邦	39 667 828	13
澳大利亚	37 554 163	14	泰国	38 522 646	14
印度尼西亚	36 930 487	15	安哥拉	31 972 669	15
巴西	35 895 471	16	印度尼西亚	31 424 262	16
阿拉伯联合酋长国	33 411 295	17	新加坡	30 064 515	17
泰国	32 717 904	18	伊朗	25 389 864	18
加拿大	29 216 688	19	加拿大	25 236 971	19
墨西哥	28 966 300	20	法国	23 109 686	20
法国	26 714 168	21	阿曼	21 040 613	21
意大利	25 752 660	22	智利	20 707 685	22
菲律宾	19 868 125	23	英国	19 078 788	23
西班牙	18 928 498	24	菲律宾	18 181 810	24
沙特阿拉伯	18 739 814	25	伊拉克	17 984 764	25
土耳其	17 746 991	26	意大利	17 573 787	26
南非	16 830 776	27	印度	16 970 251	27
比利时	15 560 178	28	越南	16 891 893	28

续表

最终目的国（地区）	出口额	名次	原产国（地区）	进口额	名次
伊朗	14 036 645	29	中国香港	16 206 575	29
智利	13 105 469	30	哈萨克斯坦	16 050 838	30
波兰	12 574 875	31	委内瑞拉	13 120 097	31
哈萨克斯坦	12 545 124	32	阿拉伯联合酋长国	12 823 526	32
尼日利亚	12 042 613	33	墨西哥	10 238 477	33
巴基斯坦	11 019 596	34	比利时	9 848 071	34
巴拿马	10 992 734	35	荷兰	9 824 934	35
孟加拉国	9 705 087	36	科威特	9 586 638	36
阿根廷	8 750 430	37	土库曼斯坦	8 893 257	37
埃及	8 362 675	38	卡塔尔	8 463 353	38
乌克兰	7 849 225	39	秘鲁	8 408 062	39
以色列	7 645 304	40	新西兰	8 253 214	40

2013 年出口商品排序表（前 100 位）

单位：千美元

商品编号	商品名称	数量单位	数　量	金　额
	总　值		-	2 209 003 999
84713000	重量≤10 千克的便携自动数据处理设备	台	326 656 498	110 802 166
85171210	手持（包括车载）式无线电话机	台	1 185 797 801	95 079 002
85423100	处理器及控制器	个	53 288 557 273	37 458 193
		千克	17 283 060	-
90138030	液晶显示板	个	3 265 718 609	35 868 564
		千克	543 168 118	-
85177030	手持式无线电话机的零件（天线除外）	千克	68 496 482	35 529 145
84733090	品目 8471 所列其他机器的零件、附件	千克	655 736 987	25 037 062
71131919	其他黄金制首饰及其零件	克	447 022 303	23 682 956
85423900	其他集成电路	个	61 863 582 218	17 754 192
		千克	9 432 750	-
85423200	存储器	个	14 407 054 636	17 692 084
		千克	3 618 140	-
64029929	未列名塑料制鞋面的鞋靴	千克	1 629 508 462	14 739 755
		双	4 328 488 395	-
85423300	放大器	个	13 095 483 373	14 659 409
		千克	1 990 253	-
84717010	硬盘驱动器	台	275 339 617	14 516 837
84715040	微型机的处理部件	台	32 069 517	12 251 718
71159090	其他贵金属或包贵金属的非工业或实验室制品	克	237 971 485	12 040 955
61103000	化纤制针织钩编套头衫、开襟衫、外穿背心等	件	1 770 764 473	10 463 247
		千克	557 473 070	-
85258013	非特种用途的其他类型电视摄像机	台	956 843 935	10 182 180
85414020	太阳能电池	个	587 926 627	10 150 329
		千克	1 158 878 882	-
42021290	以塑料或纺织材料作面的提箱、小手袋、公文箱、公文包、书包及类似容器	千克	1 336 896 494	9 849 267
		个	2 049 017 979	-
89019041	载重量≤15 万吨的机动散货船	艘	423	9 458 251
27101911	航空煤油，不含有生物柴油	千克	9 174 752 116	9 217 071
		升	11 444 719 059	-

续表 1

商品编号	商品名称	数量单位	数　量	金　额
85177090	品目 8517 所列设备用其他零件	千克	173 954 823	9 099 348
39269090	未列名塑料制品	千克	1 736 616 708	9 082 066
		—	1 366	–
94054090	未列名电灯及照明装置	千克	659 528 466	8 938 121
64041900	其他橡胶或塑料外底，纺织材料鞋面的鞋靴	千克	835 209 575	8 780 149
		双	2 138 941 693	–
85340090	四层及以下的印刷电路	块	27 694 308 289	8 513 231
		千克	193 321 420	–
73089000	其他钢铁结构体；钢结构体用部件及加工钢材	千克	4 807 165 054	8 394 164
40112000	客车或货运机动车辆用新的充气橡胶轮胎	千克	2 669 867 062	8 132 128
		条	69 833 673	–
84439990	品目 8443 所列设备用其他零件及附件	千克	424 007 848	7 983 513
64039900	其他橡、塑或再生皮革外底，皮革鞋面的鞋靴	千克	428 156 837	7 978 810
		双	609 767 027	–
94032000	其他金属家具	件	263 581 394	7 915 238
		千克	2 317 456 210	–
61102000	棉制针织钩编的套头衫、开襟衫、外穿背心等	件	1 286 683 120	7 908 812
		千克	406 174 721	–
62046200	棉制女裤	条	1 184 694 777	7 807 497
		千克	458 774 346	–
85437099	未列名具有独立功能的电气设备及装置	台	1 553 680 748	7 544 176
61043200	棉制针织或钩编的女式上衣	件	1 322 085 833	7 528 656
		千克	420 217 168	–
84433110	有打复印及传真两种及以上功能静电感光机器	台	13 621 259	7 499 161
94036099	未列名木家具	件	133 617 233	7 381 146
		千克	2 324 361 780	–
27101922	5 ~7 号燃料油，不含有生物柴油	千克	10 604 735 635	6 749 053
		升	10 765 007 874	–
85044099	未列名静止式变流器	个	2 259 669 851	6 700 500
42022200	以塑料片或纺织材料作面的手提包	千克	651 943 831	6 677 334
		个	2 350 039 185	–
39264000	塑料制小雕塑品及其他装饰品	千克	818 998 259	6 230 537
40111000	机动小客车用新的充气橡胶轮胎	千克	1 755 322 680	6 183 586
		条	177 488 678	–
85287222	液晶显示器彩色数字电视接收机	台	28 715 338	5 994 586
85285910	其他彩色监视器	台	35 168 322	5 580 945

续表 2

商品编号	商品名称	数量单位	数 量	金 额
62034290	棉制其他男裤	条	779 187 037	5 393 320
		千克	364 082 801	-
85369000	其他连接用电气装置，线路电压≤1 000 伏	千克	141 138 275	5 378 489
54075200	聚酯变形长丝≥85%染色布	米	4 538 965 185	5 253 906
		千克	803 970 995	-
94017190	其他带软垫的金属框架坐具	个	111 077 450	5 200 526
		千克	789 021 170	-
94051000	枝形吊灯及天花板或墙壁上的电气照明装置	个	573 981 551	5 125 370
		千克	526 392 706	-
84818040	其他阀门	套	1 201 335 513	5 122 937
		千克	682 576 920	-
85176299	其他接收、转换并且发送或再生声音、图像或其他数据用的设备	台	224 406 099	4 996 956
61046200	棉制针织或钩编的女裤	条	1 059 085 912	4 971 838
		千克	336 825 702	-
94039000	家具的零件	千克	1 162 238 388	4 926 929
85285110	专用于或主要用于品目 8471 自动数据处理系统的液晶监视器	台	50 246 970	4 847 535
85340010	四层以上的印刷电路	块	2 818 049 619	4 834 075
		千克	50 468 623	-
84718000	自动数据处理设备的其他部件	台	139 149 252	4 759 168
85322410	片式多层瓷介电容器	千克	12 311 327	4 728 766
		千个	1 151 380 884	-
69089000	其他上釉的陶瓷砖、瓦、块及类似品	千克	10 161 873 412	4 714 169
		平方米	639 819 739	-
85076000	锂离子蓄电池	个	1 132 550 225	4 707 565
27101210	车用汽油和航空汽油，不含有生物柴油	千克	4 687 340 135	4 650 654
		升	6 484 616 192	-
73269090	未列名钢铁制品	千克	1 619 328 885	4 604 443
95030089	其他玩具	个	22 779 735 475	4 584 953
		千克	951 902 343	-
42029200	以塑料片或纺织材料作面的其他类似容器	千克	533 724 864	4 544 782
		个	3 285 898 533	-
61099090	未列名纺材制针织或钩编 T 恤衫、汗衫、背心	件	1 586 691 213	4 534 011
		千克	233 553 933	-

续表 3

商品编号	商品名称	数量单位	数　量	金　额
61091000	棉制针织或钩编的 T 恤衫、汗衫、背心	件	1 690 759 210	4 367 799
		千克	245 577 671	–
95045010	与电视接收机配套使用的视频游戏控制器及设备，但子目号 950430 的货品除外	台	28 439 369	4 305 492
		千克	93 817 489	–
84714940	系统形式的微型机	台	4 870 149	4 300 344
84151021	制冷≤4 000 大卡/时分体窗式或壁式空调	台	19 894 597	4 278 557
85183000	耳机、耳塞（无线耳机、耳塞除外），不论是否装有传声器，由传声器及一个或多个扬声器组成的组合机	个	1 936 825 266	4 147 603
85412900	耗散功率≥1 瓦的晶体管	个	29 962 561 041	4 121 216
		千克	18 422 835	–
94049040	化纤棉填充的其他寝具及类似用品	千克	630 611 384	4 096 257
85258029	非特种用途的其他类型数字照相机	台	52 928 234	4 084 399
85176239	未列名有线数字通讯设备	台	44 285 023	4 070 605
84433190	其他具有打复印及传真两种及以上功能的机器	台	29 077 600	4 059 479
84818090	龙头、旋塞及类似装置	套	619 491 665	4 036 140
		千克	342 536 258	–
63079000	6301～6307 的未列名制成品，包括服装裁剪样	千克	591 305 566	3 971 765
85371090	其他电气控制或电力分配盘板台等，电压≤1 000伏	个	255 213 098	3 968 921
		千克	128 246 355	–
72279010	不规则盘卷的含硼合金钢制的热轧条、杆	千克	6 900 224 035	3 783 718
62029390	未列名化纤女式带风帽防寒短上衣、防风衣等	件	223 825 498	3 774 979
		千克	159 954 152	–
71131911	镶嵌钻石的黄金制首饰及其零件	克	40 507 619	3 750 216
72104900	其他镀或涂锌普通钢铁板材	千克	5 218 232 159	3 732 539
62019390	未列名化纤男式带风帽防寒短上衣、防风衣等	件	253 299 094	3 684 431
		千克	201 916 838	–
87087091	铝合金制的未列名机动车辆用车轮及其零件、附件	千克	718 729 925	3 576 339
84733010	大、中、小型计算机及其部件的零件、附件	千克	79 579 220	3 561 867
85393191	紧凑型热阴极荧光灯	只	3 310 531 837	3 533 787
85414010	发光二极管	个	62 659 211 396	3 470 902
		千克	7 360 935	–
85176236	路由器	台	113 293 569	3 459 175
85176232	以太网络交换机	台	29 834 064	3 414 479
61034200	棉制针织或钩编的男裤	条	615 574 650	3 386 106
		千克	241 314 122	–

续表 4

商品编号	商品名称	数量单位	数　量	金　额
94016190	其他带软垫的木框架坐具	个	44 227 567	3 375 647
		千克	827 044 085	-
61043300	合成纤维制针织或钩编的女式上衣	件	637 253 826	3 370 614
		千克	200 839 351	-
85176110	移动通信基站	台	385 495	3 348 089
94059900	品目 9405 所列货品的其他材料制零件	千克	298 600 439	3 333 925
95051000	圣诞节用品	千克	417 073 321	3 322 895
85045000	其他电感器	个	49 282 833 923	3 288 910
85219012	数字化视频光盘（DVD）播放机	台	89 289 927	3 288 773
85235110	未录制固态非易失性存储器件（闪速存储器）	个	906 169 682	3 275 632
		千克	6 408 851	-
94017900	其他金属框架坐具	个	205 136 873	3 205 692
		千克	878 981 398	-
85287221	液晶显示器彩色模拟电视接收机	台	18 662 433	3 177 091
61046300	合成纤维制针织或钩编的女裤	条	1 017 111 866	3 132 285
		千克	244 491 140	-
69079000	其他未上釉的陶瓷砖、瓦、块及类似品	千克	8 606 510 131	3 119 242
		平方米	439 529 263	-

表注：“数量单位”栏中为“—”的，表示在申报出口商品时出现多种数量单位。

2013年进口商品排序表（前100位）

单位：千美元

商品编号	商品名称	数量单位	数　量	金　额
	总　值		-	1 949 989 468
27090000	石油原油及从沥青矿物提取的原油	千克	281 742 073 502	219 660 366
85423100	处理器及控制器	个	86 649 098 474	115 319 737
		千克	24 836 478	-
98010010	单项记录价值≤2 000元人民币的非税、证进口商品	千克	-	104 735 488
26011120	0.8毫米≤平均粒度<6.3毫米的未烧结铁矿砂及精矿	千克	555 054 877 998	71 187 170
85423900	其他集成电路	个	123 163 396 211	50 129 709
		千克	23 078 546	-
90138030	液晶显示板	个	3 398 982 990	49 580 450
		千克	447 817 312	-
85423200	存储器	个	26 908 651 277	46 164 514
		千克	10 394 824	-
12019010	黄大豆，种用除外	千克	63 377 676 921	38 009 284
85177030	手持式无线电话机的零件（天线除外）	千克	46 637 641	33 689 640
74031111	未锻轧铜含量>99.993 5%的精炼铜阴极	千克	2 917 291 273	21 861 398
26011190	平均粒度≥6.3毫米的未烧结铁矿砂及其精矿	千克	161 979 686 343	20 741 497
85423300	放大器	个	29 555 802 029	19 607 941
		千克	4 242 173	-
26030000	铜矿砂及其精矿	千克	10 068 985 199	19 508 977
84717010	硬盘驱动器	台	261 760 295	16 106 074
27101922	5~7号燃料油，不含有生物柴油	千克	22 569 552 734	14 576 146
		升	22 908 096 038	-
29024300	对二甲苯	千克	9 047 732 790	13 785 830
74040000	铜废碎料	千克	4 372 599 483	13 732 988
84733090	品目8471所列其他机器的零件、附件	千克	104 447 555	12 157 354
88024010	15 000千克<空载重量≤45 000千克的飞机等航空器	架	251	11 769 596
87032362	汽油越野车（4轮驱动）2 500毫升<排量≤3 000毫升	辆	188 995	11 014 390

续表 1

商品编号	商品名称	数量单位	数 量	金 额
27111100	液化天然气	千克	18 001 166 369	10 651 168
85258013	非特种用途的其他类型电视摄像机	台	833 031 256	10 649 401
26011110	平均粒度<0.8毫米的未烧结铁矿砂及其精矿	千克	75 897 080 629	10 151 722
27112100	天然气	千克	20 074 262 301	9 915 334
27011210	炼焦煤	千克	75 388 935 400	9 899 662
27011290	其他烟煤	千克	113 007 647 567	9 876 223
29053100	1，2-乙二醇	千克	8 232 678 201	8 679 601
52010000	未梳的棉花	千克	4 147 013 565	8 440 549
85369000	其他连接用电气装置，线路电压≤1 000伏	千克	102 920 063	8 363 404
88024020	空载重量>45 000千克的飞机等航空器	架	72	8 240 957
85340090	四层及以下的印刷电路	块	37 792 695 978	7 841 184
		千克	82 838 307	-
87084091	小轿车用自动换挡变速箱及其零件	个	6 029 361	7 428 404
		千克	370 029 356	-
85322410	片式多层瓷介电容器	千克	19 728 649	7 335 309
		千个	1 835 635 116	-
39012000	初级形状的聚乙烯，比重≥0.94	千克	4 737 514 966	6 920 522
87032361	汽油小轿车，2 500毫升<排量≤3 000毫升	辆	92 544	6 900 581
84439990	品目8443所列设备用其他零件及附件	千克	170 082 097	6 792 013
30049090	未列名混合或非混合产品构成的药品	千克	18 355 968	6 644 604
38249099	未列名化学工业及相关工业化学产品及配制品	千克	1 513 052 468	6 418 781
29025000	苯乙烯	千克	3 675 035 960	6 356 593
85340010	四层以上的印刷电路	块	2 293 988 745	5 796 568
		千克	33 338 079	-
71023900	其他非工业用钻石	克拉	9 401 231	5 679 913
87032341	汽油小轿车，1 500毫升<排量≤2 000毫升	辆	199 051	5 608 308
39021000	初级形状的聚丙烯	千克	3 593 534 892	5 595 865
85414010	发光二极管	个	76 005 932 342	5 398 340
		千克	4 644 067	-
27101911	航空煤油，不含有生物柴油	千克	5 329 286 753	5 265 192
		升	6 652 258 835	-
85412900	耗散功率≥1瓦的晶体管	个	33 394 789 753	5 264 660
		千克	14 862 876	-
26040000	镍矿砂及其精矿	千克	71 239 785 980	5 136 583
85419000	品目8541所列货品的零件	千克	13 465 586	4 868 565
40012200	技术分类天然橡胶（TSNR）	千克	1 793 594 532	4 779 265

续表 2

商品编号	商品名称	数量单位	数 量	金 额
84733010	大、中、小型计算机及其部件的零件、附件	千克	34 428 215	4 775 655
74020000	未精炼铜；电解精炼用的铜阳极	千克	628 631 453	4 562 816
85177090	品目 8517 所列设备用其他零件	千克	26 103 353	4 539 787
84798999	未列名具有独立功能的机器及机械器具	台	165 409 451	4 500 843
90139020	编号 90138030（液晶显示板）所列货品的零件、附件	千克	24 193 126	4 487 170
47032100	半漂白或漂白的针叶木烧碱木浆或硫酸盐木浆	千克	6 496 039 884	4 375 745
27075000	其他芳烃混合物，T = 25℃，蒸馏出芳烃≥65%	千克	4 012 230 660	4 254 506
87032342	汽油越野车（4 轮驱动）1 500 毫升 < 排量≤2 000毫升	辆	109 343	4 196 163
26011200	已烧结的铁矿砂及其精矿	千克	26 039 728 809	4 083 717
47032900	半漂白或漂白非针叶木烧碱木浆或硫酸盐木浆	千克	6 547 183 361	4 069 878
39074000	初级形状的聚碳酸酯	千克	1 378 620 292	4 046 167
15119010	棕榈液油（熔点 19℃ ~24℃）	千克	4 763 937 947	3 978 458
85389000	品目 8535、8536 或 8537 所列装置的其他零件	千克	85 479 865	3 977 812
76020000	铝废碎料	千克	2 504 365 741	3 915 962
87082990	车身（包括驾驶室）的未列名零件、附件	千克	392 690 163	3 794 858
85045000	其他电感器	个	156 568 190 431	3 782 058
26060000	铝矿砂及其精矿	千克	70 216 654 149	3 767 955
90328990	其他自动调节或控制仪器及装置	台	44 065 060	3 746 910
29012200	丙烯	千克	2 640 525 424	3 715 618
90012000	偏振材料制的片及板	千克	49 201 027	3 640 077
90318090	其他未列名测量或检验仪器、器具及机器	台	484 546 692	3 601 729
85411000	二极管，但光敏二极管或发光二极管除外	个	143 261 553 221	3 577 690
		千克	17 515 658	–
39019020	初级形状的线型低密度聚乙烯	千克	2 353 249 781	3 561 523
47071000	回收（废碎）的未漂白牛皮纸或瓦楞纸及纸板	千克	16 569 344 970	3 551 419
27011100	无烟煤	千克	39 702 481 685	3 477 109
90019090	未列名未装配的光学元件	千克	88 313 251	3 464 193
27101220	石脑油，不含有生物柴油	千克	3 541 804 678	3 389 721
		升	4 905 399 488	–
85076000	锂离子蓄电池	个	1 656 188 571	3 317 538
71101100	未锻造铂，铂粉	克	68 783 665	3 282 789
39033090	其他初级形状的丙烯腈 – 丁二烯 – 苯乙烯（ABS）共聚物	千克	1 511 865 476	3 199 244
26020000	锰矿砂及其精矿	千克	16 598 523 278	3 192 361

续表 3

商品编号	商品名称	数量单位	数 量	金 额
27021000	褐煤，不论是否粉化，但未制成型	千克	60 283 851 404	3 133 252
84716090	其他输入或输出部件	台	274 292 181	3 044 236
85416000	已装配的压电晶体	个	20 801 059 570	3 015 527
		千克	2 308 479	-
39206200	聚对苯二甲酸乙二酯非泡沫塑料板、片、膜等	千克	306 801 616	3 005 014
85412100	耗散功率 < 1 瓦的晶体管	个	82 512 930 821	2 926 961
		千克	9 279 035	-
84099199	其他点燃式活塞内燃发动机的零件	千克	165 164 246	2 815 105
52051200	棉≥85%，232 分特≤细度 < 714 分特未精梳单纱	千克	973 882 840	2 805 305
40059100	其他未硫化的复合橡胶，板、片、带	千克	1 038 463 626	2 786 679
30021000	抗血清、其他血份及免疫制品，不论是否修饰或通过生物工艺加工制得	千克	4 106 149	2 765 587
41015019	其他 > 16 千克的整张牛皮	千克	981 098 763	2 719 491
		张	34 490 361	-
39199090	未列名塑料胶粘板、片、膜、箔等	千克	94 041 694	2 684 116
71039990	经其他加工的未列名宝石或半宝石	克拉	374 625 935	2 683 431
27011900	其他煤	千克	38 580 234 011	2 673 852
87084099	未列名机动车辆用变速箱及其零件	个	1 454 197	2 664 412
		千克	131 663 131	-
39011000	初级形状的聚乙烯，比重 < 0.94	千克	1 724 562 303	2 662 177
04022100	粉状、粒状或其他固状乳及奶油，含脂量 > 1.5%，未加糖或其他甜物质	千克	617 293 749	2 612 029
87032343	汽油小客车，1 500 毫升 < 排量≤2 000 毫升	辆	107 602	2 596 966
75021090	其他未锻轧非合金镍	千克	164 178 569	2 585 868
27101993	润滑油基础油，不含有生物柴油	千克	2 346 771 975	2 563 273
		升	2 642 465 234	-
39151000	乙烯聚合物的废碎料及下脚料	千克	3 467 714 464	2 543 264

2013年出口商品经营单位排序表（前100位）

单位：千美元

经营单位	出口额	名 次
总 值	2 209 003 999	-
达功（上海）电脑有限公司	20 929 901	1
鸿富锦精密电子（郑州）有限公司	20 016 741	2
富泰华工业（深圳）有限公司	20 001 611	3
昌硕科技（上海）有限公司	14 574 742	4
惠州三星电子有限公司	12 673 537	5
鸿富锦精密电子（成都）有限公司	9 930 795	6
华为技术有限公司	8 923 455	7
达丰（重庆）电脑有限公司	8 218 189	8
名硕电脑（苏州）有限公司	7 029 844	9
苏州得尔达国际物流有限公司	6 790 348	10
鸿富锦精密工业（深圳）有限公司	6 230 843	11
诺基亚通信有限公司	6 005 539	12
中国国际石油化工联合有限责任公司	5 996 103	13
鸿富锦精密电子（烟台）有限公司	5 389 406	14
仁宝电子科技（昆山）有限公司	5 364 004	15
北京索爱普天移动通信有限公司	5 203 239	16
东莞三星视界有限公司	4 957 400	17
旭硕科技（重庆）有限公司	4 881 306	18
鸿富锦精密电子（重庆）有限公司	4 498 365	19
英顺达科技有限公司	4 467 868	20
伟创力制造（珠海）有限公司	4 449 470	21
苏州三星电子电脑有限公司	4 323 246	22
中兴通讯股份有限公司	4 130 075	23
深圳华为通信技术有限公司	3 658 256	24
美光半导体（西安）有限责任公司	3 618 582	25
仁宝信息技术（昆山）有限公司	3 526 095	26
长城国际系统科技（深圳）有限公司	3 467 010	27
昆山世远物流有限公司	3 464 817	28
东莞东莞市对外加工装配服务公司	3 414 023	29
天津三星通信技术有限公司	3 335 821	30

续表 1

经营单位	出口额	名 次
深圳中外运物流有限公司	3 243 918	31
天津三星视界移动有限公司	3 172 209	32
深圳中电投资股份有限公司	3 149 071	33
深圳嘉泓永业物流有限公司	3 082 995	34
联想信息产品（深圳）有限公司	3 068 874	35
深圳富林物流有限公司	2 910 711	36
英源达科技有限公司	2 846 634	37
戴尔（成都）有限公司	2 799 122	38
纬创资通（中山）有限公司	2 739 429	39
鸿富锦精密工业（武汉）有限公司	2 703 766	40
深圳市一达通企业服务有限公司	2 648 989	41
乐金飞利浦液晶显示（广州）有限公司	2 545 361	42
深圳市华南国际物流有限公司	2 541 496	43
上海振华港口机械（集团）股份有限公司	2 536 339	44
纬创资通（昆山）有限公司	2 356 823	45
英业达（重庆）有限公司	2 348 812	46
达丰（上海）电脑有限公司	2 333 909	47
珠海格力电器股份有限公司	2 291 738	48
英特尔产品（成都）有限公司	2 268 759	49
福建捷联电子有限公司	2 136 943	50
仁宝电脑（重庆）有限公司	2 125 071	51
纬智资通（昆山）有限公司	2 095 351	52
深圳招商局海运物流有限公司	2 091 855	53
深圳市诚信好珠宝有限公司	2 080 994	54
大连西太平洋石油化工有限公司	2 034 161	55
广东美的制冷设备有限公司	2 026 986	56
捷普电子（广州）有限公司	1 995 741	57
惠州 TCL 移动通信有限公司	1 992 798	58
晟碟半导体（上海）有限公司	1 988 067	59
浪潮乐金数字移动通信有限公司	1 941 167	60
上海近铁国际物流有限公司	1 893 289	61
富士施乐高科技（深圳）有限公司	1 874 136	62
昆山正天物流有限公司	1 844 009	63
云南昆顺物流有限公司	1 842 539	64
中国中化集团公司	1 835 399	65
江苏安普供应链管理有限公司	1 832 058	66

续表 2

经营单位	出口额	名　次
希捷科技（苏州）有限公司	1 815 606	67
苏州达冠物流有限公司	1 765 382	68
昆山环宇物流有限公司	1 761 421	69
深圳市信利康实业有限公司	1 708 305	70
深圳市金运达国际物流有限公司	1 706 691	71
大连船舶重工集团有限公司	1 697 426	72
深圳盐田港普洛斯物流园有限公司	1 692 064	73
富士康精密电子（太原）有限公司	1 691 906	74
伟创力电子制造（天津）有限公司	1 680 129	75
中石化浙江舟山石油有限公司	1 661 541	76
重庆福源珠宝首饰有限公司	1 616 886	77
佛山裕顺福首饰钻石有限公司	1 616 856	78
康硕电子（苏州）有限公司	1 568 760	79
南海奇美电子有限公司	1 552 771	80
上海浦东国际机场进出口有限公司	1 529 377	81
深圳市卓领实业有限公司	1 523 972	82
深圳市盐田港出口货物监管仓有限公司	1 521 863	83
中国石油技术开发公司	1 510 633	84
苏州佳世达电通有限公司	1 495 441	85
宝山钢铁股份有限公司	1 484 842	86
冠捷显示科技（厦门）有限公司	1 466 331	87
昆山恒莱亦禾供应链管理有限公司	1 456 640	88
大连中石油国际事业有限公司	1 434 769	89
戴尔（厦门）有限公司	1 425 261	90
仁宝资讯工业（昆山）有限公司	1 417 557	91
东莞航天电子有限公司	1 386 158	92
达富电脑（常熟）有限公司	1 383 966	93
日立环球存储产品（深圳）有限公司	1 373 034	94
达运精密工业（厦门）有限公司	1 367 753	95
东芝物流（上海）有限公司	1 360 439	96
深圳市朗华供应链服务有限公司	1 353 794	97
金宝电子（中国）有限公司	1 348 635	98
苏州爱普生有限公司	1 348 049	99
深圳市颖都源物流有限公司	1 346 509	100

2013年进口商品经营单位排序表（前100位）

单位：千美元

经营单位	进口额	名 次
总 值	1 949 989 468	-
中国国际石油化工联合有限责任公司	105 744 452	1
中国联合石油有限责任公司	26 596 015	2
中化国际石油公司	16 283 547	3
鸿富锦精密电子（郑州）有限公司	15 199 067	4
富泰华工业（深圳）有限公司	13 024 296	5
中国石油国际事业有限公司	12 682 933	6
惠州三星电子有限公司	12 163 749	7
大庆中石油国际事业有限公司	11 400 758	8
宝马（中国）汽车贸易有限公司	9 580 750	9
珠海振戎公司	9 415 121	10
一汽－大众汽车有限公司	7 366 458	11
丹沙物流（上海）有限公司	7 305 614	12
中海油中石化联合国际贸易有限责任公司	7 083 717	13
中国石化国际事业有限公司	7 069 169	14
中国第一汽车集团进出口公司	6 829 603	15
天津三星通信技术有限公司	5 899 857	16
大连西太平洋石油化工有限公司	5 587 920	17
鸿富锦精密工业（深圳）有限公司	5 512 630	18
三星电子（苏州）半导体有限公司	5 452 847	19
中国石化海南炼油化工有限公司	5 278 104	20
宝山钢铁股份有限公司	5 209 932	21
山东晨曦集团有限公司	4 780 199	22
深圳嘉泓永业物流有限公司	4 563 024	23
昌硕科技（上海）有限公司	4 484 364	24
江苏沙钢国际贸易有限公司	4 431 602	25
捷豹路虎汽车贸易（上海）有限公司	4 311 182	26
天津市物资集团总公司	4 308 479	27
梅赛德斯－奔驰（中国）汽车销售有限公司	4 303 444	28
河北钢铁集团有限公司	4 282 748	29
深圳综合信兴物流有限公司	3 972 978	30

续表 1

经营单位	进口额	名　次
中海石油气电集团有限责任公司	3 936 428	31
英特尔贸易（上海）有限公司	3 836 990	32
美光半导体（西安）有限责任公司	3 815 433	33
金川集团有限公司	3 692 172	34
大连中石油国际事业有限公司	3 641 983	35
东莞三星视界有限公司	3 631 098	36
乐金飞利浦液晶显示（广州）有限公司	3 615 454	37
英特尔产品（成都）有限公司	3 583 782	38
大众进口汽车销售有限公司	3 567 543	39
鸿富锦精密电子（成都）有限公司	3 416 122	40
全球物流（重庆）有限公司	3 401 954	41
中国首钢国际贸易工程公司	3 371 692	42
华宝马汽车有限公司	3 341 773	43
天津三星视界移动有限公司	3 311 988	44
江西铜业股份有限公司	3 269 849	45
丰田汽车（中国）投资有限公司	3 208 050	46
昆山飞力仓储服务有限公司	3 196 362	47
北京索爱普天移动通信有限公司	3 156 932	48
日照钢铁控股集团有限公司	3 115 354	49
瑞钢联集团有限公司	3 091 271	50
保时捷（中国）汽车销售有限公司	3 031 763	51
黑龙江联合石油化工有限公司	3 014 169	52
深圳市普路通供应链管理有限公司	2 946 262	53
鸿富锦精密电子（烟台）有限公司	2 803 136	54
苏州得尔达国际物流有限公司	2 777 555	55
阳谷祥光铜业有限公司	2 771 185	56
中国原子能工业公司	2 698 187	57
国航进出口有限公司	2 689 469	58
中国烟草进出口（集团）公司	2 594 120	59
友达光电（厦门）有限公司	2 590 205	60
伟创力制造（珠海）有限公司	2 583 345	61
武钢集团国际经济贸易总公司	2 568 128	62
深圳华为通信技术有限公司	2 563 193	63
金隆铜业有限公司	2 538 587	64
英运物流（上海）有限公司	2 381 276	65
深圳市中兴康讯电子有限公司	2 376 851	66

续表 2

经营单位	进口额	名　次
全球物流（上海）有限公司	2 373 952	67
北京奔驰－戴姆勒·克莱斯勒汽车有限公司	2 347 787	68
东方航空进出口有限公司	2 331 997	69
南海奇美电子有限公司	2 318 464	70
安靠封装测试（上海）有限公司	2 318 429	71
上海浦东国际机场进出口有限公司	2 310 347	72
铜陵有色金属集团股份有限公司	2 277 029	73
深圳市信利康实业有限公司	2 267 574	74
鸿富锦精密电子（重庆）有限公司	2 267 090	75
鞍钢集团国际经济贸易公司	2 232 538	76
长安福特汽车有限公司	2 212 292	77
深圳市富森进出口有限公司	2 181 643	78
上海大众汽车有限公司	2 173 983	79
深圳市怡亚通供应链股份有限公司	2 158 869	80
中博世金科贸有限责任公司	2 157 033	81
山东万宝贸易有限公司	2 144 072	82
苏州达冠物流有限公司	2 112 479	83
中国南航集团进出口贸易有限公司	2 082 196	84
张家港保税区长江国际港务有限公司	2 053 313	85
东莞东莞市对外加工装配服务公司	2 048 977	86
中化兴中石油转运（舟山）有限公司	2 037 699	87
名硕电脑（苏州）有限公司	2 034 689	88
中建材集团进出口公司	2 031 320	89
纬创资通（中山）有限公司	2 025 170	90
山东昌华实业发展有限公司	2 014 794	91
中天钢铁集团有限公司	2 006 470	92
克莱斯勒（中国）汽车销售有限公司	1 985 588	93
恒力石化（大连）有限公司	1 964 482	94
深圳市九立商贸有限公司	1 957 860	95
中储粮油脂有限公司	1 954 902	96
友达光电（苏州）有限公司	1 954 464	97
空中客车（天津）总装有限公司	1 925 378	98
华为技术有限公司	1 925 282	99
中国石化集团石油商业储备有限公司	1 923 747	100

第七篇

附　录

全国开放口岸分地区统计一览表

截至 2013 年 12 月 31 日

省/市/自治区	口岸总数	口岸类型	分计数量	名称		
北京	2	空运口岸	1	北京		
		铁路口岸	1	北京西站		
天津	3	空运口岸	1	天津		
		水运口岸	2	渤中	天津	
河北	4	空运口岸	1	石家庄		
		水运口岸	3	黄骅	秦皇岛	唐山
山西	1	空运口岸	1	太原		
内蒙古	14	空运口岸	3	海拉尔	满洲里	呼和浩特
		公路口岸	9	策克	满都拉	室韦
				甘其毛都	黑山头	珠恩嘎达布其
				阿日哈沙特	额布都格	阿尔山
		铁路口岸	2	满洲里	二连浩特	
辽宁	11	空运口岸	2	大连	沈阳	
		水运口岸	8	大连	丹东	葫芦岛
				锦州	旅顺新港	营口
				庄河	长兴岛	
		铁路口岸	1	丹东		
吉林	15	空运口岸	2	长春	延吉	
		水运口岸	1	大安		
		公路口岸	9	古城里	长白	临江
				南坪	珲春	圈河
				沙坨子	开山屯	三合
		铁路口岸	3	集安	珲春	图们
黑龙江	25	空运口岸	4	哈尔滨	牡丹江	佳木斯
				齐齐哈尔		
		水运口岸	15	呼玛	萝北	绥滨
				漠河	哈尔滨	黑河
				孙吴	抚远	嘉荫
				逊克	富锦	桦川
				佳木斯	饶河	同江
		公路口岸	4	东宁	虎林	绥芬河
				密山		
		铁路口岸	2	哈尔滨	绥芬河	

续表

省/市/自治区	口岸总数	口岸类型	分计数量	名称		
上海	3	空运口岸	1	上海		
		水运口岸	1	上海		
		铁路口岸	1	上海站		
江苏	18	空运口岸	4	南京	徐州	无锡
				盐城		
		水运口岸	14	连云港	常州	南通
				大丰	南京	常熟
				太仓	泰州	扬州
				张家港	江阴	镇江
				如皋	靖江	
浙江	13	空运口岸	3	杭州	宁波	温州
		水运口岸	10	大陈岛	黄兴岛	台州
				洞头	绿华岛	温州
				红光	宁波	嘉兴
				舟山		
安徽	7	空运口岸	2	合肥	黄山	
		水运口岸	5	安庆	马鞍山	芜湖
				池州	铜陵	
福建	12	空运口岸	4	福州	晋江	厦门
				武夷山		
		水运口岸	8	松下	莆田	厦门
				福州	肖厝	漳州（东山）
				城澳	泉州	
江西	2	空运口岸	1	南昌		
		水运口岸	1	九江		
山东	16	空运口岸	4	济南	青岛	威海
				烟台		
		水运口岸	12	东营	莱州	岚山
				龙口	龙眼	蓬莱
				青岛	日照	潍坊
				石岛	威海	烟台
河南	3	空运口岸	2	洛阳	郑州	
		铁路口岸	1	郑州东站		

续表

省/市/自治区	口岸总数	口岸类型	分计数量	名称		
湖北	4	空运口岸	2	武汉	宜昌	
		水运口岸	2	黄石	武汉	
湖南	3	空运口岸	2	长沙	张家界	
		水运口岸	1	城陵矶		
广东	58	空运口岸	5	广州	揭阳	湛江
				梅州	深圳	
		水运口岸	39	虎门	水东	梅沙
				高明	南海	盐田
				顺德	潮阳	深圳
				莲花山	潮州	阳江
				南沙	汕头	揭阳
				新塘	汕尾	湛江
				广州	大亚湾	肇庆
				惠州	南澳	中山
				广海	西冲	万山
				三埠	赤湾	湾仔
				新会	东角头	斗门
				鹤山	妈湾	九洲
				江门	蛇口	珠海
		铁路口岸	5	佛山	深圳	东莞
				广州	肇庆	
		公路口岸	9	拱北	文锦渡	福田
				横琴	深圳湾	皇岗
				珠澳	沙头角	罗湖
海南	7	空运口岸	2	海口	三亚	
		水运口岸	5	海口	清澜	洋浦
				八所	三亚	
广西	18	空运口岸	3	南宁	桂林	北海
		水运口岸	9	石头埠	企沙	柳州
				北海	防城港	钦州
				江山	贵港	梧州
		公路口岸	5	龙邦	友谊关	水口
				平孟	东兴	
		铁路口岸	1	凭祥		

续表

省/市/自治区	口岸总数	口岸类型	分计数量	名称		
四川	1	空运口岸	1	成都		
重庆	2	空运口岸	1	重庆		
		水运口岸	1	重庆		
贵州	1	空运口岸	1	贵阳		
云南	16	空运口岸	3	昆明	西双版纳	丽江
		水运口岸	2	思茅	景洪	
		公路口岸	10	猴桥	河口	天保
				瑞丽	金水河	打洛
				畹町	孟定	磨憨
				勐康		
		铁路口岸	1	河口		
西藏	4	空运口岸	1	拉萨		
		公路口岸	3	普兰	吉隆	樟木
陕西	1	空运口岸	1	西安		
甘肃	2	空运口岸	1	兰州		
		公路口岸	1	马鬃山		
新疆	17	空运口岸	2	乌鲁木齐	喀什	
		公路口岸	14	红山嘴	塔克什肯	红其拉甫
				阿黑土别克	老爷庙	吐尔尕特
				吉木乃	卡拉苏	伊尔克什坦
				巴克图	霍尔果斯	乌拉斯台
				都拉塔	木扎尔特	
		铁路口岸	1	阿拉山口		
宁夏	1	空运口岸	1	银川		
青海	1	空运口岸	1	西宁		
总计	285					

表注：1. 截至2013年12月31日，全国共有对外开放口岸285个，其中空运口岸63个，水运口岸139个，公路口岸64个，铁路口岸19个。

2. 此表由国家口岸管理办公室提供。此表中部分数据与第四篇各省（自治区、直辖市）开放口岸统计有差异，主要原因是按照国务院相关通知要求，部分口岸的调整、合并、清理工作正在进行中，而各部门统计口径有所不同。